이 책이 세세한 내용과 대담한 가설들로 가득하다는 데에는
반론의 여지가 없다.……이 책은 인간이 할 수 있는
끝없이 다양한 상업의 세계들을 보여준다.
—조녀선 스펜스, 「뉴욕 타임스 북 리뷰(New York Times Book Review)」

저명한 프랑스의 역사가 페르낭 브로델은 사람들이 어떻게 먹고 입는지,
어디에 사는지, 그리고 어디에서 필수품과 사치품을 얻었는지를
연구함으로써 역사를 깊이 이해할 수 있다고 설득한다.
브로델은 역사의 큰 흐름이 어떻게 작은 부분으로부터
만들어졌는지를 낱낱이 보여준다.
—엘리자베스 그로스만, 「새터데이 리뷰(Saturday Review)」

저자의 오래된 학식과 세련된 문체뿐 아니라 인간에 대한 이해,
그리고 현대사회에 대한 예리한 비유로 생생하게 살아 숨 쉬는 책이다.
—「이코노미스트(Economist)」

페르낭 브로델은 '인간에 밀접한 역사'를 쓰고자 했다.
그는 혁명을 일으켰다. 그는 20세기의 고통을 발견의 땅으로 만들었다.
—「라 크루아(La Croix)」

물질문명과 자본주의 1

물질문명과 자본주의 ❶

일상생활의 구조

페르낭 브로델

주경철 옮김

까치

CIVILISATION MATÉRIELLE, ÉCONOMIE ET CAPITALISME, XVe–XVIIIe Siècle

Tome 1. Les Structures de Quotidien

by Fernand Braudel

Originally published in France as :
Civilisation matérielle, économie et capitalisme, XVe–XVIIIe siècle - 3 volumes, by Fernand BRAUDEL
Copyright © Armand Colin, 1986, Paris
ARMAND COLIN is a trademark of DUNOD Editeur - 11, rue Paul Bert - 92240 MALAKOFF
Korean translation copyright © 2024 by Kachi Publishing Co., Ltd.

역자 주경철(朱京哲)
서울대학교 경제학과와 같은 대학원 서양사학과를 졸업한 후 파리 사회과학고등연구원에서 역사학 박사학위를 받았다. 서울대학교 역사연구소 소장과 중세르네상스연구소 소장, 도시사학회 회장을 지냈다. 현재 서울대학교 역사학부 교수로 재직 중이다. 『일요일의 역사가』, 『대항해시대』, 『바다 인류』를 비롯하여 『문명과 바다』, 『주경철의 유럽인 이야기 1-3』, 『중세 유럽인 이야기』, 『문화로 읽는 세계사』 등을 쓰고, 『지중해 : 펠리페 2세 시대의 지중해 세계 1-3』(공역)와 『제국의 몰락』, 『유토피아』 등을 우리말로 옮겼다.

물질문명과 자본주의 1
일상생활의 구조

저자 / 페르낭 브로델
역자 / 주경철
발행처 / 까치글방
발행인 / 박후영
주소 / 서울시 용산구 서빙고로 67, 파크타워 103동 1003호
전화 / 02 · 735 · 8998, 736 · 7768
팩시밀리 / 02 · 723 · 4591
홈페이지 / www.kachibooks.co.kr
전자우편 / kachibooks@gmail.co.kr
등록번호 / 1-528
등록일 / 1977. 8. 5
초판 1쇄 발행일 / 1995. 3. 5
제2판 1쇄 발행일 / 2024. 3. 15
　　　 2쇄 발행일 / 2024. 9. 25

값 / 뒤표지에 쓰여 있음

ISBN　978-89-7291-823-3　94900
　　　978-89-7291-822-6　(세트)

멀고 험한 여정을 함께 걸어온
폴 브로델에게 이 책을 바친다.

차례

일러두기

1. 이 책에 나오는 인명, 지명 등의 고유명사는 몇 개의 예외를 제외하고는 개정된 외래어 표기법에 따르되, 명시되지 않은 경우에는 현지의 발음을 따르는 것을 원칙으로 했다.

2. 괄호 중에 대괄호([ ])는 원저에 나오는 것을 그대로 옮긴 것이다. 원저에서는 예컨대 다른 저자의 글을 인용하다가 중간에 저자가 간단한 주석을 붙일 때 이것을 많이 사용했다. 이것과 구별하여 역자가 이 책을 옮기면서 독자의 이해를 돕기 위해서 본문에 간단하게 덧붙이고 싶은 말이 있을 때에는 대괄호 안에 "역주"라는 말을 넣어 "[/역주]"와 같이 썼다.

3. 큰따옴표(" ")는 원저에서 기유메(guillemet, « »)로 표기된 것으로서, 인용문을 표시하거나 또는 그 부호 안의 말이 원래 뜻대로 쓰이기보다 다른 뉘앙스를 가지는 것을 표시하는 경우가 많았다. 한편, 역자가 번역할 때 프랑스어 단어로는 자연스러우나 우리말로 직역하면 다소 어색하다고 생각될 때에는 작은따옴표(' ')를 썼다.

4. 많은 인명, 지명 혹은 역사적 사건 등에 대해서 간략한 소개가 필요하다고 느낀 경우에, 혹은 그 외에도 본문의 이해에 필요하다고 생각한 경우에 역주를 달았다. 역주는 별표(*)를 이용하여 구분하고 각 페이지의 아래에 각주로 달았다. 한편 저자의 주는 원저에 나오는 대로 번호를 붙여 구분하고 책 끝에 후주로 모았다.

5. 원어를 밝히고자 할 때에는 괄호 안에 프랑스어, 그 외의 언어 순으로 표기했다. 영어를 함께 표기하는 것이 이해에 도움이 된다고 판단했을 때에는 영어를 함께 썼다. 그러나 원어 자체가 영어, 독일어 등이고 그에 해당되는 프랑스어 번역어가 의미가 없다고 생각한 경우에는 원래의 말만 쓰고 프랑스어 표기는 생략하기도 했다.

서론

1952년에 뤼시앵 페브르*가 자신이 기획한 『세계의 운명(*Destins du Monde*)』 총서를 위해서 이 책을 써달라고 부탁했을 때, 나는 얼마나 끝없는 모험에 발을 들인 것인지 분명히 상상도 못했다. 원칙적으로는 전(前)산업화(pré-industriel, preindustrial) 시기의 유럽 경제사에 관한 저작들을 단순히 재손질하여 내놓는다는 것이었다. 그러나 종종 원사료를 다시 보아야 했을 뿐 아니라, 그것을 연구하는 중에 15–18세기의 이른바 경제적 현실들을 직접 관찰하면서 당황하게 되었다는 점을 고백해야 할 것이다. 그 이유는 단순하다. 경제적 현실들이 전통적이고 고전적인 여러 도식들과 잘 맞지 않거나 때로는 전혀 맞지 않았기 때문이다. 풍부한 증거를 갖춘 베르너 좀바르트**의

---

* Lucien Febvre(1878–1956) : 프랑스의 역사가. 1929년 블로크와 함께 『아날(사회경제사 연보)(*Annales d'histoire économique et sociale*)』을 창간하고, 콜레주 드 프랑스의 근대사 교수를 지냈다. 저작으로 『마르틴 루터, 한 인간의 운명(*Un Destin, Martin Luther*)』(1928), 『16세기의 무신앙 문제 : 라블레의 종교(*Le Problème de l'incroyance : la religion de Rabelais*)』(1942), 그리고 그의 역사론이라고 할 수 있는 『역사를 위한 투쟁(*Combats pour l'histoire*)』 등이 있다.

** Werner Sombart(1863–1941) ; 독일의 역사주의 경제학자. 베를린, 피사, 로마에서 공부하고 1888년 베를린 대학에서 박사학위를 취득한 후에 브레슬라우, 베를린 등지에서 가르치다가 1906년에 베를린 대학교에서 교수직을 얻었다. 초기에 마르크스주의에 경도되어 그 영향을 강하게 받았으나, 점차 보수적인 인물이 되었고 나중에는 극도의 반-마르크스주의로 바뀌었다. 그의 주요 저서인 『근대 자본주의(*Der Moderne Kapitalismus*)』(1902)는 마르크스주의의 영향

15

도식(1902)이나 이오시프 쿨리셰르의 도식(1928)도 마찬가지였다. 경제학자들의 경우 경제를 하나의 동질적인 실체로 보기 때문에 주변 배경으로부터 경제만을 따로 추출하는 것이 가능하다고 보며, 또 수로 표현하지 않으면 아무것도 이해할 수 없으므로, 그렇게 추출한 경제현상을 측정할 수 있고 또 측정해야 한다고 믿는다. 그러나 이들이 사용하는 도식들 역시 구체적 현실과 맞지 않는 것은 마찬가지였다. 이들의 연구에 의하면, 전산업화 시기의 유럽(유럽 이외의 세계는 마치 존재하지 않는 것처럼 배제하는 것도 문제이지만)의 발전은 인류역사의 분기점인 산업혁명이 도래하기까지 점진적으로 시장, 기업, 자본주의적 투자라는 합리적 세계로 들어가는 과정이다.

그러나 실제로 관찰한 19세기 이전의 현실은 훨씬 더 복잡하다. 물론 우리는 그 진화과정을 추적해갈 수 있다. 그런데 여기에서의 진화과정이란 하나라기보다는 서로 대립되고 어깨를 겨루며 심지어 서로 상반되기까지 한 여러 진화과정들을 말한다. 그것은 하나가 아니라 여러 경제가 있음을 인식하는 것과 같다. 그중 무엇보다도 사람들이 묘사하기 좋아하는 것은 이른바 시장경제이다. 그것은 농업활동, 노점, 수공업 작업장, 상점, 증권거래소, 은행, 정기시(定期市, foire, fair), 그리고 물론 시장에 연결된 생산과 교환의 메커니즘들을 뜻한다. 경제학은 바로 이 명료한, 심지어 "투명한" 현실에 대해서, 그리고 그 속에서 활발히 움직여가고 또 그렇기 때문에 파악하기 쉬운 과정들에 대해서 먼저 연구하기 시작했다. 즉 경제학은 처음부터 다른 것들을 사상한 채 이런 특별한 분야만 골라서 보았던 것이다.

그러나 다른 한편에는 불투명한 영역, 다시 말해서 흔히 기록이 불충분하여 관찰하기 힘든 영역이 시장 밑에 펼쳐져 있다. 그것은 어느 곳에서나 볼 수 있고 어마어마한 규모로 존재하는 기본활동의 영역이다. 지표면에 자리 잡고 있는 이 폭넓은 영역을 뜻하는 더 알맞은 이름이 없어서, 나는 이것을

을 받아 자본주의의 진화과정을 설명하려는 시도였지만, 자본주의의 몰락을 예견하는 종류의 저서는 아니었다.

"물질생활(vie matérielle, material life)" 혹은 "물질문명(civilisation matérielle, material civilization)"이라고 명명했다. 확실히 이 표현은 너무 모호하다. 그러나 현재를 보는 시각이 일부 경제학자들 사이에서 공유되듯이 과거를 보는 나의 시각이 공유된다면, 언젠가는 이 하부경제(infra-économie), 다시 말해서 자급자족적이거나 아주 좁은 범위 내에서 재화와 용역을 물물교환하는, 경제활동의 이 또다른 덜 형식적인 절반을 가리키는 데에 더 적절한 명칭을 발견하게 될 것이다.

다른 한편으로, 시장이라는 광범한 층의 밑이 아니라 그 위로 활발한 사회적 위계가 높이 발달해 있다. 이런 위계조직은 자신에게 유리하게 교환과정을 왜곡시키며 기존질서를 교란시킨다. 원하든 아니면 의식적으로는 원하지 않든 간에, 그것은 비정상과 "소란스러움"을 만들어내며 매우 독특한 방식으로 자신의 일을 수행한다. 18세기의 암스테르담 상인이나 16세기의 제노바 상인은 이 위계의 상층에 자리 잡고서 원거리에서 유럽 경제나 세계경제의 전 분야를 뒤흔들 수 있었다. 그런 방식으로 이 특권적인 주인공 집단은 일반인이 모르는 유통과 계산을 수행했다. 예를 들면 환업무는 원거리 무역과 신용수단의 복잡한 운용과 연결되어 있어서 소수 특권적인 사람에게만 개방된 정교한 기술이었다. 시장경제의 투명성 위에 위치하면서 그 시장경제에 대해 일종의 상방(上方) 한계를 이루는 이 두 번째의 불투명한 영역이 내 생각으로는 다름 아닌 자본주의의 영역이었다. 시장경제 없이 자본주의는 생각할 수 없다. 자본주의는 시장경제에서 자리 잡고 그곳에서 번영한다.

이 삼분법적 도식*은 내가 관찰한 요소들을 분류해가는 동안 조금씩 조금씩 거의 저절로 형성되었지만, 아마 이 책을 읽는 독자들에게는 가장 큰 논쟁의 대상이 될 것이다. 시장경제와 자본주의를 너무 명료하게 갈라놓았으며, 나아가서는 완전히 대립되는 개념으로 만들어놓은 것은 아닐까? 나 역

---

* 위로부터 보면 차례대로 '자본주의', '시장경제', 그리고 '물질문명 혹은 물질생활'이다.

시 처음부터 이 시각을 주저없이 받아들이지는 않았다. 그러나 결국 15-18세기 동안, 혹은 그 이전에도 시장경제는 구속력이 있는 질서였으며, 구속력을 가진 다른 모든 (사회적, 정치적, 혹은 문화적) 질서와 마찬가지로 이것 역시 위로나 밑으로나 대립과 대응력을 발전시켰다고 판단했다.

나의 이런 시각을 든든하게 뒷받침해준 것은 똑같은 틀을 통해서 현재의 사회가 돌아가는 모습을 상당히 빨리, 그리고 분명하게 파악할 수 있었다는 점이다. 시장경제는 오늘날에도 언제나처럼 광범위한 교환을 좌우하지만, 그것은 우리의 통계에 잡히는 만큼에서만 그렇다. 시장경제의 가장 뚜렷한 표시인 경쟁이 현재의 모든 경제를 지배하는 것은 결코 아니다(누가 그것을 부인하겠는가?). 지난날과 마찬가지로 오늘날에도 한편에는 또다른 세계가 있어서 그곳에 특별한 자본주의, 즉 내 생각에 **진정한** 자본주의가 자리 잡고 있다. 그것은 거대한 동인도회사들이나 혹은 다양한 규모의 독점—사실상으로든 법률적으로든 그것은 이미 옛날부터 존재했으며, 원리상으로는 오늘날의 독점과 마찬가지이다—의 경우와 마찬가지로 다국적 성격을 띠고 있다. 푸거 가문*이나 벨저 가문**의 기업들은 유럽 전체에 관심을 두었고, 인도와 스페인령 아메리카에 동시에 대리인을 두었으므로, 오늘날의 **초국가적**(transnational) 기업과 같은 것이 아닐까? 그 이전 세기에 자크 쾨르***가 수행했던 사업은 후에 레반트에 진출한 네덜란드인의 사업 수준을 이미 확보하지 않았을까?

---

* Fugger : 근대 초 독일의 가장 강력한 은행업 및 상공업 가문. 특히 야코프 푸거 시절(1459-1525)부터 레반트 무역과 동유럽의 광업을 기반으로 두각을 드러내어 16세기 초에는 황제(카를 5세)의 선출자금을 댈 정도가 되었다. 그러나 이와 같이 합스부르크 황실에 정치자금을 댄 것이 가문 몰락의 원인이 되어 안톤 푸거(1493-1560) 이후 쇠퇴했다.

** Welser : 16세기에 경제 및 재정에서 중요한 역할을 했던 아우크스부르크의 유력한 가문. 특히 1540년까지 스페인령 아메리카와의 교역을 독점했으나 베네수엘라 식민 사업에 실패했다.

*** Jacques Coeur(1395-1456) : 프랑스의 사업가. 레반트, 스페인, 이탈리아와 교역을 하면서 아비뇽, 리옹, 리모주, 루앙, 파리 및 브뤼주(현재의 벨기에의 브루게) 등지에 상관(商館)을 유지했다. 부를 기반으로 외교적, 정치적 역할도 맡았으며 특히 프랑스 국왕 샤를 7세에게 대부를 했다. 그러다가 반대 측의 견제를 받아 투옥되었고 몰락의 길을 밟았다.

이러한 일치점들은 그 외에도 더 찾을 수 있다. 1973-1974년의 위기의 결과로 일어난 경제불황 동안, 비록 근대적인 형태를 띠기는 했지만 비(非)시장경제가 번성했다. 거의 적나라한 물물교환, 용역의 직접교환, 이른바 "암거래 노동(travail au noir)", 그리고 수많은 종류의 가사노동이나 집에서 직접하는 허드렛일 등이 그것이다. 시장의 밑에서 혹은 시장과 동떨어져서 행해지는 이러한 활동의 층은 몇몇 경제학자들의 관심을 끌기에 충분했다. 그것은 적어도 GNP의 30-40퍼센트를 차지하면서도 모든 통계에서 빠져 있었으며, 심지어 공업화된 국가에서도 이러한 일이 일어나고 있었던 것이다.

그리하여 이 삼분법적 도식은 내가 의도적으로 모든 이론을 배제하고 단지 구체적인 관찰과 비교사의 방법으로만 이 책을 써갈 때 참조표가 되었다. 여기에서의 비교란 우선 시간을 통한 비교로서, 장기 지속(la longue durée)과 현재-과거의 변증법이라는 언어를 통한 것이었으며, 그것은 결코 나를 실망시키지 않았다. 또한 공간을 통한, 첨언하자면 가능한 대로 가장 넓은 공간을 통한 비교였다. 왜냐하면 나의 연구는 내가 접근할 수 있는 한도 내에서 전 세계의 차원으로 확대되었으며, 다시 말하면 "세계화했기" 때문이다. 어쨌거나 구체적인 관찰이 가장 중요한 점이다. 우리가 파악한 광경을 그대로 유지한 채 삶 그 자체의 표시인 폭넓음, 복잡성, 이질성을 살펴본다는 것이 처음부터 끝까지 나의 의도였다. 왜냐하면 살아 있는 현실을 세 개의 층으로 나누고 그 각각을 완전히 별개의 것으로 구분하여 살펴보는 것이 가능하다면 역사학은 객관적인 과학이 되었을 터이지만, 사실상은 결코 그렇지 않기 때문이다.

『물질문명과 자본주의』를 구성하는 세 권의 제목은 "일상생활의 구조", "교환의 세계" 그리고 "세계의 시간"이다. 제3권은 국제경제의 형태와 그 주도권의 연속적인 이동에 관한 연대기적인 연구이다. 한마디로 그것은 보통의 역사라고 할 수 있다. 그보다는 훨씬 덜 단순한 나머지 두 권은 유형학적 연구이다. 이미 1967년에 간행된 제1권은 피에르 쇼뉘가 말한 대로 일종의

"세계의 무게 재기(pesée du monde)"이며, 전산업화 세계에서 가능성의 영역이 어느 한계까지 펼쳐져 있었는지에 대한 인식이다. 그 한계들 중의 하나가 "물질생활"이라는 아주 광대한 분야이다. 제2권인 『교환의 세계』는 경제와 자본주의라는 상층의 활동을 대조한다. 이 두 개의 상층은 서로 구분되어야 하고, 또 상호 혼합과 대비를 통해서 서로가 서로를 설명해야 할 것이다.

내가 모든 사람들을 설득할 수 있을까? 물론 불가능하다. 그러나 적어도 나는 이 변증법적인 작용에서 비할 바 없는 이점을 발견했다. 즉 일종의 평화로운 새 길을 지남으로써 자본주의라는 폭발적인 용어가 일으키는 지나치게 격정적 논쟁을 피한다는 점이다. 무엇보다도 제3권은 앞의 두 권에서 개진한 설명과 토론에 근거하고 있다. 아마도 제3권은 아무하고도 충돌하지 않을 것이다.

그리하여 나는 한 권 대신 세 권의 책을 썼다. 이 책을 "세계화하려는" 결심을 했기 때문에 나는 서유럽의 역사가로서 준비하기 힘든 일을 해야 했다. 이슬람 국가에서 체류하면서(알제리에서 10년 동안), 그리고 아메리카에서 체류하면서(브라질에서 4년 동안) 오랫동안 경험을 쌓은 것이 나에게 큰 도움이 되었다. 그러나 일본에 대해서는 세르게이 옐리세예프의 설명과 각별한 가르침을 통하여 지식을 얻었다. 중국에 대해서는 에티엔 발라즈, 자크 제르네, 드니 롱바르의 도움을 받았다. 하려는 의지가 있는 누구든지 인도학(印度學)의 초학자로 만들 수 있는 대니얼 소녀는 활기와 매력적인 관대함으로 나를 인도했다. 아침에 그는 바게트 빵과 크루아상 빵, 그리고 내가 꼭 읽어야 할 책들을 가지고 우리 집에 불쑥 찾아오고는 했다. 감사드릴 사람들의 목록 가장 앞에 그의 이름을 올려놓아야 할 것이다. 그 외에 감사드릴 사람들에 대한 완전한 목록을 만든다면 끝없이 길어질 것이다. 세미나 참가자, 학생, 동료, 친구 모두가 나에게 도움이 되었다. 알베르토 테넨티와 브라니슬라바 테넨티의 우애는 잊을 수 없을 것이다. 그리고 미카엘 쾰과 장-자크 에마르딩케의 협력 역시 마찬가지이다. 마리-테레즈 라비네트는 고문서

보관소에서의 작업과 참고서적 정리를 도와주었고, 아니 뒤셴은 주(註)를 다는 끝없이 긴 일을 해주었다. 조지안 오초아는 열 번 이상이나 연속적으로 개정한 원고를 참을성 있게 타이핑해주었다. 아르망 콜랭 출판사의 로셀리네 데 아얄라는 편집과 조판작업을 효과적이고 정확하게 해주었다. 내 바로 곁에서 일을 도와준 이 여성 협력자들에게 여기에서 단순한 감사 이상의 우정을 표시하는 바이다. 마지막으로 나의 연구의 동반자인 폴 브로델이 없었다면, 제1권을 다시 쓰고 다음 권들을 완성시키거나 또 사실을 설명하고 초점을 맞추는 데에 필요한 논리와 명료성을 검토할 용기를 내지 못했을 것이다. 우리는 다시 한번 오랫동안 함께 일했다.

1979년 3월 16일

서문

나는 이 저작의 세 권 중에 가장 복잡한 제1권을 앞에 두고 있다. 복잡하다는 것은 이 책의 각 장이 독자에게 단순하지 않다는 의미가 아니라, 이 책이 추구하는 목표가 다양하고, 하나의 일관된 역사로 구현해야 하겠지만 아직 익숙하지 않은 주제들이라 그것들을 어렵게 발굴해야 하며, 그리고 보통 서로 관련 없이 고립되어 있고 전통적인 역사서술에서는 주변적으로 발전해온 준(準)역사적인(parahistorique) 논구들—인구, 식량, 의복, 주거, 기술, 화폐, 도시—이 군색하게 모여 있기 때문에 그 어려움이 숨어 있다는 의미이다. 그렇다면 왜 그것들을 모아놓는가?

기본적으로는 전산업화 시기의 경제활동 영역을 포괄하고 그것을 전체 속에서 파악하기 위해서이다. 인간생활의 전체를 제한하고 포괄하는 다소 폭넓은 경계, 도달하기가 늘 어려우며 넘어서기란 더욱 어려운 한계, 말하자면 일종의 천장 같은 것이 있지 않을까? 현시대를 포함하여 시대마다 **가능**과 **불가능** 사이, 다시 말해서 노력이 들기는 하지만 그래도 도달할 수는 있는 것과 인간에게 아예 거부된 채 남아 있는 것 사이에 한계가 그어져 있다. 과거에는 식량이 불충분했고, 가용자원에 비해 인구가 너무 적거나 너무 많았으며, 인간의 노동생산성이 낮았고, 또 자연에 대한 정복이 거의 시작된 단계였다는 점 등이 불가능의 영역이 존재하는 원인이었다. 15세기에서 18세기 말까지 이러한 한계는 거의 변하지 않았다. 심지어 사람들은 가능한 영역의 극단까지 가는 시도조차도 하지 않았다.

이러한 완만함이나 관성에 대하여 더욱 강조할 필요가 있다. 예를 들면 육상수송에는 아주 이른 시기부터 완성단계에 이를 요소들이 있었다. 우선 이곳저곳에서 이루어진 근대적인 도로의 건설, 상품과 여행자를 수송하는 차량의 개선, 역참(驛站)의 설치 등으로 수송 속도가 증가했다. 그러나 이러한 발전은 철도 혁명의 전야인 1830년경이 되어서야 일반화되었다. 그때에야 도로교통이 증대되었고 규칙적으로 되었으며 더욱 빨라졌는가 하면, 나아가서 '민주화되었다.' 즉, 그때에야 가능성의 한계까지 도달한 것이다. 이러한 완만함은 육상수송의 영역에서만 확인되는 것은 아니다. 가능과 불가능 사이의 광범한 경계선에 단절, 혁신, 그리고 혁명이 일어난 것은 19세기에 이르러서였으며, 이로써 세계 전체가 변혁을 맞게 되었다.

이 책이 다루는 작업을 설명하면, 오늘날 우리가 풍부하게 누리는 편의시설과 습관을 멀리 벗어니는 긴 여행이라는 것이다. 이는 우리를 다른 별, 다른 인간들의 세계로 인도한다. 상상의 날개를 활짝 펴서, 페르네*에 있는 볼테르의 집을 방문하여 그와 오랫동안 대화를 나눈다고 생각해보자. 우리는 크게 놀라운 것을 발견하지는 못하리라. 사고의 차원에서 보면 18세기 사람은 우리와 동시대인이다. 그들의 정신, 열정은 우리와 아주 가까워서 거의 낯설지 않다. 그러나 페르네의 거장인 볼테르 선생이 우리에게 며칠간 더 묵으라고 한다면, 일상생활의 모든 잔일들, 심지어 그가 몸단장하는 일조차 우리를 크게 놀라게 할 것이며, 그와 우리 사이에 현격한 차이가 드러날 것이다. 밤의 조명, 난방, 교통, 음식물, 질병, 의료……. 그후에 일어날 엄청나게 큰 변화를 생각해보면, 이 세계는 거의 이해가 되지 않을 정도로 오랫동

---

* Ferney : 스위스와의 국경 근처에 있는 프랑스의 마을. 볼테르는 1760년에 페르네 성 근처에 이 마을을 만들고 1778년까지 살았다. 오늘날에는 페르네-볼테르(Ferney-Voltaire)라고 불린다.

안 안정적으로 갇혀 있던 세계였다. 이 세계를 그토록 단단히 가두어두었던 법칙들이 도대체 무엇이었는지 찾아내기 위해서 수 세기를 거슬러올라가는 여행을 하려면, 우리를 둘러싼 현실에서 결연히 벗어나야 한다.

가능성의 목록을 작성하면서 우리는 서론에서 "물질문명"이라고 이름 붙인 것과 자주 마주쳤다. 가능성의 영역은 단지 위로부터만 제한되는 것이 아니다. 그것은 교환의 움직임 속으로 완전히 들어가기를 거부하는, 생산의 "또다른 절반"을 구성하는 큰 덩어리 때문에 밑으로부터도 역시 제한된다. 도처에 편재하고 침투하며 반복되는 이 물질생활은 일상사(routine)라는 성격을 띤다. 사람들은 언제나 밀의 씨앗을 뿌려왔던 방식으로 오늘날에도 그것을 뿌린다. 언제나 옥수수를 심던 방식으로 오늘날에도 옥수수를 심는다. 또 언제나 논을 고르던 방식으로 오늘날에도 논을 고른다. 그리고 언제나 홍해를 항해하던 방식으로 오늘날에도 항해한다…… 집요하게 나타나는 탐욕스러운 과거는 인간이 누리는 그 얼마 되지 않는 덧없는 시간을 단조롭게 삼켜버린다. 이 정체적인 역사의 층은 엄청나다. 시골의 삶, 즉 세계 인구의 80-90퍼센트의 삶은 거의 대부분 이 층에 속한다. 물론 물질문명이 어디에서 끝나고, 섬세하고 민활한 시장경제가 어디에서 시작하는지 정확히 구분하기는 아주 힘들다. 물질문명과 시장경제는 물과 기름처럼 그렇게 확실히 구분되지는 않는다. 어느 사람, 어느 대리인, 우리가 관찰한 어느 활동이 경계의 이쪽 혹은 저쪽에 있다고 단호히 결정하는 일이 늘 가능하지는 않다. 따라서 **물질문명**(civilisation matérielle)과 공존하기도 하고 이를 교란시키기도 하며, 또 물질문명과 모순됨으로써 오히려 물질문명을 설명해주는 **경제문명**(civilisation économique, 이렇게 부르는 것이 가능하다면)을 물질문명과 동시에 소개해야 한다. 그렇지만 분명 그 둘 사이에는 경계가 존재하며, 그것이 매우 큰 중요성을 띤다는 데에는 의심의 여지가 없다.

경제문명과 물질문명의 두 요소로 구성된 이 복식부기는 사실 수 세기의 진화로부터 비롯되었다. 15-18세기의 물질생활은 거의 파악하기 힘들 뿐노로 대단히 느리게 변화해온 고대 사회와 경제의 연장이다. 그 과정에서 상상할 수 있는 모든 종류의 성공과 실패를 거듭하면서, 이 오래된 사회와 경제 위에 필연적으로 그 무게를 짊어지우는 상부사회(une société supérieure)를 조금씩 형성해갔다. 그리고 언제나 상부와 하부는 공존하되 그 각각이 가지는 크기의 비율은 끊임없이 변화해왔다. 17세기의 유럽에서는 경제가 축소되면서 물질생활이 증가했다. 비슷하게 1973-1974년에 시작된 경기후퇴로 인하여 바로 우리 시대에도 경제 대신 물질생활이 증가했다. 이와 같이 1층이 증가하면 2층이 줄어드는 방식으로 본래부터 경계가 확실하지 않은 채 두 가지가 공존한다. 내가 잘 아는 마을 한 곳은 1929년경에도 17세기나 18세기처럼 살아가고 있었다. 이러한 지체는 의도적일 수도 있고 아닐 수도 있다. 18세기 이전에 시장경제는 하부경제를 포착하고 자기 마음대로 주무를 수 있는 힘이 없었다. 그 하부경제가 시장으로부터 거리가 멀거나 고립되어 있어서 보호를 받기 때문이다. 오늘날에는 반대로 시장 혹은 "경제"와 동떨어진 영역이 광범위하게 존재하는 것은 국가나 사회가 조직한 교환이 이 영역을 소홀히 한다거나 그 교환이 불완전하기 때문이 아니라 차라리 하부로부터 거부당하기 때문이다. 그러나 어쨌든 결과는 비슷하다.

이와 같은 상층과 하층의 공존은 역사가에게 계몽적인 변증법을 요구한다. 시골 없이 어떻게 도시를 이해하며, 물물교환 없이 어떻게 화폐를 이해하겠는가? 또 다양한 사치 없이 어떻게 다양한 빈곤을 이해하며, 가난한 자의 검은 빵 없이 어떻게 부자의 흰 빵을 이해하겠는가?

이제 일상생활을 역사의 영역에 도입하기로 한 마지막 선택을 정당화하는 일이 남아 있다. 그것은 유익한가? 필요한가? 일상성이란 시간과 공간 속에 겨우 표시가 날까 말까 한 일이다. 관찰공간을 좁힐수록 물질생활의 배경 자체로 들어갈 기회가 커진다. 큰 단위는 일반적으로 "큰 역사(History)"에 해당한다. 즉, 원거리 무역, 전국경제나 도시경제의 망(網) 등이다. 관찰시간을 아주 짧은 시간영역에 한정시키면, 사건(événement, event)이나 신문의 잡보면(雜報面)에 나오는 것 같은 일상사를 보게 된다. 사건은 유일하거나 유일하다고 믿는 것이다. 반면 잡보면의 일상사는 반복되고 또 반복되면서 일반성 혹은 구조가 된다. 그것은 사회의 각층에 침투하여 영구히 반복되는 존재양식과 행동양식을 특징짓는다. 때로 몇몇 일화만 있어도 그것이 표시등 역할을 하여 생활양식들을 밝혀주기도 한다. 오스트리아 대공 막시밀리안 1세가 식사하는 모습을 그린 1513년의 그림을 보자. 그는 접시 위에 있는 음식에 직접 손을 대고 먹고 있다. 약 2세기 후에도, 팔라틴 백작부인의 말에 의하면, 루이 14세는 손자들과 처음으로 함께 식사하는 자리에서 식사예절을 가르칠 때, 지나치게 열성적인 가정교사가 가르쳐준 대로 포크를 사용하지 말고 반드시 자기처럼 손가락으로 먹으라고 가르쳤다고 한다. 그렇다면 유럽은 도대체 언제 올바른 식사예절을 만들었는가? 15세기의 일본 옷은 18세기의 일본 옷과 유사해 보인다. 어느 스페인 사람은 한 일본 고관과 나눈 대화를 이야기했는데, 그 일본인은 몇 년의 간격을 두고 유럽인을 만날 때마다 유럽인들이 너무 다른 옷을 입고 있어 대경실색했다고 한다.* 유행의 광기는 전적으로 유럽의 것이다. 이런 사실은 아무 의미가 없는가? 이와 같은 작은 사건들, 여행자의 노트 등을 추적하면 한 사회가 드러난다. 다양한 층의 사람들이 어떻게 먹고 입고 거주하는지의 문제는 결코 흥미 없는 일이 아니다. 이렇게 포착한 스냅 사진들은 여러 사회의 대조점, 상이점을 확인시켜주는데, 전적으로 피상적이지만은 않다. 이것은 흥미 있는 놀이이다. 나는 이런 식으로 그림들을 재구성하는 것이 무용하지 않다고 믿는다.

이상에서 나는 몇 가지 방향을 제시했다. 가능과 불가능, 1층과 2층, 일상생활의 모습 등이 그것이다. 이것은 이 책의 구도를 미리부터 복잡하게 만들었다. 결국 해야 할 말이 너무 많다. 이제 그것들을 어떻게 말할 것인가?[1]

---

* 팔라틴 백작부인 및 루이 14세의 손자들과의 일화에 대해서는 이 책의 제3장을, 그리고 스페인 사람과 일본 고관의 대화에 대해서는 이 책의 제4장을 참조하라.

제1장

수의 무게

물질문명, 그것은 인간과 사물이요, 사물과 인간이다. 사물—음식, 주거, 의상, 사치, 도구, 화폐, 마을과 도시의 틀 등 인간이 사용하는 모든 것—을 연구하는 것만이 인간의 일상적인 존재를 측정하는 유일한 방법은 아니다. 그러한 대지의 산물을 나누어가지는 사람들의 숫자 역시 의미가 있다. 오늘날의 세계와 1800년 이전의 세계를 놓고 볼 때 곧바로 차이가 나는 외적 표지는 최근의 비상한 인구 증가이다. 현재 사람들은 넘쳐나고 있는 실정이다. 이 책에서 다루는 4세기(15-18세기) 동안 전 세계의 인구는 아마도 두 배로 늘었을 것이다. 이에 비해 현재 우리가 살고 있는 이 시대에는 30-40년마다 인구가 두 배로 늘고 있다. 물론 그것은 물질적 진보 때문에 가능하다. 분명이 진보에 대해서 인구수는 그 자체가 원인이면서 동시에 결과이다.

인구는 훌륭한 "지표"가 된다. 인구는 성공과 실패의 대차대조표를 보여준다. 그것만으로도 지구상의 지리적인 차별성이 드러난다. 어느 곳은 사람이 거의 없는 대륙인 반면 또다른 곳은 이미 너무 과밀한 지역이며, 어느 곳에서는 문명(civilisation)이 발달해 있고 또다른 곳에서는 아직 원시적인 문화(culture)에 머물러 있다. 그것은 다양한 인간집단 사이의 결정적인 관계를 보여준다. 그런데 흥미로운 사실은 바로 이 지리적인 차별성이 과거로부터 오늘날까지 가장 변하지 않은 채 그대로 남아 있는 지표라는 점이다.

그에 비해 가장 크게, 총체적으로 변한 것은 다름 아닌 인구 증가의 리듬 그 자체이다. 현재에는 개별 사회, 경제에 따라 그 정도가 다소간 다르지만 어쨌든 인구는 끊임없이 증가하고 있다. 그러나 과거에는 마치 파도가 치듯 인구가 증가했다가 감소했다. 이렇게 교대로 변화하는 움직임, 인구의 밀물과 썰물은 과거의 삶의 상징이었다. 인구의 감소와 증가가 연속되었고, 그러면서 감소가 증가의 결과를 거의 전부―완전히는 아니라고 해도―상쇄시켜버리고는 했다. 확실히 인간으로부터 출발해야 한다. 그러고 나서 사물에 대해서 이야기하자.

세계의 인구 : 만들어낸 수들

오늘날에도 우리는 세계 인구의 약 10퍼센트 정도에 대해서만 자세히 알 수 있을 뿐이다. 하물며 과거의 인구에 대해서는 불행히도 그야말로 대단히 불완전한 지식밖에 없다. 그렇지만 단기적으로나 장기적으로나, 또 지방적인 차원에서나 거대한 규모의 세계적인 차원에서나 모든 것이 인구수, 그리고 그것의 변화에 연관되어 있다.

밀물과 썰물

15세기에서부터 18세기까지 인구는 늘기도 했고 줄기도 했다. 그리고 그에 따라 모든 것이 바뀌었다. 만일 인구가 늘어나면 우선 생산과 교환이 늘어난다. 늪지 또는 산지 등의 변두리 황무지 땅으로 경작지가 확대되고 수공업 생산도 발달한다. 마을이 커지고 더 빈번하게는 도시가 커진다. 정착지를 떠나 이동하는 사람들 역시 늘게 마련이다. 그 외에도 인구 증가의 압력은 많은 건설적인 대응들을 불러일으킨다. 물론 전쟁이나 분쟁, 약탈과 강도도 함께 늘어난다. 군대나 무장집단도 증대한다. 평시보다도 더 많은 졸부와 특권계층이 생겨난다. 국가가 번영하는데, 이것은 재앙이면서 동시에 축복이다. 그리고 보통 때보다 쉽게 가능성의 한계에 도달한다. 이러한 것들이 흔히 볼 수 있는 표지들이다. 그러나 인구의 확대에 대해서 무조건적인 찬사를 보내지는 말자. 그것은 경우에 따라 이롭기도 하고 해롭기도 하다. 인구가 늘어나면 그 인구가 차지하거나 누리는 공간 및 부(富)와의 관계에서 변화가 일어난다. 그 과정에서 해당 인구는 "문턱점(seuils critiques, critical threshold)"[1]을 넘어서게 되고 그때마다 그 구조 전체가 새로이 문제가 된다. 간단히 말해서 이 게임은 단순하지도, 단선적이지도 않다. 오늘날에도 인구의 과중한 부담은 사회가 부양할 수 있는 가능성의 범위를 종종 넘어서는데, 과거에는 말할 필요조차 없다. 18세기 이전에 너무나 당연했던 이 진리는 오늘날에도 일부 후진국에서 여전히 타당하다. 이때 더 이상 넘을 수 없는 복지수준의 한계가 그어진다. 인구 증가는 생활수준의 하락을 가져오고 또한 잘 먹지 못해서 영양 부족인 사람, 극빈자, 삶의 뿌리가 뽑혀 떠도는 사람의 수를 어마어마하게 증가시켜서 상황을 더욱 악화시키기 때문이다. 음식을 먹어치우는 입의 수와 만족시키기 쉽지 않은 음식 공급 사이에, 또 일손과 고용 사이에 균형을 다시 맞추어주는 것은 결국 질병과 기근이다. 언제나 기근이 질병에 선행하고 또 동행한다. 이와 같이 아주 잔혹한 조정이 이루어진 것이 앙시앵 레짐 시기*의 몇 세기 간의 두드러진 특징이다.

서유럽의 경우에 다소간 정확한 시점을 잡으면, 1100-1350년에 걸친 장기적인 인구 증가, 1450-1650년의 또다른 증가, 그리고 다시 1750년 이후의 새로운 증가를 들 수 있다. 특히 이 마지막 경우는 앞의 경우들과 달리, 더 이상 인구 증가 이후에 인구 감소가 뒤따르지 않았다. 따라서 우리는 서로 유사한 세 번의 긴 생물학적 팽창기를 보게 된다. 이 중에 우리 연구의

---

* Ancien Régime : 프랑스 혁명과 산업혁명 전의 사회, 경제, 정치체제. '구체제', '구제도' 등의 번역이 사용되기도 하지만, 이 책에서는 그대로 '앙시앵 레짐', 혹은 경우에 따라 '앙시앵 레짐 시기'로 쓸 것이다.

핵심이 되는 처음 두 시기의 뒤에는 곧 인구 감소가 뒤따랐다. 먼저 1350-1450년의 감소는 극히 심각한 성격이었고, 1650-1750년의 감소는 훨씬 완화된 정도여서, 인구 감소라기보다는 인구 증가의 감속(減速)에 가깝다. 오늘날(적어도 1945년 이후) 후진국의 인구 증가는 생활수준의 급격한 하락을 가져오기는 하지만 다행스럽게도 인구 자체가 잔인할 정도로 감소하는 인구의 디플레이션 현상을 일으키지는 않는다.

인구 감소는 매번 몇몇 문제들을 해결해주고, 긴장을 없애주며, 살아남은 자에게 유리한 특권을 부여한다. 말하자면 극약처방이지만 어쨌든 처방은 처방이다. 14세기 중반의 흑사병과 그것을 이은, 그리고 더 큰 피해를 가져다준 질병들이 지나가고 난 뒤, 남은 유산들은 소수의 사람들에게 집중되었다. 양질의 토지만을 경작했고(그래서 더 적은 노력으로 더 큰 수확을 누렸다), 살아남은 사람들의 생활수준과 실질임금이 상승했다. 예컨대 랑그도크는 1350년부터 1450년에 이르는 한 세기 동안 사람이 많이 살지 않는 텅 빈 지방이 되었다. 이전에 번성했던 평야에 나무들과 들짐승들이 침투해 들어왔다.[2] 그러나 곧 다시 사람들이 빽빽이 들어차게 되어, 이전의 야생 동식물들에게 빼앗겼던 땅을 재정복했고, 밭에서 돌을 캐냈으며, 나무와 관목의 뿌리를 뽑아냈다. 그 결과 이로 인한 번영 자체가 다시 짐이 되어 곤궁을 자초했다. 1560년 또는 1580년부터 프랑스와 스페인, 이탈리아, 아마도 서유럽 전역에서 인구가 다시 너무 많아지게 되었다.[3] 단조로운 이야기가 다시 시작된다. 모래시계가 다시 뒤집힌 것이다. 인간이 행복을 맛본 것은 잠깐에 불과했으며, 그것을 깨달았을 때에는 이미 너무 늦은 후였다.

그런데 이 장기적인 변동은 유럽 이외 지역에서도 일어났으며, 그것도 같은 때에 그러했던 것 같다. 중국과 인도 역시 유럽과 같은 리듬으로 상승하고 후퇴했던 것으로 보인다. 마치 인류 전체가 원초적인 우주의 운명에 사로잡혀 있어서, 그것에 비하면 나머지 일들은 단지 부차적인 진리인 듯하다. 경제학자이자 인구학자인 에른스트 바게만은 늘 이 점을 이야기했다. 이러한 동시성은 18세기에는 확실했고 16세기에는 매우 가능성이 컸다. 나아가서 13세기에 대해서도 성왕(聖王) 루이*가 다스리는 프랑스로부터 저 멀리 몽골 치하의 중국에 이르기까지 그러한 동시성을 상정할 수 있을 것이다. 이것은 단번에 문제들의 성격을 다르게 만드는 동시에 단순화시킨다. 인구 동향은 경제, 기술, 의료의 진보와는 사뭇 다른 원인에서 기인할 수도 있으리라는 것이 에른스트 바게만의 결론이다.[4]

지구 전체의 한쪽 끝에서 다른 쪽 끝까지 어느 정도 동시적으로 진행되었던 이 변동들은 서로 다른 인간집단들 사이에 수 세기 동안 상대적으로 고정된 수치관계(이곳의 인구가 저곳의 인구와 같다든가, 또다른 곳의 인구의 두 배라든가)가 있지 않았을까 짐작하게 만든다. 한 곳의 인구를 알면 다른 곳의 인구의 무게를 짐작할 수 있고 이런 방식으로 인류 전체의 인구를 재구성할 수도 있을 것이다. 물론 이러한 계산에 내재하기 마련인 오차를 감안하고서 말이다. 이러한 총량적인 수치를 구해보는 것이 왜 흥미로운지는 자명하다. 비록 불명확하고 어쩔 수 없이 부정확하더라도, 그것은 하나의 전체 집단으로서(통계학자의 용어를 빌리자면 하나의 스톡**으로서) 인류의 생물학적 변화를 추정하게 해주기 때문이다.

부족한 통계수치

15세기와 18세기 사이의 세계 인구가 어떠한지 아는 사람은 아무도 없다. 역사학자들이 제공하는, 근거가 취약하고 서로 상치되는 일부 숫자를 가지고는 통계학자들 간에 견해의 일치를 볼 수 없다. 일견 이 의심스러운 근거

---

* Louis IX(1214-1270): 프랑스의 국왕(재위 1226-1270)으로 별명은 성왕이다. 한편으로는 영국, 아라곤 등 경쟁국들과 싸우면서, 또 한편으로는 국내의 몽건 귀족세력을 누르면서 국왕권을 확립했다. 득히 공정하고 권위 있는 국왕 재판권을 행사했다. 신실한 기독교 신자로서 십자군에 직접 참가하여 때로는 혁혁한 전공을 세우기도 했고 때로는 포로로 잡히기도 했으며, 결국 원정 중에 병으로 사망했다.
** stock: 한 시점에 존재하는 것으로서 크기를 잴 수 있는 앙.

로는 아무것도 성취할 수 없을 것 같다. 그러나 시도해볼 가치는 있다.

우선 통계수치가 거의 없고 그나마도 그렇게 확실하지는 않다는 점을 인정해야 한다. 통계수치를 찾아볼 수 있는 곳으로는 우선 유럽이 있고, 또 몇몇 훌륭한 연구가 수행된 중국이 있을 뿐이다. 이 두 경우에 우리는 인구조사(census) 또는 그와 비슷한 정도로 유효한 추산치를 가지고 있다. 모든 시험을 견뎌낼 만큼 탄탄하지는 않지만 그곳에 한번 과감히 들어가보는 데에 진짜 큰 위험은 없다.

그러나 그 외의 세계는 어떠한가? 인도에 대해서 우리는 거의 아무것도 모른다. 인도는 일반적으로 자체의 역사에 거의 관심을 두지 않았고, 그것을 밝혀줄 수치에 대해서도 마찬가지였기 때문이다. 중국 이외의 아시아 역시 일본을 제외하고는 사정이 비슷하다. 물론 오세아니아에 대해서도 확실한 것은 아무것도 없다. 이곳은 17세기와 18세기에 이르러서야 유럽인들이 스쳐가듯 여행했을 따름이다. 아벨 타스만(Abel Tasman)이 뉴질랜드에 도착한 것은 1642년 5월이었다. 훗날 그의 이름이 붙게 된 태즈메이니아(Tasmania) 섬에는 같은 해 12월에 도착했다. 제임스 쿡이 오스트레일리아에 간 것은 한 세기 뒤인 1769년과 1783년이다. 부갱빌이 타히티 섬, 다시 말해서 누벨 시테르 섬에 간 것은 1768년 4월이었다(그러나 사실 이곳은 그가 발견한 것은 아니다).* 그런데 이렇게 인구수가 많지 않은 지역에 대해서 자세히 살펴볼 필요가 있을까? 통계학자들은 오세아니아 전체 인구를 어느 시기이든 상관없이 약 200만 명 정도로 추산한다. 사하라 이남의 블랙 아프리카**에 대해서도 물론 확실한 것은 전혀 없고 다만 16세기 이래의 흑인 노예 거래에 관

---

* 1768년에 부갱빌이 타히티 섬에 도착했으나, 그로부터 1년 전에 이미 영국인 월리스가 그곳에 갔으며 심지어 약 160년 전에 포르투갈인이 이곳을 발견했다는 사실을 그는 몰랐다. 부갱빌은 타히티 섬을 대단히 목가적으로 생각해서, 그리스 신화에 사랑과 환락이 넘치는 베누스의 섬으로 묘사된 시테라 섬에 비유하여 이 섬을 누벨 시테르(프랑스어로 '새로운 시테라'라는 뜻)로 명명했다. 그래서 태평양의 낙원이라는 전설이 만들어졌다. 이 책의 233쪽을 참조하라.

** Afrique Noire, Black Africa : 사하라 이남의 아프리카를 지칭하며, 이 책에서는 '블랙 아프리카'라고 번역했다.

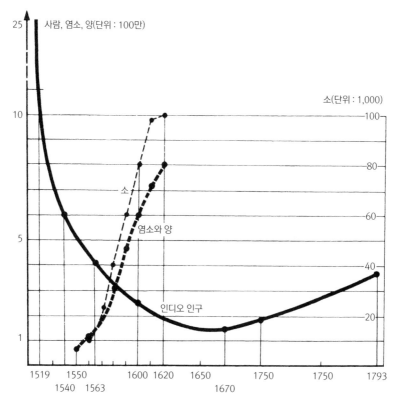

1. 멕시코 : 사람이 가축 떼에 자리를 양보하다
(피에르 쇼뉘, 『세계사』 제3권, 『플레이아드 백과사전』, "라틴 아메리카" 항목)

한 상이한 수치만 있을 따름인데, 설혹 이것이 정확하다고 하더라도 그것으로부터 중요한 사실을 끌어낼 수는 없을 것이다. 마지막으로 아메리카 대륙에 대해서도 확실한 것은 없지만, 적어도 서로 모순되는 두 가지의 계산이 있다.

앙헬 로센블라트가 생각하기에 최상의 방법은 소급법이다.[5] 즉, 오늘날의 수치에서 출발하여 과거로 거슬러올라가는 것이다. 이 방법에 따르면, 유럽인의 정복 직후 아메리카 전체의 인구가 1,000만-1,500만 명이라는 매우 낮은 수치로 귀결되며, 이 빈약한 인구는 더욱 감소해서 17세기에는 800만 명이 된다. 이 인구가 완만하게나마 다시 증가하는 것은 18세기부터의 일이다.

이에 비해서 버클리 대학의 미국인 역사학자들(쿡, 심프슨, 보라[6])—정확하지는 않으나 흔히 이들을 간단하게 "버클리 학파"라고 부른다—은 유럽인의 정복 직후 멕시코 일부 지역에 대해서 알려진 그 당시의 부분적인 수치를 가지고서 일련의 계산과 내삽법*을 사용했다. 그 결과로 나온 수치는 대단히 부풀려져 있다. 1948년에 제안한 추산에 의하면 1519년의 인구가 1,100만 명이었는데, 1960년에 여기에 새로이 정보를 추가하고 기존의 것을 더 자세히 연구하여 얻은 결과는 멕시코만 가지고서도 이미 그 자체로 엄청난 인구인 2,500만 명이었다. 그후 인구는 끊임없이, 또 빠른 속도로 감소했다. 1532년 1,680만 명, 1548년 630만 명, 1568년 265만 명, 1580년 190만 명, 1595년 137만5,000명, 1605년 100만 명, 그리고 1650년부터는 느린 회복이 시작되었고 1700년부터는 회복 경향이 더욱 뚜렷해졌다.

이 엄청난 수치들을 보면 1500년경 아메리카에 8,000만에서 1억 명의 인구가 있었다고 생각할 수도 있다. 그러나 고고학적인 증거와 바르톨로메 데 라스 카사스 신부**를 비롯한 아메리카 정복 시대의 많은 연대기 작가들의 증언을 가져다 댄다고 해도 이것을 곧이곧대로 믿을 사람은 없을 것이다. 다만 절대적으로 확실한 사실은 유럽인의 아메리카 대륙 정복과 함께 거대한 인구 괴멸이 있었다는 점이다. 그 비율이 아마 10 대 1까지는 아닐지라도, 14세기 유럽 대륙에서 기승을 부린 흑사병이나 그것에 뒤이어 발생한 질병의 재앙들과도 비교할 수 없을 정도의 거대한 수준이었다는 점은 확실하다.

---

* 內揷法, interpolation : 보간법이라고도 한다. 연속된 시점들의 자료들 중에 어느 중간 부분이 빠져 있을 때 앞뒤의 경향을 참고하여 그 빠진 부분의 경향을 추산하는 방법이다.

** Bartolomé de Las Casas(1484~1566) : 스페인의 가톨릭 신부. 아메리카에서 백인이 인디오를 무참하게 살상하는 모습을 보고 이를 고발하는 책 『인디오 파괴에 대한 짧은 보고서(Brevísima relación de la destrucción de las Indias)』를 써서 큰 반향을 불러일으켰다. 이 책에는 심할 경우 한 번에 몇만 명에서 몇십만 명의 인디오가 죽임을 당했다고 기록되어 있다(이를 인디오 인구에 대한 '흑색 전설[Black Legend]'이라고 한다). 이것이 과장이라는 비판이 늘 제기되었으나, 현재까지의 연구—비록 그 내용을 문자 그대로 받아들일 수는 없더라도—는 이것이 오히려 사실에 가깝다고 보고 있다.

무자비한 전쟁의 고통이나 유례없이 과중했던 식민지 노역에 일부 책임을 돌릴 수 있을 것이다. 그러나 15세기 말의 인디오 인구집단은 원체 인구학적으로 취약했다. 그중에서도 특히 모유를 대신해주는 우유를 생산하는 가축이 없었기 때문에 3–4세가 될 때까지 아이들에게 모유를 먹여야 했고, 그 결과 이 긴 수유 기간에 여성의 가임성(可妊性)이 떨어졌으며, 이것은 빠른 인구 회복을 방해했다.[7] 한편 불안정한 균형 상태에 있던 아메리카 인디오 인구집단은 가공할 세균의 침입을 몇 차례 겪었는데, 18세기와 특히 19세기에 백인들이 태평양 지역에 등장하면서 세균을 퍼뜨리게 되자 그야말로 극적인 결과를 맞이했다.

유럽과 아프리카에서 들어온 바이러스, 박테리아, 기생충들이 일으키는 질병은 마찬가지로 대서양을 넘어온 동물, 식물, 사람보다도 더 빠르게 퍼져나갔다. 자신들의 병원체에만 적응해 있던 인디오들은 이 새로운 위험 앞에 무방비 상태였다. 유럽인들이 신대륙에 도착하자마자 천연두가 발병했다. 이 병은 1493년부터 이미 산토 도밍고에서 퍼지기 시작했다. 1519년에는 포위된 멕시코에 에르난 코르테스*가 침입해 들어가기도 전에 천연두부터 발병했고, 1530년대의 페루에서도 스페인군들이 도착하기 전에 병부터 퍼졌다. 이 병은 다음으로 1560년에 브라질에, 그리고 1635년에 캐나다에 도달했다.[8] 유럽에서는 반쯤 면역이 된 이 질병이 토착 인디오들에게는 가공할 피해를 입혔다. 마찬가지로 홍역, 유행성 인플루엔자, 이질, 나병, 페스트(1544–1546년경에 **아마도** 처음으로 쥐가 아메리카에 들어왔을 것이다), 성병(이 어려운 문제에 대해서는 다시 언급할 것이다), 티푸스, 상피병(象皮病) 등도 백인이나 흑인이 들여왔는데, 이곳에서 새로이 맹위를 떨쳤다. 물론 몇몇 질병의 실제 성질에 대해서 주저되는 바가 없지 않지만 맹독성 세균이 침입

---

* Hernán Cortés(1485–1547) : 스페인의 신대륙 정복자. 가난한 귀족 출신으로 1504년에 신대륙으로 건너가 산토 도밍고와 쿠바에서 근무했다. 1518년 쿠바 총독의 명으로 아즈텍 원정대를 지휘하여, 1521년 아즈텍 제국의 수도 멕시고를 파괴했다.

했다는 사실 자체는 의심의 여지가 없다. 멕시코 인구는 엄청난 질병의 충격 아래 괴멸당했다. 1521년에 천연두가, 1546년에는 정확히 규명되지는 않았으나 "페스트"라고 불리는 병(티푸스나 인플루엔자일 것이다)이 퍼졌는데, 후자의 경우 1576-1577년에 두 번째로 끔찍하게 발병했을 때에는 200만 명을 죽음으로 몰아넣었다.[9] 앤틸리스 제도의 몇몇 섬에서는 아예 인구가 멸종되기도 했다. 황열병*이 열대 아메리카의 풍토병이라는 설도 수정해야 한다. 그것은 아마도 아프리카가 원산지일 것이다. 어쨌든 이 병은 느지막이 나타났다. 쿠바에는 1648년경에, 브라질에는 1685년에 나타난 것이다. 여기에서부터 이 병은 신대륙의 열대지역 전역으로 퍼져나가서 19세기에는 부에노스 아이레스에서 북아메리카의 동해안 지역에까지 확산했고 심지어 유럽의 지중해 항구들에까지 다다랐다.[10] 이 죽음의 동반자를 고려하지 않고 19세기의 리우 데 자네이루를 생각할 수는 없다. 이 무서운 질병들이 그때까지는 토착 인구를 대량으로 죽음으로 몰아갔다면, 그다음에는 풍토병으로 정착했다가 새로 도착한 백인들을 주요 희생자로 삼았다는 사실을 이야기해야 한다. 1780년경 포르토벨로에서는 갤리온선의 선원들이 이 병에 걸려서, 이 배들이 항구에서 겨울을 나야 했다.[11] 신세계는 이와 같이 무서운 재앙을 겪었다. 그런데 이 재앙은 훗날 태평양의 섬들에 유럽인들이 정착할 때 다시 나타났는데, 이 지역이 생물학적으로 또다른 곳이기 때문이다. 예를 들면 말라리아는 인도네시아와 오세아니아에 뒤늦게 들어왔다. 바타비아**가 이 병으로 황폐화된 것은 1732년의 일이다.[12]

이제 조심스러운 로센블라트의 계산과 낭만적인 버클리의 역사학자들의

---

* 黃熱病 : 모기에 의하여 매개되어 내장, 특히 간장과 신장에 중독성 변성(變性)을 일으켜서 발열, 황달, 단백뇨, 위장의 출혈 따위를 일으키게 하는 급성 바이러스성 열대성 전염병이다.
** Batavia : 오늘날 인도네시아의 수도인 자카르타의 옛 이름. 동남아시아의 중요한 무역항이었다. 16세기 말에 네덜란드 인이 이곳에 상관을 세웠으며, 1619년에는 영국 해군을 격퇴한 후에 시가와 성채를 정비하고 확장하면서 이곳을 동양 정략의 거점으로 삼고 바타비아로 개칭했다. 바타비아라는 이름은 네덜란드의 전설적인 선조 바타부스(Batavus)에서 비롯된 것이다. 그러다가 1945년에 인도네시아가 독립하면서 옛 이름인 자카르타로 환원했다.

계산 사이에 타협이 가능하다. 이들의 수치들은 유럽인의 정복 이후이냐 이전이냐에 따라 어느 것이나 사실일 수 있고 개연성이 있다. 우리는 우선 보이틴스키와 엠브리의 견해를 포기하게 된다. 엠브리는 일전에 "콜럼버스 발견 이전 시대에 알래스카로부터 혼 곳에 이르는 지역 전체*에서 1,000만 명 이상의 사람이 살았던 적은 결코 없었다"고 이야기했다.[13] 이것은 이제 의심스러운 이야기가 되었다.

어떻게 계산할 것인가?

아메리카 대륙의 예는 상대적으로 확실한 몇몇 수치로부터 출발해서 다른 것을 추정하고 상상하는 매우 단순한 방법의 실상이 어떠한지를 보여준다. 이 불안정한 방법은 의심할 여지없는 문서로 증명된 사실에만 만족하는 역사가를 불안하게 할 텐데, 그것은 이해할 수 있는 일이다. 그러나 통계학자에게는 이러한 불안감도, 소심함도 없다. 사회통계학자인 폴 A. 라담은 유머러스하게 다음과 같이 말했다. "사람들은 우리가 식료품 잡화상처럼 하지 않는다고 비난한다. 우리는 이렇게 대답할 것이다. 우리에게는 세부적 사실은 중요하지 않으며 오직 크기의 규모(ordre de grandeur, order of magnitude)만이 흥미로울 따름이다."[14] 크기의 규모, 그것은 가능한 천장과 마룻바닥, 즉 최대치와 최소치 수준을 의미한다.

모두가 틀리기도 하고 모두가 옳기도 한 이 논쟁에서 우리는 실제 계산을 수행한 사람 편에 서려고 한다. 그들은 지구상의 다양한 인구집단 사이에 고정된 것은 아닐지라도 적어도 매우 느린 변화만이 일어나는 어떤 비율이 있다고 가정한다. 이것이 모리스 알박스의 견해이다.[15] 달리 표현하면 전 세계 인구는 거의 변화하지 않는 구조를 가지고 있다는 말이 된다. 즉 상이한 인간집단들 사이의 수치관계는 대체로 변화 없이 유지된다. 버클리 학파는

---

* 혼 곳(Cape Horn)은 남아메리카 최남단 지점이다. 그러므로 "알래스카로부터 혼 곳에 이르는 지역 전체"란 남북 아메리카 대륙 전체를 뜻한다

멕시코라는 한 부분의 수치로부터 아메리카 대륙 전체의 수치를 끌어냈다. 같은 방식으로 카를 람프레히트와 카를 율리우스 벨로흐(1854-1929)는 800 년경 트리어 지역의 인구를 개략적으로 밝혀낸 다음 이것으로부터 게르마니아 전역에 해당하는 수치를 계산해냈다.[16] 문제는 늘 같다. 가능성 있는 비율에 근거해서, 이미 알고 있는 수치로부터 출발하여 한 차원 위의 수치로 넘어가는데, 이 수치는 아마도 실제에 가까울 것이며 크기의 규모를 결정해 줄 것이다. 이 크기의 규모는 결코 무가치한 것이 아니다. 물론 실제의 수치가 있다면 더 좋겠으나 바로 그것이 우리에게 없기 때문이다.

중국 인구와 유럽 인구의 동등성

유럽에 대해서는 역사인구학의 위대한 선구자인 벨로흐를 비롯해서 파울 몸베르트, 조시아 러셀, 그리고 이에 덧붙여 마르첼 라인하르트의 최신판 책에서 보이는 추론, 계산, 수치 등을 살펴볼 수 있다.[17] 이 수치들은 서로 일치하는데, 그 이유는 간단하다. 서로 상대방의 수치를 조심스럽게 차용했기 때문이다. 나는 이 중에 가장 높은 수준의 수치를 선택했는데—선택했다기보다 차라리 **상상했다**는 표현이 맞을 것이다—그것은 유럽의 경계를 멀리 우랄 산맥까지 확대하여 동부의 "미개지 유럽"까지 포함해서 생각하고자 하기 때문이다. 발칸 반도, 폴란드, 모스크바 공국, 스칸디나비아 국가들에 대해서 제시된 수치는 매우 의심스러운 것으로, 겨우 오세아니아나 아프리카에 대해서 통계학자들이 제시한 정도의 타당성만 있을 따름이다. 그렇지만 이렇게 유럽을 확장된 단위로 파악한 데에는 그럴 필요가 있기 때문이다. 그렇게 하면, 하나의 측정단위로서의 유럽을 고려할 때 시대를 막론하고 동일한 공간적 크기를 고려할 수 있게 된다. 이제 이렇게 우랄 산맥까지 확장한 유럽을 저울의 한쪽에 놓고 또 한쪽에 중국을 놓아서 비교하면, 양쪽의 무게가 대략 균형 상태에 이르게 된다. 19세기 이후, 완벽하지는 않으나 적어도 받아들일 만한 수치를 가지게 되었을 때부터 두 지역 간의 동등성이 입증

되기 시작했다.

중국의 수치는 공식 인구조사에 기초했지만, 반박할 여지가 없을 정도의 가치가 있지는 않다. 이것은 재정에 관한 수치로, 세금이라면 곧 부정 탈세나 엄청난 왜곡, 어쩌면 두 가지 모두를 내포하기 마련이다. 이 수치가 대체로 너무 낮게 잡혀 있다는 애벗 어셔의 생각은 옳은 판단일 것이다.[18] 따라서 그는 이 수치를 올려잡았지만, 대개 이런 종류의 조작이 그러하듯이 그 결과 역시 불확실성을 포함한다. 불완전한 장부 문서에 달려들어 연구한 최근의 한 역사가 역시 비슷한 작업을 했다.[19] 그런데 이렇게 얻어낸 많은 수치들은 도저히 불가능한 상황들을 보여주고는 하는데, 아무리 중국의 인구가 많다고 해도 불가능한 큰 규모의 인구 감소 및 인구 증가가 그것이다. 아마도 이 수치는 흔히 그러하듯 "인구의 크기와 함께 제국의 질서와 권위도 함께 반영된 결과이다." 그 예로 농민들의 대규모 반란인 오삼계*의 난이 일어난 무렵인 1674년을 들 수 있다. 이 해의 인구는 그전에 비해서 전체 수치가 700만 명이나 줄어들었다. 이들은 죽은 것이 아니라 단지 중앙권력에 포착되지 않았을 뿐이다. 그들이 다시 중앙정부에 복종하게 되자 이번에는 인구의 자연스러운 증가로는 아무리 최대치라고 해도 불가능한 대약진을 보였다.

또 하나 추가로 언급할 것은 인구조사의 기본 토대가 늘 같지는 않다는 점이다. 1735년 이전에는 담세자로서 16-60세의 남자인 인정(人丁)의 수를 세었다. 따라서 이들이 전체 인구의 28퍼센트라고 가정하여 숫자를 몇 배로 곱해야 했다. 이에 비해 1741년 이후의 인구조사는 실제 모든 사람을 대

---

* 吳三桂(1612-1678) : 명나라 말기부터 청나라 초기까지의 군인. 명나라 말기에 도지휘사(都指揮使), 총병(總兵)이 되어 산해관(山海關)에서 청나라 군대의 침입을 막았다. 그러나 명나라가 멸망하자 청나라에 투항했고, 그후 청나라의 중국 진출의 선봉이 되어 큰 공을 세우고 평서왕(平西王)에 봉해져서 윈난 성에 주둔했다. 그러나 청나라가 그의 세력을 제거하려고 하자 1673년 경정충(耿精忠), 상지신(尙之信)과 거병했다(삼번[三藩]의 난). 1678년 그가 병사하자 반란군 세력이 쇠진하여 그로부터 3년 뒤 멸절되었다.

상으로 했다. 이 두 번째 방법에 의한 중국 인구는 1억4,300만 명인 데 비해 인정의 수로부터 얻은 1734년 인구는 9,700만 명이었다. "조작"을 통해 두 수치를 조정하고 일치시킬 수도 있겠지만 그렇게 한다고 누가 만족하겠는가?[20] 그러나 이 수치들이 장기적으로 보면 전혀 무가치한 것은 아니라고 전문가들은 말한다. 그리고 가장 오래된 인구조사 수치, 즉 명나라 시대(1368-1644)의 수치가 가장 믿을 수 없는 것이 아니며 오히려 그 반대라는 점도 그렇다.

우리는 어떤 재료를 가지고 작업하는가를 살펴보았다. 이 수치들을 그래프에 옮겨놓고 보면, 우랄 산맥까지 확장시킨 유럽과 가장 중요한 지방들에만 한정시킨 중국 사이에 개략적인 동등성이 성립된다. 오늘날에는 저울의 균형이 갈수록 중국 쪽으로 기우는데, 그것은 중국의 출생률이 높기 때문이다. 그러나 개략적이든 아니든 이 대강의 동등성은 세계사의 가장 뚜렷한 구조 중 하나이며, 이것으로부터 우리는 세계 인구에 대한 개략적인 계산을 이끌어낼 수 있다.

세계의 인구

19세기의 시작과 함께 우리가 믿을 수 있는 통계를 가지게 된 때부터(최초의 진정한 인구조사는 1801년 영국에서 있었다) 중국과 유럽이 각각 인류 전체의 약 4분의 1을 점하고 있다는 사실이 밝혀졌다. 물론 그러한 비율을 과거에 유추하여 적용할 때 그 유효성이 사전에 보장되지는 않는다. 유럽과 중국은 예나 지금이나 지구상에서 최대의 인구 집중지이다. 만일 이 두 지역의 인구가 다른 곳보다 더 빠르게 증가했다면, 18세기 이전에 이곳과 세계의 다른 지역들 사이의 인구 비율은 1 대 4가 아니라 1 대 5로 잡는 것이 더 타당할 것이다. 이와 같은 조심성은 우리 작업의 불확실성을 말해준다.

우리는 중국과 유럽의 두 인구곡선에 4 또는 5의 계수를 적용하여 **가능한 세계의 인구곡선 4개**를 구했다. 이것들은 각각 4-5개의 유럽, 또는 4-5개

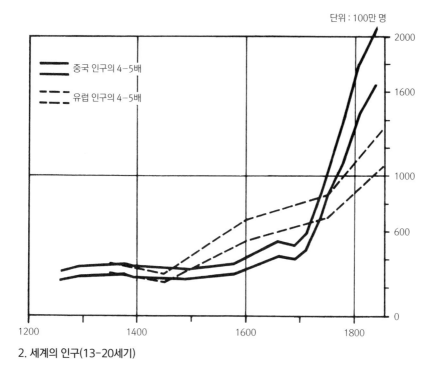

단위 : 100만 명

중국 인구의 4-5배

유럽 인구의 4-5배

2. 세계의 인구(13-20세기)

의 중국이 되는 셈이다. 그렇다면 이 그래프상에서 최저치와 최고치 사이의 복합곡면은 가능성의 넓은 영역(또는 통계학적 오차의 영역)을 나타낸다. 이 경계 사이의 어디엔가에 14세기에서 18세기까지 변화해가는 세계 전체 인구를 나타내는 선분이 자리 잡고 있을 것이다.

이렇게 계산한 인구는 이미 언급한 것처럼 단기적으로는 급격한 감소를 겪기도 하지만, 이것을 무시하면 1300년부터 1800년까지 대체로 장기적인 증가세를 보인다. 출발점인 1300-1350년의 추정치로 가장 낮은 값(2억 5,000만 명)을 잡고 도착점으로 가장 높은 값(1780년의 13억8,000만 명)을 잡는다면 증가율은 400퍼센트 이상이 된다. 물론 이것을 믿을 필요는 없다. 출발점에서 최대치인 3억5,000만 명을, 노착점에서 8억3,600만 명(월터 월콕스가 제시한 바[21]로서 최소치)을 잡는다면 증가율은 138퍼센트 정도가 된다. 500년 동안 이 정도 증가한 것은 규칙적으로(물론 인구가 실제로 이와 같이 규칙적으로 증가하지는 않았지만) 연평균 1.73퍼밀* 정도의 비율로 증가한 것에 해당한다. 이 정도의 크기는 거의 인식할 수 없는 정도의 움직임이다. 그럼에도 이 장구한 시간 동안 인구가 아마도 두 배가 되었으리라는 것은 부인할 수 없는 사실이다. 이러한 인구학적 전진 앞에서는 경제의 위기도, 재앙이나 대규모 사망도 무력했다. 의심할 바 없이 이것이 15세기에서 18세기 사이의 세계사의 핵심적인 사실이다. 그것은 생활수준의 차원에서만 중요한 것이 아니다. 모든 것이 이 총체적 압력에 적응해야 했다.

서구의 역사가들 중에 이 점에 대해서 놀라는 사람은 거의 없을 것이다. 그들은 우리가 제시한 수치들을 확인해주는 많은 간접적 표시들을 알고 있다(새로운 토지의 개척, 이주, 황무지 개간, 토지 개선, 도시화……). 그렇지만 그들이 이것들로부터 끌어낸 결론이나 설명은 논쟁거리로 남아 있다. 왜냐하면 그들은 이 현상을 오직 유럽에 한정된 것으로 보는 반면, 많은 장애물을 극복하고 인구가 늘어난 것은 **인간이 살아가는 모든 곳에서** 이루어졌기 때문이다. 이 점이야말로 우리가 이 책에서 기록해야 할 가장 중요하고 동시에 가장 당혹스러운 사실이다. 만일 인구 증가가 유럽만의 현상이 아니라 세계적인 현상이라면, 많은 조망과 설명을 수정해야 한다.

그러나 그와 같은 결론에 이르기 전에 우선 몇몇 계산을 재검토해야 한다.

논쟁거리로 남아 있는 수치들

우리는 가장 잘 알려진 유럽과 중국에 관한 수치를 이용하여 세계 인구를 추산하는 방법을 통계학자들로부터 빌려왔다. 그들은 이 방식에 대해서 반대하지는 않으리라……. 그러나 정작 통계학자들 자신은 다른 방법을 취했다. 그들은 연산과정을 잘게 나누고 세계의 다섯 "부분" 각각의 인구를 차례로 계산했다. 그들은 학교에서 배운 대로 꼭 5대륙으로 나누어야 하는 모양

---

* 백분율(% : 퍼센트)이 아니라 천분율(‰ : 퍼밀)임을 주의하라.

세계의 인구(1650-1950)

(단위 : 100만 명)

		1650	1750	1800	1850	1900	1950
오세아니아		2	2	2	2	6	13
아프리카		100	100	100	100	120	199**
아시아		257*	437*		656*	857*	1,272*
		330**	479**	602**	749**	937**	
		250***	406***	522***	671***	859***	
아메리카		8*	11*		59	144	338*
		13**	12.4**	24.6**	59	144	
		13***	12.4***	24.6***	59	144	
유럽(유럽 지역 러시아 포함)		103*	144*		274*	423*	594*
		100**	140**	187**	266**	401**	
		100***	140***	187***	266***	401***	
합계	1	470	694		1,091	1,550	2,416
	2	545	733.4	915.6	1,176	1,608	
	3	465	660.4	835.6	1,098	1,530	

출전 : *『UN 보고서』(1951년 12월), **카 손더스의 수치, ***쿠진스키의 수치.
별표가 없는 수치들은 세 가지 자료 모두 공통인 것이다. 아프리카에 대해서 카 손더스가 제
시한 수치는 반올림한 값이다.

이다! 그렇다면 그 결과는 어떠한가?

그들은 오세아니아에 대해서 시대를 막론하고 200만 명의 인구를 부여했
다고 말한 바 있다. 이 수는 오차영역에 흡수되어버리는 작은 비중만을 차
지하므로 중요성이 거의 없다. 아프리카에는 오세아니아와 마찬가지로 시
대를 막론하고 1억 명이라는 인구를 부여했는데, 이것은 분명히 논쟁의 여
지가 있다. 아프리카 인구가 항상 같다는 것은 우리의 의견으로는 가능하지
않으며, 한편 아프리카에 대해서 이렇게 부자연스럽게 매긴 값은 세계 인구
의 추산에 확실히 적지 않은 영향을 미칠 것이다.

우리는 앞의 표에 전문가들의 추산을 요약했다. 우리가 언급해야 할 사실
은 우선 그들의 계산이 모두 늦은 시기(1650)에 시작되었다는 점, 또 이 계산
은 최근에 UN이 수행한 조사까지 포함해서 한결같이 낙관적이라는 점이다.
내 생각에 이 추산치들은 대체로 너무 높게 잡았다. 무엇보다도 아프리카에
대한 것이 그렇고 아시아에 대한 것 역시 마찬가지이다.

출발시점인 1650년에 역동적이었던 유럽과 당시 (지중해 연안 지역을 제외하고는) 후진적이었던 아프리카에 같은 수치(1억 명)를 부여하는 것은 타당하지 않은 일이다. 또 1650년의 아시아에 대해 앞의 표에서처럼 가장 낮은 수치(2억 5,000만 또는 2억 5,700만 명)를 부여하든 대단히 높은 3억 3,000만 명이라는 수치―카 손더스가 다소 성급하게 받아들인―를 부여하든 간에 어느 것이나 합리적이지는 않다.

17세기 중반 아프리카에는 확실히 활력 넘치는 사람들이 살았다. 이 대륙은 16세기 중반 이후 아메리카 대륙을 향한 흑인 노예무역이 늘었으나 그에 따른 인구 유출을 감당해냈으며, 여기에 더해 이미 오래 전부터 있던―그리고 20세기까지 계속될―이슬람 국가로의 유출도 감당했다. 이는 생물학적 건강성에 의해서만 가능한 일이다. 건강성의 또다른 증거는 유럽인의 침투에 이 인구가 저항했다는 점이다. 16세기에 블랙 아프리카는 포르투갈인이 몇 차례 시도를 했음에도 불구하고 그 이전의 브라질과는 달리 아무런 저항도 못하고 개방되지는 않았다. 우리는 또한 19세기에 유럽인이 밀려와서 파괴해버리기 이전의 아프리카에서는 조화롭고 훌륭한 마을에서 꽤나 탄탄하게 짜여진 농민생활이 이루어지고 있었다는 사실도 어느 정도 알고 있다.[22]

그렇지만 유럽인이 블랙 아프리카 지방의 점령을 계속 고집하지 않은 것은 해안지역에서부터 "악성" 질병 때문에 막혔기 때문이기도 하다. 단속적인 또는 계속적인 고열, "이질, 결핵, 수종", 게다가 수많은 기생충들 때문에 유럽인들은 커다란 희생을 치렀다.[23] 호전적인 부족들의 용맹성만큼이나 이 질병들이 장애물이 되었던 것이다. 게다가 급류와 사주(砂洲)가 강을 가로막았다. 그러니 누가 콩고의 전인미답의 강들을 거슬러올라가려고 하겠는가? 한편 아메리카 대륙의 탐험과 동아시아의 교역을 위해서 유럽은 가능한 활동력을 모두 동원했는데, 그것이 목적하는 바는 딴 데 있었다. 블랙 아프리카는 스스로, 그리고 싼 가격에 사금, 상아, 사람(노예)을 제공했다. 무엇을 더 요구하겠는가? 흑인 노예무역에 대해서 말하자면, 사람들이 흔히 믿는 정도로 대규모는 아니었다. 아메리카 대륙으로의 노예무역에는 수송능력의 문제 때문에도 이미 한계가 있었다. 비교를 위해서 본다면 1769-1774년 사이 아일랜드의 이민은 모두 4만 4,000명, 그러므로 1년에 8,000명 이하에 불과했다.[24] 마찬가지로 16세기에 세비야에서 아메리카로 향한 스페인인의 규모는 1년에 평균 2,000명 수준이었다.[25] 따라서 흑인 노예무역이 연평균 5만 명 수준이었다는 것은 전적으로 불가능한 수치이지만(19세기 말에 노예무역의 마지막 시기에 가서야 겨우 도달한 수치이다), 설령 실제로 그랬다고 해도 엄밀히 말해서 아프리카 인구가 2,500만 명 정도일 때에나 상응하는 수치이다. 간단히 말해서 아프리카 인구를 1억으로 상정하는 것은 아무런 근거도 없다. 이것은 아마도 그레고리 킹*이 1696년에 매우 불확실한 방식으로 행한 아프리카 전체 인구에 관한 최초의 추산치(9,500만 명)를 그대로 받아들인 결과인 것 같다. 사람들은 그 수치를 반복하는 데 만족했다. 그러나 그레고리 킹 자신은 도대체 그 수치를 어떻게 계산했을까?

그렇더라도 우리는 몇몇 추산치를 가지고 있다. 예를 들면 러셀[26]은 16세기의 북부 아프리카 인구를 350만 명으로 추산했다(확실한 논거를 가진 것은 아니지만, 나 자신은 200만 명으로 보았다). 16세기 이집트에 대해서도 역시 자료가 모자란다. 다만 1798년 최초의 확실한 추산에 의하면 이집트 인구가 240만 명이었다는 점, 그리고 오늘날 북부 아프리카와 이집트 인구가 동등하다는 점을 볼 때 이때 인구가 200만-300만 명이었다고 말할 수 있지 않을까? 오늘날 이 두 지역은 각각 아프리카 전체 인구의 약 10분의 1을 점하고 있다. 만일 이 비율을 16세기에 대해서도 적용한다면, 이때의 아프리카 인구는 앞에서 말한 세 가지 수치—하나는 18세기 말의 수치이고 나머

---

* Gregory King(1648-1712) : 영국의 족보학자, 통계학자. 대표적인 저작은 『영국의 상태와 조건에 대한 자연적, 정치적 관찰과 결론(*Natural and Political Observations and Conclusions upon the State and Conditions of England*)』(1696)이다. 이 책은 17세기 말 영국의 인구상황 및 경제상황에 대한 최상의 자료로 꼽힌다.

지 둘은 16세기의 수치이다—중에 어느 것을 좇느냐에 따라 2,400만에서 3,500만 명이 된다. 1억 명이라는 수치는 이 근사치와도 너무 큰 차이가 난다. 물론 증명할 수는 없다. 우리는 어느 수치를 택하든 간에 망설이게 될 것이다. 그러나 1억 명이라는 수치를 피해야 한다는 것만은 거의 확실하다.

아시아에 대해서 제시한 수치들 역시 과도하지만, 여기에서의 문제는 그렇게 심각하지는 않은 편이다. 카 손더스[27]는 만주족이 베이징을 점령하고 6년이 지난 1650년경의 중국 인구를 7,000만 명으로 잡은 윌콕스의 견해가 틀렸다고 생각하고, 과감하게 그 두 배(1억5,000만 명)로 올려잡았다. 중국사에서 전환기인 이때는 모든 것이 논쟁과 재고의 대상이 될 수밖에 없다(예컨대 인정[人丁]은 혹시 유럽의 일반적인 징세단위인 가구[家口, feux]와 같은 것이 아닐까?). 윌콕스의 근거 자료는 (청헌천이 번역한) 『동화록(東華錄)』*이다. 그가 제시하는 수치가 낮게 잡혀 있는지도 모르지만, 여기에는 만주인의 침입이 가져온 가공할 만한 파괴를 고려해야 한다. 그리고 어셔가 재구성한 수치를 보면 1575년에 7,500만 명, 1661년에 1억100만 명이었다.[28] 1680년의 인구는 공식적으로는 6,100만 명이었지만, 어떤 저자는 9,800만 명, 또 어떤 저자는 1억2,000만 명으로 본다. 그러나 1680년이라는 이 해는 마침내 만주족이 질서를 확립한 해라는 점을 고려해야 한다. 1639년경에만 해도 한 여행자는 6,000만 여 명의 주민 수를 언급하고 있는데 이것은 한 가구의 가족 수를 10명으로 잡고 계산한 것으로서 이것은 아무리 중국이라고 해도 비정상적으로 높은 계수를 적용한 결과이다.

큰 해일과도 같은 중국의 놀라운 인구 증가는 1680년 이전, 또는 타이완을 재정복한 1683년 이전에는 일어나지 않았다. 중국은 시베리아, 몽골, 투르키스탄, 티베트 등 넓은 내륙지역에 둘러싸여 있었다. 이와 같이 자체의 경계 속에 갇혀 있던 중국은 극도로 집약적인 (내부) 식민화의 포로였다. 모

---

* 청나라 왕조의 편년체 역사서.

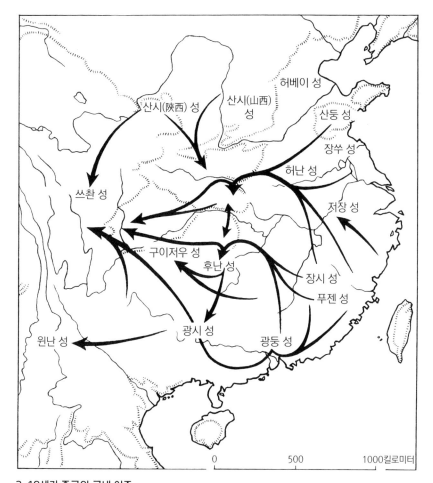

3. 18세기 중국의 국내 이주
18세기에 중국 인구가 크게 증가하자 성(省)에서 성으로의 이주가 급증했다. 이 지도는 그 전반적인 흐름을 보여준다. (루이 데르미니, 『18세기 광저우에서의 상업』)

든 저지(低地)와 관개 가능한 언덕이 개간되었고, 그후 숲을 불태워서 경지를 얻는 개척민이 늘어나면서 산지도 개간되었다. 16세기부터는 포르투갈인에 의해 도입된 신작물이 눈에 띄게 널리 보급되었는데 땅콩, 고구마, 특히 옥수수가 그러한 예이다. 그러나 유럽으로부터 들어오게 될 감자는 19세기에 가서야 중요해진다. 이런 식민화는 1740년경까지는 커다란 충돌 없이 이루어졌다가 그후에는 각자에게 할당된 경작지가 점차 줄어드는 방식으로

이루어졌는데, 경작 가능한 땅보다 인구가 더 빠르게 증가했기 때문이다.[29]

이 심층적인 변화들은 중국의 "농업혁명"과 그것을 능가하는 강력한 인구혁명이 어떠했는지 이해하도록 도와준다. 예상되는 수치들은 다음과 같다. 1680년 1억2,000만 명, 1700년 1억3,000만 명, 1720년 1억4,400만 명, 1740년 1억6,500만 명, 1750년 1억8,600만 명, 1760년 2억1,400만 명, 1770년 2억4,600만 명, 1790년 3억 명, 1850년 4억3,000만 명…….[30] 영국 대사관의 비서였던 조지 스탠턴이 1793년에 중국인들에게 중국 제국의 인구가 어느 정도냐고 물었을 때 그들은 솔직하다기보다는 거만한 태도로 3억5,300만 명이라고 대답했다…….[31]

아시아의 인구로 되돌아가보자. 일반적으로 아시아의 인구는 중국 인구의 2-3배로 추정된다. 3배보다는 2배에 가까울 것이다. 인도의 인구가 중국 인구와 같다고는 보이지 않기 때문이다. 비판의 여지가 있는 자료들로부터 1522년 데칸 지방의 인구에 대해서 추산한 결과(3,000만 명)를 따르자면 인도 전체의 인구는 1억 명에 **달할지도 모른다.**[32] 그렇다면 당시 중국의 "공식적인" 인구 수치보다 높은 수준에 있었다는 말인데 이것을 믿을 필요는 없다. 게다가 인도는 해당 세기 동안 심각한 기근이 북부 주들을 휩쓸었다.[33] 그러나 인도인 역사가들의 최근 연구들은 17세기에 인도가 번성했고 인구가 크게 증가했음을 말해준다.[34] 그렇다고 하더라도 1797년에 처음 이루어진 프랑스인에 의한 인구 추산[35]은 인도의 인구를 1억 5,500만 명으로 추정한 반면, 1780년부터 중국이 **공식적으로 공표한** 인구는 2억7,500만 명이었다. 킹즐리 데이비스의 통계연구 역시 인도 인구가 낮은 수준에 있었다는 것을 말해주지만,[36] 그렇다고 해서 우리의 의견이 옳다고 보증해주지는 않는다. 우리는 이런 것들을 무조건 받아들일 수는 없다.

여하튼 중국의 2-3배로 가정한 아시아의 인구는 1680년에 2억4,000만 명 또는 3억6,000만 명, 1790년에 6억 명 또는 9억 명이 될 것이다. 특히 17세기 중반경에 대해서는 가장 낮은 수치를 선호한다는 점을 다시 밝혀두자. 이제

1680년경의 세계 인구는 다음의 결과의 합산이 될 것이다. 아프리카 3,500만 또는 5,000만 명, 아시아 2억4,000만 또는 3억6,000만 명, 유럽 1억 명, 아메리카 1,000만 명, 오세아니아 200만 명. 그 결과는 대개 같은 정도의 불확실성하에서, 우리가 이전에 계산한 크기의 규모와 대충 일치한다.

세기별 인구 변화

각각의 대륙별로 나누어서 수행한 공간상의 확인 작업과는 별도로, 이번에는 세기별로 시간의 경사를 좇는 더 어려운 확인 작업을 해야 한다. 파울 몸베르트가 이에 대해서 최초의 모형을 제시했다.[37] 1650-1850년의 유럽에 관한 모형이었다. 그가 삼은 지침은 다음의 두 가지 사항이다. 첫째, 가장 최후의 수치가 가장 덜 의심스럽다. 둘째, 가장 최근 시기로부터 가장 오랜 시기로 거슬러올라갈 때에는 이들 사이에 대개 그러하리라고 생각할 수 있는 인구 증가의 경사도(傾斜度), 즉 증가율을 가정한다. 유럽의 경우를 살펴본다면 1850년의 수치 2억6,600만 명을 받아들이고 나서—인구 증가의 경사도가 예컨대 윌콕스가 생각한 것보다도 덜 급한 것이 확실하므로—이로부터 1800년의 인구를 2억1,100만 명, 1750년의 인구는 1억7,300만 명, 또 1650년과 1600년의 인구는 각각 1억3,600만 명과 1억 명이라고 추론하는 식이다. 이것은 현재 널리 유포된 다른 추산에 비해 18세기의 수치가 크게 부풀려 있다. 그렇다면 이것은 일반적으로 19세기에 일어났다고 생각한 증가치의 일부를 그전 세기로 돌린 것이라고 할 수 있다(여기에서의 수치들은 물론 대단히 조심스럽게 받아들여야 한다).

이런 식으로 우리는 이제 몇몇 연구조사의 결과 대략적으로 확인된 **합리적인 연도별 증가율**들을 알게 되었다. 1600-1650년 6.2퍼밀, 1650-1750년 2.4퍼밀, 1750-1800년 4퍼밀, 1800-1850년 4.6퍼밀. 우리는 1600년에 대해서 율리우스 벨로흐의 수치(유럽 전체에 대하여 1억 명의 인구를 상정했다)로 되돌아왔다. 다시 1600년으로부터 1300년으로 더 거슬러올라가고 싶어노 우리는 이와 관련된 견실한 지표를 하나도 가지고 있지 않다. 다만 기복이 심한 이 시기에, 1350-1450년 사이에는 커다란 후퇴가 있었고 1450-1650년 사이에는 활기찬 상승이 있었다는 사실을 알고 있을 따름이다.

어쩌면 우리는 위험부담을 안고서라도 파울 몸베르트가 다소간 안이하게 수행한 추론을 다시 받아들여도 좋을 것이다. 1600년의 유럽 인구에 대해서 가장 위험이 적은 수치로 받아들인 바 있는 1억이라는 수는 장기적 인구 증가의 정점이다. 그렇다면 그 인구 증가가 어느 정도의 비율이었는가가 문제가 되는데, 이에 대해서는 다음 세 가지 증가율 중에 어느 것을 적용해야 할지 망설이게 된다. 즉, 1600-1650년 사이의 증가율 6.2퍼밀, 1650-1750년 사이의 증가율 2.4퍼밀, 마지막으로 1750-1800년 사이의 증가율 4퍼밀이 그것이다. 논리적으로는 1450-1600년의 활발한 인구 회복—물론 이것 자체도 대개 그러리라고 짐작은 되지만 그렇다고 증명된 것은 아니다—을 고려할 때 적어도 마지막 것(4퍼밀)을 취해야 할 것이다. 그러면 1450년에 유럽에 약 5,500만 명의 주민이 살고 있었다는 결과를 얻게 된다. 그리고 모든 역사가들이 동의하듯이 유럽 대륙의 인구가 흑사병과 그에 뒤이은 질병들로 인하여 적어도 5분의 1을 잃었다는 점을 받아들인다면, 1300-1350년에 대한 수치는 6,900만 명이 된다. 나 자신은 이 수치가 불가능하지는 않다고 본다. 동유럽에서 때 이른 황폐화와 곤궁을 겪었다는 점과 1350-1450년의 위기 동안 유럽 전체에서 놀라울 정도로 많은 마을들이 사라져갔다는 점을 고려하면, 율리우스 벨로흐가 합리적으로 추산한 6,600만 명과도 유사한 이런 높은 수준의 수치가 가능해 보인다.

일부 역사학자들은 장기(長期) 16세기(le Long Seizième Siècle, The Long Sixteenth-century : 1451-1650년의 기간)*의 활기찬 회복과정을 그 이전에 겪

---

* 일반적으로 16세기를 사회적, 경제적 팽창의 시기로 보는데, 이 시기의 변화가 16세기(1501-1600)에만 한정된 것이 아니라 그 앞뒤로 50년 정도씩 더 긴 기간에 걸쳐 일어났다고 본다. 이를 하나의 팽창기로서 한 단위의 기간으로 보고자 할 때 '장기 16세기'라고 부른다.

었던 후퇴 이후의 "복구"에 불과하다고 보기도 한다.[38] 그러나 우리가 추론해낸 수치를 가지고 본다면, 아마도 이전의 후퇴에 대한 보상이 이루어졌을 것이고 그다음은 그것을 초과했을 것이다. 이 모든 것은 여전히 많은 논란의 대상이다.

이전의 불충분한 설명들

가장 처음에 제시했던 문제가 여전히 남아 있다. 세계 인구의 전반적 상승이 그것이다. 유럽만이 아니라 중국의 인구 역시 논의의 여지가 없을 정도로 현저하게 증가했다면 이전의 설명들을 수정해야만 한다. 역사가들은 이것을 좋아하지는 않는다. 그들은 서유럽의 인구 증가의 원인에 대해서 고집스럽게도 도시의 사망률 감소(실제로는 여전히 매우 높은 수준이었다),[39] 위생과 의학의 발달, 천연두의 후퇴, 상수도 시설의 확대, 유아 사망률의 결정적인 하락, 여기에 첨가해서 사망률의 전반적인 하락, 그리고 결혼연령의 하락 등으로 설명하려고 한다. 이런 요소가 매우 큰 공헌을 한 것은 사실이다.

그렇지만 우리는 유럽 이외의 지역에서도 어떻게든 유사한 설명을 찾아야 하며, 그것들이 유럽에서와 같은 정도의 비중을 가지고 있어야 한다. 그런데 사실 중국에서는 결혼연령이 언제나 낮았고 아이도 많이 낳았으므로 새삼스럽게 결혼연령의 하락이나 출산율의 증가를 이야기할 수는 없다. 도시의 위생에 대해서 보자면, 한 영국 여행가의 말에 의하면 베이징은 1793년에 인구가 300만 명이었는데[40] 이 도시의 면적은 런던—런던에 이러한 엄청나게 많은 인구가 있어본 적은 결코 없다—보다 좁았다. 베이징의 집들 중에는 고층집이 없었으므로, 여러 가구들이 믿지 못할 정도로 우글우글 모여 살았다. 그러므로 위생수준은 나아지지 않았다.

마찬가지로 유럽 내에서도 러시아의 인구 증가(1722년부터 1795년 사이에 러시아 인구는 1,400만에서 2,900만 명으로 두 배가 되었다)를 어떻게 설명할 것인가? 이곳에서는 의사가 모자랐고[41] 도시는 위생시설을 갖추지 못했다.

그리고 유럽 외부에 대해서 보자면, 역시 의사도 없었고 위생수준도 특출할 것이 없었던 18세기 아메리카 대륙에서 앵글로-색슨 계이든 스페인-포르투갈 계이든 인구가 증가한 것을 어떻게 설명할 것인가? 예를 들면, 1763년 이후 브라질의 수도가 된 리우 데 자네이루에는 황열병이 정기적으로 찾아오고 또다른 모든 라틴 아메리카에서 그러했듯이 매독이 일종의 풍토병처럼 창궐하여 환지를 "뼛속까지" 썩게 하지 않았던가?[42] 결국 개별 인구집단은 모두 자신의 독특한 증가방법을 가진 셈이다. 그러나 왜 모든 인구집단이 같은 시점 또는 거의 같은 시점에 증가했을까?

아마도 18세기의 경제 회복—그것이 시작된 것은 훨씬 이전이지만—과함께 도처에서 사람들이 사용할 수 있는 공간이 확대되었을 것이다. 세계의모든 나라가 내부지역을 자체 식민화하여 공휴지나 반쯤 놀려두던 땅에 사람들을 채우기 시작했다. 유럽은 생활공간 확대와 식량 증대의 이득을 보았는데, 한편으로는 해외 식민지 덕분이었고 또 한편으로는 마블리 신부가 말하듯 "야만성"을 벗어난 동유럽 덕분이었다. 남부 러시아나 헝가리 같은 곳도 마찬가지이다. 숲과 늪이 가득하여 사람이 살기 힘들던 헝가리 지역은오랫동안 오스만 제국과 전쟁이 벌어지는 경계지역으로 남아 있다가 그즈음에 오스만 제국 세력이 남쪽으로 후퇴해갔다. 아메리카 대륙 역시 더 이상 말할 필요도 없이 같은 상황에 있었다. 인도 역시 비슷해서 뭄바이 근처의 레구르*라는 흑토지역에 식민화가 시작되었다.[43] 중국은 이런 경향이 더욱 뚜렷해서 17세기에는 중국 내부와 이웃 지역에 있는 공지와 사막에 사람을 채워가기에 바빴다. "역설적으로 보일지 몰라도 중국 역사를 다른 대규모 인간군의 역사와 비교해야 한다면, 그 대상은 캐나다 역사나 미국 역사가 될 것이다. 두 경우 모두에서 핵심은 정치적 격변이 아니라 그 이상의 것

---

* regur : 면작토(綿作土, Black cotton soil)라고도 한다. 인도의 데칸 고원에서 볼 수 있는 열대지방의 흑토로, 고온다우의 기후에서 현무암이 풍화되어 생성된다. 데칸 고원의 토양은 대단히 기름지고 더욱이 다공질(多孔質)로 수분을 땅속에 다량 보유하고 있으므로 면화 재배에 적당하다.

으로서, 가난한 반유목민만이 있을 뿐인 엄청난 미개척지를 농민이 정복해 가는 것이다"라고 르네 그루세가 이야기했다.[44] 이 팽창은 18세기에도 계속되었다―그보다는 차라리 다시 시작되었다고 말해야 할 것이다.

전 세계에 걸쳐 일반적인 팽창이 새로이 시작되었다는 것은 그전에도 인구가 늘었다는 것을 의미한다. 팽창은 원인이라기보다는 결과이다. 사실 사람들이 바라고 필요로 한다면, 정복할 땅은 언제나 가까이 있었다. 폴 발레리는 수학자들에게서 빌려온 표현으로 이 세계는 "유한하다"고 했고, 또 어떤 합리적인 경제학자는 "인류에게는 이제 더 이상 제2의 미시시피 유역도, 제2의 아르헨티나 같은 땅도 없다"고 이야기한 바 있다.[45] 그러나 오늘날의 세계에서도 빈 공간이 부족하지는 않다. 아직도 열대 밀림, 스텝 지역, 심지어 극지방이나 진짜 사막 같은 곳이 남아 있어서, 이곳에서 현대 과학이 놀라운 일들을 하리라고 기대할 수 있다.[46]

기본적으로 문제는 여기에 있지 않다. 진짜 문제는 이것이다. 공간은 늘 있었는데 왜 같은 시간에 "지리적 콩종크튀르(conjoncture géographique)"*가 작용했는가? 바로 이 동시성이 문제이다. 당시에 이미 효과적으로 작동하고는 있었지만 아직 허약했던 국제경제만으로는 그토록 일반적이고 강력한 움직임을 책임지지는 못한다. 그것은 원인인 동시에 결과이다.

기후의 리듬

완전히 일치하는 것으로 보이는 이 단성합창(單聲合唱)의 원인에 대해서 생각할 수 있는 일반적인 대답은 하나밖에 없다. 기후 변화이다. 오늘날 이것

---

* 콩종크튀르(conjoncture)는 브로델을 비롯한 아날 학파 역사학자들에게 매우 중요한 개념이다. 원래 20세기 초에 경제학에서 개발된 이 용어는 여러 가지 다양한 동향들(예컨대 물가 동향, 임금 동향, 이자율 동향 등)이 상관관계를 가지며 하나의 커다란 흐름을 이루는 현상을 설명하고 분석하기 위한 것이었다. 그후 역사학계에서 이것을 받아들여 더 넓은 분야에서의 흐름을 파악하는 개념으로 사용했다. 본문에서 말하는 '지리적 콩종크튀르'란, 여러 지역의 팽창과 축소(예를 들면 개간과 황무지화 움직임 등) 국면을 의미한다.

은 더 이상 학자들의 웃음거리가 아니다. 역사가와 기상학자들이 최근에 치밀하게 연구한 결과는 기온, 기압 또는 강우량이 부단히 변화한다는 것을 보여준다. 이러한 변화는 나무, 강물의 흐름, 빙하, 해수면의 높이, 벼 혹은 밀 올리브 나무, 포도나무의 생장, 나아가서 동물과 사람 모두에 영향을 미친다.

15-18세기의 세계는 80-90퍼센트의 사람들이 땅으로부터 얻어내는 것만으로 살아가는 거대한 농업세계였다. 수확의 리듬, 품질, 그 부족 등은 모든 물질생활을 좌우했다. 그 결과는 나이테에든 인간의 육신에든 깊은 상처처럼 흔적을 남기기도 한다. 그런데 이 변화들 중에 일부가 도처에서 일시에 모습을 드러낸다. 이것에 대해서 사람들은 단지 가설적인 설명밖에 하지 못하고 있으며, 그나마 그 가설들은 차례로 부정되었다. 이른바 제트 기류*의 속도 변화로 설명하려던 것이 한 예이다. 14세기에는 북반구가 전체적으로 기온이 내려가서 산지의 빙하와 바다에 떠 있는 빙하군들이 이전보다 더 팽창했고, 겨울 추위가 더 가혹해졌다. 이때부터 아메리카로 가는 바이킹들의 항로가 위험한 빙하들 때문에 끊겼다. 노르웨이의 한 사제는 "이제 빙하가 닥쳐왔다.……목숨을 잃을 위험 없이는 옛날의 항로를 따라 항해할 수 없게 되었다"라고 14세기 중반에 기술했다. 이 기후의 드라마가 노르만인들의 그린란드 식민화를 중단시켰을지도 모른다. 얼어붙은 땅속에서 찾아낸 마지막 생존자들의 시체가 감동적이고 비장한 증거이다.47)

마찬가지로 루이 14세의 시대는, 데릭 쇼브의 표현을 빌리자면,48) "소(小)빙하기(petit âge glaciaire, little ice age)"였다. 이것은 태양왕(루이 14세)보다도 훨씬 더 절대적인 지휘자로서, 유럽의 곡물 재배 지역에서나 아시아의 벼 재

---

* Jet stream : 성층권 및 대류권 상층에서 부는 강한 편서풍. 가장 강한 곳에서는 시속 500킬로미터에까지도 이르지만 그 속도는 여러 상황에 따라서 큰 차이가 난다. 제2차 세계대전 때 공군 조종사들이 처음 발견했으며, 그후의 기상학적 연구 결과 이 기류가 여러 기상현상들과 관계가 있음이 밝혀졌다. 예를 들면 인도와 아프리카의 몬순의 형성과 지속 등이 이와 연관이 있다.

배 지역, 스텝 지역, 프로방스의 올리브 재배지, 그리고 눈과 얼음이 아주 늦게야 없어지고 가을이 너무 빨리 찾아와서 밀이 익을 시간이 거의 없어진 스칸디나비아 지역 모두에서 이 절대자의 의지를 읽을 수 있었다. 7세기 만에 가장 추운 시기였던 끔찍한 1690년대 또한 그러했다.[49] 중국에서도 17세기 중반에는 자연재해 ─ 엄청난 가뭄, 비처럼 쏟아지는 메뚜기 떼 등 ─ 가 잇달았고 루이 13세 시대의 프랑스에서와 같이 중국 내지에서도 농민반란이 꼬리를 물고 일어났다. 이 모든 것이 물질생활의 변동에 어떤 보충적인 의미를 부여하고, 아마도 그 동시성을 설명해줄지 모른다. 이와 같은 세계의 물질적인 통합성, 그리고 인류의 차원에서 생물학적 역사의 일반화의 가능성은 유럽의 신항로 발견, 산업혁명, 경제의 상호침투 이전에 이미 최초의 전(全) 지구적인 단일성을 부여했을 수 있다.

이런 기후론적 설명이 일부분의 진리를 포함한다고 해도, 과도하게 단순화시키지는 말자. 기후는 대단히 복잡한 체계이며 그것이 식물, 동물, 사람에 미치는 영향은 장소에 따라, 문화에 따라, 계절에 따라 굴곡이 심하고 다양한 방식을 통해서 이루어진다. 예를 들면 온대 유럽 지역에서는 "6월 10일부터 7월 20일 사이의 강우량과 밀의 낟알 수는 음의 상관관계가 있고, 3월 20일부터 5월 10일 사이의 맑은 날의 비율과 밀의 낟알 수는 양의 상관관계가 있다"고 생각했다.[50] 그런데 기후의 악화가 심각한 결과를 초래했다는 사실을 증명하고 싶다면 사람이 가장 많이 모여 살고 "서구의 식량 공급에 가장 중요한 역할을 한" 온대 유럽 지역에 대해서 그것을 증명해야 한다.[51] 이것은 너무나 지당한 이야기이다. 그런데 곡물 수확에 대해서 기후가 직접적으로 영향을 미친 예로서 역사가들이 제시한 것들을 보면, 예컨대 스웨덴의 밀 경작과 같은 주변적인 지역의 사례를 이야기하는 경우가 너무나 많다. 아직 극히 부분적인 연구에 머물러 있는 현 상태에는 일반화가 불가능하다. 그러므로 앞으로 개진될 대답들을 너무 많이 예단하지는 말자. 그리고 자연의 거대한 힘 앞에 인간이 원래 얼마나 허약한지를 기억해두어야 한다. 인긴에게 호의적이든 아니든 "달력"은 인간의 지배자이다. 앙시앵 레짐 시기를 연구하는 역사가들이 이 시기를 풍작, 평년작, 흉작의 연속적인 리듬으로 파악하는 것은 매우 타당하다. 수만 가지의 것들을 좌우하는 가격을 큰 폭으로 변동하도록 만드는 것이 바로 이 반복되는 수확의 풍흉이다. 그런데 이 지속적인 기본 음조가 부분적으로 기후의 변천과 관계가 있다는 것을 생각하지 못하는 사람이 누가 있겠는가? 오늘날에도 몬순이 얼마나 중요한지는 잘 알려져 있다. 이 바람이 조금만 늦게 불어와도 인도는 말할 수 없는 피해를 입는다. 또 이 현상이 2-3년 연속되면 곧 기근이 닥쳐온다. 인간은 이 가공할 만한 제약들로부터 벗어나지 못하고 있다. 그러나 인도만이 아니라 1976년 프랑스를 비롯한 서유럽이 겪은 가뭄의 재해라든가, 1964-1965년에 미국에서 풍향체계가 비정상적으로 바뀐 결과 로키 산맥 동부에서 겪게 된 파국적인 가뭄의 재해를 생각해보라.[52]

이와 같은 기후론적인 설명, 즉 하늘에 원인을 돌리는 것은 옛날 사람에게도 익숙한 일이었음을 생각하면 미소를 금할 수 없다. 그들에게는 지상의 모든 사물의 운행, 개인이나 집단의 운명, 질병 등을 별들을 가지고 설명하려는 욕구가 너무 컸다. 수학자이자 당대의 신비학자인 오롱스 피네는 1551년에 점성술의 이름으로 다음과 같은 분석을 내놓았다. "태양과 금성과 달이 쌍둥이좌에서 만나면, 올해 작가들은 수입이 거의 없을 것이고 하인들은 주인과 영주들에게 반항할 것이다. 그러나 지상에는 밀이 풍성할 것이고 도둑들이 들끓어 길이 안전하지 못하리라."[53]

참조를 위한 척도

1979년 현재 지구상의 인구는 약 40억 명이다(이 중에 조사가 가능하여 잘 알려진 것은 약 10퍼센트 정도이다). 이 수치를 우리가 제시했던 개략적인 수치들과 비교해보면, 이 정도의 인구집단은 1300년의 인구에 비해서는 12배,

1800년의 인구에 비해서는 5배 정도가 된다.[54] 1 대 5이든 1 대 12이든, 혹은 그 중간치이든, 이런 비율들이 모든 것을 설명해줄 황금의 숫자는 아니다. 특히 이것들은 성격이 판이하게 다른 실체들을 대상으로 하는 만큼 더욱 그러하다. 사실 생물학적 관점에서만 보더라도 벌써 연령별 인구 피라미드가 다르므로 오늘날의 인류가 단순히 1300년이나 1350년의 인류의 12배라고 할 수는 없다. 그렇지만 총괄적인 수치만 비교해도 새로운 조망들을 얻을 수는 있다.

도시, 군대, 함대

역사가들이 19세기 이전 시대로 거슬러올라가는 여행을 할 때 만나는 도시와 군대는 오늘날의 기준으로 보면 그야말로 한줌에 잡히는 소도시이고 작은 군대이다.

15세기에 독일에서 가장 큰 도시였으며[55] 상류와 하류로 가는 수상 운송업의 교차로이고 또 육상의 대로들의 교차점이었던 쾰른도 인구가 고작 2만 명에 불과했다. 이때 독일의 농촌 인구와 도시 인구의 비율이 이미 10 대 1에 이르렀고, 비록 도시 인구가 우리 눈에는 아주 적어 보여도 이미 인구 과밀로 인한 도시의 긴장이 뚜렷하게 고조되어 있던 시기인데도 말이다. 당시 2만 명의 주민집단이란 엄청나게 많은 사람, 세력, 재능 및 부양해야 할 식구의 집중을 뜻하며, 당시와 오늘날의 비율을 고려하면 오늘날 10만에서 20만 명에 해당한다. 15세기 쾰른의 문화가 얼마나 독창적이고 활기찼는지 생각해보라. 그렇다면 인구가 적어도 40만, 아마도 70만 명에 이르렀던[56] 16세기의 이스탄불은 괴물 도시이며, 다른 모든 것이 같다고 하면 당시 세계에서 가장 큰 인구 밀집 지역이라고 보아도 좋을 것이다. 이곳의 인구가 살아가기 위해서는 발칸 지역에서 잊을 수 있는 모든 양 떼, 이집트의 쌀, 콩, 밀, 흑해 연안의 밀과 목재, 소아시아의 소, 낙타, 말이 필요했으며, 또 그 인구를 유지시키기 위해서는 오스만 제국의 모든 가용한 인적 자원이 필요했을 뿐만 아니라, 여기에 더해서 타타르인들이 러시아에서 포로로 잡은 노예(이와 같은 노예 약탈을 라지아[razzia]라고 한다)나 튀르키예 함대가 지중해 연안 지역에서 끌어와서 수도 이스탄불의 중심지에 있는 거대한 베데스텐 시장에서 판매하는 노예들이 필요했다.

16세기 초에 이탈리아를 놓고 싸우던 용병대들 역시 매우 작은 규모로서 대개 1만 명이나 2만 명 정도에 10–20문의 대포를 가진 정도였다. 페스카라 후작 페르난도 다발로스, 부르봉 공작 샤를 3세, 샤를 드 라누아, 필리베르 드 샬롱 같은 훌륭한 장군들이 거느린 신성 로마 제국의 군대가, 프랑스의 프랑수아 1세가 고용한 용병대인 보니베의 영주 기욤 구피에르 또는 로트레크 자작 오데 드 푸아의 군대를 쳐부수었다는 식으로 프랑스의 역사 교과서에 등장하는데, 사실 이런 군대들은 사실 독일 출신의 랑스크네*나 스페인 출신의 아르크뷔지에**로 구성된 고작 1만 명 정도의 노병(老兵) 집단에 불과했다. 물론 이 1만 명은 엘리트 군인이기는 했지만, 훨씬 훗날에 나폴레옹 군대가 불로뉴에 포진한 때부터 스페인 전투에 들어가기 전까지(1803–1808) 그랬던 만큼 빠르게 소진되어갔다.*** 그들은 라 비코크 전투(1522)****부터 나폴리에서의 로트레크의 패전(1528) 사이의 기간에 무대에 등장하며, 그중 파비아 전투(1525)가 정점을 이룬다.[57] 그런데 이 민첩하고 광폭하며 무자비한 1만 명의 군인(바로 이들이 로마의 약탈을 자행한 슬픈

---

* Lansquenet : 독일어의 란츠크네흐트(Landsknecht : 용병)에서 나온 말. 일반적으로 15–16세기에 프랑스에서 용병으로 고용되었던 독일인 보병부대를 지칭한다.

** Arquebusier : 아르크뷔즈(arquebuse)로 무장한 부대. 아르크뷔즈란 중고(中古) 독일어의 하켄뷔제(Hakenbuse)가 이탈리아어의 영향을 받아서 만들어진 말로서 화승총을 가리킨다.

*** 불로뉴는 영불해협의 프랑스 연안에 있는 항구도시이다. 1803년에 나폴레옹은 이곳에 병력을 집중시켜 영국을 공격하려고 했다. 이 시기부터 1808년경까지 나폴레옹은 유럽 대륙의 태반을 군사적으로 통제했다. 그러나 1808년경부터 스페인인들의 저항이 터져나와 1813년까지 계속되었다.

**** La Bicoque : 이탈리아어로는 비코카(Bicocca)이며, 롬바르디아의 밀라노 북쪽에 있는 지역이다. 1522년 4월 27일, 오데 드 푸아가 이끄는 프랑스 군이 이곳에서 프로스페로 콜론나가 이끄는 황제군에게 패배하여, 프랑스는 밀라노를 상실했다.

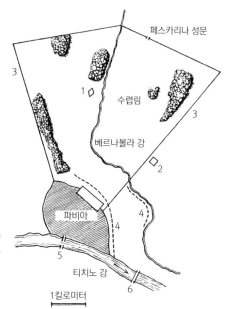

베르나볼라 강

페스카리나 성문

수렵림

파비아

티치노 강

1킬로미터

4. 파비아 전투
1. 미라벨로―2. 카사 데 레브리에리(사냥
개 집)―3. 공원을 둘러싼 벽돌담―4. 프랑
스군의 방어진지―5. 포위 초기에 끊어져
버린 산 안토니오 다리―6. 알랑송 공작이
수행한 전투 때 끊어진 나무다리. (R. 톰)

주인공들이다*)은 오늘날 5만―10만 명의 군인에 해당한다. 이 시대에는 그
보다 많은 사람들이 있었다고 해도 그들을 통제해서 움직일 수도 없었을 것이
고, 또 아주 부유한 지방이 아닌 한 이들을 먹일 수도 없었을 것이다. 예를
들면 파비아의 승리는 아르크뷔지에의 승리이지만 그 이전에 굶주린 배의
승리이다. 프랑수아 1세의 군대는 그들이 포위하던 파비아의 성벽과 사냥터
를 보존하기 위해서 벽으로 둘러싼 공작령 수렵림 사이에 있는(따라서 그것
은 아주 좁은 공간이었다) 보호처, 적의 포 공격을 잘 막아주는 보호처에 숨
어 있으면서 너무 잘 먹고 지내다가 1525년 2월 24일 갑자기 벌어진 전투에
말려들어간 것이다.

---

* sac de Rome, sack of Rome : 16세기 전반에 황제 카를 5세는 정치적, 종교적 주도권 분쟁에서
때로는 프랑스 국왕가, 때로는 교황과 싸웠다. 이를 위해서 그는 스페인 및 독일 용병들을 고용
했다. 그런데 이탈리아에 주둔하던 이 용병들이 봉급을 제대로 받지 못하자 1527년에 로마를 약
탈했다. 황제에 대항하던 교황과 프랑스 측은 이 뜻하지 않은 사건으로 할 수 없이 황제와 화평
을 맺게 되었다.

또한 영국 내전의 드라마에서 왕군이 처음으로 패배한 롱 마스턴 무어에서의 끔찍스럽고도 결정적인 전투(1644년 7월 2일)* 역시 사실은 소규모 군사력 간의 충돌이어서 왕당파가 1만5,000명, 의회파가 2만7,000명에 불과했다. 피터 래슬릿은 말하기를 "의회파 군대 전체라고 해도 여객선 퀸 메리 호나 퀸 엘리자베스 호에 모두 승선할 수 있을 정도"이며 그리하여 "사람들의 공동체가 극미한 수준이었다는 점이 바로 '우리가 잃어버린 세계(The World We Have Lost)'의 특징적인 사실"이라고 결론을 내린다.[58]

이렇게 보면 어떤 역사적 업적들은 비록 그 수치가 오늘날의 기준으로는 별것 아닌 것 같아 보여도 그만한 가치가 있다는 것을 재확인하게 된다. 스페인의 지사들이 세비야, 카디스(훗날에는 리스본), 말라가, 바르셀로나 같은 주요 "통제소"로부터 유럽의 바다와 육지를 가로질러 갤리선, 함대, 테르시오 군대**를 이동시킬 수 있었던 것이 그러하다. 예컨대 기독교권과 이슬람권이 충돌한 레판토 해전(1571년 10월 7일)*** 때에 날렵하게 생긴 갤리선과 그것을 뒤따르는 둥근 배들로 구성된 양측 함대에 타고 있던 사람들을 모두 합하면 적어도 10만 명이나 되었다.[59] 10만 명! 오늘날 같으면 50만 명, 또는 100만 명에 해당하는 사람들을 실어나르는 함대를 생각해보라! 약 50년 뒤인 1630년경 발렌슈타인****은 10만 명의 군인을 지휘할 수 있었는데[60] 이

---

* 롱 마스턴 무어(Long Marston Moor) 전투, 즉 영국 내란(해석에 따라 영국 청교도 혁명)의 와중에 국왕군이 최초로 패배한 전투를 가리킨다. 크롬웰, 페어팩스 등이 이끄는 의회군과 레슬리가 이끄는 스코틀랜드 군이 루퍼트 지휘하의 국왕군을 무찔렀다. 국왕군은 전사자 3,000~4,000명의 손실을 입은 외에 수많은 사람들이 포로로 잡혔고 대포 등의 무기를 빼앗겼다. 이후에 크롬웰이 의회파의 지휘자로 부상하게 되었다.

** Tercio : 16세기 말에 만들어진 스페인의 보병 엘리트 부대.

*** 레판토(Lepanto : 그리스어로 Navpaktos) 해전은 16세기 후반, 지중해 제해권을 놓고 기독교권과 오스만 튀르크 사이에 벌어진 해전이다. 이른바 기독교권의 신성동맹(스페인, 베네치아, 교황령)의 해군은 돈 후안 데 아우스트리아의 지휘하에 알리 파차가 지휘하는 튀르키예 함대를 격퇴하여 오스만 세력이 서지중해 지역으로 팽창해 들어오는 것을 저지했다.

**** Wallenstein(1583~1634) : 독일의 장군. 오스트리아 대공 페르디난트를 위해서 30년전쟁(1618~1648) 중에 황제군 총사령관이 되어 군사적으로 큰 성공을 거두었다. 그는 덴마크군을 격파했고 스웨덴 국왕 구스타프와의 전쟁(뤼첸 전투, 1632)에서 구스타프를 살해했다. 그

는 더 대단한 업적이었다. 이를 위해서 필요한 보급 용역을 맡은 특별한 조직은 신기록이라고 할 만했다. 한편, 드냉 전투(1712)에서 승리를 거둔 빌라르*의 군대는 7만 명이었으나[61] 이 군대는 마지막 기회를 노리고 절망적으로 싸운 군대였다. 이후로 10만 명의 군인은 통상적인 것이 되었다. 예를 들면 1744년에 전쟁대신이었던 뒤프레 돌네는 그의 이론을 설명하고자 할 때 10만 명 정도의 군인이 일반적인 단위인 것처럼 말하고는 했다. 그의 설명에 의하면 "이 정도의 사람들을 위해서는 매일 12만 인분의 보급품을 준비해야 하며(일부 군인들이 보급품을 이중으로 받아먹기 때문이다) 이를 위해서는 나흘마다 보급참으로부터 48만 인분의 보급품을 분배해야 한다. 마차 한 대가 800인분의 보급품을 나르므로 600대의 마차가 필요하고, 마차 한 대를 4마리의 말로 끌게 되므로 2,400마리의 말이 필요하다."[62] 이 정도는 모두 단순한 일이 되었다. 심지어 보급용 빵을 굽는 데 쓰는, 쇠로 만든 이동식 오븐도 있었다. 그러나 17세기 초만 해도 대포를 갖춘 군대가 필요로 하는 다양한 품목을 논한 논문에서는 필요한 사람의 수를 2만 명으로 지적했다.[63]

이런 예들이 보여주는 사실은 다른 수많은 경우에서도 마찬가지로 반복된다. 스페인에서 모리스코인들**의 추방 때(1609-1614, 상당히 정확한 계산 결과에 의하건대 적게 잡아도 30만 명에 달했다[64]), 프랑스에서 낭트 칙령을 파기할 때,[65] 블랙 아프리카에서 신대륙으로 노예무역을 수행할 때,[66] 또 스페인에서 신대륙에 백인들을 식민했을 때(16세기 중에 아마도 매년 1,000여 명이 떠나서 도합 10만 명 정도가 될 것이다) 겪었던 인구 유출의 손실은 하나

러나 그후 그가 적국인 프랑스, 스웨덴과 화평을 맺으려는 등 반(反)황제적인 행동을 하려고 하자 1634년 파면되었고 나아가서 황제가 보낸 자객에 의해서 암살되었다.

* Claude Louis Hector Villars(1653-1734) : 프랑스의 장군. 루이 14세를 위해서 수많은 전투를 치렀다. 프랑스는 루이 14세 치세의 말년인 1709년쯤에는 오스트리아의 명장 외젠 공작에게 결정적인 패배를 입고 위기를 맞고 있었다. 그러자 국왕은 1712년에 빌라르에게 마지막 군대를 모두 맡겼는데, 이 군대는 드냉에서 필사적으로 싸워 승리를 거두었다. 그 결과 프랑스로서는 다음 해인 1713년에 위트레흐트 조약을 유리하게 맺을 수 있었다.

** Morisco : 스페인 내의 무슬림 또는 그들의 후손을 일컫는다.

같이 상대적으로 약소한 수에 불과했다. 여기에서 일반적인 문제가 제기된다. 유럽은 정치적으로 분할되어 있었고 경제적으로 유연성이 부족했기 때문에 더 이상의 인력을 유출할 수는 없었다. 아프리카가 없었더라면 유럽은 신대륙을 경영하지 못했을 것이다. 거기에는 예컨대 아프리카와 신대륙의 기후가 비슷하다는 등 무수히 많은 이유를 들 수 있겠지만 그전에 유럽이 너무 많은 노동력을 여기에 할애하지 못했다는 것이 중요한 요인이다. 당대 사람들이 아마 너무 쉽게 과장한 면도 있었겠지만 1526년 안드레아 나바제로가 세비야로부터의 이민에 대해서 느낀 바를 다음과 같이 이야기한 것도 이유가 있을 것이다. "너무나 많은 사람들이 인도 제도[앤틸리스 제도와 바하마 제도]로 떠나버려서 이 도시[세비야]에는 사람들이 거의 남아 있지 않다. 그래서 이곳에서는 거의 여자들이 권력을 잡고 있다."[67]

벨로흐도 이와 비슷하게 생각해서 유럽의 주도권을 놓고 다투는 세 가지 세력—오스만 제국, 스페인 제국, 루이 13세와 리슐리외의 프랑스—사이의 비중을 재어보려고 했다. 그는 유럽 대륙에서 이 세력들이 동원할 수 있는 인간집단의 수를 각각 1,700만 명이라고 계산했으며, 이 정도가 강대국 역할을 해낼 수 있는지 아닌지의 분기점이 되는 수준이라고 결론을 내렸다.[68] 오늘날과는 실로 사정이 다르다…….

일찍이 인구 과잉이 된 프랑스

이상과 같은 비교작업을 계속해보면, 다른 중요한 설명들을 더 찾아볼 수 있다. 1600년경의 세계 인구가 오늘날 인구의 8분의 1이라고 하고 (오늘날의 국경선을 기준으로 본) 프랑스의 인구가 2,000만 명이라고 **가정해보자**. 이 두 번째 가정은 완전히 확실하지는 않더라도 가능성이 있다. 이때 영국 인구는 많아야 500만 명을 넘지 못했다.[69] 만일 이 두 나라가 세계 인구의 증가와 같은 리듬으로 증가했다면, 오늘날 영국 인구는 4,000만 명, 프랑스 인구는 1억6,000만 명이 되었어야 한다. 이것을 역으로 해석하면, 다소 성급한 것

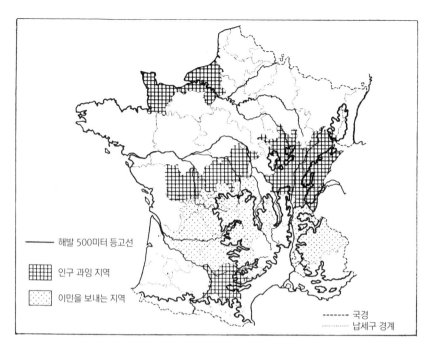

5. 1745년 프랑스에서 인구 과잉 지역과 이민을 떠나보내는 지역
(프랑수아 드 댕빌의 지도, 『인구』, 1952, 제1권. 이 책 제3권의 설명 참조)

같기는 하지만 프랑스(또는 이탈리아, 또는 16세기의 독일도 마찬가지이다)가 아마도 그때 이미 인구 과잉 국가였다는 이야기가 된다. 당시의 수용 능력에 비해서 볼 때 프랑스는 사람들로 꽉 차 있었다. 그것은 다름 아니라 거지들, 일은 안 하고 먹기만 하는 사람들, 필요하지 않은 사람들로 가득 차 있었다는 이야기이다. 브랑톰은 프랑스가 "계란처럼 꽉 차 있다"고 이야기한 바 있다.[70] 위로부터 적절한 정책이 수행되지 못했으므로, 결국 무슨 수를 쓰더라도 가능한 한 이민을 떠나보내는 수밖에 없었다. 16-17세기에 상당한 정도의 스페인 이민이 수행되었고, 더 이후의 시기에는 아메리카의 "섬들"로 갔다. 또 우연한 기회에 종교적 이유로 망명하는 경우도 있었는데, "1540년에 (프로테스탄트에 대한) 조직적인 박해가 처음 시작되어 1752-1753년에 랑그도크 지방에서 피비린내 나는 탄압 끝에 최후의 대규모 이주가 일어나기 전까지 망명이 계속된 결과, 프랑스는 심각한 인구 출혈을 겪어야 했다."[71]

역사 연구의 결과로 얼마 전까지 밝혀지지 않았던 프랑스인의 이베리아 국가로의 이민이 얼마나 큰 규모였는지 알게 되었다.[72] 그것은 통계적 계산과 여행자들이 끊임없이 제공하는 기록에 의해서 입증되었다.[73] 1654년 레의 추기경*이 스페인의 사라고사에 갔을 때 모든 사람들이 프랑스어로 말하는 것을 듣고 대단히 놀랐다고 이야기했는데, 이곳에는 무수히 많은 프랑스인 장인들이 있었던 것이다.[74] 10년 뒤 이번에는 앙투안 드 브뤼넬이 마드리드에서 엄청난 수의 가바초들(gavachos : 프랑스인을 경멸적으로 부르던 별칭)을 보고 놀랐다고 했는데, 그의 추산에 의하면 약 4만 명에 이르는 이들은 "프랑스인이라고 하면 두드려 맞기 십상이므로, 스페인인으로 위장하거나 혹은 왈롱인, 프랑슈-콩테인, 로렌인 행세를 했다."[75]

이들은 높은 임금과 이득을 바라고 스페인의 수도로 가서 장인, 잡역부, 소매상 일을 했다. 그중에는 특히 석공과 건축 잡부가 많았으나 또한 농촌에도 많이 침투해 들어가서, 만일 프랑스인 농부가 없었다면 스페인의 경작지는 더 빈번히 놀렸어야 했을 것이다. 이런 구체적 사실을 보면 이민이 대규모였고 항구적이었으며 또 여러 신분이 섞여 있었음을 알 수 있다. 이것은 프랑스가 인구 과잉 상태에 있었다는 확실한 증거이다. 구르빌의 영주 장에로**는 그의 회고록에서 말하기를 (1669년에) 스페인에 20만 명의 프랑스인이 있었다고 했는데, 이 엄청난 숫자가 반드시 불가능한 것도 아니다.[76]

18세기에 출산을 고의로 통제(피임)하기 시작하는 것—어쩌면 이미 이전부터 그래왔으나 이 시기에 확실하게 퍼졌는지도 모른다—은 따라서 이미 수 세기 전부터 인구 과잉에 시달려온 나라에 자연스러운 일이었다. "남편들

---

* Paul de Gondi(1613-1679) : 종교인이지만 정치적 야심이 있어서 파리의 프롱드의 난 때 당파 지도자로 활약했으며, 그것 때문에 루이 14세에 의해서 투옥되었다. 사면을 받고 생-드니 수도원으로 물러난 후에는 많은 글을 썼다. 특히 그의 『회고록(*Mémoires*)』은 분란이 심했던 이 시기를 생생히 보여준다.

** Jean Hérauld de Gourville(1625-1703) : 프랑스의 재정관. 기엔 지방의 징세관 등을 지내면서 재상 푸케의 재산 관리에 간여했다. 푸케가 실각한 후 추적을 받고 사형을 선고받자 네덜란드로 망명했다가 1669년에 사면되었다. 회고록이 1894-1895년에 출판되었다.

은 열정의 순간에도 집에 자식이 하나 늘어나는 것을 피하려고 조심했다"고 세바스티앙 메르시에는 썼다(1771).[77] 1789년 이후, 프랑스 대혁명의 결정적인 몇 년이 흐르는 동안 출산율이 현저하게 줄었다는 것은 곧 피임법이 뚜렷이 퍼졌다는 것을 말해준다.[78] 다른 곳에서보다 훨씬 일찍 프랑스가 이렇게 대응했다는 것은 이전 시대가 확실히 인구 과잉이었다는 데에서 원인을 찾을 수 있지 않을까?

인구밀도와 문명의 발달수준

지구의 육지 표면적이 1억5,000만 제곱킬로미터이고 인구가 40억 명이므로 현재 지구상의 **평균** 인구밀도는 1제곱킬로미터당 26.7명이 된다. 같은 계산을 1300−1800년의 시기에 대해서 해보면 1제곱킬로미터당 최저 2.3명, 최고 6.6명이 된다. 다음으로 1979년 현재 가장 인구가 밀집된 지역들(1제곱킬로미터당 200명 이상인 곳)만을 계산하면 이곳은 오늘날 **조밀한 문명**(civilisation dense)의 핵심 지역이 되는데, 누차에 걸친 계산 결과를 보면 이런 곳은 모두 1,100만 제곱킬로미터에 이른다. 바로 이 좁은 띠 속에 거의 30억 명의 사람, 전체 인구의 70퍼센트가 모여 있다. 생텍쥐페리는 이것을 그 나름대로 이렇게 표현했다. "우물과 집들이 있는 세상은 지구의 표면에서 좁은 리본 띠에 불과하다. 그가 비행기를 몰고 가다가 잠깐 실수하자 파라과이의 미개간지에서 길을 잃었고, 두 번째로 실수했을 때에는 사하라 사막에 착륙하게 되었다.……"[79] 사람들이 거주하는 세계, 즉 외쿠메네*가 사람들이 살지 않는 곳보다 부조리할 정도로 작아서 비대칭을 이룬다는 이 이미지는 다시금 강조할 필요가 있다. 때로는 어쩔 수 없어서, 때로는 소홀함으로 인하여, 또는 끊임없는 역사의 힘의 연쇄가 이미 그런 방향으로 결정해버려서 인간은 지구의 10분의 9를 비워두고 있다. "인간은 물 위에 기름층이 퍼지듯이 지구상

---

* Œkumene : 지구에서 인류가 영속적으로 거주하고 활동하는 범위, 즉 거주지역을 말한다. 이것과 대조되는 개념이 아뇌쿠메네(Anokumene)이다.

에 퍼진 것이 아니다. 그들은 원래 산호와 같은 방식으로 모여 있다"고 비달 드 라 블라슈*는 말했다. 다시 말해서 "사람들이 모여 있는 몇몇 지점에 연속적으로 몰려드는 방식으로"[80] 인구가 누적되었다. 얼핏 보면 과거에는 인구밀도가 낮았으므로 1400-1800년 사이에 문명을 이룰 정도로 진짜 조밀한 인구집단은 어디에도 없었을 것으로 결론을 내리기 쉽다. 그러나 사실은 오늘날과 같은 구분, 똑같은 비대칭이 이 세상을 "무겁고" 좁은 지역과 넓고 텅 비어서 썰렁한 지역으로 나눈 것이다. 여기에서도 다시 한번 수치들을 척도에 맞추어볼 필요가 있다.

우리는 유럽인의 정복이 아메리카 대륙에 충격을 가하기 전야인 1500년경 전 세계의 문명, 발달한 문화, 그리고 원시문화의 위치를 거의 정확하게 알고 있다. 그 당시의 문서, 이후 시기의 기록, 과거와 현재의 민속학자들의 연구 등을 통해서 우리는 정확한 지도를 가지게 되었다. 그것이 가능한 이유는 우리가 이미 알고 있듯이 문화의 경계가 수 세기가 지나도록 거의 변하지 않기 때문이다. 인간은 수 세대를 내려오면서도 이전에 거두었던 성공의 덫에 갇힌 채 결국 자기 경험의 틀 속에서만 기꺼이 살려고 하게 마련이다. 인간이라고 할 때에는 결국 인간집단을 의미한다. 각 개인으로 보면 그 집단을 떠나기도 하고 다른 사람들이 새로 들어오기도 하지만, 집단 자체는 주어진 공간, 익숙한 땅에 매여 있다. 그곳에 뿌리를 내린 것이다.

민속학자인 고든 휴즈가 작성한 1500년경의 세계지도는 그 자체가 많은 사실을 이야기한다.[81] 이 지도는 76개의 문명권과 문화권을 나누고 있다. 다양한 형태와 면적을 가진 이 76개의 작은 칸막이가 육지 표면적 1억5,000만 제곱킬로미터를 분할하고 있다. 이 지도는 매우 중요하고 자주 인용하게

---

* Paul Vidal de la Blache(1845-1918) : 프랑스의 지리학자. 「지리학 연보(*Annales de Géographie*)」와 프랑스 지리학교의 창립자이며, 지리학이 하나의 통합적인 학문으로 성립하는 데 가장 중요한 공헌을 했다. 자연지리와 인문지리의 연관에 역점을 두었으며 개별 지방지리의 모노그래프를 쓸 것을 강조했다.

되므로 처음부터 주의 깊게 살펴보자. 이 76개의 퍼즐 조각들은 1번 태즈메이니아인으로부터 마지막 76번인 일본인에 이르기까지의 분류를 나타낸다. 이 분류는 밑에서부터 위로 어렵지 않게 읽을 수 있다. 첫째, 1번부터 27번까지는 식량 채집, 물고기 포획 등을 하는 원시종족이 분류되어 있다. 둘째, 28번부터 44번까지는 유목민, 또는 목축 등을 하는 원시종족이 분류되어 있다. 셋째, 45번부터 63번까지는 수준이 낮은 농업, 특히 괭이를 이용한 경작을 하는 농경종족이 분류되어 있는데, 이상하게도 이들은 거의 연속해서 지구를 한 바퀴 도는 띠 모양으로 되어 있다. 넷째, 64번부터 76번까지는 상대적으로 인구가 조밀한 문명으로서 많은 수단과 유익한 성취물을 가지고 있다. 가축, 쟁기, 바퀴 달린 쟁기, 마차, 특히 도시 등이 그것이다. 말할 필요도 없이 마지막 13개의 퍼즐 조각이 "선진" 지역이며, 인간이 조밀하게 모여 있어서 **무거운**(lourd des hommes) 곳이다.

이 분류들 중에 가장 높은 수준에 있는 그룹에 대해서 한두 가지 논의가 필요하다. 61번과 62번, 즉 멕시코의 아즈텍 문명과 페루의 잉카 문명이 이렇게 높은 위치를 차지하는 것이 과연 합당할까? 그 문명들의 질, 장대함, 예술, 독창적인 심성 등으로 보면 물론 합당하다. 또 고대 마야인들의 놀라운 계산술이나 백인의 점령에 따른 가공할 만한 충격을 이겨내고 살아남은 이 문명의 생명력 등으로 보더라도 마찬가지이다. 그러나 반대로 이 문명은 전적으로 괭이, 땅 파는 막대기만을 사용하여 농사를 지었다는 점, (라마, 알파카, 비쿠냐 등을 빼고는) 몸집이 큰 가축이 없었다는 점, 그리고 바퀴, 아치, 마차, 제철기술 등을 몰랐다는 점—사실 제철기술만 하더라도 블랙 아프리카의 소박한 문화권에도 이미 수 세기 전 또는 수천 년 전부터 알려졌던 것이다—등을 놓고 볼 때에는 합당하지 않다. 따라서 물질생활에 관한 우리의 기준에 의하면 이 문명들이 그렇게 높은 위치에 놓이는 것은 합당하지 않아 보인다. 이웃 문명과 겨우 접촉을 하게 된 핀족(63번)에 대해서도 마찬가지로 망설이고 주저하게 된다.

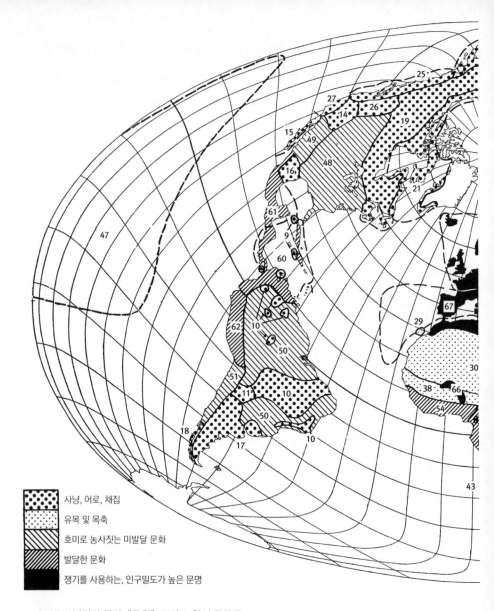

사냥, 어로, 채집

유목 및 목축

호미로 농사짓는 미발달 문화

발달한 문화

쟁기를 사용하는, 인구밀도가 높은 문명

6. 1500년경의 문명, "문화", 그리고 원시 종족들

1. 태즈메이니아인―2. 콩고의 피그미족―3. 베다인(실론)―4. 안다만 제도 사람―5. 사카이족, 세망족―6. 쿠부족―7. 푸난족(보르네오)―8. 필리핀의 네그리토족―9. 시보네족(앤틸리스 제도)―10. 헤-보토쿠도스족―11. 그란차코 인디언―12. 부시맨족―13.오스트레일리아인―14. 대분지(미국)―15. 남부 캘리포니아―16. 텍사스 및 북동부 멕시코―17. 파타고니아인―18. 칠레 남부 해안의 인디오―19. 아사바스칸족과 알곤킨족(캐나다)―20. 유카기르족―21. 동부 및 중부 에스키모―22. 서부 에스키모―23. 캄차달족, 코리아크족, 추크치족―24. 아이누족, 질리아크족, 골디족―25. 북서 연안 인디언(미국, 캐나다)―26. 콜림비아 고원―27. 중부 캘리포니아―28. 순록을 치는 종족―29. 카나리아 제도 사람―30. 사하라 유목민―31. 아라비아 유목민―32. 근동의 산지 목축민―33. 파미르 고원과 힌두 쿠시 지역 목축민―34. 카자흐-키르기스족―35. 몽골인―36. 티베트 목축민―37. 티베트 정착민―38. 수단 서부 주민―39. 수단 동부 주민―40. 소말리아 및 북동부 아프리카의 갈라

족―41. 나일 강 유역 부족―42. 동부 아프리카 목축민―43. 서부 반투족―44. 호텐토트
족―45. 멜라네시아 파푸아인―46. 미크로네시아인―47. 폴리네시아인―48. 아메리카 인
디언(미국 동부)―49. 아메리카 인디언(미국 서부)―50. 브라질 인디오―51. 칠레 인디오―
52. 콩고의 여러 민족―53. 동부 아프리카의 호수 거주민―54. 기니 만―55. 아삼 및 버마
고원 종속―56. 인도네시아 고원 종족   57. 인도차이나 고원 종족―58. 중부 인도의 산지
삼림 종족―59. 말라가시족―60. 카리브 종족―61. 멕시코인, 마야인―62. 페루 및 안데스
산지인―63. 핀족―64. 캅카스인―65. 에티오피아인―66. 정착한 무슬림―67. 남서 유럽
인―68. 동부 지중해인―69. 동부 유럽인―70. 북서 유럽인―71. 인도인(이 지도는 무슬림
과 힌두교도를 구별하지 않았다)―72. 남동 아시아 거주대 여러 나라―73. 인도네시아 서지
내 여러 나라―74. 중국인―75. 한국인―76. 일본인.

이 토의는 여기에서 멈추기로 하자. 어쨌든 이 13개 문명은 세계적인 규모에서 구대륙 전체에 걸친 길고 가는 리본 모양을 이룬다. 그것은 우물과 경작지와 조밀한 인구와 또 가능한 한 가장 탄탄하게 운영되는 공간들을 나타낸다. 우리가 다른 문명권과 차이를 보이는 아메리카의 경우를 논외로 했으므로 그 나머지에 대해서 본다면, 1500년에 문명이 발달한 곳은 1400년에도 이미 문명이 발달해 있었고, 1800년에도, 그리고 오늘날에도 역시 문명이 발달해 있는 곳이다. 그러한 곳이 어디인지는 쉽게 파악할 수 있다. 일본, 한국, 중국, 인도차이나, 인도네시아, 인도, 또 실 모양으로 길게 늘어진 이슬람 지역, 그리고 유럽의 4지역(그중 가장 부유한 지중해 라틴권, 튀르키예의 정복에 희생당하여 가장 불행한 그리스권, 가장 활기가 넘치는 북유럽권, 가장 투박한 러시아-폴란드권) 등이 그것이다. 여기에 우리의 호기심을 끄는 두 경우를 첨가해야 할 것이다. 64번 캅카스인의 강건한 문명과 65번 에티오피아인의 뿌리 깊은 **농민** 문명권이 그것이다.

이런 곳을 총괄해서 보면, 약 1,000만 제곱킬로미터로서 오늘날 프랑스 영토의 약 20배에 해당하는 아주 작은 공간에 불과하지만 대신 인구밀도가 높은 곳이다. 이 지역은 뚜렷이 분간되는 띠 모양을 이루는데, 이것은 약간의 차이점만 빼면 오늘날의 세계지도에서도 그대로 찾을 수 있다(다시 반복하지만 1,100만 제곱킬로미터의 넓이를 가진 이곳에 인류의 70퍼센트가 살고 있다). 만일 오늘날의 경우에 해당하는 바대로 전체 인구집단 대 문명권 인구집단 사이의 이 비율(70퍼센트)을 받아들인다면, 1300-1800년의 기간 중 이 지역의 1제곱킬로미터당 인구밀도는 24.5명(최저)에서 63.6명(최대) 사이가 된다.[82] 벨로흐가 특히 주목한 관찰시기인 1600년에서 보면 이 평균은 28명에서 35명 사이에 있을 것이다. 이것이 중요한 문턱점이다. 유럽에서 강대국이 되기 위해서는 적어도 1,700만 명의 인구가 필요하다는 점을 이야기했지만, 세계의 차원에서 볼 때 문명이 발달할 수 있을 정도의 인구밀도는 적어도 1제곱킬로미터당 30명 이상이다.

계속해서 1600년의 시점에서 볼 때, 인구가 많은 이탈리아는 1제곱킬로미터당 44명, 네덜란드 40명, 프랑스 34명, 독일 28명, 이베리아 반도 17명, 폴란드와 프로이센 14명, 스웨덴, 노르웨이, 핀란드는 1.5명 내외였다(이 마지막 지역들은 원시적 중세의 포로로 잡힌 상태가 연장되고 있었으며, 유럽의 주변 지역에 위치해 있었고, 유럽의 생활권에는 오직 영토의 좁은 영역을 통해서만 참여하고 있었다).[83] 17개의 성(省)을 가진(18번째 성이었던 간쑤 성은 당시 중국계 투르키스탄에 속해 있었다*) 중국의 인구밀도는 20명을 겨우 넘는 정도였다(1578).[84]

이런 수준은 우리에게는 매우 낮아 보일지 몰라도, 당시로서는 이미 확실한 인구 과잉이었다. 1제곱킬로미터당 44명으로서 독일에서 인구밀도가 가장 높은 뷔르템베르크는 16세기 초에 특히 랑스크네병을 모집하는 징병지역이었다.[85] 스페인의 인구밀도가 17명이었던 데 비해 프랑스의 인구밀도가 34명이었으므로 이곳은 이민을 떠나보내는 원천지역이었다. 그러나 부유하고 이미 "산업화된" 이탈리아와 네덜란드는 인구의 무거운 부담을 잘 버텨내서 영토 내에 사람들을 유지할 수 있었다. 인구 과잉은 사람의 숫자만이 아니라 동시에 가용자원과의 함수이기 때문이다.

어셔는 역사인구학적으로 세 가지 인구수준을 구분한다. 가장 밑에는 개척지역(그는 미국을 염두에 두어 "프론티어" 지역이라고 불렀다)의 인구가 있는데, 이것은 인간이 아직 개간을 전혀 하지 않았거나 거의 하지 않은 곳에 있는 초기의 인구이다. 두 번째 단계의 인구는 (18세기 이전의 중국이나 인도, 또는 12-13세기 이전의 유럽처럼) 1제곱킬로미터당 15-20명 사이에 위치한다. 다음으로 "조밀한" 인구는 1제곱킬로미터당 20명 이상이다. 이 마지막 수치는 아마도 너무 낮게 잡은 것인지 모르겠다. 그러나 어쨌든 전통적인 기준에서 볼 때 우리가 보았던 1600년 이후 이탈리아, 네덜란드, 프랑스의 인

---

* 파미르 고원 이동의 동투르키스탄이 간쑤 성으로서 중국 영토가 된 것은 청나라의 건륭제 때인 1762년이다.

구밀도(각각 1제곱킬로미터당 44, 40, 34명)는 이미 인구 압력 단계에 도달했다는 것만은 확실하다. 앙시앵 레짐 시기의 프랑스에 대한 장 푸라스티에의 계산에 따르면, 윤작까지 고려하여 한 사람의 식량을 확보하기 위해서는 1.5헥타르의 경작지가 필요하다.[86] 이것은 1709년 대니얼 디포가 단언한 내용과 거의 일치한다. 디포의 계산에 의하면 한 사람을 부양하기 위해서는 양질의 땅 3에이커나 중간 정도의 땅 4에이커(즉 1.2-1.6헥타르)가 필요하다는 것이다.[87] 우리가 앞으로 보게 되듯이 인구 압력이 있을 때에는 음식생활을 바꾸거나(특히 육류와 빵 사이의 변화를 초래한다), 농업의 변화를 가져오거나, 아니면 이민에 크게 의존하게 된다.

이상에서 고찰한 것은 인구역사의 핵심적인 문제들의 시작점에 불과하다. 다른 무엇보다도 우리가 알아야 할 것은 도시 인구와 시골 인구 사이의 비율—이 비율은 이전에 유행했던 경제성장의 역사에 핵심적인 **지표**였다—이며 또 인문지리학의 규준에 따른 시골 인구집단의 형태이다. 예를 들어 18세기 말 상트 페테르부르크 주변 지역을 보면, 핀란드 농민의 지저분한 농장들은 서로 멀찍이 떨어진 채 분산되어 있었던 데 비해 독일계 이주농의 집들은 군데군데 모여 있었고, 반면 러시아의 마을들은 상당히 큰 규모로 집중되어 있었다.[88] 한편 알프스 이북의 중부 유럽의 마을들은 규모가 매우 작았다. 나는 오스트리아 국경 근처의 보헤미아 지방에 있는 로젠베르크 가문과 슈바르첸베르크 가문의 옛 영지에 대한 지적도를 볼 기회가 있었다. 잉어, 메기, 농어가 우글대는 인공 연못이 있던—이것은 바르샤바의 중앙 고문서보관소에서 본 것과 똑같다—이 지역에서 보는 바와 같이 17-18세기 중부 유럽의 많은 마을들이 극도로 작은 규모였다는 점에 놀랐다. 10여 채의 집만이 있는 경우도 아주 흔했다. 이탈리아의 도시화된 마을(villages-villes), 라인 강과 뫼즈 강 사이의 지역이나 파리 분지에 있는 대규모 읍과는 너무나 큰 차이가 난다. 중부 유럽과 동부 유럽의 많은 지역에서 마을이 이토록 작다는 것이 이곳 농민의 운명을 결정한 중요한 원인이 아니겠는가?

커다란 공동체들이 이웃해 있지 않았기 때문에 이런 마을들은 영주들 앞에서 더욱 무력할 수밖에 없었다.[89]

고든 휴즈의 지도가 보여주는 다른 사실들

적어도 다음 세 가지 사실을 들 수 있다.

첫째, "문화"(인류의 첫 번째 성공)와 "문명"(인류의 두 번째 성공)이 자리 잡은 위치가 고정되어 있다는 점이다. 이 위치는 현재로부터 출발해서 시간을 거슬러올라가는 단순한 방법을 통해 재구성한 것이다. 문화와 문명의 경계가 고정되어 있기 때문에 알프스 산맥, 걸프 만, 라인 강 등이 지리적인 양상인 만큼이나 그것들의 분포양상이 지리적인 양상을 보여준다.

둘째, 이 지도를 보면 유럽인이 승리를 거두기 벌써 수 세기 혹은 수천 년 전부터 전 세계가 알려져 있었다는 것을 알 수 있다. 인간의 행로를 막는 것은 오직 거대한 장애물—거대한 대양, 통과가 거의 불가능한 산맥, (아마존 지역, 북아메리카, 시베리아 등지의) 광활한 삼림, 광대한 사막 등—뿐이다. 그렇지만 자세히 들여다보면, 아무리 거대한 대양이라고 하더라도 일찍부터 인간의 모험이 펼쳐지지 않아서 그 비밀이 드러나지 않은 바다는 없었고(예를 들면 고대 그리스인은 인도양의 몬순을 알고 있었다), 접근하고 통과하는 것이 완전히 불가능한 산맥이 없었으며, 인간이 이리저리 뚫고 들어가보지 않은 숲이나 인간이 통과해보지 못한 사막이 없었다. 이 세계가 "거주 가능하고 항해 가능한"[90] 공간이라는 데에는 의심의 여지가 없다. 1500년 이전, 아니 1400년이나 심지어 1300년 이전에도 아무리 작은 조각의 공간이라고 해도 주인과 용익권자가 없는 곳이 없었다. 지도상에서 30번에서 36번을 차지하는 구대륙의 오지인 사막에도 호전적인 유목민족들이 살고 있었다—이것에 대해서는 이 장에서 다시 보게 될 것이다. 간단히 말해서 "인류가 오랫동안 살아온 집"[91]인 이 세계는 지리상의 대발견 이전에 이미 오래 전부터 "발견되어" 있었다. 식물의 목록만을 보아도 그것이 어찌나 정확히 작성되

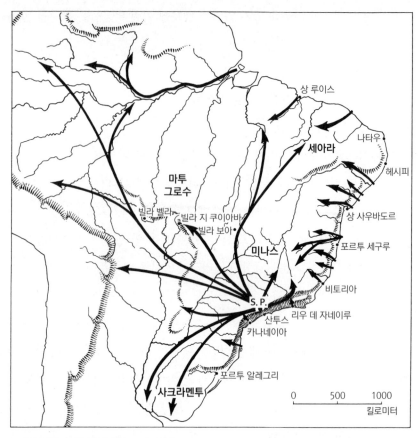

7. 브라질의 반데이란테스(16-18세기)
반데이란테스는 특히 상파울루(지도에는 S. P.로 표시되어 있다)로부터 출발했다. 파울리스
타들은 브라질 내부의 전역을 횡단했다. (알폰소 데스크라뇰-토네의 책)

어 있는지 "역사가 쓰인 처음부터, 어디엔가 소용이 되는 식용식물 중 어느
하나라도 그 이전부터 알려진 목록에 새로 덧붙여진 것이 하나도 없을 정도
로 원시인들부터 이미 식물의 세계를 주의 깊고 완벽하게 탐구했다."[92]

따라서 유럽이 아메리카나 아프리카를 발견하거나 신비의 대륙을 침범
한 것이 아니다. 19세기에 아프리카의 중심부를 탐험한 사람들은 이전에 그
렇게 으스댔지만 사실은 흑인 짐꾼을 이용해 여행한 것에 불과하며, 이들
은—결국 유럽인은—일종의 신대륙을 발견했다고 믿는 큰 잘못을 저질렀

다……. 마찬가지로 16-18세기에 남아메리카 대륙을 발견한 사람들, 그중에서도 특히 경탄할 만한 서사시를 남긴 반데이란테스와 파울리스타*(이들은 1554년에 세워진 도시 상파울루로부터 출발했다)는 인디오들이 다니던 옛 길과 카누를 타고 통과한 강을 재발견했을 따름이며 그것도 마멜루코스(Mamelucos)라고 불리는, 포르투갈인과 인디오 사이의 혼혈인들이 이들의 손을 잡고 인도했다.[93] 17-18세기에 대호수로부터 미시시피에 이르는 지역을 탐험한 프랑스인도 캐나다인 혼혈인들—"부아 브륄레(Bois Brûlés : 불탄 나무)"라고 부른다—의 도움을 받았다. 유럽이 세계를 재발견했다고 해도, 대개 다른 곳 사람들의 눈과 다리와 지능의 덕을 입어 행한 것이다. 유럽인이 몸소 성공한 것은 대서양의 발견이다. 그들은 이곳의 힘겨운 바닷길, 물결, 바람을 정복했다. 이 뒤늦은 성공으로 세계의 7대양으로 가는 문과 길이 열렸다. 그 결과 세계의 해양이 하나의 통합체로서 백인에게 봉사하게 되었다. 영광의 유럽, 그것은 선단, 무수한 선박, 그리고 바닷길의 자취이다. 이들은 선원, 항구, 조선소를 가진 민족이다. 표트르 대제가 처음 서유럽으로 여행을 떠났을 때(1697) 그 역시 요점을 놓치지 않았다. 그는 홀란트**에 있는 잔담(암스테르담 근처의 도시)의 조선 작업장에서 직접 일을 했다.***

---

*　16세기 브라질 개척은 해안지방에서만 이루어지다가 점차 내지로 들어갔다. 이때 상파울루를 출발해 브라질 내부로 탐험해 들어가는 포르투갈 모험가들을 반데이란테스(bandeirantes) 또는 파울리스타(paulista)라고 한다. 이들은 인디오들을 노예로 붙잡아들이거나 금, 은 등의 귀금속을 찾아나섰다. 이들의 가혹한 행위에 그나마 예수회가 나서서 인디오들을 보호, 개종, 교육시키려고 했으나 소용없었다.

**　홀란트(Holland)는 네덜란드를 구성하는 하나의 주이다. 원래 네덜란드 지역은 모두 17개의 주로 구성되어 있었으나 16-17세기에 일어난 네덜란드 독립전쟁의 결과, 북부 7주는 합스부르크 지배 왕조에서 독립하여 네덜란드 공화국이 되었고 남부 10주는 계속 합스부르크 왕조에 속하게 되었다. 홀란트는 바로 이 북부 7주 중의 하나이다. 그런데 홀란트 주가 가장 부유하고 정치적으로도 강력했기 때문에 때로는 네덜란드 전체를 가리키는 이름으로 홀란트라는 말이 자주 쓰였다(그리고 이것을 음역한 것이 화란[和蘭]이다). 이 책의 저자도 때로 이 둘을 혼동하여 쓰는 것 같다. 역자가 번역할 때에는 전체 국가를 지칭할 때에는 '네덜란드'로, 하나의 주를 가리킬 때에는 '홀란트'로 가능한 한 구분했다.

***　러시아의 표트르 대제(Pyotr I : 1672-1725)는 서유럽의 발달한 문화와 문물을 배우기 위해서

마지막으로 셋째, 인구가 조밀한 이 좁은 지역들이 늘 동질적이지는 않다
는 점이다. 탄탄하게 자리 잡은 지역들(서유럽, 일본, 한국, 중국 등)이 있는
가 하면, 말레이 제도나 인도네시아 등 거주지역이 몇몇 곳에 분산된 지역도
있다. 인도는 복잡하게 섞인 여러 문명들이 지역 전체를 완전히 장악한 것
이 아니다. 이슬람권은 공지(空地)의 변두리, 즉 사막, 강, 바다의 가장자리
에 있는 일련의 연안지역(사헬* 지역)이라고 할 수 있다. 때로 그것은 마치
블랙 아프리카의 옆구리에 붙어 있는 듯하다. 노예 해안(잔지바르[Zanzibar])
이나 호전적인 제국들이 수차례 건설되었던 나이지리아 만곡 지역이 그러한
예이다. 유럽 역시 동쪽으로 가면 황량한 늪지를 넘어 공지로 이어진다.

정글 북 : 인간과 야생동물

오직 문명권만을 보고자 하는 욕구가 늘 크기 마련이며, 사실 문명권이 핵
심적인 것도 분명하다. 게다가 이 문명들은 그들의 오랜 모습, 도구, 의복,
주택, 관습, 심지어 전통적인 노래 등을 되찾기 위해서 모든 재능을 다 사용
했다. 그리하여 그 결과물들이 박물관에 보존되어 있다. 각각의 문명에는
또한 나름의 색깔이 있다. 여기에는 독창적인 요소들이 많다. 예를 들면 중
국의 풍차는 수평으로 돌아간다. 이스탄불에서는 칼의 몸체가 안쪽으로 만
곡을 이루며, 사치스러운 숟가락은 후추나무 목재로 되어 있다. 일본이나
중국의 모루는 유럽의 그것과 다르게 생겼다. 또한 이전에 홍해와 페르시아
만을 항해한 배는 못 하나 사용하지 않고 만들었다……. 각각의 경우에 각
각의 식물, 가축(그리고 그 가축들을 다루는 방식까지), 좋아하는 집, 특별한
음식 등이 있다. 부엌의 냄새만 한번 맡아도 전체 문명을 떠올릴 수 있다.

1697년에 서유럽으로 여행을 떠나서, 신분을 속이고 네덜란드, 영국, 빈 등지를 돌아다녔다.
특히 네덜란드에서는 그의 주요 관심사의 하나였던 해군 발달을 위해서 조선소에서 직접 노동
자로 일해보기도 했다.

* Sahel : 아랍어로 '가장자리', '연안'의 뜻이다.

그러나 문명만이 세상의 모든 아름다움이요 세상의 소금은 아니다. 문명 밖에, 때로는 문명권으로 침투해 들어오거나 문명권을 포위하는 곳에 원시적인 삶이 전개되는 광대한 영역이 펼쳐져 있다. 이곳은 마치 인간과 야생동물의 이야기가 전개되는 책(『정글 북』)과 같으며, 괭이만을 가지고 농사짓는 오래된 농법(農法)을 기록해둔 비망록과 같고, 문명화된 사람들에게는 굴레를 벗어던지고 달려오고 싶은 천국으로 여겨진다.

야만인들의 모습을 가장 많이 보여주는 곳은 말레이 제도, 중국의 고산지대, 홋카이도 북부, 타이완, 또는 두드러지게 대조적인 면모를 가진 인도의 심장부 등 아시아 지방일 것이다. 다른 곳에서 볼 수 있는 것과는 달리, 유럽에는 숲속의 빈 공간의 마른 땅에서 벼를 재배하기 위해서 고지의 숲을 불태우는("숲을 먹어치우는") 화전민 같은 정주 상태의 "야만인"이 없다.[94] 유럽은 아주 일찍 산지 사람들을 순화시키고 길들였으며, 그들을 파리아(paria : 천민계급)로 취급하지 않았다. 반대로 아시아에서는 이와 같은 일종의 "합작" 관계가 없었다. 이곳에서는 무자비한 충돌이 수없이 일어났다. 중국인들은 짐승을 키우고 냄새나는 집에서 사는 산지 사람들에 대한 공격을 멈추지 않았다. 인도에서도 마찬가지의 갈등이 있었다. 1565년 데칸 고원에서 일어난 탈리코타 전투*에서 북부의 이슬람 술탄의 기병대와 포대의 공격으로 힌두계 비자야나가르** 왕국이 멸망했다. 거대한 수도가 곧바로 정복

---

* 비자야나가르의 힌두 국왕군과 인도 데칸 지방의 이슬람 국가들인 비자푸르, 비다르, 아흐마드나가르, 골콘의 술탄들 사이에 벌어진 싸움(1565년 1월). 양쪽 군대는 거대한 코끼리 부대와 함께 수십만 명의 병력으로 구성되었다. 이슬람군이 대포를 이용하여 승리를 거두고 힌두 측의 수상 라마라야가 잡혀서 처형됨으로써 완전히 끝났다. 비자야나가르의 수도가 점령되었고 5개월에 걸쳐 파괴되었으며 힌두 군은 이후 이 도시를 다시 탈환하지 못했다. 이 전투는 비자야나가르 제국 멸망의 결정적 요인이었으며 이후 이슬람의 침입은 18세기 말까지 지속되었다.

** Vijayanagar(또는 Vijyanagar) : 산스크리트이로 '승리의 도시'라는 뜻으로, 인도 남부에 있던 거대한 제국 및 그 수도의 이름이다. 1336년에 제국이 만들어져서 이곳을 수도로 삼았다가 후기에 페누콘다로 수도를 옮겼다. 건설 직후 인도 남부 최대의 제국이 되었다. 이 제국은 북부 이슬람 국가들의 침입을 막는 방벽 역할을 하면서도 이슬람 교도들을 배척하지 않고 그 문물을 받아들였기 때문에 문화가 대단히 융성했다. 그러나 이슬람 국가든이 연합히어 이 제국을 위엽

되지는 않았지만 모든 마차와 끌짐승을 군대에 빼앗겼고 무방비 상태로 남게 되었다. 그러자 곧 주변의 삼림과 정글 지역에 사는 야만족들인 브린자리족, 람바디족, 쿠르바족이 밀려와서 이 수도를 철저하게 노략질했다.[95]

그러나 이상에서 말한 야만족은 사실 이들을 업신여기는 문명권에 포로처럼 갇혀 있는 상태였다. 진짜 야만족은 다른 곳에 있었다. 이들은 사람들이 조밀하게 모여 사는 지역의 경계 밖에서, 가혹한 환경이기는 하지만 완전한 자유를 누리고 살았다. 프리드리히 라첼은 이들을 란트뵐커(Randvölker), 즉 "주변 종족"이라고 불렀으며, 독일의 지리학자와 역사학자들은 게시히틀로스(geschichtlos), 즉 역사를 가지지 않은 종족이라고 불렀다(그러나 과연 역사를 가지지 않았다는 것이 사실일까?). 이전에는 시베리아의 대북부(大北部) 지역에 "80만 제곱킬로미터의 땅에 1만2,000명의 추크치인[*]이 살았으며, 동토(凍土)인 야말 반도의 15만 제곱킬로미터에 1,000여 명의 사모예드인[**]이 살았다."[96] "가장 극빈 상태에 있는 종족들이 일반적으로 가장 넓은 땅을 필요로 하기 때문이다."[97] 조금 달리 표현하면, 넓기는 하지만 인간에게 불리한 조건을 가진 이런 지역에서는 뿌리식물과 줄기식물을 캐먹거나 들짐승을 덫으로 잡는 등의 원시적인 생활만이 가능하다.

땅의 지력이 낮고 이용가치가 없어 보여서 사람이 희귀해지면, 야생 짐승들이 증가한다. 인간으로부터 멀어지면 곧 짐승들과 만나게 된다. 여행기들을 보라. 땅 위의 모든 짐승들이 당신을 향해서 온다. 17세기의 한 여행자의 말에 의하면, 아시아의 호랑이들은 마을과 도시 주변을 어슬렁거리다가, 갠지스 강 삼각주에서 낚시를 하다가 배에서 잠이 든 낚시꾼에게 헤엄쳐 다가

하더니 1565년 탈리코타 전투에서의 패배를 계기로 쇠퇴하다가 1614년에 멸망했다.

* Chukchi : 시베리아 동부에 사는 고(古)시베리아족. 그들이 자신을 차우추(Chawchu : 순록의 소유자들)라고 부른 데서 이름이 유래한다.

** Samoyedes : 몽골계, 핀-우그르 어족의 언어를 가진 시베리아의 종족. 오비 강과 예니세이 강 사이, 그리고 타이미르 반도 사이의 툰드라 지대에 자리 잡고 있으며, 순록을 키우거나 낚시를 하며 산다. 이들의 문화는 샤머니즘 요소가 대단히 강하다.

와서 공격한다. 오늘날에도 동아시아에서는 가공할 만한 식인 호랑이를 피하기 위해서 산간마을 주변을 개간해버린다.[98] 밤이 되면 누구든, 심지어 집 안에 있더라도 안전하지 않다. 광저우 근처의 한 작은 도시에서 예수회 신부 아드리아노 데 라스 코르테스와 그의 고행을 뒤따르던 신자들이 감옥에 갇혀 있었는데(1626) 한 사람이 방에서 나가자 곧 호랑이에게 잡혀갔다.[99] 14세기 중국의 어떤 그림에는 장미 반점이 있는 거대한 호랑이가 과수의 꽃가지 사이에 마치 친숙한 괴물처럼 앉아 있는 것으로 묘사되어 있다.[100] 사실 모든 동아시아 지방에서 이것은 너무나 잘 맞는 이야기이다.

시암(타이)은 메남 강의 계곡에 위치하고 있다. 이 강물 위에는 말뚝 위에 지은 집들이 열을 이루고 있고 바자르(bazar : 시장)나 배에서 생활하는 가족들이 있다. 강 주변에는 수도를 포함해서 2-3개의 도시가 있고, 논이 있다. 그리고 광대한 숲이 펼쳐져 있고 그 사이사이에 물이 흐른다. 그중 물이 완전히 빠지면서 드러난, 얼마 되지 않는 땅 조각들에는 호랑이와 야생 코끼리가 살고 있으며, 엥엘베르트 켐퍼에 의하면[101] 영양도 있다고 한다. 괴물 같은 또다른 야수인 사자는 에티오피아, 북부 아프리카, 바스라 근처의 페르시아, 또 북동부 인도에서부터 아프가니스탄으로 가는 길에서 볼 수 있다. 필리핀의 강들에는 악어들이 우글대며,[102] 수마트라의 해안평야, 인도, 또 페르시아의 고원은 멧돼지의 세상이다. 베이징 북쪽에는 야생마들이 많아서 라소*를 가지고 사냥하고는 한다.[103] 트라브존**의 산악지역에서 야생개들이 울부짖어서 잠을 이루지 못했다고 제멜리 카레리는 기록했다.[104] 기니에서는 몸집이 작은 야생소들이 있어서 사냥꾼들이 이들을 노리고 쫓아다니지만, 반대로 코끼리와 하마(이것을 슈보 마랭[chevaux marin]—직역하면 해

---

* lasso : 목적물에 걸어서 잡는 데 쓰는 던지는 올가미.
** Trabzond : 트레비존드(Trebizond)라고도 하며 옛 이름은 트라페주스(Trapezus)이다. 튀르키예 북동부에 연안의 높은 산들을 배경으로 하여 흑해 남동부 해안의 넓은 들판에 자리 잡고 있다. 울창한 삼림으로 덮여 있으며 인구가 주밀한 상업 중심지이다.

마[海馬]가 된다—이라고 잘못 표기하기도 했다)의 무리 앞에서는 모두 피하는데, 하마들은 "쌀, 조와 다른 채소류" 밭을 모두 망쳐버린다. "어떤 경우에는 한번에 300–400마리가 한 무리를 이루기도 한다."[105] 희망봉 주변 지역을 넘어서 무인지경으로 광대하게 펼쳐져 있는 남아프리카 지역에서는 "인간이라기보다는 짐승처럼 사는 방식에 더 가까운" 극소수 사람들 외에는 사나운 짐승들을 더 많이 볼 수 있는데, 그중 특히 사자와 코끼리는 세계에서 가장 큰 것으로 정평이 나 있다.[106] 우리는 수 세기를 뛰어넘어서, 또 이 대륙의 끝에서 끝으로 뛰어넘어서 카르타고와 한니발 시대의 북부 아프리카산 코끼리를 상상할 수 있다.* 또한 16세기 이후부터 유럽인들에게 엄청난 양의 상아를 제공한 블랙 아프리카 심장부에서의 코끼리 사냥을 상상할 수도 있다.[107]

늑대는 우랄 산맥에서부터 지브롤터 해협에 이르기까지 유럽 전체를 무대로 삼아왔고 곰은 이곳의 산악지대에 살고 있었다. 도처에 늑대가 있었고 늘 늑대를 조심해야 했기 때문에 늑대 사냥은 시골이든 도시이든 그 지역이 얼마나 건강한지에 대한, 그리고 그해가 얼마나 살기 좋은 해인지에 대한 지표가 될 정도였다. 잠시라도 주의를 늦추거나, 경제가 후퇴하거나 또는 겨울 사정이 나빠지면 늑대 수가 증가했다. 1420년에 성벽의 틈새를 통해, 또는 간수가 없는 성문을 통해 늑대 떼가 파리로 들어왔다. 1438년 9월에 다시 늑대가 출몰했는데, 이번에는 파리 외곽의 몽마르트르와 생-탕투안 성문 사이에서 사람들을 공격했다.[108] 1640년에는 늑대가 두 강**을 건너 물레방아 근처를 통해 브장송에 들어와서는 "길거리에서 아이들을 잡아먹었

---

* 카르타고의 장군 한니발은 제2차 포에니 전쟁을 일으켜서(기원전 219) 로마를 공략했다. 이때 그는 코끼리 부대를 조직하여 스페인으로부터 출발해서 알프스를 넘어—전승되는 이야기에 의하면 초산으로 알프스의 바위를 녹이며 전진하여—로마를 배후에서 기습 공격했으나 결국 실패했다.

** Doubs : 쥐라 산맥에서 발원하여 남동쪽으로 흘러 손 강과 합류하는 강. 이 강이 흐르는 지역으로 두가 있으며, 두의 주요 도시가 브장송이다.

다."[109] 1520년경에 프랑수아 1세가 창설한 늑대 사냥부대(grands louvetiers)는 영주와 마을사람들을 징발해서 몰이사냥을 했다. 1765년에 제보당 지역에서도 "늑대 피해가 엄청나서 괴물 같은 늑대가 한 마리 있다고 믿게 되었다."[110] 1779년에 한 프랑스인은 이렇게 썼다. "600년 전에 영국에서 그러했던 것처럼 사람들이 프랑스에서 늑대를 멸종시키려고 하는 것 같다. 그러나 이런 일은 영국 같은 섬나라에서는 가능할지 몰라도 프랑스처럼 넓고 사방으로 열려 있는 나라에서는 불가능하다."[111] 그러나 1783년에만 해도 상공회의소 의원들은 "영국에 늑대를 많이 들여보내서 대다수의 인구를 없애버리자"는 몇 년 전에 제기된 제안을 토의하지 않았던가![112] 비록 늑대가 유럽 대륙의 대지에, 또 독일이나 폴란드의 먼 삼림지대에 붙박여 있다고 해도, 프랑스는 늑대에 대해서도 교차로 역할을 하는 지리적 상황을 벗어나지 못했다. 1851년까지도 베르코르에서는 늑대 피해를 입고 있었다.[113]

이것과는 달리 즐거운 장관으로는 뇌조, 꿩, 산토끼, 자고새 등이 있다. 알프스에는 흰 자고새가 있었던 반면, 1494년 발렌시아의 주변 산지를 친구들과 함께 여행하던 뉘른베르크의 의사 토마스 뮌처[114]는 말라가 근처에서 그가 타고 가던 말들 때문에 일제히 날아올라가던 붉은 자고새들에 대해서 이야기했다. 16세기 초에 뷔르템베르크의 라우에 알브 지역에도 야생 자고새떼가 큰 무리를 이루고 있었는데, 농민들은 이 새를 잡기 위해서 큰 개를 쓰는 것이 금지되었던 반면, 삼림 감시인만이 이런 권리를 가지고 있었다.[115] 페르시아에는 멧돼지, 큰사슴, 사슴, 영양, 사자, 호랑이, 곰, 토끼, 그리고 엄청난 양의 비둘기, 야생 기러기, 오리, 멧비둘기, 까마귀, 왜가리, 두 종류의 자고새 등이 있었다……[116]

당연히 빈 터가 클수록 동물이 번성했다. 만주지역에서 중국 황제의 웅장한 행차(10만 필의 말이 동원되었다)를 수행했던 페르비스트 신부*는 피로가

---

* Ferdinand Verbiest(1623-1688) : 네덜란드의 예수회 선교사, 천문학자. 중국 청나라 왕조에서 관직을 역임했으며 중국 이름은 남회인(南懷仁)이다. 그는 천문학 지식을 이용해서 흠천감(欽天

누적되어 불평을 늘어놓으면서도 환상적인 사냥에 동행했다. 이때 하루 만에 잡은 포획물이 1,000마리의 사슴과 60마리의 호랑이였다.[117] 1639년 당시 아직 사람이 살지 않던 모리셔스 섬에는 멧비둘기와 토끼가 어찌나 많았는지, 그리고 어찌나 겁이 없었는지 사람들이 손으로 잡을 수 있을 정도였다.[118] 1690년 플로리다에서는 야생 비둘기, 앵무새, 그 외에도 다른 새들이 하도 많아서 "흔히 배 몇 척에 가득히 새알과 새를 실어날랐다."[119]

신대륙에서는 모든 것이 엄청났다. 여기에는 사람이 살지 않는 황량한 지역(despoblados)이 얼마든지 있었고, 광대한 거리를 두고 몇 개의 소도시가 있을 따름이었다. 오늘날의 아르헨티나가 될, 코르도바와 멘도사 사이의 지역은 1600년에 칠레의 산티아고 주교인 리사라가가 경험한 것처럼 30쌍의 소가 끄는 12척의 수레로 20여 일이 걸리는 곳이었다.[120] 여기에는 남쪽의 타조, 라마, 물개를 제외하면 본토박이 짐승이 거의 없었다.[121] 반면 유럽에서 들어온 소, 말 등의 짐승들이 텅 빈 이 지역을 차지하여 스스로 번식해갔다. 대평원을 가로지르는 "이동 목축(transhumance)"의 정기행로를 따라 이동하면서, 거대한 야생 소 떼가 19세기까지 자유롭게 살아갔다. 빽빽하게 서로 바짝 붙어 있는 야생마 무리는 때로 지평선상에 마치 아스라히 먼 작은 언덕들처럼 보이고는 했다. 리사라가 자신은 심각하게 받아들였지만 사실은 매우 재미있는 이야기가 있는데, 그것은 아메리카에 새로 온 신참자(차페토네스)*―이들은 늘 고참(바키아노[baquiano])의 놀림감이었다―가 저지

監 : 황실 천문연구소)의 부감(副監)으로서 흠천감 업무를 실질적으로 관장했다. 그러면서 황제에게 많은 조언을 했고, 청나라가 삼번의 난으로 위협받을 때에는 각각 성인의 이름을 붙인 300여 개의 대포를 만들었다. 1678년에는 러시아와의 회담에서 통역자로 일했다. 그때 시베리아를 통해 러시아를 가로지르는 육로에 대한 정보를 얻었고, 그후 유럽에서 중국으로 오는 예수회 선교사들이 그 길을 이용했다. 그는 유럽의 친구들에게 중국 문명의 업적을 찬양하는 편지들을 보냈는데 이것은 독일의 철학자 라이프니츠와 같은 계몽사상가들에게 영향을 주었다.

* 라틴 아메리카에서 태어난 백인을 일반적으로 크레올(creole) 또는 크리오요(criollo)라고 하는 반면, 스페인에서 태어나 이주해온 백인을 흔히 페닌술라레스(peninsulares : 반도[半島] 출신자)라고 부르고, 더 경멸적으로 부를 때에는 멕시코에서는 가추피네스(gachupines), 남아메리카에서는 차페토네스(chapetones)라고 했다.

른 실수에 관한 것이다. "손가락 굵기의" 나뭇조각 하나도 찾을 수 없는 팜파스 지역에서 한 차페토네스가 멀리 있는 낮은 언덕*을 가리키며 즐거운 목소리로 외쳤다. "빨리 저곳에 가서 나무를 잘라오자."[122]

이 일화 외에도 우리가 볼 만한 훌륭한 경관들이 많다. 아메리카가 유럽인들에게 개방된 때에 시베리아는 러시아인들에게 개방되었다. 1776년 봄에 러시아의 장교들이 너무 일찍 옴스크를 떠나 톰스크로 여행을 했는데, 이때 강들이 해빙에 들어가기 시작했다. 할 수 없이 이들은 나무줄기의 가운데를 파내고 서로 묶은 임시용 배를 타고 오비 강을 내려가는 수밖에 없었다. 스위스 출신 군의관의 기록을 보면 이 항해는 위험하면서도 매우 즐거웠다. "적어도 50개의 섬들을 지나치며 보니 여우, 토끼, 비버가 하도 많아서 그것들이 물가에까지 나오는 것을 볼 수 있었다.……우리는 암곰이 네 마리의 새끼 곰을 데리고 강가를 어슬렁거리는 것을 즐겁게 보았다.……여기에 무서울 정도로 많은 수의 백조, 두루미, 펠리칸, 기러기……빨간 오리를 비롯한 여러 종류의 야생 오리들도 보았다.……해오라기와 도요새가 하나 가득 물결을 타고 있었고 숲은 뇌조와 다른 새들로 가득 차 있었다.……해가 진 뒤 이 새 떼들이 우는 소리가 어찌나 큰지 우리는 서로의 말을 들을 수 없을 정도였다."[123] 시베리아 끝에 있는 거대한 캄차카 반도[124]에는 거의 사람이 살지 않다가 18세기 초부터 조금씩 사람이 많아지기 시작했다. 털가죽 짐승을 좇아 사냥꾼과 장사꾼들이 모여들었는데, 이 장사꾼들은 이곳의 가죽을 이르쿠츠크에 가져갔다. 그러면 이 상품은 다시 이곳에서부터 캬흐타의 장을 통해 중국으로 팔려가거나, 혹은 모스크바에, 그리고 다시 그곳으로부터 서유럽에까지 팔려갔다. 수달피가 유행한 것이 이때부터이다. 그때까지 수달피는 단지 그곳 사냥꾼과 원주민의 의복이었을 따름이다. 이제 가격이 급등하자 수달 사냥이 갑자기 대규모로 커지기 시작했다. 1770년경에는 이것이

---

* monte : 마치 언덕처럼 보이는 야생마의 무리를 가리킨다.

대단한 조직이 되었다. 오호츠크에서 건조하고 의장을 갖춘 배들은 많은 선원을 태우고 있었는데, 그 이유는 흔히 시달림을 당하던 원주민들이 이들에게 적대적이었기 때문이다. 가끔 원주민들은 살인을 하고 배를 불태웠다. 이배는 4년치의 식량을 싣고 다녀야 했는데, 이를 위해서 먼 곳에서부터 비스킷과 밀죽을 수입해야 했다. 이것 때문에 식량 보급비용이 엄청나서 이 사업이 멀리 있는 이르쿠츠크 상인의 수중에 들어가게 되었다. 이들은 지분에 따라 이익과 비용을 나누었다. 알류샨 열도의 극지방까지 가는 이 여행은 4-5년이나 계속되기도 했다. 사냥은 수달이 많이 서식하는 강 입구에서 이루어졌다. 혹은 프로미실렌니크(promyschlennik)라고 불리는 사냥꾼들이 카누를 타고 수달을 쫓아가서 수달이 숨을 쉬기 위해서 수면으로 올라올 때 잡거나, 혹은 처음 부빙군(浮氷群)이 만들어지는 때를 기다렸다가 사냥꾼들이 개와 함께 다니면서 물 밖에서 뒤뚱거리고 있는 수달들을 한 마리씩 지나가면서 일단 쳐서 쓰러뜨려놓고 나중에 완전히 죽이는 식으로 잡아들였다. 때로는 이 떠다니는 얼음의 한 부분이 저절로 떨어지면서 그 위에 있는 사냥꾼과 개와 수달의 시체를 싣고 먼 곳으로 흘러가기도 했다. 북쪽 바다에서 나무도 식량도 없이 배가 갇혀버리는 경우도 있었다. 그러면 선원들은 날 생선을 먹어야 했다. 이런 어려움에도 불구하고 사냥꾼이 계속 증가했다.[125] 1786년경에는 태평양 북쪽에 영국 배와 미국 배가 나타나기 시작했다. 이 사냥 때문에 캄차카 지역에서는 이 멋진 동물들이 빠른 속도로 사라져갔다. 그럴수록 사냥꾼들은 더욱 멀리 가야만 했으며, 결국 미국 쪽 해안으로 건너가게 되었고 심지어 샌프란시스코에까지 내려갔다. 급기야는 이곳에서 러시아인과 스페인인이 19세기 초에 조우하는 일이 일어났다—그렇지만 이것이 대단한 역사적 사건을 만들어내지는 않았다.

18세기 말까지도 아직 원시적인 동물의 세계가 광대한 공간에 펼쳐져 있었다. 그러나 이 천국의 한가운데에 인간이 나타난 것이 새로운 비극이었다. 1793년 2월 1일, 중국으로 매카트니 대사를 싣고 가던 범선 리옹 호가 인도양의 남위 40도 부근에 있는 암스테르담 섬에서 끔찍하게 더러운 5명의 주민—프랑스인 3명과 영국인 2명이었다—을 발견한 것도 오직 모피라는 광기 때문에 벌어진 일이었다. 아메리카의 비버 가죽이나 바로 이 섬에서 사냥한 물개 가죽을 광저우에 가져가서 파는 보스턴의 배들이 지난번 항해 때 이 다섯 사람을 하선시킨 것이다. 이들은 여름 한철 동안 2만5,000마리에 달하는 대규모 도륙을 행했다. 이 섬에는 물개뿐 아니라 펭귄, 고래, 상어, 곱상어, 거기에 수를 헤아릴 수 없는 물고기들이 있었다. "몇 개의 낚싯줄만 던져놓으면 리옹 호 선원들이 1주일 동안 먹을 생선을 잡았다." 민물이 빠져나가는 어귀에는 잉어, 농어, 게다가 가재까지 있었다. "선원들은 바구니에 상어 고기를 미끼로 넣어 물에 담가둔다. 그리고 몇 분 뒤 바구니를 들어올리면 가재가 반쯤 차 있다." 또다른 경탄의 대상은 새들이다. 노란 부리를 한 알바트로스와 "은새(銀鳥, oiseau d'argent)"라고 불리는 검은바다제비가 있고, 또 파란바다제비라고 불리는 밤새는 육식조의 사냥감이기도 했고 물개 사냥꾼들이 횃불로 유인해서 잡기도 했다. 이들은 "이 새들을 무수히 잡았다.……이 새는 사냥꾼들의 주식이 될 정도였는데, 그들 말로는 고기 맛이 훌륭하다고 했다. 파란 바다제비는 거의 비둘기만 했다."126)

사실 18세기 이전에는 어느 곳이나 『정글 북』의 세계였다. 그곳에서 길을 잃기 전에 이 책을 덮는 것이 현명한 일이다. 그러나 이것은 인간이 세계를 얼마나 미약하게 장악하고 있었는지를 증언한다.

18세기에 마무리된 생물학적 앙시앵 레짐

중국에서든 유럽에서든 18세기에 생물학적 앙시앵 레짐이 무너졌다. 생물학적 앙시앵 레짐은 이때까지의 규준이었던 속박, 장애물, 구조, 비율, 수치의 관계 등의 총체를 가리킨다.

균형

출생과 사망, 두 움직임 사이의 균형 잡기라는 게임은 끝없이 계속되었다. 대개 앙시앵 레짐하에서는 모든 것이 균형 상태에 이르렀다. 출생률과 사망률의 두 계수는 약 40퍼밀로서 서로 비슷한 수준이었다. 출생이 가져온 것을 죽음이 가져갔다. 오늘날 렌 지역의 교외에 속하는 라 샤펠-푸주레라는 작은 코뮌의 교구 기록[127]을 보면 1609년에 50건의 세례식이 있었다. 인구 1,000명당 40명 정도가 출생한다고 가정하면 세례식의 수에 25를 곱한 것이 인구가 되므로 이 마을의 인구는 약 1,250명 정도로 추산된다. 영국의 경제학자 윌리엄 페티는 그의 『정치 산술학(*Political Arithmetick*)』(1609)에서 사망률에 30을 곱하는 방법으로 인구를 재구성했다(이렇게 하면 사망률을 다소 과소평가하는 결과가 된다).[128]

단기적으로 보면 장부상의 차변과 대변은 함께 움직인다. 둘 중에 하나가 앞서가면 곧 다른 하나가 반응한다. 1451년에 페스트로 인하여 쾰른에서 2만1,000명이 죽었다고 한다. 그러자 다음 해부터 몇 년간 4,000건의 결혼이 치러졌다.[129] 비록 이 숫자가 모든 사람들이 생각하듯 과장된 것일지라도 보충이 이루어졌다는 사실 자체는 확실하다. 브란덴부르크의 옛 변경령(邊境領)에 있는 자그마한 지역인 잘츠베델에서는 1581년에 790명이 죽었는데, 평년보다 10배나 많은 수치이다. 결혼도 30건에서 10건으로 줄었다. 그러나 다음 해에는 줄어든 인구에도 불구하고 30건의 결혼식이 거행되었으며 그에 뒤따라 인구 감소를 보충할 만큼 많은 아이들이 태어났다.[130] 1637년 베로나에서는 페스트 때문에 인구의 반이 사망한(다만 연대기 작가는 늘 과장하기 마련인 것을 고려해야 한다) 이후에, 병마를 피해갔던—대부분 프랑스인이었다—주둔군 수비병들이 과부들과 결혼하여 인구가 다시 회복되는 길을 되찾았다.[131] 30년전쟁의 참화를 심하게 겪고 난 독일은 전쟁이 끝나면서 곧 전국에 걸쳐서 인구가 회복되었다. 이것이 전쟁의 참화 때문에 절반 또는 4분의 1 정도가 파괴된 나라에 유리하게 작용하는 보상현상이다. 유럽

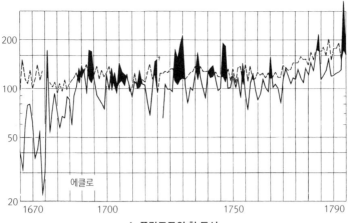

A. 플랑드르의 한 도시

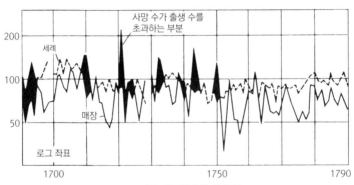

B. 바스 프로방스의 한 도시

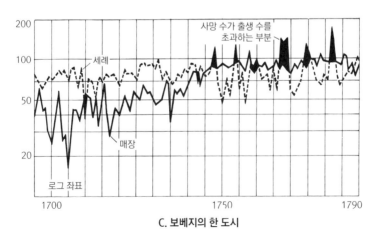

C. 보베지의 한 도시

8. 과거의 인구 : 세례 수와 매장 수

이 예들은 다른 수많은 예들처럼 사망률과 출생률 사이의 관계를 보여준다. 검게 표시된 부분은 사망이 더 많은 시기를 나타낸다. 이런 시기는 18세기 이후에 줄어들지만 에라그(그래프 B)에서처럼 깊은 예외도 있었다. 마찬가지로 (그림 9에서 보듯이) 1779년과 1783년에 프랑스에서 사망률이 크게 상승했다는 것도 주목하라. (모리노와 보[그래프 A], 베렐[그래프 B], 구베르[그래프 C])

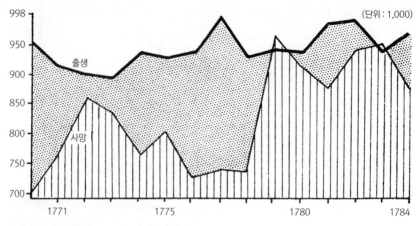

9. 대혁명 이전의 프랑스 인구 동향
(마르셀 라인하르트와 앙드레 아르망고, 『세계 인구사』)

인구가 정체 또는 감소 상태에 있던 시절인 1648년 직후, 독일을 방문한 한 이탈리아인이 "무기를 지닐 정도의 나이인 사람은 거의 없는 반면 아이들이 비정상적으로 많다"고 말했다.[132)

만일 균형 상태에 빨리 도달하지 못하면 당국이 개입한다. 대단히 폐쇄적이었던 베네치아에서도 가공할 만한 흑사병이 지나간 직후인 1348년 10월 30일 자의 관대한 칙령을 통해서 앞으로 1년 이내에 가족과 재산을 가지고 이곳에 정착하는 사람에게는 모두 완전한(de intus et de extra) 시민권을 부여하기로 했다. 일반적으로 도시는 외부로부터의 유입에 의해서만 유지된다. 그러나 이 외부의 유입은 그들 스스로 조직하여 찾아오는 것이 보통이었다.

단기적으로는 인구 증가와 인구 감소가 교차하며, 따라서 서로가 서로를 정기적으로 상쇄한다. 이것은 (18세기까지) 베네치아든 보베든 서구의 어느 곳에서 관찰하더라도 나타나는, 톱니 모양을 이루는 사망과 출생의 두 그래프가 늘 보여주는 바이다. 질병은 필요한 경우, 언제나 위험에 처해 있는 어린 아이들과 불안정한 수입에 의존하던 사람들을 없애버리는 역할을 떠맡는다. 가난한 자들이 가장 먼저 병에 걸린다. 이 책에서 다루는 세기들은 수많은 "사회적 학살"이 이루어지는 때였다. 1483년에 상리스 근처의 크레피에서는 "도시민의 3분의 1이 이 지역을 돌아다니며 구걸을 하고 있었고, 매일 늙은이들이 궁핍 속에서 죽어갔다."[133)

18세기에 가서야 비로소 삶이 죽음을 이기기 시작했고 더 나아가서 규칙적으로 죽음을 앞서갔다. 그러나 아직 역습이 가능해서, 프랑스에서는 1772-1773년, 혹은 심층의 위기가 분출한 시기인 1779-1783년이 그런 때였다(그림 9 참조). 이렇게 통렬한 경보가 자주 발생한 것은 뒤늦게 이루어진 개선이 불안정했다는 것, 다시 말해서 식량 수요와 생산의 가능성 사이의 늘 위태로운 균형이 언제 깨질지 모를 만큼 그 개선이 의심스러웠다는 사실을 보여준다.

기근

수 세기 내내 기근이 끈질기게 반복되어서 그 자체가 인간의 생물학적 체제에 편입되었고 일상생활의 구조가 되었다. 그나마 우월한 위치에 있던 유럽에서도 곡가 상승과 곡물 부족은 계속 일어났고 심지어 친숙했다. 일부 부유한 사람들이 지나치게 잘 먹는다고 해도 그것이 일반 법칙을 바꾸지는 않는다. 사실 어떻게 상황이 다르게 진행되겠는가? 워낙 곡물 수확이 형편없었기 때문이다. 두 번 연속해서 흉작이 들면 파국을 면할 수 없다. 아마도 유리한 날씨 덕택으로 서유럽 세계에서는 이 파국이 종종 완화되기는 했다. 마찬가지로 중국에서도 농업기술이 일찍부터 발달해 있었고, 제방과 수로망이 건설되어 관개와 수송에 동시에 이용되었으며, 남쪽 지방에서는 논이 아주 꼼꼼하게 조직되어 있던 데다가 이모작이 이루어졌기 때문에 오랫동안 일정한 균형이 가능했고 18세기에는 대규모 인구 증가까지 가능했다. 그러나 기후가 나쁘고 불안정한 모스크바 공국은 그렇지 못했다. 흉작과 가뭄이 묵시록에 나오는 듯한 재난의 양태를 띠는 인도도 마찬가지였다.

유럽에는 기적의 농산물(옥수수, 감자―이것들에 대해서는 다시 살펴볼 것이다)이 늦게야 자리 잡았고 근대적인 집약농업도 서서히 획립되었다. 이러한 이유 등으로 늘 기근이 닥쳐와서 대륙 전체를 괴롭히고 황폐화시켰다. 1309-1318년 동안 연속적으로 찾아든 심각한 기근의 결과 사람들이 겪었던 폐해만큼 비통한 광경은 없었으며, 그것은 이 세기 중반의 재앙(흑사병)을 예고했다. 이 기근은 북부, 중부 및 동부 독일에서 시작하여 유럽 전체—영국, 네덜란드, 프랑스, 남부 독일, 라인 지역—로 확산했고 리보니아 연안에까지 미쳤다.[134]

국가 전체를 대상으로 살펴본 결과는 극도로 심각하다. 다른 곳보다 우월한 위치에 있던 프랑스라고 해도 **전국의 일반적인 기근**이 10세기에 10회, 11세기에 26회, 12세기에 2회, 14세기에 4회, 15세기에 7회, 16세기에 13회, 17세기에 11회, 18세기에 16회가 있었다.[135] 18세기에 작성된 이 계산은 물론 매우 조심스럽게, 많은 유보조건하에서 받아들여야 한다. 그것은 수백 건에 이르렀을 **지방적인** 기근은 포함하지 않았기 때문에 너무 낙관적으로 보일 위험이 있다. 지방적인 기근은 국가 전체를 휩쓴 재앙과 반드시 일치하지는 않는다. 예를 들면 멘에서는 1739, 1752, 1770, 1785년에,[136] 남서지방에서는 1628, 1631, 1643, 1662, 1694, 1698, 1709, 1713년에 기근이 있었던 것을 보아도 알 수 있다.[137]

유럽의 어느 국가에 대해서도 똑같은 말을 할 수 있을 것이다. 독일에서는 도시와 인근 지역들에 기근이 악착같이 따라다녔다. 18세기와 19세기에 약간 나아졌다고는 해도 재난이 그치지 않았다. 1730년 슐레지엔, 1771-1772년 작센과 남부 독일에 곡물 부족 사태가 벌어졌고,[138] 1816-1817년 바이에른에서 시작된 기근은 이 지역의 경계를 넘어 널리 확산했다. 1817년 8월 5일에 가서야 울름은 새로운 수확과 함께 정상 상태로 되돌아간 데 대해서 감사제를 지내며 경하했다.

다른 통계를 보자. 특별히 가난하다고 할 수 없는 피렌체도 1371-1791년의 기간 중 111년 동안 곡물 부족을 겪은 반면 풍년은 16년에 불과했다.[139] 물론 토스카나는 포도와 올리브를 재배하는 산지였고 또 13세기 이전부터 상인들 덕택에 시칠리아의 곡물에 의존할 수 있었던 것도 사실이다 — 시칠리아의 곡물이 없었다면 이들이 살아가지 못했을 정도이다.

그러나 한편 도시들만 이러한 운명의 타격에 노출되었다고 속단하지는 말자. 도시는 탄원하는 데 익숙했다. 도시에는 창고와 저장 곡물과 "밀 보급창"과 외국에서의 구매 등 여러 수단이 있었는데, 이것은 조금씩 여러 방면에서 준비하는 개미 같은 정책이었다. 역설적으로 보이는 것은 흔히 도시보다도 주변 농촌지역이 더 큰 고통을 겪었다는 점이다. 상인, 도시, 영주에 의존하여 살아가는 농민은 거의 비축물이 없었다. 식량이 부족해지면 무슨 수단을 써서라도 도시로 몰려들어 길거리에서 적선을 구하는 수밖에 없었으며, 때로는 16세기까지도 베네치아와 아미앵에서는 이렇게 몰려든 농민들이 공공장소에서 죽기도 했다.[140]

도시의 입장에서는 정기적으로 몰려드는 이 침투에 대해서 곧 문을 닫을 수밖에 없었다. 밀려오는 사람들이 단지 주변 지역의 빈민들만이 아니라 때로는 꽤 먼 지역에서부터 오는 그야말로 엄청난 무리의 빈민들이기 때문이다. 1573년 트루아에서는 주변 시골 지역에서 올라와서 트루아 근교와 길거리를 배회하는, 굶주리고 누더기를 걸친 채 이와 기생충이 득실거리는 "이방인" 걸인들을 볼 수 있었다. 그들에게는 24시간만 머무르도록 허용되었다. 부유한 시민들은 이 도시 내부와 주변 농촌 지역의 가난한 사람들 사이에 "소요"가 일지 않을까 염려하기 시작했고, 그래서 "이들을 내보내기 위해서 트루아의 부자와 통치자들이 회의를 열어 해결책을 찾았다. 이 회의에서 결의한 내용은 이들을 도시 밖으로 몰아내야 한다는 것이었다.……이를 위해서 우선 빈민들에게 나누어줄 빵을 풍족하게 굽고 그들을 도시의 한 성문 앞에 모이게 했다. 그리고 비밀을 말해주지 않은 채 한 사람마다 빵과 은화 한 닢씩 나누어주면서 성문을 통과하여 나가게 했다. 맨 마지막 사람이 나가자 곧 문을 닫아버리고 성벽 위에서 그들에게 말했다. '하느님이 인도하사 제발 다른 곳에 가서 연명하시오. 그리고 다음번 새로 수확을 하기 전에는 트루아에 돌아오지 마시오.' 이 계획이 그대로 행해졌다. 공포심에 사로잡힌 부자와 통치자들은 빈민들에게 약간의 지원을 주고는 트루아에서 쫓아내버렸다.……"141)

부르주아들의 잔혹함은 16세기 말, 그리고 17세기에 더욱 심해졌다. 이들이 가진 문제의식은 빈민들이 자신들에게 피해를 입히지 못하도록 한다는 것뿐이다. 파리에서는 병자와 불구자는 언제나 그렇듯이 병원*으로 보냈고 성한 사람은 두 사람씩 사슬에 묶어 하수도를 청소하게 하는 등 힘들고 한없이 지루한 일을 시켰다. 영국에서는 엘리자베스 1세 치세 말기에 **빈민법**(Poor Laws)이 나왔는데, 사실 이 법은 차라리 **빈민을 억압하는 법**(laws against the poor)이었다. 차차 서구 전체에 걸쳐 빈민과 "달갑지 않은 자들"을 위한 기관들이 늘어갔고, 이곳에 수용된 사람들은 강제노역을 해야 했다. 워크하우스(workhouse)나 추흐타우스(Zuchthaus)가 그러했고, 또 1656년에 세워진 파리 대병원(Grand Hopital de Paris)의 감독 아래 놓이게 된, 감옥에 가까운 "강제 보호소(maison de force)" 등이 그러한 예이다. 빈민, 광인, 범죄자, 나아가서 부모가 감시해달라고 부탁하는 아이들을 "대(大)감금"** 하는 것은 가차 없이 이성을 관철시키고자 했던 17세기의 합리적 사회가 보인 심리 상태의 한 면모이다. 이것은 아마도 이 어려운 세기에 증대하는 빈곤 앞에서 거의 피할 수 없었던 반응이었을 것이다. 의미심장한 일로, 디종 당국은 1656년에 시민들이 개인적으로 자선행위를 하거나 가난한 자를 유숙시키는 것을 금지시켰다. "16세기에는 사람들이 그래도 외지에서 온 거지를 쫓아내기 전에 보살펴주고 먹여주었다. 17세기 초에는 그들의 머리를 깎아버렸다. 더 나중 시기에는 매질을 했다. 그리고 이 세기 말에 억압의 마지

---

* hôpital, hospital : 이 단어는 오늘날과 같이 '병원'의 뜻으로 쓰이기도 했지만, 이 시대에는 그 의미보다는 빈민, 광인, 불구자, 병자 등을 수용하여 격리하는 곳이라는 의미가 더욱 강했다.

** grand renfermement : 16−17세기에 프랑스 정부 당국이 국가권력을 동원하여 빈민, 유랑인, 광인 등 일반적으로 사회의 '주변인들(marginals)'로 분류된 사람들을 대규모로 체포하여 구금하던 움직임을 말한다.

막 단어는 고역수*였다.”[142]

이것이 유럽에서 벌어진 광경이다. 아시아의 중국과 인도에서는 사정이 더 나빴다. 이곳에서 기근은 세계 종말의 양태를 보였다. 중국에서는 모든 것이 남부지방의 쌀에 의존했고 인도에서는 벵골의 성스러운 쌀과 북부의 밀, 조에 의존했으나, 엄청난 거리를 통과해야 한다는 것이 문제였다. 흉작 때마다 심각한 사태가 일어났다. 1472년에 데칸 지방에 큰 타격을 가한 기근 때문에 이 피해에서부터 벗어나기 위해서 사람들은 구자라트나 말와 지역으로 대규모 이민을 떠나야 했다.[143] 1555년과 1596년에 인도 북서부 전역에 걸쳐 기근이 일어난 당시의 기록을 보면 식인 사태까지 벌어졌다.[144]

1630-1631년에 거의 인도 전체를 짓누른 가공할 만한 식량 부족도 마찬가지이다. 이것에 대해서는 한 네덜란드 상인이 끔찍한 기록을 남겼다. “사람들은 그들의 도시나 농촌을 떠나 의지할 곳 없이 여기저기를 떠돌아다닌다. 그들의 상태는 한눈에 알아볼 수 있다. 눈이 푹 꺼지고, 입술은 창백하고 거품으로 덮여 있으며, 마른 피부에 뼈들이 불거져나와 있다. 배는 빈 자루처럼 매달려 있다. 몇몇 사람들은 굶주림으로 울고 소리지른다. 다른 사람들은 땅 위에 누워 죽어간다.” 여기에 또 우리에게 잘 알려진 드라마가 더해진다. 부인과 아이들을 버리는 것, 부모가 아이들을 팔아치우는 것, 또는 아이들 자신이 살아남기 위해서 스스로 팔려가는 것, 집단자살……. 굶주린 사람들은 죽은 사람이나 죽어가는 사람들의 배를 열고 “창자를 꺼내 먹었다.” 이 상인은 계속해서 다음과 같이 말했다. “수십만 명의 사람들이 계속 죽어가서 그 결과 이 나라 전체가 시체로 뒤덮였다. 시체는 무덤 없이 방치되어 악취가 퍼져 공기가 냄새와 병균으로 가득 찼다.……한 마을에서는 시장에서 인육을 팔았다.”[145]

기록이 없어서 그와 같이 정확한 사실을 알지 못하더라도 구체적 사실 하

---

* 苦役囚 : 갤리선의 노를 젓는 죄수.

나만 가지고도 공포를 불러일으키기에는 충분하다. 1670년 페르시아의 대사가 무굴 제국 황제인 아우랑제브에게 경의를 표하기 위해서 왔다가 되돌아갈 때 그는 국경에서 되돌려주는 조건으로 "무수한 노예들"을 쓰며 갔는데, 이들을 "기근 때문에 거의 아무것도 지불하지 않은 채 고용했다."[146]

우월한 위치에 있는 유럽으로 되돌아오면 사람들은 마치 밤새 여행을 한 끝에 돌아온 것처럼 마음이 굳어져 있거나 아니면 안심이 되어, 또는 체념하는 마음이 되어 도착하게 될 것이다. 서유럽에서 이와 비슷한 공포스러운 사태는 중세 초기에나 있었으며, 아니면 아주 큰 시차로 뒤쳐져 있던 동쪽의 변경지역에서나 남아 있었다. 한 역사가에 따르면, 만일 "역사상의 재앙을 그에 따른 희생자의 비율에 따라 평가한다면 핀란드에서 1696년에서 1697년까지 일어난 기근이 유럽 역사에서 가장 참혹한 재앙으로 꼽힐 것이다." 이때 전 인구의 4분의 1에서 3분의 1이 사라져갔다.[147] 동유럽은 유럽 내에서 취약한 곳이다. 동유럽에서는 "구황 식물"에 필사적으로 매달렸음에도 불구하고 18세기가 훨씬 지나서까지 굶주림이 계속되었다. 이때의 구황 식물은 야생풀이나 과일이었는데, 이전에는 경작했지만 지금은 밭, 정원, 풀밭이나 숲 가장자리의 잡초 속에서 발견되고는 한다.

이런 상황이 서유럽에서도 가끔 다시 나타나고는 했는데, 특히 "소(小)빙하기"라고 할 수 있는 17세기에 심했다. 1662년 블레주아에서는 한 증인에 의하면 "500년 이래 이러한 곤궁은 없었다." 가난한 사람들은 "양배추의 심과 밀기울을 대구 씻은 물에 담가 먹었다."[148] 같은 해에 부르고뉴의 징세 담당관들은 국왕에게 올린 상소에서 "올해의 기근은 전하의 국토에서 1만 가구 이상을 죽어가게 했으며, 심지어 훌륭한 도시 주민의 3분의 1이 풀을 먹고 살도록 만들었습니다"라고 보고했다.[149] 한 연대기는 "일부 사람들이 인육을 먹었다"고 덧붙인다.[150] 그보다 10년 전인 1652년에 또다른 연대기 작가인 마슈레 신부에 의하면, "로렌과 그 주변 지역의 사람들은 극단적인 상황에 몰려 짐승처럼 목장의 풀을 뜯어먹었으며, 특히 바시니의 푸이 마을과 파르노 마을이 심한 지경에 이르렀다.……이들은 까맣고 해골처럼 말랐다."[151] 1693년 한 부르고뉴인은 "전국에 걸쳐 곡물 부족이 대단히 심각해서 사람들이 굶어 죽어간다"고 이야기했다. 1694년에 뮐랑 근처에서는 밀이 익기도 전에 수확을 했으며 "많은 사람이 동물처럼 풀로 연명했다." 1709년에는 겨울 사정이 악화되어 프랑스의 모든 길 위에 수많은 유랑민이 떠돌고 있었다.[152]

물론 이 모든 암울한 이미지들이 연속적으로 나타난 것은 아니다. 그렇다고 해도 지나치게 낙관적이지는 말자! 음식의 결핍은 질병을 불러왔다. 괴혈병(알다시피 오랜 항해를 하다 보면 걸리게 된다), 펠라그라(특히 18세기에 주로 옥수수만 먹는 사람이 잘 걸렸다), 아시아에서 흔한 각기병 등이 그것을 명백히 보여주는 예들이다. 일반인들의 음식은 죽이나 수프가 태반이었고, 빵은 저급한 곡식가루를 섞어서 구웠으며, 그나마 한두 달에 한 번밖에 굽지 못했다. 이런 빵은 거의 언제나 곰팡이가 슬고 딱딱했다. 일부 지역에서는 빵을 도끼로 잘라야 했다. 티롤 지방에서는 잘게 부순 곡물로 만드는 장기 보존용 빵은 1년에 2-3번밖에 굽지 않았다.[153] 『트레부 사전(*Dictionnaire du Trévoux*)』(1771)*은 대뜸 이렇게 주장했다. "일반 농민들은 꽤나 멍청하다. 그들은 거친 음식만 먹기 때문이다."

질병

한 번의 흉작은 그런 대로 넘어간다. 두 번 계속되면 가격이 미친 듯이 오르고 굶주림이 시작되는데, 그것은 결코 그 자체만으로 끝나는 재난이 아니다. 그것보다 약간 이르게, 어쩌면 약간 늦게, 기근이 질병에게 문을 열어준다.[154] 물론 질병도 자체의 리듬을 가지고 있다. 페스트는 거대하고 무서운

---

* 트레부는 프랑스의 남동부에 위치한 지역으로, 1695년에 이곳에 중요한 출판소가 설치되었다. 1701년에 이곳에 예수회가 유명한 정기 간행물인 「트레부 보고서(*Les Mémoires de Trévoux*)」를 간행했고, 1704년부터 『트레부 사전』을 편찬했다.

주인공이다. 그것은 "여러 개의 머리를 가진 히드라", "이상한 카멜레온"처럼 다양한 형태를 띠기 때문에 당시 사람들은 아주 자세히 관찰하지 않으면 이 병과 다른 병을 혼동했다. 이 병은 죽음의 무도의 꽃으로서 항상 사람의 곁에 있었고, 삶의 구조의 일부였다.

사실 페스트는 서로 섞이고 함께 전염되는 많은 질병 가운데 하나이다. 이 질병들은 광대한 인간 집합소에서 사람들이 섞여 살기 때문에 전염되는데, 마치 이런 곳에서 잠을 자듯이 있다가 어느 날 새로이 터져나오고는 했다. 인구가 조밀한 문명과 전염병 및 풍토병에 대해서, 그리고 이 고집스러운 여행객인 질병이 사라졌다가 되돌아오는 리듬에 대해서는 책 한 권을 쓸 수도 있을 것이다. 천연두를 예로 들어보자. 사람들이 예방접종에 대해서 말하기 시작할 무렵인 1775년에 한 의사가 쓴 책에는 "천연두가 모든 병들 중 가장 보편적인 병"이라고 적혀 있다. 100명 중에 95명이 이 병에 걸렸고, 7명 중에 1명이 이 병으로 죽었다.[155]

그러나 현대의 의사들은 얼핏 보아서는 이 질병들이 어떠한 것인지 거의 모른다. 이것들은 옛날의 병명 뒤에 숨어 있고, 증상의 묘사가 때로 이상하기 때문이다. 우선 그 병들이 오늘날 우리가 알고 있는 병과 같은 것인지를 보장할 수 없다. 왜냐하면 질병도 변화하기 때문이다. 세균과 바이러스도 진화하고 그것들이 살아가는 터전인 인간 역시 진화함에 따라 질병은 각각 독자적인 역사를 가진다.[156] 1922년에 가스통 루프넬이 기생충 학자 친구들의 도움을 얻어, 17세기에 디종을 비롯한 여러 곳에서 성홍열(피에브르 푸르프르[fièvre pourpre] 또는 푸르프레[pourprée])이라고 불리던 질병이 발진 티푸스(이 병은 이[蝨]에 의해서 전염된다)였음을 우연하게 발견했다.[157] 바로 이 "성홍열"이 1780년경 "생-마르셀 지구의 가난한 파리 시민을 수백 명씩 죽게 했다.……결국 묘지 구덩이를 파는 인부가 기진맥진했다."[158] 이 "성홍열" 문제는 결코 완벽하게 해결되지 않았다.

1478-1895년간 69판을 거듭한 『외과학(外科學) 대전(*Grande Chirurgie*)』

의 저자 기 드 숄리아크*가 묘사한 1348년의 "페스트"에 대해 의사는 어떻게 생각할까? 그의 설명에 의하면 이 병은 특징적인 두 번의 주기로 나뉘는데, 첫째 주기는 꽤 긴 기간(약 두 달 동안)으로서 열이 나고 피를 토하며, 둘째 주기에는 종양과 폐의 돌발적 출혈이 보인다. 거의 이해할 수 없는 "라덴도(ladendo)"라는 별명의 처음 보는 병이라고 묘사된, 1427년 파리에서 발생한 병은 어떠한가. "우선 허리에서부터 증상이 시작되는데 마치 큰 신장결석이 있는 것과 비슷하다. 그러고는 오한이 나고 8-10일 정도 마시고 먹고 자는 것이 힘들어진다." 그러고는 "아주 기침이 심해서, 기침 소리 때문에 설교를 알아듣지 못할 정도이다."159) 아마도 이것은 제1차 세계대전 직후의 "스페인 독감"이나 1956-1958년에 유럽을 휩쓴 "아시아 독감"과 같은 특별한 바이러스성 인플루엔자일 것이다……. 다음으로 피에르 드 레스투알**이 묘사하는 질병을 보자. "1595년 4월 초 국왕(앙리 4세)은 카타르(점막염) 증상이 아주 심해서 얼굴이 일그러졌다. 계절에 맞지 않게 날씨가 매우 추워서 카타르가 파리 전체에 퍼져 있었다. 이것 때문에 많은 사람들이 이상하게 그리고 갑자기 죽어갔다. 그리고 이 도시의 여러 곳에 **페스트**[필자의 강조]가 함께 퍼졌다. 이런 것은 모두 하느님의 징벌인데도 높은 사람이나 낮은 사람이나 거의 회개하지 않고 있다."160) 반면에 1486-1551년 영국을 휩쓸었던 전염성 발진열(쉬에트 앙글레즈[suette anglaise] : 영국 발진열)은 오늘날 사라진 병이다. 이 병에 걸리면 심장병, 폐병, 류머티즘 증세가 동시에 나타나며 환자는 몸을 떨고 땀을 흠뻑 홀리다가 흔히 몇 시간 만에 죽었다. 1486, 1507, 1518, 1529, 1551년 다섯 번에 걸쳐 이 병이 돌아서 많은 희생자를 냈다. 이상한 것은 이 병은 거의 언제나 런던에서 시작되었으나 웨일스와 스코틀랜

---

* Guy de Chauliac(생존연대 불명) : 14세기 프랑스의 외과의사. 리옹에서 의사를 하다가 아비뇽으로 가서 세 명의 교황(아비뇽 시대의 교황)의 시의가 되었다. 1343년에 쓰인 그의 주요 저서를 로랑 주베르가 『외과학 대전』이라는 이름으로 번역, 출판했다(1592).
** Pierre de L'Estoile(1545-1611) : 프랑스의 연대기 작가. 앙리 3세와 앙리 4세의 치세기인 1574-1610년에 대한 『일기(*Journal*)』를 남겼다.

드에는 도달하지 않았다는 점이다. 그리고 유달리 심각했던 1529년의 경우에만 대륙으로 퍼져갔는데, 이때도 프랑스에는 영향을 미치지 않은 대신 네덜란드, 독일, 그리고 스위스의 캉통에까지 퍼져갔다.[161)

1597년 마드리드에서 발생한 "비(非)전염성" 질병은 무엇이었을까? 이 병은 서혜부, 겨드랑이, 목이 붓고, 일단 열이 나면 5-6일 만에 나아서 서서히 회복되든지 아니면 곧 죽든지 했다. 이 병에 걸린 사람들은 가난한 사람들로서 습기 찬 집에 살거나 심지어 맨땅에 누워 지내는 사람들이었다.[162)

또다른 어려운 점은 여러 가지 질병들이 무더기로 발병한다는 것이다. "이것들은 전염성이라는 것 외에는 공통점이 거의 없다. 디프테리아, 유사(類似) 콜레라, 장티푸스, 천연두(피코트[picotte] 또는 프티트 베롤(petite vérole)), 성홍열, "보스(bosse)", "덴도(dendo)", "타크(tac)"* 또는 "아리옹(harion)", "트루스 갈랑(trousse galant)" 또는 "말 쇼(mal chaud)", 백일해, 스카를라틴(scarlatine), 유행성 감기, 인플루엔자 등이 그것이다."[163) 프랑스에 적용되는 이 질병 목록은 다른 곳에서는 다른 변종으로 나타난다. 영국 같으면 간헐열, 유행성 발진열, 위황열(萎黃熱) 또는 "녹색병(maladie verte)", 황달, 폐결핵, 간질(말 카뒤크[mal caduc] 또는 에필렙시[épilepsie]), 현기증, 류머티즘, 신장결석, 결석 등이 흔한 병이었다.[164)

이런 대규모 공격 앞에서 잘 먹지 못하고 보호받지 못하는 사람들은 아무런 저항도 못했다. 내가 자주 인용하는, "말라리아에 대한 최선의 치료는 가득 찬 솥이다"라는 토스카나의 속담은 아주 잘 맞는 이야기이다. 1921-1923년 러시아에 기근이 심했을 때,[165) 부인할 수 없는 엄연한 증거에 의하면 러시아 전역에 말라리아가 퍼졌는데, 북극권 가까운 곳에서조차 마치 열대 지방에서와 거의 같은 증상을 띠고 나타났다. 영양 부족은 확실히 질병의 "확산요소"였다.

---

* 페스트를 말한다. 이것에 대해서는 후술할 것이다.

또다른 예외 없는 규칙은 질병이 한 인간군에서 다른 인간군으로 점프하듯이 퍼진다는 점이다. 토스카나 대공이 영국으로 파견한 알론소 몬테쿠콜리는 그의 편지(1603년 9월 2일 자)에서 볼 수 있듯이, 칼레 지역을 피해서 불로뉴를 통과해서 갔다. 칼레에는 교통 사정상 영국의 "페스트가 숨어 들어왔기 때문이다."[166] 이것은 중국과 인도에서부터 출발하여 늘 활발한 중개지인 콘스탄티노폴리스와 이집트를 거쳐 서유럽에까지 페스트가 퍼져들어온 강력한 움직임에 비하면 작은 예에 속한다. 결핵 또한 유럽에서 오래 전부터 친숙한 병이다. 프랑수아 2세(결핵성 뇌막염), 샤를 9세(폐결핵), 루이 13세(장결핵)가 그러한 예이다(각각 1560, 1574, 1643년). 그러나 18세기에 그때까지 유행했던 결핵보다 훨씬 증세가 심한 결핵이 아마 인도로부터 들어온 것 같다. 이 병은 낭만주의 시대와 19세기 전반에 걸쳐서 주요한 질병이었다. 인도에서는 또 콜레라가 풍토병 상태로 존재하다가 1817년에 인도 전역에 퍼졌고, 그후 인도의 경계를 넘어 격렬하고 무서운 세계적 유행병의 차원으로 올라섰으며 곧 유럽에까지 퍼졌다.

또다른 방문객으로 매독이 있다. 이것은 이 책에서 우리가 다루는 시기에 해당하는 이야기이다. 그러나 사실 매독의 발병은 선사시대에까지 거슬러올라가며 원시인의 두개골에 이미 매독의 징표가 보인다. 임상 사례는 1492년 이전부터 있었다. 그러나 매독은 아메리카 대륙의 발견 이후 급증했다. 이것은 정복당한 자의 선물이자 복수이다. 현대 의학자들이 이것에 대해서 개진한 4-5가지의 가설 중 가장 가능성이 커 보이는 것은 매독이 두 종족 간의 성관계에 의해서 창조되거나 재창조된 질병이라는 주장이다(트레포네마 팔리둠 균[*treponema pallidum*]에 대해서 트레포네마 페르테누에 균[*treponema pertenue*]이 영향을 미쳤다는 것이다).[167] 이 병은 바르셀로나에서 콜럼버스의 귀환을 축하하는 축제가 열린 때(1493)부터 끔찍한 증상을 드러냈으며, 그후 급속히 퍼져갔다. 이 병은 전염성이 강하고 **치명적이었다.** 이 병은 4-5년 만에 유럽을 일주했는데, 한 나라에서 다른 나라로 갈 때마다 잘못된 이름을 달고 다녔다. 나폴리 병(mal napolitain)이라든가, 프랑스 병(the french disease, lo mal francioso)이라든가……. 프랑스는 지리적인 위치 때문에 이 명칭 전쟁에서 승리를 거두었을 것이다. 1503년부터 오텔-디외 병원*의 이발사 겸 의사들**은 빨갛게 달군 쇠로 상처를 태우는 소작법으로 매독을 고친다고 감히 주장하고 나섰다. 매독은 더욱 악성이 되어서 1506-1507년부터 중국을 덮쳤다.[168] 그리고 수은 치료의 결과 이 병은 유럽에서 다소 완화된 고전적 형태를 취하고 서서히 진화해갔으며 그에 대한 치료법과 특별 병원(런던의 스피틀[Spittle]이 그것이다[169])이 만들어졌다. 이 병은 남녀 거지(트뤼앙[truand], 트뤼앙드[truande])로부터 영주 및 국왕에 이르는 모든 계층의 사람들을 공격했다. 뤽쉬르(Luxure : 음탕) 신부라고 불리던 말레르브는 "매독을 세 번이나 몸 밖으로 빼냈다"고 뻐겼다.[170] 역사가 겸 유명한 의사인 그레고리오 마라뇬[171]은 펠리페 2세에게 당시 의사들이 의례적으로 하던 진단에 더해서 유전성 매독이라는 진단을 했는데, 이것은 또 의심할 바 없이 후대의 모든 왕족에게 선물로 전수되었다. 토머스 데커***의 연극에 나오는 한주인공은 이렇게 이야기했는데, 사실 그것은 런던의 모든 사람들이 생각하는 바였으리라. "사람들 무리 속에 소매치기가 끼어 있는 것이 확실한 만큼 성 미카엘 축제 때 손님들을 받은 갈보가 축제가 끝나고 나서 매독에 걸리게 될 것도 확실하다네."[172]

페스트

페스트에 대해서는 엄청난 양의 문서들이 꾸준히 늘어가고 있으며 많은 설

---

* Hôtel-Dieu : 파리의 노트르담 성당 옆에 위치한 병원. 원래의 병원은 12세기에 지어졌지만 화재로 소실되었고, 오늘날의 건물은 1868-1878년에 지어진 것이다.
** barbiers chirurgiens : 이 시대의 하급 의사들. 이들은 이발사 일과 간단한 수술까지 했다.
*** Thomas Dekker(1572-1632) : 영국의 극작가, 산문 논평가. 42편에 이르는 희곡을 썼는데, 극적 구성은 약하지만 런던 생활을 생생하게 묘사했다. 가장 유명한 작품은 『구두장이의 휴일(The Shoemaker's Holiday)』, 『정직한 매춘부 제2부(The Honest Whore Part 2)』이다.

명이 제시되고 있다. 우선 이 병은 적어도 두 가지 종류가 있다는 것을 지적해야 한다. 폐(肺)페스트는 1348년 유럽 전역에서 유행하면서 역사에 갑자기 등장한 새로운 질병이며, 이에 비해 선(線)페스트는 더 오래된 것으로서 종기가 가랑이에 생기고 또 썩어들어가는 질병이다. 이것은 "하느님의 표시"라는 뜻으로 가즈 토큰스(gods' tokens) 또는 흔히 줄여서 토큰스(tokens)라고 했고, 프랑스어로는 타크(tac)라고 했는데 상인들이 유통시킨 금속 또는 가죽으로 만든 표찰과 비슷해서 생긴 말이다. "이것이 하나만 나타나도 치명적일 수 있다." 흑사병(폐페스트)은 무스 라투스(*Mus Rattus*) 종의 쥐(검은쥐)에 기생하는 벼룩이 세균을 옮겨서 생긴다. 사람들은 흔히 이 쥐가 십자군운동 직후부터 유럽에 들어와서 곳간에 자리 잡았다고 이야기했다. 1492년에 아메리카 대륙을 발견하자마자 매독균이 복수했듯이 이 병균이 아시아의 복수를 해주었다는 것이다.

너무 단순하고 도덕적인 이런 설명은 폐기해야 마땅하다. 우선 무스 라투스 종의 검은쥐가 유럽에 나타난 것은 8세기 이후, 즉 카롤링 시대부터이다. 또 그 자체로는 페스트를 유발하는 병원균을 옮기지 않으면서 페스트의 원인 역할을 한 검은쥐를 쫓아버렸다던 시궁쥐(*Mus Decumanus*) 이야기도 마찬가지이다. 마지막으로 흑사병 자체가 중부 유럽에 도달한 것은 사람들이 흔히 말했듯이 13세기가 아니라 늦어도 11세기이다. 게다가 시궁쥐는 지하실에 서식하는 반면, 검은쥐는 먹이가 있는 곳인 지붕 아래의 곳간에 살려고 한다. 즉 검은쥐들이 쫓겨나기 이전에 이미 시궁쥐의 침입이 서로 중첩되어 일어났다.

지금까지 말한 것이 쥐나 벼룩이 아무 역할도 하지 않는다는 의미는 아니며, 오히려 니더작센의 윌첸에 페스트가 퍼져가는(1560-1610) 데 대한 치밀한 연구를 볼 때(이것에 대해서 3만여 건에 달하는 문서가 있다) 그 반대임을 확인하게 된다.[173] 18세기에 이 병이 줄어든 것을 설명하는 데 외부적(경제학자라면 외생적[外生的, exogenous]이라고 했을 것이다) 조건들을 들어보면

16-18세기에 일어난 도시의 대화재들 이후로 목재 주택들이 석재 주택으로 바뀌어간 점, 실내와 사람들이 청결해진 점, 작은 가축들이 사람들의 주거공간과 멀리 떨어지게 된 점 등이 있는데, 이것들은 모두 쥐벼룩의 번창을 억제하는 조건들이다. 예르생*이 1894년 페스트 균을 발견하고 난 이후에도 의학 연구의 영역에서는 아직도 놀라운 발견이 계속되고 있고, 그래서 우리의 설명을 바꾸어야 할 가능성이 남아 있다. 세균 자체는 이란의 일부 지역의 땅속에 살아남아 있었으며, 이곳에서 설치류들이 서로 이 균을 감염시켰을 것이다. 그렇다면 이 위험한 지역들은 18세기쯤에 유럽으로 향하는 경로에서 배제되어 있었을까? 나로서는 현재 이 질문에 확답하기가 힘들며, 또 그동안 역사가들이 문제의 지역으로 무수히 거론했던 중국과 인도가 그 결과 페스트 발병의 원인 제공 측면에서 완화된 입장에 놓이게 될 수 있는지에 대해서도 확언할 수 없다.

원인이 무엇이든지 간에 서유럽에서 이 질병의 강도는 18세기부터 약화되었다. 이 병이 엄청난 규모로 퍼진 마지막 사례는 유명한 1720년 마르세유의 페스트이다. 그렇지만 이 병은 동유럽에서는 여전히 두려운 질병으로 남아 있었다. 1770년 모스크바에 살인적인 페스트가 창궐한 것이 그 예이다. 1775년경에 마블리 신부는 이렇게 썼다. "전쟁, 페스트, 그리고 푸가초프의 난은 폴란드 분할로 얻은 만큼의 사람을 앗아갔다."[174] 1783년 체르손과 1814년 오데사에도 끔찍한 정도로 이 병이 돌았다. 우리가 아는 한 유럽 지역 최후의 대(大)발병 사례는 러시아가 아니라 1828-1829년과 1841년에 발칸 지역에서 있었다. 그것은 흑사병(폐페스트)이었으며, 이번 경우도 목재로 된 주택 때문에 질병이 쉽게 퍼져간 예에 속한다.

---

* Alexandre Yersin(1863-1943) : 스위스 출신의 프랑스 세균학자, 군의관. 파스퇴르 연구소에서 디프테리아에 대해서 연구했으며 1894년 홍콩에서 수행한 조사에서 페스트 균을 발견했다. 그와 함께 일본인 기타사토가 동시에 페스트 균을 발견했기 때문에 이 균을 예르생-기타사토 균이라고 한다.

한편 선페스트는 중국 남부, 인도, 또 유럽으로 들어오는 입구인 아프리카 북부와 같은 덥고 습기찬 지역에 풍토병으로 남아 있었다. (카뮈가 소설에서 묘사한) 오랑의 페스트는 1942년의 일이다.

이상에서 요약한 내용은 너무나도 불완전하지만, 그럼에도 워낙 자료의 분량이 많아서 홀로 연구하는 역사가의 의지를 꺾어버릴 정도이다. 페스트의 발병을 보여주는 지도를 연대순으로 작성하려면 박식한 사전(事前) 작업이 필요하다. 그런 지도를 만들어보면 이 병의 심도, 범위, 격렬한 정도 등이 단조로워 보일 정도로 유사하다는 것을 알 수 있다. 1439-1640년에 브장송은 40번의 페스트를 겪었다. 돌 지역에는 1565, 1586, 1629, 1632, 1637년에, 그리고 사부아 지역에는 1530, 1545, 1551, 1564-1565, 1570, 1580, 1587년에 페스트가 찾아왔다. 16세기 동안 리무쟁에는 10번, 오를레앙에는 22번 발병했다. 세계의 맥박을 느낄 수 있던 교역 중심지 세비야에서는 이 병이 특히 심하게 나타났다. 1507-1508, 1571, 1582, 1595-1599, 1616, 1648-1649년……[175] 그 수치가 연대기에서 말하는 엄청난 수준은 아니지만, 그리고 "소규모의" 페스트와 때로 가짜 경보가 있는 것도 사실이지만, 매번 그 결과는 참담했다.

1621-1635년에 바이에른에서 시행한 정확한 계산을 보면, 인상적인 평균치들이 보인다. 정상적인 해의 사망을 100이라고 하면 비정상적인 해에는 뮌헨 155, 아우크스부르크 195, 바이로이트 487, 란츠베르크 556, 슈트라울링 702를 기록했다. 그리고 매번 한 살 이하의 아이들이 큰 피해를 입었고, 남자보다도 여자가 더 큰 피해를 입었다.

이 모든 수치들은 다시 모아서 하나씩 서로 대조해볼 만하다. 또한 이런 현상에 대한 묘사와 이미지를 대조해보는 것도 중요하다. 왜냐하면 이것들은 흔히 같은 광경을 보여주며, 이느 정도 효력이 있는 같은 조치들—즉 격리, 관리, 감시, 훈증, 소독, 도로 차단, 유폐, 검역 증명서, 건강 증명서(독일의 게준트하이츠페세[Gesundheitspässe], 스페인의 카르타스 데 살루드[cartas de salud])—을 제시하고, 또한 같은 종류의 광적인 의심, 똑같은 **사회적 도** 식을 나타내기 때문이다.

발병 소식이 전해지자마자 부자들은 가능한 황급히 그들의 시골 저택으로 도망갔다. 각자 자기 살길밖에 생각하지 않은 것이다. "이 병 때문에 우리는 개보다도 더욱 심하게 서로가 서로에게 잔인해졌다"고 1665년 9월에 새뮤얼 피프스*는 기록했다.[176] 몽테뉴는 고향에 유행병이 퍼졌을 때 "우리 가족이 나타나면 친구들이 겁을 먹을 뿐 아니라 결국 우리 스스로도 두려워지고, 그래서 이동해가려는 곳마다 공포를 불러일으키는 방황하는 가족"을 이끌고 거처할 곳을 찾아 헤매느라 "6개월 동안 비참한 안내자로 봉사한" 경험을 증언했다.[177] 오염된 도시에는 가난한 사람들만이 유폐되어 남는데, 이들은 국가가 음식을 제공하는 대신 격리와 차단, 감시의 대상이 된다. 보카치오의 『데카메론(*Decameron*)』은 흑사병이 유행하던 때에 피렌체 근처의 한 별장으로 피신한 사람들 간의 대화와 이야기를 모은 형식이다. 1523년 8월 파리 고등법원의 변호사인 니콜라 베르소리는 그의 집을 떠나 그의 피후견인들이 소유하던 파리 교외의 "그랑주 바틀리에르(Grange Batelière)"라고 이름 붙인 시골집으로 갔지만 이곳에서 그의 부인이 3일 만에 죽었다. 그렇지만 이러한 예외가 흔히 하는 예방조치의 가치를 훼손시키는 것은 아니다. 바로 이 1523년 여름에 파리의 페스트는 가난한 사람들에게 한 번 더 타격을 가했다. 앞에서 언급한 바 있는 베르소리는 그의 『가정 일기(*Livre de Raison*)』에 이렇게 썼다. "죽음은 주로 가난한 사람들을 향하고 있어서, 이 불행한 사건 이전에 몇 푼의 돈을 받고 짐을 나르던 일꾼들이 파리에 매우 많았는데 이제는 아주 조금밖에 남지 않았다.……프티 샹 구역을 보면 수없

---

* Samuel Pepys(1633–1703) : 영국의 도덕론자, 정치가. 속기로 쓴 그의 일기(『피프스의 일기 [*Pepys' Diary*]』)를 존 스미스가 해독하여 1825년에 출판했는데 그 시대에 관한 가장 진솔한 기록으로 알려져 있다. 특히 1659–1669년은 매일 기록을 남겼으며, 찰스 2세의 대관, 페스트의 참화, 런던 대화재 등 주요한 사건을 묘사했다. 그러나 자신의 개인적인 일에 관한 부분과 장시(長詩) "사랑은 속임수"는 저자 자신이 파기했다.

이 많던 가난한 사람들이 깨끗이 청소한 것처럼 사라졌다.”[178] 또 1561년에 툴루즈의 어느 부르주아가 차분하게 쓴 다음 글을 보라. “말한 바 있는 그 전염병은 전적으로 가난한 사람에게만 옮겨간다.……자비로우신 하느님께서 그것에 만족하시기를.……부유한 사람들은 스스로를 잘 지킨다.”[179] 사르트르의 말이 맞아 보인다. “페스트는 계급관계를 심화시키는 작용을 한다. 그것은 가난한 사람들을 공격하고 부유한 사람들을 면제해준다.” 사부아에서 질병이 지나갔을 때, 부자들은 자기 집으로 돌아가기 전에 확실히 소독을 하고 나서도 가난한 여자 한 명을 몇 주일 동안 그곳에서 살아보게 했다. 이 “실험용 여자(essayeuse)”는 목숨을 걸고 과연 모든 위험이 사라졌는지 확인하는 임무를 띠고 있었다.[180]

페스트는 또한 우리가 직무유기라고 부를 만한 현상을 증가시켰다. 시 행정관, 장교, 주교들이 그들의 의무를 저버렸다. 프랑스에서는 많은 법원들이 통째로 이주해갔다(그르노블 1467, 1589, 1596년, 보르도 1471, 1585년, 브장송 1519년, 렌 1563, 1564년). 1580년에 아르마냐크 추기경이 전염병에 감염된 그의 도시 아비뇽을 떠나 베다리드로, 그리고 다시 소르그로 간 것도 매우 자연스러운 일이다. 그는 10개월 뒤에 모든 위험이 사라지고 나서야 되돌아갔다. 아비뇽의 한 부르주아는 일기에 이렇게 썼다. “그는 복음서와 정반대되는 말을 할 수 있으리라. 나는 목자이지만 내가 양을 알아보지 못하노라(Ego sum pastor et non cognovi oves meas)라고.”[181]* 그러므로 보르도의 시장이었던 몽테뉴가 페스트가 창궐했던 1585년에 그의 직무를 버린 것이나, 이탈리아 출신으로서 아비뇽의 부유한 시민이었던 프랑수아 드라고네 드 포가스가 임대 계약서에 필요할 경우 이 도시를 떠나 그의 차지인(借地人)의 집에 머무를 것을 미리 정한 것을 비난할 수는 없을 것이다(1588년에 페스트가 다시 퍼지자 그는 실제로 그렇게 했다). “전염병이 퍼지는 경우(하

---

* 「요한의 복음서」 10장 14절 “나는 착한 목자이다. 나는 내 양들을 알고……”를 비틀어 쓴 것이다.

느님께서 이것을 바라지 마시기를) 그들은 자기 집의 방 하나를 나에게 빌려 주며……필요할 때에 나의 말들을 마구간에 놓을 수 있어야 하고, 또 나에게 침대 하나를 내주어야 한다."[182] 1664년 런던에서 페스트가 창궐했을 때 국왕의 궁정이 이곳을 버리고 옥스퍼드로 떠나자, 가장 부유한 계층 사람들도 가족, 하인들, 그리고 짐을 챙겨서 황급히 쫓아갔다. 수도에서는 소송이 하나도 열리지 않았다. "법률가들이 모두 시골로 내려갔던 것이다." 1만 채의 저택이 방기되었고, 몇몇 집은 전나무 널빤지로 문과 창문을 막았으며, 폐쇄된 집은 붉은 백묵으로 표시했다.[183] 런던이 겪은 이 페스트(1664)에 대해서 대니얼 디포가 회상하여 쓴(1720) 이야기는 흔히 관용적으로 수없이 반복하여 말하는 도식과 얼마나 잘 맞아들어가는가. 언제나 같은 행동("흔히 퇴비를 마차에 싣듯이" 죽은 사람을 던지는 것[184]), 같은 예비조치, 같은 절망, 그리고 같은 사회적 차별이 보인다.[185]

오늘날에는 그 폐해가 아무리 큰 질병이라고 해도 그와 같은 광기와 집단 드라마를 재연하지는 않을 것이다.

우선 정확한 관찰기록을 남긴 한 회상록 작가와 함께 피렌체로 가보자. 그는 1637년의 페스트 때에 살아남았는데 사실 이것은 그의 일생의 큰 모험이었다. 그것을 읽어보면 바리케이드를 한 집과 금지된 도로의 광경을 떠올릴 수 있는데, 식량 보급 임무를 맡은 사람, 사제, 인정사정없는 파수꾼, 그리고 예외적으로 자기 집의 출입금지 봉인을 일시적으로 깨고 들어가도록 허가받은 특권계급의 마차만이 도로에서 다닐 수 있었다. 피렌체는 죽어 있었다. 사업도 교회 업무도 중단되었다. 다만 골목 한구석에서 한 사제가 집전하고 있고 갇혀 있는 사람들이 창가에서 은밀히 그를 좇아 미사를 드리는 모습을 우연히 볼 수 있을 따름이다.[186]

모리스 드 톨롱은 『자비로운 카푸친 수도사(Le Capucin Charitable)』[187]에서, 1656년에 제노바에서 발생한 페스트를 이야기하면서 주의해야 할 점을 이렇게 들고 있다. 바람이 당신에게로 불어올 때 의심스러운 사람과 이야기하지 말 것, 소독을 위해서 향을 피울 것, 의심스러운 사람의 헌옷과 내의는 잿물로 세탁하거나 차라리 태워버릴 것, 무엇보다 기도할 것, 그리고 경비를 강화할 것. 이런 진술 이면에 우리는 이 극히 부유한 제노바의 부자 저택들이 버려진 채 남아 있어서 비밀리에 약탈당하는 것을 상상할 수 있다. 한편 많은 시체가 길거리에 쌓이고 있었다. 이 썩은 시체를 처치하려면 시체를 배에 싣고 먼 바다로 나가서 배와 함께 태워버리는 수밖에 없었다. 16세기 역사의 전문가인 내가 그다음 세기에 전염된 도시들에서 벌어진 광경과 그 처참한 결과를 보고 놀라워했다는 점(그 놀라운 심정은 지금도 마찬가지이다)을 고백해야 할 것이다. 부인할 여지없이 사태는 한 세기가 지나갈 때마다 악화되었다. 암스테르담에서는 1622년부터 1628년까지 매년 페스트가 발생했다(이로 인해서 3만5,000명이 죽었다). 파리에서는 1612, 1619, 1631, 1638, 1662, 1668년(이것이 마지막 페스트이다[188])에 발생했는데 주목할 것은 1612년부터 파리에서 "환자를 강제로 집에서 끄집어내어 생-루이 병원이나 생-마르셀 구역의 요양원(maison de Santé)에 이주시켰다"는 것이다.[189] 런던에는 1593년부터 1664-1665년까지 다섯 번 페스트가 발생하여 전부 15만 6,463명이 희생되었다고 한다.

18세기가 되자 모든 것이 개선되었지만 1720년 툴롱과 마르세유의 페스트는 여전히 극심했다. 한 역사가에 의하면 마르세유 인구의 절반 이상이 죽었다.[190] 길거리는 "반쯤 썩고 개들이 물어뜯은 시체들"로 가득했다.[191]

질병의 순환사

질병은 한번 나타나서는 극성을 부리기도 하고 완화되기도 하다가 때로 사라져버린다. 그렇게 사라져간 예로 나병을 들 수 있는데, 아마도 이 병은 14-15세기에 유럽 내륙에서 행한 극단적인 격리조치로 정복된 듯하다(그러나 이상하게도 오늘날 자유롭게 돌아다니는 나병 환자들은 결코 전염을 일으키지 않는다). 또 콜레라는 19세기에 유럽에서 자취를 감추었다. 쳐여두는 뗏년 전부터 전 세계적으로 완전히 없어진 것 같다. 결핵과 매독은 기적적인 항생제 때문에 봉쇄된 상태에 있지만, 매독의 경우 오늘날 다시 심각한 상태로 나타나고 있기 때문에 미래에 대해서 예견할 수는 없는 형편이다. 페스트도 유사한 경우인데, 8세기부터 14세기까지 오랫동안 나타나지 않았다가 흑사병의 상태로 갑자기 터져나와서 새로운 사이클을 시작했고 18세기에 가서야 사라져갔다.[192]

사실 질병이 이렇게 심했다가 완화되었다가 하는 것은 인류가 서로 가로막힌 상태에서 마치 다른 별에 사는 것처럼 떨어져 살고 있기 때문에, 그 결과 병원균에 대하여 사람들이 나타내는 특정한 습관, 저항 또는 취약함이 각각 달라지므로, 전염병균이 한곳에서 다른 곳으로 전파될 때 기습적인 재앙을 초래하기 때문이 아닐까? 바로 이것이 윌리엄 맥닐의 최근 저서가 놀라울 정도로 명확하게 보여주는 바이다.[193] 인류가 최초의 동물 상태에서 벗어난 이후, 그리고 인류가 다른 생물들을 지배하게 된 이후, 사람들은 그것들에 대해서 육식동물의 거시 기생(macroparasitisme)을 행사하고 있다. 그러나 동시에 사람은 세균, 박테리아, 바이러스 같은 미생물의 공격을 받고 있으므로 그 자신이 **미시 기생**(microparasitisme)의 희생물이다. 이런 거대한 투쟁이 인류사의 심층에 있는 핵심 요소가 아닐까? 그 투쟁은 생물체의 연쇄를 매개로 수행된다. 병원체는 일정한 조건에서는 스스로 살아갈 수 있으며 일반적으로는 한 생체조직에서 다른 생체조직으로 이동하면서 산다. 인간은 이 계속되는 공격의 목표가 되지만(물론 인간만이 유일한 목표는 아니다) 이 외부로부터의 병원체에 대해 점차 적응하고 항체를 생성하며, 그러다가 인간의 몸속에 자리 잡은 이 병원체와 견딜 수 있는 정도의 균형에 도달한다. 그러나 이 자체 수호의 적응과정은 많은 시간을 요한다. 만일 병원체가 그의 "생물학적 은신처"에서 뛰쳐나와 그때까지 무사히 지내던, 따라서 아무런 방어수단이 없는 인구집단과 만나면, 질병이 재앙에 가까운 일대 폭발을 일으킨다. 맥닐이 생각하기로는—아마도 그의 생각이 옳을 것이다—

1346년에 유럽 전체를 굴복시킨 흑사병은 몽골의 팽창의 결과이다. 즉 몽골의 팽창은 실크로드를 재활성화시켰으며 이것이 또한 아시아 대륙을 가로지르는 병원체의 이동을 손쉽게 만들었다는 것이다. 마찬가지로 15세기 말에 유럽인이 전 세계를 포괄하는 교통의 단일성을 이룩했을 때 아메리카 대륙에서는 유럽에서 들어온, 그들에게는 처음인 질병 때문에 무수한 사람들이 죽어갔다. 반대 방향으로는 매독—적어도 변형된 형태로서—이 유럽을 강타했다. 이 병은 16세기 초에 중국에까지 들어갔는데 이것은 기록적으로 짧은 시간대에 이루어진 것이다. 이것과 비교해서 옥수수와 고구마 역시 아메리카가 원산지이지만 이것들은 이 세기 말에나 중국에 도달했다.[194] 우리 시대와 가까운 예로는 1832년 인도에 기원을 둔 콜레라가 유럽에 도착하면서 유사한 생물학적 드라마를 만들어낸 사례가 있다.

그러나 질병의 증가와 감소에 인간만이—즉, 인간이 가진 어느 정도의 취약성이나 후천적 면역성만이—유일하게 문제가 되는 것은 아니다. 의학사 연구자들은 희생자와 마찬가지로 각각의 병원체들 역시 자체의 특유한 역사가 있으며, 질병의 진화는 주로 이 병원체 자체의 변화나 변이에 따른다고 주장하는데, 나는 이들의 의견에 전적으로 동감한다. 이 때문에 질병이 바뀌고 복잡한 행로를 보이며, 놀라운 결과가 나타나고, 때로는 오랫동안 사라지거나 영원히 사라지기도 하는 것이다. 바이러스 변이의 예로서 오늘날 잘 알려진 것으로는 인플루엔자(influenza, 프랑스어로 그리프[grippe])가 있다.

"잡다, 손에 쥐다"라는 뜻의 병명인 "그리프"라는 말은 아마도 1743년 여름이 되어서야 나타난 듯하다.[195] 그러나 유럽에서 이 병을 인식할 수 있었던 것(또는 인식할 수 있다고 믿었던 것)은 12세기까지 거슬러올라간다. 이 병은 아메리카에는 알려지지 않았다가 돌연 이곳 주민들을 무수히 죽게 만든 여러 질병들 중의 하나이다. 1588년 이 병 때문에 베네치아 전체의 인구가 드러누웠고(그러나 죽지는 않았다) 대참사회가 텅 빌 정도였으며—이런 일은 페스트 때에도 일어나지 않았다—그 흐름은 여기에서 멈추지 않고 밀라노, 프랑스, 카탈루냐, 아메리카 대륙으로 퍼져갔다.[196] 이때 이미 인플루엔자는 오늘날처럼 쉽게 퍼지고 전 세계를 쉽게 감염시키는 병이 되었다. 1768년 1월 10일에 볼테르는 이렇게 썼다. "세계를 일주한 인플루엔자가 우리의 시베리아[그가 사는 페르네 지방을 의미한다]를 거쳐 갔는데, 그것 때문에 나의 늙고 허약한 얼굴이 약간 더 야위었다." 그러나 인플루엔자라는 이름하에 얼마나 다양한 증상들이 있는가! 제1차 세계대전 직후인 1918년에 발생하여 제1차 세계대전보다도 더 치명적이었던 스페인 인플루엔자에 대해서만 보더라도 그것은 1957년의 이른바 아시아 인플루엔자와는 다르다. 사실 여러 종류의 상이한 바이러스가 존재하며, 오늘날 백신이 큰 효과가 없는 것도 이 불안정한 인플루엔자 바이러스가 계속해서 빠른 속도로 변이를 일으키기 때문이다. 그래서 백신은 거의 언제나 유행하는 인플루엔자에 뒤쳐진다. 그 결과 일부 실험실에서는 병보다 앞서가기 위해서 유행 중인 인플루엔자 바이러스를 가지고 시험관 내에서 몇 차례 변이를 일으키게 하고는 하나의 백신 속에 앞으로 닥칠 인플루엔자에 해당할 가능성이 높은 여러 종류의 변이체를 포함시킨다! 인플루엔자 바이러스가 아마도 유난히 불안정한 편이겠지만, 다른 많은 병원체 역시 시간이 흐르면서 변형되지 않을까? 아마도 결핵의 증세가 심했다가 약화되었다가 하는 변화가 큰 것도 이 때문일 것이다. 또 벵골산(産) 콜레라가 잠잠해지고 이제는 술라웨시산 콜레라가 그것을 대체하려고 하고 있다. 그 외에도 16세기 쉬에트 앙글레즈처럼 새로운 질병이 일시적으로 나타나는 경우도 있다.

1400-1800년 : 장기 지속적인 생물학적 앙시앵 레짐

그리하여 인간은 적어도 두 전선에서 끊임없는 투쟁을 계속하고 있다. 하나는 식량 부족에 대한 것—이것이 거시 기생의 측면이다—이고, 또 하나는 사람을 노리는 수많은 교활한 질병에 대한 것이다. 이 이중의 차원에서 앙시앵 레짐 시기의 사람들은 늘 불안정한 상황에 놓여 있었다. 19세기 이전에는 어느 곳에서나 사람들의 기대수명이 아주 짧았으며 부자들의 경우도 가난한 사람들에 비해 몇 년 더 길 뿐이었다. 영국의 한 여행자가 유럽에 대해서 생각하며 말한 것(1793)을 보라. "잘사는 사람들은 너무 기름진 음식을 먹고 운동 부족에다 온갖 악덕을 행한 결과 많은 질병에 시달리기는 해도 하층계급 사람들보다 10년 정도는 더 산다. 왜냐하면 하층계급 사람들은 노동과 피로에 시달리고 가난 때문에 생계에 필요한 것을 제대로 확보하지 못하는 탓에 나이에 비해 더 일찍 허약해지기 때문이다."[197]

부자들이 누리는 그나마 나은 인구학적 결과도 평균 속에 묻혀버리고 만다. 17세기에 보베지에서는 신생아의 25-33퍼센트가 12달 이내에 사망했다. 그리고 50퍼센트만이 20세에 이르렀다.[198] 그 옛날에 사람의 인생이 얼마나 불안정하고 짧았는지를 말해주는 예화는 무수히 많다. "젊은 왕자 샤를(훗날의 샤를 5세)이 1356년에 17세의 나이로 프랑스를 통치하고 1380년에 42세의 나이로 현명한 노인이라는 명성을 남긴 채 죽은 사실에 대해서 아무도 놀라지 않는다."[199] 74세 때 생-드니 전투(1567)에서 말을 타고 싸우다 죽은 안 드 몽모랑시 원수는 예외에 속한다. 헨트(Gent)에서 55세 때 양위한 카를 5세는 늙은이에 속했다(1555). 그의 아들 펠리페 2세는 71세로 사망했는데(1598), 그의 건강 상태가 위험해 보일 때마다 사람들에게 가장 큰 희망, 또는 가장 절절한 걱정을 불러일으키기를 20년 동안이나 계속했다. 이 시대의 끔찍하게 높은 사망률에서 벗어난 왕실은 하나도 없었다. 1722년에 나온 한 파리 "안내서"[200]에는 안 도트리슈가 1662년에 건립한 발-드-그라스에 심장을 보관하고 있는* 남녀 왕족의 이름이 거명되어 있는데, 거의 대다수가 생후 며칠, 몇 달, 몇 년 만에 죽은 아이들이었다.

가난한 사람들에게는 더욱 고난에 찬 운명이 기다리고 있었다. 1754년에

---

* 프랑스에서는 국왕이나 왕족이 죽었을 때 그 시체를 심장, 머리, 나머지 몸통 등으로 따로 메어 각각 다른 곳에 나누어 묻었다. 파리 시내에 위치한 군사병원인 발-드-그라스(Val-de-Grâce)는 그중에서도 많은 왕족들의 심장을 보관한 것으로 알려서 있다.

한 "영국인" 저술가는 이렇게 썼다. "프랑스 농민들은 유복하기는커녕 필요한 생계수단도 가지고 있지 않다. 이들은 자신들이 겪은 피로에 합당한 원기 회복을 하지 못해서 40세 이전에 이미 노쇠하기 시작한다. 이 사람들은 자신의 처지를 다른 나라 사람들, 특히 영국 농민과 비교하며 괴로워한다. 프랑스 농민들은 외관만 보아도 몸이 쇠약해 있음을 알 수 있다."201)

유럽 대륙을 떠나 살던 유럽인은 어떠한가. "그들은 새로 도착한 나라의 관습에 따르려고 하지 않고 고집스럽게도 자신의 환상과 열정을 좇으려고 한다.……그들은 결국 자기 무덤을 파는 중이다."202) 이것은 포르토벨로에 대해서 스페인인 코레알이 말한 것이지만, 프랑스인 샤르댕이나 독일인 니부어 역시 똑같은 내용을 반복한다. 인도 제도에서 영국인들이 높은 사망률을 보이는 것은 그들이 저지르는 실수 때문이라는 것이다. 즉 고기를 지나치게 먹고, "포르투갈산의 도수가 높은 포도주"를 하루 중에 가장 더울 때 마시고, 원주민의 "넓고 풍성한" 옷과는 다르게, 유럽 풍토에 맞게 만들어진 너무 꼭 끼는 옷을 입기 때문이다.203) 그러나 뭄바이가 영국인의 무덤이라면 거기에는 이 도시의 기후 역시 관계가 있다. 이곳 기후는 너무나 살인적이라서 이러한 속담이 있을 정도이다. "뭄바이에서의 몬순 두 번은 한 사람의 일생이다."204) 포르투갈 사람들이 멋지게 살아가는 환락의 도시 고아, 혹은 유럽인의 또다른 환락의 도시 바타비아에서는 그 우아하고 풍성한 삶의 이면에 끔찍한 사망률이 숨어 있었다.205) 식민지 시대 아메리카의 거친 환경도 나을 것이 없기는 마찬가지였다. 조지 워싱턴의 아버지인 오거스틴 워싱턴은 49세에 죽었는데, 한 역사가는 여기에 이렇게 첨언했다. "그는 너무 일찍 죽었다. 버지니아에서 성공하려면, 자기 정적, 자기 이웃, 그리고 자기 아내보다 오래 살아야 한다."206)

유럽 이외의 사람들 역시 같은 법칙을 따른다. 17세기 말에 한 여행자가 시암 지역에 대해서 말한 것을 보라. "시암 사람들이 아무리 절제 있는 생활을 하더라도……유럽인보다 더 오래 살지는 못한다."207) 튀르키예인에 대해

서는 1766년에 한 프랑스인이 쓴 내용을 보라. "튀르키예의 의사와 외과의
사들이 유럽의 의대에서는 이미 100년 전부터 알던 지식을 알지는 못하더라
도, 튀르키예인들 역시 우리만큼 산다. 매년 이 제국을 휩쓰는 무서운 페스
트의 재앙만 피할 수 있다면 말이다.……"208) 튀르키예의 통역관인 테메슈발
르 오스만 아아(그는 1688-1699년의 긴 포로생활 중에 독일어를 배웠다)는 그
가 기독교권에서 보낸 삶에 대해서 생동감 있게, 때로는 피카레스크 소설*
처럼 전해준다. 그는 두 번 결혼했는데, 첫 번째 결혼에서는 딸 셋과 아들 다
섯을 낳아 그중 둘이 살아남았고, 두 번째 결혼에서는 세 명의 아이들 중에
둘이 살아남았다.209)

이런 것들이 우리가 이야기한 생물학적 앙시앵 레짐을 구성하는 사실들이
다. 대개 사망률과 출생률이 비슷하다는 점, 유아 사망률이 높다는 점, 기근,
만성적인 영양 부족, 극심한 질병 등이 그것이다. 약진이 이루어진 18세기에
도 이런 제약들이 겨우 약간 완화된 정도였으며, 그것도 물론 지역에 따라
다른 방식으로 이루어졌다. 서유럽 전체가 아니라 다만 유럽의 일부 지역만
이 이런 제약들에서 벗어나기 시작했다.

진보는 매우 느렸다. 다만 역사가들이 그 변화의 속도를 과장할 위험이 있
다. 18세기에 들어서도 사망률이 다시 증가했으며, (우리가 이미 보았듯이)
다름 아닌 프랑스가 바로 그런 사례이다. 브레멘의 10년 평균을 보아도 이
것을 읽을 수 있다(브레멘에서는 1709년부터 1759년까지 계속해서 사망률이
출생률을 앞질렀다). 프로이센의 쾨니히스베르크에서는 1782년부터 1802년
까지의 사망률이 평균 32.8퍼밀이었지만, 1772년에는 46.5퍼밀, 1775년에
45퍼밀, 1776년에 46퍼밀에 이르렀다.210) 요한 제바스티안 바흐 가문에서
계속되었던 장례식을 생각해보라……. 사회통계학의 창시자인 요한 페터 쥐
스밀히 역시 1765년에 이 점을 재론했다. "독일의……농민들과 가난한 사람

---

* picaresque : 17세기에 주로 스페인에서 유행하던 악당 소설.

들은 최소한의 치료마저 받아보지 못하고 죽는다. 의사의 치료는 아무도 생각하지 못하는데, 일부는 의사가 너무 멀리 있기 때문이고 일부는……너무 비싸기 때문이다."[211] 같은 시기에 부르고뉴에서도 같은 이야기를 들을 수 있었다. "의사 선생님은 도시에 사는데 공짜로는 절대 그곳에서 나오지 않는다." 카세-레-비토에서는 의사의 왕진과 약값에 40여 리브르가 들기 때문에 "오늘날 이곳의 가난한 주민들은 의사를 부르기보다는 그냥 죽으려고 한다."[212]

게다가 여성은 빈번한 출산 때문에 엄청난 위험에 처해 있었다. 16세기 이후 시기부터 우리가 가진 모든 수치를 보건대 출생 시에는 딸보다 아들이 많지만(오늘날에도 이 비율은 100 대 102이다), 결국에는 도시에서나 농촌에서나 여자가 월등히 많아진다(예외도 있어서 베네치아에서 잠시, 그리고 뒷날 상트 페테르부르크에서 남자가 더 많았다). 카스티야의 마을들에서 1575년과 1576년에 이루어진 조사를 보면 모든 곳에서 과부가 훨씬 많았다.[213]

앙시앵 레짐의 주요한 특성들을 요약하면, 사람들을 죽음으로 몰고 간 갑작스러운 재앙만큼이나 강력한 단기적 회복능력—갑작스러운 재앙만큼 빠르지는 않았더라도—이 중요하다. 비록 느낄 수는 없지만 장기적으로는 계속 보상이 이루어져서 결국 최종 승리를 거두게 된다. 썰물은 그 이전의 밀물이 가져왔던 것을 결코 모조리 가져가지는 않는다. 이러한 힘들지만 놀라운 장기적 상승은 많은 것들이 거기에 의존하게 될 수의 승리이다.

다수 대 소수

수는 세계를 분할하고 조직하며, 각각의 인류집단에 특정한 비중을 부여하는가 하면, 문화 및 능률의 수준, 성장의 생물학적(그리고 경제적) 리듬, 나아가서 그 병리학적 운명을 거의 고착시킨다. 중국, 인도, 유럽의 조밀한 인구는 잠복해 있거나 활동 중인, 또는 곧 퍼져나갈 태세가 되어 있는 질병들의 거대한 저장소이다.

　수는 인구집단 간의 관계에도 영향을 미친다. 이 관계란 반드시 평화로운 역사—교역, 물물교환, 상업—만은 아니며 끊임없는 전쟁의 역사이기도 하다. 물질생활을 다룬 책에서 전쟁의 광경에 등을 돌릴 수 있겠는가? 전쟁은 다방면에 걸친 활동이며, 늘 존재했고 심지어 인류사의 원점에서부터 존재했다. 그런데 처음부터 전쟁의 기본 밑그림, 윤곽선, 그 반복, 명백한 유형들을 그려내는 것이 바로 수이다. 전쟁에서나 일상생활에서 모든 사람에게 균등한 기회가 주어지지는 않는다. 어떠한 가능성 앞에서, 또는 그 시대의 정상적인 기회 앞에서 수는 거의 명료하게 지배자와 신민, 특권계급과 프롤레타리아를 갈라놓는다.

　물론 어떤 분야든지 수가 유일한 결정요소는 아니다. 전쟁에서나 평화에서나 기술이 큰 비중을 차지한다. 그런데 기술은 모든 조밀한 인구집단에게 공평하게 호의를 베풀지 않는다. 기술 역시 언제나 수의 산물이다. 20세기의 사람에게는 이런 주장이 너무 당연해 보인다. 수는 문명이며, 힘이며, 미래이다. 그러나 과연 이전에도 그러했을까? 우리의 마음속에는 그 반대의 사실을 이야기해주는 예들이 수없이 떠오른다. 아무리 사태가 역설적으로 보일지 몰라도—예컨대 게르만족 침입 직전의 로마 지역과 게르만 지역의 이중의 운명을 탐구한 퓌스텔 드 쿨랑주[214]*에게 그렇게 보일지 몰라도—가장 세련되지 못하고 가장 수가 적은 편이 때로 이기기도 한다. 어쩌면 이기는 것처럼 보이는 것일지도 모른다. 로마를 정복한 야만족의 수가 아주 보잘것없는 정도였다고 계산한 한스 델브뤼크가 보여준 것처럼 말이다.[215]

---

* Numa Denis Fustel de Coulanges(1830-1889) : 프랑스의 역사가. 소르본 대학의 중세사 교수와 고등사범학교 교수를 역임했다. 최초로 과학적 역사방법론을 확립한 프랑스 역사가로 알려져 있다. 예컨대 로마 제국에 대한 연구에서 그는 로마라는 도시의 개념이 이탈리아로 확산되고 나아가서 지중해 전역으로 확장되어 결국 제국으로 빌진해가는 과정을 보았나.

야만인에 대항하여

문명권이 지거나 진 것처럼 보이는 경우 승리한 측은 언제나 "야만인"이다. 흔히 그렇게 말하는 법이다. 그리스인에게는 그리스인이 아닌 사람은 누구나 야만인이다. 마찬가지로 중국인에게는 중국인이 아닌 사람은 누구나 야만인이다. 야만인과 미개인에게 "문명"을 전해준다는 것이 이전 유럽인의 식민지화의 큰 변명이었다. 물론 야만인에게 실제로는 그 반만큼도 맞지 않는 이상한 평판을 내리는 것도 늘 문명화된 사람들이다. 그렇다고 정반대로 생각해서, 역사가 레시트 사페트 아타비넨이 아틸라*를 옹호하며 늘어놓은 변명을 그대로 받아들일 필요는 없다.[216] 그러나 확실히 수정해야 할 것은 야만인의 힘에 관한 신화이다. 매번 야만인이 승리를 거둔 이유는 그들이 이미 반 이상 문명화되었기 때문이다. 그들은 오랫동안 대기실에 있다가 한 번 정도가 아니라 열 번 정도 노크를 하고 나서야 집 안에 들어섰다. 그들은 완전히는 아니더라도 적어도 상당한 정도로 이웃 문명을 이미 경험한 것이다.

로마 제국에 맞닥뜨린 5세기의 게르만족이 고전적인 예가 되겠지만 아랍, 튀르키예, 몽골, 만주, 타타르 등의 역사 역시 똑같은 현상의 단조로운 반복이다. 특히 튀르키예인과 튀르크멘인**은 중앙 아시아에서부터 카스피 해와 이란에 이르는 노상의 훌륭한 운반인이요 카라반이었다. 그들은 이웃 문명들을 자주 방문해보았고 그러다가 그곳에 완전히 빠져버리기도 했다. 칭기즈 칸과 쿠빌라이의 몽골족은 겨우 샤머니즘을 벗어난 정도였으나 그렇다고 투박한 야만인의 인상을 주지는 않았다. 그러다가 곧 그들은 동쪽으로는 중국 문명에, 서쪽으로는 이슬람의 환영에 빠져버리게 되어 결국 분열되었

---

* Attila(395?-453) : 훈족의 왕. 형을 살해하고 왕위에 오른 후에 군사력을 결집하여 동로마 제국을 공격하고 서유럽 내부로 깊숙이 들어와서 여러 지역을 파괴하고 약탈했다. 특히 이탈리아에 들어가 여러 도시를 파괴하고 로마를 위협했으나 교황 레오 1세의 회유와 조공 약속을 받고 출신지인 파노니아로 돌아갔다. 얼마 후 그가 사망하고 나서 그의 제국도 붕괴했다. 일반적으로 잔인한 파괴자의 이미지를 가지고 있다.

** Turkmenes : 우랄-알타이 어족의 언어를 가진 튀르키예계 종족. 주로 튀르크메니스탄과 이란 북부 지역에 살았으며, 이란을 점령한 후 11세기 초에 아나톨리아에 자리 잡았다.

고 그들 자신의 운명으로부터 뿌리 뽑혔다. 만주족은 1644년에 베이징을 점령하고 곧이어 중국 전역을 점령했다. 그런데 만주족은 여러 인종이 섞여 있었다. 그중 몽골족이 다수를 차지했지만 아주 일찍부터 중국 농민들이 장성 너머 만주로 들어가 있었다. 따라서 만주족은 야만인이라면 야만인일 수도 있겠으나 이미 중국화되었고, 그러다가 거대한 중국이 사회경제적으로 곤경에 빠짐에 따라 마치 이 곤경이 원격조정을 하듯이 만주족이 중국을 점령하도록 불러들인 것이다.

특히 주목할 것은 야만인의 승리가 단기적이라는 점이다. 조만간 그들은 자신이 정복한 문명에 흡수된다. 게르만족은 로마 제국을 "야만화시켰지만" 그후에는 포도주의 나라 속에서 익사하고 말았다.[217) 튀르키예인은 12세기부터 이슬람의 기수가 되어버렸다. 몽골인과 만주인은 중국 대중 속에 묻혀버렸다. 야만인에 의해서 정복당한 집은 그들이 도로 나갈 문을 닫아버린다.

17세기 이전에 대(大)유목민들이 사라지다

또 한 가지 주목해야 할 것은 문명에 대해서 진짜 위험한 "야만인들"이 거의 한 부류의 종족에 속했다는 점이다. 구세계의 심장부에 위치한 사막과 스텝 지역의 유목민이 그들이다. 오직 구세계에만 이 특별한 부류의 사람들이 존재했다. 대서양에서부터 태평양 연안에 이르기까지 메마르고 버려진 지역들이 마치 화약심지처럼 사슬 모양으로 연이어 있어서, 조그마한 불똥이 튀더라도 곧 불이 옮겨붙어 그 전체 길이만큼 모든 것을 태워버렸다. 다른 사람에 대해서만큼이나 자신에게도 가혹한 이 기마병사와 낙타부대 병사들은 탄압을 받든지, 가뭄, 인구 증가 등의 압력이 커져서 방목지가 부족해지면 곧 이웃 문명으로 쳐들어갔다. 해가 지나감에 따라 이 움직임은 수천 킬로미터에 이르게 되었다.

모든 것이 느리던 시기에 이들은 속력, 나아가서 기습 그 자체를 의미했다. 폴란드 국경에서는 17세기에도 타타르 기병대가 정기적으로 기습을 가

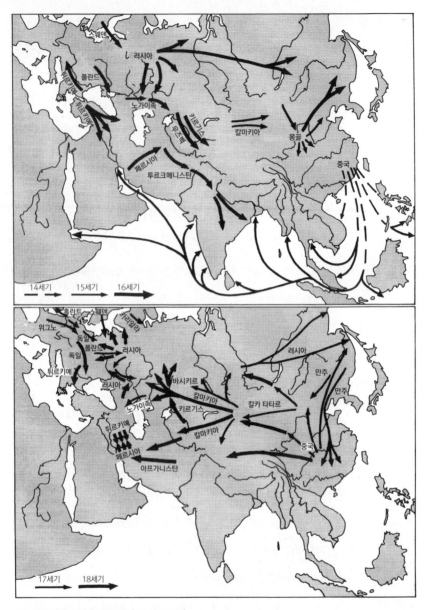

10. 유라시아 종족들의 이동(14-18세기)

이 두 지도는 명백한 대조를 보인다. 첫 번째 지도에서는 육로를 통한 이동이 서쪽에서 동쪽
으로 향하는 반면, 두 번째 지도에서는 동쪽에서 서쪽으로 향한다. 첫 번째 지도에서 주목할
사실은 중국의 해상 진출이 특히 15세기 초에 아주 중요한 현상이었다는 점과 육로를 통한
이동이 모두 인도와 중국을 향해 있었다는 점이다. 두 번째 지도를 보면 만주족에 의한 질서
수립(1644년 베이징의 점령)의 결과 중국인들이 대륙 방면으로 대규모로 팽창했고 러시아인
들의 진출은 저지되었다는 것을 알 수 있다. 그리하여 유목민들은 서쪽 방향으로, 그리고 유
럽 쪽 러시아 지역으로 내몰렸다. (알렉산드르 쿨리셰르와 예브게니 쿨리셰르)

하여 그들에 대한 경보가 울리면 곧 대중이 동원되었다. 요새에 무장을 갖추고 창고를 채웠으며, 아직 시간이 있는 경우 총기를 준비했고, 기병들을 징발했는가 하면 여러 곳에 차례로 바리케이드를 쳤다. 여러 번 그러했듯이 만일 침입이 성공하면—예컨대 트란실바니아의 산과 수많은 황무지를 가로질러서 들어오면—그들은 시골과 도시를 도리깨로 내려치듯 덮쳤는데, 튀르키예인들과는 비교가 안 되었다. 튀르키예인들은 적어도 겨울이 오기 전에, 대개 성-조지 축일 이후에는 군대를 퇴각시키고는 했다. 그러나 타타르인은 현지에 남아 가족과 함께 겨울을 나면서 그 지역을 뿌리까지 먹어치웠다.[218]

이 공포의 광경은 당시의 신문(소식지)을 통해 우리에게까지 전해지는데, 사실 중국이나 인도에서 승리를 거둔 유목민족의 대규모 정복에 비하면 아무것도 아니다. 물론 우리의 기억 속에 몇몇 에피소드 정도가 남아 있지만 (훈족, 아바르족, 헝가리족, 몽골족 등의 정복) 그것을 본격적으로 겪지 않고 피할 수 있었다는 것이 유럽의 이점이다. 유럽은 동쪽의 여러 민족들이 막아줌으로써 보호받은 것이다. 즉 그들의 불행이 유럽의 평온의 원인이었다.

유목민족의 힘은 또한 문명에 접근하는 입구를 지키는 사람들의 부주의함과 상대적인 취약함과도 관계가 있다. 18세기 이전에 중국 북부에는 사람들이 거의 살지 않아서 누구든 원하는 사람이면 침투해 들어갔다. 인도에서는 펀자브 지방이 아주 일찍(10세기 이후)부터 이슬람 세력에 넘어갔고, 그 후 이란과 카이바르 협로*의 문은 늘 열린 상태가 되었다. 동부와 남동부 유럽에서는 장벽의 견고함이 세기마다 변화했다. 이러한 부주의, 취약성, 때로 비효과적인 경계 사이를 유목민들이 헤집고 다녔다. 그들의 폭발적인 생

---

* Khaibar Pass : 카이베르(Khaiber) 또는 키베르(Khyber) 협로라고도 한다. 파키스탄과 아프가니스탄 사이의 술라이만 산에 위치한 고도 1,100미터의 산간 협로를 말한다. 카불과 페샤와르를 연결하는 도로 중간에 있으며, 전통적으로 북서쪽에서 인도로 들어가는 모든 침입민족들이 거쳐간 자연 협로였다. 근대에 들어와서는 1842년에 아프가니스탄이 영국군에 대해서 이곳에서 끈질기게 저항한 것으로 유명하다.

명력이 유럽, 이슬람, 인도 또는 중국 어느 방향으로 더 쉽게 터져갈 수 있느냐는 물리적 법칙을 좇아 때로는 동쪽으로, 때로는 서쪽으로 몰려갔다. 에두아르트 퓌터[219]의 고전적인 책은 1494년의 한 "태풍 지역"에 대해서 이야기한다. 그것은 군주들과 도시 공화국들 사이에서 분열된 이탈리아라는 거대한 공기 흡입구였다. 모든 유럽 세력이 폭풍우를 만들어내는 이 저기압에 끌려들어왔다. 마찬가지로 스텝 지역의 사람들도 저항이 더 약한 곳을 찾아 끈질기게 동쪽 또는 서쪽으로 회오리바람에 휩쓸려 들어가듯 몰려갔다.

중국의 명나라는 1368년 몽골족을 내몰고 고비 사막에 있는 몽골족의 중심지인 카라코룸을 불태웠다.[220] 그러나 이 승리 이후 오랫동안 무기력하게 아무런 힘을 가하지 않고 내버려두자, 이것이 유목민족을 동쪽으로 끌어들이는 강력한 유인이 되었다. 그리고 그 첫 번째 물결이 지나가고 난 뒤의 공백을 메우는 그다음 움직임이 일어났고, 이것들은 1년, 2년, 10년, 20년의 간격을 두고 점점 더 멀리 서쪽에서부터 움직임을 일으켰다. 노가이족이 서쪽에서 동쪽으로 볼가 강을 넘어간 것이 1400년경이었는데, 이것이야말로 서서히 유럽의 모래시계를 뒤집는 시초였다. 2세기 전부터 취약한 서유럽을 향해 이동하던 종족들이 향후 2-3세기 동안 무력한 상태에 빠지게 될 먼 곳의 중국에 이끌려 동쪽으로 이동했다. 우리가 작성한 지도는 이 변화를 요약해서 보여준다. 여기에서 결정적인 에피소드는 바베르*가 인도 북부를 엉뚱하게 정복한 것(1526)과 만주족이 1644년에 베이징을 점령한 것이다. 다시 한번 더 인도와 중국에 태풍이 몰아쳤다.

덕분에 서쪽에서는 유럽이 한숨 돌렸다. 1551년과 1556년에 러시아인이 카잔과 아스트라한을 점령한 것은 단지 화약과 총기에 의한 것만은 아니었

---

* Zahir al-Din Muhammad Baber(1483-1530) : 티무르의 후손으로서 튀르키예의 왕이자 카불의 왕. 바부르(Babur)라고도 한다. 1511년 사마르칸트를 점령한 뒤, 인도 무슬림들이 그를 끌어들임으로써 1526년에 인도로 들어갔다. 파니파트에서 델리 술탄을 쳐부수고, 비하르의 아프칸 수장 세력을 누른 뒤 갠지스 강 계곡 전역을 점령하여 무굴 제국을 건립했다.

다. 러시아 남부에 대한 유목민족의 압력이 감소하자 러시아인이 볼가 강, 돈 강, 드네스트르 강 연안의 흑토 쪽으로 쉽게 밀고 나갔다. 이 와중에 모스크바 공국은 영주의 엄격한 권위에서 벗어나 도망가버린 농민 일부를 상실했으며, 그 결과 버려진 이 땅은 발트 지역과 폴란드 출신 농민의 차지가 되었다. 한편 이들이 버리고 간 땅은 이번에는 브란덴부르크와 스코틀랜드 출신의 농민이 메웠다. 말하자면 일종의 릴레이 경주가 벌어진 것이다. 바로 이것이 알렉산드르 쿨리셰르와 예브게니 쿨리셰르라는 두 명의 탁월한 역사가가 이 "조용한 역사"를 보는 견해이다. 독일에서부터 중국에까지 이르는 지하수 같은 이 흐름은 마치 역사의 피부 밑에 숨어 있는 것처럼 보인다.

1680년대쯤에 이르면 만주족이 정복한 중국이 새로운 질서를 이룬다. 보호 속에 들어간 북부 중국은 전진초소가 지켜주는 가운데 정주 인구가 다시 늘어나기 시작했다. 지배자의 출신지인 만주를 비롯해서 몽골, 투르키스탄, 티베트가 그런 지역들이다. 아무 저항 없이 시베리아를 장악했던 러시아인은 이제 아무르 강에서 중국인의 저항에 직면했고, 네르친스크 조약(1689년 9월 7일)*을 체결해야만 했다. 이제 중국인은 만리장성으로부터 카스피 해 주변지역까지 세력을 뻗쳤다. 중국이 이렇게 성공을 거두기 이전에 이미 여러 유목민족들은 서쪽으로 방향을 바꾸었다. 이제 그들은 몽골에서 투르키스탄 사이의 이동로 중간에 위치한 고전적인 길목인 중가리아**의 좁은 관문을 반대 방향으로 지나갔다. 그러나 이번에는 그들의 광범한 이주를 용인할

---

* Treaty of Nerchinsk : 강희(康熙) 28년에 러시아와 청나라가 맺은 조약. 러시아의 모스크바 공국이 계속 동진하여 명나라 말기에는 태평양 연안에 이르더니 청나라 초기에는 남하하여 헤이룽 강 연안으로 진출했고 1663(강희 2년)에는 알바진에 성을 쌓았다. 강희제는 이에 맞서 병력을 파견하여 알바진을 중심으로 수차례에 걸친 격전을 치렀으며 그러다가 양국 사이에 조약을 맺었는데 그것이 바로 네르친스크 조약이다. 그 주요 내용을 보면 다음과 같다. 첫째, 양국 국경은 스타노보이 산맥과 헤이룽 강 지류인 게르비치 강을 경계로 한다. 둘째, 러시아인은 알바진에서 물러나고 동시에 헤이룽 강 항행을 금지한다. 셋째, 여권을 가진 사람은 양국 내에 자유로이 입국, 교역한다.

** 准噶爾 : 중국 북부의 지역. 톈산 산맥과 알타이 고원지대 사이에 있는 일종의 함몰지역으로서 반(半)사막지역인 이곳은 예로부터 중국과 중앙 아시아를 연결하는 통로 역할을 했다.

열린 문을 발견하지 못했다. 서쪽에서는 새롭게 떠오르는 표트르 대제하의 러시아가 시베리아와 볼가 강 하류 지역에 요새와 보루와 도시를 가지고 이들을 막고 나섰다. 다음 세기의 러시아 문학은 모두 이때의 거듭된 전쟁 이야기로 가득 차 있다.

이제 유목민의 위대한 운명은 끝났다. 유목민의 기동력보다 대포가 우월했으며, 베이징에서든 모스크바에서든, 혹은 델리에서든 테헤란에서든(이 마지막 경우에는 아프간의 위기를 겪은 후) 18세기가 지나기 전에 문명이 승리했다. 자기 고향에 머무르게 된 유목민들은 곧 원래의 모습으로, 즉 자기 자리를 지키고 또 그것을 받아들이는 가난한 사람들의 모습으로 되돌아갔다. 하나의 "긴 기생적인 삶(long paratisisme)"이라는 예외적인 사태는 이제 더는 돌이킬 수 없을 정도로 완전히 끝이 났다. 엄청난 반향을 불러일으켰음에도 불구하고 그것은 고작 탈선한 경우에 불과했다.

공간의 정복

통상적으로 문명이 경주에서 승리를 거둔다. 문명은 "문화"에 대해서 승리를 거두고 원시종족에 대해서 승리를 거두며 빈 공간에 대해서 승리를 거둔다. 차라리 처음부터 모든 것을 건설해야 하는 이 마지막 경우가 오히려 가장 쉽다. 이것은 아메리카의 4분의 3에서 유럽인이 누렸던 행운이며, 또 러시아인이 시베리아에서, 영국인이 오스트레일리아와 뉴질랜드에서 누렸던 행운이다. 남아프리카에서 보어인과 영국인이 흑인의 강한 저항에 부딪치지 않았다면 백인에게는 얼마나 큰 행운이었겠는가!

브라질에 포르투갈인들이 나타나자 원시적인 인디오들이 자리를 양보하고 사라졌다. 반데이란테스 또는 파울리스타는 거의 텅 빈 공간에 이주해 들어간 것이다. 한 세기가 채 되지 않아서 노예와 귀금속, 황금을 찾아나선 상파울루의 탐험가들은 리우데라플라타에서부터 아마존과 안데스 산맥에 이르기까지 남아메리카 대륙의 절반을 (비록 정복한 것은 아니라고 하더라도)

주파했다. 인디오들은 아무런 저항을 하지 못했다. 결국 예수회가 인디오 보호구역을 만들었는데, 또 이것을 파울리스타는 수치심도 없이 약탈했다.

북아메리카 지역에서 프랑스인과 영국인들 역시 이 비슷한 과정을 거쳤다. 다만 멕시코 북부의 사막지역에서 스페인인들이 용맹스러운 치치메카 인디오들을 상대했다는 것이 다소 다른 점이다. 그러나 이 인디오들은 수가 많지 않았기 때문에 이 경우 역시 결국 큰 차이는 없는 셈이다. 이 인디오들에 대해서는 17세기까지도 조직적인 인간 사냥이 이루어졌다. 매년 11월이 되면 이들은 "야생 짐승들처럼" 몰이사냥의 대상이 되었다. 그러나 아르헨티나와 특히 칠레에서는 사정이 달랐다. 이곳의 인디오들은 정복자들로부터 적어도 말[馬]을 받아들였기 때문이다. 그래서 아라우카노족* 같은 경우는 20세기 초까지 완강하게 저항했다.221) 사실 문제가 되는 것은 사람에 대한 정복이라기보다는(그들은 멸종되었으므로) 공간에 대한 정복이었다. 이제부터 이겨내야 하는 것은 거리였다. 16세기부터는 아르헨티나의 팜파스를 느리게 여행하는 소가 끄는 수레, 라틴 아메리카의 노새 카라반, 서부 영화를 통해 유명해진 바 있는, 19세기 미국에서 서부로 행진하는 포장마차 같은 것들이 이 조용한 정복의 도구였다. 이 정복여행의 끝은 대개 식민전선, 모든 것이 거기에서 새로이 전개되는 개척지역에 닿아 있었다. 이 머나먼 변경지역에서 개척민의 삶은 제로 상태에서 재출발했다. 이곳은 사회생활이 이루어지기에는 인구가 너무 적었으며 따라서 각자 스스로 책임지는 주인이었다. 이 매혹적인 무정부 상태가 당분간 지속되다가 질서가 수립되었다. 그러나 프론티어 자체가 약간 더 멀리 이동했고 똑같은 무정부적이고 임시적인 활동들이 이곳으로 옮겨왔다. 지난날(1921) 프레더릭 잭슨 터너가 미국

---

* Araucanos : 비오-비오 강 남쪽의 칠레 중부 지역에 사는 인디오족을 말한다. 대단히 호전적인 전사들로서 스페인 정복민에 대해서 완강히 저항했다. 특히 그중에서도 가장 호전적이고 수가 많던 일파인 마푸체족은 말을 타고 전투를 벌이면서 약 350년 동안 백인의 침입에 저항하다가 19세기에 가서야 진압당했다. 이들은 칠레 정부와 협상하여 보호구역을 얻어냈다. 이곳에서 그들은 평화로운 농경생활을 했다. 한편, 이 마푸체 인디오 보호구역은 1980년대에 해체되었다.

의 기원이자 미국의 가장 강한 독창성이라고 낭만적으로 그린 것이 바로 이 "움직이는 프론티어(moving frontier)"였다.[222]

텅 빈 공간, 또는 거의 텅 빈 공간을 쉽게 정복하는 현상은 16세기에 러시아가 대팽창을 할 때에도 마찬가지였다. 이곳에서는 소금장수, 모피 사냥꾼, 카자흐 등이 전속력으로 말을 모는 만큼의 빠른 속도로 시베리아를 정복해 들어갔다. 어쩌다 강한 저항이 이루어지기도 했지만 그것은 단번에 분쇄되었다. 도시가 생기고 요새, 도시의 중간 기착점들, 다리, 또 마차나 말, 썰매를 바꾸어 타는 역참이 건설되었다(예를 들면 1587년 토볼스크에, 1648년 오호츠크에, 1652년 바이칼 호 근처의 이르쿠츠크에). 1776년만 해도 한 스위스 출신의 러시아 군의관[223]에게 시베리아는 말을 타고 기진맥진해서 여행하는 곳, 그리하여 작은 요새나 도시의 숙소에 도착해야만 하는 행정(行程)으로서만 기억에 남는 곳이었다. 겨울에 썰매를 타고 다니는 상인은 도착지점을 놓쳐버리면 사람들, 짐승, 상품과 함께 영원히 눈 속에 묻힐 위험을 감수해야 했다. 서서히 도로체계와 도시체계가 자리를 잡아갔다. 1643년에는 아무르 분지에 이르렀고, 1696년에는 거대한 캄차카 반도가 알려졌으며, 그다음 세기에는 러시아의 탐험가들이 알래스카에 도착하여 1799년에는 개척민들이 이주했다. 이곳에서 빠르지만 취약한 정복이 이루어졌고, 또 그런 만큼 그것은 더욱 경탄할 만한 일이었다. 1726년 베링*이 그의 탐험 여행을 준비하기 위해서 오호츠크에 정착했을 때, 이 도시의 성채 안에는 단지 러시아인 몇 가구만이 있었다. 1719년 존 벨이 시베리아의 간선도로를 따라 여행했을 때 "6일 동안 집도 사람도 볼 수 없었다."[224]

---

* Vitus Bering(1681-1741): 덴마크 출신의 탐험가. 표트르 대제와 예카테리나 여제 밑에서 복무하며 캄차카 지역 등 러시아 동부 지역을 탐험했다. 그의 목적은 시베리아와 아메리카가 붙어 있는지 아닌지를 알아내는 것이었다. 이것은 1741년 그의 세 번째 여행에서 베링 해협을 확인하면서 밝혀졌다. 그의 탐험의 즉각적인 결과로 모피 무역이 발달했다.

문화가 저항할 때

빈 공간으로 행진해 들어가는 것이 아닌 경우에는 모든 것이 복잡해진다. 이제부터는 더는 같은 멜로디가 아니다. 아무리 열심히 비교연구를 한다고 해도 동유럽에서의 "게르만 식민운동", 이른바 오스트지틀룽(Ostsiedlung : 동방에서의 정주)과 아메리카 변경 지역에서의 활동 사이에는 혼동할 가능성이 전혀 없다. 12–13세기, 심지어 14세기에 넓은 의미의 게르만 지역(이 경우에는 로렌과 네덜란드까지 포함한다)의 식민 이주민들이 엘베 동부에 정착한 것은 한편으로는 정치적으로, 사회적으로 좋은 조건을 제시하는 유인에 이끌려서, 또 한편으로는 무력을 써서 이루어진 일이다. 새로 정착한 사람들은 광대한 숲 개간지 한가운데에 마을을 건설했고, 길을 따라 가지런히 집들을 세웠으며, 아마도 쇠 보습을 한 큰 쟁기(lourde charrue, heavy plough)를 도입했을 것이다. 나아가서 도시를 건설했고, 이 도시만이 아니라 슬라브 도시들에까지 적용될 독일 법을 도입했다. 즉, 내륙 도시들에는 마그데부르크 법이, 그리고 해안 도시들에는 뤼베크 법이 도입되었다. 분명 이것은 거대한 움직임이었다. 그러나 이 식민운동은 이미 자리를 잡고 있는 슬라브족 내부를 뚫고 들어가야 했다. 이들은 꽤 긴밀한 조직을 갖추고 있어서 새로 오는 유이민에 저항했으며, 필요한 경우 문호를 완전히 폐쇄해버렸다. 슬라브족이 완전히 자리를 잡고서 토지에 굳건히 뿌리를 내리고 도시를 확고히 건설한—발굴작업 결과 이것이 사실로 증명되었으며, 이전에 사람들이 생각했던 것보다 더 확고히 터전을 잡고 있었다—이후에 뒤늦게 조직을 이루고 동쪽으로 팽창을 시작한 것이 게르만 세계의 불행이었다.[225]

러시아의 팽창에서도 거의 텅 빈 지역이었던 시베리아로 향한 것이 아니라 같은 16세기에 볼가 강, 돈 강, 드네스트르 강 등 남쪽의 강으로 향한 경우[226]에는 이와 같은 현상이 반복되었다. 이 역시 농민들의 자유로운 식민화가 특징적이었다. 볼가 강과 흑해 사이의 스텝 지역은 조밀한 인구가 정착한 곳이 아니라 노가이족이나 크림 반도의 타타르족과 같은 유목민족이 돌아다니는 곳이었다. 무시무시한 기마병인 이들은 이슬람교와 오스만 제국의 전위대 역할을 했다. 오스만 제국은 이들을 지원했고, 때로 그들을 앞에 내세웠으며, 또 카잔과 아스트라한 칸국의 수호자들도 가지고 있지 않던 화기를 이들에게 지급함으로써 이들을 러시아인들로부터 구출해주기도 했다.227) 따라서 이들은 결코 깔보아서는 안 될 적수였다. 타타르인들은 가까운 트란실바니아, 헝가리, 폴란드, 모스크바 등지를 공격하여 잔인하게 파괴했다. 1572년에는 이런 공격의 하나로 인해서 모스크바가 파괴되었다. 타타르인들은 끊임없이 (러시아인이나 폴란드인) 포로들을 이스탄불의 노예시장에서 팔았다. 우리들은 1696년에 표트르 대제가 흑해상에 "창"을 열려는 시도를 했으나 실패했으며 이것은 100년 뒤에 예카테리나 2세 때 가서야 이루어졌다는 것을 알고 있다. 이때도 타타르인들이 제거된 것은 아니다. 이들은 제2차 세계대전 때까지도 이곳에 머물러 있었다.

러시아 농민의 식민화는 요새와 군사적 "변경령", 또 카자흐라는 무법자들의 도움 없이는 생각할 수 없다. 카자흐들은 우선 기병으로서 최강의 기동력을 가지고 적에게 반격을 가할 수 있었다. 이들은 수상 운송인으로서 강을 오르내릴 수 있었으며, 운하나 물레방아 때문에 항해가 막힐 경우 배를 들어서 옮겼다. 예컨대 1690년경 "칼미크 타타르인"을 좇아 볼가 강에 카누를 댄 타나이스 출신 카자흐들은 800명에 달했다. 또 해상선원으로서 이들은 16세기 말부터 흑해에서 많은 돛을 가진 범선을 이끌고 해적질을 했다.228) 따라서 이쪽 편의 근대 러시아는 백지(白紙, tabula rasa) 위에 그려진 것이 아니었다. 또 19세기에 캅카스나 투르키스탄으로 팽창해가서 다시 한 번 이슬람과 맞서게 된 경우 역시 아무런 노력 없이 된 것이 아니며, 늘 예상과 다른 결과를 얻고는 했다.

우리의 설명을 뒷받침할 예들은 그 외에도 많다. 19세기 유럽의 강대국들에 의한 블랙 아프리카의 뒤늦은, 그리고 오래가지 못할 식민화가 그렇고, 스페인인들이 멕시코와 페루를 정복한 것이 그렇다. 후자의 경우는 취약한 문명, 차라리 "문화"에 가까운 것으로서, 극히 소수의 사람들 앞에서 무너졌다. 오늘날 이 나라들은 다시 인디오나 아프리카인의 것이 되었다.

문화란 아직 채 성숙하지 않은 단계의 문명이다. 즉, 최적 상태에 도착하지 않은, 그래서 성장을 확고히 하지 못한 단계의 문명이다. 그리하여 문명으로 성장해가기를 기다리는 동안—이 기간은 길 수 있다—이웃 문명으로부터 무수히 착취당하기가 쉽다. 이것은 정당하지는 않으나 적어도 자연스러운 일이다. 16세기 이후부터 우리에게 알려진 기니 만 연안의 교역을 생각해보자. 이것은 역사에 흔한 경제적 착취의 전형적인 예이다. 인도양에 면한 모잠비크의 카프르족 속담에 이런 것이 있다. "원숭이가 말하지 않는 이유는 만일 그들이 말을 한다면 사람들이 잡아다가 일을 시킬까 두려워하기 때문이다."229) 카프르족 사람들 자신은 말을 했으며 게다가 면직물을 사고 사금을 파는 잘못을 저질렀다……. 힘센 자들이 하는 짓은 늘 같으며 아주 단순하다. 페니키아인과 그리스인이 해외 상업 거점이나 식민지를 운영한 것, 11세기 잔지바르 연안에서 아랍 상인이 교역한 것, 베네치아인과 제노바인이 13세기에 카파와 타나에서 활동한 것, 13세기 이전부터 중국인이 말레이 제도에서 사금, 향료, 후추, 노예, 고급 목재, 바다제비집* 같은 것을 산 것 등이 모두 그렇다. 이 책이 다루는 시기 동안 한 떼의 중국인 짐꾼, 상인, 고리대금업자, 행상인, 고물장수들이 이 "식민지" 시장을 착취했으며, 이 착취가 대규모이고 손쉬울수록 중국은 그 지력(智力)과 발명품들(예를 들면 지폐)에도 불구하고 자본주의의 차원에서는 아주 비창조적이고 아주 전근대적인 상태로 남아 있었다. 중국으로서는 너무 쉽게 문제를 풀 수 있는 요소가 오히려 발전에 장애가 되었던 것이다.

시장에서 식민지까지는 한걸음 차이이다. 착취당한 쪽이 속이려고 하거나 항의하는 것으로 충분하다. 곧 이것을 핑계로 정복이 이루어진다. 그러나 분

---

* 난양의 비디제비는 생선살로 집을 짓는데 전통적으로 중국 최고 요리의 재료로 쓰인다.

명 문화나 반문명(半文明, 이것은 크림 반도의 타타르인에게도 적합한 단어일 것이다)이 무시할 만한 적수는 아니다. 그들은 밀쳐버리면 곧 다시 나타나고 끈질기게 살아남는다. 그들의 미래를 영원히 빼앗을 수는 없다.

문명 대 문명

문명들이 서로 충돌하면 극적인 상황이 많이 일어난다. 오늘날의 세계 역시 아직 여기에서 벗어나지 못하고 있다. 한 문명이 다른 문명에 대한 싸움에서 이길 수 있다. 플라시(Plassey, 팔라시[Palassy] 또는 팔라시[Palashi]라고도 하며 콜카타 근처에 있다) 전투(1575)*에서 영국이 승리한 이후 인도가 겪은 비극이 그것이다. 이것은 영국만이 아니라 전 세계적으로 새로운 시대의 시작이었다. 플라시 전투가 예외적인 승리였기 때문이 아니다. 뒤플렉스**나 뷔시의 승리 역시 그 비슷한 수준의 승리였다는 주장은 허풍이 아니다. 그러나 플라시 전투는 엄청난 결과를 초래했다. 중요한 사건들이란 바로 이처럼 후속 결과의 유무에 딸린 것이다. 마찬가지로 중국에서는 아편전쟁(1840-1842)이라는 터무니없는 사건이 "불평등한" 세기의 시초가 되었다. 이 이후 중국은 식민지 아닌 식민지가 되었다. 이슬람권으로 말하면 아마도 튀르키예를 제외하고는 나머지 전체가 19세기 중에 침몰했던 듯하다. 그러나 중국, 인도, (다양한 부분으로 구성된) 이슬람권은 1945년 이후 일련의 탈식민지화를 거치며 독립을 되찾았다.

---

* 플라시는 서부 벵골에 있는 마을이다. 이곳에서 클라이브가 3,000명의 병력으로 벵골의 태수 다우라의 7만 병력에 대해서 결정적인 승리를 거둠으로써 벵골 및 북동부 인도에 대한 영국의 지배가 확고해졌다.

** Joseph François Dupleix(1697-1763) : 프랑스의 식민지 관리로서 뛰어난 능력을 발휘했다. 당시 인도가 여러 소국들로 나뉘어 있는 것을 이용하여 프랑스령 영토를 확대하고 상업적 이익을 크게 늘림으로써 영국 측의 저항을 불러일으켰다. 양국 간의 경쟁에서 초기에는 프랑스가 유리했고(예컨대 마드라스를 영국으로부터 빼앗았다) 그후의 전투에서도 뷔시 같은 장교들의 활약이 컸다. 그리하여 뒤플렉스는 한때 데칸의 절반을 차지했다. 그러나 곧 자금이 딸리게 되어 본국에 소환되었으며(1754), 그후 7년전쟁의 결과 그의 성과는 모두 무효가 되었다.

오늘날의 시각에서 반추하면 지난날 혼란스러운 사건들의 외피는 그 기간이 어느 만큼 긴지에 상관없이 에피소드의 인상을 준다. 그것들은 다소 빠른 속도로 만들어진다. 그러고는 어느 날 연극 무대장치처럼 무너진다.

이렇게 비슷한 수준에서 단순화시킨 역사의 운명은 전적으로 수라든가, 단순한 힘의 작용, 전위차(電位差), 또는 단순한 무게에 의해서 결정되지는 않는다. 그러나 여러 세기를 놓고 보면 역시 수라는 것이 발언권을 가진다. 이 점을 잊지 말자. 물질생활은 수를 통해서 일정한 규칙적인 설명이 가능하다. 그것은 물질생활에 대한 구속, 상수(常數)라고 할 수 있다. 만일 우리가 전쟁의 역할을 잊는다면 사회적, 정치적, 문화적(종교적) 영역이 모두 사라져버릴 것이다. 그리고 교환 역시 의미를 잃어버리게 될 터인데, 왜냐하면 이것은 흔히 불평등 교환이기 때문이다. 유럽은 노예와 복속된 경제들 없이는 이해가 불가능하다. 중국에 대해서도 거기에 대항한 원시문화들, 또 중국의 영향권 내에서 복종하며 살아간 먼 나라들 없이는 이해할 수 없다. 이러한 것이 물질생활의 균형에서 중요한 것들이다.

결론적으로 우리는 15세기에서 18세기 사이의 기간 동안 세계의 차별화된 운명에 대한 일차적인 인식을 얻기 위해서 수를 사용했다고 말할 수 있다. 이 세계의 사람들은 커다란 덩어리들로 나뉘어 있었고, 이 각각은 일상생활을 영위하는 데 서로 다른 장비를 갖추고 있었다. 그것은 마치 한 사회 내부에서 보더라도 여러 집단의 일상생활이 서로 다른 것과 유사하다. 다음에서는 세계 전체의 차원에서 우리가 만날 집단적인 주인공들을 소개할 것이다. 이 점은 경제생활과 자본주의를 다루게 될 이 책의 제2권에서 더 자세히 보게 될 것이다. 사실, 경제와 자본주의는 물질생활의 영역에서 그러한 것보다 더 극단적으로 세계를 발달된 지역과 후진지역으로 나누어놓는다. 이 점은 오늘날 세계의 극적인 현실이 이미 우리에게 친숙하게 보여주고 있다.

제2장

일상의 양식 : 빵

Constantin Le Roux(1850–1909), *Women Baking Bread in Bretagne,* 19th century. oil on canvas, 50 × 61.5cm. public domain.

15-18세기에 사람들이 먹는 기본 음식은 주로 식물성이었다. 이것은 콜럼버스 발견 이전의 아메리카나 블랙 아프리카에서는 자명한 진리였으며, 벼를 재배하는 아시아 문명권의 경우에는 과거에는 물론 현재에도 명백한 사실이다. 동아시아에서 일찍이 인구가 크게 증가한 것도 육식을 아주 조금밖에 하지 않았기 때문이다. 그 이유는 아주 단순하다. 단지 칼로리 수치만을 기준으로 하여 경제적 결정을 한다면, 똑같은 면적의 땅에서 농사를 짓는 것이 목축보다 월등히 유리하기 때문이다. 곡물 경작은 목축보다도 10-20배나 더 많은 사람들을 먹여 살릴 수 있다. 몽테스키외는 벼를 재배하는 나라에 대해서 이렇게 말한 바 있다. "다른 곳에서는 동물을 먹이는 데 쓰이는 땅이 여기에서는 직접 사람을 먹이는 데 쓰인다.……"[1]

그러나 일정 수준 이상으로 인구가 증가할 때마다 식물성 음식에 크게 의존하는 것은 반드시 15-18세기만이 아니라 어느 시대에나 있는 일이다. 곡물이냐 고기냐의 선택은 인구수에 달려 있다. 이것이 물질문명의 중요한 기준 중의 하나이다. "당신이 먹는 것을 나에게 이야기해보라, 그러면 당신이 어떤 사람인지를 말해주리라." 일종의 말놀이인 독일 속담은 그것을 나름대로 이렇게 표현한다. 사람은 사람이 먹는 것 그 자체이다(Der Mensch ist was er isst).[2] 어떤 사람이 어떤 음식을 먹는지는 곧 그 사람의 사회적 지위, 그를 둘러싼 문명과 문화에 대해서 말해준다.

한 문화에서 다른 문명으로 들어가는, 즉 인구밀도가 낮은 곳에서 높은 곳으로 들어가는(혹은 그 반대 방향으로 갈 때도 마찬가지이지만) 여행자는 음식이 크게 바뀌는 것을 보게 된다. 머스코비 회사*의 첫 상인이었던 앤서니 젠킨슨은 1558년 멀리 아르한겔스크로부터 모스크바로 와서 볼가 강을 내려가고 있었다. 아스트라한에 도착하기 전에 그는 강 너머에 "노가이 타타르족의 어마어마한 캠프"**를 발견했다. 이 유목민들은 "도시도 집도" 없고, 도둑질과 살인을 행할 뿐 밭 갈고 씨 뿌리는 법을 몰랐으며, 아는 것이라고는 단지 전투하는 기술밖에 없었는데, 그러면서도 자신들과 싸우는 러시아인들을 비꼬기만 했다. 그들은 이렇게 말한다. "밀을 먹고 또 밀을 마시는(러시아의 맥주와 보드카는 곡물로 만들었다) 이 기독교도들을 과연 어떻게 진짜 남자라고 할 수 있는가?" 노가이족 자신은 우유를 마시고 고기를 먹는데, 이것은 완전히 격이 다르다. 젠킨슨은 계속 여행하여 갈증과 굶주림 때문에 목숨을 잃을 뻔하면서 투르키스탄 사막을 건너갔는데, 그가 아무-다리야 강 주변에 도착하자 다시 맑은 물과 암말의 젖과 야생마 고기를 얻을 수 있었지만, 빵만은 찾을 수 없었다.[3] 사실 목축민과 농민 사이의 차이와 서로에 대한 빈정거림은 서유럽의 한가운데에서도 찾을 수 있다. 브레 사람과 곡물을 키우는 보베지 사람 사이도 그렇고,[4] 카스티야 사람과 가축을 키우는 베아른 사람 사이도 마찬가지이다. 남부 프랑스 사람들은 베아른 사람을 "소몰이꾼(vachier)"이라고 놀려댔지만, 반대 방향으로도 비슷한 종류의

---

* Muscovy Company : 러시아 회사(Russia Company)라고도 한다. 1555년에 서배스천 캐벗을 비롯한 런던 상인들이 러시아와 교역하는 회사를 만들고 그들만이 이 교역을 독점할 수 있다는 특허장을 얻어 설립한 회사로서, 영국 최초의 합자회사(joint-stock company)였다.

** Nogay Tartars : 튀르키예의 일족으로서 킵차크 칸국이 분리될 때 나타났으며, 아마도 몽골족의 일파인 노가이(칭기즈 칸의 손자에서 갈라져나온 왕자)로부터 이름을 따왔을 것이다. 우랄 산맥의 스텝 지역에 거주하다가 칼미크족에 밀려 러시아의 통제권하에 테레크 강과 쿠마 강 사이에서 거주하게 되었다.

빈정거림을 들을 수 있다. 더욱 특기할 만한 장관은 특히 베이징에서 볼 수 있다. 유럽식으로 고기를 큰 덩어리째 먹는 몽골인이나 만주인의 식사관습과, 기본 곡물(반[飯])에 반찬(채[菜]) ― 채소, 소스, 양념, 그리고 반드시 잘게 썰어놓은 약간의 고기나 생선을 절묘하게 섞은 것 ―을 함께 먹는, 거의 의식적(儀式的)인 예술에 가까운 중국인의 식사관습 사이의 대조가 바로 그것이다.[5]

유럽인들은 전체적으로 육식성이다. "유럽인의 배를 위해서 1,000년 이상 짐승이 도륙되었다."[6] 중세의 수백 년간 유럽인의 식탁에는 고기와 마실 것이 그득했고 고기는 19세기의 아르헨티나에 필적할 만큼 많이 소비되었다. 지중해 연안 지역 너머에는 가축을 풀어놓을 넓은 땅이 많이 남아 있었고 그 결과 농업을 영위하면서 목축을 할 수 있는 여력이 컸기 때문이다. 그러나 17세기 이후부터는 인구가 증가하면 식물성 음식을 많이 먹게 된다는 일반적 준칙이 적용되기 시작하여 이러한 우월성이 쇠퇴하기 시작했다. 이것은 적어도 19세기 중엽까지 지속되었으며,[7] 그때 가서야 한편으로는 과학적 목축 덕분에, 그리고 또 한편으로는 아메리카로부터 소금에 절여 냉동한 육류를 대량으로 수입한 덕분에 그동안의 고기의 금식에서 해방되었다.

다른 한편 유럽인은 해외에 나가서도 오래 전부터 자신들이 좋아했고 또 그렇게 누려오던 육류에 대한 특권적 지위를 고집했다. 그들은 식민지의 지배자로서 그곳에서도 고기를 먹었다. 신대륙에서는 유럽에서부터 건너가 수가 크게 불어난 가축들을 마음껏 포식할 수 있었다. 아시아 주민들은 그들이 고기를 탐하는 것을 보고 비난하기도 하고 놀라기도 했다. "수마트라에서는 삶거나 구운 닭을 먹으려면 대영주여야 하는데, 그는 하루 종일 닭고기를 먹는다. 또한 그들은 이 섬에 있는 2,000명의 기독교도들(서유럽인들을 지칭한다)이 소와 가금류를 모조리 없애버릴 것이라고 말했다"라고 17세기의 한 여행자는 말했다.[8]

이런 음식의 선택과 그것이 불러일으키는 논쟁은 아주 오랜 과정의 산물이다. 이 문제에 대해서 아담 마우리지오는 심지어 이렇게까지 썼다. "음식의 역사는 1,000년이 지나도 거의 변하지 않는다."[9] 사실 인간이 먹는 음식의 운명을 대강 결정하고 원격조정한 것은 오래 전에 일어난 두 혁명이었다. 구석기시대 말기에 "잡식동물"인 인간은 큰 동물을 사냥하기 시작했고, 이때 형성된 "대육식주의"의 취향, 즉 "고기와 피에 대한 요구, '질소(窒素)에 대한 탐욕', 달리 표현하면 동물성 단백질에 대한 탐욕"은 사라지지 않았다.[10]

기원전 7000년이나 기원전 6000년에 일어난 두 번째 혁명은 신석기시대의 농업혁명이다. 이때에 곡물재배가 시작되었다. 사냥터나 조방적인 목축지역이 줄고 대신 논밭이 늘어났다. 그후 수 세기가 지나면서 점차 많은 사람들이 식물성 음식만 먹게 되었는데, 그것은 날것이든 조리한 것이든 흔히 무미건조했고, 또 발효한 것이든 아니든 단조로움을 면치 못했다. 죽, 수프와 빵이 그것이다. 이제부터 인류의 역사에서는 두 종류의 인간들이 대립하게 되었다. 한편에는 고기를 먹는 소수의 사람들이 있고, 다른 한편에는 빵, 죽, 뿌리식물이나 줄기식물 같은 것을 먹는 다수의 사람들이 있다. 기원후 1000년대의 중국에서는 "지방의 큰 성(省)들의 행정관을 고기를 먹는 사람으로 묘사했다."[11] 고대 그리스에서는 "보리죽을 먹는 사람은 전쟁을 할 욕구가 전혀 없다"고 말했다.[12] 수백 년이 지나서 (1776년에) 한 영국인은 다음과 같이 주장했다. "가벼운 음식만 먹는 사람들보다 고기를 먹는 사람들에게서 더 큰 용기를 발견한다."[13]

이제 15-18세기의 기간에 대해서 우리가 주목하려는 것은 주요 식량, 즉 모든 산업 중에서 가장 오래된 산업인 농업으로 얻는 식량이다. 그런데 모든 농업에는 시초부터 하나의 중요한 작물이 있었고—또는 있어야 했고—이 선택에 따라서 그다음의 모든 것, 적어도 거의 모든 것이 의존하게 되는 일종의 우선권이 형성되었다. 그중에서도 가장 중요한 세 가지는 밀, 쌀, 옥수수이다. 오늘날에도 이 세 가지가 세계 경작지의 태반을 차지한다. 이 작물들은 인간의 심층적인 물질생활과 때로는 정신생활을 조직하여 결국 거의 돌이킬 수 없는 구조를 만들어내는 "문명작물"이다.[14] 이 작물들의 역사, 농민과 더 나아가서 일반 사람들의 생활 위에 이 작물들이 행사하는 "문명의 결정주의",[15] 이것이 이 장의 핵심 주제이다. 이 세 가지 곡물을 하나하나 보다 보면 세계를 일주하게 된다.

밀

밀은 다른 어느 지역보다도 서유럽의 곡물이지만, 서유럽의 전유물만은 아니다. 15세기 훨씬 이전에 중국 북부 지역의 평원에서는 조, 수수와 함께 밀을 재배했다. 여기에서 밀은 "땅에 구멍을 파서 심고", 수확할 때에는 낫으로 베어내는 것이 아니라 "줄기째 뽑아냈다." 그러고는 운량하(運糧河), 즉 "곡물을 나르는 강"을 통해 베이징에 보냈다. 일시적이기는 하지만 일본이나 중국 남부에서도 밀을 볼 수 있었는데, 데 라스 코르테스 신부의 말(1626)에 따르면, 중국 남부의 농민은 때때로 벼를 두 번 수확하는 사이에 밀을 한 번 수확하는 데 성공했다고 한다.[16] 중국인들은 "고기를 잘 굽지 못하는 만큼이나 밀가루 반죽하는 법을 잘 모르기 때문에", 그리고 "언제나 밀값이 싸기 때문에" 밀은 단순한 보조 곡물일 따름이었다. 때로 중국인들은 밀에다가 "잘게 썬 양파를 섞어서" 큰 솥 위에서 증기를 이용하여 쪄내어 일종의 빵을 만드는데,* 서유럽의 한 여행자에 의하면 "이 밀가루 음식은 아주 묵직해서 먹고 나면 배 속에 돌멩이가 들어앉은 것 같았다."[17] 광저우에서는 16세기에 비스킷을 만들었으나, 이것은 마카오와 필리핀에 수출하기 위한 것이었다. 밀가루는 그 외에도 국수, 죽, 돼지기름에 구운 과자를 만드는 데 쓰였지만, 빵을 만드는 데 쓰이지는 못했다.[18]

인더스 강변이나 갠지스 강 상류의 메마른 평원에서도 질 좋은 밀이 생산

---

* 만두를 가리키는 듯히디.

되었으며, 이 밀은 짐 끄는 소를 이용한 대규모 카라반이 인도 전역을 통과하면서 쌀과 교환했다. 이란에서는 흔히 이스트를 쓰지 않고 만든 단순한 빵과자(갈레트[galette])를 값싸게 팔았는데, 대개 농민들이 아주 힘들게 일하여 얻은 노동의 산물이었다. 예컨대 에스파한 근처의 "밀밭은 땅이 워낙 굳어서, 경작하려면 네 마리나 여섯 마리의 소가 있어야 한다. 그리고 앞에 있는 소의 멍에에 아이를 하나 앉혀서 막대기로 소들을 몰게 한다."[19] 잘 알다시피 지중해 연안 지역에서는 어디에서나 밀을 재배하며 심지어 사하라 사막의 오아시스에서도 밀을 경작한다. 특히 이집트에서는 나일 강이 여름에 범람하므로 물이 빠져버린 겨울에 경작을 하는데, 이때의 날씨는 열대식물 재배에는 거의 맞지 않는 반면 밀 재배에는 오히려 유리하다. 밀은 또한 에티오피아에서도 볼 수 있다.

유럽은 흔히 먼 곳까지 밀을 전파하는 역할을 했다. 러시아의 식민화의 결과 동쪽의 시베리아에서는 톰스크와 이르쿠츠크 너머에까지 밀이 보급되었다. 16세기 이후 러시아 농민들은 우크라이나의 흑토를 구입하는 데 많은 돈을 썼다. 이곳은 예카테리나 2세가 뒤늦게 정복을 재개하여 1793년에 완수한 곳이다. 그 이전에 이미 이곳에서 밀 농사가 크게 성공했으며 때로 여건이 좋지 않은 때에도 굉장히 큰 성공을 거두기도 했다. "또다시 포딜랴와 볼린에서는 집채만 한 밀 낟가리들이 쌓여서 썩어가고 있는데, 유럽 인구 전체를 먹여 살릴 수도 있을 정도이다"라고 1771년의 한 보고서는 말했다.[20] 1784년에도 마찬가지로 풍성하면서도 끔찍한 상황이 재연되었다. 한 프랑스 대리인에 의하면[21] 우크라이나에서는 밀이 "너무나 싸서 많은 지주들이 밀 경작을 포기했다. 그럼에도 밀의 재고가 너무나 많아서 튀르키예의 많은 지역에 판매할 뿐 아니라 스페인과 포르투갈에까지 수출하고 있으며", 프랑스 역시 에게 해의 섬들을 통해서, 혹은 코즐로프(장래의 옙파토리야) 같은 크림 지역에서 마르세유의 배를 이용하여 흑해의 밀을 실어왔는데, 예상할 수 있듯이 튀르키예의 해협들을 통과하는 것이 복잡한 문제를 일으켰다.

그러나 사실 "러시아" 밀이 제때를 만난 것은 훨씬 뒤의 일이다. 1803년 이 탈리아의 지주들에게는 우크라이나의 밀을 실은 배가 들어오는 것이 파국의 행진과 같았다. 얼마 뒤인 1818년에는 프랑스 의회에서도 똑같은 위험에 대한 경고를 들을 수 있었다.[22]

이러한 일이 일어나기 오래 전에 유럽으로부터 밀이 대서양을 건너갔다. 그러나 스페인령 아메리카에서 밀이 제대로 자리 잡기 위해서는 지나치게 더워서 잘 맞지 않는 기후, 곡물을 갉아먹는 곤충들, 경쟁적인 작물(옥수수, 카사바*) 등과 싸워야 했다. 밀이 성공적으로 퍼져나간 것은 뒷날의 일이다. 칠레, 생-로랑 해안(영어식으로는 세인트 로렌스 해안), 멕시코, 그리고 영국령 아메리카 식민지에서 17세기에 특히 18세기에 큰 성공을 거두었다. 그리하여 보스턴의 범선들은 사탕수수를 재배하는 앤틸리스 제도에 밀과 밀가루를 판매했고, 나아가서는 유럽과 지중해 지역에까지 판매했다. 1739년부터는 아메리카의 선박들이 마르세유에 밀과 밀가루를 하역했다.[23] 19세기에 가서는 아르헨티나, 남부 아프리카, 오스트레일리아, 그리고 캐나다와 미국 중서부의 대초원 지대에서 밀이 큰 성공을 거두었다. 이렇게 밀이 도처에 존재하게 된 것은 유럽의 팽창을 확인해주는 요소라고 할 수 있다.

밀과 잡곡들

다시 유럽으로 되돌아가보자. 가장 먼저 알 수 있는 것은 밀[小麥]이 매우 복잡한 성격의 주인공이라는 사실이다. 수많은 스페인의 글들에서 반복되듯이 차라리 복수형을 사용하여 "여러 밀들(los panes)"이라고 말하는 것이 낫겠다. 무엇보다도 다양한 품질의 밀들이 존재한다. 프랑스에서는 최상품을 흔히 "라 테트 뒤 블레(la tête du blé : 밀의 우두머리)"라고 부른다. 그 외에 중

---

* Casava : 타피오카(tapioca), 마니오크(manioc)라고도 한다. 브라질이 원산지이며 대극과(大戟科)에 속하는 작물로서, 아열대 및 온대에서는 일년생, 열대에서는 다년생이다. 남아메리카, 아시아, 아프리카의 열대 원시농업지역에서 널리 재배하며 이 지역 주민의 중요한 식량작물이다.

간등급의 것이 있고, 밀과 다른 곡물, 대개 호밀과 섞어 파는 것이 있는데 이것을 "프티 블레(petit blé) 또는 메테유(méteil, maslin)"라고 한다. 밀을 재배할 때에는 결코 이 한 가지만 경작하는 법이 없었다. 물론 밀도 대단히 오래된 곡물이지만, 그것보다도 더 오래된 곡물이 늘 그 옆에서 함께 자란다. 낟알에 겨가 들러붙어 있는 밀인 스펠타 밀*은 14세기까지도 이탈리아에서 볼 수 있었고, 알자스, 팔츠, 슈바벤, 스위스 고원 등지에서는 1700년경에도 빵 제조용 곡물로 자리 잡고 있었으며, 헬데를란트와 나뮈르 백작령—특히 나뮈르에서는 밀이 보리[大麥]처럼 돼지 사료로도 쓰였고 맥주 원료로도 쓰였다—에서는 18세기 말에, 그리고 론 강 계곡에서는 19세기 초까지도 재배했다.24) 조[粟]는 더욱 넓은 공간에서 재배했다.25) 1372년에 제노바가 베네치아를 포위했을 때 베네치아는 창고에 있던 조 덕분에 생존했다. 16세기에도 베네치아의 시회(市會 : 베네치아 도시 귀족들의 과두정부)는 내륙의 배후지(테라 피르마)**에 있는 성채 도시들 안에 장기 보존용(때로는 20여 년간이나 보존할 수 있었다)으로 조를 저장했으며, 또 달마티아와 레반트***의 섬들에 있는 요새에 식량이 모자랄 때에도 밀보다는 조를 보냈다.26) 18세기에도 아직 가스코뉴, 이탈리아, 중부 유럽에서 조를 경작했다. 그러나 18세기 말의 한 예수회 인사의 설명에 의하면 조로는 아주 거친 음식밖에 만들지 못했다. 그는 중국인들이 여러 종류의 조를 이용하는 것에 감탄하며 이렇게 썼다. "우리는 호기심과 허영심에 차 있을 뿐 아무짝에도 쓸모없는 과학을 그

---

* épeautre : 학명은 트리티쿰 스펠타(*Triticum spelta*)이며 영어로는 스펠타(spelta)라고 한다. 이 책에서는 '스펠타 밀'이라고 했다. 낟알에 겨가 들러붙어 있는 밀이라서(이것 때문에 블레 베튀[blé vétu : 옷 입은 밀]라고 한다) 빻기 전에 겨를 털어내야 한다. 원래 철기시대 이래 유럽의 여러 지역에서 기본 식량으로 쓰였으며, 본문에도 설명되었듯이 독일 남부, 스위스, 스페인 북부 등지에서는 근대까지 남아 있었다.

** Terra Firma : 베네치아는 원래 하나의 섬으로 출발해서 내륙으로 영토를 확장했다. 원래의 섬과 대비하여 섬이 아닌 내륙의 땅을 내륙의 배후지, 즉 테라 피르마라고 한다.

*** Levant : 유럽에서 볼 때 동쪽에 위치한 동지중해 연안지역을 말한다. '해가 뜨는 곳'이라는 의미이다.

렇게 발달시켰지만, 가스코뉴 지방과 보르들레*의 랑드 지방의 농민들이 조를 가지고 덜 야만적이고 몸에 덜 해로운 음식을 만드는 방법은 300년 전에 비해 거의 나아지지 않았다."[27]

밀의 동반자로는 더욱 중요한 또다른 곡물들이 있다. 보리가 그 예이다. 남쪽 지방에서는 보리가 말 사료로 쓰였다. 그래서 16세기와 그 이후 시기에 튀르키예인과 기독교도가 전쟁 상태에 있던 헝가리 국경에서는 보리 수확이 좋지 않으면 전쟁이 일어나지 않는다는 말이 있을 정도였다. 이곳에서는 기병대 없이는 전쟁을 상상도 못하기 때문이다.[28] 북쪽으로 가면 단단한 맥류(麥類) 대신 부드러운 맥류가 중요해지며, 보리 대신에 귀리, 그리고 호밀이 각별히 중요한 자리를 차지한다. 호밀은 꽤 늦은 시기에 도입되었는데, 아마도 5세기의 게르만족의 대이동 이전에 북유럽 지역에 들어온 것 같지는 않다. 그후 호밀은 이곳에 완전히 자리를 잡았고, 삼포제(三圃制)와 함께 발전해갔다.[29] 유럽에 기근이 심해지면서 발트 지역의 곡물을 아주 일찍부터, 그리고 점점 더 먼 곳까지 수출하게 되었는데 이때 주요 수출 곡물은 밀과 호밀이었다. 이 곡물은 북해지역과 영불해협, 더 나아가서 이베리아의 항구에까지 이르렀으며, 1590년대의 위기에는 지중해까지 대규모로 수출되었다.[30] 발트 지역의 곡물들은 18세기까지도 밀이 부족한 곳에서 빵을 만드는 재료로서 쓰였다. 1702년, 루이 르므리라는 한 의사의 말에 따르면, "호밀빵은 밀빵보다 영양가가 낮으며 사람의 배고픔을 약간 완화시켜줄 따름이다.……보리빵은 원기를 회복시켜주기는 하지만 밀빵이나 호밀빵보다 영양가가 더 낮다." 그리고 북유럽 사람들만이 귀리 빵을 만들어 먹는데, "그 사람들은 여기에 만족해한다."[31] 그러나 18세기 내내 프랑스의 곡물 경작지가 거의 반반 나뉘어서 반은 밀(bled, 여기에서는 빵을 만들 수 있는 밀과 호밀을 말한다)을, 나머지 반은 "자질구레한 곡물(보리, 귀리, 메밀, 조)"을 재배했다

---

* Bordelais : 보르도를 둘러싼 지방명.

는 점, 다른 한편 1715년경에는 호밀과 밀이 거의 같은 비율로 재배되던 것이 1792년에는 2 대 1 정도로 호밀이 압도적으로 경작되었다는 점도 엄연한 사실이다.[32]

의지할 만한 또다른 곡물로서 쌀[米]을 들 수 있다. 쌀은 고전고대 시기[*]에는 인도양에서 수입했으며, 중세에 상업이 다시 발달하면서 레반트의 도서지역에서 재발견했고, 스페인에서는 아주 일찍부터 아랍인들이 벼 재배를 이식시켰다. 14세기에는 마요르카의 쌀이 샹파뉴 정기시에서 팔렸고 발렌시아의 쌀은 네덜란드에까지 팔려갔다.[33] 15세기부터는 이탈리아에서 벼를 재배하여 페라라의 시장에서 싼 가격에 판매했다. 그리하여 아주 잘 웃는 사람을 보고 말장난으로 "저 사람은 쌀 수프를 먹었다(Che aveva mangiato la minestra di riso)"라고 할 정도였다.[**]

쌀은 그 외에도 이탈리아 반도의 여러 곳으로 퍼져나가 롬바르디아, 피에몬테, 베네치아, 로마냐, 토스카나, 나폴리, 시칠리아 등지의 넓은 땅에서 활발하게 경작되었다. 이 벼논들이 자본주의적인 배경에서 큰 성공을 거두면서 농민들의 노동력을 프롤레타리아화했다. 쌀은 '일 리소 아마로(il riso amaro : 맛이 쓴 쌀)', 즉 큰 고통의 산물이었다. 마찬가지로 벼는 튀르키예 지배하의 발칸 지역에서 중요한 자리를 차지했다.[34] 또 아메리카에까지도 퍼져나가 캐롤라이나는 17세기 말에는 영국의 중개에 힘입어 거대한 수출지역이 되었다.[35]

그렇지만 서유럽에서는 쌀이 여전히 구황식품(救荒食品)으로 남아 있었는데, 부자들은 우유에 쌀을 끓여 먹는 정도 이외에는 쌀 음식을 거들떠보지도 않았다. 1694년과 1709년에 이집트의 알렉산드리아에서 쌀을 싣고 온 배는 프랑스에서 "가난한 사람들을 위한 양식의 공급원"이었다.[36] 베네치아에

---

[*] 서양의 고전문화가 개화되었던 그리스 로마 시대를 말한다.
[**] 이탈리아어로 리소(riso)는 '쌀'이라는 뜻과 함께 '웃음'이라는 뜻을 가지고 있다. 그래서 쌀 수프(minestra di riso)를 먹었다는 것이 '잘 웃는다'는 재미있는 표현이 되었다.

서는 16세기부터 기근이 들었을 때 다른 곡분에 쌀가루를 섞어 대중소비용 빵을 만들었다.37) 프랑스에서는 병원, 군 막사, 선상(船上)에서 쌀을 소비했다. 파리에서는 교회에서 사람들에게 먹을 것을 나누어줄 때, 순무, 호박, 으깬 당근 등에 "경제적인 쌀"을 흔히 섞어주었다. 이 쌀은 큰 솥에 삶았는데, 솥에 남은 것이나 "눌어붙은 것(dépôt)"을 버리지 않기 위해서 솥을 결코 닦지 않았다.38) 전문가에 의하면 조와 쌀을 섞어서 가난한 사람들을 위한 빵을 싸게 만들 수 있으며, "덕분에 이들이 매 끼니를 포식할 수 있다." 약간의 차이는 있으나 이 음식은 중국에서 "차[茶]를 살 수 없을 정도로" 가난한 사람들에게 주는 음식과 거의 유사했다. 중국에서는 뜨거운 물에 콩과 채소를 익힌 것에다가 "콩을 갈아 반죽한" 과자를 곁들여서 주었다. "음식에 뿌리는 소스(간장)" 역시 이 콩으로 만든다고 한다…… 그렇다면 이것은 대두(大豆)를 말하는 것일까? 여하튼 그것은 서유럽의 쌀이나 조처럼 배고픈 가난한 사람들을 위한 하급 음식이었다.39)

어디에서나 밀과 보조 곡물 사이에는 명백한 "상관관계"가 있다. 영국의 가격자료를 이용해서 그린 그래프를 보면,40) 이미 13세기부터 그러한 상관관계를 확인할 수 있다. 그런데 곡물 가격이 내려갈 때에는 가격의 움직임들이 규칙적인 관계를 보이지만, 곡물 가격이 오르는 시기에는 이 규칙성이 조금 무너진다. 왜냐하면 가난한 사람들의 식량인 호밀 가격이 이때 급격히 오르는데 심지어는 밀 가격보다도 더 높이 오르기 때문이다. 이에 반해 귀리는 값이 덜 올랐다. 뒤프레 드 생-모르가 알려주는 바(1746)에 의하면, "밀 가격은 귀리 가격보다 항상 더 많이 오른다. 그 이유는 사람들[적어도 부유한 사람들/저자의 수정]이 밀빵을 먹고 사는 습관 때문이다. 반면에 귀리 가격이 오르면 사람들은 말을 시골의 풀밭에 풀어놓으면 된다."41) 밀과 귀리에 대해서 말하면 곧 사람과 말에 대해서 말하는 것이다. 뒤프레 드 생-모르는 밀 가격과 귀리 가격이 3 대 2 정도 되는 것을 정상적인 비율로 보았다(그의 말을 그대로 따르면 "자연[naturel]" 비율이라는 것인데, 이것은 모든 기격 사이에

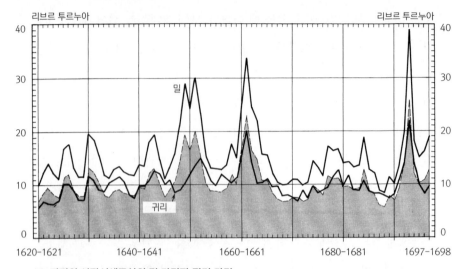

11. 파리의 시장시세표상의 밀 가격과 귀리 가격

점선은 뒤프레 드 생-모르가 "자연" 비율이라고 본 귀리 가격(즉, 밀 가격의 3분의 2 수준)을 나타낸다.

자연스러운 비율이 존재하고 또 금 가격과 은 가격 사이에도 1 대 12가 자연스러운 비율이라고 보았던 옛날의 경제학자들의 생각과 비슷하다). "일정한 기간에 1스티에*의 귀리가 1스티에의 밀보다 3분의 1 정도 싸게 팔리면, 이것이 정상적인 비율이다." 이 비율이 깨지면 기근이 닥쳤다는 의미이며, 비율이 깨지는 정도가 크면 클수록 기근이 더 심각하다는 것을 나타낸다. "1351년에 1스티에의 귀리의 가치는 4분의 1스티에의 밀의 가치와 같았으며, 1709년에는 5분의 1스티에, 1740년에는 3분의 1스티에의 밀의 가치와 같았다. 그러므로 1351년보다는 1709년에, 그리고 1740년보다는 1351년에 기근이 더욱 심했다.……"

아마도 이 추론은 저자의 당대 현실에 적용되는 것이었으리라. 그러나 그것이 1400년부터 1800년까지의 기간 전체에 해당하는 법칙인지는 알 수 없다. 1596년부터 1635년까지, 그리고 아마도 16세기 대부분의 기간에 프랑스

---

* setier : 곡식의 용량 단위로서 지역에 따라 150-300리터에 해당한다.

에서는 대개 귀리의 가치가 밀의 절반 정도였다.[42]

1635년에 가서야 3 대 2라는 "자연" 비율이 나타났다. 뒤프레 드 생-모르의 말을 좇아서 16세기에 기근이 잠재해 있었고 그 원인이 이 시대의 혼란에 기인했으며 1635년에 가서야 **국내**에 상대적으로 평화가 찾아옴으로써 정상화되었다고 본다면, 그것은 너무 단순한 견해이다. 1635년에는 리슐리외 집권하의 프랑스가 30년전쟁에 참전했다는 것도 고려할 필요가 있다. 전쟁이 일어나면 당연히 귀리 가격이 오르는 법이다. 귀리가 없으면 말도, 기병대도, 대포부대의 이동도 생각할 수 없기 때문이다.

여러 종류의 곡물을 모두 모아도 빵을 만들 수 있는 곡물은 결코 충분하지 않았다. 그리하여 서유럽 인들은 이러한 만성적인 결핍에 적응해야 했다. 곡물을 보충하기 위해서 사람들은 일상적으로 채소류를 먹든지 혹은 밤이나 메밀로 만드는 유사 밀가루를 먹어야 했다. 메밀은 16세기 이후부터 노르망디 지방과 브르타뉴 지방에서 재배했는데, 밀을 수확한 이후에 심어서 겨울이 오기 전에 수확했다.[43] 굳이 언급한다면, 메밀은 볏과(Gramineae)가 아니라 여뀌과(Polygonacae)에 속하지만, 그것이 무슨 중요성이 있는가! 사람들에게는 그저 "검은 밀"로 통했다. 밤[栗]으로는 가루를 내어 그것으로 갈레트를 만들었는데, 세벤 지역이나 코르시카에서는 이것을 "나무에서 나는 빵"이라는 좋은 이름으로 불렀다. 아키텐(이곳에서는 밤을 "발로트[ballotes : 작은 공]"라고 불렀다) 등지에서는 밤이 19세기에 감자가 하는 역할을 했다.[44] 남부지역에서는 밤에 의존하는 정도가 생각보다 더 컸다. 카스티야의 에스트레마두라에 있는 유스테* 근처의 하란디야에서 카를 5세의 시종장은 이렇게 주장했다. "이곳에서 생산되는 좋은 것이 있다면, 밀이 아니라 밤이다. 밀은 있더라도 엄청나게 비싸다."[45]

반대로 도피네에서 1674-1675년의 겨울 동안 "노토리와 식물뿌리"를 먹

---

* 유스테에는 카를 5세가 제위를 양위한 후에 죽을 때까지 은거한 유스테 수도원이 있다.

은 것은 아주 비정상적인 일이며, 가공할 기근의 표시이다. 1702년 르므리는 믿어지지 않는다는 투로 이렇게 보고했다. "이 도토리가 그와 같은 용도로 쓰이는 곳들이 아직도 존재한다."[46]

진정한 보조 곡물이라고 할 수 있는 말린 채소, 렌즈 콩, 잠두, 검정콩, 흰콩, 갈색콩, 이집트 콩 등은 값싼 단백질원이었다. 이런 것들을 베네치아의 문서들에서는 메누디(menudi) 또는 미누티(minuti : 하급 식량)라고 불렀다. 테라 피르마의 한 마을에서는, 흔히 있는 일이지만 여름철의 폭풍 때문에 메누디를 잃게 되자 그로 인한 불행한 사태 때문에 곧 베네치아 당국이 개입해야 했다. 왜냐하면 이 하급 식량 역시 "곡물"로 여겼기 때문이다. 수많은 문서에서 이것을 밀과 동렬로 보았다는 것이 그 사실을 말해준다. 예를 들면, 이집트의 알렉산드리아에 들어온 베네치아나 라구사의 배들은 밀 아니면 콩을 실으라는 명령을 받았다. 그레나다의 선단장은 이집트 콩이나 잠두를 선단의 배에 충분히 실을 만큼 얻기가 힘들다고 기록했다. 값으로 말하면 "이것은 밀 가격과 같았다(1539년 12월 2일)."[47] 1570년경 아프리카의 스페인 점령지의 요새에서 온 통신문을 보면, 그곳의 군인들은 밀이나 비스킷보다 가르반소스(garbanzos : 이집트 콩)를 더 좋아했다.[48] 베네치아의 곡물 거래소인 비아베(Biave)에서는 곡물 공급과 수확량을 예상할 때 늘 곡물과 말린 채소를 함께 고려했다. 예컨대 1739년에는 "밀 수확은 좋으나 미누티(이때에는 제비콩[haricot]과 조도 포함했다)의 수확은 좋지 않다"는 식이다.[49] 보헤미아에서 중세 초기의 마을들을 발굴한 결과에 따르면 이 시대의 음식은 밀보다도 콩을 기본으로 하고 있었다. 1758년 브레멘의 가격 일람표(Preiscourant)에는 곡물(Getreide)과 채소(Hülsenfrüchte)의 가격을 적어놓았다. 마찬가지로 17-18세기에 나뮈르와 룩셈부르크의 시장시세표를 보면 밀 이외에도 호밀, 메밀, 보리, 귀리, 스펠타 밀, 콩 등이 시장에 나와 있었다는 것을 알 수 있다.[50]

밀과 윤작(輪作)

같은 땅에 밀을 2년 이상 계속해서 심으면 수확이 아주 나빠진다. 그래서 옮겨심기나 돌려심기를 해야 한다. 그렇기 때문에 중국에 가본 서유럽인은 벼를 끊임없이 "같은 땅에" 심는다는 사실에 크게 놀란다. 데 라스 코르테스 신부에 의하면(1626), "매년 이 땅은 스페인에서와 같이 쉬는 적이 결코 없다."51) 이것이 가능할까? 믿어도 좋을까? 유럽에서는 밀을 심는 곳이면 어디든지 매년 옮겨심기를 해야 한다. 따라서 같은 경지에 2년마다 되돌아오느냐 3년마다 되돌아오느냐에 따라서 직접 재배하는 땅의 2-3배의 땅이 필요하다. 즉, 두 번의 시기로 구성되는 체제나 세 번의 시기로 구성되는 체제에 속하게 되는 것이다.

휴경(休耕)을 하지 않는 아주 발달한 경작지역이 없지는 않으나 그런 곳을 제외하면 아주 거칠게 이야기해서 유럽 전체는 두 가지 체제로 나뉘었다. 남부에서는 밀 혹은 다른 빵 제조용 곡물이 경지의 반을 차지했고, 나머지 반은 휴경(jachère, fallow)에 들어갔다. 이것을 스페인어로는 바르베초스(barbechos)라고 했다. 북부에서는 경작지를 셋으로 나누었는데, 각각 겨울 경작지, 봄 경작지(또한 마르스[mars], 마르사주[marsage], 카렘[carême], 트레미[trémis], 트레무아[trémois]라고도 했다), 그리고 휴경지였다. 비교적 최근까지도 로렌 지방에서는 마을을 중심으로 하여 숲 가장자리에까지 이르는, 대략 원형을 이루는 "경작지(finage)"가 세 구역으로 나뉘어 있는 것을 볼 수 있었다. 그 각각은 밀 경작지, 귀리 경작지, 그리고 베르센(versaine)이라고 부르는 휴경지였다. 차례로 밀이 베르센의 자리에 들어서고, 밀이 자라던 곳에는 귀리를 기르고 귀리 재배지가 베르센이 된다. 이와 같이 3년 단위의 연작(連作)이 돌아가고 3년 뒤에는 맨 처음의 상태로 돌아갔다. 요약하면 결국 다음의 두 체제로 나뉘었다. 한 체제[삼포제/역주]에서는 밀 재배지가 더 오랫동안 쉬었다. 다른 체제[이포제/역주]에서는 매년 전체 경작지에서 밀 재배지가 차지하는 부분이 상대적으로 더 컸다. 이것은 물론 이곳 전체에 밀을 파종한다는 조건하에서 그렇다는 것인데, 실제로는 결코 그렇게 되지는 않았다. 그 외에, 남부에서는 곡물에 아교질이 더 풍부했다든가, 혹은 북부에서는 수확량이 더 많았다든가 하는 데에는 땅과 날씨 조건도 작용했다.

그러나 이 도식은 아주 개략적으로만 들어맞는다. 남부에서도 "삼포제" 경작(2년 동안 휴경을 하는 방식)을 하기도 했고, 북부에서 이포제가 끈기 있게 잔존하기도 했다(스트라스부르에서 비상부르에 이르는 알자스 북부가 그러한 예이다).[52] 뒤늦게 삼포제가 발달한 곳은 꽤 방대한 지역에 이포제가 계속 남아 있고 그 사이에 삼포제가 발달하는 양태를 보였다. 이것은 마치 팔림세스트* 고문서 위에 옛 글자가 드러나 보이는 것과 유사하다.

두 체제가 만나는 변경지역에서는 당연히 두 체제가 섞이게 마련이다. 16세기의 리마뉴 지역에 대한 조사[53]를 보면 토지, 인력, 농민 인구 수준 등에 따라서 이포제와 삼포제가 혼용해 있다. 심지어 이포제의 최남단이라고 할 수 있는 세비야 근처에서는 1755년에 북방식 윤작체제와 유사한 3년 주기의 윤작을 하는 자그마한 지역이 있었다.

이러한 변이들은 접어두기로 하자. 그것이 2년 주기로 돌든 3년 주기로 돌든, 원칙적으로 언제나 곡물 재배에는 죽은 시간, 즉 휴지기가 있었다. 이 쉬는 기간에 휴경지의 땅은 자양분이 많은 염분을 풍부하게 함유한 땅으로 재구성되는데, 이 땅에 거름주기와 밭갈기를 많이 할수록 그러한 효과가 컸다. 밭갈기를 반복하면 토양에 공기가 잘 통하게 되고 잡초가 제거되어 풍작을 맞이한다고 알려져 있다. 영국 농업혁명의 사도 가운데 한 사람인 제스로 틸(1674-1741)은 거름주기나 윤작만큼이나 밭갈기를 반복할 것을 권고했다.[54] 옛 문서들을 보면, 파종 이전의 것까지 포함해서 밭갈기를 일곱 번이나 하라고 이야기한다. 14세기의 영국과 노르망디에서는 (봄, 여름, 그리고 겨울) 세 번의 밭갈기를 했다. 아르투아의 밀 재배지(1328)는 "겨울에 한 번,

---

* palimpseste : 재활용 목적으로, 원래 있던 글자를 지우고 그 위에 새로 글자를 쓴 양피지.

여름에 세 번, 모두 네 번의 밭갈기를 했다."[55] 1648년, 보헤미아의 체르닌 가문의 영지에서는 경지가 밀 재배용이냐 호밀 재배용이냐에 따라서 네 번이나 세 번의 밭갈기를 했다. 사부아의 한 지주의 다음 이야기(1771)를 귀담아 들어보자. "어떤 곳에서는 끊임없이 밭갈기를 하느라고 기력이 떨어질 정도이다. 밀 수확 한 번을 위해서 4-5번의 밭갈기를 하지만, 그 결과는 대개 보잘것없다."[56]

밀농사에서는 귀리나 다른 어떤 봄 농사 곡물에도 들이지 않는 정성스러운 거름주기를 했다. 그 결과, 밀보나 귀리를 더 좁촘히 파종했음에도 불구하고, 오늘날과는 달리 귀리의 수확은 밀 수확의 반 정도에 불과했다. 밀에 대한 시비(施肥)는 대단히 중요한 일이라서 지주가 직접 꼼꼼히 감시했다. 1325년 피카르디에서 샤르트뢰 수도회 수도사들이 체결한 임대계약도 이 점에 대해서 언급했는데, 계약과 차이가 날 경우에는 조정위원의 중재를 거치기로 했다. 보헤미아의 방대한(아마도 너무 방대한) 영지에는 거름 장부가 있었는데, 둔게레기스테르(Düngerregister : 똥장부)라고 했다. 상트 페테르부르크 주변도 마찬가지여서 "짚을 첨가한 거름을 주며, 모든 곡물에 대해서 두 번 밭갈이를 하고, 겨울호밀(Winterroggen, 이 이야기를 하는 사람은 독일인이었다)의 경우에는 세 번 밭갈이를 한다."[57] 17-18세기에 바스-프로방스에서는 농민 부담의 거름주기를 끊임없이 세고 또 세었다. 어떠한 거름을 뿌렸는가, 농민(mége)이 공급하지 않은 것이 무엇인가?······어떤 차지 계약서에서는 거름을 뿌리기 전에 권한을 가진 사람이 그것을 확인할 것이며, 그 거름의 제조를 감시할 것까지도 규정했다.[58]

퇴비, 재, 또는 농가의 마당이나 마을의 길에 있는 썩은 나뭇잎 등이 대체 비료로 쓰이기는 했어도 가장 중요한 비료의 원천은 가축이었다. 이 점에서 농촌이나 노시의 사람은 동아시아에서와 같은 중요성을 가지지 못했다(서유럽에서도 일부 도시 주변에서는 도시의 쓰레기가 비료로 사용된 적이 있는데, 플랑드르의 도시들, 스페인의 발렌시아, 파리 주변을 예로 들 수 있다).[59]

간단히 말해서 밀 경작과 목축은 서로 연결되어 있다. 특히, 가축을 이용해서 쟁기를 끄는 것이 필수불가결한 만큼 더욱 그러했다. 1년에 기껏해야 삽으로 땅을 고르는 것이 1헥타르를 넘지 못하는 사람(사람은 힘으로 치면 말이나 소에 훨씬 못 미치게 마련이다)이[60] 혼자서 광대한 밀 재배지("블라달[bladale]")를 준비한다는 것은 생각도 못할 일이었다. 그러므로 가축이 끄는 쟁기가 필요했는데, 북쪽에서는 말이 주로 쓰였고 남쪽에서는 소와 노새가 주로 쓰였다(그리고 갈수록 노새가 더 중요해졌다).

그러므로 페르디낭 로에 의하면, 유럽에서는 밀이나 다른 곡물을 재배하면서 도저히 어떤 균열도 생각할 수 없을 정도로 굳게 결합된 관계와 관습의 복잡한 체계가 조직되었다.[61] 그 체계에는 작물, 가축, 사람 모두에게 자신의 역할이 있었다. 여기에 농민, 가축을 이용해서 끄는 쟁기, 추수나 타작 때의 계절 노동자—추수나 타작은 사람 손으로 했다—중에 하나라도 없으면 그 어느 것도 생각할 수 없다. 지력이 좋은 저지대의 땅은 가난한 지방—척박한 고지대—의 노동력을 이용하고는 했다. 이러한 결합의 예는 무수히 많아서(남부 쥐라와 동브, 마시프 상트랄과 랑그도크……) 이것이 어김없는 삶의 법칙이었다. 이와 같이 많은 사람들이 몰려드는 것은 쉽게 볼 수 있었다. 열병이 크게 퍼졌던 토스카나의 마렘마 지방에서는 매년 여름 높은 임금(1796년에는 일당이 5파올리[paoli : 이 지방의 은화]까지 올랐다)을 바라는 수확 일꾼들이 엄청나게 몰려들었다. 이곳에서 말라리아로 희생되는 사람들은 매번 헤아릴 수 없을 정도였다. 병자에게는 약간의 밀짚, 고여서 썩은 물과 갈색 빵, 양파나 마늘 하나만을 준 채 돌보지도 않고 오두막집의 가축들 옆에 방치했다. "많은 사람들이 의사도, 사제도 없이 죽어갔다."[62]

규칙적으로 돌려짓기를 하고 또 그 돌려짓기의 순환이 가속화되는 개방경지(openfield) 지역에서 농민들이 간작(間作)을 하는 곡물들을 너무 많은 땅에 뿌리지 않으려고 조심하다 보면, 그런 밀 재배지는 일종의 악순환에 빠진다. 생산성을 증진시키기 위해서는 비료를 증가시켜야 하고 그러기 위해서는 소나 말 같은 큰 가축들을 많이 길러야 하는데, 이를 위해서는 목축지를 늘려야 하기 때문에 결국 밀 재배지를 줄일 수밖에 없는 것이다. 케네의 열네 번째 준칙은 "가축이 풍작을 가져다줄 비료를 만들어주므로 가축 수를 늘려야 한다"는 것이다. 밀을 재배할 땅을 1년 동안 쉬게 하고 휴경지에 간작을 지나치게 하지 않으며 오직 곡물 경작에 절대적인 우위를 두는 삼포제도 일반적으로 수확 수준이 상당히 낮았다. 밀 재배지는 벼 재배지와 달리 스스로에 한정된, 닫혀 있는 세계가 아니다. 사료를 주어야만 하는 가축에 대해서는 숲, 황무지, 풀을 거두어들이는 초지, 길가의 풀 등을 이용할 수 있다. 그러나 이것만으로는 충분하지 않다. 이 문제에 대해서 이미 오래 전에 발견했고 응용해왔던 해결책이 있었지만, 그것은 일부 지역에만 국한되었다. 그 방법은 아르투아, 이탈리아 북부, 플랑드르에서는 14세기부터, 독일 일부 지역에서는 15세기부터, 그리고 홀란트와 영국에는 그후에 가서 퍼졌다. 그 방법이란 곡물과 사료작물을 번갈아 재배하는 것으로서 윤작기간이 길어진 결과 휴경지가 없어지든지 아니면 대폭 축소되었다. 그 결과 큰 가축들을 먹일 수 있게 되었으며 동시에 토양에 광물 성분이 많이 재구성됨으로써 소출이 증가했다.[63] 그러나 1750년 이후에 입지를 넓혀가던 "농업혁명"은 많은 농학자들이 권고했음에도 불구하고 프랑스 같은 나라에서는 한 세기가 더 지나서야 완수되었다. 주지하다시피 프랑스에서는 루아르 강 이북 지역에 곡물 재배가 넓게 자리 잡고 있다. 이렇게 곡물이 지배적인 위치를 차지하는 경작체제는 벗어나기 힘들고 또 그로부터 헤어나오는 것이 두려움을 자아내는 굴레가 되었다. 곡물 재배가 모범적인 성공을 거둔 보스 지방에서는 오랫동안 차지계약을 맺을 때 세 번의 "계절" 또는 세 번의 "땅"을 준수할 것*을 강요했다. 이런 곳에서는 "근대적인" 농법이 빨리 도입될 수가 없었다.

---

* 즉, 삼포제를 준수할 것을 말한다.

따라서 18세기의 농학자들은 비관적인 판단을 내렸다. 그들이 보기에 농업이 발달할 수 있는 첫 번째 조건—유일한 조건은 아니라고 하더라도—은 휴경지를 없애고 인공 초지를 만드는 것이다. 그들은 언제나 이 기준에 따라서 시골의 근대화 수준을 측정했다. 1777년에 『멘 지방의 지형학적 사전(Dictionnaire topographique du Maine)』에 의하면 "마옌 쪽의 흑토는 경작하기가 어렵다. 그렇지만 라발 쪽은 한결 더 어려워서……소 6마리와 말 4마리를 가진 훌륭한 농부라도 1년에 15-16아르팡*밖에 경작하지 못한다. 그 때문에 토지를 8년, 10년, 혹은 12년 연속해서 놀린다."[64] 브르타뉴의 피니스테르 지역 역시 마찬가지의 재난에 시달려서 휴경은 "지력이 좋지 않은 곳에서는 25년이나 계속되기도 했고, 좋은 땅이라도 3-6년은 보통이었다." 브르타뉴를 돌아보던 아서 영은 이곳이 다름 아닌 아메리카의 휴런 인디언이 거주하는 지방 같다고 느꼈다.[65]

그런데 이것은 최근에 자크 뮐리에가 풍부한 예증과 증거를 가지고 보여준 것처럼 환상에 젖어 있는 판단 실수이며 전망이 잘못된 실수이다. 사실 프랑스든 유럽 전역이든 풀이 밀보다 중요하고, 가축이 지배적인 부를 이루며, 그것이 모든 사람이 누리는 상업적 "잉여"가 되는 곳이 무수히 많고 광대하게 존재한다. 산봉우리가 높이 솟아 있는 고산지대, 보통의 산악지역, 습지나 늪이 많은 지역, 보카주,** 해안지역(프랑스에서 보면 됭케르크로부터 바욘에 이르는 긴 해안선에 면해 있는 곳) 등이 그러하다. 그런데 이렇게 풀이 지배하는 세계는 그것이 어디에 위치하든지 간에 18세기와 19세기 초의 농학자들이 잘 모르던 서유럽의 또다른 모습이었다. 이 농학자들은 어떤 대가를 치르더라도 곡식량을 증대시켜서 증가하는 인구의 요구에 부응해야 한다는 생각에 사로잡혀 있었던 것이다. 역사가들 또한 이들이 간 길을 뒤쫓았을 따름이다. 그렇지만 확실한 사실은 이런 지역에서 휴경지란 추진력을 가

---

* arpent : 토지(특히 원래는 삼림이나 포도밭) 면적을 재는 단위. 대략 1에이커.
** bocage : 프랑스 서부에서 전형적으로 보이는, 관목이 많은 전원 풍경.

진 모터였지, 결코 죽은 시간 혹은 죽은 부분은 아니었다는 것이다.[66] 이곳에서 풀은 동물―그것이 육류용이든 유제품을 제공하는 것이든, 혹은 경지의 지력을 회복하기 위해서 쓰이는 것이든, 혹은 마차를 끄는 것이든, 망아지, 말, 송아지, 암소, 수소, 당나귀, 노새, 그 어느 것이든지―의 사료가 된다. 사실 이 또다른 프랑스가 없었다면, 파리는 어떻게 양식을 공급받을 수 있었겠는가? 소(Sceaux) 지역이나 푸아시 지역의 대규모 가축시장은 어떻게 유지되었겠는가? 군대나 수송에 꼭 필요한 그 많은 수의 끌짐승들을 어디에서 다 찾을 수 있었겠는가?

실수라면 곡물 재배 지역의 휴경과 목축지역의 휴경을 혼동한 것이다. 규칙적인 돌려짓기를 하는 밀 재배지가 아니면 휴경이라는 용어 자체가 합당하지 않다. 마옌이나 라발 근처든지 다른 곳이든지(로마 근처라고 해도 마찬가지이다) 간에 1-2년 곡물 재배를 위해서 파종했다가 다시 목축을 하는 것은 단지 지력을 회복하는 방법이었을 따름이다. 심지어 오늘날에도 계속 이용하는 방식이다. 이 경우 이른바 휴경지는 삼포제의 경우 흔히 그런 것처럼 경작을 하지 않고 내버려두는 "죽은 휴경(jachère morte)"과는 거리가 멀다. 이 방식은 자연방목을 하다가 이따금씩 밭갈이를 해주어 초지를 복구시키는 정도를 넘어서 아예 **재배하는** 방목이다. 예컨대 피니스테르에서는 장(jan)이라고 불리는 일종의 가시풀(ajonc)을 뿌렸는데, 이것은 생긴 모습과는 달리 분명한 사료작물이었다. 아서 영은 이 사실을 알지 못해서 사실은 인공초지인 "가시풀밭(ajoncières)"을 그냥 내버려두는 황무지로 본 것이다. 방데 지역이나 푸아투 지역의 가틴 지구에서는 금작화(genet)가 같은 역할을 했다.[67] 이것 역시 자생식물을 이용한 것이며, 아마도 아주 오래 전부터 사용했을 것이다. 이 "후진" 지역에서 옥수수―사료이면서 동시에 사람이 먹는 음식이다―가 널리 받아들여진 것이나, 순무(rave : 나베 롱[navet rond]이라고도 한다), 배추, "터닙(turneps, turnips)" 등 "농업혁명"의 기본이 된 사료작물이 18세기 후반에 비교적 일찍 퍼진 것은 놀라운 일이 아니다.[68]

그러므로 프랑스에서, 그리고 아마도 유럽 전체에서, 가축이 많고 밀이 적은 지역은 밀이 많고 가축이 적은 지역과 대조적이었다. 곡물을 재배하는 데에는 쟁기를 끌고 분뇨를 제공하는 가축이 필요했고, 목축을 하는 지방에서는 반대로 곡물이 모자랐으므로, 이런 것이 대조적이면서도 상호 보충을 해준 것이다. 서구문명의 식물 "결정론"은 따라서 밀 하나만이 아니라 밀과 풀 모두와 관련이 있다. 마지막으로 이야기할 것은 사람의 생활에 고기와 에너지의 축적물인 가축이 뚫고 들어왔다는 것이 서구의 활기찬 독창성이라는 점이다. 이렇게 서구가 필요에 따라서, 그리고 성공적으로 가축을 받아들인 데 비해서 벼를 재배하는 중국은 이 사실을 무시하고 또 거부했다. 그럼으로써 산지에 사람을 거주시키고 그것을 이용하는 것을 포기했다. 어쨌든 유럽에 대해서는 우리가 관례적으로 가지고 있던 시각을 버리자. 이전의 농학자들이 후진적인 농업지역이며 "저급한 땅"을 이용하는 지역으로 보았던 목축지역은, 자크 뮐리에의 논문에 비추어보면 곡물을 재배하는 "양질의 땅"보다도 오히려 농민을 잘 먹여 살리는 것 같다.[69] 물론 이곳의 주민 수가 훨씬 적기는 하지만 말이다. 만일 우리가 개인적으로 살아갈 곳을 선택해야 한다면, 보베지 지방보다는 브레 지방을,* 남부의 아름다운 평야지대보다는 북부 아르덴의 숲과 초원지대를, 그리고 나무가 없는 파리 분지의 시골 밭 지역보다는—겨울 추위야 훨씬 더 심하겠지만—아마도 리가나 레발 근처의 지역을 더 좋아할 것이다.**

낮은 수확, 그 보상과 파국

밀의 최대 단점은 수확량이 많지 않다는 것이다. 밀만 가지고는 사람들을

---

* Bray : 상대적으로 지대가 높고 기후가 서늘하고 습한 데다가 광대한 숲이 둘러싼 지역으로, 초원이 많아서 목축업이 발달했다. 특히 소를 많이 치며 우유제품을 많이 생산한다.
** 리가(Riga)는 라트비아의 수도이고, 레발(Reval)은 오늘날 탈린으로 불리는, 에스토니아의 수도이다.

먹여 살리는 데 충분하지 않다. 최근에 수행된 모든 연구는 구체적 사실과 수치를 풍부히 제시하면서 이 점을 확실히 보여준다. 15-18세기에 대한 연구조사가 이루어진 곳을 보면 어디에서나 그 결과가 실망스럽게 나타난다. 씨앗 한 알을 뿌린 데 대해서 수확은 흔히 다섯 알, 때로는 그보다도 훨씬 적은 양이었다. 다음번 파종을 위해서 그중 한 알은 남겨두어야 하므로 결국 소비할 수 있는 알곡은 파종 한 알에 대해서 네 알인 셈이다. 우리에게 익숙한 수확 계산척도인 캥탈*과 헥타르로 계산하면 어떻게 될까? 이 작업을 하기 전에 말해둘 점이 있다. 이것의 단순성에 대해서 조심해야 한다는 점이다. 이런 문제에서는 그럴듯하다는 것만으로는 충분하지 않다. 토질, 경작방식, 해마다 달라지는 기후 등에 따라서 모든 것이 바뀌기 마련이다. 생산물과 그것을 위해서 투하한 노력(꼭 노동만을 의미하는 것은 아니다) 사이의 비율인 **생산성**은 계산하기 힘든 값이며, 분명 하나의 변수에 불과하다.

이제, 오늘날과 마찬가지로 1헥타르당 1-2헥토리터의 씨앗을 뿌린다고 가정해보자(다만 당시의 씨앗이 오늘날의 것보다 작기 때문에 1헥토리터에 더 많은 씨앗이 포함된다는 사실은 계산에 넣지 말기로 하자). 우선 평균치로서 1.5헥토리터를 파종한다면, 수확과 파종의 비율이 5 : 1일 때 생산량은 7.5헥토리터, 또는 약 6캥탈이 된다. 이것은 사실 매우 낮은 수치이다. 그러나 올리비에 드 세르가 한 다음의 말을 보라. "농장 관리인은 수확이 좋은 곳, 나쁜 곳을 평균해서 그의 밭에서 파종에 비해 5-6배 정도의 수확을 거두면 만족해한다."[70] 이것은 케네가 그 당시 프랑스에서 압도적으로 많던 체제인 "소농경영"에 대해서 이야기하는(1757) 내용에서도 다시 찾아볼 수 있다. "다음번에 뿌릴 씨앗을 공제하고 대신 십일조를 지불할 양은 포함시켜서, 평균적으로 1아르팡의 경지마다 4 대 1 정도의 수확을 거둔다.……"[71] 오늘날의 한 역사가의 말을 빌리면, 18세기의 부르고뉴에서는 "다음번의 파종

---

* quintal : 사전적인 의미로 100킬로미터(특히 이때를 캥탈 메트리크[quintal métrique]라고 한다)일 수도 있고, 100파운드일 수도 있다. 이 책에서는 두 번째이 뜻으로 쓰였다

곡물을 제외하면 평균적인 토지에서의 정상적인 수확은 헥타르당 5-6캥탈이다."[72] 이런 규모의 크기는 대단히 개연성이 크다. 1775년경에 프랑스의 인구는 아마 2,500만 명이었을 것이다. 풍흉에 따라서 프랑스에서 수출하는 양과 수입하는 양이 거의 같아서 이 나라는 대략 자국이 생산하는 밀로 살아간다고 할 수 있다. 1년에 한 사람이 먹는 빵 제조용 곡물을 4헥토리터로 잡으면 결국 1억 헥토리터 또는 8,000만 캥탈의 곡물이 필요하다. 여기에 파종용 곡물과 사료용 곡물을 더하면 이 수치는 훨씬 더 커질 것이다. 장-클로드 투탱이 높게 산정한 바에 따르면, 대략 1억 캥탈 정도가 된다.[73] 파종면적이 1,500만 헥타르라는 것을 받아들인다면, 헥타르당 수확은 6캥탈이 된다. 그러므로 우리가 먼저 추산한 대로 5-6갱탈로 되돌아온 것이다(이 비관적인 수치는 따라서 거의 의심의 여지가 없다).

그러나 이 대답이 비록 꽤 합당해 보인다고 하더라도, 이 문제에 관한 모든 사실을 밝혀주는 것은 아니다. 우리는 정확한 회계가 이루어진 예들을 우연히 찾을 수 있었는데, 헥타르당 5-6캥탈이라는 이 개략적인 평균치보다 훨씬 높거나 훨씬 낮은 수치들을 발견하고는 했다.

튜턴 기사단이나 프로이센 공작 소유의 대영지 포르베르크 도메넨(Vorwerk Domänen : 영주 직영지)에 대한 한스-헬무트 베히터의 연구는 (1550-1695년의) 3,000개에 달하는 위압적일 정도의 방대한 계산을 하고 있다. 이것을 따르면 (헥타르당 캥탈로 표시한) 각 곡물의 평균적인 수확은 다음과 같다. 밀 8.7(그러나 이것은 경작 규모가 극도로 작은 경우만 다룬 결과이다), 호밀 7.6(위도를 생각해볼 때 호밀 생산이 매우 유리한 것 같다), 보리 7, 귀리는 고작 3.7 등이다. 여전히 낮은 수준이지만, 그래도 조금 나은 수확을 보여주는 것으로는 브라운슈바이크 사례가 있다(그러나 이 경우는 17-18세기의 일이다). 밀 8.5, 호밀 8.2, 보리 7.5, 귀리 5이다.[74] 아마도 사람들은 나중 시기이므로 수치가 이렇게 높다고 생각할 것이다. 그런데 14세기 초에 아르투아의 한 지주인 티에리 디르송[75]은 아주 세심하게 영지들을 잘 관리하여 훌륭한 결과를 얻었다. 로크스토르에 있는 그의 영지 한 곳에 대해서 1319년부터 1327년까지 7년 동안의 수확 결과를 알 수 있는데, 이것을 보면 파종곡물 한 알에 대해서 각각 7.5, 9.7, 11.6, 8, 8.7, 7, 8.1의 수확을 거두었다. 따라서 1헥타르당 대략 12-17캥탈 정도의 수확을 거둔 것이다. 마찬가지로 케네가 자신이 옹호하는 "대농"에 대해서 이야기하면서 1헥타르당 16캥탈 또는 그 이상의 수확을 얻는다고 지적한 것을 볼 수 있는데, 이것은 근대 자본주의적 농업에 속하는 기록으로 볼 수 있다. 이에 대해서는 다시 살펴볼 것이다.[76]

그러나 이렇게 중간 이상의 기록들이 있다고는 하지만, 그보다는 수확이 비통할 정도로 적은 기록들이 훨씬 더 많다. 레오니트 지트코비치의 연구[77]는 폴란드의 수확이 매우 낮다는 것을 확증하는 것 같다. 1550-1650년 동안 평균적으로 60퍼센트의 호밀 수확은 수확과 파종의 비율이 2 대 1에서 4 대 1 정도의 수준이었다(10퍼센트는 2 대 1 이하에 머물렀다). 그다음 세기 동안 사정은 더 악화되어 이 수치가 더 내려갔고, 18세기 말에 가서야 뚜렷한 개선이 이루어져서 4 대 1에서 7 대 1 정도의 수확을 거두는 경우가 50퍼센트를 차지한다. 밀과 보리는 약간 더 높은 수확을 보이지만, 그 발전 방향은 유사하다. 보헤미아에서는 이와 대조적으로 17세기 중반부터 수확이 뚜렷하게 증가했다. 그러나 헝가리와 슬로바키아는 폴란드와 비슷하게 사정이 좋지 않았다.[78] 사실 헝가리가 밀의 주요 생산국이 된 것은 19세기에 가서의 일이다. 그렇다고 해서 서구의 오래된 지역이 항상 수확이 좋았다고는 생각하지 말자. 16-18세기의 랑그도크[79]에서는 씨 뿌리는 사람의 "손이 무거웠다(a la main lourde)."* 이들은 흔히 1헥타르당 2헥토리터, 심지어는 3헥토리터까지 뿌렸다. 알렉산더 폰 훔볼트**가 말하듯이 유럽 전체에서 귀리,

---

* 많은 씨앗을 뿌렸다는 뜻이다.
** Alexander von Humboldt(1769-1859) : 독일의 박물학자, 여행가. 유명한 서지학자이자 철학자인 빌헬름 폰 훔볼트(Wilhelm von Humboldt)의 동생이다.

보리, 호밀, 또는 밀이 너무 촘촘히 자라나서 숨이 막힐 지경이었다.[80] 16세기의 랑그도크에서는 이와 같이 막대한 양을 파종했지만, 그 결과는 가련할 정도이다. 1580-1585년에 수확과 파종의 비율은 3 대 1 이하에 머물렀다. 1660-1670년에 평균 4 대 1에서 5 대 1 정도에 이르러 정점을 이루다가 다시 급격히 하락했고, 1730년 이후부터 다시 서서히 증가하여 1750년 이후에 겨우 평균 6 대 1에 도달한 정도였다.[81]

수확과 파종의 증가

평균적 수확이 이렇게 미약하기는 했지만, 진보는 느리게 계속 이루어졌다. 이것은 베르나르트 슬리허르 판 밧의 광범한 연구(1963)에서 확인할 수 있다.[82] 그의 공헌은 무엇일까? 개별적으로는 거의 아무런 의미를 가지지 못하던 곡물의 수확 관련 수치들을 모아놓았다는 것이다. 이렇게 결합, 대조해보면, 장기적인 진보를 볼 수 있다. 이와 같은 느린 경주에서 우리는 같은 속도로 뛰는 주자들을 구분할 수 있다. 선두(I)에는 영국, 아일랜드, 네덜란드가, 두 번째 위치(II)에는 프랑스, 스페인, 이탈리아가, 세 번째 위치(III)에는 독일, 스위스의 캉통들, 덴마크, 노르웨이, 스웨덴이, 그리고 네 번째 위치(IV)에는 넓은 의미의 보헤미아, 폴란드, 발트 국가들, 러시아가 있다.

밀, 호밀, 귀리, 보리의 4대 주요 곡물만 놓고 파종량 대비 수확량의 비율을 계산하면, 각 그룹과 수확량에 따라서 A, B, C, D 4단계의 구분이 가능하다.

이것은 A에서 B로, B에서 C로, C에서 D로 가는 일련의 느리고 소박한 진보이다. 그렇다고 해서 상당히 긴 기간의 후퇴(대략적인 시기로 1300-1350, 1400-1500, 1600-1700년)가 없지는 않았다. 마찬가지로 해마다 변동이 있으며 때때로 그 변동의 폭이 꽤 크다는 점도 고려해야 한다. 그러나 핵심적인 사실은 **장기적으로** 60-65퍼센트 정도의 진보가 있었다는 점이다. 또 한 가지 주목할 사실은 마지막 단계인 1750-1820년 동안에 이루어진 진보가

유럽의 곡물 수확(1200-1820년)

A. 1200-1249년 이전. 곡물 수확 비율 3 : 1에서 3.7 : 1	
I. 영국 1200-1249년	3.7
II. 프랑스 1200년 이전	3
B. 1250-1820년. 곡물 수확 비율 4.1 : 1에서 4.7 : 1	
I. 영국 1250-1499년	4.7
II. 프랑스 1300-1499년	4.3
III. 독일, 스칸디나비아 국가들 1500-1699년	4.2
IV. 동부 유럽 1550-1820년	4.1
C. 1500-1820년. 곡물 수확 비율 6.3 : 1에서 7 : 1	
I. 영국, 네덜란드 1500-1700년	7
II. 프랑스, 스페인, 이탈리아 1500-1820년	6.3
III. 독일, 스칸디나비아 국가들 1700-1820년	6.4
D. 1750-1820년. 곡물 수확 비율 10 : 1 이상	
I. 영국, 아일랜드, 네덜란드 1750-1820년	10.6

출전 : 슬리허르 판 밧의 책.

곡물 생산의 후퇴(1250-1750년)

		파종곡물 한 알에 대한 수확	감소(퍼센트)
영국	1250-1299년	4.7	
	1300-1349년	4.1	16
	1350-1399년	5.2	
	1400-1449년	4.6	14
영국	1550-1599년	7.3	
네덜란드	1600-1649년	6.5	13
독일	1550-1599년	4.4	
스칸디나비아	1700-1749년	3.8	18
동부 유럽	1550-1599년	4.5	
	1650-1669년	3.9	17

출전 : 슬리허르 판 밧의 책.

인구가 많은 국가들인 영국, 아일랜드, 네덜란드에서 이루어졌다는 점이다. 수확의 증가와 인구의 증가 사이에는 확실히 상관관계가 있다. 마지막으로 시적하고 싶은 사실은 첫 번째의 진보가 상대적으로 가장 크다는 것, 즉 A에서 B로의 진보가 B에서 C로의 진보보다 더 큰 비율로 이루어졌다는 것이다. 그러므로 3 대 1에서 4 대 1로의 발전이 결정적인 과정이다. 게다가 으고 이야기하자면, 바로 이 무렵이 유럽의 초기 도시들이 형성되거나, 혹은 중세 전기(中世前期 : haut Moyen Âge, 대략 5-10세기)에 사라지지 않고 그대로 남아 있던 도시들이 재발전을 이루던 시기이다. 도시가 곡물 생산의 잉여에 의존할 수밖에 없다는 것은 명백한 사실이다.

빈번히 파종면적이 증가했다는 것, 특히 매번 인구가 증가할 때 그러했다는 것은 놀라운 일이 아니다. 16세기에 이탈리아에서는 토지 개량사업이 집중적으로 이루어지고 있었다. 이 사업에는 제노바, 피렌체, 베네치아의 자본가들이 엄청난 금액을 투자했다. 강, 석호(潟湖), 늪지 등의 물을 빼고, 산림이나 랑드*의 나무를 베고 땅을 얻는 느린 작업들이 유럽을 끊임없이 괴롭히고 있었다. 이것은 초인적인 노력을 요구했고, 흔히는 농민의 생명을 대가로 하여 이루어졌다. 농민들은 자기 영주의 노예일 뿐만이 아니라 밀의 노예이기도 했다.

흔히 농업은 전산업화 시기 유럽의 최대의 산업이었다고 이야기한다. 그러나 농업은 끊임없이 어려움에 처한 산업이었다. 북부 유럽의 중요한 식량 생산 지역들로서도 새로 땅을 개간하는 것은 부득이한 수단이었으며 장기적으로는 효율성이 없는 "경제적인 모험"이었다. 밀 경작을 늘리면 평균 수확이 감소할 수밖에 없다(이 점에 관해서는 폴란드에 대해서 간략히 보았다. 프로이센에 대해서는 베히터가 만든 그래프가 이를 명백하게 보여준다.[83]) 이것은 시칠리아에 대해서도 사실이다). 18세기에 영국의 곡물 수확이 혁명적으로 늘어난 것은 반대로 사료작물 경작과 목축에 힘쓴 결과이다.

곡물 교역 : 지방교역과 국제무역

시골은 자체의 수확을 가지고 살지만 도시는 시골의 잉여를 가지고 살게 되므로, 도시는 손닿는 범위 내에서―"자신의 소유권 내에서"―식량을 조달

---

* landes : 사람이 거의 살지 않는 단조롭고 황량한 평원지역.

하는 것이 현명하다는 것이 1305년에 볼로냐의 시 참사회가 의결한 충고 내용이었다.[84] 20-30킬로미터 미만의 좁은 반경 내에서 식량을 조달하면, 부담스러운 수송도 피할 수 있고 언제나 불안정하기만 한 외국에의 의존도 피할 수 있다. 이것은 특히 도시가 주변 농촌지역을 장악하는 만큼 더욱 잘 기능한다. 이것은 거의 어디에서나 타당한 이야기였다. 프랑스에서는 자크 튀르고의 시대와 "밀가루 전쟁"* 시기, 심지어 프랑스 혁명기에까지 농민들은 가까운 도시의 중앙시장에 의무적으로 곡물을 팔아야 했다. 1789년 여름의 곡물 부족에 동반된 소요 때, 봉기에 나선 사람들은 곡물을 독점한 것으로 알려진 상인들을 잡아낼 수 있었다. 실제로는 모든 사람들이 사전에 이들을 알고 있었다. 아마도 이것은 유럽 전체에 해당하는 진리일 것이다. 예컨대 18세기 독일에서 "곡물 독점 상인", 즉 게트라이데부허(Getreidewucher)에 대한 제한조치들이 없었던 곳이 어디 있겠는가?

지방 간 교역을 이용하는 생활은 장애 없이 이루어질 수는 없었다. 수확이 좋지 않을 때마다 각 도시들은 사정이 나은 곡창지대에 도움을 요청하고는 했다. 아마도 14세기부터 북부 유럽의 밀과 호밀이 지중해 지역에 도달했을 것이다.[85] 그 이전에는 이탈리아, 비잔틴 또는 튀르키예의 밀을 수입했다. 시칠리아는 오늘날의 캐나다, 아르헨티나, 우크라이나처럼 언제나 중요한 식량 공급원 역할을 담당했다.

부피와 중량이 큰 상품은 수상으로 운송하는 것이 더욱 유리하기 때문에, 도시에 구세주 역할을 하는 이 곡창지대는 해안지대나 배가 다닐 수 있는 강 주위에 위치해야 했다. 15세기 말에 이르기까지 피카르디나 베르망두아는 풍년에 에스코 강을 통해서 플랑드르로, 또 우아즈 강을 통해서 파리로

---

* guerre de farine : 밀가루 전쟁은 1774년 9월 13일에 튀르고가 곡물 교역의 자유화를 내용으로 하는 칙령을 발표하고 난 후 일어난 민중 소요로서 1775년 5월에 주로 파리, 베르사유, 디종, 퐁투아즈에서 발발했다`. 이 개혁안에 저항하는 독점업자들의 농간에 흉작이 겹쳐서 소요가 크게 일어났지만, 튀르고는 양보하지 않고 이 칙령을 밀어붙였다.

곡물을 보냈다. 16세기에 샹파뉴와 바루아 지역은 비트리-르-프랑수아를 출발하여 마른 강의 위험한 운항을 거쳐서 파리에 식량을 공급했다.[86] 같은 시대에 부르고뉴는 밀을 통에 담아서 손 강과 론 강을 따라 내려보냈으며, 하류의 도착지인 아를은 밀 중개 지역이 되었다. 마르세유에 곡물 부족의 위험이 닥치면, 이 도시는 좋은 친구들인 아를의 시 행정관들에게 도움을 청했다.[87] 그런데 훗날, 특히 18세기에는 마르세유 자체가 "해상 밀(blé de mer, 다시 말해서 바다를 통해 수입하여 들여오는 밀)"의 주요 항구가 되었다. 어려운 시기가 오면 프로방스의 모든 지역은 이제 이 도시에 손을 벌렸다. 그러나 마르세유에서 자체 소비하는 것으로는 항해 중에 다소간 변질된 수입 밀보다는 주변 지역에서 생산한 밀을 더 높이 쳤다.[88] 마찬가지로 제노바도 로마냐에서 들여온 밀을 소비하고 그 대신에 레반트에서 싼 값에 수입한 밀을 재수출했다.[89]

16세기부터 북유럽의 밀이 국제 곡물 교역에서 점점 더 큰 중요성을 띠었다. 그러나 이것은 흔히 수출국 자신의 소비를 줄인 결과이다. 한 상업 사전(1797)에 나오듯이[90] 폴란드가 매년 많은 양의 곡물을 수출하는 것을 보면, 이 나라가 유럽에서 땅이 가장 기름진 나라들 중에 하나라고 생각하겠지만, 이 나라와 그 주민들을 잘 아는 사람들은 다르게 평가한다. 왜냐하면 비록 이 나라에 땅이 기름지고 또 훌륭한 경작지역이 없지는 않다고 해도, 다른 나라에서는 더 기름진 땅이 있고 더 나은 경작을 하면서도 곡물을 수출하지 않기 때문이다.

"사실 이곳의 귀족들만이 지주이고 농민은 노예 상태에 있는데, 귀족은 자기의 지위를 유지하기 위해서 농민의 땀과 생산물을 빼앗아간다. 적어도 인구의 8분의 7을 차지하는 농민은 보리빵이나 귀리빵만 먹어야 한다. 다른 나라 사람들은 자신이 생산한 최고 곡물의 태반을 자체 소비하는 데 비해 폴란드인들은 자신의 밀과 호밀의 극히 일부만을 소비할 뿐이다. 마치 곡물들은 오직 외국인을 위해서 수확한다고 믿게 될 정도이다. 인색한 귀족과 부르주아는 호밀빵을 먹고 밀빵은 오직 대귀족의 식탁에만 오른다. 유럽의 다른 나라의 도시 하나가 소비하는 밀이 폴란드 전체가 소비하는 밀보다도 더 많다는 것이 과장이 아니다."

유럽에서 모자라는 곡물을 얻을 수 있는 곳은 거의 언제나 변두리 지역, 즉 북부, 또는 동부(오스만 제국), 나아가서 남부(바르바리[아프리카 북부] 지역들, 사르데냐, 시칠리아)에 있는 인구가 적고 덜 발달한 지역들이었다. 이 현상은 변화가 심했다. 한 곡창지대가 닫히면 다른 곳이 열렸다. 17세기 전반기에는 스웨덴(리보니아, 에스토니아, 스코네)이,[91] 1697년부터 1760년경까지는 인클로저를 촉진시키게 한 수출 보조금에 힘입어 영국이, 그리고 18세기에는 아메리카의 영국 식민지들이 곡물을 수출했다.[92]

매번 미끼 역할을 한 것은 현금이었다. 밀 교역에서 부자는 언제나 현찰로 지불하며 그러면 가난한 자는 유혹을 느끼게 된다. 그리고 언제나 가장 큰 이익은 중개인들에게 돌아간다. 고리대금업자 같은 이 상인들은 나폴리를 비롯해서 그밖의 어느 곳에서든지 밀을 수확하기 전에("아직 밀이 파랄 때[en verd]") 선매(先買)한다. 1227년에 베네치아는 풀리아 지방에 금괴를 주고 밀을 확보해놓았다.[93] 마찬가지로 16-17세기에 브르타뉴의 작은 배들은 세비야와 특히 리스본에서 심한 부족현상을 보이던 밀을 가지고 와서 대금은 은이나 포르투갈의 "적금(赤金, or rouge)"*으로 받아갔는데, 이 방식은 그 이외의 모든 무역에 대해서는 금지되어 있었다.[94] 17세기에 암스테르담에서 프랑스나 스페인으로 밀을 수출할 때에도 "현찰 화폐로" 지불받았다. 1754년에 "가짜 영국인(Pseudo-Anglais)"이라는 이름의 저자가 쓴 바에 의하면 "최근 몇 년간 영국의 환율을 유지해준 것은 영국에 밀이 풍부하여 그것을 수출한 덕분이다."[95] 1795년에 프랑스는 기근의 문턱에 있었다. 이탈리아로 파견된 특사들은 이곳에서 밀을 구하기 위해서는 마르세유로부터 리보르노

---

* 금과 구리의 합금.

로 은기류(銀器類)를 상자째 보내는 수밖에는 다른 길이 없다는 것을 알았다. "이렇게 보낸 은기류는 사실 그 재료만큼이나 가치를 가진 제조술은 무시하고 순전히 무게로 달아서 팔았다."[96)]

이와 같이 곡물 무역이 중요하다고는 하지만, 사실 사전에 사람들이 생각하는 만큼 그렇게 많은 양은 아니다. 16세기 지중해 지역에는 약 6,000만 명의 사람들이 살고 있었다. 1인당 3헥토리터를 소비한다고 하면 총 소비량은 1억8,000만 헥토리터, 또는 1억4,500만 캥탈이다. 그렇다면 이 거친 계산에 따르더라도, 100만-200만 캥탈 정도의 해상무역은 전체 소비의 약 1퍼센트에 해당하는 정도이다. 1인당 소비량이 4헥토리터라고 하면 이 비율은 더욱 작아질 것이다.

17세기에도 사정은 비슷했다. 중요한 곡물 수출항인 그단스크는 (개략적으로) 1618년에 138만2,000캥탈, 1649년에 120만 캥탈을 수출했다.[97)] 북부 유럽 전체의 규모가 대략 3-4개의 그단스크에 해당한다고 볼 때, 만나*의 수출은 300만-500만 캥탈 정도이다. 여기에 지중해 지역에서 100만 캥탈 정도를 수출했다면, 유럽 전체의 곡물 수출의 최대치는 600만 캥탈이 된다. 엄청난 숫자 같지만 유럽 인구 전체가 소비하는 2억4,000만 캥탈(1억의 인구가 각기 3헥토리터를 소비한다고 했을 때)에 비교하면 가소로운 수치이다. 또 이 수출량이 그대로 유지된 것도 아니다. 1753-1754년에 그단스크는 5만2,000라스트**(6만4,000캥탈)밖에 수출하지 않았다.[98)] 튀르고는 이 시대의 국제 곡물 무역을 400만-500만 캥탈로 추산했으나, 좀바르트는 이 수치를 과도한 것으로 보았다.[99)] 마지막으로 잊지 말아야 할 점은 이 보조적인 곡물의 흐름은 거의 전적으로 물길을 따라 순환되었으며, 그 결과 해상 강국

---

* manna : 이집트에서 탈출해서 황야로 들어간 이스라엘인에게 하느님이 내려준 신비의 음식(「출애굽기」 16장). 생명을 지탱해주는 음식의 상징이 되었다.

** last : 과거에 쓰이던 도량형의 하나. 상품, 지역, 시대에 따라 변화가 심하지만, 곡물의 경우에는 일반적으로 2톤에 해당한다고 본다.

들만이 자주 내습하는 기근에 대처할 수 있었다는 점이다.[100]

이 당시의 조건을 놓고 볼 때 이러한 원거리 무역이 행해졌다는 것에 대해서 우리는 찬탄을 금할 수 없다. 예를 들면 1336년에 교황 베네딕투스 12세에 봉사하는 피렌체의 바르디 가문 상인들이 풀리아의 밀을 아르메니아에 보낼 수 있었다는 데에 우리는 놀라게 된다.[101] 아마도 피렌체의 상인들은 14세기부터 매년 시칠리아의 밀 5,000-1만 톤을 취급했을 것이다.[102] 토스카나 대공과 베네치아, 제노바는 국제무역상들의 도움과 뉘른베르크 및 안트베르펜을 거치는 환어음의 중개에 힘입어, 1590년대에 발생한 지중해 지역의 비참한 대기근 때의 곡물 부족을 메우기 위해 발트 해와 북해로부터 수만 톤의 곡물을 수입하여 유통시킬 수 있었다.[103] 부유하면서도 아직 투박한 몰다비아는 16세기에 좋은 해와 나쁜 해를 평균해서 보면 매년 이스탄불에 35만 헥토리터를 수출했다. 18세기 말에는 보스턴의 배가 아메리카의 밀가루와 곡물을 싣고 이스탄불에 도착했다…….[104]

곡물 수출의 출발점에 설치되어 있는 "도크"와 창고 시설들 역시 찬탄할 만하다. 시칠리아의 카리카토리(caricatori : 화물을 선적하는 부두),[105] 그리고 그단스크, 안트베르펜(1544년 이후부터 중요성을 띤다), 뤼베크, 암스테르담 등이 그러한 곳이다. 제노바나 베네치아 같은 도착점도 마찬가지여서, 베네치아의 경우 1602년에 44채의 창고가 있었다. 또한 곡물 무역을 순조롭게 하는 편의수단들로서 수표, 시칠리아의 카리카토리에서 발행하여 유통되는 곡물 증권(cédule de grain) 등도 찬탄의 대상이다.[106]

이 모든 것을 고려하더라도 이 무역은 주변적이고 삽화적(揷話的)이며 "종교재판의 대상보다도 더 감시받고 있었다." 무게가 나가고 상하기 쉬운 상품들이 원거리에 규칙적으로 유통되기 위해서 꼭 필요한 매매, 보관, 재분배를 담당하는 대규모 체제는 18세기에야 자리를 잡았다. 16세기만 해도 조금이나마 곡물 무역에 전문화된 독립적인 대상인이 베네치아, 제노바, 피렌체 어느 곳에도 존재하지 않았다(아마도 바르디 코르시 가문은 예외일 것이다).

격심한 위기의 시대가 오히려 아주 좋은 곡물 무역의 기회를 제공함으로써 이들이 여기에 일부 참여할 수 있는 정도였다. 시메느 가문을 비롯한 포르투갈의 대기업 가문들은 1590년의 일대 위기 때에 북유럽의 곡물을 지중해로 대량 수입해오는 사업에 자금을 대서, 전문가의 말을 빌리면, 아마도 300-400퍼센트의 이익을 보았을 것이다…….[107] 그러나 한번 이런 일이 있었다고 해서 그것이 관례가 되는 것은 아니다. 보통 대상인들은 이렇게 불확실하고 제약이 많은 무역에 거의 관심을 두지 않았다. 사실 집중적인 곡물 무역이 이루어진 것은 18세기에 가서의 일이다. 1773년의 기근 때에 마르세유의 곡물 무역은 소수의 지배적인 상인들이 거의 독점했다.[108]

우리가 알고 있는 대규모 곡물 사업의 예들 대부분은 국가의 군사업무와 관련이 있다. 구스타브 2세 아돌프가 러시아에서 "대량으로" 밀을 구매한 것, 1672년 루이 14세가 네덜란드를 침공하기 직전에 암스테르담에서 곡물을 사들인 것, 1740년 10월 27일에 프로이센의 국왕 프리드리히 2세가 황제 카를 6세의 사망 소식을 듣고 난 직후 폴란드, 메클렌부르크, 슐레지엔, 그단스크 및 기타 외국 지역에서 즉각 15만 부아소(boisseaux)의 호밀을 사도록 명령을 내린 것(이 때문에 곧이어 러시아와 어려운 관계에 들어가게 되었다) 등이 그것이다. 프리드리히 2세의 예는 사정이 급박할 경우 여러 곡창지대에 동시에 주문해야 한다는 것을 보여준다. 왜냐하면 각 시장은 모두 "얕은" 재고밖에 없기 때문이다. 자유무역에 대한 장애물들이 크게 늘어나서 이미 그 자체로 어려움을 겪던 유통을 더욱 악화시켰다. 앙시앵 레짐 말기의 프랑스가 바로 이러한 점을 보여주는 예이다. 사실 국왕의 행정기관은 사적인 개인들이 너무 자유롭게 주도하는 것을 피하고 국가에 이익이 되도록, 또는 국가에 봉사하는 상인들과 그 대리인들에게 이익이 되도록 독점체제를 만들어냈다. 이 모든 것은 행정기관 자체의 부담으로, 또 매우 큰 손해를 짊어지면서까지 한 일이다. 그러나 이 체제는 커질 대로 커져버린 도시에 대한 식량 공급을 제대로 도와주기는커녕 엄청난 의무 태만과 반복되는 횡령만을 야기해서 이것이 결국 "기근 협정*"의 전설을 만들었다.[109] 전설이라고는 했지만, 사실 아니 땐 굴뚝에 연기가 날 리는 없을 것이다.

이런 일들은 실로 심각한 문제가 아닐 수 없다. 밀은 프랑스만이 아니라 유럽 전체의 생명이었다. 우리는 튀르고가 계제가 좋지 않았을 때에 시행한 곡물의 자유무역 조치에 뒤이어 일어난 "밀가루 전쟁"을 알고 있다.[110] 당시 이렇게 말한 사람이 있었다. "사람들이 시장과 빵집을 노략질하고 나면 우리 집을 약탈하고 우리의 목을 벨 수도 있을 것이다. 농장을 약탈하기 시작했다면, 왜 성을 약탈하지 않겠는가?"[111]

밀과 칼로리

오늘날 부유한 나라의 유복한 계급에 속한 사람들은 하루에 3,500-4,000칼로리의 열량을 섭취한다. 이런 수준은 18세기 이전에는 알려져 있지 않았고, 오늘날보다 훨씬 적은 양이 표준이었다. 우리의 계산을 위해서 하나의 기준이 필요하므로 3,500칼로리라는 숫자를 취하도록 하자. 1560년경 서인도제도를 항해하는 스페인 선단의 선원들이 먹는 일반적인 음식의 열량에 관해서 얼 해밀턴이 계산한 결과도 대개 이런 높은 수준이었다.[112] 쿠르틀린**의 권위와 현명함을 받아들이지 않고 우리가 경리부(經理部, intendance)의 말을 눈감고 곧이곧대로 믿는다면―그들은 자기들이 공급하는 수프는 언제나 좋다고 말하기 마련이다―물론 이것은 매우 훌륭한 기록이다.

그러나 이보다 더 좋은 식단이 있었다는 사실도 주목해두자. 그것이 군주의 식탁이든 특권층(17세기 초의 파비아에 있었던 보로메오 신학교[Collegio

---

* Pacte de Famine : 루이 15세와 테레(당대의 프랑스 정치인)가 대상인들과 곡물 독점체제를 형성하면서 맺은 계약이라고 항간에 나돌던 것. 일반인들에게 돌아갈 곡물을 빼돌려 값을 올리려고 한다고 사람들이 믿었다.

** George Moinaux Courteline(1858-1929) : 프랑스의 작가. 더는 '위대한 세기'가 아닌 시대의 프랑스 사회상을 경쾌하게 그려낸 작품들을 썼다. 그 자신이 행정기관의 하급 고용인으로 지낸 경험이 있어서, 작품에서 공무원들 세계의 비열함을 드러내고 놀렸다.

Borromeo]*가 그 예이다)의 식탁이든 말이다. 사실 이러한 개별적인 기록만 믿고 지나친 환상을 가져서는 안 된다. 도시 민중의 평균치를 살펴보면, 곧 그 수준은 2,000칼로리쯤으로 떨어진다. 프랑스 혁명 직전의 파리가 그러했다. 물론 우리가 가진 얼마 안 되는 수치만으로는 우리가 다루는 문제를 결코 정확하게 풀지 못한다. 우선 건전한 영양 섭취에 관한 기준 자체가 무엇인가에 대해서 논의를 해야 하는 만큼 이 문제는 더욱 어려워진다. 건전한 영양 섭취란 우선 탄수화물, 지방, 단백질 사이의 균형을 뜻한다. 예를 들면, 포도주나 알코올을 열량 계산에 넣어야 할 것인가? 이런 것에는 전체 열량 섭취의 10퍼센트 이상을 인정하지 않는 것이 관례이다. 그러므로 이 비율 이상으로 마신 양은 고려하지 않게 된다. 그렇다고 해서 이 여분의 것이 그것을 마신 사람의 건강이나 지출에 아무 영향이 없지는 않은 것이다.

어쨌든 계산의 규칙을 짐작할 수 있을 것이다. 여러 종류의 음식들이 어떻게 구성되어 있는지 살펴보면, 식단이 어느 정도로 다양한지, 또는—이것이 훨씬 더 맞는 이야기이겠지만—어느 정도로 단조로운지 확실히 알 수 있다. 매번 탄수화물(약간의 오류의 가능성을 인정한다면, 탄수화물이란 곧 곡물을 가리킨다)의 비율이 칼로리로 표현한 식량의 60퍼센트를 **훨씬** 상회하는 것을 보면, 식단이 얼마나 단조로울지 명백하다. 육류, 생선, 우유제품 등이 차지하는 비율이 작다는 것이 바로 단조롭다는 이유이다. 그 말은 결국 살아 있는 동안 내내 **빵**을 먹고 또 먹고, 그러는 도중 가끔 죽을 먹는다는 것을 의미한다.

이 기준을 놓고 볼 때 북부 유럽은 고기 소비가 다소 더 많다는 점에서 탄수화물의 비중이 더 큰 남부 유럽과 차이를 보인다. 다만 염장고기와 참치를 큰 통째 제공하는 군사보급의 경우만이 이와 같은 일상성이 다소나마 개선된 예외에 속할 따름이다.

---

* 보로메오(San Carlo Borromeo : 1538-1584)는 이탈리아의 추기경으로서 가톨릭 종교개혁의 가장 중요한 인물 중의 하나이며 훗날 성인으로 추대되었다(축일은 11월 4일이다).

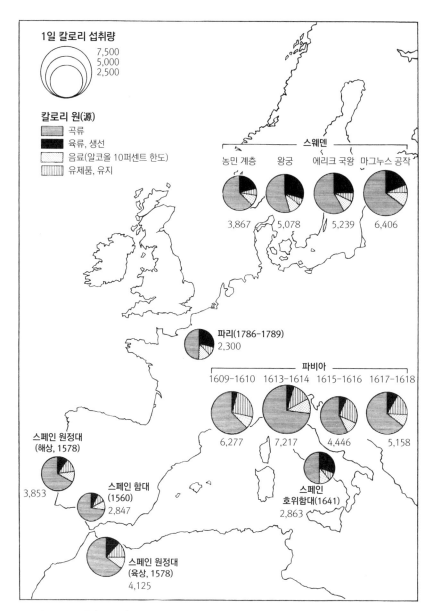

1일 칼로리 섭취량

- 7,500
- 5,000
- 2,500

칼로리 원(源)

- 곡류
- 육류, 생선
- 음료(알코올 10퍼센트 한도)
- 유제품, 유지

스웨덴

농민 계층	왕궁	에리크 국왕	마그누스 공작
3,867	5,078	5,239	6,406

파리(1786-1789)
2,300

파비아

1609-1610	1613-1614	1615-1616	1617-1618
6,277	7,217	4,446	5,158

스페인 원정대 (해상, 1578)
3,853

스페인 함대 (1560)
2,847

스페인 호위함대(1641)
2,863

스페인 원정대 (육상, 1578)
4,125

12. 과거의 식생활(칼로리)

이 지도는 몇몇 조사에 근거하여 만든 것으로서, 상대적으로 사정이 나은 메뉴를 나타내고 있다. 유럽의 식생활 전반에 대해 타당한 지도를 작성하려면 여러 시대에 걸쳐 사회 각 계층에 관한 예들을 수천 건 더 모아야 할 것이다. (프랭크 스푸너, 『과거의 식생활』)

부유한 사람들의 식탁이 가난한 사람들보다 더 다양하다는 것은 하등 놀랄 일이 아니다. 이와 관련해서는 양보다도 질이 차별적인 요소이다.[113] 1614-1615년경 제노바의 스피놀라 가문의 사치스러운 식탁에서는 곡물이 전체 칼로리의 53퍼센트만을 차지했던 데 비해 같은 시기에 가난한 사람들의 경우에는, 예컨대 불치병자 병원(l'hôpital des Incurables)의 경우에는 81퍼센트에까지 이르렀다(밀 1킬로그램은 3,000칼로리, 빵 1킬로그램은 2,500칼로리이다). 다른 음식 항목들을 비교하면, 스피놀라 가문의 사람들은 이 병원의 환자들보다 육류나 생선을 더 먹지는 않았지만, 우유 가공 식품이나 지방은 두 배 이상을 먹었다. 게다가 그들의 음식은 대단히 다양해서 많은 과일, 채소, 설탕이 포함되어 있었다(지출의 3퍼센트를 차지했다). 한편 (1609-1618년의) 보로메오 신학교 기숙사생들은 섭취하는 음식량이 엄청나서(하루 평균 열량 섭취가 5,100-7,000칼로리라는 믿기 힘든 정도였다) 영양 과잉 상태라고 할 수 있었지만, 다양한 음식들을 즐기면서 영양 과잉에 이르지는 않았다. 곡물이 73퍼센트까지 차지하기 때문이다. 그들의 음식은 감미로울 수가 없었을 것이다.

이보다 약간 앞이나 약간 뒤 시기에 도시 사람들이 먹는 음식을 조사해보면, 음식 종류가 더 다양했다. 적어도 시골에 비하면 상대적으로 더 다양했다. 우리가 이미 보았듯이 1780년경에 파리에서는 열량 섭취가 대략 2,000칼로리 수준이었는데, 이때 곡물은 전체의 58퍼센트 정도를 차지했으며, 이것은 매일 1리브르(489.5그램) 정도의 빵을 소비하는 정도였다.[114] 이것을 파리 사람들이 먹는 빵의 **평균** 무게로 계산해보면 (앞의 시대와 뒤의 시대의 것을 포함해서) 다음과 같은 수치에 해당한다. 1637년 540그램, 1728-1730년 556그램, 1770년 462그램, 1788년 587그램, 1810년 463그램, 1820년 500그램, 1854년 493그램이다.[115] 이 수치들이 확실하지는 않다. 17세기 초 베네치아의 평균 소비량이 1인당 180킬로그램이라는 수치도 있지만, 이것은 꽤나 의심스러운 계산 결과이므로 이 역시 확실하지 않다.[116] 그러나 다른

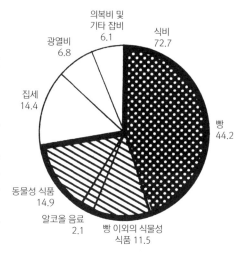

13. 1800년경 베를린의 한 석공 가족의 가계 예산(5인 가족)

우리는 이것과 1788-1854년 파리의 평균적인 음식비 지출을 계산한 수치를 비교할 수 있다(이 책의 174쪽을 참조하라). 이 도표에서 빵은 이 가계의 음식비 지출에서 50퍼센트를 훨씬 상회하는데, 곡물의 상대가격을 놓고 볼 때 이 비율은 엄청나게 큰 것이다. 따라서 이것은 단조롭고 힘든 식생활이 어느 정도였는지를 여실히 보여준다. (아벨의 책)

지표들을 보면 베네치아에 아주 임금이 높고 요구사항이 까다로운 노동계급이 존재했으며, 또 유복한 시민들은 아주 오래 전부터 높은 소비수준을 보여주었다는 것은 사실이다.

전체적으로 보아서 시골에서는 도시보다 훨씬 더 많은 빵을 소비했으며, 최하층으로 갈수록 더 많이 소비했다는 데에는 의심의 여지가 없다. 1782년에 사학자 르 그랑 도시의 주장에 의하면, 프랑스의 막노동자나 농민은 하루에 2-3리브르의 빵을 소비하는데, "누구든지 그것 이외의 먹을 것을 가지고 있으면 이렇게 많은 빵을 먹지는 않는다"는 것이다. 그렇지만 오늘날에도 이탈리아 남부의 작업장에서 인부들의 점심식사를 보면 엄청나게 큰 빵에다가 일종의 반찬으로 몇 개의 토마토와 양파를 먹는 것을 볼 수 있다. 이것을 그들은 콤파나티코(companatico)라고 부르는데, 의미심장하게도 "빵과 함께 먹는 것"이라는 뜻이다.

이와 같이 빵이 승리를 거둔 이유는 물론 같은 칼로리를 얻는 데에 밀이 상대적으로 가장 싼 음식이기 때문이다. 한 폴란드 역사가에 의하면[117] 곡물로 만든 알코올 역시 이와 비슷한 역할을 한다고 한다. 폴란드인들이 순을 많이 마시는 데는 따라서 정당한 이유가 있다는 것이다. 1780년경에 밀은 고기보다 11배, 바다에서 나는 신선한 생선보다 65배, 강에서 나는 물고기보다 9배, 소금 친 생선보다 3배, 계란보다 6배, 버터와 기름보다는 3배나 쌌다……. 1788년과 1854년에 평균적인 파리 사람들의 가계비를 조사해본 결과, 밀은 가장 중요한 에너지원이면서도 지출액으로는 고기와 포도주에 이어 세 번째 자리밖에 차지하지 못했다(두 경우 모두 밀은 전체 지출의 17퍼센트를 차지했다).[118]

이렇게 해서 우리가 아주 나쁘게 이야기했던 밀은 복권이 된 셈이다. 그것은 가난한 사람들의 만나이며 그 "가격은……다른 모든 음식들의 온도를 재는 온도계이다." 1770년에 세바스티앙 메르시에가 이야기한 것을 보라. "빵값이 오른 겨울이 3년 연속으로 계속되고 있다. 작년부터 농민의 반이 공공의 구호를 필요로 하고 있다. 지금까지 자신의 재산을 팔아가며 살아온 사람들에게는 이제 더 이상 팔 재산이 없기 때문에 이번 겨울이 최악이 될 것이다."[119] 가난한 사람들에게는 밀이 모자라면 모든 것이 모자라게 된다. 밀이 생산자, 중개인, 수송인, 소비자들을 노예처럼 장악하고 있던 이 문제의 비장한 측면을 잊지 말자. 언제나 동원령과 경계령이 필요하다. "사람에게 자양분을 주는 밀은 동시에 사형 집행인이다"라는 세바스티앙 메르시에의 말도 결국 같은 뜻이다.

밀 가격과 생활수준

세바스티앙 메르시에의 말은 과장이 아니다. 유럽에서 밀은 사람들의 일상생활의 절반을 차지한다. 밀의 재고량, 수송조건, 또 수확을 예고하고 결정짓는 기후의 변동에 따라서, 그리고 바로 그 수확량에 따라서, 마지막으로 1년 중 어느 때인가에 따라서 밀 가격은 끊임없이 변하기 때문에 과거의 밀 가격을 그래프로 그려보면 마치 지진계의 변동처럼 나타난다. 가난한 사람들은 유리한 때에 필수품을 구입함으로써 계절적인 곡가 상승을 피하는 것

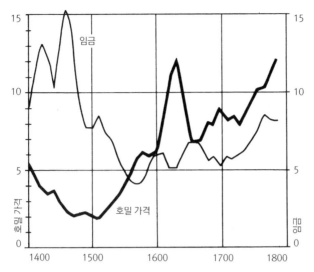

14. 괴팅엔의 임금과 호밀 가격(15-19세기)
호밀 가격은 라이히마르크 은화로 계산했고, 임금(품삯을 받고 일하는 나무꾼의 임금)은 킬로그램 단위의 호밀로 나타냈다. 호밀 가격의 상승과 실질임금의 하락 사이에는 명백한 상관관계가 존재하고, 그 반대의 경우도 마찬가지이다. (아벨의 책)

이 거의 불가능했으므로 이와 같은 변동은 그들에게 그만큼 큰 영향을 미쳤다. 우리는 이 변동을 단기적으로나 장기적으로나 대중의 생활수준에 대한 일종의 바로미터로 여길 수 있지 않을까?

이 문제를 밝혀내기 위한 해결책은 많지 않으며 그나마 모두 불완전하다. 밀 가격과 임금을 비교하는 방법(그러나 많은 경우에 임금은 현물이거나 혹은 반은 현물, 반은 현찰이었다는 것이 문제이다), 임금을 밀이나 호밀로 계산하는 방법(빌헬름 아벨이 사용한 방법으로서 우리가 그의 연구에서 인용한 그래프는 이와 같이 해서 만든 것이다), 정해진 "일용품 바구니"의 평균가격을 구하는 방법(펠프스 브라운과 실라 홉킨스가 사용한 방법이다),[120] 마지막으로 보조 석공이나 석고를 반죽하는 일꾼처럼 가장 임금수준이 낮은 노동자의 시간당 임금을 우리의 계산단위로 잡는 방법 등이 있다. 장 푸라스티에와 그의 제자들, 특히 르네 그랑다미가 수행한 이 마지막 방법으로, 그 니름이

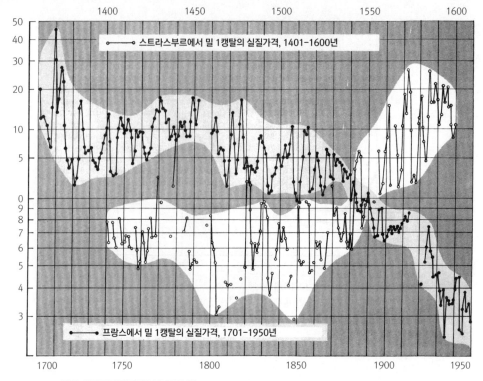

15. 밀의 실질가격에 관한 두 가지 예

이 그래프는 (밀로 표시한) 실질임금의 변동이 의미하는 바를 강조하기 위해서 만든 것이다. 옛날의 단위는 모두 현재의 캥탈로 환산했으며 밀 가격은 모두 10시간의 노동단위로 계산했다. 10을 가리키는 선(즉 100시간의 노동)은 그 이상 올라가면 노동자들의 생활이 어려워지는, 위험한 상한선을 나타낸다. 200시간 이상이 되면 재난이 되고 300시간 이상이 되면 기근 상태이다(기록적인 수치는 1709년의 수치로서 500시간 이상이었다). 이 그래프에서 흥미로운 점은 두 개의 커브가 교차한다는 것이다. 1540-1550년대에 100선을 넘었다가, 다시 이 이하로 내려오는 것은 1880-1890년대의 일이며, 그 사이 동안은 생활비가 비싼 매우 긴 장기 지속이 개재되었다. 100선을 위에서 아래로든, 아래에서 위로든 넘나드는 일은 언제나 급속하게 이루어졌으며, 그때마다 경제 전체가 요동하는 움직임을 보였다. 이 그래프는 비록 흉작이 몇 차례 있어서 비상이 걸리는 적이 있기는 했지만 그래도 15세기가 상대적으로 일반 민중이 유복하게 살았다는 것을 다시 증언해준다. (장 푸라스티에, 『판매가격과 원가』 제14호, 르네 그랑다미의 글)

장점이 있다. 그런데 여기에서 "실질임금"은 도대체 무엇일까? 밀 1캥탈(우리는 옛날 단위로부터 환산하는 것이 옳다고 생각한다)은 1453년까지는 100시간 이하의 노동에 해당하다가 그 후 1883년경까지는 이 기준선 위로 올라간 것이 확실하다. 이것이 프랑스의 상황을 **개략적으로** 말해주며, 나아가서 서유럽 일반의 상황 역시 대략 이와 비슷했을 것 같다. 한 노동자가 대개 1년에 3,000시간의 노동을 했고 그의 가족(4명)은 대개 1년에 12캥탈의 곡물을 소비했다……. 1캥탈당 100시간의 선을 넘으면 상황이 심각해진다. 200시간이 되면 위험수위에 이른 것이고, 300시간은 기근을 의미한다. 그랑다미는 캥탈당 100시간의 노동이라는 선은 언제나 수직으로 넘나든다고 생각했다. 혹은 16세기에서처럼 위로 급격히 올라가거나, 혹은 1883년에서처럼 급격히 내려가거나, 여하튼 일단 어느 방향으로든지 이 선을 넘게 되면 그 움직임은 언제나 극히 민첩하게 된다. 이 책이 다루는 몇 세기 동안 실질임금은 나쁜 방향으로 움직였다. 유일하게 유리한 시기는 흑사병 다음의 시기였을 것이다. 이 때문에 우리는 과거의 관점을 전반적으로 수정해야 한다.

결론은 다음과 같다. 도시의 임금노동자는 비참했고, 현물임금이 거의 같은 리듬으로 변화했던 시골 사람들 역시 비참했다. 그러므로 가난한 사람들은 아주 명료한 규칙을 따랐다. 저급한 곡물에 의존하는 것이다. 즉, "더 싸면서도 충분한 칼로리를 제공하는 생산물에 의존하고, 단백질이 풍부한 음식 대신 전분에 기초한 음식을 먹었다." 프랑스 혁명 전야의 부르고뉴에서는 "중농(le gros laboureur)을 제외한 일반 농민은 밀을 거의 먹지 못했다. 밀과 같은 사치스러운 곡물은 판매하거나 어린 아이들을 위한 것, 또는 드물었던 경사를 위한 것이었다.……밀은 식탁보다는 돈주머니를 위한 것이었다. 저급한 곡물은 농민들이 먹는 음식의 핵심을 이룬다. 꽤 유복한 집에서는 콩소(conceau)라고 부르던 혼합 밀이나 호밀을, 가장 가난한 사람들은 보리와 귀리를, 브레스와 손 계곡에서는 옥수수를, 모르방 지방에서는 호밀과 메밀을 먹었다."[121] 1750년경 피에몬테에서 평균 소비량은 (헥토리터 단위로) 다음과 같았다. 밀 0.94, 호밀 0.91, 다른 곡물 0.41, 밤 0.45,[122] 도합 1년에 2.71헥토리터였다. 이 부족한 듯한 음식량 중에서도 밀이 차지하는 부분은 그나마 얼마 되지 않았다.

부자들의 빵, 가난한 사람들의 빵과 죽

여러 가지 곡물이 있는 만큼 빵도 여러 가지이다. 1362년 12월, 푸아티에에서는 "1스티에의 밀 가격이 24수에 이르자, 네 종류의 빵이 나타났다. 소금을 치지 않은 슈안(choyne), 소금 친 슈안, 사플뢰르(safleur), 르불레(reboulet)가 그것이다." 소금을 쳤든 안 쳤든, 슈안은 체로 친 밀가루로 만든 품질 좋은 흰 빵이다. 사플뢰르(이 용어는 오늘날에도 쓰인다)는 체로 거르지 않은 밀가루를 가지고 만든다. 르불레는 아마도 약 90퍼센트 정도 체로 친 밀가루로 만들었을 것이며, 따라서 "푸아투의 사투리로 아직 리불레(riboulet)라고 부르는" 작은 밀기울이 포함되어 있었다. 이 4개의 종류는 곡물 가격이 중간 정도인 평온한 시기에 나타났다. 곡물 가격이 낮거나 혹은 합당한 시기에는 상위 3개 종류의 빵만 만들 수 있도록 허가되었다. 곡물 가격이 오르면 7가지의 아주 다른 빵을 만들었는데, 사실 새로 만드는 빵은 모두 품질이 나쁜 종류였다.[123] (푸아투의 예가 다른 수많은 것들 중 하나이지만) 불평등이 일반적으로 퍼져 있는 현상이었다는 사실을 이만큼 잘 보여주는 사례는 달리 없을 것이다. 빵은 이름으로만 존재했을 뿐 실제로는 찾아볼 수 없는 경우도 있었다.

오래된 전통에 충실한 유럽은 18세기까지도 조잡한 수프와 죽을 먹었다. 수프와 죽은 유럽 자체보다도 더 오래된 것이다. 에트루리아인과 고대 로마인이 먹던 풀스(puls)는 조를 기본으로 해서 만들었고, 알리카(alica)는 전분 또는 빵을 기본으로 해서 만든 죽이다. 카르타고인이 먹던 알리카는 치즈, 꿀, 계란 등이 들어가는 고급 요리였다.[124] 폴렌타(polenta)*는 (옥수수로 만들기 이전에는) 구운 보리를 빻아서, 또 흔히 여기에 조를 섞어서 만들었다. 아르투아에서는 14세기경(그전일 수도 있지만 그후일 가능성이 더 크다)에 귀리를 가지고 "그뤼멜(grumel)이라는, 시골 사람들이 자주 먹는 죽을 만들었

---

* 오늘날의 폴렌타는 이탈리아에서 많이 먹는, 옥수수 가루로 만든 죽을 의미한다.

다."125) 솔로뉴, 샹파뉴, 가스코뉴 등지에서는 16세기에, 그리고 18세기까지 좁쌀죽을 자주 먹었던 듯하다. 브르타뉴에서는 물이나 우유에 메밀을 넣고 끓인 진한 죽인 그루(grou)를 자주 먹었다.126) 18세기 초에 프랑스에서는 의사들이 "잘 여문 귀리로 만들 것을 전제로 해서" 귀리죽(gruau)을 권했다.

이 모든 오랜 관행이 오늘날 모두 사라진 것은 아니다. 스코틀랜드와 영국에는 포리지(porridge)라는 귀리죽이 있다. 폴란드와 러시아에는 잘게 부수고 구운 호밀을 가지고 쌀을 익히듯이 조리한 카차(kacha)라는 죽이 있다. 1809년 스페인 전투 때에 영국의 한 척탄병은 수중에 있는 수단만으로 음식을 준비하게 되었는데, 이것은 의심할 바 없이 오래 전의 전통을 그대로 답습한 것이다. "우리는 밀을 쌀처럼 익혀서 먹었다. 혹은 그렇게 하는 것이 더 편하다면, 두 개의 평평한 돌 사이에서 밀을 빻은 후 일종의 밀가루 반죽을 만들듯이 끓였다."127) 1688년, 티미쇼아라(루마니아 서부에 있는 도시) 근처에서 독일인에게 포로로 잡힌 튀르키예의 젊은 시파이(sipahi : 튀르키예 기병)인 오스만 아아는 그의 간수들이 놀라움을 감추지 못할 정도로 일을 잘해냈다. 군용(軍用) 빵(코미스브로트[Kommissbrot])이 다 떨어지자 군의 경리관은 군인들에게 밀가루 배급을 주었다(이들은 이틀째 아무런 보급도 받지 못하고 있었다). 이때 오스만 아아만이 약간의 물로 밀가루를 반죽하고 불 밑의 뜨거운 재 속에 넣어 굽는 법을 알고 있었다. 그는 이전에도 비슷한 상황에 처한 적이 있었다고 말했다.128) 이렇게 만든 음식은 튀르키예와 페르시아에서 사람들이 흔히 먹는, 반죽해서 뜨거운 재 속에서 구운 빵, 또는 이스트를 넣지 않은 빵과 거의 비슷했다.

흰 빵은 귀한 사치품에 속했다. "프랑스, 영국, 스페인 사람들 중에서 밀빵을 먹는 사람은 200만 명을 넘지 않는다"고 뒤프레 드 생-모르는 이야기했다.129) 만일 이 말을 문자 그대로 받아들인다면, 흰 빵을 먹는 사람은 유럽 전체 인구의 4퍼센트를 넘지 않았을 것이다. 18세기 초까지만 해도 시골 인구의 절반 이상이 빵을 만들 수 없는 곡물과 호밀을 먹고 살았으며, 가난한 사람들이 먹는 곡물에는 밀기울이 많이 포함되었다. 밀빵, 흰 빵, 슈안—이 말은 아마 샤누안(chanoine), 즉 '성당 참사회의 빵'으로부터 유래했을 것이다—등은 오랫동안 사치품이었다. 오래된 다음 속담을 보라. "자신의 슈안을 먼저 먹으면 안 된다."[130] 이름이 어떻든 간에 그것은 매우 일찍부터 존재했지만, 부자들만 먹는 빵이었다. 1581년에 스페인의 콤포스텔라(두에로 근처)로 가고 있던 젊은 베네치아인들은 요기를 하기 위해서 한 외딴집으로 들어갔다. 이곳에는 "진짜 빵도 포도주도 없고 단지 계란 다섯 개와, 호밀과 다른 여러 혼합 곡물로 만든 커다란 빵 하나가 있을 뿐이었다. 이 빵은 이전에는 거의 보지도 못했던 것이었는데, 우리들 몇 명만이 겨우 한두 입 베어 먹었다."[131]

파리에서는 흰 빵보다도 더 고급 빵인 "팽 몰레(pain mollet)"가 인기를 누렸다. 이 빵은 고운 밀가루에다가 ("보통의" 효모 대신) 맥주 발효용 효모를 넣어서 만든 부드러운 빵이었다. 여기에 우유를 첨가하면 마리 드 메디시스가 그렇게도 탐닉했다는 "왕비의 빵(pain à la reine)"이 된다.[132] 1668년, 의과 대학은 "효모"가 몸에 좋지 않다고 비난했으나 소용이 없었다. 효모는 "작은 빵(petit pain)"을 만드는 데 계속 사용되었으며, 매일 아침 여성들은 1부아소 정도 되는 효모를 "우유 배달꾼처럼 머리에 이고" 빵집으로 가져갔다. 당연히 팽 몰레는 사치품이었다. 한 파리 사람에 의하면(1788) "껍질이 바삭바삭하고 황금빛이 도는 이 빵은 리무쟁의 둥근 빵을 모욕하는 듯하다.…… 그것은 마치 촌사람들 무리 가운데에 있는 귀족 같은 인상이다."[133] 이 사치품들은 그러나 풍년일 때에만 볼 수 있었다. 1740년 9월의 파리에서처럼 "곡물 가격의 상승"이 일어난 때에는, 곧 고등법원이 "회백색 빵(bis blanc) 이외의 빵 제조"를 금지하는 두 개의 명령을 내렸으며, 따라서 팽 몰레와 '작은 빵'도 금지되었다. 심지어 당시에 가발에 널리 쓰이던, 밀가루로 만든 "가루분(poudre à poudrer)"도 금지시켰다.[134]

흰 빵의 진정한 혁명이 일어난 것은 1750년과 1850년 사이이다. 이때에야 밀이 다른 곡물을 대체했고(영국이 그러했다), 점차 밀기울을 거의 다 제거한 밀가루로 빵을 만들기 시작했다. 동시에 발효한 밀가루 반죽, 즉 빵만이 사람의 몸에 좋다는 설이 퍼졌다. 드니 디드로는 모든 죽을 소화하지 못했다. "아직 발효가 되지 않았기 때문이다."135) 흰 빵 혁명이 일찍부터 시작된 프랑스에서는 1780년에 국립제빵학교(École nationale de Boulangerie)가 창설되었다.136) 그리고 얼마 뒤에 나폴레옹의 군사들은 유럽 전체에 "흰 빵이라는 고급품"을 전파했다. 그렇다고 해도, 다시 반복하거니와, 유럽 대륙 전체로 보면 이 혁명은 놀라울 정도로 느렸고, 1850년 이전에는 완수되지 않았다. 그러나 완전히 성공하기 전에도 이 현상은 이전부터 있던 부자들의 요구와 가난한 사람들의 새로운 요구 때문에 어떤 곡물을 재배할 것인지에 영향력을 행사했다. 17세기 초부터 파리 근교의 뮐티앵과 벡생 지방에서는 밀이 지배적인 곡물이 되었지만, 발루아, 브리, 보베지 등에서 그렇게 되는 것은 17세기 말부터였다. 그러나 그때에도 프랑스 서부에서는 여전히 호밀을 재배했다.

흰 빵의 영역에서 프랑스가 앞섰다는 점을 기억해두자. "파리가 아니라면 도대체 어디에서 좋은 빵을 먹겠는가" 하고 세바스티앙 메르시에는 말했다. "나는 품질 좋은 빵을 좋아한다. 나는 그것을 잘 알고 있어서 눈으로 곧 확인할 수 있다."137)

빵을 살 것인가, 직접 만들 것인가?

빵을 사고팔 때 값은 변하지 않는다. 변하는 것은 빵의 무게이다. 값이 아니라 무게가 변한다는 이 법칙은 대체로 서유럽 전체에 작용했다. 베네치아의 산-마르코 광장이나 리알토에 있는 빵 가게에서 파는 빵의 평균 무게와 밀 가격은 반내 방향으로 변했다. 이것은 16세기 마지막 4분의 4분기에 대한 조사를 토대로 만든 다음의 그림 16에서 볼 수 있다. 1561, 1589, 1592년에 크라쿠프에서 반포된 명령들 역시 똑같은 규칙, 즉 값은 고정해놓고 빵이

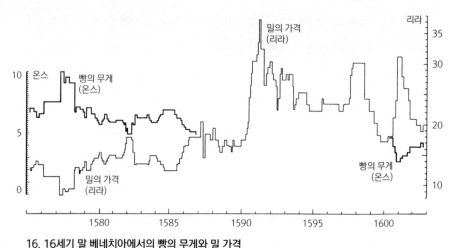

16. 16세기 말 베네치아에서의 빵의 무게와 밀 가격
(브로델, "16세기 베네치아의 경제생활", 『르네상스 시기의 베네치아』)

무게를 바꾼다는 규칙을 보여준다. 그들은 어느 정도의 품질과 무게를 가진 빵이 1그로시(grosz, 화폐단위)의 가치에 해당하는가를 고정시켰다. 예를 들면 1592년의 경우에 1그로시는 호밀빵 6리브르나 밀빵 2리브르와 같은 가치였다.[138]

예외도 있었다. 파리에서 1372년 7월의 규정은 샤이이 빵(chailli), 코키유 빵(coquille : 조개 모양의 빵, 혹은 "부르주아 빵"이라고도 불렀다), 브로드 빵(brode, 검은 빵) 등 세 가지의 빵을 구분했다. 같은 가격일 때 이 빵들의 무게는 각각 1, 2, 4온스였다. 그러니까 이 시대에는 가격은 일정하고 무게가 변한다는 일반 법칙이 적용되었다. 그런데 1439년 이후부터는[139] 세 종류의 빵의 무게가 각각 2분의 1, 1, 2리브르로 완전히 고정되었다. "이때부터 밀 가격과 함께 빵값이 변했다." 이것은 아마도 파리 외곽—고네스, 퐁투아즈, 아르장퇴유, 샤랑통, 코르베유 등—의 빵 장수들이 파리로 들어와서 "구운 빵(pain cuit)"을 무게대로 팔 권리를 얻었기 때문인 것 같다. 런던처럼 파리에서도 빵 가게만이 아니라 10–15개 정도 되는 시장 중에 한 곳에서도 빵을 살 수 있게 되었다.[140]

이제 빵 장수들은 주요 인물이 되었다. 이들은 밀을 직접 구매함으로써 상인의 지위를 차지했기 때문에 유럽 전체적으로 제분업자들보다 더 중요한 인물이 되었다. 그렇다고 해도 그들의 생산은 일부 소비자들에게만 향했다. 가정집에는 빵을 굽는 오븐이 있었으며 이렇게 집에서 구운 빵을 일반인에게 판매하기까지 했다. 이런 일은 시골뿐만 아니라 도시에서도 가능했다. 15세기의 쾰른이나, 16세기 또는 심지어 오늘날에도 카스티야에서는 주변 시골 지역의 농민들이 꼭두새벽부터 도시로 몰려와서 빵을 팔았다. 베네치아에서는 시골 빵을 구매하는 것이 대사(大使)들의 특권에 속했다. 이 빵들은 베네치아의 빵보다도 더 우수하다는 평판이 있었던 것이다. 그리고 베네치아나 제노바, 혹은 여타의 곳에서 자신의 곡간과 오븐을 소유한 부잣집이 많았다. 16세기의 한 유화에서 볼 수 있는, 아우크스부르크의 시장 풍경으로 판단하건대 소시민들도 흔히 자신의 빵을 직접 구웠던 것 같다. 이곳에서는 곡물을 작은 단위로 팔고 있었다(이 작은 단위의 도량형기들 역시 이 도시의 박물관에 보관되어 있다).

전적으로 믿을 만한 공식 추계에 의하면, 1606년 베네치아에서 빵 장수들이 다루는 밀은 전체 소비량 48만3,600스타라(stara) 중에서 18만2,000스타라를 넘지 못했다. 그 외에 시장이 10만9,500스타라를 흡수했고, "스스로 식량을 조달하는 집들"[141]이 14만4,000스타라를 사들였다. 그 나머지는 함대에서 필요한 비스킷을 만드는 데 쓰였다. 그러므로 빵 가게에서 굽는 빵이 집에서 굽는 것보다 더 많지도 않았다.[142] 베네치아에서도 이런 정도였다!

1763년 8월 제노바가 가정 내에서 빵 굽는 것을 금지하려고 하자 사람들은 극도의 흥분 상태에 빠졌다. 프랑스 영사의 말을 따르자면, "사람들이 수군대는 바에 의하면 모든 사람들이 광장의 시장에서 빵을 사도록 [이 도시의 지배자들이] 강요하려고 하는 것 같다. 그리고 많은 신사들[이곳의 사업가들]이 빵을 제조하는 특권을 사기 위해서 18만 에퀴(écu)를 제시했다는 것이다. 여태껏 집에서 빵을 만드는 것이 관례였는데, 이 법이 통과되면 누구도 그렇게 하지 못하며 모두 시장에서 빵을 사야 하기 때문에 아주 큰 비용이 될 것이다. 왜냐하면 시장에서 파는 빵은 1미나*당 40리라에 팔려고 하는데 실제로는 18리라 정도의 가치밖에 없고, 또 빵은 만든 날에만 맛이 좋고 그다음 날에는 벌써 쓴맛이 나서 먹지 못하기 때문이다. 이 사태는 아주 큰 소란을 일으켜서 어제 아침에는 생-시르 광장에 벽보가 붙었다. 이곳에 옛 귀족들이 모여들어 현 정부를 비난했고, 압제에서 벗어나겠다고 위협했다."[143] 파르망티에**의 말을 믿는다면, 집에서 빵을 만드는 관행이 프랑스의 "대부분의 큰 도시에서" 사라진 것은 1770–1780년대이다.[144] 장 메예르는 낭트에서 각 개인이 빵을 굽는 것이 완전히 중단된 것이 1771년이며 이것은 사람들이 밀로 만든 흰 빵을 먹게 된 현상과 연관이 있다고 보았다.[145]

집의 오븐에서 빵을 만들기 위해서 곡물을 사면 어디에서 그것을 빻는지 의문이 들 것이다. 사실 각 도시에는 가까운 곳에 손쉽게 이용할 수 있는 제분소들이 있었다. 곡물은 보관이 쉬웠지만(여전히 사람들은 곡물을 낟알째로 보관했으며 1년에 몇 차례씩 곡간에서 타작을 했다) 그에 비해 곡분(穀粉)은 전혀 그렇지 않기 때문이다. 따라서 1년 내내 거의 매일같이 곡식을 빻아야 했다. 물레방아는 모든 마을과 도시의 어귀에, 심지어는 그 한복판에라도 아무 개천물이라도 이용할 수 있는 곳이면 어디에나 설치되었다. 물레방아가 고장나는 날—예를 들면 파리에서 센 강이 얼거나 넘칠 때—이면 곧바로 식량 조달에 문제가 발생했다. 따라서 파리의 성곽에 풍차가 설치되어 있었고, 심지어 팔로 돌리는 맷돌을 그때까지 사용했을 뿐만 아니라 이것을 옹호하는 사람들이 있었다는 것은 놀라운 일이 아니다.

---

* mina : 바빌로니아 시대 이래 사용되어온 가장 오래된 무게 단위의 하나. 그 무게는 약 430그램부터 980그램까지 지역과 시대에 따라 큰 차이가 난다.

** Antoine Augustin Parmentier(1737–1813) : 프랑스의 약학자, 농학자. 앵발리드 왕립병원의 약제사장으로서 감자에 대한 화학적 검사를 책으로 발표하고(1773) 감자 보급을 장려했다. 그 외에 포도주, 밀가루의 저장, 유제품 사용에 관한 저술들이 있다. 나폴레옹 전쟁(1805–1813) 중에는 군인 약학자이면서 동시에 건강 관리 검사장이었다.

곡물은 왕이다

유럽의 역사는 밀, 밀가루, 빵의 삼위일체로 충만하다. 그것은 도시, 국가, 상인, 그리고 산다는 것이 "빵을 씹는다는 것"을 의미하는 일반 사람들의 주요한 일이었다. 모든 일에 간섭하는 주인공인 빵은 그 시대의 서간들에서 언제나 인기 스타였다. 빵값이 오르면 모든 것이 교란되었고 큰 파도가 위협적으로 넘실댔다. 런던이든 파리든 나폴리든 모든 곳에서 그러했다. "민중들은 빵값이 오르는 이유를 결코 들으려고 하지 않을 것이다"라는 네케르의 주장은 진정 타당한 말이다.[146]

매번 비상이 걸릴 때마다 고통을 겪는 소비자 소시민은 곡물을 얻기 위해서 폭력에 의존하는 일까지 서슴지 않았다. 1585년 나폴리에서는 스페인으로 곡물을 대량으로 수출하게 되자 기근이 시작되었다. 곧 사람들은 "밤과 채소로 만든(di castagne e legumi)" 빵을 먹어야 했다. 곡물 매점매석 상인 조반니 비첸초 스토라치는 사람들이 자신에게 몰려와서 그런 빵은 먹지 못하겠다고 소리를 지르자 불손하게 이렇게 대꾸했다. "돌멩이나 먹어라(Mangiate pietre)." 나폴리인들은 달려들어 그를 살해했고, 수족을 절단한 그의 시체를 끌고 시내를 돌아다니다가 결국 시체를 조각내버렸다. 총독은 37명을 교수형에 처하고 사체를 능지처참했으며, 또다른 100명을 갤리선의 노 젓는 죄수로 보냈다.[147] 1692년 12월에 파리에서는 모베르 광장에 있는 빵집들이 약탈당했다. 당국은 이에 대해서 신속하고도 잔인한 대응을 했다. 2명의 폭도를 교수형에 처했고, 다른 사람들을 갤리선의 고역수(苦役囚), 쇠고리를 매는 형벌, 또는 태형을 가했고,[148] 그러자 모든 것이 잠잠하게 가라앉았다. 그보다는 차라리 잠잠하게 가라앉은 것으로 보였다고 해야 할 것이다. 16세기부터 18세기까지 이와 유사한 소요는 수천 건이나 찾아볼 수 있다. 프랑스 혁명이 일어난 것도 이와 같은 상황에서였다.

반대로 대풍작은 천복(天福)으로서 환영을 받았다. 로마에서는 곡간에 곡물을 저장한 뒤인 1649년 8월 11일, 풍작을 내려주신 하느님께 감사를 드리는 장엄한 미사를 올렸다. 식량 공급을 담당하는 관리인이었던 팔라비치니가 갑자기 영웅이 되었다. "그의 덕에 빵이 반이나 더 커졌다!"[149] 거의 모든 곳에서 그러했던 것처럼 로마에서도 빵값은 변하지 않고 빵의 무게가 바뀌었다는 것을 염두에 두면 독자들은 이 말이 결코 수수께끼 같은 말이 아니라는 것을 이해할 것이다. 팔라비치니는 따라서 빵 이외에는 다른 것을 거의 먹을 수 없었던 가난한 사람들의 구매력을 단번에—물론 일시적인 일이었지만—50퍼센트나 상승시켰다.

쌀

쌀은 밀처럼, 또는 밀보다도 더욱 지배적이고 전제적인 작물이다.

최근에 한 위대한 역사가가 쓴 중국사를 읽은 사람이라면,[150] 그 역사가가 어떤 중국 황제는 위그 카페, 또다른 어떤 인물은 루이 11세 혹은 루이 14세, 또는 중국의 나폴레옹이라는 식으로 끊임없이 서로 대조하는 것을 보고 미소를 띠었을 것이다. 모든 서구인은 아시아 세계에 들어서면, 길을 잘 찾기 위해서 자신의 가치판단으로 되돌아가 생각하게 된다. 우리도 쌀에 대해서 이야기하면서 밀을 이야기할 것이다. 우선 두 식물 모두 볏과 식물이며 메마른 지역이 원산지이다. 그러나 그후 쌀은 반수생(半水生) 식물로 변화함으로써 수확이 증대되었고 대성공을 거두었다. 그러나 한 가지 점이 여전히 원래의 성격을 나타낸다. 밀과 마찬가지로 벼 역시 뿌리가 "촘촘하게" 나 있어서 많은 산소가 필요하다. 고인 물은 산소를 차단하게 된다. 그러므로 논을 보면 물이 항상 고여 있는 듯이 보이지만, 실제로는 가끔 물이 움직여서 산소 공급이 가능하도록 되어 있다. 따라서 물의 움직임을 정지시켰다가 다시 움직이게 했다가 하는 기술이 필요하다.

밀에 비해서 쌀은 더 지배적이기도 하고 덜 지배적이기도 하다. 밀을 재배하는 곳에서는 사람들이 섭취하는 영양분의 50-70퍼센트를 밀이 공급하는 반면, 쌀의 경우는 80-90퍼센트 이상을 공급한다는 점에서 쌀이 더 지배적이다. 게다가 쌀은 겨를 제거하지 않은 상태에서는 밀보다 보관이 쉽다는 이점이 있다. 그러나 전 세계적인 차원에서 보면 밀이 더 중요하다. 1977년에 밀 경작지는 2억3,200만 헥타르였던 반면, 쌀 경작지는 1억420만 헥타르였다. 그러나 헥타르당 생산량은 밀이 쌀보다 떨어지므로(밀은 평균 16.6캥탈이고 쌀은 평균 26캥탈이다) 전체 생산량은 거의 비슷하다. 세계의 쌀 생산량은 3억6,600만 톤이고 밀 생산량은 3억8,600만 톤이다(옥수수 생산량은 3억4,900만 톤이다).[151] 그러나 쌀에 관한 이 수치에는 약간의 문제가 있다. 이 수치는 도정하지 않은 낟알에 관한 것이며, 쌀겨 제거 과정에서 20-25퍼센트의 무게가 상실된다. 따라서 쌀에 관한 앞의 숫자는 2억9,000만 톤 이하로 떨어지며, 겨가 그대로 있는 밀이나 옥수수와 비교하면 훨씬 뒤쳐지게 된다. 쌀의 또다른 단점은 너무나 많은 손질이 필요하다는 점이다.

이에 더해서 유럽, 아프리카, 아메리카에도 쌀 재배가 확대되기는 했지만, 가장 중요한 재배지는 여전히 아시아 지방이며 이곳이 전체 생산의 95퍼센트를 차지한다. 그리고 쌀은 대개 현지에서 소비되므로 밀 무역에 비교할 만한 쌀 무역이 없다. 18세기 이전의 중요한 교역으로 중국 남부에서 북부로 가는 것 정도를 들 수 있는데, 이것은 제국운하[대운하]를 이용하여 베이징의 궁정으로 가는 것이었다. 또는 통킹,* 오늘날의 코친차이나,** 그리고 시암에서, 늘 음식 부족으로 고통을 겪는 인도로 수출하는 것 정도를 들 수 있다. 인도에서는 중요한 수출시장으로 벵골이 있을 뿐이었다.

논벼와 밭벼

벼와 밀은 다른 수많은 농작물과 마찬가지로 중앙 아시아의 메마른 골짜기

---

* Tonkin : 북부 베트남의 태반을 차지하는 지역.

** Cochinchine, Cochin China : 베트남의 최남단에 있는, 사이공 시(호치민 시)를 중심으로 한 지역에 대해서 프랑스인들이 붙인 이름이다.

가 원산지이다. 그러나 밀이 벼보다도 훨씬 더 빨리 성공을 거두었다. 벼는 기원전 2000년경부터 재배하기 시작한 반면, 밀은 기원전 5000년경부터 재배했다. 즉, 밀이 수천 년이나 앞선 셈이다. 오랫동안 벼는 건조작물 중에서 빈약한 지위에 있었다. 중국 최초의 문명도 아직 벼를 모르고 있었다. 이 문명은 광활한 북부 중국의 평원에서 오늘날까지도 고전적인 자리를 잡고 있는 세 가지의 볏과 식물—수수(4-5미터나 되는 긴 대가 있다), 밀, 조—을 근간으로 하여 형성되었다. 그중에 조는, 한 영국인 여행자에 의하면(1793) "바베이도스 섬의 조이며, 이것을 중국인들은 고량(高梁), 즉 '키가 큰 소맥'이라고 부른다. 북부 중국 전역에서 조는 쌀보다 값이 싸다. 아마도 조가 이곳에서 재배한 최초의 곡물일 것이다. 왜냐하면 중국의 고서를 보면 부피를 재는 단위로 조가 몇 알 들어가느냐를 가지고 말하기 때문이다.* 예컨대 1작(勺)은 조 100알이다.……"152) 1794년, 피로에 지친 유럽 여행자들이 베이징 근처의 북부 중국에 도착했을 때 그들이 여관에서 먹을 수 있었던 것은 "질 나쁜 설탕과 반쯤 익힌 조 한 접시뿐이었다."153) 오늘날에도 여전히 콩과 고구마 이외에 밀, 조, 수수로 만든 죽이 이곳의 보편적인 음식이다.154)

북부 중국이 일찍 개발된 반면, 더운 날씨에 숲과 늪으로 가득 찬 남부 중국은 발달이 뒤진 지역이었다. 이곳 사람들은 오늘날 태평양의 섬들에서 그러하듯이 얌(ignames, yam, 칡과 비슷한 것으로서 그 구근으로 사람이 먹을 수 있는 가루를 만든다)이나 타로(taros, colocasses)—사탕무와 유사한 식물로, 오늘날과 마찬가지로 이전에도 중국의 좁은 논두렁은 타로 잎으로 무성히 덮여 있었는데, 이것을 보면 이 작물이 이전에 중국에서 얼마나 중요한 역할을 맡았는지 알 수 있다—를 주식으로 했다. 그러나 고구마, 카사바, 감자, 옥수수 같은 것은 먹지 못했다. 아메리카가 원산지인 이 식물들은 유럽이 아메리카 대륙을 발견하고 나서야 바다를 넘어 중국에 들어왔던 것이다.

---

* 예를 들면, "조 12알이 1푼이고 12푼이 1수이다[十二粟爲一分, 十二傾一妹]."

그런데 이때쯤에는 이미 탄탄히 자리를 잡고 있던 쌀 문명권이 이런 작물들에 저항했다. 카사바는 데칸의 트라방코르 지역에만 뿌리를 내렸고, 고구마는 18세기에 가서야 중국에 들어갔고 그 외에 실론, 또 태평양의 고도(孤島)인 샌드위치 섬에만 상륙했다. 오늘날, 이런 덩이줄기 식물은 아시아 지방에서 거의 아무런 역할도 하지 못하고 있다. 곡물, 그중에서도 쌀이 최우선권을 가지고 있기 때문이다. 1966년의 기록을 보면 아시아의 몬순 지역 전체에서 2억2,000만 톤의 쌀이 생산된 반면, 밀, 조, 옥수수, 보리 등 그 외의 모든 곡물은 합해도 1억4,000만 톤밖에 생산되지 못했다.[155]

논벼[水稻]는 우선 인도에서 자리를 잡은 후 아마도 기원전 2000년이나 기원전 2150년경에 육로나 수로를 통해 남부 중국으로 들어갔을 것으로 추정된다. 이곳에서 벼는 우리가 알고 있는 고전적인 형태로 천천히 자리를 잡아갔다. 벼의 재배가 만개함으로써 중국의 생활상의 거대한 모래시계가 서서히 뒤집어졌다. 오래된 북부에 대신해서 점차 새로운 남부가 두각을 나타냈다. 특히 북부 중국이 사막지역과 중앙 아시아로 통하는 통로를 개방하여 침입과 약탈을 초래하자 그런 경향이 더욱 강화되었다. 벼의 재배는 중국(그리고 인도)으로부터 널리 티베트, 인도네시아, 일본 등으로 전파되었다. 그것을 받아들이는 나라에게는 "이것이 문명인이라는 면허장을 취득하는 방식이었다."[156] 일본에서는 벼의 재배가 기원후 1세기에 시작되었지만, 그후의 과정이 매우 느려서, 일본의 음식에서 쌀이 중요한 자리를 차지하는 것은 17세기에 가서의 일이다.[157]

논은 오늘날에도 동아시아에서 작은 면적을 차지할 따름이다(세계의 논벼 재배 면적의 95퍼센트 이상이 동아시아에 있지만, 그것은 1966년 기준으로 겨우 1억 헥타르에 불과하다).[158] 이 특출한 지역을 벗어나면 쌀은 **건조 재배** 방식으로 그럭저럭 넓은 지역에 퍼져 있다. 이 저급한 쌀은 발진이 뒤쳐진 많은 민족에게 주요한 삶의 기반이다. 숲의 한 귀퉁이를 걷어내고 불살라서 농사를 짓는 수마트라, 실론, 또는 안남의 고지대를 생각해보라. 이렇게 숲을 걷어낸 지역에는 다른 아무런 준비 없이(나무 그루터기가 그대로 남아 있고 밭갈이를 전혀 하지 않아도 재가 비료 역할을 한다) 씨앗을 뿌려서 파종한다. 다섯 달 반 정도면 이 곡식, 즉 밭벼[陸稻]는 다 여문다. 그후에 이곳에 감자류, 가지, 갖가지 채소류 등의 경작을 시도해볼 가능성도 있다. 이 농업체제에서는 비옥도가 떨어지는 땅은 완전히 지력을 잃고 만다. 다음 해에는 다른 숲 조각을 "먹어치워야" 한다. 10년 주기로 순환하는 이런 종류의 경작체제에서는 이론적으로는 50제곱킬로미터의 땅을 가지고 50명이 살아간다고 하지만, 실제로는 산지의 절반 정도를 사용하지 못하므로 25명 정도가 살아간다. 숲이 원상태로 복원되는 순환기간이 10년이 아니라 (많은 경우에 그러하듯이) 25년이라면 인구밀도는 1제곱킬로미터당 10명이 된다.

매번 "휴경림"은 원시적인 도구를 가지고도 쉽게 손댈 수 있는, 토질이 얇고 일하기 편한 토양을 제공한다. 인구가 급격히 증가하지 않고, 숲이 이러한 연속적인 화전 경작을 하고 나서도 스스로 복원한다는 조건하에서는 모든 것이 균형을 이룬다. 이런 경작체제는 각 지방마다 특이한 이름으로 불리는데, 말레이시아와 인도네시아에서는 라당(ladang), 베트남 산지에서는 라이(ray) 또는 라이(rai), 인도에서는 중(djoung), 마다가스카르—이곳에는 10세기경에 아랍인의 항해를 통해 쌀이 들어왔다—에서는 타비(tavy)라고 부른다. 이런 체제에서 사람들의 삶은 매우 단순하다. "사고(sago) 야자나무에서 얻는 밀가루 비슷한 열매 심"—"빵 나무"가 주는 선물과도 같다—을 보조적인 식량으로 이용하는 수준이다. 이는 논에서 이루어지는 "세련된" 생산과는 거리가 멀지만, 동시에 벼농사에 따르는, 사람을 소진시키는 힘든 노동과도 거리가 멀다.

논의 기적

논에 대해서는 너무나도 많은 이미지, 증거, 설명이 있어서 우리는 그 모든 것을 다 이해하지 못할 지경이다. 이미 1210년에 나온 중국의 "경직도(耕織

圖"는 한 칸의 면적이 몇 아르(are)씩 되는 바둑판 모양의 논, 페달을 이용하여 물을 퍼올리는 관개(灌漑) 펌프, 모내기, 추수, 심지어 오늘날과 똑같이 물소 한 마리가 끄는 쟁기 등을 그림으로 보여준다.[159] 그 시기가 언제이든 그 모습은 오늘날과 똑같다. 마치 아무것도 변하지 않은 것 같다.

무엇보다도 놀라운 것은 이 각별히 비옥한 토지를 엄청난 정도로 농사에 이용한다는 점이다. 예수회 신부인 장-바티스트 뒤 알드에 의하면(1735)[160] "모든 벌판을 경작한다. 한 치의 땅이라도 잃을까 봐 생울타리도, 구덩이도, 심지어 나무 하나도 보이지 않게 만들었다." 그로부터 이미 한 세기 전(1626)에 또다른 훌륭한 예수회 신부 데 라스 코르테스 역시 똑같은 어조로 말했다. "한 치의 땅도……아주 작은 구석 땅 한 조각이라도 경작하지 않는 곳이 없다."[161] 약간 도드라진 논두렁으로 구획을 지은 논들은 한 면이 대략 50미터 남짓한 길이이다. 이곳에 물이 들어왔다가는 빠져나간다. 특히 진흙기가 있는 물은 땅의 지력을 새로 보강시켜주면서도 말라리아를 옮기는 학질모기가 살기에는 적당하지 않기 때문에 일종의 축복과도 같았다. 반면, 언덕과 고산지대의 맑은 물은 학질모기가 살기에 알맞다. 그 때문에 라당이나 라이에는 말라리아가 풍토병으로 퍼져 있었고, 이것이 인구 증가를 가로막는 역할을 했다. 15세기의 앙코르 와트는 많은 논을 진흙기가 있는 물로 관개하는 찬란한 수도였다. 그런데 시암족이 이곳에 쳐들어왔을 때 공격 자체가 멸망을 가져오지는 않았다. 반면에, 농업시설을 부수고 생활방식을 뒤집어놓은 결과 운하의 물이 맑아졌고 그와 함께 말라리아가 기승을 부리게 되었으며 결국에는 숲이 다시 침투하게 되었다.[162] 17세기의 벵골에서도 비슷한 드라마가 재연되었던 것 같다. 즉, 논이 너무 좁아서 근처의 맑은 물이 넘쳐 들어오는 바람에 파괴적인 말라리아가 퍼지고 말았다. 히말라야와 시발리크* 인딕들 사이의 함몰 지역에는 수많은 맑은 샘물이 솟아오르는데, 말

---

* Sivalik : 네팔 남부의 산맥. 고도가 낮은 편이며 숲으로 덮여 있고 사람이 적게 산다.

라리아가 도처에서 기승을 부린다.[163]

  확실히 물이 큰 문제이다. 때로 작물이 물에 푹 잠길 수도 있다. 그래서 논의 수면 높이가 엄청나게 큰 차이가 나는 시암이나 캄보디아의 논에서는 여기에 적응하기 위해서 줄기가 9-10미터나 자라는 유동(流動) 벼의 엄청난 유연성에 기대어야 했다. 수확은 배를 타고 하는데, 이삭만 잘라서 거두어들이고 짚은 내버려둔다. 이 짚의 길이는 때로 믿을 수 없을 정도로 크다.[164] 또다른 문제는 물을 끌어들이고 빼는 것이다. 때로는 대나무로 만든 관을 이용함으로써 높은 곳에 있는 수원지의 물을 끌어온다. 혹은 갠지스 평야나 중국에서 흔히 그러하듯이 우물물을 길어다 쓴다. 실론에서는 커다란 물탱크를 이용하는데, 이것은 거의 언제나 아주 낮은 곳에 위치하며 때로는 땅속 깊은 곳을 파서 만들기도 한다. 따라서 훨씬 더 높은 곳에 위치한 논까지 물을 댈 필요가 있었으며, 그러기 위해서 기초적인 양수기(norias)를 이용하거나 오늘날까지도 볼 수 있는 페달식 펌프를 이용했다. 이런 것을 증기 혹은 전기 펌프로 대체하면 싼 인력을 포기하는 일이 될 것이다. 데 라스 코르테스 신부의 관찰에 의하면 "그들은 양수기와 비슷하게 생겼지만 말을 사용하지 않는, 아주 편리한 작은 기구를 가지고 물을 퍼올렸다. [그의 말에 따르면] 세상에서 가장 손쉬운 방법으로 중국인 한 사람이 이 기구를 하루 종일 발로 돌릴 수 있다."[165] 또한 수문을 이용해서 한쪽 논으로부터 다른 쪽 논으로 물을 순환시켜야 했다. 물론 어떤 시스템을 채택하는가는 지방의 사정에 따라 다르다. 어떤 관개방식도 가능하지 않은 경우에는 논두렁으로 빗물을 가두는 수밖에 없는데, 아시아의 몬순 지역에서는 이것만으로도 광대한 경작지를 경영할 수 있었다.

  전체적으로 보면 이것은 엄청난 노동력을 집중시켜 주의 깊게 적응시킨 결과이다. 게다가 만일 이 거대한 관개 시스템 라인을 서로 긴밀하게 연결하고 위로부터 관리하지 않았다면, 이 모든 것은 불가능했을 것이다. 그러므로 이것은 잘 짜인 사회, 국가의 권위, 그리고 끊임없이 많은 노동의 투하를 의미한다. 청하*로부터 베이징에 이르는 대운하 또한 광대한 관개 시스템의 하나였다.[166] 그러므로 논의 과잉시설은 곧 국가의 과잉시설을 의미한다. 그것은 또 마을들이 규칙적으로 촘촘히 자리 잡고 있다는 사실도 말해준다―그렇게 된 이유는 이 마을들이 공동으로 관계를 해야 했기 때문이기도 하고 동시에 중국 농촌이 종종 아주 불안정했기 때문이기도 하다.

그리하여 논이 발달한 곳에는 인구가 밀집했고 강한 사회적 규율이 생겨났다. 1100년경 중국 남부로 중국의 중심이 이동하게 된 것도 쌀에 책임이 있다. 공식적인 기록에 의하면 1380년경에 남부 중국의 인구가 3,800만 명이었던 반면에 북부 중국의 인구는 1,500만 명이어서 약 2.5 : 1의 비율을 보였다.[167] 한편 벼농사의 장점은 같은 경작지를 계속 사용할 수 있다거나 세심한 물 관리 때문에 높은 수확을 얻을 수 있다는 점보다도 매년 두 번 또는 세 번이나 수확을 할 수 있다는 데에 있다.

이 점은 우선 오늘날 저지 통킹**의 달력에서 볼 수 있다. 1년 농사의 첫 달은 우선 1월에 모내기로부터 시작한다. 다섯 달 뒤인 6월에 벼를 수확한다. 이것이 "다섯 번째 달의 수확"이다. 다시 다섯 달 뒤에 있을 열 번째 달의 수확을 위해서는 바쁜 시간을 보내야 한다. 첫 번째 수확을 빨리 곳간에 옮기고 나서 논을 새로 갈고 고르고 거름을 준 뒤 물을 댄다. 종자를 그대로 뿌리면 영그는 데 시간이 너무 많이 걸리므로 그렇게 하면 안 된다. 우선 거름을 듬뿍 준 모판에서 아주 조밀하게 벼를 기른다. 그러고 나서 이것들을 10-12센티미터 간격을 두고 옮겨 심는다. 인분이나 도시의 오물로 풍부하게 거름을 준 묘판이 여기에 결정적인 역할을 한다. 이것은 시간을 절약해주고 어린 벼에 힘을 준다. 가장 중요한 열 번째 달의 수확은 11월에 절정을 이룬다. 그러고 나면 다시 1월의 모내기를 준비하기 위해 경작을 재개한다.[168]

* 양쯔 강을 프랑스에서는 플뢰브 블뢰(fleuve bleu, 파란 강, 즉 청하[靑河])라고 부른다.
** 통킹 지역은 크게 고지 통킹과 저지 통킹으로 나뉜다. 고지 통킹은 산이 많고 상대적으로 인구가 적은 반면, 저지 통킹은 강 연안의 퇴적평야 지대로서 많은 벼 농사 지역이다.

엄격한 농경달력에는 어느 곳에서나 이렇게 바쁜 일과의 차례가 규정되어 있다. 캄보디아에서는 비가 몇 번 내려 물구덩이들이 만들어지고 나면 첫 경작을 하여 "벼들을 일깨운다."[169] 한 번은 논의 변두리에서 중앙으로, 다음 번은 중앙에서 변두리로 논을 간다. 농민은 논에 깊은 발자국이 나는 바람에 그곳에 물이 고이는 일이 없도록 물소 곁을 따라 걸으면서, 고랑에 지나치게 물이 많을 경우 약간 물을 빼주기 위해서 이랑에다가 하나나 몇 개 정도 비스듬히 작은 골을 낸다……. 잡초를 뽑아서 썩게 두고, 수심이 얕은 물을 오염시킬 우려가 있는 게들을 잡아낸다. 조심스럽게 모종을 오른손으로 뽑아 왼발에 쳐서 "뿌리에 붙은 흙을 털어내고 다시 물속에서 흔들어 깨끗이 한다.……"

속담이나 친숙한 이미지들로부터도 이러한 연속적인 일과들이 어떤 것인지를 알 수 있다. 캄보디아에서는 못자리에 물을 들이는 것을 "참새와 거북을 물에 빠지게 한다"고 표현한다. 벼에 처음으로 원추형으로 꽃이 피기 시작하면 "꽃이 임신했다"고 말한다. 논에 누렇게 드는 금색은 "앵무새 날개 색깔"이다. 몇 주일 뒤에 "젖이 차서 무거워지면" 수확할 때인데, 이것은 거의 볏단을 쌓는 놀이에 가깝다. "매트리스처럼", "상인방(上引枋)*처럼", "날아가는 펠리칸처럼", "개 꼬리처럼", 또는 "코끼리 다리처럼" 볏단이 쌓여간다. 타작이 끝나면 "벼의 말소리"를 내는, 즉 "속이 빈 탄알 날아가는 소리"를 내는 키질을 한다.

기사 샤르댕**이 페르시아에서 벼 농사를 보았을 때, 서유럽인인 그의 관점에서 가장 중요한 점은 벼가 매우 빨리 자란다는 사실이었다. "이 곡물은

---

* 기둥과 기둥 사이의 벽 윗부분에 가로지른 나무를 말한다.

** Chevalier Chardin(1643-1713) : 프랑스의 여행가이며, 장 샤르댕(Jean Chardin)이라고도 한다. 1665년 다이아몬드 장사를 하기 위해서 인도로 가려다가 페르시아를 여행했으며, 인도를 거쳐 유럽에 돌아왔다. 개신교도인 그는 최종적으로 영국에 정착했다. 『페르시아 국왕 솔리만 3세의 대관식 이야기(*Récit du Couronnement du Roi Perse Soliman III*)』(1671)와 『페르시아 및 동인도 여행기(*Voyage en Perse et aux Indes Orientales*)』(1686)를 썼다.

아직 싹이 파랄 때 옮겨 심는데도 석 달 만에 익는다.……왜냐하면 이삭 하나마다 물기가 많고 진흙기가 많은 땅에 옮겨심기 때문이다.……벼가 마르고 나서 1주일이면 다 익는다."[170] 이렇게 빨리 자라는 것이 벼를 1년에 두 번 경작할 수 있는 비결이다. 벼만 두 번 경작하든가, 혹은 북쪽 지역에서와 같이 벼 한 번과 밀, 호밀, 조 한 번을 번갈아 경작한다. 심지어 세 번 경작도 가능한데, 이 경우에는 벼를 두 번 거두는 사이에 밀, 보리, 메밀, 또는 순무, 당근, 콩, 배추(남경배추) 등의 채소를 재배한다. 논은 마치 공장과 같다. 라부아지에*의 시대에 프랑스에서 밀밭 1헥타르의 땅으로 평균 5캥탈을 수확할 수 있었다. 그런데 1헥타르의 논에서는 도정을 하지 않은 쌀로 쳐서 흔히 30캥탈까지 수확이 가능했다. 이것을 도정하면 21캥탈이 되며, 다시 칼로리로 계산하면 1킬로그램의 쌀이 3,500칼로리를 내므로 전부 735만 칼로리가 된다. 이에 비해 밀의 경우에는 150만 칼로리이고, 또 이 땅을 목축에 사용하여 150킬로그램의 고기를 얻으면 34만 칼로리가 된다."[171] 이 숫자는 논과 채식이 가지는 엄청난 우월성을 말해준다. 동양문명의 채식 선호는 확실히 이상주의의 결과만은 아니다.

　물에 살짝 익힌 쌀은 서양의 빵과 같이 매일 먹는 양식이다. 오늘날(1938년 자료 기준) 통킹 삼각주 지역에서 유복하게 잘 먹고 지내는 농민들이라도 쌀밥과 함께 먹는 반찬이 얼마나 빈약한지를 볼 때, 우리는 이탈리아의 빵과 콤파나티코(pane e companatico)를 생각하지 않을 수 없다. 통킹 지역 농민의 음식으로는 쌀 1,000그램에 대해서 "돼지기름 5그램, 누옥 남(nuoc nam, 생선 소스) 10그램, 소금 20그램과 칼로리가 없는 약간의 녹색 잎들이 있다(여기에서 전체 3,565칼로리 중에 쌀이 3,500칼로리를 차지한다)."[172] 1940

＊ Antoine-Laurent Lavoisier(1743-1794) : 프랑스의 화학자. 공기 성분의 구성, 연소할 때 산소의 작용, 질량불변의 법칙 등을 규명한 것 이외에도 많은 화학용어들이 정착된 것 역시 그의 공로이다. 프랑스 혁명 중에 미터법이 채택된 것도 그의 역할에 기인했으나, 징세 청부업을 했다는 죄로 혁명 중에 처형당했다.

년에 쌀을 주식으로 하는 인도인이 일상적으로 먹는 음식을 보면 앞의 경우보다는 더 다양했지만, 그래도 역시 채식 위주였다. "쌀 560그램, 콩과 제비콩 30그램, 신선한 채소 125그램, 기름과 식물성 지방 9그램, 생선, 고기, 계란 14그램, 그리고 무시해도 좋을 정도의 우유"가 전부이다.[173] 1928년에 조사한 베이징 노동자들의 음식비 지출을 보면 이들 역시 육식과는 거리가 먼 식사를 한다는 것을 알 수 있다. 음식 비용 중에 80퍼센트가 곡물, 15.8퍼센트가 채소와 양념류, 3.2퍼센트가 고기에 할당된다.[174]

오늘날의 이 상태는 과거에도 마찬가지였다. 17세기에 실론을 여행한 한 여행자는 "물과 소금을 가지고 익힌 쌀밥에 약간의 푸른 잎, 레몬 주스를 곁들인 것이 훌륭한 식사로 통하는 것"을 보고 놀랐다. "세도가들" 역시 고기나 생선을 거의 먹지 못했다.[175] 1735년, 뒤 알드 신부의 말을 빌리면 중국 농민들은 "흔히 무릎까지 차는 물에서 하루 종일 일하고 난 저녁에……쌀밥과 익힌 채소들, 그리고 약간의 차를 마주하면 행복하다고 느낀다. 중국에서는 쌀을 언제나 물로 익히며, 중국인에게 쌀은 서유럽의 빵과 같은 의미인데, 맛이 있고 없고는 문제가 되지 않는다."[176] 데 라스 코르테스 신부에 의하면, 중국 음식은 "소금기 없이 물로 익힌 쌀밥 한 공기인데, 이것이 이 지역의 일상의 빵에 해당한다." 네다섯 공기를 "왼손에 받쳐들어 입술 가까이에 가져가서 우선 입으로 후후 분 뒤, 오른손에 든 젓가락을 이용해서 포대자루에 밀어넣듯 성급히 위(胃)에 집어넣는다." 이 중국인에게 빵이나 비스킷을 이야기해야 헛일이다. 그들은 밀이 있다고 해도 돼지기름으로 반죽해 증기로 찐 과자로 만들어 먹을 따름이었다.[177]

중국의 이 "작은 빵"은 1794년에 기뉴와 그의 여행 동료들을 매료시켰다. 그들은 여기에 "약간의 버터를 가미해서" 개선했는데, 이것으로 그들은 "중국의 고관들이 우리에게 강요하다시피 한 금식 상태로부터 어느 정도 벗어날 수 있었다."[178] 여기에서 우리는 문명의 선택에 대해서 이야기할 수 있지 않을까? 지배적인 맛 또는 특정한 음식에 대한 열정이란 그 음식을 우월한 것으로 여기고 그것을 의식적으로 선택한 결과로서 나타나는 현상이다. 벼 재배에서 벗어나는 것, 그것은 수준이 떨어지는 것을 뜻한다. "몬순 지대의 아시아인들은 줄기식물이나 죽을 끓여먹는 곡물—또는 빵—보다도 쌀을 좋아한다"고 피에르 구루*는 말한 바 있다.

오늘날 일본의 농부들도 보리, 밀, 귀리, 조 등을 재배하지만, 그것은 다만 벼를 수확하는 사이의 기간이나 아니면 건조농법에 의한 재배밖에 할 수 없을 때에 한한다. 어쩔 수 없을 때에만 이런 곡물을 소비하면서 그들은 "처량하다"고 여긴다. 바로 이러한 점이 오늘날 벼 재배가 아시아에서 가능한 한 가장 북쪽인 북위 49도까지, 아마도 다른 작물들이 훨씬 더 적합했을 곳에까지 확대된 사실을 설명해준다.[179]

동아시아의 모든 지역에서 쌀과 그 부산물을 소비한다는 것은 자명한 일이지만, 흥미로운 점은 고아에 정착한 포르투갈인 역시 그렇게 되었다는 점이다. 1639년에 만델슬로가 말한 바에 의하면, 이 도시의 포르투갈 여인들은 "쌀에 익숙해진 후부터" 빵보다도 쌀밥을 더 좋아하게 되었다.[180] 중국에서는 쌀을 가지고 술도 빚는데, 이 술은 "스페인의 최고급 포도주만큼이나 취하게 만들며", "호박(琥珀) 빛깔을 띠고 있다." 이 술을 모방하고 싶어서인지, 아니면 유럽에서는 쌀값이 싸서인지, "[18세기에] 유럽 일부 지역에서 쌀을 가지고 강한 증류주를 만들려고 한 적이 있는데, 이것은 곡물이나 당밀을 가지고 만드는 다른 증류주와 마찬가지로 금지되었다."[181]

그러므로 동아시아에서는 쌀은 많이 소비하고, 고기는 매우 조금 소비하거나 전혀 소비하지 않는다. 이런 여건에서 쌀이 얼마나 예외적으로 강력한 독재자 같은지를 알 수 있다. 중국에서 쌀값의 변동은 모든 것을 좌우했으며, 심지어 군인의 일당까지도 마치 변동비율제처럼 쌀값에 따라 오르내렸나.[182] 일본은 그보다 더해서, 17세기에 개혁으로 결정적인 변화가 있기 전

---

* Pierre Gourou(1900-1999) : 프랑스의 지리학자.

에는 쌀이 곧 화폐였다. 화폐가치의 평가절하도 일부 원인이 되었겠지만, 일본의 쌀값은 1642-1643년부터 1713-1715년 사이에 10배가 되었다.[183]

쌀이 이와 같은 영광을 누리게 된 것은 이모작 덕분이다. 그러면 언제부터 이모작이 시작되었을까? 1626년에 데 라스 코르테스 신부가 광둥 지역에서 벼를 1년에 여러 번 수확하는 것을 찬탄한 바 있지만, 사실 이미 수 세기 전부터 그러했다. 그가 말한 바에 따르면, 같은 땅에서 "1년에 세 번 연속으로 수확을 거두는데, 이 중에 두 번이 쌀이고 한 번이 밀이다. 파종 한 알당 40-50알을 수확하는데, 기온이 적당하고, 날씨 조건이 좋으며, 스페인이나 멕시코의 어느 곳보다도 월등히 지력이 좋은 훌륭한 토양이 있기 때문이다."[184] 수확 비율이 40-50 대 1이라든가 세 번째로 밀 수확을 할 수 있다는 말에는 의심이 가지만 어떻든 대단히 풍성하다는 인상은 남는다. 이 결정적인 혁명의 정확한 시기에 대해서 살펴보면, 그것은 조생종(早生種) 벼 품종(겨울에 익음으로써 1년에 두 번 수확하는 것이 가능하다)이 참파 왕국(안남의 중부와 남부)으로부터 이식된 11세기 초였을 것이다. 조금씩 새로운 품종이 더운 지역을 차례로 정복해갔다.[185] 13세기부터는 이 품종이 모든 곳에서 자리를 잡았다. 이때부터 남부 중국의 대규모 인구 증가가 시작되었다.

쌀의 책임

쌀이 성공을 거두었다는 것, 사람들이 쌀을 선택했다는 것은 몇 가지 문제를 제기한다. 그것은 유럽의 지배적인 작물인 밀과 마찬가지이다. 물에 익힌 쌀─다름 아닌 밥─은 유럽의 경우 오븐에서 구운 빵처럼 "기본 식량"이다. 이것은 수많은 사람들이 매일 단조롭게도 이 음식물을 먹는다는 것을 뜻한다. 조리법이란 이 기본 식량을 완성시키고 그것이 더 마음에 끌리도록 만드는 기술이다. 따라서 상황은 양쪽 모두 비슷하다. 다만 아시아에서는 역사적인 파악을 가능하게 해주는 자료가 모자란다는 것이 차이점이다.

쌀이 성공을 거둔 데에는 광범위하고도 명백한 요인이 있다. 논은 아주 작은 공간만을 차지한다는 것이 첫 번째 중요한 점이다. 두 번째는 쌀이 높은 생산성을 가짐으로써 인구밀도가 높은 지역의 많은 인구를 먹여 살린다는 점이다. 아마도 너무 낙관적인 견해가 아닌가 하는 생각이 들기는 하지만, 한 역사가의 말에 따르면, 6-7세기 전부터 모든 중국인들은 평균적으로 1년에 300킬로그램 정도의 쌀과 다른 곡물들을 먹었다는데, 이것은 매일 2,000칼로리를 섭취하는 것에 해당한다.[186] 비록 이 수치가 너무 높게 잡혀 있는 듯하고, 또 비참한 광경과 농민봉기들을 보건대[187] 이러한 복지수준의 **연속성**이 의심스럽기는 하지만, 벼 재배 지역의 농민들이 식량을 어느 정도는 안정적으로 확보했다는 것은 확실하다. 그렇지 않다면 무엇보다도 그 많은 사람들이 어떻게 살아남을 수 있었겠는가?

그렇다고 해도 논과 인력이 저지대에 집중해 있는 것은, 피에르 구루가 말하듯이, 약간 "빗나간 결과"를 가져왔다. 예컨대 1734년에만 해도 닝보부터 베이징까지 통과한 한 여행자는 고산지역이 사람 없이 버려져 있는 것을 보았다.[188] 18세기까지도 중국에서는 자바 섬이나 필리핀과는 달리 고산지 벼가 예외적이었기 때문이다. 그 때문에 유럽에서라면 산지에서 볼 수 있는 것들, 즉 인력, 가축 같은 활동적인 자원, 그리고 이것들을 잘 활용하는 생활을 동아시아에서는 경멸했으며 나아가서 배척했던 것이다. 얼마나 큰 것을 놓친 셈인가! 중국인은 삼림 개발이나 목축을 하려고 하지 않았고, 우유와 치즈를 먹지 않았으며, 고기 소비도 거의 없었던 데다가, 산지인들이 분명히 존재했음에도 불구하고 그들과 아무런 교유를 가지려고 하지 않았는데(교유는커녕 정반대의 입장을 가지고 있었다) 어떻게 산을 이용할 수 있었겠는가! 피에르 구루의 말을 달리 표현하면, 쥐라나 사부아 지역에서 활동적인 사람들이 모두 강이나 호수 주변의 평야지대에 집중해 있는 대신, 산에는 가축도 없고 제멋대로 숲을 벌채한 상태에 있다고 상상해보라. 이 모든 것에는 논, 그 풍성함, 그리고 중국인의 음식습관 등에 부분적으로 책임이 있다.

이와 관련한 설명은 아직 밝혀지지 않은 오랜 역사에서 찾아야 하다 관개사업은 중국에서 전통적으로 이야기하는 만큼 오래된 것은 아니지만, 기원전 4세기에서 기원전 3세기쯤에 정부의 집약적인 개간정책과 더욱 세련된 농학의 발달과 동시에 대규모로 이루어졌다.[189] 치수사업과 집약적인 곡물 생산을 하면서 중국의 고전적인 농촌풍경을 형성한 것이 한나라 시대인 이때쯤이었다. 서양사의 연대로 보자면 가장 일러야 페리클레스 시대*에 형성된 이 풍경이 남부의 조생종 벼가 성공을 거둔 시기(11-12세기, 즉 서양의 십자군 원정 시기) 이전에 완전히 자리 잡았다고 할 수는 없을 것이다. 그러므로 실질적으로 고전 중국의 시작, 즉 기존의 구조들을 부수고 새로 혁신을 가져온 장기적 농업혁명—아마도 동아시아 지방의 인류사에 핵심적인 사실이다—덕분에 고전 중국이 나타난 것은 지독하게 느린 문명의 리듬에 따르자면 바로 어제 일어난 일과도 같다.

호메로스의 이야기 훨씬 이전에 밀, 올리브, 포도, 목축 등의 지중해 농업 문명이 자리 잡았고 목축생활이 산지에서 층층이 전개되었다가 밑바닥의 평야에까지 내려온 유럽에서는 그와 유사한 일이 하나도 없었다. 텔레마코스**는 도토리를 먹으며 사는 펠로폰네소스 지역의 비천한 산사람 곁에서 살아본 적이 있었다.[190] 유럽의 농촌생활은 농경과 목축에 동시에 의존하고 있다. 목축은 농경에 대해서 곡물 경작에 필수불가결한 비료를 제공할 뿐 아니라 풍부한 축력 에너지와 음식의 중요한 부분을 제공한다. 그렇지만 유럽의 윤작체제하에서 1헥타르의 경지는 중국에서보다 훨씬 더 적은 사람들에게 식량을 공급한다.

자신의 문제에만 매달려 있던, 벼를 재배하는 남부 중국인들은 산지를 정복하지 못한 것이 아니라 아예 시도를 하지 않았다. 거의 모든 가축을 내쫓아버리고, 밭벼를 재배하는 비천한 산지인들에게 문호를 닫아버린 연후에

---

* 기원전 495-429년을 말한다.
** Telemachos : 호메로스의 『오디세이아』에 나오는 인물. 오디세우스의 외아들. 아버지가 칼립소에 잡혀 있는 동안 그를 찾아 떠났다.

그들은 번영을 누렸다. 그러나 대신 그들은 모든 일들을 스스로 해야 했다. 때로 마차를 끌고 선박을 밀거나* 혹은 운하의 수문 때문에 배가 통과하지 못하면 배를 들어올려 운반했고, 목재를 운반했으며, 소식과 편지를 전하기 위해서 길거리를 내처 달렸다. 논에서 부리는 물소는 근근이 살아갈 정도로만 먹여서 거의 일을 잘하지 못한 반면, 말, 노새, 낙타는 북부에만 있었는데, 사실 북부는 벼를 재배하는 곳이 아니었다. 결국 벼를 재배하는 중국은 자기 자신에게 갇혀버린 농민의 세상이 되어버렸다. 벼농사가 방향을 잡게 된 곳은 외부의 새로운 땅이 아니라 일찍부터 자리 잡은 도시였다. 논에 비료를 제공한 것은 도시의 쓰레기와 인분, 길거리의 진흙탕이었다. 바로 이것 때문에 농민들이 끊임없이 도시로 와서 "양념류 풀과 식초, 돈을 주고" 이 귀한 비료를 모아서 가져가는 왕복운동을 했다.[191] 또 이 비료 때문에 도시와 마을의 밭 위로 참을 수 없는 악취가 퍼졌다. 시골과 도시의 공생은 유럽보다도 더 중요했으며, 이것은 주목할 만한 사실이다. 이 모든 것에 대해서 쌀 자체에 책임이 있다기보다는 쌀이 성공을 거둔 것에 책임이 있다.

언덕과 몇몇 산지의 비탈이 경작되기 시작하고 이미 2세기 전에 아메리카로부터 들어온 옥수수와 고구마가 "혁명적으로" 퍼지기 시작하는 데에는 18세기의 대규모 인구증가가 큰 역할을 했다. 쌀은 아무리 중요하다고 하더라도 다른 작물을 배제하지는 않는다. 이것은 중국만이 아니라 일본, 나아가서 인도에서도 마찬가지이다.

도쿠가와 시대(1600-1868, 에도 시대)의 일본은 17세기에 외국 무역에 대해서 문호를 거의 완전히 닫은 후(1638년 이후) 경제와 인구 면에서 장관을 이루는 발전을 이룩했다. 1700년경에는 총인구가 3,000만 명이었고 수도인 에도(도쿄)에만 100만 명이 살았다. 그와 같은 진보가 가능했던 것은 "유럽에서라면 고작 500만 명이나 1,000만 명밖에 먹여 살리지 못했을"[192] 좁은

---

* 유럽이나 중국에서는 강 위를 다니는 작은 배들을 뭍에서 밧줄로 끌어 움직였다. 그런데 유럽에서는 이 일에 가축을 사용한 반면 중국에서는 인력을 사용했다.

땅에서 3,000만 명의 인구를 유지시켜준 농업생산의 끊임없는 증가 덕분이었다. 무엇보다도 종자, 관개와 배수의 망, 농민들의 손도구(특히 벼의 낟알을 털어내는 데 쓰이는 거대한 나무빗 모양의 도구인 센바코키 등)의 개량,[193] 또 사람과 동물의 배설물보다도 더 자양분이 많고 더 풍부한 비료—말린 정어리, 유채, 콩, 면화 등의 깻묵—의 상업화가 중요했다. 이 비료는 흔히 전체 농업 경비의 30-50퍼센트까지 차지했다.[194] 다른 한편, 농산물의 상업화가 점차 더 광범위하게 진행되면서 대규모의 쌀 교역을 하게 되었고, 독점상인들이 나타났으며, 면화, 유채, 삼, 담배, 채소, 뽕나무, 사탕수수, 참깨, 밀 등의 보조 작물도 급성장했다. 그중에서도 면화와 유채가 가장 중요했다. 유채는 벼 재배와 연결되었고, 면화는 밀 재배와 연결되었다. 이 작물들은 농업수익을 증대시켰지만, 다른 한편 벼 재배보다 두 배나 세 배의 비료를 필요로 했고, 인력도 두 배나 필요로 했다. 논이 아닌 밭에서는 흔히 보리, 메밀, 순무의 세 작물을 조합한 재배가 이루어졌다. 벼는 아주 무거운 현물지대를 내야 했던(수확의 50-60퍼센트를 지주에게 바쳤다) 반면, 이 세 작물들은 화폐지대를 냈다. 그럼으로써 농촌세계가 근대 경제와 관계를 맺게 되고, 또 소규모 토지만 가지고도 부유하지는 않지만 유복한 농민들이 등장한 것도 이 작물 때문이었다.[195] 이러한 점들로 볼 때 쌀 역시 복잡한 주인공이라는 것을 알 수 있다. 그러나 이에 대해서 서유럽 역사가들은 이제 겨우 그 모습을 짐작하기 시작한 정도이다.

두 개의 중국이 있는 것과 마찬가지로 두 개의 인도가 있다. 인더스 강의 하류 지역, 갠지스 강의 넓은 삼각주 지역과 하부 연안 지역에서는 벼 재배를 한 반면, 그 외의 광대한 지역에서는 밀 혹은 척박한 토양에서도 잘 자라는 조를 재배했다. 최근의 인도 역사가들에 의하면 델리 제국 이래 시작된 농업의 거대한 발전에 따라 개간과 관개 작업이 많이 늘어났고, 생산이 다양화되었으며, 인디고, 사탕수수, 면화, 뽕나무 등의 산업적 농업이 장려되었다.[196] 17세기에 도시 인구가 크게 증가했다. 일본에서와 마찬가지로 생산이 늘었고 쌀과 밀을 비롯한 농산물을 육로, 해로 및 그밖의 수로를 통해 교환하는 일이 원거리에 걸쳐서 조직되었다. 그러나 일본과 다른 것은 농업기술의 진보가 없었다는 것이다. 소나 물소 같은 동물이 쟁기를 끌거나 짐을 나르는 가축으로 상당한 역할을 했지만, 이 가축들의 분뇨는 말려서 연료로 쓰일 뿐 비료로 쓰이지는 않았다. 종교적인 이유 때문에 인분이 중국에서처럼 비료로 쓰이지 못했고, 또 잘 알다시피 거대한 가축 떼를 식용으로 사용하지 못했다. 우유와 용해된 버터가 있기는 했지만, 일반적으로 이 가축들을 보호하지도 않았고 또 잘 먹이지도 않아서 상태가 좋지 않았기 때문에 소량밖에 생산하지 못했다.

마지막으로, 쌀과 다른 곡물들은 너무나 광대한 이 대륙의 사람들을 불완전한 정도로밖에는 먹여 살리지 못했다. 일본처럼 인도에서도 18세기의 인구 압력은 극적인 기근으로 나타났다.[197] 물론 이 모든 것에 대해서 쌀이 전적으로 책임을 질 일은 아니다. 왜냐하면 인도에서든 다른 곳에서든 쌀만이 지난날과 오늘날의 인구 과잉의 유일한 원인이 아니기 때문이다. 다만 그것을 가능하게 해준 하나의 요인일 따름이다.

옥수수

우리는 옥수수라는 열정적인 주인공을 마지막으로 살펴보고 지배적인 작물에 대한 연구를 끝내려고 한다. 심사숙고 끝에 우리는 이 연구에 카사바를 포함시키지 않기로 했다. 사실 카사바는 아메리카에서 겨우 원시적이고 대개 보잘것없는 문화에 기반을 마련해준 정도에 불과하기 때문이다. 카사바에 비해서 옥수수는 잉카, 마야, 아즈텍 같은 문명 또는 반(半)문명의 만개를 가능하게 했다. 이 문명들은 진정 옥수수의 산물이다. 그런 다음 옥수수는 전 세계적 차원에서 드물게 성공을 거두며 확산했다.

마침내 명백해진 기원

옥수수의 경우는 기원 문제를 비롯해서 모든 것이 간단하다. 18세기의 박물학자들은 의심스러운 자료를 읽고 해석한 결과 옥수수가 동시에 동아시아로부터로 왔고, 콜럼버스의 첫 발견 이후 아메리카로부터도 왔다고 믿었다.[198] 이 중에 앞의 설명이 틀렸다는 것은 확실하다. 옥수수는 아메리카로부터 아시아와 아프리카로 전해진 것이다. 그러나 아프리카에서의 몇몇 흔적과 요루바족*의 조각들을 보면 사실 아직도 혼란스러울 정도이다. 요루바족의 문제에 관해서는 고고학이 마지막으로 결론을 내려야 하고 또 실제 그러했다. 옥수수 이삭은 과거의 지층에 보존되어 있지 않지만, 적어도 꽃가루는 화석으로 보존되어 있다. 멕시코 시 주변에서 심층 발굴을 한 결과, 화석화된 꽃가루가 발견되었다. 이 도시는 원래 석호 주변에 위치했는데, 석호가 말라버리자 흙이 쌓이고 다시 상당히 침하했다. 이 도시의 오래된 늪지 토양에 대해서 여러 번 발굴을 시도함으로써 화석화된 옥수수 꽃가루가 50-60미터 깊이에서 발견되었는데, 이것은 달리 말하면 수천 년 전에 해당하는 위치이다. 그런데 이 꽃가루는 때로는 현재 재배하는 옥수수의 꽃가루와 같았고, 때로는 원시적인 옥수수의 꽃가루여서, 적어도 두 종류의 꽃가루가 있는 셈이다.

이 문제는 멕시코 시에서 남쪽으로 200킬로미터 떨어져 있는 테우아칸 연안지역에 대한 최근의 발굴로 확실히 규명되었다. 매년 겨울 거대한 사막으로 변하는 이 건조한 지역은 바로 그 메마른 기후 때문에 옥수수의 낟알과 이삭(이것은 가운데 축 방향으로 쫄아들어 있다), 또 마치 우물우물 씹은 것처럼 쭈그러진 상태로 변한 잎 등을 보존하게 되었다. 지하수가 솟아나는 주변 지역에서는 식물, 사람, 사람의 자취가 발견되었다. 동굴 속의 피난처에서는 상당한 양의 자료를 얻을 수 있었으며, 덕분에 옥수수에 관한 모든 역

---

* Yorubas : 아프리카 서부의 흑인족. 나이지리아 남서부, 다호메(현재의 베냉), 토고에 걸친 지역에 거주하며, 이들의 예술(특히 조각)은 아프리카 문명 중 가장 활발한 것으로 꼽힌다.

사를 소급해볼 수 있었다.

"가장 오래된 지층들에서는 근대의 옥수수가 하나씩하나씩 사라지는 것을 볼 수 있다.……가장 오래된 지층, 즉 7,000년 전에서 8,000년 전까지의 시대에 해당하는 지층에서는 원시적인 옥수수만이 발견되는데, 이것은 사람이 재배한 것이 아니었다. 이 원시 옥수수는 작은 식물이었다.……다 익은 이삭이 2-3센티미터밖에 되지 않았으며, 단지 50여 개의 낟알만이 부드러운 포(苞)의 잎겨드랑이에 들어 있었다. 이삭은 아주 약한 축을 가지고 있고 그것을 둘러싼 잎들이 단단하게 둘러싸고 있지 않아서 낟알들이 쉽게 퍼질 수 있었다."[199] 원시 옥수수는 이런 방식으로 생존해갈 수 있었다. 이에 비하여 오늘날 재배하는 옥수수는 다 익어도 잎들이 열리지 않아서 낟알들이 갇혀 있기 때문에 사람이 손으로 열어야 한다.

물론 모든 신비가 밝혀진 것은 아니다. 야생 옥수수는 왜 사라졌을까? 이 문제에 대해서는 유럽 대륙에서 들어온 가축들, 특히 염소 때문이라고 생각해볼 수 있다. 다음으로 이 야생 옥수수의 원산지는 어디일까? 아메리카라는 것은 확실하다고 해도, 인간에 의해서 놀랍게 변형된 이 식물이 원래 정확히 신대륙의 어디에서 기원한 것인지 밝혀내기까지는 많은 논쟁이 지속될 것이다. 이전에는 후보지로서 파라과이, 페루, 과테말라 등을 꼽았다. 얼마 전부터는 멕시코가 이 방면에서 앞서가게 되었다. 고고학 분야에서도 역시 놀라운 결과를 여전히 기다리고 있으며, 동시에 많은 미해결점이 남아 있다. 그리고 이 열정적인 문제들이 결정적 해결책 없이 남게 될 가능성도 있다. 이에 따라서 전문가들은 세계의 거의 모든 곡물의 요람지인 아시아 고원지대 혹은 버마가 옥수수가 원래 퍼져나간 보조적인 중심지일지 모른다고 말하는(또는 마음속으로 그렇게 상상하는) 실정이다.

옥수수와 아메리카 문명들

아즈텍 문명과 잉카 문명이 종국적으로 자리를 잡은 15세기에 옥수수는 이미 오래 전부터 아메리카 공간에 자리 잡고 있었다. 남아메리카 대륙 동부에서처럼 카사바와 연결되기도 했고, 혹은 홀로 건조농법 체제 속에 기반을 잡거나 혹은 페루의 관개된 테라스식 농지 위에서나 멕시코의 여러 호수 연안에서 홀로 재배되었다. 건조농법은 우리가 쌀과 관련해서 라당이나 라이에 대해서 이야기한 내용과 유사하다. 매년 새로운 숲이나 덤불숲을 태워서 얻는 마른 토양 위에서 옥수수를 윤작하는 것이 어떤 일인지 상상해보기 위해서는 멕시코 고원의 아나우악에서 광대한 덤불숲을 불태우는 광경을 보는 것만으로 충분하다. 그 연기가 어찌나 큰 덩어리를 이루는지, 이곳을 지나가는 비행기들(이 비행기들은 이 고지대보다 고작 600-1,000미터 정도 위의 상공을 통해 지나간다)은 뜨거워진 공기 속에서 에어 포켓 현상으로 급강하를 한다.* 이런 것을 밀파 체제(milpa system)라고 한다. 제멜리 카레리는 1697년에 멕시코 시에서 얼마 떨어지지 않은 쿠에르나바카 근처의 산에서 이것을 보았다. "바짝 마른 풀밖에 없어서 농민들이 여기에 불을 지르기만 하면 땅에 비료를 준 셈이다.……"200)

집약적인 옥수수 경작은 멕시코 호수들 주변에서도 볼 수 있으나, 더 극적인 것으로 페루의 테라스식 밭의 경작을 들 수 있다. 잉카족은 늘어나는 인구를 부양하기 위한 땅을 찾기 위해서 티티카카 호 정도의 고도로부터** 안데스 산맥의 계곡을 따라 내려와야 했다. 산을 여러 단(段)으로 구획하고 나서 이 단들을 계단으로 연결하고 특히 일련의 수로망으로 관개를 했다. 이 경작에 대해서 많은 이야기를 해주는 것으로는 단지 그들의 성화(聖畵) 자료만이 남아 있다. 농부들이 땅을 파는 막대기를 가지고 구멍을 내면 그들의 아내가 씨앗을 심는다. 이 씨앗은 곧 익고 이제 사람들은 새들—이 새들이 얼마나 많은지는 하느님만이 알리라—과 짐승들—아마도 이삭을 먹고

---

* 에어 포켓(air pocket)은 공중에 부분적으로 하강기류가 흐르는 구역이다. 비행기가 이곳에 들어가면 양력(揚力)이 감소하여 갑자기 낙하하거나 요동하게 된다.
** 티티카카 호는 해발 3,800미터에 위치해 있다.

있는 것으로 그려진 짐승은 라마일 것이다―을 쫓아야 한다. 다음 그림에는 벌써 수확을 하고 있다……. 수확은 이삭과 줄기를 뽑아내는 방식이다(설탕 성분을 많이 포함하고 있는 줄기는 귀중한 음식이었다). 포마 데 아얄라의 이 순진한 그림과 1959년에 고지 페루에서 찍은 사진을 비교해보면, 결정적인 사실을 알 수 있다. 농민들이 이전과 똑같은 거대한 막대기를 가지고 큰 흙덩이를 활기차게 들어올리고, 그런 다음 여자들이 옛날처럼 씨앗을 심는 것을 다시 보게 된다. 17세기에 코레알은 플로리다 주민들의 화전 경작 광경을 보았는데, 그의 말에 의하면 1년에 두 번, 즉 3월과 7월에 "뾰족한 나무 막대기"를 가지고 씨앗을 심는다.[201]

옥수수는 확실히 기적의 식물이다. 그것은 빨리 익을 뿐 아니라 사실 익기 전에도 낟알을 먹을 수 있다.[202] 식민지 시대 멕시코의 메마른 지역에서는 파종 1알당 70-80알을 얻었다. 미초아칸 지역의 경우 수확 비율이 1 대 150 정도는 부실한 축에 속한다. 케레타로 근처에서는 아주 좋은 땅에서 1 대 800이라는 기록을 남겼다고 하는데, 이것은 거의 믿지 못할 정도이다. 멕시코에서 기후가 덥거나 온화한 지역에서는 두 번 수확을 거둘 수 있는데, 한번은 리에고(riego)라고 하고(이 경우에는 관개를 한다) 다음번은 템포랄(temporal)이라고 한다(이 경우에는 강우에 의존한다).[203] 오늘날 작은 규모의 땅에서 얻는 수확과 비슷한 1헥타르당 5-6캥탈의 수확을 식민지 시대에 얻었다는 것을 상상해보라. 그런데 이런 정도의 수확은 아주 쉬운 일이었다. 이 농사방식은 아주 적은 노동력만을 요구하기 때문이다. 이런 일들을 주의 깊게 관찰한 고고학자 페르난도 마르케스 미란다는 옥수수를 재배하는 농민들이 누리는 이점들을 이렇게 이야기했다. "옥수수를 재배하는 데에는 1년에 50일의 노동밖에 필요하지 않으며, 이것은 달리 말하면 계절에 따라서는 7-8일에 하루 정도만 일하는 것을 의미한다."[204] 따라서 그들은 자유롭다. 어쩌면 너무 자유롭다. 안데스 산맥의 관개 테라스나 멕시코 고원의 호숫가 지역의 옥수수 재배는 결국 신정국가(神政國家), 지나치게 전제적이

국가에 이르게 되었으며, 농촌의 여유로움은 이집트 방식의 거대한 공사에 이용되었다(이것은 옥수수의 잘못일까, 아니면 관개의 잘못일까, 혹은 인구가 많다는 바로 그 점 자체 때문에 억압적으로 변하기 쉬운 밀집한 사회의 잘못일까?). 옥수수가 없었다면 마야나 아즈텍의 거대한 피라미드도, 쿠스코의 키클롭스적인 성벽도,* 또는 마추픽추의 인상적이고 놀라운 건조물도 불가능했을 것이다. 이런 것들을 건조하기 위해서는 결국 옥수수가 거의 저절로 자라야 했다.

문제는 이것이다. 한쪽에 놀라운 건조물이 있고 동시에 다른 한쪽에 인간적으로 비참한 결과가 있다. 우리는 이렇게 자문하게 된다. 누구에게 잘못이 있는가? 물론 사람에게 잘못이 있지만, 또한 옥수수에게도 잘못이 있다.

이 모든 고통을 감내하면서 얻는 보상은 무엇인가? 우선 일상적으로 먹는 품질 나쁜 빵인 옥수수로 만든 갈레트가 있고, 흙으로 구운 접시 위에서 약한 불로 익힌 과자, 또는 옥수수 낟알을 불 위에서 튀긴 음식인 팝콘이 있다. 이 중에 어느 것도 충분한 음식이 되지 못한다. 여기에 육식을 보충해야 하지만, 고기는 언제나 모자랐다. 오늘날 인디언 구역에서 옥수수를 기르며 사는 농민들, 그중에서도 특히 안데스 산맥에서 사는 사람들은 흔히 너무나도 비참한 생활을 하고 있다. 그들이 먹는 음식이란 옥수수를 먹고 또 먹으면서 가끔 말린 감자로 보충하는 정도이다(우리는 감자의 원산지가 페루라는 것을 알고 있다). 요리는 노천에 있는 돌로 만든 아궁이에서 바람을 맞으며 한다. 오막살이집의 하나밖에 없는 방을 사람과 가축이 함께 쓰며, 언제나 변함없는 옷은 초보적인 기술로 라마의 털실을 가지고 짠 것이다. 유일한 낙은 코카 나무의 잎을 씹는 것인데, 이것은 배고픔, 갈증, 추위, 피로를 완화시켜준다. 현실을 도피하는 수단으로 옥수수를 (씹어서) 발효시킨 맥주 치차(chicha)가 있는데, 스페인 정복자들은 치차를 앤틸리스 제도에서 보고 나

---

* 키클롭스(Cyclops)는 그리스 신화에 나오는 외눈박이 거인이다. 미케네의 거대한 성벽을 이 거인이 만들었다는 전설에서 흔히 엄청나게 큰 건조물을 '키클롭스적'이라고 표현한다.

서는 적어도 그 이름을 인디오 아메리카 전역에 퍼뜨렸다. 그 외에도 페루에서 나는 강한 맥주 소라(sora)가 있다. 이런 것들은 합리적인 정책을 추진한다는 정부들이 너무 위험하다고 판단해서 금지시킬 정도였으나 헛일이었다. 이런 술들은 고야의 그림에 나오는 취한 풍경에서처럼 이 슬프고 허약한 사람들을 자기 자신으로부터 도피하게 만들었다.[205]

옥수수의 중대한 단점은 언제나 쉽게 손에 닿는 곳에 있지는 않다는 점이다. 옥수수는 안데스 산맥의 절반 높이 정도까지에서는 재배되지만, 이쯤에서 추위 때문에 경작이 불가능해진다. 다른 곳에서도 옥수수 경작지는 넓지 않다. 따라서 어떤 비용을 들여서라도 낟알을 운반해야 한다. 오늘날에도 포토시 지방의 남쪽에 자리 잡고 사는 유라 인디오들은 그들이 사는 해발 4,000미터나 되는 비인간적인 고지대로부터 옥수수가 자라는 지역으로 계절 이동을 한다. 그들은 채석장에서 돌을 캐듯 캐내는 소중한 암염을 교환 화폐로 사용한다. 매년 3월이 되면 이들은 옥수수와 코카 잎과 술을 얻기 위해서 적어도 3개월이 걸리는 왕복 여행을 한다. 남자, 여자, 아이 할 것 없이 모두 걸어서 여행하는데, 이들의 캠프 근처에는 돌소금을 넣은 포대가 성벽처럼 둘러쳐져 있다. 이것은 먼 옛날부터 언제나 볼 수 있었던 옥수수와 그 가루의 유통에 대한 작고 보잘것없는 한 예에 불과하다.[206]

19세기에 알렉산더 폰 훔볼트는 누에바 에스파냐*에서,[207] 그리고 오귀스트 드 생-틸레르**는 브라질에서,[208] 노새를 이용한 옥수수 유통에 대해 말하면서 정류소, 란초(rancho, 초원에 있는 오두막집), 역, 반드시 통과하게 되어 있는 길 등을 언급했다. 모든 것이 여기에 의존한다. 광산 역시 첫 곡괭이

---

* Virreinato de Nueva España : 아메리카 대륙에 스페인이 설정한 총독령. 1535년에 처음 세웠을 때에는 파나마 이북의 모든 스페인 지배 지역을 포함하도록 했기 때문에 멕시코 지역과 캘리포니아를 포함하고 있었으며, 나아가서 1565년부터는 필리핀까지 여기에 속했다. 그러나 때로는 실질적으로 가장 중요한 멕시코 지역을 주로 지칭한다.
** Auguste de Saint-Hilaire : 프랑스의 항해가. 1875년에 아메리카 대륙을 항해하면서 별들의 방위 등을 관찰하고 삼각 측량법을 통해서 배의 위치를 파악하는 방법을 개량했다.

질을 할 때부터 이것에 의존한다. 누가 가장 많은 수익을 얻는가? 은을 찾아나서는 광산업자인가, 사금 채취자인가, 아니면 식량 상인가? 옥수수 유통이 중단되면, 곧 그 결과는 지금 형성 중에 있는 대역사에 영향을 미치게 된다. 17세기 초에 파나마 항구의 항무장관(capitaine général)이었던 로드리고 비베로의 보고에서 증거를 찾을 수 있다. 파나마 항구에는 포토시 지방의 광산에서 나는 은이 아리카에서 출발하여 카야오를 거쳐 도착했다. 그 다음 이 귀중한 상품은 노새 카라반과 차그레스 강의 배를 이용해서 지협을 넘어 대서양 연안의 포르토벨로로 갔다. 그런데 또 파나마는 니카라과나 (칠레의) 칼데라로부터 수입하는 옥수수가 있어야만 살아갈 수 있었다. 1626년의 경우를 보자. 이 해는 수확이 좋지 않은 해였는데, 페루로부터 2,000-3,000파네가(fanega, 약 100-150톤)의 옥수수를 실은 배 한 척이 도착하여 이 곤경에서 벗어났고, 그래서 지협의 고지대를 넘어오는 은의 수송이 계속되었다.[209]

18세기의 식량혁명

재배작물은 끊임없이 전파되면서 사람들의 생활을 변화시킨다. 그러나 이 움직임이 작물 스스로의 힘으로만 이루어진다면, 수백 년, 때로는 수천 년이 걸릴 것이다. 그러나 신대륙 발견 이후 이 움직임은 확대되었고 가속화되었다. 구대륙의 작물이 신대륙으로 전해졌고 반대로 신대륙의 작물이 구대륙으로 전해졌다. 즉, 구대륙으로부터 벼와 밀, 사탕수수와 커피 나무 등이 신대륙으로 갔고 신대륙으로부터 옥수수, 감자, 제비콩, 토마토,[210] 카사바, 담배 등이 전해졌다.

어디에서나 새 작물은 기존 식물이나 사람들의 음식습관의 저항에 부딪치게 마련이다. 유럽에서 감자는 끈끈하고 소화가 잘 되지 않는 음식으로 여겨졌다. 쌀을 주로 먹는 남부 중국에서는 오늘날에도 옥수수가 경멸의 대상이다. 그러나 이렇게 사람들이 먹지 않으려고 하고 뒤늦게야 받아들이려고 하더라도, 이 모든 작물들은 결국 넓게 퍼지고 굳건하게 자리를 잡게 된다. 유럽에서든 다른 곳에서든 우선 가난한 사람들이 첫 문을 연다. 그러고 나면 인구 증가로 인해 이 작물들은 필수품이 된다. 그러므로 세계 인구가 증가할 수 있었던 것은 **부분적으로는** 새로운 작물로 식량생산이 증가했기 때문이 아니었을까?

아메리카 외부에서의 옥수수

지금까지 개진된 주장들이 어떠하든지 간에, 콜럼버스의 여행 이전에는 옥수수가 아메리카 대륙에 갇혀 있던 상태에서 벗어났을 가능성이 거의 없었다. 콜럼버스는 1493년 첫 여행에서 돌아올 때 옥수수 낟알을 가지고 왔다. 옥수수의 원산지가 아프리카라는 주장 역시 거의 가능성이 없다. 이 기원에 관한 논의에서 전 세계적으로 옥수수에 붙여진 다양한 이름들을 근거로 삼으려는 것은 거의 소용이 없다. 옥수수는 지역과 시대에 따라 상상할 수 있는 가능한 모든 종류의 이상한 이름으로 불렸기 때문이다. 로렌에서는 옥수수를 "로도스의 밀"이라고 부른다. 피레네에서는 "스페인 밀", 바욘에서는 "인도 밀", 토스카나 지역에서는 "시리아의 두라(doura)", 이탈리아의 다른 지역에서는 흔히 "그라노 투르코(grano turco : 튀르키예 곡물)", 독일과 네덜란드에서는 "튀르키예 밀"이라고 부르고, 러시아에서는 "쿠쿠루"라는 튀르키예식 이름으로 부르지만, 정작 튀르키예에서는 "룸의 밀(기독교도의 밀)"이라고 부르며, 프랑슈-콩테 지방에서는 "튀르키(turky)"라고 부른다. 가론 강 연안지역과 로라게 지방에서는 옥수수의 이름이 더욱이나 전혀 뜻밖의 방식으로 변화한다. 우선 1637년에 카스텔노다리 시장에, 그리고 1639년에 툴루즈 시상에 나타났을 때에는 "스페인 조(millet d'Espagne)"라는 이름이 붙여졌고, 이 지방에서 많이 재배하던 조는 따라서 시장시세표에 "프랑스 조(millet de France)"로 기록되었다. 그러다가 이 두 곡물은 각각 "거친 조(millet

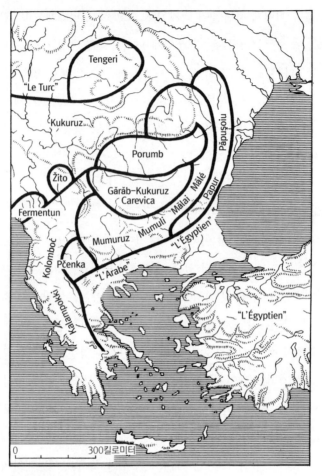

17. 발칸 지역에서 부르던 옥수수의 여러 가지 이름들
(트라얀 스토야노비치, 「아날」, 1966, p.1031)

gros)", "고운 조(millet fin)"라고 불리다가 1655년경에 옥수수가 조의 재배를
축출할 정도가 되자 그 이름까지 빼앗아 수식어 없이 그냥 "조(millet)"가 되
어버렸다. 이 상태는 프랑스 혁명기까지 1세기 이상이나 계속되다가 이때쯤
에 가서야 시장시세표에 드디어 옥수수의 본 이름인 "마이스(maïs)"가 등장
했다.[211)

  우리는 아메리카 대륙 발견 이후 옥수수가 유럽과 유럽 이외의 지역에서
퍼져가는 상황을 개략적으로 추적할 수 있다. 그것은 매우 느린 과정이었으

며, 진정한 성공을 이룩한 것은 18세기에 가서의 일이다.

그러나 그 이전에 이미 훌륭한 식물학자들은 식물도감에 이 식물을 묘사하기 시작했고(1536년 장 뤼엘의 것부터 시작되었다), 레온하르트 푹스의 식물도감(1542)은 극히 정확한 그림을 제공하면서 이 식물을 이제는 어느 정원에서나 볼 수 있게 되었다고 덧붙여 말했다.[212] 그러나 우리에게 흥미로운 것은 언제 이 작물이 실험실습 장소인 채소밭을 떠나 밭과 시장에서 자리를 차지하는지 하는 점이다. 그러기 위해서는 농민이 이 새 작물에 익숙해져야 하고 그것을 사용할 줄 알아야 하며 더욱이 그것을 먹어야 한다. 옥수수는 흔히 같은 아메리카 원산지 출신이고 토양의 회복을 도와주는 역할도 하는 제비콩과 함께 움직였다. 그리하여 파지올리(fagioli : 제비콩)와 그라노 투르코(옥수수)는 함께 이탈리아에 침투했다. 올리비에 드 세르도 이 두 식물이 자신의 고향인 비바레에 함께 도착했다고 말했다.[213] 그러나 이 모든 것은 시간을, 그것도 아주 많은 시간을 요구했다. 1700년에만 해도 한 농학자는 프랑스에서 옥수수를 너무나 조금밖에 재배하지 않는다고 놀라워했을 정도이다.[214] 마찬가지로 발칸 지역에서도 옥수수는 (적어도) 십여 가지의 서로 다른 이름을 가지고 뿌리를 내렸지만, 세금과 영주에 대한 부담을 피하기 위해서 채소밭 또는 교통이 빈번한 큰길에서부터 멀리 떨어진 곳에서 재배했다. 옥수수가 넓은 공간을 차지하게 되는 것은 18세기에 가서의 일이다. 다시 말해 아메리카 대륙의 발견 이후 200년이 지난 후이다.[215] 여하튼 크게 보아서 18세기에 가서야 옥수수가 전 유럽적으로 큰 성공을 거두었다고 할 수 있다.

이것은 놀라울 정도로 뒤늦은 것이다. 특히 예외적으로 조숙한 성공이나 특출한 성취들도 있다는 점을 생각하면 더욱 그렇다. 1500년부터 옥수수를 볼 수 있었던 안달루시아, 1520년경에 옥수수가 도착한 카탈루냐와 포르투갈, 갈리시아 등지로부터 한편으로는 이탈리아로, 또 한편으로는 남서부 프랑스로 전해졌다.

베네치아에서 옥수수가 거둔 성공은 대단했다. 일반적으로 사람들이 믿고 있듯이 1539년경에 도입된 옥수수는 이 세기 말과 다음 세기 초 사이에 테라 피르마 전역에 걸쳐 널리 재배했다. 베네치아 근처의 좁은 지역인 폴레시네에서는 그보다도 더 일찍 재배가 시작되었다. 이곳은 16세기에 많은 자본을 들여서 밭 전체를 사용하여 새로운 작물들을 실험한 곳으로서, 따라서 '그라노 투르코'가 1554년부터 신속하게 퍼진 것도 당연한 일이다.[216]

남서부 프랑스에서는 베아른이 가장 먼저 옥수수를 접했다. 1523년부터는 바욘 지역에서, 1563년경에는 나바랭스의 시골에서 옥수수를 재배했는데,[217] 이곳에서는 우선 사료로 쓰였다. 옥수수가 일반 사람들이 먹는 음식이 되기까지는 약간의 시간이 필요했다. 아마도 툴루즈 지역에서 대청(大靑, pastel, 염료로 쓰이는 작물) 농사가 몰락한 것도 여기에 유리하게 작용했을 것이다.[218]

가론 계곡이나 베네치아, 혹은 일반적으로 옥수수를 재배하게 된 모든 곳에서 마지못해 빵을 포기하고 그 대신 옥수수 갈레트를 먹게 된 사람들은 농민이나 도시 하층민이었다. 베아른에 대한 1698년의 기록에는 이런 내용을 볼 수 있다. "미요크(milloc, 옥수수를 뜻하는 이 지역의 사투리)는 인도에서 들어온 곡물인데, 민중이 먹는다."[219] 리스본에 주재하는 러시아 영사에 의하면 옥수수는 "포르투갈 하층 사람들의 주요 음식이었다."[220] 부르고뉴에는 "고드(gaudes)"라고 불리는, 옥수수 가루를 오븐에 구운 농민의 음식이 있는데, 이것은 디종에까지 팔려갔다."[221] 그러나 어느 곳에서도 옥수수는 유복한 계급의 사람들에게는 결코 인기가 없었다. 이들은 아마도 20세기에 몬테네그로를 여행한 어떤 사람이 그곳의 옥수수를 보고 느낀 저항과 비슷한 반응을 보였을 것이다. "어디에서나 묵직한 옥수수 가루 뭉치를 볼 수 있다.……그 황금색 나는 노란 가루는 눈으로 보기에는 아름답지만, 배에서는 거부한다."[222]

옥수수에는 아주 유리한 장점이 하나 있으니 높은 생산성이 그것이다. 그 위험성에도 불구하고(식사를 너무 옥수수에만 의존하면 펠라그라에 걸린다),* 옥수수는 베네치아에서 여태까지 빈발했던 기근을 끝나게 하지 않았던가? 프랑스 남부지방(이른바 "미디[Midi]")의 "미야스(millasse)", 이탈리아의 "폴렌타(polenta)", 루마니아의 "마말리가(mamaliga)" 등이 일반 대중의 음식이 되었다. 사실 이들은 옥수수보다 훨씬 더 먹기 거북한 구황식품을 경험으로 알고 있다는 것을 잊지 말아야 한다. 배고픔 앞에서는 음식의 어떤 터부도 소용이 없다. 더욱이 사람이 먹는 음식이면서 동시에 가축의 사료로서 휴한지에서 재배할 수 있는 옥수수는 바로 그 휴한지에서 재배하여 성공을 거둔 사료작물의 경우와 유사한 "혁명"을 가져왔다. 마지막으로, 풍부한 수확을 가져다주는 이 작물이 점차 넓은 토지를 차지하면서 **상업화된** 밀 생산을 증가시켰다. 농민은 옥수수를 먹고 대신 값이 두 배나 되는 밀을 내다팔았기 때문이다. 18세기에 베네치아에서는 생산된 곡물의 15-20퍼센트를 수출했는데 이것은 1745-1755년의 영국의 수출 비율과 비슷한 수준이었다.[223] 이 시대의 프랑스는 1-2퍼센트 정도만을 제외하고는 생산한 곡물 거의 전체를 소비했다. 그러나 로라게 지역에서는 "17세기에, 그리고 특히 18세기에 농민들이 주로 먹는 옥수수 덕분에 밀이 대규모 교역 상품이 되었다."[224]

콩고에서도 사정이 비슷해서, 16세기 초에 포르투갈인이 아메리카로부터 도입했기 때문에 "마사 마 음푸타(Masa ma Mputa : 포르투갈의 이삭)"라는 이름을 가지게 된 옥수수는 마음으로부터 환영받지는 않았다. 1597년 필리포 피가페타에 의하면, 옥수수는 다른 곡물보다 덜 쳐주는 곡물이었으며 사람이 아니라 돼지에게 먹였다.[225] 대개 첫 반응들은 이러했다. 그러다가 조금씩 콩고 북부, 베냉, 요루바 지역에서 옥수수는 유용한 작물 중 첫째 자리를 차지하게 된다. 그리고 이것이 의심할 바 없는 성공을 거두었다는 것은 옥

---

* pellagra : 주로 니아신(비타민 B의 구성요소)의 결핍 때문에 일어나는 병으로서, 가장 두드러진 증상은 피부 손상이고 그 외에도 위 및 내장 장애, 신경 장애 등—이것을 이른바 펠라그라의 고전적인 3D 현상(피부염[dermatitis], 설사[diarrhea], 치매[demcntia])이라고 한다—이 나타난다.

수수가 이 지역에 퍼져 있는 일련의 전설 속에 등장한다는 데에서 확인할 수 있지 않을까? 이 사실은 먹는다는 것이 단지 물질생활의 현실만은 아니라는 증거이기도 하다.[226]

유럽이나 아프리카에 들어가는 것은 상대적으로 쉬웠다. 그러나 옥수수는 인도, 버마, 일본, 중국에 뚫고 들어가면서 완전히 다른 정도의 성공을 거두었다. 옥수수는 중국에 아주 일찍, 16세기 초에 도착했다. 한편으로는 내륙에서 버마와의 국경을 통해 들어오고—그래서 윈난 성에 자리 잡았다—동시에 바닷길을 통해 말레이 제도와 긴밀한 관계를 맺고 있던 항구들이 있는 푸젠 성에 도착했다. 그런데 바로 똑같은 이 항구들을 통해 16세기 초에 땅콩이 들어오고 더 나중에는 고구마가 들어온다(이때에 중개인 역할을 한 사람들은 포르투갈인들과, 또 말루쿠 제도와 교역하던 중국 상인들이었다). 그렇지만 1762년까지 옥수수 재배는 윈난 성 그리고 쓰촨 성과 푸젠 성의 일부 지역에만 한정되었을 뿐 거의 아무런 중요성을 가지지 못했다. 옥수수가 확실하게 자리를 잡은 것은 18세기에 인구가 급증하여 벼를 재배하는 평지 이외에도 언덕과 산지를 개간해야 했을 때였다. 이때에도 중국 사람들 일부가 좋아하는 음식을 포기한 것은 필요 때문이지, 취향 때문은 아니었다. 이제 옥수수는 중국 북부의 넓은 지역을 장악했고, 더 나아가서 조선 방향으로 퍼져갔다. 그 덕분에 북부의 전통적인 작물인 조와 수수에 옥수수가 덧붙여졌고, 이 때문에 인구가 훨씬 많았던 남부 중국과 북부 중국 사이에 균형을 이루도록 했다.[227] 일본 역시 옥수수를 받아들였고, 이와 아울러 많은 새로운 작물들이 부분적으로 중국의 매개를 통해서 함께 들어왔다.

감자, 더 중요한 작물

감자는 기원전 2000년대부터 아메리카의 안데스 산맥 가운데에서도 옥수수가 자라지 못할 정도의 고지대에 널리 퍼져 있었다. 감자는 구황작물 역할을 했으며, 더 잘 보관하기 위해서 일반적으로 말려두었다.[228]

구대륙에서 감자가 보급되는 과정은 옥수수가 보급되는 과정과 전적으로 똑같지는 않다. 감자는 옥수수만큼 보편적으로 보급되지는 않았던 것이다. 그리고 보급되는 속도도 옥수수의 경우만큼이나, 혹은 그 이상으로 느렸다. 중국, 일본, 인도, 이슬람권에서는 거의 감자를 받아들이지 않았다. 감자가 성공한 곳으로는 우선 아메리카 대륙이 있고―감자는 신대륙 전역으로 퍼졌다―아메리카보다도 더 크게 성공한 곳은 유럽이었다. 유럽은 한쪽 끝에서 다른 쪽 끝까지 감자가 "지배했다." 이 새로운 작물이 이곳에서 차지하는 비율은 가히 혁명적으로 증가했다. 경제학자 빌헬름 로셔(1817-1894)는 다소 성급한 결론인지는 모르겠으나 감자야말로 유럽의 인구가 증가하게 된 원인이라고 주장했다.[229] 사실은 기껏해야 여러 원인 가운데 하나일 것이다. 유럽의 인구증가는 이 새 작물이 효과를 나타내기 전에 이미 시작되었기 때문이다. 1764년에 폴란드 국왕의 자문관 한 사람은 이렇게 이야기했다. "[폴란드에] 아직 알려져 있지 않은 감자를 들여와서 재배했으면 합니다."[230] 1790년에 상트 페테르부르크 근처 지역에서는 오직 독일계 이주농들만이 감자를 재배했다.[231] 그런데 러시아나 폴란드의 인구는 다른 곳과 마찬가지로 이 시기 이전부터 이미 증가했다.

새로운 작물의 보급이 느리다는 것은 거의 보편적인 규칙이 아닐까? 스페인인들은 1539년부터 페루에서 감자의 존재를 알고 있었고, 나아가서 스페인 상인들은 포토시 지역 광산에서 일하는 인디오들에게 마른 감자를 공급하기도 했다. 그러나 이 새로운 작물은 즉각적인 효과 없이 이베리아 반도를 가로질러갔다. 이탈리아에서는 스페인보다 인구가 더 많았기 때문에 새로운 작물에 더욱 주의를 기울였을 것이며, 따라서 더 일찍부터 흥미를 유발했고 많은 실험을 했다. 그 과정에서 수많은 초기 이름들 중에 하나인 타르투폴리(tartuffoli)를 선물받았다. 그 외에 10여 가지의 다른 이름들이 있다. 스페인에서는 투르마 데 티에라(turma de tierra), 파파(papa), 파타타(patata), 포르투갈에서는 바타타(batata), 바타테이라(bateira), 이탈리아에서는 파타타(patata), 타르투페(tartuffe), 타르투폴라(tartuffola), 프랑스에서는 카르투플(cartoufle), 트뤼프(truffe), 폼 드 테르(pomme de terre), 영국에서는 포테이토 오브 아메리카(potato of America), 미국에서는 아이리시 포테이토(Irish Potato), 독일에서는 카르토펠(Kartoffel), 빈에서는 에르트아펠(Erdtapfel) 등으로 부른다. 슬라브어, 헝가리어, 중국어, 일본어로는 어떻게 부르는지는 생략하기로 하자……[232] 1600년에 올리비에 드 세르는 감자의 존재를 이야기하고 자세히 묘사한 바 있다. 1601년에 카롤루스 클루지우스는 독일의 대부분의 정원에서 감자가 보인다고 증언하면서 감자에 대해 최초의 식물학적인 묘사를 했다. 전승에 의하면 영국에 감자가 들어간 것은 스페인의 무적함대*를 격파한 해인 1588년 직전에 월터 롤리에 의해서이다. 영불해협과 북해에서 경쟁국들의 대함대가 해전을 벌인 것보다도 감자가 도입되었다는 이 밋밋한 사건이 차라리 더 중요한 결과를 가져왔다고 나는 확신한다!

일반적으로 유럽에서 감자가 확고하게 자리를 잡은 것은 18세기나 19세기이다. 그러나 옥수수와 마찬가지로 감자도 이곳저곳에서 때 이른 성공을 거두기도 했다. 이런 점에서 유달리 뒤늦은 프랑스에서 그래도 일찍 성공한 곳으로는 우선 도피네가 있다. 알자스에서는 1660년부터 감자가 밭에서 재배되었고,[233] 로렌에서는 1680년경에 들어온 뒤에 1760년경에만 해도 여전히 비판과 시비의 대상이었던 것이 1787년에는 시골 주민에게 "건전한 주요 식량"이 되었다.[234] 그보다 앞선 시기인 17세기 전반부터 아일랜드에 감자가 도입되었는데, 18세기에 가면 약간의 유제품을 곁들인 감자가 농민들이 먹는 거의 유일한 식량이 되었다. 감자는 이렇게 성공을 거둔 뒤에 결국 우리가 익히 아는 바와 같은 대참화**를 가져왔다.[235] 영국에서도 감자는 큰

---

* Armada Invencible : 단순히 아르마다(Armada)라고도 한다. 영어로는 Invincible Armada이다. 1588년 스페인 국왕 펠리페 2세가 영국을 정복하기 위해서 함대를 보냈으나 무능한 지휘관과 폭풍우 때문에 실패로 끝났다.

** 아일랜드의 감자 기근(Potato Famine, 대기근[the Great Famine]이라고도 한다)을 말한다. 아일랜드에 도입된 후로 감자는 가장 중요한 식량이 되었다. 19세기에 이르자 수백만 명이 감자 한

성공을 거두었지만, 국내 소비보다 국외 수출용으로서 훨씬 큰 중요성을 가졌다.[236] 애덤 스미스는 아일랜드에서 식량으로서 훌륭한 가치를 입증한 이 식품에 대해 영국인이 경멸감을 느끼는 것을 보고 개탄해 마지않았다.[237]

감자는 스위스, 스웨덴, 독일 등에서 더욱 확실히 성공했다. 파르망티에가 감자를 "발견한" 곳은 7년전쟁 동안 포로로 지냈던 프로이센이다.[238] 그러나 1781년에 엘베 지역에는 하인들 중에 타르토펠른(tartoffeln : 감자)을 먹으면서 참고 지내겠다는 사람이 아무도 없었다. 그들은 "감자를 먹으니 차라리 주인을 바꾸겠다"고 했다……[239]

사실 감자 재배가 확대되고 빵 대신 감자를 제공하는 곳에서는 어디에서나 이에 대한 저항이 있었다. 감자가 나병을 퍼트린다고도 했고, 위에 가스가 생긴다고도 했다. 이 두 번째 문제점은 1765년의 『백과사전』에서도 받아들여졌으며 이렇게 덧붙이고 있다. "농민과 노동자의 그 활기찬 내장기관에서 그 정도의 가스가 무슨 중요한 일이겠는가!" 이처럼 감자가 빠르고 광범하게 정착한 곳에서는 어디에서나 다소 극적인 곤경을 겪었다……. 아일랜드처럼 기근의 위협이 심각한 지역에서 감자가 성공을 거둔 이유는 같은 크기의 땅을 가지고 밀을 재배하면 한 사람을 먹일 수 있는 데 비해서 감자를 재배하면 두 사람을 먹일 수 있기 때문이다.[240] 또는 곡물 밭을 휩쓸어버리는 전쟁도 비슷하다. 알자스에 관한 한 문서는 이렇게 설명한다. 농부는 감자를 소중히 여긴다. "그것은 결코 전쟁의 침해를 받는 일이 없기 때문이다." 실제로 어느 여름에 이곳에 군대가 주둔했는데, 감자 수확을 망치지 않았다.[241] 오히려 실제로는 매번 전쟁이 감자 재배를 자극한 것 같다. 알자스는 17세기 후반에, 플랑드르는 아우크스부르크 동맹 전쟁(1688-1697)과 스페인 왕위 계승 전쟁 그리고 1740년의 곡물 위기와 겹친 오스트리아 왕위 계

가지에만 의존하여 살 정도였는데, 1840년대 후반에 "포테이토 블라이트(potato blight)"라고 부르는 감자 병이 퍼진 결과 일대 감자 기근이 일어나게 되어 유례없는 참화를 겪었다. 그 결과 수많은 사람들이 아사했고 미국 등지로 떠나는 대규모 이민사태가 벌어졌다.

승 전쟁 동안에, 독일은 7년전쟁과 특히 "감자 전쟁"이라고 부르는 바이에른 왕위 계승 전쟁(1778-1779)* 동안에 그러했다.[242] 마지막으로 들 수 있는 감자의 장점은 이 새로운 작물이 십일조에서 면제되었다는 점이다. 우리는 1680년 이후 남부 네덜란드에, 그리고 1730년경부터 북부 네덜란드에 감자가 일찍이 보급되었다는 사실을 지주들이 제소한 재판 기록으로부터 정확하게 추적할 수 있다.

바로 이 플랑드르에 대해서 판덴브루커는 다른 곡물 소비의 감소를 가지고 간접적으로 감자 소비량의 혁명적인 증가를 계산했다. 1인당 하루 곡물 소비량은 1693년에 0.816킬로그램으로부터 1710년 0.758킬로그램, 1740년 0.680킬로그램, 1781년 0.476킬로그램, 1791년 0.475킬로그램이 되었다. 이러한 소비량의 감소는 플랑드르에서 감자 소비가 곡물 소비를 40퍼센트 정도나 대체했음을 의미한다. 이를 보충하여 확인해주는 사실은 전반적으로 감자에 적대적이었던 프랑스에서 18세기 동안 곡물 소비가 감소하지 않고 오히려 증가했다는 사실이다.[243] 이곳에서 감자 혁명은 유럽의 다른 지역과 마찬가지로 19세기에 가서 시작했다.

사실 이 현상은 대단히 다양한 채소와 콩과식물들을 정원으로부터 밭으로 몰아간 더 큰 혁명의 일부분이었다. 영국에서 일찍이 시작된 이 현상을 애덤 스미스는 놓치지 않았다. "감자……순무, 당근, 배추는 이전에는 삽을 가지고 재배하던 채소들인데, 이제는 쟁기를 가지고 재배한다. 정원에서 기르던 모든 종류의 채소들이 이 때문에 값이 매우 싸졌다"고 그는 1776년에 썼다.[244] 30년쯤 뒤에 런던을 방문한 한 프랑스인은 영국에서 지방마다 채

---

* 바이에른 선제후령의 상속권을 둘러싼 오스트리아와 프로이센 사이의 전쟁. 1777년 12월 바이에른의 선제후 막시밀리안 요제프가 죽자 팔츠 선제후 카를 테오도르가 계승했는데, 이에 대해서 오스트리아의 황제 요제프 2세가 15세기의 문서를 들어 자기의 서자(庶子)가 상속권을 가져야 한다고 주장하며 군대를 이끌고 바이에른을 공격했다. 이에 프로이센이 맞대응하려고 했고 다시 프랑스와 러시아가 중재에 나서 테셴의 평화조약을 맺게 했다. 이 전쟁에서는 실제 전투는 거의 벌어지지 않았고, 다만 상대방의 연락과 보급을 끊으려는 노력만 했다. 그래서 당대인들이 이 전쟁을 "감자 전쟁(Kartoffelkrieg, potato war)"이라고 불렀다.

소가 풍부한 것을 보았다. 그에 의하면 이 채소는 "말에게 꼴을 먹이듯이 완전히 자연 그대로의 상태로 먹는다."245)*

다른 지방의 음식에 대한 거부감

유럽이 18세기에 진정으로 식량의 혁명을 이루었다는 것(비록 그것이 완수되는 데에는 아직도 2세기 정도가 더 소요된다고 하더라도)을 확인하려면, 어떤 사람이 고향을 떠나 자신에게 익숙한 관습과 일상의 음식에서 멀어져 다른 것들을 경험하게 될 때마다, 그리하여 다른 음식을 만나게 될 때마다 어떤 갈등이 일어나는지를 보면 된다. 이 점에 관해서는 유럽인이 가장 훌륭한 예들을 제공한다. 그것은 건너기 힘든 음식상의 경계가 무엇인지를 보여주는 단조롭고 고집스러운 예들이다. 호기심에 끌려, 혹은 착취하기 위해서 유럽 이외의 지역에 갔을 때 유럽인은 자신에게 익숙한 포도주, 알코올, 고기, 햄 등을 결코 포기하지 않으려고 한다. 이런 것들을 유럽에서부터 가지고 와야 하므로 비록 벌레 먹은 것이라고 해도 인도에서는 금값으로 팔린다……. 빵만 해도 그것을 수중에 넣기 위해서는 어떤 일이라도 마다하지 않는다. 무엇에 익숙하다는 것이 사람을 어쩔 수 없게 만드는 것이다! "이 나라에서 먹는 방식대로 쌀을 익힌 데다가 아무 반찬 없이 먹는 것은 도저히 내 배에 맞지 않았고, 비스킷 같은 것도 없었기 때문에" 제멜리 카레리는 중국에서 밀을 구하여 비스킷과 과자를 직접 만들었다.246) 밀이 자라지 않는 파나마에서는 밀가루를 유럽에서부터 가지고 와야 했으므로 "가격이 쌀 수가 없으며" 따라서 빵은 사치품이었다. "그것은 도시에 자리 잡은 유럽인이든지 부유한 크레올**이나 먹을 수 있었다. 그것도 코코아를 마시거나 잼에 캐러멜

---

* 신선한 채소를 조리하지 않고 샐러드로 먹는 것을 의미한다.
** 스페인어로는 크리올로(criolo), 프랑스어로는 크레올(créole), 영어로는 크리올(creole)이다. 원래는 16-18세기 중에 (스페인에서 태어나 아메리카로 이주해온 사람과 대조적으로) 스페인령 아메리카에서 태어난 백인을 지칭한다.

을 함께 먹는 경우에만 먹었다." 그 외의 다른 모든 식사 때에는 일종의 폴렌타와 같은 옥수수 과자를 먹거나, "꿀을 바른" 카사바 과자를 먹었다.[247]

지치지 않는 여행자인 제멜리 카레리가 1697년 2월에 필리핀을 떠나 아카풀코에 도착했을 때, 밀빵을 발견하지 못한 것은 당연한 일이다. 밀빵을 발견하는 기쁨을 맛보게 되는 것은 먼 뒷날 멕시코에 갔을 때였다. 마사틀란의 제당(製糖) 공장에서 "우리는 좋은 빵을 발견했는데, 모든 사람들이 옥수수 과자를 먹는 산지에서 이것은 보통 일이 아니었다."[248] 우리는 여기에서 누에바 에스파냐에서는 관개한 땅이든 하지 않은 땅이든(리에고[riego]이든 세카노[secano]*이든) 밀을 대규모로 재배하는 것은 도시에 팔기 위한 것이라는 사실을 회고할 필요가 있다. 이제 우리 역사가들에게 흥미로운 사실이 하나 있다. 1697년 3월 12일에 카레리는 멕시코에서 민중봉기를 목도했다. "이날 일종의 봉기가 있었다. 사람들은 총독 궁전의 창문 밑으로 달려가서 빵을 요구했다." 사람들이 궁전을 태우지 못하게 여러 가지 조치를 취해야 했다. "왜냐하면 1692년에 갈로에 백작 시절에 실제로 그랬던 적이 있기 때문이다.……"[249] 이 "사람들"이 우리가 생각하는 백인들이었을까. 만일 그렇다면 다소 성급하기는 하지만, 우리는 이렇게 결론을 내릴 수 있다. 백인은 흰 빵을 먹는다. 물론 이것은 아메리카 대륙에 한정된 일이다. 그러나 만일 그 사람들이 메스티소나 인디언, 흑인이었다면, 그들이 "빵"이라는 언제나 모호한 이름으로 요구했던 것은 다름 아닌 옥수수였을 것이다.

세계의 다른 지역

결국 **지배적 작물**이란, 그것이 아무리 중요하다고 해도, 세계의 좁은 지역에만 한정되어 있다. 그것은 밀집한 인구, 완수된 문명 또는 완수 중인 문명과

---

* 세카노는 건조한 땅 또는 건조한 밭을 가리키는 말로서 앞에서 나온 템포랄(temporal)과 같은 뜻이다.

정확히 일치한다. 게다가 지배적 작물이라는 표현에 우리가 혼란을 느끼면 안 된다. 대규모의 사람들이 어떤 지배적 작물을 선택하면, 그것이 그들의 생활양식에 뿌리를 내리고 그 결과 그 생활양식이 형성되며 때로는 돌이킬 수 없는 선택 속에 갇히게 되지만, 그 반대 방향 역시 사실이다. 즉 그 어떤 지배적 작물의 성공을 확립시키고 허용하는 것은 지배적 문명이다. 밀, 벼, 옥수수, 감자 등의 재배는 그것들을 사용하는 사람들에 의해서 변형되었다. 콜럼버스 이전의 아메리카에는 대여섯 종류의 감자가 있었다. 오늘날의 과학적인 농업은 1,000가지 이상의 감자 종류를 만들어냈다. 원시적 농업의 옥수수와 오늘날 미국의 콘 벨트*의 옥수수 사이에는 공통점이라고는 하나도 없다.

간단히 말해서 우리가 식물의 성공이라고 생각하는 것은 대개 문화적 성공이다. 이러한 질서가 성공적으로 굳어지려면 그 성공을 거둔 사회의 "틀짜기 기술(téchnique d'encadrement)"이 개재되어야 한다. 만일 카사바에게 지배적 작물이라는 타이틀을 가져다붙이기를 거부한다면, 카사바가 열등한 음식이기 때문이 아니다. 반대로 카사바는 오늘날 아프리카의 많은 나라에서 기근에 대한 훌륭한 방어책이다. 그러나 그것은 일단 원시문화에 의해서 받아들여진 후 그 상태를 벗어나지 못했다. 아메리카에서든 아프리카에서든 그것은 원주민의 음식으로서 남아 있을 뿐 옥수수나 감자와 같은 사회적 상승을 실현하지 못했다. 원산지에서조차 그것은 유럽으로부터 들어온 수입 곡물과 경쟁을 벌여야 했다. 식물도 사람과 마찬가지로 주변상황과 맞아떨어져야 성공을 거둔다. 바로 이 특정한 경우에서 역사가 배반을 한 것이다. 카사바와 열대지방의 줄기식물, 어떤 특정한 종류의 옥수수, 그리

---

* Corn Belt : 전통적으로 미국 중서부 지역을 일컫는 말로서 서부 인디애나, 일리노이, 아이오와, 미주리, 동부 네브래스카, 동부 캔자스를 포함한다. 이곳은 밤에 덥고 낮이 아주 뜨거운 데다가 비가 연중 일정하게 내려서 옥수수(corn)를 기르는 데에 이상적이며, 또 사실 옥수수가 이곳에서 아주 중요한 작물이기 때문에 이런 이름으로 불리게 되었다. 그러나 실제로는 옥수수 이외에도 다양한 농업이 이루어지고 있다.

고 바나나, 빵나무, 코코넛 나무, 야자나무같이 하늘이 내려준 것 같은 소중한 과수에는, 벼나 밀을 재배하는 사람들만큼 뛰어난 것은 아니지만, 대단히 넓은 공간을 차지하는 집단의 사람들—줄여서 "괭이를 사용하는 사람들(hommes à la houe, people of the hoe)"—이 확고부동하게 매달려 있다.

괭이를 사용하는 사람들

놀랍게도 오늘날에도 땅 파는 막대기(일종의 원시적인 괭이라고 할 수 있다), 혹은 괭이를 가지고 일하는 것이 지배적인 지역이 대단히 광대하다. 이런 지역은 마치 반지처럼 지구를 둘러싸고 있다. 독일의 지리학자들의 표현을 빌리면, "벨트" 모양을 하고 있는데, 이것은 오세아니아, 콜럼버스 발견 이전의 아메리카, 블랙 아프리카, 남아시아와 동남 아시아의 넓은 지역(여기에서는 이런 사람들의 거주지가 농경을 하는 사람들의 거주지와 맞닿아 있거나 교차하고 있다)을 포함한다. 특히 동남 아시아(넓은 의미의 인도차이나)에는 두 가지 농사방식이 섞여 있다.

이렇게 말할 수 있을 것이다. 첫째, 지구상에 이와 같은 벨트 모양의 분포가 만들어진 것은 극히 오래된 일이며, 그것은 이 책이 다루는 모든 시기에 걸쳐서 타당하다. 둘째, 이것은 어쩔 수 없이 지방적인 차이를 보이지만, 그 이상으로 매우 동질적인 사람들에 관한 것이다. 셋째, 그러나 세기가 지나갈수록 당연히 외부의 영향에 대해서 보호받지 못하게 된다.

첫째, 오래된 특징에 대해서—이 점에 대해서 계속 논쟁을 벌이는 선사학자나 민족학자들의 말을 믿는다면, 괭이를 사용하는 농경은 대단히 오래된 농업혁명에서 유래했다. 그것은 아마도 기원전 4000년경에 나타난, 가축을 이용한 농경이라는 농업혁명보다도 이전의 것인 듯하며, 기원전 5000년까지 거슬러올라가 역사시대의 개막 이전의 어둠 속에서 자취를 잃고 만다. 그리고 이것 역시 다른 혁명들처럼 아마도 고대 메소포타미아에서 기원했을 것이다. 어쨌든 그것은 가장 오래된 깊이의 시간 속에서 나온 경험의 산물이

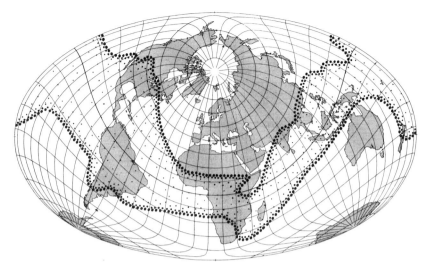

18. 괭이를 사용하는 경작의 "벨트"

아메리카 대륙과 태평양의 섬들을 통과하는 지역이 유난히 넓다는 점에 주목하라(베르트의 책). 위베르 데샹에 의하면(1970년 1월 7일 자 편지), 베르트가 마다가스카르를 괭이 지역에 포함시킨 것은 잘못이다. 이곳에서는 아마도 인도네시아에 기원을 두고 있는 안가디(angady)라는 아주 긴 삽을 사용하는 듯하다.

며, 인간이 얻은 교훈들을 단조롭게 반복하는 가운데 오래도록 지속되었다.

쟁기를 가지고 하는 농사와 쟁기 없이 하는 농사를 구분하는 것은 도구 결정론이기 때문에 그런 구분이 의심스럽다는 견해가 있으나, 그것은 우리의 관점에서 보면 거의 중요하지 않다. 에스테르 보제루프는 한 독창적인 책(1960)에서 설명하기를, 우리가 앞에서 얘기한 바 있는 라당 유형의 체제에서 먹여 살려야 할 인구가 증가하고, 그것이 토지가 한정되어 있다는 점과 상충하면 결국 숲의 복구에 필요한 **시간**이 짧아진다고 했다.[250] 그런데 바로 이러한 리듬의 변화가 다음에는 도구의 변화로 이어지게 된다. 그러므로 이 설명에서 도구의 변화는 원인이 아니고 결과이다. 재 속이나 시커멓게 태운 나무들 사이에 종자를 뿌리거나 심거나 혹은 꺾꽂이를 하는 경우(다시 반복하지만 나무뿌리도 들어내지 않은 채 행하는 경우)에는 땅 파는 막대기로 족하든지 아니면 그나마도 늘 필요한 것이 아니다. 그러나 농사의 최선이 나무 빨라서 숲이 회복되지 않으면 풀밭이 자리 잡는다. 이 장소를 불태우는 것으로는 농사짓기에 족하지 않은데, 그 이유는 풀뿌리를 제거할 수 없기 때문이다. 그러면 뿌리를 없애기 위해서 괭이를 사용하게 된다. 우리는 이런 일을 블랙 아프리카에서 볼 수 있다. 이곳에서는 숲과 사바나를 동시에 태워서 경작한다. 그러면 마침내 삽과 쟁기를 쓰게 되는데, 이때에는 늘 경작지를 준비하는 노력을 해야 하는 대신에 모든 형태의 관목을 제거한 광대한 나대지에서 점점 더 빠른 리듬으로 수확을 하게 된다.

달리 말하면, 괭이를 사용하는 농업은 비록 후진적인 농업이지만, 아직까지 인구 압력이 크지 않기 때문에 가축을 이용하여 밭을 가는 일—어찌 보면 훌륭한 위업이면서 또 한편으로는 억압적인 노동—을 하지 않아도 된다. 콩고에 가서 우기 때에 농민이 일하는 모습을 본 장 프랑수아 드 롬 신부는 이 사실을 정확하게 파악했다. "그들이 토지를 경작하는 방식을 보면, 거의 일할 필요가 없다. 워낙 지력이 좋기 때문이다[그러나 이것이 정확한 이유가 아니라는 것은 확실하다]. 그들은 밭갈이도 하지 않고 삽질도 하지 않으며 다만 괭이를 가지고 땅을 살살 긁어서 씨앗을 덮을 뿐이다. 이렇게 쉽게 일하면서도 비만 풍족하게 오면 그들은 풍부한 수확을 거둘 수 있다."[251] 결론적으로 괭이를 사용하는 농민의 노동은 유럽의 농민이나 벼를 재배하는 아시아 농민의 노동보다도 (거기에 들인 시간과 노동을 볼 때) 더 생산적이지만, 그 대신 인구가 밀집한 사회를 이룰 수는 없다. 이 원시적인 노동이 유리한 것은 토양이나 기후가 아니라 거대한 휴경지를 얻을 수 있다는 점(또한 이것은 인구가 적기 때문에 가능한 것이다)과, 깨기 힘든 관습의 망을 구성하는 사회형태—피에르 구루가 말하는 "틀짜기 기술"—덕분이다.

둘째, **동질적인 전체**—괭이를 사용하는 사람들 집단에서 가장 인상적인 사실은 그들이 재산, 식물, 동물, 도구, 관습 등에서 꽤 동질적인 전체를 공유한다는 것이다.

이들의 집은 어느 곳에 있든지 단층의 네모난 집이라는 점, 세련되지 않은 도자기를 구울 수 있다는 점, 손으로 옷감을 짜는 초보적인 기술이 있다는 점, 발효음료(그러나 증류주는 아니다)를 만들어 마신다는 점, 염소, 양, 돼지, 개, 닭, 때로는 벌 등의 작은 가축을 친다는 점(그러나 큰 가축은 없다) 등은 거의 확실한 동질적 공유 사항들이다. 그들은 주변의 친숙한 식물세계—바나나, 빵나무, 야자, 호리병박, 타로, 얌 등—로부터 음식물을 구한다. 1824년에 차르에게 봉사하는 한 선원이 타히티 섬에 도착했을 때, 그는 무엇을 보았던가? 빵나무, 코코넛, 바나나 플랜테이션, 그리고 "얌과 고구마를 기르는 울타리를 두른 작은 밭"이었다.[252]

물론 괭이를 가지고 경작하는 곳이라고 하더라도 거대한 지역권들 사이에는 차이가 있다. 예를 들면 아프리카의 스텝과 사막지역에는 물소와 소 같은 큰 가축들이 존재하는데, 에티오피아의 농경민들의 중개를 통해 아주 오래 전에 받아들인 것이다. 또한 바나나 재배는 언제나 해왔고 또 괭이를 가지고 경작하는 곳의 특징이라고 할 수 있지만(바나나 나무는 종자를 가지고는 재생산하지 못하고 반드시 꺾꽂이를 해야만 재생산할 수 있다는 사실을 고려하면 바나나 재배는 아주 오래 전에 시작되었을 것이다), 나이저 강 이북의 수단 지역이나 뉴질랜드와 같은 변경지역에서는 바나나를 찾아볼 수 없다. 뉴질랜드 같은 경우, 9-14세기 사이에 균형대가 달린 카누를 타고 용감하게 모험을 하던 폴리네시아인들(마오리족)이 폭풍우를 만나 이곳 해안에 내던져졌을 때, 이곳 날씨가 그들에게는 너무 추워서 놀랄 정도였다.

분명 가장 중요한 예외는 콜럼버스 발견 이전의 아메리카이다. 안데스 산지와 멕시코 고원지대의 후진적이고 취약한 문명의 담당자인 괭이를 사용하는 농민은 일찍이 아시아로부터 수차례에 걸쳐 베링 해협을 넘어 아메리카로 들어온 사람들이다. 지금까지 발견된 가장 오래된 인간의 자취는 기원전 4만6000년에서 기원전 4만8000년까지 거슬러올라간다. 그러나 지금도 고고학적 발굴이 계속되고 있는 만큼 언젠가는 이 연대가 수정될지 모른다. 그러나 의심의 여지가 없어 보이는 것은 아메리카인이 장구한 역사를 가졌다는 것, 확실한 몽골계의 특질을 가진다는 것, 아메리카 인디언의 성공 이전에 엄청난 과거의 깊이가 있다는 것이다. 이 선사시대의 사람들은 조그만 집단들을 이루어 사냥과 고기잡이를 위해서 우리의 눈에는 지나치게 보일 정도로 이동하며 다녔다. 그들은 아마 아메리카 대륙을 북쪽에서 남쪽으로 횡단해가다가 기원전 6000년경에 티에라 델 푸에고*에 도착했을 것이다. 신대륙의 다른 곳에서는 수 세기 전에 사라져버린 말[馬]이 이 "땅끝(Finistère)"에서는 사냥감으로 남아 있다는 것은 이상한 일이 아닌가?[253]

이렇게 북쪽으로부터 퍼져 내려오는 사람들(그리고 여기에 아마도 중국, 일본, 폴리네시아의 해안에서 배를 타고 나왔다가 폭풍우에 밀려 태평양을 가로질러 이곳에 도착한 사람들이 나중에 합류했을 것이다)이 아메리카 대륙의 광활한 땅 전체에 흩어져 섬처럼 작은 집단을 이루면서 그들만의 경작방식을 가지게 되었고 또 서로 통하지 않는 언어를 가지게 되었다. 놀라운 것은 지리적으로 이 언어들 일부가 다른 언어 공간 내부에 섬처럼 흩어져 있다는 점이다.[254] 원래 아시아에서 들어온 사람들이 수적으로 많지 않았다는 사실을 보면(인디언들 사이의 먼 친족관계를 말해주는 몇몇 문화적 특징은 제외하고) 모든 것이 이곳 현지에서 이루어졌다는 사실을 이해할 수 있다. 새로 온 사람들은 아주 오랜 과정을 거치면서 가공되지 않은 현지 자원을 사용하고 발전시켰다. 아주 느리게 농업이 자리를 잡아갔다. 카사바, 고구마, 감자, 옥수수 등을 재배했는데, 특히 옥수수는 아마도 멕시코에 기원을 두었을 터이지만, 카사바를 기르는 아메리카 대륙 중부의 더운 열대지역을 넘어 남쪽이나 북쪽의 온대지역 쪽으로 괭이의 비정상적인 확대에 기여했다.

셋째, **최근의 융합**—그러나 괭이를 사용하는 원시적인 세계에서도 곧 해상 통합으로 세계가 섞임에 따라서 새로운 융합이 일어났고 점점 빈번하게 접촉이 이루어졌다. 예컨대 콩고에 카사바, 고구마, 땅콩, 옥수수 등이 도착

---

* Tierra del Fuego : '불의 땅'이라는 뜻이며, 남아메리카 최남단에 마젤란 해협을 경계로 해서 본토와 떨어져 있는 열도이다.

한 것에 대해서는 이미 언급한 바 있다. 이것은 포르투갈의 항해와 교역에 힘입은 좋은 결과이다. 그러나 새로 도착한 작물은 기존의 옛 작물들 사이에서 가능한 한도 내에서만 자라났다. 옥수수와 카사바는 흰색이나 붉은색 조 곁에서 자랐다. 조는 물에 개어 일종의 폴렌타를 만드는 데 쓰였는데, 말리면 2–3일 정도 보관할 수 있다. "이것은 빵으로 쓰였고 건강에 전혀 나쁘지 않다."[255] 마찬가지로 배추, 호박, 상추, 파슬리, 치커리, 마늘 등 포르투갈인이 수입한 채소 역시 일반적으로 토착식물인 콩이나 잠두류 곁에서 큰 성공을 거두었다고 할 수는 없지만, 적어도 사라져버리지는 않았다.

가장 독창적인 틀을 이루는 것은 아프리카에서 식량을 공급하는 나무들이다. 콜라나무, 바나나나무, 그중에서도 특히 야자나무는 아주 다양한 종류들이 있어서 기름, 술, 식초, 직물 원사, 잎 등을 공급했다. "어느 곳에서나 야자나무의 선물을 볼 수 있다. 집의 창이나 지붕, 짐승을 잡는 덫이나 고기를 잡는 그물, 국고(國庫, 콩고에서는 이 직물의 조각을 화폐로 사용했다), 의류, 화장품, 치료약, 음식." "상징의 차원에서 [야자나무는] 남성 나무이며 또 어떤 의미에서 귀족 나무이다."[256]

아무튼 초보적이지만 활기찬 농업을 하는 이 사람들과 그들의 사회를 과소평가하지는 말자. 13세기부터 하와이 섬, 이스터 섬, 뉴질랜드를 잇는 거대한 해양 삼각지대를 차지한 폴리네시아인들의 팽창을 생각해보라. 그것은 무시해버려도 좋을 업적이 아니다. 그러나 문명인들이 그들을 훨씬 뒤로 밀쳐버렸다. 문명인들이 그들의 성공을 지워버리고 그 가치를 절하시킨 것이다.

그렇다면 원시인들은?

괭이를 가진 사람들이 우리의 카테고리 중에서 가장 마지막은 아니다. 그들의 작물, 도구, 문화, 집, 항해, 목축, 그리고 그들의 성공은 결코 무시할 만한 문화수준이 아니다. 가장 마지막을 차지하는 사람은 농사를 짓지 않고

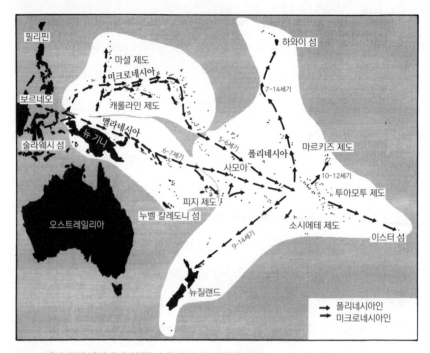

19. 14세기 이전 멜라네시아인들과 폴리네시아인들의 이주
특히 하와이 섬에서부터 이스터 섬과 뉴질랜드에 이르는 거대한 삼각형 모양의 폴리네시아인의 항해 영역이 주목할 만하다.

채집, 어로, 사냥을 하며 사는 사람들이다. 이 "약탈자들"*은 고든 휴즈의 지도에서 1번부터 27번까지를 차지하는 아주 넓은 지역에 살고 있다. 그들에게는 광활한 공간이 주어져 있지만, 그 공간의 이용은 숲, 늪, 복잡한 갈래를 한 강, 야생동물, 수많은 새들, 얼음, 악천후 등으로 방해받는다. 이들은 주변의 자연을 지배하는 것이 아니라 기껏해야 장애물과 제약 사이를 헤집고 미끄러져 들어가는 정도이다. 이들은 역사의 제로 지대에 사는 사람들이며, 심지어—부정확한 말이지만—역사가 없는 사람들이다.

15-18세기 사이의 세계에 대한 "공시적인(synchronique)" 전망에서 이들에게 자리매김을 할 필요가 있다. 그렇지 않다면 우리의 설명을 담아내는 카테

---

* 농사를 지으며 식물을 가꾸어서 먹는 것이 아니라, 자연의 산물을 그대로 '약탈하듯이' 이용하는 사람들이라는 의미이다.

고리들의 부채[扇子]는 전체를 다 펼치지 못하며 그 의미를 상실하게 된다. 그렇지만 예를 들어 프랑스의 농민이라든가 시베리아의 러시아인 이주농들을 볼 때와 같이 역사가의 방식으로 그들을 본다는 것은 얼마나 힘든 일인가! 지난날의 민속학자, 또는 이들이 살아가는 것을 보고 이들의 존재 메커니즘을 이해하려고 노력했던 관찰자가 우리에게 줄 수 있는 자료만 있을 뿐, 그 외에는 자료가 없다. 그러나 모두 유럽 출신이던 이 지난날의 탐험가나 여행자, 전혀 보지 못하던 충격적인 이미지를 찾던 자들은 결국 타인에 대해서 자신의 경험과 관점을 투사했다. 그들은 비교와 대조를 통해 판단했다. 그리고 의심의 여지가 있는 이 이미지들은 불완전하고 너무 수적으로 모자란다. 그리고 이 이미지들을 따라가다 보면 그것들이 거의 석기시대의 방식으로 살아가는 진짜 원시인과 관련이 있는지, 아니면 우리가 지금 막 보았던 괭이를 사용하는 사람들—사실 그들은 "야만인"과도 거리가 멀고 인구가 밀집한 사회의 "문명인"과도 거리가 멀다—과 관련이 있는지가 항상 분명하지는 않다. 멕시코 북부에 살면서 스페인인들에게 큰 고통을 가한 치치메카 인디오들을 보더라도 이들은 사실 코르테스가 도착하기 이전에 이미 정주하던 아즈텍인들의 적이었다.[257]

마젤란부터 타스만, 부갱빌, 쿡 등 세계를 일주한 유명한 여행자들의 일기를 보는 것은 단조롭고 끝없는 사막 같은 바다, 특히 지구 표면적의 절반이나 차지하는 남해*에서 길을 잃는 것과 같다. 그들의 일기에는 무엇보다도 선원들의 걱정거리, 위도, 식량, 배에 실은 물, 돛의 상태, 키, 선원들의 질병과 감정 상태 등에 관한 이야기가 있다. 새로운 곳에 대한 그들의 묘사는 잠깐 기항할 때 언뜻 본 인상을 적은 것에 불과하다. 때로는 새로운 땅을 발견하거나 알게 되자마자 곧 다시 떠나게 되어 다시 언급하지 않는 수가 많다.

---

* Mer du Sud : 남해란 스페인의 초기 탐험가들이 태평양에 붙인 이름이다. 이들이 파나마 지협을 넘어 처음 태평양에 이르렀을 때, 그곳의 해안선이 동서로 뻗어 있어서 이 바다가 남쪽 방향으로 크게 펼쳐져 있다고 보았기 때문에 이렇게 불렸다.

그들의 기술은 불명확하기 짝이 없다.

그러나 태평양의 낙원인 타히티 섬은 그렇지가 않다. 이곳은 이미 1605년에 포르투갈인이 발견했고, 1767년에 영국인 새뮤얼 월리스가 재발견했다. 다음 해인 1768년 4월 6일에 부갱빌이 이곳에 상륙했다. 그다음 해에 거의 같은 날인 4월 13일에 제임스 쿡이 상륙했는데, 이들과 함께 이 섬이 유명해졌으며 이것이 "태평양의 신화"의 기초가 되었다. 그러나 이들이 기술한 야만인이 진짜 원시인일까? 천만의 말씀이다. "크기가 다른 카누 백여 개는 모두 균형대를 가지고 있었는데, 이 카누들이 [어느 날 이 섬 앞에서 닻을 내리려고 하던 부갱빌의] 배 두 척을 에워쌌다. 그 카누는 야자 열매, 바나나와 다른 열매를 싣고 있었다. 이 맛있는 과일과 우리들의 하찮은 물건들과의 교환이 신용 있게 이루어졌다."[258] 쿡이 인데버 호를 타고 이곳에 왔을 때에도 마찬가지 일이 벌어졌다. "우리가 닻을 내리자마자 원주민들이 카누에 야자 열매와 다른 과일들을 싣고 우리 배로 떼를 이루어 접근해왔다."[259] 그들은 원숭이들처럼 뱃전에 기어올라와서 마음에 드는 물건들을 훔치려고 하다가 곧 평화로운 교환을 받아들였다. 이렇게 외지인을 환영하는 것이나 물물교환, 주저 없이 흥정하는 것은 곧 문화가 자리 잡고 있고, 사회적 규율이 서 있다는 증거이다. 사실 타히티인들은 "원시인"이 아니다. 과일과 야생 식물이 상대적으로 풍성하다고 해도 그들은 호박과 고구마(아마도 포르투갈인들이 들여왔을 것이다), 얌, 사탕수수—그들은 날것으로 먹었다—등을 재배했으며, 돼지와 날짐승들을 많이 키웠다.[260]

인데버 호는 나중에 진짜 원시인들을 만났다. 마젤란 해협이나 혼 곶에서 기항할 때, 혹은 남쪽의 뉴질랜드 섬에서 머무를 때였을 것이다. 이들은 물과 목재를 새로 공급받고 배 밑바닥을 수리하기 위해서 오스트레일리아 해안 입구에 닻을 내렸던 것이 틀림없다. 결국 세계지도상에서 괭이 문명들이 그리는 벨트를 벗어날 때마다 매번 그러했던 것이다.

쿡과 선원들이 아메리카 대륙 최남단에 있는 르 메르 해협에서 보았던 일단의 비참한 상태의 야만인이 그런 사람들이었다. 그들은 완전히 옷을 벗고 있었고, 유럽인들은 그들과 전혀 교유할 수 없었다. 물개가죽을 걸치고, 작살과 활, 화살 이외의 도구는 하나도 사용하지 않으며, 추위를 잘 가려주지 못하는 허름한 오막살이에 만족하는 그들은 "한마디로 말하면 아마도 오늘날 지구상에서 가장 비참한 존재일 것이다."[261] 2년 전인 1767년에 새뮤얼 월리스도 바로 이 헐벗은 야만인들을 만났다. "[우리 선원 중에] 한 사람이 낚시를 하다가 막 잡은 살아 있는 생선 한 마리를 아메리카인에게 주었다. 이 생선은 청어보다 조금 컸는데 그 아메리카인은 마치 뼈다귀를 던져준 개처럼 탐욕스럽게 그것에 달려들었다. 그러고는 우선 생선의 아가미 근처를 이로 물어서 죽이고 나더니, 대가리부터 시작해서 꼬리까지 뼈, 지느러미, 비늘, 창자 어느 것 하나 버리지 않고 먹었다."[262]

쿡과 동료들이 즐겁게 관찰한 오스트레일리아의 야만인 역시 원시인이었다. 그들은 아무것도 소유하지 않았고, 방랑생활을 했으며, 사냥을 약간 하는 것 외에는 낮은 조수에 덮힌 진흙탕의 물속에서 고기잡이를 했다. "우리는 그곳에서 농사짓는 땅을 단 한조각도 보지 못했다."

전형적인 경우를 더 많이 볼 수 있는 곳은 북반구의 내륙지역이다. 우리가 살펴볼 시베리아는 오늘날까지도 여전히 최상의 민속학 박물관으로 남아 있다.

그러나 더 나은 관찰지역은 유럽의 식민화가 파괴와 동시에 개명을 가져다준 광범위한 아메리카 북부 지역일 것이다. 이곳에 대해서 우선적으로 전체적인 조망을 할 수 있는 자료로는 프레보 원장신부가 쓴 『아메리카에 대한 일반 관찰(Observations générales sur l'Amérique)』보다 더 훌륭한 것은 없을 것이다.[263] 샤를부아 신부, 사뮈엘 샹플랭, 마르크 레스카르보, 라 옹탕 남작, 포테리 등의 서삭들을 이것저것 섞어가며 요약한 프레보는 너무 광범위한 그림을 그려냈다. 루이지애나로부터 허드슨 만에 이르는 이 가없는 공간 속에서 인디언들은 상이한 집단을 이루고 있다. 이들 사이에는 "야만족"

의 극히 다양한 축제, 신앙, 관습 등으로 표출되는 "절대적 차이"가 있다. 그러나 우리가 볼 때 가장 중요한 차이는 그들이 식인종인지 아닌지가 아니라, 농사를 짓는지 짓지 않는지이다. 어느 인디언들이 옥수수 등 작물을 재배하는 것—흔히 이 일은 여자들이 한다—을 보기만 한다면, 괭이나 아니면 단순한 막대기, 또는 토착 도구라고 할 수는 없겠지만 삽을 쓴다는 것을 알기만 한다면, 옥수수를 조리하는 다양한 방법을 기술하거나 루이지애나에서처럼 감자를 받아들이거나, 혹은 더 서쪽에서처럼 인디언들이 "야생 귀리"를 재배하는 것을 보기만 한다면, 우리는 그것이 아무리 조악하다고 해도 정주농민 또는 반정주 농민으로 간주한다. 이 인디언들은 우리의 관점에서는 사냥이나 고기잡이를 하는 인디언들과는 아무런 관련이 없다. 사실 이들은 점점 고기잡이를 덜하게 되었다. 그 이유는 유럽인들이 침입하면서, 비록 의도적으로 그런 것은 아니라고 해도, 어쨌든 결과적으로 물고기가 많은 대서양연안 지역과 동부의 강 주변 지역에서 인디언들을 축출했기 때문이다. 그리고 다음에는 이 인디언들은 사냥터로부터도 쫓겨났다. 원래 고래 사냥을 하던 바스크족은 곧 모피 장사로 돌아섰는데, "비용과 노력을 많이 들이지 않고서도 큰 이익을 얻을 수 있었다."[264] 이때는 아직 "때때로 엄청난 숫자의" 고래들이 세인트로렌스 강을 거슬러올라오던 시대였음에도 그랬다! 따라서 허드슨 만의 요새나 세인트로렌스의 도시들을 거점으로 하여 모피 장사꾼들은 인디언 사냥꾼들을 찾아 그들을 원격조정했다. 인디언들은 그들의 가난한 마을을 옮기면서 노루, 산고양이, 담비, 다람쥐, 흰 담비, 수달, 비버, 토끼 등의 짐승들을 덫과 올가미를 써서 "눈 속에서 잡았다." 이렇게 하여 유럽의 자본주의는 엄청난 양의 아메리카산 가죽과 모피를 얻었는데, 조만간 면 시베리아 삼림의 사냥꾼들과 경쟁하게 된다.

우리는 수천 년에 걸쳐 늘 다시 출발하는, 그리고 답보하는 인간의 모험이 하나이며, 공시성과 통시성이 함께 만난다는 것을 한번 더 확인하기 위해서 이러한 이미지들을 더욱 많이 살펴볼 수도 있다. "농업혁명"은 기원전

8000-기원전 7000년의 오리엔트와 같은 몇몇 특권적인 곳에서만 일어난 것은 아니다. 그것은 전파되어야 했으며 그 진보는 결코 단 한 번에 이루어지지 않았다. 인간의 경험들은 끝없이 긴 똑같은 여로를 따라가지만, 수 세기의 간격을 두고 이루어진다. 오늘날의 세계에서도 괭이를 사용하는 사람들이 완전히 사라지지는 않았다. 그리고 일부 원시인들도 그들의 은신처가 되는, 조건이 척박한 이곳저곳에서 살아가고 있다.

제3장

사치품과 일상용품 : 식품과 음료

Paolo Veronese(1528–1588), *Nozze di Cana*, 1562–1563. oil on canvas, 677 × 994cm. Louvre Museum. public domain.

밀, 쌀, 옥수수 등 대다수 사람들의 기본 양식은 상대적으로 쉬운 문제이다. 그러나 덜 일반적인 음식들—육류가 벌써 그러하다—이나 의복, 주거 등의 다양한 요구와 관련된 경우에는 모든 것이 복잡해진다. 이 영역들 안에서는 일상적인 것과 사치가 늘 함께 존재하고, 또 서로 대립하기 때문이다.

대중적인 해결—모든 사람들을 위한 양식, 모든 사람들을 위한 주택, 모든 사람들을 위한 의복 등—과 소수 특권층의 이익을 위한 해결, 다시 말해서 사치라는 이름의 해결을 대조하면 훨씬 더 명료해진다. 평균적인 것과 예외적인 것의 구분은 힘들면서도 꼭 필요한 변증법의 적용을 의미한다. 그렇지만 이 경우 우리는 경계선의 이쪽과 저쪽을, 검은색과 흰색의 양측을 끊임없이 왔다 갔다 해야 한다. 구분이 결코 완벽하지 않기 때문이다. 본질적으로 사치라는 것은 변화하기 쉽고 종잡을 수 없으며 다양하고 모순적이기 때문에 한번에 단정할 수 있는 문제가 아니다.

설탕은 16세기 이전에는 사치품이었다. 17세기 말 이전에는 후추가 그러했다. 카트린 드 메디시스 시대에는 알코올과 초기의 "아페리티프(aperitif)"*

---

* 식욕을 돋우기 위해서 식전에 마시는 술의 종류. 포도주나 나양한 송뷰의 증류주가 쓰인다.

가, 표트르 대제 이전에는 러시아의 보야르(boïars : 러시아의 옛 귀족)가 쓰던 "백조 솜털" 침대와 은식기들이 사치품에 속했다. 프랑수아 1세가 1538년에 안트베르펜의 금은 세공인에게 주문한 평평한 접시들이 16세기 당시의 사치품인가 하면, 1653년 마자랭 추기경의 재산 목록에 표시된 이른바 이탈리아식 우묵한 접시들도 사치품이었다. 또 16-17세기에는 포크(식탁에서 쓰는 바로 그 포크!)와 창문용 일반 유리─이 두 가지 모두 베네치아에서 유래했다─역시 사치품이었다. 그러나 다음 세기에는 영국에서 창문용 유리─15세기부터 칼륨이 아니라 소다로 만들기 시작했는데, 그 결과 유리가 더 투명해지고 더 평평해졌다─가 널리 사용되었는데, 이 지역에서 채굴한 다량의 토탄(土炭)을 이용하여 싸게 생산할 수 있었기 때문이다. 그래서 오늘날의 한 역사가는 약간의 상상력을 동원해서 베네치아의 포크와 영국의 창유리가 프랑스를 가로지르다가 서로 만났다고 이야기했다.[1] 또 한 가지 놀라운 것은 이슬람권과 인도에서는 엉뚱하게도 의자가 희귀한 사치품이었으며 심지어 오늘날에도 그렇다는 것이다. 제2차 세계대전 중에 이탈리아 남부에 주둔한 인도군은 이 지역의 부유함에 놀라지 않을 수 없었다. 집집마다 의자가 있지 않은가! 한때는 손수건이 사치품이었는데, 에라스뮈스는 그의 『예절론(Civilité)』에서 이렇게 설명하고 있다. "모자와 소매에 코를 푸는 것은 촌놈이 하는 짓이다. 팔이나 팔꿈치에 푸는 것은 과자 만드는 사람이 하는 짓이다. 그리고 손에 코를 풀고 곧 그 손을 옷에 비비는 것은 점잖은 일이 못 된다. 코에서 나오는 분비물을 손수건에 받고 동시에 점잖은 사람들로부터 몸을 약간 돌려야 우아한 일이다."[2] 스튜어트 시대(1603-1714/역주)만 해도 영국에서는 아직 오렌지가 사치품에 속했다. 오렌지는 크리스마스 무렵에 나오는데, 아주 소중하게 4-5월까지 보존했다. 그럴진대 사치의 문제에서 끊임없는 주제인 의상은 말해서 무엇하겠는가!

이와 같이 사치는 시대, 나라, 문명에 따라 여러 면모를 띤다. 그에 비해 거의 변하지 않는 것이 있다면, 그것은 끝도 시작도 없는 사회적인 코미디이다. 그 코미디는 사치를 주제로 하며 또 사치를 판돈으로 걸어놓고 전개된다. 이것은 사회학자, 정신분석학자, 경제학자, 역사가들에게 소중한 광경을 보여준다. 물론 특권층과 관중들—그 특권층을 바라보는 일반 대중들—사이에 일종의 공모관계를 이루는 합의가 있어야 한다. 사치란 다만 희귀한 것이나 허영 정도가 아니라 성공, 사회적 매력, 가난한 사람들이 언젠가 도달하려는 꿈이어야 한다—그러나 막상 그렇게 도달하는 순간, 이전의 영예는 곧 사라져버린다. 어떤 의사 겸 역사가가 최근에 이렇게 쓴 바 있다. "오랫동안 사람들이 먹고 싶어하던 귀한 음식이 마침내 일반 대중에게 도달했을 때 갑자기 그 소비량이 폭증한다. 그것은 마치 오랫동안 억눌렸던 식욕이 폭발하는 것과 같다. 그러나 일단 대중화(vulgariser, "명예의 상실"과 "확산"이라는 이중의 뜻에서)하고 나면 이 음식은 곧 매력을 잃는다.……그리고 일종의 포만 상태에 이른다."[3] 그러므로 부자들은 결국 빈자들의 미래를 준비하는 운명에 처해 있다. 이렇게 말한다면 합리화가 될지 모르겠다. 부자들은 일반 대중이 조만간 누릴 기쁨을 시험해보고 있는 것이다.

이 게임에서는 경박함, 자만, 변덕이 판을 친다. "18세기 영국 작가들의 문장에서는 거북 수프에 대한 기상천외한 찬사들을 발견할 수 있다. 거북 수프는 감미로우며 폐결핵과 무기력증에 대해서 최고의 효과를 내고 식욕을 돋운다. (런던 시장이 주최하는 만찬에서처럼) 호사스러운 만찬에는 반드시 거북 수프가 있어야 한다."[4] 런던에는 굴로 속을 채운 구운 양고기 같은 요리도 있었다. 호사 중에는 경제적인 호사도 있다. 스페인은 북유럽의 악마 같은 나라*에서 만든 가발을 사기 위해 은화를 지불했다. "그렇다고 우리가 달리 어떻게 할 수 있겠는가?"라고 헤로니모 데 우스타리스는 1717년에 이 사실을 확인해준다.[5] 같은 시기에 스페인 사람들 자신은 북부 아프리카의 일부 족장들이 충성을 매수하기 위해서 브라실산 흑색 담배를 사용하지 않

---

* 가톨릭 국가인 스페인과 비교해서 프로테스탄트 국가인 북유럽 국가들을 말한다.

았던가? 그리고 앙리 4세의 자문관인 바르텔미 라프마*의 말을 믿는다면 많은 프랑스인들은 야만인처럼 "자신들의 보물을 내어주고 장난감과 괴상한 상품들을 사들인다."[6]

마찬가지로 인도네시아와 말레이 제도에서는 사금, 향신료, 백단향 또는 장미목 같은 고급 목재, 노예, 쌀 등을 내어주고, 그 대신 빗, 옻칠한 나무 상자, 납이 섞인 구리동전 같은 중국의 싸구려 물품들을 사들였다. 그러나 중국도 마찬가지이다. 그들은 통킹, 코친차이나, 자바 섬 등지의 바다제비 집, 그리고 시암, 캄보디아, 타타르 등지에서 들여오는 소금 친 곰발바닥이나 그 밖의 야생 짐승들을 사들이는 미친 짓을 하지 않는가![7] 다시 유럽으로 돌아와보자. "도자기는 얼마나 가련한 사치품인가! 고양이가 단 한번 발을 휘두르기만 해도 20아르팡의 토지가 황폐해지는 것보다 더 큰 손실을 가져오니 말이다"라고 세바스티앙 메르시에가 1771년에 이야기했다.[8] 그렇지만 바로 이때부터 중국 도자기의 값이 떨어지기 시작해서 곧 유럽으로 돌아오는 배의 바닥짐으로만 쓰일 정도가 되었다. 모든 사치는 낡은 것이 되고 유행은 지나간다는 것은 놀라울 것도 없는 교훈이다. 그러나 모든 사치는 타고 남은 재에서부터, 그 실패로부터 되살아난다. 사치는 사실 그 어느 것으로도 메울 수 없는 사회적 수준의 차이를 반영하며, 이 수준 차이는 매번 변동이 있을 때마다 새로 생겨난다. 이것은 곧 영원한 "계급투쟁"이다. 이 투쟁은 계급만이 아니라 문명의 투쟁이기도 하다. 문명은 끊임없이 감시하고, 또 부자가 빈자에 대해서 행하는 것과 같은 방식으로 문명 간에 사치의 사회적인 코미디를 행한다. 그러나 이 경우에는 상호적인지라, 짧은 거리이든 먼 거리이든 간에 문명들은 어떤 흐름들을 만들어내고 가속화된 교환을

---

* Barthélemy Laffemas, sieur de Beausemblant(1545-1612) : 프랑스의 경제학자. 귀족의 작위를 받은 프로테스탄트로서 앙리 4세의 시종장이었다. 중상주의적인 계획안들(사치품 공업 육성, 원재료 수출 금지 등)을 많이 제출했으며, 상업 평의회(Conseil du Commerce)를 만들도록 했고, 그 외에도 뽕나무 식재, 비단, 가죽, 태피스트리 등의 공업의 발전에 기여했다.

유도한다. 그것은 결국 마르셀 모스의 다음 이야기로 요약할 수 있을 것이다. "사회가 도약하는 힘을 얻는 것은 생산에서가 아니다. 사치야말로 중요한 촉진 요인이다." 가스통 바슐라르에 의하면 "필요 이상의 것에 대한 정복은 필수적인 것에 대한 정복보다도 더 큰 정신적 자극을 준다. 인간은 욕망의 존재이지 필요의 존재가 아니다." 경제학자인 자크 뤼에프는 "생산은 욕망의 딸이다"라고까지 말했다. 대중적인 사치가 지배하는 오늘날의 사회에서도 이러한 충동, 이러한 필요를 부인할 수는 없다. 사실 계층적 차이가 없는 사회는 없다. 그리하여 최소한의 사회적 차이도 사치로 연결된다. 그것은 과거에나 현재에나 마찬가지이다.

서구의 궁정(특히 아비뇽의 교황청 궁정*이 그 원형이었다)에서 비롯된 사치가 초기 근대 자본주의의 원동력이었다고 주장한 베르너 좀바르트의 견해가 맞을까?[9] 아니면 혁신의 시대인 19세기를 맞이하기 전에는 다양한 형태의 사치가 경제성장의 요소가 되기보다는, 경제가 누적된 자본을 효과적으로 사용할 수 없어 마치 공회전만 하는 모터처럼 헛돌고 있다는 것을 나타내는 징표였을까? 바로 이것이 어떤 사치는 앙시앵 레짐의 하나의 진리이기도 했고 또 어떻게 보면 병이기도 했으며 또 그럴 수밖에 없었다고 주장하는 이유이다. 산업혁명 이전에 성장이 한계에 부딪친 사회 속에서, 사치는 생산된 "잉여"를 부당하게, 건전하지 못하게, 그러나 멋지게 비경제적으로 사용하는 일이었다. 그리고 이것은 오늘날에도 부분적으로 맞는 이야기이다. 사치와 그것의 창조적 능력에 대한 무조건적인 옹호자들에 대해서 미국의 생물학자 테오도시우스 도브잔스키는 이렇게 대답한다. "섬세하고 정밀한 경작을 통해서 희귀하고 우아한 꽃을 피우려고 거름을 많이 준 땅을 이

---

* 프랑스의 국왕 필리프 4세가 교황과의 갈등 끝에 교황을 아비뇽으로 데려와서 자신의 영향력 아래에 두었던 1309년부터 1417년까지 교황청이 이 도시에 자리 잡았다(이것을 교황청의 '아비뇽 유수', 혹은 '교황청의 바빌론 유수'라고 한다). 이 기간에 아비뇽의 교황청 궁정은 흔히 세속적인 문화의 중심지가 되었다.

용하는 것처럼 그렇게 일반 대중을 이용하는 사회조직이 있다. 이런 것이 사라지더라도 나에게는 하나도 슬프지 않다."10)

식탁 : 사치스러운 음식과 대중적 음식

식탁에 차려진 음식을 보면 처음부터 사치와 가난, 풍요와 결핍이라는 양측면이 쉽게 구분된다. 이제 사치에 관해서 살펴보자. 이것은 가장 볼 만하고 가장 기록이 잘되어 있으며, 오늘날 안락의자에 앉아 있는 관찰자에게는 가장 흥미를 끄는 광경이다. 반대의 측면은 비통하기 짝이 없다. 우리가 아무리 미슐레 류의 낭만주의를 받아들이려고 하지 않더라도, 바로 이 경우에는 그와 같은 것이 너무나 자연스럽다.

뒤늦게 나타난 사치

모든 것이 판단하기에 따라서 다른 문제이기는 하지만, 15-16세기 이전에 유럽에서는 진정한 의미에서 식탁의 사치, 조금 달리 말하면 세련된 식탁이라는 것이 없었다. 이 점에서 서유럽은 다른 구대륙 문명에 비해 뒤늦은 편이다.

오늘날 서구의 많은 레스토랑을 장악한 중국 요리에는 아주 오랜 전통이 있다. 중국 요리에는 1,000년 이상이나 변화하지 않은 규칙, 의식, 세련된 조리법이 있고, 중국인들은 맛의 영역과 그 맛들의 조화에 감각적으로나 문학적으로나 커다란 주의를 기울이며, 또 요리를 먹는 법을 존중한다—이 점에서는 아마도 프랑스인들만이 유일하게 비슷한 것들을 공유한 민족일 것이다(물론 그 스타일이 완전히 다르기는 하지만 말이다). 최근에 출판된 한 훌륭한 책11)은 중국 요리의 잘 알려지지 않은 풍성함, 그 다양함과 균형을 강조하면서 그에 대한 많은 증거를 제시하고 있다. 그러나 나의 의견으로는 여러 사람의 공저인 그 책에서 프레더릭 모트가 그렇게 열정적으로 쓴 글은 창과 스펜서의 글을 통해 완화되어야 할 듯하다. 물론 중국 요리는 몸에 좋고 맛있으며 다양하고 창조적이라는 것, 얻을 수 있는 모든 재료를 감탄할 정도로 잘 이용한다는 것, 또 그것이 균형 잡혀 있어서 예컨대 신선한 채소와 콩의 단백질이 육류의 부족을 보충하고 모든 종류의 음식 저장술이 여기에 더해진다는 것 등이 모두 사실이다. 그러나 프랑스에서도 또한 지방마다 다양한 음식문화를 자랑할 수 있고, 지난 4–5세기 동안 갖가지 요리가 개발되었으며, 맛있고 다양한 재료를 솜씨 있게 이용할 줄 안다. 프랑스에는 육류, 가금류와 사냥 짐승, 곡물, 포도주, 치즈, 채소밭과 과수원의 산물, 그 외에도 다양한 향취의 버터, 라드, 거위 간, 올리브 기름과 호두 기름이 있고, 또 가정에서는 여러 종류의 음식 보존법이 있다. 그러나 문제는 다른 데에 있다. 이러한 음식이 일반 대중이 먹는 것이었는가? 프랑스에서는 확실히 그렇지 않았다. 농민은 그의 "잉여물"만을 파는 것이 아니라 흔히 그 이상의 것을 팔았고, 특히 그가 생산한 최상품은 그 자신이 먹지 못했다. 그는 조와 옥수수를 먹고 밀을 내다팔았다. 그는 1주일에 한 번 정도 소금에 절인 돼지고기를 먹었고, 가금, 계란, 새끼 염소, 송아지, 새끼양을 시장에 내갔다. 중국에서처럼 축제날 실컷 먹는 것이 일상의 단조로움과 부족함을 깨는 기회였다. 그리고 이러한 것들이 민속음식을 유지시켜가는 기회였다. 그러나 인구의 대다수를 차지했던 농민들의 음식은 요리책에 나오는 음식과는 아무런 관계가 없다. 요리책은 특권계층을 위한 것이다. 예컨대 1788년 한 미식가가 프랑스의 훌륭한 요리에 대해서 작성한 목록이 그렇다. 페리고르 지방의 트뤼프 버섯(truffe : 송로버섯)을 가미한 칠면조 요리, 툴루즈 지방의 거위 간 파이, 네라크 지방의 빨간 자고새 고기, 툴롱 지방의 신선한 참치 파이, 페즈나 지방의 종달새 고기, 트루아 지방의 구운 돼지머리 고기, 동브 지방의 멧도요, 괴 지방의 수탉, 바욘 지방의 햄, 비에르종 지방의 혓바닥 요리, 스트라스부르 지방의 슈크루트(choucroute)까지…….12) 확실히 중국에서도 사정이 비슷하다. 세련된 음식, 다양한 요리, 심지어 단순히 배부르게 먹는 것조차도 부자들의 이야기였다. 한 속담에 의하면 술과 고기는 부(富)와 일치하는 반면, 가난한 사람에게는 먹는다는 것이 오직 "쌀을 씹는 것"이다. 창과 스펜서는 1805년에 존 배로가 이야기한 대로 먹는 것에서 부자와 가난한 사람들 사이의 차이가 중국만큼 큰 곳은 세상에 없다는 주장에 동의한다. 스펜서는 18세기의 유명한 소설인 『홍루몽(紅樓夢)』에 나오는 한 이야기를 인용한다. 젊고 부유한 주인공이 우연히 하녀의 가난한 집을 방문한다. 하녀는 가지고 있는 것 중에 가장 좋은 과자, 마른 과일, 호두 등을 그릇에 예쁘게 놓아 그에게 대접하면서 "주인께서 드실 만한 것이 아무것도 없다"는 것을 깨닫고 슬퍼한다.[13]

지난날 세계의 훌륭한 요리에 대해서 이야기하는 것은 결국 사치의 편에 서는 것이다. 모든 성숙한 문명에는 세련된 요리법이 있다. 예컨대 중국 요리는 5세기부터, 이슬람 요리는 11-12세기경부터 등장했다. 그러나 서유럽의 경우에는 15세기에 가서야 이탈리아의 부유한 도시에서 그런 것이 나타났다. 그것은 규범과 예의범절을 갖춘 고급 기술이었다. 아주 일찍부터 베네치아에서는 젊은 귀족들의 사치스러운 잔치에 대해서 의회가 항의했고, 1460년에는 1인당 반 두카트(ducat) 이상의 돈이 드는 연회를 금지했다. 그러나 물론 연회(banchetti)는 계속되었다. 마리노 사누도*는 자신의 『일기 (Diarii)』에 카니발 때 왕족이 먹는 음식의 메뉴와 가격을 기록해두었다. 우연인지 모르겠으나, 여기에는 자고새, 꿩, 공작새 등 당국이 금지한 요리를 볼 수 있다. 조금 이후에 오르텐시오 란도는 『이탈리아에서 가장 유명하고 훌륭한 것들에 관하여(Commentario delle piu notabili e mostruose cose d'Italia)』—이 책은 1550-1559년에 베네치아에서 여러 번 인쇄되었다—에서 이탈리아의 도시들에서 구할 수 있는, 미식가의 미각을 즐겁게 할 음식들을 열거하고 있다. 그 목록에는 그중에서 무엇을 선택할지가 고민이 될 정

---

* Marino Sanudo(1466-1536) : 베네치아의 역사가로서 방대한 양의 수고, 희귀본 도서, 지도, 그림 자료 등을 수집했으며, 당대의 최고 기록으로 평가되는 『일기』를 남겼다.

도로 많은 종류가 있다. 볼로냐 지방의 소시지와 순대, 모데나 지방의 참포네(zampone : 고기를 다져넣은, 돼지 다리로 만든 햄의 일종), 페라라 지방의 파이, 레조 지방의 코토냐타(cotognata : 마르멜루 열매의 가루로 만든 음식), 피아젠차 지방의 치즈와 마늘을 넣은 뇨키(gnocchi), 시에나 지방의 편도과자, 피렌체 지방의 카치 마르촐리니(caci marzolini : 3월의 치즈), 몬차 지방의 루가니카 소틸레(luganica sotile : 소시지의 일종)와 토마렐레(tomarelle : 잘게 썬 고기), 키아벤나 지방의 파자니(fagiani : 꿩)와 밤, 베네치아 지방의 생선과 굴, 심지어 파두아 지방의 에첼렌티시모(eccellentissimo : 극히 탁월한 빵—이 것 역시 사치품이었다), 그리고 명성이 자자한 포도주 등이 있었다.[14]

한편 이미 이 시대부터 프랑스는 진수성찬의 나라였다. 훌륭한 요리법이 개발되었고 유럽의 도처에서 유명한 요리법이 도입되었다. 또한 음식 접대법이 완성되었고, 세속적인 축제에서도 식도락과 세련미를 갖춘 의식이 완성되었다. 프랑스의 풍부하고 다양한 자원에 심지어 베네치아 사람들조차도 놀랄 지경이었다. 1557년에 파리에 와 있던 대사 지롤라모 리포마노는 도처에서 보이는 풍성함을 두고 황홀해했다. "어떤 가격에도 거기에 맞는 음식을 제공하는 식당이 많이 있다. 1인당 1테스통(teston : 10-12수), 2테스통, 1에퀴, 4에퀴, 10에퀴, 심지어 20에퀴짜리도 있다. 그러나 25에퀴를 주면 만나 수프나 구운 불사조라도 먹을 수 있다. 세상에서 비싼 것은 무엇이든지 다 있다."[15] 그렇지만 프랑스 요리는 사실 뒤늦게 확립되었다. 어떤 사람은 프랑스 요리가 섭정 시기*와 섭정의 훌륭한 취향을 의미하는 "미각 포병대(artillerie de gueule)"가 무장해제되고 난 이후에 나타났다고 이야기한다. 혹은 어떤 사람은 더 이후인 1746년에 "므농이 쓴 『부르주아의 요리(Cuisinière Bourgeoise)』라는 책—맞는 이야기인지 틀린 이야기인지는 모르

---

* 프랑스 역사에서 '섭정 시기(Régence)'란 루이 15세가 미성년이던 시기(1715-1723)를 말한다(루이 14세의 증손자인 루이 15세는 루이 14세가 죽었을 때 5세에 불과했다). 이때 오를레앙 공작 필리프 2세가 섭정했다.

지만 파스칼의『시골 벗에게 부치는 편지(*Lettres Provinciales*)』보다도 더 많이 재판(再版)되었다고 한다—이 나오고 나서"의 일이라고도 한다.[16] 이때부터 프랑스인들, 아니 그보다는 차라리 파리인들은 음식의 **유행**을 자랑하게 되었다. 1782년에 한 파리인은 "약 반세기 전부터 사람들이 섬세하게 음식을 먹기 시작했다"고 했다.[17] 또다른 저자는 1827년에 "지난 30년 동안에 이루어진 요리법의 발달은 그 이전 1세기 동안에 이루어진 것보다도 더 컸다"고 주장했다.[18] 사실 그의 시대에는 몇몇 큰 "레스토랑"의 호화로운 광경을 볼 수 있었다("음식 공급인[traiteur]"이 "레스토랑 주인[restaurateur]"이 된 것은 그리 오래 전의 일이 아니다). 사실 음식에도 의상처럼 유행이 있었다. 그래서 유명했던 소스가 어느 날 평판을 잃고 이제부터는 겸손한 미소만을 짓게 된다.『격언 사전(*Dictionnaire Sententieux*)』(1768)을 쓴 저자는 시치미를 떼고 남을 조롱하는 유머를 가진 사람(pince-sans-rire)답게 이렇게 이야기했다. "요즘의 요리는 모두 주스와 젤리로 되어 있다." 이 사전에는 이전의 수프를 경멸하듯이 이렇게 규정했다. "수프(soupe) : 포타주(potage)라고도 하는데, 이전에는 모든 사람들이 먹었지만, 지금은 너무 부르주아적이고 너무 낡은 음식으로서, 끓는 액체가 배의 조직을 무르게 한다는 핑계를 대면서 공중에 던져버리는 것." 또한 이 책에서는 "포타주 전용 향초(香草)" 역시 경멸의 대상이 되었으며, 채소류도 "금세기에 사람들이 섬세해지면서 일반인의 하급 음식으로 치부되어 거의 축출당했다!……배추는 건강에 나쁘지도 않고 훌륭한 채소지만" 농민만이 이것을 죽을 때까지 먹고 산다.[19]

또다른 작은 변화들은 거의 저절로 생겼다. 예를 들면 16세기에 아메리카로부터 칠면조가 들어왔다. 네덜란드의 화가인 요아힘 뵈켈라르(1530-1573)는 아마도 최초로 칠면조를 정물화 화면에 옮긴 사람일 것이다. 그의 회화 작품은 오늘날 암스테르담에 있는 왕립 박물관에서 볼 수 있다. 프랑스에서는 앙리 4세 때 평화가 자리 잡으면서 칠면조가 늘어났다고 한다! 이 위대한 왕에 얽힌 닭고기 설화의 새 판본에 대해서는 어떤 이야기를 해야 좋을지 모르겠지만,* 18세기 말 프랑스에 칠면조가 퍼진 데에는 의심의 여지가 없다. 1779년에 한 프랑스인이 쓴 글에 의하면, "이전에 식탁에서 가장 명예로운 자리를 차지하던 거위를 몰아낸 것은 칠면조이다."[20] 프랑수아 라블레 시대의 기름진 거위는 이제 유럽의 식도락에서 이미 지나간 시대를 의미하는가?

뜻이 여러 차례 변화한 용어들, 즉 앙트레, 앙트르메, 라구** 등이 드러내주는 역사를 통해서도 요리의 유행을 좇아가볼 수 있을 것이다. 그리고 고기를 굽는 "좋은" 방법, "나쁜" 방법 등에 대한 언급 역시 마찬가지이다. 그러한 여행은 아마 끝이 없을 것이다.

육식을 하는 유럽

15세기 말 이전의 유럽에는 세련된 요리가 없었다고 이야기한 바 있다. 독자들은 과거의 어떠어떠한 연회가 어떠했다는 식의 이야기에 너무 감탄할 필요가 없다. 예를 들면 부르고뉴의 발루아 가문의 호화로운 궁정 축제에서는 포도주로 분수를 만들었고, 방을 화려하게 꾸몄으며, 천사로 분장한 아이들이 밧줄을 타고 내려왔다는 식의 이야기들 말이다……. 그러나 여기에서는 주로 질보다는 양을 과시했다. 기껏해야 푸짐하게 먹는 사치에 불과했다. 그중에서도 고기를 폭식하는 것이 뚜렷한 특징인데, 이것은 그후에도 부자들의 식탁에서 오래 계속될 요소이다.

끓이든 굽든 모든 형태의 고기는 채소, 심지어는 생선과 합하여 "피라미드 모양으로" 섞어서 엄청나게 큰 하나의 접시에 담아서 내놓았는데, 이것을 프랑스에서는 메(mets)라고 했다. "모든 구운 고기를 겹쳐놓은 것이 하나의 메

---

* 앙리 4세는 모든 프랑스 백성의 집에 일요일마다 냄비에 닭 한 마리씩 들어 있기를 기원한다고 이야기한 적이 있다.
** 앙트레(entrée)는 수프나 오르-되브르(hors-d'œuvre)를 먹은 후에 본격적인 식사를 시작할 때 처음 나오는 음식이고, 앙트르메(entremets)는 구운 고기와 디저트 중간에 나오는 음식이며, 라구(ragoûts)는 고기(소, 송아지, 양)와 채소를 진한 소스와 함께 조리한 음식이다.

를 구성했으며 이것과는 별도로 아주 다양한 종류의 소스를 내놓았다. 심지어 모든 음식을 서슴지 않고 단 하나의 그릇에 쌓아놓았는데, 이 엄청난 잡탕 역시 메라고 불렀다."[21] 일찍이 1361년과 1391년에 나온 프랑스 요리책에 의하면, 이런 것을 또 아시에트(assiette, 영어로는 디시[dish]이다)라고 부르기도 한다. 6개의 아시에트(또는 6개의 메)로 구성한 음식이란 6번의 코스를 의미한다. 이 모든 것은 때로 우리에게 낯설 정도로 양이 많았다. 『파리의 주부(Ménagier de Paris)』(1393)*라는 책에서는 연속해서 나오는 4번의 메를 설명하고 있는데, 그중의 하나만을 보자. 고기 파이, 고기 만두, 장어, 고기를 넣은 묽은 수프 두 가지, 흰살 생선 소스, 여기에 첨가하여 아르불라스트르(arboulastre) 요리와 버터, 크림, 설탕, 과일 주스 소스……[22] 여기에서 설명한 음식의 조리법에 대해서는 그대로 시험해보지 말라고 충고하고 싶다. 이미 시험해본 결과는 모두 좋지 않았다.

15-16세기에 이러한 고기의 소비가 아주 부유한 사람에게만 한정된 사치만은 아니었던 것 같다. 고지(高地) 독일의 여관들에서 1580년에 몽테뉴가 보고 기록한 요리 운반대를 보자. 이것은 적어도 한 번에 두 개의 고기 요리 접시를 나를 수 있었고, 어떤 날에 그가 본 것은 일곱 개의 접시까지 쉽게 운반했다.[23] 푸줏간과 구운 고기 매점에는 육류가 넘쳐났다. 쇠고기, 양고기, 돼지고기, 닭고기, 비둘기고기, 새끼 염소고기, 새끼 양고기……. 사냥고기와 관련하여 1306년쯤에 나온 요리책에 의하면, 프랑스에서 아주 많은 종류를 열거할 수 있다. 15세기에 시칠리아에서는 멧돼지가 하도 흔해서 푸줏간의 고기보다도 더 쌌다. 라블레가 언급한 사냥한 날짐승 고기는 한이 없다. 왜가리, 백로, 야생의 백조, 해오라기, 두루미, 자고새끼, 자고새, 메추라기,

---

* 1393년경, 신사 행세를 하는 파리의 한 50대 중반의 부르주아가 15세의 신부와 재혼했다. 그는 어느 날 자신이 먼저 죽고 아내가 과부가 될 것이니, 아직 아무것도 모르는 아내에게 길잡이가 될 만한 글을 써두는 것이 좋겠다고 생각하여 이 책을 썼다. 책에는 남편을 대하는 태도, 종교적 의무, 하인들 통솔법, 정원 관리, 살림 등의 내용이 담겼다. 『중세의 가정 교본(Medieval Home Companion)』이라는 제목으로 축약, 번역된 영어판을 비롯해 몇몇 판본이 있다.

산비둘기, 멧비둘기, 꿩, 티티 새, 종달새, 홍학, 물닭, 아비(阿比)……[24] 장기간에 걸쳐 기록된 오를레앙 시장의 시세표(1391-1560)를 보면 덩치 큰 짐승들(멧돼지, 사슴, 노루)을 빼고 산토끼, 토끼, 왜가리, 자고새, 멧도요, 종달새, 물떼새, 상오리 등 일반적인 사냥고기는 언제나 풍부했다.[25] 16세기 베네치아의 시장에 대한 묘사를 보아도 마찬가지로 풍성하다. 사람이 살지 않는 텅 빈 지역이 거의 절반을 차지하던 유럽에서는 당연한 논리적 귀결이 아니겠는가? 신문 「가제트 드 프랑스(Gazette de France)」의 1763년 5월 9일 자 베를린 소식을 보자. "이곳에는 짐승들이 귀하기 때문에" 국왕은 "베를린 주민들이 소비할 수 있도록 1주일에 사슴 100마리와 멧돼지 20마리씩을" 들여오도록 명령했다.[26]

그리고 부자들이 "포도주, 밀, 귀리, 쇠고기, 양고기, 송아지 고기를 빼앗고 그들에게는 호밀빵만을 남겨놓았다"는 등 가난한 농민들의 흔히 문학적인 탄원을 문자 그대로 믿고 여기에서 그들의 음식 상태를 판단해서는 안 된다. 우리는 반대되는 증거를 가지고 있다.

15세기에 네덜란드에서는 "고기를 **일상적으로 먹는** 정도여서 기근이 들어도 그 소비가 거의 줄지 않았으며", 나아가서 16세기 전반(前半)에는 소비량이 계속 늘었다(리에르에 있는 베긴 수녀원*의 의무실 기록 같은 증거를 보라).[27] 독일에 관해서는 1482년의 작센 공작의 다음 명령을 보자. "모든 사람들에게 다음과 같이 알린다. 장인들은 점심식사와 저녁식사로 모두 네 개의 접시를 받는다. 고기를 먹는 날에는 수프, 고기 두 접시, 채소이며, 금요일과 같이 고기를 먹지 못하는 날에는 수프, 신선한 생선 또는 소금 친 생선, 그리고 채소 두 접시이다. 금식 전에는 수프, 생선 두 접시, 채소 두 접시 등 모두 다섯 장의 접시를 받는다. 여기에 더해서 아침과 저녁에 빵을 받는다." 여기에 코펜트(Kofent)라는 묽은 맥주를 받았다는 것도 고려해야 한다. 이

---

* 베긴 수녀원(béguinage)이란 여성이 종신 서약을 하지 않고 들어갈 수 있는 종교기관 또는 종교 공동체를 말한다. 13세기에 네덜란드와 독일 지역에 많이 세워졌다.

것은 말하자면 도시민과 장인의 메뉴였다. 그러나 1429년 알자스 지방의 오베르헤르크하임의 경우를 보자. 부역노동을 하기 위해서 징발된 농민들이 마름(Maier, steward)의 농장에서 다른 사람들과 함께 식사를 하지 않을 경우, 마름은 "그들의 집으로 두 조각의 쇠고기, 두 조각의 구운 고기, 한 단위의 포도주와 2페니히어치의 빵"을 보내주어야 한다.[28] 여기에 대해서는 다른 증거도 있다. 1557년에 파리에서 한 이방인은 이러한 관찰을 했다. "돼지고기는 가난한 사람들, 정말로 가난한 사람들에게 익숙한 음식이다. 그러나 모든 장인과 상인들은 아무리 그들이 보잘것없어도 사순절 전 사흘* 동안에는 부자들과 마찬가지로 사슴고기와 자고새고기를 먹으려고 한다."[29] 물론 부자들은 가난한 사람들이 조금이라도 사치를 부리면 비난하려고 하며—그러므로 이들의 기록은 애초에 왜곡된 증언이다—마치 모든 것이 이것과 연관된 듯이 말한다. "요즘 노동자들 중에 자기 결혼식에 오보에와 사크뷔트(sacquebutes, 4개의 관을 가진 트럼펫의 일종)를 쓰려고 하지 않는 자가 없다"는 투아노 아르보의 말(1588)이 그런 종류이다.[30]

고기로 가득 찬 식탁은 곧 주변의 농촌이나 산지(예를 들면 스위스의 캉통)로부터의 정기적인 공급을 전제로 한다. 독일과 이탈리아 북부에 대해서는 동유럽의 폴란드, 헝가리, 발칸 지역이 공급을 맡았는데, 이곳에서는 16세기에도 반쯤 야생 상태의 짐승들을 산 채로 서유럽에 수출했다.** 뷔츠테트(바이마르 근처)에는 독일에서 가장 큰 가축시장이 섰는데, 한번에 "1만6,000마리, 심지어 2만 마리나 되는 엄청난 가축 떼"가 모여드는 것도 결코 놀라운 일이 아니었다.[31] 베네치아에서는 동유럽의 가축이 육로로 오거나 달마치아의 해상 중개소들을 거쳐서 도착했다. 이 가축들은 도살되기 전에 우선 리

---

* jours gras : '기름진 날'이라는 뜻으로, 가톨릭에서 '고기를 먹는 날'을 의미한다.
** 산 채로 수출했다는 것은 짐승을 도륙해서 고기를 판 것이 아니라, 가축 떼를 소비지로 몰고 가서 그곳의 푸주한이 짐승을 잡게 했음을 말한다. 살아 있는 가축은 혼자 힘으로 이동할 수 있으므로 수송비와 보관비를 절약할 수 있기 때문이다.

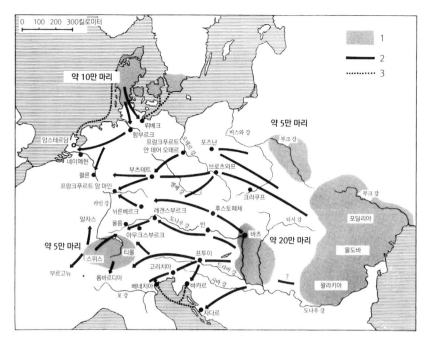

20. 1600년경 북부 유럽과 동부 유럽의 가축 교역

1. 목축지역―2. 육로―3. 해로. 바카르는 이전의 부카리이다. 1600년경 육로와 해로를 통해 중부 유럽과 서부 유럽의 도축장으로 가는 가축 교역은 인상적인 규모였다(40만 마리). 그러나 1707년 파리의 여러 시장에서 판매하는 가축은 거의 7만 마리에 달했다(제2권을 참조하라). 이것은 원거리 무역에 덧붙여서 지방적 및 지역적 교역이 수행되었으며, 그것들이 유럽의 육류 소비의 핵심적인 부분을 맡고 있었다는 증거이다. (볼프강 폰 스트로머, "유럽의 미개척 서부 지역", 『문화화 기술』 제2권, 1979, p. 42, 오트마 피클)

도 섬―이곳은 대포 성능을 시험하기 위해서 시험발사를 시행하는 곳이기도 했고 전염병에 오염되었는지 의심스러운 배를 40일간 격리하는 곳이기도 했다―에서 휴식을 취했다. 허드레 고기, 그중에서도 특히 소 내장은 베네치아의 가난한 사람들이 매일같이 먹는 양식이 되었다. 1498년에 마르세유의 푸주한들은 멀리 오베르뉴 지방의 생-플루르에까지 가서 양고기를 샀다. 먼 곳에서 고기만 사오는 것이 아니라 푸주한까지 수입해오기도 했다. 18세기의 베네치아에서는 흔히 그라우뷘덴* 출신의 산지 사람들이 푸주한으로

---

* Graubunden : 스위스의 알프스 산록에 있는 캉통.

일했는데, 이들은 허드레 고기값을 속이기 일쑤인 것으로 알려졌다. 발칸 지역으로부터는 알바니아인과 에페이로스인들이 먼 곳으로 이민을 가서 푸주한이나 내장고기 상인이 되었는데, 이것은 오늘날에도 계속되는 일이다.[32]

1350-1550년의 유럽은 1인당 기준으로 보면 생활수준이 높은 시기였다.* 파국적인 흑사병이 지나가고 노동력이 모자라게 되자 일하는 사람의 노동조건이 대단히 유리해졌다. 이때보다 실질임금이 더 높았던 때는 없었다. 1388년에 노르망디의 참사회원들은 그들의 땅을 경작할 사람을 구하는 데 "금세기 초에 6명을 고용할 수 있던 값으로 한 사람밖에 구하지 못한다"고 불평했다.[33] 바로 이 역설을 강조할 필요가 있다. 중세로 거슬러올라갈수록 더 큰 불행을 보게 된다는 단순론자들의 견해가 널리 퍼져 있기 때문이다. 그러나 민중들의, 다시 말하면 대다수 사람들의 생활수준에 대해서 말하면, 그 반대가 사실이다. 구체적인 사례를 보면 알 수 있다. 1520-1540년 이전에 인구가 그리 많지 않던 랑그도크에서는 농민과 장인들이 흰 빵을 먹었다.[34] 그리고 나서 시간이 흘러 중세의 "가을"**에서 멀어질수록 상황이 악화되어서 심지어 19세기 중반에까지 사정이 계속 나빠지는 곳도 있었으며, 동유럽의 일부 지역, 특히 발칸 지역에서는 20세기까지도 계속 악화되었다.

1550년부터 육류 소비가 감소하다

서유럽에서는 16세기 중반부터 육류 소비의 감소가 뚜렷해진다. 하인리히 뮐러의 1550년 기록을 보자. 슈바벤 지방의 "농민들은 이전에는 지금과는 달리 먹었다. 그때에는 매일같이 고기를 먹었고 음식이 풍부했다. 정기시(kermesse)와 축제 때에는 식탁이 음식 무게 때문에 내려앉을 정도였다. 오

---

* 경제 전체로 보면 부가 크게 쇠퇴했지만, 워낙 인구 감소가 심각했기 때문에 살아남은 자들은 다른 시기에 비해서 훨씬 유복하게 살았다.

** 요한 하위징아의 대표작 『중세의 가을(Herfsttij der Middeleeuwen)』에서 나온 말. 그는 중세 말기(대략 14-15세기)에 대해서 그 이전 중세 성기(盛期)의 문화가 변형되고 왜곡된 형태로 마지막 불꽃을 피우다가 스러져가는 시기로 보고, 이 시기를 중세의 가을이라고 표현했다.

늘날에는 모든 것이 바뀌었다. 몇 년 전부터 얼마나 비참해졌는가! 얼마나 양식이 비싸졌는가! 가장 유복한 농민의 음식이 거의 지난날 날품팔이 농민이나 하인의 음식보다도 못하다.”[35] 역사가들이 이렇게 누차 반복되는 증언들을 택하지 않고, 사람들이 지난 과거를 미화하려는 병적인 욕구로만 받아들이려고 고집하는 것은 잘못이다. “친구들이여, 축제 때가 되면 마을의 누군가가 사람들을 불러 닭, 거위 새끼, 햄, 첫 새끼 양, 돼지 심장 같은 것을 먹자고 초대하던 때가 도대체 언제였던가”라고 한 늙은 브르타뉴 농민이 설명하는 것(1518)을 들어보라.[36] 또 1560년에 노르망디의 한 귀족에 의하면 “나의 아버지 시절에는 사람들이 매일 고기를 먹었고, 음식이 풍부했으며, 물 마시듯 포도주를 마셨다”고 한다.[37] 또다른 사람은 종교전쟁 이전에 프랑스 농촌에서 “사람들은 마치 귀족처럼 부유했고 많은 재산을 가지고 있었으며, 집에는 세간살이가 잘 갖추어져 있었고, 가금류와 가축들도 많았다”고 말했다.[38] 사정은 많이 달라졌다. 1600년경, 오버-작센 지방의 만스펠트의 구리 광산에서 일하는 노동자들은 임금으로 빵과 죽과 채소만을 받는 것에 만족해야 했다. 또 1601년에 뉘른베르크의 직조공들—이들은 사실 매우 유리한 조건에 있는 편이었는데도—은 원칙적으로 매일 공급받기로 되어 있는 고기를 1주일에 세 번밖에 받지 못한다고 불평했다. 여기에 대해서 장인들은 겨우 6크로이처(kreutzer)의 숙식비를 받고는 매일같이 직조공들의 배를 고기로 채울 수 없다고 대답했다.[39]

이제부터 시장에서 가장 큰 비중을 차지한 것은 곡물이었다. 곡가가 급등하자 그 이상의 여분을 살 돈이 모자랐다. 육류의 소비는 장기적으로 감소했다. 그 현상은 1850년경까지 계속되었다. 얼마나 이상한 쇠퇴인가! 그 쇠퇴에는 분명 휴지기와 예외가 있었을 것이다. 예를 들면 30년전쟁 직후 독일에서는 사람이 많이 살지 않던 지방에서 가축 재산이 빠르게 재형성되었다. 또 1770-1780년에 곡가는 떨어지고 육류 가격이 계속 상승하자, 노르망디에서는 중요한 경작지역인 오주 지역과 베생 지역에서 곡물 생산이 점차 늘

축으로 대체되었는데, 이 현상은 적어도 1785년에 사료(飼料)의 위기가 일어날 때까지 계속되었다. 그 논리적 결과로 그동안 인구 팽창으로 늘어난 소농의 상당 부분이 실업자가 되거나 유리걸식, 방랑 상태로 전락했다…….[40] 그러나 이러한 에피소드는 단기간의 것이고, 또 예외가 있다고 법칙이 손상되는 것도 아니다. 곡물 경작, 특히 밀을 경작하려는 광기와 고집은 언제나 지속되었다. 바-케르시 지구의 작은 도시인 몽프자의 푸주한의 수를 보면 끊임없이 감소하는 것을 확인할 수 있다. 1550년 18명, 1556년 10명, 1641년 6명, 1660년 2명, 1763년 1명……. 비록 이 시기에 주민 수가 감소했지만, 18 대 1까지는 아니었다.[41]

파리에 관한 수치를 보면 1751년에서 1854년까지 1인당 육류 소비량은 매년 51-65킬로그램 사이에서 오락가락했다. 그러나 파리는 파리이다. 라부아지에는 프랑스 혁명 초기에 파리의 육류 소비량에 대해서 72.6킬로그램이라는 높은 수치를 부여한 반면, 같은 시기에 프랑스 전국의 평균은 48.5리브르, 즉 23.5킬로그램(1리브르 = 488그램)으로 추산했다. 연구자들은 이 수치도 너무 낙관적이라고 생각한다.[42] 마찬가지로 함부르크(이곳은 육류의 공급지인 덴마크의 관문이다)에서는 육류 소비량이 1인당 60킬로그램에 달하지만(그러나 그중 신선한 고기는 20킬로그램에 불과했다), 독일 전체의 1인당 1년 평균은 19세기 초에도 20킬로그램이 되지 않았다(반면 중세 말에는 100킬로그램이었다).[43] 핵심적인 사실은 여러 도시들 사이의 차이(예컨대 파리는 1851년에도 아직 명백히 우월한 지위에 있었다)와 도시와 시골 사이의 차이가 여전했다는 것이다. 1829년에 한 관찰자는 이렇게 단언한다. "프랑스의 10분의 9인 극빈자와 소농은 1주일에 오직 한 번 고기를 먹으며, 그것도 염장고기를 먹을 뿐이다."[44]

유럽이 그동안 누렸던, 육식에 관한 특출한 지위는 근대가 시작된 이후 몇 세기 동안 많이 쇠퇴했으며, 19세기 중반에 가서 인공 목초지의 일반화, 과학적인 목축의 발전, 그리고 머나먼 신세계의 목축을 이용하면서부터 비로

소 다시 나아졌다. 유럽은 오랫동안 기아선상에 있었다……. 브리 지방의 블룅 납세구(Élection)를 보면, 1만8,800헥타르 가운데 1만4,400헥타르가 경작지였으며 고작 814헥타르가 목축지여서 결국 목축지는 없는 것이나 마찬가지였다. 그리고 나서도 "차지농들은 경작에 꼭 필요한 것만을 차지하고", 사료는 유리한 값에 파리에 내다팔았다(이것은 수도 파리에 있던 수많은 말들을 위한 것이었다). 사실 밀 경작지에서는 풍년일 때 헥타르당 12-17캥탈을 수확했다. 이와 같은 경쟁 상대, 이 유혹에 저항하는 것은 불가능했다.[45]

쇠퇴 역시 지역마다 정도의 차이가 있다고 말한 바 있다. 기름진 목초지가 있는 북유럽보다 지중해 지역에서 쇠퇴가 더 심각했다. 폴란드인, 독일인, 헝가리인, 영국인들이 경험한 쇠퇴는 다른 나라 사람들보다 심각하지 않았다. 영국에서는 심지어 18세기의 농업혁명 중에 진정한 육류혁명을 경험하기도 했다. 런던의 레든 홀 시장에 대해 스페인 대사는 이렇게 말했다(1778). "이곳에서는 스페인 전체에서 1년간 소비하는 양보다 더 많은 고기를 한 달 동안에 판다." 그러나 네덜란드 같은 나라에서 "공식적으로는" 음식 섭취량(모두에게 공평하게 할당되지는 않았더라도)이 많았지만,[46] 18세기 말에 개선이 이루어지기 전까지 균형이 잡혀 있지는 않았다. 제비콩, 약간의 염장고기, (보리나 호밀) 빵, 생선, 약간의 지방, 그리고 때로 사냥고기……. 일반적으로 사냥고기는 농민이나 영주가 누렸을 뿐 도시의 빈민은 그 존재조차 거의 몰랐다. "그가 먹는 것으로는 순무, 양파 튀김, 곰팡이 낀 빵이 아닐 경우 마른 빵", 또는 끈적거리는 호밀빵, 그리고 "약한 맥주"가 있었다("두블[double : 두 배로 강한 맥주]"은 부자나 술꾼용이었다). 네덜란드의 부르주아들은 스스로 절제하는 생활을 했다. 물론 이 나라의 국민음식인 휘츠폿*에는 쇠고기든 양고기든 고기가 들어가지만 아주 가늘게 썬 것이고 언제나 아

---

* hutspot : 보리, 콩 및 여러 채소를 넣어 진하게 끓인 수프인데, 흔히 고기도 들어간다. 또는 그렇게 끓인 스튜를 말한다. 영어의 '호치포치(hotchpotch)'가 이 말에서 나온 듯한데, 이 단어에는 때로 제대로 조리되지 않은 잡탕이라는 뉘앙스가 있다.

껴가며 사용한다. 저녁식사는 흔히 남은 빵 조각들을 모아 우유에 담가 끓인 것에 불과하다.[47] 이때쯤에 의사들 사이에서 고기가 몸에 이로운지 해로운지에 대해 논쟁이 붙었다. 이에 대해 루이 르므리(1702)는 현명하게도 이렇게 썼다. "내 생각으로는 꽤나 무익한 이런 논쟁에 휩쓸릴 필요 없이 다만 육류의 섭취는 절제를 지키는 한에서 몸에 좋다고 말할 수 있을 것 같다."[48]

육류 소비의 감소와 함께 훈제고기와 염장고기가 뚜렷하게 증가했다. 베르너 좀바르트는 15세기 말부터 선원들의 음식에서 소금 절임의 혁명이 일어났다고 했는데, 타당성이 있는 이야기이다. 지중해 지역에서는 소금에 절인 생선과 전통적인 비스킷이 여전히 선원들의 가장 중요한 양식이었다. 카디스를 비롯한 광대한 대서양 지역은 염장 쇠고기를 사용하는 지역인데, 16세기부터 이 바카 살라다(vaca salada : 소금에 절인 쇠고기)를 스페인 당국이 공급했다. 염장 쇠고기는 주로 북유럽에서 수출했는데, 특히 아일랜드가 중심지였다(아울러 이곳에서는 가염 버터 역시 많이 수출했다). 그러나 정부 당국만이 문제가 아니었다. 점차 육류가 사치품이 되어가자 염장식품은 곧 (아메리카의 흑인 노예까지 포함해서) 가난한 사람들의 일상음식이 되었다. 영국에서는 여름이 지난 뒤면 신선한 음식이 모자라므로 "소금에 절인 쇠고기가 겨울의 표준적인 음식이었다(saltbeef was the standard winter dish)." 18세기에 부르고뉴에서는 "돼지고기가 농민이 먹는 고기에서 가장 중요한 몫을 차지했다. 그들의 재산 목록 중에는 소금 절임통에 들어 있는 약간의 베이컨 조각을 언급하지 않는 것이 없다. 신선한 고기는 병에서 회복 중인 사람들이나 먹을 수 있는 사치품이었으며 그나마 워낙 비싸서 이런 용도로도 늘 충분히 사용하지 않았다."[49] 이탈리아와 독일에서는 소시지 행상인들(Wursthändler)이 도시 풍경의 일부를 이루고 있었다. 나폴리에서 함부르크까지, 또 프랑스에서 상트 페테르부르크까지 전 유럽의 빈민에게 그나마 소량의 고기가 돌아간 것은 주로 염장 쇠고기, 특히 염장 돼지고기 덕분이었다.

여기에도 예외가 있다. 그중 특히 중요한 예외는 영국이다. 피에르-장 그로슬리에 의하면(1770) 영국인은 "고기만을 먹고 산다. 프랑스인이 매일 먹는 양의 빵이면 영국인 네 사람이 먹는 데 충분하다."[50] 유럽의 "선진국" 중에 이러한 나라로는 영국이 유일하다. 그러나 이러한 특권적인 지위는 상대적으로 후진적인 다른 많은 지역에서도 공통적이었다. 1658년 마드무아젤 드 몽팡시에*는 동브 지역의 농민에 대해서 이렇게 이야기했다. "이들은 옷도 아주 잘 입고 있다.……(그러나 그들은 절대) 타유 세금을 내지 않는다.……그리고 그들은 하루에 네 번 고기를 먹는다."[51] 이 마지막의 이야기는 확인해보아야 할 일이지만, 가능성이 없지는 않다. 왜냐하면 17세기의 동브 지역은 아직 미개하고 건강에 해로운 지역이었기 때문이다. 그런데 사람의 손길이 많이 닿지 않은 바로 이런 곳에야말로 가축이든 야생동물이든 짐승이 많다. 한편, 현재 우리의 눈에는 표트르 대제 시대의 리가 지역이나 타베르니에** 시대의 베오그라드 지역(이 경우를 보면 빵이나 포도주, 아니면 고기, 또 도나우 강이나 사바 강에서 잡은 커다란 메기, 잉어 등 모든 것이 "아주 헐값이면서도 훌륭했다")[52]의 일반 사람들이 베를린, 빈, 나아가서 파리에서보다 더 만족하게 살았던 것 같다. 가진 것이 없는 많은 지역이 잘사는 나라보다 인간적으로 더 가난한 것은 아니다. 생활수준은 인구수와 그들이 사용할 수 있는 자원 사이의 비율에 달려 있기 때문이다.

---

* Anne Marie Louise d'Orleans(1627–1693) : 몽팡시에 공작부인, 일명 라 그랑드 마드무아젤(la Grande Mademoiselle). 오를레앙 공작 가스통의 딸. 프롱드의 난 때 콩데 편을 들어 그들을 보호하기 위해서 바스티유 성의 대포를 쏜 것으로 유명하다. 당대 유럽에서 가장 부유한 상속녀의 하나로서 몇 차례의 결혼계획을 세웠으나 모두 실패했고, 다만 짧은 기간 비밀리에 로죙과 결혼했으나 곧 갈라섰다. 『회고록(Mémoires)』을 남겼다.

** Jean-Baptiste Tavernier(1605–1689) : 프랑스의 대상인, 여행가. 1630–1632년에 페르시아에 처음 여행했을 때 직물 장사로 근돈을 번 이후 페르시아, 인도, 말레이 제도 등지에 몇 차례 더 여행했다. 특히 1663년에 떠난 여행은 6년 동안 계속되었으며 귀국해서 귀족이 되었다. 그후에는 재산을 탕진했고 프랑스를 떠나야 했다. 브란덴부르크 선제후의 보호를 받으며 그곳에서 동인도회사 설립을 추진하는 과정에서 새로운 교역로를 찾아 한 번 더 여행길에 올랐다가 도중에 죽었다. 그의 여행기는 당대의 해당 시역에 관한 정보이 보고이다.

그래도 아직은 유럽이 우위를 차지했다

쇠퇴했다고는 해도 유럽은 여전히 우월한 지위를 누리고 있었다. 다른 문명권과 비교해보면 이 점을 알 수 있다. 한 스페인인에 의하면(1609) "일본인은 사냥해서 잡은 고기만을 먹는다."[53] 인도에서는 사람들이 육식에 공포심을 가진 것이 차라리 다행스러운 일이었다. 한 프랑스인 의사의 말에 의하면 무굴 제국의 황제 아우랑제브의 군사들은 일반 백성에 대해서 조금도 까다로운 요구를 하지 않았다. "쌀과 다른 채소를 섞고 거기에 불그스름한 버터를 흘려넣은 키치리(khichri)만 있으면 그들은 만족해한다." 이 음식은 정확하게는 "쌀, 콩, 렌즈 콩 등을 익혀서 함께 빻은 것이다."[54]

중국에서도 고기가 귀했다. 푸줏간에도 파는 고기가 거의 없는 편이었다. 있는 것이라면 주로 음식 찌꺼기를 먹이고 이따금 쌀을 먹이며 집에서 키우는 돼지, 날짐승류, 사냥고기, 그리고 개고기가 있었다. 개고기는 특별한 푸줏간에서 팔기도 하고 집의 문지방에서 "껍질을 벗기거나 그을리기도 하고", 스페인에서 새끼 돼지나 새끼 염소를 운반하는 데 쓰는 것 같은 고리바구니로 운반한다고 데 라스 코르테스 신부는 이야기한다. 그러나 이러한 적은 양의 짐승으로는 육식에 맛을 들인 인구의 입맛을 만족시키지 못했을 것이다. 끓인 양고기를 주식으로 하는 몽골 같은 곳을 빼면 고기가 하나의 독립된 음식으로 나오는 경우는 없다. 고기는 한 입 거리 정도의 작은 조각들로 자르거나 아예 아주 잘게 썰어놓아서 반찬[菜]에 쓴다. 반찬이란 고기나 생선에 채소, 소스, 양념 등을 섞은 많은 수의 작은 접시 요리들이며, 전통적으로 쌀밥과 함께 먹는다. 아무리 세련되고 아무리 계획적으로 만든 것이라고 하더라도, 이 요리는 유럽인들을 놀라게 하며 그들의 눈에는 가난한 요리로 보인다. 데 라스 코르테스 신부에 의하면, 부유한 만다린도 "마치 맛만 보는 것처럼 돼지고기, 닭고기 또는 다른 고기를 조금 찍어먹을 뿐이다.……부유한 세도가 사람들이라고 하더라도, 그들이 소비하는 고기의 양은 극소량이다. 만일 그들이 유럽인들처럼 먹는다면 그들이 소유한 모든 종류의 고기로도 지탱하지 못할 것이며, 아무리 중국이 부유한 나라라고 하더라도 감당하지 못할 것이다."[55] 나폴리 출신의 제멜리 카레리는 광저우에서부터 베이징까지 중국을 관통해서 여행하고 1696년에 귀환했는데, 여관에서 먹는 음식이 모두 식물성으로만 되어 있었던 데다가 그의 생각에는 잘 조리되지 않아서 몹시 괴로워하다가 나중에는 농가나 시장에서 보이는 대로 닭, 계란, 꿩, 토끼, 햄, 자고새 등을 사들였다……[56] 1735년경에 한 유럽인 관찰자는 이렇게 결론을 내렸다. "중국인은 큰 고기 덩어리를 거의 먹지 않으며", "따라서 짐승을 키우는 땅이 덜 필요하다." 40여 년 뒤에 베이징에 가 있던 한 선교사는 더 자세한 설명을 해주었다. "유럽의 철학자들이 그 불편함과 그 결과를 짐작도 못 할 정도로 인구 과잉이 심각하기 때문에" 중국인들은 "소와 다른 짐승들 없이 지내게 되었는데, 그 까닭은 인간의 생계에 필요한 땅 때문에 가축을 키우는 데 필요한 땅이 모자라기 때문이다." 따라서 "토지를 비옥하게 할 거름과, 식탁에 오를 고기와 전쟁에 필요한 말"이 모자라게 되었으며, "똑같은 양의 곡물을 생산하는 데에 다른 곳보다 더 많은 노동력이 필요하다." 그의 결론에 의하면 "모든 비율을 고려할 때, 프랑스에 10마리의 소가 있다면, 중국에는 한 마리가 있는 셈이다."[57]

중국 문학에서도 같은 내용의 증거를 찾을 수 있다. 청나라 때, 한 오만한 사람은 젠체하며 이렇게 허풍을 쳤다. "지난번에 내 사위가 마른 사슴고기 두 근을 가지고 왔는데, 여기에 있는 요리가 바로 그것이네." 한편 한 푸주한은 "개인적으로 황제보다도 더 많은 돈을 가지고 있으며" 집에 수십 명의 친척과 하인을 둔 어느 고관에게 큰 존경심을 가지고 있었다. 그 고관이 그에게서 "큰 잔치가 없는 때에도 매년 4,000-5,000리브르(파운드)의 고기를 사가기 때문이다." 잔치 때 나오는 메뉴에는 "바다제비집, 닭, 오리, 오징어, 광둥의 해삼 등이 쓰인다." 한편 변덕이 심한 젊은 과부의 음식 욕구야 어땠을까! 매일 8편(片)의 약을 먹는 것 말고도, 어느 날은 오리, 다음날은 생선, 또다른 날은 신선한 채소, 죽순을 넣은 국, 또는 오렌지, 비스킷, 연근, 감세

구이, 소금에 절인 가재 등을 먹었다. 물론 여기에 술도 빠질 수 없었는데, 심지어 "백 가지 꽃을 넣은 술"까지 있었다.[58] 이 모든 것은 음식이 세련되지 못했다는 것을 의미하는 것이 아니며 오히려 극도로 값비싸고 세련되었음을 말해준다. 그러나 중국 요리의 사치스러움을 유럽인이 잘 이해하지 못했다면, 그것은 유럽인에게는 고기가 곧 사치와 동의어였기 때문이다. 사실 중국에서는 베이징의 황궁 앞이나 이 도시의 다른 몇몇 장소에 고기가 많이 쌓여 있는 장면 외에는 그 비슷한 것을 묘사한 경우가 드물었다. 거기에 있는 것도 타타르 지역에서 온 사냥고기였는데, 그것은 겨울 추위 때문에 2-3개월간 보존되었으며 "값이 어찌나 싼지 노루나 멧돼지 한 마리가 8레알 동전 한 닢밖에 되지 않았다."[59]

튀르키예에서도 마찬가지로 고기를 적게, 또 절제해서 먹었다. 이곳에서는 파스테르메(pastermé)라고 부르는 말린 쇠고기가 전방에 나가 있는 군인이나 먹는 음식은 아니었다. 이스탄불에서는 16-18세기 동안, 사라이(saray : 튀르키예의 후궁[後宮]을 말한다)에서 엄청난 양의 양고기를 소비하는 것 말고는 이 도시 전체로 보면 1년에 1인당 평균 소비량이 양 한 마리에서 3분의 1마리 정도였다. 이스탄불이 예외적으로 수준이 높은 곳인데도 말이다…….[60] 이집트는 얼핏 보면 풍성한 곳간으로 보이지만, "튀르키예인들이 사는 방식은 끊임없는 고행의 연속과 같았다. 그들이 먹는 음식을 보면 부자의 경우라도 저급한 빵, 마늘, 양파, 신 치즈 등에 불과했다. 여기에 익힌 양고기라도 더하게 되면, 이것은 아주 값진 것이다. 이 나라에서는 닭이나 다른 날짐승의 값이 아주 싼데도 그들은 이런 것을 결코 먹지 않았다"고 한 여행자는 1693년에 기록하고 있다.[61]

유럽인이 누리는 우월한 지위가 쇠퇴하는 추세를 보인다고 해도, 유럽인 일부는 오히려 그 지위가 새로 다시 상승했다. 그것은 새로운 중세, 혹은 진짜 중세의 풍요함과 유사했다. 동유럽—특히 헝가리—이 그러했으며, 식민지 시대 아메리카의 멕시코, 브라질(상 프란치스코 강 유역에 야생 상태의 가축 떼가 침범하여 이곳에서 백인과 혼혈인[métis]이 활기찬 육식 문명을 누리게 되었다), 그리고 더 남쪽의 몬테비데오 또는 부에노스 아이레스에서도 그러하여 기사들이 한끼 식사를 위해서 동물 한 마리를 잡을 정도였다……. 아무리 이와 같이 도살을 심하게 해도 아르헨티나에서는 가축들이 믿을 수 없을 정도로 늘어나는 경향을 막지는 못했는데, 칠레 북부에서는 곧 사료가 바닥 나버려서 코킴보 근처에서는 16세기 말경에 다른 가축떼는 사라지고 다시 야생 상태로 돌아가버린 개 떼만이 살아남았다.

햇볕에 말린 고기(브라질의 카르니 디 솔[carne de sol])는 연안 도시들이나 플랜테이션 흑인 노예들의 식량원이 되었다. 아르헨티나의 소금 절임 공장 (saladeros)에서 뼈를 발라내고 말려서 만드는 차르케(charque)라는 육포는 19세기 초의 발명품으로서 노예와 유럽 빈민의 식재료였다. 갤리선을 타고 7-8개월이나 걸리는, 마닐라에서 아카풀코까지 가는 긴 항해를 한(1696) 어떤 민감한 여행자에게는 이것이 마치 벌을 받는 것과 같았다. "고기를 먹는 날에는 햇볕에 말린 쇠고기나 물소고기를 먹어야만 했는데……어찌나 질긴지 나무망치로 오랫동안 두드려야만 씹을 수 있었지만, 사실 고기나 그 망치나 큰 차이가 없을 지경이었고, 또 강력한 설사제를 써야 소화가 되었다." 게다가 이 끔찍한 음식에 벌레가 우글대서 밥맛을 더 떨어뜨렸다.[62] 육식의 필요성 앞에서는 아무런 법칙도 소용이 없었다. 그래서 앤틸리스 제도의 해적들은 아프리카의 흑인들처럼, 역겹게도 원숭이를 잡아먹었는데, 그중에서는 차라리 어린 원숭이를 선호했다. 로마에서는 극빈자나 가난한 유대인이 특수한 푸줏간에서 파는 물소고기를 사먹었는데, 일반인은 물소고기에 공포심을 가지고 있었다. 엑상프로방스에서는 1690년경에 가서야 수소를 잡아먹었는데, 이 "거친 고기"는 오랫동안 몸에 나쁘다는 평판이 나 있었다.[63] 한편 덴마크에서는 "시장에서 말고기를 판다"고 어떤 프랑스인 여행자가 약간 밥맛이 떨어진다는 투로 증언했다.[64]

기상천외한 식탁

15-16세기 이후 유럽에서는 식탁의 사치가 기껏해야 몇몇 특권적인 사람들에게만 한정되었다. 이때의 사치란 흔히 볼 수 없는 기상천외한 음식을 양껏 소비하는 것이었다. 그러고 나서 남은 음식은 하인이 먹고, 그러고 나서 또 남은 것은 심지어 상한 음식까지도 모두 음식 찌꺼기 상인에게 팔았다. 런던에서 파리까지 거북을 사들여와서 만든 "이 음식은 [1782년에] 1,000에퀴나 들었는데, 7-8명의 미식가들이 먹었다." 이에 비해서 크라포딘(crapaudine) 식으로 조리한* 멧돼지 정도는 아주 흔한 축에 속했다. 이런 멧돼지를 본 사람은 다음과 같이 이야기했다. "예, 나는 그릴 위에 있는 멧돼지를 내 눈으로 보았는데, 성인 로랑**의 멧돼지도 그것보다 크지는 않을 것입니다. 그 주위에는 이글이글 불타는 숯을 두르고, 푸아 그라로 기름칠을 하고, 고급 기름으로 불을 지핀 데에다가 최고급 포도주를 부었지요. 그러고는 돼지 대가리째 통으로 먹었습니다.……"65) 여기에 온 손님들은 그러고 나서 돼지의 각 부분을 조금씩 맛보았을 뿐이다……. 이런 것들은 군주들의 변덕스러운 익살에 속한다. 국왕이나 지위 높은 집에 대해서는 음식 공급자들이 고기든, 사냥고기든, 생선이든 시장에서 가장 좋은 것으로 바구니를 채웠다. "하찮은 사람들"에게는 저급한 것을, 그나마 부자들보다 더 비싸게 팔았다. 더 나쁜 것은 이런 일반용 음식에 불순물을 섞는다는 것이다. "프랑스 혁명 직전에 파리의 푸줏간에서는 신분이 높은 집에는 소의 가장 좋은 부분만을 공급했다. 그리고 일반 민중에게는 하급의 것을 주었고 거기에다가 뼈를 섞어주었는데, 그것을 빈정거리는 투로 '기쁨(réjouissances)'이라고 불렀다." 가난한 사람들이 먹는 최하급 고기 부스러기나 허드레 고기는 푸줏간 바깥에서 팔았다.66)

---

* 고기를 눌러 평평히 만든 후 석쇠에 굽는 것.

** Saint-Laurent : 로랑 또는 로렌초라고도 한다. 로마 제국 때에 순교한 스페인 출신의 가톨릭 부제로, 불고기처럼 석쇠 위에서 구워지며 죽는 악형을 당했다.

희귀한 요리의 또다른 예로는 뇌조(gelinottes)나 멥새(ortolans)가 있다. 콩티 가문의 여자가 결혼할 때(1680) 멥새를 1만6,000리브르 어치나 소비한 적이 있다.[67] 포도밭에 사는 이 새는 키프로스 섬에 많고(16세기에도 이 섬에서는 이 새를 식초에 절여서 베네치아로 수출했다), 그 외에도 이탈리아, 프로방스, 랑그도크에도 있었다.[68] 또는 녹색 굴 또는 디에프나 캉칼에서 새로 채취하여 10월에 도착하는 햇굴도 그런 사치품이다. 딸기나 파리 지역의 온실에서 기른 파인애플도 사치품에 속한다. 부자들은 정교한, 어찌 보면 지나치게 정교한 소스들을 사용했는데, 여기에는 후추, 향신료, 아몬드, 호박, 머스크, 장미수 등 상상할 수 있는 모든 첨가물을 다 섞었다. 그리고 랑그도크 출신의 요리사들도 기억해야 한다. 파리에서는 이들을 최고로 쳤으며 아주 비싼 값에 고용했다. 가난한 사람이 이 잔치에 끼고 싶으면 하인과 잘 통해 놓든가, 아니면 베르사유의 "중고 음식 가게"로 가야 했다. 이곳에서는 왕가에서 먹고 남긴 음식을 팔았는데, 베르사유 시민들의 약 4분의 1이 부끄러움도 없이 이 음식을 먹고 살았다. "옆에 칼을 찬 신사가 이곳에 들어와서 넙치나 연어 대가리처럼 섬세하고 귀한 부위를 사갔다."[69] 아마도 라탱 구의 위세트 거리나 발레 강변로(이곳은 날짐승이나 사냥고기를 파는 지역이었다)에 있는 고기구이 가게로 가는 것이 더 현명하고 더 마음에 들 것이다. 이곳에서는 언제나 솥을 큰 갈고리에 걸어놓고 많은 수탉을 펄펄 끓이다가 손님한테 한 마리를 낚아내어 굵은 소금과 함께 내주었다. 그 자리에서 뜨거운 채 먹어도 좋고, 또는 "거기에서 서너 발 떨어진 곳에서 부르고뉴 포도주와 함께 먹는 것도 좋은 일이다."[70] 이것이 부르주아의 방식이다!

식탁 차리기

사치란 요리만으로 되는 것이 아니다. 그릇, 은식기, 식탁보, 냅킨, 촛불, 식당의 장식도 필요하다. 16세기 파리에서는 멋진 집을 빌리거나 아니면 수위에게 돈을 찔러주고 그런 집에 숨어들어간 다음, 음식 주문 배달업자가 유식을 가져오도록 하고서 친구들을 초대하는 관습이 있었다. 때로 이런 임시 주인은 진짜 주인이 내쫓을 때까지 눌러 앉는 수도 있었다. "교황의 특사인 살비아티는 내가 부임해 있던 때에 두 달 동안 세 번이나 이사해야 했다"고 한 대사는 말했다(1557).71)

화려한 저택이 있듯이 화려한 여관이 있다. 샬롱–쉬르–마른에서 몽테뉴는 (1580년에) "라 쿠론(la couronne : 왕관)이라는 여관에 묵었는데, 이곳에서는 은접시에 밥을 먹었다."72)

여기에서 문제 하나를 내보자. "지위가 높은 사람 30명을 호화롭게 모시고 싶을 때" 식탁을 어떻게 차리면 좋은가? 이에 대한 대답은 1654년에 니콜라 드 본퐁이라는 사람이 쓴—제목이 다소 의아하지만—『시골의 즐거움(Les Délices de la Campagne)』이라는 책에서 찾아볼 수 있다. 직사각형 테이블의 양쪽에 각각 14벌씩의 식사도구를 준비하고, 한 사람은 테이블의 위쪽 머리에, 또 한두 사람은 아래쪽 끝에 앉게 한다. 초대된 사람들은 "서로 의자 하나 정도의 거리를 둔다." "식탁보는 양쪽 모두 땅에까지 끌리게 해야 한다. 발 달린 소금 그릇을 여럿 준비하고 여분의 요리를 놓기 위해서 접시 대를 테이블 한가운데에 놓아야 한다." 음식은 여덟 번의 코스로 이루어진다. 예를 들면 마지막 여덟 번째는 고형물 형태이든 유동식 형태이든 잼, 접시 위에 얹은 아이스크림, 사향을 넣은 사탕, 베르됭식 캔디, "사향과 호박향을 넣은" 설탕 등으로 구성된다. 집주인은 칼을 허리에 찬 채 명령을 내리는데, 접시는 "한 코스마다, 또 냅킨은 두 코스마다" 교체한다. 그런데 코스마다 요리접시를 교체하는 방법까지 세심하게 묘사한 이 책은 식사용구를 어떻게 놓을 것인지는 언급하지 않았다. 이 시대에 식사용구로 접시, 숟가락, 칼(나이프) 등을 쓴 것은 확실하지만, 개인별 포크가 쓰였는지는 불분명하고, 개인용 유리잔이나 병이 쓰이지 않은 것은 확실하다. 예의범절의 규칙은 불명확한 데가 있다. 이 책을 보더라도 "가운데 있는 그릇에 여러 번 숟가락질을 하다가 서로가 서로에게 입맛을 버리게 하는 일 없이" 각자 한 번에 수프를 떠 가도록 우아하게 우묵한 접시를 사용할 것을 권하고 있다.

우리들 방식으로 식탁을 꾸미고 거기에 맞게 행동하는 구체적인 사항들은 관습에 따라 하나씩 서서히, 또한 지방마다 다르게 발전해온 결과이다. 숟가락과 칼 자체는 꽤 오래 전부터 사용되었다. 그러나 숟가락의 사용이 일반화되거나 나이프를 제공하는 관습이 생긴 것은 16세기에 이르러서의 일이다. 그전에는 식사하는 사람이 자기 것을 가지고 갔다. 마찬가지로 각자가 자신의 잔을 자기 앞에 놓았다. 그전의 관습에 따르면 자신의 잔을 비운 뒤에 옆의 사람에게 돌리고 또 그 사람 역시 똑같이 하는 것이 예의에 맞았다. 또는 손님이 물이나 포도주를 요청하면 하인이 주방 또는 손님의 식탁에 가까운 식기장에서 음료수를 가져다주었다. 1580년에 남부 독일을 지나가던 몽테뉴가 본 바에 의하면 "각자 자신의 은제 잔이나 컵을 자기 앞에 놓아두었고, 식사를 대접하는 사람은 그 잔이 비자마자 다시 채우느라고 신경을 써야 했다. 이때 잔을 움직이지 않고 먼 곳에서 포도주를 부어야 하기 때문에 주석 또는 나무로 만든, 주둥이가 긴 그릇을 사용했다."[73] 이 방법은 우아하면서도 노고를 아끼는 경제적인 해결책이었지만, 여하튼 이를 위해서는 손님이 각자 자기 앞에 개인용 컵을 두어야 했다. 몽테뉴 시대에 독일에서 사람들은 주석이나 나무로 된 개인별 접시를 썼으며, 때로는 밑에 나무공기를, 그 위에 주석으로 된 접시를 놓기도 했다. 독일의 시골 지역이나 아마도 일부 지역에서는 19세기까지 계속 나무접시가 쓰였다는 증거가 있다.

이처럼 다소나마 세련된 방식이 뒤늦게 완성되기 전까지 사람들은 오랫동안 나무판 또는 빵 조각—이 빵 조각을 "트랑슈아르(tranchoir)"라고 한다—위에 고기를 얹어 먹었다.[74] 이때에는 큰 접시 하나로도 모든 사람에게, 그리고 모든 것에 충분했다. 사람들은 거기에 있는 음식 중 마음에 드는 것을 손가락으로 집어왔다. 스위스인에 대한 몽테뉴의 관찰기록을 보자. "그들은 사람 수만큼 [즉 각자가 자기의] 은제 손잡이가 달린 나무 숟가락을 사용했다. 그리고 스위스인들은 나이프가 없는 사람이 있어서 나이프를 이용하여 모든 것을 먹었다. 그래서 손을 접시에 댈 일이 거의 없었다.”[75] 반드시 은이 아니라고 하더라도 금속 손잡이가 달린 나무 숟가락과 다양한 형태의 나이프들이 박물관에 보관되어 있다. 이것은 정말로 오래된 도구들이다.

그러나 포크는 사정이 다르다. 손님들에게 고기를 나누어주는 데 쓰거나 고기를 풍로나 부엌으로 옮기는 데 쓰는, 가지가 두 개 달린 포크는 아주 오래된 것이지만, 몇몇 예외를 제외하고는 개인별 포크는 그렇지 않다.

개인별 포크는 약 16세기부터 사용하기 시작했고 이탈리아, 그중에서도 베네치아에서부터 느리게 퍼져나갔다. 독일의 한 목사는 이 악마 같은 도구를 비난했다. “우리가 이 도구를 사용하기를 하느님이 원하셨다면, 우리에게 왜 손가락을 주셨겠는가?” 몽테뉴가 음식을 너무 빨리 먹어서 “때로는 너무 급한 나머지 내 손가락을 깨뭅니다”라고 사과하는 것을 보면 그는 포크가 무엇인지 모르고 있었다. 실제로 그는 “숟가락과 포크를 거의 사용하지 않는다”고 다른 곳에서 실토했다.[76] 1609년에 비야몽 영주는 튀르키예인의 요리와 식사습관을 아주 세세히 묘사하면서 이렇게 덧붙였다. “그들은 롬바르디아인이나 베네치아인처럼—‘프랑스인처럼’이라고 말하지 않은 데에는 이유가 있다—포크를 쓰는 일이 결코 없다.” 같은 시대에 영국의 여행가인 토머스 코리엇은 이탈리아에서 포크를 발견하고 재미있어하다가 그 자신이 사용하게 되었다. 그는 친구들의 큰 웃음거리가 되었는데, 그들은 그를 퍼시퍼러스(furciferus), 즉 포크를 쓰는 사람, 더 정확히 말하면 쇠스랑을 쓰는 사람이라고 불렀다.[77] 혹시 주름 동정*을 쓰게 되면서 부유한 사람들이 포크를 사용하게 되었을까? 그런 것 같지는 않다. 예컨대 영국에서는 1660년 이전의 재산 목록에 포크가 나온 적이 없다. 포크가 일반적으로 사용된 것은 1750년경의 일이다. 안 도트리슈는 평생 고기접시에 직접 손가락을 넣어서 먹는 습관을 가지고 있었다.[78] 빈의 궁정 역시 적어도 1651년까

---

* fraise : 16세기에 유행한, 높은 주름을 잡은 동정.

지는 마찬가지였다. 그렇다면 루이 14세의 궁정에서는 포크를 사용했을까? 몽토지에 공작*은 "끔찍스러울 정도로 청결했다"고 생-시몽은 말했다. 그러나 왕은 그렇지 않았으니, 생-시몽에 의하면 왕은 닭 스튜 요리를 손가락으로 먹는 데에 아주 능숙했다! 부르고뉴 공작과 그의 형제들**이 왕과 저녁식사를 하게 되었을 때 이전에 배운 대로 포크를 들자, 왕은 사용하지 못하게 했다. 이 일화는 팔라틴 백작부인***이 만족스럽다는 투로 전했는데, 그녀로 말하면 "식사 때 언제나 나이프와 자신의 손가락을 사용한다"고 말했다.[79] 그 때문에 17세기에 식사에 초대된 사람들에게 냅킨을 아주 많이 제공했던 것이다. 그러나 냅킨이 개인 집에서까지 쓸 정도로 퍼진 것은 몽테뉴의 말에 의하면 바로 그의 시대부터였다.[80] 또한 그 때문에 식사 중에 여러 번 반복해서 물병과 대야를 이용해서 손을 씻는(lave-main) 관습이 생겼다.

훌륭한 매너가 서서히 확립되다

이와 같은 새로운 매너를 나타내는 변화는 조금씩조금씩 이루어졌다. 순전히 식사만을 위한 식당을 갖추는 사치가 프랑스에서 널리 퍼진 것도 16세기에 가서의 일이며, 그것도 부자들에게만 한정되었다. 그 이전에는 영주들도 넓은 부엌에서 식사를 했다.

정중한 의식으로서의 식사는 부엌이나 손님들 옆에서 시중드는 하인들의

---

* 샤를 드 생트-모르(Charles de Sainte-Maure, 1610-1690)를 가리킨다. 프랑스의 훌륭한 군인이며 여러 지방의 지배자였다. 프롱드의 난 때 국왕에 대한 충성을 지켰으며, 그 결과 루이 14세의 아들을 가르치는 교사가 되었다.
** 이들은 모두 루이 14세의 친손자들로서 부르고뉴 공작 루이 필리프(후일의 스페인 국왕), 베리 공작 샤를을 가리킨다.
*** 엘리자베트-샤를로트 드 바비에르(Élisabeth-Charlotte de Bavière, 1652-1722)이다. 라인 팔라틴 선제후의 딸이며 1671년에 오를레앙 공작(루이 14세의 형제)의 두 번째 부인이 되었다. 이 결혼에서 1녀 2남을 두었으며 그중 한 명이 후일 루이 14세 사후 섭정했던 오를레앙 공작 필리프 2세이다. 남편과 별거 상태에 들어간 후, 그녀는 루이 14세의 궁정에서 솔직담백하고 다소 거친 방식으로 행동했다. 유럽 각국의 사람들과 교신한 무수히 많은 편지들을 통해 이 시대 궁정의 모습을 소상히 전해주는 증거를 남겼다.

수가 크게 늘어난 것을 의미했다. 국왕의 식사(이것을 "국왕의 고기[la viande du Roi]"라고도 말했다)를 위해서 귀천을 불문하고 평민들을 동원한 베르사유 궁전이 대표적이지만 이곳만 그런 것은 아니다. 이 새로운 사치가 프랑스와 영국 전체에 퍼진 것은 18세기에 가서의 일이다. "만일 60년 전에 죽은 사람이 살아 돌아온다면 식탁, 의상, 풍습에 관한 한 그들은 파리를 알아보지 못할 것이다"라고 1765년경에 뒤클로*가 썼다.[81] 이 말은 사치에 사로잡힌 유럽 전체와, 또 언제나 자신의 관습을 지키려고 애쓴 유럽의 식민지에도 역시 타당할 것이다. 그래서 서구의 여행자들은 넓은 세상의 풍속과 습관에 대해서 마치 위에서 내려다보듯 더욱 저평가를 하게 되었다. 제멜리 카레리는 자신을 식사에 초대한(1694) 페르시아인—그는 거의 영주에 가까운 높은 지위에 있었다—이 "[손님들의] 접시에 쌀밥을 놓아주기 위해서 숟가락 대신 그의 오른손을 쓰는 것을 보고" 놀랐다.[82] 또 세네갈의 아랍인에 대해서 장-바티스트 라바 신부가 말하는 것을 보자. "그들은 도대체 식탁에서 먹는다는 것이 무엇인지를 모른다."[83] 이런 까다로운 심판관 앞에서 만족스러운 판결을 받을 사람은 아마도 세련되기 짝이 없는 중국인밖에 없을 것이다. 그들은 식탁에 앉아서 유약칠을 한 공기를 사용하고 허리띠에 소지하고 온 칼과 젓가락—그리고 젓가락은 주머니에 넣어 보관했다—을 사용하여 식사를 하니 말이다. 1760년경에 이스탄불에서 토트 남작**은 "수석 통역사 귀부인"이 시골 저택에서 베푼 환영 만찬을 유머러스하게 묘사하고 있다. 오스만 제국에 봉사하는 부유한 그리스인 계급인 이들은 수많은 지방적인 풍습을 받아들이면서도 차별성을 두려고 했다. "원탁, 그 주변에 둥근 의자들,

---

* Charles Pinot Duclos(1704-1772) : 프랑스의 작가. 여인과 환락을 추구하던 한량 스타일의 작가로서 파리로 상경한 후 여러 편의 소설과 언어, 역사에 대한 논문들을 썼다. 그의 글에서는 도덕에 대한 회의와 타협의 취향을 읽을 수 있다. 그런 성향의 글로 『금세기 도덕에 관한 고찰 (Considération des Mœurs de ce Siècle)』(1751)이 있다.

** baron François de Tott : 프랑스의 포병 장교로서 오스만의 술탄 무스타파 3세(1717-1774)의 군사고문이 되어 오스만 제국의 군대 개혁을 도왔다.

숟가락과 포크 등 없는 것이 없었지만, 다만 그것들을 쓰는 습관만은 없었다. 그렇지만 그들은 프랑스의 예법 하나라도 놓치려고 하지 않았다. 마치 영국의 예법이 프랑스에 지금 퍼지듯이 프랑스의 예법이 이곳에 퍼지고 있다. 우리가 식사하는 도중에 나는 한 여인이 프랑스식으로 먹기 위해서 손가락으로 올리브를 집어 포크에 꽂는 것을 보았다."[84]

1624년 알자스 백작령에 대한 오스트리아의 명령 중에 젊은 장교들이 대공의 만찬에 초대되었을 때에 지켜야 할 규칙들을 자세히 언급한 것을 보라. 깨끗한 몸차림으로 나타날 것, 반쯤 취해서 도착하지 말 것, 한 조각 먹을 때마다 술을 마셔대지 말 것, 마시기 전에 수염과 입을 깨끗하게 닦을 것, 절대 손가락을 빨지 말 것, 접시에 절대 침을 뱉지 말 것, 식탁보에 코를 풀지 말 것, 짐승같이 너무 큰 잔째로 벌컥벌컥 마시지 말 것……이 지침들을 보고 독자들은 리슐리외 시대 유럽의 매너가 어느 수준이었는지 상상할 수 있을 것이다.[85]

그리스도의 식탁에서

과거로 가는 이 여행에서, 세련된 식탁 매너가 뒤늦게 확립되기 이전 시대에 그려진 그림들만큼 사정을 잘 보여주는 것은 없다. 과거의 식사 모습을 보여주는 그림들은 수를 헤아릴 수 없을 정도로 많다. 그중에서도 특히 "최후의 만찬(Cène, Last Supper)"은 서양에 화가가 존재한 이래로 수천 점이 그려졌다. 시몬의 집에서의 예수의 식사, 가나에서의 결혼, 엠마오의 순례자들의 식사 등도 마찬가지이다. 여기에서 잠시 종교적 열정을 일으키는 이 인물들을 놓아두고, 식탁, 수놓은 식탁보, 좌석들(팔걸이가 없는 나무걸상, 의자, 장의자), 그중에서도 특히 접시, 요리를 담는 큰 접시, 나이프 등에만 주목해본다면, 우리는 1600년 이전에는 포크가 전혀 나타나지 않았으며 숟가락 역시 거의 보이지 않는다는 것을 알 수 있다. 큰 접시 대신 빵 조각, 나무로 만든 둥글거나 타원형의 목판(木板), 아니면 가운데 부분이 약긴 우묵하게 들어간 주석판이 쓰였는데, 이 마지막 것은 남부 독일의 그림들에서는 대부분 파란 색칠을 해서 표현하는 것이 관례였다. 흔히 딱딱하게 굳은 빵 조각(트랑슈 아르 또는 타유아르)을 나무판이나 금속판 위에 올려놓고 썼는데, 그 용도는 썰어놓은 고기조각에서 나오는 육즙을 흡수하기 위한 것이다. 그러고 나서 이 "빵-접시"는 가난한 사람들에게 나누어주었다. 적어도 나이프는 늘 썼는 데, 아주 큰 나이프가 하나만 있어서 모든 사람이 나누어 쓰는 경우도 있었 고, 개인별로 모두 작은 나이프를 가지고 있는 경우도 있었다. 물론 포도주 와 빵과 어린 양의 신비로운 만남이 풍족하거나 사치스러운 식사일 수는 없 다. 이런 그림의 이야기는 '지상의 양식'을 넘어서며, 그런 데에 연연해하지 도 않는다. 그런데도 예수와 제자들은 울름이나 아우크스부르크의 부르주 아처럼 식사하고 있는 모습으로 그려져 있다. 가나의 결혼식이나 헤롯의 연 회를 그린 것이든, 가족과 정중한 하인들에 둘러싸여 식사하는 바젤의 어느 장인을 그린 것이든, 혹은 1593년에 친구들과 축하연을 하고 있는 뉘른베르 크의 의사를 그린 것이든 같은 모습이다. 내가 알기로 "최후의 만찬" 그림에 서 포크가 최초로 등장하는 것은 야코포 바사노*가 그린 그림(1599)이다.

일상의 양식 : 소금

이제 사치를 설명하는 페이지를 넘기고 일상적인 것으로 돌아가자. 소금 이 가장 전형적인 사례이다. 소금은 워낙 일상적으로 필요한 물품이므로 보 편적이고 필수적인 상업의 대상이 되기 때문이다. 소금은 사람에게나 짐승 에게나 필수적이고 육류와 생선의 염장에도 필수적이다. 또 국가가 개입하 는 만큼 더욱 중요성을 띤다. 소금은 국가나 상인들이 부를 축적하는 중요 한 수단인데, 그 점에서는 유럽이나 중국이나 마찬가지이다. 이 문제에 대 해서는 다시 이야기할 것이다. 소금이 필수불가결한 만큼, 소금 교역은 모

---

* Jacopo Bassano(1510?−1592) : 베로네세와 티치아노의 영향을 받고 엘 그레코에게 영향을 준 화가. 빛의 효과를 이용하여 신비로운 분위기를 만들어내는 종교화를 주로 그렸다.

든 장애물을 극복하고 모든 수단을 다 이용한다. 무게가 많이 나가는 상품이기 때문에 강의 수로를 이용하고(예컨대 론 강을 거슬러올라가는 교역을 보라) 대서양의 해상교통을 이용한다. 암염이란 암염은 전부 개발되었다. 한편 염전은 지중해와 대서양에 있는 태양볕이 강한 지역에 한정되었다. 다시 말해서 모든 염전은 가톨릭 국가 내에 있었다. 그래서 소금을 많이 필요로 하는 북구의 개신교 지역 어부들도 브루아주, 세투발, 산 루카르 데 바라메다의 소금을 들여와야 했다. 전쟁이 나더라도 소금 무역은 언제나 지속되었으며 상인들의 컨소시엄에 가장 큰 이득이 돌아갔다. 마찬가지로 사하라의 암염 덩어리들은 낙타 대상에 의해서 사막을 넘어서 블랙 아프리카로 전해졌고 사금, 상아, 흑인 노예 등과 교환되었다. 소금 교역이 필수불가결한 것임을 이것보다 더 잘 이야기해주는 것은 없다.

경제적 필요와 서로 떨어져 있는 거리 사이의 관계에 대해서 말해주는 예로 스위스의 조그마한 캉통인 발레의 경우를 보자. 론 강의 상류 연안에 면해 있는 이 지역에서는 자원과 인구 사이에 완벽한 균형을 이루었지만, 철과 소금은 그렇지 못했다. 특히 소금은 목축, 치즈 생산과 염장용으로 필요했기 때문에 주민들의 요구가 컸다. 그리하여 아주 멀리로부터 이 알프스의 캉통에까지 소금이 운반되었다. (랑그도크에 있는) 페케에서부터 리옹을 거쳐 오는 경우는 870킬로미터, 바를레타*에서부터 베네치아를 거쳐 오는 경우는 1,300킬로미터, 그리고 트라파니**에서부터 역시 베네치아를 거쳐 오는 경우는 2,300킬로미터를 지나온 것이다.[86]

핵심적이고 대체가 불가능한 소금은 성스러운 음식이었다("고대 히브리어나 오늘날 마다가스카르어로 소금 친 음식은 성스러운 음식과 동의어이다"). 밀가루로 만든 무미건조한 죽을 먹는 유럽은 많은 양의 소금을 소비했다(1인당 하루에 20그램의 소금을 소비했는데, 오늘날의 두 배에 해당하는 양이다).

---

* Barletta : 이탈리아 반도 남쪽의 동부 해안에 있는 항구도시.
** Trapani : 시칠리아 섬 동쪽 끝에 있는 항구도시.

심지어 어떤 의사 겸 역사가는 16세기에 프랑스 서부의 농민들이 염세(鹽稅, gabelle)에 대항하여 봉기한 것이 세금 때문에 소금 소비가 위축된 결과이며, 다시 말하면 소금에 대한 갈증이 그 원인이라고 생각했다.[87] 어떤 세세한 사항을 읽어가다 보면 생각지도 못한 곳에서 뜻밖에 소금이 쓰이는 것을 알게 되거나 이전에 알았더라도 새로 주목하게 되는 경우가 있다. 예를 들면 프로방스의 부타르그(boutargue : 어란젓의 일종)를 만드는 데, 또는 18세기에 널리 퍼진 것으로서 가정에서 아스파라거스, 신선한 콩, 버섯, 느타리버섯, 삿갓버섯, 아티초크의 심지 같은 것을 보존하는 데에도 소금이 쓰였다.

일상적인 음식 : 유제품, 지방, 계란

치즈, 계란, 우유, 버터는 사치품은 아니다. 파리에는 브리, 노르망디 지역(브레 지방에서 나는 안젤로 치즈[angelot], 리바로 치즈[livarots], 퐁-레베크 치즈[pont-l'évêque] 등)과 오베르뉴, 투렌, 피카르디 등지에서 치즈가 들어왔다. 이 상품들은 식품 소매상에게서 살 수 있었다. 이들은 수도원이나 가까운 농촌에 줄을 대어두고 모든 종류의 음식을 소매로 파는 상인들이었다. 몽트뢰유나 뱅센에서는 "새로 응고시키고 물을 짜낸 치즈를" 버들가지나 등나무(jonc) 가지로 짠 작은 바구니—종세(jonchées)라고 불렀다—에 담아 판매했다.[88] 또 지중해 지역에서는 카초 카발로(cacio cavallo),[89] 또는 살소(salso)라고 부르는 사르데냐의 치즈가 나폴리, 로마, 리보르노, 마르세유, 바르셀로나 등 어디라고 할 것 없이 도처에 팔려나갔다. 이 치즈는 칼리아리에서 배에 하나 가득 실어 수출되었는데, 18세기에 유럽 전체 시장과 전 세계 시장을 석권하기에 이른 홀란트 치즈보다도 더 유리하게 팔렸다. 1572년부터 홀란트 치즈는 수천 개씩 스페인령 아메리카에 밀수로 들어왔다. 베네치아에서는 달마치아의 치즈나 칸디아의 거대한 바퀴 모양의 치즈가 팔렸다. 1543년 마르세유에서는 다른 어느 치즈보다도 오베르뉴의 치즈가 많이 팔렸다.[90] 16세기에 오베르뉴 지방에서는 이 치즈가 너무나 풍부하여 가난한 사람들의 기본 음식이 되었다. 15세기에는 도피네 지방의 그랑드-샤르트뢰즈 산 치즈를 훌륭한 것으로 쳐서 퐁뒤*나 토스트 위에 얹는 치즈로 썼다. "진짜 그뤼에르(véritable gruyère)"라는 스위스 치즈는 18세기 이전부터 프랑스에서 대량으로 소비되었다. 1750년경에는 매년 3만 캥탈 정도를 프랑스로 수출했다. "프랑슈-콩테, 로렌, 사부아 지역에서는 이것을 모방한 위조품을 만들었으며" 그 모조품이 원래의 스위스 치즈와 같은 명성과 값을 누리지는 못했지만 그래도 널리 보급되었다. 이와는 반대로, 노르망디에서 모방해서 만들려던 파르므상(parmesan : 파르마[Parma]산 치즈)은 실패했다.[91]

값싼 단백질원인 치즈는 유럽의 일반 대중이 먹는 아주 중요한 음식이었으며, 유럽에서 멀리 떠나 살게 되어 치즈를 먹지 못하는 사람들에게는 아주 큰 그리움의 대상이었다. 1698년에 프랑스 농민들은 이탈리아와 독일에서 싸우는 군대에 치즈를 팔아서 큰돈을 벌었다. 그렇지만, 특히 프랑스에서 그러했던 것처럼, 치즈는 요리에서의 큰 명성과 "고귀함"을 아주 천천히 얻었다. 요리책에서 치즈는 아주 작은 자리밖에 차지하지 못했으며, 품질이나 특출한 품명에 대한 언급이 없었다. 염소의 젖으로 만든 치즈는 양이나 소의 젖으로 만든 것보다 열등한 것으로 여겨져서 경멸의 대상이었다. 1702년에만 해도 의사인 르므리의 눈에는 세 종류의 치즈, 즉 "로크포르,** 파르므상, 도피네의 사스나주(Sassenage)만이……고급 요리상에 오를 만했다."[92] 당시에 로크포르는 매년 6,000캥탈 정도의 판매를 기록했다. 사스나주는 소, 염소, 양의 젖을 섞어서 끓여 만든 치즈이다. 파르므상은 샤를 8세가 이탈리아 전쟁에서 프랑스로 귀환하면서 가져온 것이다("마르솔랭[marsolin]" 역시 마찬가지였지만, 유행이 지나가버렸다). 그렇지만 르므리의 주장과 달리, 1718년에 런던에 대사로 나가 있던 추기경 기욤 뒤부아가 그의 조카에게 편지를

---

* fondue : 그뤼에르, 에멘탈 같은 치즈를 백포도주에 녹여서 빵에 찍어 먹는 요리.
** Roquefort : 프랑스 남부 로크포르-쉬르-술종(Roquefort-sur-Soulzon) 마을에서 나는 유명한 치즈 석회질 고원지대의 동굴에서 양양 젖을 발효시켜 만들며 맛과 냄새가 대단히 강렬하다.

써서 파리에서 부쳐달라고 부탁했던 것은 무엇이었던가? 그것은 퐁-레베크 치즈와 마롤 및 브리 치즈 각각 세 다스—그리고 가발 하나—였다.[93] 유명 품목의 치즈에는 이미 단골과 애호가가 있었던 것이다.

인도에까지 이르는 이슬람권에서는 우유, 버터, 치즈가 보잘것없는 위치에 있지만, 영양학적으로는 아주 중요한 비중을 차지한다. 1694년에 한 여행자의 말에 의하면, 페르시아인들은 거의 돈을 쓰지 않는다. 그들은 "약간의 치즈에다가 신 우유를 시골 빵에 적셔 먹는 것으로 만족한다. 이 빵을 보면 성체의 전병만큼이나 얇고 아무런 맛도 없으며 매우 시커멓다. 아침에는 여기에 순전히 물만 가지고 조리한 쌀(또는 필라우[pilau], 또는 필라프[pilaf])을 더 먹는다."[94] 보통 쌀을 넣고 만든 스튜(ragoût)라고 할 수 있는 이 필라우야말로 유복한 집안의 식탁이라는 표시이다. 튀르키예가 바로 이와 같은 경우여서 이곳에서는 우유식품이 가난한 사람들이 먹는 거의 유일한 음식이다. 여기에 신맛이 나도록 만든 우유(요구르트)와 계절에 따라 오이나 멜론, 양파, 부추, 또는 마른 열매로 만든 죽 같은 것을 곁들인다. 요구르트 외에도 약간의 소금을 가미한 끓인 크림인 카이마크(kaymak), 가죽 부대에 보관한 치즈(tulum), 바퀴 모양의 치즈(tekerlek), 공 모양의 치즈—예컨대 발라키아의 산지인들이 만든 유명한 카스카발(cascaval)은 사르데냐 또는 이탈리아의 카초 카발로 치즈처럼 양젖을 여러 번 연속해서 끓여 만든 것으로서, 이스탄불과 심지어 이탈리아에까지 수출했다—가 있다.

그러나 동방에는 중국이라는 광대하고도 항구적인 예외가 있다는 사실을 잊어서는 안 된다. 이곳에서는 우유, 치즈, 버터를 모르고 살았다. 암소, 염소, 암양은 순전히 고기를 얻기 위해서 사육할 따름이었다. 그런데 기뉴가 중국에서 먹었다고 믿는 "버터"는 과연 무엇이었을까?[95] 이곳에서 버터는 고작 희귀한 과자를 만드는 데에만 일부 쓰일 따름이다. 유제품을 사용하지 않는다는 점에서는 일본도 비슷하다. 수소와 암소를 농사에 쓰는 마을에서도 일본의 농민들은, 심지어 오늘날에도 유가공품을 소비하지 않는데, 이들은 이러한 식품을 "깨끗하지 못한" 것으로 치부한다. 다만 콩에서 필요한 기름(두유)을 소량 얻을 뿐이다.

반대로 서구의 도시에서는 우유가 대량으로 소비되기 때문에 공급 방법이 문제가 된다. 런던에서는 모든 부유한 사람들이 시내에 머무는 겨울철이 되면 소비량이 늘어나고 여름에는 반대의 이유로 소비량이 감소하지만, 여름철이든 겨울철이든 엄청난 부정이 저질러지기는 마찬가지이다. 소매상에서, 심지어는 생산자가 우유에 물을 많이 탔던 것이다. "서리 주의 한 주인은 [농장에] 아주 큰 펌프를 가지고 있었는데, 시커먼 색깔을 칠해놓았기 때문에 '까만 소'라는 이름이 붙어 있었다. 펌프가 다른 모든 암소들을 합친 것보다 더 많은 우유를 생산하는 것이 확실하다(1801)."96) 이것보다는 좀 보기 좋은 이야기를 해보자. 18세기에 바야돌리드에서는 400마리가 넘는 당나귀들이 주변 농촌에서 이 도시로 우유, 응고 치즈, 버터, 크림─한 포르투갈 여행자는 이 제품들의 품질과 싼값에 대해서 자랑했다─을 공급하느라 길들이 막히는 광경이 매일 일어났다. 펠리페 3세가 비록 마드리드로 수도를 옮겼지만, 이전의 수도였던 이 도시는 동화에 나오는 보물의 도시와도 같았다. 가축 시장에서는 매일 7,000마리 이상이 팔렸으며, 양고기는 세상에서 가장 품질이 좋았고, 훌륭한 빵과 완벽한 포도주가 있었으며, 게다가 스페인에서는 특히 귀한 사치품에 속하는 우유제품들이 공급되었다.97)

북부 아프리카에서부터 이집트의 알렉산드리아까지, 그리고 그 너머에까지의 광대한 지역에서는 시큼한 버터를 사용했지만, 이곳을 제외하면 버터는 북부 유럽의 전유물이었다. 유럽이라는 이 좁은 지역의 나머지 곳에서는 돼지기름, 라드, 올리브 기름을 썼다. 프랑스만 하더라도 이와 같은 요리의 기본 품목들이 지역에 따라 상이했다. 루아르 지역에는 그야말로 버터가 흐르는 강이 있으며, 파리와 그 너머 지역에서도 버터가 널리 쓰인다. "버터가 들어가지 않는 소스는 거의 없다. 네덜란드인과 북유럽인은 프랑스인보다도 버터를 더 많이 쓰며, 사람들이 이것 때문에 그들의 피부가 더욱 희다기 주장한다”고 루이 르므리가 말했다(1702).[98] 그렇지만 사실 네덜란드에서도 버터가 널리 사용된 것은 18세기부터이다. 그것은 부자들의 음식의 특징이었다. 이곳에서 살게 되었거나 여행 중에 이곳을 지나가야 했던 지중해 지역 사람들은 버터가 나병 환자를 증가시킨다고 믿었기 때문에 버터를 많이 사용하는 것을 개탄했다. 1516년에 네덜란드 여행을 한 부유한 아라곤 추기경은 자신의 요리사를 대동했고 가방에 올리브 기름을 충분히 챙겨서 운반하게 했다.[99]

유복한 생활을 누린 18세기의 파리는 신선한 버터, 가염 버터(아일랜드나 브르타뉴의 것), 나아가서 로렌식 녹은 버터 등을 풍부하게 공급받았다. 신선한 버터 중 많은 부분은 디에프 인근 소도시인 구르네에서 왔다. 이곳 상인들은 가공하지 않은 버터를 받아서 아직 남아 있을 유장(乳漿)을 제거하기 위해 다시 반죽했다. “그러고는 이것을 40-60리브르 정도의 덩어리로 만들어 파리로 보낸다.”[100] 속물근성은 어디에서나 찾을 수 있다. 『격언 사전』(1768)에 의하면, 파리 근방에 “고상한 사람들이 입에 올릴 만한 버터는 오직 두 종류밖에 없다. 방브르(방브)의 버터와 프레발레의 버터가 그것이다.”[101]

계란도 많이 소비되었다. 계란을 너무 익히지 말라, 날것으로 먹어라—이것이 살레르노 학파*를 계승한 의사들이 반복하던 오래된 계명이다. “계란을 먹으려면 부드럽게(즉, 딱딱하게 익히지 말고 날것으로), 또 신선한 것으로 먹어라.” 그리고 계란의 신선도를 유지하기 위한 조리법이 크게 유행했다. 시장에서의 계란값은 아주 중요한 가치를 지닌다. 계란은 일반인들이 널리 먹는 음식이며, 계란값은 경제의 콩종크튀르의 변화를 정확하게 반영한다. 한 통계학자는 16세기에 피렌체에서 팔린 얼마 안 되는 계란으로부터 생활비의 변동을 재구성했다.[102] 사실 계란값 자체가 어떤 도시나 지방의 생활 수준 혹은 화폐가치에 대한 유용한 시금석이 된다. 17세기에 이집트에서는

---

* Schola Medica Salernitana : 9세기부터 형성되어 중세 내내 존속한 중요한 의학 학파. 이른바 안티도타리움(antidotarium), 즉 상극의 성질을 가진 약이나 음식의 사용을 지지했다.

"1수를 가지고 30개의 계란, 두 마리의 비둘기, 또는 한 마리의 영계 중에서 고를 수 있는" 때가 있었다. 마그네시아(그리스의 도시)에서 부르사(소아시아에 있는 튀르키예의 도시)로 가는 길에는(1694) "음식값이 비싸지 않았다. 1파라(para = 1수)에 계란 7개, 10파라에 닭 한 마리, 2파라에 물 좋은 겨울 멜론, 그리고 같은 값에 하루 동안 먹을 수 있는 양의 빵을 살 수 있었다." 이 여행자의 말을 계속 따르면, 1697년 2월에 누에바 에스파냐의 아카풀코 근처에서 "여관 주인은 닭 한 마리에 8레알 동전 하나(32수)를 받았고, 계란 하나에 1수를 받았다."[103] 이처럼 계란은 유럽인의 일상적인 음식이었다. 따라서 몽테뉴가 독일의 여관에서 놀라워한 것도 무리가 아니다. 이곳에서는 "계란은 삶아서 4등분하여 샐러드에 함께 내놓는 것 이외에는 전혀 쓰지 않았다."[104] 나폴리를 떠나 로마로 되돌아가던 몽테스키외(1729) 역시 "이 고대 라티움 지역에서 여행객들은 닭도, 비둘기도 또 계란마저도 흔히 볼 수 없다"는 데 놀라워했다.[105]

그러나 이것은 유럽에서 예외일 뿐, 채식 위주의 동양에서처럼 일반적인 규칙은 아니었다. 동양의 중국, 일본, 인도에서는 이 소중하면서도 흔한 음식인 계란을 거의 먹지 못했다. 이곳에서 계란은 아주 귀해서 일반인들이 많이 먹는 음식이 아니었다. 소금물에 30여 일간 담가두었다가 만드는 그 유명한 중국의 오리알은 부유한 식도락가의 별식일 뿐이었다.

일상적인 음식 : 해산물

해산물의 막대한 중요성은 지난 과거에 더욱 클 수도 있었다. 그러나 쉽게 수중에 구할 수도 있었을 이 음식을 실제로는 많은 곳에서 보통 모르고 지냈다.

신대륙이 이런 경우에 해당한다. 물론, 이곳에서는 예컨대 앤틸리스 제도와 주변 뱅크에서 어업이 이루어지고 있었고 또 이곳의 물고기 떼가 아주 커서 베라 크루스로 가는 길에서 날씨기 잔잔한 경우 '기직에 가까울 정도로'

많은 생선을 잡는 수도 있었다. 또 뉴펀들랜드 연안과 뱅크의 어장은 풍부했으며, 이곳에서의 어업은 전적으로, 또는 적어도 우선적으로 유럽인을 먹이는 데 쓰였다(그러나 18세기에는 이곳에서 잡힌 대구를 통에 담아 영국 식민지나 남아메리카의 플랜테이션에 공급했다). 또 캐나다와 알래스카의 차가운 강물을 거슬러올라가는 연어도 있다. 또 바이아의 작은 지중해(내해)에서는 남쪽에서 올라오는 한류 덕분에 자원이 풍부해서 포경업이 크게 발전했고 17세기에 이미 바스크 지방의 작살꾼이 등장했다……. 아시아에서는 일본이나 양쯔 강 입구에서부터 하이난 섬에 이르는 남부 중국에서만 고기잡이를 했다. 다른 지역에서는 다만 몇 척의 소형 어선만 있는 정도였는데, 말레이시아나 실론 주변이 대표적이다. 또는 호기심으로 고기를 잡는 정도였다. 예를 들면(1694) 반다르 아바스 근처 페르시아 만의 진주잡이들은 "상인들이 사들이는 진주보다도 정어리를 잡는 것을 더 재미있어했다[햇빛에 말린 정어리는 그들이 일상적으로 먹는 음식이었다]. 정어리는 더 확실하게, 또 쉽게 잡혔다."[106]

중국에서는 민물낚시와 양어가 큰 수확을 가져다주었는데(양쯔 강 주변에 있는 호수들과 하이허 강*에서는 철갑상어도 잡혔다) 여기에서는 통킹 지역에서처럼 생선을 발효시켜 얻는 소스의 형태로 보관했다. 그러나 이 지역의 생선 소비량은 오늘날에도 하찮은 정도(1년 1인당 평균 0.6킬로그램)이다. 바다는 대륙 내부로 뚫고 들어가지 못했던 것이다. 다만 일본인만이 생선을 많이 먹는다. 일본의 생선 소비가 차지하는 특출한 지위는 오늘날까지도 계속 이어져서(1년에 1인당 40킬로그램을 소비하며, 페루 다음으로 큰 어업선단을 가지고 있다), 유럽에서의 육류 소비에 상응한다. 이 나라에 생선이 풍족한 이유는 우선 내해(內海)의 어업자원이 풍부하기 때문이고 거기에다가 에조와 사할린 섬의 어장을 가지고 있기 때문이다. 이곳에서는 거대한 오야시오 해

---

* 白河 : 중국 북부의 허베이 성을 흐르는 강이다.

류(쿠릴 해류)와 쿠로시오 해류가 서로 만나는데, 이것은 마치 북대서양의 뉴펀들랜드에서 멕시코 만류와 래브라도 조류가 만나는 것과 유사하다. 난류와 한류의 플랑크톤이 합쳐지면 많은 물고기들이 모여들 수 있는 먹이가 된다.

유럽은 이와 같은 좋은 조건을 가지고 있지는 않았지만, 단거리나 원거리의 다양한 보급원을 가지고 있었다. 유럽에서는 종교적인 규율 때문에 육식을 금하는 날이 많았기 때문에(1년에 166일인데 그중 특히 사순절은 루이 14세 시대에까지도 극히 엄격하게 지켜졌다) 그만큼 해산물이 더욱 중요했다. 이 40일 동안 고기, 계란, 또는 날짐승은 환자에게만 팔 수 있었으며 그것도 의사와 신부로부터 이중의 허가서를 받아야 했다. 이에 대한 통제를 쉽게 하기 위해서 파리에서는 "사순절 푸주한"만이, 그것도 오텔-디외의 병원 내부에서만, 금지된 음식을 팔 수 있도록 했다.[107) 사정이 이러했기 때문에 신선한 것이든, 훈제한 것이든, 혹은 소금 친 것이든 간에 엄청난 양의 생선이 필요했다.

그러나 유럽 연안에 생선이 언제나 풍부한 것은 아니다. 그렇게 자랑이 대단한 지중해도 몇몇 예외를 제외하고는 자원이 한정되었다. 보스포루스의 참치, 러시아의 강들에서 나는 캐비아(철갑상어의 알)—에티오피아에까지 이르는 기독교 세계에서 금식 기간에 먹을 수 있는 최고급 음식—와 그리스의 섬들에서 언제나 구세주 역할을 했던 말린 오징어와 말린 문어, 프로방스의 정어리와 엔초비 등이 그런 예외적인 해산물이다. 아프리카 북부, 시칠리아, 프로방스, 안달루시아, 포르투갈의 알가르브 등지에서도 마드라그*를 이용해서 참치를 잡았다. 라고스는 염장 참치를 통에 담아 배에 하나 가득 실어서 지중해나 북유럽 방향으로 수출하는 중요한 항구였다.

이에 비해서 북유럽의 작은 지중해들이라고 할 수 있는 영불해협, 북해,

---

* madrague : 울타리 모양의 그물, 해안 가까이에 고정해놓고 참치를 잡는 데 쓴다.

발트 해와 대서양에는 해양자원이 풍부했다. 유럽 대륙 쪽의 대서양 연안에서는 중세에 (연어, 고등어, 대구) 어업이 발달했다. 발트 해와 북해에서는 청어잡이가 11세기부터 대규모로 이루어졌는데, 이것은 한자 동맹(Hanseatic League)에, 그리고 다음으로 홀란트와 제일란트의 어부들에게 부를 가져다주었다. 1350년경에 홀란트 사람인 빌럼 뵈컬스존이 청어를 잡은 배의 뱃전에서 바로 생선 내장을 따내고 소금을 친 후 곧바로 "통에 넣는(encaquer)" 빠른 처리방법을 발견했다.[108] 그러나 14세기와 15세기 사이에 청어는 발트 해를 떠났다.[109] 이때부터 홀란트와 제일란트 어선들은 청어를 잡기 위해서 수심이 아주 얕은 도거 뱅크의 모래바닥으로, 영국과 스코틀랜드의 먼바다로, 나아가서 멀리 오크니 제도로까지 나가야 했다. 다른 나라 배들도 역시 이곳에 모여들었다. 16세기에 발루아 왕조와 합스부르크 왕조 사이의 투쟁 중에서도 청어잡이에 대해서만은 정식으로 휴전이 체결되었고, 어느 정도 휴전이 지켜져서 유럽이 이 중요한 양식 없이 지내지는 않게 되었다.

청어는 바다와 강을 통해서, 혹은 마차나 끌짐승을 이용해서 유럽 서부나 남부로 수출되었다. 베네치아까지 부피(bouffis), 소레(saurets) 또는 블랑(blancs : 흰색)이라는 세 종류의 청어가 도착했다. 이때 하얗다는 것은 소금을 쳤다는 의미이며, 소르(saur) 또는 소레란 훈제한 것이고, 부피란 부피사주(bouffissage)를 한 것, 다시 말해서 반쯤 훈제하고 반쯤 소금을 친 것이다……. 파리와 같은 대도시에서는 "생선 수레꾼들(chasse-marées)"이 바삐 다니는 모습을 볼 수 있었는데, 이들은 보통 형편없는 말을 끌고 다니며 생선이나 굴을 파는 가난한 사람들이었다. 음악가 클레망 잔캥의 작품 "파리의 외침(Les Cris de Paris)"에서는 "간밤에 싣고 온 신선한 청어요!" 하는 소리를 들을 수 있다. 근검절약하는 젊은 새뮤얼 피프스가 그러했듯이, 런던에서는 아내와 친구들과 함께 굴을 한 통 사서 먹는 것이 작은 사치에 속했다.

그러나 바다에서 나는 생선이 유럽의 배고픔을 달래주는 데 충분하지는 않았다. 해안에서 점점 멀어져서 중부 또는 동부의 내륙지역으로 들어갈수록 민물고기에 대한 의존도가 점차 커진다. 어느 강이라도, 심지어는 파리의 센 강까지도 허가받은 어부가 없는 경우는 없었다. 저 멀리 있는 볼가 강은 엄청난 물고기 보호구역과 같았다. 루아르 강은 연어와 잉어, 라인 강은 농어로 유명했다. 16세기 초에 바야돌리드를 여행하던 한 포르투갈인은 이곳에서 바다생선은 공급이 다소 부족하고 품질이 아주 우수하지는 않다고 보았는데, 아마도 수송해야 할 거리가 멀어서 그럴 것이라고 생각했다. 그래도 어쨌든 1년 내내 넙치, 기름에 절인 정어리, 굴, 때로 대구가 있었고, 사순절 때에는 아주 훌륭한 도미가 산탄데르에서 들어왔다. 그러나 우리의 이 여행자를 놀라게 한 것은 매일같이 시장에서 판매하는, 믿을 수 없도록 엄청난 양의 송어였다. 부르고스와 메디나 데 리오세코에서 공급하는 이 민물고기는 당시 스페인의 수도였던 이 도시의 주민 절반을 먹일 수 있었다.[110] 보헤미아에 대해서는 남부의 부유한 영지에 있는 인조 연못과 양어장에 대해서 이야기한 바 있다. 독일에서는 잉어도 흔히 먹는 생선이었다.

대구잡이

15세기 말부터 뉴펀들랜드의 뱅크에서 대구를 대량으로 잡게 된 것은 '혁명적인' 일이었다. 그것은 바스크인, 프랑스인, 네덜란드인, 영국인 사이에 동요를 일으켰다. 그리고 강한 자가 약한 자를 몰아내는 상황이 벌어졌다. 우선 스페인의 바스크인들이 축출되었다. 그후 강한 해군력을 보유한 영국, 네덜란드, 프랑스 어부만 이 어장에 접근할 수 있었다.

여기에서 중요한 문제는 이 생선을 어떻게 보관하고 수송하는지이다. 대구는 뉴펀들랜드의 배에서 직접 가공하고 소금을 치든지, 아니면 땅에서 말렸다. 소금 친 대구는 "녹색 대구(morue verte)"라고 불렸는데, "막 소금을 쳐서 아직 축축한 대구"를 뜻했다. 녹색 대구 전업의 배는 소형 어선으로서 10-12명 정도의 어부가 승선하는 것 외에 보조 인력들이 몇 명 더 타서는 선창의 지붕 들보에까지 꽉 차는 생선을 지르고 손질하고 소금 지는 일을 했다. 이들은 뉴펀들랜드의 뱅크에 도착한 후(이것을 "어장에 닿다 [embanquer]"라고 한다) 배를 표류하듯 내버려둔 채 일하고는 했다. 반대로 말린 대구를 가져오는 배는 상당히 큰 범선이었다. 이 배들은 일단 뉴펀들랜드 연안에 도착하면 닻을 내리고 실제 고기잡이는 작은 보트에 맡겨두었다. 이 생선은 매우 복잡한 과정을 거쳐 땅에서 말렸는데, 여기에 대해서는 자크 사바리가 아주 길게 묘사하고 있다.[111]

모든 범선은 출발할 때에 소금, 식량, 밀가루, 포도주, 알코올, 낚싯줄, 낚싯대 등을 보급받아야 했다(이것을 "식량 보급[s'avitailler]"이라고 한다). 17세기 초만 하더라도 노르웨이와 덴마크의 어부들이 세비야 근처에 있는 산 루카르 데 바라메다로 소금을 구하러 왔다. 소금은 상인들이 미리 선대(先貸)해주고, 후에 아메리카에서 다시 돌아왔을 때 생선으로 받았다.[112]

이러한 것이 라 로셸 항구가 한창 번성하던 16-17세기에 이루어지던 일이다. 매년 봄 많은 범선이 이곳에 기항했다. 이 배들은 아주 큰 선창이 필요했기 때문에 흔히 100여 톤에 달하는 경우가 많았다. "대구는 무겁다기보다는 부피를 많이 차지한다." 이 배에는 20-25명이 탔는데, 이것만 보더라도 이윤이 박한 이 일에 얼마나 많은 일손이 필요했는지 알 수 있다. "부르주아 보급업자(bourgeois avitailleur)"는 대구잡이 업자에게 밀가루, 도구, 음료수, 소금 등을 빌려주었는데, 공증인 앞에서 작성한 "계약서(charter-party)"에서 정한 바에 따랐다. 라 로셸 근처의 작은 항구인 올론에서만도 100여 척의 배에 의장(儀裝)을 제공해 매년 대서양 너머로 수천 명의 사람을 보냈다. 이 도시의 주민이 3,000명 정도였으므로 당연히 업자들은 선원을 다른 곳에서—멀리 스페인에서까지—구했다. 배가 떠나면, 모험사업의 형태로("모험 대차 계약으로[à la grosse]" 또는 "모험적으로[à l'aventure]"라고 한다)* 빌려준 돈은

---

* 모험사업(冒險事業)이란 이 사업의 성격을 두고 하는 말이다. 사업이 성공하면 보급업자와 어부 모두 큰돈을 벌지만 사업이 실패하면(예를 들면 배가 침몰하면) 보급업자는 투자한 돈을 모두 잃는다.

조업과 항해에 따라 좌우된다. 6월이 되어 배가 돌아온 뒤에야 이 돈이 회수된다. 그런데 먼저 돌아오는 배에 엄청난 프리미엄이 주어진다. 여기에서 승리한 업자는 술집에서 언쟁, 소란, 드잡이를 하는 가운데 부르주아들에게 둘러싸인다. 이것이야말로 정말 소득이 많은 승리이다. 모든 사람이 새로 도착하는 생선을 기다린다. "싱싱한 생선은 얼마나 훌륭한가?" 처음으로 도착한 승자는 "작은 100개(petit cent)"(관습에 따라 100-110마리)를 60리브르에까지 팔 수 있는 반면, 그 며칠 뒤에는 "1,000개(millier)"를 30리브르 이상에 팔 수 없게 된다. 대개 올론의 배가 이 경주에서 승리를 거두기 마련이다. 이 배들은 1년에 두 번 대구잡이를 갔다 오는 관행이 있기 때문이다. 그 두 번의 "철"을 각각 "프림(prime : 이른 철)"과 "타르(tard : 늦은 철)"라고 했다. 그러나 이 관행은 궂은 날씨 때문에 서둘러서 뉴펀들랜드에서 철수해야 하는 (이것을 "어장을 떠나다[désembarquer]"라고 한다) 위험을 감수해야 했다.[113]

대구잡이에는 무궁무진한 성격이 있었다. 겨우 물로 덮여 있다고 할 정도로 수심이 매우 얕은 "뉴펀들랜드의 뱅크에 대구라는 대구는 모두 모여들었다.……바로 이곳에서 대구가 말하자면 그들의 황금기를 맞이하는데, 대구의 숫자가 하도 엄청나서 각국에서 이곳에 모여든 어부들이 아침부터 저녁까지 하는 일이라고는 낚시를 드리웠다가 도로 끌어올려서, 잡아들인 대구의 내장을 따내고, 다시 그 내장을 미끼로 다른 대구를 잡는 것뿐이다. 한 사람이 하루에 300-400마리까지 잡기도 한다. 대구를 이곳으로 불러들이게 만들 먹이가 다 떨어지면, 대구들은 사방으로 흩어져서 좋아하는 명태 사냥을 한다. 대구가 그것들을 피해 도망가는 명태를 좇아가다 보면 흔히 명태떼가 우리의[유럽의] 연안까지 밀려오고는 한다."[114]

1739년에 한 마르세유 사람은 "뉴펀들랜드의 대구는 하느님의 선물"이라고 말했다. 그보다 한 세기 전에 프랑스의 한 여행자도 경탄 어린 목소리로 이렇게 주장했다. "유럽에서 가장 수지맞는 일은 대구잡이이다. 대구잡이에는 아무것도 들지 않고[즉, 돈이 전혀 들지 않는다는 말인데, 이것은 맞기도 하고 틀리기도 한 말이다] 다만 고기잡이하는 것과 내다파는 노력만 들기 때문이다. 이 일로 스페인 돈을 벌어들이게 되고 프랑스에서는 100만 명이 먹고 산다."[115]

이 마지막 숫자는 허무맹랑한 것임에 틀림없다. 18세기 말의 한 계산서를 보면 프랑스, 영국, 미국의 대구잡이에 관해서 여기저기 흩어져 있는 숫자들을 볼 수 있다. 1773년에 프랑스는 264척의 배를 동원했다(2만5,000톤, 1만 명). 1775년에 영국은 400척(3만6,000톤, 2만 명), "미국"은 665척(2만5,000톤, 4,400명)을 동원했다. 합하면 1,329척, 8만6,000톤, 그리고 3만4,000명의 인원이 되고 이렇게 해서 잡은 생선은 8만 톤에 이른다. 네덜란드를 비롯한 다른 유럽 각국의 대구잡이를 고려하면 적게 잡아도 1,500척의 배와 9만 톤의 어획량이 될 것이다.[116]

프랑스의 정치가 장-바티스트 콜베르와 동시대 사람인, 옹플뢰르에 사는 한 상인의 편지[117]에서 대구의 품질 분류를 알 수 있다. 가프(gaffe)는 엄청나게 큰 대구를 말하며, 마르샹드(marchande), 랭그(lingue), 라게(raguet) 등은 작은 '녹색' 대구를 지칭한다. 이것보다 품질이 낮은 것은 비시에(viciée)로서 소금을 너무 많이 쳤거나 충분히 치지 않아서, 혹은 생선을 담는 사람들에게 밟혀서 상한 불량품인데, 엄청난 양이 이렇게 불합격 처리되었다. 녹색 대구는 (말린 대구처럼) 무게대로 파는 것이 아니라 마리로 팔렸으므로 "감정인(trieur)"의 도움이 필요했다. 이 사람들은 한눈에 "사랑스러운(charmante)" 상품과 "못된(méchante)" 상품을 구별하고 생선의 무게를 재는 일을 했다. 대구장수들에게는 옹플뢰르 시장에 네덜란드산 청어나 노르망디산 청어가 도착하는 것이 문제였다(여기에 무거운 세금을 부과해서 이런 청어들의 유입을 막으려고 했다). 특히 때를 놓친 노르망디의 어부들이 금지 기간, 특히 크리스마스 이후에 잡은 청어가 문제가 되었는데, 이때 잡은 청어는 품질이 좋지 않으면서도 많은 양이 잡혔으므로 아주 싼값에 팔렸다. "이 청어가 들어오자마자 우리는 대구 꼬리 하나도 팔지 못하게 된다." 이 때문에 국왕의 금지령이 발표되었으며, 정직한 대구 사업가들은 이를 환영했다.

각 항구는 어느 곳에 상품을 대느냐에 따라 한 종류의 어업에 전문화했다. 디에프, 르 아브르, 옹플뢰르는 파리에 녹색 대구를 공급했다. 낭트는 루아르 강을 이용한 수송로와 다시 여기에 연결되는 도로들을 이용해서 같은 취향을 공유하던 여러 지역에 공급했다. 마르세유는 사업이 잘 되는 해와 안 되는 해를 평균해서 대략 프랑스 전체의 절반 정도에 말린 대구를 공급했고 한편으로 대부분을 이탈리아로 재수출했다. 그러나 17세기부터는 생-말로의 많은 배들이 제노바를 비롯한 이탈리아 항구로 직접 가기 시작했다.

파리에 녹색 대구(또는 오늘날에도 그렇게 부르듯이 "하얀 대구")를 어떻게 공급했는지에 대해서는 수많은 사실들이 알려져 있다. 두 번에 걸쳐 대구잡이를 갔다온다고 말한 바 있지만, 1월에 떠나 7월에 돌아오는 첫 번째 철에는 어획량이 다소 적은 편이고, 3월에 떠나 11월에 돌아오는 두 번째 철에는 더 풍부한 물량을 가져오지만 대략 4월부터는 대구가 다 떨어진다. 그러므로 (프랑스 전역에서) 3–5월에는 대구가 모자라게 되는데, 마침 "이 기간은 아직 채소류가 귀하고, 계란도 비싸며, 민물고기도 많이 먹지 못하는 계절이다." 바로 이러한 이유로 녹색 대구의 값이 갑자기 뛴다. 이 대구는 영국이 자국의 해안에서 잡아 디에프를 통해 수출하는 것으로서, 이 경우에 디에프는 순전히 중개지 역할만을 맡는다.[118]

스페인 왕위 계승 전쟁, 오스트리아 왕위 계승 전쟁, 7년전쟁, 미국 독립전쟁 등 세계 지배의 패권을 놓고 해상 전쟁이 벌어지던 때에는 거의 대부분의 배들이 어업 원정을 멈추었다. 이런 때에는 다만 가장 강한 자만이 계속해서 대구를 먹을 수 있었다.

자세히 재볼 수는 없지만 점차 어업 규모가 커진다는 것은 분명하다. 왕복 시간은 거의 변하지 않았지만(가는 데에, 또 마찬가지로 돌아오는 데에 한 달이나 6주일 정도가 소요되었다) 배의 크기는 평균적으로 커졌다. 뉴펀들랜드의 기적은 대구의 먹이가 풍부하고 그것이 끊임없이 다시 형성된 덕분이었다. 대구 떼는 플랑크톤, 다른 물고기들, 특히 명태를 아주 좋아했다. 그래서 대구 떼가 정기적으로 뉴펀들랜드로부터 명태를 쫓아 유럽 해안까지 오게 되었는데, 유럽의 어부들이 중간에 만나기도 했다. 중세에는 유럽 해안에도 대구가 많았던 것 같다. 아마도 그 이후로 대구 떼가 서쪽으로 이동했을 것이다.

유럽은 이 만나에 달려들었다. 예를 들면, 1791년 3월에 54척의 영국 배들이 4만8,110캥탈의 대구를 가득 싣고 도착했다. "이 한 가지 상품만으로 영국인은 얼마나 큰 이익을 보고 있는가!"[119] 1717년경에 스페인에서 대구 소비에만 240만 피아스트라*를 지출했다.[120] 다른 생선과 마찬가지로 대구 역시 수송과정에서 상하면 매우 더러운 상태가 된다. 때로 대구의 소금기를 빼는 데 쓴 물도 심한 악취를 뿜게 되어, 이 물은 꼭 밤에만 하수구에 버리도록 했다.[121] 따라서 한 여종이 복수심에서 한 다음과 같은 말(1636)도 쉽게 이해될 것이다. "나는 사순절보다 고기를 먹을 수 있는 때가 더 좋아요.……그리고 썩은 대구 옆구리살보다는 냄비에 네 개의 햄과 큼직한 소시지가 가득 들어 있는 것이 훨씬 보기 좋지요!"[122]

사실 대구는 사순절에 어쩔 수 없이 먹는 음식이거나, 16세기의 한 작가가 "막일꾼들에게 남겨진 음식"이라고 썼듯이 가난한 사람들의 양식이었다. 고래고기와 고래기름 역시 비슷한데, 대구보다 더 거칠고(단, 혓바닥고기는 예외로, 앙브루아즈 파레**에 의하면 아주 맛있는 부위라고 한다) 사순절 때에 가난한 사람들이 먹는 음식으로 쓰였다.[123] 이것은 훗날 고래의 지방이 기름 형태로서 조명이나 비누 제조용, 기타 공업용으로 널리 쓰이게 될 때까지 계속 그러했으며, 이때가 되자 고래고기는 시장에서 사라졌다. 1619년에 나온

---

* piastra : 17-18세기의 은화. 8레알에 해당한다.
** Ambroise Paré(1509-1590) : 프랑스의 외과의사. 앙제에서 도제수업을 받고 파리의 오텔-디외 병원에서 일했으며 그후 귀족들의 수석 의사, 또 군의로서 경험을 쌓은 끝에 마침내 앙리 2세, 프랑수아 1세, 샤를 9세, 앙리 3세 등 4명의 국왕에게 봉사한 궁정의가 되었다. 근대 외과술의 창시자로 꼽는다.

한 논문을 보면, 이제는 고래고기를 "희망봉 근처의 반(半)야만족인 카피르족*만 먹는다"고 하면서도 이탈리아에서 염장 고래의 지방을 "사순절의 라드"라는 이름으로 사용하고 있다는 것을 아울러 이야기한다.[124] 분명 공업용 수요만으로도 점점 더 활발히 고래잡이를 하게 되었다. 스피츠베르겐 주변에서는 1675-1721년 동안 네덜란드 배 6,995척이 투입되어 3만2,908마리의 고래를 작살로 잡아 주변 바다의 고래의 수를 격감시켰다.[125] 함부르크의 배들도 고래기름을 구하려고 정기적으로 그린란드 연해를 찾았다.[126]

1650년 이후 후추가 인기를 잃다

음식의 역사에서 후추는 특별한 자리를 차지한다. 오늘날 후추는 단순한 양념류로서 결코 필수불가결하다고는 할 수 없지만, 과거에는 수 세기 동안 향신료의 하나로서 레반트 무역의 핵심 물품이었다. 그야말로 모든 것이 후추와 관련되어 있었다. 15세기 해외 모험가들의 꿈도 후추와 연관되었다. 이때는 "후추처럼 비싸다"라는 속담이 있던 시대였다.[127]

유럽인은 오랫동안 후추를 비롯해서 계피, 정향, 육두구, 생강 등의 향신료에 강렬한 열정을 품었다. 너무 성급하게 광기라고까지 말하지는 말자. 이슬람, 중국, 인도에서도 비슷한 취향이 있었을 뿐 아니라, 모든 사회가 음식에 열광했는데, 언제나 강렬하고 꼭 필요했으며 열광의 대상도 다양했다. 이것은 음식의 단조로움을 깨려는 필요에서 나왔다. 인도의 한 작가가 쓴 글을 보라. "아무런 양념 없이 끓인 쌀밥의 밋밋함에 입이 저항하면, 기름기, 소금, 향신료를 꿈꾸게 된다."[128]

오늘날 저개발 국가에서 흔히 그러하듯이 가장 빈한하고 가장 단조로운 식탁일수록 향신료에 의존하려고 한다. 이때 향신료라고 함은 현재 쓰이는 모든 양념류(여러 가지 다양한 이름으로 불리는 아메리카산 고추도 포함된다)

---

* Kafirs : 또는 카프르족(Cafres). 아랍인이 남부 아프리카에 사는 사람들에게 붙인 이름으로, 원래는 "이교도"라는 뜻이다.

를 의미하며 레반트 무역에서 영광스러운 자리를 차지한 향신료만을 의미하는 것은 아니다. 중세 유럽의 가난한 사람들의 식탁에서 쓰이던 향신료로는 백리향, 마욜라나(또는 꽃박하), 월계수 잎, 사리에트(sariette), 아니스, 그리고 무엇보다도 마늘이 있었다. 특히 마늘에 대해 13세기의 유명한 의사 아르노 드 빌뇌브*는 농민의 아편성 해독제라고 불렀다. 이런 지방적인 향신료 중에서는 다만 사프란만이 사치스러운 산물이었다.

로마 시대에는 플라우투스와 대(大) 카토 때부터 리비아에서 들어온 신비한 식물인 실피움에 열광했다(이 식물은 로마 제국의 첫 1세기 중에 사라졌다). 기원전 49년에 카이사르가 국고를 바닥내버렸을 때 1,500리브르(약 490킬로그램)의 실피움이 있었다. 그다음으로는 페르시아산 향신료인 아사 포에티다(asa foetida)가 유행했는데, "마늘 냄새와 같은 악취가 났기 때문에 스테르쿠스 디아볼리(stercus diaboli), 즉 '악마의 똥'이라는 이름을 얻었다." 이것은 오늘날에도 페르시아의 요리에 쓰인다. 로마에는 후추와 향신료들이 늦게 도착했다. "그것은 바로**나 호라티우스가 살던 시대 이전은 아니며, 플리니우스는 후추의 맛을 보고 놀랐다." 후추는 널리 사용되었고 가격은 상대적으로 싼 편이었다. 플리니우스에 의하면 섬세한 향취를 내는 향신료들이 후추보다 비싸지 않았는데, 나중 시기에는 일어날 수 없는 일이었다. 로마에는 마침내 후추만을 위한 특별한 창고(horrea piperataria)까지 생겼으며, 410년에 알라리크***는 로마에 쳐들어갔을 때 여기에서 5,000리브르의

---

* Arnaud de Villeneuve(1240?–1312?) : 카탈루냐의 의사. 대단히 박식한 교수로서 몽펠리에와 파리에서 가르쳤으며 교황 클레멘트 5세의 시의였다. 한편으로 점성술사이자 연금술사로서 교회와 충돌했다. 주정(酒精, spirits)을 발견했다고 한다.

** Varro(기원전 116–기원전 27) : 로마 시대의 시인, 풍자가, 법률학자, 지리학자.

*** Alaric(370–410) : 비시고트(서고트)의 왕. 아리우스파 기독교(정통 가톨릭이 아닌, 이단으로 몰린 기독교 일파)를 믿었다. 트라키아를 파괴하고 콘스탄티노폴리스를 위협하다가 그리스로 쳐들어왔다. 그러고는 이탈리아 북부를 공략했으나 스틸리코가 이를 저지했다. 다시 세력을 만회한 그는 408년에 다시 이탈리아로 들어와서 410년에는 로마를 점령했으며 이때 그의 부하들이 이 도시를 약탈했다.

후추를 압수했다.[129]

서구는 로마 제국으로부터 향신료와 후추를 물려받았다. 다음 시대인 샤를마뉴 시대, 그리고 기독교권 지중해가 봉쇄당한 시대에는 후추와 향신료들이 모자랐을 것이다. 그러나 곧 상황이 역전되었다. 12세기에 가면 향신료에 대한 열광은 더 이상 의심의 여지가 없었다. 이것을 얻기 위해서 서구는 많은 귀금속을 희생했으며 또 지구를 반이나 도는 어려운 레반트 무역에 참가했다. 그 열정이 하도 커서 결국 사람들은 검은 후추(poivre noir, black pepper)와 흰 후추(poivre blanc, white pepper)의 두 가지 진짜 후추(이 두 가지는 같은 것이지만, 까만 겉껍데기를 가지고 있느냐 깎아버렸느냐의 차이이다) 외에 긴 후추(poivre long)라고 부르는 대체용 향신료─역시 인도로부터 수입했다─도 받아들였다. 또다른 후추의 대체물로 15세기부터 기니 지역에서 수입한 가짜 후추, 즉 말라게트(malaguette)도 있다.[130] 가톨릭 왕* 페란도 2세가 향신료로는 마늘만으로 충분하다고 주장하면서 포르투갈로부터 계피와 후추의 수입을 금지하려고 해도(그런 수입품 때문에 은이 국외로 유출되었기 때문이었다) 소용이 없었다.[131]

요리책에서 볼 수 있는 바와 같이 향신료에 대한 열광이 넘쳐서 고기, 생선, 잼, 수프, 고급 음료수 등에 향신료를 쳤다. 14세기 초에 두에 다르시가 권했듯이 후추를 쓰지 않고 어떻게 사냥고기를 요리할 수 있겠는가? 『파리의 주부(Le Ménagier de Paris)』(1393)라는 책에서는 "될 수 있는 한 가장 마지막으로 후추를 쳐라"라고 충고한다. 이 책의 부댕(boudin : 순대 종류) 조리법을 보면 "생강, 정향, 그리고 약간의 후추를 넣고 함께 간다"고 쓰여 있다. 오이유(oille)라는 "스페인산 요리"를 보면 소, 돼지, 양의 고기와 오리, 자고새, 비둘기, 메추라기, 닭 등을 섞은 데다가(따라서 오늘날의 인기 있는 요리인 오야 포드리다[olla podrida]인 것 같다) 마찬가지로 여러 가지 향신료를 섞

---

* 스페인 국왕의 별명. 아라곤 군주 페란도 2세는 통합된 스페인의 군주로서는 페르난도 5세이다.

는다. 여기에 쓰이는 "향을 내는 약초들"로는 동양에서 온 것이든 아니든 여러 가지가 있어서 육두구, 후추, 백리향, 생강, 바질 등이 있었다. 향신료는 또한 절인 과일에도 쓰일 뿐 아니라, 의학적으로 예견할 수 있는 모든 경우에 사용되는 만병통치의 가루약 형태로 소비되었다. 향신료는 "바람을 제거하고" "씨를 튼튼하게 한다"는 명성을 얻었다.[132] 서인도 제도에서는 후추 대신 흔히 붉은 고추(axi, Chili)를 썼는데, 고기에 이것을 어찌나 많이 뿌렸는지 새로 도착한 사람들은 고기를 한 조각도 삼킬 수 없었다.[133]

이 같은 중세의 향신료 과용과 로마 시대의 향신료 절제 사이에는 큰 차이가 있다. 사실 로마 시대에는 육류 소비가 아주 적었다(키케로의 시대에도 고기는 사치법으로 금지했다). 이와 대조적으로 중세 유럽에서는 특별히 고기를 많이 소비했다. 그러므로 보관상태가 좋지 않고 또 그렇게 부드럽지 않은 고기에는 강한 후추류나 향신료를 많이 가미한 소스를 뿌렸다고 상상할 수 있지 않을까? 이것이 저급한 고기의 품질을 감추는 방법이었기 때문이다. 그리고 오늘날의 의사들이 말하는 바처럼, 아주 이상한 후각적인 정신현상이 있는 것이 아닐까? "마늘이나 양파와 같은 강하고 생리적인 냄새를 풍기는 양념을 좋아하는 취향과……꽃향기를 연상시키는 그윽한 향기를 풍기는, 더욱 섬세한 양념을 좋아하는 취향" 사이에는 일종의 상호 배제 경향이 있는 것 같다.[134] 중세에는 그중 전자가 우세했던 것이다.

아마도 실제 사정이 그렇게 간단했던 것만은 아닌 듯하다. 16세기에는 바스쿠 다 가마의 항해에 뒤이어 수입이 갑자기 크게 증가하면서 향신료—이때까지도 아직은 사치에 속했다—의 소비가 증가했다. 그중에서도 특히 북유럽에서 소비 증가가 두드러져서 이 지역의 향신료 구입량이 지중해 지역보다 훨씬 더 많았다. 따라서 향신료의 재분배 시장이 베네치아의 독일상관(獨逸商館, Fondaco dei Tedeschi)으로부터 안트베르펜으로, 그후 잠시 리스본으로 갔다가 암스테르담으로 이동한 것이 단지 상업과 항해의 단순한 게임의 결과였던 것만은 아니다. 마르틴 루터는 물론 과장이기는 하지만, 독일에 밀보다도 많은 향신료가 있다고 주장했다! 분명 중요한 소비자는 북유럽과 동유럽에 있었다. 1697년에 네덜란드에서는 "추운 나라에서" 화폐 다음으로 가는 좋은 상품이 향신료라고 생각했다. 향신료가 러시아와 폴란드에서 "엄청난 양으로" 소비되고 있다는 것이다.[135] 어쩌면 후추와 향신료는 뒤늦게 도착한 곳에서, 그리고 그것이 아직 새로운 사치품으로 여겨지는 곳에서 더 큰 갈망의 대상이 된 것 아닐까? 크라쿠프에 도착한 마블리 신부는 이렇게 기록했다. 헝가리산 포도주와 함께 "아주 풍성한 음식 대접을 받았는데, 다만 독일에서 계피와 육두구를 엄청나게 써서 여행자들을 중독시키듯이 이곳에서 지나치게 많이 뿌려대는 그 방향성(芳香性) 풀들만 러시아와 그 동맹국들에서 사라진다면 훨씬 더 좋았을 것이다."[136] 그러므로 이때에 서유럽에서는 이전 시대의 조리관습이 약간씩 사라져간 반면 동유럽에서는 강한 양념과 향신료에 대한 취향이 아직 "중세적인" 상태로 남아 있었던 것 같다. 물론 이것은 그런 인상을 받는다는 것일 뿐 확실하지는 않다.

그런데 향신료의 값이 떨어지고 그것이 모든 사람의 식탁에 나타나게 되어 더 이상 사치와 부유함의 표시가 아니게 되자, 향신료의 사용이 줄었고 동시에 그 권위가 쇠퇴했다. 이런 점은 1651년에 나온 (프랑수아-피에르 드 라 바렌이 쓴) 요리책, 향신료의 남용을 비웃는 내용의 니콜라 부알로가 쓴 풍자시에서 찾아볼 수 있다.[137]

네덜란드인들이 인도양과 말레이 제도에 도착하자 곧 그들은 후추와 향신료의 독점을 형성하고 또 유지시켜서 이익을 누리려고 노력했다. 이를 위해서 포르투갈의 무역을 점차 배제시켜갔고 그다음으로는 영국, 나아가서 프랑스나 덴마크의 도전에 맞섰다. 그들은 또한 중국, 일본, 벵골, 페르시아로 향하는 공급을 장악하려고 노력했으며, 이렇게 하여 유럽에서 수익이 떨어진 것을 아시아 방향으로의 교역을 증가시킴으로써 만회했다. 암스테르담을 통해서 유럽이 받은(그리고 이것보다 중요하지는 않지만, 이 시장 바깥에서 받은 것까지 합한) 후추의 양은 적어도 17세기 중엽까지 증가했고, 그후에도 높은 수준을 유지했을 것이다. 네덜란드의 대성공 이전에 1600년경 매년 유럽에 도착한 후추의 양은 (오늘날의 단위로) 2만 캉탈 정도의 수준이었으며, 이것은 다시 말해서 1억 명의 유럽인 각자에게 1인당 매년 20그램이 돌아가는 양이다. 1680년경에는 후추 소비량이 5만 캉탈 수준에 달하여 포르투갈이 독점을 누리던 시대에 비해서 2배 이상이 되었다. 1715년부터 1732년까지는 네덜란드 동인도회사(Vereenigde Oostindische Compagnie)가 판매한 양에서 보듯이 이제 어느 정도 한계에 도달한 듯했다. 후추가 더 이상 프리울리나 사누도가 살던 시대처럼, 그리고 베네치아가 부동의 영광을 누리던 시대에 그러했던 것처럼 다른 향신료들까지 주도하는 지배적인 상품이 아닌 것은 확실하다. 1648-1650년에만 해도 암스테르담에서 동인도회사의 무역 중에 후추가 첫 번째 자리를 차지했지만(전체의 33퍼센트를 차지했다), 1778-1780년에는 직물(비단과 면화, 32.66퍼센트), 섬세한 향취의 향신료(24.43퍼센트), 차와 커피(22.92퍼센트)에 뒤이어 겨우 네 번째 자리(11퍼센트)를 차지했을 뿐이다.[138] 이것은 사치품 소비가 끝나고 대중적인 소비가 시작된 전형적인 경우일까? 아니면 과도했던 사용이 쇠퇴한 것일까?

이 쇠퇴의 원인으로 커피, 초콜릿, 알코올, 담배 등과 같은 새로운 사치품의 확산, 나아가서 서구의 식탁을 조금씩 다양화시킨 새로운 채소류(아스파라거스, 시금치, 상추, 아티초크, 청완두, 제비콩, 콜리플라워, 토마토, 고추, 멜론)의 보급을 드는 것이 타당할 것이다. 이 채소류는 대개 유럽의 텃밭에서 나왔고 그중 특히 이탈리아에서 온 것이 많지만(예를 들면 샤를 8세가 멜론을 이탈리아에서부터 프랑스로 가져갔다), 때로는 캔털루프 멜론처럼 아르메니아산도 있고, 토마토, 제비콩, 감자처럼 아메리카산도 있다.

마지막으로 들 수 있는 요인이 하나 있으나, 사실 이것은 근거가 박약한 편이다. 그것은 1600년 이후, 또는 그 이전부터 오래된 음식 전통으로부터의 단절이라고 할 수 있는 것으로서 고기의 소비가 줄었다는 점이다. 동시에 부자들의 음식에서는 단순한 요리가 자리를 잡았다. 이것은 적어도 프랑스에는 타당하다. 이에 비해서 독일과 폴란드의 요리는 이런 경향에 뒤쳐져 있었기 때문에 고기를 더 많이 먹었으며, 그래서 후추와 향신료에 대한 수요가 다른 곳보다 더 컸다. 그러나 이 설명은 다만 추측에 불과하며, 따라서 더 자세한 연구가 있기 전까지는 이 정도의 설명으로 충분할 것이다.

유럽 시장이 어느 정도 포화 상태에 들어갔다는 증거 중에 하나는 독일의 한 경제학자(1722)나 영국의 한 증인이 말한 것(1754)으로서, 네덜란드인들이 "가격을 유지하기 위해서……많은 양의 후추와 육두구를 태워버리든가 바다에 버리는" 일이 일어났다는 사실이다.[139] 사실 자바 섬 이외의 지역에서는 유럽인이 후추나무 밭을 통제하지 못했으며, 피에르 푸아브르*가 자신이 총독으로 있던 프랑스 섬과 부르봉 섬에서 시험해본 시도는 에피소드에 불과했다. 프랑스령 기니에서의 유사한 시도도 마찬가지이다.

단순한 것은 아무것도 없다. 17세기에 프랑스 사람들은 이미 향신료를 버리는 대신 향수에 대한 열정을 드러내기 시작했다. 스튜, 과자류, 리쾨르 주(liqueur), 소스 등에 호박(琥珀), 붓꽃, 장미수, 오렌지꽃, 꽃박하, 사향 등의 향수를 썼다. 계란에도 "향수"를 뿌리는 것을 생각해보라!

설탕이 세계를 정복하다

사탕수수는 갠지스 삼각주와 아삼 지방 사이의 벵골 연안이 원산지이다. 오랫동안 사람들은 설탕물을 얻기 위해서, 또 당시 약으로 여기던 설탕을 얻기 위해서 이 야생식물을 정원에서 키웠다. 이 약은 사산조 페르시아의 처방전에도 등장한다. 비잔틴에서도 마찬가지로 일상적인 처방에서 설탕은 꿀과 경쟁을 벌였다. 10세기에 설탕은 살레르노 학파의 약전(藥典)에 등장했다. 그렇지만 이 시대 이전부터 인도와 중국에서는 설탕을 음식으로서 사용하

---

* Pierre Poivre(1719-1786) : 프랑스의 식민지 관리. 동인도회사에서의 임무를 마친 뒤 말루쿠 제도를 방문했다. 프랑스 섬과 부르봉 섬의 지사(1767-1773)로서 이 지역의 상업과 농업 발달에 박차를 가했으며 특히 향신료 재배에 신경을 썼다.

기 시작했다. 중국에는 8세기경에 사탕수수가 도입되었는데, 광저우 근처의 광둥 성의 기복이 심한 지역에서 잘 적응했다. 그 이상 자연스러운 일은 없을 것이다. 우선 광저우는 이미 중국의 가장 큰 항구였다. 그리고 그 배후지는 숲으로 덮인 지역이었는데, 사실 설탕의 제조에는 많은 연료가 필요하다. 수 세기 동안 광둥 성은 중국의 설탕 생산의 핵심지역이었으며, 17세기에는 네덜란드 동인도회사가 이곳에서 중국과 타이완 설탕의 유럽 수출을 어렵지 않게 조직했다.[140] 그러나 다음 세기 말에는 중국 자체에서 코친차이나로부터 아주 싼 가격으로 설탕을 수입했다. 그럼에도 불구하고 북부 중국은 아직 이 사치를 모르고 있었다.[141]

10세기에 사탕수수는 이집트에 도달했고 이곳에서는 발전된 방식으로 설탕을 제조했다. 십자군 원정 군인들은 그것을 시리아에서 보게 되었다. 생-장-다크르가 함락되고 시리아를 상실한 뒤(1291) 설탕은 기독교인들의 짐 속에 들어가서 키프로스로 옮겨져 이곳에서 빠른 성공을 거두었다. 뤼지냥 가문의 마지막 배우자이자 키프로스 섬의 마지막 왕비—1479년에 베네치아가 이 섬을 정복했다—였던 아름다운 카테리나 코르나로는 베네치아의 귀족인 코르나로 가문 출신으로서, 이 가문은 그 당시 "설탕왕"이었다.*

아랍 상인들이 유통시키던 설탕은 키프로스에서 이와 같은 성공을 거두기 전부터 이미 시칠리아에서, 그리고 나서 발렌시아에서 번성했다. 15세기 말에는 모로코의 수스 평야에 도달했고, 곧 이어 마데이라 섬, 아조레스 제도, 카나리아 제도, 그리고 기니 만의 상투메 섬과 프린시페 섬에 도착했다. 1520년경에 설탕은 드디어 브라질에 이르렀으며 이곳에서 16세기 후반부터 확고하게 번성을 구가했다. 이때야말로 설탕의 역사에서 한 페이지가 넘어간 것이다. "이전에는 설탕을 약국에서 환자에게만 팔았던 데 비해 오늘날

---

* 코르나로 가문은 베네치아 총독을 3명이나 낸 명문이었다. 이 가문의 카테리나는 키프로스의 지배 가문인 뤼지냥 가문에 시집가서 왕비가 되었다가 1475-1489년에 섭정을 했다. 그러다가 1489년에 키프로스를 베네치아에 넘겨버림으로써 결국 뤼지냥 가문의 마지막 지배자가 되었다.

에는 설탕을 폭식하고 있다.……이전에는 약으로 쓰던 것이 이제는 음식이 된 것이다"라고 오르텔리우스는 『세계 극장(Théâtre de l'Univers)』에서 말하고 있다.[142]

네덜란드인들이 1654년에 헤시피에서 축출당하고 또 교황청이 포르투갈계 마라노*를 박해했기 때문에[143] 사탕수수와 설탕 제조 "기구(engins)"는 17세기에 마르티니크 섬, 과들루프 섬, 네덜란드령 퀴라소 섬, 자메이카 섬, 그리고 산토도밍고에 도달하게 되었고, 이곳에서 1680년경부터 큰 성공을 거두었다. 그때부터 설탕 생산은 끊임없이 증가했다. 내가 틀린 것이 아니라면 15세기에 키프로스의 설탕은 "작은" 캉탈(약 50킬로그램) 단위로 수백, 기껏해야 수천을 헤아렸다.[144] 그런데 전성기 때인 18세기에는 산토도밍고에서만 7만 톤이 생산되었다. 1800년에 영국에서는 1년에 15만 톤의 설탕을 소비했는데, 이것은 1700년에 비해서 약 15배로 늘어난 양이다. 그렇지만 1783년에 셰필드 경이 다음과 같이 쓴 것도 맞는 말이다. "설탕 소비는 상당한 정도로 늘어날 수 있다. 그러나 그것은 겨우 유럽의 절반에서만 알려져 있다."[145] 프랑스 혁명 직전의 파리에서는 1인당 1년 평균 설탕 소비량이 5킬로그램이었다(그러나 이것은 파리의 인구가 60만 명이라는 가정에서 계산한 결과지만, 이 수치는 사실 의심스럽다). 반면 1846년에는(이 경우에는 수치들이 훨씬 믿을 만하다) 평균 소비량이 3.62킬로그램이었다. 프랑스 전체에 해당하는 평균을 구한다면, 이론적으로 1788년에 1킬로그램이 될 것이다.[146] 대중의 선호에도 불구하고, 또 가격이 많이 떨어졌음에도 불구하고 설탕은 여전히 사치품이었다. 프랑스의 많은 농민 집에는 빵 모양의 설탕(pain de sucre)이 식탁 위에 걸려 있었다. 컵**을 그 밑에 가져다대면 잠깐 동안 설탕

---

* marrano : 이베리아 지역에서 박해를 피하기 위해서 기독교로 개종했으나, 몰래 유대교를 계속 지켜나갔던 유대인. 아마도 이 말은 '돼지'를 뜻하는 카스티야어 마라노(marrano)에서 나왔을 것이며, 마라노는 또 아랍어 마람(mahram : 금기)에서 왔을 것이다.
** 뜨거운 물을 담은 컵을 말한다.

이 녹아 컵 안으로 녹아들어간다. 사실 설탕 소비에 관한 지도를 작성해본 다면, 아주 불규칙한 모습을 보일 것이다. 예를 들면 16세기의 이집트에는 잼과 설탕 절임을 만드는, 작으나마 진짜 산업이 존재했고 사탕수수 재배가 워낙 중요한 작물이어서 그 지푸라기가 금광을 녹이는 데 사용될 정도였다.[147] 이에 비해 두 세기가 지난 후에도 유럽 전체는 아직 그런 것을 모르고 있었다.

사탕무가 도입된 것도 사탕수수를 이용한 설탕 생산을 낮은 수준에 붙들어두게 한 이유였다. 사탕무는 1575년부터는 이미 알려져 있었으며, 독일의 화학자인 마르그라프가 1747년에 단단한 모양으로 설탕을 추출했다. 이것은 대륙봉쇄* 때 상당한 역할을 맡기 시작했지만, 그것이 완전한 중요성을 가지게 된 것은 그후로도 한 세기가 더 지난 후였다.

사탕수수의 보급은 열대기후 지역에만 한정되었다. 중국에서 사탕수수가 양쯔 강을 넘어 북부로 가지 못한 것도 이러한 이유 때문이다. 또 이것은 상업적, 공업적 요구사항을 만족시켜야 했다. 사탕수수의 재배에는 많은 노동력이 필요했고(아메리카에서는 흑인 노예를 사용했다), 값비싼 기구를 설치해야 했다. 이 기구를 쿠바, 누에바 에스파냐, 페루에서는 잉헤니오스(yngenios), 브라질에서는 인제뉴스 지 아수카르(engenhos de assucar), 프랑스 섬들에서는 앙쟁(engins), 또는 물랭 쉬크르(moulin sucre : 설탕 제조용 방아), 영국에서는 엔진스(engines) 등으로 불렀다. 사탕수수는 축력, 수력, 풍력을 이용해서, 아니면 중국에서처럼 사람의 팔 힘으로 롤러를 움직여서 으깨야 했다. 일본에서는 심지어 롤러를 사용하지 않고 팔 힘으로 사탕수수를 비틀어 짜기도 했다. 이렇게 해서 얻어낸 즙은 적당한 처리, 준비, 주의를 요하며

---

* 나폴레옹이 유럽 대륙을 거의 석권할 즈음 여기에 저항한 거의 유일한 세력이 영국이었다. 나폴레옹은 직접 침략이 힘들자 영국에 경제적 압력을 가하기 위해 대륙의 모든 지역에 영국과의 교역을 중단시켰다(대륙체제). 그러자 영국 역시 대륙의 수출입을 봉쇄하는—예컨대 식민지 원재료를 유럽에 들여오는 것을 막는—대응을 했다.

오랫동안 구리통 속에서 끓인다. 그것을 흙으로 된 주형 속에서 결정화하면 조당(粗糖)을 얻는데, 이를 모스쿠아드(moscouade) 또는 흑설탕이라고 한다. 백토(白土) 필터를 통과시켜 얻은 것은 쉬크르 테레(sucre terré), 또는 카소나드(cassonade)*라고 한다. 이런 것으로부터 10가지 정도의 상이한 생산물과 알코올을 얻을 수 있다. 흔히 이 조당은 유럽에서 다시 정제과정을 거치는데, 그 중심지는 안트베르펜, 베네치아, 암스테르담, 런던, 파리, 보르도, 낭트, 드레스덴 등지이다. 이 정제과정은 원재료의 재배만큼이나 수익성이 좋았다. 이것 때문에 정제업자와 "설탕업자(sucrier)", 즉 서인도 제도의 식민지 배자들 사이에 갈등이 있었다. 설탕업자들은 현지에서 모든 과정을 다 하려고―이것을 "하얗게(즉, 하얀 설탕을) 만든다(s'établir en blanc)"고 말했다― 했다. 사탕수수의 재배와 설탕 제조는 결국 많은 자본과 중개점의 고리들을 요구했다. 중개점이 확보되지 못한 곳에서는 거의 국지적인 시장판매를 벗어나지 못했다. 19세기까지 페루, 쿠바, 누에바 에스파냐가 그러했다. 설탕을 많이 재배하는 서인도 제도의 식민지 섬들(sugar islands)과 브라질 해안이 번성한 것은 그 당시 선박의 선적량과 속도로 볼 때, 유럽에서 적당한 거리를 두었지만, 손쉽게 닿을 수 있는 곳에 위치해 있었기 때문이다.

여기에는 또다른 장애물이 있었다. 기욤 레날** 신부에 의하면 "아메리카의 한 식민지에 식량을 공급하려면 유럽의 한 지방을 경작해야 한다."[148] 왜냐하면 사탕수수를 재배하는 식민지에서는 식량 재배용으로는 거의 한 조각의 땅도 남지 않았기 때문에 식량을 자급자족하지 못했기 때문이다. 이것이 브라질 북동부, 앤틸리스 제도, 모로코의 수스 평야―고고학상의 발굴 결과 이곳에서는 이전에 광범하게 재배가 이루어졌다는 것이 알려졌다―등

---

* 한 번만 정제한 조당.

** Guillaume Raynal(1713-1796) : 예수회 신부였으나 성직을 버리고 철학과 역사학을 연구했다. 엘베시우스나 돌바크 등이 경영한 살롱에 드나들며 여러 저작을 출판했고, 식민사업, 사제, 종교재판 등을 공격했다. 그 결과 정부의 탄압을 받고 외국으로 도주했다가 1787년에 귀국했으며, 곧이어 프랑스 혁명이 일어날 무렵 삼부회 대표로 뽑히기도 했으나 고령으로 고사했다.

지의 사탕수수 단일경작(monoculture)의 드라마이다. 1783년에 영국은 서인도 제도로(그중에서도 특히 자메이카로) 1만6,526통의 염장 쇠고기와 돼지고기, 5,188통의 돼지 옆구리 기름살, 2,559통의 저장 처리한 소 내장을 보냈다.[149] 브라질에서는 노예 음식으로 뉴펀들랜드의 대구, 내지(內地)*의 육포, 곧이어 히우 그란지 두 술에서 배로 가져온 차르키를 이용했다. 앤틸리스 제도에서는 식량으로 영국의 아메리카 식민지에서 나는 염장 쇠고기와 밀가루를 받아서 이용했다. 이런 것을 공급하는 영국 식민지는 그 대신에 설탕과 럼 주를 받았지만 곧 럼 주를 자체 생산하게 되었다.

요약하여 말하면, 너무 성급하게 설탕 혁명이라고 이야기해서는 안 된다. 그것이 일찍이 시작된 것은 사실이지만 또 극도로 느리게 진행된 것도 사실이다. 19세기 초에도 설탕은 아직 "깊이 있게" 널리 보급되지는 못했다. 모든 사람들이 식탁에서 설탕을 먹을 수 있었다고 결론을 내려서는 안 된다. 이 말을 하고 보니 곧 우리의 머릿속에는 프랑스 혁명 중에 최고 가격제를 시행하던 시기에 파리에서 설탕 부족이 야기한 소요가 떠오른다.

음료수와 "흥분제"

아무리 간략한 음료수의 역사라고 하더라도 옛것과 새것, 대중적인 것과 세련된 것, 그리고 그 각각의 것들이 수 세기의 시간이 지나면서 어떻게 변화해갔는가를 살펴보아야 한다. 음료수는 단지 음식만이 아니었다. 언제나 그것은 마약, 즉 도피의 기능을 했다. 때로 일부 인디언 부족들이 그랬던 것처럼 취하는 것은 초자연적인 힘과의 소통수단이었다. 어떻든 간에 우리가 관심을 두는 세기들 동안 알코올 중독은 끊임없이 확산했다. 그리고 여기에

---

* sertão : 오지, 내륙 깊숙이 들어간 지방으로, 사람이 거주하는 지역 너머의 황무지를 의미한다. 포르투갈로 관목을 뜻하는 말에서 유래했다.

이국적인 흥분제*인 차, 커피, 게다가 음식도 아니고 음료수도 아닌, 분류하기 힘든 "마약"인 여러 형태의 담배가 더해진다.

물

역설적이지만 우리는 물부터 이야기해야 한다. 사람들에게 언제나 마음껏 쓸 수 있는 물이 있지는 않았으며, 의사가 병에 따라서 어떤 물이 어떤 물보다 좋다는 자세한 충고를 해주더라도 당장 얻을 수 있는 물에 만족해야 했다. 즉 빗물, 강물, 샘, 빗물받이 웅덩이, 우물 등을 이용하거나, 혹은 모든 신중한 집에서 그러하듯 물통이나 구리그릇에 물을 받아서 보관하여 썼다. 극단적인 경우, 예컨대 16세기 아프리카 북부의 스페인 요새에서는 증류기를 이용해서 바닷물을 증류해서 썼다. 그렇지 않으면 스페인이나 이탈리아에서 물을 직접 가져와야 했다. 절망적인 경우로는 1648년에 콩고를 통과하던 여행자들의 예를 들 수 있는데, 이들은 굶주렸고 피로에 지쳐 있었으며 땅바닥에서 그대로 자야 했고 "말 오줌 같은 물을 마셔야 했다."[150] 또다른 고통스러운 문제로는 선상의 식수 부족을 들 수 있다. 이 문제야말로 그렇게도 많은 처방과 엄중하게 지키려던 비법들을 가지고도 결코 풀 수 없던 문제였다.

한편 모든 도시는 아무리 부유하다고 해도 물 공급에 어려움을 겪었다. 물론 베네치아도 예외가 아니었다. 베네치아의 공공장소나 궁정의 뜰 안에 있는 우물은 사람들이 흔히 생각하듯이 석호 밑의 민물층까지 파들어간 것

---

* dopant : 프랑스어의 도파주(dopage), 영어의 도핑(doping)은 흔히 스포츠에서 "인공적으로, 또 일시적으로 육체적인 가능성을 증진시키기 위해서 어떤 물질을 이용하거나 관리하는" 것을 뜻하며, 경마에서 말에 흥분제를 사용하는 것도 여기에 해당한다. '도팡(dopant)'은 그런 목적으로 쓰는 물질을 뜻한다. 그러나 이 책에서의 도팡은 그것보다 더 넓은, 또는 나소 다른 범위의 물질을 의미한다. 여기에서는 포도주, 맥주, 시드르, 브랜디, 커피, 차, 코코아, 게다가 담배까지 이 범주에 들어가는데, 모두 "흥분제"라는 말로 포괄할 수 있지는 않다. 여기에서는 단순한 음료 이상의 어떤 효과를 가져오는 식품이라는 뜻으로 쓴 것 같다. 그러나 이런 뜻을 포함하는 적절한 말이 없어서 "흥분제"라고 번역했다.

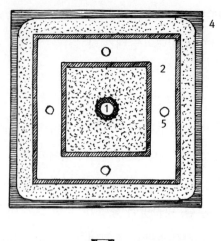

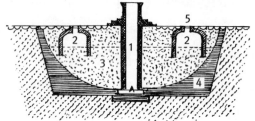

21. 베네치아의 저수조 우물 : 수평 단면도와 수직 단면도
1. 중앙 우물—2. 빗물을 모으는 저수조—3. 필터 역할을 하는 모래—4. 점토 벽면—5. 빗물을 받는 도관(흔히 필렐레[미예이라고 부르는데 성당의 '성수반'을 뜻한다). 필터를 거친 물은 중앙 우물에 고이게 된다. 오늘날에는 베네치아가 송수시설을 갖추고 있지만 그렇더라도 공공 광장이나 집 내부에 이런 우물들이 남아 있다. (에글레 레나타 트린카나토)

이 아니라, 고운 모래가 반쯤 차 있는 저수 웅덩이였다. 이 모래층은 빗물이 통과할 때 필터 역할을 했으며 그렇게 걸러진 물이 이 웅덩이를 가로질러 파놓은 우물로 옮겨져서 솟아오른다. 몇 주일 동안이나 비가 오지 않으면 이 웅덩이들이 마르게 된다. 스탕달이 베네치아에 머물렀을 때 마침 이런 일이 일어났다. 반면, 폭풍우가 치면 소금물(바닷물)이 들어간다. 정상적인 때에도 문제가 없지는 않아서 이 도시의 수많은 인구에 비해서 물이 모자랐다. 그러면 외부로부터 물을 들여와야 했는데, 이때 수로를 통해서 들여온 것이 아니라 배를 이용했다. 이런 배들은 브렌타 강에서 물을 실어 매일 베네치아의 운하에 도착했다. 이렇게 강을 통해서 물을 나르던 물 운반인들

(acquaroli)은 심지어 베네치아에서 독자적인 동업조합을 이루고 있었다. 이와 똑같이 불편한 상황이 홀란트의 모든 도시에서도 벌어져서 이곳에서도 웅덩이, 그리 깊지 않은 우물, 그리고 의심스럽기 짝이 없는 운하의 물에 의존해야 했다.[151)

전반적으로 수로는 거의 사용되지 않았다. 너무나도 유명하게 된 이스탄불의 수로, 로마 시대에 기원을 두며 방문객들을 놀라게 만드는 세고비아의 푸엔테(puente : 교량, 1841년 수리) 정도를 들 수 있다. 포르투갈에 있는 코임브라, 토마르, 빌라 두 콘드, 엘바스의 수로들은 17세기까지 사용되었는데, 이것은 기록적인 것이다. 리스본에서 1729년부터 1748년까지의 기간에 걸쳐 건설한 "용수(湧水, Eaux Vives)" 수로는 시 외곽에 있는 라토 광장에까지 물을 운반했다. 물 긷는 사람들은 목덜미에 얹어 운반하는, 쇠손잡이가 달린 빨간 드럼통을 가지고 왔는데, 물을 담기 위해서 서로 다투었다.[152) 교회의 대분열* 이후 처음 교황이 된 마티누스 5세가 처음 신경 쓴 일이 부서진 로마의 수로 하나의 복원이었던 것도 당연하다. 16세기 말에 가서는 대도시 로마에 물을 공급하기 위해서 바콰 펠리체(Vaqua Felice)와 바콰 파올라(Vaqua Paola)라는 두 개의 새로운 수로를 건설해야 했다. 제노바의 급수장들에 물을 채우는 데에는 스쿠파라의 수로를 이용했으며, 이 물은 시 성벽 내부의 물레방아를 돌리는 데 썼다가 다음에는 이 도시 동부의 여러 지구에서 나누어 썼다. 이에 비해 서부지역은 샘물과 웅덩이를 이용했다.[153) 파리에서는 1457년에 벨빌의 수로를 수리했다. 이 수로와 함께 프레-생-제르베 수로가 17세기 말까지 파리에 물을 공급하는 역할을 담당했다. 마리 드 메디시스가 재건축한 아르쾨유 수로는 룅지스의 물을 뤽상부르까지 가져갔다.[154) 때로 강물을 퍼올려 도시민에게 물을 공급하려고 커다란 수력 바퀴를 사용하기노 했으며(톨레도 1526년, 아우크스부르크 1548년), 이 작업을 위

---

* Grand Schisme, Great Schism : 1378년에서 1417년에 교황이 둘이 됨으로써 가톨릭 교회가 둘로 분열하고 대립했던 일.

해서 강력한 흡입 펌프와 압착 펌프들을 이용했다. 1603년에서부터 1608년까지 만들었던 사마리텐 펌프*는 센 강의 물을 매일 700세제곱미터씩 길어서 루브르 궁전과 튀일리 궁전에 공급했다. 1670년에는 노트르담 다리의 펌프들이 센 강의 물을 2,000세제곱미터까지 길어올렸다. 수로와 펌프로 가져온 물은 다음에는 배수관을 써서 배분했다. 배수관은 흙을 굽거나(로마 시대의 것이 그러했다), 나무로 만들거나(나무줄기의 가운데를 파내고 서로 이은 것으로서 북부 이탈리아에서는 14세기부터, 브로츠와프에서는 1471년부터 썼다), 심지어 납으로 만들었다. 납 배수관은 영국에서 1236년에 쓰였다고 알려졌지만 사실 그리 많이 쓰이지는 않았다. 1770년에 런던의 모든 가정에는 "결코 좋다고 할 수는 없는" 템스 강의 물이 지하에 묻은 나무 배수관을 통해서 도착했다. 그러나 그것은 우리의 상수도 개념과는 거리가 멀었다. 이 물은 "1주일에 세 번씩 정기적으로, 각 가정의 소비량에 따른 비율로 배분되었다.⋯⋯사람들은 이 물을 받아 쇠로 테를 두른 통에 보관했다."155)

파리의 중요한 수원(水源)은 언제나 센 강이었다. 배달꾼들이 파는 이 물은 많은 장점을 가진 것으로 알려졌다. 이 물을 마시는 사람들은 관심이 없겠지만, 이 강물은 진흙 성분을 가지고 있어서 무겁기 때문에 배를 더 잘 띄우며(1641년에 포르투갈 사절이 기록한 내용이다), 게다가 그 때문에 건강에도 아주 좋다는 것인데, 이 점에 대해서는 당연히 의심할 수밖에 없다. 한 증인에 의하면(1771) "펠르티에 강변로와 두 다리 사이를 흐르는 한 개천에 수많은 염색업체들이 1주일에 세 번씩 염료를 내버렸다.⋯⋯제브르 강변로를 이루는 아치는 질병의 온상이었다. 이 구역 전체는 오염된 물을 마셨다."156) 그러나 안심해도 된다. 곧 치유책이 만들어졌기 때문이다. 그리고 센 강의 물은 그래도 센 강 좌안에 있는 우물물보다는 나은 편이었다. 이 우물은 오

---

* La Pompe de la Samaritaine : 센 강의 물을 길어 루브르, 튀일리 궁전 및 주변 지역에 공급하기 위해서 장 랭틀라에르가 퐁-뇌프 근처에 만든 펌프. 건물 전면에 자명종 시계가 걸려 있고 예수가 사마리아 여인을 만나는 장면이 황금빛으로 부조되어 있어서 이런 이름이 붙었다.

염물질이 스며드는 것에 대해서 전혀 방비가 되어 있지 않았다. 그런데도 빵집에서는 이 물을 가지고 빵을 만들었다. 이 강물은 당연히 오물이 씻겨내려가도록 하는 데 쓰였으며 아마도 외국인들에게는 맞지 않았을 것이다. 그러나 외국인들은 여기에 식초 몇 방울을 떨어뜨려 마시거나 혹은 필터로 걸러내어 "개선한" 물을 사먹을 수 있었다. 그중에서도 예컨대 왕의 물(eau du Roi), 혹은 최상급의 물로서 브리스톨 물(eau de Bristol)이 있었는데 "이것은 훨씬 더 비쌌다." 1760년경까지는 이런 정제 방식을 몰랐고 "사람들은 [센 상의] 물을 아무렇지도 않게 마셨다."157)

파리의 물 공급은 2만 명의 물 배달꾼을 (잘은 아니라고 해도 그럭저럭) 먹여살렸다. 이들은 매일 30여 번의 "부아(voie : 길[路])"(한 번에 두 통의 물을 의미한다)를 져서 날랐으며, 때로는 건물 꼭대기층에까지 올려주어야 했다 (그 대가로 1부아마다 2수를 받았다). 따라서 1782년경 페리에 형제*가 샤요에 두 개의 소방 펌프를 설치했을 때 그것은 혁명을 예고했다. 이 "이상하기 짝이 없는 기계"는 "단지 끓는 물에서 나오는 수증기를 가지고" 110피트나 되는 센 강 밑바닥으로부터 물을 길어올렸다. 이것은 이미 몇 년 전부터 이런 펌프를 9대나 가지고 있던 런던을 모방한 것이다. 가장 부유하고 따라서 이런 발전에 돈을 댈 수 있었던 생-토노레 지구가 가장 먼저 혜택을 입었다. 그렇지만 이 기계들이 더 많이 보급된다면, 2만 명의 물장수들은 어떻게 될 것인가? 사람들은 걱정하기 시작했다. 그런 데다가 이 사업은 곧 재정적인 독직사건에 휩싸였다(1788). 그러나 이런 것은 하등의 문제가 되지 않았다! 18세기가 되면 마실 물을 끌어오는 것이 확실히 중요한 문제가 되기 시작했으며 해결방안이 제시되었고 일부는 실제로 도입되었다. 이것은 각국의 수

---

* 자크 콩스탕탱 페리에(Jacques Constantin Périer : 1742-1818)와 그의 형제늘인 오귀스틴 페리에(Augustine Périer), 샤를 페리에(Charles Périer)를 말한다. 콩스탕탱 페리에는 프랑스의 기술자로 샤요에 소방 펌프를 만들기 위해서 와트의 증기기관(1776년에 발명)을 도입했다. 과학 아카데미 회원이 된 후(1795) 형제들과 함께 제철소를 세웠고, 영국식 완성 공정을 처음 프랑스에 도입했다.

도(首都)만의 문제가 아니었다. 울름의 계획은 지방도시 역시 마찬가지였다는 것을 증명한다.

그렇지만 발전은 대단히 느렸다. 이때까지 세계의 모든 도시에서는 물장수들이 영업을 하고 있었다. 한 포르투갈인 여행자는 펠리페 3세 시대의 바야돌리드에서 여러 다양한 모양과 색깔의 병이나 도자기에 훌륭한 물을 담아서 팔고 있다고 자랑했다.[158] 파리에서와 마찬가지로 중국에서도 물장수들은 장대 끝에 두 개의 물통을 서로 균형을 이루도록 매달아서 운반했다. 1800년에 베이징에서 그려진 그림을 보면 주둥이가 뒤로 난 커다란 통을 바퀴 위에 올려놓은 것을 볼 수 있다. 비슷한 시기에 그려진 한 판화는 "이집트에서 여인들이 물을 운반하는" 방법을 보여주고 있다. 여기에서는 고대 이집트의 항아리를 연상시키는 병 두 개를 썼는데, 큰 것 하나는 머리에 이고 왼손으로 받치고 있었으며, 작은 것 하나는 팔을 우아하게 구부린 자세로 오른손에 평평하게 올려놓고 있었다. 이스탄불에서는 매일 여러 차례 흐르는 물로 세정해야 하는 종교적 의무 때문에 어디에나 많은 급수장이 필요했다. 아마도 이곳에서는 다른 곳보다는 깨끗한 물을 마셨을 것이다. 마치 프랑스인들이 상이한 포도주 원산지를 구분할 수 있다고 자랑하듯이, 오늘날에도 튀르키예인들이 상이한 원천의 물맛을 구분할 줄 안다고 자랑하는 것은 이러한 이유 때문이 아닐까?

중국인들은 물에 그 기원에 따라 — 빗물, 폭풍우 빗물(위험한 물), 첫봄에 온 빗물(유익한 물), 우박알이나 겨울의 빙하가 녹아 생긴 물, 동굴 속의 종유석에서 받은 물(최고의 치유력을 가진 물), 강물, 샘물, 우물물 등 — 다양한 덕목을 가져다 붙였을 뿐만 아니라, 오염의 위험성과 의심스러운 물을 끓여 마시는 유용성에 대해서도 논했다.[159] 중국에서는 뜨거운 음료수만을 마시는데(심지어 길거리에서 끓는 물을 파는 사람도 있었다),[160] 이러한 관습은 중국인의 건강에 상당히 큰 공헌을 했을 것이다.

이스탄불에서는 이와 반대로 여름에 길거리에서 동전 한 닢을 받고 눈 녹은 물을 팔았다. 17세기 초에 바야돌리드에서 포르투갈인 바르톨로메 피녜이루 다 베이가는 날씨가 더운 계절에 "찬물과 얼린 과일"을 싼값에 즐길 수 있다는 데 놀라움을 감추지 못했다.[161] 그러나 눈 녹은 물은 흔히 부유한 사람에게만 한정된 사치였다. 앙리 3세 시대부터 눈 녹은 물이 유행하기 시작한 프랑스가 전형적인 사례이다. 지중해 주변 지역에서는 배들이 눈을 싣고 꽤 먼 거리의 여행을 했다. 예를 들면 몰타 기사단원들은 이것을 나폴리에서 조달했으며, 그들이 1754년에 수행한 한 조사에 의하면 그들의 열병을 멈추게 하는 이 "최고의 치료약"을 얻지 못하면 죽고 말 것이라고 단정했다.[162]

포도주

포도주를 마시는 것은 유럽 전체의 공통된 일이지만 포도주 생산은 유럽 일부에 한정되었다. 비록 아시아, 아프리카, 나아가서 구대륙의 예를 열정적으로 좇아 모형으로 삼는 신대륙에서도 포도(포도주는 아니라고 하더라도) 재배에 성공했지만, 그래도 중요한 의미를 가지는 것은 유럽이라는 조그마한 대륙뿐이다.

유럽에서 포도주를 생산하는 지역은 우선 지중해 전역을 들 수 있으나, 포도 재배업자들이 인내심 있게 북쪽으로 재배를 확대하려고 노력한 결과 추가된 지역들이 여기에 더해진다. 장 보댕이 말하듯이 "포도는 북위 49도 이상에서는 추위 때문에 자랄 수 없다."[163] 대서양의 루아르 강 하구로부터 크림 반도, 그리고 조지아와 자캅카스(남캅카스)를 잇는 선이 **상업적으로** 포도를 재배할 수 있는 북방 한계선이며, 따라서 이 선은 유럽과 동쪽 변경지역의 경제생활의 내용을 가르는 중요한 구분선이다. 크림 반도 부근에서 포도를 재배하는 유럽 지역은 작은 변경지역에 불과하며 이곳이 힘과 활력을 되찾는 것은 19세기에 가서의 일이다.[164] 그렇지만 포도는 이 지역에 아주 오래 전에 도입되었다. 고대에 이곳에서는 겨울이 오기 전에 우크라이나의 추위로부터 포도나무를 보호하기 위해 포도나무 밑동을 땅에 묻었다고 한다.

유럽 바깥의 지역에서도 포도주는 유럽인들을 좇았다. 멕시코, 페루, 칠레(1541년에 상륙했다), 아르헨티나(1580년 부에노스 아이레스가 재건된 때부터 시작되었다)의 풍토에 포도 재배를 성공시킨 것은 대단히 큰 업적이었다. 페루에서는 대단히 부유한 도시 리마가 가까이 있었던 까닭에 덥고 열병이 만연한 곳이었음에도 불구하고 이웃 계곡에서 포도밭이 번성했다. 토양과 기후가 유리한 칠레에서는 더 큰 성공을 거두었다. 이곳에서는 쿠아드라스 (cuadras), 즉 산티아고가 세워지던 당시 처음 집을 짓고 거주하기 시작한 사람들이 이미 포도를 재배했다. 1578년에 드레이크 선장*은 발파라이소 앞의 먼바다에서 칠레산 포도주를 실은 배를 포획했다.[165) 이 술은 노새나 라마를 이용하여 고산지대의 포토시 지방에까지 운반되던 것이었다. 캘리포니아에서의 포도 재배는 17세기 말에서 18세기에 스페인 제국이 최후로 북쪽으로 팽창해갈 때에야 시작되었다.

그러나 가장 놀라운 성공을 거둔 곳은 구대륙과 신대륙 사이에 있는 대서양의 섬들이었다(이곳은 새로운 유럽이면서 동시에 선[先]-아메리카[Pré-Amérique]이다). 우선 마데이라 섬에서는 적포도주가 점차 사탕수수를 대체해갔다. 다음으로 아조레스 제도는 원래 국제무역상의 중간 기착점이었는데, 결국 알코올 도수가 높은 포도주를 생산하게 되었으며, 여기에 정치적인 요인(포르투갈과의 머슈언 조약이 맺어진 것은 1703년이었다**)이 작용하여 라로셸산이나 보르도산 프랑스 포도주를 이곳 상품으로 대체했다. 마지막으

---

* Sir Francis Drake(1545-1596) : 영국의 항해가, 해적. 여러 번 대서양을 항해하면서 스페인 선박 및 식민지를 공격했다. 마젤란 해협을 지나 태평양으로 나와서 태평양을 가로질러 유럽에 귀환하는 항해를 했고, 1588년에는 무적함대를 격파한 공을 세우기도 했다. 1595년 서인도 제도를 공격하다가 성공하지 못하고 그 이듬해에 사망했다.

** 영국의 정치가, 외교관인 존 머슈언(John Methuen : 1650-1706)이 1701년 명령을 받고 포르투갈에 파견되어 1703년에 그의 이름을 딴 머슈언 조약을 성립시켰다. 포르투갈이 영국의 직물을 수입하고, 그 대신 포르투갈 포도주를 영국에 수출할 때 프랑스 포도주보다 관세를 3분의 1만큼 적게 낸다는 것이 주요 내용이었다. 그 결과 양국 간에 경제적으로나 정치적으로나 오랫동안 좋은 관계를 유지하게 되었다.

로 카나리아 제도, 특히 테네리페 섬의 백포도주는 앵글로-색슨계 또는 이베리아계 아메리카로, 심지어는 영국에까지도 많이 수출되었다.

유럽의 남쪽과 동쪽으로 포도 재배가 팽창해갔으나, 결국 이슬람이라는 큰 장애물에 부딪쳤다. 물론 이슬람교의 감시하에 있는 이 지역에서도 포도밭이 있었고 포도주도 끈질기게 은밀히 유통되었던 것이 사실이다. 이스탄불에서는 해군 병기창 가까이에 있는 술집에서 그리스 선원들에게 매일 술을 팔았으며, 술레이만 대제의 아들인 셀림은 키프로스산 리쾨르 주를 너무나도 좋아했다. 페르시아(이곳에서 카푸친 수도사들이 포도나무를 키우고 포도주를 만들었는데, 단지 미사용만은 아니었다)에서도 시라즈와 에스파한의 포도주는 높은 명성에다 많은 고객을 가지고 있었다. 이 포도주는 에스파한에서 만든, 버들개지로 짠 바구니에 담긴 커다란 봉본 병*에 담아 인도에까지 팔려갔다.166) 1526년부터 델리 술탄국을 계승한 무굴 제국의 황제들이 아라크(arak)라는, 쌀로 만든 술을 마시지 못하고 대신 페르시아의 강한 포도주를 마셔야 하는 것에 만족하지 못했다는 것은 불행이었다!

그러므로 포도주에 관한 핵심 문제는 유럽에만 국한되며, 그것도 루아르 강 하구에서 크림 반도를 잇는 포도 재배의 북방 한계선의 문제로 되돌아간다. 한편으로는 그 지방 포도주를 생산하면서 동시에 소비하고 그 속임수와 이익에 익숙한 농민들이 존재한다. 또 한편으로는 언제나 경험이 많은 것은 아니었지만 명확한 요구사항을 가진, 흔히는 높은 도수의 포도주를 좋아하는 수많은 소비자들이 있다. 예를 들면 영국인들은 칸디아**나 그리스 섬들에서 생산한 포도주로 만든 리쾨르 주인 말부아지 주(말부아지 혹은 모넴바지아라고 부르는 그리스의 섬에서 만든 술)를 유명하게 만들었다.167) 그들은 그후에도 포르토 주, 말라가 주, 마데이라 주, 헤레스 주, 그리고 마르살

---

* bonbonne : 배가 불룩하고 목이 짧은 병.
** Candia : 크레타 섬에 대한 아랍식 이름으로, 이 섬에 아랍인이 세운 도시의 이름, 칸디에서 따온 것이나,

라 주와 같은 술을 유명하게 만들었는데, 모두 알코올 도수가 높은 술이었다. 네덜란드인은 17세기부터 모든 종류의 증류주들을 유통시켰다. 다시 말해서 북부 유럽 사람들은 남부 유럽 사람들과는 다른 목구멍과 다른 취향을 가지고 있었던 것이다. 남부 유럽 사람들은 북부 유럽 사람들을 야유하는 투로 바라보았다. 그들은 술 마시는 법을 모르며, 그저 술잔을 단번에 비워버린다는 것이다. 루이 12세(재위 1498–1515)의 연대기 작가인 장 도통은 포를리 성을 약탈한 독일 군인들이 갑자기 "술에 달려드는(dringuer)"* 것을 목격했다.[168] 또한 1527년에 로마를 약탈한 독일 군인들이 술통 밑에 구멍을 뚫고 곧 죽은 듯이 취해버리는 모습을 보이지 않았던가? 농민 축제를 묘사한 16–17세기의 독일 판화에서 거의 언제나 빠지지 않고 볼 수 있는 장면은 농민 한 사람이 너무 많이 마신 나머지 토하기 위해서 의자에 거꾸로 돌아앉은 광경이다. 1556년 몽펠리에에 머물던 바젤 사람 펠릭스 플라터는 이곳에서 본 모든 "술 담는 포대"가 독일산이라는 것을 발견했다. 이 술꾼들이 술통 밑에서 코를 골며 자는 모습은 흔히 익살극의 소재가 되었다.[169]

북유럽의 대소비자들 때문에 남유럽으로부터 대교역이 시작되었다. 바다를 통해서는 세비야와 안달루시아로부터 영국과 플랑드르로, 도르도뉴 강과 가론 강을 따라 보르도와 지롱드 지방으로, 욘 강과 부르고뉴 지방으로부터 파리와 루앙으로, 라인 강을 따라서, 알프스를 넘어(매번 포도 수확이 끝난 뒤에 이탈리아인이 카레토니[carretoni]라고 부르던 독일의 큰 마차들이 새 포도주를 찾아 티롤, 브레시아, 비첸차, 프리울리, 이스트라 반도로 왔다), 모라바와 헝가리로부터 폴란드로 포도주가 북상했다.[170] 더 나아가서 포도주에 대한 갈증은 대단히 컸지만 술맛을 가려내지 못했던 러시아인들의 포도주 수요를 쫓아, 발트 해의 항로를 따라 포르투갈과 스페인으로부터 상트 페테르부르크까지 교역이 이루어졌다. 물론 북유럽의 모든 사람이 아니라 부유

---

* 독어의 트링켄(trinken, drink)을 프랑스어로 음사한 동사.

한 사람들만이 포도주를 마실 수 있었다. 일부 부르주아나 13세기 플랑드르에서 성직록*을 누린 일부 성직자, 혹은 농민과 똑같이 국내에서 제조한 맥주를 마시는 것에 만족하면 신분이 격하된다고 생각했던 16세기 폴란드 귀족들이 바로 포도주를 마실 수 있는 사람들이었다. 1513년에 네덜란드에 포로로 잡혀 있던 바야르 영주**가 사람들에게 "한턱내려고" 했을 때에는 포도주가 어찌나 비싼지 "포도주값으로 20에퀴나 지출했다."[171]

이와 같이 유통되고 기다림의 대상이 되고 어디에서나 반갑게 인사를 받는 것은 새 술이었다. 생산된 해에서 다음 해까지 포도주가 잘 보존되지 않아서 시어져버렸기 때문이다. 병에 담고 코르크 마개로 막는 방식은 16세기, 그리고 아마도 17세기까지도 알려지지 않았던 듯하다.[172] 따라서 1500년경에 오래된 보르도산 포도주 한 통이 6리브르였던 반면 새 포도주 한 통의 값은 50리브르나 했다.[173] 그러나 18세기에는 모든 것이 제자리를 찾았다. 런던에서는 도둑들이 포도주 상인에게 팔 목적으로 빈 병을 모아 높은 수익을 올렸다. 이와 반대로 아주 오래 전부터 포도주는 나무통에 넣어 운반되었고 (널판을 맞대고 둥그렇게 테를 대서 만든 통은 로마 시대에 갈리아 지방에서 발명한 것이다) 더 이상 옛날 로마 시대처럼 항아리로 운반하지는 않았다(그러나 아직 이 방식이 살아남은 곳들이 여기저기에 있다). 통을 이용했다고 해서 언제나 포도주가 잘 보존되지는 않았다. 몬데하르 공작은 카를 5세에게 선단에 실을 포도주로 한 번에 많은 양을 사서는 안 된다고 1539년 12월 2일에 충고한 적이 있다. 만일 이것이 "식초로 변해야 한다면, 황제 폐하보다는 원래 주인이 가지고 있는 편이 좋을 것입니다."[174] 18세기에도 한 상업 사전은 로마인에게는 "포도주가 오래되었다는 것이 훌륭하다는 표시인 반면, 프

---

* prébende : 성직자의 생계유지를 위해서 교회 수입의 일정 몫을 주는 것.
** 바야르 영주(seigneur de Bayard), 즉 피에르 뒤 테라이(Pierre du Terrail : 1475-1524)를 말한다. 프랑스의 귀족 군인으로서 샤를 8세 등 여러 국왕을 위해서 이탈리아, 네덜란드 등지에서 혁혁한 전과를 올리며 싸웠다.

랑스에서는 5-6년이 지나면(디종, 뉘, 오를레앙 포도주처럼 보존용 포도주로
가장 적합하다는 것까지 포함해서) 못 쓰게 된 포도주로 여기는 것"에 대해서
놀라워했다. 『백과사전』에서는 이렇게 단정적으로 이야기한다. "4-5년 된
포도주를 가지고 어떤 사람은 대단히 자랑하기도 하지만, 사실 그것은 못
쓰게 된 포도주이다."[175] 그러나 기 파탱*이 승원장직 계승을 기념하기 위해
서 잔치를 벌이면서 동료 36명을 초대했을 때 그가 한 말은 오래된 포도주
를 높이 치기도 한다는 것을 보여준다. "나는 점잖은 사람들이 그토록 많이
웃고 그토록 많이 마시는 것을 본 적이 없다.……이 잔치에 쓴 것은 **오래된
부르고뉴산 최고급 포도주였다.**"[176]

18세기에도 포도주 특산지(grands crus)의 명성은 아주 늦게야 확립되었다.
가장 널리 알려진 것들은 흔히는 그 품질 때문이라기보다는 주변 지역에 이
르는 길, 그중에서도 특히 수로에 가까이 있다는 점이 더 큰 원인이었다(랑
그도크 연안 프롱티냥의 조그마한 포도밭이나 안달루시아, 포르투갈, 보르도,
라 로셸 등지의 커다란 포도밭이 그러한 예이다). 아니면 대도시에 가까이 있
다는 것도 중요한 요인이었다. 파리는 자체만으로도 오를레앙의 포도밭에
서 생산된 포도주 약 10만 통을 소비했다(1698). 나폴리 왕국의 포도주들—
그레코(greco), 라티노(latino), 만자구에라(mangiaguerra), 라크리마 크리스티
(lacryma christi) 등—은 가까이에 나폴리와 로마의 거대한 소비자층을 두고
있었다. 샴페인**으로 말할 것 같으면, 18세기 전반부터 만들기 시작한, 거
품을 집어넣은 백포도주의 명성이 적색, 회색, 백색 포도주의 명성을 압도하
기까지는 오랜 시간이 필요했다. 그러다가 18세기 중엽에 이르러 모든 것이
확립되었다. 오늘날의 모든 중요한 원산지가 확실히 구분된 것이다. 세바스

* Guy Patin(1601-1672) : 프랑스의 의사, 작가. 의학박사 학위를 받은 뒤(1624) 파리 대학 의학
  부의 교수 및 학장을 역임했다. 의학 논문들 이외에도 저작 『문학(*Lettres*)』으로도 유명하다.
** champagne : 거품을 집어넣어 가공한 고급 백포도주. 샹파뉴 지역에서 개발되고 이곳에서 만들
   기 때문에 이렇게 부른다. 흔히 영어식으로 샴페인이라고 발음한다.

티앙 메르시에는 1788년에 적포도주든 백포도주든 "로마네, 생-비방, 시토, 그라브산 포도주를 마셔보라.……그리고 토카이 주*를 보면 계속 마시도록 하라. 내 생각에는 이것이 지구상에서 가장 좋은 포도주이며, 그것을 마시는 일은 지구를 지배하는 주인에게만 속한다"고 말했다.[177] 사바리의 『상업 사전(Dictionnaire de Commerce)』에는 1762년에 프랑스에서 나는 모든 포도주를 거론하면서 그중 샹파뉴 지방과 부르고뉴 지방의 포도주를 최상위에 올려놓았다. 그가 인용하는 것으로는 "샤블리……포마르, 샹베르탱, 본, 르 클로 드 부조, 볼레네, 라 로마네, 뉘, 뫼르소"[178] 등이 있다. 원산지 간의 차이가 더 벌어지면서 점차 포도주는 사치품으로 격상했다. 같은 시기(1768)에 나온 『격언 사전』에는 다음과 같은 표현이 나온다. "샴페인을 단숨에 마시다(sabler le vin de champagne) : 사교계 인사들 사이에 유행하는 말로, 성급히 삼켜버리는 것을 의미한다."[179]

그러나 우리는 여기에서 우리의 주제로부터 너무 멀리 벗어날 우려가 있는 세련된 사항들보다는 그 수가 끊임없이 증가하던 일반 사람들의 음주에 관심을 두려고 한다. 16세기부터 술에 취하는 사람들은 도처에 늘어났다. 예컨대 바야돌리드에서는 16세기 중반에 포도주 소비가 매년 1인당 평균 100리터에 달했다.[180] 베네치아에서는 1598년에 지배 귀족이 공공 취흠에 새로이 엄격하게 대처해야 했다. 프랑스에서는 17세기 초에 라프마가 이 문제에 엄격한 태도를 취했다. 그런데 도시에서 많은 사람들이 이렇게 취하는 데 결코 고급 포도주가 필요하지는 않았다. 거칠지만 생산량은 많은 포도 품종이 보급용 포도밭에서 일반적인 것이 되었다. 18세기에는 이러한 움직임이 시골에까지 퍼졌고(카바레[작은 선술집]는 농민을 파산시켰다), 도시에서는 더욱 강화되었다. 대중 소비가 일반 법칙이 된 것이다. 이때가 바로 파리 외곽의 성문 근처에 있는 선술집(guinguette)이 큰 성공을 거두기 시작

---

* 토카이(Tokaj)는 헝가리 북동쪽의 도시 이름이다. 황금빛 포도주와 그것을 보관하는 1.5킬로미터 깊이의 지하 술창고로 유명하다.

한 시기였다. 이곳에서는 포도주에 에드 세금(aide : 소비세)을 물리지 않았던 것이다. 파리로 들어가는 포도주는 "그 자체로는 3수밖에 안 하는데, 여기에 붙는 세금은 한 병마다 4수나 되었다."[181]

소시민이나 장인, 젊은 여자들 모두
파리를 벗어나 선술집으로 달려오라.
이곳에서 2수로 4파인트의 술을 얻어
식탁보도 냅킨도 없는, 뱃전 같은 널빤지 위에서
모두 바쿠스처럼 마시리,
눈에서 포도주가 새어나오도록.

이 시대에 그려진 한 목판화 밑에 적혀 있는, 가난한 사람들을 위한 이 광고문은 틀린 것이 아니다. 사정이 이러했기 때문에 가까운 교외에 있는 카바레들이 큰돈을 벌었으며, 그중에서도 유명한 것으로는 벨빌 성문 근처에 위치한 라 쿠르티유(la Courtille : 농가의 뜰)가 있었다. 그 설립자의 이름인 랑포노가 "볼테르나 뷔퐁이라는 이름보다 1,000배는 더 잘 알려져 있을 것"이라고 한 당대인이 이야기한다. 또한 보지라르 거리에 있는 "그 유명한 거지들의 살롱"에서는 먼지와 소음 속에서 여자들과 남자들이 맨발로 춤을 추었다. "보지라르 거리가 만원이면 [일요일에 집 밖으로 나온] 사람들은 프티 장티유나 포르슈롱, 라 쿠르티유로 몰려간다. 다음 날 술장수의 집 앞에서는 빈 술통을 열두어 개나 볼 수 있다. 이들은 1주일 내내 마셔댄다."[182] 스페인의 마드리드에서도 마찬가지로 "시외에서 좋은 술을 싸게 마실 수 있다. 왜냐하면 포도주값보다도 더 비싸게 물리는 세금을 여기에서는 내지 않기 때문이다."[183]

술에 취하는 것, 그리고 포도주라는 사치가 왜 있을까? 우리는 정상을 참작해야 한다. 프랑스 혁명 직전에 파리의 포도주 소비량은 1년에 1인당 120

리터 정도로, 그 자체만으로는 빈축을 살 만한 정도는 아니었다.[184] 사실 포도주는 싼 음식이 되어갔으며, 특히 저급품 포도주가 그러했다. 그 가격은 밀 가격이 너무 비싸지는 만큼 상대적으로 내려간다고도 할 수 있다. 포도주가 (다른 알코올 음료들처럼) 보충물이었다는, 다시 말해서 빵이 모자랄 때 값싸게 칼로리를 보충해주었다는, 낙관적인 역사가 비톨드 쿨라의 말을 믿어도 될까? 또는 단순히 기근의 시대에 높은 가격 때문에 호주머니가 비게 되고 술을 살 사람이 줄어들게 되자 당연히 값이 내려간 것일까? 어쨌든 생활수준을 폭음이라는 요소로 판단하지는 말자. 그리고 포도주가 칼로리를 내든 못 내든 그것이 일종의 도피였다는 것을 생각하자. 카스티야 농민은 오늘날에도 포도주를 키타-페나스(quita-penas), 즉 "고통의 망각", "고민 털어버리기"라고 부른다. (부다페스트 박물관에 있는) 벨라스케스의 그림에 나오는 두 친구가 마시는 적포도주, 또는 그것보다 더 비싸 보이는 것으로서 네덜란드 그림에 나오는 긴 술잔이나 불룩하고 멋진 청록색 유리잔에 담긴 황금색 술을 보라. 여기에 술 마시는 사람의 기쁨을 위해서 포도주, 담배, 사귀기 쉬운 여자, 그리고 바이올린의 시대인 17세기가 유행시킨 음악이 더해져야 한다.

맥주

맥주에 대해서 말하면 우리는 여전히 유럽에 남아 있게 된다. 물론 예외도 있어서 우리가 지나치면서 잠깐 언급한 바처럼 아메리카에는 옥수수로 만든 맥주가 있고, 아프리카에도 조로 만든 맥주가 서유럽인의 빵과 포도주와 같은 의식(儀式) 역할을 맡는다. 그 외에도 이 오래된 음료의 먼 기원을 강조해야만 할 것이다. 사실 맥주는 고대 바빌론이나 이집트에서는 늘 알려져 있었다. 또한 중국에서도 기원전 2000년대 상나라 시대에 맥주가 있었다.[185] 로마 제국에서는 맥주를 거의 좋아하지 않았지만, 지중해에서 멀리 떨어진 빈방지역에서는 맥주를 볼 수 있었다. 예컨대 기원전 133년에 스키피오가 포위한 누만티아*라든가 갈리아 지역에서 말이다. 율리아누스 황제(재위 361-363)는 맥주를 단 한 번 마셔보고는 곧 경멸했다. 그러나 4세기의 트리어에서는 가난한 사람들과 게르만인들이 마시는 음료였던 맥주를 담은 통을 볼 수 있었다.[186] 샤를마뉴의 시대에는 맥주가 제국 전역에 퍼졌을 뿐 아니라 궁정에서도 볼 수 있었다. 맥주 제조를 맡은 장인은 훌륭한 맥주를 만들 책무가 있었다.[187]

맥주 양조에는 밀, 보리, 호밀, 조, 귀리, 그리고 혼합 밀까지도 쓸 수 있다. 그러나 결코 한 가지 곡물로 양조하지는 않았다. 오늘날에는 싹을 틔운 보리(맥아)에 홉이나 쌀을 첨가한다. 그러나 옛날의 양조법은 아주 다양해서 개양귀비, 버섯, 향료, 꿀, 설탕, 월계수 잎 등을 가미하기도 했다. 중국인들 역시 조 또는 쌀로 만은 술에 향을 내는 첨가물을 넣었고 심지어는 약재를 넣기까지 했다. 오늘날 서구에서 일반화된 홉을 넣는 방식(홉은 맥주에 쓴맛이 나게 하고 보관이 잘 되게 한다)은 8-9세기에 수도원에서 시작되었다(최초의 기록은 822년의 것이 있다). 독일에서는 12세기에,[188] 그리고 네덜란드에서는 14세기 초에 최초로 기록되었다.[189] 영국에는 뒤늦게 15세기 초에 이러한 제조법이 들어왔으며, 약간의 과장이 있기는 하지만 다음의 노래 후렴에서 볼 수 있다(그러나 홉은 1556년까지 금지되었다).

홉과 종교개혁과, 월계수와 맥주는
영국에 모두 같은 해에 들어왔다네.[190]

포도 재배가 되지 않는 지역에 자리 잡은 맥주는 영국에서 네덜란드, 독

---

* Numantia : 현재 스페인의 소리아 근처에 있는 고대 켈트족의 도시. 로마에 저항하는 중심지가 되어 거듭되는 공격을 견뎌냈다. 그러나 기원전 133년 스키피오가 9.6킬로미터나 되는 벽을 쌓고 이 지역을 포위했다. 8개월 뒤 기아 때문에 누만티아의 인구가 대폭 줄었고 생존자들은 항복했다. 그 결과 켈트족의 대로마 항쟁이 끝났다.

일, 보헤미아, 폴란드, 모스크바 공국까지 북유럽에서 그야말로 본고장을 찾았다. 중부 유럽의 도시와 영주의 장원에서 맥주가 생산되었는데, "양조업자는 늘 그 주인을 속이려고 했다."* 폴란드 농민들은 맥주를 하루에 3리터까지 소비했다. 물론 서쪽이나 남쪽으로 맥주 소비 지역의 정확한 경계를 그을 수는 없다. 남쪽 방향으로는 특히 17세기의 네덜란드인들의 팽창 덕분에 맥주 소비가 꽤 빠르게 확산했다. 보르도는 포도주 왕국으로서 맥주 양조장의 설립이 격심한 반대에 직면했으나,[191] 네덜란드인이나 외국인이 거주하는 샤르트롱 등의 교외 지역에서는 술집에서 수입 맥주가 대량으로 팔려나갔다.[192] 또다른 포도주 수도이자 국제무역의 수도였던 세비야에도 1542년부터 맥주 양조장이 들어섰다. 넓고 불명확한 경계를 가진 서쪽으로는 맥주 양조장의 설립이 결코 '혁명적이지 않았다.' 포도밭이 보잘것없었고 수확도 많지 않았던 로렌이 그러했고 파리도 사정이 비슷했다. 르 그랑 도시(『프랑스인의 사생활[La Vie Privée des Français]』[1782]의 저자)는 맥주를 가난한 사람들의 음료수로 보았고, 따라서 어려운 시기에는 맥주 소비가 늘어난다고 생각했다. 반대로 호황기에는 맥주를 마시던 사람들이 포도주를 마시게 된다고 보았다. 그리고 지난 과거에서 몇 개의 예를 취하고 나서 다음과 같이 덧붙였다. "우리 자신이 7년전쟁(1756-1763)의 참화가 비슷한 효과를 만들어내는 것을 보지 않았는가? 그때까지 포도주만을 소비하던 도시에서 맥주를 마시는 경우가 있었는데, 나 자신이 샹파뉴에서 그렇게 된 곳을 알고 있다. 이곳에는 1년 동안에 맥주 양조장이 네 곳이나 생겼다."[193]

그렇지만 1750년부터 1780년까지 맥주는 파리에서 오히려 장기적인 위기를 겪었다(그러나 이 모순은 피상적이었다. 왜냐하면 장기적으로는 이 시기가 경제적 호황기였기 때문이다). 맥주 양조장의 수는 75개소에서 23개소로 줄

---

* 맥주 양조는 대단히 중요한 봉권 권리에 속했다. 그래서 양조업자는 영주에게서 양조 권리를 받고 대신 부담금을 지불해야 했다. 이때 양조업자는 생산량을 속여서 영주에게 지불해야 하는 돈의 액수를 줄이려고 하기 일쑤였다.

었고, 생산량도 7만5,000뮈(1뮈는 286리터이다)로부터 2만6,000뮈가 되었다. 이 불쌍한 맥주 제조인들은 맥주 사업에서 잃은 것을 시드르(cidre)로 만회해야 했기 때문에 매년 사과 수확에 관심을 두었다![194] 이런 관점에서 보면 프랑스 혁명 전야에 상황이 개선된 것은 아니다. 포도주가 여전히 가장 큰 승리를 거두었다. 1781년부터 1786년까지 파리의 포도주 소비는 1년에 대략 73만 헥토리터였던 반면, 맥주 소비는 5만4,000헥토리터에 불과했다(즉 1 대 13.5 정도의 비율을 보였다). 그러나 르 그랑 도시의 주장을 확인해주는 것이 있다. 명백하게 경제적으로 어려운 시기였던 1820-1840년 파리에서의 맥주 소비와 포도주 소비의 비율이 1 대 6.9가 되었다. 다시 말해서 상대적으로 맥주 소비가 증가한 것이다.[195]

그러나 맥주가 가난의 표시만은 아니었다. 차게 먹는 고기나 귀리 케이크 (오트밀로 구운 비스킷)에 집에서 만든 영국산 스몰 비어*를 마시는 것만을 상상해서는 안 된다. 반 푼어치의 싸구려 일반용 맥주만 있었던 것이 아니다. 네덜란드의 부자들은 16세기부터 라이프치히에서 수입되는 고급 맥주를 즐겼다. 1687년에 런던 주재 프랑스 대사는 세뉘레 후작에게 정기적으로 영국산 에일(ale)을 보냈다. 이것은 "램벗 에일(Lambet ale)이라고 부르는 것으로", "맛은 하나도 없고 포도주처럼 사람을 취하게 하고 값도 포도주만큼 비싼, 도수 높은 에일"과는 다른 종류였다.[196] 브라운슈바이크나 브레멘의 고급 맥주는 17세기 말에 동인도에까지 수출되었다.[197] 독일 전역과 보헤미아, 폴란드에서는 도시에서 산업적으로 크게 발전한 맥주 양조업 때문에 영주와 농민이 흔히 홉 없이 만드는 약한 맥주가 뒤로 처졌다. 여기에 관해서는 엄청난 문헌이 있다. 맥주뿐 아니라 맥주를 파는 가게 역시 법적으로 등록해야 하는 대상이었다.[198] 도시는 맥주 제조를 감시했다. 예를 들면 뉘른베르크에서는 맥주를 성 미카엘 축일부터 성지축일(Rameaux : 부활절 직전의

---

* small beer : 여기에서 '스몰'이란 도수가 낮다는 뜻이다.

일요일)까지의 기간에만 제조할 수 있었다. 매년 그 종류가 늘어나는 영광스러운 맥주의 장점을 자랑하기 위해서 많은 책이 발행되었다. 1575년에 나온 하인리히 크나우스트[199]의 책이 그러한 예인데, 유명한 맥주의 성(姓)과 이름의 목록을 작성하고 각 맥주가 사람에게 미치는 의학적 효능을 기록했다. 그러나 이 모든 명성은 바뀌어갔다. 모든 면에서 뒤늦은 모스크바 공국에서는 1655년에도 여전히 소비자가 세르부아즈(cervoise : 보리 맥주)와 브랜디를 "공공 매점"에서 구입해야 했음은 물론이고, 이곳에서 상업적이고 독점적인 국가의 주머니를 불리기 위해서 염장 생선, 캐비아, 또 아스트라한과 페르시아에서 수입한 검게 염색한 양가죽을 사야 했다.[200]

결국 전 세계에는 "맥주를 들이붓는 배"가 수백만이나 있었던 셈이다. 그러나 포도 재배 지역에서 포도주를 마시는 사람들은 이 북유럽의 음료수를 놀려댔다. 뇌르틀링엔의 전투*에 참가했던 한 스페인 군인은 맥주를 경멸하고 손대지 않았는데, 그 이유는 "그것이 언제나 열병에 걸린 말 오줌같이 보이기 때문이다." 그러나 5년 뒤 그는 결국 맥주를 마셔보게 되었다. 슬프게도 이날 저녁 내내 그가 마신 것은 "포테스 데 푸르가(potes de purga)", 즉 몇 병이나 되는 설사약이었다.[201] 이런 점을 볼 때 카를 5세는 진짜 플랑드르인임을 알 수 있다. 은퇴하여 유스테에 있을 때에도 그는 이탈리아 의사의 권고에도 불구하고 맥주에 대한 열정을 포기하지 않았던 것이다.[202]

시드르**

시드르에 대해서도 한두 마디 해야 할 것이다. 이것은 비스카야 지역이 원산지로서 이곳에서 시드르 사과나무가 유래했다. 이 나무는 11-12세기경에

---

* 뇌르틀링엔은 아우크스부르크 북서쪽에 위치한 독일 도시이다. 30년전쟁 중인 1634년에 황제군이 이곳에서 작센-바이마르의 베르나르트가 지휘하는 스웨덴군을 격파했다.
** 시드르는 이 장에서 설명하듯이 사과로 만든 약한 도수의 발효음료이다. 우리나라에서 사이다라고 부르는 탄산음료는 분명히 이 시드르에서 나온 말 같기는 하지만, 사실 사이다는 시드르와 관련이 없다.

코탕탱, 캉의 시골지역, 오주 지역에 나타났다. 그리고 바로 다음 세기에 이곳에서 시드르에 대한 언급이 나온다. 주목해야 할 사실은 비록 이런 지역이 포도주 상업거래의 북쪽 한계선을 넘어선 곳이면서도 포도밭이 존재한다는 점이다. 그렇지만 새 음료수의 경쟁 상대는 포도주가 아니라 맥주였으며 또 이 경쟁에서 승리했다. 맥주는 곡물을 이용해서 만들므로 맥주를 마시면 그만큼 빵이 감소했기 때문이다.[203]

사과나무와 시드르는 곧 입지를 넓혀갔다. 15세기 말과 16세기 초에는 동부 노르망디(센 강 하류 지역, 코 지방)에 도착했다. 1484년 전국 삼부회에서 이 지방의 대표 한 사람이 바스 노르망디와 오트 노르망디(즉, 동부 노르망디)의 차이를 언급했는데, 앞의 지역에는 사과나무가 있는 데 비해 뒤의 지역에는 사과나무가 없다고 말했다. 이 오트 노르망디에서는 맥주와 특히 포도주(센 강 연안의 곡류[曲流] 지대에 있는 포도밭에서 만드는 포도주)가 굳건히 유지되고 있었던 것이다. 시드르는 1550년경, 그것도 물론 하층의 사람들에게서 승리를 구가했다.[204] 시드르가 더 확실한 성공을 거둔 곳은 바 멘 지역으로서 여기에서는 15세기 이후, 적어도 이곳의 남서쪽에서는 시드르가 부유한 사람들의 음료수가 된 반면 맥주는 여전히 가난한 사람들의 음료였다. 그렇지만 라발에서는 17세기까지도 부유한 사람들이 시드르에 저항감을 느꼈다. 그들도 결국 시드르를 받아들였지만, 그렇게 되기까지 시드르보다는 차라리 하급 포도주를 선호했고 시드르는 석공, 하인, 하녀들에게 주었다.[205] 이런 작은 변화가 일어난 이유가 17세기의 불황 때문일까? 노르망디는 파리와 가까운 위치에 있었기 때문에 시드르의 성공이 파리에 영향을 미칠 수밖에 없었다. 그러나 그것을 결코 과장해서는 안 된다. 1781년부터 1786년까지 파리인들은 매년 평균적으로 121.76리터의 포도주를 마셨던 반면, 맥주는 8.96리터, 시드르는 2.73리터를 마셨다.[206] 시드르가 아주 큰 차이로 뒤쳐져 있었던 것이다. 그것은 또한 예컨대 독일 같은 곳에서 야생 사과로 만든 아주 품질 나쁜 시드르와도 경쟁을 벌였다.

유럽에서의 증류주의 때늦은 성공*

여전히 유럽에서의 일이지만(곧 유럽 이외의 지역에 대해서도 고찰할 것이다), 커다란 변화, 또는 혁명이라고 할 만한 일이 일어났다. 브랜디와 곡물로 만든 각종 증류주, 한마디로 말해서 '알코올'이 등장한 것이다. 말하자면 16세기가 알코올을 창조했고 17세기가 확대시켰으며 18세기가 대중화했다.

브랜디는 포도주를 증류시켜서, 다른 표현으로는 "태워서(brûlage)" 얻는다. 이 과정에 증류기(alambic, 여기에서 알[al]은 아랍어의 정관사이며, 그리스어인 암비코스[ambicos]는 리쾨르 주 증류에 쓰이는 목이 긴 항아리를 일컫는다)라는 도구가 필요하다. 이 도구에 대해서 그리스인이나 로마인은 기껏해야 막연하게밖에 알지 못했다. 한 가지 확실한 사실은 12세기 이전에 서유럽에 증류기가 존재했으며 따라서 모든 종류의 알코올성 리쾨르 주를 증류할 가능성이 있었다는 점이다. 그러나 오랫동안 포도주의 증류는 약사들만 수행했다. 첫 번째 증류를 하면 브랜디가 나오고 이것을 두 번째로 증류하면 주정(酒精)을 얻는데, 이것은 원칙적으로 "모든 습기를 제거한 것"으로서 "**치료약**"이었다. 증류주는 아마도 1100년경 남부 이탈리아, 즉 "살레르노 의과대학이 화학 연구의 가장 중요한 중심지이던" 때에 발견되었을 것이다.[207] 최초로 증류를 한 사람이 1315년에 죽은 라이문두스 룰루스라든가, 혹은 몽펠리에와 파리에서 강의를 했고 1313년에 시칠리아와 프로방스 사이를 여행하던 중에 죽었다는 이상한 방랑 의사 아르노 드 빌뇌브라든가 하는 것들은 우화에 불과하다. 아르노 드 빌뇌브는 『젊음의 유지(*La Conservation de la Jeunesse*)』라는 멋진 제목의 책을 남겼다. 이 책에 의

---

* 술은 제조방식에 따라 세 가지 종류로 나뉜다. 첫째, 양조주(釀造酒) : 발효한 액을 그대로 마시는 술로, 포도주, 맥주, 시드르, 청주 등이 대표적이다. 둘째, 증류주(蒸溜酒) : 발효액을 증류기(알람비크)에 넣어 알코올 성분을 증류시켜 만드는 술로서, 위스키, 보드카, 전통 소주(안동 소주, 개성 소주 등) 등이 있다. 셋째, 혼성주(混成酒) 또는 재제주(再製酒) : 양조주, 증류주, 순수 알코올 수용액을 원료로 과실, 향료, 당분, 조미료, 색소 등을 혼합하고, 경우에 따라 일정 기간 숙성시키는 술로서, 리쾨르 주, 베르모트, 라타피아, 약주 종류, 그리고 우리나라에서 널리 마시는 소주 등이 있다.

하면 브랜디, 즉 라틴어로 아쿠아 비타에(aqua vitae : 생명의 물)야말로 젊음을 유지시키는 기적을 이루어준다고 한다. 이것은 남아도는 여분의 체액을 소산시키고, 심장을 소생시키며, 심한 복통, 수종(水腫), 마비, 열대열(4일열 : fièvre quarte)을 낫게 하며, 치통을 진정시키고, 페스트로부터 지켜준다고 한다. 그러나 이 기적의 치료약에 관해서는 악인왕 카를로스 2세*의 끔찍한 최후(1387)를 가져온 가공할 만한 사건이 있다. 의사들이 브랜디를 적신 천을 왕의 몸에 두르고 또 효과를 더 높이기 위해서 그 천을 드문드문 실로 꿰매어서 환자의 몸을 죄어두었다. 그런데 시종 한 사람이 이 실밥 한 가닥을 끊기 위해서 촛불을 가까이 가져갔다가 천과 환자가 불에 휩싸이게 된 것이다……208)

오랫동안 브랜디는 치료약으로 쓰였으며 특히 페스트, 통풍, 목소리 상실 등에 쓰였다. 1735년까지도 『화학론(Traité de Chimie)』에서는 "브랜디를 적절히 잘 쓰면 만병통치약(panacée)이 된다"고 확신했다.209) 이때까지 이미 오랫동안 브랜디를 리큐르 주 제조용으로도 쓰고 있었다. 15세기에도 독일에서 향료를 달인 탕약을 기반으로 만든 리큐르 주를 약제로 여겼다. 여기에 변화가 온 것은 이 세기 말이나 다음 세기 초에 가서의 일이다. 1496년 뉘른베르크에서 브랜디를 찾는 사람이 환자밖에 없었던 것은 아니다. 그것은 시 당국이 축제일에 증류주를 자유롭게 파는 것을 금지할 수밖에 없었다는 점에서도 알 수 있다. 1493년경에 뉘른베르크의 한 의사는 심지어 이렇게 썼다. "오늘날 모든 사람이 아쿠아 비타에를 습관적으로 마시기 때문에, 신사처럼 행동하고 싶은 사람이라면 각자 자신이 마실 수 있는 양을 기억해두어야 하고, 주량에 따라 마시는 법을 배울 필요가 있다." 이런 점을 볼 때 분명 이 시기에 게프란트 바인(geprant Wein), 뱅 브뢸레(vin brûlé), 비눔 아르덴스(vinum ardens), 또는 다른 문서상에서 말하듯 비눔 수블리마툼(vinum

---

* Karlos II(1322–1387) : 나바라 왕국의 국왕. "악인왕(惡人王, Gaiztoa)"이라는 별명이 있다.

sublimatum)이 탄생했다.[210]*

브랜디는 의사와 약사의 수중에서 아주 천천히 벗어났다. 1514년에 루이 12세는 식초 제조 길드에 증류를 할 수 있는 특권을 부여했다. 이것으로써 이 치료약이 일반화되었다. 1537년에 프랑수아 1세는 이 특권을 식초 제조업자와 청량음료 제조업자 사이에 나누어 가지도록 했으며, 이 때문에 이들 간에 싸움이 일어났다. 이 사업이 이미 해볼 만한 가치가 있었다는 증거이다. 콜마르에서는 이 움직임이 더 일찍 일어났다. 이 도시는 1506년부터 포도주 증류업자와 브랜디 상인을 통제했으며, 이때부터 이 제품은 세금 목록과 세관 기록에 나타났다. 브랜디는 빠른 속도로 국민산업의 양태를 띠게 되었는데 처음에는 술통 제조공들이 이 사업을 맡았다. 포도 재배가 활발한 곳에서 술통 제조공은 대단히 활력 있는 사람들이었다. 그러나 술통 제조공이 새로운 사업에서 너무 큰 성공을 거두자 1511년부터 상인들이 눈독을 들이게 되었다. 그러나 상인들은 50년 뒤에야 성공했다. 이 분쟁은 여기에서 멈추지 않았다. 1650년에 술통 제조공들은, 생산물을 상인에게 넘긴다는 조건이 붙기는 했지만, 증류를 할 수 있는 특권을 다시 얻었다. 브랜디 상인의 목록에는 콜마르의 과두 귀족들의 영광스러운 이름들이 모두 있었으며, 이것 또한 이 상업이 이미 중요한 자리를 차지했음을 보여주는 증거이다.[211]

불행하게도 우리에게는 최초의 브랜디 공업의 지리와 연대기를 그려내는 데 필요한 연구결과가 거의 없다. 보르들레 지역에 관한 몇몇 사항을 보면, 16세기의 가야크에 때 이르게 브랜디 공장이 있었으며, 1521년에 브랜디가 안트베르펜에 수송되었다는 것을 알 수 있다.[212] 그러나 확실할까? 베네치아의 관세 기록에서 적어도 아콰비테(acquavite)**라는 말이 보이는 것은

---

* 게프란트 바인, 뱅 브륄레, 비눔 아르덴스는 각각 독일어, 프랑스어, 라틴어로 '불태운 술', 즉 증류주를 의미한다(게프란트 바인은 오늘날의 철자로는 게브란트 바인[gebrannt Wein]이 될 것이다). 비눔 수블리마툼이란 '승화된 포도주'라는 뜻이다.
** 라틴어 아쿠아 비타에(aqua vitae), 즉 브랜디가 변형된 말이다.

1596년의 일이다.[213] 바르셀로나에서는 17세기 이전에만 해도 이런 일이 거의 불가능했다. 이러한 몇몇 지표들보다도 중요한 것은 독일, 네덜란드, 루아르 강 이북의 프랑스 같은 북유럽 국가들이 지중해 국가들보다 이 영역에서 더 앞서 있었다는 사실이다. 네덜란드 상인과 선원들은 브랜디 제조를 처음 시작한 것은 아니라고 하더라도 적어도 보급을 확대하는 역할을 담당했다. 이들은 17세기에 대서양 연안의 유럽 지역에 포도주 증류를 일반화시켰다. 이 시대의 가장 중요한 포도주 무역을 맡으면서 이들은 수송, 보관, 가당(加糖, sucrage) 등의 문제에 직면했다. 포도주에 브랜디를 첨가하면 아주 저급한 원액이라도 더 나은 품질이 된다. 또 같은 용적이라고 하더라도 포도주보다 더 비싼 제품이므로 브랜디는 수송비 면에서 유리했다. 여기에 점차 브랜디를 찾던 그 시대의 취향도 고려해야 한다…….

수요가 커진 데다가 포도주보다 수송문제가 덜 심각했으므로 포도주를 증류하여 브랜디를 만드는 사업은 내륙지역으로 깊이 들어가 자리 잡을 수 있었다. 예를 들면 루아르, 푸아투, 오 보르들레, 페리고르, 베아른(쥐랑송*의 포도주는 브랜디와 포도주를 섞은 것이었다)의 포도원이 그런 곳들이다. 코냐크 주와 아르마냐크 주의 영광이 만들어진 것도 이러한 외부로부터의 수요 때문이다. 이 성공에는 많은 요소가 작용했다. 포도의 종류(예컨대 샤랑트 강 하류 지방의 앙라장[Enrageant], 폴 블랑슈[Folle Blanche] 등을 들 수 있다), 목재 자원, 항해가 가능한 가까운 강 등이 그것이다. 1728년부터 토네-샤랑트 항구를 통해 코냐크 납세구에서 생산된 브랜디 2만7,000바리크(큰 통)가 수출되었다.[214] 심지어는 로렌의 뫼즈 강 연안 지역의 저질 포도주들이나 포도 찌꺼기로도 브랜디를 만들었으며, 이 모든 제품들은 강을 따라 운반되어 네덜란드에까지 팔려갔다.[215] 곧 원료를 구할 수 있는 모든 지역에서 브랜디를 만들게 되었다. 헤레스 근처의 안달루시아, 카탈루냐, 랑그도크같이 포

* 베아른 포도주의 산지.

도를 많이 재배하는 남부지역에서도 필연적으로 이 사업이 등장했다.

브랜디의 생산은 빠른 속도로 증가했다. 세트 지역의 경우를 보자. 1698년에는 이곳의 수출이 2,250헥토리터에 불과했다. 그런데 1725년에는 3만 7,500헥토리터(이때 포도주를 증류한 총량은 16만8,750헥토리터였다), 1755년에는 6만5,926헥토리터(포도주를 증류한 총량은 29만6,667헥토리터였다)나 되었다. 이렇게 7년전쟁(1756-1763) 직전에 기록적인 수치를 기록했으나, 이 전쟁이 수출에 재앙을 가져왔다. 동시에 가격이 떨어져갔다. 1베르주(verge = 7.6리터)당 가격이 1595년에 25리브르, 1698년에 12리브르, 1701년에 7리브르, 1725년에는 5리브르가 되었다. 그리고 1731년부터는 다시 서서히 가격이 올라 1758년에는 15리브르까지 회복했다.[216)]

물론 다양한 품질을 고려해야 한다.[217)] 그리고 이른바 "네덜란드 검사(épreuve de Hollande)"가 정한 최저의 기준치는 넘어야 했다. 이 품질 검사를 위해서 우선 증류과정 중에 작은 병으로 표본을 채취한다. 이 작은 병이 반쯤 차게 만든 후 엄지손가락으로 입구를 막고 뒤집어서 흔든다. 액체 속으로 들어간 공기가 여러 모양의 기포를 형성하면 이 브랜디는 상업적으로 판매가 가능한 47-50도 정도의 도수를 가진 것이다. 이 이하의 도수는 "브루이(brouilli)"라고 했으며, 폐기하거나 다시 증류해야 했다. 중급품은 3-5(trois-cinq)라고 부르는데 알코올 도수가 79-80도이고, 최고급품은 3-8(trois-huit)이라고 부르며 92-93도짜리 "순수 주정(le pur esprit)"이다.

처음에는 수공업 방식으로 힘들게 제조했다. 증류기는 경험적으로 수정되었으나 충분히 개선되지는 않았다. 그러다가 바이게르트가 왕복 순환방식으로 연속냉각이 가능한 증류기를 만들면서(1773) 처음으로 중요한 변화를 겪었다.[218)] 단 한 번에 포도주를 증류할 수 있게 된 결정적인 변화는 잘 알려지지 않은 발명가 에두아르 아당(1768년 출생)의 업적이다. 이로 인하여 생산가가 떨어졌고, 그 결과 19세기에 증류주가 엄청나게 보급되었다.[219)]

소비 역시 크게 증가했다. 진투 진에 군인에게 증류주를 지급하는 관습이 만들어졌는데, 1702년에 한 의사의 말에 의하면 "나쁘지 않은" 효과를 가져왔다고 한다![220] 간단히 말해서 군인은 습관적인 음주를 하게 되었고, 브랜디 제조는 이 기회에 전쟁산업이 되었다. 심지어 영국의 한 군의관은 포도주와 알코올성 리쾨르 주가 "썩는 병"을 억제하며 결국 군인의 건강에 필수불가결하다고 주장했다.[221] 마찬가지로 파리 중앙시장(les Halles)의 짐꾼들은 남녀 가릴 것 없이 물을 타서 양을 늘리고 긴 후추로 향을 낸 브랜디를 습관적으로 마셨다. 이렇게 술을 변조하는 것은 또한 파리에 술을 가지고 들어올 때 내는 세금에 저항하는 방법이기도 했다. 일반인이 출입하는 카바레인 "끽연실(tabagies)"은 노동자들이 담배를 피우며 게으름을 부리면서 노는 곳이었는데, 이곳 손님들 역시 같은 방법을 취했다.[222]

증류주를 파는 또다른 방식으로 향을 집어넣은 이른바 라타피아(ratafias)가 있는데, 나중에 리쾨르 주라고 부르게 된다. 의사인 루이 르므리는 그의 『음식론(*Traité des Aliments*)』에 이렇게 썼다. "불이 붙을 정도로 강한 주정은 약간 시고 단내 나는 맛이 있다.……이 불쾌한 맛을 제거하기 위해 사람들은 여러 가지 화합물을 만들었는데, 이것을 라타피아라고 부르며 다름 아니라 브랜디, 즉 포도주의 주정에 여러 가지 첨가물을 넣은 것이다."[223] 리쾨르 주는 17세기에 크게 유행했다. 당대인이 열광하는 것을 언제나 비웃었던 기 파탱은 이탈리아에서 들어온 유명한 로솔리스(rossolis) 역시 빼놓지 않고 언급했다. "태양의 이슬에는 태양은 들어 있지 않고 불이 들어 있다(ros solis nihil habet solare sed igneum)."[224]* 그러나 이 순한 알코올 음료는 확고하게 사람들의 습관 속에 자리 잡게 되어 이 세기 말의 『규율 있는 가정(*La Maison Réglée*)』 같은 부르주아 안내서에는 "모든 종류의 리쾨르 주를……이탈리아 방식으로 만드는 진정한 방법" 등의 내용이 들어 있어야만 했다.[225] 18세기에 파리에서 파는 알코올 혼합 음료의 수는 셀 수 없을 정도였다. 세트 지역

---

* 술 이름인 로솔리스를 파자(破字)하여 말장난을 한 것이다. 단어 로솔리스를 두 부분으로 나누면 로스(ros)와 솔리스(solis)가 되는데, 이것은 '태양의 이슬'이라는 뜻이다.

의 물, 편도(扁桃)를 넣은 크림 과자를 가미한 아니스 물, 클레레트 물(이것은 "클레레[clairet]" 포도주를 제조하는 방식, 즉 포도주에 향신료를 담가 향취를 강하게 하는 방식으로 만들었다), 과일을 기본 원료로 해서 만든 라타피아, 설탕과 럼 주를 기본 원료로 해서 만든 바베이도스 물, 셀러리 물, 프누예트(fenouillette, 회향풀[fenouil]로 만들었다), 밀-플뢰르(mille-fleur) 물, 카네이션 물, 숭고한 물(eaux divines), 커피 물……. 이 "물들"을 만드는 중심지는 랑그도크의 브랜디를 만드는 곳과 가까운 몽펠리에였다. 중요 고객은 물론 파리였다. 위셰트 거리에서는 몽펠리에 상인들이 거대한 창고를 만들어 이곳에서 술집 주인에게 반(半)도매로 이것을 팔았다.[226] 16세기의 사치품이 이제 일상품이 된 것이다.

브랜디만이 유럽과 세계를 휩쓴 상품은 아니다. 우선 앤틸리스 제도의 설탕을 이용해서 만드는 럼 주는 유럽의 다른 지역보다도 영국, 네덜란드, 그리고 아메리카 식민지에서 큰 성공을 거두었다. 브랜디에 대해서 이것은 아주 명예로운 적수였다. 유럽에서는 포도주로 만든 브랜디가 시드르로 만든 브랜디(17세기부터 브랜디로 비교할 수 없이 훌륭한 칼바도스[calvados]를 만들었다)[227] 및 배, 자두, 체리로 만든 브랜디와 경쟁했다. 알자스, 로렌, 프랑슈-콩테에서 만든 키르슈(kirsch)는 1760년경 파리에서 **마치 약처럼** 쓰였다. 자다르의 마라스키노*는 1740년경에 유명해졌는데, 이것을 독점판매하는 베네치아는 그 권리를 지키기 위해서 철저하게 감시했다. 저급한 수준이지만 그래도 가공할 만한 적수는 포도 찌꺼기나 곡물로 만든 브랜디였다. 후자를 곡물 브랜디(les eaux-de-vie de grain, 독일어로 코른브란트[Kornbrand])라고 불렀다. 로렌에서 포도의 찌꺼기를 증류하기 시작한 것은 1690년경이었다. 일반 브랜디의 증류에는 약한 불이 필요했던 반면, 이것은 아주 센 불이 필요했고 따라서 많은 땔나무가 필요했다. 로렌의 풍부한 목재가 중요한

---

* maraschino : 마라스카(marasca)라고 부르는 체리를 가지고 만든 술이다. 이 체리즙을 발효시킨 후 증류하고 향료를 섞어넣은 리쾨르 수이다

역할을 했다. 이런 종류의 증류는 점차 여러 곳으로 퍼져갔다. 예를 들면 부르고뉴의 포도 찌꺼기가 가장 나은 것으로 명성을 얻게 되었고, 이탈리아에서는 포도밭마다 각각의 그라파(grappa : 브랜디)가 있었다.

(포도주를 증류한) 브랜디에 대한 중요 경쟁자는 (마치 포도주에 대해서 맥주가 그러했던 것과 조금은 유사하게) 곡물 브랜디, 보드카, 위스키, 진이나 노간주나무 열매 같은 것으로 만드는 증류주였다. 이 주류들은 "상업화"가 가능한 포도밭의 북방 한계선 이북에서 발달했으나, 정확히 언제부터 보급되었는지는 모른다.228) 이 주류들의 장점은 싼값이었다. 18세기 초에 런던 사회는 최하층에서 최상층까지 모두 진을 마시며 취했다.

포도밭 북방 한계선을 따라서는 당연히 여러 취향이 섞이는 지역이 줄지어 있다. 영국을 보면 대륙의 브랜디와 아메리카의 럼 주가 들어왔고(펀치*가 유행하기 시작했다), 동시에 영국 자체 내에서 만드는 위스키와 진을 마셨다. 네덜란드는 포도주를 증류한 세계의 모든 종류의 브랜디와, 곡물로 만든 증류주가 만나는 곳이었으며, 동시에 퀴라소 섬과 기니에서 생산되는 럼 주도 여기에 빠지지 않았다. 이 모든 증류주는 암스테르담의 상품 거래소에서 값이 매겨졌다. 여기에서는 럼 주가 가장 가격이 높았고 브랜디가 그다음이었으며 곡물로 만드는 증류주는 훨씬 뒤처져 있었다. 라인 강과 엘베 강 사이의 독일 역시 이중의 소비행태를 보였다. 1760년에 함부르크는 프랑스로부터 500리터짜리 통으로 4,000통, 따라서 약 2만 헥토리터의 브랜디를 수입했다. 곡물 증류주만 소비하는 지역은 엘베 강 너머와 발트 해안에 한정되었다. 같은 1760년에 뤼베크는 프랑스산 브랜디 400통을, 쾨니히스베르크는 100통을, 스톡홀름도 100통을 수입했다. 뤼베크는 "아주 조금밖에 수입하지 않으며, 그것도 단지……프로이센에 팔기 위함이다." 사바리의 설명에 의하면 폴란드와 스웨덴은 "이 불붙는 듯한 술(브랜디)에 다른 곳보다

---

* punch : 대개는 포도주나 증류주에 뜨거운 물, 우유 등을 섞고 여기에 설탕, 레몬, 약간의 향신료 등을 넣어 만드는 음료를 가리키지만, 장소와 시대에 따라 만드는 방식이 대단히 다양하다.

더 유보적인 태도를 취하지는 않으나……포도주를 증류한 브랜디보다는 곡물 브랜디를 더 선호했다.”[229]

　유럽은 증류주의 혁명을 대단히 성공적으로 완수했다. 유럽은 증류주라는, 일상적인 자극제이면서 동시에 싼 칼로리원이고 쉽게 접근할 수 있으나 치명적 결과를 가져오는 사치품을 발견한 것이다. 그리고 늘 세금 수입을 노리는 국가 역시 조만간 증류주에서 좋은 기회를 포착하게 될 것이다.

유럽 이외에서의 증류주

모든 문명에는 음료수, 그중에서도 특히 알코올성 음료의 문제에 대한 나름대로의 해결책이 있다. 어느 식물이든지 발효시키면 알코올을 얻을 수 있다. 캐나다의 인디언은 단풍나무의 수액을 이용했고, 멕시코에서는 에르난 코르테스가 들어오기 이전이나 이후 할 것 없이 용설란으로 만들어 “포도주처럼 취하게 만드는” 용설란 주(pulque)가 있었으며, 가장 빈한한 축에 속하는 앤틸리스 제도나 남부 아메리카의 인디언은 옥수수나 카사바를 사용했다. 1556년에 장 드 레리가 만난 리우데자네이루 만에 사는 투피남바족 같은 순진한 사람들도 그들의 축제 때 쓸 술로서 카사바를 씹어서 발효시킨 음료를 사용했다.[230] 다른 곳에서 볼 수 있는 야자술이란 단지 발효시킨 수액에 불과했다. 북부 유럽 역시 자작나무 수액을 발효시킨 것과 곡물로 만든 맥주가 있었으며, 최북단의 유럽에는 15세기까지도 꿀술(hydromel : 꿀물을 발효시킨 음료)이 널리 퍼져 있었다. 동아시아에서는 아주 일찍부터 쌀로 만든 술이 있었는데, 그중에서도 찰기 있는 쌀로 만든 것을 선호했다.

　증류기를 이용하여—증류기의 튜브를 냉각시켜 튜브에서 술이 나오게 하는 방식으로—럼, 위스키, 곡물 브랜디, 보드카, 칼바도스, 마르크(포도 찌꺼기로 만든 증류주), 브랜디, 진 등 알코올 농도가 아주 높은 리쾨르 주를 마음대로 선택하여 만들 수 있었던 유럽이 다른 민족들보다 이 점에서 앞섰던 것일까? 이를 알기 위해서는 쌀이나 조로 만드는 동아시아의 브랜디의 기원을 규명하여, 대략 11−12세기에 등장한 서구의 증류기보다 더 일찍부터 있던 것인지 나중에 나온 것인지를 살펴보아야 한다.

물론 유럽인 여행자들이 해답을 제공하지는 못한다. 그렇더라도 그들은 해적의 중심지인 알제에 12세기 초부터 아라크 주(arak, arrequi)가 있었다는 사실을 확인해준다.[231] 1638년에 구자라트 지역을 여행한 만델슬로는 "야자에서 뽑아낸 테리 주(terri)가 부드럽고 마시기에 아주 기분 좋은 리쾨르 주이다"라고 이야기하고 또 이렇게 첨언한다. "그들은 쌀, 설탕, 대추야자로 아라크 주를 만들어내는데, 브랜디의 일종으로서 유럽의 것보다 더욱 강하고 더욱 마시기 좋다."[232] 경험 많은 의사 엥엘베르트 켐퍼는 1690년 일본에서 "사키(sacki, 사케)"를 마셔보았는데, 이것은 일종의 쌀로 만든 맥주로서 "스페인 포도주만큼이나 강하다"고 묘사했다. 한편 그가 시암에서 맛본 라우 주(lau)는 일종의 증류주(Branntwein)로서, 여행자들이 아라카 주(araka, 즉 아라크 주)와 함께 이 술을 언급했다.[233] 마찬가지로 예수회 사람들의 한 편지에 의하면 중국인들이 쌀이나 "거친 조"로 만든 술은 "진짜 맥주"이다. 흔히 여기에 "신선한 것이든, 보존용으로 가공한 것이든, 혹은 햇빛에 말린 것이든" 과실을 첨가하는데, 그 과실에 따라 술의 이름이 "마르멜루 술(coings), 앵두술, 혹은 포도술" 등이 된다. 중국인 역시 브랜디를 마셨는데, 이것은 "증류기를 거친 것이며, 거의 포도주의 주정처럼 타는 듯하게 강했다."[234] 얼마 뒤인 1793년에 조지 스탠턴은 중국에서 쌀로 만든 "일종의 노란 포도주"뿐만 아니라 "브랜디"를 마셨다. 그는 이 술이 쌀술보다 더 낫다고 보았는데, 왜냐하면 쌀술은 일반적으로 탁하고 맛이 밋밋하며 곧 신맛이 나기 때문이다. 브랜디는 "강하고 맑으며 단맛이 거의 나지 않는다." "때로는 어찌나 센지 포도주 주정에 대한 알코올 도수 검사로는 검사가 불가능할 정도이다."[235] 시베리아를 탐험한 독일인 요한 게오르크 그멜린이 마침내 중국인이 사용하는 증류기에 대한 묘사를 하고 있지만, 그것은 1738년의 것이다.[236]

문제는 증류를 언제 시작했는지이다. 사산조 페르시아가 증류기를 알고 있었다는 것은 거의 확실하다. 9세기에 알 킨디는 향수의 증류에 대해 이야기하면서 이때 사용하는 기구에 대해서도 묘사하고 있다. 그는 장뇌(樟腦)를 언급하는데, 주지하다시피 이것은 녹나무를 증류하여 얻는 것이다.[237] 그런데 장뇌는 매우 일찍부터 중국에서 생산되었다. 그러므로 중국에서 9세기부터 브랜디를 알고 있었다고 추정할 수 있을 것이다. 이 점은 9세기에 쓰촨 성의 유명한 소주(燒酒 : 불태운 술)*를 노래한 당나라 시대의 두 편의 시에서도 알 수 있다. 그러나 여전히 애매한 점이 없지는 않다. 에드워드 셰이퍼가 최초의 브랜디의 출현에 대해서 소개한 앞에서의 바로 같은 책(1977)에서, 프리먼이 증류 기술의 최초의 발전을 12세기로 잡은 반면, 프레더릭 모트는 그것이 12세기나 13세기에 새로 나온 기술이라고 했기 때문이다.[238]

따라서 증류 기술이 서구가 앞섰는지 중국이 앞섰는지 확인하는 것은 쉬운 일이 아니다. 아마도 페르시아가 진짜 기원지라는 것이 맞는지도 모른다. 이 점은 특히 브랜디를 가리키는 중국어 중의 하나가 아랍어인 아라크(araq)와 유사하다**는 점에서도 엿볼 수 있다.

브랜디, 럼 주, 아과 아르디엔테 주*** 등은 유럽이 아메리카 문명에 제공한 독 묻은 선물이 분명하다. 용설란의 심을 증류하여 만든 술로서 같은 재료로 만드는 용설란 주보다 더 알코올 도수가 높은 메스칼 주(mezcal) 역시 마찬가지이다. 인디언들은 이렇게 해서 습관성이 된 알코올 중독으로 많은

---

* 원래 소주는 모두 증류식 소주이다. 즉, 곡물과 누룩을 이용하여 발효액을 얻은 다음 이것을 증류기로 증류시킨 것으로, 이른바 '전통 소주'(안동 소주, 개성 소주 등)는 모두 이렇게 만든다. 그러나 오늘날 공장에서 나오는 소주는 희석식 소주이다. 잡곡류나 감자류를 발효시켜 얻은 용액을 증류하여 85도 이상의 주정을 얻은 다음 물을 부어 농도를 낮추고 여기에 설탕, 포도당, 사카린, 아미노산, 무기염류 등을 섞어서 만든다. 다시 말해서 전통 소주는 증류주이고, 공장 소주는 재제주이다. 일본에서 사용하는 한자어로 소주를 燒酎라고 표기하기도 한다.

** 아츠지(阿刺吉), 아리치(阿里乞) 등을 가리키는 듯하다. 우리나라 말에도 아랍어 '아라크'가 들어온 흔적이 있다. 경상도와 전라도에서 소주를 골 때 풍기는 냄새를 '아라기' 냄새라고 하고, 소주를 고고 남은 찌꺼기를 '아라기'라고 하며, 개성 지방에서는 소주를 '아락주'라고 한다.

*** agua ardiente : 사탕수수를 원료로 해서 만든 증류주. '불타는 물'이라는 뜻이다.

고생을 했다. 멕시코 고원 문명의 경우, 삶의 틀과 고래(古來)의 규제를 상실한 사람들은 거리낌 없이 알코올의 유혹에 빠져들었는데, 이것은 1600년 이후 엄청난 폐해를 초래했다. 누에바 에스파냐에서 용설란 주가 가져다주는 국가 수입이 은광 수입의 절반에 해당하는 금액이었음을 생각해보라!239) 그것은 새로운 지배자들의 의도적인 정책이었다. 1786년에 멕시코 총독인 베르나르도 데 갈베스는 그 효과를 자랑했고, 알코올 음료에 대한 인디오의 취향이 어떠한가를 알았으며, 아직 그것을 모르는 멕시코 북부의 아파치족에게도 알코올을 퍼뜨리라고 권고했다. 이 정책으로 큰 이익을 얻는 외에도, "그들이 우리에게 반드시 의존하게 되어 있다는 사실을 인식시킬" 방법으로 알코올보다 더 좋은 것이 없다는 것이다.240) 영국인과 프랑스인은 북부 아메리카에 이미 그와 같은 방법을 시행하고 있었다. 프랑스인들은 아무리 국왕권으로 금지하더라도 브랜디를 퍼뜨렸고, 영국인들은 럼 주를 퍼뜨렸던 것이다.

코코아, 차, 커피

세계의 혁신 한가운데에 있던 유럽은 증류주의 발견과 거의 같은 때에 자극제이며 강장제의 성격을 가지는 세 가지의 새로운 음료를 발견했다. 코코아,* 차, 커피가 그것이다. 이 세 가지는 모두 해외에서 들어온 것이다. 커피는 아라비아(원래 에티오피아가 원산지이지만 그다음에 아라비아로 들어갔다), 차는 중국, 코코아는 멕시코에서 들어왔다.

코코아는 1520년경에 멕시코, 누에바 에스파냐로부터 스페인으로 들어왔다. 이때에는 코코아가 빵 모양과 알약 모양이었다. 코코아가 프랑스보다 스페인령 네덜란드에 약간 더 일찍(1606년에) 들어온 것은 너무나 당연하

---

* 우리는 '코코아'와 '초콜릿'을 구분해서 코코아는 음료수이고 초콜릿은 판 모양의 과자라고 이해한다. 그러나 원래 두 가지는 같은 재료(코코아 나무 열매)로 만든 것이다. 프랑스어에서는 마시는 음료와 판 모양의 과자 모두 '쇼콜라(chocolat)'이다.

다. 스페인의 왕녀 마리-테레즈 도트리슈가 남몰래 코코아를 마셨다는 일화는 사실일 가능성이 크다(그녀는 1659년에 루이 14세와 결혼했다). 그녀는 코코아를 마시는 스페인의 관습을 결코 끊을 수 없었을 것이다.[241] 그녀보다 수년 전에 파리에 코코아를 들여온 인물이 리슐리외(알퐁스 루이 뒤 플레시 리슐리외[1582-1653]로, 재상을 지낸 유명한 아르망 장 뒤 플레시 리슐리외[1585-1642]의 형이자 리옹의 대주교였다)였다는 것 역시 가능한 일이다. 그런데 이 시기에는 코코아가 음식이자 동시에 약으로 알려졌다. 나중 시기의 한 증인에 의하면 "나는 그의 하인 중 하나가 말하는 것을 들었는데, 그[추기경]는 비장(脾臟)의 장애를 완화시키기 위해서 코코아를 이용하며, 코코아를 프랑스로 가지고 오는 스페인 수녀들에게는 이 사실을 비밀로 하고 있다고 한다."[242] 프랑스로부터 영국으로 코코아가 전해진 것은 1657년경이다.

이와 같이 코코아의 첫 등장은 조심스럽고 일시적이었다. 세비녜 부인의 편지들을 보면[243] 말하는 사람에 따라 어떤 날은 코코아가 궁정에서 아주 큰 바람을 일으켰다고 하고 또 어떤 날에는 배척당하기도 했다고 한다. 그녀는 다른 사람들처럼 우유에 코코아를 섞어 마시는 습관이 있으면서도 이 새로운 음료의 위험에 불안해했다. 사실 코코아가 완전히 자리를 잡는 것은 섭정 시기부터였다. 섭정 시기에는 코코아가 크게 유행했다. 이 시대에 "코코아에 간다(aller au chocolat)"라는 말은 왕자의 기상(起床) 의식에 참여한다는 것을 의미했으며, 곧 왕자의 총애를 받는다는 뜻이었다.[244] 그러나 이 성공을 너무 확대 해석하지는 말자. 1768년에 파리에서 유행하던 말을 들어보라. "명사는 코코아를 가끔 마시고 늙은이는 자주 마시며 보통 사람은 결코 마시지 않는다." 코코아가 성공을 거둔 유일한 곳은 스페인이다. 모든 외국인은 마드리드 사람들이 즐겨 마시는, 계피 향을 첨가한 진한 코코아를 놀려댔다. 따라서 유대인 상인 아롱 콜라스가 1727년에 바욘*에 정착

---

* Bayonne : 프랑스의 항구도시. 프랑스 시인과 스페인 북안에 위치한 비스카야 만에서 가깝다

한 것은 타당한 이유가 있었다. 우리는 그의 서한들을 통해 그의 사업에 대해서 알 수 있다. 그는 암스테르담 및 암스테르담의 식민지 산물 시장(특히 카라카스*로부터 오는 코코아가 중요했다. 이 사실에서 알 수 있듯이 코코아는 흔히 예측할 수 없게 먼 길을 돌아서 유입되었다)과 관계가 있어서 바욘으로부터 이베리아 반도의 시장을 통제했다.[245]

1693년 12월, 스미르나에 있던 제멜리 카레리는 튀르키예 지휘관(오스만 아야)에게 다정하게 코코아를 대접했다. 그러나 그는 곧 후회했다. "그가 코코아에 중독되었는지 [우리 생각에는 그럴 것 같지 않지만] 아니면 담배 연기 때문인지, 그가 벌컥 화를 내며 말하기를 내가 그에게 리쾨르 주를 마시게 해서 정신을 어지럽히고 판단력을 잃도록 만들었다는 것이다.……"[246]

차는 중국에서 10-12세기 이전부터 널리 보급되어 있었는데, 포르투갈인, 네덜란드인, 영국인과 함께 머나먼 중국으로부터 유럽으로 들어왔다. 멀고 험한 수송이었으리라. 차 보급을 위해서는 찻잎, 다기, 도자기로 만든 찻잔뿐 아니라 이 이국적인 취향 자체—유럽인은 인도에서 차의 취향을 처음 접했다—까지 수입해야 했다. 네덜란드 동인도회사가 주도하여 암스테르담에 1610년경에 들이면서, 차가 유럽에 화물로 처음 들어왔다.[247]

차나무—17-18세기에 "차나무"의 뜻으로 테이에[théier]라는 말도 있었으나 이 단어는 많이 사용되지 않았다—는 관목으로서 중국 농민이 그 잎을 딴다. 처음 나오는 작고 부드러운 잎으로 최고급 차를 만드는데, 잎이 작을수록 높이 친다. 다음에 이 잎을 불기운으로 말리기도 하고(녹차라고 한다), 햇볕에 말리기도 한다. 두 번째의 경우 차는 발효하면서 까맣게 되는데, 이것이 홍차이다.** 두 가지 경우 모두 손으로 말아서 납이나 주석을 입힌 큰 통에 넣는다.

---

* Caracas : 베네수엘라의 수도. 스페인의 식민지였으며 대(對) 스페인 항쟁의 중심지였다.
** 홍차를 프랑스어로는 테 누아르(thé noir), 즉 '흑차'라고 부른다. 영어로는 통상 티(tea)라고 부르지만, 정확하게 구분하면 역시 블랙 티(blaek tca), 즉 흑차가 된다.

프랑스에는 이 새로운 음료가 1635년 혹은 1636년에 선보였으나 들라마르에 의하면 아직 환영을 받지는 못했다. 그 증거를 보여주는 일화로, 1648년에 한 의사가 발표한 차에 관한 학위논문이 있다. 기 파탱에 의하면 "우리 의사들 몇 사람이 그 논문 한 편을 불태워버렸고, 그것을 용인한 학장에게 비난이 쏟아졌다. 당신도 원한다면 그 논문을 보고 웃을 수 있다." 그렇지만 10년 뒤(1657)에는 재상 피에르 세기에―차의 열렬한 신봉자였다―의 후원을 받은 다른 논문이 이 새로운 음료의 덕성을 찬양했다.[248]

영국에는 차가 네덜란드의 중개로 들어왔고 런던의 카페 주인들이 1657년경부터 유행시켰다. 새뮤얼 피프스는 1660년 9월 25일에 처음 차를 마셔보았다.[249] 동인도회사는 1669년부터 처음 차를 아시아에서 수입하기 시작했다.[250] 사실 유럽에서는 1720−1730년대 이후가 되어서야 차의 소비가 주목할 만하게 늘었다. 이제 유럽과 중국 사이의 직교역이 시작되었다. 이때까지 이 교역의 큰 부분은 네덜란드인들이 1619년에 건설한 도시 바타비아의 중개를 거쳤다. 중국의 정크선이 이곳에 통상적인 화물 외에 약간의 거친 차를 가져왔는데, 이런 것만이 보관이 가능해서 긴 여행을 버틸 수 있었다. 잠깐 동안이기는 하지만 네덜란드인들은 푸젠 성의 차를 돈을 주고 사는 것이 아니라 깨꽃(sauge, sage, 샐비어)을 주고 얻는 데 성공했다. 그들은 유럽에서는 깨꽃을 가지고 음료수를 만드는데, 약의 효능이 있다고 자랑했다. 그러나 중국인은 결국 여기에 속아 넘어가지 않았다. 이에 비해 차는 유럽 쪽에서 더 좋은 대우를 받았다.[251]

얼마 되지 않아 영국인이 네덜란드인을 앞서갔다. 1766년 광저우로부터의 수출을 보자. 영국 배로 600만 리브르, 네덜란드 배로 450만 리브르, 스웨덴 배로 240만 리브르, 프랑스 배로 210만 리브르, 합계 1,500만 리브르, 다시 말해서 약 7,000톤 정도였다. 점차 차만을 수송하는 선단이 조직되었다. 리스본, 로리앙, 런던, 오스텐더, 암스테르담, 예테보리, 때로 제노바와 리보르노까지 포함해서 "인도 제도 방면의 부두(quai des Indes)"가 있는 모든 항구에 점차 더 많은 양의 말린 찻잎이 하역되었다. 그 양은 엄청나게 늘었다. 광저우에서 수출하는 양을 보면, 1730-1740년에 2만8,000"피크(pic : 피컬[picul] = 약 60킬로그램)"였다가 1760-1770년에 11만5,000피크, 1780-1785년에 17만2,000피크가 되었다.[252] 조지 스탠턴이 그렇게 했듯이 출발점을 1693년으로 잡으면, 100년 뒤에는 "1 대 400의 증가"가 이루어졌다. 이 시대에는 영국의 가장 가난한 사람이라도 1년에 5-6리브르의 차를 소비했다.[253] 이 기상천외한 무역의 진짜 모습을 온전히 그려내기 위해서는 다음 문제를 보아야 한다. 서유럽의 일부 협소한 부분인 네덜란드와 영국만이 새 음료에 열중했는가? 프랑스는 자신이 취급하는 차 중에서 기껏해야 10분의 1 정도만을 소비했다.* 독일은 차라리 커피를 선호하는 편이었다. 스페인은 앞의 두 나라보다도 더 적은 양만 소비했다.

영국에서 이 새로운 음료가 진(gin)을 대신했다는 것(영국 정부가 이전에는 대륙에서부터 밀고 들어오는 수입에 대항하기 위해서 진의 생산을 장려하느라 면세까지 허락해주었던 바로 그 진을 말이다)이 사실일까? 차는 조지 2세 시대 런던 사회에 부인할 수 없이 만연해 있던 알코올 중독에 대한 치료약이었을까? 아니면 한편으로 1751년 진에 대해서 갑자기 세금을 물리고[254] 또 한편으로 곡가가 일반적으로 상승한 데다가 마침 이 새 음료가 인플루엔자, 괴혈병, 열병을 고치는 데 탁월하다는 평판까지 얻은 점이 유리하게 작용한 것일까? 이런 상황은 윌리엄 호가스가 그린 "진 골목길(gin lane)"에서 볼 수 있다. 어쨌든 차는 진에 대해서 승리를 거두었고, 이제 국가는 면밀하게 세금을 물렸다(식민지에도 마찬가지로 세금을 물렸는데, 후일에 봉기의 구실이 되었다).** 대신 막대한 밀수가 행해져서 매년 600만-700만 리브르 상당의 차가 대륙으로부터 북해, 영불해협, 아일랜드 해를 통해 들어왔다. 밀수에는 모든 항구들, 모든 인도 회사들, 게다가 암스테르담과 다른 곳의 고위 재정

---

* 그러므로 대부분은 재수출했다.
** 1733년 12월 16일의 보스턴 차 사건(Boston Tea Party)을 말한다.

기관까지 가담했다. 모든 사람이 여기에 공모했고 영국의 소비자들도 마찬가지였다.[255]

지금까지 우리가 그린 이 그림은 다만 북서부 유럽에만 해당한다. 여기에는 중요한 고객인 러시아가 빠져 있다. 러시아에는 아마 1567년부터 차가 알려졌을 것이다. 다만 네르친스크 조약(1689)이나 특히 그후인 1763년에 이르쿠츠크의 남쪽에 위치한 도시 캬흐타 정기시가 열리기 이전에 차의 사용이 일반화되지 않았을 따름이다. 상트 페테르부르크 고문서보관소에 있는, 이 세기 말에 (프랑스어로) 쓰인 문서에는 다음과 같은 내용이 있다. "중국인이 가지고 오는 [상품으로는]……비단, 칠기 등이 약간 있고, 아주 적은 수의 도자기, 우리 프랑스인들이 낭킹(nankins)이라고 부르고 러시아인들은 치트리(chitri)라고 부르는 광저우산 직물, 그리고 상당히 많은 양의 녹차가 있다. 이것은 먼바다를 통해 유럽인들이 받는 차보다는 품질이 월등히 우수하다. 러시아인들은 이것을 리브르[무게]당 20리브르[화폐]까지 주고 사면서 15-16리브르밖에 받지 못하고 되팔 수밖에 없다. 이 손해를 보전하기 위해서 그들은 결국 중국인에게 줄 수 있는 유일한 상품인 모피의 값을 올려야만 한다. 그러나 이 간사한 꾀 역시 그들보다는 러시아 정부에게만 이익이 되었다. 러시아 정부는 모든 사고파는 상품에 25퍼센트의 세금을 물리기 때문이다."[256] 그렇지만 18세기 말에 러시아가 수입한 차의 양은 500톤에도 못 미쳤다. 이것은 서유럽이 소비하는 7,000톤에 비하면 아주 뒤떨어지는 양이었다.

서유럽의 차에 관한 이 장을 마감하면서 마지막으로 주목해야 할 사항은 유럽이 오랫동안 차의 재배를 장악하지 못했다는 점이다. 처음으로 차나무를 자바 섬에 심은 것은 1827년이며, 실론에 심은 것은 1877년인데, 이 섬의 커피 나무를 모두 망쳐버린 시기와 정확히 일치한다.

유럽에서 차의 대성공은 비록 러시아, 네덜란드, 영국에 한정된 것이기는 해도 거대한 혁신이라고 할 수 있다. 그러나 전 세계의 차원에서 놓고 보면 그 중요성은 그리 크지 않다. 오늘날에도 가장 중요한 지역은 역시 중국으로서 이곳은 세계 최대의 차 생산국이자 세계 최대의 차 소비국이다. 이곳에서 차는 마치 지중해 연안의 포도처럼 고등 문명을 나타낸다. 차나 포도 모두 일정한 지리적 영역이 있어서 아주 오래 전부터 재배되었고 점차 변형되고 완성되었다. 여러 세대에 걸쳐 발달해온 조예 깊은 소비자들의 요구를 만족시키려면 여러 차례 반복해서 세심한 주의를 기울여야 한다. 차는 쓰촨 성에서는 이미 기원전부터 알려져 있었고 8세기에 이르면 중국 전역에 퍼졌다.[257] 피에르 구루에 의하면 중국인은 "취미가 극히 세련되어 차의 여러 원산지를 구별할 수 있고 품질의 등급을 섬세하게 매겨놓았을 정도이다.……이 모든 것은 이상하게도 구대륙 반대편의 포도 재배를 연상시킨다. 그것 역시 정주 농민의 문명이 1,000년 넘게 진보한 결과이다."[258]

모든 문명 작물은 자신에 대한 긴밀한 예속 상태를 만들어낸다. 차 재배지의 토양을 마련하기, 씨 뿌리기, 차나무가 관목 정도의 상태를 유지하도록—"야생 상태 그대로 내버려두면" 차나무는 거목으로 자라난다—손보기, 조심해서 잎을 따기, 그리고 당일에 다듬기, 다음으로 그 잎을 그대로 혹은 불기운으로 말리기, 말고 다시 말리기……. 일본에서는 찻잎을 말리고 마는 작업을 예닐곱 번 반복한다. 품질이 좋은 어떤 차는 금값에 팔린다(제품의 질은 차의 종류, 토양, 무엇보다도 차를 따는 계절—초봄에 나오는 노란 잎들은 다른 것보다 향이 좋다—이나 녹차와 홍차로 나뉘는 건조 과정에 달려 있다). 일본인들은 단순히 차를 우려내는 것이 아니라 끓는 물에 직접 녹이는 방식(이것은 고대 중국의 방식인데, 정작 중국에서는 이 방식이 사라졌다)의 차에는 최고급 녹차를 쓰며 이것은 차노유(茶の湯, 다도)라고 하는 유명한 다례식에만 쓴다. 18세기에 작성된 한 비망록에는 이 엄청나게 복잡한 의식을 배우기 위해서는 "유럽에서 춤추거나 예절을 완벽하게 배울 때처럼 선생이 필요하다"고 쓰여 있다.[259]

포도주 등 다른 모든 귀중한 문명 작물처럼 차에는 의식이 있다. 중국이나 일본에서는 아무리 가난한 집이라도 하루 중에 언제든지 차를 준비할 수 있도록 언제나 끓는 물을 마련해둔다.[260] 차를 대접하지 않고 손님을 맞이하는 법은 없다. 중국의 유복한 집에는 이를 위해서 아주 편리한 도구가 있다. "그것은 [전통적인 낮은 식탁 형태로서] 예쁘게 장식한 식탁인데, 작은 화로가 옆에 있고, 서랍 달린 상자, 공기, 잔, 접시받침, 잼을 뜨는 숟가락, 각설탕이 준비되어 있다. 이 각설탕은 개암나무 열매 모양으로 만들어졌는데, 차를 마실 때 이것을 물고 마시면 차의 좋은 맛을 크게 변화시키지 않고 동시에 설탕을 조금 먹게 된다. 이 모든 것에는 마른 것이든 액체상태의 것이든 잼이 딸려 나오는데, 중국인들은 더욱 맛있고 식욕이 돋우게 하는 데 능숙하다."[261] 여기에 한 가지 덧붙일 것이 있다. 19세기의 한 여행자에 의하면 차 재배가 잘 되지 않는 북부 중국에서는 "하층 사람들이 차를 단지 사치품으로만 알고 있으며 부유한 사람들이 차를 마실 때와 같은 즐거움으로 뜨거운 물을 마신다. 그들은 여기에 차라는 이름을 갖다붙이고 만족한다."[262] 뜨거운 물이나마 차의 대용품으로 널리 퍼진 이 기묘한 일은 차를 많이 마시는 사회적 관습 때문일까? 아니면 중국이나 일본에서는, 차, 사케, 쌀술 또는 조술, 심지어 물까지 포함해서 마실 것은 모두 뜨겁게 마시는 것이 규칙처럼 되어 있는 탓일까? 데 라스 코르테스 신부가 찬물 한 잔을 마시려고 하자 주변에 있던 중국 사람들은 대경실색하여 그렇게 위험한 일을 하지 못하도록 말렸다.[263] "어느 철이든 음료수를 얼음처럼 차갑게 해서 마시려고 하는 스페인 사람들이 중국 사람들처럼 한다고 해도, 병에 자주 걸린다든가 살이 빠진다든가 혹은 기질이 메마르게 되지는 않을 것이다"라고 한 분별 있는 책은 쓰고 있다(1762).[264]

중국과 일본에서는 차가 아주 보편적인 음료이지만, 그 나머지 동아시아 국가에서는 그렇게까지 일반적이지는 않았다. 장기간의 수송을 위해서 차는 단단한 작은 벽돌 모양으로 만들었다. 이것을 야크를 이용하는 카라반이 아주 일찍부터 티베트에 가져갔는데, 양쯔 강에서 출발하는 이 길은 아마도 이 세상에서 가장 힘든 길일 것이다. 철도가 놓이기 전까지는 낙타를 이용하는 카라반이 러시아에 차를 운반해갔다. 작은 벽돌 모양의 차는 오늘날에도 러시아의 일부 지역에서 많이 소비되고 있다.

이슬람권에서도 차는 큰 성공을 거두었다. 모로코에서는 설탕을 많이 친 박하향의 차가 국민적인 음료가 되었지만, 사실 이것은 18세기에 영국의 중개에 의해서 들어온 것이다. 그것이 크게 보급된 것은 그다음 세기의 일이다. 나머지 이슬람 국가에 대해서는 차가 어떤 길을 따랐는지 잘 모른다. 그런데 차가 대성공을 거둔 곳은 북유럽, 러시아, 이슬람 국가들처럼 모두 포도주가 알려지지 않은 지역이라는 점을 주목할 만하지 않은가? 이 문명 작물들은 서로가 서로를 배척하는 것이 아닐까? 스페인의 차 보급에 대해서는 걱정할 것이 없으며, 북유럽은 차를 다만 "포도주의 부족을 대신하는 데에만" 쓸 것이라고 말했던 우스타리스는 확실히 그러한 견해를 보였다.[265] 반대 방향으로 보더라도 유럽의 포도주와 증류주는 동아시아를 정복하지 못했다.

커피의 역사는 우리를 혼란시킬 우려가 있다. 일화적이고 회화적이며 거의 확실하지 않은 것들이 중요한 부분을 차지하기 때문이다.

이전에는 커피나무의 원산지[266]가 페르시아라고 흔히 이야기했지만, 아마도 에티오피아일 가능성이 크다. 분명 커피와 커피나무는 1450년 이전에는 거의 볼 수 없었다. 이때쯤에는 아덴에서 커피를 마시고 있었다. 이 세기 말에는 메카에까지 커피가 보급되었지만, 1511년에 커피 음용이 금지되었다. 1524년에 다시 한번 금지령이 내려졌다. 그러나 1510년에는 카이로에서 커피를 볼 수 있었고, 1555년에는 이스탄불에도 보급되었다. 이후로도 커피는 차례로 금지되었다가 다시 허용되는 일이 반복되었다. 그러는 동안 오스만 제국, 다마스쿠스, 알레포, 알제 등지로 커피가 퍼져갔으며, 이 세기 말까지 거의 이슬람권 전체에 뿌리를 내렸다. 그러나 이슬람권 인도에는 장-바티스트 타베르니에가 도착한 시기까지도 커피는 낯선 음료였다.[267]

서유럽의 여행자들이 커피나 때때로 커피나무를 본 것은 바로 이슬람 국가들에서였다. 1590년경 이집트에 머물렀던 이탈리아 의사 프로스페로 알피니,[268] 혹은 1615년에 콘스탄티노폴리스에 머물렀던 허풍장이 여행자 피에트로 델라 발레 등이 그러했다. 후자의 말을 들어보자. "튀르키예인들은 색깔이 까만 또다른 음료를 마시는데, 이것은 실제 그 본질은 변하지 않고 같은 음료이며, 언제나 뜨겁게 마셨지만 여름에는 아주 시원하게 원기를 북돋아주고 겨울에는 몸을 따뜻하게 해준다.……사람들은 이것을 단숨에 마시지 않고 매우 천천히 마신다. 식사 중에 마시는 것이 아니라 식사 후에 맛있는 음료로 마시며, 친구들과 편하게 담소하면서 조금씩 마신다. 이곳 사람들이 모이는 자리에서 차를 마시지 않는 일은 없다. 순전히 차 마시기를 위해서 일부러 불을 크게 피워두고, 그 곁에 이 혼합물을 채운 질그릇을 완벽한 상태로 준비한 채 기다리다가 이 일만 맡는 사람이 손님에게 이 음료를 날라다주는데, 될 수 있는 한 뜨겁게 대접한다. 그리고 동시에 멜론 씨를 건네주어, 시간을 보내는 동안 씹는다. 이 멜론 씨와 카후에(Cahué)라고 부르는 이 음료를 가지고 그들은 즐겁게 담소를 나누는데……때로 7-8시간 동안이나 지속한다."[269]

커피가 베네치아에 들어온 것은 1615년경이다. 1644년에 마르세유에는 이곳 상인인 라 로크가 최초로 커피 열매와 값비싼 잔들, 그리고 커피 제조기를 들여왔다.[270] 1643년에는 이 새 음료가 파리에 등장했고,[271] 아마도 1651년에 런던에 들어간 듯하다.[272] 그러나 이 모든 연대는 다만 처음으로 그곳에 얼핏 나타난 때를 가리키는 것이지 이 음료가 유명해졌거나 일반 대중이 소비하게 된 때는 아니다.

커피가 운명적으로 중요한 의미를 띠고 환영을 받은 곳은 파리였다. 1669년에 오만하면서도 사교적인 튀르키예 대사 뮈테페리카 쉴레이만 무스타파 라카는 파리의 방문객들을 수없이 접대했다. 그가 수행하려던 대사 직무는 실패했지만 커피는 남았다.[273] 차와 마찬가지로 커피도 처음에는 놀라운 치료약으로 알려졌다. 1671년에 리옹에서 출판된, 저자를 알 수 없는 논저—아마도 자코브 스퐁이 그 저자인 듯하다—인 『커피, 차, 코코아의 효용(*L'Usage du café, du thé et du chocolate*)』은 이 새로운 음료가 가지는 모든 덕성을 이렇게 이야기했다. "이것은 차갑고 축축한 모든 체액을 말리고, 바람을 제거하며, 간을 보호하고, 세정하는 성질 때문에 수종을 완화한다. 또 옴이나 피가 썩는 병에도 효과가 탁월하다. 심장의 열을 내리게 하고, 지나친 박동을 조절해주며, 복통을 완화시켜주고, 식욕이 떨어지는 것에도 좋은 효과를 낸다. 마찬가지로 머리가 차갑고 축축하고 무거운 상태일 때에도 좋다. 커피에서 나는 김은 눈물이 자주 나는 안질, 귀에서 소리가 들리는 병에도 잘 듣고, 또 숨이 찰 때, 비장에 통증이 있을 때나 기생충이 있을 때에도 효과가 있다. 특히 너무 마셨다든가 너무 먹어서 체한 데에 아주 좋은 효과가 있으며 과일을 과식한 사람에게는 이 이상 좋은 것이 없다."[274] 그러나 다른 의사들과 일반 사람들의 견해는 성욕을 억제하는 "환관들의 음료"라는 것이었다.[275]

그러한 선전 때문에, 혹은 그와 같은 비난에도 불구하고, 커피는 파리에 널리 보급되었다.[276] 17세기 말에는 커피 행상이 등장했다. 이들은 튀르키예인 복장을 하고 터번을 두른 아르메니아인들이었는데, 끈을 두른 광주리에 커피 제조기, 화로, 잔들을 담아가지고 다녔다. 하타리운이라는 아르메니아인은 파스칼이라는 가명을 쓰면서 1672년에 커피 가게를 최초로 열었다. 이 가게는 생-제르맹 시장에 있었다. 이 시장은 오늘날 푸르 거리와 생-쉴퓌스 교회 근처에 있었는데, 수 세기 전부터 이곳의 수도원 부속으로 개설되었다. 그러나 파스칼은 이곳에서 장사가 잘 되지 않아 센 강 우안(右岸 : 센 강을 기준으로 강북지역)에 있는 에콜 뒤 루브르 강변로로 가게를 옮겼는데, 이곳에서 한동안 레반트인들과 몰타 기사단 사람들을 손님으로 맞았다. 그러다가 그는 영국으로 가버렸다. 그는 실패했지만 대신 다른 카페들이 개업했다. 또다른 아르메니아 사람인 말리반이 뷔시 거리에 처음 열었다가 나중에 페루 거리로 옮긴 가게가 그 예이다. 가장 유명한 것은 파스칼의 가게의 종업원 출신인 프란체스코 프로코피오 콜텔리의 커피 가게로, 그는 가게를 아주 근대적으로 꾸몄다. 그는 1650년에 시칠리아에서 태어났으며 나중에 프로코페 쿠토라고 개명했다. 그는 우선 생-제르맹 시장에 자리를 잡았다가 투르농 거리로 옮겨갔고 마지막으로 1686년에 포세-생-제르맹 거리로 갔다. 이 세 번째의 카페인 프로코프—이 카페는 오늘날까지도 남아 있다—는 당시 이 도시에서 가장 우아하고 활기찬 중심지인 뷔시 교차로, 또는 달리 말하면 퐁-뇌프에 위치했다(그러고는 18세기에 팔레-루아얄 광장으로 이전했다). 운 좋게도 그가 1688년에 가게를 열자마자 그 반대편에 코메디-프랑세즈 극장이 문을 열었다. 그는 시기적절하게 대응함으로써 성공할 수 있었다. 그는 맞붙어 있는 두 집 사이의 벽을 허물고 벽에 태피스트리와 거울을 붙였으며 천장에는 샹들리에를 달고 커피뿐만이 아니라 과일 잼과 리쾨르 주도 팔았다. 그가 경영하는 가게는 할 일 없는 사람들, 수다스러운 사람들, 훌륭한 이야기꾼들, 재치 있는 말솜씨를 가진 사람들(나중에 아카데미 프랑세즈의 서기가 된 샤를 뒤플로 역시 이 집의 단골손님이었다), 세련된 여성들의 집합소가 되었다. 카페 프로코프는 가까이에 있는 극장에 판매대를 얻어 청량음료도 판매했다.

근대적인 카페는 어떤 특정한 구역이나 거리에서만 만날 수 있는 특권에 머물러 있지 않았다. 파리의 변천에 따라 강의 좌안(강남)보다는 우안(강북)이 활기찼고 그만큼 더 유리했는데, 이것은 18세기 파리에 있는 카페들의 위치를 보여주는 한 약도에서도 잘 나타난다. 이 지도에 의하면 이 시기에 파리에는 700-800개의 카페가 있었다.[277] 1681년에는 팔레-루아얄 광장에 세워진 레장스 카페가 영광의 자리를 차지했다(그러다가 팔레-루아얄 광장이 커지면서 현재의 위치인 생-토노레 거리로 이주했다). 조금씩 카바레가 카페 때문에 밀려나게 되었다. 이 유행은 독일, 이탈리아, 포르투갈에서도 똑같았다. 리스본에서는 브라질에서 들어온 커피의 값이 매우 쌌고 게다가 여기에 집어넣는 설탕 역시 값이 싸서, 한 영국인에 의하면 커피에 설탕을 얼마나 부어넣는지 잔 속의 티스푼이 서 있을 정도였다고 한다.[278]

한편, 유행을 타던 커피는 단지 우아한 사람들만이 마시는 음료로 남아 있지 않았다. 모든 가격이 올라가는 중에도 커피는 식민지 섬들에서 풍부하게 생산되어 가격이 거의 고정되었다. 1782년에 르 그랑 도시가 설명한 바에 의하면 "프랑스에서 커피 소비량은 세 배로 늘었다. 부르주아 중에서 커피를 대접하지 않는 집은 하나도 없다. 가게 점원 여자, 요리사, 하녀 중에도 아침에 카페 오 레*를 마시지 않는 사람은 하나도 없다. 파리의 공공시장이나 길거리, 통행로에서 여인네들이 이른바 카페 오 레를 판다. 이것은 사실 대저택에 음식을 공급하는 사람들에게서, 아니면 카페에서 커피 찌꺼기를 사다가 질 나쁜 우유에 살짝 색을 들인 것에 불과하다. 이 음료는 양철통에 들어 있고 수도꼭지로부터 나온다. 커피 파는 여자들은 이것을 따뜻하게 데울 수 있도록 화로를 가지고 다닌다. 이 여자들의 가게 가까이에는 대개 나무로 만든 장의자가 있다. 놀랍게도 파리 중앙시장의 여자나 하역 인부가 불쑥 나타나서 커피를 요구하는 것을 볼 수 있을 것이다. 그러면 '제니외(génieux)'라고 부르는 질그릇 잔에 커피를 담아서 준다. 이 존경스러운 사람들은 등에 채롱을 맨 채 커피를 드시든가 아니면 육감적으로 세련된 자세로 짐을 의자에 내려놓고 앉아서 드신다. 내가 사는 강변로[퐁-뇌프 근처에 있는 루브르 강변로] 위에서 나는 창을 통해 이런 광경을 흔히 본다. 이런 일은 퐁-뇌프에서부터 루브르 근처에까지 세워진 나무로 지은 매점에서 일어난다. 그리고 나는 여러 번 그림 같은 장면들을 보았는데, 그때마다 내가 트니에 혹은 칼로가 아니라는 것을 후회하고는 한다."[279]**

파리의 한 고약한 부르주아가 그려낸 이 그림을 수정하기 위해서, 가장 그

---

* café au lait : 커피 반 컵에 우유 반 컵 정도를 섞어서 주로 아침식사로 많이 마신다.
** 다비드 트니에(David Teniers : 1610-1690)는 플랑드르의 화가이고, 자크 칼로(Jacques Callot : 1592-1635)는 프랑스의 판화가이다.

림 같은, 혹은 달리 말하면 가장 감동적인 장면인 길모퉁이에 있는 여자 행상을 언급할 필요가 있다. 노동자들이 해뜰 무렵에 일터에 나가면 이 여자들이 등에 양철로 만든 통을 지고 가서 카페 오 레를 "흙으로 구운 공기 하나에 2수씩 받고" 판다. "여기에 설탕은 많이 들어 있지 않다.……" 그러나 이것은 엄청난 성공을 거두었다. 노동자들은 "다른 어떤 것보다 이 음식에서 경제성과 자양분과 향취를 발견했다. 그래서 그들은 카페 오 레를 대단히 많이 마셨다. 그들은 이것이 저녁까지 버티는 힘을 준다고 말했다. 그리하여 그들은 식사를 두 번밖에 하지 않았다. 즉, 점심을 잘 먹고(이것을 그랑데죄네[grand déjeuner]라고 한다), 저녁에는 찬 음식만으로 가벼운 식사(이것을 페르시야드[persillade]라고 하는데, 차가운 쇠고기 조각에 파슬리[persil : 여기에서 이 단어가 유래했을 것이다]와 기름, 식초를 더해서 먹는다)를 한다."[280]

  18세기 중반부터 파리를 넘어 프랑스 전체에서 커피 소비량이 크게 증가했다. 유럽이 자체적으로 생산을 조직했기 때문이다. 세계 시장이 아라비아에 있는 모카 부근의 커피나무에만 의존하는 한 유럽의 수입량은 큰 제약을 받을 수밖에 없었다. 그런데 1712년부터 자바 섬에 커피나무를 옮겨 심기 시작했다. 1716년에는 부르봉 섬(레위니옹 섬)에, 1722년에는 카옌 섬*(따라서 커피나무가 대서양을 횡단하게 된다)에, 1723-1730년에는 마르티니크 섬에, 1730년에 자메이카 섬에, 그리고 1731년에 산토도밍고 섬에 커피나무를 심었다. 이 연대는 커피의 생산 연대는 아니다. 이 섬들에서 생산된 커피가 프랑스에 수입되어 들어오기 시작하는 것은 1730년 이후이다.[281] 커피나무가 자라고 그 수가 늘어나야 했기 때문이다. 1731년에 샤를부아 신부는 그것을 이렇게 설명했다. "사람들은 커피가 우리 섬[산토도밍고 섬]을 부유하게 만드는 모습을 보고 자부심을 느낀다. 커피를 생산하는 나무들은……마치 원래 그곳에서 자란 것처럼 아름답다. 그러나 그것이 그곳 토양에 적응하

---

* Cayenne : 프랑스령 기아나의 수도. 대서양에 면한 부역항이다.

는 데에는 아직 시간이 필요하다."282) 가장 늦게 시장에 등장한 산토도밍고산 커피는 값이 가장 낮았지만 대신 양이 가장 많았다. 1789년에 이곳 생산량이 6,000만 리브르를 상회한 데 비해, 그보다 50년 전에 유럽 전체의 소비량은 아마도 400만 리브르에 불과했을 것이다. 품질과 가격에서 가장 높은 자리를 차지한 것은 언제나 모카 커피였고 그다음이 자바 섬 커피와 부르봉 섬의 커피였으며(부르봉 섬의 커피 역시 품질이 훌륭해서 "자와 섬 커피처럼 커피 열매가 작고 푸르스름하다"), 그다음 것들로 마르티니크, 과들루프 커피가 있었고, 산토도밍고 것이 최하였다.283)

그렇지만 우리는 소비량을 과장해서는 안 된다. 다소라도 정확한 검사를 해보면 사실을 알 수 있다.284) 1787년에 프랑스가 수입한 양은 약 3만8,000톤이었는데, 이 중에 3만6,000톤을 재수출했으며, 파리 단독으로 소비한 양이 1,000톤가량 되었다.285) 지방도시들은 아직 이 새로운 음료를 받아들이지 않았다. 리모주의 부르주아들은 커피를 "약으로" 마셨다. 다만 일부 사회계층만이—예컨대 북부의 우체국장들이—유행을 좇아갔다.

따라서 가능성이 있는 손님을 찾아내야 했다. 1730년 이후 마르티니크 커피는 마르세유의 중개를 통해 그때까지 아라비아 커피가 장악하던 레반트를 점령했다.286) 네덜란드 동인도회사는 모카 커피를 즐겨 마시던 페르시아와 이슬람권 인도에 자바 섬 커피의 잉여분을 판매하려고 했다. 1억5,000만 명의 유럽인에 다시 1억5,000만 명의 이슬람 인구를 더하면 전 세계 인구의 약 3분의 1이나 되는 3억의 인구가 커피를 소비하거나 또는 앞으로 소비할 고객이 되는 것이다. 물론 이것은 머릿속으로 하는 계산에 불과하다. 그러나 논리적으로 커피는 차처럼 "제왕적 상품"이었으며 큰돈을 벌게 해줄 수단이었다. 자본주의의 활동적인 분야가 커피의 생산, 보급, 그리고 그 성공에 관심을 가지게 되었다. 파리에서는 사회적, 문화적 생활에 심각한 충격이 나타났다. 커피를 파는 가게라는 의미의 카페(café)가 우아하면서 무위도식하는 사람들이 모여드는 곳이 되었으며, 동시에 가난한 사람들의 보호처가 되었다. 세바스티앙 메르시에에 의하면(1782) "가난한 사람은 아침 10시에 카페에 들어와서 밤 11시에야 나간다[이때가 가게 문을 닫아야 하는 시간이었으며, 경찰이 감시했다]. 그는 카페 오 레로 점심을 먹고 바바루아[시럽, 설탕, 우유, 그리고 간혹 여기에 차를 가미한 음료]로 저녁식사를 때운다."[287]

커피의 보급이 얼마나 느렸는지를 보여주는 일화가 있다. 이제 막 카르투슈를 처형하기 직전(1721년 11월 29일)* "재판관(rapporteur)"이 카페 오 레를 마시다가 그에게도 권했다. "그는 그것은 자신이 마시는 음료가 아니며, 차라리 약간의 빵과 함께 한 잔의 포도주를 마시고 싶다고 대답했다."[288]

자극제 : 담배의 영광

새로운 음료에 대한 혹평은 무수히 많다. 어떤 사람은 영국이 인도를 소유하고 있기 때문에 망할 것이라고 썼다. "바보 같은 사치품 차"[289] 때문이라는 것이다. 기원후 2440년의 파리를 종횡으로 가로지르는 도덕적인 산보—얼마나 자주 이런 여행을 했는지!—를 하던 세바스티앙 메르시에는 한 "현인"의 인도를 받는데, 그는 단호하게 이렇게 말했다. "우리는 당신들이 날마다 사용하던 세 가지 독약을 제거했습니다. 담배, 커피, 차가 그것이지요. 당신들은 사악한 가루를 코에 집어넣는데** 이것은 당신들의 기억을 없애버립니다. 하물며 거의 아무것도 기억하지 못하는 다른 프랑스인들에게야 이것이 얼마나 큰 해악인지요? 당신들은 또 불이 붙듯이 강한 리쾨르 주를 위장 속에 집어넣는데, 그것은 위장의 활동을 급하게 해서 위장을 망쳐놓습니다. 생체적인 생명력의 본체를 앗아가는 그런 나약한 방법으로 위를 세척하기 때문에 당신들 사이에 신경증이 그렇게도 많이 퍼진 것입니다.……"[290]

---

* 루이 도미니크(Louis Dominique), 일명 카르투슈(Cartouche)는 프랑스의 유명한 도둑이다. 18세기 초에 파리와 주변 일대를 크게 위협한 강도 떼의 우두머리이며, 오랫동안 경찰의 체포를 피하다가 끝내 생포되어 산 채로 능지처참에 처해졌다.
** 코담배를 사용하는 것을 말한다.

모든 문명에는 사치스러운 음식과 일련의 "흥분제"가 필요하다. 12-13세기에는 향신료와 후추에 열광했고, 16세기에는 초기의 증류주에, 그다음에는 차, 커피, 담배에 열광했다. 19-20세기에는 새로운 사치품으로 좋든 나쁘든 마약이 나타났다. 여하튼 한 가지 재미있는 자료가 있는데 17세기 초의 베네치아의 재정에 관한 문서로, 이성적으로 또 그러면서도 재미있게 이렇게 표현했다. "발명한 것이든 발명할 것이든(inventate o da inventarsi)" 간에, 아이스크림(acque gelate), 커피, 코코아, "풀잎 차(herba té)" 및 또다른 "음료(bevande)"에 대한 세금은 그 외의 모든 유사한 것들에 확대하여 적용한다는 것이다.[291] 물론 미슐레가 섭정 시기 이래 커피가 혁명의 리쾨르 주라고 본 것은 과장이지만,[292] 현명한 역사가들이 육식의 위기, 증류주의 혁명, 그리고 커피의 혁명(소문자 r을 쓰는 révolution du café)을 이야기하지 않은 채 위대한 세기(Grand Siècle)와 18세기를 말하는 것 역시 과장이다.

어쩌면 우리의 조망이 잘못된 것일까? 대단히 심각한 식량 위기가 악화되거나 적어도 위기가 지속될 때 사람들은 보상을 필요로 하게 되며, 이것이 삶의 항구적 규칙이라는 것이 우리들의 생각이다.

담배가 바로 이러한 보상의 하나이다. 그러면 담배를 어디에 분류하는 것이 옳을까? "파리 의과대학 담임 의사이며 왕립 과학 아카데미 담임의사"인 루이 르므리는 그의 『음식론』(1702)에서 주저 없이 이렇게 말한다. 이 식물은 "코로, 또는 연기로 섭취하거나, 씹어서 섭취한다." 그는 또한 코카나무 잎에 대해서도 언급했는데, 도금양 잎과 비슷한 담배잎은 "배고픔과 통증을 완화시켜주고 원기를 준다"고 했다. 그러나 그는 키니네에 대해서는 언급하지 않았으며, 아편에 대해서는 서구보다 튀르키예인들 사이에서 더 많이 소비되며 "사용하기에 위험한" 약이라고 암시할 뿐이다.[293] 그는 이슬람권이 팽창하는 중요한 노선을 통해서 아편이 인도에서부터 말레이시아까지, 그리고 중국에까지 퍼졌다는 사실을 알지 못했다. 여기에서 중요한 전환점은 벵골이 점령된 직후인 1765년 이후이다. 이전에는 무굴 제국의 수입원이었던 양귀비 밭에 대해서 이때부터 동인도회사가 독점권을 차지했다. 이 세기 초에 일어난 이런 사태를 루이 르므리가 몰랐으며, 사실 모를 만도 하다. 또한 그는 인도의 대마(大麻) 역시 알지 못했다. 음식이든 치료약이든 이런 환각제들은 중요한 비중을 차지하며, 이제 사람들의 일상생활을 변화시키고 혼란스럽게 만들 것이다.

여기에서는 담배에 한정하여 이야기하자. 16-17세기 동안 담배는 세계 전체를 장악할 것이며 그 성공은 커피나 차보다도 더 클 것이다. 이것은 작은 일이 아니다.

담배는 "신세계"가 원산지인 식물이다. 1492년 11월 2일 쿠바에 도착한 콜럼버스는 인디오들이 담뱃잎을 말아서 피우고 있는 것을 보았다. 이 식물은 그 이름(카리브어이거나 브라질어이다)과 함께 유럽으로 넘어갔으며, 꽤나 오랫동안 식물학 정원에서 단순한 신기함의 대상으로 남아 있거나 혹은 사람들이 거기에 부여한 의학적 효능만 알려졌다. 리스본 주재 프랑스 대사장 니코*는 카트린 드 메디시스에게 담뱃가루를 보냈는데(1560), 이것을 당시 포르투갈인들이 사용하던 대로 편두통 약으로 권했다. 프랑스에 담배를 들여온 또다른 사람인 앙드레 트베는 브라질 원주민이 이것을 "뇌의 과도한 체액"을 없애는 데 쓴다고 단정했다.[294] 자연스러운 일이지만 파리에서는 자크 고오리(1576년 사망)라는 사람이 잠시나마 담배를 만병통치약으로 소개한 적이 있었다.[295]

1558년부터 스페인에서 재배하기 시작한 담배는 곧 프랑스, 영국(1565년경), 이탈리아, 발칸 지역, 러시아 등지로 보급되었으며, 1575년에는 "마닐라 갤리온선"을 통해 필리핀에 도착했다. 담배는 1588년에 버지니아에 도착했으나 이곳에서 담배 재배가 처음으로 크게 확대된 것은 1612년 이후이다.

---

* Jean Nicot(1530-1600) : 프랑스의 외교관, 박식가. 앙리 2세의 비서, 프랑수아 2세의 포르투갈 대사 등을 역임했다. 프랑스에 처음 담배를 들여온 인물로 알려져 있다. 이때에는 담배를 니코틴 (nicotine)이라고 불렀다,

일본에는 1590년경, 마카오에는 1600년 이후, 자바 섬에는 1601년, 인도와 실론에는 1606-1610년 사이에 들어갔다.[296] 담배가 이렇게 보급된 것은 담배가 그 기원부터 생산자를 위한 시장, 다시 말해 문명을 배경으로 하지 못했다는 점을 볼 때 더욱 주목할 만하다. 이와 비교하여 후추는 시초부터 인도라는 문명을 배경으로 했고, 마찬가지로 차는 중국, 커피는 이슬람권을 배경으로 했으며, 심지어 코코아도 누에바 에스파냐에서 고급 문화의 후원을 받았다. 이에 비해 담배는 아메리카의 "원시인들"로부터 나온 것이다. 따라서 그 혜택을 누리기 전에 우선 작물의 생산부터 확실히 해야 했다. 담배가 가진 독특한 장점으로는 극히 다양한 기후와 토양에 쉽게 적응하는 유연성, 그리고 한 조각의 땅만으로도 얻을 수 있는 이익이 많은 수확이 있었다. 영국에서 담배가 유달리 빠르게 보급된 것은 극빈농 사이에서였다.[297]

적어도 1588년부터 코담배가 리스본에서 성공했다고는 하지만, 리스본, 세비야, 특히 암스테르담에서 상업화된 담배의 역사가 시작되는 것은 17세기 초 이후이다. 담배를 사용하는 세 가지 방법, 즉 코담배, 연기 담배, 씹는 담배 중에서 앞의 두 가지가 더 중요하다. "가루 담배"는 곧 여러 가지 방식을 띠게 되면서 사향, 호박, 베르가모트, 오렌지 꽃 등 다양한 첨가물을 넣을 수 있었다. "스페인식 담배", "몰타 향기", 또는 "로마 향기" 등은 "대(大)영주만큼이나 저명한 귀부인들이 애용했다." 그다음에는 연기 담배가 성공했다. 우선 오랫동안 파이프가 사용되다가 그다음으로 시가 방식이 등장했다(스페인령 아메리카의 원주민처럼 "양초만 한 길이의"[298] 담뱃잎을 말아서 피우는 방식은 유럽에서 곧바로 모방의 대상이 되지는 않았다. 다만 사바리에 의하면 스페인에서는 쿠바산 담뱃잎을 "파이프 없이, 작은 나팔 모양으로 빙글빙글 돌리며"[299] 피웠다는데, 흔한 일은 아닌 듯이 이야기하고 있다). 더 후일에는 시가렛(궐련) 방식이 된다. 이것은 "신세계"에서 나타난 것 같다. 1708년의 프랑스의 한 비망록에 "잘게 썬 담뱃잎을 작은 말이 모양으로 싸서 피우기 위해서" 유럽으로부터 "엄청난 양의 종이"를 수입한다는 내용이 나오기 때문이다.[300] 시가렛은 나폴레옹 전쟁 시기에 스페인으로부터 퍼져나갔다. 이제 담배를 파펠리토(papelito)라고 부르는 작은 종이로 말아서 피우는 관습이 생겼다. 파펠리토는 프랑스로 전해져서 많은 젊은이들의 인기를 얻었다. 그러는 동안 종이가 가벼워졌다. 이제 시가렛은 낭만주의 시대에 널리 사용되기에 이르렀다. 조르주 상드는 베네치아에서 뮈세*를 보살핀 의사에 대해서 이렇게 말했다. "그의 모든 파이프를 합해도 내 시가렛 하나만 못하다."[301]

담배가 처음 사용되던 때의 일을 우리에게 알려주는 것으로 정부가 담배를 금지시키는 격한 문구의 포고문이 있다(정부가 담배를 아주 좋은 세금 수입 기회로 이용하기 전의 일로, 프랑스에서 담배의 징세청부를 확립한 것은 1674년이다). 이 금지령들을 추적하면 지구를 한 바퀴 돌게 된다. 영국 1604년, 일본 1607-1609년, 오스만 제국 1611년, 무굴 제국 1617년, 스웨덴과 덴마크 1632년, 러시아 1634년, 나폴리 1637년, 시칠리아 1640년, 중국 1642년, 교황령 1642년, 쾰른 선제후 1649년, 뷔르템베르크 1651년.[302] 물론 이 포고령은 모두 사문화되었으며 특히 중국에서는 1776년까지 계속 이 포고령들을 갱신했지만 소용이 없었다. 1640년부터 발해(渤海)지방에서는 담배가 완전히 일반화되었다. 푸젠 성에서는(1664) "모든 사람이 파이프를 입에 물고 불을 붙여서 들이마셨다가 연기를 내뿜는다."[303] 광대한 지역에 담배를 심었고 또 시베리아와 러시아로 많은 양을 수출했다. 18세기가 끝날 무렵에는 중국의 모든 사람이 담배를 피웠다. 남자나 여자 가릴 것 없이, 관리나 가난에 찌든 사람이나 모두 피웠으며, "심지어 삼척동자까지도 피웠다. 얼마나 풍속이 빨리 바뀌는지!" 하고 저장 성의 한 문인은 탄식했다.[304] 마찬가지 현상이 1688년부터 조선에서도 일어났다. 이곳에는 1620년경에 일본을 통해 담배가 도입되었다.[305] 그러나 18세기에 리스본에서도 아이들이 코담배를 사용하지 않았던가?[306] 중국에는 모든 담배, 모든 끽연 방식이

---

* 19세기 낭만주의 시대의 저명한 작가들인 조르주 상드(George Sand)와 알프레드 드 뮈세(Alfred de Musset)는 한때 연인이었다.

널리 알려지고 받아들여졌으며, 나아가서 17세기부터는 동인도회사의 후원으로 말레이 제도와 타이완에서부터 들어온 아편 섞은 담배까지 사용되었다. 1727년의 한 의견서에 의하면 "동인도에서 가져갈 수 있는 가장 좋은 상품은 세비야 것이든 브라질 것이든 간에 가루담배이다." 중국과 인도에서는 18세기에 유럽에서 일시적으로 일어났던 것과 같이 담배의 인기가 실추되는 일—그러나 유럽에서도 모든 담배가 인기를 잃은 것은 아니었기 때문에, 예컨대 연기 담배는 인기를 잃었지만 코담배는 그렇지 않았다—은 없었던 것 같다. 여기에 대해서 우리는 아직 잘 모른다. 인기의 실추란 말할 것도 없이 상대적이다. 부르고뉴에서는 모든 농민이 담배 피우는 즐거움에 빠져 있었는 데 비해,[307] 상트 페테르부르크에서는 유복한 사람들만이 그 즐거움을 누렸다. 1723년에 이미 영국은 버지니아와 메릴랜드의 담배를 수입하여 적어도 3분의 2 정도를 네덜란드, 독일, 스웨덴, 덴마크에 재수출했다. 그 양은 매년 3만 바리크에 달했고, 이를 위해서 200척의 선박이 필요했다.[308]

아프리카에서도 담배가 유행했다. 이곳에서는 담배의 질은 삼류품이었지만, 당밀을 입힌 긴 노끈 모양의 검은 담배가 유행했는데, 이 담배를 위해서 19세기에 바이아와 베냉 만 사이에 활발한 무역이 이루어졌다. 바로 이곳이 1850년경까지 비밀 노예무역이 활기 있게 유지된 곳이다.[309]

제4장

사치품과 일상용품 :
주택, 의복, 그리고 유행

Peter de Witte(1548−1628), *Bildnis der Herzogin Magdalena von Bayern,* 1613. oil on spruce wood, 97.5 × 71.5cm. Alte Pinakothek. public domain.

앞에서 우리는 육류(肉類)로부터 담배에 이르는 영역에서 사치와 일상생활을 구분했다. 이 여정을 완수하기 위해서는 아직 주거와 의복의 문제가 남아 있다. 이것은 또다시 부유한 자와 가난한 자를 비교하는 기회가 될 것이다. 집, 가구, 의복 같은 선택의 영역보다 사치가 더 쉽게 퍼질 수 있는 곳이 어디 있겠는가? 그것은 또 얼마나 난처한 문제인가! 모든 문제가 바로 여기로 귀착하는 것 같다. 그것은 또한 여러 문명들을 서로 비교해보는 기회이다. 어느 문명도 똑같은 해결책을 가지고 있지는 않았기 때문이다.

전 세계의 주택들

15세기부터 18세기까지의 주택에 관해서 우리는 다만 명백하고 전반적인 특성만을 추출할 수 있을 뿐이다. 당연한 말이다. 당시의 모든 집을 본다는 것은 생각할 필요조차 없이 불가능하기 때문이다.

　다행히 우리는 거의 어느 곳에서나 영속성, 또는 적어도 대단히 느린 진화에 직면하게 된다. 오늘날까지 잘 보존되어 있거나 복원된 많은 옛날 집들을 통해서 우리는 18세기뿐 아니라 16세기니 15세기, 혹은 그 이전 시기에 대해서도 잘 알 수 있다. 예컨대 프라하의 흐라트차니* 성채 지역의 황금의 거리나, 산탄데르 근처의 산티야나라는 멋진 마을을 들 수 있다. 1842년의 한 관찰자에 의하면 보베에서는 다른 어떤 도시보다도 옛날 집을 더 잘 보존하고 있었으며, 그중 "40여 채의 목조 건물은 건축 연대가 16세기나 17세기까지 거슬러올라간다."[1]

또한, 모든 집들은 전통적인 모형을 좇아 건축되거나 복원된다. 다른 어느 분야에서보다도 여기에서 선례의 힘이 느껴진다. 1564년 바야돌리드에서 대화재가 난 뒤 부유한 사람들이 집을 다시 지을 때 일터에 소집된 석공들은 무엇보다도 무슬림의 오랜 기술을 무의식적으로 사용했다.[2] 이 아름다운 새 집이 정말 고풍스러웠던 것도 그 때문이다. 관습과 전통은 모든 곳에 작용한다. 이런 것들이야말로 벗어나기 힘든 오랜 유산이다. 바로 이와 같은 이유에서 이슬람의 집들은 자기 자신 속에 폐쇄되어버린 것 같다. 1694년에 한 여행자가 페르시아에 대해서 다음과 같이 한 말은 틀리지 않는다. 모든 유복한 집들은 "한 사람의 건축가가 지은 것처럼 똑같다. 건물 한가운데에는 보통 사방 30보 정도의 방 하나를 볼 수 있고, 그 가운데에는 작은 연못 같은 모양의 물이 찬 구덩이가 있으며, 그 둘레에 양탄자가 깔려 있다."[3] 전 세계 어디에서나 전통의 영속성은 시골 사람들에게서 한층 더 강하다. 1937년에 리우데자네이루 북쪽의 비토리아 지역에서 가난한 농부의 집인 카보클루(caboclo)가 앙상한 목조 골재를 사용하여 만들어져가는 것을 보고 있노라면 시간을 초월한 문서, 수백 년간에 걸쳐 유효한 현존 문서를 보는 느낌을 받는다.[4] 유목민족의 단순한 텐트도 비슷하다. 그것은 변화 없이 수 세기를 계속되어왔으며, 대개 옛날과 똑같은 원시적 기술로 세워진다.

간단히 말해 한 채의 "집"은 그것이 어디에 서 있든 집요하게 자기를 보존하고 지탱하고 반복하려는 문명과 문화의 완만함을 지속적으로 증명한다.

---

* Hradčany : 프라하에 있는 옛 왕궁 지역. 프라하를 관통하는 블타바 강(몰다우 강) 좌안(서쪽)에서 프라하를 굽어보는 지역에 위치한 성채 지역이며, 흔히 프라하 성이라고도 한다.

비싼 건축재료 : 돌과 벽돌

건축재료의 변화가 적을수록, 그리고 그것이 각 지역에 대하여 어떤 구속요인이 될수록 반복이 그만큼 자연스럽다. 물론 그렇다고 해서 문명이 완전히 건축용 석재나 벽돌, 목재, 흙의 지상 명령 아래에 산다는 것은 아니다. 그러나 장기 지속적인 제약은 흔히 이런 곳에서 볼 수 있다. "[페르시아에서] 성벽과 집을 흙으로 지을 수밖에 없는 이유는 돌[그리고 한 가지 더 첨가하면 나무]의 부족 때문이다"라고 한 여행자는 말했다. 실제로 그곳의 집은 구운 벽돌이나 더 흔하게는 햇볕에 말린 벽돌을 사용하여 지었다. "부자들은 이 벽의 외관을 석회, 모스크바 녹색 염료, 고무를 섞어 치장하는데, 특히 고무 때문에 벽이 은을 입힌 것처럼 보인다."[5] 그렇지만 분명 이 벽의 바탕은 찰흙이며, 지리적 여건이 그것을 설명한다. 그러나 그것이 모든 것을 설명하지는 않는다. 사람이 거기에서 나름대로의 역할을 하고 있는 것이다.

돌은 확실한 사치품인 만큼 그 대가를 비싸게 치러야 했다. 그렇지 않을 경우 타협책이나 눈속임이 필요했다. 즉, 돌에 벽돌을 섞는 것이다. 이것은 이미 로마나 비잔틴의 석공이 시도했고, 튀르키예나 중국의 석공들은 늘상 해오던 일이다. 또 한 가지는 목재와 석재를 섞어 사용하거나, 아니면 석재를 제후의 저택과 신전에만 사용하는 것이다. 잉카 제국의 쿠스코에서는 돌이 다른 무엇보다도 더 많이 사용되었으나, 마야 제국에서는 천문대, 신전, 경기장만이 석조 건물의 특권을 누렸다. 오늘날 유카탄의 치첸 이차 혹은 팔렝케의 유적을 둘러보는 여행자는 현재 볼 수 있는 대건축물 바로 옆에 나뭇가지와 이긴 흙으로 된 오두막집들이 있었으리라고 상상해볼 수 있을 것이다. 마찬가지로 인도의 데칸 지역에서는 정방형 도시들에 위세 높은 석조 건축이 자리 잡고 있는데, 이런 모습은 북쪽으로 계속 이어지다가 인더스-갠지스 평야의 부드러운 토질 지역에 가서 멈춘다.

서유럽과 지중해 지역에서 석조 문명이 자리 잡기까지는 몇 세기가 걸렸다. 채석장을 파서 다루기 쉽고 공기 중에서 서서히 굳는 돌을 골라야 했다,

수 세기에 걸친 장기간의 투자가 필요했던 것이다.

파리 근방에는 사암, 석회암, 석고석 등을 캐는 채석장이 무수히 많다. 이 도시는 우선 자신의 발밑부터 파들어갔다. 파리는 거대한 공동(空洞) 위에 세워진 것이나 마찬가지이다. "샤요, 파시, 옛 오를레앙 길 방면"과 "생-자크 구역, 아르프 거리, 투르농 거리" 밑은 텅텅 비어 있다.[6] 제1차 세계대전 때까지도 석회암을 채굴하여 교외선 역들에서 톱으로 켜서 자르고는 큰 운반차를 이용해서 파리로 실어왔다. 그러나 이런 모든 모습들에 속아서는 안된다. 파리가 늘 돌로 된 도시는 아니었다. 그렇게 되기까지는 15세기 이래 거대한 작업이 필요했는데, 노르망디 출신의 목수, 리무쟁 출신의 지붕 일꾼, 철물공, 석공들—이들은 거친 일에 익숙했다—과 섬세한 일을 전문으로 하는 도배장이, 무수한 석회공들이 그 일을 수행했다. 세바스티앙 메르시에의 시절에는 매일 저녁 하얗게 난 자국 때문에 석회공들이 집으로 돌아간 길을 알아볼 수 있을 정도였다.[7] 그렇다면 토대만 돌로 짓고 그 위의 층들은 나무로 만든 집들은 또 얼마나 많았겠는가? 1718년 4월 27일 프티-퐁의 화재 때 목재 건물들은 가차 없이 불길에 싸여 마치 "석회 굽는 거대한 가마와 같았으며 [그곳에서] 들보들이 통째로 떨어지는 것이 보였다." 이때 얼마 되지 않는 벽돌집들은 불길이 지나갈 수 없어서 차폐물 역할을 했다. 한 증인에 의하면 "프티 샤틀레는 아주 잘 지어져서 위셰트 거리와 갈랑드 거리의 집들을 구했다."[8]

파리 역시 다른 도시들과 마찬가지로 오랫동안 목조 건축물들 위주의 도시여서, 1547년의 대화재 때 단번에 불길에 싸인 트루아, 17세기까지도 초가지붕을 한 목재 건물이 많던 디종과 같은 많은 도시와 다름없었다. 17세기에 가서야 돌이 많이 쓰였고, 이와 함께 기와, 특히 구운 기와가 처음 나타났다.[9] 로렌에서는 도시나 마을의 집들이 목재 지붕널로 덮여 있었다. 그리고 비록 집요한 전통—왜곡된 전통이기는 하지만—으로 인하여 로마적 관습이 남아 있었음에도 불구하고, 둥근 기와가 늦게서야 사용되었다.[10] 마인 강 근처 베테라우 지방의 몇몇 읍들에서는 17세기에 지붕을 짚이나 불규칙한 모양의 나무널로 이는 것을 금지했다. 물론 화재 위험 때문이었을 것이다. 사부아에서는 화재가 어찌나 빈번하게 일어났던지 1772년에 사르데냐 행정부는 "도시나 읍, 큰 마을의" 이재민들 가운데 지붕을 기와나 석판암으로 새로 이은 사람에게만으로 구호를 한정하기로 했다.[11] 간단히 말하면 여기저기에서 석재나 기와가 등장한 것은 강제 또는 장려금 때문이었다. 18세기에 손 강 평야지대에서 기와지붕은 "유복함의 상징"이었으며,[12] 1815년에도 프랑스 농민 주택의 경우 기와 지붕은 예외적이었다.[13] 뉘른베르크 박물관에 있는 한 그림은 어느 마을의 주택들을 상세히 보여주고 있는데, 기와집은 빨갛게, 초가집은 회색으로 칠이 되어 있다. 이 색깔이 옛날에 부유한 농민과 가난한 농민을 구분하는 방법이었을 것이다.

영국에서 폴란드에 이르기까지 유럽 전체에서 전반적으로 벽돌이 목조 건물을 대체해갔다. 그러나 처음부터 성공적이지는 않았다. 독일에서는 일찍이 12세기부터 벽돌집들이 지어졌으나, 벽돌집의 확산은 대단히 느리게 진행되었다.

파리가 돌의 도시가 되던 때와 같은 시기인 엘리자베스 1세 시대에 영국이 벽돌을 받아들이기 시작했다. 이 변화는 1666년의 런던 대화재로 1만2,000채 이상의 집들이 타버려서 이 도시의 4분의 3이 파괴된 후에 대규모로 재건축 사업을 벌이면서 완성되었다. 이때의 재건축은 대단히 무질서했으며, 사실 도저히 규율을 잡을 수가 없었을 것이다. 마찬가지로 암스테르담도 17세기에 모든 새 건물을 벽돌로 지었는데, 이 벽돌은 타르 칠을 입혀서 광택이 났기 때문에 하얀 돌로 된 박공벽이나 코니스*의 채색과는 대조를 이루었다. 마찬가지로 1662년 모스크바에서는 보통의 집은 여전히 나무로 되어 있었던 반면 몇 년 전부터 "허영심에서이건, 아니면 빈번한 화재로부터 더 확

---

* cornice : 건물의 처마 끝을 장식하는 요소.

실한 안전을 바라는 마음에서이건" 벽돌집들이 "상당히 많이 지어졌다."[14]

이와 같이 시간이 지나면서 한 건축재료는 다른 건축재료로 대체되었는데, 이 변화야말로 진보와 부의 축적을 나타냈다. 그러나 또한 거의 어디에서나 여러 건축재료들은 서로 공존했다. 예를 들면 중국에서는 목재나 짓이긴 흙이 풍부하게 사용된 반면에 도시나 일부 앞선 지방에서는 가정집을 짓는 데에도 벽돌이 상당한 중요성을 띠었다. 도시 성벽은 대개 벽돌로, 다리는 종종 돌로 지었으며, 몇몇 도로는 포장되어 있었다. 광저우의 낮은 단층집들은 중국 전체에서 일반적으로 그렇듯이 기초가 거의 없이 너무 가볍게 지었는데, 구운 벽돌이나 생벽돌로 벽을 쌓고 짚과 석회의 모르타르로 지붕을 얹었다.[15] 돌이나 대리석은 찾아볼 수 없었다. 그런 것은 오직 제후의 사치였다. 베이징의 왕궁을 둘러싼 거대한 성벽 안에는 흰 대리석으로 된 테라스, 계단, 그리고 난간이 끝없이 이어져 있었으며 "모든 건물들이 사람 높이의 붉은 빛이 도는 회색 대리석 기초 위에 세워져 있다."[16] 유명한 유약 칠한 기와로 덮고 처마가 올라간 지붕들은 나무 열주들, "유약칠이 되어 있고 금색상(金色像)이 섞여 있는 나무들보, 대들보 받침대, 빗장들의 숲" 위에 얹혀 있었다.[17] 중국 건축에서 이러한 대리석과 목재의 결합은 거의 왕궁에만 한정된 것으로, 왕궁은 그 자체가 하나의 도시인 예외적인 곳이었다. 한 여행자는 저장 성의 도시 사오싱에 대해서, 세상에서 가장 아름다운 평원에 자리 잡고 있으며, 다리가 많이 세워진 운하와 "하얀 돌로 포장된" 거리가 있어서 베네치아와 흡사하다고 묘사하면서 다음과 같이 부연했다. "이 집들의 일부분은 유별나게 하얀 석재 위에 세워져 있는데, 다른 중국 도시에서는 거의 찾아볼 수 없는 것이다."[18]

다른 건축재료 : 나무, 흙, 직물

찰흙이나 짓이긴 흙과 섞어 쓰든 아니든 간에 나무는 지리조건과 전통 때문에 그것을 사용하는 것이 유리한 곳에서 지배적인 건축재료가 된다. 피카르디, 샹파뉴, 스칸디나비아, 모스크바 공국, 라인 지역, 그리고 어떤 후진적인 요인으로 인하여 목재 사용이 지속된 곳이면 어디나 그러했다. 쾰른 화파의 그림들에서 15세기 이 지역의 집들은 보통 벽토와 목골(木骨)*로 되어 있다. 모스크바에서는 조립식으로 나무집들을 몇 시간 만에 세웠는가 하면 집주인이 원하는 곳으로 옮겨가기도 했다.[19] 도처에 존재하면서 모든 풍경과 조망을 완전히 압도하는 숲은 이용하지 않을 도리가 없었다. 사실 다른 곳에서 찾을 이유가 어디 있겠는가? 숲이 어마어마하게 많은 모스크바 공국이나 폴란드에서 농민이 집을 짓는 과정을 보라. "소나무를 베어 세로로 길게 둘로 자른다. 큰 조약돌 네 개를 사각형의 네 귀퉁이에 놓고, 이것을 토대로 그 위에는 평평한 부분이 안쪽으로 가게 나무를 세운다. 그리고 나무의 끝부분을 초승달 모양으로 도려내어 나무들이 너무 큰 틈새가 벌어지지 않고 각을 이루며 교차하도록 한다. 이로부터 높이 6피트, 너비 12피트 되는 일종의 새장 모양의 뼈대를 세우고 거기에 두 개의 통로를 낸다. 하나는 1피트 정도의 크기로서 빛이 들어오게 하고, 또 하나는 4−5피트 정도로 사람이 드나들게 한다. 그리고는 두세 개의 사각형 모양의 유리나 기름종이로 창문을 막는다. 토대의 한쪽 구석에는 위가 잘린 피라미드 모양의 각을 이룬 네 개의 막대가 치솟아 있는데, 찰흙을 바른 나뭇가지를 얽어놓아 집 내부의 화로에서 나온 연기를 몰아가는 관(管)으로 사용한다."[20] 이 모든 일을 하는 데에는 "유일한 도구"인 손도끼만을 사용했다. 이 모형은 동유럽에만 한정된 것이 아니다. 프랑스나 이탈리아의 알프스 지역에서도 그랬고, 조건이 비슷한 북아메리카의 "개척자"의 집도 크게 다르지 않았다.

목재가 풍부하지 않고 오히려 사치품인 지역에서는 흙, 찰흙, 짚에 의존할 수밖에 없다. 1639년 인도의 포르투갈령 고아 주변 지역에서는 집들이 "모두 짚으로 되어 있고, 크기가 작으며, 낮고 좁은 문 하나 외에는 다른 문이

---

* colombage : 벽 속에 나무를 심은 형태로 들어가서 벽토를 유지하는 건축방식. 노르망디나 라인란트 등지의 옛날 집이 대개 이 방식으로 되어 있는데, 흔히 이 나뭇대들이 벽 외부로 누출된다.

없다. 가구라고 할 만한 것은 등나무로 짠 거적 몇 장밖에 없는데, 그 위에서 자거나 밥을 먹는다.……그들은 자기 집을 소똥으로 바르는데, 이렇게 하면 벼룩을 쫓을 수 있다고 믿기 때문이다."[21] 오늘날에도 인도의 많은 지역에서 이런 모습을 볼 수 있다. 이곳에서는 집들이 매우 작고 화로나 창문이 없을 뿐 아니라 마굿간이 없기 때문에 많은 짐승들이 마을의 좁은 골목길을 가로막는다.

북부 중국의 시골집은 조지 매카트니 또는 기뉴가 묘사한 바에 의하면 "[대개의 경우] 진흙, 아니면 햇빛에 대충 말리거나 판자로 짠 틀로 형태를 잡은 흙으로만 짓는다.……벽은 대개 버드나무 가지에 찰흙으로 만든 토벽이다. 지붕은 일반적으로 짚으로 덮지만 가끔 잔풀들로 덮기도 한다. 방들은 격자로 구분하고 넓은 종이를 걸어서 가리는데 종이에는 신령스러운 그림이 그려져 있거나 도덕적인 격언 경구가 쓰여 있다. 모든 집은 주위에 약간의 빈터가 있고 그 빈터는 나뭇살이나 고량(高粱) 가지로 둘렀다."[22] 오늘날 집의 모형도 이런 옛날의 묘사와 거의 일치한다. 그것은 벽으로 막은 마당 둘레에 세워진 매우 단순한 좁은 사각형, 기껏해야 두세 개의 사각형들이다. 문이나 창문이 있는 경우에는 바로 이 마당으로부터 햇빛이 든다. 일반적으로 말하면, 남쪽에서는 재료가 벽돌과 기와이며(부의 표시이거나 아니면 전통적으로 그렇다), 북쪽에서는 짓이긴 흙과 고량짚, 또는 밀짚이다.

건축재료가 벽돌이든 흙이든 거의 언제나 목재 골조가 기반이다. 중국의 건축은 오늘날까지도 토목사업(土木事業)이라고 하지 않는가? 목재가 귀할 때, 특히 나무가 귀한 북부 중국에서, 그리고 조금이라도 중요한 건축공사가 있을 때에는 목재를 공급하기 위해서 돈과 사람을 "물 쓰듯이 썼다." 16세기의 한 관리는 쓰촨 성에 널리 알려진 다음과 같은 격언을 인용했다. "나무를 구하러 산에 들어간 1,000명 중에 500명만이 다시 나온다." 그는 또 후베이 성과 쓰촨 성 지역에서는 황실 건축용 목재를 구한다는 소식이 올 때마다 농민들이 "절망하여 숨이 막히도록 운다"고 말했다.[23]

일반적으로 중국과 인근의 중국 문화권 지역에서는 집을 대지 위에 "단단히"—물론 모든 것이 상대적이기는 하다—지었다. 이와 반대로 동남 아시아 지역(라오스, 캄보디아, 시암 지역, 그러나 중국화된 베트남 지역은 제외)에서는 대부분 집과 곳간을 말뚝 위에 지었다. 따라서 이 집들은 오리목, 벽토, "풀 지붕"—유럽의 밀짚 지붕과 거의 유사하다—을 얹은 목재와 대나무의 가벼운 집일 수밖에 없다.[24] 중국 건축의 상대적인 견고성은 중국 농촌 경제와 그들의 유구한 삶이 상대적으로 견고했음을 증명하는 것 아닐까?

이슬람 지역 역시 대지 위에 단단히 집을 짓는다. 이러한 점은 차례로 우리를 매료시켰다가도 지루하게 하는 기사 샤르댕의 자세한 이야기 속에서 알 수 있다. 페르시아에 대한 사랑과 열정을 품은 그는 유례없이 훌륭한 관찰자였다. 페르시아에서는 돌이 부족하지 않았음에도 벽돌이 지배적으로 많이 쓰였다. 벽돌은 세우거나 눕혀서 쌓음으로써 모든 용도에 다 사용될 수 있었으며, 심지어 아치까지도 만들 수 있었다. 다만 큰 건물만이 나무 열주나 벽기둥으로 천장을 받치고는 했다. 그러나 벽돌은 구워서 빨갛고 단단한 것이든지(이 경우 벽돌값은 100개에 1에퀴였다), 햇볕에 말린 것이든지(이 경우 가격은 2-3수에 불과했다) 간에 부스러지기 쉬운 재료이다. 따라서 "우리 집들의 아름다운 모습과는 달리" 페르시아의 집들은 쉽게 외관이 상했고, 왕궁 역시 관리를 하지 않으면 마찬가지였다. 그래서 가난한 사람이나 부자나 상관없이 집을 물려받으면 일반적으로 허물고 새 집을 지으려고 했다.[25] 여기에서 우리는 전 세계의 건축을 상호 관련지어 분류하는 데에 결정적인 역할을 하는 건축재료에 위계가 존재한다는 사실을 알 수 있다.

주거형태 중에 가장 취약한 것은 역시 유목민의 텐트이다. 재료—펠트 직, 염소털이나 낙타털로 짠 직물—또는 형태, 구성은 모두 다양하다. 그러나 이 약한 물건도 수 세기를 거쳐온 것이다. 필요 때문일까, 아니면 더 나은 것이 없어서일까? 유목민이 정주하고 주거를 바꾸는 데에는 한 번의 콩종크튀르, 한 번의 기회만 있으면 충분하다. 아마도 로마 제국 말기가 어느 정도 그러했을 것이고, 더 확실하게는 발칸 지역을 지배한 튀르키예가 유목민을 강제로 정착시킨 때가 그러했을 것이며, 바로 지난 시대의 식민지 알제리나 오늘날의 모든 이슬람 국가 역시 그러할 것이다.

유럽의 시골 주거

우선 세계 어디에서든 주거에 대하여 두 개의 범주를 생각해볼 수 있다. 그 것은 시골집과 도시집이다. 확실히 전자가 대다수이다. 그것은 집이라기보 다 보호처이며 사람과 가축의 기초적인 필요를 위한 것이다. 서구인에게는 이슬람이나 아시아의 시골 주거를 옛날의 일상 현실 그대로 생각해보는 것 이 매우 힘든 일이다. 다른 분야와 마찬가지로 이 분야에서도 역사학적으로 가장 잘 파악되는 지역은 유럽이다. 물론 아주 조심스러운 의미에서 그렇다.

　유럽의 농가는 말하자면 문자기록에는 나타나지 않는다. 노엘 뒤 파이*의 고전적인 서술은 16세기경 브르타뉴의 집에 대한 대강의 스케치에 불과하 다.[26] 1790년 상트 페테르부르크 근처의 핀란드 농장에 관한 묘사도 마찬 가지이지만, 그래도 이 경우는 아주 드문 정도로 자세한 편이다. 이 농장은 대개 폐허에 가까운 나무 오두막집들로 되어 있는데, 숙소라고는 연기에 그 을린 단순한 방 하나 말고는 두 채의 조그마한 마굿간, 목욕탕(사우나), 밀 이나 호밀을 말리는 화로가 있을 뿐이다. 가구로서는 책상, 의자, 주물로 된 솥, 냄비, 함지, 양동이, 술통, 나무통, 나무나 구운 흙으로 된 접시, 손도끼, 삽, 배추 써는 칼 등이 있었다.[27]

　일반적으로 우리는 마을 전체의 모습이나 짐승과 사람이 함께 사는 큰 집 의 내부 모습을 그린 그림들을 통하여 좀더 자세한 사정을 알 수 있다. 나아

---

* Noël du Fail(1520-1591) : 프랑스의 법학자, 작가. 렌 고등법원의 고문을 지냈으며, 그 경험을 바탕으로 하여 『브르타뉴 고등법원의 가장 유명하고 장엄한 칙령 요약집(Mémoires Extraits des Plus Notables et Solennels Arrêts du Parlement de Bretagne)』(1579)을 발간했다. 한편 『13편의 시골 기록(Treize Propos Rustiques)』이라는 문집도 냈는데, 당시 사회와 언어에 대한 대단히 훌 륭한 자료이다.

가서 건축에 관한 마을의 규제를 통하여 더 많은 것을 배울 수 있다.

마을에서 집을 짓거나 수리하는 데는 마을 공동체나 영주 권력의 허가가 필요했다. 영주는 돌이나 찰흙을 채취할 수 있는 채석장이나 "집을 지을" 목재가 산출되는 숲에 들어가는 권한을 통제했다. 예를 들면 15세기에 알자스에서는 한 채의 집이나 곳간을 짓는 데 큰 나무 다섯 그루를 베어야 했다.[28] 이와 같은 규제를 살펴봄으로써 우리는 등나무, 갈대, 밀짚을 지붕 마룻널 위에 짜 올리는 방식, 산골에서 지붕이 바람에 날아가지 않게 지붕널(목재기와) 위에 돌을 올려놓는 방식, 악천후에 오랫동안 노출된 초가지붕이 화재 위험이 적다는 사실, 새로 초가지붕을 이을 때 교체되는 낡은 지붕 밀짚이 좋은 비료가 된다는 사실, 혹은 18세기에 사부아에서 그러했던 것처럼 곤궁한 시기에는 지붕 밀짚이 짐승에게 먹이는 사료가 된다는 사실,[29] 목재와 찰흙을 섞는 방식이나 중앙 거실 마루에 판자를 대는 방식, 그리고 독일에서처럼 술통에 테를 두르거나 왕관 모양을 표시함으로써 여관을 가리키던 관습 등에 대해서 알 수 있다. 우리는 마을의 광장, 흔히 모든 집들을 둘러싸던 벽, 종종 성채의 일부로 구성된 교회, 식수원(개천, 샘, 우물), 사람들의 집과 축사, 곳간 사이의 배치 같은 구체적 사실들을 알고 있으며, 이것은 19세기나 혹은 그 이후까지도 지속되었다. 외관상 읍 같아 보이는 부르고뉴의 작은 도시인 바르지(니에브르 지역)에서는 부자들 집도 농가였다. 이 마을을 묘사하는 17세기의 재산 목록들(inventaires)에 의하면 이 집들에는 커다란 방 하나만 있는데, 그것은 동시에 부엌이며 침실이고 거실이다.[30]

폐허가 된 마을에 대한 탐사가 20여 년 전부터 소련, 폴란드, 헝가리, 독일, 덴마크, 네덜란드, 영국, 그리고 최근에는 프랑스에서 시행되어 지금까지 오랫동안 부족했던 정보를 점차 보충해주고 있다. 헝가리의 푸스타* 지

---

* Puszta : 헝가리 분지의 티서 강을 중심으로 그 양측에 널리 전개된 초원. 여름의 고온 건조한 기온과 겨울의 한랭한 바람 때문에 나무의 생장이 방해되어 생기며, 총 면적은 3,500제곱킬로미터에 이른다. 푸스타는 아주 좋은 목장을 제공한다.

역 같은 곳에서 재발견된 오래된 마을의 집들에서는 벽돌을 굽던 화로와 같이 오랜 세월이 지나서도 남은 것들이 발견되어서 그 형태와 구체적 사실들을 알 수 있다. 1964년과 1965년에 시행된 프랑스 최초의 탐사는 세 개의 버려진 마을, 즉 몽테귀(아베롱 지역), 생-장-르-프루아(타른 지역), 드라시(코트-도르 지역)를 대상으로 했는데, 첫 번째 것은 상당히 큰 마을이었으며, 세 번째 것은 갖가지 물품들이 풍부했고, 두 번째 것은 충분한 발굴 결과 성벽과 해자,* 진입로, 흠을 판 돌이 박힌 포장도로들, 주거지역 일부, 서로 중첩된 두 채 혹은 세 채의 교회—이 옛날 교회들은 현재까지 남아 있는 교회보다 훨씬 큰 규모였다—와 그 묘지 등을 재구성해볼 수 있을 정도였다.[31]

이 탐사를 통해 확인한 사실은 마을과 산촌이 상대적으로 가변적이라는 것, 즉 생성되어 커지고 줄어들고 이전한다는 사실이다. 가끔 이것은 최종적인 "황폐화", 독일 역사가와 지리학자들이 "마을의 황폐화"라고 부르는 현상이다.** 더 자주 일어났던 일은 단순히 한 지방 내에서 무게중심이 이전되는 것이었다. 즉 버려진 마을로부터 가구, 사람, 짐승, 돌 등 모든 것이 몇 킬로미터 떨어진 곳으로 이전했다. 이런 변천 가운데 마을 모습마저 변할 수 있다. 로렌 지방의 한 밀집된 큰 마을은 17세기에 만들어진 것 같다.[32] 방데 지방의 가틴의 독특한 작은 숲도 같은 시기에 형성되었다. 이것은 서로 독립된 대규모 반타작소작*** 농장의 성립으로 풍경이 바뀐 결과이다.[33]

그러나 많은 마을이나 집들이 물론 변화하기는 했으나 결국 우리 시대에까지 이어져왔다. 그런 곳들을 방문해보면 사정을 잘 알 수 있다. 보호구역으로 지정된 도시(villes musées) 곁에는 보호 마을(villages musées)이 있고,

---

그곳에서 우리는 시대를 거슬러올라가 아주 먼 과거에까지 닿을 수 있다. 가장 큰 문제는 정확한 시대 구분이다. 이제 광범위한 조사—이탈리아 전체에 관련하여 이미 발표된 것[34] 혹은 프랑스에 관련하여 발표된 것을 모두 합하면 새로운 내용의 모노그래프가 모두 1,759권이 된다[35]—를 통하여 재구성이 가능한 선을 그을 수 있다. 사르데냐처럼 삶이 그리 급격히 바뀌지 않은 곳에는 고스란히 보존된 농가가 많다. 물론 그 집들은 그 섬의 지역에 따라, 그리고 집주인의 역할과 부에 따라 여러 방식으로 적응한 결과이다.[36]

그 외에 박학한 연구를 하지 않은 관광객이나 여행자라도 인스브루크 보호공원에 보존된 어느 산골에서, 아니면 사부아의 어딘가에서 그런 집들을 발견할지 모를 일이다. 후자의 경우 아직 어느 휴양객이 부수지 않았다면, 햄과 소시지를 훈제하던 나무 굴뚝(borne)이 남아 있을 것이다. 이와 비슷하게 롬바르디아에서는 17세기의 대농가들을 재발견할 수 있고 카탈루냐에서는 궁륭과 홍예문, 아름다운 석조 외장을 한 15세기의 큰 집(masia)을 재발견할 수도 있다.[37] 이 두 경우는 틀림없이 유복한 농민의 집이다. 물론 그런 것을 쉽게 발견할 수는 없겠지만…….

도시의 집과 숙소

도시의 부유한 사람들의 집을 찾는 것이 의심의 여지없이 더욱 쉬우며, 특히 유럽에서 더욱 그러하다. 왜냐하면 유럽 이외의 지역에서는 건축재료가 약해서 제후의 궁전을 제외한 옛날 집들이 지금은 거의 보존되어 있지 않기 때문이다. 다시 말해서 좋은 증거가 부족하다. 그러므로 우선 이 좁은 대륙 유럽에 머물도록 하자.

파리에서는 소르본 대학 앞의 클뤼니 박물관*(클뤼니 수도원장 저택)이

---

* 로마 시대의 목욕탕 자리였던 이곳은 1485-1498년에 자크 당부아즈에 의해서 알렉상드르 뒤 솜라르(1779-1842)라는 인사에게 넘어간 뒤(1833), 다시 1844년에 국가 소유 박물관이 되었다. 특히 이 마지막 소유주의 소장품이 첨가되어 중세의 예술과 공예 전문 박물관이 되었다.

1498년에(공사기간이 13년이 채 못 되어) 자크 당부아즈에 의해서 완성되었는데, 자크 당부아즈는 루이 12세의 오랜 재상이었던 추기경의 형제였다. 이 저택은 1515년 한때 루이 12세의 젊은 과부인 영국 출신의 메리 튜더의 거처이기도 했다. 또한 1553년부터 1697년까지 기즈 가문의 저택이었던 마레 구역의 건물은 현재 국립 고문서보관소가 되었으며, 한편 쥘 마자랭은 1643-1649년에 말하자면 파리의 옛 국립도서관에서 살았다. 루이 14세 시대에 유럽 제일의 부상(富商)이었던 사뮈엘 베르나르의 아들인 쿠베르 백작 자크-사뮈엘 베르나르의 집은 생-제르맹 거리에서 몇 미터 떨어지지 않은 바크 거리 46번지에 있었는데, 이 집은 1741년에서 1744년 사이에 지어졌다. 9년 뒤인 1753년에 이 집 주인은 파산했고, 이로 인하여 볼테르마저 그 희생자가 되었다……38) 파리 대신 크라쿠프처럼 경탄스럽게 잘 보존된 도시들에 대하여 말하면, 우리는 차르토리스키* 공의 집을 방문하든가 아니면 리네크 광장에 세워진 14세기의 백만장자 상인 비에지네크의 집을 찾아가서 식사할 수도 있다. 프라하에서는 길을 잃을 염려가 있기는 하지만 블타바(몰다우) 강변의 거대하고 지나치게 오만스러워 보이는 발렌슈타인의 집을 방문할 수 있다. 톨레도에서는 레르마** 공작들의 박물관이 틀림없이 엘 그레코의 집보다 더 사실적일 것이다…….

더 소박한 차원에는 16세기 파리인들의 아파트가 있다. 공증문서 보관소의 기록을 통하여 우리는 원매인(願買人)에게 제시된 그대로의 설계도를 그려볼 수 있다. 이 설계는 그 자체가 많은 것을 말해준다. 그러나 이 아파트는 모든 사람을 위한 숙소는 아니었다.39) 이 설계도대로 건축을 많이 했다고 하더라도 17-18세기 파리인들의 눈에는 과도하게 보였을 것이며, 가난

---

* Czartoryski : 폴란드의 지배왕조인 야기에워 왕조에서 나온 귀족가문. 17세기 이후 폴란드 정치에서 아주 중요한 역할을 담당하는 인물들이 많이 나왔다.
** Lerma : 스페인의 귀족가문이다. 특히, 일명 레르마 백작(Francisco Gomez de Sandoval y Rojas Lerma : 1550-1625)은 펠리페 3세의 권신으로서 1578-1618년에 사실상 스페인을 지배했다. 그는 대외적으로는 평화정책을 유지했으나 대내적으로는 모리스코 추방을 선도했다.

한 사람들은 오늘날보다도 더 나쁜 상태로 비참하게 살았다.

일반적으로 포도주 상인이나 가발 만드는 사람이 차지하던 파리의 가구 딸린 방들은 더럽고 벼룩과 빈대가 가득 차 있었으며, 창녀, 범죄자, 외국인, 지방에서 막 올라온 돈 없는 젊은이들의 피난처 역할을 했다. 경찰은 그곳을 사정없이 수사하고는 했다. 그들보다 사정이 약간 더 좋은 사람들은 건축업자가 할인된 가격으로 "마치 지하실처럼" 지어준 중이층(中二層 : 1층과 2층 사이에 지은 부분)이나 꼭대기층에서 살았다. 일반적으로는 층이 더 높을수록 세 들어 사는 사람의 사회적 지위는 하락했다. 7층이나 8층의 다락방, 창고방에는 극빈자가 살았다. 일부는 그곳에서 벗어났고 그뢰즈, 프라고나르, 베르네*는 그곳에 살면서도 "전혀 얼굴을 붉히지 않았으나" 다른 사람들은 어떠했을까? 가장 사정이 나쁜 "생-마르셀 구역"에서는 1782년에 "한 가족 전체가 [대개] 방 하나에서 살았는데……그곳의 초라한 침대에는 커튼도 없었고 부엌살림 도구가 요강과 함께 뒹굴었다." 계약기간이 끝나면 서둘러 떠나는 수치스러운 이사 광경이 늘었다. 특히 크리스마스 때 한겨울 추위 속에 이사가야 하는 것은 가장 우울한 일이었다. "짐꾼들은 가난한 사람의 모든 이삿짐을 자기 갈고리에 꿴다. 침대, 매트리스 의자, 식탁, 장롱, 부엌살림 도구 등……그는 모든 재산을 6층에서 끌고 내려왔다가 7층으로 올려간다.……[1782년경] 생-토노레 구역의 한 집에 있는 돈은 생-마르셀 구역 전체의 돈을 합친 것과 같을 것이다.……" 그 구역에는 또 "고블랭 왕립공장이 있는 강"⁴⁰⁾인 비에브르 강이 정기적으로 범람했다. 그렇다면 소도시의 좁은 집들은 어떠했겠는가? 예를 들면 저질 목골 벽으로 된 보베의 집에는 "밑에 두 개, 위에 두 개의 방이 있으며 한 방에 한 가구씩 살았다!"⁴¹⁾ 또는 들보와 초벽으로 되어 있으며 "미친 사람에게 씌우는 모자"처럼 뾰족한 박

---

* 장 바티스트 그뢰즈(Jean Baptiste Greuze : 1725-1805)와 장 오노레 프라고나르(Jean Honoré Fragonard : 1732-1806), 클로드 조세프 베르네(Claude Joseph Vernet : 1714-1789)는 18세기에 파리에서 활동하던 화가들이다.

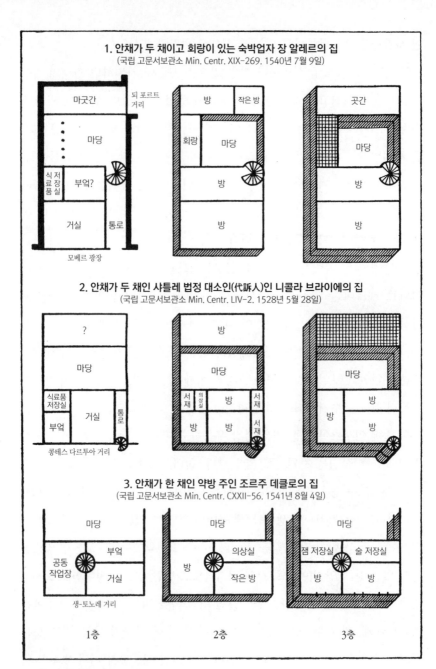

1. 안채가 두 채이고 회랑이 있는 숙박업자 장 알레르의 집
(국립 고문서보관소 Min. Centr. XIX-269. 1540년 7월 9일)

마굿간 / 되 포르트 거리 / 마당 / 식료품 저장실 / 부엌? / 거실 / 통로 / 모베르 광장

방 / 작은 방 / 회랑 / 마당 / 방 / 방

곳간 / 마당 / 방 / 방

2. 안채가 두 채인 샤틀레 법정 대소인(代訴人)인 니콜라 브라이에의 집
(국립 고문서보관소 Min. Centr. LIV-2. 1528년 5월 28일)

? / 마당 / 식료품 저장실 / 부엌 / 거실 / 통로 / 콩테스 다르투아 거리

방 / 마당 / 서재 / 의상실 / 방 / 서재 / 방 / 방 / 서재

마당 / 방 / 방 / 방

3. 안채가 한 채인 약방 주인 조르주 데클로의 집
(국립 고문서보관소 Min. Centr. CXXII-56. 1541년 8월 4일)

마당 / 공동 작업장 / 부엌 / 거실 / 생-토노레 거리

마당 / 방 / 의상실 / 작은 방

마당 / 잼 저장실 / 술 저장실 / 방 / 방

1층   2층   3층

22. 16세기 파리의 아파트들

공만이 전면에 있고 나머지는 모두 뒤쪽에 있는 디종의 집들도 비슷했다.[42]

어디를 가도 사정은 같다. 네덜란드의 도시들이나 심지어는 암스테르담에서도 가난한 자들은 낮은 집, 지하방에 살았다. 큰 부의 축적이 이루어진 17세기 이전에는 늘 그러했듯이 이 가난한 집은 두 개의 방으로 되어 있는데, "앞방, 뒷방"이라고 했다. 이 방들이 커져서 "부르주아"의 집이 되면, 여전히 전면은 좁았지만 일반적으로 한 가구만이 살았으며, 집들은 가능한 모든 방향으로 확장되었다. 즉, 위아래 방향으로, 지하로, 위층으로 "매달린 방"으로 커졌으며, 모든 것이 깊숙한 부분이나 증축 부분 쪽으로 넓어졌다. 방은 층계나 사다리같이 좁은 계단으로 서로 연결되었다.[43] 렘브란트 집의 화려한 방 바로 뒷방에서는 알코브(alcove) 양식의* 침대에 사스키아**가 앓아누워 있었다.

18세기에 시작된 결정적인 사치는 무엇보다도 부자들의 집과 일터가 분리된 것이다. 그 결과로 가난한 자들이 곤경에 처하게 될 수 있었지만, 그것은 또다른 문제이다. 한편에는 숙소가 있어서 먹고 자고 아이들이 크고 여자들이 가정주부 역할만 맡으며, 또 수많은 일꾼들과 함께 하인들이 떼를 지어 일하거나, 혹은 건성으로 일하는 척하며 수다만 떨거나, 아니면 두려움에 떨었다. 말 한 마디, 한 번의 의심, 한 번의 도둑질이면 곧 감옥으로 가거나 심지어 교수대까지 갔다……. 또다른 한편에는 사람들이 일하는 집, 물건 파는 가게, 또 그들의 가장 좋은 나날들을 보내는 사무실이 있었다.[44] 그때까지는 집과 일터가 분리되지 않았다. 고용주는 자신의 집에 가게와 작업장을 차렸고 그곳에 노동자와 도제들을 숙식시켰다. 여기에서 파리의 상인이나 수공업자들의 집에서 특징적으로 나타나는 좁고 높은 형태를 볼 수 있다(비

---

* 벽면을 움푹하게 파서 침대를 들여놓는 곳.
** 사스키아 반 아윌렌뷔르흐(Saskia van Uylenburgh), 즉 사스키아 렘브란트(Saskia Rembrandt), 곧 렘브란트의 아내이다. 1634년에 사스키아와 결혼한 렘브란트는 그녀의 초상화를 많이 그렸다. 그러나 그녀는 1641년에 마지막 아이를 낳고 나서 1년 뒤에 사망했다.

싼 땅값을 고려해보라). 아래층은 가게였고 그 위는 고용주의 숙소였으며, 가장 높은 곳에는 노동자들의 방이 있었다. 마찬가지로 1619년에 런던의 빵장수는 한 지붕 밑에 자기 아이들과 하녀, 도제들을 거느렸으며, 이 집단이 빵장수를 가장으로 하는 "가족(family)"을 구성했다.[45] 심지어는 루이 14세 시대에 왕의 비서들도 재상 사무실을 가끔 자신의 집에 두었다.

18세기에는 모든 것이 바뀌었다. 그 변화는 대도시의 성격 그 자체에서 기인했을 것이다. 왜냐하면 우리는 파리나 런던에서와 같은 현상을 이상하게도 중국의 광저우에서 재발견하기 때문이다. 18세기에 유럽인과 관계를 맺던 중국 상인들은 한곳에 가게를 두고 또다른 곳에 집을 두었다. 베이징의 유복한 상인들 역시 매일 저녁 자신들의 가게를 떠나 부인과 아이들이 있는 지역으로 갔다.[46]

유럽 바깥 지역의 낯선 모습들을 잘 알지 못하는 것은 세계를 올바로 보고자 할 때 얼마나 불행한 일인가! 이슬람, 인도, 중국의 집에 대해서 우리가 부여한 도식과 이미지들은 시간을 초월하는 것으로(즉, 언제나 똑같은 것으로) 보일 위험이 있고 또 실제로 그런 면이 있다. 심지어 도시들―이 책에서 베이징에 대해서 거론한 내용을 참조하라―도 우리에게 그곳의 진실된 모습을 보여주지 않는다. 우리에게 정보를 제공하는 여행자들에게 몽테뉴와 같은 세심한 호기심이 없다면 사정은 더욱 나빠진다. 그들은 잠재적인 독자들이 고대할 호화로운 광경에 주로 주목한다. 그들은 피라미드를 보지만 카이로의 집을 보지는 않을 것이며, 베이징과 델리에서라면 거리나 가게 또는 심지어 귀족의 주택 같은 것에도 관심을 두지 않고 금지된 제국의 수도와 그 황금빛 성벽 혹은 대(大)무굴 제국의 왕궁만을 보려고 할 것이다.

도시화된 시골

전 세계적인 차원에서 도시집과 시골집을 구분하는 것은 확실히 지나치게 단정적이다. 두 범주는 부자들에게서는 서로 만나게 된다. 16-17세기에 영국 마을들이 전체적으로 눈에 띄게 변화한 것처럼[47] 몇몇 예외적인 경우 말고는 대체로 시골에서의 변화란 도시의 사치의 반영이거나 혹은 그 결과이기 때문이다. 도시가 축적한 돈이 너무 많으면 곧 근접한 시골에 돈을 투자한다. 그렇게 하는 이유는 비단 부유한 자들에게 토지가 귀족 작위를 부여한다든가, 시골 지역의 재판권이 이익이 많거나 적어도 수입이 확실하다든가, 영주 저택이 쾌적함을 제공한다든가 해서만이 아니다.

전원 회귀는 서유럽의 강한 특징이다. 그런데 17세기에 콩종크튀르가 하락세를 보이자, 이 경향은 시골을 향한 광적인 침투로 바뀌었다. 도시 주변 지역을 점차 귀족과 부르주아가 잠식해 들어갔다. 이 열광적인 탐욕으로부터 안전한 변두리 지역만이 농민의 소유로 겨우 남았다. 도시의 지주들은 그들의 재산, 지대, 권리를 통제했다. 그들은 이 땅에서 밀, 포도주, 닭고기를 가져갔다. 그들은 가끔은 그곳에 머물렀고 종종 자신들이 쓸 건물 일부를 재건축했으며, 토지 조각들을 병합하여 "울타리로 둘러싼 땅(clos)"을 구성했다.[48]

파리 근처에 제후 농장, 영주 저택, "전원주택" 등이 그렇게 많은 것도 모두 이런 이유 때문이다. 프로방스 지방의 작은 별장(bastide)도 마찬가지이다. 또 피렌체 근처의 저택들은 16세기부터 도시 옆에 진짜 피렌체만큼이나 부유한 또다른 피렌체를 만들었다. 또 브렌타 강에 있는 베네치아인 주택들 역시 기존의 베네치아 바로 옆에 세워졌다. 18세기에는 도시의 왕궁을 깔보게 되었고 그 대신 시골 별장의 가치가 높아졌다. 리스본, 라구사, 디종, 마르세유, 보르도, 밀라노, 뉘른베르크, 쾰른, 함부르크, 헤이그, 런던 등 어느 도시를 보더라도 그 근처에 이러한 이해관계가 개재되어 있었다. 18세기 영국의 시골 전역에는 값비싼 주택이 들어섰다. 1799년의 자료집은 복구된 것까지 총 84채의 성(城)을 묘사하고 있다. 그중에 특기할 만한 것은 노퍽 주의 호턴에 있는 옥스퍼드 공작의 집이다. 1722년에 호러스 월폴에 의해서 기공되어 1735년에 완공되었는데, 이 집에는 기대한 방들, 대리석 닝하들이 있었다.[49] 그러나 이 모든 여행들 중에서 오늘날에도 가장 아름다운 여행은(그러기에는 이미 때가 너무 늦기는 했지만) 18세기의 신고전주의적인 별장들을 찾아가는 것이다. 그 별장들은 나폴리 근처에서 토레 델 그레코에까지 이르는 지역, 바라에서 산 조르조까지, 크레마노에서 왕궁 근처의 포르티치까지, 레시나에서 토레 안눈치아타까지에 자리를 잡고 있다.* 이 모든 사치스러운 별장은 베수비오 산 언덕과 바다 사이에 있는 경탄스러운 여름 주거지를 이룬다.

도시에 의한 시골의 식민지화는 서유럽에서 가장 뚜렷하게 보이지만, 또한 다른 모든 곳에서도 존재한다. 이스탄불의 부자들이 보스포루스 해협의 양안에 세운 주택[50]이나, 알제리의 사헬 언덕에 있는 "세계에서 가장 아름다운" 정원을 가진 주택**이 그 예이다.[51] 동아시아에서 이 현상이 뚜렷하게 보이지 않는 것은 한편으로는 시골의 불안정성이 원인일 수도 있겠지만, 그보다는 우리의 문서 부족이 더 중요한 원인일 것이다. 베르나르디노 데 에스칼란테는 그의 책(1557)에서 (다른 여행자들의 말을 빌려) "정원, 작은 숲, 큰 새장, 연못이 있는" 중국 부자들의 "즐거움의 집"에 대해서 이야기했다.[52] 1693년 11월에 모스크바 공국의 대사가 베이징 근처에 도착했을 때 "집마다 앞에 넓은 수로가 있고 그것을 가로지르는 조그마한 돌다리가 있는, 관리들과 수도 주민들 소유의 수많은 '즐거움의 집'과 훌륭한 성들"에 감탄했다.[53] 그것은 오랜 전통과 관련이 있다. 적어도 11세기부터 중국 문학은 맑게 흐르는 물 한가운데에 있으며 "자줏빛 연꽃과 진홍색 연꽃"이 피어 있는 인공

---

* 토레 델 그레코는 나폴리 남동쪽 부근, 나폴리 만 연안에 위치한 해변 휴양지이며, 포르티치도 나폴리 남동쪽에 위치한 주거, 휴양지이다. 레시나는 나폴리 만에 면해 있으며 베수비오 산 등반의 출발지이고, 토레 안눈치아타는 나폴리 만에 면한 항구이자 휴양지이다.

** raï, ray, rayy, rey : 옛 페르시아어로 라가(ragha), 라틴어로 라가에(rhagae)이다. 고대 이란의 최대 도시로, 오늘날 테헤란 남쪽의 샤르-에-레이 근처에 위치하고 있었다. 기원전 3000년부터 성지였고 8세기에 이슬람권에 들어간 후에도 계속 확장했다. 이슬람 작가들은 이 도시를 극히 아름다운 곳으로 묘사했다. 이곳은 주로 구운 벽돌과 파이앙스(faience : 주석 유약 도기) 타일로 지어졌다. 그러나 1220년 몽골에 의해서 파괴되고 주민들이 학살당한 후 폐허가 되었다.

연못을 가까이에 둔 이 집들의 매력과 즐거움을 찬미했다. 그곳에 책을 모으고 "백조와 황새가 물고기를 두고 서로 다투는 것"을 보며, 또는 "방심한 토끼가 굴속에서 나오는 것을 노려 화살로 토끼를 사냥하는 것"—이보다 더 큰 즐거움이 어디 있겠는가?[54]

실내

외부에서 본 집은 집의 첫 모습이다. 내부에서 보면 두 번째 모습이 나타난다. 뒤의 것이 앞의 것보다 더 단순하다고 말할 수는 없다. 따라서 모든 분류, 설명, 전체적인 이미지 등의 문제가 전 세계적인 수준에서 다시 제기된다. 이때에도 역시 무엇이 지속되는지, 무엇이 천천히 바뀌는지를 살펴보는 것은 풍경화의 밑그림을 그리는 일과도 같다. 어디에서 살든 간에 가난한 사람들에 관련된 문제일 때, 혹은 자기 자신 속에 갇힌 채 움직임이지 않는 문명에 관련된 문제일 때, 요컨대 가난한 혹은 가난해진 문명에 관련된 문제라면 집의 내부는 거의 변화하지 않는다. 다만 서유럽만이 부단하게 변화했다. 이것이 지배자의 우월성이다.

가진 것 없는 가난한 사람들

가난한 사람들이 가진 것이 없다는 첫 번째 법칙은 너무나 당연하다. 유럽이라는 가장 부유하고 가장 변화가 많은 문명에 대해서 그 법칙을 만들었으니하물며 다른 문명에 대해서는 말해 무엇하겠는가? 서유럽에서도 시골이나 도시의 가난한 사람들은 거의 완벽한 궁핍 속에서 살았다. 그들은 18세기 이전에는 가구(家具)가 아예 없거나 거의 없었다. 18세기에 들어서야 기본적인 일용품들이 퍼지기 시작했다. 그때까지 장의자만으로 만족하고 살다가 의자를 사용하게 되었고,[55] 모직 매트리스, 새털 침대 등을 썼으며, 일부 지역에서는 그림이나 정교한 조각이 있는 화려한 시골풍의 가구가 퍼졌다. 그러나 이것은 예외이다. 사후(死後) 재산 목록*이야말로 진실을 말해주는 문서일 텐데, 이 기록들을 보면 거의 모든 곳에서 농민의 가구는 많지 않았다. 18세기에도 부르고뉴에서는 극소수의 부유한 농민을 빼면 날품팔이 농민과 소농의 가구는 가난에 빠진 그들 자신의 모습과 똑같았다. "냄비 걸이, 아궁이의 솥, 프라이팬, 냄비, [빵 만드는] 반죽 그릇……열쇠로 잠그는 트렁크, 털 댄 베갯잇과 털이불을 깐 네 다리의 목제 침대, 긴 베개, 가끔씩 보이는 침대보, 나사 바지, 조끼, 각반, 몇몇 용구(부삽, 곡괭이)……." 그러나 18세기 이전의 재산 목록에는 헌 옷가지, 등 없는 걸상, 식탁, 장의자, 침대의 판자, 짚을 채운 자루 등만이 있을 뿐이고 더 초라했다. 16-18세기의 부르고뉴의 즉결심판 기록을 보면 "돼지와 칸막이 하나 사이로 떨어져서 침대도 가구도 없이 짚단 위에서 [자는] 사람"에 대한 언급이 수두룩하다.[56] 그리고 우리의 눈으로 확인할 수 있는 바와 같이, 아드리안 브라우어르**의 그림을 보면 보잘것없는 가구만 있는 방에서 네 명의 농민들이 목소리를 맞추어 노래를 부르고 있다. 몇 개의 팔걸이 없는 걸상, 장의자, 식탁으로 쓰이는 통 하나, 그 위에 놓인 행주 옆의 둥근 빵, 그리고 물 단지……. 이것은 우연이 아니다. 낡은 술통을 둘로 갈라서 속을 비워내고, 등 받침이 있는 안락의자처럼 만든 것은 마을의 카바레에서 여러 가지 용도에 쓰였고, 17세기 네덜란드의 그림에서는 귀중한 소재가 되었다. 그리고 얀 스테인의 화폭에서는 술통 위에 놓인 판대기가 책상으로 쓰였는데, 한 젊은 농민이 곁에 서 있는 어머니에게 글쓰기를 배우고 있다. 주변 인물이 읽고 쓰기를 할 수 있는 형편이니 그가 가장 빈한한 계층에 속한 것도 아니지 않는가! 13세기의 한 오래된 문서의

---

* inventaire après décès : 죽은 사람의 유산을 처리하기 전에 재산 상태를 꼼꼼히 정리하여 기록하고 평가하는 공증문서. 중세 말, 적어도 근대 초부터는 이 문서가 많이 남아 있어서 역사학 연구에 중요한 자료가 된다.

** Adriaen Brouwer(1605-1638) : 플랑드르의 화가. 아마도 프랑스 할스(Frans Hals : 1580?-1666)에게 사사한 듯하다. 술집 풍경, 가난한 사람들의 모습 등을 그려서 곧 유명해졌고, 많은 화가들이 그를 모방했다.

글귀는 그 자체로서 하나의 진정한 그림과 같다. 가스코뉴 지방은 "흰 빵과 훌륭한 적포도주가 풍성한 지방이지만, 이곳의 농민들은 불가에 앉아서 식탁도 없이 먹고 같은 잔 하나로 마시는 것이 습관이다."[57)

이 모든 것은 놀라운 일이 아니다. 도처에 가난이 만연했기 때문이다. 이런 사실을 특징적으로 보여주는 것 중의 하나로 1669년 프랑스의 한 칙령을 들 수 있다. 이 칙령은 숲 언저리에 "방랑자나 무용한 인간들이 장대 위에 얽어 만든 집"의 철거를 명령하고 있다.[58) 이 오두막집들은 1666년 런던에서 페스트를 피해 도망간 사람들이 숲 한가운데에다 지은 오두막집을 연상시킨다.[59) 도시에서도 비통한 장면들을 엿볼 수 있다. 파리에서는 생-마르셀 구역이나 심지어는 생-탕투안 구역에서도 일부 목수들만이 유복하게 살았다. 망스나 보베 지역의 직물 노동자들은 헐벗은 채로 살았다. 아드리아 해연안에 위치한 인구 1,000명 정도의 작은 도시 페스카라의 예를 보자. 1564년의 한 조사에 의하면 주변 산악지역이나 발칸 지역에서 온 이 도시 가구의 4분의 3 정도가 사실상 집 없이 굴속에서 살았지만(이것은 이미 빈민굴의 효시이다) 이 작은 도시에는 자체 성채, 수비대, 시장, 항구, 염전이 있었고, 또 대서양을 지배하고 아메리카 대륙에서 귀금속을 들여오는 스페인의 위대함과 연결된 16세기 후반의 이탈리아라는 상황 속에 있었다.[60) 거부(巨富) 도시인 제노바에서도 매년 겨울 집 없는 사람들은 자진해서 갤리선의 노 젓는 일꾼으로 팔려갔다.[61) 베네치아에서도 식솔이 딸린 가난한 사람들은 강둑(fondamenta) 근처 혹은 운하 밑에 자리 잡거나 초라한 배 속에서 생활했다. 이들의 삶은 중국의 정크선이나 삼판선(三板船)에 사는 일꾼들이 가족, 가축, 가금(家禽)을 이끌고 일거리를 찾아 상류에서 하류로, 다시 하류에서 상류로 도시의 강을 따라 끊임없이 이동하는 것과 다를 바 없었다.

전통적인 문명, 또는 변화 없는 실내

두 번째 법칙은 전통적인 문명은 이미 익숙한 양식에 충실하다는 것이다. 도

자기, 그림 또는 청동상 따위의 일부 변화를 무시한다면, 중국의 실내장식은 15세기나 18세기나 비슷하다. 전통적인 일본의 집은 18세기에 시작된 채색판화(우키요에)만 빼면 16세기의 것이나 17세기의 것이나 오늘날 우리가 볼 수 있는 것과 똑같다. 인도의 경우도 마찬가지이다. 옛날 무슬림의 내부 장식도 최근의 모습을 통해 상상해볼 수 있다.

중국 문명만 제외하고 그 외의 모든 비유럽 문명은 우선 가구가 초라했다. 사실 인도에는 책상도, 의자도 없었다. 타밀어의 메세이(méçei : 탁자)는 포르투갈어 메자(mesa : 탁자)에서 나온 말이다. 블랙 아프리카에도 역시 의자가 없어서 베냉족의 기술자들은 유럽식 의자를 모방하는 데 만족해했다. 이슬람 지역이나 그 영향을 받은 지역 역시 의자도, 높은 책상도 없었다. 스페인에서는 페레스 데 친촌이 『반(反)코란(Antialcorán)』(1532)에서 모리스코족에 대해 욕설하는 중에 자신들의 우월함에 대하여 다음과 같은 이상한 증거를 대고 있다. "우리 기독교인들은 높이 앉지, 짐승처럼 땅바닥에 앉지 않는다."[62] 오늘날 유고슬라비아의 이슬람 지역, 예를 들면 모스타르 지역에서는 20년 전만 하더라도 낮은 식탁 둘레에 방석을 깔고 앉는 것이 관습이었으며, 전통적인 집이나 많은 마을에는 아직도 그 관습이 남아 있다.[63] 1699년 러시아로 가는 네덜란드 상인들은 아주 빳빳한 종이를 가져가라는 충고를 들었다. 왜냐하면 러시아에는 책상이 거의 없었기 때문에 무릎 위에 놓고 글을 쓰는 일이 많아서 잘 찢어지지 않는 종이가 필요했기 때문이다.[64]

물론 서유럽이 다른 세계에 대해서 우월함만 가진 것은 아니다. 흔히 비유럽인은 주거와 가구의 문제에 독창적인 해결책, 그리고 유럽인보다 훨씬 비용이 덜 드는 해결책을 가지고 있었다. 그들의 유산 중에는 우수한 것이 많다. 이슬람인의 공중 목욕탕—로마의 유산이기는 하지만—이나 일본인의 우아함, 집 안의 정결함, 공간 정리정돈의 독창성 등이 그런 예이다.

1699년 봄에 오스만 아아가 겨우 석방되어 고향에 돌아갈 때(그는 10년 전에 독일인들에게 잡혀서 포로가 되었는데, 거의 노예나 다름없는 상태였다)

1686년에 기독교도들이 재탈환한 부다*를 지나갔는데, 그때 그는 "이 도시의 훌륭한 목욕탕"에 갈 수 있어서 아주 행복해했다.[65] 이것은 도시 성벽 밑의 도나우 강가에 세운 튀르키예 목욕탕**을 말하는 것인데, 오스만 제국의 지배 하에서는 누구나 무료로 갈 수 있었다.

1609년에 일본의 집을 본 로드리고 비베로[66]는 일본 집들이 스페인 집들에 비해 거리에서 보는 모습은 아름답지 않지만 실내의 아름다움에서는 앞선다고 생각했다. 일본에서는 아주 평범한 집에서도 아침부터 모든 것을 눈에 띄지 않도록 정리했다. 잠자리의 베개가 그렇게 정리되어 있고, 밀짚으로 짠 돗자리가 넓게 깔려 있으며, 집 안이 훤하도록 짜인 집 구조에 모든 것이 정돈되어 있었다.

그러나 반면 이 집은 얼마나 큰 단점을 가지고 있는가! 이 집에는 난방시설이 없다. 기본적으로 햇볕이 잘 들어야 방이 따뜻해지는 것은 지중해 지역과 같다. 그러나 물론 가끔 햇볕이 잘 들지 않기 마련이다. 모든 튀르키예의 이슬람 지역에는 벽난로마저 없었다(이스탄불의 '술탄의 후궁[saray]'에 있는 그 거대한 벽난로를 제외하면 말이다). 유일한 해결책은 목탄이나 숯을 공급할 수 있다는 조건하에서 화로(brasero), 즉 "숯불(brasier)"을 쓰는 것이다. 유고슬라비아의 무슬림의 집에는 오늘날에도 벽난로가 없다. 페르시아에는 부자들의 집에 모든 방마다 벽난로가 설치되어 있었지만, 그 대신 그것은 대단히 좁은 형태였다. "페르시아인들은 연기를 피하고 또 값비싼 나무를 아끼기 위해서 나무를 세워서 때기 때문이다."[67] 인도나 말레이 제도에도 벽난로가 없었다(그곳에서는 사실 벽난로가 항상 필요한 것은 아니다). 일본에서는 추위가 혹독한데도 벽난로가 없어서, 부엌에 있는 아궁이의 연기는 지붕에

---

* Buda : 헝가리 지역의 중요 도시. 부다와 페스트 두 도시가 하나로 통합된 것이 오늘날 헝가리의 수도인 부다페스트이다.
** 중동지방에서 유래한 목욕법. 먼저 뜨거운 공기나 증기를 쐬고 마사지를 한 후 마지막으로 냉수욕이나 샤워를 한다. 중세 십자군 이후 유럽에 튀르키예 목욕탕 방식이 전해졌다고 하는데, 이에 필요한 엄청난 양의 온수 공급이 어려워 서구에서 크게 성행하지는 못했다.

있는 구멍 하나로밖에 빠져나가지 못했다. 거의 밀폐되지 않은 일본 집을 화로 하나로 덥히기 위해서는 애를 먹었으며,[68] 따라서 모든 집에서 하는 대로 나무를 때서 데운 한 통의 펄펄 끓는 목욕물이 몸을 씻는 수단뿐 아니라 몸을 따뜻하게 하는 수단이기도 했다.

한편 북부 중국은 시베리아만큼이나 춥지만, "공동 거실을 데울 때에는 방 밑의 단(壇) 입구의 조그만 화덕에 불을 피우며, 그 위에서 잠을 잔다. 베이징의 부잣집은 그 화덕이 더 크다. 부자들은 방 안에 들어가 있고 밖에서 그 방을 데운다." 한마디로 중앙 난방식이다. 그러나 가난한 집에서는 보통 기본적인 화로―불 지핀 숯이 든 난로―하나로 만족했다.[69] 추위가 심한 편인 페르시아에서도 마찬가지였다.[70]

그렇다면 몇몇 예만 제외하면 난방시설이 없거나 거의 없었던 셈이다. 가구 역시 없거나 거의 없었다. 이슬람 지역에서는 옷이나 직물, 집 안의 귀한 물품을 보관하는 비싼 삼나무 궤짝이 몇 개 있을 뿐이었다. 부득이한 경우에는 낮은 책상을 사용했고 때로는 나무틀에 올려놓은 넓은 구리판을 썼다. 적어도 튀르키예나 페르시아의 집에서는 실내 벽에 움푹하게 파놓은 벽감(壁龕)이 장롱 역할을 했다. "우리가 가지고 있는 침대나 의자 같은 것은 전혀 없으며, 거울, 책상, 조그만 원탁, 캐비닛, 액자도 없다." 다만 저녁에 펴고 낮에 개는 매트리스, 수많은 방석, 그리고 기독교 세계의 사람들이 늘 가지고 싶어하는 경탄스러운 밝은 색조의 카펫이 때로 몇 장씩 겹쳐 있었다.[71] 이것이야말로 바로 유목민의 가구 그대로이다.

이스탄불의 박물관에서 볼 수 있는 귀중품으로는 주로 양식화된 튤립 모양의 수가 놓여 있는 값비싼 직물이나 나선 모양의 유리잔―"나이팅게일의 눈"이라고 불렸다―그리고 구리, 은, 자개, 산호가 상감되어 있고 수정, 상아, 혹은 후추나무로 만든 훌륭한 수저, 키프로스제 혹은 더 나은 것으로는 중국제 도자기, 사치스러운 보석, 그리고 루비, 에메랄드, 터키석, 진주가 상감된 두세 개의 비할 데 없이 훌륭한 의자 등이 있다. 이것은 1655년 7

월에 튀르키예군이 잡은 쿠르드족의 한 왕자에게서 빼앗아 경매에 붙인 보물들의 세세한 목록으로부터 받는 인상과 비슷하다. 상아, 흑단나무와 키프로스 나무 트렁크, 눈부신 보석이 박힌 상자들, 장미 향수를 담는 붉은 빛이 도는 향수병, 향로, 서구에서 찍은 책들, 보석 장식을 한 코란, 유명한 서예작품, 은촛대, 중국 도자기, 마노(瑪瑙) 잔, 이즈니크*의 공기와 접시, 『천일야화』에 나옴직한 무기들, 즉 도신(刀身)이 특수한 강철로 되어 있고 손잡이에는 금은 세공을 한 칼들, 몇 더미의 은, 금 인장, 그리고 수백 장의 호피, 무수히 많은 카펫…….72)

중국 가구의 이중성

우리가 연구하는 수 세기의 기간에 중국에서는 활발한 변화는 없었으나, 하나의 잠재적인 복합성으로 인하여 다른 모든 비유럽 국가와 차이를 보였다. 중국은 사실 예외적인 곳으로, 때로는 아주 먼 곳에서 수입한 귀중한 나무로 만든 대단히 많은 세련된 가구, 칠기, 장롱, 교묘히 배열된 서랍이 달린 캐비닛, 높고 낮은 책상들, 의자, 장의자, 간이 의자, (예전에 유럽에서 쓰던 침대처럼) 대개 커튼을 친 침대 등이 있었다. 여기에서 가장 독창적인 것은 의자, 팔걸이가 있는 걸상, 장의자와 함께 책상이 사용되었다는 점이다. 이것이 독창적이라고 하는 이유는 생활양식과 관련이 있기 때문이다. 여기에서 이런 가구들이 고대 중국에서는 일반적으로 사용되지는 않았다는 점을 주목해야 한다. 일본이 당나라(618-907) 때 중국 문명의 모든 자료를 꼼꼼히 복제해서 수입해갔을 때,** 그들 자료에는 의자도, 높은 책상도 없었

---

* **İznik** : 튀르키예의 도시. 오스만 시대에 이곳은 도자기 제조 중심지였다. 이곳 도자기들은 양식화된 꽃 모양과 "토미토 색 붉은빛(rouge tomate)"을 특징으로 한다.

** 일본은 7-9세기에 중국의 고급 문물을 배우기 위해서 정식 사절을 보냈는데, 수나라에 보낸 사절을 견수사(遣隋使), 당나라에 보낸 사절을 견당사(遣唐使)라고 한다. 견수사는 4회, 견당사는 15회에 걸쳐 파견되었으며, 사절단에는 유학생 및 유학승도 포함되어 많을 때에는 50명에 이르렀다. 이들이 보고 배워온 중국의 고급문화는 일본 고대 문화의 확립에 크게 기여했다.

다. 사실상 현대 일본의 가구는 정확하게 중국의 고졸(古拙)한 가구와 일치한다. 즉, 낮은 책상, 웅크린 자세일 때 팔이 편하도록 만든 팔걸이, 다소 높은 단상에 깐 돗자리(다다미), 낮은 높이의 가구들(일련의 선반과 장들), 방석, 이 모든 것이 땅바닥 좌식 생활을 위한 것이다.

의자가 중국에 도입된 것은 기원후 2-3세기경인 듯하다. 그러나 그것이 널리 쓰이기까지에는 긴 시간이 걸렸다. 우리가 알고 있는 한 최초로 의자가 표현된 것은 미국 캔자스에 있는 박물관에 보관된 535-540년경의 조각 기념비이다. 페르시아, 인도, 혹은 북부 중국 등 어느 경로를 거쳐서 중국에 도착했든 그 기원은 아마 유럽일 것이다. 우선 원래 중국에서 붙인 이름은, 오늘날에도 통용되듯이, "오랑캐의 잠자리"*를 뜻한다. 의자는 세속적이든 종교적이든 명예로운 좌석으로 사용되었을 가능성이 높다. 비교적 최근까지도 의자는 명예로운 손님, 나이 많은 사람을 위한 것이었으나, 팔걸이가 있는 걸상 정도는 훨씬 널리 통용되었다. 그것은 중세 유럽과 유사하다.

중요한 점은 의자나 간이의자가 의미하는 앉은 자세, 즉 그 생활양식이 고대 중국이나 다른 아시아 국가, 나아가서 모든 비유럽 국가들의 자세와 반대된다는 것이다. 만일 의자가 페르시아나 인도를 거쳐갔다고 해도 이 나라들에서는 의자가 사람들에게 전혀 환영받지 못했다. 그런데 예를 들면 13세기경에 그려진 한 족자에서는 시골길을 거쳐 중국의 도시에까지 이르는 여행을 묘사하고 있는데, 도중에 시골 주막이나 도시의 가게에서 높은 책상과 장의자, 그리고 다양한 좌석들을 많이 볼 수 있다.

중국이 그런 것을 받아들인 것은 새로운 생활양식을 의미하며, 동시에 그것이 이전의 생활양식을 배제하지 않는 만큼 더 독창적이다. 다시 말해 중국은 두 개의 가구 형태, 즉 낮은 가구 형태와 높은 가구 형태를 가지게 되었다. 우선 모든 북부 중국에서 특징적인 큰 공공 거실은 이중적이다. 낮은 위

---

* 아마도 호상(胡床, 중국식 걸상)을 가리키는 것 같다.

치에 해당하는 의자, 등받이가 없는 걸상 또는 장의자가 있는 한편, 높은 책상과 대개 서랍이 달려 있는 높은 장롱이 함께 있었다. 그러나 중국에는 옷을 넣는 작은 장(chiffonier)이나 옷장(commode)—이 두 가지는 모두 서랍이 있는 것들이다—이 전혀 없었다. 이런 것은 뒤늦게 19세기에 유럽을 흉내내면서 개별적으로 들어왔을 뿐이다. 한편 이전 방식의 가구, 혹은 일본식이라고 할 수 있는 가구는 높은 단상에서 가능한 것이었다. 이 가구들이 배치된 방은 "캉[炕]"이라고 부르는데, 이 방 자체가 장의자 정도의 높이의 넓은 벽돌 단 위에 있어서 낮은 단하의 방 위에 존재했다. 이 방은 내부의 관(管)으로 데웠으며, 돗자리나 펠트 천, 방석, 밝은 색 카펫을 깔았고, 낮은 책상, 장롱, 또 아주 낮은 문갑을 두었다. 이곳은 겨울에 추위를 피하기 위해서 자는 곳이자 바닥에 앉아 손님을 맞아서 차를 마시는 곳이기도 했다. 또 여자들이 뜨개질을 하고 수를 놓는 곳도 여기였다. '캉'으로 올라가기 전에 중국인들은 신을 벗고 바닥에 하얀 솜을 댄 파란색 아마 버선을 신었다. 그들은 이 버선을 늘 깨끗하게 간수했다. 남부 중국에서는 난방이 필요하지 않았으나, 역시 두 종류의 가구가 있었다. 데 라스 코르테스 신부는 17세기에 광저우 지역에서 눈으로 직접 본 것을 이야기하면서 중국인들이 사각형 식탁 둘레에 의자를 놓고 앉아서 식사한다고 했다. 또 그가 그린 가마는 비록 가벼운 나무로 되어 있는 점이 유럽식 가마와 달랐지만 그 원리는 똑같았다.

지금까지의 성급한 요약은 중국이 겪은 인상적인 이 변화를 설명하는 어떤 해답을 주기보다는 차라리 문제를 제기한다. 거기에서 단지 의자의 전파와 그 도입으로 생기는 여러 결과만을 본다면, 지난날의 기술사(技術史)에서 흔했던 단순한 설명의 복사판이 될 것이다. 실제로는 훨씬 더 복잡하다. 우리는 다음 장에서 일반적인 측면에서 이 문제로 되돌아갈 것이다. 사실 중국에는 대략 13세기 이전부터 대규모로 생활이 팽창함으로써 앉아서 사는 삶과 땅바닥에 웅크리고 사는 삶이 공존했다. 후자는 더 친숙한 생활이었으며, 전자는 통치자의 왕좌, 관료들의 좌석, 학교의 책상과 걸상과 같이 공식

적인 생활이었다……. 이 모든 것을 설명하고 탐구할 필요가 있겠으나, 그것
은 우리의 영역 밖이 될 것이다. 그렇지만 전 세계적으로 모든 시대에 걸쳐
서 앉는 자세와 웅크리는 자세라는 두 가지 삶의 자세가 있으며, 후자는 서
유럽만 제외하고 도처에 존재한다는 점, 또 중국에서만 이 두 가지가 공존
한다는 점을 확인한 것은 여하튼 의미있는 일이다. 유럽에서 앉는 자세의 기
원을 찾는다면, 고대, 그리고 서구 문명의 뿌리에까지 거슬러올라가야 할 것
이다.

여기에서 요약을 겸하여 몇몇 모습들을 살펴보자. 일본의 우마차에는 당
연히 좌석이 없다. 페르시아의 세밀화를 보면 넓은 왕좌에 앉은 한 왕자는
책상다리를 하고 있다. 지난날 카이로의 삯마차에서는 이집트 마부가 다리
를 펼 수도 있었는데, 한 단의 밀짚을 자리 앞에 놓은 채 다리를 꼬고는 했
다. 이것은 거의 생물학적인 차이처럼 보일 지경이다.[73] 일본식으로 무릎을
꿇고 앉거나, 이슬람식 혹은 튀르키예식으로 책상다리를 하거나, 흔히 힌두
족이 하듯이 웅크리고 앉는 것은 유럽인에게는 불가능하거나 적어도 아주
힘든 일이다. 반대로 유럽인이 앉는 방식은 일본인에게 너무 놀랍게 보여서
"다리를 공중에 매달고 있다"는 재미있는 표현으로 묘사했다. 1693년 겨울
동안 제멜리 카레리는 튀르키예식, 아니 차라리 불가리아식 "사륜마차"를
타고 겔리볼루에서 하드리아노폴리스까지 가고 있었다. 그런데 그 안에는
좌석이 없었다. "나는 튀르키예식으로 다리를 꼬고 바닥에 앉는 데에 전혀
익숙하지 않았기 때문에 좌석 없는 이 사륜마차를 타는 것이 아주 괴로웠
다. 유럽인 중에 나만큼 불편하게 앉아본 사람은 아마 없을 것이다"라고 그
는 썼다. 이 여행자가 2년 뒤에 인도에서 가마를 타고 여행했을 때에는 "마
치 침대에서처럼 다리를 쭉 펴고 있어야 했다."[74] 그렇게 하는 것이 우리에
게는 훨씬 덜 힘들어 보인다! 그러나 베이징의 수레 역시 좌석이 없는 경우
가 많아서 존 배로는 제멜리 카레리처럼 "이 차는 유럽인이 생각할 수 있는
한 가장 지긋지긋한 종류의 차이다"라고 불평했다.[75]

오직 중국인만이 두 자세 모두에 익숙했다. 다만 타타르족 출신의 중국인은 원칙적으로 의자와 책상을 거의 사용하지 않지만 말이다. 베이징에는 이 때문에 타타르 시(市)와 중국 시* 사이에 생활양식상의 차이가 있다. 1795년 네덜란드 대사관 직원으로서 베이징에 간 한 프랑스인은 다음과 같이 썼다. "관료들은 우리를 다리를 꼬고 앉게 하려고 했다. 그러나 이런 자세에 우리가 아주 불편해하는 것을 보더니 그들은 우리를 책상과 의자가 있는 정자로 안내했는데" 그곳에는 가구들이 훨씬 더 사치스럽게 배치되어 있었다. "그 단상은 아주 큰 카펫으로 덮여 있었고 바닥은 불로 데워져 있었다."76) 서구에서는 이슬람 문화가 지배했던 적이 있는 스페인에서 잠시 이와 유사한 상황이 벌어졌다. 우리가 인용한 페레스 데 친촌이 무슬림에 대해서 "짐승처럼 땅에 앉는다"고 했던 생각은 다른 형태로, 처음에는 얼핏 이해가 되지 않는 형태로 반복된다. "여자처럼 땅에 앉는다." 이것은 스페인 여자들이 오랫동안, 즉 17세기까지 아랍식으로 방석 위에 앉았다는 것을 말해준다. 거기에서 토마르 라 알모아디야(tomar la almohadilla)라는 표현—직역하면 "방석을 차지한다"라는 표현—이 나왔는데, 궁중에서 부인이 왕비 앞에 앉을 권리를 받았다는 것을 의미한다. 카를 5세 시대에는 응접실에서 방석과 낮은 가구가 갖추어진 단(壇)에는 부인들만 앉게 되어 있었다.77) 마치 중국에 있는 것 같은 생각이 들었을 것이다.

블랙 아프리카

일반 사람들의 가난이나 문명의 가난이나 결과는 같다. "문화"78)에서는 두 가지 가난의 누적된 합계, 즉 이중의 가난으로 인하여 궁핍이 수 세기 동안 지속된다. 블랙 아프리카에서 바로 이러한 모습을 볼 수 있는데, 잠시 여기에서 멈추어 간략하게나마 확인해보자.

---

* 가가 구시가와 신시가를 가리킨다. 이 책 제8장을 참조하라

유럽인들이 초기에 자리 잡고 그곳을 기반으로 하여 내지(內地)로 뚫고 진입한 곳은 기니 만 연안 지역이었다. 유럽인들은 이곳에서 서구식이나 중국식의 밀집 도시를 찾아볼 수 없었다. 이곳의 농민들이 불행하다고는 말할 수 없으나(이 말은 그 자체로는 의미가 없다), 여행자의 이야기에서 우리의 호기심을 자극하는 첫 번째 마을부터 극빈했던 것은 사실이다.

사실 진짜 집이라고 할 만한 것부터 없었다. 숙소는 작대기와 갈대로 덮은 진흙으로 된 오두막으로서 "비둘기 집처럼 둥그렇고" 벽에 석회를 바르는 일도 거의 없으며, 흙으로 된 그릇과 바구니만 빼면 가구도 없고 창문도 없고 모기들(마랭구앵[maringouin] : 흑인들은 집모기를 이렇게 부르며, 이 모기에 물리면 대단히 아프다)을 내쫓기 위해서 조심스럽게 집에 연기를 채워야 한다. 라바 신부에 의하면(1728) "훈제 햄처럼 연기로 몸을 그을리거나, 흑인을 만나면 구역질이 나게 하는 그 냄새를 스스로 풍기게 되는 일에 누구나 익숙해질 수는 없었다."[79] 이 구역질에 너무 큰 중요성을 부여하지는 말자. 브라질의 역사가와 사회학자를 꼭 믿을 이유는 없겠지만, 그들이 말하는 바에 의하면 거친 황무지[內地]에 독립 공화국을 세우러 도망간 흑인들이나 도시 빈민굴에 사는 흑인들(mucambos)은 19세기에 플랜테이션 농장이나 도시에 사는 그들의 지배자보다 더 건강하게 살았다고 한다.[80]

아프리카에 대해서 주의해서 보아야 할 점이 또 하나 있다. 일반 오두막집 옆에 석회를 바른 하얀 오두막집이 있다. 비록 대단한 것은 아닐지 모르지만 이런 집만 해도 다른 집과는 다른 사치에 속한다. 더 나아가서 비록 수는 매우 적더라도 "포르투갈식의" 집도 있다. 이런 것들은 이전의 포르투갈 지배자들로부터 배운 것이고, 아직도 포르투갈어를 일부 "귀공자들"이 말하고 있을 정도이다. 이런 집에는 "개방적인 현관", 방문객들이 앉을 수 있는 "아주 깨끗하고 아담한 나무 의자", 그리고 선택된 일부 손님들이 야자술을 마실 수 있는 식탁도 있다. 바로 이와 같은 집에 흑백 혼혈 여자가 살면서 그 지역의 왕, 혹은 왕과 다름없는 부유한 영국 상인들의 사랑을 독차지한다.

바르(Barre)의 "왕"을 좌지우지하는 이 여왕은 "새틴으로 된 포르투갈식 코르셋을 하고" "치마 대신 생-야그 섬이나 베르데 곶에서 가져온 파뉴*를 입고 있다. 이런 것을 입을 사람은 소수 특권층밖에 없으므로 정말 훌륭한 파뉴인 셈이다. 그것은 정말 아름답고 섬세하다."[81] 재미있지만 덧없는 이 모습은 아프리카라는 거대한 땅에도 삶의 좋은 면과 나쁜 면, 즉 사치와 궁핍이라는 일상적인 두 개의 연안이 마주 보고 있음을 보여준다.

서유럽과 다양한 가구

중국을 비롯한 나머지 세계와 비교하여 가구나 실내장식에서 서유럽의 독창성은 말할 것도 없이 변화를 주려는 욕구, 그리고 중국도 결코 보여주지 못했던 상대적으로 빠른 진화에서 찾을 수 있다. 서유럽에서는 모든 것이 변화한다. 물론 순간적으로 바뀌는 것은 아니다. 그러나 다양한 변화의 흐름에서 빠져나가는 것은 하나도 없다. 박물관에서 한 걸음만 더 가서 다음 방으로 들어가면 광경이 달라진다. 유럽의 다른 지역으로 가면 그것은 또 다르게 바뀔 것이다. 다만 지역 간의 시간차, 모방, 그리고 다소간의 의식적인 "전염" 등을 넘어서는 거대한 변화만이 공통적이다.

유럽의 일상생활은 판이한 색깔들의 조합과 같다. 북유럽은 프랑스와 다르며, 서유럽은 신세계와 다르고, 구유럽은 동쪽의 황량한 시베리아에까지 이르는 신유럽과 다르다. 가구에서도 이 대조의 증거를 찾을 수 있다. 서유럽 세계를 세밀한 여러 부분으로 나누는 구분도 가구의 차이에서 확인할 수 있다. 반복하지만, 끊임없이 문제가 되는 '사회'가 여기에서도 다시 발언권을 가진다. 결국 가구 혹은 실내장식의 총체는 유럽이 스스로 명명한 계몽, 즉 진보를 향하여 나아가는 경제적, 문화적 큰 흐름의 증거가 될 수 있다.

---

* pagne : 남양의 원주민들이 대충 몸에 둘러 입는 치마 비슷한 옷.

마루, 벽, 천장, 문, 그리고 창문

오늘날 우리의 삶에 이미 익숙한 장식물부터 이야기해보자. 그 모든 것에서 우리는 오랜 옛날의 쟁취와 그 유산을 마음속에 떠올릴 수 있다. 내가 글을 쓰는 책상, 옷들을 넣은 장롱, 색깔 있는 벽지, 의자, 나무 마루, 회벽, 방 배치, 벽난로, 계단, 눈앞의 실내 장식물, 판화, 그리고 액자……. 나는 상상을 통해 오늘날의 단순한 실내로부터 오랜 진화를 재구성할 수 있고, 영화를 거꾸로 돌리듯이 독자들에게 과거의 사치품을 보여줄 수 있다. 사실 그것은 매우 천천히 이루어졌다. 우리는 기준점을 고정시키고 가구 역사의 기본을 써가려고 한다. 그 외에 별다른 것은 없다. 그런즉 기초부터 시작하자.

거실에는 항상 네 개의 벽, 마루, 천장, 그리고 하나 혹은 그 이상의 창문과 문이 있다.

1층 바닥은 오랫동안 다진 흙 그대로였으나, 나중에는 타일이나 포석을 깔았다. 옛날의 세밀화를 보면 타일이 아주 호사스럽다. 이것은 그렇게 돈이 많이 들지 않는 사치였다. 상감된 사각형 타일은 14세기 이래 쓰여왔고, 혹연 바탕에 법랑을 입힌 "납을 씌운" 타일은 16세기에 나타났다. 17세기에는 도자기로 된 타일이 소박한 일반 가정에까지 어디에서나 쓰였다. 다만 17세기 말 이전, 적어도 프랑스에서는 모자이크가 쓰이지 않았다. 근대적인 의미에서의 "마루(parquet d'assemblage)", 즉 나무를 이어붙여서 만든 마루는 14세기에 등장했으나 크게 유행한 것은 18세기이며, 이때에는 "모자이크식", 혹은 헝가리식 따위의 변형이 많았다.[82] 자연히 나무에 대한 수요가 늘었다. 볼테르는 이렇게 말했다. "이전에는 참나무가 숲속에서 썩었다. 오늘날에는 그것으로 마루를 만든다."

천장은 오랫동안 "바닥(plancher)"이라고 불렸다. 다름 아니라 그것은 바로 위층이나 꼭대기 층의 곡물창고에게는 마루이며, 대들보와 장귀틀*이 받

---

* 마루청을 놓을 수 있게 짜놓은 굵은 나무를 귀틀이라고 하는데 그중에서도 세로로 놓이는 가장 긴 귀틀을 장귀틀이라고 한다.

치고 있다. 이 대들보나 장귀틀을 일반 집에서는 원래 모습 그대로 두지만, 부잣집에서는 겉을 깎아내거나 색깔로 치장하거나 혹은 가렸다. 17세기 초에는 신화를 주제로 조각하고 금박을 입히고 무늬를 그린 천장장식으로 대들보와 장귀틀을 가리는 유행이 이탈리아로부터 들어왔다. 18세기에야 겨우 말끔한 천장이 유행하기 시작했다. 회벽이나 스투코 벽토*가 목재 골격을 덮어버리고는 했는데, 오늘날에도 가끔 3세기 전에 대들보나 장귀틀에 그렸던 꽃과 소용돌이 장식이 벽토 밑에서 재발견되는 일이 있다.[83]

16세기까지 혹은 때때로 그 이후까지 남았던 가장 낯선 옛 관습은 1층과 각 방의 바닥을 겨울에는 짚으로, 여름에는 싱싱한 풀과 꽃으로 덮는 일이었다. "문학과 과학 학부의 요람인 푸아르** 거리(La rue du Fouarre)의 이름은 교실 바닥을 덮었던 건초에서 유래한다."[84] 왕실에도 마찬가지 관습이 있었다. 1549년 6월에 카트린 드 메디시스에게 파리가 베풀었던 연회에서는 사람들이 세심하게 "방을 향기 좋은 풀로 덮었다."[85] 주아이외즈 공작의 결혼식 밤의 무도회를 그린 어느 무명작가의 그림(1581-1582)을 보더라도 바닥에 꽃이 깔린 것을 볼 수 있다. 꽃, 풀, 갈대는 계속 갈아주어야 했다. 적어도 에라스뮈스의 말대로라면 영국에서는 이것이 늘 지켜지지는 않았던 것 같다. 따라서 바닥에는 더러운 오물이 저절로 쌓였다. 이런 불편함에도 불구하고 한 의사는 1613년에도 여전히 푸른 풀을 뿌리는 관습을 권장하며 "돗자리를 깔고 태피스트리를 사방에 걸고 밑바닥에 로즈메리, 박하, 꽃박하, 마저럼, 라벤더, 라일락이나 다른 비슷한 풀을 덮는 아름다운 방"을 권했다.[86] 벽을 따라 짚, 풀, 등꽃, 글라디올러스를 놓아두던 이 전원적인 장식은 돗자리와 카펫으로 대체되었다. 사실 돗자리와 카펫은 이전부터 늘 사람들에게 알려져 있었으나 이제는 갖가지 색깔과 아라베스크 무늬로 짜기 시작

---

* 프랑스어로는 스튀크(stuc), 이탈리아어로는 스투코(stucco)라고 한다. 대리석을 흉내낸 재료로서 석회, 석고, 풀 성분, 대리석 가루, 백악 가루 등을 섞어서 만든다.
** 푸아르(fouarre)는 푀르(feurre)와 같은 말로, 건초라는 뜻이다.

했다. 카펫은 아주 일찍부터 있었다. 두껍고 밝은 색의 카펫이 바닥을 덮었고 식탁의 다리를 가렸으며 함이나 심지어 장롱 윗부분까지 가렸다.

기름이나 풀칠을 하여 벽 위에 꽃, 나뭇가지, 등꽃을 덮던 것은 태피스트리에 자리를 내주었다. 이것은 "모든 직물, 즉 벨벳, 다마스크, 브로케이드, 브로카텔, 브뤼주 지역의 새틴, 모직 등으로도 만들 수 있으나" 태피스트리라고 할 때에는 사바리의 말에 따르면(1762) "베르가모의 태피스트리, 금박을 입힌 가죽[수 세기 전부터 알려진 스페인의 과다메실레스(guadameciles)이다], 양모 중에서도 전모(剪毛)한 것으로 만드는 파리와 루앙의 태피스트리, 그리고 극히 최근에 개발된 것으로서 양털실로 만들고 그 위에 갖가지 색깔로 사람들이나 나무를 그린 아주 매끄러운 태피스트리만을 지칭한다."[87] 이 매끄럽고 여러 사람들을 그린 태피스트리는 15세기에 이미 유행했고 플랑드르 수공업자들의 자산이었으며, 훨씬 뒤에 고블랭의 왕립공장에서 기술이 완성되었다. 그러나 원가(原價) 자체가 이 상품에 불리했다. 게다가 18세기에 가구 사용이 확대되면서 태피스트리의 사용이 제약되었다. 옷장이나 찬장이 태피스트리 앞에 놓이자, 세바스티앙 메르시에의 설명대로 아름다운 인물상이 둘로 나뉘었다.

"도미노(domino)"라고도 불리는 벽지는 가격이 싸다는 이점이 있어서 결정적인 진보를 하게 되었다. 이는 "도미노 제조인들(dominotiers)"이 트럼프 카드를 만드는 방식으로 인쇄했다. "이런 종류의 종이 태피스트리는……오랫동안 시골 사람이나 파리의 하층민만 썼다. 그들은 오두막이나 가게, 방을 장식하고 태피스트리처럼 벽을 가리는 데 이용했다. 그러나……17세기 말에는 완성단계에 이르고 대단히 매력적이게 되어 외국에 수출하거나 우리 왕국의 주요 도시에 많이 보내는 것 이외에도, 파리의 어느 집에 가보아도, 또 그것이 아무리 큰 집이라고 하더라도, 은밀한 곳에는 모두 벽지를 발라 쾌적하게 장식했다(1760)."[88] 곡물을 보관하는 다락방에 가보아도 반드시 벽지를 볼 수 있었다. 벽지는 실로 넘쳐나기 때문이다. 이 경우 벽지는 대개 아주 단순해서 까맣고 하얀 줄무늬만 있었다. 모든 벽지가 뮌헨 국립 박물관에 있는 중국풍의 견본(1770)만큼 화려했던 것은 아니다.

기회가 닿으면 벽을 내장판자로 가리기도 했다. 14세기부터 영국 목수들은 덴마크산 참나무로 벽을 가리는 판을 만들었는데, 그것은 또 추위에 대한 대비책이기도 했다.[89] 이 내장판자는 16세기 독일 푸거 가문 저택의 좁은 서재에서처럼 단지 단순하고 깔끔할 때도 있었고, 때로는 18세기 프랑스의 살롱에서처럼 조각, 그림, 금박으로 화려하게 장식될 때도 있었다. 이 프랑스 살롱의 장식은 훗날 러시아까지를 포함하는 모든 유럽의 모형이 되었다.

이제 대문과 창문을 살펴보자. 17세기까지 현관문은 좁고 집 안쪽으로만 열렸으며 한 번에 겨우 한 사람만 통과할 수 있었다. 두 쪽 대문은 훨씬 나중에 나타났다. 창문은 과거로 조금만 올라가도(혹은 18세기가 되어도 농민의 경우에는 여전히) 나무 한 판으로 된 단순한 덧문에 불과했다. 교회의 전유물이었던 유리창이 일반 사람들의 집으로도 전해지자, 우둘투둘한 납유리가 너무 무겁고 비싸서 문짝을 자유롭게 움직이는 것이 어려웠다. 이때 한쪽 유리창은 고정시키고 다른 한쪽만 움직이게 하는 것은 독일식 해결방식이다. 유리를 붙인 고정된 판과 움직이는 나무판을 서로 결합시킨 것은 네덜란드식 해결방식이다. 프랑스에서는 유리를 붙이는 새시가 대개 고정되어 있었다. 그것은 몽테뉴가 "[독일에서] 창유리가 그렇게 반짝이는 것은 우리 방식처럼 유리를 고정시키지 않기 때문이다"라고 지적한 데에서도 알 수 있다. 독일에서는 "유리를 자주 박박 닦을 수 있다."[90] 또 양가죽, 테레빈유를 입힌 직물, 기름종이, 석고판 등을 댄 움직이는 창도 있었다. 진짜 투명한 창유리가 등장한 것은 16세기에 가서이다. 그러나 그것의 보급은 불규칙했다. 빠르게 보급되었던 영국에서는 1560년대부터 농민들 집에까지 퍼졌는데, 영국 농촌이 급속히 부유해졌고 유리공업이 발달했기 때문이다.[91] 그러나 같은 시기(1556)에 카를 5세는 플랑드르에서 에스트레마두라로 갈 때, 여행이 끝나기 전에 유리를 사느라고 바빴다.[92] 독일을 여행하던 몽테뉴는 에

피날을 떠나며 이렇게 기록했다. "마을의 집들 중에 아무리 작아도 창유리를 하지 못한 집은 하나도 없다."[93] 60년 뒤 스트라스부르 사람인 브라켄호퍼[94]도 느베르와 부르주에 대해서 같은 말을 했다. 그러나 1633년 네덜란드를 떠나 스페인으로 향하던 두 여행자는 소뮈르에서 루아르 강을 건너면서부터 집들의 창에서 유리가 보이지 않았다며 남쪽의 경계선을 그었다.[95] 한편 같은 시기에 동쪽의 사정을 보면, 제네바에서 가장 훌륭한 집들도 종이로 만족하는 형편이었다.[96] 1779년에만 해도 파리에서는 최하층 노동자의 방에 유리가 있어서 밝았던 데 비해, 리옹에서는 다른 일부 지방에서처럼 여전히 기름종이를 사용하고 있었다. 특히 리옹의 견직물 직조인은 오히려 기름종이를 선호했는데, 그래야 빛이 더 "부드럽기" 때문이었다.[97] 세르비아에서는 19세기에 가서야 창에 유리가 보편적으로 나타나기 시작했고, 베오그라드에서는 1808년에도 아직 유리가 귀했다.[98]

창틀을 가로지르는 수많은 나무 창살도 느리게 변화했다. 이 창살들은 창유리의 크기가 작고 틀 자체가 무겁기 때문에 필요하다. 큰 창문이 설치되고 또 그것이 적어도 부잣집에서나마 일반화되는 것은 18세기가 되어서였다.

이러한 느린 근대화를 보여주는 그림 증거는 기대한 대로 풍부하고 다양하다. 고정된 유리(윗부분)와 움직이는 나무(아랫부분)가 있는 네덜란드식 유리창이 유럽의 한쪽 끝에서 다른 한쪽 끝까지 한순간에 규칙적으로 존재한 것은 아니다. 숀가우어*가 그린 "수태고지"를 보면, 한 유리창은 이 모형과 일치하지만, 다른 유리창은 같은 시기의 것이면서도 좁고 움직이는 유리판으로 되어 있다. 이 경우에는 나무로 된 덧창이 바깥에 있어서 고정된 유리창 위를 다시 가릴 수 있다. 경우에 따라 나무 문짝은 이중이거나 단순히 한 짝으로 되어 있다. 내부에 커튼이 있는 곳이 있는가 하면 어느 곳은 없다. 결

---

* Martin Schongauer(1445–1491) : 알자스의 화가, 판화가. 뒤러(1471–1528)와 베네치아 화파에 영향을 미쳤고 미켈란젤로가 찬탄했다. "장미꽃을 든 성모", "성 앙투안의 유혹" 등을 비롯하여 다수의 판화를 남겼다.

국 집의 환기나 조명의 문제, 또 추위라든가 자는 사람을 깨우는 여명기의 눈부신 빛을 가리는 문제에 대해서는 다양한 해결책들이 있다. 모든 것은 기후, 관습에 달려 있다. 몽테뉴가 독일에서 탐탁지 않게 생각한 것은 "밤이슬과 바람을 막는 것이 홑창 하나이고 그 홑창에는 나무가 하나도 붙어 있지 않았다"는 것이다. 이 창에는 바깥에도 안에도 덧창이 없었고, 더구나 독일 여관의 침대에는 커튼도 없었다는 것이다!⁹⁹⁾

벽난로

약 12세기 이전까지는 벽 속에 설치한 벽난로가 없었다. 그때까지는 둥그런 화로가 방 가운데에 있어서 요리하는 데에만 쓰였다. 사람들이 몸을 녹이는 데에는 숯화로(brasero, chaufferette)를 사용했다.¹⁰⁰⁾ 그러나 곧 베네치아의 높은 굴뚝들은 화가들이 많이 그리는 소재가 되었다. 북해에 이르기까지, 모스크바 공국 경계에서 대서양에 이르기까지 집에서 가장 중심이 되는 방에 벽난로가 만들어졌고 사람들이 추위를 피하러 이곳에 모였다.

벽난로의 아궁이는 원래 벽돌로 덮여 있었다가 12세기부터는 금속판으로 덮였다. 받침쇠가 장작을 받치도록 되어 있다. "중심 판(contrecoeur)"이라고 부를 수 있는 주철로 된 판이 수직으로 있는데, 그것이 "중심부(coeur)"를 덮는다. 이 판은 종종 아주 아름답게 장식된다. 벽난로 안에는 삼발이가 고리에 붙어 있고, 또 높이를 조정할 수 있도록 홈이 패여 있어서 불 위에 솥을 걸 수 있으며, 대개는 그곳에 걸린 냄비에 언제나 물이 끓고 있다. 요리는 아궁이의 불 앞에서 불꽃에 가까이하여 하거나 혹은 숯불을 가지고 주철로 된 솥뚜껑을 덮어서 할 수 있었다. 손잡이가 긴 프라이팬 역시 강한 열을 손쉽게 이용할 수 있었다.

부잣집에서는 벽난로가 거실의 가장 중요한 장식요소였다. 맨틀피스*는

---

* mantelpiece : 벽난로 아궁이 위에 돌로 쌓아 장식한 부분.

돌을새김으로, 굴뚝 구멍은 프레스코 벽화로 장식했고, 다리 부분은 쇠시리를 넣어 장식했으며, 까치발이나 조각된 기둥머리로 끝났다. 15세기 말 브뤼주의 벽난로 굴뚝 구멍에는 제라르 다비드 화파의 수태고지 그림이 그려져 있었다.101)

그러나 이 아름다운 벽난로는 오랫동안 기본 그대로의 상태였는데, 기술적으로는 20세기 초반 농민 가옥의 벽난로와 유사했다. 수직으로 굉장히 길었고, 또 막혔을 경우 굴뚝 청소부 두 사람이 한번에 들어갈 수 있을 정도로 공간이 넓었던 이 굴뚝은 공기 흐름이 너무 커서 불 가까이에서는 몸이 익을 정도로 뜨거웠던 반면, 반대쪽에서는 얼어붙을 정도로 추웠다. 이 때문에 점차 굴뚝 구멍 밑에 아궁이 양쪽으로 돌을 이용해 단(壇)을 쌓는 식으로 벽난로 부분을 크게 하는 경향이 생겼다.102) 불이 줄어 숯불이 되었을 때 "(벽난로의) 맨틀피스 밑에서"* 이야기를 나누는 곳이 바로 이곳이다.

이 시스템은 조리용으로는 오늘날에도 받아들일 만하지만, 난방용으로는 개탄스럽다. 겨울이 오면 얼음장 같은 집에서 오직 벽난로 근방만이 따뜻했다. 베르사유 궁전의 "거울의 방"***에는 양쪽 끝에 두 개의 벽난로가 있었으나, 그 거대한 공간을 따뜻하게 하지는 못했다. 차라리 방한용 모피옷에 의존하는 편이 더 나았을 것이다. 그런다고 문제가 해결될까? 1695년 2월 3일, 팔라틴 백작부인은 이렇게 썼다. "왕의 식탁에서 유리잔 속의 물과 포도주가 얼었다." 17세기 집들의 불편함에 대한 증거로는 무엇보다도 이것으로 족하리라. 이 시기에는 추위가 일반적인 재난이 될 수 있었다. 강이 얼었고 물레방아가 멈추어 섰으며, 전국에 위험한 늑대가 떼를 지어 다녔고 또 질병이 만연했다. 1709년 파리에서는 이 가혹함이 한층 심각해져서 "사람들이

---

* sous le manteau (de la cheminée) : '(벽난로의) 맨틀피스 밑에서'라는 뜻이지만, 숙어로는 '남몰래'의 뜻을 가지고 있다.

** Galerie des Glaces : 베르사유 궁전 본관 건물에 있는 넓은 홀. 특히 거울과 샹들리에로 장식하여 아름답다. 보불전쟁에서 프로이센이 승리한 후 1871년에 독일 제국 선포를 이곳에서 했다.

추위 때문에 파리처럼 죽어갔다." 3월 2일 팔라틴 백작부인이 계속하여 말하기를 1월 이래 난방 부족으로 "모든 연회와 재판이 멈추었다."103)

그러다가 1720년경에 모든 것이 바뀌었다. "섭정 시기 이후 사람들은 겨울에도 온기를 느끼며 산다고 주장한다." 이는 굴뚝 청소부와 난로 수선공에 힘입어 "굴뚝학(caminologie)"이 발달했기 때문이기도 하다. 사람들이 "통풍"의 비밀을 발견한 것이다. 벽난로의 불 때는 자리가 좁아지고 깊어졌으며, 맨틀피스가 낮아졌고, 굴뚝 부분이 굽어졌다. 굴뚝이 곧을 경우 연기가 많이 난다.104) (돌이켜보면 에스테 공작이 벽난로에서 연기가 많이 나는 것을 막으라고 했을 때, 라파엘로가 이 일을 어떻게 해냈는지 모를 일이다.) 이 발전은 적정한 규모의 방을 데우는 경우일수록 더 효과적이며, 예를 들면 망사르* 방식 궁전의 방이 아니라 가브리엘** 방식 저택의 방일 경우 그러하다. 불 때는 아궁이가 적어도 두 개 이상인 벽난로—아궁이가 두 개일 경우 포플리니에르(Popelinière) 방식이라고 부른다—는 하녀 방까지도 데울 수 있었다. 늦게나마 난방의 혁명이 일어난 것이다.

그러나 1세기 전인 1619년에 나온 『목재의 절약(L'Épargne-bois)』이라는 책에서 예견했던 것처럼 극적으로 연료가 절약되었다고는 생각하지 말자. 효능이 좋아지자 벽난로 자체가 기적처럼 늘어났기 때문이다. 겨울이 오기 전부터 모든 도시가 땔나무 수송과 톱질로 부산해졌다. 대혁명 직전에도 파리에서는 10월부터 다음과 같은 사태가 벌어졌다. "이 시의 모든 구역에서 소동이 벌어진다. 나무를 실어서 바퀴가 벌어진 수천 대의 수레가 길을 가로

---

* François Mansart(1598-1666) : 프랑스의 건축가. 17세기 중엽 바로크 건축이 성행하던 때 고전주의를 확립하는 데 중요한 역할을 했으며 그가 설계한 건물들은 섬세함, 우아함, 조화로움으로 유명하다. 주요 고객들은 왕권을 한껏 과시하고자 했던 국왕(앙리 4세)이나 비용이 아무리 많이 들더라도 걱정하지 않을 대부호들이었으며, 따라서 그는 규모가 크고 육중한 건물을 많이 지었다. 대표적인 작품으로는 메종 성(오늘날에는 메종라피트라고 부른다)이 있다.

** Jacques-Ange Gabriel(1698-1782) : 프랑스의 건축가. 루이 15세 때 많은 성과 궁전을 새로 짓고 증축했으며, 국왕의 수석 건축가이자 건축 아카데미의 원장이었다. 가장 유명한 작품은 베르사유에 있는 프티 트리아농 궁전이다.

막고 있으며, 나무를 던지고 톱질하고 운송하는 도중에 길 가는 사람이 깔리거나 넘어지거나 다리가 부러질 위험이 있다. 분주한 하역 일꾼이 수레 꼭대기에서 느닷없이 장작을 던지기 때문이다. 포장도로에는 이 소리가 울려 퍼진다. 그들은 듣지도 보지도 않으며, 다만 나무를 빨리 부리려고만 하므로 지나가는 행인의 머리가 위험하다. 그러면 곧 톱질꾼이 와서 빠른 속도로 톱을 놀리고 자기 주위에 누가 있나 보지도 않은 채 나무를 집어던진다."[105]

마찬가지 광경을 모든 다른 도시에서도 볼 수 있었다. 로마에서는 나무장수가 새끼 당나귀를 데리고 집집마다 땔나무를 날랐다. 뉘른베르크에서는 가까이에 거대한 숲이 있어도 소용이 없었다. 1702년 10월 24일의 칙령으로 시 관할영역 안의 농민들은 가지고 있는 목재의 반을 시장에 내놓아야 했다.[106] 볼로냐에서는 장작 패는 사람들이 일거리를 찾아 길거리에 서 있는 모습을 볼 수 있었다.

화덕과 난로

몽테뉴는 다소 성급하게도 독일에는 "벽난로가 하나도 없다"고 말했다. 정확하게 이야기하면 여관의 침실이나 거실에 벽난로가 하나도 없었던 것이다. 부엌에는 언제나 벽난로가 있었다. 그러나 무엇보다도 독일인들은 타인이 자신들의 "부엌으로 가는 것을 아주 좋지 않게 생각했다." 그래서 몽테뉴는 사람들이 식사하는 곳이자 타일난로(Kachelhofen)가 설치된 큰 거실에서 몸을 녹일 수밖에 없었다.[107] 그러고는 벽난로가 "우리와는 다른 방식으로" 되어 있다고 말했던 것이다. "그들은 벽난로를 부엌의 한가운데나 구석에 세웠는데, 이 부엌 공간의 대부분을 벽난로의 연통이 차지한다. 그것은 사방 7-8보나 되는 넓이에 집 꼭대기에까지 이르는 큰 구멍이다. 여기에는 매우 큰 날개가 설치되어 있는데 그 날개의 규모가 어찌나 큰지 프랑스에서라면 연통 속의 연기가 빠져나가지 못했을 것이다."[108] 이 "날개"는 연기와 더운 공기가 위로 올라가면서 동력을 주고 또 그 동력으로 축대가 돌아가는 방아의 날개이다. 1663년 독일의 그림(뉘른베르크 시립도서관 소장)을 보는 것이 긴 설명을 줄여준다. 이 그림을 보면 앞에서 설명한 작동방식에 대해서는 모르더라도 튀어나온 아궁이로 프랑스나 제네바,[109] 또는 네덜란드 지역에서처럼 허리를 굽히지 않고도 꼬치요리 같은 것을 할 수 있었음을 알 수 있다.

난로는 독일 너머 지역, 즉 헝가리, 폴란드, 러시아, 그리고 곧 시베리아로까지 전파되었다. 이것은 돌, 벽돌, 그리고 때로는 찰흙으로 된 평상적인 화로이다. 독일에서는 14세기 이래 화덕을 더 가벼운 재료인 토기용 찰흙으로 만들 정도였다. 표면을 덮은 찰흙 타일에는 대개 장식이 있다. 그 앞에는 장의자가 있어서 앉거나 잘 수 있었다. 에라스뮈스는 이렇게 설명했다(1527). "난로가 있는 방에서 장화를 벗고 단화로 갈아신는데, 원하면 옷도 갈아입는다. 난로 근처에 비에 젖은 옷을 걸어두고 몸을 말리기 위해서 난로에 다가간다."[110] 몽테뉴는 말했다. "적어도 얼굴이나 장화를 태울 위험은 없으며, 프랑스에서와 같이 연기를 마시지도 않는다."[111] 여관이 없었기 때문에 모든 여행자를 집에서 받아야 했던 폴란드에서 프랑수아 드 파비는 그 집 가족 모두와 길 가던 모든 손님들과 함께 난로가 설치된 한 방에서 베개와 모피가 갖추어진 장의자 위에서 잤다. 이 장의자들은 방 주위에 빙 둘러 있었다. 이때 이탈리아인 옥타비아노는 그 집 여자들 곁에 눕는 행운을 누렸다. "어떤 여자는 그를 잘 맞아주었고 어떤 여자는 손톱 상처를 냈다." 이 모든 것을 그는 극히 조용히, 한 사람도 깨우지 않고 했다![112]

유약칠을 한 흙난로는 마리냥 전투* 5년 뒤인 1520년에 프랑스에 처음 등장했으나, 완전히 보급된 것은 17세기이며 그다음 세기에 가서야 확고하게 자리 잡았다. 1571년경 파리에서는 벽난로도 흔하지 않았다.[113] 몸을 따뜻하게 하기 위해서는 종종 숯화로를 써야 했다. 18세기에도 파리의 가난한

---

* 프랑스에서는 마리냥(Marignan) 전투라고 하지만, 원래 이탈리아 지명은 멜레냐노(Melegnano) 혹은 마리냐노(Marignano)이다. 프랑스가 부와 영토를 노리고 이탈리아를 침공한 것으로 1515년에 프랑수아 1세외 프랑스군이 이탈리아 쪽의 스위스 용병을 눌러 이겼다.

사람들은 석탄을 쓰는 화로를 계속 사용했으며 그래서 가스 중독 사고도 많이 발생했다.[114] 프랑스에서는 결국 난로보다 벽난로가 많아졌고, 난로는 동부와 북부의 추운 지역에서만 남게 되었다. 세바스티앙 메르시에는 1788년에 이렇게 기록했다. "난로와 벽난로는 얼마나 큰 차이인가! 난로 앞에서는 나의 상상력이 죽어버린다."[115]

스페인에서는 "어느 집에 가보아도 난로도 벽난로도 없으며, 단지 숯화로만 쓴다"는 점을 지적해두자. 이렇게 말한 올누아 백작부인 마리-카트린은 다시 부연한다. "목재가 부족한 이 나라에서 목재가 필요 없다는 것은 다행스러운 일이야."[116]

영국은 벽난로의 역사에서 약간 비껴나 있다. 16세기부터 목재가 부족해지자 점차 석탄을 연료로 썼기 때문이다. 따라서 화덕이 일련의 변화를 겪었는데, 그중 가장 중요한 것은 방 안의 열을 잘 복사시키도록 만든 18세기 말의 럼퍼드* 방식 화덕이었다.[117]

가구 수공업자 그리고 구매자의 허영

부잣집에서 변화를 주고 싶은 욕구가 아무리 커도, 실내장식이나 가구가 결코 빨리 바뀌지는 못했다. 유행이 바뀌기는 했지만 아주 느렸다. 여기에는 많은 이유가 있다. 우선 새로운 변화에 필요한 비용이 어마어마했으며 더욱이 생산 가능성이 매우 제한적이었기 때문이다. 적어도 1250년까지 수력으로 움직이는 기계톱이 없었다.[118] 16세기까지 일반적으로 참나무 외에는 다른 재료가 없었다. 16세기에 가서야 호두나무와 먼 외국에서 생산된 나무를 쓰는 유행이 안트베르펜에서 시작되었을 뿐이다. 더구나 모든 것이 기술에

---

* Sir Benjamin Thompson, Count Rumford(1753~1814) : 미국 태생의 영국 물리학자, 관리. 영국 왕립 과학연구소의 창립자. 열(熱)을 연구하여 열이 물질의 유동적 형태라는 가설을 뒤집고 일종의 운동 형태라는 설을 확립했다. 미국 독립전쟁 전에는 영국 정부에 충성을 다하여 스파이로 활동하다가 1776년 런던으로 갔다. 작위를 받고 이후 관리, 학자로서 많은 업적을 남겼다.

따른 문제인데, 이 또한 느리게 발전했다. 15-16세기에 일반 목수에 소속되었던 소목(menuisier)이 독립했다. 그리고 다음에는 오랫동안 "나무판과 세공일 소목"이라고 불리던 가구목수가 17세기에 독립해 나왔다.[119]

사실 그전 수 세기 동안에는 한 종류의 목수들이 가구와 집을 모두 만들었다. 그 때문에 아주 큰 규모, 견고함, "고딕식" 가구들의 어떤 거친 느낌—벽에 붙은 묵직한 장롱, 폭은 좁지만 매우 큰 식탁, 나무 걸상이나 의자보다 더 많은 장의자, 네모나게 깎이지 않은 판자를 "평평하게 연결하여 못 박힌 쇠판으로 고정시키고" 아주 튼튼한 자물쇠를 단 농 따위—이 나오게 된 것이다.[120] 이것들은 가구이면서 동시에 집에 붙어 있는 세간이다. 나무를 평평하게 깎아 널빤지를 만드는 도구로는 도끼밖에 없었다. 대패는 이집트나 그리스 그리고 로마에도 알려져 있던 오래된 도구이기는 했지만, 북유럽에서는 13세기에 가서야 다시 등장했다. 판자를 붙이는 데에는 쇠못을 썼다. 훨씬 뒤에는 장부, 장붓구멍, 장부촉 등이 서서히 나타났고, 다시 나무못, 쐐기가 서서히 완성되어갔다. 마침내 쇠나사못이 나왔는데, 이것은 어느 시대에나 알려져 있기는 했으나 18세기 이전에는 결코 널리 사용되지 못했다.

도끼, 손도끼, 끌, 나무망치, 쇠뇌식 선반(식탁 다리처럼 큰 물건을 돌릴 때 쓴다), 손잡이식 또는 페달식 선반(작은 물건을 돌릴 때 쓴다) 같은 연장들은 늘 알려져 있었으며, 멀리 로마 시대 이래의 유산이다.[121] 그때의 연장이나 공정은 우선 이탈리아에서 보전되었는데, 이곳은 1400년 이전의 가구가 오늘날까지 남아 있는 유일한 곳이다. 이 점에서 이탈리아는 발전성과 우수성을 보여주었다. 이탈리아는 가구와 가구의 모형, 제조방법을 보급했다. 이 점을 확인하기 위해서는 예를 들면 뮌헨 국립 박물관에 가서 16세기 이탈리아의 장(樻)을 보면 될 것이다. 이 장은 복잡한 조각, 받침, 윤기 나는 나무, 공들여 꾸민 모양 등으로 같은 시대 다른 유럽 지역의 장들과 구분된다. 알프스 이북에 서서히 나타난 서랍은 라인 강변 계곡을 따라 남쪽에서부터 올라온 것이다. 그것은 15세기에 겨우 영국에 도달했다,

16세기에서 17세기까지 일반적이었던 관습은 가구, 천장, 벽에 색깔을 칠하는 것이다. 금색, 은색, 붉은색, 녹색으로 색을 입히고 조각을 한 옛날 가구를 생각해보라. 그리고 그런 가구를 교회와 마찬가지로 왕궁과 일반 가정에서도 사용했다는 것을 생각해보라. 이것은 외부로 개방이 잘 되지 않아 집안이 어두웠기 때문에 사람들이 빛과 화사한 색깔을 열광적으로 찾았다는 증거이다. 때때로 색을 칠하기 전에 가구에 얇은 천이나 석회를 입히기도 했는데, 색의 차이로 목재의 흠이 드러나는 일이 없도록 하기 위해서였다. 그러다가 16세기 말부터는 가구에 밀랍 칠이나 니스 칠만을 하기 시작했다.

그러나 모든 가구의 복잡한 역사를 어떻게 다 쫓아갈 수 있겠는가? 가구들은 나타났다가 변형되지만, 없어지는 경우는 거의 없다. 그리고 끊임없이 건축양식과 실내배치의 강압적인 영향 아래 놓인다.

벽난로 앞에 장의자를 놓았기 때문에 식탁의 폭이 좁아졌는지도 모른다. 식사하는 사람들은 등을 불 쪽으로, 배를 식탁 쪽으로 하고 앉는다. 원탁이 나옴으로써 상석의 문제를 풀었다는 것은 아서 왕* 전설로 알 수 있다. 그러나 원탁에는 알맞는 의자가 함께 있어야만 한다. 이 의자는 천천히 그 권리, 모양, 수적 우위를 차지하게 되었다. 원래 이 의자(chaire)는 거대하고 하나밖에 없어서 중세의 제후에게만 허용되던 것이다. 나머지 사람들에게는 장의자, 걸상, 가죽 의자가, 그리고 훨씬 뒤에 가서야 일반 의자가 주어졌다.[122)

가구와 가구 사이의 게임에서는 사회가 심판이다. 그 말은 흔히 허영을 뜻한다. 식기장이 그런 식으로 부엌에서 생겨난 가구인데, 원래는 단순한 탁자로서 그 위에 곧 손님들께 내갈 음식과 그에 필요한 식기를 올려놓는 데 쓰였다. 그러다가 제후의 집에서 보조 식기장이 연회실로 들어왔다. 보조 식기장에는 금, 은그릇 및 도금한 그릇이나 수반(水盤), 물병, 술잔 등이 놓이게

---

* King Arthur : 스코틀랜드 남부 브리튼족의 왕으로서 전설적인 인물이 되었다. 켈트족을 단결시켜 앵글족의 침입에 맞서 싸웠다고 한다. 그의 휘하의 기사들이 서로 높은 자리에 앉으려고 싸워서, 누구나 동등한 위치에 앉도록 원탁(round table)을 만들었다는 이야기가 전해진다.

되었다. 이 식기장에는 몇 줄의 선반이 있었는데, 집주인의 지위에 따라 그 수가 정해지는 것이 에티켓이었다. 예를 들면 남작은 선반이 두 줄이고, 작위가 높을수록 그 수가 많아진다.[123] 헤롯 왕의 연회를 보여주는 그림에는 식기장이 여덟 줄로 되어 있는데, 이것은 그가 서열의 가장 위에 있으며 비교할 수 없는 왕의 권위를 가지고 있음을 나타낸다. 그리고 성체성혈 대축일*에는 식기장을 거리에, "그 집 주위에 둘러놓은 태피스트리 앞에" 설치했다. 1608년에 영국인 여행자 토머스 코리엇은 파리의 거리에 은그릇으로 덮인 식기장이 수없이 많이 나와 있는 것을 보고 놀랐다.[124]

경첩의 쇠장식이 달린 고가구로부터 17세기에 이미 "부르주아화한"—이것은 루이 13세 방식의 "박공벽, 엔터블러처, 열주, 벽 기둥" 등을 별로 좋아하지 않았던 한 역사가의 표현이다[125]—가구까지에 이르는 장롱의 역사도 스케치해볼 수 있다. 장롱은 상당히 큰 비중을 차지하게 되었으며, 하도 커서 사람들은 그것을 둘로 잘라볼 생각을 하게 되었고, 그 결과 "낮은 장롱(bas d'armoire)"이라고 부를 만한 새 가구가 등장했으나 큰 성공은 거두지 못했다. 장롱은 남에게 내보이는 가구가 되었고 기회가 닿는 대로 풍부하게 장식되고 조각되었다. 그러나 18세기에는 적어도 사치를 즐기는 집에서는 장롱이 이러한 역할을 잃고 대신 옷이나 보관하는 기능을 맡아서 연회실에는 더 이상 등장하지 않게 되었다.[126] 대신 농민이나 소시민의 집에서는 수세기 동안 계속해서 장롱이 그 집의 자부심을 보여주는 요소였다.

중요한 지위를 차지했다가 언젠가 사라지는 것, 유행이란 그런 것이다. 서랍이 있거나 칸막이가 되어 있고 세면도구, 필기구, 트럼프 카드, 보석 등을 정돈해놓는 가구인 캐비닛이 이 점을 잘 보여준다. 고딕 예술에 이미 캐비닛이 존재했으나, 캐비닛이 처음 성공을 거둔 때는 16세기이다. 견석(堅石)으로 장식한 르네상스식 캐비닛이나 독일식 캐비닛이 프랑스에서 유행했

---

* Fête-Dieux : 그리스도의 몸과 피로 이루어진 성체성사의 제정과 신비를 기념하는 축일. 삼위일체 대축일 이후의 첫 번째 목요일이나 일요일이다. 성체행렬과 성체강복의 전례가 거행된다.

다. 루이 14세 치하에 몇몇 캐비닛은 대단히 컸다. 18세기에는 "서크레테르(secrétaire)식 캐비닛"*이 크게 유행했다.

여기에서 잠시 옷장(commode)의 운명을 살펴보자. 옷장은 곧 최고의 자리를 차지했다. 진정 장롱을 왕좌에서 밀어낸 것이 옷장이다. 옷장이 프랑스에서 태어난 것은 18세기 초기이다. 브르타뉴 농민들의 가구나 밀라노의 어떤 가구들을 통해서 농을 "세워놓은" 것 같은 초기 옷장을 상상해볼 수도 있고, 또 마찬가지로 작은 농을 중첩해놓은 것으로 생각할 수도 있다. 그러나 이것은 생각에 불과하며 그것을 실현한 것은 아주 뒤의 일이다.

한 세기 동안에 걸쳐 다듬어진 우아함의 결과로 새 유행이 퍼지면서 옷장은 곧 사치스러운 가구로 변모했다. 그 현학적인 선은 곧 곧은 선과 굽은 선, 일자선과 볼록한 선, 두툼한 선과 날씬한 선의 모양을 두루 갖추게 되었고, 또 부착한 세공장식으로 비싼 목재, 청동, 라카 등을 사용했는데 이것 역시 "변화"라는 법칙을 쫓아갔다. 거기에는 시누아저리**도 한몫을 해서 루이 14세식, 루이 15세식, 루이 16세식 양식 등의 이름으로 큰 차이를 드러냈다. 기본적인 가구이면서 동시에 부유한 사람들의 가구였던 옷장은 19세기에 널리 일반화된다.

그러나 이러한 가구들의 다양한 역사를 하나씩 이야기한다고 해서 집합적인 가구의 역사라고 할 수 있을까?

중요한 것은 전체이다

아니다. 아무리 특징적이라고 해도 가구는 전체를 만들지도 밝혀내지도 못

---

* 문서를 정돈하는 동시에 그 위에서 글을 쓸 수 있도록 만든 가구의 일종. 시대와 개인의 취향에 따라 모양이 다양했다. 예컨대 루이 15세 시대에 나온 여닫이식(à abattant)은 위에 대리석 판이 붙어 있어서 글을 쓸 수 있었고 여닫이 문짝이 하나 있었는데, 이것을 열면 서랍들이 가지런히 달려 있어서 문서들을 정돈할 수 있었다.

** chinoiserie : 중국에서 직접 들어오거나 혹은 중국식 취향대로 서구에서 모방하여 만드는 환상적인 문양의 사치품들.

한다. 따라서 전체만이 중요하다.[127] 부분적인 각각의 대상품만을 수장하고 있는 박물관은 일반적으로 우리에게 복잡한 역사의 개별적인 요소만을 가르쳐준다. 핵심적인 것은 가구 그 자체를 넘어서서, 자유롭든 형식적이든 그 것을 배치하는 방식, 분위기, 그리고 가구가 있는 방의 내부와 외부에서 이루어지는 생활양식이다. 하나의 외떨어진 그 세계에서―물론 호화로운 세계이다―사람들은 어떻게 살고, 먹고, 자는가?

구체적인 증거는 후기 고딕식에 관한 것으로서 주로 네덜란드와 독일의 그림들에서 처음 접할 수 있다. 그 화폭 위에는 사람만이 아니라 가구와 물상들도 일련의 정물들처럼 똑같은 애정으로 그려져 있다. 얀 반 에이크가 그린 "성 요한의 탄생"이나 로히어르 판 데르 베이던의 "수태고지"는 15세기 거실의 분위기를 자세히 알려주며, 일자로 늘어선 방들 중에서 방문 하나만 열려 있어도 부엌의 모습이나 하인들의 분망한 모습을 짐작하기에 충분하다. 마침 그 주제가 적당하지 않은가. 수태고지나 예수탄생 그림은 비토레 카르파초의 것이든 아버지 한스 홀바인이나 숀가우어의 것이든, 침대, 농, 아름다운 열린 창, 벽난로 앞의 장의자, 태어난 아기를 목욕시키는 나무통, 산모에게 가져다주는 수프 그릇이 나오며, 따라서 "최후의 만찬" 주제와 마찬가지로 집 안 구조를 잘 설명해준다.

이 후기 고딕식 주택은 가구가 아주 단단하면서 촌티가 나고 그 수가 적음에도 불구하고, 적어도 북쪽 지역에서는 밝고 아롱거리는 색깔의 호사스러운 직물 주름 속에 포근하게 감싸인 방의 친근한 분위기를 자아낸다. 그 것의 진정한 사치는 커튼과 침대보, 벽포, 비단 방석 등이다. 마치 15세기 태피스트리가 밝은 색깔을 하고 있고 꽃과 짐승이 밝은 바탕 속에 그려져 있어서 색깔에 대한 취향이나 필요를 보여주는 것처럼, 이 시대의 집은 바깥 세상의 영향에 대한 하나의 응답이었다. 마치 "수도원, 성, 성곽도시, 담으로 둘러싸인 정원"과 마찬가지로 집은 어렴풋이 느끼던 물질생활의 어려움에 대한 방어수단이었다.

한편 경제적으로 앞서 있는 배경에서 르네상스 시대의 이탈리아가 제후들의 호화로운 궁중식 화려함을 만들어내면서부터 이탈리아 반도에서는 이전과는 완전히 다른 장엄하고 더 규칙적인 틀이 나타났다. 이 틀 속에서 건축과 가구는 이전과 마찬가지로 박공벽이나 코니스, 메달과 조각 등에서 같은 주제, 같은 기념비적인 윤곽을 반복하면서도 이제는 호사스러움과 장엄함, 그리고 사회적인 연출을 지향했다. 15세기 이탈리아의 실내에는 열주, 닫집과 조각 장식을 한 거대한 침대, 거대한 층계 등이 존재해서 위대한 세기(18세기)에 볼 수 있는 일종의 연극적인 행렬, 연회와도 같은 궁중생활을 예시하는 이상한 전조를 드러낸다. 여기에서 사치는 확실히 통치의 수단이었다.

200년을 뛰어넘어보자. 네덜란드, 독일과 같은 예외가 있기는 하지만, 17세기에는 프랑스, 영국, 그리고 남부 네덜란드에서조차도 집의 장식이 바깥 세계와 사회적 의미를 염두에 두었다. 응접실은 커졌고, 천장은 높아졌고, 무엇보다도 외부에 대해서 개방적으로 변화했으며, 또 과도하게 장식품, 조각품, 호사스러운 가구(찬장, 식기장 등이 그 예로서 모두 조각품이 붙어 있었다)를 배치하여 의도적으로 장엄하게 보이도록 했다. 접시, 쟁반, 그림 역시 벽에 장식되어 있었고, 벽 자체에도 복잡한 주제의 그림이 그려져 있었다(예를 들면 루벤스 살롱에 있는 그로테스크한 장식을 보라). 태피스트리는 여전히 인기를 누렸으나, 양식이 바뀌어서 과장된 수사, 많은 비용이 드는 복잡함, 그리고 종종 수많은 무의미한 뉘앙스를 나타내는 방향으로 흐르고 있었다.

이 크고 화려한 방은 공동 거실로 쓰였다. 바르톨로뫼스 판 바선, 아브라함 보스, 히로니뮈스 얀선스 등의 플랑드르 화가의 그림들에서 보이듯이 일반적으로 벽난로 옆에 큰 장막으로 가린 침대가 있고, 바로 이 방에 사람들이 푸짐한 식사를 하러 모였다는 것을 알 수 있다. 그러나 다른 한편 17세기의 사치는 또다른 수많은 쾌적한 시설들, 특히 난방시설을 아직 모르고 있었다. 또한 사생활이라고 할 만한 것도 몰랐다. 루이 14세 역시 베르사유 궁전에서 몽테스팡 후작부인을 찾아가기 위해서는 이전 연인이었던 발리에르 공작부인의 방을 지나갈 수밖에 없었다.[128] 17세기 파리의 저택도 이 점에 서는 마찬가지이다. 집주인이 기거하는 고급층이라고 할 수 있는 1층(우리 식으로 2층)에서도 보통은 모든 방들, 대기실, 살롱, 회랑, 침실이 잘 구분되지 않았고, 또 그 방들은 일렬로 배치되어 있었다. 계단으로 가려면 이 모든 방을 거쳐야 했고, 심지어 하인들도 일상적인 일을 하기 위해 이 방들을 거쳐가야 했다.

18세기의 혁신적인 변화가 바로 이런 문제를 푼 것이다. 유럽은 세속적인 화려함을 버리지 않고 더욱 사교생활에 힘쓰면서도 이제부터는 개인의 사적인 생활을 지키려고 했다. 개인들이 그렇게 원했고 갈망했기 때문에 집이 변했고 가구가 바뀌었으며, 그런 점에서 대도시가 조력자 역할을 했다. 그 경향에 내맡기기만 하면 되었다. 런던, 파리, 상트 페테르부르크와 같이 급격히 성장하는 도시에서는 모든 것이 점차 비싸졌다. 사치에는 한계가 없어져 버렸다. 땅이 부족하므로 건축가는 금값으로 산 이 한정된 공간을 최대한으로 이용해야 했다.[129] 따라서 덜 웅장하지만 더 쾌적하다는 의미로서의 근대적인 저택, 근대적인 집이 자리를 잡았다. 루이 15세 치세하에서 파리의 한 부동산 광고는 다음과 같은 집이 나온 것을 알리고 있다. "대기실, 식당, 친구방, 겨울용 친구방[난방시설이 되어 있다는 뜻이다], 조그마한 서재, 조그마한 응접실, 장롱 딸린 침실 등 10개의 방이 있는 집을 세놓습니다."[130] 이런 광고는 루이 14세 시대에는 생각도 할 수 없었다.

당시의 한 작가가 설명하듯이, 저택은 세 종류의 방들로 구성된다. 예의를 지키기 위해서 쓰거나 사교용으로 쓰는 방으로서, 유쾌하게 친구를 맞이하기 위한 방, 과시용의 웅장한 방, 그리고 쾌적한 기분을 위한 개인용 방, 즉 가족의 사생활을 위한 방이 그것이다.[131] 이제부터 이러한 용도 구분에 의해서 각기 어느 정도 자기 방식대로 살 수 있게 되었다. 다용도실이 부엌과 구분되었고, 식당과 살롱이 나뉘었으며, 한편 침실은 자신들만의 왕국으로서 완전히 따로 떨어져 있었다. 그래서 루이스 멈퍼드느 여름 활동이었던 사랑이 전천후 활동이 되었다고 생각했다.[132] 그것을 꼭 믿을 필요는 없으나 (호적 기록에 있는 출생일을 보면 오히려 그 반대인 것을 알 수 있다), 로마 시대나 메디치 시대의 토스카나, 루이 14세 시대의 프랑스도 알지 못했던 "방의 내적 배분"이 1725년경에 구획되었다는 것은 사실이다. "집주인을 위해서나 하인들을 위해서나 아주 기술적으로 편안해진"[133] 이 새로운 배분은 단지 유행만의 문제가 아니었다. 이렇게 "방이 많은 조그마한 집에는……좁은 공간 안에 많은 것이 있다."[134] 훗날 세바스티앙 메르시에가 말하기를 "우리의 작은 방들은 둥글고 깨끗한 조개껍질처럼 만들어지고 배분되어, 옛날같이 어둡고 음침한 곳이 아니라 이제는 밝고 쾌적한 곳에서 살 수 있다."[135] 현명한 사람은 이렇게 덧붙인다. 무엇보다도 "예전의 방식[즉, 거대한 주택들]은 너무 비쌌다. 오늘날에는 사람들이 그런 집들을 사용할 만큼 충분한 부자는 못 된다.[136]

이제 사치의 욕구는 정교하게 조각한 수없이 많은 작은 가구로 옮겨갔다. 작은 가구는 이전보다 덜 걸리적거렸고, 또 작은 살롱,* 작은 방이라는 새로운 규모의 공간에 적응하는 동시에, 안락함과 사생활이라는 새로운 요구에 대응하기 위해서 극도로 전문화되었다. 여러 유형들의 책상들, 즉 S자형 다리의 책상, 트럼프 카드 책상, 침대 머리맡의 책상, 사무용 책상, 상트르 테이블, "벙어리 하인"** 등이 나타났고, 18세기 초에는 여러 종류의 옷장과 푹신한 안락의자가 나타났다. 이 새로운 가구들에는 다양한 이름들이 붙었다. 여자 목동(bergère), 후작부인(marquise), 공작부인(duchesse), 튀르키예 부인(turquoise), 감시하는 여자(veilleuse), 훔쳐보는 여자(voyeuse), 아테네 여자(athénienne), 이륜마차식 안락의자(fauteuil cabriolet), 날아다니는 안락의자(fauteuil volant)…….[137] 장식에 대해서도 마찬가지로 연구 노력이 경

---

* boudoir : 부인들이 모여 환담하고 쉬는, 예쁘게 꾸민 작은 방.
** serviteur muet : 밤의 시종(valet de nuit)이라고도 한다. 발 달린 아치 모양으로 생겼으며 바지 걸이, 모자 걸이, 소지품 걸이 등이 달려 있어서 이런 것들을 쉽게 정리할 수 있다.

주되었다. 조각과 그림으로 장식한 미장널, 호사스럽고 때로 지나치게 꾸민 은장식, 루이 14세식 청동과 래커, 비싼 미국풍 목재, 거울, 벽등과 샹들리에, 창 사이의 거울, 비단 벽지, 중국 자기, 작센의 골동품……. 프랑스와 독일 로코코 시대는 여러 형태로 유럽에 영향을 미쳤다. 영국의 대수집가의 시대, 로버트 애덤*의 아라베스크식 스투코의 시대, 1774년 잡지 「더 월드(*The World*)」의 한 기사가 말하듯이 중국식과 고딕식의 두 양식이 "행복한 결합을 하여" 함께 지배한 시대였다.[138] 간단히 말하면 건축의 새로운 단순성이 장식의 절제를 동반하지는 않았다. 장대함은 사라졌다. 그러나 그것은 종종 허식에 자리를 내주었다.

사치와 안락

사치가 언제나 "진정한" 안락을 보장하는 것은 아니다. 난방시설은 아직 좋지 않았고, 환풍시설도 가소로운 정도였으며, 조리는 시골 방식처럼 "나무로 둘러싸고 안에 벽돌을 댄" 휴대용 풍로에서 숯을 사용해야 했다. 영국식 화장실(cabinet à l'anglaise, English-style water-closet)은 이미 1596년에 존 해링턴 경이 발명했으나,** 방마다 있지는 않았으며, 또 있다고 하더라도 악취를 없애기 위해서 벨브와 사이펀(siphon), 그리고 최소한 환풍통을 더 개량해야 했다.[139] 1788년 파리에서는 오물통의 수거가 불완전해서 문제가 되었고, 과학 아카데미에서 이 문제가 거론되었다. 요강(pot de chambre)의 오물

---

* Robert Adam(1728-1792) : 스코틀랜드의 건축가, 장식가, 화가, 고고학자. 형제들(존 애덤, 제임스 애덤, 윌리엄 애덤)과 함께 일하면서 성씨가 붙은 양식(Adam's style)을 만들어냈다. 이 양식은 고대의 모티프에서 영감을 얻었다. 대략 프랑스의 루이 16세 시대의 양식에 대응한다.

** Sir John Harington(1561-1612) : 엘리자베스 시대의 궁정인, 번역가, 작가. 16세기 이탈리아 시인 아리오스토이 부정한 이야기를 번역하여 부인들에게 유포시켰다는 이유로 궁정에서 추방된 후에 아리오스토의 서사시 『광란의 오를란도(*Orlando Furioso*)』(1591)를 완역했다. 이 번역 기간 중에 수세식 변기(flush lavatory, toilet)를 발명한 듯하며, 여왕을 위해서 리치먼드 궁전에 이 시설을 설치했다. 1596년, 그는 이 발명에 대해서 (기계적인 것보다는 "라블레적인") 구체적으로 묘사한 글을 써서 두 번째로 궁정에서 추방되었다.

은 언제나 그래왔듯이 창밖으로 버렸고 따라서 거리는 시궁창이 되었다. 오랫동안 파리인들은 튀일리 궁전의 "주목나무 아래에서 용변을 보아왔다." 그곳에서 수위들에게 쫓기면 센 강 쪽으로 도망갔는데, 그곳도 역시 "마찬가지로 눈이 따갑고 악취가 심했다."[140] 이것이 루이 16세 치하의 모습이다. 다소간의 차이는 있지만, 모든 도시가 같은 곤경에 처해 있었고, 큰 도시나 작은 도시나 마찬가지여서 리에주에서부터 카디스까지, 마드리드에서부터 오트-오베르뉴의 작은 도시들까지 사정이 비슷했다. 후자의 이 작은 도시들에는 운하나 도랑물이 흘렀는데, 그것은 "똥물"*이라고 불렸고 "사람들이 맡기는 모든 것을 다 받아들였다."[141]

17-18세기의 도시에 목욕탕은 극히 드문 사치였다. 벼룩, 빈대, 이 등은 런던이나 파리나, 부잣집이나 가난한 집이나 늘 있었다. 집의 조명으로는 19세기 초반에 파란 불꽃의 가스등이 나올 때까지 양초, 큰 촛불, 기름 램프 등이 쓰였다. 그러나 옛날 그림을 통해서 볼 수 있듯이 촛대나 샹들리에에 꽂아 사용하는 수많은 형태의 초보적인 조명기구들, 즉 촛불에서 등잔까지 이 모든 것들도 아직 사치에 속했다. 한 연구에 의하면 툴루즈에서는 1527년에야 이런 것들이 보급되었다고 한다.[142]

따라서 이때까지는 조명시설이라는 것이 거의 없다시피 했다. "밤에 대한 승리"는 자부심과 과시의 대상으로서 아주 비쌀 수밖에 없었다. 이를 위해서는 밀랍, 지방, 올리브 기름(또는 더 정확히 말하면 그 부산물로서 "지옥의 기름"이라고 불리던 기름)에 의존해야 했고, 18세기에 가면 점점 더 고래기름에 의존하게 되어 네덜란드나 함부르크 어부들에게 큰돈을 안겨주었으며, 더 후기인 19세기에는 미국 항구의 어부들에게 이 차례가 돌아갔다. 멜빌의 이야기가 바로 그것이다.**

만일 초대받지 않은 손님인 우리가 옛날 집 실내로 들어간다면 곧 불편함

---

* merderel : 똥(merde)에서 나온 말. 메르드렐(merderel)은 그러므로 '똥물'이 될 것이다.

** 『모비 딕』을 말한다.

을 느꼈을 것이다. 그것이 아무리 아름다워도—그리고 때로 경탄스러울 정도라고 하더라도—외적인 것만으로는 충분하지 않다.

의상과 유행

의복의 역사는 보기보다는 에피소드 수준 이상이다. 그것은 원료, 제조과정, 원가, 문화적 고착성, 유행, 사회계층 등의 모든 문제와 관련되어 있다. 기분 내키는 대로 변화하는 듯한 의복이 사실은 도처에서 끈질기게도 사회적 대립을 나타내는 것이다. 사치 금지법(loi somptuaire, sumptuary law)은 정부의 조심성의 결과이지만, 동시에 신흥 졸부들이 자신들을 모방하는 것을 보고 사회 상류층이 분노를 일으킨 결과이기도 하다. 파리 부르주아지의 부인과 딸들의 비단옷에 대해서 앙리 4세도, 귀족들도 참을 수가 없었을 것이다. 그러나 그 어떤 것으로도 출세의 열정을 막을 수는 없었으며, 또 아무리 사소한 것이라도 사회적으로 상승했을 때 그 지위를 드러낼 수 있는 의복을 입고 싶어하는 욕구를 막을 수는 없었다. 정부 역시 대귀족의 과시적인 사치를 결코 막을 수 없었다. 그래서 베네치아에서는 산모가 어마어마한 치장을 했고, 나폴리에서는 장례식 행렬이 대단히 화려했다.

가장 미천한 세계에서도 마찬가지이다. 1696년에 한 신부의 일기에 의하면, 발랑시엔 근처의 플랑드르 마을인 룀지에서는 부유한 농민들이 모두 의상의 사치에만 전념하여 "젊은이는 금줄이나 은줄이 들어간 모자만 찾고, 여자들은 한 척 높이의 머리 손질과 의상에만 몰두하고 있다.⋯⋯" "매주 일요일마다 카바레에 나가는 이 엄청난 오만불손함"을 보라. 다시 며칠 뒤의 일기에는 계속해서 이렇게 이야기한다. "교회나 카바레에 가는 일요일만 빼면 그들은 [부자이든 가난뱅이이든] 어찌나 부도덕한지 소녀들은 남자들에게, 남자들은 소녀들에게 모두 탐욕의 치료제였다.⋯⋯"[143] 이러한 이야기를 통해서 우리는 일상생활을 배경으로 당시의 상황을 파악할 수 있다. 1680년

6월에 세비녜 부인은 반은 경탄하고 반은 불쾌한 마음으로, 젊은 여인 한 명을 맞이했다. "(브르타뉴의) 보데 가문의 이 예쁘고 작은 소작농 부인은 네덜란드산 나사와 비단으로 만든, 소매가 깊이 파인 옷"을 입고 있었는데, 불행하게도 8,000리브르의 빚을 지고 있었다.[144] 1680년 독일의 한 마을의 수호성인 축제 때에 묘사된 농민 부인들이 주름 동정이 있는 옷을 입고 있던 것처럼 이것은 물론 예외적인 사례이다. 일반적으로 대부분의 사람들은 맨발이거나 맨발에 가까웠고, 도시의 시장에서도 부르주아와 일반 서민은 한눈에 구분이 되었다.

만약 사회가 움직이지 않는다면……

만일 사회가 거의 고정되어 있다면, 모든 것은 덜 유동적일 것이다. 그것도 사회계서제의 최상층에 이르기까지 그럴 것이다. 중국의 경우를 보면 15세기 훨씬 이전부터 관리의 의복이 새 수도(1421)인 베이징 부근에서부터 쓰촨이나 윈난의 변방지역에 이르기까지 똑같았다. 1626년에 데 라스 코르테스 신부가 그린 금수가 놓인 비단옷은 18세기의 그림에서 보이는 옷과 똑같으며, "여러 다른 색깔의 비단 장화" 역시 똑같다. 관리들은 집에서는 면으로 된 수수한 옷을 입었다. 화려한 옷을 입는 것은 그들이 공무 중일 때였으며, 이것은 사회적인 마스크였고 그들이 누구인지에 대한 인증이었다. 거의 변화가 없는 사회 속에서 수 세기가 지나도록 이 마스크는 거의 변하지 않았다. 1644년에 만주족이 중국을 정복한 후에도 그 충격이 이전의 균형을 거의 깨지 못했다. 새로운 지배자들은 그들의 속민들에게 한 가닥의 타래머리만 남기고 머리를 짧게 깎도록 강요했고, 이전의 긴 의복을 변형시켰다. 그러나 그것이 전부였다. 결국 큰 변화는 아니었던 것이다. 1793년 한 여행자의 기록에 의하면 "중국에서는 유행이나 변덕에 의해서 의복 형태가 변하는 법이 거의 없다. 어떤 사람의 지위, 혹은 계절에 맞는 의복이란 언제나 같은 방식으로 만든다. 여자들도 머리에 꽂는 꽃이나 다른 장식물을 제외하면 다른 유행이 거의 없다."[145] 일본 역시 도요토미 히데요시의 강한 반동 이후 자신도 모르게 보수적으로 변했다. 일본인들은 수 세기 동안 실내복으로 기모노를 입었는데, 옛날이나 지금이나 똑같은 형태이다. 외출복으로 입는 옷으로 "등에 그림이 그려진 가죽옷인 진바오리" 역시 변화가 없었다.[146]

일반적으로 이런 사회에서는 사회질서 전반에 영향을 미칠 정도로 거대한 정치적 충격이 있어야만 변화가 생긴다. 무슬림이 정복했다고 할 수 있는 인도의 경우 적어도 상층계급은 지배자인 무굴인들의 옷을 받아들였다(이것이 바로 파자마*와 차프칸**이다). "라지푸트족 제후들의 초상화는 [거의 예외 없이] 그들이 궁정 의상을 입고 있는 모습을 보여주는데, 이것이 바로 힌두족 상층귀족이 일반적으로 무굴족 지배자들의 관습과 양식을 받아들였다는 증거이다."[147] 오스만 제국에서도 마찬가지이다. 오스만 술탄의 힘과 영향력이 느껴지는 곳에서는 어디에서나 그들의 옷이 상층계급에게 받아들여졌다. 이것은 멀리 알제리에서도 그러했고, 또 18세기에 프랑스의 유행이 밀려와서야 튀르키예식 유행이 아주 천천히 쇠퇴해간 기독교권 폴란드에서도 그랬다. 이렇게 모방한 것들은 한번 받아들여지면 수 세기가 지나도록 거의 변형되지 않았다. 원래의 모형이 거의 변하지 않았기 때문이다. 무라지아 도손은 1741년에 나온 그의 『오스만 제국의 일반적인 모습(*Tableau Général de l'Empire Ottoman*)』에서 "유럽 여인에 대해서 압제자 노릇을 하는 유행이 오리엔트에서는 여인들을 거의 동요시키지 못한다. 이곳에서는 거의 언제나 같은 머리 모양, 같은 의복 재단, 같은 종류의 직물이 있을 뿐이다"[148]라고 말했다. 알제리의 수도인 알제에서는 튀르키예의 지배를 받던 1516년부터 1830년까지 여성 사이의 유행이 3세기 동안 거의 변하지 않았다. 포로가

---

* pajama : 동양에서 입던 헐렁하고 가벼운 바지. 17세기에 영국에 휴식복으로 전해졌으나, 유행하지는 않았다. 1870년경에 영국의 식민지 주민들이 파자마를 가져와서 잠옷으로 채택했고, 1920년대에는 여자용 잠옷으로도 이용했다.
** chapkan : 인도에서 하인이나 궁전 수비병들이 입던 재킷 종류의 옷(angharka). 특히, 두껍고 색깔 있는 직물로 만들고 넓은 직물 벨트를 둘렀을 때 차프칸이라고 부른다.

된 디에고 데 아에도 신부가 1580년경에 정확히 묘사하는 내용은 "1830년의 그림에 대해서 언급할 때에도 거의 고칠 것 없이 쓸 수 있을 정도이다."[149]

만일 가난한 사람들만 있다면……

그렇다면 문제 자체가 제기되지 않을 것이다. 그리고 모든 것이 변하지 않은 채 그대로 있을 것이다. 부(富)도, 자유로운 움직임도, 변화의 가능성도 없을 것이다. 유행을 알지 못하는 것이 어느 곳에서나 가난한 사람들의 운명이다. 그들의 의복은 아름답거나 혹은 투박하거나 간에 있는 그대로의 상태로 지속될 뿐이다. 아름다운 옷은 축제용 의복으로서 대개 아버지에게서 아들로 전승된다. 전국적이든 지방적이든 민속의상이 무수한 변종을 가지고 있다고 하더라도, 수 세기 동안 그것은 똑같다. 거친 옷은 일상 작업복으로서 그 지방의 가장 값싼 재료를 쓰며 축제 의상보다도 더 변화가 없다.

인디오 여인들은 면으로 된 긴 튜닉 옷을 입다가 먼 훗날에는 수놓은 양털 튜닉을 입게 되었지만, 기본적인 모양은 코르테스 때의 누에바 에스파냐 시대에나 18세기에나 같다. 남성 의류는 물론 변화했으나, 그것은 다만 그들의 지배자나 선교자들이 옛날처럼 나체로 있지 말고 점잖은 옷을 입으라고 강요했기 때문이다. 페루에서는 18세기에 토착인들이 입던 옷을 오늘날에도 그대로 입는다. 집에서 짠 사각형의 라마 털 직물의 가운데에 구멍을 뚫어서 사람이 머리를 집어넣고 걸치게 된 옷, 이것이 판초(poncho)이다. 인도에도 역시 언제나 불변성이 지배적이다. 힌두족은 계속 도티*를 입고 있으며, 이것은 어제도, 그 이전에도 그랬고 오늘날에도 그렇다. 중국에서는 "마을 사람들과 하층민들이 언제나 각양각색의……면직물로 그들의 옷을 짓는다."[150] 이것은 허리춤에서 졸라매는 긴 옷이다. 일본 농민들은 1609년에,

---

* dhoti : 남아시아 힌두교 문화권의 남자들의 전통의상. 천의 한쪽 끝을 잡아 엉덩이와 넓적다리 주위에 두른 후 정강이 사이로 꺼내 허리띠 속에 말아넣는다. 무릎까지 닿는 헐렁한 바지와 비슷하게 생겼다.

그리고 그 이전 수 세기 동안 솜으로 안을 댄 기모노를 입었다.[151] 볼네의 『이집트 여행(*Voyage d'Égypte*)』(1783)을 보면, 그는 이집트인의 의상을 보고 놀란다. "박박 깎은 머리 위로부터 뒤집어쓰는, 주름을 잡아 둥글게 만든 한 묶음의 직물, 목에서부터 발목에까지 걸치고 있는 이 긴 옷은 그들이 입고 있다기보다는 차라리 그들의 몸을 가리고 있다고 해야 할 것이다."[152] 이 옷은 부유한 맘루크 왕조*의 옷—이 옷은 12세기에까지 그대로였다—보다 더 오래된 고대의 옷이다. 블랙 아프리카에 대해서 라바 신부가 묘사한 바에 의하면 가난한 무슬림들은 아예 옷이 거의 없었는데, 어떻게 진화할 수 있겠는가? "그들은 윗옷이 없고, 팬티 위에 한 줌의 직물을 허리띠로 묶어 몸을 감싸고 있을 뿐이다. 대부분 머리나 발에는 아무것도 걸치지 않았다."[153]

유럽의 가난한 사람들은 그들보다는 더 많은 옷을 입었으나 그 이상을 바라는 것은 환상이다. 장-바티스트 세는 1828년에 다음과 같이 언급했다. "나는 튀르키예나 그밖의 다른 동양 민족의 거의 변화 없는 의상을 좋아하지 않는다. 그 옷은 오랫동안 지속된 그들의 우매한 전제주의에 어울리는 것 같다.……프랑스의 시골 사람들은 의상으로 보면 어느 정도 튀르키예인과 비슷하다. 그들은 판에 박힌 일상의 노예이며, 루이 14세 시대의 전쟁 그림에 나오는 남녀 농민들의 옷은 오늘날과 거의 다름없다."[154] 그 이전 시대에 대해서도 같은 생각을 해볼 수 있다. 예를 들어 뮌헨의 미술관에 있는 피터르 아르천(1508-1575)의 그림과 대(大) 얀 브뤼헐(1568-1625)의 두 그림을 비교하면, 세 그림 모두 시장에 모인 군중을 그리고 있는데 다음과 같은 재미있는 사실들을 확인할 수 있다. 어느 경우에서나 미천한 상인이나 어부들은 물건을 사거나 산보하는 부르주아들과 한눈에 구분된다는 점이 그 첫 번

---

* 1390-1517년에 이집트를 지배한 술탄. 원래 그 이전 술탄인 아이유브 왕조의 백인 노예 수비대였으나, 점차 권력을 강화해가다가 급기야 술탄을 폐하고 스스로 왕조를 열었다. 이 시기는 이집트가 군사적, 경제적으로, 더 나아가서 예술적으로 크게 성장한 때였다. 1517년 오스만의 술탄 셀림에 의해서 지배당함으로써 오스만 제국의 속국이 되었다.

째 사실이다. 의상 때문에 그러한 구분이 가능하다. 그러나 더 재미있는 두 번째 사실은 그 그림들 사이의 약 반세기의 기간에 부르주아의 의상이 크게 변화했다는 점이다. 아르천의 그림에서 보이는 단순한 둥근 주름이 잡힌 스페인식 칼라가 브뤼헐의 그림에서는 진짜 주름 동정으로 바뀌어 있다. 그러나 서민층 여자들의 의상(처지고 벌어져 있는 칼라, 가슴받이, 주름 잡힌 속치마 위에 걸친 앞치마)은 완전히 똑같은 채 그대로이다. 다만 머리 모양만이 다르지만, 이것은 지방적인 차이일 것이다. 1631년 오-쥐라의 한 마을에서는 어떤 과부가 남편의 유서에 따라 "2년에 한 번씩 한 켤레의 구두와 한 벌의 블라우스, 그리고 3년마다 거친 나사(羅紗)로 된 옷 한 벌을 받는다"고 되어 있다.[155]

농민의 의상이 겉보기에는 변화가 없는 것 같아도 몇몇 중요한 부분에서는 변화한 것이 틀림없다. 13세기경에는 프랑스 안에서와 마찬가지로 프랑스 바깥에서도 내의가 사용되기 시작했다. 18세기의 사르데냐에서는 상중(喪中)이라는 표시로 1년 동안 같은 내복을 입는 것이 규정이었다. 이것은 적어도 농민들이 내복을 착용하고 있었으며 또 내복을 갈아입지 않는 것이 하나의 희생임을 말해주고 있다. 이에 비해서 14세기에는 부자든 가난뱅이든 벌거벗은 채로 잔다는 것을 우리는 많은 유명한 그림을 통해서 알고 있다.

18세기를 연구한 한 인구학자는 무엇보다도 "옴, 기계충, 그리고 다른 피부병들과 불결함 때문에 생기는 병들이 옛날에 그렇게 퍼져 있었던 것은 바로 내복이 없었기 때문이었다"고 지적한다.[156] 이 병들은 의학 서적이 증명해주듯이 18세기에 들어와서 완전히 사라지지는 않았어도 분명히 줄어들고 있었다. 이 관찰자는 또 그 시대에 농민들 사이에 거친 모직물이 일반화되었다는 사실도 지적한다. "프랑스 농민들은 옷을 갖추어 입지 못해서 그들의 몸을 가리는 천 조각들이 겨울의 혹한을 잘 막아주지 못한다. 그러나 의복에 관한 한, 농민의 상태는 이전에 비하면 덜 탄식할 만하다. 가난한 사람들에게 의복은 사치가 아니라 추위를 막는 데 필요한 방어수단이다. 농민이 즐겨 입는 아마포는 그들을 충분히 보호하지는 못하지만……몇 년 전부터……훨씬 더 많은 농민들이 모직류의 옷을 입고 있다. 그 증거는 단순하다. 확실히 얼마 전부터 프랑스에서는 훨씬 많은 양의 투박한 모직물이 생산되고 있다. 그리고 모직물들을 전혀 수출하지 않기 때문에 결국 더 많은 프랑스인들이 입는 데 사용한다."157)

바로 이런 점에서 느리고 한정된 개선이 이루어졌다. 의복의 변화에 관한 한 프랑스 농민은 일정한 시간 간격을 두고 뒤쳐진 채 영국 농민을 뒤쫓고 있었다. 그렇지만 그런 사실이 일반적이었다고 너무 쉽게 생각하지는 말자. 프랑스 대혁명 직전에도 샬로네와 브레스의 농민들은 참나무 껍질 등을 이용하여 "까맣게 물들인 직물만을 입었으며, 이 방법이 너무나도 일반화되어 많은 나무가 훼손되었다." 다른 한편 "[당시] 부르고뉴에서 의복은 [농민] 가계에서 중요한 부분이 아니었다."158) 마찬가지로 독일에서도 19세기 초까지만 하더라도 농민은 아마포를 입었다. 1750년에 티롤 지역에서는 "여물통 담당자"로 표현된 목동들이 무릎까지 내려오는 아마 블라우스를 입었지만, 그들의 발과 다리는 그대로 드러났다. 혹은 발 주위에 가죽끈을 둘러서 묶는 단순한 "발바닥판"을 신었다. 부유하다고 알려진 토스카나에서도 18세기에 농민들은 순전히 집에서 짠 직물, 즉 대마나 대마 반 모직 반으로 짠 직물(mezzelane)만을 입었다.159)

유럽과 유행의 광기

우리는 이제 온갖 변화의 한가운데에서 길 잃을 염려 없이 부유한 유럽, 변화하는 유행의 유럽에 도달하게 되었다. 무엇보다 이 변화는 소수의 사람들에게 한정되었다. 그들은 많은 논란과 놀라움을 유발시켰는데, 그 이유는 아마도 다른 모든 사람들, 심지어 가장 미천한 사람들까지도 그들을 바라보고 결과적으로 그들을 격려하여 그들로 하여금 도가 지나치게 만들었기 때문이다.

우리는 이 변화의 광기가 진정으로 형성되기까지 많은 세월이 필요했다는 것도 알고 있다. 앙리 4세의 궁정에서 한 베네치아 대사는 이렇게 말한다. "25-30벌의 의복을 가지고 날마다 옷을 바꾸어 입지 않으면 부자라고 할 수 없다."[160] 그러나 유행은 단지 양이 풍부하다는 것만을 의미하지는 않는다. 그것은 또 필요한 순간에 방향을 잘 바꾸는 것이기도 하다. 이것은 계절, 날, 시간의 문제이다. 이런 엄격한 의미에서 보면 유행이라는 제국은 1700년 이전에는 존재하지 않았다. 1700년경에 이 단어는 두 번째 젊음을 되찾아 새로운 뜻으로 전 세계를 휘저었다. 그것은 시세(時勢)를 쫓아간다는 의미이다. 이제 모든 사람들은 오늘날의 의미로 유행을 쫓아갔다. 그때까지 사물들은 그렇게 빨리 변화하지 않았던 것이다.

과거로 더 멀리 거슬러올라가면 유럽에서도 잔잔한 물과 같이 변화가 없었던 옛날의 상황을 재발견하게 된다. 그것은 우리가 지금까지 인도, 중국, 그리고 이슬람에 대하여 묘사한 상황과 비슷하다. 12세기 초까지 유럽의 의상은 갈리아-로마 시대 때와 완전히 동일한 모습으로 남아 있었다. 이때에는 완전히 불변성의 법칙이 작용했다. 여자들 경우에는 발까지 내려오고 남자들 경우에는 무릎까지 내려오는 긴 튜닉이 이때까지의 변함없는 옷이었다. 그것은 결국 수 세기 동안의 불변성을 말해준다. 12세기에 남성 의류가 길어진 것과 같은 어떤 변화가 있었을 때에는 심각한 비판이 일었다. 오르데리쿠스 비탈리스(1075-1142)는 당시 의상의 광기에 대해서, 그의 견해로는 완전히 터무니없는 이런 현상에 대해서 개탄하고 있다. "새로운 발명으로 인해서 옛날 옷은 거의 완전히 뒤죽박죽이 되었다."[161] 물론 너무 과장된 발언이다. 십자군의 영향도 생각보다 결정적이지는 않았다. 그것은 비단과 모피의 사치를 불러왔으나, 12-13세기의 의상 형태를 기본적으로 바꾸지는 않았다.

중요한 변화는 1350년경에 남자 옷을 단번에 줄여버린 것인데, 이는 현인, 노인, 또 전통 수호자들의 눈에는 대단히 큰 물의를 일으키는 것이었다. 기욤 드 낭지*의 한 계승자는 이렇게 말했다. "이 해쯤에 남자들, 특히 귀족, 시종과 수행원, 몇몇 부르주아 및 그들의 하인들이 너무 짧고 너무 좁은 옷을 입어 가려야 할 곳이 보일 지경이다. 실로 놀라운 일이다."[162] 이렇게 몸에 꼭 끼는 의상은 이후에도 계속되어 긴 의상을 결코 다시 찾아볼 수 없게 되었다. 여성용 블라우스 역시 몸에 꼭 끼게 되었고 몸의 굴곡이 드러나며 가슴 부분이 크게 파였다. 이것은 또다른 논란의 대상이었다.

아마도 이 연도쯤을 유행이 처음 등장하는 시기로 잡을 수 있을 것이다. 이때부터 의상의 변화라는 법칙이 유럽에 작용했기 때문이다. 한편으로 전통적인 의상은 유럽 전체에 걸쳐 동일했던 반면, 짧은 옷은 불규칙적으로 보급되었고 그것에 대한 저항과 상이한 수용으로 인해 마침내 **민족적** 유행이 만들어졌으며, 서로 영향을 미쳤다. 프랑스 옷, 부르고뉴 옷, 이탈리아 옷, 영국 옷 등이 생겨났다. 동유럽은 비잔틴의 붕괴 이후 점차 튀르키예식 유행의 영향을 받게 되었다.[163] 이제부터 유럽은 비록 가끔 어느 선진지역의 리더십을 받아들이려고 하면서도, 적어도 19세기까지는 기본적으로 다양성을 유지했다.

16세기에 상층계급이 스페인의 영향을 받아 검은색 직물의 옷을 받아들인 것도 이렇게 설명된다. 이것은 가톨릭 왕(즉, 스페인 왕)이 이룩한 "세계" 제국의 정치적 우월성을 나타낸다. 사각형 모양으로 크게 파낸 가슴 부분, 넓은 소매, 망사, 금과 은의 수, 금빛 수단, 새틴과 진홍색 벨벳을 특징으로 하여 유럽의 많은 지역에 퍼졌던 르네상스 시기 이탈리아의 호사스러운 의상은 저물고, 어두운 직물, 몸에 꼭 끼는 윗옷, 헐렁한 신발, 짧은 망토, 짧은 주름장식이 달린 높은 칼라 등의 스페인식 절제가 유행했다. 17세기에는 반대로 밝은 색 비단, 더 자유로운 모양의 프랑스 의상이 점점 더 우세해졌

---

* Guillaume de Nangis(?-1300) : 프랑스의 연대기 작가, 수도승. 라틴어로 된 역사책을 세 권 남겼다. 그중 한 권인 『세계사 연대기(*Chronicon*)』는 1301년까지의 세계 역사를 서술했는데, 다른 수도승들이 계속 이어 써서 1368년까지의 연대기가 났다.

다. 물론 스페인은 이것을 수용하는 데 가장 느렸다. 펠리페 4세(재위 1621-1665)는 바로크식 사치에 적대적이어서, 귀족층에게 펠리페 2세 시대 때부터 전승된 간소한 의상을 강요했다. 이 궁중에서는 오랫동안 색깔 있는 옷(vestido de color)이 금기였다. 외국인은 반드시 "검은색 옷을 입어야만" 받아들여졌다. 당시 스페인의 동맹이었던 콩데 공의 한 특사는 완전히 까만 의상으로 갈아입고 난 뒤에야 왕을 알현할 수 있었다. 펠리페 4세가 죽고 난 뒤 1670년대에 가서야 외국 유행이 스페인에 들어왔고, 마침내 스페인의 심장부인 마드리드까지 침투했는데, 선왕의 서자인 (두 번째의) 돈 후안 데 아우스트리아*가 이 유행의 확산에 크게 기여했을 것이다.[164) 그러나 카탈루냐에는 마드리드에 대해서 반란을 일으키기 10년 전인 1630년부터 이미 새로운 의상이 밀려왔다. 같은 때 네덜란드에 고집쟁이들이 없었던 것은 아니지만, 총독의 궁정마저도 이 의상에 심취했다. 왕립 박물관에 있는, 암스테르담 시장단** 의원 헨드릭 비커르를 그린 1642년의 초상화는 스페인식 전통의상을 입고 있는 것으로 묘사되었다……. 어쩌면 이것은 세대차의 문제이기도 하다. 디르크 판 산트보르트***가 1635년에 그린 시장단 의원 디르크 바스 야콥스와 그의 가족의 그림을 보자. 그 자신과 부인은 옛날 방식대로 주름 동정을 단 옷을 입고 있는 데 반해, 아이들은 모두 새로운 취향의 옷을 입고 있다. 두 양식 간의 갈등은 밀라노에도 존재했지만, 이것은 다른 의미를 띠었다. 밀라노는 당시 스페인 지배하에 있었는데, 이 세기 중반의 한 캐리커처에는 전통적인 옷을 입은 한 스페인 사람이 프랑스 유행을 선택한 한 밀라노 사람을 꾸짖고 있다. 프랑스 옷이 유럽 전역에 퍼지는 것을 보고 우

---

*   Don Juan José de Autriche(1629-1679) : 스페인의 펠리페 4세의 아들이며 1656년에 (합스부르크령 남부) 네덜란드 총독이 되었다. '두 번째'라는 것은 똑같은 이름의 돈 후안 데 아우스트리아(Don Juan de Autriche : 1545-1578, 카를 5세의 아들)가 있기 때문이다.

**   당시 암스테르담은 한 명이 아니라 네 명이 시장단을 이루고 있었다.

*** Dirck van Santvoort(1610/11-1680) : 네덜란드의 화가. 아르천의 손자이며 렘브란트의 제자인 그는 약간의 종교화를 그린 것 외에는 대개 절제감 있는 초상화를 많이 그렸다.

리는 스페인의 쇠퇴의 정도를 볼 수 있지 않을까?

인도에 무굴 옷이 퍼진 것이나 오스만 제국에 오스만 양식의 옷이 퍼진 것에 대해서도 이렇게 우월성의 연속적 교체 현상으로 설명할 수 있다. 유럽은 유행들 사이의 투쟁에도 불구하고, 혹은 그것 때문에 하나의 가족이다. 가장 강한 것이 아니라, 프랑스인들이 믿고 있듯이 가장 사랑받는 것, 가장 세련된 것이 아니라 가장 경탄받는 것이 지배적인 법칙이 된다. 유럽이 어느 날 움직임의 방향을 바꾼다든가 무게 중심이 바뀌는 것처럼 정치적으로 어느 한편이 우월해져서 유럽 전체에 영향을 미치더라도, 그것이 곧바로 유행의 전체 영역에 영향을 미치지는 않는다. 시간 차이도 생기고, 때로 탈선하며, 공백도 나타나고, 완만성 같은 것이 작용한다. 17세기부터 현저해진 프랑스 유행은 사실 18세기가 되어서야 진정으로 지배적이게 되었다. 1716년에 스페인식 사치가 아직 기세등등하던 페루에서 사람들은 "프랑스식으로, 대개 여러 가지 야한 색을 이상하게 혼합한 [유럽에서 수입한] 비단옷을 입었다."165) 계몽주의 시대에는 파리로부터 유럽 전역으로 유행이 퍼져나갔는데, 아주 일찍부터 나타난 마네킹 인형 때문이었다. 이 인형들은 이미 그때부터 지배적인 영향력을 행사했다. 오래 전인 15-16세기에 훌륭한 취향의 원산지였던 베네치아에서도 가장 오래된 가게의 하나가 "프랑스 마네킹(La Piavola de Franza)"이라고 불렸고 지금도 그렇게 불린다. 1642년에 신성 로마 제국 황제의 누이인 폴란드 왕비는 한 스페인 사자에게 네덜란드에 가면 자신의 재단사가 모형으로 삼을 수 있도록 "프랑스식으로 옷을 입힌 마네킹을 가져다달라"고 부탁했다. 폴란드 제품은 별로 마음에 들지 않는다는 것이다.166)

이렇게 하나의 유행에 모든 초점이 맞추어지는 일이 아무런 망설임 없이 진행된 것은 물론 아니다. 우리가 이미 말했듯이 한편에는 가난한 사람들의 불변성이 있다. 또한 이 움직이지 않는 수심 위로 뚫고 나오는 지방적 저항, 지방적 고립이 있다. 의복사를 연구하는 역사학자들을 실망시키는 것은 확실히 전체 움직임에 동조하지 않고 벗어나버리는 이런 예들이다. 예컨대 부르고뉴의 발루아 궁정은 독일과 너무 가깝고 또 너무 독창적이어서 프랑스 궁정 양식을 쫓아가지 않았다. 16세기에는 고래 뼈의 페티코트가 일반화되었고 또 수 세기 동안 모피가 세계적으로 퍼졌으나, 그것들을 입는 방식은 아주 다양했다. 주름장식만 해도 얌전한 뤼셰(ruché)가 있는가 하면, 루벤스가 그린 초상화에서 이사벨라 브란트가 입고 있는 거대한 레이스 장식도 있다. 또 브뤼셀 박물관에 있는, 화가 코르넬리스 드 보스가 부인과 두 딸, 그리고 자신을 그린 그림에 나오는 주름장식도 특이하다.

1581년 5월 어느 날 저녁에 아름답고 행복하며 섬세하고 지성적이고, 그들 자신에 만족해하는 베네치아 출신의 젊은 귀족 여행자 세 명이 사라고사에 도착했다. 그때 성체 행렬이 지나갔는데 그 뒤를 일단의 남녀가 뒤쫓고 있었다. "여자들은 아주 못생겼고—이렇게 그들은 못되게 이야기를 시작한다—얼굴에 바른 갖가지 색깔의 분은 아주 이상했다. 그들의 신발은 아주 높아서 베네치아식의 조콜리(zocoli) 같았고,[167] 스페인 전역에서 유행하는 만티야*를 두르고 있었다." 호기심이 생겨서 그들은 이 광경을 쫓아갔다. 그러나 다른 사람을 보려는 자는 곧 다른 사람들에게 보이게 되고, 눈에 띄고 손가락질을 당하는 법이다. 그들 앞을 지나가는 남녀는 이제 웃음보를 터뜨리며 그들에게 말을 던졌다. "이 모든 것은 순전히 우리가 스페인에서 사용하는 것보다 훨씬 큰 님프(nimphe : 레이스 달린 칼라)를 두르고 있기 때문이다. 어떤 사람들은 '야, 올란다가 전부 우리 도시에 온 것 같구나!'[올란다는 홀란트산 직물을 뜻한다. 직물과 란제리를 만드는 데 쓰이는 올란다를 가지고 말장난한 것이다]** 하고 말했고, 또 어떤 사람들은 '어마어마한 배춧잎이구나!' 하고 말했다. 우리는 그 말에 아주 즐거워했다" 하고 프란체스코 콘타

---

* mantilla : 스페인 여자들이 머리에 두르는 가리개. 대개 검은색이며, 레이스 달린 비단으로 만든다. 쪽머리에 긴 빗을 꽂아 고정시킨다.

** 오늘날의 스페인어 철자로 Holanda는 홀란드를, holanda는 직물 종류를 가리킨다.

리니는 말했다.[168] 그처럼 큰 자신감은 없던 로카텔리 신부는 1664년에 이탈리아로부터 리옹에 도착했을 때 거리에서 "그의 뒤를 졸졸 쫓아오는 아이들" 때문에 오래 견디지 못했다. "나는 각설탕 모자[넓고 챙을 한 높은 모자]* 와……색깔 있는 양말을 포기하고 완전히 프랑스식으로 갈아입어야 했다." 즉, 챙이 좁은 "자니(Zani) 모자"와 "신부보다 의사들이 더 많이 걸치는 넓은 숄, 내 궁둥이까지 내려오는 큰 수단, 검은 양말, 끈으로 묶는 대신 은단추로 잠그는……좁은 신발을 신어야 했다. 이런 옷을 입으니 나는 더 이상 신부가 아닌 것 같았다."[169]

유행은 변덕스러운 것인가?

겉으로 보기에 유행은 행동과 변덕이 자유로운 것 같다. 그러나 사실 유행이 갈 수 있는 길은 크게 보아 사전에 정해져 있고 결국 선택 영역은 한정되어 있다.

유행의 메커니즘은 문화의 전달, 적어도 그 전파 법칙과 관련이 있다. 그리고 이런 것들의 보급과정은 성질상 매우 느리며, 그 메커니즘과 제약에 연결되어 있다. 영국의 극작가인 토머스 데커는 영국 민족이 다른 민족에게서 어떤 의상들을 차용해왔는지를 상상하며 즐긴다. "양복바지의 앞자락은 덴마크에서 왔고, 윗옷의 칼라와 가슴받이는 프랑스에서, '날개'와 좁은 소매는 이탈리아에서, 짧은 조끼는 네덜란드의 위트레흐트의 소매상인에게서, 짧고 폭이 넓은 바지는 스페인에서, 장화는 폴란드에서 왔다."[170] 그가 말한 기원이 반드시 정확하지는 않지만 재료가 다양하다는 점만은 틀림없다. 그것으로 모든 사람들이 받아들일 만한 조리법을 만드는 데에는 한 철 이상이 걸릴 것이다.

18세기에는 모든 것이 가속화되고 활발해졌으나, 그렇다고 사람들이 증

---

* pain de sucre, sugar-loaf hat : 17세기에 유행하던 남녀의 모자. 챙이 넓고 원뿔 모양으로 끝이 좁아지는 모양이다. 과거에 설탕이 이러한 원뿔 모양이있다.

인이나 참가자로서 기꺼이 이야기하듯이 이 국경 없는 왕국에서 변덕스러움이 일반 법칙이라는 말이 꼭 맞는 것은 아니다. 무조건 믿을 바는 못 되지만 하여튼 세바스티앙 메르시에의 말을 들어보자. 그는 큰 사상가는 아닐지라도 훌륭한 관찰자이며 재주 있는 기자이다. 1771년에 그는 이렇게 썼다. "나는 혹한 때문에 겨울이 오는 것을 두려워한다.……시끄럽고 무미건조한 모임이 생겨 모든 사람의 헛된 열정이 우스운 위세를 떨치는 때가 바로 그때이다. 경박한 취향이 유행의 판정을 내린다. 모든 남자가 나약한 노예로 변신하고 모두가 여자의 변덕에 굴복한다. 이 유행과 환상과 환락의 격류가 다시 내달리겠지만, 그것들 중에 오래 지속되는 것은 아무것도 없다." "만일 내가 환상에 빠져서 파마(permanent)의 기술에 대한 논문을 쓰게 된다면, 나는 사람의 머리를 마는 방법이 300-400가지가 된다는 것을 이야기하여 독자들을 놀라게 할 것이다." 저자의 어투는 대개 이런 식이다. 그는 도덕론자이지만, 동시에 늘 재미있게 말하려고 한다. 그러나 그가 당대 여성 유행의 진화를 긍정적으로 평가했다는 면에 대해서는 사람들이 그를 진지하게 받아들일 것이다. "우리 어머니들 세대에 사용하던 고래 뼈 코르셋, 주름장식을 달고 (안감이 보이도록 흠을) 파놓은 천, 허리 받침테, 얼굴에 붙이는 무수히 많은 애교용 점들*—그중의 일부는 진짜 고약 같았다—과 같은 이 모든 것은 이제 완전히 없어졌다. 다만 머리를 터무니없이 높이 말아올리는 것만은 그대로 남아 있다. 아무리 조롱해도 이 마지막 것은 고치지 않으려고 하지만, 결점이 머리 모양새의 구조를 우아하게 다듬는 취향과 맵시 때문에 완화되기도 한다. 전반적으로 여성들은 그 어느 때보다도 더 낮게 치장했으며, 그녀들의 의상은 경쾌함, 우아함, 신선함, 그리고 맵시를 자랑한다. 가벼운 직물[인도 직물]로 만든 의상은 금박, 은박을 한 옷보다 훨씬 더 자주 바뀐

---

* mouche : 17-18세기에 프랑스 여성이 사용하던 화장. 까만 타프타(taffetas) 천을 조그맣게(즉, '파리'만 하게—mouche의 원래 뜻은 파리이다) 잘라 얼굴에 붙였다. 그중에서도 가늘고 긴 모양의 것은 특히 아사생(assassin : 살인자)이라고 불렀다. 17세기에 이탈리아에서 전해져 들어왔다.

다. 그 옷은 말하자면 철마다 피어나는 꽃들의 뉘앙스를 띠고 있다."[171]

이 이야기는 다음 사실을 잘 증명해준다. 유행은 지나갔다가도 혁신되는데, 그것은 이중의 작업이며, 곧 이중의 어려움이다. 앞의 이야기에서 문제가 되는 혁신은 염색한 인도 직물로서 상대적으로 싼 면직물이다. 그러나 그것 역시 하루아침에 유럽에 도달한 것이 아니다. 직물의 역사를 보면, 유행의 무도회에 초대된 손님들의 행동이 언뜻 보기보다는 자유롭지 못하며 결국 모든 것이 서로 연관되어 있음을 알 수 있다.

유행은 그렇게 무용한가? 아니면 우리가 생각하듯이 주어진 사회, 경제, 문명을 깊은 내부로부터 증언하는 표시인가? 다시 말해서 유행은 사회, 경제, 문명의 도약, 가능성, 권리 주장, 삶의 즐거움에 대한 증거가 아니겠는가? 1609년, 임시총독이었던 로드리고 비베로는 2,000톤 급의 배를 타고 마닐라에서 누에바 에스파냐의 아카풀코로 가던 중에 일본 근해에서 침몰 사고를 겪었다. 곧 이 난파인은 외국인을 보려고 축제를 벌이다시피 하는 섬사람들의 손님이 되었고, 다음으로는 일종의 특사가 되어, 실패에 그치기는 했지만 일본에서 네덜란드 무역을 배제시키려고 했고, 또 역시 실패에 그쳤지만 누에바 에스파냐의 광부를 데려다가 일본의 은광과 동광을 더 효율적으로 개발하려고 했다. 그는 호감을 주는 사람이었을 뿐만 아니라 또한 지성적이고 훌륭한 관찰자였다. 어느 날 그는 두서없는 대로 에도(도쿄)의 쇼군의 비서와 이야기를 나누게 되었다. 그 비서는 스페인 사람들의 오만, 그들 자신밖에 모르는 태도를 비난했고 곧 그들의 옷 입는 태도에 대해서도 이야기했다. "그들 의복의 다양성이란 정말이지 변덕이 심해서 2년마다 다른 옷을 입는다." 이렇게 변화하는 것이 그들의 경박성, 또는 그들을 그렇게 하도록 내버려두는 통치자의 경박성 탓이 아니면 무엇이겠는가? 이 비서는 그에게 "전통과 고문서의 증거를 통해 1,000년 동안 일본 민족의 의상이 변하지 않았음을" 보여줄 수 있다고 말했다.[172]

페르시아에서 10년을 산 샤르댕 역시 이렇게 단언한다(1686). "니는 에스파한의 보물보관소에 보관된 티무르*의 옷을 보았다. 그것은 오늘날에 지은 옷과 전혀 차이가 없이 똑같다. 동양의 옷은 전혀 유행을 타지 않기 때문이다. 그것은 늘 같은 방식으로 만든다. 그리고……페르시아인은……색깔, 뉘앙스, 직물 다루는 법 등에도 전혀 변화를 모른다."[173]

나는 이런 언급들이 무의미하지 않다고 본다. 단순한 우연의 일치에 불과할지 모르지만, 사실 의상의 색깔과 원료, 형태를 바꾸는 아주 경박한 사회야말로 사회계층의 질서와 세계지도를 바꾸려고 하는 사회이다. 이 사회는 전통에서 벗어나려는 사회이며 미래는 바로 이런 사회에 속한다. 왜냐하면 모든 것이 서로 관련되기 때문이다. 샤르댕은 또 페르시아인들에 대해서 그들이 "새로운 발명, 발견에 대한 욕구가 전혀 없으며" 또 "자신의 삶에 필요한 것, 편안한 것을 모두 가지고 있다고 믿고 안주하려고 한다"고 생각했다.[174] 전통은 미덕이자 동시에 감옥이다……. 아마 모든 진보의 도구인 혁신의 문을 열기 위해서는 의상, 신발과 머리모양에 이르기까지 모든 것에서 일종의 조바심이 필요한 것 아닐까? 동시에 발명의 움직임을 지탱시켜줄 일종의 부유함이 필요한 것 아닐까?

그러나 유행에는 또다른 의미도 있다. 나는 유행의 문제에서는 특권층 사람이 어떤 비용이 들더라도 추종자들과 구분되기를 원해서 일종의 장애물을 설치하려는 욕구가 큰 비중을 차지한다고 생각한다. 그것은 마치 1714년에 파리를 지나가던 한 시칠리아인이 말한 것처럼 "귀족들이 입는 황금빛 옷과 똑같은 옷을 가장 미천한 사람이 입고 있는 모습만큼 경멸스러운 것은 없다."[175] 따라서 새로운 "황금빛 옷", 또는 그것이 무엇이든 간에 새로운 독특한 표시를 만들어야지, 그렇지 않고 "모든 것이 변해서 남자든 여자든 부르주아의 새로운 옷이 귀족들의 옷과 같아지는 것을" 볼 때마다 그들은 슬퍼한다(1779).[176] 모든 증거로 볼 때, 추종자나 모방자의 압력은 이 경주를

---

* Timur(1336-1405) : 별칭은 티무르 렌크(Timur Lenk : 튀르키예어로 '절름발이 티무르'). 이슬람 신앙을 가진 튀르키예 정복자. 인도와 러시아의 지중해에 이르는 지역을 잔인하게 정복했다.

끊임없이 부추긴다. 그렇지만 또한 사회의 번영으로 일정한 수의 새로운 부자들이 특권을 가지게 되고 전진해갔기 때문이기도 하다. 사회적 상승이 있다는 것은 그 사회가 어쨌든 유복하다는 것을 확인해준다. 물질적 진보가 없다면, 어느 것도 그렇게 빨리 변화하지 못할 것이다.

무엇보다도 유행은 상인이 의식적으로 이용한다. 니컬러스 바본*은 1690년에 이렇게 찬사를 보냈다. "유행, 다시 말해서 의복의 변화는 상업의 정수이며 생명이다." 그 덕분에 상인들은 움직임 속에 있을 수 있고, 사람들은 의복의 가을을 보는 일 없이 늘 영원한 봄 속에 산다.[177] 18세기에 리옹의 비단장수들은 생산물을 외국에 강요하고 경쟁을 배제시키기 위해서 프랑스 유행의 힘을 이용했다. 그들의 비단은 아주 훌륭했으나 이탈리아 수공업자들이 쉽사리 복제했는데, 특히 견본을 보내는 관습 때문에 더욱 그러했다. 리옹의 비단장수들은 대응책을 발견했다. "비단 도안사"라고 할 만한 사람들을 고용하여 매년 모형을 완벽하게 바꾼 것이다. 복제품이 시장에 도착할 때쯤이면 그것은 이미 유행이 지나간 뒤였다. 카를로 포니가 발간한 편지들을 보면 경쟁 중인 리옹인들의 이 교활한 전략을 조금도 의심할 수 없다.[178]

유행이란 이전의 언어를 낙오시키고 새로운 언어를 탐구하는 것이며, 각 세대가 이전 세대를 부인하고 그들로부터 스스로 구분되려는 방법이다(적어도 세대 간의 갈등이 존재하는 사회에서는 그렇다). 1714년의 한 문서에 의하면, "재단사는 바느질보다 도안에 신경을 더 많이 쓴다."[179] 아닌 게 아니라 유럽에서 문제는 발명하는 것, 그리고 이미 철 지난 언어를 전복시키는 것이다. 국가나 왕조 같은 확고한 가치를 주장하는 기구들은 같은 면모, 적어도 같은 외관을 지키려고 애쓴다. 수녀들은 중세의 여자 복장을 하고 있다. 베네딕토회, 도미니코회, 프란치스코회 등은 그들의 옛날 복장에 충실하다. 영

---

* Nicolas Barbon(1640-1698) : 영국의 경제학자. 화재보험의 창시자. 레이던과 위트레흐트에서 공부했다. 1666년 린던 대화재 이후 재건축 사업 때 화재보험을 개발해서 판매했다. 그의 경제학 저서는 애덤 스미스와 리카도를 예고한다.

국 왕실의 의전은 적어도 장미전쟁까지 거슬러올라간다. 이것은 일부러 시대의 흐름에 역행하려는 일이다. 세바스티앙 메르시에가 다음과 같이 말하는 것은 틀리지 않았다(1782). "내가 교회 관리인들을 볼 때면 혼자 생각한다. 샤를 6세* 통치하에 모든 사람들은 저렇게 옷을 입었겠구나 하고."[180]

직물의 지리에 관한 한두 마디 언급

의상의 역사에 결론을 짓기 전에 우리는 섬유와 직물의 역사, 생산과 교환의 지리, 직조공의 느린 노동, 원재료 부족이 몰고 온 규칙적인 위기 등을 살펴보아야 한다. 유럽은 양털, 면, 비단이 모자랐고, 중국은 면, 인도와 이슬람은 가벼운 양털이 모자랐으며, 블랙 아프리카는 외국 직물을 사기 위해서 대서양이나 인도양 연안에서 금과 노예를 팔아야 했다. 이런 것들이 가난한 민족이 사치품 구입을 위해서 치르는 대가이다!

생산지역은 어느 정도 한정되어 있다. 양모 지역은 15세기부터 18세기까지 거의 변하지 않았다. 다만 라마(거친 양모)와 비큐냐(아주 고운 양모)가 있는 아메리카 대륙의 특별한 경우는 또다른 이야기이다. 양모 지역은 지중해, 유럽, 이란, 북인도, 중국 북부의 추운 지역 등을 포함한다.

중국은 자체 내에 기르는 양이 있었고, "그곳의 양모는 아주 널리 보급되었으며 값이 쌌다." 그러나 "유럽식 직물을 짜는 법을 전혀 몰라서" 영국 직물을 보고 크게 경탄했으나 "그 가격이 가장 질 좋은 비단과는 비교할 수 없으리만큼 비쌌으므로" 거의 사지 않았다. 그들의 두꺼운 모직물은 거칠고 일종의 뷔르(bure : 투박한 직물)와 같았다.[181] 그러나 그들은 "아주 섬세하고 비싼 서지 직포(serge)를 만들었는데, 일반적으로 노인이나 상당한 지위의 사람들이 겨울에 입었다."[182] 사실 중국 사람들은 선택의 범위가 넓었다. 그들에게는 비단, 면직, 또 널리 보급되지는 않았지만 쉬운 노동으로 얻을 수

---

* Charles VI(1368-1422) : 백년전쟁 때의 프랑스 국왕(재위 1380-1422). 치매 증세를 보여 국정이 큰 위기를 겪었을 뿐 아니라 영국 국왕 헨리 5세에게 프랑스 왕위를 넘겨줄 뻔했다.

있는 두서넛의 식물 섬유가 있었다. 겨울이 오면 북부의 관리와 제후들은 담비 모피를 입었고, 가난한 사람들은 양가죽을 입었다.[183]

문화적 상품 가운데 가장 소박한 수준인 직물은 새로운 지역으로 이전되고 이식된다. 모직은 19세기에 오스트레일리아에서 선택된 땅을 찾게 되었다. 비단이 유럽에 도착한 것은 아마도 트라야누스(53-117) 시대일 것이다. 면은 인도를 떠나서 12세기 이래 중국을 석권했으나 그 이전에 10세기경 아랍 세계의 중개로 이미 지중해에도 도착한 바 있다.

이 여행들 중에 가장 빛나는 것은 비단이다. 아주 조심스러운 감시 대상인 비단이 중국에서 지중해까지 오는 데에는 수 세기가 걸렸다. 처음부터 중국인은 비단을 유출시킬 의사가 전혀 없었으며 중국과 비잔틴 사이를 가르는 사산조 페르시아 역시 마찬가지여서, 두 방향으로 모두 비단의 유출이 막혔던 것이다. 유스티니아누스 1세(재위 527-565)는 단지 성 소피아 사원을 짓고 『유스티니아누스 법전(Corpus Iuris)』을 편찬했을 뿐만 아니라, 수차례의 모험을 거치면서 비잔틴에 누에벌레, 뽕나무 고치에서 실 감는 법, 이 귀한 실로 직물을 짜는 법을 도입한 비단의 황제였다. 비잔틴 세계는 비단을 가지고 막대한 수익을 올렸으며 따라서 수 세기 동안 비단을 지켰다.

이 책이 다루는 첫 시기인 15세기에 비단은 이미 400년 전부터 시칠리아와 안달루시아에 존재했다. 16세기에는 뽕나무와 함께 비단이 토스카나, 베네치아, 롬바르디아, 그리고 론 강을 따라 바-피에몬테에 전파되었다. 마지막 성공 사례로 18세기에는 사부아에 도착했다. 이러한 뽕나무와 양잠술, 비단 직물업의 조용한 진출이 없었다면, 이탈리아 및 그 외의 지역이 16세기 이래로 누려왔던 특출한 부(富)는 없었을 것이다.

목화와 면직물의 여행도 그에 못지않은 장관이었다. 유럽은 아주 일찍부터 이 귀한 직물에 익숙해 있었으며, 특히 13세기부터는 목양이 감소해서 모직이 귀해짐으로써 더욱 그렇게 되었다. 따라서 대체 직물로서 아마와 면직을 날줄과 씨줄로 섞어 짜는 푸스티아 직물(futain, fustian)이 퍼져나갔다. 이것들은 이탈리아에서 크게 유행하다가 알프스 이북에까지 확산했고 특히 울름과 아우크스부르크에서 바르헨트 직물*이 개발되어 큰 부를 안겨주었다. 이처럼 알프스 이북 지역은 멀리 베네치아가 지배하고 활성화시킨 곳이었다. 사실 베네치아는 실로 짠 것이든 목면 형태로 통에 넣은 것이든 면의 수입지였다. 15세기에는 1년에 두 번씩 베네치아에서 대형 범선이 시리아로 목면을 찾아 떠났다. 면은 현지—알레포와 그 부근 지역—에서 가공되어 유럽으로 수출되기도 했다. 17세기에는 유럽의 전통적인 앞치마용 직물과 유사한 푸른색의 거친 면직이 남부 프랑스의 일반적인 옷으로 많이 쓰였다. 그후 18세기에는 유럽 시장에 인도의 면직물이 도착했는데, 이 섬세하고 염색된 "인도 직물"은 여성 구매객을 사로잡았다. 그러다가 산업혁명으로 인하여 영국이 인도의 능란한 직조공과 같은 수준이 되었고 결국은 그들을 파산시켰다.

아마와 대마는 거의 원산지 지역에 그대로 남아 있는 편이었다. 이것들은 폴란드, 발트 해 지역, 러시아 같은 동쪽 지역으로 보급되기는 했으나, 유럽 이외의 지역으로는 거의 나가지 못했다(그러나 중국에는 대마가 있었다). 이 직물은 서구 지역—아메리카 대륙도 포함하여—이외에서는 거의 큰 성공을 거두지 못했으나, 아주 용도가 다양해서 두 직물 중에 하나, 혹은 둘 다를 사용하여 직포, 테이블 보, 내의, 포대, 블라우스, 농부의 바지, 범포, 밧줄을 만들었다. 아시아와 아메리카 대륙에서는 면이 그것들을 빠짐없이 대체하여 심지어 배의 마스트에도 면이 쓰였다. 다만 중국과 일본의 정크선에는 면 대신 대나무 가지가 더 많이 쓰였는데, 이것에 대해서는 항해술 전문가들이 그 효능에 대해 끊임없이 감탄하고 있다.

여기에서 직물 제조의 역사, 그리고 다양하고 수많은 직물의 특성을 건드리려면, 수많은 페이지를 할애해야 할 것이다. 또 두툼한 용어사전을 보더라

---

* Barchent : 목면 실로 짠 플란넬 종류의 직물.

도 우리에게 알려진 많은 단어들이 항상 같은 생산물을 가리키지도 않으며, 종종 우리가 확실히 모르는 상품을 가리킬 수도 있다.

　우리는 제2권 중에 직물공업을 다룬 장에서 이 문제를 다시 볼 것이다. 모든 일에는 각각 때가 있는 법이다.

넓은 의미의 유행과 장기 지속적인 변동

유행은 단지 의상만 지배하는 것이 아니다. 『격언 사전』은 '유행'을 이렇게 정의한다. "프랑스인들이 옷 입는 법, 글 쓰는 법, 처신하는 법을 수천 번이나 다르게 변화시켜서 더 친절하고 우아하게 보이려고 하지만 더 자주는 우스워 보이게 되는 방법." 모든 것을 건드리는 유행은 각각의 문명이 방향을 잡는 방식이다. 의상만이 아니라 사교에도 유행이 있으며, 애교가 넘치는 동작만이 아니라 인기 있는 말 또는 식탁에서 손님을 접대하는 법, 편지를 조심스럽게 봉인하는 법 역시 유행을 탄다. 유행은 말하는 법이기도 하다. 예를 들면 "부르주아는 하인들을, 지체 높은 분들은 종복들을, 사제는 종자들을 데리고 있다"라고 말하는 투가 그런 종류이다. 유행은 또 식사하는 법이기도 하다. 유럽에서 식사시간은 장소와 사회계층에 따라 다르지만, 역시 유행을 따른다. 18세기에 만찬(dîner)의 의미는 프랑스인이 점심식사(déjeuner)라고 부르는 정도쯤 된다. "수공업자들은 [아침] 9시에, 시골 사람들은 12시에, 파리 사람들은 오후 2시에, 사업가들은 2시 반에, 그리고 제후들은 3시에 식사한다." "저녁식사(souper)"(오늘날의 디네[dîner])는 "소도시에서는 7시에, 대도시에서는 8시에, 파리에서는 9시에, 궁중에서는 10시에 한다. 영주들과 재정가들은 규칙적으로 하고, 법복 귀족들은 결코 안 하며, 사기꾼들은 할 수 있다면 한다." 여기에서 거의 속담 같은 이런 표현이 나왔다. "법복 귀족들은 '점심'을 먹고, 재정가는 '저녁식사'를 한다(La Robe dîne et la Finance soupe)."184)

　유행은 또 걷는 법이며 인사하는 법이기도 하다. 모자를 벗어야 하는가,

벗지 말아야 하는가? 프랑스에서 국왕 앞에서 모자를 벗는 관습은 나폴리 귀족에게서 유래했다. 이들의 경례가 샤를 8세*를 놀라게 했고 이것이 교훈이 된 것이다.

나아가서 유행은 신체, 얼굴, 머리카락에 쏟는 정성이다. 우리가 이 세 가지 일에 약간의 시간을 쓰며 자세히 고찰하는 이유는 이것이 다른 것보다 추적하기가 쉽기 때문이다. 여기에도 아주 느린 유행의 변화가 있어서, 마치 나날이 급변하고 다소 불일치하게 되는 가격의 흐름 속에서 경제학자들이 추출하는 장기 동향(trend)과 유사한 흐름이 있다. 이 다소간 느린 왕복 운동은 15-18세기 유럽에서 사치가 유행하던 모습들 중의 하나이며 그 현실들 중의 하나인 것이다.

신체의 청결함은 바라는 정도에 훨씬 못 미치는 정도였다. 이것은 모든 시대, 모든 사람에 해당할 것이다. 아주 일찍부터 높은 지위의 사람들은 가난한 사람들의 역겨운 더러움에 대해서 말해왔다. 1776년 한 영국인은 프랑스, 스페인, 이탈리아의 가난한 사람들의 "믿지 못할 정도의 더러움"에 놀라워했다. 그것은 "영국에서보다 훨씬 더 심각한 정도로 그들을 건전하지 못하고 흉하도록 만들었다."[185] 그러나 거의 어느 곳에서나 농민은 자신의 비참함을 가장하고 그것을 보여줌으로써 제후와 세리들로부터 스스로를 보호했다는 점을 부언해야 할 것이다. 그러나 유럽에만 한정한다고 해도, 높은 지위의 사람들 자신은 그렇게 깨끗했는가?

안을 댄 반바지(culotte)만 입는 대신 "팬티를 입고 또 갈아입어 청결함을 유지하는" 습관이 생긴 것은 18세기 후반에 들어가서의 일이다. 그리고 이미 언급했듯이 대도시를 제외하면 목욕탕이 거의 없었다. 목욕과 신체의 청결함이라는 관점에서 보면, 15-17세기 동안 서구는 오히려 크게 쇠퇴했다. 로

---

* Charles VIII(1470-1498) : 프랑스 국왕(재위 1483-1498)으로서 나폴리 왕국에 대한 계승권을 주장하며 이탈리아를 침공했다. 손쉽게 나폴리까지 진군하여 항복을 받았으나, 주변국가들이 개입하여 성과를 무효화시켰다.

마의 유산인 목욕탕은 중세까지만 해도 유럽 전역에서 볼 수 있었다. 사적인 목욕탕만이 아니라 공중 목욕탕도 많아서 목욕통과 욕조, 쉬는 침대, 큰 수영장이 있었고 그곳에서 남녀가 나체로 난잡하게 섞여 있었던 것이다. 사람들은 교회에서 만나듯이 자연스럽게 이곳에서 서로 만났고, 또 목욕탕은 모든 계층에게 제공되어서 물레방아, 대장간, 혹은 음료수 판매를 독점하여 돈을 벌듯이 목욕탕이 영주 수입의 수단이 되기도 했다.[186) 부유한 집에서는 지하에 "목욕도구들"을 갖추고 있었는데, 여기에는 일반적으로 술통처럼 나무를 둘러서 만든 큰 통과 작은 통이 포함되었다. 용담공 샤를 1세는 보기 드문 사치품인 은으로 된 욕조를 전쟁터에까지 끌고 다녔다. 그것은 그랑송의 대패배(1476) 이후 그의 캠프에서 발견되었다.[187)*

16세기 이후 공중 목욕은 전염병과 가공할 만한 매독 때문에 점차 쇠퇴했다가 거의 사라졌다. 가톨릭이든 칼뱅주의자이든 목회자들이 공중 목욕탕의 도덕적 파멸과 비속함을 비난한 것도 틀림없이 한 원인일 것이다. 그렇지만 목욕탕은 개인 집에서는 상당히 오랫동안 남아 있었다. 그러나 그것은 청결함을 위한 관습이 아니라 점점 더 치료수단이 되었다. 루이 14세의 궁정에서는 아주 예외적으로 병에 걸렸을 때에만 목욕탕을 사용했다.[188) 한편 파리에서는 그나마 잔존해 있던 공중 목욕탕이 17세기에 이발사-의사의 수중에 넘어가고 말았다. 마을에까지 공중 목욕의 관행이 남아 있고 또 아직 중세적인 무구(無垢)함이 유지된 곳은 당시 동유럽뿐이었다. 서유럽에서 목욕탕은 흔히 부자 손님을 위한 폐쇄적인 시설이 되었다.

1760년부터 특별히 만들어진 배를 센 강에 띄우고 그 위에서 하는 목욕이 유행했다. 생-루이 섬 근처에 세워진 중국식 목욕탕들(Bains Chinois)은 오랫

---

* 부르고뉴 공작 용담공 샤를 1세(1433-1477)는 사기 가문의 영토인 플랑드르와 부르고뉴를 연결하여 강력한 통합체를 만들려고 했다. 이것은 프랑스 국왕의 국가통합 정책에 정면으로 부딪치는 것이었다. 결국 국왕 루이 11세는 전력을 다해 샤를을 누르려고 했으며 그 일환으로 스위스 용병을 고용했다. 1476년에 스위스의 도시 그랑송에서 스위스 용병은 샤를의 군대에 대해서 결정적인 승리를 거두었고, 샤를은 진사했다.

동안 인기를 끌었다. 그러나 이 목욕탕들의 평판이 의심스러워졌고, 결국 이 것으로 통해 청결함이 큰 진보를 이루지는 못했다.[189] 레티프 드 라 브르통 에 의하면 파리에서는 거의 아무도 목욕을 하지 않았으며 "그것을 하는 사 람이라도 여름에 한두 번, 다시 말해서 1년에 한두 번 했다(1788)."[190] 1800 년의 런던에는 목욕탕이 하나도 없었다. 훨씬 후에 영국의 대귀족 부인이자 아주 아름다운 메리 몬터규 부인은 어느 날 그녀의 손이 청결한지 의심스럽 다고 지적한 어떤 사람에게 말했다. "이걸 보고 더럽다고 하시는 거예요? 그 러면 내 발을 보면 뭐라고 하실까!"[191]

이런 상황에서 비누 생산이 아주 적었다는 사실이 놀랍지는 않을 것이다. 비누의 기원은 멀리 로마-갈리아 시대에까지 거슬러올라간다. 결국 비누가 귀한 것이 문제가 되었고, 아마 높은 유아 사망률의 한 원인이 되었을 것이 다.[192] 지중해 지역에서 소다로 만든 단단한 비누는 세안에 쓰였는데 "우리 의 모든 우아한 분들의 뺨을 스칠 권리를 가지기 위해서 하얗게 만들고 향 을 집어넣은" 작은 비누도 있었다.[193] (북유럽 지역에서) 잿물로 만든 물비누 는 직포와 직물 세척에 사용되었다. 두 가지를 합쳐도 생산량은 매우 적었 다. 그럼에도 불구하고 유럽은 확실히 비누의 대륙이었다. 중국에는 비누가 아예 존재하지도 않았고, 내의도 없었다.

여성의 미용법을 보기 위해서는 18세기까지 기다려야 하고 또 이전 시대 부터의 유물에 추가된 새로운 발견물을 기다려야 한다. 예쁜 아가씨는 화장 한 뒤에 하녀들 손에 맡겨지고 다시 미용사 손에 맡겨지고, 그러면서 자기 사제나 "연인"과 잡담하느라 대여섯 시간을 쉽게 보냈다. 큰 문제가 된 것 은 머리를 너무 높이 틀어올려서 미녀의 눈이 마치 한번에 몸 한복판으로 간 듯이 보인다는 점이었다. 얼굴에 분 바르기는 특히 파운데이션 크림을 얼굴 에 듬뿍 바를수록 쉬워진다. 베르사유 궁전에서는 짙은 빨간색 루주만 바르 게 되어 있어서 선택이 제한되었다. "나에게 당신이 바르는 루주를 보여달 라. 그러면 당신이 어떤 사람인지 말할 수 있다." 향수의 종류는 아주 많았다. 제비꽃, 장미, 재스민, 수선화, 베르가모트, 백합, 분꽃, 은방울꽃의 정수를 뽑은 제품이 있었고, 또 아주 오래 전 스페인에서는 사향과 호박을 기본으로 해서 만든 강한 향수의 취향이 퍼졌다.194) "모든 프랑스 여자는 스스로 모든 수단을 통해 독특한 취향과 우아함을 나타내는 화장을 할 수 있는 천재라고 믿으며, 또 인간의 모습을 꾸미기 위한 장식들 중에 자기에게 특별한 권리가 없는 것은 하나도 없다고 상상한다"고 한 영국인은 지적한다 (1779).195) 이런 궤변에 대해서는 『격언 사전』이 이미 말한 바 있다. 다음과 같은 정의를 보라. "화장이란 사람의 자연스러운 면을 변형시켜 늙고 추한 것을 젊고 아름답게 만들기 위해서 모든 분, 모든 향수, 모든 루주를 섞는 것이다. 바로 이 점에서 사람들은 자기 몸의 부족한 모습을 고치는데, 속눈썹을 고치고 이를 다시 하며, 얼굴을 다듬고 마침내 그의 몸매와 피부를 바꾼다."196)

가장 변화가 큰 것은 역시 머리카락에 관한 유행이다. 그리고 그것은 남자의 경우도 마찬가지이다.197) 머리를 짧게 할 것인가, 길게 할 것인가? 수염과 콧수염을 기를 것인가, 말 것인가? 이 독특한 영역에서도 개인의 변덕이 늘 구속당하는 것을 보면 놀라울 따름이다.

이탈리아 전쟁 초기에 샤를 8세와 루이 12세는 긴 머리를 하고 수염이 없었다. 그러다가 수염과 콧수염은 기르지만, 머리는 짧게 하는 새 유행이 이탈리아로부터 왔고—의심스럽기는 하지만, 그것이 교황 율리우스 2세에 의해서 크게 퍼졌다고 한다—후에 프랑수아 1세(1521)와 카를 5세(1524)가 이것을 모방했다. 이 연대는 아무런 정확성이 없다. 다만 이 유행이 유럽 전역에 퍼졌다는 점은 확실하다. "1536년, 그때까지 대법관이던 프랑수아 올리비에가 청원심리관이 되기 위해서 고등법원에 도착했을 때, 그의 수염이 사람들에게 공포감을 주었으며 그 이유로 항의를 받았다. 올리비에는 수염을 깎는다는 조건으로 받아들여졌다." 그러나 "얼굴에 털을 기르는" 관습에 대해서는 법원보다도 교회가 더 반발했다. 1559년에는 심지어 자신들의 진통과 이전 양식을 들면서 아주 완강히 저항하는 참사회에 수염 기른 주교나 대주교를 배치하려면 국왕의 칙서가 있어야 했다.

물론 그들은 승리하지 못했다. 그러나 이번에는 승리한 자가 그 승리에 지쳐버렸다. 어떠한 유행도 사실 잘해야 100년을 가지 못한다. 루이 13세의 통치 초기에 머리는 다시 길어졌고 수염과 콧수염은 짧아졌다. 유행에 뒤처진 사람은 다시 한번 곤경을 겪었다. 논쟁은 방향이 아니라 그 대상을 바꾸었다. 곧 긴 수염을 가진 사람은 "자신의 나라에서 일종의 이방인이 되었다. 사람들은 그들을 보면 아주 먼 나라에서 온 사람으로 믿으려고 했다. 쉴리 공작*이 그런 경험을 했다.……아주 중요한 문제를 상의하기 위해서 루이 13세가 그를 궁중으로 불렀는데, 긴 수염에 더는 아무도 입지 않는 옛날 옷을 입고 옛날 궁중식의 정중한 태도와 양식을 가진 이 주인공을 보고는 젊은 궁정인들은 웃음을 참지 못했다." 한번 고개를 숙인 수염은 끊임없이 짧아지는 것이 논리적 결과였다. 마침내 "루이 14세가 여자 앞머리 같은 수염을 완전히 금지시켰다. 성 브루노 수도회의 수도사들만이 그것을 포기하지 않은 유일한 사람들이다(1773)." 왜냐하면 교회는 언제나 그렇듯이, 그리고 성질상 변화에 저항적이기 때문이다. 한번 받아들여지면 걸맞지 않더라도 그것을 유지하는 것이 그들의 확고한 논리이다. 1629년경 "인공 머리"의 유행이 시작되었고, 머리가 곧 가발, 그리고 다시 분 바른 가발로 이어졌을 때 교회는 다시 한번 유행에 대항하여 일어났다. 사제는 머리 한가운데의 대머리**를 가리는 가발을 한 채 성무를 볼 수 있는가? 이것이 치열한 논쟁의 주제였다. 가발은 계속 사용되었고, 18세기 초에는 콘스탄티노폴리스에서 유럽에

---

* 막시밀리앵 드 베튄(Maximilien de Béthune : 1560-1641)을 말한다. 프랑스의 정치인이며, 신교도로서 앙리 4세의 통치기에 여러 요직을 거쳤다. 군사 문제에도 박학했지만, 가장 큰 업적은 재정관리를 철저히 해서 균형을 이루어냈다는 점이다. 앙리 4세가 1610년 암살당하자 정계를 떠났다가, 루이 13세 때 프로테스탄트들에게 국왕에 대한 충성을 권고하기 위해서 힘썼다. 「국왕 경제(*Économie Royale*)」라는 회고록을 남겼다.
** tonsure : 가톨릭 성직자가 될 때 머리 윗부분 가운데의 머리카락을 삭발하는 것. 성직에 봉사한다는 표시였으며, 재속 성직자와 수도 성직자 사이에 그 크기가 다르기도 했다.

"가발을 만들기 위해서 가공된 염소 털"을 수출하기까지 했다!

경박함을 다루는 이번 장의 핵심은 연속적인 유행이 대개 1세기 정도 지속되었다는 점이다. 루이 14세와 함께 사라진 수염은 낭만주의 시대에 가서야 다시 유행했고, 1920년경 제1차 세계대전과 함께 사라졌다. 그후 1세기가 지났는가? 아니다. 1968년 이후 긴 머리, 수염, 턱수염이 다시 퍼졌다. 이 모든 것에 대해서 그 중요성을 확대하지도 축소하지도 말자. 인구가 천만이 되지 않았던 1800년의 영국에서, 세무 기록이 정확하다면, 가발을 쓰는 사람은 15만 명이나 되었다. 그리고 이 조그마한 예가 우리가 관찰한 내용들과 일치하는지 확인하기 위해서 1779년의 한 문서를 보자. 이것은 어쨌든 프랑스에 한해서는 정확하다. "농민과 일반 서민은……늘 그럭저럭 수염을 깎으며, 상당히 짧고 너무 등한히 내버려둔 머리를 하고 있다."[198] 이 확언을 문자 그대로 받아들이지 않더라도, 한번 더 확실히 말할 수 있는 것은 한쪽에는 대다수의 불변성이 있고 또다른 한쪽에는 사치라는 움직임의 가능성이 있다는 것이다.

결론은 무엇인가?

물질생활의 모든 현실—음식, 음료, 주거, 의류, 그리고 마지막으로 유행—은 그것들 사이를 한번에 결정적으로 표시할 수 있는 확고한 관계 또는 상호관계를 가지고 있지는 않다. 사치와 궁핍을 구분하는 것은 일차적 구분에 불과하며, 단순하고, 그 자체로는 아직 충분히 정확하지 않다.

이 모든 일이 강제적인 필요의 산물만은 아니다. 인간은 달리 어쩔 수 없으므로 먹고 입고 집을 짓고 살지만, 그래도 그가 하는 것과는 다르게 먹고 입고 집을 짓고 살 수도 있다. 유행의 급변은 이것을 "통시적으로(dia-chronique)" 이야기하고, 현재와 과거의 매 순간 세계의 대립은 이것을 "공시적으로(synchronique)" 이야기한다. 우리는 다만 사물의 영역에만 있는 것이 아니라 "사물과 말"의 영역에 있다. 이때 이 "말"이라는 용어는 일반서인 이미 이상의 것을 가리킨다. 한 공기의 쌀밥이나 한 조각의 **빵**을 먹는 일상생활 가운데서 우리는 무의식적으로 말의 노예가 되는데, 그때 거기에서 인간이 부여하고 암시하는 모든 것을 포괄하는 언어가 문제가 된다.

마리오 프라츠가 쓴 혁신적인 책을 따르면,[199] 중요한 것은 무엇보다도 사물, 그리고 언어를 전체 속에서 보아야 한다는 생각이다. 넓은 의미의 경제의 테두리 안이라고 해도 좋다. 아마 사회라고 불러도 옳을 것이다. 사치가 한 경제를 지탱해가고 진보시키는 좋은 수단은 아니라고 해도, 그것은 한 사회를 부양하고 매혹시키는 수단이다. 결국 상품과 상징과 환각과 환상과 지적 사고들의 이상한 조합인 문명이 이 게임을 주도한다……. 간단히 말하여 물질생활의 심층에까지 까탈스럽게 복잡한 질서가 형성되며 여기에 경제, 사회, 문명이 가지는 함의, 경향, 무의식적 압력이 함께 작용하는 것이다.

제5장

기술의 전파 : 에너지원과 야금술

Marten van Valckenborch(1535–1612), *River Landscape with Iron Mining Scene,* 1611, oil on copper, 39 × 51cm. Grohmann Museum, public domain.

모든 것이 기술이다. 기술은 외부 세계에 대한 인간의 노력을 의미하지만, 거기에는 급격한 변화를 가져오는 맹렬한 노력만이 아니라 끈질기고 단조로운 노력도 포함된다. 화약, 원양 항해, 인쇄술, 물레방아와 풍차, 초기의 기계류같이 우리가 다소 성급하게 혁명이라고까지 부르는 빠른 변화뿐 아니라, 작업과정이나 도구의 완만한 개선도 있고, 또 분명히 중요한 혁신과는 거리가 먼 수많은 활동도 포함한다. 선원이 로프를 잡아당기고, 광부가 갱도를 파들어가며, 농부가 쟁기질을 하고, 대장장이가 모루질을 하는 것 등이 모두 기술이다. 이 모든 활동은 누적된 지식의 산물이다. "나는 효율성을 가진 전통적 활동을 기술이라고 부른다"라고 마르셀 모스는 말했다.[1] 결국 기술은 인간에 대해서 인간의 노동을 적용하는 활동, 태초부터 영구히 계속되어온 훈련을 의미한다.

기술은 역사의 넓이를 가지고 있고, 필연적으로 역사의 완만함과 모호함을 나누어가진다. 기술은 역사에 의해서 설명되고 또 기술이 역사를 설명하지만, 그렇다고 그 둘 사이의 상관관계가 완전히 만족스럽지는 않다. 이와 같이 역사 전체라는 극단적으로 확대된 영역에서는 하나의 움직임이 아니라 여러 다양한 움직임과 다양한 방향, 다양한 "톱니바퀴의 물림"이 있는 빛이다. 그러므로 결코 단선적인 역사란 없다. 르페브르 드 노에트의 저작은 여전히 찬탄의 대상이지만, 그는 지나치게 단순한 유물론에 빠지는 오류를 범하고 있다. 그는 9세기부터 멍에가 말의 목이 아니라 어깨에 줄을 묶는 방식으로 변화한 결과 말의 축력(畜力)을 증대시켰기 때문에 인간을 노예로 사용하는 관행이 사라졌다고 주장했다(마르크 블로크는 이 지나치게 단순한 주장을 반박한 바 있다).[2] 12세기에 개발되어 북해로부터 점차 더 넓은 지역으로 퍼져나갔던 중앙타(中央舵, gouvernail d'étambot) 역시 마찬가지로, 이것만으로 해상을 통한 지리상의 발견이 이루어진 것은 아니다.[3] 15세기에 안경이 일반화되어 책을 읽는 독자의 수가 증가한 것이 르네상스의 지적 성장을 도왔다는 린 화이트의 주장도 다만 재미있는 경구 정도로 받아들이는 편이 좋을 것이다.[4] 사실 여기에는 얼마나 많은 다른 요소들이 작용했겠는가! 인쇄술은 말할 것도 없을 뿐 아니라, 화이트의 말대로라면 실내조명의 일반화 역시 마찬가지가 아닌가! 글을 읽고 쓰는 시간이 실내조명만으로 얼마나 늘어났겠는가! 그러나 우리가 특히 주목해야 할 것은 이와 같이 읽고 알고자 하는 새로운 열정의 동기가 무엇인지이다. 경제학자들이라면 앎에 대한 "유효수요"*라고 말했을 그런 것 말이다. 안경이 보급되기 이전인 페트라르카 시대부터 이미 고문서에 대한 열정적인 연구가 있지 않았던가?

간단히 말해 기술에 관한 논쟁에서도 일반 역사, 달리 말하면 넓은 의미의 사회를 고려해야지, 기술 하나만을 보아서는 안 된다. 사회, 그것은 느리고 둔중하며 복잡한 역사이다. 그것은 이미 사람들이 알고 있고 가지고 있는 해결책만을 고집스럽게 반복하려는 경향이 있어서 그 이외의 다른 것들을 꿈꾸는 힘들고 위험한 일은 피하려고 한다. 그 결과 문에서 노크를 하고 있는 수많은 발명들은 실제 생명을 얻기까지 수년, 심지어는 수 세기를 기다려야만 한다. 우선 발명(inventio)이 이루어지고 나서 한참이 지난 후에, 사회

---

* 어떤 재화나 용역에 대해서 단지 가지고 싶다는 욕구만 있는 것이 아니라 적극적으로 화폐 지출을 통해서 실제로 구매하려는 용의가 있는 욕구.

가 필요한 정도의 수용성을 갖추었을 때 적용(usurpatio)이 이루어진다. 대표적인 예로 긴 낫(faux, scythe)을 들 수 있다. 긴 낫을 보여주는 소재로는 서구에서 많은 인명을 앗아간 페스트가 지나간 뒤인 14세기에 많은 그림의 강박적인 주제로 등장한 슈니터 토트(Schnitter Tod), 즉 죽음의 추수꾼이 있는데, 사람들은 그를 흔히 긴 낫을 들고 있는 것으로 묘사했다. 그러나 사실 이 긴 낫은 풀밭의 풀을 베는 데만 쓰였을 뿐 추수에는 거의 쓰이지 않았다. 곡물의 이삭은 반달낫으로 줄기의 꽤 높은 부분을 잘라서 거두어들였고, 밀짚은 그 자리에 두어서 동물에게 먹인 반면에 축사용 짚으로는 숲의 나뭇잎과 줄기를 썼다. 도시가 크게 성장하고 유럽이 곡물 재배 지역(소위 독일 역사가들이 말하는 페르게트라이둥[Vergetreidung])으로 바뀌었지만, 긴 낫은 곡물의 낟알을 떨구어버리는 흠이 있었기 때문에 19세기 이전에는 결코 일반화되지 못했다.[5] 19세기에 곡물을 약간 놓치더라도 일을 빨리 진행시킬 필요가 있게 되어서야 이 속도 빠른 도구가 반달낫보다 더 많이 사용되었다.

이와 유사한 예는 그 외에도 얼마든지 찾을 수 있다. 예컨대 증기기관은 산업혁명을 일으키기 아주 오래 전에 이미 발명된 상태였다(어쩌면 [증기기관이 산업혁명을 가져왔다기보다는/역주] 산업혁명이 증기기관의 보급을 가져온 것이 아닐까?). 그러므로 발명의 사건사는 그 자체로만 보면 요술 거울의 방과 같다. 앙리 피렌이 말한 다음과 같은 멋진 말이 이 논의를 잘 요약해준다. "[바이킹들이 발견했던] 아메리카 대륙은 발견되자마자 곧 잊혀졌다. 유럽에게 아직 그것이 필요하지 않았기 때문이다."[6]

기술이란 어찌 보면 경제적, 사회적, 그리고 심리적 이유 때문에 사람들이 그 끝까지 가보지도 못하고 충분히 사용하지도 못하는 **가능성**의 영역이며, 또 어찌 보면 물질적으로, "기술적으로" 사람들의 노력이 한계에 부딪치게 되는 **천장**이 아닐까? 이 마지막 말을 다시 생각해보자. 어느 날 그 천장과 같은 한계가 뚫릴 것이고, 그러면 기술 발전에 의한 기존 장애의 돌파가 더욱 힘차게 가속화되는 출발점이 될 것이다. 그렇지만 이 장애를 돌파하는 힘은 단순히 기술이나 과학 그 자체의 **내부적인** 발달만은 아니다. 적어도 19세기 이전에 대해서는 확실히 그렇게 말할 수 있다.

핵심적인 문제 : 에너지원

15-18세기 기간에 사람이 사용할 수 있던 힘으로는 인력, 축력(畜力), 풍력, 수력, 목재, 목탄, 석탄 등이 있었다. 결국 다양하기는 하지만 보잘것없는 에너지원을 갖추고 있었던 셈이다. 이 다음 시기에 일어날 사태를 통해 우리가 이미 알고 있듯이, 석탄을 어떻게 사용하느냐에 따라서 진보가 이루어지며, 특히 제철업에서 석탄을 코크스의 형태로 조직적으로 사용하는 것이 중요해진다. 석탄은 유럽에서는 11-12세기부터 사용했지만, 중국에서는 문헌에 기록되어 있는 바대로 기원전 4000년대부터 사용했다. 그러나 인간이 석탄을 단지 보조적인 연료 이상의 것으로 이용하기까지에는 많은 시간이 필요했다. 심지어 코크스를 발명하고도 곧바로 사용하지는 않았다.[7]

"인간 모터"

인간의 근육 힘은 보잘것없는 모터에 불과하다. 마력(馬力 : 1초에 75킬로그램의 물체를 1미터 들어올리는 힘) 단위로 재보면 인간의 힘은 가소롭기 그지없다. 사람의 힘은 1마력의 100분의 3-4 정도인데 비해, 짐을 끄는 실제의 말의 힘은 1마력의 100분의 27-57 정도이다.[8] 1739년에 포레 드 벨리도르*는 말 한 마리가 하는 일을 사람이 똑같이 하려면 일곱 명이 필요하다고 주장했다.[9] 다른 단위로 재어보자. 1800년에 한 사람이 하루에 할 수 있는 일은 "0.3-0.4헥타르의 밭을 가는 일, 0.4헥타르의 풀밭에서 꼴을 베는 일, 반달낫을 가지고 0.2헥타르의 수확을 하는 일, 밀 100리터를 타작하는 일"이

---

* Bernard Forest de Bélidor(1693-1761) : 프랑스의 엔지니어. 조력(潮力) 물레방아 등을 연구했다. 라 페르 무기학교의 교수이기도 했다.

었으니, 분명 미약한 성과에 불과하다.[10]

그렇지만 루이 13세 치하에서 한 사람의 하루치 노동은 말을 사용하는 경우의 7분의 1값이 아니라 절반값을 받았다(각각 8수와 16수).[11] 따라서 사람의 노동력을 과대평가한 것이지만, 정당한 과대평가라고 할 수 있다. 사람은 보잘것없는 모터라고 하더라도 일을 하는 데에 많은 도구들—그중 어떤 것들은 태곳적부터 사용해왔던 것으로서 망치, 도끼, 톱, 못뽑이, 삽 등이 있다—을 사용하고, 또 사람의 힘으로 움직이는 초보적인 동력기구들—예를 들면 천공기, 캡스틴,* 도르래, 기중기, 잭, 지렛대, 페달, 크랭크 등—을 사용함으로써 극히 다양한 방식으로 힘을 배가시킬 수 있기 때문이다. 이 중에서도 특히 마지막에 언급한 세 가지 초보적 도구인 지렛대, 페달, 크랭크는 인도나 중국으로부터 서구에 들어온 것으로서, 이 도구들에 대해서 앙드레-조르주 오드리쿠르는 "인간 모터(moteur humain)"라는 적절한 명칭을 부여했다. 단순히 도르래 하나만 사용해도 인간 노동의 에너지 성과가 4-5배 또는 그 이상으로 증가하지 않는가? 이러한 조건에서 엔지니어이며 물리학 아그레제**인 제라르 발터는 인간 모터의 **평균적인** 힘은 도구를 고려하여 계산해야 하며, 그렇다면 마력의 100분의 13에서 16 정도가 된다고 생각했다(1980년 6월 26일 자 편지).

인간은 큰 가능성을 가지고 있다. 인간은 숙련과 유연성을 가지고 있기 때문이다. (1782년의 증거에 의하건대) 파리의 한 하역 인부는 "말이 쓰러져 죽을 정도의 짐"을 등에 졌다.[12] 푸앙소는 『경작민의 친구(L'Ami des Cultivateurs)』(1806)에서 다음과 같은 충고—그런데 사실 이런 충고가 19세기의 책에 실려 있다는 것 자체가 의아스러울 정도이다—를 한다, "모든 토지를 삽으로 경작한다면 아주 바람직할 것이다. 이렇게 하는 것이 쟁기로 일

---

* capstan : 수직으로 된 원뿔꼴의 동체에 밧줄 또는 체인을 감아서 그것을 회전시켜 무거운 물건을 끌어올리거나 당기는 도구.
** agrégé : 프랑스이 대학교 및 고등학교(Lycée) 교수 자격 시험(agrégation)에 합격한 사람.

하는 것보다 훨씬 더 유리하며, 사실 프랑스의 많은 지역에서 이 도구를 더 선호하여 능숙하게 사용한 결과, 많은 일이 단순화되었다. 삽을 사용하면 한 사람이 2주일 동안 487제곱미터의 면적을 65센티미터의 깊이로 갈 수 있고 이 일만으로도 충분한 반면에, 쟁기를 사용할 경우에는 갈기 어려운 땅에는 씨를 뿌리기 전에 쟁기질을 네 번이나 반복해야 한다. 게다가 쟁기로는 결코 삽만큼 땅을 잘 고르거나 흙을 잘 부술 수 없다.……상당한 정도의 농토를 가지고 있지 않은 경우 쟁기를 가지고 밭을 가는 것은 나쁜 경제 운영이 되리라는 것을 알 수 있다. 거의 모든 소규모 차지농들이 몰락하는 중요한 원인이 바로 이것이다. 다음으로 이렇게 삽으로 경작한 땅의 수확량이 다른 땅의 수확량보다 세 배나 된다는 것이 증명되었다. 토지를 경작하는데에 쓰는 삽은 정원에서 쓰는 삽보다 적어도 두 배 이상 더 길고 강해야 한다. 정원에서 쓰는 삽은……단단한 흙덩이를 들어올리고 부수어야 하는 벅찬 일을 감당해내지 못할 것이다.”[13]

이 사실을 단순히 머릿속으로만 생각한 결과라고 보아서는 안 된다. 흔히 시골에서 농부들은 자기 땅을 삽은 아니라고 해도 곡괭이를 가지고 경작한다. 이것을 보고 18세기에는 “손으로(à la main)” 일한다거나 “팔로 경작한다(cultiver à bras)”라고 표현했다.[14] 문제는 이러한 터무니없는 “중국식의(à la chinoise)” 경작이 예외가 아니라 일반적인 법칙이었을 때, 그 결과가 어떻게 될 것인가를 계산하는 일이다. 이러한 조건 아래에서 서구의 도시들은 살아남을 수 있을 것인가? 아니면 도대체 형성될 수라도 있을 것인가? 그리고 가축은 어떻게 될 것인가?

이처럼 맨손으로 일하는 사람은 근대 중국 어디에서나 늘상 볼 수 있었다. 한 여행자는 이렇게 기록했다(1793). 그곳에서 인력은 단지 “가장 비용이 적게 드는 정도가 아니라, 인력이 헛되이 쓰이지 않는다는 것만 확실하면 아낌없이 사용한다.” 이 말을 곧이곧대로 믿을 필요는 없으나, 타당성이 전혀 없지는 않다. 중국 사람들은 곡괭이질을 하고, 물소 대신 쟁기를 끌고, 물을 대며, "체인 펌프"*를 돌리고, 거의 팔 힘만으로 돌리는 방아를 사용하여 곡물을 빻는가 하면("이것은 수많은 사람들이 하고 있는 일이다"), 여행객을 나르고, 어마어마한 짐을 들어올리며, 어깨에 걸치는 지렛대 모양의 나뭇대로 무거운 짐을 나르고, 종이를 만드는 방아를 돌리고, 배를 밧줄로 끄는 일들을 한다. "다른 나라에서라면 이런 일에 말을 사용했을 것이다."[15] 양쯔 강에서 베이징까지 가는 대운하 위의 가장 높은 수문인 천비첩(天妃峽 : "하느님의 부인 혹은 연인"이라는 뜻이다)은 문을 여닫는 방식으로 운영되지 않는다. 대신 배를 들어올려 한쪽 운하에서 다른 쪽 운하로 옮기는데, 이런 일을 하기 위해서는 캡스턴을 사용하고 "운하의 양쪽에서 400-500명, 혹은 배의 무게와 크기에 따라서는 그 이상의 사람들이 엄청난 양의 밧줄을 잡아당겨야 한다." 그렇다면 이 어렵고 위험한 작업을 예로 들면서 "모든 종류의 기계적인 작업을 하는 데에 우리[포르투갈인]보다 훨씬 적은 도구를 사용하면서도 우리보다 쉽게 해내는" 중국인의 관습을 설명한 마갈량이스** 신부의 말은 맞는 것일까?[16] 10여 년 뒤에(1695) 제멜리 카레리 역시 가마 운반인들이 얼마나 빠른지—"타타르의 작은 말"처럼 빨리 뛴다고 한다[17]—놀라움을 금치 못했다. 예수회 신부 한 사람은 1657년에 베이징에서 인력과 풍력을 이용하여 "물을 100뼘 정도" 뽑을 수 있는 진화 펌프를 만들어냈다.[18] 인도만 하더라도 양수기와 사탕수수 방아 및 기름 짜는 방아는 동물을 이용하여 돌렸다.[19] 그렇지만 극단적인 예로서는 19세기의 일본을 들 수 있는데, 호쿠사이***가 그린 한 그림에서는 믿을 수 없는 광경을 볼 수 있다. 사탕수수를 오직 사람 힘으로만 으깨고 있는 것이다.

1777년만 해도 예수회 신부들은 이렇게 설명했다. "적어도 경작지가 부족해서 사람을 먹여살리는 것만도 빠듯한 나라에서는 기계와 가축들의 효용

---

* 줄에 매달려 있는 양동이들이 돌아가며 연쇄적으로 물을 길어서 쏟아붓도록 만든 장치.
** Gabriel de Magalhães(1609-1677) : 중국에 파견된 포르투갈 출신의 예수회 선교사.
*** 가쓰시카 호쿠사이(葛飾北齋, 1760-1849) : 우키요에 화파에 속하는 일본의 화가, 판화가

문제는 쉽게 결정할 수 없다. 기계와 가축들이 여기에서 무엇에 소용이 되겠는가? 그것은 사람들 일부를 철학자연하는 사람들(philosophistes)로, 즉 사회에 대해서 결코 아무것도 하지 않으면서 자신들의 요구, 자신들의 복리를 사회에 짐 지우는 사람들, 게다가 더 나쁘게는 자신들의 우스꽝스러운 사상을 사회에 짐 지우게 하는 사람들로 만드는 것이다. 우리 나라의 일부 시골[이 이야기를 하는 사람은 중국인 예수회 신부이다]에는 사람 수도 너무 많고 다수가 실업 상태에 있는데, 이들은 최근에 새로 정복해서 농업이 크게 발달하고 있는 타타르 지역에 가서 일하는 편이 나을 것이다.……"20) 이 말이 합당한지도 모르겠다. 하여튼 이때 중국의 농업이 내부적으로나 외부적으로나 식민화해가고 있었다는 것은 정확한 사실이다. 그러나 마찬가지로 주목할 사실은 농업의 진보가 인구 성장을 앞서가는 것은 고사하고 따라가지도 못했다는 점이다.

블랙 아프리카와 인도에서도 인력을 많이 썼다는 점은 길게 말할 필요도 없다. 아우랑제브는 카슈미르를 여행할 때 첫 번째로 만난 히말라야의 가파른 경사에서 낙타의 짐을 내려야만 했다. 이 짐을 나르기 위해 1만5,000-2만 명의 짐꾼을 써야 했는데, 그중 일부는 강제로 사역시켰고 일부는 "100리브르의 무게마다 10에퀴의 돈을 준다는 미끼로 꼬여서" 일을 시켰다.21) 인력의 낭비라고 말할 사람도 있을 것이다. 그러나 다른 사람들은 이것이 경제적이고 절약하는 것이라고 말할 것이다. 비세트르 병원*에서는 12마리의 말을 이용해서 우물물을 길었다(1788). 그러다가 "더 큰 이익을 끌어낼 수 있는 현명한 경제적 방식으로 힘차고 튼튼한 죄수들을 쓰게 되었다."22) 이 말을 한 사람은 다름 아닌 도덕론자 세바스티앙 메르시에였다! 마찬가지로 나중 시기에 브라질의 여러 도시들에서는 때때로 말 대신에 흑인 노예들이 무거운 짐을 실은 수레를 끌었다.

---

* 파리의 동남부 크레믈랭-비세트르 지역에 있다. 루이 13세가 불구자가 된 군인들을 치료하기 위해서 지었다.

진보란 아마도 인력과 그것을 대체하는 다른 에너지원 사이에 합리적인 균형이 이루어지는 것이다. 사람과 다른 에너지원과의 지나친 경쟁은 눈속임에 불과한 이익만 줄 뿐이다. 고대 그리스나 중국의 상황이 그러했는데, 이곳에서는 결국 싼 인력 때문에 기계 사용이 봉쇄되었다. 그리스나 로마의 노예라든가 중국의 지나치게 효율적이고 지나치게 많은 쿨리(coolie : 육체노동자) 등을 보라. 사실 인간의 가치가 어느 정도 보장되지 않으면 진보는 불가능하다. 사람을 에너지원으로 쓰는 것에 많은 비용이 들 경우, 결국 사람의 노동을 돕거나 아니면 대체하기 때문이다.

축력(畜力)

사람의 일을 가축이 대신하는 것은 일찍부터 이루어졌지만, 그것은 일종의 사치로서 전 세계적으로 볼 때 아주 불규칙하게 발전했다. 이 "모터"의 역사는 우선 신세계와 구세계를 구분해보면 더 명확해질 것이다.

아메리카에서는 사정이 아주 단순하다. 이곳에서 인디오의 유일한 중요 유산으로는 라마(lama)가 있는데, "안데스의 양"이라고 불리는 이 동물은 짐을 운반하는 데에는 쓰임새가 형편없었지만 공기가 희박한 안데스 산맥의 고지대에 적응할 수 있는 유일한 동물이었다. (비쿠냐와 칠면조를 제외하고는) 소, 양, 염소, 말, 개, 조류 등 그 외의 모든 가축은 유럽에서 들어온 것이다. 경제생활에 가장 중요한 것은 노새였는데, 노새는 점차 핵심적인 운송 가축이 되었다. 다만 북부 아메리카와 식민지 브라질의 일부 지역, 팜파스 지역[아르헨티나의 대초원/역주] 등은 예외였다. 팜파스 지역에서는 20세기까지 큰 바퀴가 달리고 소가 끄는 나무 수레가 보편적인 수단이었다.

광대한 누에바 에스파냐 지역에서는 시끄러운 방울소리를 내는 노새 카라반이 상업을 장악했다. 1808년에 알렉산더 폰 훔볼트는 이곳에서 일반 상품과 옥수수 가루―이것이 없었다면 그 어느 도시라고 하더라도, 심지어 대단히 큰 부를 자랑하던 멕시코 시라고 하더라도 살아남지 못했을 것이다―

를 수송하는 데 노새 카라반이 얼마나 중요한지를 기록했다.[23] 이것은 또 10여 년 뒤에 오귀스트 드 생-틸레르가 주의 깊게 관찰한 브라질에서도 마찬가지였다. 노새의 운행에는 반드시 지켜야 하는 정지 장소와 통과 지점, 노새 "역(驛)"이 있었다. 리우 데 자네이루 근처의 세하 두 마르 아래에 위치한 포르투 다 이스트렐라가 적절한 예가 될 것이다.[24] 브라질의 트로페이루스* 같은 호송대의 대장들은 면화 생산에 자금을 댔고, 곧 커피 생산에도 자금을 댔다. 이들은 때 이른 자본주의의 선구자였던 셈이다.

1776년의 수치를 보면 광대한 페루 왕국에서는 해안이나 안데스 산지의 교역을 위해서, 또는 리마의 수레를 끌기 위해서 50만 마리의 노새를 사용했다. 이 거대한 왕국에서는 남쪽의 아르헨티나 팜파스로부터 매년 5만 마리의 노새를 수입했다. 노새들은 팜파스에서 거의 야생 상태로 자랐으며, 사람들은 다만 멀찍이서 감시할 뿐이었다. 그러다가 페온**들이 말을 타고 수천 마리나 되는 노새 떼를 북쪽의 투쿠만과 살타까지 몰고 갔다. 이곳에서 사람들이 노새들을 잔인하게 길들인 후 페루, 브라질, 특히 상 파울루에 있는 소루카바의 거대한 시장으로 몰고 가서 팔았다.[25] 마르셀 바타용***은 이 노새 생산과 상업을 보고 오늘날의 자동차 산업과 "동력화에 개방된 대륙 내부의 자동차 시장"을 연상시킨다고 한다.[26]

이 교역으로 건국시대의 아르헨티나가 페루의 은이나 브라질의 금을 나누어 가졌다. 페루에 약 50만 마리의 노새가 있었고, 브라질에도 아마 그만큼 있었을 것이며, 그 외에도 누에바 에스파냐, 카라카스, 산타 페 데 보고타(콜롬비아의 수도인 보고타의 옛 이름)의 사령관 직할 지역(capitainerie), 중앙 아메리카 등지에서 다른 용도로 쓰이던 것 등을 모두 합치면 100만─200만 마

---

*   tropeiros : 포르투갈어로 '노새 모는 사람'.
**   peon : 오늘날 이 단어는 스페인어로나 영어로나 '노동자'와 동의어가 되었지만, 본문에서는 목동을 의미한다.
*** Marcel Bataillon(1895-1977) : 프랑스의 저명한 스페인 학자. 콜레주 드 프랑스의 교수였으며 행정 책임자였다.

리의 노새가 짐을 나르거나 사람을 태우는 데 쓰였을 것이다(단, 수레를 끄는 데에는 거의 쓰이지 않았다). 그렇다면 이것은 사람 5-10명당 한 마리 꼴이 되며, 귀금속이나 설탕, 옥수수 같은 상품의 수송을 "동력화시킨" 대단한 성과라고 할 수 있다. 이와 비슷한 사례는 전 세계적으로 찾아볼 수 없다. 다만 비슷한 곳이 있다면 유럽이 될 것이다. 그러나 이곳도 아메리카에 비하면 훨씬 뒤처진다. 1797년에 스페인에는 1,000만 명의 인구가 있었지만(그러므로 대략 라틴 아메리카 전체의 인구와 비슷하다) 노새는 25만 마리밖에 없었다.[27] 더 자세한 연구가 이루어져서 아메리카에 관한 수치가 변화할지는 몰라도, 앞에서 본 유럽과 아메리카 대륙 사이의 차이는 변하지 않을 것이다.

소와 말을 비롯해서 유럽에서 건너온 다른 가축들 역시 신세계에서 크게 퍼졌다. 소는 팜파스 지역에서 멍에를 진 채 무거운 짐수레를 끌기도 했고, 식민지 브라질에서는 삐걱거리는 나무 축대에 큰 바퀴를 단 특징적인 카후지 보이*라는 이름의 수레를 끌기도 했다. 소들은 야생 집단을 이루기도 했다. 그것을 브라질의 상 프란시스쿠 계곡에서 볼 수 있는데, 이곳에서의 "가죽 문명(civilisation de cuir ; leather civilisation)"은 아르헨티나의 팜파스라든가 쇠고기를 거의 날것으로 살짝만 익혀서 엄청난 양을 먹는 히우 그란지 두 술에서와 유사한 광경을 보여주었다.

말에 대해서 보면, 그 수가 대단히 많았음에도 불구하고 어느 곳에서나 마찬가지로 거칠고 남성적인 일종의 귀족성, 짐승 떼를 몰고 가는 페온의 귀족성을 나타냈다. 18세기 말 팜파스에서는 세상에서 가장 경탄스러운 기사인 가우초들(gauchos)이 달리고 있었다. 이곳에서 말 한 마리의 가치는 대체 어느 정도였을까? 단지 2레알에 불과했다. 말은 1마리를 잃어버려도 10마리를 되찾을 수 있을 정도로 얼마든지 있었다. 다른 사람이 줄 수도 있고 아니면 직접 나가서 잡아오면 되었다! 소에 대해서는 아예 매매 가격이 없을 정

---

* carro de boi : 포르투갈어로 '소달구지'.

도이다. 누구든지 래소나 볼라*를 이용하여 잡는 자가 임자였던 것이다. 그러나 노새는 살타에서 9페소까지 값이 나갔다.[28] 부에노스 아이레스에서 흑인 노예가 200페소였으므로, 신세계는 어떻게 보면 이런 가격으로나마 인간의 가치를 높였다고 볼 수도 있으며, 또한 인간에게 동물의 왕국 전체를 넘겨준 것이라고 볼 수도 있다.

구세계에서는 오랜 옛날부터 이런 게임이 시작되었다. 따라서 이곳의 사정은 아주 오래되고 복잡했다.

사후적으로 본 것이기는 하지만, 쌍봉낙타(chameau, camel)와 단봉낙타(dromadaire, dromedary)가 구대륙의 텅 빈 지역 전체에 퍼져 있는 것은 매우 합리적이다. 여기에서 텅 빈 지역이란 대서양 쪽 사하라로부터 고비 사막에 이르기까지 더운 사막과 추운 사막이 끊임없이 연이어 있는 곳을 말한다. 더운 사막은 단봉낙타의 지역이다. 이 짐승은 냉기에 약하고 산악지역에도 맞지 않는다. 한편 추운 사막과 산악지역은 쌍봉낙타의 영역이다. 아나톨리아와 이란을 경계로 이 두 종류의 짐승이 나뉘어 분포해 있다. 한 여행자가 말했듯이(1694) "두 종류의 낙타가 있으니 하나는 더운 지역을 위해서 있고 다른 하나는 추운 지역을 위해서 있다는 것은 신의 섭리이다."[29]

그렇지만 이 현명한 분할은 오랜 과정의 결과였다. 단봉낙타가 사하라에 오게 된 것은 서력 기원이 시작될 무렵이었으며,[30] 이곳에서 확고한 위치를 차지하게 된 것은 7-8세기에 아랍의 정복 때부터, 그리고 11-12세기에 "대유목민들(grands nomades)"이 도착하면서부터이다. 한편 낙타는 11-16세기 동안에 서쪽 방향을 향해서 정복해 들어갔으며, 여기에는 튀르키예인이 소아시아와 발칸 반도 팽창이 도움이 되었다. 물론 쌍봉낙타나 단봉낙타는 반드시 각각의 영역에만 한정한 것은 아니었고 그 경계 밖에서도 볼 수 있었다.[31] 단봉낙타는 이란을 지나 인도에서도 볼 수 있었으며, 이곳에서는 말

---

* 래소(lasso)는 목적물을 걸어서 잡기 위해 던지는 올가미이고, 볼라(bola)는 쇠덩어리나 돌덩어리를 단 투망의 일종이다.

[馬]처럼 높은 값에 팔렸고, 다른 한편으로는 사하라 남쪽으로 깊숙이 뚫고 들어갔다가 블랙 아프리카와의 변경지역에서 카누와 짐꾼들에게 자리를 넘겨주었다. 한때는 단봉낙타가 북쪽으로 메로빙거 왕조의 갈리아 지역에까지 퍼져나가기도 했다. 한편 동쪽에서는 쌍봉낙타의 정복이 불완전했지만, 19세기까지 발칸 지역들을 관통해서 퍼져나갔다. 1529년에 빈의 성벽까지 공격했던 튀르키예 군대에게 보급을 제공하는 데에도 낙타가 이용되었다. 구대륙의 반대편 끝인 북부 중국도 마찬가지로 쌍봉낙타의 팽창 속에 휩쓸려 들어갔다. 베이징 근처에서 한 여행자(1775)는 수레 말고도 쌍봉낙타가 "[자신의 등에] 양들을 실어나르는" 것을 보았다.[32]

이슬람권은 이 힘 좋은 동물을 이용하는 데에 거의 반(半)독점권을 누리고 있었다고 해도 과언이 아니다. 지방 간 수송, 밭 갈기, 양수기(물론 지중해 근처 지역에서는 아주 오래 전부터 당나귀도 이용했다), 또는 사하라, 근동, 중앙 아시아를 잇는 원거리 카라반의 연결—이것은 오래 전에 형성되어온 민활한 자본주의의 한 측면으로 기록되어야 할 것이다—등에 두루 이용된 것이다.[33] 단봉낙타와 쌍봉낙타는 상당히 큰 짐을 옮길 수 있었다. 힘이 좋지 않은 낙타라도 700파운드를 옮겼고, 흔히 800파운드 정도를 옮겼는가 하면(에르주룸 근처에서 이런 예를 볼 수 있었다), 1708년의 문서에 의하면 타브리즈와 이스탄불 사이에서는 1,000-1,500파운드까지 가능했다.[34] 물론 이때의 파운드는 500그램이 되지 않는 작은 파운드임에 틀림없다. 평균적인 적재량은 대개 오늘날의 단위로 4-5캥탈이 될 것이다. 따라서 6,000마리의 낙타로 이루어진 카라반은 2,400-3,000톤의 화물을 날랐으며, 이것은 이 시대의 상당히 큰 범선 4-5척의 적재량에 해당한다. 오랫동안 구대륙 내 모든 교통의 지배자였던 이슬람은 낙타 카라반이라는 도구에서 상업적 우월성의 요소를 발견했던 것이다.

소(물소와 제부[zebu, 혹소]까지 더해서) 역시 구대륙 전체에 퍼져 있었다. 소의 이용이 불가능한 곳으로는 우선 북쪽의 시베리아 삼림지대를 들 수 있는데, 이곳은 (야생이든 가축이든) 순록이 서식하는 지역이었으며, 남쪽으로는 열대 삼림지대, 그 가운데에서도 특히 아프리카가 그러한 곳으로서 이곳에서는 체체* 때문에 소가 보급되기 어려웠다.

인도에서는 소들이 놀고 먹기만 하는 게 아니라, 때로는 쟁기를 끌거나 금빛 수레를 끌기도 하고 방아를 돌리며 또 군인이나 영주를 태우는 일도 한다. 무리스(Mouris)라는 흥미로운 카스트의 카라반이 지휘하는 거대한 호송대는 한 번에 소를 1만 마리까지 이용하여 밀이나 쌀을 운반한다. 공격을 받으면 이들은 남녀 구분 없이 활을 쏘며 방어한다. 두 무리의 카라반이 인도 북부에서 나무와 벽으로 둘러싸인 좁은 길에서 맞닥뜨리면, 서로 혼란스럽게 섞이지 않도록 한 쪽이 먼저 지나가고 그다음이 지나가도록 해야만 했다. 다른 여행자들이 짐승 떼 속에 갇히면 오도가도 못 하고 2-3일이나 갇히기도 했다.[35) 인도의 소들은 잘 먹지 못했고, 결코 우리 속에 넣는 법이 없었다. 훨씬 수가 적은 중국의 물소를 보면, 이들은 일을 거의 안 하는 대신 더 적게 먹었으며 스스로 먹이를 찾아야 했다. 물소는 어느 정도 야생 상태여서, 지나가는 사람들 앞에서 쉽게 겁을 먹었다.

멍에를 맨 한 쌍의 소는 유럽을 비롯하여 도처에서 볼 수 있었다. 또 소는 오늘날에도 (예컨대 스페인의 갈리시아에서처럼) 커다랗고 둥근 바퀴를 단 나무 수레를 끌기도 한다. 소는 또한 말처럼 쟁기를 맬 수도 있는데, 일본이나 중국에서도 쟁기를 매고("뿔에다 매는 것이 아니고" 가슴에다 맨다), 때로는 북부 유럽에서도 쟁기를 맨다(이곳에서는 어깨에 맨다). 끌짐승으로서 소는 거대한 가능성을 가지고 있다. 스페인의 농학자로서 1513년에 이 문제에 관한 책을 펴낸 알론소 데 에레라는 경쟁관계에 있는 노새보다도 소를 두둔했다.[36) 노새가 더 빠르지만 소는 더 깊이, 더 경제적으로 밭을 간다는 것이

---

* tse-tse : 아프리카에 있는 동물의 피를 빨아먹는 무스키다에(Muscidae)와 파리의 총칭으로서, 대략 21종류가 있다. 사람에게 수면병(이 파리에 물릴 경우 계속 졸음이 오는 증세)을 일으키고, 가축에게도 유사한 증세를 일으킨다(가축의 경우 나가나[nagana]라고 한다).

다. 반대로 프랑스의 샤를 에티엔과 장 리에보는 말을 예찬했다. "부르보네 지방과 포레 지방의 훌륭한 소 세 마리가 프랑스 지방[일-드-프랑스*를 말한다]이나 보스 지방의 훌륭한 말 한 마리만 못하다"고 1564년에 쓴 바 있다.[37] 프랑수아 케네는 1758년에 이 오래된 논의를 재론했다. 그의 시대에 말을 쓰는 자본주의적인 농업이 흥기하고 주로 소를 썼던 전통적인 농업이 사라져갔다는 것이다.[38] 오늘날의 계산에 의하면 소나 말의 끄는 힘은 같다. 그러나 모든 점(말은 더 빠르고 하루 종일 일하는 시간이 더 많지만 대신 더 많이 먹는다는 점, 또 늙어갈수록 말은 훨씬 더 크게 가치를 잃어가는 데 비해서 소는 오히려 고기를 얻을 수 있다는 점 등)을 고려하면, 같은 일을 할 때 소가 말보다 30퍼센트 정도 비용이 더 많이 든다. 예컨대 17세기에 폴란드에서는 땅의 넓이를 재는 단위가 한 마리의 말 또는 한 쌍의 소가 갈 수 있는 면적에 해당했다.

말은 아주 오래 전부터 역사에 등장한 주인공이다. 프랑스에서는 말이 신석기 시대부터 등장했는데, 이것은 마콩 근처의 솔뤼트레에서 발견된 1헥타르 이상이나 되는 말 무덤에서 증거를 찾을 수 있다. 이집트에서는 기원전 18세기부터 말이 존재했고, 로마 시대에는 사하라 사막을 횡단했다. 말은 아시아의 심장부인 중가리아 관문을 둘러싼 지역이 원산지가 아닐까? 어쨌든 말은 유럽 대륙 전역에 퍼져나가서 기원후 16-17세기에는 야생마나 혹은 야생 상태로 되돌아간 말들을 북서독의 총림(叢林), 스위스의 숲, 알자스, 보주 등지에서 볼 수 있었다. 1576년에 지도학자인 다니엘 슈페클린은 이 야생마에 대해서 이렇게 말했다. "이것들은 보주의 숲속에서 스스로 번식하고 먹고 살아가며 겨울에는 바위 밑에 피난처를 마련한다.……극히 사나운 이 짐승들은 좁고 미끄러운 바위 위에서도 아주 안정적으로 서 있다."[39]

이처럼 말은 아주 오래 전부터 유럽의 가족이었다. 이렇게 수백 년에 걸쳐

---

* Ile-de-France : 원래 파리를 중심으로 한 파리 분지 지역에 대한 역사상 지명이었다. 오늘날에는 파리와 그 주변의 일곱 개 행정구역으로 구성된 행정지역의 이름으로 쓰인다.

친숙해지는 동안 점진적으로 마구(馬具)가 발달했다(서구에서는 9세기경에 어깨에 매는 멍에가 나왔고, 이를 전후해서 안장, 등자, 재갈, 고삐, 견인용 마구, 종렬로 멍에를 매는 법, 편자 등이 개발되었다). 로마 시대에는 멍에를 서툴게 매서(가슴에 멍에를 맴으로써 말의 호흡을 곤란하게 만들었다) 상대적으로 가벼운 짐만 끌 수 있었고, 일의 효율성 면에서 보면 노예 4명만도 못했다. 그러다가 12세기에 어깨에 멍에를 매는 법을 개발하여 힘을 4-5배나 더 낼 수 있도록 개선되었다. 이때까지 주로 전쟁용 짐승이었던 말은 이제 흙 고르기, 밭 갈기나 수송에서 아주 중요한 역할을 맡게 되었다. 이것은 인구 증가, 중쟁기의 보급, 북유럽에서의 삼포제의 확산, 수확의 증가, 북유럽의 확실한 부상 등 다른 일련의 중요한 변화들과 함께 일어났다.

그렇지만 말은 매우 불균등하게 분포해 있었다. 우선 중국에서는 상대적으로 말이 적었다. 데 라스 코르테스 신부의 말을 들어보자(1626). "장춘푸 왕국(지린 성)에서는 거의 말을 볼 수 없었고, 또 있다고 해도 다리가 짧은 말이었다. 이것들은 편자를 달지도 않고 박차도 없었다. 안장이나 재갈도 우리 것과 같지 않다[중국에서는 18세기에도 나무로 만든 안장을 썼고 고삐도 단순한 끈을 썼다]. 푸젠 및 광저우의 "왕국"에서는 이보다는 약간 더 많은 말들을 보았지만, 결코 많은 수는 아니었다. 산지에는 야생 상태로 되돌아간 말이 많으며 사람들이 이 말들을 잡아서 길들인다고 한다."[40] 다른 여행자의 말에 따르면 노새는 그 수가 적고 몸집이 아주 작지만, 말보다 쉽게 먹일 수 있고 피로를 더 잘 견디기 때문에 더 비싸게 팔린다고 한다.[41] 만일 중국에서 말을 타고 여행을 하려면, 처음에 말을 잘 골라야 할 것이다. 왜냐하면 역참이란 단지 황제만을 위한 것이어서 여행자는 말을 바꿀 수 없기 때문이다. 말보다는 차라리 가볍고 빠르며 안락한, 여덟 사람이 교대로 운반하는 가마를 선택하는 것이 현명하다. 한편 짐이나 화물을 운송하는 제도는 감탄할 만큼 잘 조직되어 있다. 한 사무소에 가서 짐을 맡기기만 하면 되는 이 제도(짐을 찾으려면 도착 장소에 있는 해당 사무소에 가면 된다)는 흔히 짐꾼이나, 혹은 한두 사람이 끄는 외바퀴 수레에 의해서 이루어진다—다만 아주 드물기는 하지만, 노새나 바구니를 맨 당나귀를 이용하기도 한다.[42) 아마도 "중국 황제는 이 세상에서 가장 강력한 기마대를 둔 군주"라는 말이 맞을 것이다. 이에 대해서 마갈량이스 신부는 1668년에 꽤 정확해 보이는 수치를 제시했다. 군대용으로 38만9,000마리, 황제를 위해서 제국 전체에 조직해놓은 역참용으로[43) 17만5,000마리의 말이 있다는 것이다. 그렇다고 해도 1690년에 갈단 칸*에 대한 원정이 있었을 때에는 중국 관리를 비롯한 각 개인이 소유한 모든 말을 군대용으로 징발해야 했다.[44) 그렇지만 모든 신민들이 가진 말이 황제 소유의 말보다 더 많았는지는 의문이다. (예를 들면 쓰촨 성의 작은 말 같은) 몇몇 예외를 제외하면 중국의 말 공급은 외부로부터 이루어졌는데, 특히 몽골과 만주의 변경 지역에 조직된 특수한 시장들이 그런 역할을 했다. 그런 것으로는 카위안, 쿠앙민, 그리고 1467년부터는 푸순 주변의 시장들이 있었다.[45) 그런데 18세기 초의 한 자료에 의하면 황제가 이 시장에서 사들인 말은 1년에 7,000마리였으며, "귀족, 고위 문관 및 고위 무관"과 그밖의 사람들이 구입한 말은 황제가 구입한 말의 "2배나 3배"에 불과했다. 결국 북부에서 구입한 말은 1년에 최대 2만8,000마리에 지나지 않았던 것이다. 실상 참으로 적은 수치라고 할 수 있다.

인도나 블랙 아프리카에서는 말이 더 귀하다. 모로코의 말은 진짜 사치품으로서 사금, 상아, 노예 등과 물물교환되었다. 16세기 초에만 해도 말 한 마리를 노예 12명과 교환했으며 나중 시기에도 노예 5명과 바꾸었다.[46) 페르시아에서 산 말들을 싣고 인도로 가는 배는 호르무즈 섬에서 출항 준비를

---

* Galdan Khan(1645-1697) : 오이라트 부족의 중가리아 부장. 1677년 오이라트를 호령하고 카자흐 부족을 잇달아 친 다음 카슈가르, 야르칸드, 하미 등의 왕국들을 지배했다. 1688년 할하족이 내분을 겪을 때 이를 공격하여 대승을 거두자, 할하족은 청나라에 보호를 요청했다(이것이 외몽골이 청나라에 복속하는 계기가 되었다). 갈단 칸은 더 동진하다가 1690년경에 울란바토르 근처에서 청나라 군대에 패하고 다시 1696년 강희제(康熙帝)의 친정군(親征軍)에게 패하여—이때 청나라 군대는 예수회 신부들이 제조기술을 전해준 서양식 대포를 사용하여 큰 위력을 발휘했다—다음 해에 자살했다.

했다. 고아에서는 말 한 마리가 500파르도,* 즉 무굴 제국 화폐로 1,000루피였던 데 반해 같은 시기에 젊은 노예는 20-30파르도에 불과했다.[47]

이렇게 고가로 구입한 말은 보리나 귀리 없이 어떻게 기를 수 있겠는가? 1664년에 타베르니에는 이렇게 썼다. "말 사료로는 뿔 모양의 돌기가 있는 일종의 큰 콩을 맷돌로 갈아 물에 적셔서 준다. 콩이 아주 단단해서 말이 소화시키는 데 시간이 오래 걸리기 때문이다. 이 콩을 아침과 저녁에 먹인다. 그리고 2파운드의 흑설탕을 같은 양의 밀가루에 반죽하여 삼키게 하고, 작은 공 모양을 한 1파운드의 버터를 목구멍에 밀어넣은 다음 입을 잘 닦아준다. 왜냐하면 말들은 이 음식을 싫어하기 때문이다. 낮 동안에는 말에게 풀밭의 풀만을 주는데, 이 풀을 뿌리째 뽑은 다음 흙이나 모래가 남지 않도록 잘 씻는다."[48] 일본에서는 수레를 대개 소(이 소는 한국산** 소이다)가 끌었던 반면, 말은 귀족이 탔다.

이슬람 국가에서는 말이 동물의 귀족이었다. 말은 처음부터 이슬람의 기동 타격대였고, 말이 대단히 많이 보급된 뒤에는 더욱더 그러했다. 1590년에 조반니 보테로***는 왈라키아, 헝가리, 폴란드, 튀르키예의 기병대의 우수성을 인정했다. "만일 기병대가 전선을 뚫으면 그들에게서 벗어나 도망갈 수 없으며, 만일 당신의 공격을 받고 그들이 도망가면 추격할 수 없다. 그들은 매와 같이 당신을 덮칠 수도 있고 단번에 도망갈 수도 있기 때문이다."[49] 게다가 이슬람권에는 넘쳐날 정도로 많은 말이 있었다. 어떤 여행자는 페르시아에서 말 1,000마리로 구성된 카라반을 보았다.[50] 1585년에 오스만 제국은 군사적 관점에서 보면 "아시아에 있는 4만 마리의 말과 유럽에 있는 10만

---

* pardo : 인도의 고아 지방에서 사용한 포르투갈 화폐.
** 더 자세한 설명도 없고 출처도 밝히지 않은 채 다만 "한국의(de Corée)"라고만 되어 있어서, 일본에서 수레를 끄는 소들이 한반도에서 수출한 소였다는 것인지, 한국산 종자였다는 것인지 불명확하다. 그뿐 아니라 그 어느 경우라고 하더라도 의심스럽다.
*** Giovanni Botero(1540-1617) : 일명 베니시우스(Benisius). 이탈리아의 작가. 이탈리아 중상주의의 대표적인 이론가였다. 마키아벨리의 정치이론을 비판했다.

마리의 말”로 구성되어 있었다. 한 대사의 말에 따르면 적대국인 페르시아는 8만 마리의 말을 소유하고 있었다.[51] 이 숫자는 참으로 굉장한 “비축 두수(頭數)”이다. 사실 아시아는 전쟁용 말의 조련에서 훨씬 앞서갔다. 이것은 스쿠타리*에서 볼 수 있는 광경 하나만으로도 증명되는데, 이곳에는 엄청난 말 떼가 모여들었고 이렇게 모인 말들은 대형 범선으로 이스탄불로 갔다.[52]

19세기만 해도 테오필 고티에는 이스탄불에 네지(Nedj), 헤쟈즈(Hedjaz), 쿠르디스탄(Kurdistan) 등의 순종 말이 그렇게도 많이 있는 것을 보고 감탄을 금치 못했다. 그렇지만 스쿠타리의 비로 믿은편에 있는 하억상만 하더라도 “일종의 튀르키예식 삯마차―‘아라바(araba)’―가 있었는데, 이것은 “금박을 입히고 여러 가지 색을 칠하고”, “마차 포장을 지탱하는 살대를 이용해 천을 씌웠지만” “검은 물소나 혹은 은빛 나는 회색 소”가 끌었다.[53] 19세기에도 말은 군인이나 부자, 귀족만이 사용했다. 물론 이슬람권에서는 말을 이용해서 물레방아를 돌리기도 했다. 서부 발칸에서는 편자를 달고 쇠로 된 안장을 얹은 작은 말이 수송을 담당했다. 그러나 이것은 천한 말일 뿐이며, 1881년에 한 여행자가 모로코의 도시 마자강에서 열여덟 살 된 노예가 16두카트, 어린아이가 7두카트인 반면에 말 한 마리가 40-50두카트라고 할 때는 이런 말을 가리키는 것이 아니다.[54] 소아시아에서 마침내 밭갈이를 위해 소나 낙타 대신 말을 사용한 것은 제1차 세계대전이 끝난 1920년경이었다.

이러한 기마 세계에 대항해서 유럽이 자신의 자원을 개발하는 것은 느리게 이루어졌으며, 많은 비용이 들었다. 푸아티에 전투(732)** 이후에 유럽

---

* Scutari : 보스포루스 해협에서 이스탄불 반대쪽, 즉 아시아 쪽에 위치한 도시로, 14세기에 오스만 제국이 이 도시를 탈취한 뒤로는 위스퀴다르(Üsküdar : 전령사)라고 불린다. 이곳이 아시아 지역에 대한 전령사 역할을 했기 때문이다. 마찬가지로 이곳은 아시아 방향으로 군사행동이 있을 때 군사기지가 되며, 또 시리아와 아시아의 카라반 루트의 종점이다

** 8세기에 이슬람 세력은 북부 아프리카를 석권하고 이베리아 반도를 지배한 후에 여세를 몰아 피레네 산맥을 넘어 기독교권에 대한 공격을 계속했다. 이에 맞서 샤를 마르텔(마르텔은 일종의 별명으로 ‘망치’라는 뜻이다)이 기병대를 조직하여 투르와 푸아티에 인근 지역에서 싸웠고, 이 전투에서 이슬람 세력이 패배하여 유럽으로의 팽창이 저지되었다.

은 자신을 지키고 살아남기 위해서 말과 기마대를 늘려야만 했다. 커다란 데스트리에(destrier, 軍馬)는 무장 기사가 전장에서 타는 말이고, 팔프루아(palefroi, 儀仗馬)는 평시에 기사가 타는 말이며, 세속적인 루생(roussin, 赤馬)은 종자(從者)가 타는 말이다. 이슬람권이나 기독교권이나 이는 다소간의 긴장 완화의 시기 외에는 늘 지속되던 전쟁의 노력과 관련이 있다. 예컨대 용담공 샤를 1세의 기마대를 스위스 용병이 격파하자, 서구에서는 보병과 창병이 다시 중요해졌고 곧 화승총 부대가 발전했다. 스페인의 테르시오(tercio)*가 16세기에 거둔 승리는 보병의 승리이다. 마찬가지로 튀르키예 쪽에서도 기병(spahi)이 아닌 근위보병(janissaire)이 군대를 주도하게 되었다. 그러나 이 경우에는 기병이 여전히 중요한 위치를 차지하고 있었으며, 오랫동안 서구의 기마대에 비해 비교할 수 없는 우위를 유지했다.

유럽에서 훌륭한 말은 금값에 팔렸다. 코시모 데 메디치가 1531년에 피렌체의 권력을 다시 잡고 나서 2,000명의 기마 호위대를 창설할 때, 그는 이 호사를 자랑하다가 파산 지경에 이르렀다. 1580년에 스페인 기병대는 포르투갈을 빠른 속도로 쉽게 정복했지만,** 곧 알바 공작은 말과 마차의 부족을 개탄했다. 마찬가지의 부족현상이 이후에도 계속되어, 예를 들면 카탈루냐 전쟁(1640-1659)*** 동안에도 그러했고, 프랑스군이 외국에서 연평균 2만-3

---

* 15세기 말부터 스페인의 엘리트 보병부대를 지칭하던 말. 이 단어는 라틴어 tertius(3분의 1)에서 나왔는데, 3분의 1의 창병, 3분의 1의 아르크뷔지에, 3분의 1의 일반 군사(칼과 방패로 무장)로 구성되었기 때문이다.

** 포르투갈은 1570년대에 무어족과의 전투에서 패배했고 아비스 왕조도 단절되었다. 스페인의 국왕 펠리페 2세는 이를 이용해서 포르투갈을 합병하려고 알바 공작(duque de Alba de Tormes : 1507-1582)에게 군사적 점령을 명했다. 그 결과 1580-1640년 동안 포르투갈은 스페인에 합병당했다.

*** 스페인 재상이었던 올리바레스 백공작 가스파르 데 구스만(Gaspar de Guzmán : 1587-1645)이 카탈루냐를 통과해서 프랑스를 공격하자, 카탈루냐가 강력히 반발하여 1640년에 중앙정부에 대한 반란 상태에 들어갔다. 1648년에 프랑스가 국내 문제(프롱드의 난) 때문에 철병하자 스페인 국왕이 사면령을 내려서 내란 상태가 진정되었고, 1659년에 프랑스와 스페인 사이에 피레네 조약을 맺어 이 문제가 매듭지어졌다.

만 마리씩 수입하던 말에 의존하던 루이 14세 치하에도 그러했다. 루이 14세가 종마 사육장을 조직하고 프리슬란트, 네덜란드, 덴마크, 바르바리[55] 등지에서 체계적으로 종마를 구입했음에도 불구하고 18세기 내내 외국 말에 의존해야 하는 프랑스 사정은 바뀌지 않았다.[56]

서구에서는 나폴리와 안달루시아가 좋은 말을 키워내는 곳이었다. 나폴리의 큰 말과 스페인의 즈네(genêt, 스페인어로는 히네테[jinette], 영어로는 제닛[jennets]) 종(種)이 그것이다. 이런 말들은 나폴리 국왕이나 스페인 국왕의 허가 없이는 금값을 주고라도 구할 수 없었다. 물론 어느 편에서도 밀수가 활발하게 행해졌다. 밀수를 감시하는 별난 역할을 종교재판소가 떠맡았으나, 카탈루냐의 파사도르 데 카발스(passador de cavalls : 말 밀수꾼)는 엄중한 처벌의 위험을 감수하면서도 밀수를 했다. 훌륭한 말이나 경주용 개, 매 등을 사기 위해서 대리인을 시켜 카스티야에서부터 튀르키예와 북아메리카까지 시장조사를 하는 따위의 일은 만토바 후작처럼 아주 부유한 사람만이 할 수 있었다.[57] 지중해 지역에서 해적질을 하던 토스카나 대공의 갤리선단 (1562년에 세워진 성 스테파노 기사단*)은 흔히 훌륭한 말을 선물로 받는 조건으로 바르바리의 해적들에게 도움을 주고는 했다.[58] 북부 아프리카와의 관계가 더 용이해진 17세기에는 북아프리카산 바르바리 말들이 마르세유에 하역된 뒤 보케르 정기시에서 많이 매매되었다. 헨리 8세 치하의 영국이나 루이 14세 이후의 프랑스, 그리고 18세기에 종마 사육장이 늘어나고 있던 독일 등지에서는 수입한 아랍산 말을 가지고 순종을 길러내려는 시도를 했다.[59] "이것들[아랍 말]로부터 직접적으로, 혹은 간접적으로 세상에서 가장 좋은 말들을 얻어낸다"고 뷔퐁 백작 조르주 루이 르클레르**는 설명했다.

---

* 1562년에 토스카나 대공 코시모 데 메디치 1세가 창설한 기사단이나. 1554년 8월 2일에 벌어진 마르치아노 전투에서 프랑스군을 이긴 것을 기념하여, 이날이 스테파노 성인의 축일이라는 것으로부터 이름을 따왔다. 1860년까지 존속했다.

** Georges Louis Leclerc, comte de Buffon(1707-1788) : 프랑스의 박물학자, 작가. 『박물지 (Histoire Naturelle)』, 『자연의 신기원(Époque de la Nature)』 등을 썼나,

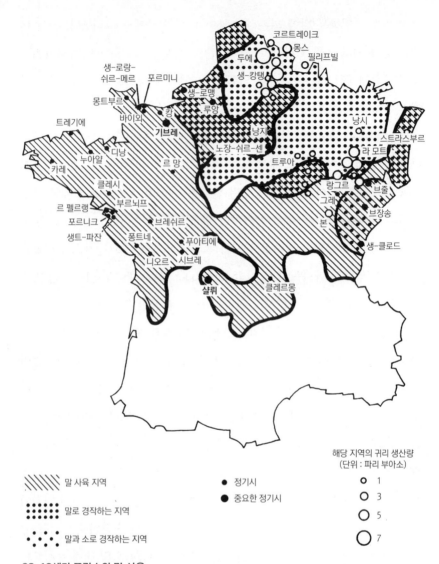

해당 지역의 귀리 생산량
(단위 : 파리 부아소)

○	1
○	3
○	5
○	7

⧅⧅⧅ 말 사육 지역	● 정기시		
⁚⁚⁚ 말로 경작하는 지역	● 중요한 정기시		
∴∴ 말과 소로 경작하는 지역			

23. 18세기 프랑스의 말 사육

주목할 사항 : 1. 말 사육 지역들―2. 개방 경지, 삼포제, 대규모 귀리 시장, 그리고 늘 말을 사용하는 경작 등을 특징으로 하는 북동부 지역의 대략적인 경계. 이 두 지역은 대개 명백히 구분되지만 때로 겹치는 지역도 있다(노르망디, 알자스, 쥐라 지역 등). 북동부 프랑스 이외에서는 소를 이용한 경작이 지배적이었다. 이에 대한 예외 지역들이 있는데, 프로방스, 또는 랑그도크와 도피네의 일부 지역에서는 노새를 이용했다.

이런 과정들을 거치면서 서구에서는 점차 종자가 개량되었다. 그리고 가축의 수가 늘었다. 18세기 초에 외젠 공*이 튀르키예에 대항하여 눈부시게 승리할 수 있도록 해준 오스트리아의 기마대 역시 부분적으로 이런 발전에 힘입은 것이었다.

서구에서 기마대용 승마의 사육이 발달한 것과 함께 끌짐승으로서 말의 사용 역시 발전했는데, 이것은 군대의 보급과 대포의 운반에 필수적이었다. 1580년에 포르투갈을 침공한 알바 공작은 많은 수레를 징발함으로써 빨리 진격할 수 있었다.[60] 그전 시대인 1494년 9월에 샤를 8세의 군대는 야포(野砲)들을 소가 아니라 "프랑스식으로 귀도 없애고 꼬리도 쳐낸" 큰 말들을 이용해서 빠르게 이동함으로써 이탈리아 사람들을 놀라게 한 적이 있다.[61] 루이 13세 시기의 한 입문서[62]를 보면 대포와 2만 명의 병력을 갖춘 군대를 이동시키는 데 필요한 모든 것이 열거되어 있다. 이에 의하면 무엇보다도 많은 말들이 필요했다. 말은 조리사의 기구, 여러 장교들의 짐과 그릇, 군용 대장장이와 목수의 도구, 외과의사의 가방, 그리고 무엇보다도 대포와 대포에 필요한 보급품을 운반하는 데 쓰였다. 그중에 가장 큰 짐인 대포를 움직이는 데에는 우선 대포 자체에만 적어도 25마리의 말이 필요했고 화약과 폭약을 운반하는 데에도 최소한 10여 마리가 필요했다.

북유럽의 큰 말들이 이런 일을 맡아야 했다. 이 큰 말들은 점점 더 많이 남쪽으로 수출되었다. 적어도 16세기 초부터 밀라노에서는 독일 상인들로부터 말을 구입했고, 프랑스에서는 메스(Metz)의 유대인 중간상인들로부터 말을 샀다. 랑그도크 지방에서도 말의 수요가 많았다. 그리고 프랑스에서는 말 사육지가 자세히 구분되어갔다. 브르타뉴 지방, 노르망디 지방(특히, 기

---

* Eugène de Savoie-Carignan(1664-1736) : 일명 외젠 공(prince Eugène). 프랑스 출신의 장군. 루이 14세의 군대에서 빛을 보지 못하자 오스트리아로 가서 여러 전쟁에서 혁혁한 승리를 거두었다. 대표적인 것으로서 튀르키예군을 격파한 모하치 전투(1687)와 젠타 전투(1697), 그리고 스페인 왕위 계승 전쟁 및 폴란드 왕위 계승 전쟁에서의 승리를 들 수 있다. 역사상 가장 훌륭한 장군 중의 한 사람으로 꼽힌다.

브레 정기시), 리무쟁 지방, 쥐라 지방 등이 그러했다.

말 가격이 18세기에 상대적으로 하락했는지 아닌지는 잘 모른다. 어떻든
지 유럽에는 갈수록 말이 많아졌다. 영국에서는 19세기 초에 말 도둑과 말
은닉꾼이 하나의 사회 집단을 이루었다. 프랑스 혁명 전야에 라부아지에는
프랑스에 소가 300만 마리가 있고 말이 178만 마리가 있으며, 이 말들 중에
156만 마리가 농업에 쓰인다고 계산했다(그중 96만 마리는 말만으로 농사짓
는 곳에 있고, 60만 마리는 소와 말이 함께 쓰이는 곳에 있다고 한다).[63] 이 수
치는 인구가 2,500만 명일 때의 프랑스에 해당하는 것이다. 같은 비율로 계
산하면 유럽은 1,400만 마리의 말과 2,400만 마리의 소를 가졌던 것으로 추
산된다. 이것은 유럽이 가진 힘의 자산이었다.

노새 역시 스페인의 농업, 랑그도크 지방과 여타의 곳에서 역할이 있었다.
키크랑 드 보죄는 자기 고향인 프로방스에서 노새가 "흔히 말보다 더 비싸
다"고 말했다.[64] 그리고 한 역사가는 노새, 노새 몰이꾼, 그리고 그들의 사
업에 관한 수치를 통해서 17세기 프로방스의 경제생활의 리듬을 파악한 바
있다.[65] 알프스에서는 브레너 고개* 같은 일부 특별한 길에서만 수레가 지
나갈 수 있었고 나머지 길들은 오직 노새만 지나갈 수 있었다. 심지어 이탈
리아의 수사 지역과 기타 알프스에 있는 다른 노새 역참에서는 노새를 보고
"커다란 수레(grandes voitures)"라고 부르기도 했다. 노새 및 당나귀 사육장
으로 중요한 곳은 프랑스의 푸아투였다는 것도 이야기해두자.

일상품의 보급, 도시 내부의 연결, 마차, 임대 마차 같은 것을 위해서 말에
의존하지 않은 도시는 하나도 없었을 것이다. 1789년경 파리에는 2만1,000
마리의 말이 있었다.[66] 그러고도 늘 보충이 필요했다. "데 부아튀르 드 슈
보(des voitures de chevaux)"라고 부르던 말 수송대가 끊임없이 도착했는데,
10-12마리의 말들을 각각 앞의 말꼬리에 뒷놈을 연결시켰으며 등은 감싸

---

* Brenner : 알프스에 있는 고갯길. 해발 1,370미터로서 알프스 산지에서 가장 낮은 언덕길이다.
  로마 시대부터 이용되었으며, 특히 중세 이후 이탈리아와 독일을 연결하는 중요한 길이었다.

고 양 옆구리에는 일종의 칸막이 판자를 댔다. 이 말들은 생-빅토르나 혹은 생트-준비에브 언덕이나 생-토노레 거리에 모여 있었다. 생-토노레 거리에는 오랫동안 말 시장이 있었다.

관광객을 세브르나 생-클루까지 나르는 배들(갈리오트[galiote] 또는 바쇼[bachot]라고 불리던 이 배들은 사실 별로 안전하지 않은 교통수단이었다)이 다니는 일요일을 제외하면 센 강은 일반 교통에 거의 이용되지 않았다. 차라리 그런 것이 거의 존재하지 않았다고 말하는 편이 나을 것이다. 급한 경우에 크게 도움이 되는 것은 임대 마차였다. 이 세기 말에 파리에는 2,000대의 저질 삯마차가 돌아다녔다. 이것들은 다른 데에는 쓸 수 없는 말들이 끌었고 입담이 험한 마부가 운전했는데, 이들은 "길거리에 마차를 몰고 다닐 권리금"으로 매일 20수를 내야 했다. 이 시대의 "파리의 교통 체증"은 유명했으며 이에 대해서는 구체적 사실이 많이 알려져 있다. "삯마차가 아직 식사를 하기 전*에는 아주 얌전하다. 한낮에는 이들을 감당하기가 더 어려워지고 저녁에는 감당할 수가 없게 된다"고 한 파리인은 말했다. "디너(dîner)** 때인 오후 2시쯤, 즉 러시아워에는 마차를 잡을 수가 없었다. "당신이 마차의 한쪽 문을 열었는데 반대쪽에서 다른 사람이 동시에 문을 열었다. 당신도 올라타고 그쪽 사람도 올라탔다. 그러면 누가 마차에 남을지를 가리기 위해서 경찰서에 가야 했다." 이 시간에는 "완전히 파손되고 타다 남은 가죽으로 지붕을 덮고, 유리 대신 판자로 창을 막은" 삯마차가 일부러 천천히 가는 바람에 황금빛 칠한 마차가 뒤에 막혀 있는 모습을 볼 수 있었다.67)

이 혼잡의 진정한 책임은 파리의 구시가지에 있었다. 이곳은 거주민이 빽빽히 들어찬 더러운 집들이 줄지어 있는 좁은 거리가 그물처럼 짜여져 있는 데다가, 루이 14세가 1672년의 칙령을 통해 이 도시가 더 이상 팽창하지 못하게 함으로써 사태가 더욱 악화되었다. 이런 상태의 파리는 루이 11세 시

---

* 손님을 받기 전이라는 의미이다.
** 음식을 잘 차려 먹는 만찬의 의미로 쓰였으며, 여기에서는 마치 손님이 많은 때를 가리킨다.

대 그대로였다. 1666년 런던의 대화재나 1755년 리스본의 대지진과 같이 구시가지를 깨끗이 없애버리는 참화가 파리에서는 없어서일까? 리스본에 대해서 이야기하면서 파리도 어느 날인가 "피할 수 없이" 파괴될 것을 이야기했던 세바스티앙 메르시에도 이런 생각을 언뜻 한 듯하다. 거대하고 추한 대도시 리스본은 "사람의 손으로 부수려면 아주 오랜 시간이 걸렸겠지만" [지진이 이곳을/역주] 완전히 파괴하는 데에는 3분만 가지고도 충분했으며, 그러고 나서 이 도시는 "화려하고 웅장하게 다시 건설되었다"는 것이다.[68]

파리와 베르사유 사이의 길에는 안락한 마차들이 다녔는데, 이것은 "땀을 뚝뚝 흘리는" 메마른 말들을 사정없이 몰아서 끌었다. 이 마차는 "앙라제(enragés : 미친 듯이 폭주하는 마차)"라고 불렸다. "베르사유는 말의 고장이었다." 이 말들 사이에도 "이곳 사람들 사이에서와 같은 차이가 있었다. 어떤 것은 살쪘고 잘 먹고 훈련도 잘 되어 있었던 반면……어떤 것은……초라한 모가지를 하고 궁정의 하인이나 시골 사람들만 태웠다.……"[69]

상트 페테르부르크나 런던에서도 같은 광경을 볼 수 있었다. 런던에 대해서는 찰스 2세 때 날마다 삯마차를 타고 소풍을 다닌 새뮤얼 피프스의 행적을 살펴보는 것으로도 충분하다. 훗날 그는 자가용 마차를 가지는 사치를 누렸다.

상품이나 사람을 수송할 때의 어려움이 어떠했는지 상상하는 것은 쉬운 일이 아니다. 모든 도시에는 마구간이 많이 있었다. 그리고 편자를 박는 철공소가 도로변에 있었다. 이것은 오늘날의 자동차 정비소에 해당한다. 귀리, 보리, 짚, 건초 등을 공급하는 문제 역시 잊어서는 안 된다. 1788년에 세바스티앙 메르시에는 파리의 사정에 대해서 다음과 같이 말했다. "새로 베어온 건초 냄새를 모르는 사람은 가장 향긋한 향수를 알지 못하는 것이다. 이 냄새를 좋아한다면 1주일에 두 번씩 앙페르 성문(Porte d'Enfer : 오늘날에도 당페르-로슈로 광장 남쪽에 그대로 있다)으로 가보라. 이곳에는 건초를 가득 실은 마차들이 긴 줄을 이루고 있다. 이 마차들은……구매자들을 기다린다.……말을 소유한 집에 물건을 대는 사람들이 이 마량(馬糧)의 품질을 검사한다. 그들은 건초를 한 움큼 집어서 만져보고 냄새 맡고 씹어본다. 이들은 백작부인의 말들을 돌보는 사람*이다."[70] 그렇지만 중요한 보급로는 여전히 센 강이었다. 1718년 4월 28일, 프티-퐁 다리의 아치에 불이 옮겨붙었고 이 때문에 이 다리 위에 있는 집들과 그 주변의 집들이 불에 탔는데, 건초를 실은 배에 불이 났기 때문이었다.[71] 런던에서는 화이트채플 바** 바로 밖에 있는 시장에서 건초를 팔았다. 아우크스부르크의 사계절을 그린 대형 그림을 보고 판단한다면, 이 도시에서도 16세기에 페를라흐플라츠에서 건초를 팔았다. 10월에 이곳에서는 사냥 짐승과 겨울을 나기 위한 땔나무 외에도 농민들이 실어온 건초더미를 볼 수 있었다. 그리고 뉘른베르크의 한 그림을 보면 떠돌이 상인들이 이 도시의 마구간에서 쓰이는 짚을 수레에 싣고 파는 것을 볼 수 있다.

수력 모터, 풍력 모터

11, 12, 13세기와 함께 서구는 최초로 기계 혁명을 경험했다. 혁명이라니? 여기에서 혁명은 물레방아나 풍차의 증가가 가져온 변화 전체를 의미하는 것으로 해두자. 이 "초보적인 모터"는 분명히 보잘것없는 힘만 있었다. 물레방아는 2-5마력 정도였고,[72] 풍차의 경우 대개 5마력, 최대 10마력의 힘을 냈다. 그러나 에너지 공급이 충분하지 않던 이 시대의 경제에서 이 정도만 해도 상당한 힘의 잉여를 나타내는 것이었다. 이것은 유럽의 초기 성장에서 그 나름의 역할을 해냈다.

물레방아는 풍차보다 더 오래되었고 더 큰 중요성을 가지고 있었다. 물

---

* chanson : 원래는 '귀족에게 술 시중을 드는 하인'을 뜻한다. 여기에서는 '말에게 시중드는 사람'의 뉘앙스가 있다.
** 바(bar)는 시로 들어가는 입구를 막는 장애물이었으며 나중에는 시의 대문을 뜻하게 되었다. 한편 화이트채플은 런던 동부의 이스트 엔드에 있는 가난한 지구이다.

은 바람보다는 불규칙한 정도가 훨씬 덜 하기 때문이다. 물레방아가 더 많이 보급된 것은 더 오래된 데다가 강, 댐, 지류, 수로 등이 많았기 때문이다. 이 물을 이용해서 사람들을 회전판이나 물받이판이 달린 바퀴를 돌렸다. 파리의 센 강이나 툴루즈의 가론 강 등지에서는 물레방아 배(moulin-bateau)를 이용해서 직접 물의 흐름을 이용했다는 것도 잊지 말자. 또한 이슬람권이나 서구에서는 조력(潮力)도 이용했는데, 이것은 조류가 별로 강하지 않은 곳에서도 이용되었다. 베네치아의 석호를 여행하던 프랑스의 한 여행자(1533)는 무라노 섬에서 본 유일한 수력 물레방아가 "바퀴를 통과하는 바닷물이 증가하고 감소함으로써" 움직이는 것을 보고 감탄을 금치 못했다.[73]

최초의 물레방아는 수평으로 바퀴가 도는, 일종의 터빈*이었다. 이것을 흔히 그리스식 물레방아(고대 그리스에서 출현했기 때문이다), 혹은 스칸디나비아식 물레방아(오랫동안 이곳에서 유지되었기 때문이다)라고 불렀다. 마찬가지로 중국식, 코르시카식, 브라질식, 일본식, 또는 페로 제도[대서양의 덴마크령 제도]식, 또는 중앙 아시아식이라고 부를 수도 있을 것이다. 이곳에서 수력 바퀴는 경우에 따라 18세기 혹은 20세기에 이르기까지 수평으로 돌고 있었다. 이것으로 초보적인 힘을 발생시켜 곡물 빻는 물레방아를 느릿느릿 돌렸다. 이런 원시적인 바퀴를 15세기의 보헤미아나 1850년경의 루마니아에서 발견하게 되더라도 놀라운 일은 아니다. 베르히테스가덴 근처에서는 이런 유형의 회전판을 단 물레방아가 1920년경까지도 기능했다.

바퀴가 수직 방향으로 돌도록 만든 것은 "천재적인" 업적이었다. 이것을 최초로 만든 것은 기원전 1세기의 로마의 기술자들이었다. 이것은 기어에 의해서 전달된 움직임이 수평으로 도는 힘이 되어 최종적으로 맷돌을 돌리는데, 이 맷돌은 동력을 제공하는 플라이휠(flywheel)보다 다섯 배나 빨리 돌았다. 이러한 물레방아들은 계속 증가했다. 이 초기의 모터들이 언제나 초보

---

* turbine : 유체(流體)를 날개바퀴의 날개에 부딪치게 함으로써 축을 회전시키는 장치. 증기 터빈, 가스 터빈, 수력 터빈 등이 있다.

적인 것은 아니었다. 고고학자들은 아를 근처의 바르브갈에서 경탄할 만한 로마 시대의 장치물을 발견했다. 그것은 10킬로미터가 넘는 수로인데, "물을 수압관*으로 끌어오고" 그 끝에 18개의 바퀴들이 연이어 있는 것으로서 오늘날의 일련의 공정 모터와 같은 것이다.

그렇지만 이 로마 후기의 장치는 제국의 몇몇 장소에만 한정되어 있었고 또 밀을 빻는 데에만 사용되었다. 그런데 12-13세기의 혁명적 변화들은 단지 수력 바퀴들을 증가시키는 데에 그치지 않고 물레방아의 용도도 증대시켰다. 시토 수도회는 대장간과 함께 물레방아를 프랑스, 영국, 덴마크에 보급했다. 몇 세기가 지나자, 파이프를 통해 높은 곳에서 물을 끌어오는 곳을 제외하면 대서양에서부터 모스크바까지에 이르는 유럽 전역의 마을 가운데 제분업자와 물레방아가 없는 곳이 없게 되었다.

물레방아의 용도는 아주 다양해졌다. 광석을 부수는 공이, 철을 단련하는 무거운 해머, 천을 축융(縮絨)하는** 거대한 망치, 대장간의 풀무 등을 움직이는 데 물레방아가 쓰였다. 그 외에도 펌프질하고 칼날을 세우고 무두질하는 데 물레방아가 쓰였고, 최종적으로는 제지용 물레방아도 등장했다. 여기에 더해 동력 톱도 있는데, 이것은 비야르 드 온쿠르***라는 이상한 "엔지니어"가 1235년경에 그린 스케치에서 볼 수 있듯이 13세기부터 등장했다. 15세기에 광업이 매우 발달하면서 가장 훌륭한 물레방아는 광산에서 사용되었다. 그 예로 광석 운반차를 올리는 권양기(물론 반대 방향으로도 움직일 수 있었다), 갱내의 공기를 환기시키는 강력한 기계, 또는 양수기나 양동이 체인을 사용해서 순환 연쇄 방식으로 끌어올리는 펌프나 더 나아가서 흡입 펌프와 압착 펌프를 이용한 배수기구, 물길 통제기구—여러 개의 지렛대를 사용

---

*   높은 곳으로부터 수차로 물을 끌어들이는 관.
**   옷감을 물속에서 짓밟거나 나무 망치로 두드려서 기름기를 빼는 과정.
***   Villard de Honnecourt(1225-1250) : 프랑스의 건축가. 일을 찾아 여행하면서 작성한 스케치북으로 유명하다. 이 스케치북에는 13세기 건축에 대한 스케치와 설명이 있는데 주로 랭스, 샤르트르, 모, 랑, 로잔 등지의 교회 건축물에 관한 것이 많다.

하는 상당히 복잡한 메커니즘을 통해서 작동시키는데, 이와 같은 형태로 18세기 또는 그 이후에까지도 계속 사용되었다—등을 들 수 있다. 이와 같이 경탄할 만한 메커니즘(그중 어떤 것은 바퀴 지름이 10미터나 되었다)은 게오르기우스 아그리콜라*의 『광물론(De re Metallica)』(1556년 바젤판)에 나오는 아주 아름다운 판화에서 볼 수 있다. 아그리콜라는 이 책에서 이전 저작들의 내용을 개정하여 요약한 형태로 보여주고 있다.

톱, 축융 망치, 철공소의 해머나 풀무 등에서는 원 운동을 왕복 운동으로 바꾸는 것이 문제였는데, 이것은 캠축(camshaft)을 사용함으로써 해결했다. 여기에 필요한 기어 장치에 대해서는 책 한 권을 쓸 수도 있을 것이며, 실제로 그런 책이 있다. 놀라운 것은 이와 같이 복잡한 장치들을 모두 나무로 만들었다는 사실이다. 그렇지만 이러한 기계적인 명품들이 당대인 모두에게 낯익은 것은 아니어서 이런 것들을 볼 때마다 모두 놀라고 경탄했다. 꽤 나중 시기에도 마찬가지였다. 1603년에 바르텔레미 졸리는 쥐라 지방을 넘어서 제네바로 갈 때 네롤 계곡에 있는 실랑 호수의 물이 빠져나가는 출구에서 물레방아를 보았다. 이 물레방아는 "깎아지르는 듯한 산꼭대기로부터 내던져진 소나무와 전나무를 제재하는 데 썼다. 여기에는 멋진 장치가 있어서 수력으로 돌리는 커다란 바퀴 하나가 만들어내는, 상하로 움직이는 여러 가지 운동을 이용했다[이것이 톱을 움직이는 힘이다]. 나무는 작업이 진행되면서 이 밑을 지나갔다. 그러면 또다른 나무가 마치 사람 손으로 하는 것과 같이 질서정연하게 그 자리에 들어갔다."[74] 이 광경은 여행자의 이야깃거리가 될 만큼 아직 그렇게 친숙하지 않은 광경이었던 것이 분명하다.

이제 물레방아는 보편적으로 쓰이는 도구가 되어서, 충분히 이용되든지 아니든지 간에 반드시 강물의 수력을 필요로 했다. "공업" 도시들(그러나 그렇지 않은 도시가 어디에 있겠는가?)은 강물에 적응했고, 강에 가까이 자리

---

* Georgius Agricola(1494–1555) : 독일의 광물학자. 최초로 체계적인 광물학 연구를 한 사람이다. 그 연구결과를 『광물론』이라는 책으로 출판했다(1530).

잡았으며, 물의 흐름을 통제했고, 도시의 풍모가 반쯤 베네치아와 같은 모습—적어도 특징적인 서너 개의 거리에서는—을 보였다. 전형적인 예는 트루아 지역에서 볼 수 있다. 바르-르-뒤크에는 강에서 떨어져나온 지류 하나를 이용하는 무두장이 거리(rue des Tanneurs)가 있었다. 직조 중심지인 샬롱은 마른 강을 이용했고(그 강 위에는 이른바 "다섯 물레방아[Cinq Moulins]" 다리가 있었다), 랭스는 벨 강을, 또 콜마르는 일 강을 이용했다. 가론 강을 끼고 있는 툴루즈는 아주 일찍부터, 또 아주 오랫동안 "물레방아 배" 선단을 거느리고 있었는데, 이는 물결에 따라 돌아가는 바퀴가 있는 배들을 의미했다. 프라하는 블타바 강의 만곡들을 끼고 자리 잡았다. 뉘른베르크는 페크니츠 강 덕분에 도시 성벽 안과 주변 농촌 지역에서 많은 방아들을 돌릴 수 있었다(1900년만 하더라도 여전히 180개나 돌아가고 있었다). 파리와 그 주변 지역에는 20여 채의 풍차가 힘을 더해주고 있었지만, 1년 내내 바람이 잘 불어서 이 풍차들이 멈추는 일이 없다고 하더라도 이것들 모두를 합한 동력이 파리의 빵집에서 소비하는 밀가루의 20분의 1도 공급하지 못했다. 따라서 센 강, 우아즈 강, 마른 강과 이베트 강이나 비에브르 강(이 샛강 위에는 1667년에 고블랭 왕립공장이 설치되었다) 같은 작은 샛강들을 따라서 1,200채의 물레방아—그 가운데에서 태반은 제분업을 위한 것이었다—가 설치되어 있었다. 그리고 가까운 발원지에서 흘러나오는 작은 강들은 겨울에 거의 결빙하지 않는다는 장점도 있었다.

도시에 물레방아가 들어서는 것은 크게 보아 두 번째 발전단계에 해당하는 것이 아닐까? 아직 발간되지 않은 로베르 필리프의 논문은 첫 번째 단계를 보여준다. 처음으로 물레방아가 설치된 곳은 물을 이용할 수 있는 조건에 맞는 마을 근처의 시골이었다. 바로 이곳에 수력 에너지가 개발되어 수세기 동안이나 지속되었다. 다른 무엇보다도 곡물을 빻는 용도로 쓰이던 물레방아는 따라서 **장원경제**(économie domaniale, manorial economy)의 핵심 도구가 되었다. 영주가 이것을 설치할 생각을 하여 맷돌을 사고 목재와 석재를 대면 농민들이 품을 들였다. 장원경제는 스스로 자급자족할 수 있는 일련의 기본 단위들을 구성했다. 그러나 상품을 집중시키고 재분배하는 교환경제는 도시를 위해서 작동했고 도시에 귀결되었다. 그리고 이 교환경제는 이전 체계에 자신의 체계를 위로부터 부가했으며, 자신의 다양한 요구에 맞추어 물레방아들을 더욱 많이 만들어냈다.[75]

　마지막으로 물레방아는 전산업화 시기의 유럽에서 에너지 설비에 관한 일종의 표준단위가 되었다. 베스트팔렌 출신의 의사이자 여행자인 켐퍼가 1690년에 시암 만의 한 작은 섬에서 휴식을 취하면서 하던 생각을 잠깐 음미해보자. 그는 그곳의 강의 유량이 어느 정도일까를 생각하다가 물레방아 세 개를 돌리기에 충분할 정도라고 표현했다.[76] 18세기 말에 오스트리아령이 된 갈리시아는 2,000제곱리외(1리외 = 약 4킬로미터)의 면적에 인구가 200만 명이었는데, 물레방아가 5,243개 있었다(이에 비해 풍차는 겨우 12개에 불과했다). 얼핏 보면 이 수치는 대단한 것으로 보일지 모르지만, 1086년에 작성된 『둠즈데이 북(Domesday Book)』*에 따르면, 세번 강과 트렌트 강 남쪽에 위치한 3,000개의 마을 공동체에 물레방아가 5,624개나 있었다.[77] 물레방아가 얼마나 일반화되어 있었는지를 보기 위해서는 수많은 그림, 유화, 도시의 지도 등에 나타나는 수많은 작은 물레방아 바퀴들을 주목하면 될 것이다. 여하튼 물레방아와 인구 사이의 비율이 폴란드에서든 폴란드 이외의 지역에서든 일정하다면, 산업혁명 전야에 프랑스에서는 물레방아가 6만 개가 있었을 것이고,[78] 유럽 전체로 보면 50만-60만 개 정도가 되었을 것이다.

　아주 자세할 뿐 아니라, 내 생각에 물레방아에 관한 마르크 블로크의 고전적인 논문만큼이나 뛰어난 논문에서 머커이 라슬로는 이와 거의 유사한

---

* 원래의 제목은 프랑스어로 『최후의 심판일의 장부(Livre du Jugement Dernier)』이다. 노르망디 공작이었다가 1066년에 잉글랜드를 정복하여 국왕이 된 윌리엄이 (아마도 재정 문제에 관한) 행정적인 필요로 작성한 영지 조사서이다. 돼지, 닭 등의 수, 쟁기의 수까지도 기록할 만큼 자세한 조사를 했다.

수치를 제시했다. "50만-60만 개의 물레방아는 거의 150만-300만 마력에 해당한다." 그의 계산은 차지 계약을 바탕으로 하며, 그 외에도 바퀴의 크기(지름 2-3미터)와 그에 딸린 회전판 및 물받이판의 수(평균적으로 약 20개), 시간당 얻을 수 있는 밀가루의 양(맷돌 하나당 20킬로그램 정도의 수준), 각 물레방아에 있는 바퀴의 수(평균 1-2개 또는 그 이상), 서유럽과 동유럽의 물레방아 사이의 비교(적어도 밀을 빻는 방아에 관한 한 유사하다), 물레방아와 인구 사이에 거의 일정하게 유지되는 비율(구체적인 사례들에서 볼 때 평균 1 대 29) 등에 근거한다. 물레방아의 수와 동력 바퀴의 크기는 인구 증가의 리듬에 따라 커지는데, 대개 12-18세기 사이에 모터 설비가 두 배가 되었다. 원칙적으로 모든 마을에는 자체의 물레방아가 있었다. 다만 헝가리 평원과 같이 바람이나 물이 충분하지 못할 경우 물레방아를 전부 수력으로만 돌릴 수는 없었고, 말이나 사람의 팔 힘으로 대체했다.[79)]

풍차는 물레방아보다 훨씬 뒤에 나타났다. 얼마 전에만 해도 물레방아의 기원은 중국이라고 믿었다. 그러나 이란이나 티베트의 고지대로부터 왔을 가능성이 더 크다.

이란에서는 아마도 7세기 이후부터 풍차가 존재했을 것이며, 적어도 9세기 이후에는 확실히 있었다. 이것은 날개바퀴가 수직 방향으로 돌아가고 맷돌은 수평 방향으로 돌아가는 방식이었다. 이 날개바퀴의 움직임이 중앙축에 전달되어 곡식을 빻는 맷돌을 움직인다. 이보다 더 간단한 것은 없으리라. 풍차의 방향을 조정할 필요도 없이 항상 바람을 이용할 수 있기 때문이다. 또다른 이점으로는 바람의 움직임과 맷돌의 움직임 사이의 연결을 위한 기어 접속이 전혀 필요하지 않다는 것이다. 곡물을 빻는 물레방아의 경우, 사실 수평 방향으로 돌아가는 맷돌을 어떻게 움직이느냐가 문제였다. 몰라 베르사틸리스(mola versatilis : 돌아가는 맷돌)라는 맷돌이 돌아가고, 그 밑에 움직이지 않고 고정된("잠자는") 다른 맷돌이 있어서 그 사이에서 곡물을 빻았다. 무슬림들이 이 물레방아를 중국과 지중해 지역으로 전파했을 것이

다. 이슬람권 스페인의 북쪽 경계에 있는 타라고나에는 10세기부터 풍차가
있었다.[80] 그러나 우리는 그것이 어떤 방향으로 돌아갔는지는 모른다.

바퀴가 수평면 위에서 돌아가는 풍차를 수 세기 동안 사용했던 중국에서
와는 달리 서구에서는—물레방아의 경우와 같이—수직면에서 돌아가는
바퀴를 이용해서 바람의 힘을 동력으로 전환시켰다. 엔지니어들에 의하면
이것은 힘을 크게 증가시킨 천재적인 변화였다. 거의 창조에 가까운 이 새로
운 모형이 기독교권에 널리 보급되었다.

아를의 법령은 12세기에 이런 풍차가 존재했음을 보여준다. 같은 시기에
영국과 플랑드르에도 있었고, 13세기에는 프랑스 전체에 이 풍차가 보급되
었다. 14세기에는 폴란드에, 그리고 독일을 통해 모스크바 공국에까지 퍼져
나갔다. 여기에서 한 가지 사실을 지적해두자. 사람들이 말하듯 십자군이 시
리아에서 풍차를 발견한 것이 아니라, 오히려 이들이 풍차를 그곳에 보급했
다.[81] 지역적으로 차이가 크지만, 대개 북유럽이 남유럽보다 더 앞서갔다.
예를 들면 스페인의 일부 지역에는 풍차가 뒤늦게야 들어왔다. 바로 라 만
차 지역이 그런 곳으로, 한 역사가는 돈 키호테의 놀라움이 당연하다고 했
다. 이 거대한 괴물들이 그에게는 참으로 낯설었기 때문이다. 그러나 이탈
리아는 사정이 달랐다. 1319년에 나온 단테의 『신곡(*La Divina Commedia*)』
중에 「지옥」 편에서 벌써 사탄은 "바람에 돌아가고 있는 풍차처럼(come un
molin che il vento gira)" 거대한 팔을 벌리고 있는 것으로 묘사된다.[82]

풍차는 물레방아보다 유지비용이 더 들었을 뿐 아니라 같은 일을 할 때에,
특히 제분과 같은 일을 할 때에 부담이 더 컸다. 대신 풍차는 그 외의 다른
일들도 맡아서 했다. 네덜란드에서 15세기부터(그리고 1600년 이후부터는 더
욱 큰 정도로) 풍차의 주요 임무는 물을 퍼담는 양동이들을 연쇄적으로 움직
여서 땅속의 물을 길어 운하로 퍼내는 것이었다(이것을 위프몰렌[Wipmolen]
이라고 했다).[83] 그것은 바닷물을 막는 제방 뒤에서 행해지는, 또는 과거에
너무 넓게 이탄층을 개발해서 생긴 호수들을 따라 행해지는 네덜란드의 끈

기 있는 토지 재정복 운동의 주요한 도구였다. 네덜란드가 풍차의 나라가 된 데에는 또다른 이유가 있다. 이 나라는 대서양으로부터 발트 해에 걸친 넓은 편서풍대의 한가운데에 자리 잡고 있기 때문이다.

원래, 날개를 바람 방향으로 향하도록 하기 위해서는 풍차 전체가 방향을 틀게 되어 있었다.[84] "샹들리에(chandelie : 촛대)"라는 특징적인 이름을 가진 브르타뉴의 풍차에서 그러한 것을 볼 수 있다. 풍차 전체는 중앙의 커다란 마스트 위에 설치되어 있고, 방향 잡는 막대기가 축을 중심으로 이 전체를 회전시킬 수 있게 해준다. 강한 바람을 이용하려면 될 수 있는 한 땅으로부터 높은 곳에 날개가 있어야 유리하므로, 기어와 맷돌의 메커니즘은 건축물의 윗부분에 자리 잡고 있다(그래서 푸대를 끌어올리고 끌어내리는 장치가 필요하다). 작은 사실 하나를 지적하면, 날개의 축은 결코 완전한 수평면에 놓인 것이 아니라 약간 기울어져 있다. 그렇게 하는 것이 유리하다는 것을 경험적으로 알고 있었기 때문이다. 풍차의 축도(예컨대 1588년의 아고스티노 라멜리의 것)* 혹은 오늘날까지 실제 남아 있는 풍차로부터 그 단순한 메커니즘을 알 수 있다. 운동력의 전달, 브레이크 시스템, 중앙에 맷돌 한 쌍이 있는 대신 병렬로 두 쌍을 대체할 수 있게 하는 법 등…….

풍차의 윗부분에서 얻은 동력을 밑부분으로 전달하여, 이곳에서 물 긷는 양동이들을 움직여 펌프 역할을 하게 하는 위프몰렌의 기능을 설명하는 것은 약간 더 복잡한 일이 될 것이다. 중심 마스트의 텅 빈 가운데 공간을 지나가는 축을 통해서 동력이 전달된다. 그러므로 이 위프몰렌을 필요한 경우에 제분용으로 용도를 바꾸려고 할 때에는 약간의 어려움—극복하지 못할 정도는 아니지만—이 있는 것은 어쩔 수 없었다.

꽤 일찍부터—적어도 16세기에는 확실히—네덜란드의 기술자들에 의해 탑형(塔形) 풍차(moulin à tour, tower mill)가 보급되었다. 이 경우 건축물의

---

* 아고스티노 라멜리(Agostino Ramelli : 1531-1600)의 『다양한 인공 기계(*Le Diverse et Artificiose Machine*)』(1588)에는 제분 기계 장치가 실치된 풍차를 설명하는 그림이 있다.

윗부분만이 움직였고, 여기에 날개를 장착한다. 때로 "블라우스(à blouse)" 풍차라고 불린(이 풍차를 멀리서 보면 블라우스를 입은 농부를 연상시키기 때문이다) 이 풍차의 난점은 고정된 밑부분 위에 놓여 있는 "상반부(calotte)"를 나무로 만든 레일식 회전부나 기타 여러 방식의 회전장치를 이용해서 쉽게 움직이도록 만들어야 한다는 것이었다. 풍차 내부에서 해결해야 할 문제는 언제나 같다. 날개의 움직임을 통제하고 멈추는 것, 날개의 회전판을 작동시키는 것, 한 짝의 맷돌 중 돌아가는 윗부분의 가운데에 난 "도입 구멍(lumière)"을 통과하는 곡물 낟알이 깔때기로부터 천천히 내려가게 하는 것, 그리고 기본적인 문제로서 수직면에서 돌아가는 날개의 운동을 기어를 이용하여 수평면에서 돌아가는 맷돌의 운동으로 전환하는 것 등이다.

풍차든 물레방아든 간에 일반적으로 더 중요한 진보는 하나의 모터나 바퀴로 여러 도구들을 움직이게 하는 방법을 개발한 것이다. 하나의 맷돌이 아니라 두세 개의 맷돌을 돌아가게 하는 것, 톱 하나만이 아니라 톱과 해머가 움직이게 하는 것, 그리고 하나의 공이가 아니라 많은 공이들이 움직이게 하는 것 등이 그런 사례이다. 이 마지막의 경우는 티롤 지방에서 볼 수 있는 흥미로운 모형으로, 이것으로는 밀을 빻는 것이 아니라 "찧었기" 때문에[85] 곡물이 거칠게 부수어져서 빵보다는 콩플레 빵*이나 갈레트를 만드는 데에 쓰였다.

돛 : 유럽 선단의 경우

여기에서 우리는 선박의 돛 전반에 관해 묻기보다는 인간이 사용할 수 있는 가장 강력한 모터의 하나로서 돛이 인간에게 어느 정도의 에너지를 가져다주는지를 상상해보고자 한다. 유럽의 예가 확실하게 보여줄 것이다. 1600년경에 유럽은 60만-70만 톤 규모의 상선을 보유했을 것이다. 이 수치는 유

---

* pain complet : 거친 곡분과 밀기울을 가지고 만든 빵.

보조건하에서 기껏해야 크기의 규모 정도로 받아들여야 한다. 한편, 1786-1787년경 프랑스에서 진지하게 행한 추정치에 의하면, 프랑스 혁명 직전 유럽의 선박 규모는 337만2,029톤에 달했다.[86] 그러므로 선적량은 2세기 동안에 5배로 증가했다. 평균적으로 배 한 척이 1년에 세 번 항해한다고 하면, 전체 수송량은 약 1,000만 톤이다. 사실 이것은 오늘날 큰 항구 한 곳의 수용능력에 해당하는 정도이다.

그러나 우리는 이 수치로부터 이 정도의 양을 움직이는 풍력 모터의 힘이 어느 정도인지를 알아낼 수는 없다. 적어도 증기기관을 사용하는 오늘날의 기선의 경우와 같은 정확성으로 계산하는 것은 불가능하다. 기선과 범선이 함께 쓰이던 1840년경에 사람들은 같은 톤수라면 기선 1척이 범선 5척의 일을 할 수 있을 것으로 추정했다. 유럽의 선단은 따라서 기선 60만-70만 톤에 해당하며, 또 달리 표현하면 1840년경에 1톤을 추진하는 데 필요한 힘이 3분의 1마력 혹은 4분의 1마력이었다고 하므로 그중 어느 수치를 취하느냐에 따라 15만 마력에서 23만3,000마력 사이의 수치가 될 것이다. 여기에 전함을 함께 고려한다면, 이 수치는 훨씬 더 커진다.[87]

나무, 일상의 에너지원

오늘날 에너지에 관한 계산을 할 때에는 축력이나 사람의 팔 힘을 배제하는 경향이 있다. 그리고 흔히 나무와 그 부산물 역시 계산에 넣지 않는다. 그렇지만 18세기 이전에는 나무가 일상적인 원재료들 중에 첫 번째로 소중했을 뿐 아니라 중요한 에너지원이었다. 19세기가 석탄 문명이라면 18세기 이전의 문명은 목재와 목탄의 문명이었다.

유럽 어디에서나 목재와 목탄을 볼 수 있었다. 목재는 건축에 널리 쓰였으며 심지어 석조 건축에도 사용되었다. 육상과 해상 운송 수단, 기계와 도구들도 나무로 만들었는데, 쇠붙이가 들어가는 부분은 언제나 일부분에 불과했다. 베틀, 물레, 압착기, 펌프 등도 나무로 만들었다. 농기구들 역시 비슷했다. 바퀴 없는 쟁기(araire)는 완전히 나무로만 되어 있었고, 바퀴 달린 쟁기(charrue)도 보습은 나무로 되어 있고 다만 그 끝에 얇은 금속제 날이 달려 있을 뿐이다. 가장 신기한 것으로는 뮌헨의 기술사 박물관인 독일 박물관에 있는 기어 장치를 들 수 있는데, 모두 나무로 되어 있는 각 부분이 정확하게 이가 맞았다. 게다가 18세기에 슈바르츠발트 지역에서 만든 벽시계들은 톱니바퀴가 모두 나무로 되어 있고, 더 희귀한 물품으로 이 약한 재질인 나무만을 가지고 만든 둥근 손목시계까지 있다.

지난날에는 어느 곳에서나 나무가 엄청난 비중을 차지했다. 삼림자원이 매우 풍부한 덕분에 유럽이 강력해진 것이다. 이에 비해서 이슬람권은 삼림자원이 부족했고 그나마 점차 고갈되었기 때문에 힘을 잃어갔다.[88]

여기에서 우리의 관심을 끄는 것은 다만 태워서 직접 열 에너지를 얻는 부문—가정의 난방, 불을 쓰는 산업인 제철업, 양조업, 정제업, 유리 제조업, 기와 제조업과 숯 제조업, 그리고 여기에 첨가할 것으로 대개 열을 가해서 일을 하는 제염업 등—만일 수도 있다. 그러나 목재를 다른 많은 용도로도 사용해야 했기 때문에 땔나무 조달이 제약을 받았을 뿐만 아니라, 목재의 광범위한 사용은 에너지를 생산하는 다른 모든 도구의 제조에까지 널리 영향을 미쳤다.

숲은 인간이 열 에너지를 얻고, 집을 짓고, 가구, 도구, 차량, 선박을 만드는 데에 두루 공헌한다.

경우에 따라 특정한 품질의 목재가 필요하다. 주택의 건축에는 참나무가, 갤리선을 만드는 데에는 전나무부터 참나무와 호두나무에 이르기까지 10여 종의 나무가,[89] 대포 받침으로는 느릅나무가 쓰였다. 이 때문에 숲이 황폐화되었다. 예컨대 병기창에 목재가 필요할 때에는 아무리 멀고 부담이 크더라도 반드시 수송해 와야 했다. 결국 모든 숲에 손길이 닿았다. 16세기부터 발트 해와 네덜란드에서 선적한 판자가 리스본과 세비야로 향했다. 심지어 네덜란드인들은 배를 만들어서 스페인에 판매하기도 했다. 이런 배는 약간 무거웠지만 값이 쌌는데, 스페인 사람들은 이렇게 구입한 배들을 아메리카로 보내고 다시 귀환시키지 않은 채 앤틸리스 제도에서 끝까지 사용하게 하기도 했고, 심지어는 이런 배들이 도착하면 곧장 선박 해체업자에게 넘겨버리기도 했다. 이것을 "버려진 배(los navios al travées)"라고 했다.*

어느 나라든지 선단을 만들 때에는 엄청난 숲을 황폐화시키게 마련이다. 콜베르 시대에는 조선을 위해서 왕국 전체의 숲을 이용해야 했으며 이를 위해서 아두르 강이나 샤랑트 강 같은 조그마한 지류까지 포함해 배가 다닐 수 있는 모든 강을 이용해야 했다. 보주 지방의 전나무를 수송하기 위해서는 우선 뫼르트 강에 나무를 띄워보내고 다음에 바르-르-뒤크까지는 육로로 옮긴 다음, 오르냉 강에서 뗏목—이것을 브렐(brelle)이라고 한다—을 만들어서 물에 띄운다. 이것은 다음에 소 강, 마른 강, 다음에는 센 강을 타게 된다.[90] 결정적으로 중요한 상품인 전함용 마스트는 발트 해에서 공급했는데, 프랑스는 이 무역으로부터 배제되었다. 이 무역에서는 리가, 그리고 그 후에는 상트 페테르부르크가 주로 영국에 상품을 공급했다. 프랑스는 (훗날 영국이 실제 그렇게 한 것과는 달리) 신대륙, 특히 캐나다의 숲을 개발할 생각을 하지 못했다.

프랑스 해군은 따라서 "조립식 마스트(mâture d'assemblage)"를 이용하는 수밖에 없었다.** 그런데 여러 조각의 나무를 결합하고 그것을 쇠로 연결하여 만든 이 인조 마스트는 유연성이 부족해서 너무 많은 돛을 매달면 부러졌다. 그러므로 영국 배들에 비해서 프랑스 배들은 결코 속도에서 우세할 수가 없었다. 미국 독립전쟁 당시 이와 같은 상황이 잠시 동안 역전되었을 때를 관찰한다면, 이 점을 잘 판단할 수 있을 것이다. 무장 중립 동맹(Armed

---

* "버려진 배"는 극단적인 경우로, 목재를 필요로 하지만 수송비가 비싸다든지 하는 이유 때문에 차라리 싸구려 배를 만들어 수입한 후 곧바로 뜯어서 그 목재를 사용하는 것을 말한다.
** 원래 마스트는 한 그루의 나무에서 얻는 하나의 목재로 만드는 것이 이상적이다. 그런데 그렇게 큰 목재는 적어도 100년 정도 자란 참나무에서만 얻을 수 있었는데, 갈수록 그런 나무가 귀해졌다. 그래서 결국 여러 개의 목재를 이어서 마스트를 만드는 법이 개발되었다.

Neutrality)이 영국의 발트 해 접근을 배제함으로써* 영국 역시 조립식 마스트에 의존할 수밖에 없었으며, 따라서 이때에는 오히려 프랑스가 더욱 유리한 위치에 있었다.[91]

이상에서 설명한 방식의 삼림자원의 낭비만이 장기적으로 유일한 위험요소도, 더욱이나 가장 위험한 요소도 아니었다. 유럽의 농민들은 끊임없이 나무뿌리를 캐내고 "개간하여(essarter)" 경작지를 확대했다. 숲의 적은 "공유지"**였다. 오를레앙의 숲은 프랑수아 1세 때에는 14만 아르팡이었는데, 1세기 뒤에는 7만 아르팡에 불과했다고 한다. 이 수치는 확실한 것이 아니지만, 백년전쟁(이것은 숲이 경작지에 침투하는 것을 유리하게 했다) 때부터 루이 14세의 통치시기까지 활발하게 개간이 이루어진 결과 숲의 면적이 훨씬 좁은 한계까지, 거의 오늘날의 경계까지 줄어든 것은 확실하다.[92] 숲을 파괴하는 기회는 얼마든지 있었다. 1519년, 폭풍우가 몰아쳐서—사람들이 이 사건을 너무 자주 거론하는 것 같기는 하지만—블뢰 숲의 나무 5만-6만 그루가 부러졌다. 이 숲은 중세에 리옹의 숲들과 지조르 숲을 연결했는데, 이 기회에 경작지들이 그 틈새로 밀려들어와서 더 이상 이전과 같이 두 숲이 연결되지 못하게 되었다.[93] 오늘날에도 바르샤바로부터 크라쿠프까지 비행기를 타고 가다 보면 마치 드릴로 뚫고 들어가듯 긴 경작지가 커다란 숲속으로 들어간 것을 볼 수 있다. 만일 프랑스의 숲이 16-17세기에 안정되었다면, 이것은 (1573년의 대칙령이나 콜베르의 조치들처럼) 세심한 법령의 제정 때문일까, 혹은 너무나 땅이 척박해서 새로 개간하는 것이 더 이상 노력한 대가를 주지 못하게 되면서 균형에 이르게 되었기 때문일까?

일부 연구자들은 특히 신대륙을 염두에 두고 계산해보고는 이렇게 말하

---

* 미국 독립전쟁 때에 영국은 유럽 국가들이 식민지 아메리카에 전쟁물자 공급을 하지 못하도록 선박 검사를 하겠다고 위협했다. 그러자 러시아, 스웨덴, 덴마크가 1780년에 이른바 무장 중립 동맹을 결성하여 영국 해군에 압박을 가했다.

** usages : 마을 주민이 가축을 풀어놓고 풀을 먹일 수 있는 권리를 가진, 마을 공동체에 속한 땅.

기도 한다. "숲에 불을 지르고 경작지를 확대하는 것은 눈가림에 불과하다. 숲을 파괴하는 것은 결국 이미 얻은 부와 앞으로 얻게 될 부를 교환하는 것인데, 앞으로 얻게 될 부가 반드시 더 크지는 않기 때문이다." 이것은 확실히 틀린 추론이다. 숲의 부는 수많은 중간 매개인들에 의해서 경제에 포섭되어야만 의미가 있다. 중간 매개인들이란 가축(이것은 꼭 도토리를 먹는 돼지만을 의미하지는 않는다)을 치는 목동, 나무꾼, 숯장이, 짐수레꾼 등 모두 원시적이고 자유로운 사람들로서 그들의 일은 숲을 개발하고 이용하고 파괴하는 것이다. 숲은 반드시 이용해야만 가치를 가진다.

19세기 이전만 해도 광대한 숲이 문명의 손길 밖에 있었다. 스칸디나비아의 숲, 핀란드의 숲, 그리고 단지 좁은 길 몇 가닥만 있을 뿐 모스크바와 아르한겔스크 사이에 거의 끊이지 않고 이어져 있는 숲, 캐나다의 숲, 덫으로 털짐승을 잡아 중국이나 유럽 시장에 파는 사냥꾼들만이 있는 시베리아의 숲, 그리고 털짐승이 없는 대신에 값비싼 목재를 채취할 수 있는 신대륙, 아프리카, 말레이 제도의 열대 숲, 오늘날의 온두라스에서 채취하는 로그우드 나무,* 브라질 나무(pau brasil, 붉은 염료를 제공하며 브라질의 동북쪽 연안에서 많이 벌채한다), 데칸 지방의 티크 나무, 그 외에 다른 곳에서 나는 백단향, 자단 등이 있었다……

이러한 용도 외에도 목재는 조리, 난방, 불을 사용하는 모든 산업에 쓰였다. 산업용으로는 16세기 이전부터 불안할 정도로 수요가 급증했다. 인상적인 예를 하나 들어보자. 1315-1317년에 디종 근처에서 흙을 구워 타일을 만드는 공장의 가마에 나무를 대기 위해서는 423명의 나무꾼이 르세 숲에서 일했고 334명의 목동이 운반을 담당했다.[94] 다시 말해 숲의 나무를 얻기 위해서 치열하게 싸워야 했다. 사실 숲은 겉보기에만 풍부한 자원이기 때문

---

* bois de campêche, logwood : 염료 성분을 추출할 수 있는 열매 나무. 다목(bois d'Inde), 부아 블뢰(bois bleu) 등 여러 가지 이름으로 불린다. 이른바 '지리상의 발견' 이후 이 나무는 중요한 교역품이 되었다. 착색료에 따라 우중충한 보라색이나 짙은 검은 색을 낸다.

이다. 이 시대에도 숲은 연료의 집적지로서는 보잘것없는 석탄 광산 하나만도 못했다. 숲의 나무를 일단 베어버리고 나면, 숲이 다시 형성되기 위해서는 20-30년이 필요하다. 30년전쟁 동안 스웨덴은 자금을 확보하기 위해서 포메라니아의 광대한 숲을 벌채했는데, 그 결과 엄청난 지역이 모래에 덮이게 되었다.[95] 18세기에 프랑스에서 사정이 악화되었을 때에 사람들은 제철소 하나가 샬롱-쉬르-마른 같은 마을 하나만큼의 목재를 소비한다고 생각했다. 화가 치민 마을 사람들은 제철소와 주조소(鑄造所)가 숲을 다 먹어치워서 심지어 빵 가게의 오븐을 위한 연료마저도 남겨놓지 않았다고 항의했다.[96] 폴란드의 비엘리치카에서는 주변 지역의 숲이 워낙 심각하게 황폐화되어 1724년부터는 거대한 암염 광산의 소금물 가열 처리 방식*을 포기하고 대신 암염으로 만족해야 했다.[97]

땔나무는 부피가 커서 다루기가 불편하므로 가까운 곳에 위치해야 한다. 30킬로미터 이상 거리가 떨어지면 운반하는 것이 큰 손해가 된다. 따라서 나무는 강이나 바다를 통해 운반하는 수밖에 없었다. 17세기에는 두(Doubs) 강에 나무들을 던져놓으면 마르세유까지 갔다. 파리에서는 배 한 척 전체에 적재되어 도착한 나무를 "새로운" 나무라고 불렀다. 1549년부터는 "나무를 물에 띄워 보내는 방법을 개발하기" 시작했는데, 우선 모르방 지역에서부터 퀴르 강과 욘 강을 따라 나무가 내려왔다. 10여 년 뒤부터는 마른 강과 그 지류를 통해 로렌 지방과 바루아 지방으로부터도 나무가 내려왔다. 이 나무 뗏목을 모는 기술이 어찌나 능숙한지 250피트(약 75미터)나 되는 이 긴 뗏목이 다리의 아치 밑을 통과하는 광경이 파리 구경꾼들의 감탄을 자아냈다. 한편 목탄은 16세기부터 상스와 오트 숲으로부터 파리로 수송되었다. 18세기부터는 접근할 수 있는 모든 숲으로부터 목탄을 얻었다. 때로는 수레를 이용했고 때로는 끌짐승을 이용했지만, 흔히 욘 강, 센 강, 마른 강, 루아르

---

* 암염을 캐서 쇠가마에 물과 함께 넣고 가열하여 증발시킨 후 소금을 얻는 방식을 말한다.

강을 이용했다. 목탄을 나르는 배는 "목탄이 가득 실려 있었고, 갑판 위에까지 상품을 적재하기 위해서 높은 칸막이를 몇 개 둘러야 했다."[98]

14세기부터 엄청나게 큰 뗏목들이 폴란드의 강을 따라 내려와서 발트 해 연안 지역에 도착했다.[99] 중국에서도 비슷한 광경을 볼 수 있었는데, 규모가 더 컸다. 버들개지 끈으로 묶은 쓰촨 성의 나무 뗏목은 베이징까지 갔다. 이 뗏목은 "상인의 부에 비례해서 규모가 다소간 달랐지만, 가장 긴 것은 반 리외(2킬로미터)가 넘었다."[100]

원거리에서는 바다를 통해 목재가 공급되었다. "까만 돛단배들이 코르시카 곶으로부터 제노바에 목탄을 수송했다. 또 이스트라 반도와 크바르네르 만의 배들은 매년 겨울 땔나무를 베네치아에 수송했다. 소아시아는 키프로스와 이집트에 목재를 공급했는데, 범선들은 땔나무 한 짐씩 배 뒤에 매단 채 끌고 오기도 했다. 심지어 이집트에서는 땔나무를 공급하는 데에 작은 갤리선들이 동원되었을 정도로 땔감 부족이 극적이었다."[101]

그렇지만 그와 같은 공급에는 한계가 있어서 대부분의 도시들은 가까운 곳에서 찾을 수 있는 것에 만족해야 했다. 바젤 출신인 토마스 플라터*는 1595년 몽펠리에에서 의학공부를 마쳤는데, 이 도시 근처에 숲이 없다는 것에 주목하고 이렇게 썼다. "가장 가까운 곳에 있는 것이 생-폴의 유리 공장에서 사용하는 숲인데, 이곳은 셀뇌브 쪽으로 족히 3마일은 떨어져 있다. 이곳으로부터 이 도시에 땔나무를 가져와서 무게를 달아서 판다. 사람들은 겨울이 길어지면 한쪽에서 오들오들 떨면서, 벽난로에 땔나무가 많이 필요할 텐데 어디에서 나무를 구해야 좋을지 모르겠다고 자문한다. 이곳에서는 난로라는 것을 모른다. 우리 지방과는 달리 이곳에서는 나무가 모자라기 때문에 빵집 사람들은 로즈메리와 케르메스 떡갈나무, 그리고 다른 관목들을 오븐에 사용한다."[102] 남쪽으로 갈수록 나무 부족 현상이 심했다. 스페인의 인

---

* Thomas Platter(1499-1582) : 스위스의 인문주의자. 츠빙글리의 제자였다. 바젤에서 히브리어와 그리스어를 강의했으며, 도서관과 인쇄소를 설치했다.

문주의자인 안토니오 데 게바라*의 다음 말은 사실이다. "메디나 델 캄포에서는 솥에서 조리한 요리보다 솥 밑에 불을 지피는 땔나무가 더 비싸다."[103] 이집트에서는 다른 방안이 없었으므로 사탕수수의 줄기를 땠다. 코르푸 섬(Corfu : 그리스 이름으로는 케르키라 섬[Kerkyra])에서는 기름을 짜고 난 올리브 깍지를 말려서 벽돌 모양으로 만들어 연료로 썼다.

이처럼 막대한 목재 공급을 위해서는 광범위한 수송망을 조직하고, 뗏목을 띄우는 데 쓰는 수로를 유지하고, 상업 조직망을 확대하며, 정부가 많은 규제와 금지를 통해 재고를 유지하는 것 등이 전제되어야 한다. 그런 조건들을 가장 잘 충족시키는 지방이라고 하더라도 나무는 갈수록 부족해졌다. 중요한 것은 나무를 잘 이용하는 것이었다. 그런데 유리 제조업이나 제철업에서는 연료를 경제적으로 아껴 쓰는 법을 전혀 모르는 것 같았다. "불을 사용하는 공장"에 대한 연료 공급 반경이 지나치게 확대되고 그 비용이 커졌을 때 사람들이 기껏 생각할 수 있는 것은 공장 이전이었다. 아니면 그 활동을 축소시켰다. "웨일스 지방의 돌긴에 1717년에 세운" 용광로는 "36주일 반 동안 일을 할 수 있을 정도로 충분한 목탄을 모은" 4년 뒤에야 점화했다. 그러고도 여전히 연료 문제 때문에 매년 평균 15주일만 일했다. 이렇게 연료 공급이 항상 "비탄력적"이었기 때문에 "용광로는 2-3년 중에 1년, 나아가서 5년, 6년, 7년 중에 1년 일하는 것"이 규칙이 되었다.[104] 한 전문가의 계산에 따르면 18세기에는 용광로가 2년 일하고 2년 쉬는 제철소만으로도 숲 2,000헥타르의 생산물이 없어졌다. 이 때문에 18세기의 팽창의 결과 끊임없이 긴장이 고조되었다. "보주 지역에서 목재 상업은 모든 주민의 일이 되었다. 누가 더 많이 벌채하느냐의 경쟁이 시작되었으며 따라서 숲은 조만간 황폐해졌다."[105] 영국에서는 16세기부터 잠재적인 상태에 있던 이 위기로부터 장기적으로 석탄 혁명이 등장했다.

---

* Antonio de Guevara(1480-1548) : 스페인의 프란체스코회 수도사, 역사학자. 카를 5세의 고해 신부, 카디스 및 몬도네도 지역의 주교를 지냈으며, 이상적인 지배자를 그린 저서를 남겼다.

물론 가격 갈등도 있었다. 쉴리 공작은 저서 『국왕 경제』에서 심지어 이렇게까지 말했다. "생활에 필요한 물품 가격이 늘 오르는 것은 땔나무가 갈수록 모자라게 되는 데에 그 원인이 있다!"[106] 1715년부터는 가격 앙등이 가속화되어 "앙시앵 레짐 말기 20년 동안 수직으로 급등했다." 부르고뉴에서는 "더 이상 재목을 구할 수 없었고", "가난한 사람들은 불 없이 지냈다."[107]

이 영역에서는 규모의 크기 정도도 계산하는 것이 쉽지 않다. 그렇지만 우리는 적어도 조악하나마 추정치를 가지고 있다. 1942년에 프랑스는 다시 나무로 난방을 해야 하는 지경에 이르렀는데, 아마도 이 해에 1,800만 톤의 나무를 사용했을 것으로 보이며, 그중 반이 땔나무 형태였다. 1840년에 프랑스의 소비량은 땔나무와 목탄의 형태로서 (재목은 고려하지 않고) 약 1,000만 톤 정도였을 것이다.[108] 1789년경에는 2,000만 톤 정도였으리라. 파리에서 소비한 목탄과 땔나무만 해도 약 200만 톤으로서,[109] 1인당 2톤 정도였다. 이것은 특출하게 높은 수치이지만, 대신 이 시대에 파리로 들어온 석탄의 양이 미미했던 점을 고려해야 한다. 그것은 나무보다 140배나 적은 양이었다 (1789년과 1840년 사이의 차이는 물론 석탄이 차지하는 것만큼의 차이이다). 만일 프랑스와 유럽 사이의 비율을 1 대 10으로 한다면 유럽의 연료 소비량은 1789년경에 나무 2억 톤, 그리고 1840년경에 나무 1억 톤이 될 것이다.

바로 이 2억 톤이라는 수치를 가지고 에너지원으로서 나무의 가치를 마력으로 계산해보자. 2톤의 나무는 1톤의 석탄에 해당한다. 이제 시간당 1마력은 석탄 2킬로그램을 태우는 것이라는 가정을 받아들이기로 하자. 그리고 1년에 3,000시간 정도 에너지를 사용한다는 가정도 받아들이자. 그러면 얻을 수 있는 힘은 1,600만 마력 수준이 된다. 내가 전문가들에게 제시했던 이 계산은 대단히 거친 수준의 크기의 규모에 불과하고 또 마력으로 환산하는 것은 낡은 방식인 데다가 자의적이다. 게다가 에너지 사용의 효율이 매우 낮아서 기껏해야 30퍼센트, 즉 400만-500만 마력만 이용하는 것에 불과하다는 것도 고려해야 한다. 전산업화 시기의 에너지 척도에서 보면 이 수치는 상대적으로 중요한 것이지만, 여기에서 놓칠 수 없는 사실 한 가지가 있다. 우리가 지금 해보았던 이 계산보다 더 진지한 계산에 의하건대, 미국 경제에서 석탄이 목재보다 우월한 위치를 점한 것은 1887년의 일이다!

석탄

석탄은 중국에서도 유럽에서도 미지의 것이 아니었다. 중국에서는 베이징에서 가정용 난방에(마갈량이스 신부에 의하면 4,000년 전부터 그렇게 썼다), 귀족이나 관리의 저택에서 요리하는 데에 석탄을 썼으며, 또 "제철공, 빵 제조인, 염색공 및 그와 유사한 직종의 사람들"이 석탄을 썼다.[110] 유럽에서는 11-12세기부터 영국의 노천광, 리에주 지역, 자르 지역, 그리고 리오네, 포레, 앙주 지역 등지의 작은 석탄 분지들에서 석탄을 채취했는데, 이 석탄은 석회 오븐, 가정 난방, 또 철공소의 일부 과정에 쓰였다(철공소의 전체 과정을 다 맡은 것은 아니었다. 그렇게 된 것은 무연탄이나 코크스를 이용하게 되었을 때의 일인데, 코크스는 18세기 말에 가서야 중요해졌다). 그러나 석탄은 이 시기 이전에도 조철로(條鐵爐, chaufferie : 가늘고 긴 철재를 만드는 화로)나 철재 절단기(fenderie), 또는 철사 제조기(tréfilerie) 등을 움직일 때와 같이 목탄으로는 하지 못하는 부수적인 과정에 쓰였다. 그리고 또 한 가지 지적할 사항은 석탄이 꽤 먼 거리를 이동하여 수송되었다는 것이다.

마르세유 세관은 1543년에 론 강을 따라 석탄 "운반선"이 도착했던 것을 특기하고 있는데, 아마도 알레스에서 왔을 것이다.[111] 같은 시대에 드시즈 근처의 라 마신에서는 농민들이 석탄을 캐서 통에 넣어 공급했는데(이것을 "푸아송[poisson : 8분의 1리터에 해당하는 옛 단위]" 또는 "샤르테[charretée : 마차 1대분]"라고 했다), 루아르 강의 작은 항구인 라 로주에까지 보냈고 이곳으로부터 다시 배로 물랭, 오를레앙, 투르에까지 보냈다.[112] 사실 이런 것들은 작은 세부 사항일 뿐이다. 16세기부터 몽벨리아르 근처에 있는 소노 염전에서 석탄을 이용하여 소금을 만든 것도 마찬가지이다. 1714년 가을에 파리에서 나무가 모자라게 되자 대규모 수입상이었던 갈라뱅 회사는 시청에서 공개적으로 "스코틀랜드의 이글거리는 석탄"을 실험해보였다. 그들은 이 외국 석탄을 독점 수입하는 특권을 얻었다.[113] 루르 지역에서조차 18세기 초에 이르러서야 석탄이 중요한 역할을 했다. 앙쟁의 석탄이 됭케르크를 넘어 브레스트와 라 로셸까지 수출된 것 역시 이 무렵이다. 또한 불로네 지방의 탄광에서 나는 석탄이 아르투아 지방과 플랑드르 지방에서 수비대의 난방용으로, 또 벽돌 제조용, 양조용, 석회 오븐용, 편자 대장장이용으로 사용된 것도 이 당시였다. 1750년 이후에는 지보르 운하가 건설되어 리오네 탄광의 석탄이 리옹까지 더 쉽게 도착했다. 수레나 끌짐승을 이용해서 수송해야 한다는 것은 사실 기본적인 장애였다.[114]

유럽 전체를 놓고 볼 때, 일찍이 상당한 정도로 성공한 사례는 리에주 분지와 영국의 뉴캐슬 분지의 두 경우밖에 없다. 15세기부터 리에주는 제철업 중심지로서 "병기창" 역할을 했는데, 이곳에서 석탄은 생산물의 마무리 작업에 쓰였다. 이곳의 생산은 16세기 전반에 3-4배로 확대되었다. 그다음 시기에 계속해서 일어난 전쟁 때에 리에주는 중립을 지켰기 때문에(리에주는 대주교령이었다) 활동하는 데 더욱 유리했다. 이미 갱 속으로 깊이 파들어가서 캐온 석탄은 뫼즈 강을 통해 북해나 영불해협 방향으로 수출되었다.[115] 뉴캐슬은 더 크게 성공을 거두어서, 1600년경부터 영국을 근대화시킨 석탄혁명에 연결되었다. 이것은 물량이 매우 큰 일련의 산업에서 석탄을 사용하게 되었음을 의미한다. 불을 때서 바닷물을 증발시키는 방식의 제염, 판유리나 기와의 제조, 설탕 정제, 그리고 이전에는 지중해에서 수입했으나 이때쯤에는 요크셔에서 채굴했던 명반*의 가공 등이 그런 분야이고, 그 외에도 빵 가게의 오븐, 양조, 그리고 가정의 난방—이 이유로 수 세기 동안 런던에 악취가 풍기게 되었고 이후에 더욱 악취가 심해진다—역시 말할 필요

---

* 광물의 하나로서 직물의 염색 과정 중에 착색료로 쓰였기 때문에 직물업의 필수 불가결한 물질이었나.

도 없다. 이렇게 소비가 점증한 덕분에 뉴캐슬의 생산은 지속적으로 증가했다. 1563-1564년의 연 3만 톤 생산이 1658-1659년에는 50만 톤이 되었다. 1800년 무렵에는 그 수량이 거의 200만 톤이 되었다. 타인 강 하구에는 언제나 석탄을 실은 배들이 늘어서 있었는데, 이 배들은 무엇보다도 런던과 뉴캐슬 사이를 왕복했다. 이 배들의 톤수는 1786-1787년에 총계 34만8,000톤에 달했고 1년에 여섯 번 왕복했다. 이 석탄 일부는 바다를 통해 멀리까지 수출되었는데—이것을 "해탄(海炭, sea coal)"이라고 불렀다—16세기부터는 심지어 몰타 섬에까지 갔다.[116]

아주 일찍부터 사람들은 철을 생산하는 데에 쓰는 석탄이라면 마치 흙을 덮은 원시적인 가마 속에서 나무를 태워서 목탄을 만드는 것처럼 정제해서 써야만 한다고 생각했다. 영국에서는 1627년부터 코크스 제조법이 알려졌으며 그것이 특권으로 인정되기도 했다. 더비셔에서 처음으로 석탄을 연료로 쓴 것은 1642-1648년부터였다. 곧바로 이 지역의 양조업자들은 맥아를 말리고 데우기 위해서 짚이나 일반 석탄 대신에 코크스를 사용했다. 이 새로운 연료를 쓰자 더비 맥주는 "흰빛과 부드러움이 더해져서 아주 유명해졌고"[117] 일반 석탄을 쓸 때의 악취가 제거되었다. 그 결과 영국의 일급 맥주가 되었다.

그러나 코크스가 제철업에서 곧바로 큰 성공을 거두지는 못했다. 1754년에 한 경제학자는 이렇게 설명했다. "불을 가지고 석탄에 포함된 역청(瀝靑)과 유황 성분을 제거할 수 있다. 그렇게 하면 무게의 3분의 2 정도를 잃게 되고 그 나머지는 연료의 요체로 남게 된다. 이 과정에서 사람들이 싫어하는 역겨운 연기를 내는 부분이 빠져나간다.……"[118] 이 "석탄 숯"은 1780년경에 가서야 제철업에서 성공을 거두게 된다. 우리는 이와 같은 얼핏 보면 이해할 수 없는 지체에 대해서 다시 살펴보게 될 것이다.[119] 이것이야말로 혁신에 저항하는 관성의 좋은 예이다.

이런 관점에서 중국은 더 좋은 예를 제공한다. 우리가 이미 지적했듯이 중국에서는 일찍부터 석탄을 사용했다. 아마도 기원전 수천 년 전부터 가정용 난방으로 썼을 것이고 제철업에서도 기원전 5세기부터 사용했을 것이다. 사실 석탄을 일찍부터 때기 시작했기 때문에 주철을 생산하고 사용할 수 있었다. 이렇게 엄청나게 앞서가기는 했지만, 13세기에 중국이 융성기를 맞이했을 때에도 코크스를 체계적으로 이용하지는 못했다.[120] 아마도 이때 코크스가 알려졌을 가능성이 있음에도 불구하고 말이다. 가능성이 있다고는 했지만 확실한 것은 아니다. 그렇다면 우리는 어떠한 주장을 할 수 있는가? 13세기에 활기찬 중국은 산업혁명의 문호를 열 수도 있었지만, 그렇게 하지 않았다! 중국은 이 특권을 18세기 말의 영국에 넘겨주었는데, 또 영국으로 말하자면 수중에 가지고 있던 것을 실제로 이용하기까지에는 많은 시간이 필요했다. 기술은 하나의 수단에 불과하다. 사람들이 그 수단을 가지고 있다고 해도 언제나 그것을 이용할 줄 아는 것은 아니다!

결론

서로 연결된 두 명제를 정식화하기 위해서 18세기 말의 유럽으로 되돌아가자. 첫째 명제는 전체적인 에너지원에 관한 것이고, 둘째 명제는 이용할 수 있는 기계 사용에 관한 것이다.

첫째, 우리는 우선 이용할 수 있는 에너지원을 중요한 정도에 따라 정확하게 분류할 수 있다. 가장 먼저 축력이 있다. 말 1,400만 마리, 소 2,400만 마리가 있고, 이들 가축 한 마리는 각각 4분의 1마력을 내므로 전체적으로 대략 1,000만 마력인 셈이다. 다음은 인력과 도구인데, 5,000만 명의 노동력은 모두 600만-800만 마력에 해당된다. 다음으로 목재는 아마도 400만-500만 마력, 물레방아는 150만-300만 마력, 마지막으로 배의 돛으로서 전함을 고려하지 않는다면 기껏해야 23만3,000마력 정도이다. 이것은 오늘날의 에너지 사용 가능성과는 거리가 먼 것으로, 우리는 이미 이 점을 알고 있다. 사실 이 부정확한 계산 자체가 흥미롭지는 않다(우리는 풍차, 강에서 운행하는 배들, 목탄, 심지어는 석탄도 계산에 넣지 않았다). 중요한 것은 사실 축력과 인력, 그리고 땔나무가 이론의 여지 없이 상위를 차지한다는 점이다(풍차는 물레방아보다 수가 적고, 따라서 사람이 통제하여 이용하는 물의 힘에 비해 3분의 1이나 4분의 1 정도의 중요성밖에 없다). 물레방아를 이용한 해결이 더 이상 발전하지 않은 것은 부분적으로는 기술적인 이유(철이 아니라 목재를 폭넓게 사용한 것이 그중 하나이다) 때문이었지만, 더 크게는 물레방아가 자리잡고 있는 곳에서는 큰 힘이 필요하지 않았던 반면, 이 시대에는 **에너지를 다른 곳으로 이동시키지 못했기 때문이다.** 에너지의 부족은 앙시앵 레짐 경제의 주요한 장애물이었다. 보통의 물레방아는 두 사람의 힘으로 움직이는 손방아보다 능률이 5배나 되어서 그 자체가 이미 혁명적이었다. 그러나 증기를 이용한 제분기는 물레방아의 5배의 효율을 가지고 있었다.[121)]

둘째, 산업혁명 이전에 이미 선행단계가 있었다. 가축의 힘을 더욱 잘 이용하게 해주는 멍에의 발전, 나무를 태워서 얻는 힘, 강이나 바람을 이용하는 초보적인 모터, 게다가 더 많은 인력의 투여 등에 힘입어 15-17세기에 유럽은 어느 정도 성장했다. 느리기는 했지만, 힘과 세력, 실용적인 지성(intelligence pratique)이 증대했다. 1730-1740년대부터 점점 더 가속화된 발전은 바로 이러한 앞 시기의 팽창에 근거한 것이다. 그리하여 흔히 인식할수 없거나 잘 알려지지 않은 전산업혁명(pré-révolution industrielle)이 있었다. 그것은 발견과 기술적 진보의 누적으로서, 어떤 것은 장관을 이루었고 어떤 것은 확대경으로 찾아보아야 하는 수준이었다. 다양한 기어, 기중기, 동력 전달 장치, "천재적인 크랭크-핸들 시스템", 모든 움직임을 규칙적으로 만들어주는 플라이 휠, 압연기, 광산에서 쓰이는 점차 정교해지는 기계류 등이 그것이다. 그밖에도 편물기, 리본 제조기(métier à la barre), 화학공정 등 많은 혁신이 있었다……. "선반, 드릴링 머신, 볼링 기계 등을 산업적 용도에 적용시키려는 시도를 처음 한 것이 18세기 후반이었으나", 이런 것들은 이미 아주 오래 전부터 알려져 있던 도구들이었다. 그리고 영국 경제의 "이륙"

에 결정적이었던 방적과 직조의 자동화가 시작된 것도 이 시기이다.[122] 이러한 꿈의 기계나 이미 실현된 기계들이 완전히 이용되는 데에 아직 모자랐던 것은 잉여 에너지, 게다가 이동이 손쉬운, 말하자면 자유롭게 움직일 수 있는 에너지였다. 그러나 도구류는 이미 존재하고 있었고 끊임없이 개선되었다. 인도나 중국에 가본 유럽 여행자들이 모두 그곳의 생산물이 대단히 훌륭하고 섬세한 데 비해 그들이 사용하는 기계들이 너무나 초보적인 것을 보고 놀라워했다는 사실이 이런 점을 잘 말해준다. 누군가는 이렇게 말했다. "그렇게도 아름다운 중국의 비단을 생산하는 도구가 너무나 단순하다니 놀라운 일이다."[123] 인도의 유명한 면직인 모슬린 천에 대해서 거의 같은 말로 표현한 다른 저자의 경우도 마찬가지이다.[124] 증기가 사용되면서 유럽에서는 모든 것이 마치 마술처럼 가속화되었다. 그러나 이 마술에 대해서는 설명이 가능하다. 그것은 미리 준비되었고 사전에 가능하도록 만든 것이었다. 한 역사가(피에르 레옹)가 한 말을 표현을 바꾸어 이야기하면, 우선 진화(évolution), 즉 느린 성장이 있었고, 다음에 혁명(révolution), 즉 가속화가 있었다. 두 움직임은 서로 연결된 것이다.

철 : 가난한 친척

철을 가난한 친척(un parent pauvre), 즉 천덕꾸러기로 묘사한다면, 15세기 이후의 사람들, 더욱이 18세기 이후의 사람들에게는 진지해 보이지도 않고, 사실과도 맞지 않아 보일 것이다. 몽바르 시의 철기 제조업자인 뷔퐁이라면 무엇이라고 말했을까? 사실 현재 우리의 관점에서 보면 가깝고도 먼 이 시대는 이 점에서 놀라우면서도 동시에 보잘것없다.

이 시대의 야금술은 용광로와 동력 해머를 사용한다는 점에서 기본 과정이 대체로 오늘날과 유사하지만, 양적인 면에서는 완전히 달랐다. 오늘날의 용광로 하나가 "24시간 동안에 기차 세 차량분의 고크스와 광식을 소비하는 반면", 18세기에는 가장 완성도가 높은 용광로더라도 중간중간 쉬면서 일할 수밖에 없었다. 예를 들면 화실(火室)이 두 개인 제련소가 있더라도 1년에 100톤에서 150톤 정도를 겨우 생산했다. 오늘날에는 생산량이 수천 톤을 헤아린다. 200년 전에는 "100단위 무게(cent pesants)"를 이야기했는데, 그것은 오늘날의 50킬로그램 정도인 캥탈을 의미한다. 이러한 것이 규모의 차이이다. 차라리 두 문명의 차이라고 할 수도 있을 것이다. 1877년에 루이스 모건*이 말한 바와 같이 "철이 가장 중요한 생산물질이 되었을 때, 그것은 인류사의 진화에서 사건 중의 사건이었다."[125] 폴란드의 경제학자인 스테판 쿠로우스키는 심지어 모든 경제생활의 박동을 제철업이라는 특권적인 케이스를 통해서 파악할 수 있다고까지 주장했다. 제철업이야말로 모든 것을 요약하고 모든 것을 알려준다는 것이다.[126]

그러나 19세기 초까지도 "사건 중의 사건"은 아직 일어나지 않았다. 1800년에 (주철, 연철, 선철, 강철 등** 여러 형태의) 철 세계 생산량은 200만 톤에 불과했다고 하지만,[127] 이 숫자도 반 정도밖에 근거가 없는 것이어서 과장으로 보인다. 이 시대의 경제문명은 철보다는 훨씬 더 큰 정도로 직물의 지

---

* Lewis Henry Morgan(1818-1881) : 미국의 민족지 학자. 여러 인디언 종족의 친족관계에 대해서 연구한 다음, 두 권의 중요한 저서를 통해 가족의 발달에 관한 개념을 발표했다. 사회의 진화와 생산 및 친족 관계, 사회의식의 체제들 간의 관계에 기술적 요소와 경제적 요소가 중요하다고 주장했다. 주요 저서로 『인간 가족의 혈연체제와 인척관계(*Systems of Consanguinity and Affinity of the Human Family*)』(1871)와 『고대 사회(*Ancient Society*)』(1877)가 있다.

** 주철(cast iron)은 1.7-6.7퍼센트의 탄소를 함유한 Fe-C계의 합금이다. 취약해서 가단성(바깥에서 힘을 가해 변형시킬 수 있는 성질)은 없으나 주조가 쉽고 어떤 형태라도 만들 수 있고 절삭 가공도 쉬우며 가격도 싼 편이라 공업재료로 널리 쓰인다. 연철(wrought iron)은 0-0.1퍼센트의 탄소를 함유한 철이다. 선철을 목탄 또는 석탄을 연료로 하는 퍼들로(puddling furnace)라는 일종의 반사로에서 반용해하여 탄소를 산화 제거해서 풀과 같이 된 것을 꺼내어 단련하여 제조한 것이다(단련은 철 중의 산화물을 짜내기 위한 과정이다). 선철(pig iron)은 철광석에서 직접 제조한 철의 일종으로 불순물이 많으며 탄소 함유량은 2.6-5퍼센트이다. 일반적으로 질이 취약하여 주철 주물을 만드는 데 적합하다. 강철(steel)은 철과 탄소를 기초로 하는 합금을 말하며 이 이원합금을 탄소강이라고 한다. 다시 제3원소를 첨가하여 특수용도에 맞도록 한 합금을 합금강 또는 특수강이라고 한다.

배하에 있었다(무엇보다도 면화가 영국의 산업혁명을 가져왔다).

사실 야금술은 전통적이고 고졸했으며 또 불안정한 균형을 이루었다. 그것은 자연조건과 자원, 운 좋은 곳에 풍부하게 매장되어 있는 광상(鑛床), 결코 충분하지 않은 숲, 변화가 많은 수력 등 여러 조건에 의존하고 있었다. 16세기에 스웨덴에서는 농민들이 철을 생산했지만, 그것은 단지 봄에 물이 넘칠 때에만 가능했다. 용광로가 세워진 곳에서 수위가 낮아지는 것은 곧 실업을 의미했다. 마지막으로 전문화된 노동자들이 없었고(혹은 거의 없었고), 대신 일반 농민들이 이 일을 맡았다. 이것은 알자스 지방이든, 영국이든, 혹은 우랄 지방이든 마찬가지였다. 근대적인 의미의 기업가 역시 없었다. 유럽에서 제철소의 주인이란 무엇보다도 우선 지주였으며, 그들은 철 공장 역시 마름이나 차지농에게 맡겼던 것이다! 마지막으로 고려할 우연적 요소는 수요가 일시적이라는 점이다. 이것은 전쟁과 연관되어 있었는데, 전쟁은 일어났다가는 가라앉게 마련이다.

물론 당대인은 사태를 이렇게 보지는 않았을 것이다. 그들은 철이야말로 금속 중에서 가장 유용하다고 이야기했으며, 모두에게 대장간(적어도 마을 대장간이나 편자를 만드는 대장간이라도), 고로(高爐), 조철로, 정련소 등을 볼 기회가 있었다. 이때는 생산지가 산재된 상태로 국지적인 생산과 단거리 공급이 일반적이었다. 17세기에 아미앵은 100킬로미터가 되지 않는 티에라슈 지방으로부터 철을 들여와서 반경 50-100킬로미터 거리의 주변 지역에 재분배했다.[128] 그보다 앞 세기에 대해서는 오베르슈타이에르마르크 지방의 유덴부르크라는 조그마한 오스트리아 마을에서 살았던 한 상인이 쓴 일기를 통해서 알 수 있다.[129] 이곳의 상인들은 주변 지역의 대장간이나 레오벤의 활동적인 중심지의 대장간에서 생산한 철, 강철 등을 수집해서 다시 재수출했다. 우리는 나날이 이루어지는 이들의 구입, 판매, 수송, 가격, 단위 등을 추적할 수 있지만, 그렇게 하려고 하면 가공하지 않은 철이나 쇠막대기로부터 여러 종류의 강철이나 철사(굵은 철사는 "독일" 철사라고 하고, 가는 것은 벨슈*라고 한다), 그 외에도 바늘, 못, 가위, 프라이팬, 양철 조리도구 등에 이르기까지 대단히 다양한 품질의 상품을 헤아리느라고 방향을 잃고 헤맬 정도이다. 그런데 그중에서 어느 것도 멀리까지 팔려가지는 못했다. 고가품인 강철 역시 알프스를 넘어 베네치아 방향으로 가지는 못했다. 톨레도의 칼, 브레시아의 무기류, 또는 앞에서 말한 유덴부르크의 상인 이야기로 되돌아오면, 안트베르펜에서 수요가 있는 쇠뇌(강철 활)와 같이 사치품에 속하는 경우를 빼고는 금속제품은 직물처럼 많이 유통되는 상품이 아니었다. (16세기에는 칸타브리아** 지역으로부터, 17세기에는 스웨덴으로부터, 그리고 18세기에는 러시아로부터 행해진) 금속제품의 대규모 교역은 강이나 바다를 통한 수송로를 이용했으며, 우리가 다시 보게 되겠지만, 그 양도 매우 소박한 수준이었다.

간단히 말해서 18세기나 심지어 19세기 이전만 해도 유럽에서는(그리고 유럽 이외에서는 하물며 더욱 당연하지만) 생산량으로 보나 사용량으로 보나 철이 물질문명을 뒤흔들어놓을 능력이 없었다. 지금 우리는 최초의 강철 용해(鎔解)가 이루어지기 이전의 시대, 교련법(攪鍊法, puddlage)이 개발되기 이전의 시대, 코크스를 이용한 용해가 일반화되기 이전의 시대, 헨리 베서머, 카를 빌헬름 지멘스, 피에르-에밀 마르탱, 시드니 토머스 등 유명한 제철 공정 개발자들의 목록 이전의 시대를 보고 있다. 다시 말해서 우리가 사는 지구가 아닌 또다른 행성과도 같다.

중국을 제외하면 야금술은 초보적이었다

철의 야금술은 구대륙에서 개발되어 기원전 15세기라는 아주 이른 시기에 아마도 캅카스로부터 퍼져나간 것 같다. 구대륙의 모든 문명들은 이 초보적인 기술을 다소간 일찍, 그리고 다소간 잘 배워갔다. 여기에서 장관을 이루

---

* welsch : '외국의', '로마 민족의' 등의 의미.
** Cantabria : 남쪽의 카스티야 지방과 북쪽의 대서양 지역 사이에 있는 스페인의 산악 지역.

는 진보는 두 번밖에 없었다. 하나는 일찍이 중국에서 일어났는데, 이것은 두 가지 점에서(대단히 일찍 일어났다는 점, 그리고 13세기 이후에 정체되었다는 점) 불가해한 수수께끼로 남아 있다. 또 하나는 유럽에서 일어났는데, 뒤늦게 일어났지만 결정적이었다.

중국은 야금술이 대단히 일찍 발달했다는 점에서 논의의 여지가 없는 우월성을 가진다. 중국인들은 기원전 5세기경에 이미 철의 주조를 알고 있었고, 일찍이 석탄을 사용했으며, **아마도**—이 점에 대해서는 문제가 많은 것이 사실이지만—기원후 13세기에 코크스를 이용해서 광석을 용해했던 듯하다. 이에 비해 유럽은 14세기까지는 용해된 상태의 철을 얻지 못했으며, 아마도 17세기에 코크스를 사용했을지는 모르지만 그것이 영국에서 일반적으로 쓰이게 된 것은 대체로 1780년대 이후이다.

이와 같이 중국이 때 이르게 앞서간 이유는 설명하기 힘들다. 아마도 석탄을 사용해서 고온을 얻었을 것이다. 게다가 인 성분이 많은 광석을 사용했기 때문에 상대적으로 낮은 온도에서 광석이 녹았던 것도 함께 고려해야 한다. 마지막으로, 사람 힘이나 물받이통을 이용한 물레방아의 힘으로 움직이는 피스톤을 가지고 풀무를 움직였기 때문에 송풍을 계속할 수 있었고, 그 덕분에 용광로 내부에서는 고온이 유지되었다. 중국의 용광로는 유럽의 것과는 완전히 달랐다. 이것은 사실 "내화성이 있는 석재를 두른 장방형 구덩이"에 불과하다. 여기에는 일련의 **도가니**(creusets)가 있고 광석을 넣은 이 도가니들 사이에 석탄을 깔았다. 따라서 광석은 연료와 직접 닿지는 않았으며, 여기에 원하는 대로 목탄 같은 이러저러한 물질들을 첨가할 수 있었다. 도가니들 속에서 연쇄적으로 용해하면서 탄소를 거의 전부 제거한 가단주철*을 얻을 수도 있었고, 혹은 다양한 정도의 탄소를 포함한 철—다시 말해서 비교적 부른 철—을 얻을 수도 있었다. 도가니 속에서 두 번 연속해서 용

---

* 可鍛鑄鐵, malleable cast iron : 열 처리를 해서 가단성(금속을 두드려 늘일 수 있는 성질)이 있게 한 주철. 얇으면서도 단단한 주물을 만들 수 있다.

해하고 난 후 중국인들은 그 결과물을 가지고 쟁기의 보습이나 솥 등을 만들었는데, 이런 것은 서구인에게는 18-20세기가 지나서야 가능한 일이었다. 이로부터 앙드레-조르주 오드리쿠르의 가설이 나왔다. 서지학적인 자료에 근거한 이 가설은 14세기에 슈타이에르마르크 지역과 오스트리아 지역에서 쓴 고로인 슈튀코펜(Stückofen, 分塊爐)이나 고로를 대체한 플루소펜(Flussofen : 용광로)은 중앙 아시아, 시베리아, 튀르키예, 러시아에 보급되었던 중국의 기술이 최종적으로 이전된 마지막 단계에 불과하다는 것이다.[130]

아시아의 도가니 주조법의 또다른 성공은 특수 강철—오늘날의 최상의 아공석강(亞共析鋼, aciers hypereutectoïdes)과 같은 "고품질 탄소 강철"—을 만들었다는 것이다(그 기원에 대해서 어떤 사람은 인도라고도 하고, 어떤 사람은 중국이라고도 한다). 이것의 성질과 제조방법은 19세기까지도 유럽인에게 신비의 대상으로 남아 있었다. 유럽에서는 다마스쿠스 강철이라는 이름으로 알려졌고, 페르시아에서는 풀라드 조헤르데르(poulad jauherder : 물결 무늬 강철), 러시아에서는 불라트(boulat), 그리고 영국에서는 우츠(wootz)라고 명명된 이 강철은 무엇보다도 탁월한 칼날을 자랑하는 도신(刀身) 제조에 쓰였다. 유럽인들이 인도에 도착했을 때, 인도의 골콘다 왕국에서 이것을 만들고 있었으며, 타베르니에가 묘사한 바에 의하면 이것을 무게 600-700그램인 작은 빵 크기의 철괴 형태로 판매했다고 한다. 이 강철은 널리 동아시아, 일본, 아라비아, 시리아, 러시아, 페르시아에까지 수출되었다. 1690년경에 샤르댕이 설명한 바에 의하면, 페르시아인들이 이 강철을 가지고 가장 훌륭한 도신을 만들었는데, 자신들의 강철이 "이 강철만 못하고, 우리의 것[유럽의 강철]이 또 자신들의 것만 못하다"고 평가했다고 한다.[131] 이 강철의 특징은 물결 무늬로서, 이것은 도가니 속에서 냉각하는 과정 중에 금속괴에 시멘타이트,* 즉 대단히 단단한 철의 탄화물의 흰색 작은 관(管)들이 결정된 것

---

* cementite : 철의 탄화물로, 강(鋼)의 조직성분으로 존재하며 그 분포와 형상에 따라 강을 굳게 하거나 무르게 하는 구실을 한다.

이다. 이 엄청나게 값비싼 강철의 명성을 보여주는 일화가 있다. 1591년에 포르투갈인들이 인도 해안에서 압수한 화물 중에 이 강철이 있었는데, 리스본이나 스페인의 대장장이 그 누구도 이것을 벼리지 못했다. 레오뮈르* 역시 비슷한 실패를 경험했다. 그는 카이로에서 이 강철의 표본을 들여와서 파리의 장인에게 맡겼다. 그런데 이 "우츠"는 뻘겋게 달군 상태에서 망치질을 하자 깨져버리고 물결 무늬가 사라졌다. 이것은 저온에서 벼리든지 혹은 도가니 속에서 다시 녹여 주조해야만 했다. 19세기 초반 몇십 년 동안 서구의 많은 학자와 러시아의 금속학자들이 우츠의 비밀을 열정적으로 탐구했으며, 이들의 연구가 금속조직학(métallographie)의 기원이 되기도 했다.[132]

이러한 사실들을 보면 다마스쿠스 강철이 처음 만들어진 곳이 인도라는 것은 의심의 여지가 없다. 그러나 알리 마자헤리는 9–11세기의 아랍 및 페르시아 사료와 그 이전 시대의 중국 사료에 근거한 훌륭한 논문을 통해서 인도에서 생산된 강철의 기원이 중국이라는 가설을 주장했으며(이 강철은 중국에서와 같이 도가니 속에서 만들었음을 주목하라), 또 사브르(sabre)는 도가니에서 주조한 아시아의 강철이며, 에페(épée)는 주조와 담금질을 거친 유럽 강철이라고 정리한 후, 다마스쿠스 강철로 만든 사브르 검이 아시아를 관통하여 투르키스탄에 전해졌고 스키타이 정복을 중개로 하여 인도, 페르시아, 이슬람 국가들, 그리고 모스크바 공국에 보급되었다는 환상적인 역사를 서술했다. 사산조 페르시아가 로마 군단에 장쾌한 승리를 거둔 것은 무엇보다도 로마군이 거친 쇠로 만든 짧은 에페 검으로 무장한 데 비해서 페르시아 기병은 서구의 무기보다 훨씬 더 우수한 품질을 자랑하는 다마스쿠스 강철의 사브르 검을 사용한 데에 있었다. 그리고 마지막으로 "로마 세계와 중세 유럽에……밀려든 아시아의 유목민 부족들이 우세했던 것은 사브

---

* René-Antoine Ferchault de Réaumur(1683–1757) : 프랑스의 물리학자, 박물학자. 주철에 금속을 더하면 강철로 변할 수 있다는 사실을 밝혔으며, 강철의 담금질을 연구했다. 알코올 온도계의 발명으로도 유명하다.

르 검 덕분—그러므로 중국의 덕분—이었다"고 주장한다.[133)

참으로 이상한 것은 중국이 그렇게 일찍이 앞서가다가 13세기 이후에 정
체했다는 것이다. 더 이상 아무런 진보도 이루어지지 않았으며, 용해와 제
철 기술의 성취는 단지 앞 시대 것의 반복에 불과했다. 코크스를 이용한 용
해는 알려져 있었다고는 하더라도 발달하지 않았다. 이 모든 것은 헤아리기도
힘들고 설명하기도 힘들다. 중국의 운명은 **전체적으로** 같은 문제를 제기한
다. 이 곤란은 아직도 잘 해결하지 못하고 있다.

11-15세기의 진보 : 슈타이에르마르크와 도피네 지역

또다른 문제는 유럽의 뒤늦은 성공이다. 중세 야금술의 시작은 지크 강 유
역이나 자르 강 유역, 또는 센 강과 욘 강 사이에서 찾을 수 있다. 철광석은
거의 어느 곳에나 존재했다. 다만 순도가 높은 철, 즉 운철* 같은 것이 부족
했다. 이 운철은 라 텐 기**부터 유럽에서 개발되었다. 광석을 잘게 부수어
씻고, 사정이 좋지 않을 경우 구워서(배소[焙燒]해서) 가마 속에 이것을 한
켜 놓고 목탄을 한 켜 놓는 방식으로 층층이 배치했다. 가마는 아주 다양한
모양이었다. 예컨대 센 강과 욘 강 사이의 오트 숲속에 있던 것은 작은 언덕
을 옆 방향에서 발굴해본 결과 벽을 두르지 않은 초보적인 "노천 가마(fours
à vent)"였음이 밝혀졌다. 불을 붙이고 난 후 2-3일이 지나면 수많은 찌끼
(scories)와 함께 스펀지 형태의 작은 철 덩어리를 얻게 된다. 이것을 가지고
제철소에서 수작업을 했고, 다시 여러 번 가열한 후에 모루 위에 놓고 두드
렸다.[134)

벽을 두르기는 했지만, 아직 완전히 둘러막지는 않은 더 정교한 가마가 곧

---

* 隕鐵, météorique : 철 성분의 별똥이 땅에 떨어진 것. 인간이 가장 먼저 이용한 금속이다. 사람
  들은 운철을 녹여서 주조하여 모양을 만든 뒤 망치질로 예리한 날을 만들어 썼다.
** La Tène : 스위스의 뇌샤텔 호수 동쪽의 라 텐 유적지에서 유래한 명칭으로, 두 번째 철기시대
  인 켈트 문명기(기원전 450-기원전 50)를 가리킨다.

나타났다. 이제 더 이상 (단순한 굴뚝 같은) 자연 통풍에만 만족하지는 않았다. 예를 들면 자르 지방의 란덴탈에서 1000-1100년 사이에 쓰였던 가마는 발굴 결과 나무 막대기들을 이용해서 틀을 잡아 찰흙을 구워 만든 벽을 둘렀고, 높이가 1.5미터, 최대 지름이 0.65미터였으며(모양은 원추형이었다), 두 개의 풀무가 있었던 것으로 밝혀졌다.[135] 이 구조는 약간 변형되기는 했지만, 코르시카, 카탈루냐, 노르망디(특히 노르망디의 것은 스웨덴의 광석인 오스무르드*를 재료로 썼다)의 가마에도 적용되었다. 이것들은 모두 벽으로 둘러싸여 있으나 윗부분은 막혀 있지 않았으며, 송풍장치가 빈약했고, 생산이 그리 많지 않았다. 대강의 규모의 크기를 보면, 72퍼센트의 철 성분을 포함한 광석으로 15퍼센트 정도의 금속을 얻을 수 있었다. 이것은 (대단히 활발했던) 유럽 농민의 야금술이나 진화가 덜 된 구세계의 여러 민족들의 야금술 등 11세기 이후의 초보적인 야금술에 두루 적용되는 이미지이다.[136]

11세기나 12세기 이후 유럽에서 수차를 사용하자 결정적인 진보가 일어났다. 이것은 대단히 느린 과정이기는 했지만 어떠한 값을 치르더라도 모든 중요한 생산지역에 설치되었다. 숲속의 제철소를 대신해서 강변에 제철소가 들어섰다. 거대한 풀무, 광석을 부수는 공이, 그리고 여러 번 가열한 철을 두드리는 망치 등을 수력으로 움직였다. 이러한 진보와 아울러 14세기 말에 용광로가 사용되기에 이르렀다. 독일에서(어쩌면 네덜란드에서) 처음 나타난 용광로는 마른 강 상류 지역과 같은 프랑스 동부 지역에도 일찍 출현했지만, 푸아투, 바-멘을 비롯한 프랑스 서부 전 지역에서는 16세기가 될 때까지 수작업을 하는 숲속의 제철소가 계속 유지되었다.[137]

슈타이에르마르크는 새로운 진보의 좋은 예이다. 13세기에 이곳에는 완전히 벽으로 막히고 손풀무를 이용하는 렌포이어(Rennfeuer : 직접 제철로)

---

* ossmurd : 오스문드(ossmund)라고도 한다. 전연성을 가진 철괴 형태의 스웨덴 철로서, 중세부터 알려졌으나 1540년경 이후에 많이 생산되기 시작했고, 1600년경까지 유럽 여러 지역에 철공업 원재료로 많이 수출되었다.

가 나타났다. 14세기에는 이보다 높이가 더 높고 수력 풀무를 사용하는 슈튀코펜이 등장했다. 그러다가 이 세기 말에는 슈튀코펜과 유사하지만 높이가 더 높으며 전실(前室, avant-creuset : 앞부분의 아궁이)이 있고 블레하우스(Blähhaus, 이 단어는 1389년의 한 문서에 보인다)*에 집단으로 모여 있는 용광로가 나타난다. 중요한 것은 가죽으로 된 거대한 수력 풀무와 용광로의 노흉**이 생기면서 처음으로 용해(fusion)가 가능하게 되었다는 것이다. 이것은 14세기에 주철이 "발견되었다"는 의미이다. 이제부터는 처음 출발점인 주철로부터 원하는 대로 탄소를 상당히 제거한 철이든지 탄소 제거가 불완전한 강철을 얻는 것이 가능해졌다. 슈타이에르마르크에서는 강철을 애써 얻으려고 했다.[138] 그러나 18세기 말의 혁신이 이루어지기 전까지, 이전의 야금술로는 사실 강철을 얻었다기보다는 강철화된 철을 얻었을 따름이었다.

한편 제철소는 용광로와 떨어져 하류 쪽으로 이동했다. 이 공장은 연료를 너무 많이 소비했기 때문에 이 건물들을 한곳에 유지하려고 하다가는 연료 공급이 방해받았기 때문이다. 1613년의 한 스케치를 보면 블레하우스는 한곳에 떨어져서 홀로 서 있고 제철소는 그것과 하류 쪽에서 연결되어 작동하고 있다. 이 제철소에는 물로 움직이는 커다란 망치―"독일 망치"라고 부르는 해머―가 있었다. 해머의 자루는 거대한 참나무 들보로 되어 있고 그 머리 부분의 쇠뭉치는 500-600파운드에 달했는데, 받침목(taquet)이 달린 수차가 이것을 들었다가 모루 위에 떨어뜨렸다. 이 엄청난 내리치는 힘이 광물을 다루는 데에 이용되면서부터 생산량이 크게 늘었다. 그렇지만 철은 끊임없이 다시 작업을 가해야 하므로 이른바 이탈리아식 망치라고 부르는, 여러 번 연속으로 두드리는 작은 망치도 등장했다. 이것의 원형은 아마도 기존 철 공업의 중심지인 브레시아에서 기원하여 프리울리를 거쳐서 들어왔을 것이다.[139]

---

* 단어 모양으로 보아서 송풍 장치가 되어 있는 건축물을 말하는 것 같다.
** 爐胸 : 코크스 층과 광석, 용제의 층을 교대로 쌓아올려 용해시키는, 용광로의 중요 부분이다.

이러한 진보들을 보여주는 또다른 예로 알프스 서부 지역이 있다. 이 지역의 사례는 초기 야금술의 발전에 샤르트뢰 수도회 수사들이 상당한 역할을 했다는 사실을 밝혀준다. 12세기부터 이들은 슈타이에르마르크, 롬바르디아, 케른텐, 피에몬테 등지에 정착했으며 "전근대적인 제철술의 발명에 긴밀하게 연관되어" 있었다. 도피네 지방의 알바르에서는 12세기에 주철을 발명한 것으로 보이는데, 이는 슈타이에르마르크나 다른 곳보다도 앞선 것이었다. 이들은 알프스의 급류를 전부 끌어들이는 거대한 수도관(trompes d'eau) 덕분에 일찍이 강력한 송풍장치를 이용할 수 있었다. 티롤 지역의 노동자들이 도착하면서(1172년부터) 목탄을 사용하고 고철을 더해서 주철을 정련하는 방법이 개발됨으로써 이른바 자연 강철(natural steel)을 만들 수 있게 되었다. 그러나 이 모든 것의 구체적인 연대는 거의 확실하지 않다.[140]

사실 각 중심지마다 특별한 단계와 방법들—특히 정련법—에 관한 비밀들이 있었고, 고객이나 여러 생산물들 사이의 선택이 모두 달랐다. 그렇지만 기술은 그것이 어느 곳에서 개발되었든 널리 전파되는 경향이 있었다. 그렇게 기술이 전파되는 데에는 원래 이동성이 큰 장인들의 이주가 중요한 요인이었다. 작은 예를 들자면 1450년경에 "리에주 토박이인" 두 노동자가 상리스 근처의 아블롱 강 근처에서 "제철소 또는 철공소를 세우기 위한 낙수장치를 만들기 위해" 토지를 양도받았다는 사실을 들 수 있다.[141]

모든 용광로는 머지않아 항상 불을 지키게 되었다. 한번 용해를 한 가마는 곧 광석과 목탄으로 다시 채웠다. 용광로 안의 상태를 정리하기 위해서나 원료 공급을 위해서 일을 중단하는 것은 점차 드물게 되었다. 그리고 용광로의 규모가 커져갔다. 1500년과 1700년 사이에 그 용적은 두 배가 되어 4.5세제곱미터까지 커졌으며, 하루 생산량은 용해된 철로 2톤에 이르렀다.[142] 탄소 함유를 증가시키기 위해서 철을 용해된 철 속에 다시 담그는 관습도 일반화되었다.

집중의 전(前)단계

전쟁을 호기로 삼아 갑옷, 칼, 창, 화승총, 대포, 탄알 등의 수요가 커졌다. 물론 이 급박한 수요는 한때에 불과했다. 생산의 재전환*은 어려운 일이었지만, 결국 철과 주철은 부엌 도구, 냄비, 솥, 석쇠, 벽난로의 장작 받침쇠, 벽난로 밑바닥 철판, 쟁기의 보습 등을 만드는 데에 쓰였다. 이 다양한 수요가 커지면서 지역적인 집중, 더욱 정확하게 말하면 집중의 전단계(pré-concentration)가 이루어졌다. 그러나 그것은 여전히 불철저했다. 수송, 연료, 한곳에 동원할 수 있는 동력, 식량 공급 등의 문제가 아직 해결되지 않았고, 활동양태가 발작적이었기** 때문에 과도한 집중을 할 수 없었기 때문이다.

15세기 말에 브레시아 지역에는 아마도 200여 개의 무기 생산 작업장—보테게(botteghe)라고 했다—이 있었으며 각 작업장에는 한 명의 장인 밑에 3-4명의 노동자가 있었다. 한 문서를 보면 6만 명이 철을 다루었다고 한다. 그러나 비록 이 자료가 멀리 발 카모니카까지 포함하고 있고 또 가마에서 일하는 노동자(forni), 제철소 노동자(fucine), 수차 노동자(mole), 토목 인부와 광석을 캐내는 광부, 수송을 책임지는 수레꾼 등 반경 20-30킬로미터 내의 도시 주변 지역에 흩어져 사는 모든 사람들을 다 계산에 넣었다고 하더라도 수치가 과장인 듯하다.[143]

주변 100킬로미터 이상의 지역에 무수히 많이 퍼져 있던 작은 야금업 중심지들의 생산물을 모아들였던 16세기의 리옹에서도 사정은 같았다. 생-테티엔에서 중요성이 큰 순서대로 보면, 가내 철물,*** 화승총, 미늘창(hallebarde, 矛槍), 그리고 수량이 훨씬 적은 것으로서 도검과 단도의 부속물 순일 것이다. 생-샤몽에서는 가내 철물, 화승총, 고리 달린 버클, 반지, 박차, 줄밥, 명주실 감기와 비단의 염색에 필요한 도구들(구리 대야, "제사기[製

---

* 무기 제조에서 일반 철물 생산으로의 전환을 말한다.
** 제품에 대한 수요가 크게 늘었다가 갑자기 줄었다가 하는 따위를 가리킨다.
*** quincaillerie : 집에서 쓰는 여러 종류의 쇠붙이 물건들.

絲機]의 방추[紡錘]" 같은 것) 등의 순서가 된다. 부차적인 생산 중심지들은 못의 생산에 전력했다. 그런 곳으로는 생-폴-앙-자레, 생-마르탱, 생-로맹, 생-디디에 등지가 있었다. 테르 누아르에서는 가내 철물업에 주력했다. 생-생포리앵에서는 월(ulle), 즉 쇠단지를 만들었고, 생-탕드레에서는 삽이나 쟁기에 들어가는 쇠붙이 같은 농사용 도구를 만들었다. 약간 떨어진 비브롤에서는 노새에 다는 종을 만들었고(리옹에서 활동하는 이탈리아 대상인들이 프랑스 밖으로 수출했던 작은 종들 역시 아마도 이곳에 기원을 두고 있을 것이다), 생-보네-르-샤토 지역은 양의 털깎이 도구 제작으로 명성을 얻었다.[144]

못 제조인 등의 장인은 자기가 만든 상품에 더해서 약간의 석탄까지를 가축이 끄는 수레에 담아 대도시로 가져왔다. 이것을 보면 이 산업이 석탄을 사용했다는 것―사실 리옹에서는 가정 난방으로도 석탄을 사용했고 심지어 베즈 지구에서는 석회 굽는 오븐에도 썼다―과 야금술의 최종 산물이 조야한 중간산물보다 잘―혹은 덜 나쁘게―유통된다는 것을 알 수 있다.

뉘른베르크나 그 주변의 철물업 관련 여러 활동, 17세기 스웨덴의 야금업 활동, 18세기 우랄 지역의 산업 팽창, 비스카야 만 지역이나 리에주 지역의 산업 양태 등을 살펴보아도 역시 같은 점들을 확인할 수 있다. 즉, 생산 단위가 작다는 점, 그것들이 상대적으로 분산되어 있다는 점, 수송이 어렵다는 점 등이다. 집중은 강이나 바다를 통한 수송이 편리한 곳에서만 이루어진다. 라인 강, 발트 해, 뫼즈 강, 바비스카야 만, 우랄 지역 등이 그런 곳이다. 비스카야 만 지역에 야금업이 크게 발달한 것은 이 지역이 대양과 연결되어 있고, 급류, 너도밤나무 숲, 풍부한 광맥이 있는 산지가 있기 때문이었다. 18세기 중반까지도 스페인은 영국에 철을 판매했으며, 영국이 스페인 해군 함대와 맞서 전쟁을 하는 군함의 장비 역시 스페인 철에 의존했다.[145]

몇몇 수치들

우리는 1800년경의 세계 생산량으로 제시된 200만 톤이라는 수치가 확실히 과장된 것이라고 말한 바 있다. 산업혁명 이전에 세계 생산이 유럽 생산의 2-3배라고 가정해보자. 그런데 유럽 생산은 1525년경에 (존 네프에 의하면) 10만 톤을 넘지 못했을 것이며, 1540년에는 (이하의 수치들은 스테판 쿠로우스키[146]의 것이다) 15만 톤, 1700년에는 18만 톤(그중 영국 1만2,000톤, 스웨덴 5만 톤), 1750년에는 25만 톤(그중 영국 2만2,000톤, 러시아 2만5,000톤), 1790년에는 60만 톤(그중 영국 8만 톤, 프랑스 12만5,000톤, 스웨덴 9만 톤, 러시아 12만 톤)이 되었다. 1810년에도 유럽의 생산은 110만 톤에 불과했으며, 1840년에 280만 톤이 되었는데 이 중에 약 절반이 영국에서 생산된 것이다. 이때쯤에는 이미 산업혁명이 진행 중이었다.

1970년대 현재 넓은 의미의 유럽은 7억2,000만 톤의 강철을 생산한다. 이렇게 보면 이 책에서 다루는 시기 전체를 관통해서 철의 시대가 아직 자리잡지 못한 셈이다. 산업혁명의 문턱을 거꾸로 넘어 시간을 계속 거슬러올라가면 철의 역할이 갈수록 줄어들며 대단히 소박한 지위밖에 차지하지 못하는데, 이것은 앙시앵 레짐에서는 일반적인 법칙이었다. 시간을 거슬러올라가는 이 여행은 최종적으로 호메로스의 시대에까지 이른다. 이 시대는 전사의 갑옷이 "소 세 쌍의 가치를 가지며, 칼 한 자루는 소 일곱 쌍의 가치를 가지고, 말 재갈이 그 말보다 더 큰 가치를 지니는" 시대였다.[147] 이 책이 다루는 시대는 처음부터 끝까지 도처에 존재하는 나무의 지배 아래에 있는 시대이다.

다른 금속

역사가들은 대량생산이나 대규모 상업을 첫째 지위에 올려놓으려는 버릇이 있다. 그래서 향신료보다는 설탕이나 밀을, 그리고—아직 철을 거의 사용하지 않았던 이 세기들에도—희귀 금속이나 귀금속 대신 철을 더 높이 평가하려고 한다. 안티몬, 주석, 납, 아연같이 희귀하기는 하지만 아주 소박한 정도만 사용했던 금속에 대해서는 이것이 정확한 관점일 것이다. 아연은 18세기 말에 가서야 사용되었다. 그러나 금이나 은 같은 귀금속에 대해서는 논쟁이 끝나지 않았다. 금과 은은 투기를 불러일으키고는 했는데, 이것은 철 같은 프롤레타리아는 알지도 못하는 사업이다. 은을 얻기 위해서는 무한한 재주와 노력을 경주했다. 이것은 광산에 대한 아그리콜라의 책에 나오는 아름다운 축약도나, 보주 지역의 생트-마리-오-민의 수직갱과 갱도를 보여주는 인상적인 단면도에서 찾아볼 수 있다. 스페인의 알마덴의 귀중한 수은 광산이 개발된 것도 은 때문이었다(15세기와 특히 16세기 이후부터 아말감 법*에 의해서 은은 산업적으로 생산되는 금속이 되었다), 갱도, 지하수의 제거, 환기 등의 측면에서 광업이 진보한 것 역시 은을 위해서였다.

구리 역시 철과 같은, 또는 철보다 우월한 역할을 했다고 주장할 수 있다. 청동 대포는 철제 대포 사이에서는 귀족에 속했다. 18세기에는 선박의 선체에 구리를 입히는 것이 일반화되었다. 15세기부터는 납을 이용한 공정을 통하여 구리 광석을 두 번 용해함으로써 광석에 섞인 은을 추출했다. 구리는 금과 은 다음의 제3의 화폐 주조 금속이었다. 이것은 특히 야금술이 상대적으로 쉽다는 점(반사로 한 기를 이용하면 하루에 30톤의 구리를 얻을 수 있다)과 최초의 자본주의 발전에 의해서 용이해졌다. 이런 것이 16세기 작센 지방의 만스펠트 구리 광산의 급성장, 17세기 스웨덴 구리의 부상, 그리고 마지막으로 같은 시기에 네덜란드의 동인도회사가 최종적으로 독점하게 된 일본 구리에 대한 대투기를 설명해준다. 자크 쾨르, 더 나아가 푸거 가문은 구리의 제왕이었다. 그다음 200-300년 후에도 암스테르담의 상품 및 증권 거래소에서 구리는 가장 안전한 투기의 대상이었다.

---

* amalgamation : 아주 오래 전부터 금속을 추출하는 데 쓰이던 방법으로, 오늘날에도 금 제련에 쓰인다. 금이나 은이 수은과 만나면 합금(alloy) 현상이 일어난다(이것을 아말감[amalgam]이라고 부른다). 이것을 다시 가열하면 수은이 증발해버림으로써 금과 은을 얻게 된다.

제6장

기술의 보급 : 혁명과 지체

Samuel Henry Alken(1810–1894), *The London Royal Mail Coach in the Snow,* 19th century. oil on canvas. public domain.

우리는 기술의 기초가 얼마나 둔중한지를 보았다. 혁신은 그 사이로 느리게 비집고 들어갈 따름이다. 흔히 대포, 인쇄술, 원양 항해를 15−18세기의 기술혁명이라고 한다. 말은 그렇게 하지만, 그중 어느 것도 아주 빠른 속도로 이루어지지 않았다. 그리고 그중에서 원양 항해만이 세계의 불균형, 또는 "비대칭"을 만들어냈을 따름이다. 대개 모든 것이 결국은 전파되고 만다. 아라비아 숫자가 그렇고, 화약, 나침반, 종이, 양잠, 인쇄술 등이 그렇다. 어떤 기술혁신도 한 집단, 한 국가, 한 문명만을 위해서 남지는 못한다. 만일 어떤 기술이 그렇게 한곳에만 남아 있다면, 이웃 문명이 그것을 진정으로 원하지 않기 때문이다. 그리고 새로운 기술이 원래 개발된 곳에서는 워낙 느리게 자리 잡기 때문에, 이웃 지역들이 경탄하고 그 기술을 모방할 시간이 충분하다. 서구에서 대포가 지금과 유사한 형태로 처음 나타난 것은 대략 크레시 전투쯤이었으며, 더 정확하게 말하면 1347년 칼레에서였을 것이다.* 그러나 대포가 유럽의 전투에서 중요한 요소로 자리 잡은 것은 1494년 9월 샤를 8

---

* 크레시(Crécy) 전투는 백년전쟁 중인 1346년 영국의 에드워드 3세가 노르망디에 침입해서 프랑스군을 패배시킨 전투이다. 다음 해인 1347년에 에드워드 3세의 군대는 칼레를 포위했다가 점령함으로써 대륙 내에 경제적, 군사적 거점을 확보했다. 영국은 칼레를 1558년까지 지배했다.

세의 이탈리아 원정에서였다. 즉, 한 세기 반 정도의 준비, 실험, 논쟁을 거치고 나서야 이루어진 것이다.

그중에서도 몇몇 특정 분야에서는 답보 상태가 계속되었다. 수송 영역—마젤란 이후 세계가 해상 항로를 통해 처음으로 통합되었음에도—이 그러했고 또 농업 영역이 그러했다. 농업의 혁명적 진보는 좁은 분야만을 건드렸을 뿐이며, 거대한 인습의 총체 속에서 미미한 비중만을 차지했다. 우리는 변화했지만 아직 무너지지는 않은 앙시앵 레짐의 완만함과 절망적일 정도의 불가능성을 다시 보게 될 것이다.

세 가지 커다란 기술혁신

화약의 기원

과학사가와 기술사가들은 "서유럽" 민족주의에 고무되어 유럽이 중국으로부터 전수받은 것을 부정하거나 그 의미를 최소화했다. 탁월한 과학사가인 알도 미엘리가 어떻게 이야기했든 간에,[1] 중국인이 화약을 발명했다는 것은 "전설"이 아니다. 9세기부터 중국인들은 초석, 유황, 숯가루 등으로 화약을 만들었다. 마찬가지로 최초의 화기(火器) 역시 중국인이 11세기에 만들었다. 다만 연대가 명확한 최초의 중국 화기는 1356년에 나타났다.[2]

서유럽에서는 이와 독립적으로 발명이 이루어졌을까? 사람들은 증거가 없음에도 불구하고 화약의 발명을 위대한 로저 베이컨(1214-1293)의 업적으로 돌린리고는 했다. 확실하게 대포가 등장한 문서를 가지고 추적하면, 플랑드르에서는 1314년 혹은 1319년에 사용되었고, 메스(Metz)에서는 1324년에, 피렌체에서는 1326년에, 영국에서는 1327년에,[3] 치비달레 델 프리울리 포위전에서는 1331년에 사용되었다.[4] 그리고 프루아사르*의 말에 의하

---

* Jean Froissart(1337-1400) : 프랑스의 연대기 작가, 시인, 소설가. 영국, 스코틀랜드, 아키텐, 이탈리아 등지를 조사하여, 1325년부터 시작되며 4권으로 된 『연대기(*Chroniques*)』를 썼다.

면 영국의 "대포(bombardiaux)"가 발루아 왕가의 필리프 6세가 지휘하는 프랑스군을 "깜짝 놀라게 만든" 크레시 전투(1346) 등도 있다. 그러나 이 새로운 무기가 본격적으로 전쟁에서 중요한 위치를 차지한 것은 다음 세기에 유럽 중심부에서 벌어진 후스 전쟁*이었다. 후스파 반란군은 1427년부터 경화기를 장착한 수레를 썼다. 대포가 결정적인 역할을 수행한 때는 샤를 7세가 영국군과 싸운 백년전쟁의 막바지에 가서였는데, 칼레 전투5)에서 참패했던 프랑스군이 1세기가 지난 이때에는 오히려 우위에 있었다. 여기에서 대포의 위력이 커지게 된 데에는 1420년경6) 낱알 모양 폭약의 발명과 관계가 있다. 이전의 화약은 혼합물을 빽빽하게 뭉쳐서 사용했기 때문에 공기를 흡입하지 못하여 비효율적이었던 데 비해 새로운 화약은 순간적이고 확실한 폭발이 가능했다.

그렇다고 대포가 정규적으로 사용되었다고 상상해서는 안 된다. 우리는 막연하게나마 대포가 14세기부터 스페인과 북부 아프리카에서 일정한 역할을 한 것으로 알고 있다. 그러나 예를 들어 우리가 1457년에 모로코 해안의 세우타** 성벽 안에 있다고 상상해보자. 이 도시는 1415년부터 포르투갈인들이 지배했던 중요한 지점인데, 무어인들이 재차 공격했다. 이교도와 전쟁하기 위해서 이곳에까지 찾아온 한 용병의 말을 들어보라. "우리는 기계를 사용해서 꽤 성공적으로 그들에게 돌멩이를 쏘았다.⋯⋯무어족 편에서

---

* 체코의 개혁적인 신부 후스(Jan Hus : 1371-1415)는 콘스탄츠 공의회에 출두하여 자신의 견해를 밝히려고 하다가 체포되어 화형당했다. 게다가 가톨릭 교회는 프라하 전체를 파문하고 프라하 대학을 탄압했다. 그러자 종교적인 차이에 반(反)독일적인 체코 민족주의의 요소가 상승작용을 일으켜 프라하 시민을 중심으로 격렬한 봉기가 일어났다. 교황 명령으로 국왕 지기스문트가 군대(십자군)를 보냈으나, 시민들은 오히려 이 군대를 격파하고 한때 독일 지역 깊숙이 진격했다(1420-1431). 그러자 가톨릭 교회 측이 화평을 제의했는데, 이를 두고 화평을 하자는 측과 끝까지 투쟁하자는 측으로 분열하여 급기야는 이 양측이 전투에 돌입했다. 회평을 주장하는 측이 이를 거부하는 과격파를 진압한 1436년에 가서야 화약이 성립되어 전쟁이 끝났다.

** Ceuta : 아랍어로 세브타(Sebta). 모로코의 해안도시. 아프리카 북부를 석권한 이슬람 세력이 이베리아 반도로 들어가는 전초기지였다. 반대로 기독교 측이 재정복 운동(Reconquista)을 할 때 이베리아 반도를 정복하기 전에 먼저 이곳을 점령하여(1415) 중요한 전진기지가 되었다.

는 화살과 새총을 가진 저격병이 있었다.……그들은 몇 개의 투석기를 가지고 하루 종일 쏘았다."[7] 반면 4년 전에는 콘스탄티노폴리스의 성벽 아래에서 튀르키예인들이 괴물처럼 큰 대포를 가지고 이 성벽을 향해서 포격을 가했다……. 그러나 스페인에서는 1475-1476년의 부르고스 포위전 때에도 아직 대형 투석기를 사용하는 정도였다. 여기에 이집트에서는 1248년경에 "중국의 눈[雪]"이라는 이름으로 초석(硝石)이 알려져 있었다는 점을 덧붙일 수 있다. 또 1366년부터 카이로에서, 그리고 1376년부터 알렉산드리아에서 확실히 대포가 쓰였으며, 1389년에는 이집트와 시리아에서 대포를 흔하게 볼 수 있었다는 것도 사실이다. 그렇지만 칼레 1347년, 중국 1356년 하는 식의 연대들은 대포의 발명에 어느 한 곳이 우월했다는 것을 말해주지는 않는다. 그렇다고 해도 카를로 치폴라는 15세기 초에 중국 대포가 유럽 것과 동등하거나 아니면 더 우월하다고 생각했다. 그러나 이 세기 말이 되면 유럽의 대포가 아시아에서 만드는 그 어느 것보다도 월등해졌다. 이 때문에 16세기에 동아시아에서 유럽의 대포가 위력을 발휘했을 때 경악했던 것이다.[8] 요약하면 중국 대포는 진화할 줄 몰랐고, 그렇게 할 수 없었으며, 전쟁의 요구에 맞추어 적응하지 못했다. 1630년경에 한 여행자의 말에 의하면 중국 도시의 성 외곽 지역에서는 "사람들이 대포를 주조했지만, 다루어본 경험도 없었고 숙련기술도 없었다."[9]

대포가 움직이다

초기의 대포는 포신이 가볍고 짧았으며, 화약을 소량 장전하는 무기였다(화약은 구하기 힘들었고 비쌌다). 그리고 사실 대포라고 해도 그것이 정확히 무엇을 지칭하는지 항상 명확한 것은 아니다. 예를 들면 리보드캥(ribaudequin)은 화승총과 유사한 포신들을 결합한 것인데, 어떤 사람은 이것을 두고 마치 기관총 같다고 말했다!

그러나 대포는 점차 대형화되어, 런던 탑에 보관된 표본을 보면 평균 136

킬로그램이었던 대포가 리처드 2세 치하(1377-1399)에서는 평균 272킬로그램이 되었다. 15세기에는 때로 거대한 구포(臼砲, bombarde)를 볼 수 있었다. 그 예로 독일의 나무 포대 위에 얹은 도네르뷕센(Donnerbüchsen : 천둥 치는 관[管])은 괴물같이 큰 청동관으로서, 옮기는 것은 거의 불가능했다. 황제 막시밀리안 1세는 스위스 캉통들을 다시 정복하기 위해서 1499년에 기적의 대포라던 스트라스부르의 데어 스트라우스(der Strauss : 타조)를 빌려갔는데, 이동 속도가 어찌나 느렸던지 하마터면 적의 손아귀에 떨어질 뻔했으나 아슬아슬하게 피했다. 이보다 더 자주 일어나는 다음과 같은 사건도 있었다. 1500년 3월에 "무어인" 루도비코 일 모로*가 독일에서 밀라노로 "6문의 대형 대포를 가져오게 했는데", 이 중에 2문이 도중에 부서졌다.[10]

이 시대 이전부터 구경이 크고 비교적 움직이기 쉬우며 군대의 이동을 따라갈 수 있는 대포들이 나왔다. 뷔로 형제**가 만든 대포가 그러한 예로서, 이것은 포르미니(1450)와 카스티옹(1453)에서 샤를 7세의 승리를 이끌었다. 이탈리아에는 소를 이용해서 움직일 수 있는 대포가 존재했는데, 1467년에 있었던 소규모 몰리나첼라 전투***에서 볼 수 있었다.[11] 그러나 포대 위에 얹혀 있고 힘 좋은 말들을 이용해서 움직이는 대포가 이탈리아에 처음 나타나서 현명한 사람들조차 겁을 먹었던 것은 샤를 8세가 쳐들어온 1494년 9

---

* 루도비코 스포르차(Lodovico Sforza : 1451-1508), 일명 루도비코 일 모로(Lodovico il Moro, 일 모로는 "무어인"이라는 뜻이다)를 말한다. 밀라노 공작. 밀라노 공국의 정통 계승자인 그의 조카가 죽었을 때―아마도 루도비코가 조카를 독살했을 가능성이 크다―밀라노를 탈취하고, 아라곤과의 투쟁을 유리하게 이끌기 위해서 샤를 8세를 끌어들임으로써 이른바 이탈리아 전쟁을 불러일으켰다. 그러나 프랑스 측이 오히려 밀라노에 대한 영유권을 주장하자 프랑스와 적대관계에 들어갔다. 그후 그는 밀라노에서 축출당했으며 투옥되었다.
** 장 뷔로(Jean Bureau)와 가스파르 뷔로(Gaspard Bureau)를 말한다. 이들은 프랑스 국왕 샤를 7세 치하에서 대포 제조를 책임졌으며, 한편 카스티옹 전투에 참가했다. 그후 장 뷔로는 보르도 시장을 지내면서 방어진지를 건설했다.
*** 15세기 이탈리아의 유명한 용병대장(condottiere) 바르톨로메오 콜레오니는 1467년에 피렌체와 밀라노의 땅을 일부 빼앗아 북부 이탈리아에 영방국가를 건설하려고 했다. 일찍이 그는 자신이 봉사했던 베네치아의 지원을 받고 있었다. 그러나 그의 야심은 경쟁자인 페데리고의 군대에 의해서 방해받다가 몰리나첼라(Molinacella) 전투로 완전히 끝났다.

월이다. 이 대포는 더 이상 돌멩이를 쏘는 것이 아니라 철로 만든 탄환을 쏘았다. 그후 탄환이 널리 일반화되었다. 이제 탄환은 포위된 도시의 집들만이 아니라 성벽까지 목표로 했다. 이전까지 요새화된 도시를 놓고 벌이는 전쟁에서는 성문을 지키느냐 내주느냐가 관건이었으나, 이제는 어떤 도시도 성벽에 바로 들이대고 쏘는 포격을 버티지 못했다. 성벽 바로 밑의 해자 앞에까지 끌고 온 대포에는 보호용 엄폐물까지 씌웠다. 루이 12세의 연대기 기자인 장 도통은 대포를 "토디(taudi : 오두막집)" 밑에 둔다고 표현했다.

이러한 무기로 인하여 요새도시는 30년도 넘는 오랜 기간 취약함을 보였다. 도시의 성벽은 마치 연극무대의 장식처럼 부서졌다. 그러나 점차 대포에 대한 대응이 이루어졌다. 돌로 만들어 부서지기 쉬운 성벽 대신 흙으로 두껍게 만든, 과히 높지 않은 성벽으로 대체하자 탄환이 처박혀 전혀 쓸모없게 되었다. 그리고 훨씬 높은 포좌―카발리에(cavaliers)라고 부른다―에 수비용 대포를 설치했다. 카를 5세의 재상이었던 메르쿠리노 가티나라[12]는 1530년경에 이탈리아에서 프랑스 군대를 맞았을 때 황제가 절대적 우위를 지키는 데에 대포 50문이면 충분하다고 주장했다.[13] 사실 1525년 2월 24일에 황제의 군대가 배후에서 공격하자 프랑수아 1세의 군대는 무력화되지 않았던가?* 마찬가지로 1524년과 1536년에 마르세유는 카를 5세의 공격을 막아냈으며, 1529년에 빈은 튀르키예의 공격을, 또 1552-1552년에 메스는 황제군의 공격을 막아냈다. 그렇다고 해서 기습공격에 의한 도시 점령이 더 이상 가능하지 않다는 이야기는 아니다. 1544년에 뒤렌이, 1558년에 칼레가, 1596년에 아미앵이 그렇게 점령당했기 때문이다. 그렇지만 요새의 중요성이 다시 커져서 성을 포위하고 지키는 비책을 구사하는 전쟁의 도래를 예감할

---

* 프랑스의 국왕 프랑수아 1세는 직접 군대를 끌고 황제군이 진을 치고 있는 파비아 성을 공격했다. 프랑스군이 이 성을 포위하고 있을 때 페스카라가 이끄는 황제 측의 응원군이 도착했다. 그러자 프랑스군이 성급히 공격을 개시했는데, 이때 1,500명의 스페인 출신 아르크뷔지에들이 배후에서 프랑스군을 공격하여 프랑스군의 주력 기병대가 궤멸당했다. 그후의 공방전에서 황제군은 압도적인 승리를 거두었다. 이후에 이탈리아에서 스페인이 헤게모니를 장악했다.

수 있었다. 여기에서 다시 급격하게 변화가 일어난 것은 훨씬 뒤에 프리드리히 2세나 나폴레옹의 전략이 나오면서부터인데, 이때는 더 이상 도시들을 점령하는 것이 아니라 적의 군사력을 괴멸시키는 것이 중요해졌다.

대포는 조금씩 완성되어갔다. 그 과정에서 대포는 점차 합리적으로 되어서 1544년에 카를 5세는 대포의 구경(口徑)을 일곱 종류로 정리했고, 앙리 2세는 여섯 종류로 줄였다. 도시를 공략하거나 수비하는 데 쓰던 가장 큰 대포는 900걸음 정도의 거리에서 쏠 수 있었던 반면, "야전포"라고 부른 여타의 것들은 400걸음 정도의 거리에서 쏠 수 있을 뿐이었다.[14] 이후의 진화는 느렸다. 예를 들면 프랑스에서는 루이 15세 시대에 시작된 발리에르 장군*의 체계가 그리보발 장군**의 개혁(1776)까지 계속되었으며, 또 이때 나온 훌륭한 대포는 프랑스 혁명 전쟁과 나폴레옹 제국 전쟁 시기 내내 이용되었다.

선박 위에 실은 대포

선박에 대포를 탑재하는 것은 아주 일찍부터 있었지만, 아주 변덕스럽고 불규칙한 과정을 거쳤다. 크레시 전투 이전인 1338년에 이미 영국 함선인 메리 오브 타워 호에 대포가 탑재되었다. 그러나 30여 년 뒤인 1372년에 카스티야의 "큰 배 40척"이 라 로셀 앞바다에서 대포로 영국 배들을 부수었는데, 대포가 없었던 영국 배들은 방어할 수가 없었다.[15] 그런데 전문가의 말에 의하면, 1373년경 영국 배들에 대포를 탑재한 것은 일반적인 규칙이었다는 것이다! 베네치아가 제노바와 치열한 전투를 벌였을 때(1378) 베네치아의 배에 대포가 있었다는 증거는 하나도 없다. 그러나 1440년에는—어쩌면 그 이전

---

* Jean Florent de Vallière(1667-1759) : 프랑스의 장군. 케누아 및 부생 전투(1712)에서 포병대를 지휘했으며, 그후 포병학교 교장을 지냈다. 1731년 과학 아카데미에 합류히어 1732년에 대포 규격을 정비했다(4, 9, 12, 16, 24리브르의 5 종류로 통일했다).

** Jean-Baptiste Vaquette de Gribeauval(1715-1789) : 프랑스의 장군, 군사 엔지니어. 프랑스의 보병을 유럽 최강으로 만들었다는 평가를 받는다. 혁명과 나폴레옹 시대 내내 사용한 대포도 그가 개발했다.

에—베네치아의 배에 함포가 설치되었으며 아마도 튀르키예의 배 역시 마찬가지였을 것이다. 1498년에 미틸리니 섬(레스보스 섬) 근처에서 300보트(bottes : 150톤)가 넘는 튀르키예의 스키에라조(schierazo, 砲艦)가 전투 도중에 베네치아의 갤리선 네 척과 서로 함포 사격을 했다. 그러나 사실 함포 사격보다 돌덩어리를 쏘는 것이 더 효과적이었다. 이 중에 3개나 적중했으며, 그 돌덩어리 하나는 85리브르(약 40킬로그램)였다.[16]

물론 배에 대포를 설치하는 일은 하루아침에 된 것도 아니고, 아무 어려움 없이 된 것도 아니다. 대략 1550년 이전에는 직격탄을 쏘는, 포신이 긴 함포는 없었다. 16세기에도 모든 배의 옆구리 부분에 대포를 쏘는 현문(舷門)이 설치되지는 않았다. 위험이 따르는 데에도 불구하고 무장하지 않은 배들이 무장한 배와 함께 섞여 있었다. 나는 1372년에 라 로셸 앞바다에서 영국인들이 겪은 재난에 대해서 이야기한 바 있다. 그러나 대서양에서 1520년경에 프랑스 해적들이 대포를 보유하고 있었을 때에도 포르투갈 상선들에는 대포가 없었다. 1520년에 말이다!

그렇지만 16세기에 해적이 증가하면서 모든 배들은 대포를 준비하고 전문 포병들을 승선시켜야만 했다. 전함과 상선은 거의 구분이 없어졌다. 이제 모든 배가 무장을 갖추었던 것이다. 이 때문에 17세기에 의전 문제로 이상한 갈등이 일기도 했다. 루이 14세 시대에는 항구에 전함이 들어올 때 특별한 의식을 할 권리가 있었다. 단 화물을 운반하지 않는다는 조건을 전제로 했는데, 사실 모든 배가 화물을 운반했던 것이다.

선박의 무장이 일반화되면서 톤당 얼마의 선원, 얼마의 대포를 준비하느냐에 관해 거의 고정된 규칙이 만들어졌다. 이에 따르면 16세기와 17세기까지도 10톤당 대포 한 문이 일반적이었다. 따라서 예컨대 1638년에 페르시아의 불타는 해안*에 위치한 반다르 아바스 항에 정박한 영국 배는 무장이 부

---

* 열대지방의 바다에서는 강한 태양 때문에 바닷물이 시뻘겋게 불타는 것처럼 보이는 수가 있다.

족했던 것 같다. 300톤 크기의 이 배에는 대포가 24문뿐이었던 것이다. 물론 이 규칙은 대강의 것이다. 배도 배 나름이고 대포도 대포 나름이었으며, 그 외에도 인원을 비롯한 다른 많은 기준이 있었기 때문이다. 영국 배들은 지중해에서, 그리고 16세기 말부터 인도로 가는 대단히 먼 항로에서도 과도한 무장을 했다고 할 정도로 다른 배들보다 더 많은 선원과 대포를 실었다. 화물을 치워버린 선박 내부의 통로는 더 효과적인 수비를 가능하게 했다. 그들이 성공한 데에는 이런 것들도 한몫을 했다.[17]

다른 점들도 있었다. 오랫동안 바다에서 주도권을 장악한 것은 큰 배들이었다. 큰 배들은 더 안전하고 더 수비를 잘하며 더 큰 규격의 대포를 더 많이 가지고 있었기 때문이다. 그런데 16세기에는 작은 배들이 놀라운 성공을 거두었다. 상업 측면에서 이런 작은 배들은 상품을 빨리 적재할 수 있었고 항구에서 시간을 지체하지 않았을 뿐 아니라 전쟁의 측면에서도 더 좋은 무장이 가능했기 때문이다. 1626년 11월에 리슐리외에게 기사 라지이*가 설명한 것도 이런 내용이다. "이전에 큰 배가 공포의 대상이 된 것은 큰 배는 큰 대포를 가지고 있고 작은 배들은 작은 대포만 가지고 있었기 때문이었다. 이 작은 대포로는 큰 배의 뱃전을 뚫을 수가 없었다. 그렇지만 이제 새로운 발명은 해상에서 핵심적인 요소가 되었다. 200톤의 배도 800톤의 배와 똑같은 대포를 가지게 되었다."[18] 해전에서 큰 배들이 오히려 불리할 수도 있었다. 작은 배는 더 쉽게 조종할 수 있고 더 빨라서, 사각지대에서도 마음대로 큰 배를 쏘아 맞출 수 있었다. 세계의 7대양에서 네덜란드와 영국이 거둔 성공은 이른바 작은 배와 중간 규모의 배의 성공이다.

화승총, 머스켓, 소총

정확히 언제 화승총(arquebuse)이 나타났는지를 말하기는 어렵다. 아마도 15

---

* Isaac de Razilly(1587-1635) : 프랑스의 식민지 개척자. 캐나다의 아카디아의 총독을 지냈다. 그 후에는 누벨 프랑스 회사의 설립, 라 에브 항구 건설, 캐나다 식민사업 발전에 공헌했다.

세기 말쯤이 될 것이다. 16세기 초에는 확실히 화승총이 사용되었다. (국왕의) "충실한 종"*에 의하면, 1512년에 브레시아를 포위할 때 수비대는 "총포를 쏘기 시작했고 파리만큼이나 굵은 화승총알(arqueutes)이 날아왔다."[19] 기사들을 눌러 이긴 것은 석포(石砲)**나 장포(長砲)***가 아니라 화승총이었다. 총포는 성채와 도시들을 해쳤다. 1524년에 고귀한 바야르 영주를 쓰러뜨린 것도 화승총알이었다. "하느님이시여, 이 불행한 도구가 아예 발명되지 않았더라면!" 하고 뒷날 몽뤼크****는 탄식했는데, 그는 1527년에 나폴리 원정—이 원정은 큰 실패를 겪게 된다—을 준비하는 로트레크를 위해서 700-800명의 장병을 가스코뉴에서 징모했다. "나는 이 일을 며칠 만에 했는데……그중 400-500명은 이때 프랑스에서는 거의 찾아보기 힘들었던 화승총 사수였다."[20]

이와 같은 설명에서 프랑스 군대가 이 시기에 일어난 변화의 첫 물결에 독일, 이탈리아, 특히 스페인 군대에 비해 뒤져 있었다는 인상을 받게 된다. 우선 프랑스어 용어가 다른 나라 말에서 유래했다. 독일어의 하켄뷕세(Hackenbüchse)로부터 아크뷔트(haquebute, 원시적인 화승총)가 나왔으며, 이탈리아어의 아르키부조(archibugio)로부터 아르크뷔즈(arquebuse)가 나왔다. 이러한 주춤거림은 아마도 프랑스의 특징일 것이다. 1525년에 파비아에서 프랑스가 참패한 데에는 여러 가지 원인이 있었겠지만, 그중 하나는 스페인 화승총의 무거운 탄알이다. 이후에 프랑스는 (창병 두 명당 한 명 정도로) 화

---

*   Loyal Serviteur : 바야르 영주를 가리킨다. 이 책의 313쪽을 보라.
**   bombarde : 로프와 용수철을 이용하여 50-500킬로그램짜리 돌 포탄을 쏠 수 있는 장치. 크레시 전투 때 영국 군대가 사용한 것이 가장 유명하다.
***   couleurvrine : 포대에 얹어서 쏘는 아주 긴 모양의 화기를 말한다. 원래 쿨뢰브르(couleuvre)는 작고 가는 뱀 종류를 가리키는 말이다. 이 화기가 그렇게 가늘고 길기 때문에 이런 이름이 붙었다.
**** Blaise de Lasseran Massencome Monluc(1500-1577) : 프랑스 연대기 작가, 장군. 시에나 수비(1555)에서 공을 세웠으며, 기엔 총독을 지낸 후 1570년부터 『해설서(*Commentaires*)』(1592)라는 회고록을 썼다.

승총 사수를 늘렸다. 알바 공작은 이를 더욱 발전시켜서, 네덜란드에 출정시킨 보병대를 화승총 사수와 창병이 같은 비율이 되도록 구성했다. 1576년 독일의 경우에는 화승총 사수 5명당 창병 3명 꼴이었다.

사실 17세기에도 "무기의 여왕"인 창을 없애버릴 수는 없었다. 화승총은 막대기 받침대에 걸쳐놓고 장전, 재장전을 해야 했고 심지에 불을 붙여야 했기 때문에 조작이 아주 느렸기 때문이다. 머스켓(mousquet)이 화승총을 대체했을 때에도 구스타프 2세 아돌프는 머스켓 사수 두 명당 창병 한 명을 두었다. 여기에 변화가 온 것은 소총(fusil)이 나오면서부터이다. 머스켓의 완성된 형태라고 할 수 있는 이 총은 1630년에 구상되었지만, 프랑스 군대에서는 1703년부터 쓰였다. 종이로 된 약포(藥包)*는 1670년부터 브란덴부르크 선제후의 군대가 썼고, 프랑스 군대는 1690년부터 썼다. 마지막으로 주목할 것은 총검의 사용인데, 총검은 보병대의 기능적인 이중성**을 제거했다. 결국 17세기 말에 유럽의 모든 보병은 소총과 총검을 가지게 되었다. 그러한 발전이 이루어지는 데 2세기가 걸린 것이다.[21]

튀르키예에서는 사정이 더욱 느렸다. 레판토 해전(1571)에서 튀르키예의 갤리선에는 화승총 사수보다 훨씬 많은 궁수가 탔다. 그리고 1603년에 에비아 섬 앞바다에서 튀르키예의 갤리선으로부터 공격을 받은 포르투갈의 배 한 척은 "마스트 꼭대기 망루까지 화살로 뒤덮였다."[22]

생산과 비용

총포와 화기는 국가 간의 전쟁, 경제생활, 무기 생산의 자본주의적 조직 등에 거대한 변화를 일으켰다.

조금씩 산업이 집중되는 모습을 보이기 시작했으나 명확하지는 않다. 왜냐하면 전쟁산업은 여전히 다양했기 때문이다. 화약을 만드는 사람이 동시

---

* 화포에 쓰는 발사용 화약. 적당량의 무연화약(無煙火藥)을 나누어 싼 것.
** 총병과 창병, 두 가지 기능을 따로 가지고 있어야 하는 것을 말한다.

에 화승총을 만들지는 않으며, 총검을 만드는 사람이 커다란 대포를 만들지는 않는다. 게다가 어느 한곳에 마음대로 에너지를 집중시킬 수 없기 때문에, 문제를 해결하려면 강을 따라가거나 숲을 통과하여 에너지를 찾아야 했다. 오직 부유한 국가만이 새로운 전쟁의 막대한 비용을 감당할 수 있었다. 오랫동안 자기 책무를 수행하며 독립을 유지하던 도시들의 쇠퇴도 이런 문제에 기인한다. 1580년에 몽테뉴는 아우크스부르크를 지나다가 무기고를 보고 감탄했다.[23] 만일 그가 베네치아를 지나갔다면, 이곳의 병기창을 보고 역시 감탄을 금치 못했을 것이다. 그 병기창은 엄청난 작업장으로서 산-마르코 광장의 커다란 종소리에 따라 일터로 모여드는 노동자의 수가 이 시기에 3,000명에 이르렀다. 물론 모든 국가는 병기창을 가지고 있었다(프랑수아 1세는 11개를 세웠고, 그의 치세 말기에는 13개가 되었다). 그리고 모든 국가에는 무기고가 있었는데, 예컨대 헨리 8세 때 영국의 주요 무기고는 런던 탑, 웨스트민스터, 그리니치 등지였다. 가톨릭 왕(스페인 국왕의 별명)의 정책은 메디나 델 캄포와 말라가의 병기창에 의존했다.[24] 튀르키예는 갈라타와 토파네에 병기창이 있었다.

그러나 산업혁명이 도래하기 전까지 유럽의 병기창은 작업의 합리화가 이루어진 매뉴팩처라기보다는 흔히 수공업 작업장들의 집적에 가까웠다. 장인은 병기창의 일을 하되 작업장으로부터 다소간 먼 거리에 있는 자기 집에서 일하기도 했다. 화약을 만드는 작업장은 도시로부터 먼 곳에 자리 잡도록 하는 것이 신중한 조치였다. 일반적으로 산지 혹은 인구가 적은 지역이 적합했다. 예를 들면 칼라브리아, 쾰른 근처의 아이펠 고원, 베르크 지역 등이다. 스페인에 대해서 봉기를 일으키기 직전인 1576년 말메디에서는 화약 제조 작업장 12곳을 서둘러 만들었다. 목탄을 만들 때에는 다른 나무보다도 갈매나무(bourdaine, Faulbaum)를 높이 평가하여 언제나 이 나무를 사용했다. 라인 강 지류인 부퍼 강을 따라 18세기에 건설된 작업장에서도 마찬가지였다. 목탄은 유황과 초석을 이용하여 분해하고 체로 걸렀다. 이 작업의 결과 거친 화약과 고운 화약 두 종류를 모두 얻을 수 있었다.

언제나 절약 정신이 투철한 베네치아는 고운 화약보다는 값이 덜 비싼 거친 화약만을 고집했다. 그렇지만 1588년에 요새들을 관리하는 감독관은 "영국, 프랑스, 스페인, 튀르키예에서와 마찬가지로 고운 화약만을 쓰는 것이 더 좋은 것 같다. 그들은 화승총과 대포에 단 한 가지의 화약만을 쓰고 있다"고 주장했다. 이 당시 베네치아 시 의회의 병기창에는 600만 파운드의 거친 화약이 있었는데, 이것은 베네치아의 요새들에 있는 400문의 대포가 300번씩 쏠 수 있는 양이었다. 400번을 쏘기 위해서는 200만 파운드 이상의 화약이 필요했으며, 이것은 60만 두카트의 금액에 상당하는 것이었다. 거친 화약을 다시 체로 걸러 고운 화약을 만들기 위해서는 약 4분의 1의 추가비용, 즉 15만 두카트가 더 필요했지만, 고운 화약을 장전하면 거친 화약을 장전할 때보다 3분의 1 정도가 덜 들었기 때문에 더 이익이었다.[25]

나는 과거의 회계를 끌어내어 독자들의 머리를 복잡하게 한 것에 양해를 구하고자 한다. 그러나 독자들은 베네치아의 안전을 확보하는 일에 적게 잡아도 180만 두카트에 해당하는 화약이 필요하며, 이 금액은 베네치아의 1년 예산의 세입액을 넘는 금액이라는 것을 알 수 있을 것이다. 이것은 실제 전쟁이 없을 때라고 하더라도 전쟁비용이 얼마나 큰지를 보여준다. 게다가 이 수치는 해가 갈수록 더 커진다. 1588년에 무적함대는 대포 2,431문, 화승총 7,000정, 머스켓 1,000정, 포탄 12만3,790개(대포 한 문에 평균 50개씩이다), 그리고 이에 필요한 화약을 가지고 떠났다. 1683년이 되면 프랑스는 자국 함대에 5,619문의 주물 대포를 실었고, 영국은 8,396문을 실었다.[26]

이제 군사용 야금공업이 발달했다. 15세기부터 베네치아 영내의 브레시아에서, 아주 일찍부터 슈타이에르마르크의 그라츠 주변에서, 또 쾰른, 레겐스부르크, 뇌르틀링엔, 뉘른베르크에서 발달했고, 줄(Suhl)은 1634년에 틸리 백작 요한 체르클라에스가 파괴하기 전까지는 유럽 최대의 중심지이자 독일의 병기창이었다.[27] 그리고 1605년에 생-테티엔에서는 "베누스의 절름발이 남편*의 강력한 병기창"에는 700명 이상의 노동자들이 일하고 있었다. 마찬가지로 중요한 것으로는 네덜란드와 영국 자본으로 세워진 스웨덴의 용광로들을 들 수 있다. 이곳에서 데 예르 가문**의 기업들은 단번에—또는 거의 단번에—400문의 대포를 네덜란드에 공급할 수 있었으며, 이것으로 1627년에 라인 강 삼각주 지방 남쪽에서 스페인 군대의 진격을 저지했다.[28]

화기의 비약적 발전에 의하여 구리 산업도 자극을 받았다. 교회의 종을 만드는 것과 같은 방식으로 청동 대포를 주조했다(그러나 종을 만들 때와는 달리 대포를 만들 때에는 주석 8퍼센트, 구리 92퍼센트의 비율로 합금하는 것이 좋다는 사실이 이미 15세기부터 알려져 있었다). 그러다가 16세기부터 철제 대포—정확히 말하면 주철로 되어 있었다—가 등장했다. 무적함대가 가진 2,431문의 대포 중 934문이 철제 대포였다. 이 값싼 대포는 대량으로 만들어져 곧 값비싼 청동 대포를 대체했다. 대포의 발달과 용광로의 발달 사이에는 연관이 있었다(프랑스의 도피네 지방에 콜베르가 만들게 한 용광로들이 그러했다).

그러나 대포는 제작과 보급뿐만 아니라 유지나 이동에도 비용이 들었다. 1554년에 스페인이 네덜란드에 보유하던 대포(cannon), 반(半)대포(demi-cannon), 장포(長砲, couleuvrine), 사포(蛇砲, serpentine) 등 50문의 한 달 유지비는 4만 두카트 이상이었다. 대포를 이동하는 경우를 보자. 우선 기병대만을 움직이는 데에도 말 473마리를 동원한 "작은 대열"이 필요했고, 여기에 1,014마리의 말과 575척의 수레(그리고 각 수레마다 말 4마리를 사용했다)를

---

* 그리스-로마 신화에서 아름다움의 여신 베누스의 남편은 대장간의 신 불카누스인데, 못생긴 절름발이이다.

** de Geer : 네덜란드 출신의 대상인 가문. 17세기에 스웨덴에 자본, 기술 등을 가지고 들어가 경제적으로나 정치적으로나 중요한 역할을 했다. 당시 군사적으로 신흥 강대국이었던 스웨덴은 자국의 자원을 본격적으로 개발하여 자금을 조달한 뒤 이것으로 발트 해에서의 전쟁을 통해 이 지역 패권을 잡으려고 했다. 이것이 데 예르 가문의 경제적 욕구와 맞아떨어졌다. 루이 데 예르를 비롯한 이 가문 사람들은 조선, 구리, 특히 제철업에 손대서 큰 성공을 거두었으며, 그후 스웨덴의 귀족으로 남았다.

동원하는 "큰 대열"이 뒤따랐다. 그러므로 전부 4,777마리의 말이 필요했으며,* 이것은 달리 말하자면 대포 한 문마다 거의 90마리의 말이 붙는다는 것을 의미한다.[29] 같은 시대에 갤리선 한 척을 유지하는 데 한 달에 약 500두카트가 필요했다는 것과 비교해보자.[30]

세계적인 차원에서 본 대포

세계적인 차원에서 기술도 중요하지만 또한 그것을 사용하는 방식도 중요하다. 튀르키예인들은 포위할 때나 갱도를 팔 때처럼 땅을 다루는 작업에서는 상대가 없을 정도로 능숙했고, 게다가 아주 훌륭한 총잡이이기도 했지만, 1550년경에도 한 손으로 조종하는 기마대용 중(重)피스톨을 받아들이지 않았다.[31] 더구나 1556년에 몰타 섬을 포위공격하는 것을 본 증인에 의하면 그들은 "우리[서구인들]처럼 화승총에 화약을 빨리 장전하지 못한다." 일본의 찬미자인 로드리고 비베로 역시 일본인들은 대포를 사용하는 법을 잘 모르며, 또 그들의 초석은 훌륭하지만 화약은 보잘것없다고 이야기했다. 데라스 코르테스 신부도 중국에 대해서 같은 이야기를 한 바 있다. "그들은 화승총에 화약을 충분히 장전하지 않고 발사한다."[32] 그리고 나중 시기의 다른 증인에 의하면 이 화약은 품질이 나쁘고 거칠어서 축포용으로나 적합하다. 중국 남부에서는(1695) 유럽인과의 교역을 통해 "일곱 뼘 정도의 길이에, 아주 작은 탄환을 쓰는 소총을 도입했는데, 실제 용도보다는 즐거움을 위해서 쓰였다."[33]

 서유럽의 여러 도시들—특히 위험에 처해 있던 도시들—에서 흔히 볼 수 있던 포사격 학교의 중요성에 주목해보자. 이곳의 견습 포수들은 일요일마다 악대를 앞세우고 사격장에 갔다오고는 했다. 수요가 매우 컸음에도 불구하고 유럽에서는 사격수, 화승총 사수, 총기 주조 장인 등이 결코 부족하지

---

* "작은 대열" = 473마리, "큰 대열" = 1,014마리, 수레 575대 × 4 = 2,300마리. 이것을 모두 합하면 4,777마리가 아니라 3,787마리가 된다. 어딘가에서 계산착오가 있었던 듯하나,

않았다. 그중 어떤 사람들은 튀르키예, 북부 아프리카, 페르시아, 인도, 시암, 말레이 제도, 모스크바 공국 등 전 세계를 돌아다녔다. 인도의 무굴 제국에서는 아우랑제브가 사망할 때(1707)까지 유럽인 용병을 포수로 썼다. 그 후 이들을 이슬람인들로 대체했지만, 당장은 결과가 좋지 않았다.

이런 상호교환에 의해서 기술은 결국 어느 편에나 도움이 되었다. 다양한 종류의 성공이 서로에게 도움을 주던 유럽에서는 더욱 틀림없는 사실이었다. 1643년의 로크루아 전투*에서 프랑스의 승리(그러나 사실 확실한 것은 아니다)가 프랑스 대포 덕분이었다면, 이것은 기껏해야 눈에는 눈, 이에는 이 식의 복수에 불과한 것이다(파비아의 화승총을 생각해보라). 분명 대포는 어느 한편의 군주만 유리하도록 항구적인 힘의 불균형을 만들지 않았다. 그것은 전쟁비용을 증대시켰고, 국가의 효율성을 높였으며, 확실히 기업가의 이익을 증대시켰다. 세계적인 차원에서 보면 대포는 유럽에 유리한 지위를 부여했다. 동아시아의 해상경계에서, 또 아메리카 등지─이곳에서 대포는 거의 사용되지 않았지만, 화승총의 화약이 어느 정도의 역할을 했다─에서 그러한 점이 드러났다.

이슬람 지역에서는 성공과 실패가 반반이었다. 유럽이 이슬람권에 대해서 승리를 거둔 그라나다**의 점령(1492), 스페인인에 의한 북부 아프리카의 요새 점령(1497, 1505, 1509-1510년) 등이 모두 대포에 힘입어 가능했다. 러시아의 뇌제 이반 4세가 이슬람권의 카잔(1551)과 아스트라한(1556)을 점령한 것도 같은 맥락이었다. 그러나 튀르키예가 반격하여 승리한 적도 있다. 1453년 콘스탄티노폴리스의 점령, 1521년 베오그라드의 점령, 1526년 모하

---

* 30년전쟁 중인 1643년에 프랑스와 스페인 사이에서 벌어진 전투. 스페인군이 이 시를 포위했으나 22세의 콩데 공작이 프랑스군을 탁월하게 지휘하여 승리를 거두었다.
** 스페인 남부 안달루시아의 한 지역이자 안달루시아의 중심도시이다. 기독교 세력의 재정복 운동(이슬람 세력에게 점령당한 이베리아 지역에서 그들을 축출하고 국토를 수복하려는 운동) 과정에서, 1236년 코르도바 점령 이후 이슬람 세력 최후의 거점이 되었다. 기독교 세력은 집요하게 이슬람 세력을 공격하다가 1492년에 최종적으로 그라나다를 점령함으로써 이베리아 전역의 재수복을 완성했다.

치 전투의 승리 등이 그런 사례들이다. 튀르키예는 기독교도 측의 대포들을 노획했다(1521년부터 1541년까지 헝가리에서 노획한 5,000문의 대포가 그 예이다). 튀르키예군의 화력은 당시로는 가공할 수준이었다. 모하치 전투에서 튀르키예군은 대포를 전부 전장의 중앙에 몰아놓음으로써 헝가리군의 전선을 둘로 갈라놓았다. 몰타 섬에서는 수비군에게 6만 발의 포탄을 퍼부었고(1565), 파마구스타 섬에서는 11만8,000발을 퍼부었다(1571-1572). 그뿐 아니라 대포 덕분에 튀르키예군은 여타의 이슬람 세력에 대해서도(시리아에 대해서는 1516년에, 이집트에 대해서는 1517년에) 압도적인 우위를 점했다. 또 페르시아와의 전투에서도 튀르키예군은 우위를 차지했는데, 1548년의 페르시아의 대도시인 타브리즈는 1주일간에 걸친 포격 끝에 항복했다. 한편 1526년의 파니파트 전투(1526)*에서 바베르가 델리의 술탄이 지배하는 인도를 격파할 수 있었던 것도 대포와 화승총이라는 화력 덕분이었다. 그리고 1636년에 있었던 조그마한 모험적인 사건도 흥미로운 예이다. 포르투갈인들이 3문의 대포를 중국의 만리장성까지 가지고 와서 사용함으로써 만주군을 도주하게 만들었는데, 이 사건이 명나라가 10년 가까이 더 존속하게 된 한 요인이었다.

결과를 완전히 정리할 수는 없지만 결론을 내릴 수는 있다. 대문화권들의 경계는 전진과 후퇴를 반복했지만 완전히 교란되지는 않았다. 이슬람권은 이전 위치에 그대로 머물러 있었고, 동아시아는 깊은 곳까지 영향을 받지는 않았다. 플라시 전투는 1757년의 일이다.** 특히 대포는 조금씩 모든 곳에 보급되었고, 1554년부터는 일본 해적선도 대포를 갖출 정도였다. 18세기에 이르자 말레이족의 해적선 중에 대포를 갖추지 않은 배가 한 척도 없었다.

---

* 델리에서 북쪽으로 80킬로미터 지점에 위치한 파니파트 평원은 기마대 간이 전투에 적합한 지형으로서 역사상 중요한 전투가 여러 차례 벌어졌다. 1526년에는 무굴의 수장 바베르(바부르)와 델리의 술탄 이브라함 로디 사이에 전투가 벌어졌다. 술탄의 군사가 수적으로 훨씬 많았으나 바베르의 총기병에게 패배했다. 이 전투로 무굴 제국이 시작되었다.

** 즉, 유럽 세력이 동양을 군사적으로 완전히 압도하게 된 것을 말한다.

종이로부터 인쇄술까지

종이[34) 또한 멀리 중국에서 발명되어 이슬람 국가들의 중개를 통해 유럽에까지 전해졌다. 제지용 물레방아가 처음 설치된 곳은 13세기의 스페인이었다. 그렇지만 유럽에서 진정한 제지업이라고 불릴 만한 것은 14세기 초에 이탈리아에서 시작되었다. 파브리아노* 근처에서는 14세기부터 수력으로 움직이는 바퀴가 "방망이들(battoirs)"을 작동시켰고, 이 방망이들은 나무로 만든 거대한 공이 혹은 망치였는데 여기에 칼과 못이 달려 있어서 걸레를 잘게 썰었다.[35)**

물은 동력원이면서 동시에 종이에 들어가는 함유물이었다. 종이를 만드는 데에는 엄청난 양의 맑은 물이 필요했기 때문에 보통 이 산업은 강물을 오염시킬 우려가 있는 도시를 피해서 상류 쪽의 급류가 흐르는 곳에 자리를 잡았다. 베네치아에서는 가르다 호수 주변에 제지업이 들어섰고, 보주 산맥 지역에서도 아주 일찍부터 제지업이 시작되었으며, 트루아라는 큰 중심지가 있는 샹파뉴 지역이나, 도피네 지역에서도 일찍 발달했다.[36) 이와 같이 제지업이 팽창하는 데에는 이탈리아의 노동자와 자본이 중요한 역할을 담당했다. 원재료로서는 다행히 낡은 걸레가 풍부했다. 13세기부터 유럽에서는 아마와 대마의 재배가 확대되어 낡은 모직 대신 아마포를 쓰게 되었다. 게다가 (제노바 같은 곳에서 그러했듯이) 낡은 밧줄도 사용할 수 있었다.[37) 그렇지만 이 새로운 산업이 발달하자 결국 원재료 공급의 문제가 생겼다. 제지업자와 헌옷장수 사이에 소송 사태가 터져나왔다. 헌옷장수들은 대도시나 좋은 헌옷이 많다고 알려진 지역—예를 들면 부르고뉴 같은 곳—을 찾아다녔다.

종이는 양피지처럼 질기지도 않았고 그만큼 아름답지도 않았다. 유일한 장점은 가격이었다. 150페이지 분량의 손으로 쓴 원고를 양피지로 만들 때

---

* 이탈리아의 앙코나 지방에 있는 소도시. 이곳의 제지업은 12세기에까지 거슬러올라간다.
** 초기의 종이는 헌옷을 아주 잘게 찢어서 섬유조직 상태에 이르도록 만든 것을 원료로 하여 만들었다.

에는 약 12마리분의 양가죽이 필요했으며,[38] "이것은 필경작업*이 전체 작업 중에 가장 비용이 적게 든다는 것을 말해준다." 새로운 물질인 종이는 유연성이 있고 표면이 균일하기 때문에, 인쇄라는 새로운 문제를 풀 유일한 해답이라는 것은 일찍이 확실했다. 인쇄에는 처음부터 성공 요인들이 모두 확실하게 준비된 것이다. 12세기부터 서구의 대학 안에서든 밖에서든 독자의 수가 부쩍 늘었다. 욕구가 강한 독자들 때문에 필경 작업장이 늘어났고 정확한 필사본의 수가 늘어났다. 그리하여 사람들은 책을 빨리 만들어내는 방법을 궁리했다. 채색 삽화를—적어도 그림의 주요 선분을—베끼는 방법을 예로 들 수 있을 것이다. 이 방법 덕분에 본격적인 "판본(edition)"이라는 것이 탄생했다. 1356년에 완성된 『맨더빌의 여행(*Voyage de Mandeville*)』은 250본의 필사본이 전해온다(그중 73본이 독일어와 네덜란드어로, 37본이 프랑스어로, 40본이 영어로, 그리고 50본이 라틴어로 되어 있다).[39]

활자의 발명

서유럽에서 15세기 중반경에 활자를 발명한 사람이 누구인지는 별로 중요한 문제가 아니다. 그것이 마인츠 출신의 요하네스 구텐베르크와 그의 동료들이든—가능성이 가장 크다—프라하 출신으로서 아비뇽에 정착한 프로코프 발트포겔이든, 하를럼 출신의 코스터**이든—사실 이 인물은 실존인물인지도 불명확하다—아니면 알려지지 않은 다른 어떤 인물이든 그것은 별로 중요하지 않다. 문제는 이 발견이 재생인지, 모방인지, 혹은 재발견인지를 가려내는 것이다.

왜냐하면 중국은 9세기부터 인쇄술을 알고 있었고 일본은 11세기부터 불교 서적을 찍어내고 있었기 때문이다. 그러나 초기의 인쇄는 글씨를 새긴 목

---

* 철필로 글씨를 쓰는 작업. 통상 가장 힘든 과정이라고 일컫는다.
** Laurens Janszoon Coster(1370?-1440?) : 네덜란드 하를럼의 인쇄업자. 활자를 발명했다는 일설이 있다.

판 하나가 한 페이지에 해당했는데, 극단적으로 느렸다. 중국의 공학자 필승이 활자라는 혁명적인 방법을 생각한 것은 1040년부터 1050년 사이의 일이다. 도기로 만든 이 활자는 밀랍을 가지고 금속 틀에 고정시켰다. 이 활자는 거의 보급되지 못했다. 그다음에 나온, 녹인 주석을 가지고 만든 것 역시 마찬가지였고, 게다가 너무 쉽게 상했다. 그러다가 14세기 초에 나무로 만든 활자가 널리 사용되었다. 그것은 심지어 투르키스탄에까지 전해졌다. 마지막으로 15세기 전반에 금속활자가 완성되었는데, 어쩌면 중국에서 이루어진 것이고 어쩌면 한국에서 이루어진 것이다. 이것은 구텐베르크의 "발명" 이전의 반세기 동안 널리 퍼져나갔다.[40] 이 기술이 서구로 전파된 것일까? 이것은 뒤늦게 1576년에 루아 르 루아가 주장한 것이다. 그의 주장에 따르면 "온 세상을 돌아다니는" 포르투갈인들이 중국으로부터 "이 나라의 글자로 쓰인 책들을 가져왔다. 그리고 이곳에서는 이런 방식이 이미 오래 전부터 사용되었다고 한다. 그래서 어떤 사람들은 이 방법이 타타르와 모스크바를 거쳐 독일로 전해졌고 다시 이것이 다른 기독교권에 전해졌다고 믿게 되었다."[41] 이 주장은 아직 증명되지 않았다. 그러나 중국을 왕래한 여행자들이 꽤 많았고 그중에는 교양 있는 여행자들도 많았을 것이다. 그런 만큼 인쇄술이 유럽에서 발명되었으리라는 것은 원칙적으로 의심스럽다.

모방한 것이든 재발견한 것이든, 유럽의 인쇄술은 여러 어려움을 겪고 또 여러 조정을 거친 끝에 1440-1450년경에야 정착했다. 왜냐하면 활자는 납, 주석, 안티몬—안티몬 광산은 16세기에 발견된 듯하다—이 정확한 양만큼 서로 섞여야 너무 단단하지도 않으면서 충분한 강도를 가지게 되기 때문이다. 활자를 주조하는 것은 다음 세 가지의 과정을 거쳐서 이루어졌다. 우선 활자가 양각으로 새겨져 있는, 강철로 된 아주 단단한 각인판을 만든다. 구리로 만든—아주 드물게 납으로 만들기도 한다—모형(母型)에 각인판을 사용하여 글자를 음각으로 새긴다. 마지막으로 여기에 합금을 부어넣어 실제 사용하게 될 활자를 만든다. 그다음으로는 "조판하고" 줄과 간격을 맞춘 다음 잉크를 묻혀서 종이 위에 찍어냈다. 지렛대를 사용해서 누르는 인쇄기는 16세기 중반에 나온 이래 18세기까지 거의 변화하지 않았다. 기본적인 문제는 활자가 쉽게 닳는다는 것이다. 그러면 이것을 대체하기 위해서 각인판으로 돌아가야 했고 그러노라면 이번에는 이것이 닳게 되어 결국 처음부터 모든 것을 다시 해야 했다. 이것은 진정한 금은 세공업에 속하는 일이었다.[42] 이 발명이 일반적으로 생각하듯이 조각한 나무판에 잉크를 묻혀 찍어내는 기술인 목판인쇄(xylographie)로부터 나온 것이 아니라, 금은 세공업으로부터 나왔다는 것은 놀라운 일이 아니다. 한편 봉속적인 그림을 만들어 파는 상인들은 잠시나마 이 새로운 기술에 대항하여 싸웠다. 그러다가 1461년경에 최초로 밤베르크의 인쇄업자인 알브레히트 피스터가 인쇄한 책에 목판화를 함께 실었다. 이제부터 경쟁은 더 이상 불가능하게 되었다.[43]

인쇄기술은 아주 느릿느릿 완성되어 18세기에도 초기의 기술과 같거나 거의 변함이 없었다. "1787년에 프랑수아 앙브루아즈 디도*가 지렛대를 한 번 돌려서 폴리오** 한 권을 인쇄할 수 있는 인쇄기를 발명했지만, 이 방식은 구텐베르크가 다시 살아나서 루이 16세가 통치하던 이 시기의 인쇄소에 들어간다고 해도 몇몇 조그마한 세부사항만 빼면 곧바로 익숙해질 수 있을 정도였다."[44]

이 발명은 세계로 퍼져나갔다. 일자리를 찾는 포수(砲手)처럼, 인쇄술 직공들은 수중의 도구만 가지고 떠돌아다니면서 한곳에 잠시 머물다가 다시 새로운 후견인을 찾아 떠나고는 했다. 파리에서 최초로 서적을 인쇄한 해는 1470년이고, 리옹은 1473년, 푸아티에는 1479년, 베네치아는 1470년, 나폴리는 1471년, 뢰번은 1473년, 크라쿠프는 1474년이었다. 1480년에 인쇄기가 있다고 알려진 도시는 110군데가 넘었다. 1480-1500년에 이 기술은 스페인에 도달했고, 독일과 이탈리아에서 번성했으며, 스칸디나비아 국가들에

---

* 디도 가문은 프랑스의 유명한 인쇄업 및 서적상 가문이다.
** folio : 전지를 둘로 접어서 4페이지로 한 책. 책의 가장 큰 판형의 이름이다.

알려졌다. 1500년에는 유럽의 236개 도시에 인쇄 작업장이 있었다.[45]

한 계산에 의하면 인쿠나불라*—1500년 이전에 찍어낸 책들—의 수는 2,000만 권이 넘었다. 이 당시 유럽의 인구가 대략 7,000만 명 정도였던 사실을 생각해보라. 16세기에 이 움직임은 더욱 빨라졌다. 파리에서 2만5,000 판, 리옹에서 1만3,000판, 독일에서 4만5,000판, 베네치아에서 1만5,000판, 영국에서 1만 판, 네덜란드에서 8,000판 정도가 나온 듯하다. 한 판마다 평균 1,000권 정도의 책을 찍었을 터이니 전부 14만-20만 판에 1억4,000만 권에서 2억 권 정도의 책이 나온 셈이다. 그런데 이 세기 말의 유럽 인구는 모스크바 공국까지 합해도 1억이 넘을까 말까 한 정도였다.[46]

유럽의 책과 인쇄술은 아프리카와 아메리카 등지로 수출되었다. 발칸 지역으로는 몬테네그로의 행상 인쇄업자들이 베네치아까지 뚫고 들어갔고, 콘스탄티노폴리스에는 유대인 망명자들이 서유럽의 인쇄기를 가져왔다. 포르투갈의 항해에 힘입어 인쇄기와 활자가 인도, 특히 수도인 고아(1557)에 들어갔고, 광저우의 입구인 마카오(1588)와 일본의 나가사키(1590)에까지 도입되었다.[47] 원래 이 발명이 중국으로부터 온 것이라면, 이제 완전히 한 바퀴를 돌아 제자리로 간 것이다.

인쇄술과 역사

책은 사치품으로서 우선 이윤, 그리고 수요와 공급의 엄격한 법칙에 복종했다. 인쇄업자의 시설은 자주 교체해야 했고, 노동 비용이 컸으며, 종이값도 다른 비용의 두 배나 차지했을 뿐 아니라 자금의 회수도 느렸다. 이런 요인들 때문에 인쇄업은 곧 자금을 빌려주는 업자들에게 종속되었고, 그들이 책의 배급망을 장악하게 되었다. 15세기부터 출판계에서는 작은 규모의 "푸거 가문"이 나타나게 된다. 리옹에는 바르텔레미 뷔예(1483년에 사망)가 있

* incunabula : 라틴어 인쿠나불룸(incunabulum : 요람, 시작)에서 나온 말이다.

었고, 파리에 작업장이 있었던 앙투안 베라르는 원래 장식문자 필사*와 문서의 채색삽화를 전공한 사람이었으나 새로운 기술을 익힌 후 곧 삽화가 포함된 프랑스 책과 영국 책을 전문으로 만들었다. 준타 가문**은 원래 피렌체 출신이었다. 안톤 코베르거는 1473년부터 1513년까지 뉘른베르크에서 236종의 책을 냈는데, 그는 아마도 이 시대의 가장 중요한 출판업자일 것이다. 장 프티는 16세기 초에 파리의 서적 시장을 좌지우지했다. 또 베네치아의 알데 마누체(1515년에 사망)도 유명했다. 마지막으로 플랑탱***을 들 수 있는데 그는 투렌 지방에서 1514년에 태어났으나 1549년에 안트베르펜에 정착하여 우리들이 잘 아는 바와 같이 큰 성공을 거두었다.[48]

상품으로서 책은 도로, 교통, 시장에 연결되었다. 16세기에는 리옹과 프랑크푸르트에 책 시장이 있었고, 17세기에는 라이프치히 시장이 중요했다. 전체적으로 책은 유럽에 유리하게 힘을 더해주는 수단이었다. 모든 사상들이 서로 만나고 교환되었다. 인쇄술은 옛날의 필사본 형태로 좁은 한계 속에 갇혀 있던 책의 전파를 가속화시키고 확대시키는 역할을 했다. 따라서 강력한 장애물들이 있다고 하더라도 가속화가 일어났다. 인쿠나불라의 시대인 15세기에는 라틴어가 가장 중요했고, 종교서적과 신앙서적이 주류를 이루었다. 16세기 초에 고대 문헌들이 라틴어 및 그리스어 판본으로 나옴으로써 인문주의의 공격적인 대의에 봉사했다. 약간 뒤에 종교개혁과 가톨릭 종교개혁 역시 인쇄술을 이용했다.

---

* calligraphie : 아름다운 펜 글씨와 정교한 펜 그림을 조화시키는 기술.
** 피렌체 출신의 유명한 인쇄업 및 출판업 가문. 필리포 준타(Filippo Giunta : 1450-1517)가 대표적인 인물로, 그리스 고전과 라틴어 고전들을 출판했다. 준타 가문의 많은 사람들이 베네치아, 마드리드, 리옹 등 유럽 전역에서 인쇄업자로 자리를 잡았다.
*** Christophe Plantin(1520-1589) : 프랑스 출신의 안트베르펜 인쇄업자. 학문적이든 종교적이든 고전들을 출판했으며, 특히 중요한 것으로 『흠정성서(Biblica Regia)』(다국어 성서라는 뜻으로 『폴리글로테[Polyglotte]』라고도 한다)가 있다(1569-1572). 이것은 펠리페 2세의 지원을 받은 사업으로서 『구약 성서』와 『신약 성서』의 원어 판본의 결정판이 되었다. 1576년에 네덜란드가 스페인군에게 유린되자 그는 파리와 레이던에 지사를 설치했다.

간단히 말해서 인쇄술이 진정으로 누구를 위해서 쓰였는가를 이야기할 수는 없다. 그것은 모두를 크게 했고 모두를 활기 있게 만들었다. 아마도 한 가지 점에서는 그 결과를 짚어내어 이야기할 수 있을 것이다. 오스발트 슈펭글러의 말에 따르면, 17세기의 수학 혁명을 일으킨 위대한 발견은 함수, 즉 오늘날의 수식으로 말하면 y = f(x)의 발견이다. 만일 무한소(無限小)나 무한의 개념이 사용되지 않는다면 함수라는 것도 불가능하다. 이런 것들은 사실 모두 아르키메데스의 사고 속에 이미 있었다. 그런데 아주 소수의 특출한 사람들 말고는 16세기에 누가 아르키메데스를 알고 있었겠는가? 레오나르도 다 빈치만 해도 누군가에게서 이야기를 듣고 아르키메데스의 필사본을 한두 번 찾아보았을 뿐이다. 처음에는 과학상의 업적에 거의 주의를 기울이지 않던 인쇄술이 점차 이 과제를 담당하게 되었다. 그러면서 그리스 수학, 나아가서 에우클레이데스, 페르게의 아폴로니오스* 등이 복간되었으며, 아르키메데스의 훌륭한 사고를 모든 사람들이 공유할 수 있게 되었다.

16세기 말에서 18세기 초 사이에 근대 수학이 느리게 진화한 것은 앞에서 말한 책들이 상대적으로 느리게 출판되었기 때문이 아닐까? 아마도 가능성이 있는 이야기일 것이다. 그나마 이런 것들마저 없었다면 더 늦게서야 발전했을 것이다.

서유럽의 공적 : 원양 항해

먼바다를 지배한 것은 유럽이 수 세기 동안이나 보편적인 우위를 차지하게 된 요인이다. 이 경우에는 원양 항해라는 기술이 세계적인 차원에서의 "불균형", 즉 특권을 만들어냈다. 사실 유럽이 세계의 모든 바다로 폭발적으로 팽창해간 것은 하나의 중요한 문제를 제기한다. [먼바다를 안전하게 항해할 수

---

* Apollonios(기원전 262-기원전 190?) : 그리스의 수학자. 동시대인들이 이미 그를 "위대한 기하학자"로 불렀다. 그의 『원추 곡선론(*Conics*)』은 고대로부터의 가장 위대한 과학 업적이다. 그의 다른 저서들 대부분은 소실되었다.

있다는 것이/역주] 눈에 확실히 보이게끔 증명된 후에도 왜 세계의 모든 해양 문명이 원양 항해를 공유하려고 하지 않았을까? 이론상으로는 모든 문명이 경쟁에 나설 수 있었다. 그런데 오직 유럽만이 끝까지 경주에 남은 것이다.

구세계의 선단

해양 문명들은 아주 오래 전부터 서로 잘 알고 있었으며, 이 문명들을 서로 이어놓으면 유럽 쪽 대서양으로부터 인도양, 말레이 제도, 태평양 연안에 이르기까지 끊어지지 않고 이어진다는 점을 고려할 때. 앞에서 언급한 사실은 더욱 알 수 없는 일이다. 장 푸자르드는 지중해와 인도양이 하나의 거대한 바다를 이루고 있는 것으로 생각했으며, 그것을 "인도 항로"라는 멋진 이름으로 불렀다.[49] 사실 구세계의 항해 중심축인 "인도 항로"는 아주 오래 전부터 발트 해와 영불해협으로부터 시작하여 태평양에까지 이르고 있었다.

중간에 수에즈 지협이 가로놓여 있다고 해도 그것이 이 길을 둘로 나누어 놓은 것은 아니다. 우선 수 세기 동안 나일 강의 한 지류가 홍해에 닿아 있었는데(그리하여 홍해와 지중해를 연결시키는 결과가 되었다), 이 네카오* 운하는 성왕 루이 때까지도 오늘날의 수에즈 운하와 같은 기능을 담당했으나 그 직후 막히고 말았다. 16세기 초에 베네치아와 이집트는 함께 이 운하를 다시 개통시키려는 생각을 한 적이 있었다. 한편 사람, 짐승, 그리고 심지어 선박조차도 여러 조각으로 분해해서 수에즈 지협을 건너갈 수 있었다. 예를 들면 튀르키예인들은 1538, 1539, 1588년에 홍해에 띄운 배들을 조각들로 분해하여 목재 형태로 낙타 등에 실어서 이곳을 지나간 다음 다시 조립했다.[50] 바스쿠 다 가마의 순항(1498)이 있었다고 해서 곧 유럽과 인도양 사이의 이

---

* 네카오(Nechao, Nekao)는 원래 고대 이집트 왕국의 제26왕조의 두 번째 피리오(기원진 609-기원전 594)의 이름이다. 그는 팽창 정책을 펴서 유대의 왕 요시야를 죽이고, 팔레스타인 지방과 시리아를 복속시키고, 유프라테스 강까지 영토를 팽창시켰다. 그 결과 이 지역의 경제가 활성화되었다. 이 경제를 뒷받침하기 위해서 나일 강 지류와 홍해를 연결하는 운하의 건설을 시도했으나 그의 치세에 완성하지는 못했다.

오래된 공동체가 파괴된 것은 아니었으며, 다만 여기에 새로운 길을 하나 추가한 것에 불과했다.

이렇게 가까운 이웃으로 지낸다는 것이 곧 서로 섞인다는 의미는 아니다. 어느 곳에서건 선원만큼 자기들의 습관에 집착하는 사람들은 없다. 중국의 정크선은 여러 훌륭한 장점(범포, 키, 물이 새지 않는 구조를 자랑하는 선체, 11세기 이후 사용하기 시작한 나침반, 14세기 이후 엄청나게 커진 선체 등)에도 불구하고 일본까지는 갔지만 남쪽으로는 통킹 만을 넘지 못했다. 반면에 다낭으로부터 멀리 아프리카의 연안에까지 이르는 지역에는 인도네시아, 인도, 아랍의 보잘것없는 배들이 삼각돛을 달고 나타났다. 이렇게 구획된 이유는 문명의 **해상** 경계가 대륙 경계만큼이나 고정되어 있었기 때문이다(믿기지 않을지 모르지만, 사실이다). 지상에서와 마찬가지로 해상에서도 각자는 자신의 영역에 남아 있으려고 했다. 그렇다고 해도 이웃의 방문이 전혀 없던 것은 아니다. 중국의 범포와 정크선이 통킹 만에 모습을 드러내고는 했는데, 그것은 통킹이 중국의 지배하에 있었기 때문에 당연한 일이었다. 수에즈 지협이 국경 같은 외양을 가지고 있고 또 국경이 될 가능성이 있었음에도 불구하고 그렇게 되지 않은 것은 주변 문명들이 대개 이곳에 양다리를 걸치고 있었기 때문이다. 그래서 이슬람 문명은 지중해의 상당 부분을 장악하면서 이곳에 이른바 라틴 범포를 도입했다. 다른 말로 오리크* 범포라고도 하는 이 인도 산물은 오만 해가 그 원산지로서 이슬람인들이 이곳에서 발견한 것이다. 우리가 생각하기에 지중해의 상징처럼 된 이 삼각돛이 지중해에 자리 잡게 된 것은 이러한 역사적인 침범의 결과이다.[51]

그 이전에는 페니키아인, 그리스인, 카르타고인, 로마인들이 사각돛을 사용했는데, 삼각돛을 차용하여 쓰다가 그다음에는 완전히 사각돛을 대체하게 되었다. 사소한 사실이지만 프랑스의 랑그도크 지방에서는 이에 대한 저

---

* aurique : 네덜란드어의 오르(oor : 귀)에서 온 말. 라틴 범포가 불균등 삼각형 모양인 것을 이렇게 표현했다.

항이 꽤 컸다는 것도 지적하고 넘어가자. 또 비잔티움 제국이 함대와 "그리스의 불"*이라는 놀라운 무기를 가지고 지배력을 휘두르고 있었던 만큼 그리스는 이 범포에 대한 저항이 더 심했다. 어쨌든 이슬람의 영향을 강하게 받은 포르투갈이 삼각돛을 수용한 것은 놀라운 일이 아니다.

이에 비해서 13세기부터 강력한 해상 세력으로 부흥한 북유럽에서는 사각돛이 계속 우세했다. 그중에서도 특히 탄탄한 배인 코크선은 지붕 위에 기와를 얹듯이 나무판을 대어 만들었다(이것을 겹쳐잇기[bordage clin]라고 한다). 마지막으로 언급해야 할 특히 놀라운 성과는 배 안에서 조정이 가능한, 중심축과 같은 방향에 설치한 키(gouvernail axial)인데, 이것은 코크선 뒷부분의 만곡에서 그 이름이 유래된 것으로서 전문가들 사이에 에탕보 키(gouvernail d'étambot, centerline rudder)라고 불린다.**

결국 크게 본다면 유럽에는 상이한 두 개의 해상 세력이 있었던 셈이다. 하나는 지중해 세력이고 또 하나는 북유럽 세력인데, 두 세력은 곧 경제적으로—정치적으로가 아니라—서로 충돌했고, 또 서로 섞였다. 1297년 이후 제노바의 대형 범선들[52])이 처음으로 브루게까지 직항로를 개척한 것은 북유럽 최상의 수송로에 끼어들게 되었음을 의미한다. 그러면서 배의 나포(拿捕)와 지배, 그리고 교육이 동시에 이루어졌다. 13세기 리스본은 활기 넘치는 주변적인 해상 자본주의 경제의 교훈을 점차 잘 습득하여 중개항으로서 융성했다. 이 조건 속에서 지중해의 장선(長船)들은 북유럽의 해상 세력에

---

* feu grégeois, Greek fire : 고대와 중세의 전쟁에서 쓰인 불 붙는 물질을 통칭하여 이렇게 부르기도 하는데, 대개는 좁은 의미로 비잔티움 제국이 7세기에 전쟁에 사용한 물질을 의미한다. 석유를 이용하여 만든 것 같으며, 그리스어를 할 줄 아는 시리아인이 개발했다고 한다. 대개 대포 형태의 관에서 발사하여 적중하면 곧 불이 붙었는데, 물로는 진화할 수 없었다. 제조 방법이 극비였기 때문에 구체적으로 어떤 물질이었는지는 오늘날까지도 모른다.

** 초기의 키는 선미 주위에서 배를 젓는 노(외륜의 물받이판 또는 일반 노)였다. 그다음으로 발전된 형태는 배의 선미 쪽 옆면에 45도로 붙인 조타 노(steering oar, 측타[side rudder])였다. 그다음 단계로 발전한 것이 바로 에탕보 키로서, 선미재(船尾材)에 부착된 것이다. 우리말로는 중앙타(中央舵)라고 한다.

모형을 제공했고, 그들이 소중하게 여기던 라틴 범포를 알려주었다. 반대 방향으로는 북유럽 배의 겹쳐잇기와 특히 역풍을 더 잘 헤쳐나가게 하는 에탕보 키가 바스크족 등의 중개를 통해 지중해 지역 조선소에 전해져서 이곳 풍토에 적응해갔다. 교환과 융합이 이루어진 것이다. 그리고 이렇게 융합해갔다는 것만으로도 새로운 문명의 단위가 확고히 자리 잡아간 것을 말해준다. 새로운 단위란 곧 유럽을 의미한다.

1430년경에 탄생한 포르투갈의 카라벨(caravelle)은 이 결혼에서 잉태된 딸이다. 이 배는 겹쳐잇기를 한 작은 범선으로서 에탕보 키가 있었고 세 개의 마스트와 두 개의 사각돛, 하나의 삼각돛이 있었다. 삼각돛은 마스트를 중심으로 할 때 배의 길이 방향으로 불균형을 이루어서'(활대의 한 쪽이 다른 쪽보다 더 높고 길었다) 배의 회전을 더 쉽게 했고 또 방향을 잘 잡게 했다. 한편 사각돛은 배의 너비 방향으로 설치해서 뒤에서 부는 바람을 모으는 데 적당했다. 대서양에서의 실습이 끝날 무렵, 카라벨선과 다른 유럽 배들은 카나리아 제도에까지 오면 삼각돛을 내리고 사각돛을 올린 후 무역풍을 타고 단번에 앤틸리스 제도까지 갈 수 있었다.

세계의 항로

앞에서 언급한 것은 모두 무엇을 목표로 했을까? 그것은 결국 세계의 항로를 장악하기 위해서였다. 지금껏 흔히 벌어진 해상 경쟁에서 어느 한 민족이 다른 민족보다 앞서가게 한 요인이 무엇인지를 말해주는 것은 아무것도 없다. 페니키아인들은 이집트 파라오의 요청을 받고 바스쿠 다 가마보다 2,000년이나 앞서 아프리카를 일주하는 항해를 했다.* 콜럼버스보다 수 세기 앞서 아일랜드 선원들은 690년경에 페로 제도를 발견했으며, 아일랜드 수도사들은 795년경에 아이슬란드에 상륙했고, 다시 860년경에 바이킹이

---

* 이 책 533쪽의 역주 참조.

이 섬을 재발견했다. 981년과 982년에 '붉은 에이리크'*가 그린란드에 도달한 이후로 바이킹은 15-16세기까지 남아 있었다. 1291년에 비발디 형제**는 두 척의 갤리선으로 지브롤터 해협을 지나 인도 제도로 향했다가 유비 곶***을 지나 표류했다. 만일 이들이 아프리카 회항에 성공했다면 지리상의 대발견 시대가 두 세기 정도 더 일찍 시작되었을지도 모른다.[53]

이 모든 일이 유럽에서 일어났다. 그러나 경쟁자가 없었던 것은 아니었다. 11세기 이후 나침반을 사용할 수 있게 되었고, 14세기부터는 "갑판이 사층이고, 방수용 격벽이 있으며, 4-6개의 마스트가 있고, 12개의 대형 범포를 이용하며 1,000명이 넘는 사람을 태울 수 있는 커다란 정크선들"을 만든 중국인이 바로 가장 강력한 경쟁자라고 할 수 있다. 남송 시대(1127-1279)에 중국인들은 중국해의 수송 영역에서 아랍 배들을 몰아냈다. 자신들의 문밖을 완전히 비질해서 치워버린 것이다. 15세기 초에 중국 선단은 윈난성 출신의 이슬람 환관인 정화의 지도하에 놀라운 항해를 수행했다. 첫 번째 항해에서 그는 62척의 커다란 정크선을 가지고 말레이 제도를 다녀왔다(1405-1407). 두 번째 항해(48척의 배와 2만7,000명의 인력 동원, 1408-1411)는 실론의 정복으로 끝났다. 세 번째 항해(1413-1417)에서는 수마트라를 정복했고, 네 번째 항해(1417-1419)와 다섯 번째 항해(1421-1422)는 평화적인 것으로서, 네 번째에는 인도와, 다섯 번째에는 아라비아 및 아비시니아 제국과 선물, 대사를 교환했다. 여섯 번째의 짧은 항해에서는 팔렘방에서 수마

---

* Eiríkr(940-1010) : 노르웨이의 탐험가. 별명이 '붉은 수염 에이리크'이다. 아버지가 저지른 살인사건 때문에 아이슬란드로 도주했다가 이곳 어부들에게서 알려지지 않은 섬들에 대한 이야기를 듣고 그곳을 찾아나서게 되었다. 985년에(이 연도는 사료에 따라 차이가 난다) 그린란드 서안에 도착했다. 988년에는 아이슬란드로 되돌아와서 식민 이주농을 모아 25척의 배를 타고 그린란드로 향했으며, 14척이 무사히 도착했다. 그후 자신의 이름을 딴 에이릭스피오르드 지방에서 위엄 있게 살았다고 한다.
** 우골리노 비발디(Ugolino Vivaldi)와 바디노 비발디(Vadino Vivaldi)를 말한다. 이탈리아의 항해사 형제로, 1291년에 서쪽으로 항해하여 아시아에 가겠다는 포부로 제노바를 떠났으나 돌아오지 못했다.
*** Yubi Cabo : 아프리카 북서부, 모로코 남서쪽에 있는 곳.

트라에 이르는 지역의 영주와 지배자들에게 황제[영락제/역주]의 편지를 전달했다. 마지막 일곱 번째 항해는 아마도 가장 센세이셔널한 것이었으리라. 1431년 1월 19일에 샹룽 항을 떠난 선단은 연말이 될 때까지 줄곧 저장 성과 푸젠 성 최남단의 항구들에서 닻을 내리고 있었다. 1432년에 항해를 다시 시작하여 자바 섬, 팔렘방, 믈라카 반도, 실론, 코지코드를 거쳐 드디어 이 항해의 목적지인 호르무즈에 도달했다. 이곳에서 1433년 1월 17일에 이슬람 출신의 중국 대사를 내려놓았는데, 그는 아마도 메카까지 갔을 것이다. 이 선단은 1433년 7월 22일에 난징으로 귀환했다.[54]

그다음에 대해서는 완전히 알 수 없다. 아마도 명나라 정부는 다시 북방 유목민의 위협을 받은 듯하다. 수도도 난징에서 베이징으로 천도했다(1421). 역사의 한 페이지가 넘어간 것이다. 만일 중국의 정크선이 희망봉, 혹은 인도양과 대서양 사이에 있는 남방 항구인 아굴라스 곶*으로 팽창해갔더라면, 그 결과가 어떻게 되었을지 상상해보라.

기회를 놓친 경우가 또 있다. 수 세기 동안 아랍의 지리학자들은 (프톨레마이오스의 의견과는 달리) 바다를 통해서 아프리카 대륙을 회항할 수 있다고 말했다(마수디**가 10세기에 최초로 그렇게 말했는데, 그는 잔지바르 해안의 아랍 도시들을 알고 있었다). 그들의 견해는 어떻게 보면 기독교권 교회가 성서에 근거해서 변함없이 주장했던, 모든 바다가 하나로 통합되어 있다는 의견과 일맥상통했다. 분명 아랍 여행자나 선원들의 정보는 기독교권까지 뚫고 들어갔다. 베네치아의 "비할 데 없는 지리학자(geographus incomparabilis)"인 프라 마우로가 만든 지도(1457)의 범례에 설명이 나와 있고 1420년경에 한 아랍 배가 실제 그대로 가보았다는 이상한 항해가 사실일

---

* 희망봉 동쪽에 위치한, 아프리카 대륙 최남단에 있는 곳.
** Massoudi(896?-957) : 아랍의 역사가, 여행가. 흔히 "아랍의 헤로도토스"라고 불린다. 역사와 지리학을 통합한 대작 『황금의 목장과 보석 광산(Muruj adhdhahab wa macadin al-jawahir)』을 남겼다. 이 책은 엄청난 독서와 여행의 경험을 종합하여 나온 산물이다.

것이라고 알렉산더 폰 훔볼트는 생각했다. 그 배는 아랍인들이 아틀란티크 (Atlantique, 大西洋)라고 부르는 "암흑의 바다"에서 40일 동안에 하늘과 물 사이를 2,000마일이나 항해했으며, 귀항하는 데 70일이 걸렸다고 한다.[55]

그렇지만 대서양의 문제를 푼 것—그리고 이것이 다른 모든 문제를 풀게 해주었다—은 결국 유럽인이었다.

대서양 : 단순한 문제

대서양은 지도상에 세 개의 커다란 바람과 해류의 흐름으로 나타낼 수 있다. 그것은 거대한 세 개의 "타원형"이다. 이곳에서 아무 어려움 없이 항해를 잘하기 위해서는 해류와 바람을 올바른 방향으로 잘 이용해야 한다. 그러면 해류와 바람이 배를 이끌어가고 또다시 데려온다. 북대서양을 항해한 바이킹이 그러했고 콜럼버스의 항해가 그러했다. 콜럼버스가 지휘한 세 척의 배는 카나리아 제도까지 밀려갔고, 그다음에 앤틸리스 제도까지 갔으며, 1493년 봄에는 중위도의 바람 때문에 뉴펀들랜드 근처까지 밀려갔다가 아조레스 제도를 지나 귀환했다. 남쪽으로는 커다란 순환 흐름이 아메리카 해안까지 이르렀다가 아프리카의 남단인 희망봉의 위도에까지 이르게 된다. 이 모든 것에는 사실 조건이 있다. 좋은 바람을 만날 것, 그리고 그것을 만나게 되면 결코 놓치지 말 것. 이것은 먼바다에서는 통상적인 이야기이다.

만일 선원들이 원양 항해를 자연스럽게 수행할 수 있었다면, 문제는 아주 손쉬웠을 것이다. 그러나 아일랜드인과 바이킹들의 때 이른 성공은 먼 시간의 밤 속에 묻혀버렸다. 유럽이 그들의 성공을 되살리기 위해서는 유럽의 물질생활이 더 활기차게 깨어나야 했으며, 북쪽과 남쪽의 기술을 융합해야 했고, 나침반과 항해 안내서들을 알아야 했으며, 무엇보다도 본능적인 두려움을 이겨내야 했다. 포르투갈인 탐험가들은 1422년에 마데이라 섬에, 그리고 1427년에 아조레스 제도에 도착했다. 그리고 나서 그들은 아프리카 해안을 따라 내려갔다. 보자도르 곶에는 쉽게 도착했다. 그러나 돌아오는 길은 역

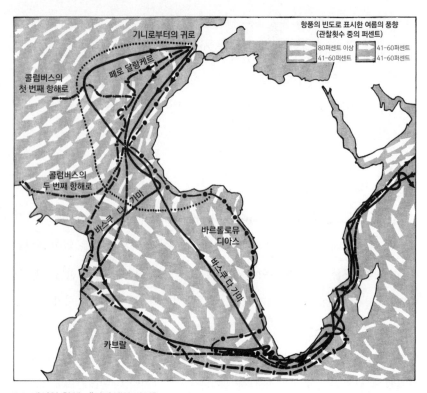

지도 범례: 항풍의 빈도로 표시한 여름의 풍향
(관찰횟수 중의 퍼센트)
80퍼센트 이상 / 41~60퍼센트 / 41~60퍼센트 / 41~60퍼센트

(지도 내 표기)
기니로부터의 귀로
콜럼버스의 첫 번째 항해로
페로 달랑케르
콜럼버스의 두 번째 항해로
바스쿠 다 가마
바르톨로뮤 디아스
바스쿠 다 가마
카브랄

24. 대서양 항해 : "지리상의 발견"

단순화해서 만든 이 지도는 여름철의 북반구 무역풍과 남반구 무역풍의 위치를 나타낸다. 우리는 이 바람이 계절에 따라 바뀐다는 것을 알고 있다. 인도(동인도나 서인도)로 가거나 그곳에서 귀환하는 여행을 할 때에는 꽤나 단순한 이 법칙들을 준수하게 되어 있다. 인도로 갈 때에는 북반구 무역풍에 배를 맡기고 한참 간 다음 남반구 무역풍의 힘으로 브라질 해안까지 간다. 귀로에는 남반구 무역풍을 이용해 올라오다가 북반구 무역풍을 끊으며 지나친 다음 중위도의 바람을 타야 한다. 이런 관점에서 본다면 (지도상에 점선으로 표시한 바와 같은) 기니로부터의 귀로—포르투갈인들은 이것을 다 미나(da Mina)라고 부른다—는 유럽으로 돌아올 때 아프리카 해안에서 떨어져 항해해야 한다는 것을 보여준다. 바스쿠 다 가마보다 먼저 항해한 바르톨로메우 디아스의 경우는 남쪽으로 내려가면서 아프리카 해안에 바짝 붙어 항해하는 실수를 저질렀다. 이런 규칙들을 조금씩 조금씩 밝혀가던 초기의 원양 항해는 이 지도가 말해주는 것보다도 훨씬 더 큰 어려움을 겪었다. 그리고 완벽한 설명을 위해서는 해류도 고려해야 한다. 이것 역시 매우 중요한 요소이며, 바람과 마찬가지로 항해를 돕기도 하고 방해하기도 한다.

풍을 받고 또 북반구 무역풍을 뚫고 와야 했기 때문에 어려웠다. 노예 시장과 사금과 후추 대용품이 있는 기니 만 역시 가는 길은 쉬웠지만, 돌아오는 길은 힘겨웠다. 귀환길에는 무역풍을 가로지른 다음 서풍을 타야만 했는데,

이것은 먼바다를 한 달 정도 항해하고 난 뒤 사르가소 바다* 정도에 이르러서야 가능했다. 마찬가지로 다 미나(상 조르즈 다 미나는 1487년에 건설되었다)로부터 귀환하는 것도 아조레스 제도에 이르기까지 여러 날 동안 역풍을 뚫고 와야만 했다.

그러나 가장 큰 어려움은 사실 모험을 감행하는 것, 당시의 시적인 프랑스어 단어로 말하자면 "상굴페(s'engoulfer : 먼바다로 돌진해 들어가기)"를 하는 것이었다. 흔치 않은 이 위업을 이루는 데에 어느 정도의 과단성이 필요한지 우리는 잘 모른다. 그것은 마치 우리의 손자들이 오늘날 우주선 조종사들의 과단성이 어떤지 알지 못하는 것과 유사할 것이다. 장 보댕의 말에 의하면 "우리는 100년 전부터 포르투갈의 국왕들이 원양 항해를 통해 인도 최고의 부를 획득했으며 동양의 보물로 유럽을 채웠다는 것을 잘 알고 있다."[56] 용감하게 돌진한 것이 결국 부를 차지하는 결과를 낳았다.

17세기만 해도 육지에 가능한 한 가장 가깝게 붙어서 가는 것이 관례였다. 1611년에 세비야에서 책을 출간한 바 있는 토메 카노는 이탈리아인에 대해서 "그들은 원양 항해를 하는 사람들이 아니다"라고 말했다.[57] 그리고 일반적으로 한 항구의 여관에서 다른 항구의 여관으로 옮겨다녔던 지중해 사람들에게 **상굴페**를 한다는 것은 기껏해야 로도스에서 알렉산드리아로 가는 정도였다(순조로울 경우 4일 동안 "물의 사막"과 같은 먼바다에서 지냈다). 혹은 마르세유로부터 바르셀로나까지 가는 항해로서, 이것은 리옹 만의 그 위험한 반원의 둘레를 따라가는 것이었다. 혹은 발레아레스 제도로부터 사르데냐를 거쳐 이탈리아까지, 때로는 시칠리아까지 가는 항해였다. 선박과 항해의 앙시앵 레짐 시기에 유럽 대륙에 근접한 해상 공간에서 가장 대담한 직선 항로는 아마도 이베리아 반도와 영불해협 입구 사이의 항로일 것이다. 이곳을 항해하면 비스카야 만의 악천후로 인한 힘든 일과 대서양의 굽이치는 큰

---

* 앤틸리스 제도와 플로리다 해안 사이에 있는 대서양 해역.

파도를 경험하게 된다. 1518년에 페르디난트 1세가 자신의 형인 카를 5세와 헤어지고 난 후 라레도에서 승선한 배는 한번 영불해협의 항로에서 이탈하자 아일랜드까지 밀려갔다.[58] 폴란드 국왕의 대사인 요한네스 단티스쿠스는 1522년 영국에서 스페인으로 갈 때 일생에서 가장 극적인 여행을 경험했다.[59] 비스카야 만을 통과하는 것은 수 세기 동안 거친 먼바다를 경험하는 도제수업의 역할을 했다. 이 수업을 비롯한 다른 몇 개의 수업은 아마도 세계를 지배하는 조건이 되었을 것이다.

그러나 왜 유럽만이 그렇게 되었는가? 이것은 16-18세기에 유럽의 관찰자와 선원들이 중국과 일본에서 너무나도 다른 선단을 보았을 때 이미 스스로에게 던진 질문이다. 1577년에 후안 곤살레스 데 멘도사* 신부는 이렇게 단언했다. 중국인들은 "바다를 두려워한다. 그들은 먼바다로 돌진해갈 사람들이 아니다."[60] 동아시아에서도 역시 사람들은 바닷가의 여관에서 다른 여관으로 찾아갈 뿐이었다. 일본에서 12-15일 정도 오사카와 나가사키 사이를 수로로 여행해본 로드리고 비베로는 일본인들이 "바다에 나가도 거의 매일 밤마다 육지에서 잠을 잔다"고 말했다.[61] 뒤 알드 신부에 의하면, 중국인들은 "연안 앞바다에서는 훌륭한 항해인이지만 먼바다에서는 하급 항해인이다."[62] 1805년에 배로는 이렇게 말했다. "그들은 가능한 한 가깝게 해안을 따라간다. 그리고 정말 어쩔 수 없을 때에만 육지가 보이지 않는 바다에서 항해한다."[63]

18세기 말에 조지 스탠턴은 황해의 발해만에서 중국 정크선을 찬찬히 관찰한 뒤 이런 생각을 했다. "키 작고 단순하고 거칠게 만들어졌지만, 강하고 부피가 큰 중국의 정크선들 사이에, 마스트가 높고 로프가 복잡한 영국 배 두 척[매카트니 대사를 태우고 온 라이언 호와 자칼 호]이 있는 것은 놀라

---

* Juan Gonzalez de Mendoza(1540-1617) : 스페인의 종교인, 여행가. 군대에서 경력을 쌓은 후 아우구스티노 수도회에 들어갔다가 펠리페 2세의 명령을 받고 전도사로 중국에 파견되었다 (1580-1583). 중국에서 중요한 자료를 입수하여 1586년 중국에 관한 견문록을 썼다.

운 대조를 이루었다. 정크선들은 적재량이 200톤 정도였다." 그는 또 선체의 구획과 비정상적으로 큰 두 개의 마스트에도 주목했다. 마스트들은 "하나의 나무 혹은 한 개의 목재로" 만들어졌고, 마스트에는 "대나무쪽, 혹은 밀짚이나 갈대로 엮은 돗자리로 만든 커다란 사각돛"이 달려 있었다. "정크선의 양쪽 끝은 모두 평평하며 그중 한쪽에는 런던의 거룻배에 붙어 있는 것만 한 크기의 키가 있었는데, 이 배의 한쪽에서 나와서 다른 쪽에 연결되는 로프로 그 키를 묶고 있었다." 군함인 라이언 호보다 작은 자칼 호는 100톤 정도밖에 되지 않았다. 이 배는 발해만에서 자기보다 월등히 큰 정크선들과 경쟁을 벌였던 것이다. "이 작은 범선은 유럽 바다의 변화가 많은 바람을 타면서, 심지어 역풍을 안고 항해하게 만든 배이며, 그 결과 두 배나 더 배수량이 크다. 즉 같은 크기의 중국 배에 비해 두 배나 더 깊이 물속에 들어가 있다. 바닥이 너무 평평한 유럽 배들은 바람이 옆에서 불 때 이 바람을 놓치는 불리한 점이 있는데, 이것은 중국 바다에서는 그리 크게 느껴지지 않는다. 이곳에서는 일반적으로 유리한 몬순을 이용해서[즉, 순풍을 받으며] 항해하기 때문이다. 게다가 중국 정크선의 범포는 마스트 주위에서 아주 쉽게 돌게 되어 있으며, 배의 옆면과 아주 예리한 각을 이룰 수 있기 때문에 배수량이 아주 적은 데도 불구하고 바람을 매우 잘 이용할 수 있다." 그의 결론은 이렇다. "중국인들은 그리스인과 같은 이점을 가지고 있다. 그들의 바다는 경계가 서로 가깝고 사방에 섬들이 많다는 점에서 지중해와 유사하다. 유럽인들 사이에 항해술이 완성된 것은 정열과 필요 때문에 거대한 먼바다로 오랜 항해를 떠나야만 했던 시기와 일치한다는 사실도 우리는 알 수 있었다."[64]

이런 관찰은 갑자기 중단되어버린다. 우리는 출발점으로 되돌아왔으나 거의 앞으로 나가지는 못했다. 원양 항해는 7대양으로 나가는 열쇠이다. 그런데 기술석으로 보면 중국인이나 일본인이 이 열쇠를 이용할 능력이 없었다는 증거는 하나도 없다.

당대인이나 역사가들은 모두 그들의 연구에서 어떻게 해서라도 **기술적인**

측면의 해답을 찾으려고만 고집하여 그 방법의 노예가 되어버린 셈이다. 그렇지만 기본적인 해답은 분명 기술적인 것이 아니다. 주앙 2세*는 "어떤 배든지 상태가 좋다면" 미나 해안으로부터 돌아올 수 있다고 말한 선원에게 입을 다물 것을 명령했으며, 만일 누설하면 감옥에 가두겠다고 위협했다. 이와 유사한 예가 있다. 1535년에 디에구 보텔류는 인도 제도로부터 한 척의 푸스타선(fusta : 소형 갤리선)을 타고 돌아왔는데 포르투갈 국왕은 곧 그 배를 불태우게 했다.[65]

이보다도 더 흥미로운 것은 1610년에 다른 도움 없이 일본에서 멕시코의 아카풀코까지 간 일본의 정크선의 예이다. 로드리고 비베로를 비롯해서 난파한 선원들은 일본인들에게서 선물받은 이 배를 이용해 아카풀코로 돌아갔다. 그 배의 선원들은 유럽인이었으나 다른 두 척의 일본 정크선은 일본인 선원만으로 똑같은 항해를 수행했다.[66] 이 경험은 정크선이 기술적으로 먼 바다에 나가지 못하리라는 법이 없다는 점을 증명해준다. 간단히 말해서 순전히 기술적인 설명은 성립되지 못한다는 것을 확인한 셈이다.

오늘날 역사가들은 심지어 카라벨선의 성공이 범포와 키에 있다기보다는 배수량이 적어서 "해안과 강 어귀를 탐험할 수 있었다"는 점과 "크기가 작은 배이기 때문에 상대적으로 그 의장이 쌌다는 점"에서 찾기까지 한다![67] 이 설명에 의하면 배의 역할은 아주 축소되어버린다.

이슬람의 배가 큰 성공을 거두지 못한 것 역시 쉽게 설명되지 않는다. 그들이 손쉽게 인도양을 횡단하는 직선 항해를 한 것은 아마도 몬순의 교대를 이용할 수 있던 덕이었다. 여기에 더해 그들은 천문 관측의(astrolabe), 고도(高度) 측정기(baton de Jacob) 등에 관한 탄탄한 지식을 갖추고 있었고, 또 그

---

* João II(1455~1495) : 포르투갈 국왕(재위 1481~1495). 국내적으로는 코르테스(의회)와 민중들에게 의지하여 귀족 세력을 누르고 자신에게 복종하게 했다. 한편 대외적으로는 그의 치세기에 바르톨로메우 디아스가 희망봉을 발견했고(1487), 토르데시야스 조약(1494)을 통해 스페인과 신대륙 분할을 약정했다.

들의 배가 훌륭한 덕이기도 했다. 바스쿠 다 가마의 여행에 동행한 아랍 수로 안내인은 이런 사실을 잘 보여주는 구체적인 예이다. 그는 멜린다에서 포르투갈의 작은 배에 타고는 곧 이 배를 코지코드로 안내했다. 이런 조건하에 있으면서도 왜 선원 신드바드의 후예들인 아랍인이 세계를 지배하지 못했을까? 비달 드 라 블라슈의 말을 다시 인용하면, 잔지바르 남쪽과 마다가스카르 이남에서 암흑의 바다의 입구로 향하는 지점, "남쪽으로 격렬하게 휘몰아쳐가는 모잠비크 해협의 가공할 해류"가 시작되는 지점 직전에서 왜 아랍의 항해가 멈추었을까?[68] 우리의 대답은 이렇다. 우선 아랍의 항해는 앞에서 설명한 바와 같이 15세기까지 이슬람권이 구세계를 지배하게 만들었으며, 그 결과는 사소하지 않았다. 게다가 수에즈 운하를 이용할 수 있는데(7-8세기) 왜 희망봉 항로를 취해야 하는가? 그리고 그곳에서 무엇을 얻겠는가? 금, 상아, 노예 등은 이미 잔지바르 해안이나 사하라 사막 너머 나이저 강 만곡 지역에서 이슬람 상인과 도시를 통해서 얻을 수 있다. 아프리카 서부에 굳이 가려면 "어떤 필요"가 있어야만 했다. 그렇다면 서구의 장점은 "아시아 대륙의 곶" 정도에 불과한 좁은 곳에 갇혀 있었기 때문에 세계를 필요로 했으며, 밖으로 나가야 할 필요가 있었다는 것이 아닐까? 한 중국사 전문가는 서구의 **자본주의적인 도시의 팽창**이 없었다면, 아무것도 가능하지 않았으리라고 거듭 이야기했다……[69] 이 도시들이야말로 모터였으며 그것이 없었으면 기술은 무력했을 것이다.

그렇다고 해서 곧 돈이나 자본이 원양 항해를 만들었다고 말하려는 것은 아니다. 오히려 그 반대일 수도 있다. 당시 중국과 이슬람은 오늘날 우리가 식민지라고 부르는 것을 가진 부유한 사회였다. 그 옆의 서구는 아직 "프롤레타리아"였다. 그러나 중요한 것은 13세기부터 장기적인 긴장이 물질문명을 흥기시켰고 서구세계의 심리를 변형시켰다는 점이다. 역사가들이 황금에 대한 갈망, 세계에 대한 갈망, 혹은 향신료에 대한 갈망이라고 부르는 것에는 **새로운 것에 대한 추구, 실용적인 적용에 대한 추구**가 늘 함께 있었다. 그

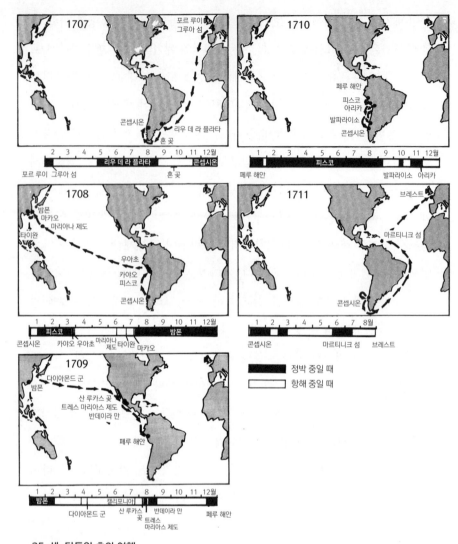

25. 생-탕투안 호의 여행

프롱다 공이 지휘하는 생-탕투안 호의 여행은 55개월이 걸렸다. 이 탐험 여행을 추적하는 것은 18세기까지도 이 세계가 얼마나 큰 것으로 여겨졌는지를 보여준다. 당시의 모든 선박이 그러했던 것처럼 생-탕투안 호도 바다에서 항해하는 시간보다 항구에 정박해 있는 시간이 더 많았다. (파리 국립도서관 문서에 의거한 도판)

것은 인간에게 도움이 되도록 인간의 노력을 경감시키고 동시에 그것을 가장 효율적으로 만들고자 하는 것이었다. 세계를 장악하려는 의도적인 욕구를 드러내는 실제적 발견들의 축적, 그리고 에너지원이 되는 모든 것에 대한 커다란 흥미는 유럽이 본격적으로 성공하기 훨씬 이전부터 이미 유럽의 참모습이었으며 우월성을 약속했다.

수송의 완만함

원양 항해는 거대한 성공이자 거대한 혁신으로서 세계적인 연결체제를 건설했다. 그러나 그것이 완성되었다고는 해도 수송 그 자체의 완만함과 불완전함에는 전혀 아무런 변화가 없었다. 이런 것들이 앙시앵 레짐 경제의 항구적인 한계였다. 18세기까지 항해에는 한없이 긴 시간이 걸렸고 육상 수송은 마비된 것과 다를 바 없었다. 13세기부터 유럽에 활발한 도로망이 거대하게 자리 잡았다고 이야기해보아야 소용이 없다. 17세기까지도 도로 상태가 어떠했는지는 예컨대 뮌헨의 미술관에 있는 얀 브뤼헐의 유화 소품들만 보아도 충분히 짐작할 수 있다. 평야에 나 있는 길도 대개 그 자취를 겨우 알아볼 정도에 불과할 뿐, 교통수단들이 매끄럽게 지나가는 리본처럼 쭉 뻗은 길은 아니었다. 그 길을 가는 사람들이 없다면 그것이 길인지 아닌지 한눈에 알아보기도 힘들 정도이다. 노상의 여행자라고 해봐야 터덜터덜 걷는 농부, 농부의 아내, 바구니들을 싣고 시장으로 가는 우마차, 짐승에 굴레를 씌워 몰고 가는 사람 정도였다……. 물론 때로는 활달한 기사들이나 부르주아 가족 일가를 싣고 가볍게 달리는, 세 마리의 말이 끄는 마차 같은 것들도 없지는 않았다. 그러나 대개 그다음 광경을 보면, 길 한가운데에 있는 웅덩이에 물이 차 있고 기사는 오금까지 차오른 물속에서 말을 끌고 간다. 마차는 힘들게 앞으로 가고 길은 진창이다. 행인, 목동, 돼지들은 차라리 안전하게 길 옆의 경사면을 따라가는 것이 더 현명한 일이다. 북부 중국에서도 똑같은 광경을 볼 수 있었고, 어쩌면 사정이 더 좋지 않았다. 만일 길이 "망가져 있거나" 혹은 "상당히 돌아가게 되어 있으면" 마차나 말, 행인들은 "논밭 위로 길을 질러가면서 새로 좋은 길을 하나 냈는데, 그럴 때 곡식이 여물었든 이미 다 익었든 거의 개의치 않았다."[70] 이것은 유럽인 여행자들이 감탄하며 말한 바 있는 중국의 대로들—모래가 뿌려져 있거나 때로는 포장이 되어 있는, 경탄을 자아낼 정도로 잘 유지되는 도로들—만을 이야기하는 데에서 오는 잘못된 이미지를 수정하도록 만든다.[71]

이 영역에서는 리슐리외나 카를 5세의 유럽에서부터 송나라의 중국이나 로마 제국에 이르기까지 거의 아무런 변함이 없었다! 이 모든 것은 상거래, 혹은 단순한 사람 사이의 관계에도 영향을 미쳤다. 이 시대의 파발꾼들이 목적지에 닿기까지는 몇 주일이나 몇 개월이 걸렸다. 에른스트 바게만이 말한 것처럼 "공간의 패배"는 1857년에 최초로 대륙 간 해저 케이블이 놓인 이후부터나 가능한 일이었다. 철도, 기선, 전신, 전화 등이 세계적인 차원에서 진정한 대중교통을 성립시킨 것은 아주 뒤늦게 일어났다.

고정된 여행로

어느 시대의 어느 도로에서나 마찬가지였을 것이다. 노상에는 차량과 끌짐승, 몇몇 기사들, 여관, 대장간, 마을, 도시 등이 있다. 그 노선이 비록 아무리 미약하게 표시되어 있다고 해도, 금세 바뀔 수 있다고 생각해서는 안 된다. 아르헨티나의 팜파스라든가 18세기의 시베리아를 가로지르는 경우에도 마찬가지이다. 짐꾼이나 여행자들은 좁은 선택의 폭 속에 갇혀 있는 노예였다. 그들은 어쩌면 통행세나 관세를 피하기 위해서 또다른 길을 택하고 싶어했을지도 모른다. 그러나 결국 어려움에 봉착하면 원래의 길로 되돌아왔다. 그들은 결빙과 해빙에 따라 어떤 길은 겨울에, 어떤 길은 봄에 가야 했다. 미리 조직되어 있는 길들을 결코 피할 수 없었다. 여행은 다른 사람들의 서비스에 의존한다.

1776년에 러시아에서 군의관으로 근무했던 스위스의 의사 야코프 프리스는 옴스크에서부터 톰스크까지 890킬로미터의 길을 178시간 동안 여행한 적이 있다. 다음번 연결지점까지 불편 없이 확실하게 도착하기 위해 연결지점에서마다 말을 갈아타면서 그가 한 여행의 속도는 평균 시속 5킬로미터 정도였다.[72] 겨울에는 다음번 연결지점을 놓치면 눈 속에 파묻혀 죽는다. 18세기에도 아르헨티나 내지에서는 밀이나 가죽을 싣고 부에노스 아이레스로 갔다가 짐을 모두 내린 뒤에 다시 페루 방향의 멘도사, 산티아고, 또는 후후이로 돌아가는 빈 소 수레를 타거나 아니면 노새나 말을 타고 여행했는데, 이때 원하는 시간에 황야(despoblados)를 건너고 지정된 곳에서 집, 마을, 물 공급지, 계란과 신선한 고기를 파는 곳을 찾을 수 있도록 행정(行程)을 조절해야 했다. 좁은 마차 칸에 싫증이 나면, 여행자는 말 두 필을 빌려 한 마리에는 자신이 타고 또 한 마리에는 "충분한 침구"를 싣고는 대열보다 먼저 출발하여 전속력으로 말을 몰아 달렸다. 이것은 뜨거운 열기를 피하기 위해서 오전 2시에서 10시 사이에 해야 했다. "말들은 짧은 시간에 이렇게 횡단을 하는 데에 익숙하기 때문에 재촉하지 않아도 스스로 전속력으로 질주한다." 그렇게 하면 어떤 보상이 있는가? 일찍 "역참에 도착하면 여행자는 최상의 숙소에서 마음대로 쉴 수 있다."[73] 사람들은 이곳에서 쉬고 잤다. 이런 구체적인 사실을 알면 18세기의 한 저술가가 부에노스 아이레스로부터 카르카라냐까지 가는 길의 최초의 행정에 대해서 다음과 같이 한 말이 무슨 뜻인지 이해할 수 있을 것이다. "사흘하고 반나절 동안 계속 여행한 이 노선에서, 두 번의 횡단 노선을 제외하고는, 소, 양, 닭이 풍부했고 값도 쌌다."[74]

이 "새로운" 지방(시베리아, 신대륙)에서 볼 수 있는, 이러한 시간적으로 지체된 이미지들은 문명화된 "옛" 지방의 이전 세기 여행 모습과 정확히 일치한다.

피에르 레스칼로피에의 충고(1574)에 의하면, 발칸 지역을 지나 이스탄불에 가려면 "아침부터 저녁까지 길을 가야만 한다. 중간에 시냇물이나 풀밭을 만나면 정오쯤 말에서 내려 푸대에서 차가운 고기를 꺼내고 말안장에서 술 한 병을 꺼내서 가볍게 식사를 하고, 그동안 말은 굴레를 풀고 발에 족쇄를 한 채 풀을 뜯거나 먹이를 받아먹게 하라." 저녁에는 식량과 음료를 구할 수 있는, 다음번 대상 숙소*에 도착해야 했다. 이것이 오스피토(hospitaux : '병원'의 뜻이 아니고 오스피스[hospices], 즉 '여행자를 위한 숙박소'의 뜻이다)인데, 이것은 "하루 동안의 행정 경계표로 세워져 있었다. 다른 것이 없었기 때문에 부자나 가난한 자나 모두 이곳에 묵었다. 아주 커다란 곳간처럼 생겼으며 창문 대신 총안(총을 쏘기 위해 뚫어놓은 구멍)이 있었다." 홀 주변에 연단 같은 것이 만들어져 있어서 여기에 말들을 묶어 놓고 그 연단 위에 사람들이 자리를 잡았다. "이렇게 해서 모든 사람들이 자기 말을 볼 수 있고, 연단 위에 보리나 귀리 같은 먹을 것을 올려놓아 말에게 먹였다. [튀르키예인들은] 가죽으로 된 부대를 사용했는데, 이 부대를 말의 귀 넘어 매달아 말이 그 부대 속에 든 사료를 먹도록 했다."75) 1693년 한 나폴리의 여행자는 이 여관을 다음과 같이 아주 가볍게 묘사했다. "이 여관은 다름 아니라……말들이 한가운데를 차지하고 있는 마구간이다. 변두리가 말 주인을 위한 곳이다."76)

중국에서는 17세기에 『가도기(街道記)』가 인쇄, 출판되어 베이징 출발 노선과 숙박소를 알 수 있었다. 공무를 수행하는 관리는 황제가 부담하는 비용으로 이곳에서 묵고 음식을 먹고 말, 배, 짐꾼을 보급받았다. 숙박소는 서로 하루 거리씩 떨어진 대도시나 2급 도시, 성(城)에 있었으며 또는 위(衛), 진(鎭)—"숙박"과 "경계"를 담당했는데, "전에는 결코 도시가 아니었던 곳에 세워졌다"—에 있었다. 그러나 대개는 곧바로 이곳에 도시들이 생겼다.77)

결국 마을과 도시 가까이에서 여행하는 것이 편안했다. 『프랑스의 율리시즈(L'Ulysse françois)』(1643)라는 『청색 가이드(Guide Bleu)』**는 훌륭한 여관

---

* caravanserail : 낙타 대상이 중간지점에서 쉬는 곳.
** 원래 1910년에 나온 여행 안내서 『청색 가이드』를 의미하지만, 이것이 큰 성공을 거두고 그후 색깔 이름을 붙인 안내서들—『적색 가이드(Guides Rouges)』가 1925년에 나왔고, 특히 1945년 이후부터 발행된 『녹색 가이드(Guides Verts)』가 큰 성공을 거두었다—이 출판된 후에는 일반 명사처럼 고정되었다. 특히, 1973년 이후 『청색 가이드 A(Guides Bleus A)』 시리즈가 나와서 여행 안내서의 베스트셀러가 되었다.

들을 소개하고 있다. 이 책은 마르세유의 여관 포콩 루아얄(Faucon royal : 국왕의 매), 아미앵의 여관 카르디날(Cardinal : 추기경) 등을 추천한 반면(복수심에서일까, 아니면 현명한 충고일까), 페론의 세르(Cerf : 사슴) 여관에는 묵지 말라고 말한다! 쾌적함과 속도 등은 중국, 일본, 유럽, 이슬람권과 같이 인구가 많고 질서가 잘 유지되며 "문명이 개화한" 나라의 특권이다. 페르시아에서는 "4리외(1리외 = 약 10리)마다 훌륭한 대상(隊商) 숙소가 있었으며" 따라서 "싸게" 여행할 수 있었다. 그러나 다음 해(1695) 이 여행자가 페르시아를 떠났을 때 그는 힌두스탄에 대해 불만을 토로했다. "무굴 제국의 영토 내에 있는 커다란 읍" 이외에는 여관도, 대상 숙소도 없었고, 수레를 끌 동물을 빌릴 수도 없었고, 식량도 없었다. "사람들은 별빛 아래 노천이나 나무 밑에서 잤다."[78]

바다에서도 마찬가지로 항로가 미리 고정되어 있었다는 사실이 더욱 놀라울 것이다. 배는 바람, 해류, 기항지에 종속되었다. 중국 해안에서도 지중해에서와 같이 연안 항해를 해야만 했다. 이때 해안선이 연안 항해를 하는 배의 방향을 잡아주고 이끌어주었다. 바다 한가운데를 항해하는 경우에도 경험상 세워진 규칙이 있었다. 스페인과 "카스티야의 인도"(즉, 서인도)의 왕복항로는 우선 콜럼버스에 의해 고정되었다가 1519년에 알라미노스가 약간 개량한 것[79]이 19세기까지 변함없이 유지되었다. 유럽으로 돌아오는 길에는 북위 33도까지 올라가서 항해했는데, 이 때문에 여행객들은 갑자기 북방의 거친 날씨에 직면했다. 한 여행자의 증언에 의하면(1697) "추위가 극심하게 느껴지기 시작했는데, 비단옷을 입었을 뿐 망토를 걸치지 않은 몇몇 기사는 추위로 아주 힘들어했다."[80] 마찬가지로 1565년에 우르다네타*가 아카

---

* Andrés de Urdaneta(1498-1568) : 항해가, 수도사. 태평양의 동서(東西) 항로를 발견함으로써 스페인이 필리핀을 본격적으로 식민지화하는 길을 개척했다. 멕시코와 필리핀 사이의 항로 개척에 다섯 번이나 실패한 펠리페 2세가 그에게 직접 부탁을 했다. 그는 1565년 멕시코에서 필리핀까지 간 후에 돌아오는 길에 북위 42도 근처에서 순풍을 발견하고는 태풍을 피해가는 항로를 개척했다. 이것이 마닐라 갤리언 항로(route of the Manilla Galleon)이다.

풀코와 마닐라 사이, 그리고 누에바 에스파냐와 필리핀 사이의 왕복 항로를 개척하여 이 항로가 고착되었다. 뒤의 것은 쉬운 항로였지만(3개월이 소요된다), 앞의 것은 힘들고 시간이 많이 걸렸으며(6-8개월), 여행객은 (1696년의 경우에) 8레알 은화 500개를 지불했다.[81]

모든 것이 다 잘될 경우, 사람들은 갈 곳에서는 갔고 설 곳에는 섰다. 적당한 기항지에서 식량과 물을 공급받았다. 상태가 좋지 않으면 배의 밑바닥에 새로 타르 칠을 했고 마스트를 수선하거나 새로 갈았으며, 항구에서 편안한 마음으로 오래 쉬었다. 모든 것이 미리 준비되어 있었다. 톤수가 작은 배들만이 물이 얕은 해안가까지 접근할 수 있는 기니의 먼바다에서는 돛을 내리기 전에 갑자기 돌풍이 불어닥칠 경우 마스트가 부러질 우려가 있었다. 그럴 경우 가능하다면 포르투갈령 프린시페 섬으로 가서 대체용 마스트와 설탕, 노예를 구했다. 순다 해협 근처에서는 수마트라 섬 해안에 가능한 한 가까이 붙어서 항해했고 믈라카 반도로 가는 것이 현명했다. 산이 많은 이 섬은 태풍을 막아줄 뿐 아니라 물이 깊지 않았기 때문이다. 1690년에 시암으로 가던 켐퍼가 보고한 것처럼, 폭풍우가 이는 경우에는 주변의 모든 배들처럼 광풍이 다소 멀리 비켜가기를 기다리며 얕은 바다에서 닻을 내리고 웅크리고 기다리는 수밖에 없었다.

수송에 관한 사건을 넘어서

수송 문제에 관한 역사상의 사건들을 너무 과장해서는 안 된다. 그런 사건들은 일어나고 서로 상쇄되고 사라져가고는 했다. 우리가 이런 사건들에 주목하면, 이런 것들이 마치 모든 것을 설명해주는 것처럼 보인다. 예를 들면 프랑스 당국, 특히 "완고왕"** 국왕 루이 10세(재위 1314-1316)가 샹파뉴 정기시로 가는 길을 행정적으로 방해한 것이 이 시장의 쇠퇴 원인은 아니다.

---

* 프랑스 국왕 루이 10세(1289-1316)는 수많은 영주 반란을 진압해야 했다. 그래서 그의 별명이 "완고왕(Hutin, Querelleux)"이 되었다.

또 1297년부터 제노바의 대형 선박들이 지중해와 브루게 사이에 정기적인 직항로를 개통하여 해상 연결이 이루어진 것도 마찬가지로 이 시장의 쇠퇴를 설명해주지는 않는다. 다만 14세기 초에 대규모의 통상 구조가 바뀌었을 따름이다. 행상들은 갈수록 수가 줄었고 다만 상품만이 움직였으며, 유럽 경제의 두 축이었던 이탈리아와 네덜란드 사이의 원거리 이동은 상업 서신으로 해결하게 되었다. 이제부터는 중간지점에서 서로 만나 토론할 필요가 없어졌다. 그래서 샹파뉴 지방에서의 중개가 덜 유용해진 것이다. 한편 또다른 정산지점인 제네바 정기시는 15세기에 가서야 성공을 거두었다.[82]

마찬가지로 1350년경에 몽골로 가는 길이 막힌 것에 대해서도 자잘한 이유를 찾지 말자. 13세기에 몽골의 정복과 함께 중국, 인도, 서구는 육로로 직접적인 접촉을 할 수 있게 되었다. 끝없이 멀기는 했지만, 놀라울 정도로 확실한 길이었다. 그 길을 따라 저 멀리 중국과 인도에까지 간 사람은 폴로 가문—마르코 폴로와 그의 아버지, 삼촌—만이 아니다. 이 길이 막힌 것은 14세기 중반의 거대한 경기 후퇴에 기인했다. 몽골 지배하의 중국과 유럽이 갑자기 불황에 빠진 것이다. 또한 신대륙의 발견이 곧바로 세계의 주요 교역로를 변화시켰다고 믿지도 말자. 콜럼버스와 바스쿠 다 가마 이후 한 세기가 지난 후에도 지중해는 국제무역의 활기가 넘치고 있었다. 이곳의 후퇴는 훨씬 뒤에 가서의 일이다.

단거리 교통의 연대기에서는 일반적으로 팽창과 후퇴의 콩종크튀르가 미리 성공과 실패를 결정했다. 브라반트 지방의 백작들의 "자유 무역 정책"이 사람들이 말하는 것처럼 그렇게 결정적이었는지는 의심스럽다. 그것은 샹파뉴 정기시가 한참 번성하던 13세기에는 효율적이었다. 마찬가지로 바젤로부터 브라반트까지 통행세를 면제받는 길을 확보하기 위해서 밀라노기 합스부르크 가문의 황제 루돌프 1세(재위 1273-1291)와 맺은 협약들도 큰 성공을 거두었다. 사실 누군들 성공하지 못했겠는가? 그러나 뒤이어서 1350-1460년에 바로 이 길 위에 관세 특권을 확보하는 일련의 조약을 맺은 것, 1332년에 도시 헨트가 이 도시로부터 샹리스 부근을 통과하여 샹파뉴 정기시로 가는 길을 자기 도시에서 비용을 부담하여 보수하도록 한 것[83] 등은 차라리 점차 열악해지는 콩종크튀르에서 벗어나려는 노력으로 보아야 할 것이다. 반대로 1530년경에 호경기가 되돌아왔을 때 잘츠부르크 주교는 타우에른 산맥[알프스 동쪽의 연봉/역주]의 노새 길을 마차가 지날 수 있게 만들었지만, 고타르트 고개나 브레너 고개를 대체하지는 못했다. 이 길 뒤에 각각 밀라노와 베네치아가 있었기 때문이다.[84] 이때쯤이면 모든 길마다 그에 해당하는 교역이 뒤에 버티고 있을 만큼 교역이 확대되었다.

수상 운송

대륙 한가운데에서도 수로를 조금이라도 이용할 수 있으면 모든 것이 활기를 띠었다. 어느 곳에서나 이 오래된 활기를 쉽게 상상할 수 있다. 누구라도 넓고 광활한 손 강 근처에 위치한 도시 그레에 가보면, 상류 쪽으로는 "리옹의 상품"과 포도주를 나르고, 하류 쪽으로는 밀, 귀리, 건초를 나르던 이전 시대의 활기찬 수상 운송업을 떠올릴 수 있을 것이다. 센 강, 우아즈 강, 마른 강, 욘 강이 없었다면, 파리는 먹지도, 마시지도, 심지어 마음껏 난방을 하지도 못했을 것이다. 만약 라인 강이 없었다면, 쾰른이 15세기 이전부터 독일에서 가장 큰 도시가 될 수는 없었을 것이다.

16세기의 지리학자라면 베네치아를 설명할 때 곧 바다와 함께 브렌타 강, 포 강, 아디제 강 등 베네치아의 함수호로 모이는 수로를 이야기할 것이다. 이 수로와 운하를 통해 작은 보트, 삿대로 움직이는 배가 이 대도시로 끊임없이 모여들었다. 빈약한 물줄기라도 어떻게든 이용하는 것은 어느 곳이나 마찬가지이다. 18세기 초까지도 에브로 강을 따라 "투델라에서 토르토사까지, 바다까지" 내려오는 펑퍼짐한 보트는 화약, 탄알, 수류탄(grenade)* 및 그

---

* 수류탄이 처음 나온 것은 15세기이다. 이때는 성이나 요새의 성벽을 지키기 위해서 썼는데, 공 모양의 구운 찰흙에 화약을 넣고 심지에 불을 붙여 사용했다. 그후 18세기까지 이 무기가 많이

외에 나바라 지방에서 만든 모든 군수품을 실어날랐다. 여기에는 무수한 장애물, 특히 "상품을 내렸다가 곧바로 다시 실어야 하는 플릭스 폭포"가 있었음에도 불구하고 말이다.[85]

유럽에서 독일 지역보다도 더 고전적인 수상 운송이 이루어지던 지역은 오데르 강 너머에 있는 폴란드와 리투아니아이다. 이곳에서는 중세부터 나무 줄기들을 이어 만든 거대한 뗏목을 이용한 활발한 수상 운송이 발달했다. 뗏목 위에는 수송인을 위한 캐빈이 있었다. 이 거대한 규모의 수송을 위해서 토룬, 카우나스, 브레스트-리토프스크 같은 기착지가 생겨났고, 또 이로부터 분쟁이 끊일 날이 없었다.[86]

그러나 전 세계적으로, 청하(靑河 : 양쯔 강)로부터 윈난 성 경계에 이르는 남부 중국에 비교할 만한 곳은 없다. 1733년경에 한 증인은 이렇게 말했다. "세계적으로 비교할 수 없는 이 중국 내부의 교역은 바로 이 교통에 의존하고 있다.……어느 곳에서나 작은 배, 보트, 뗏목(이 뗏목들은 길이가 반 리외나 되었으며,* 강이 만곡을 이루는 곳에서는 기술적으로 휘어질 수 있었다)이 움직이고 있는데, 마치 떠다니는 도시와도 같다. 이 배들을 모는 사람들은 부인과 아이들을 태우고 다니며 배를 주거로 삼고 있기 때문에, 이곳에서는 도시든 시골이든 땅 위에서 사는 사람들의 수와 같은 수의 사람들이 물 위에 산다고 말하는 보고서들의 내용이 전혀 거짓이 아니다."[87] "수상 운송에서 중국과 겨룰 수 있는 나라는 이 땅에 하나도 없다.……이곳에는 두 개의 제국이 있다. 하나는 물 위에, 하나는 땅 위에 있다. 그리고 도시 수만큼의 베네치아가 있는 셈이다"라고 마갈량이스 신부가 말한 바 있다.[88] 한 관찰자는 1656년에 "바다의 아들"이라고 하는 양쯔 강을 4개월 동안 거슬러올라가서 쓰촨 성까지 가보았다. "이 강은 바다처럼 끝도 없고 바닥이 어느 정도

쓰이다가, 그다음 시기부터 요새의 점령과 방어가 중요성을 상실하자 오히려 사용이 줄었다. 오늘날 형태의 수류탄은 19세기 후반에 나왔다.

* 이 뗏목의 길이가 2킬로미터나 된다는 말이다.

인지도 모른다." 수년 뒤에(1695) 한 여행자는 "중국인들은 오리처럼 물에서 살기를 좋아한다"며 원칙인 양 이야기했다. 그의 설명에 따르면 중국인들은 몇 시간, 또는 반나절 동안이나 "나무 뗏목 사이를" 항해하며, 한 도시의 강과 운하를 건너려면 "무수한 배들을 피해서" 절망적일 정도로 느리게 가야 했다.[89]

뒤떨어진 수송수단 : 고정된 길, 지체……

만일 우리가 15세기부터 18세기까지 전 세계에서 사용한 수송수단의 그림들을 모아서 잘 섞은 후에 아무런 설명 없이 독자들에게 제시한다고 해도 독자들은 어느 것이 어디에서 왔는지를 실수 없이 잘 구분해낼 수 있을 것이다. 중국의 가마, 혹은 돛을 단 외바퀴 손수레, 인도의 짐 나르는 소나 전투용 코끼리, 발칸 지역 튀르키예인들의 (그리고 튀니지의) 아라바(araba, 사륜 우차[四輪牛車]), 이슬람권의 낙타 대상, 아프리카 수송인들의 행렬, 소나 말을 이용한 유럽의 차량들을 알아보지 못할 사람이 누가 있겠는가?

그러나 이 그림들의 연대를 대보라고 하면, 혼란에서 헤어나오기 어려울 것이다. 수송수단은 거의 진화를 하지 않았다. 1626년에 데 라스 코르테스 신부는 광저우에서 중국의 가마꾼들이 "긴 대나무 위에 여행자의 의자를 얹고" 뛰는 모습을 보았다. 1793년에 조지 스탠턴은 "넝마를 입고, 밀짚모자를 쓰고, 샌들을 신은" 여윈 쿨리들의 모습을 정확하게 묘사했다. 베이징으로 가는 길에 그가 탄 배는 다른 운하로 이동해야 했다. 그때 그가 탄 배가 인부들의 팔 힘과 캡스턴으로 들어올려졌는데, "이 방법으로……수문을 이용하는 경우보다 더 적은 시간 안에 배를 옮겼다. 물론 매우 많은 사람들을 써야만 했다. 그러나 중국에서는 인력이 언제나 준비되어 있었다. 이 방식을 사용하면 비용이 적게 들기 때문에 다른 방식들보다 사람들이 더 선호했다."[90] 이런 묘사는 아프리카나 아시아의 카라반을 묘사한 것에 대해서도 유사하다. 이븐 바투타의 묘사(1326), 16세기 말의 영국의 한 무명 여행자의 묘사, 르네 카이예*의 묘사, 혹은 독일의 탐험가 게오르크 슈바인푸르트**의 묘사는 모두 비슷해서 서로 바꿔어도 눈치채지 못할 정도이다. 그 광경은 시간을 벗어난 듯이 똑같다. 1957년에도 여전히 폴란드의 크라쿠프로 가는 길에서 이 도시로 가는 농민들의 네 바퀴 수레 떼를 볼 수 있었다. 이 수레에는 사람들이 타고 소나무 가지들도 실려 있었는데, 그 솔가지의 뾰족한 침엽들이 이 길의 먼지 위에 마치 머리카락 같은 선들을 그으며 가고 있었다. 오늘날에는 아마도 그것이 마지막 모습이 되겠지만, 여하튼 이 광경은 15세기에도 볼 수 있는 모습이었다.

바다 위에서도 마찬가지이다. 중국과 일본의 정크선, 말레이시아와 폴리네시아의 균형대가 달린 카누, 홍해와 인도양의 아랍 배들은 거의 변화를 모르는 주인공들이다. 못 하나 사용하지 않고 야자나무의 섬유조직을 이용해서 널빤지를 이어 만든 이 아랍 배에 대해서 바빌로니아의 전문가인 에른스트 자하우가 묘사한 것(1897-1898)이나 블롱 뒤 망(1550), 혹은 제멜리 카레리(1695)가 묘사한 것이나 같다. 제멜리는 인도의 도시 다만에서 건조 중인 배를 직접 눈으로 보고 이렇게 썼다. "못은 나무로 만들었고 구멍을 메우는 물질은 면화이다."[91] 이 범선은 영국의 기선이 도입될 때까지 많이 남아 있었으며, 심지어 오늘날에도 여기저기에서 신드바드 선원의 시대와 같은 역할을 하고 있다.

유럽

물론 유럽에서는 시간적인 구분이 가능하다. 대포를 운반하는 데에서 비

---

* René-August Caillié(1799-1838) : 프랑스의 탐험가. 그는 스무 살이 되기 전에 이미 세네갈을 두 차례나 여행했으며 프랑스인으로는 처음으로 서부 아프리카의 팀북투를 여행했다. 이에 관한 여행기를 세 권의 책으로 써서 1830년에 출판했으며, 같은 해에 영어로도 번역되었다.

** Georg Schweinfurth(1836-1925) : 독일의 식물학자, 여행가. 나일 강 상류의 바르 알 가잘 지역을 탐험하고 우엘레 강을 발견했다. 1873년에 『아프리카의 심장부(*Im Herzen von Afrika*)』를 출판했다.

롯된, 차체의 앞부분이 움직이는 차량이 **실질적으로** 사용되기 시작한 것은 1470년경이다. 초보적인 형태로나마 사륜마차(carrosse)가 나타난 것은 16세기 후반 혹은 16세기 말이다(그리고 여기에 유리창이 생긴 것은 17세기이다). 합승 마차(diligence)는 17세기의 것이고, 여행객을 나르는 역마차와 이탈리아의 베투리니(vetturini, 프랑스어로는 부아튀랭[voiturin], 이탈리아 짐마차)가 길거리에 빽빽하게 들어선 것은 낭만주의 시대부터이다. 최초의 수문은 14세기부터 비롯되었다. 그러나 이러한 혁신들이 있었다고 해서 일상생활의 기반에 많이 남아 있는 지속적인 요소들이 사라지지는 않았다. 마찬가지로 선박의 변화를 보더라도 톤수나 속도같이 더 이상 넘을 수 없는 한계가 있었다. 이런 것들은 연속성, 또는 "천장"을 이루었다.

15세기부터 제노바의 카라크선(carrack)은 1,500톤이 되었다. 1,000톤급의 베네치아 선박은 시리아의 부피가 큰 면화 통(balle)을 실었다. 900-1,000톤 정도 되는 라구사의 범선은 소금, 양모, 밀, 설탕통, 다루기 힘든 구리 담는 통 등의 무역을 전문으로 했다.[92] 16세기에 바다의 거인이라고 할 수 있는 포르투갈의 카라크선은 2,000톤까지 실어나를 수 있었으며, 선원과 여객을 800명 이상 날랐다.[93] 그래서 이 배를 건조하는 데 쓰인 나무가 충분히 마르지 않든가, 배 옆면에 물이 새는 구멍이 생기든가, 폭풍우가 몰아쳐서 모잠비크 해안의 물이 얕은 곳에 처박히든가, 이 배보다 더 가벼운 해적선이 이 거대한 배 주변을 돌면서 약탈하고 불을 지르든가 하면 한번에 엄청난 물질적 손해를 입었다. 1592년에 영국인들이 나포한 마드레 드 데우스 호는 용재량이 너무 커서 템스 강을 거슬러올라갈 수가 없었다. 이 배는 1,800톤 이상 나갔는데, 이 배를 빼앗아 온 존 배로 경—월터 롤리의 부관—은 괴물로 묘사했다.[94]

크게 보면, 무적함대 사건이 있던 1588년보다 한 세기 이전에 조선의 신기록이 달성되었다. 단지 무거운 물품의 교역을 하는 경우든가, 혹은 법률상이든 실제로든 독점적으로 원거리 교역을 하는 경우에만 이와 같이 큰 배를 건조하는 사치를 누렸다. 18세기 말의 거대한 인도 항해 선박(Indiaman,* 그러나 이 배는 이름과는 달리 중국과의 교역을 위주로 했다)은 1,900톤 이상은 적재하지 않았다. 조선 재료, 범포, 선상의 대포 등에 따라서 결정되는 이 한계는 거스를 수 없었다.

그러나 한계와 평균은 다르다. 범선 항해 시대의 마지막까지도 30, 40, 50톤의 작은 배가 바다 위를 다녔다. 1840년경 철을 이용해 배를 만들기 시작했을 때에야 커다란 코크선이 가능해졌다. 이때까지는 200톤급의 코크선이 일반적이었고 500톤급은 예외였으며 1,000−2,000톤급은 호기심거리였다.

가소로울 정도의 속도와 적재량

불량한 도로와 가소로운 속도, 오늘날의 사람들은 그 시대에 대해서 이렇게 생각할 것이며, 사실 이 관점은 타당한 면이 있다. 활력 있는 삶을 방해하는 이전 시대의 커다란 장애물에 대해서는 그것이 일상이었던 당시의 사람보다는 오늘날의 사람들이 더 잘 볼 수도 있다. 폴 발레리는 이렇게 말한 바 있다. "나폴레옹은 율리우스 카이사르와 같은 느린 속도로 이동했다." 이것을 보여주는 것이 이 책의 그림 26에 있는 세 장의 지도이다. 이것은 베네치아로 가는 소식이 어떻게 전달되는지를 보여준다. 1469−1533년의 지도는 베네치아의 지배 귀족인 마리노 사누도가 기록한 『일기』에 근거한 것이다. 그는 베네치아 정부 당국이 날마다 받은 편지에 대해서 도착일자와 발송일자를 기록해두었다. 1686년부터 1701년까지, 그리고 1733년부터 1735년까지는 베네치아에서 손으로 써서 편집한 신문(gazettes)―이것은 파리의 "필사본 신문(nouvelles à la main)"과 같은 종류였다―의 자료에 근거했다. 다른 연구에서 이루어진 계산들 역시 비슷한 결과를 보여준다. 말, 마차, 배, 달려서 소식을 전달하는 사람들을 쓰더라도 대개 24시간에 기껏해야 100킬로미

---

* '인디아맨(Indiaman)'에서 '맨(man)'은 사람이 아니라 배를 뜻한다.

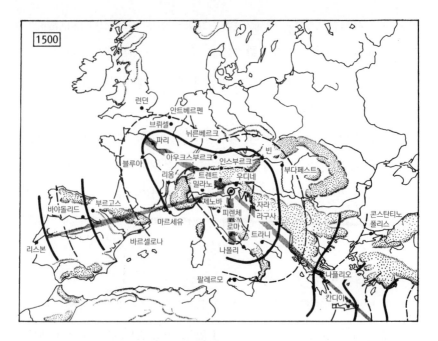

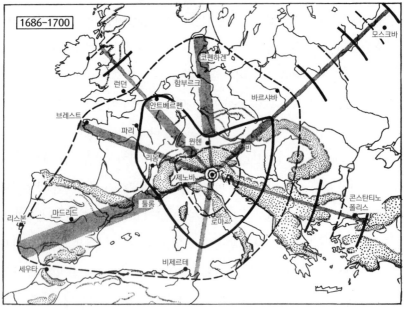

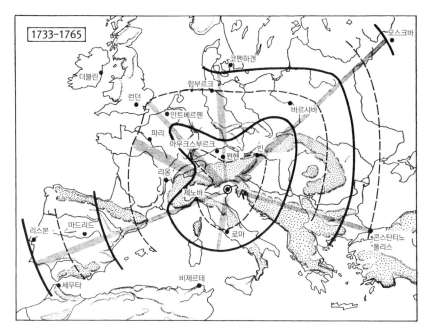

26. 베네치아에 전달되는 소식의 빠르기

베네치아에 편지를 전달할 때 소요되는 시간을 1주일 단위의 등시간선(isochronic : 같은 시간이 걸리는 지역을 동심원 모양으로 연결한 선)으로 나타낸 지도. 첫 번째 지도는 사르델라의 1500년경(정확하게는 1496–1533)의 연구서에 의거하여 만든 것이고, 둘째 및 셋째 지도는 런던의 영국 공문서보관소에 보관되어 있는 베네치아의 필사본 신문에 근거해서 만든 것이다. 이에 필요한 계산은 스푸너가 해주었다. 회색 빗금은 평균 속도가 빠를수록 두껍게 되어 있다. 각각의 축을 비교해보면 지도마다 상당히 차이가 클 수 있다. 당시 상황의 급박한 정도에 따라 파발꾼을 더 많이 고용했기 때문이다. 대개 세 번째 지도와 첫 번째 지도상에서 속도가 느린 반면, 두 번째 지도상에서 속도가 더 빠르다. 이러한 표시가 물론 절대적인 것은 아니다. 원칙적으로는 같은 수준의 "등시간선"으로 구획된 면적을 비교하면 속도 차이를 볼 수 있다. 그러나 이 면적을 충분한 정확도로 구현한 것은 아니다. 어쨌든 이 면적을 서로 중첩시켜 비교해보면 대개 비슷한 정도이며, 한쪽에서 지체되는 것이 다른 쪽에서 빠른 것으로 균형을 맞추는 모습을 볼 수 있다. 이 면적을 제곱킬로미터 단위로 환산하고 1일 평균 속도를 구하는 일은 물론 사전에 아주 조심스럽게 해야 한다.

터를 가지 못했다. 사실 이 정도도 기록적인 것으로서 그 이상은 사치에 속했다. 16세기 초에 뉘른베르크에서는 돈을 내면 4일 만에 베네치아에 주문을 할 수 있었다. 대도시들이 빠른 뉴스를 끌어모을 수 있었던 것은 그처럼 빠른 서비스에 대해서 대가를 지불했기 때문이며, 이와 같이 늘 공간의 한계를 억지로 극복하는 수단이 있었다. 그런 수단들 중의 하나는 돈을 깔거나 포장도로를 건설하는 것이었는데 오랫동안 예외에 속했다.

　파리에서 오를레앙까지 가는 길은 완전히 포장되어 있었다. 비록 17세기까지도 토르푸의 숲 근처에서 강도를 만날 우려가 있기는 했지만, 어쨌든 그렇게 해서 빠른 연결망을 만들었다. 오를레앙은 파리와 같거나 거의 같은 정도로 중요한 핵심적인 수상 운송 기항지였으며, 루아르 강은 프랑스 왕국 내에서 가장 편리한 수송로였다. "하상이 가장 넓고 가장 길이가 긴 강으로서……돛을 이용해서 이 강 위를 160리외나 갈 수 있는데, 이는 프랑스의 다른 어떤 강에서도 불가능한 일이다." 파리에서 오를레앙까지 가는 도로는 "국왕의 포장도로(pavé le Roi)"라고 했으며, 마차가 통행하는 큰 길이었다. 일찍이 1581년에 한 이탈리아인은 마차 도로(strada di carri)라고 부른 바 있었다. 마찬가지로 이스탄불에서 소피아를 지나 베오그라드까지 가는 도로인 스탐불욜(Stamboulyol)에는 16세기부터 전용 마차가 다녔고, 18세기에는 사치스러운 아라바가 다녔다.[95)

　18세기에 이루어진 진보로는 예컨대 프랑스에서의 잘 정비된 대로의 확장을 들 수 있다. 프랑스의 우편 업무 임대료*는 1676년에는 122만 리브르였는데, 1776년에는 880만 리브르로 인상되었다. 루이 14세 치하에서 건설부의 예산은 70만 리브르였으나, 프랑스 혁명이 가까운 시기에는 700만 리브르가 되었다.[96) 그런데 이 예산은 단지 새 교량 건설 공사나 새 도로 건설 공사만을 위한 것이었다. 이전에 건설한 도로의 유지는 대로 부역(corvée des grands chemins)에 의해서 행해졌다. 이 부역은 1730년에 행정적으로 만들어졌다가 튀르고가 1776년에 폐지했지만, 같은 해에 부활했다가 1787년에 사라졌다. 이때 프랑스에는 약 1만2,000리외(약 5만3,000킬로미터)의 도로가

---

* bail des postes : 편지와 여객을 수송하는 넓은 의미의 우편 업무는 프랑스에서 16-17세기에 대단히 많이 개선되었다. 앙리 4세 때에는 역참 간의 연결을 정규화했고 1627년부터는 요금도 구체화했다. 그러다가 18세기에는 이 업무 일반을 청부업으로 만들어 개인에게 임대했다. 18세기 말에 국왕은 우편 업무를 국영기업화하려고 노력했으나 실패했다.

건설되어 있었고, 1만2,000리외를 건설 중이었다.[97]

그리하여 합승마차의 황금기가 도래했다. 그중에는 유명한 "튀르고틴"*도 있었다. 당대인들은 합승마차를 악마 같고 위험하다고 보았다. 한 사람의 말을 들어보자. "좌석이 좁아서 자리에 앉으면 너무 꽉 끼여 앉게 된다. 그래서 내릴 때에는 옆 사람에게 내 팔과 다리를 풀어달라고 부탁해야 한다.……배가 너무 나왔거나 어깨가 넓은 사람이 타면 불행이다.……그러면 신음소리를 내거나 뛰쳐나가야 한다."[98] 이런 마차들은 미친 듯이 빠른 속도로 달렸으며 사고도 많이 냈지만, 희생자에 대한 보상은 전혀 하지 않았다. 게다가 대로 가운데의 좁은 부분만 포장했기 때문에 두 대의 마차가 비껴갈 때에는 진창인 도로 옆의 낮은 부분에 바퀴가 빠지기도 했다.

이것에 대해서 보기 드물게 바보 같은 언급들이 나왔는데, 뒷날 처음 철도가 개설될 당시에 듣게 될 이야기들을 예고하는 것이었다. 1669년에 맨체스터-런던 길을 합승 마차가 하루에 주파하자 항의가 빗발쳤다. 기사들의 귀족적인 마술(馬術)의 종언이다, 안장과 박차를 만드는 사람들은 파산할 수밖에 없다, 템스 강의 수상 운송이 사라지게 된다 등…….[99]

이런 움직임은 멈추지 않았다. 1745년부터 1760년까지 최초의 도로 혁명이 일어났다. 수송비가 하락했고, 더욱이 "일련의 투기적인 자본가들"이 이로써 이득을 보았다. 이들의 행위는 시대의 변화를 예고했다.

그렇지만 이 기록들은 오직 대로에만 한정된 것이다. 프랑스에서는 아서영의 감탄을 불러일으킨[100] "우편" 도로(routes postales)를 제외하면, 중량이 나가는 물품을 손쉽게 수송하는 일은 대부분 불가능했다. 애덤 스미스는 이렇게 덧붙였다. "[대로에서] 말을 타고 여행하는 것은 불가능하다. 목숨을 지키면서도 여행하는 유일한 방도는 노새를 타는 것이다."[101] 도로와의 연결이 좋지 않은 시골은 반(半)질식 상태에 있었다.

---

* turgotine : 1775년에 튀르고가 파리에 세운 왕립 운수업소의 마차. 초기의 마차를 튀르고가 만들게 했기 때문에 이런 이름이 붙었다.

수송업자와 수송

서구에서 수송 업무는 아주 적은 보수에도 만족하는 수백만 농민들의 부업이었다. 이들은 추수와 포도 수확 이후, 혹은 겨울 동안에 이 일을 맡았다. 이들의 여가시간의 리듬은 그대로 수송 활동의 고저를 나타냈다. 조직되었든 아니든 간에 수송 활동은 가난한 사람들, 또는 적어도 아주 수수한 수준의 사람들이 맡았다. 바다에서도 마찬가지여서 유럽으로 보나 전 세계적으로 보나 선원은 빈민들 가운데에서 고용되었다. 17세기에 전 세계의 해양에서 승리를 거두었던 네덜란드의 선박들도 예외는 아니었다. 18세기 말에 (흔히 50-100톤 정도인) 아주 작은 배로 필라델피아나 뉴욕으로부터 중국까지 다니면서 전 세계 해양을 지배하려고 했던 미국 선원들—중국인은 이들을 "두 번째 종류의 영국인"이라고 불렀다—도 마찬가지였다. 이들은 기회만 있으면 취해 있었다.[102]

일반적으로 수송업을 하는 기업인도 대자본가가 아니라는 점을 덧붙여두자. 이들이 얻는 이윤은 얼마 되지 않았다. 우리는 이 점에 대해서 다시 살펴볼 것이다.[103]

그런데 비용과 수입의 규모가 작았다고 하더라도 수송 그 자체는 부담스러운 일이었다. 한 역사가는 중세 독일의 경우 "전체 가치 중에" 평균 10퍼센트를 수송이 차지했다고 말했다.[104] 그러나 이 평균은 사실 나라와 시기마다 편차가 크다. 예컨대 1320-1321년에 네덜란드에서 구입하여 피렌체에 수출한 나사의 가격이 알려져 있는데, 여기에서 (여섯 개의 계정에서 알려진) 수송비는 전체 가치 중에 최소 11.70퍼센트로부터 최고 20.34퍼센트 사이에 분포하고 있다.[105] 이것은 중량과 부피가 그리 크지 않으면서 아주 고가인 상품의 경우*라는 것을 염두에 두어야 한다. 다른 상품들은 수송 거리가 아주 멀 경우 거의 운송이 불가능했다. 17세기에 "한 통(queue, 약 400리터들이)

---

* 즉, 수송비가 상대적으로 적은, 유리한 경우.

에 40리브르밖에 하지 않는 포도주를 도시 본(Beaune)으로부터 파리까지 수송해 오는 데에는 100-120리브르를 지불해야 했다."[106]

이 비용은 일반적으로 해상보다 육상에서 더 컸다. 그 때문에 원거리 육상 수송이 위축되었고, 육로 대신 강을 통한 수송이 늘었다. 그러나 이번에는 영주나 도시가 수상 운송에 빈번하게 통과세를 부과했다. 이 때문에 정선(停船)이나 임검(臨檢), 뇌물 공여와 시간 손실 등이 있었다. 심지어 포 강 유역 평야나 라인 강 연안 지역에서도 이쪽 강변에서 반대쪽 강변까지 체인을 걸고 통과세를 받았기 때문에 방해가 심한 수로보다 차라리 육로를 택하기도 했다. 강도의 위험도 무시하지 못할 일이다. 이는 전 세계적인 현상으로, 언제나 **주변적으로** 존재하는 경제 및 사회의 병폐를 드러내주는 징후였다.

이에 비해 해로는 "편리함", 일종의 "자유무역"의 폭발적인 출현을 의미했다. 해양 경제는 이점이 많았다. 13세기 이후에 영국의 곡물은 육로로 80킬로미터를 통과할 때마다 값이 15퍼센트씩 상승했던 반면, 가스코뉴산 포도주는 보르도로부터 헐 지역이나 아일랜드 지역에 도착했을 때 해상 수송로의 길이가 아주 길었음에도 불구하고 값이 전부 10퍼센트밖에 오르지 않았다.[107] 1828년에 장-바티스트 세는 국립공예학교(Conservatoir des Arts et Métiers)의 청중들에게 이렇게 강의했다. 미국의 대서양 연안의 도시 주민들은 "10리외 떨어진 자기 나라 숲에서 나는 나무보다도 1,000리외 이상 떨어진 영국의 석탄으로 난방을 한다. 육상으로 10리외 수송하는 것이 해상으로 1,000리외 수송하는 것보다 더 비싸다."[108] 그런데 세가 이러한 초보적인 개념을 강의했던(이것은 애덤 스미스가 말한 유사한 내용을 반복한 것이다) 이때에는 증기기선이 아직 존재하지도 않았다. 나무, 돛, 키를 가지고 시작한 해상 수송은 이미 오래 전부터 높은 완성도에 이르렀다. 우리의 표현대로 하사변 **가능성**의 한계에까지 이른 것이다. 아마도 이 도구를 자주 사용함으로써 그 도구의 수 자체가 늘어났기 때문일 것이다.

이것은 대조적으로 도로의 준비가 지체되었다는 점을 드러낼 뿐만 아니라 그것을 더욱 놀라운 것으로 만들고 있다. 도로가 완성 수준에 도달한 것은 산업혁명의 초기 약진이 시작된 때였다. 그것은 철도가 팽창하기 전야인, 복잡다단했던 1830-1840년대쯤의 일이다. 사실 튀르고틴 마차로부터 철도로 진화해가는 기간에, 특히 철도가 튀르고틴 마차를 대체하기 직전 시기에 도로교통에 엄청난 변화가 일어났다는 사실은 훨씬 이전 시기에 **기술적으로** 성취 가능성이 있었던 것이 무엇인지를 보여준다. 바로 이 무렵(1830-1840년대)에 도로망이 확장되었다(미국에서는 1800년에서 1850년 사이에 무려 1 대 8이라는 비율로 성장했고, 1830년부터 1847년 사이에 오스트리아 제국에서도 두 배 이상 확장되었다). 마차와 역사가 개선되었고, 수송이 "민주화되었다." 이 변화는 어떠한 특정 기술이 개발되었기 때문에 생긴 결과라기보다는 단지 대규모 투자가 이루어지고, 의도적으로 그리고 체계적으로 기존 체제가 완성된 결과였다. 이 당시의 경제 성장에 의해서 그 변화들이 "이익을 가져다주었고" 또 필요해졌기 때문이다.

수송 : 경제의 한계

지금까지의 간단한 설명이 수송을 묘사하려고 한 것은 아니었으며—이렇게 간단한 설명으로는 예를 들어 좀바르트의 고전적인 책에 나오는 대단히 광범위한 언급들을 요약조차 할 수 없을 것이다[109]—다만 이 문제의 몇 가지 면모를 다시 짚어보려고 한다.[110] 나는 모든 진보하는 경제사회의 도구인 교환이 수송의 한계 때문에, 즉 수송의 지연, 수송량의 빈약함, 그 불규칙성, 비싼 비용 때문에 얼마나 제약을 받았는지를 간략히 보여주고자 한다. 모든 것이 이 불가능의 조건과 부딪친다. 이 장기 지속적인 이전 시대의 현실을 친숙하게 파악하기 위해서 이미 인용했던 폴 발레리의 말을 다시 음미해보자. "나폴레옹은 율리우스 카이사르와 같은 느린 속도로 이동했다."

서구에서는 속도의 상징인 말이야말로 먼 거리를 극복하는 우수한—그러나 오늘날의 관점에서 보면 사실 가소롭다—수단이었다. 서구에서는 말의 수송 서비스를 개선하기 위해서 부단히 노력했다. 말의 수를 늘렸고, 말을 5-6마리, 혹은 8마리씩 사용하여 무거운 수레를 끌게 했고, 급한 우편이나 여객을 위해서 역참에서 새 말로 바꾸었다. 도로 자체도 개선했다……. 이렇게 한 까닭은 여전히 매우 느렸던, 강과 운하를 이용한 수상 운송보다 육로 운송이 압도적인 지위를 차지하게 되었기 때문이었다.[111] 심지어 북부 프랑스의 석탄의 운송에도 18세기부터는 강 위의 배보다도 마차를 더 많이 이용했다.[112]

공간에 대한 이러한 투쟁은 패배가 예견되었음에도 세계의 모든 지역에서 수행되었다. 유럽인이 중국이나 페르시아에 가면, 아주 많은 일들이 사람의 힘에 의존하는 모습을 보게 되고 역설적으로 말이 얼마나 중요한지 절실히 깨닫게 된다. 중국에서는 쿨리들이 타타르산 작은 말만큼이나 빨리 달린다. 페르시아에는 훌륭한 말이 많이 있었지만, 전쟁용이었거나 "금, 은, 보석 등으로 마구를 치장한" 사치품에 속했다. 이런 말들이 수송이나 신속한 연락에 사용된 적은 거의 없었다. 결국 사람에 의존할 수밖에 없었다. 사람이 급한 편지와 문서를 날랐고 값비싼 물품을 날랐다. 샤르댕(1690)에 의하면 "이러한 급사를 샤티르(chatir)라고 부른다. 발로 뛰는 심부름꾼만이 아니라 그 밖의 잘 뛰고 빨리 걷는 모든 사람을 이렇게 부른다. 물병 하나, 그리고 필요에 따라 30-40시간을 지탱할 식량을 담은 작은 가방을 배낭처럼 등에 지고 가는 그들은 노상에서도 쉽게 알아볼 수 있다. 더 빨리 가기 위해서 대로를 벗어나서 지름길을 택한다. 또한 이들은 신발이나 노새 방울과 비슷한 방울 때문에도 알아볼 수 있는데, 이 방울은 허리띠에 묶어서 잠을 쫓는 데 쓴다. 그리고 아버지로부터 아들로 이 업을 이어받는다. 이들은 숨가빠하지 않고 큰 걸음으로 뛰는 법을 7-8세 때부터 배운다." 마찬가지로 "인도에서 국왕 명령은 두 사람이 구보로 전하는데, 2리외마다 교대한다. 모자를 쓰지 않은 이들은 보따리를 머리에 이고 달린다. 마부가 작은 나팔을 불며 오는 것처럼 이들은 방울소리를 내며 오기 때문에 오는 것을 알 수 있다. 이들은 도착하면 땅바닥에 몸을 던지고, 그러면 교대할 두 사람이 보따리를 받아서 뛰어간다." 이들 급사는 하루에 10-20리외씩을 갔다.[113]

기술의 역사의 무게

가속과 제동, 기술의 역사에는 이 두 과정이 교대로 나타난다. 기술은 인류의 생활을 앞으로 밀고 간다. 그러면서 기술은 작은 계단들을 올라가서 한 단계 높은 층계참에서 새로운 균형을 이루고 이곳에서 오랫동안 머무른다. 기술이 정체하는 것, 그리고 하나의 "혁명"에서 다음 혁명으로, 하나의 혁신에서 다음 혁신으로 진보해가는 것은 감지할 수 없는 정도이다. 이 모든 것은 마치 끊임없이 제동이 걸려 있는 상태와 같다. 내가 지금까지 이 책에서 강조하고 싶었던 것이 바로 이 브레이크의 영향에 대한 것이었다. 그러나 이것을 파악하는 것이 언제나 가능할까? 전진하든 정체해 있든 기술이란 인간사의 전체 깊이 속에 있다. 바로 이것이 기술의 역사를 전공하는 역사가들이 그것을 전체적으로 파악하지 못하는 이유이다.

기술과 농업

전문 기술의 역사가들은 훌륭한 의도를 가지고 있고, 또 최소한 알아야 할 것에 대해서는 소략하나마 모두 언급하기 위해서 두툼한 책을 쓰지만, 농업 기술에는 거의 관심을 두지 않는다. 그렇지만 농업이야말로 수천 년간 인간의 최대 산업이었다. 그런데도 기술의 역사에서는 그것을 흔히 산업혁명의 전사(前史) 정도로만 연구해왔다. 그리하여 기계역학, 야금술, 에너지원은 일급의 지위를 차지한 반면, 농업 기술은 반복되는 일상이든 변화이든(농업 역시 비록 아주 느리기는 하지만 변화한다) 간에 아주 큰 영향을 끼쳐왔음에도 불구하고 그런 대접을 받지 못했다.

개간은 하나의 기술이다. 오랫동안 경작하지 않은 땅을 농사일에 맞게 준비하는 것도 기술이다. 여기에는 강한 쟁기, 튼튼한 멍에, 많은 노동력, 이웃의 도움(예를 들면 포르투갈의 개간사업에서 포르 파보르[por favor] 노동*)이 필요하다. 경작지 확대, 즉 벌채하기(나무뿌리를 캐내든 캐내지 않든), 불태우기, 나무하기, 그리고 배수하기, 제방 쌓기, 관개하기 등도 모두 기술이다. 그것은 중국에서뿐만이 아니라 네덜란드나 이탈리아—이탈리아에서는 적어도 15세기부터 늘 엔지니어들의 도움을 받아가며 "토지 개간"이 대규모로 시행되었다—에서도 똑같았다.

한편, 우리가 이미 보았듯이 인류의 진보, 인구의 증가는 모두 농업의 변화를 따라가거나 적어도 동반했다. 아메리카 원산의 작물들은 중국에서도(옥수수, 땅콩, 고구마), 그리고 유럽에서도(옥수수, 감자, 제비콩) 역사상 중요한 전환점을 기록했다. 그런데 이 새로운 작물들을 위해서는 물론 개발하고 적응시키고 완성시켜야 할 기술이 필요했다. 언제나 느리게, 그리고 때로는 정말로 대단히 느리게, 그렇지만 결국은 대규모로 변화의 영향을 미치게 되는 대지의 작업인 농업은 "총량(總量)들의 총량(masse des masses)"이라고 말할 수 있다. 그런데 새로운 혁신이란 그것을 지탱하고 부과하는 사회적 추동(推動)과의 관계 속에서만 가치를 지닌다.

기술 그 자체

"기술 그 자체가 존재하는가" 하는 질문을 던진다면, 대답은 확실히 부정적일 것이리라. 우리는 산업혁명 이전 세기들에 대해서 이 점을 말했고 또 반복하여 말했다. 그러나 최근의 한 저자[114]는 우리가 사는 현시대에 대해서도 같은 대답을 한다. "확실히 과학과 기술은 서로 결합하여 세계를 지배하지만, 그러한 결합은 반드시 현재 사회의 역할을 끌어들인다. 지난날과 같이 오늘날에도 사회는 기술 진보를 불러일으키기도 하고 제동을 걸기도 한다."

---

* 호의를 가지고 도와주는 노동.

특히 18세기 이전에는 과학은 현실적인 해결 방안이나 적용에 대해서 거의 관심을 두지 않았다. 그 예외로는 시계 제조에 큰 영향을 미쳤던 크리스티안 하위헌스의 발명(시계추 발명 1656-1657, 용수철 발명 1675)이나 피에르 부게르의 노작 『선박론(*Traité du Navire, de Sa Construction et de Ses Mouvements*)』(1746, 원제목의 뜻은 "선박과 그 건조 및 그 움직임에 관한 논설"이다) 등이 있겠는데, 이런 예외들은 오히려 법칙을 확인해준다. 기술은 장인의 경험으로부터 이끌어낸 비결(祕訣)들의 집대성으로 그럭저럭 구성되었으며 서두름이 없이 느릿느릿 발전해왔다. 탁월한 입문서들이 느지막하게 나타났다. 1556년에 나온 게오르크 바우어(통칭 아그리콜라)의 『광물론』, 1588년에 나온 아고스티노 라멜리의 『다양한 인공 기계』, 1621년에 나온 비토리오 촌카의 『기계와 건축의 새 무대(*Novo Teatro di Machine et Edificii*)』, 1755년에 나온 포레 드 벨리도르의 『엔지니어의 휴대용 사전(*Dictionnaire Portatif de l'Ingénieur*)』 등이 그것이다. "엔지니어"라는 직업도 늦게 등장했다. 15-16세기에 엔지니어란 군사 분야의 기술을 맡거나, 건축가, 수력 엔지니어, 조각가, 화가로서 재능을 빌려주는 사람이었다. 18세기 이전에는 또한 체계적인 교육도 없었다. 국립 토목공학교(École des Ponts et Chaussées)는 1743년에 파리에 세워졌다. 1783년에 문을 연 국립 광산학교(École des Mines)는 베르크아카데미*의 모범을 따른 것으로서, 이 학교는 1765년 작센의 오랜 광업 중심지인 프라이부르크에 설립되었고, 이곳 출신의 많은 엔지니어들은 특히 러시아에 많이 초빙되어 일했다.

아마도 기본적으로는 여러 직업의 전문 분화가 점진적으로 이루어져갔을 것이다. 1568년에 스위스의 장인 요스트 아만은 상이한 직종 90가지를 꼽았다. 디드로의 『백과사전』에서는 직종을 250가지로 헤아렸고, 1826년 런던

---

* Bergakademie : 독일의 광업학교(Hochschule). 1756년에 프라이부르크에 세계 최초의 광산학교가 세워졌으며, 18세기에 독일 지역 여러 곳(클라우슈탈-첼러펠트, 베를린 등)에 세워졌다. 그중 클라우슈탈-첼러펠트와 프라이부르크에 있던 것만 오늘날까지 남아 있다.

피고트 회사의 카탈로그에서는 대도시의 상이한 활동의 목록을 846가지—
그러나 이 마지막 경우에서 어떤 것들은 재미로 집어넣은, 분명히 사소한것
들까지 포함되어 있다[115]—로 제시했다. 이 모든 전문 분화는 아주 느린 과
정이었으며, 기존의 해결책들이 오히려 장애가 되었다. 16세기 중반경 인쇄
술이 개량되어 필요한 노동자 수가 줄어들자 프랑스의 인쇄공들이 파업한
것이 그 예가 될 것이다. 이와 유사한 특징을 보여준 예로는 모직물의 잔털
을 다듬는 커다란 전모(剪毛) 가위(forces)로 하는 일을 훨씬 편하게 할 수 있
도록 해주는 마요슈(mailloche : 나무 망치)의 사용에 노동자들이 저항한 것
을 들 수 있다. 더구나 15세기부터 18세기 중반까지 직물업이 거의 발전하
지 못했던 이유는 그 산업의 경제적, 사회적인 조직의 특성에 더불어, 그 작
업들의 분화가 크게 진행되어 있었던 점, 노동자들이 극빈 상태에 있었던 점
때문에 구태의연하게 옛날 방식 그대로 시장의 수요에 대처했기 때문이다.
이 얼마나 큰 장애물인가! 제임스 와트가 그의 친구에게 보낸 한 편지(1769
년 7월 26일 자)에서 "인생에서 발명보다 더 바보 같은 일은 없다(that in life
there is nothing more foolish than inventing)"고 이야기한 것은 옳은 말이다.
이 방면에서 성공하려면 매번 사회의 허가가 필요하기 때문이다.

베네치아에서 원로원의 기록부 혹은 서류철에 기록된 발명 면허장들을 보
면[116]—진지한 것이든 아니든—열에 아홉은 이 도시가 안고 있는 문제와
관련된 것이다. 석호로 흘러드는 수로들을 배가 다닐 수 있게 만드는 법, 운
하를 파는 법, 물을 빼는 법, 늪지를 개간하는 법, 물을 사용하지 않고(사실
베네치아의 물은 흐르지 않기 때문에 흐르는 물의 수력을 이용하지 못한다) 수
차 바퀴를 돌리는 법……혹은 타닌이나 기타 유리 제조 원재료를 분쇄하는
톱, 맷돌, 망치를 움직이는 법 등이다. 사회가 이런 것들을 주문한 것이다.

지배자의 마음을 움직일 수 있었던 발명가는 "발명 면허장 또는 더 정확히
말하자면 독점적으로 발명을 이용할 수 있는 특허장"을 얻었다. 루이 14세
정부는 "극히 다양한 기술에 관한 특허장을 무수히 발행했다. 그중에는 예

컨대 맹트농 후작부인*이 약간의 자본을 투자한 경제적 난방 방식 같은 것도 있었다."[117] 그러나 아무도 그것을 원하지 않고 원한다고 생각조차 하지 않을 경우에는 진짜 발명들이 사문서로 남았다.

펠리페 2세의 초기 통치기에 순진한 발명가인 발타사르 데 리오스는 각 부분을 분해해서 수백 명의 군인들이 등에 짊어지고 이동할 수 있는 대구경의 대포 제조를 제안했지만, 채택되지 않았다.[118] 1618년에 투르농의 의사인 장 타르댕이 출판한 『그르노블 근처에 있는 불타는 샘물에 관한 자연사 (*Histoire Naturelle de la Fontaine Qui Brûle Près de Grenoble*)』라는 책은 아무런 주목을 받지 못했다. 그러나 이 책에서 저자는 "샘물에 포함된 자연 가스"를 연구하는 과정에서, 막힌 용기 안에서 석탄을 증류하는 방법을 이야기했는데 이것은 200년 뒤에나 나올 가스등을 예고하는 것이었다. 1630년에는 페리고르 지방의 의사 장 레가 납과 주석을 불에 태우면 "공기의 무거운 부분과 합체되어[즉, 산화되어/역주]" 이 금속들의 양이 증가한다는 것을 설명했는데, 이것은 라부아지에보다 한 세기 앞서는 것이었다.[119] 1635년에는 다니엘 슈벤터가 그의 책 『물리-수학적인 기분풀이(*Délassement Physico-Mathématique*)』에서 전보의 원리를 설명했는데, 이것은 "두 사람이 자성을 띤 바늘을 이용해서 서로 의사를 소통할 수 있다"는 내용이었다. 자성을 띤 바늘에 대해서는 1819년에 행해진 외르스테드**의 실험을 기다려야 한다. "그런데 슈벤터는 샤프 형제***보다도 알려지지 않았다!"[120] 1775년에는 미국인 데이비드 부시넬이 잠수함을 발명했고, 프랑스의 군사 엔지니어

---

* Françoise d'Aubigné, marquise de Maintenon(1635–1717) : 일찍 고아가 되고 가난했으나, 시인 스카롱과 결혼한 후에는 귀부인들과 교제하게 되었다. 남편이 죽은 후 왕실의 가정교사를 하다가 루이 14세의 연인이 되었으며, 왕비 마리-테레즈가 사망한 후에는 국왕과 비밀리에 결혼했다. 루이 14세의 통치기는 소빙하기였다는 설이 있을 정도로 추웠다.

** Hans Christian Ørsted(1777–1851) : 덴마크의 물리학자. 전류가 흐르면서 자장을 만들어낸다는 사실을 밝혀냈고(이를 외르스테드의 실험이라고 한다), 고체와 액체의 압축성도 연구했다.

*** 클로드 샤프(Claude Chappe)와 이냐스 샤프(Ignace Chappe)를 말한다. 프랑스의 엔지니어들로서 공중 전신을 발명했다.

뒤프롱이 "군대 오르간"이라고 이름붙인 기관총을 발명했다.

이 모든 것은 헛된 일이었다. 영국인 토머스 뉴커먼의 경우도 마찬가지이다. 그는 1711년에 증기기관을 발명했지만, 30년 뒤인 1742년에는 이 기계 중 1대만이 영국에서 쓰였고 2대가 대륙으로 갔다. 진짜 성공은 그다음 30년 동안에 찾아왔다. 콘월 주에서 주석 광산의 물을 빼기 위해 60대의 기계를 만든 것이다. 그렇지만 프랑스에서는 18세기 말에도 단지 5대만이 제철소에서 사용되었다. 우리가 이미 살펴본 코크스를 이용한 철의 용융법이 지체된 것도 이와 같은 예에 속한다.

수많은 이유가 진보를 막았다. 실업의 위험에 빠질 우려가 있는 노동자들을 어떻게 할 것인가? 몽테스키외는 이미 물레방아가 농업 노동자의 일을 빼앗아갔다고 비난한 바 있다. 네덜란드 주재 프랑스 대사인 보나크 후작이 보낸 1754년 9월 17일 자 편지에는 "암스테르담에서 여러 종류의 풍차와 기계류를 사용하여 많은 인력을 절감하고 있는데, 그 비밀을 캐낼 수 있는 훌륭한 기계공"을 보내달라고 쓰여 있었다.[121] 그런데 바로 이 지출을, 이 인력 사용을 꼭 절감해야만 하는가? 이런 고려 끝에 결국 기계공을 보내지 않기로 결정했다.

남은 문제는 비용의 문제이다. 이것은 누구보다도 자본가의 관심을 끄는 문제였다. 면직에 관해서 보면, 산업혁명이 상당히 진행되었을 때에도 영국의 기업가들은 실을 잣는 작업은 공장에서 했으면서도 직조는 수공으로 했다. 이전에는 언제나 직조공들에게 실을 공급하는 것이 문제였다. 그런데 "숨통을 죄는 문제"가 해결되고 가내노동으로 수요를 충분히 만족시키게 된 마당에 왜 직조를 기계화하겠는가? 이 부문이 기계화되기 위해서는 그 수요가 크게 오르고 직조공의 임금이 크게 올라야만 했다. 그러나 수공 직조에 내한 노동임금이 급격하게 떨어지자, 그후로도 오랫동안 기업가들은 새로운 기술보다는 이전대로 수공 직조를 선호했다. 그 이유는 전적으로 비용 문제에 있었다. 만일 영국의 면직물업의 붐이 초기에 멈추었다면 어떻게 되었을까를 생각해보라……. 모든 혁신은 이렇게 통과해야 할 장애물에 10번이고 100번이고 부딪치게 마련이다. 이것은 이길 기회를 놓친 전쟁이다. 영국의 산업혁명에서 의식하지는 못했지만 핵심적인 전환점이 되었던 문제인 코크스를 이용한 철의 용융이 믿지 못할 정도로 느리게 진행된 것에 대해서도 다시 언급할 기회가 있을 것이다.

기술의 한계, 그리고 기술의 명백한 우연성을 이야기했지만, 그렇다고 기술의 중요한 역할을 과소평가하지는 말자. 조만간 모든 것이 기술에 의존하게 되었으며 기술의 개입이 필요하게 되었다. 과거가 물려준 구조의 틀 속에서 일상생활이 큰 어려움 없이 잘 이루어지고 그 속에서 편하게 지냈을 때에는 변화를 향한 노력을 인도할 경제적인 동기를 결코 찾을 수 없었다. 발명가의 계획(그것은 언제나 존재하지만)은 서랍 속에서 잠자게 된다. 그러다가 아무것도 잘 굴러가지 않고 사회가 가능성의 한계에 부딪쳤을 때 기술에 의존할 수밖에 없게 된다. 지금껏 잠자고 있던 무수히 많은 발명에 관심을 가지게 된다. 그리고 그중에 최상의 것, 장애물을 뚫고 나가서 새로운 미래를 열어줄 것을 가려내야만 한다. 왜냐하면 잠자는 상태로 대기하고 있다가 어느 날인가에 급히 깨워져서 사용될 가능성이 있는 발명이 언제나 수백 가지나 존재하기 때문이다.

1970년대의 불황 이후 오늘날의 모습이 가장 적합한 설명이 되지 않을까? 실업과 인플레이션이 동시에 발생하는 문제처럼 여러 어려움이 있었지만, 가장 큰 문제는 석유 에너지 위기였다. 게르하르트 멘슈가 올바로 지적했듯이 이 문제를 풀 유일한 해결책은 혁신이다.[122] 그러나 연구와 투자가 결합하는 방식은 사실 1970년대 훨씬 이전에도 있었다. 태양 에너지, 역청편암,* 지열, 식물 발효 가스, 알코올로 만든 석유 대용품 등은 지난 전쟁 때 유

---

* 역청편암은 20세기 초에 스코틀랜드와 프랑스에서 이용되었다. 이 광물에 열을 가하고 정제하면 기름을 얻는데, 주로 램프용으로 썼다. 역청편암은 미국의 콜로라도와 와이오밍 지역, 브라질, 오스트레일리아에 광범위하게 부존되어 있다.

용하게 이용되었으며, 적당히 끼워맞추는 방식으로 급히 완성되어갔다. 그러고는 내팽개쳐졌다. 차이점은 오늘날에는 전 세계적 중대 위기(다시 살펴보겠지만, "장기 위기"의 하나이다)가 모든 선진국 경제를 막다른 골목으로 몰아갔다는 점이다. 혁신하라, 아니면 죽어라, 그렇지도 않으면 침체에 빠져라! 선진국 경제들은 틀림없이 혁신을 선택하리라. 대단한 경제성장이 이루어지기 전에는 언제나 이와 유사한 채근을 받았다. 이 성장은 지난 수 세기 동안 언제나 기술의 도움을 받았다. 이 점에서 기술은 여왕이다. 기술이야말로 세계를 변혁시킨다.

제7장

화폐

Marinus van Reymerswale(1490–1546), *Twee belastingontvangers,* ca. 1540. oil on oak, 92 × 74.6cm. The National Gallery, London, acquired from Wynn Ellis Bequest, 1876. public domain.

화폐를 주제로 삼는 것은 한 단계 위로 올라가는 것이며, 겉보기에는 이 책의 구상을 벗어나는 것 같다. 그렇지만 약간 위에서 전체를 보면 화폐는 하나의 도구, 하나의 구조, 그리고 완만하게 발전되어온 교환생활에서 나타나는 심층의 규칙성을 보여준다. 언제나 화폐는 모든 경제적, 사회적 관계 속에 얽혀 있다. 이런 사실 때문에 화폐는 더할 나위 없이 좋은 "지수"가 된다. 어떻게 화폐가 통용되는지, 혹은 숨 가빠 허덕이게 되는지, 화폐의 유통이 어떻게 복잡한 방식을 취하는지, 또 어떻게 화폐가 모자라게 되는지를 보면 가장 소박한 차원에 이르기까지 인간의 전체 활동에 대해서 상당히 확실하게 판단할 수 있다.

화폐는 오래 전부터 익숙한 현실 또는 오래 전부터 익숙한 기술이었으며, 동시에 사람들의 욕심과 주목의 대상이었으면서 또한 끊임없이 사람들을 놀라게 했다. 화폐는 사람들에게 신비로운 존재이며 사람들을 불안하게 만드는 존재이다. 그리고 무엇보다도 화폐는 그 자체로서 복잡한 존재이다. 화폐경제는 어느 곳에서노, 심지어 16-17세기, 나아가 18세기의 프랑스와 같은 곳에서도 결코 완성단계에 이르지 못했다. 화폐는 단지 일부 지역과 일부 분야에만 파고들어갔다. 화폐는 그 자체로서보다는 그것이 가져온 것 때문에 새로운 것이다. 화폐가 가지고 온 것이란 무엇을 말하는가? 가장 기본적인 필수품의 가격마저 급격하게 변동시키고, 인간이 서로 알아보지 못하게 되는—자기 자신도, 관례도, 인간의 오래된 가치도 무시하게 되는—이해할 수 없는 관계가 그것이다. 인간의 노동은 상품이 되고, 인간 자신이 "사물"이 된다.

노엘 뒤 파이의 작품 속에서 브르타뉴의 늙은 농민들은 놀라움과 혼란을 이렇게 표현했다(1548). 이전에 농가에서 누리던 풍족함이 사라지게 된 것은 "닭이든 거위든 다 클 때까지 키우기 전에 [도시의 시장에] 내다팔아서 법률가나 의사에게 돈을 주어야 하기 때문이지요(사실 [이전에는] 의사라는 것이 무엇인지도 모르고 지냈답니다). 하여튼 법률가한테는 이웃 주민을 못살게 굴고 그의 상속권을 빼앗고 그를 감옥에 집어넣은 대가를 주어야 하고, 의사선생한테는 열병을 낫게 하고 사혈(瀉血)—하느님, 제발 나는 이런 것을 하지 않게 하소서—이나 관장을 시킨 대가를 주어야 하니까요. 그런데 이런 것쯤이면 고인이 된 접골사이자 기억력 좋던 티펜 라 블루아라면 구시렁거리지도 않고, 속임수도, 해독제 같은 것도 쓰지 않으면서, 그저 주기도문 한 번 외워주는 대가로 해주었을 겁니다." 그렇지만 이제는 "도시로부터 시골로" 향신료와 캔디, 후추부터 "부추와 설탕에 절인 살구 같은 것까지" 온갖 것이 밀려왔는데, 이런 것들은 우리 선조들이 "알지도 못했고" 사람 몸에도 좋지 않지만, "이런 것들이 없으면 금세기의 잔치는 질서가 없고 우아하지 못한 것으로 쳐버린답니다." 그러자 한 명이 거들고 나섰다. "정말이지 형씨께서 옳은 말 했소이다. 우리는 이제 완전히 딴 세상에 사는 것 같소."[1] 다소 윤곽이 흐릿하지만, 명료한 구석도 없지는 않은 이런 말들을 유럽 어디에서나 들을 수 있었다.

사실 화폐에 문을 열어준 모든 오래된 건축물은 조만간 구래의 균형을 상실하고, 그때부터 통제가 잘 되지 않는 힘을 발산하게 된다. 새로운 놀음은 카드를 다시 섞어서 치는데, 얼마 되지 않는 몇 사람에게는 아주 좋은 패를 주는 대신 다른 사람들은 나쁜 운세 쪽으로 몰아댄다. 이 영향을 받는 모든 사회는 새로 허물을 벗어야 했다.

화폐경제의 확대는 중간에 줄거리가 새롭게 전개되는 드라마와 같다. 화폐의 존재에 익숙한 오래된 국가이든, 완전히 의식하지도 못하는 사이에 화폐경제에 들어가버린 국가이든 마찬가지이다. 16세기 말 오스만 제국에 편입된 튀르키예가 그렇고(이곳에서는 기병대 기사[spahis]에게 수여한 은대지*인 티마르[timars] 대신 완전한 사유재산이 우세하게 되었다), 거의 같은 시기의 도쿠가와 시대의 일본이 그렇다(일본은 이때 전형적인 도시의 위기, 또는 부르주아지의 위기에 빠졌다). 그러나 이 핵심적인 과정을 잘 살펴볼 수 있는 곳은 차라리 오늘날의 일부 저개발 국가들이다. 예컨대 블랙 아프리카에서는 경우에 따라 60-70퍼센트의 교환이 화폐 없이 이루어지고 있다. 이곳에서 사람들은 잠시나마 마치 "달팽이가 자기 집 속에 들어앉아 있듯이" 시장경제의 밖에서 살 수도 있을 것이다. 그러나 이것은 집행유예에 불과하다.

그리고 과거는 이 집행유예에 처한 사람들이 결국 그들의 운명을 벗어나지 못한다는 사실을 끊임없이 보여준다. 이 사람들은 꽤 순진하고 놀라울 정도로 참을성이 많다. 이들은 인생을 살아가면서 자기 주변의 왼쪽에서 또 오른쪽에서 계속 두드려맞았다. 주먹질이 어디로부터 날아오는지도 모르는 채……. 소작료, 집세, 통행세, 염세가 있고, 반드시 도시 시장에서 사야만 하는 것들도 있으며, 세금도 있다. 이런 요구들을 어떻게든 화폐로 해결해야 했으며, 은화가 없으면 동화(銅貨)로라도 갚아야 했다. 1680년 6월 15일에 세비녜 부인의 한 소작인이 소작료를 가지고 왔는데, 엄청난 무게의 동화들이었지만 전체 총액은 30리브르에 불과했다.[2] 프랑스에서는 그때까지 오랫동안 현물로 걷던 염세를 1547년 3월 9일 자의 칙령에 의해서 화폐로 걷기 시작했다. 이것은 소금 대상인의 종용을 받아서 행해진 일이다.[3]

---

* 恩貸地 : 언젠가 황제에게 다시 귀속되는 조건으로 부여한 토지.

“현찰화폐”는 여러 방식을 통해 일상생활 속으로 들어왔다. 근대국가가 화폐의 주요 공급자(조세, 용병에 대한 화폐 지불, 수많은 관직에 대한 보상)였으며 이 변화의 수혜자였다. 그러나 유일한 수혜자는 아니었다. 이로부터 수익을 얻을 수 있는 위치에 있던 사람들은 많았다. 세금 징수인, 염세 수취인, 담보 대출업자, 지주, 대상인 기업가, “재정가(financier)” 등이 그들이었다. 이들의 그물은 어느 곳에나 펼쳐져 있었다. 이 새로운 종류의 알부자들은 오늘날에도 마찬가지이지만 동정을 받지는 못했다. 박물관에 걸려 있는, 화폐를 다루는 사람들의 그림을 보라. 화가들은 일반 사람들의 증오와 멸시를 그대로 전달하고 있다. 그러나 화폐 자체에 대한 끊임없는 멸시—초기의 경제학자들 역시 화폐에 대한 멸시를 떨쳐내지 못했다—를 북돋우는 이러한 감정이나, 또는 소리 죽인 것이든 드러내놓은 것이든 불만들이 있었다고 해도, 이러한 것들이 끝내 사태를 변화시키지는 못했다. 전 세계적인 거대한 화폐 순환에 의해서 화폐 유통로가 조직되었고, 또 수익이 큰 “특권적인 상품들(marchandises royales)”을 다루는 상업과 화폐가 서로 유익하게 조우하는 특권적인 중개소들이 조직되었다. 마젤란과 후안 세바스티안 엘카노는 힘들고 극적인 조건에서 지구를 순항했다. 이에 비해 프란체스코 카를레티와 제멜리 카레리는 각각 1590년과 1693년부터 지구를 한 바퀴 도는 여행을 할 때 다만 금화 및 은화 보따리와 잘 선정한 상품 꾸러미들만을 가지고 떠났다. 그 덕분에 이들은 무사히 귀환했다.[4]

　물론 화폐는 화폐경제라는 변화와 혁명의 원인이면서 동시에 그 표시이다. 화폐를 수용하고 또 창출하는 움직임과 그 화폐를 분리할 수 없다. 서구에서 이전에 개진된 설명에서는 너무나도 흔히 화폐 자체만을 보았으며 화폐를 비유에 의해서 정의했다. 화폐는 “사회적인 몸체의 혈액이다(이것은 윌리엄 하비의 발견* 이전부터 이미 진부해진 이미지이다).”[5] 화폐가 하나의 “상

---

* 혈액의 순환을 말한다.

품"이라는 것은 수 세기 동안 반복된 진리이다. 윌리엄 페티(1655)에 의하면 "화폐는 말하자면 정치라는 신체의 기름기이다. 기름기가 너무 많이 끼면 활동력을 해치고 너무 적으면 병에 걸린다."[6) 이것은 마치 의사가 하는 이야기 같다. 1820년에 프랑스의 한 대상인은 이렇게 설명했다. 화폐는 "밭을 갈고 생산물을 낳게 하는 쟁기는 결코 아니다." 그것은 단지 상품의 유통을 도울 뿐이다. "그것은 기계의 움직임을 더 부드럽게 만드는 윤활유와 같다. 바퀴에 기름을 쳤을 때 기름이 과도하면 기계의 작동을 저해한다."[7) 이것은 마치 기계공의 이야기 같다. 그러나 이런 이미지들은 그래도 존 로크가 1691년에 말한, 대단히 의심스러운 주장보다는 낫다. 로크는 훌륭한 철학자이지만 경제학자로서는 비판의 여지가 있다. 그는 화폐와 자본을 동일시했는데,[8) 이것은 화폐와 부를 혼동한 것이며, 양을 재는 단위와 잰 양을 혼동한 것이다.

이 모든 정의들은 핵심을 놓치고 있다. 화폐의 진정한 존재 이유인 화폐경제가 바로 그것이다. 화폐는 사람들이 그것을 원하고 그 비용을 부담할 수 있는 곳에만 자리 잡을 수 있다. 화폐의 유연성과 복합성은 곧 화폐를 수용한 경제의 유연성과 복합성의 함수이다. 다시 말해서 경제 리듬, 경제체제, 경제상황이 존재하는 한에서만 화폐와 화폐체제가 존재한다. 모든 것은 결국 신비로울 것이 하나도 없는 게임 속에서 서로 연관되어 있다. 다만 우리는 앙시앵 레짐의 화폐경제가 오늘날과는 달리 여러 층에 걸쳐 있었으며, 모든 사람들에게 확대되지 않았고, 완성된 상태가 아니었다는 사실을 거듭 확인하게 된다.

15세기부터 18세기에 걸치는 긴 기간 동안에는 물물교환(troc)이 일반적인 규칙이었지만, 매번 필요할 때마다 임시 변통의 보충수단으로서 원시화폐가 유통되었다. 그것은 카우리*와 같은 "불완전화폐"를 통한 유통이었다. 그러나 사실 그것은 우리의 눈에만 불완전해 보일 따름이다. 이런 종류의

---

* 복족류(復足類)에 속하는 작은 조개(Cypræa moneta)로서 인도양에서 많이 채취되며, 아프리카 일부 지역과 동남아 지역에서 화폐로 사용되었다.

화폐를 쓰는 경제가 만일 다른 화폐를 받아들였다면, 거의 감당해낼 수 없었을 것이다. 사실 따지고 보면 유럽의 금속화폐 역시 결점이 있기는 마찬가지였다. 물물교환과 마찬가지로 금속도 그 과업을 수행하는 데 언제나 충분하지는 않았다. 그러면 지폐나 혹은 신용—17세기에 독일에서 조롱하듯이 말하던 방식을 따르면 "신용 씨(Herr Credit)"—이 그럭저럭 서비스를 제공했다. 이것은 이미 다른 층위에 속하지만, 그래도 기본적으로는 같은 과정이다. 사실 모든 활발한 경제는 자체의 화폐언어로부터 벗어나서, 바로 경제 자체의 움직임 때문에 혁신을 하게 된다. 이 혁신들은 따라서 경제의 발전단계를 검출하는 테스트로서 가치를 가진다. 로* 체제(Law's system)라든가 당시 영국에 생긴 남해 회사**의 스캔들은 전후의 재정 편법 혹은 거리낌 없는 투기, "압력집단"끼리의 나누어먹기 등과는 아주 달랐다.[9] 프랑스에서 있었던 혁신을 들라면 고통과 실패를 거듭하면서도 어쨌든 명백하게 신용이 탄생했다는 점이다. 그것은 진정 고난에 찬 탄생이었다. 팔라틴 백작부인은 "나는 지옥의 불이 이 모든 종이 조각들을 태워버렸으면 좋겠다고 바란 적

---

* John Law(1671-1729) : 스코틀랜드의 화폐 개혁가, 프랑스의 이른바 "미시시피 계획"의 발기인. 런던에서 수학, 상업, 경제학을 공부한 그는 결투에서 상대방을 죽인 후 암스테르담으로 도주했다가 그곳에서 은행업을 공부했다. 스코틀랜드에 돌아와서는 『화폐와 무역(*Money and Trade Considered, with a Proposal for Supplying the Nation with Money*)』을 썼다. 자기 생각을 스코틀랜드 의회에 제출했으나 거절당하다가 1716년 프랑스 정부에서 시도를 허가받았다. 로 체제는 은행권을 발행하여 귀금속을 증진시키는 것과 동일한 효과를 얻자는 것이었다. 그는 이런 목적으로 파리에 은행을 설립하고 루이지애나 회사와 연결했다. 이 회사는 프랑스령 아메리카 식민지인 미시시피 연안 지역을 개발하는 독점권을 누렸다. 이 체제는 몇 년간 잘 운영되었으나, 투기와 정치적 사건 때문에 결국 실패로 돌아갔다(흔히 "미시시피의 거품" 사건이라고 한다). 파산한 로는 1720년에 도망갔으며, 베네치아에서 가난한 빈민으로 죽었다.

** South Sea Company : 1711년에 세워진 영국의 독점 회사. 주로 스페인령 아메리카와 노예 무역을 할 목적으로 창립되었는데, 당시 스페인 왕위 계승 전쟁이 막바지에 가까워지면서 종전 후 노예 무역 활동을 보장할 조약이 체결될 것이라고 기대되며 대단한 투기의 대상이 되었다. 실제 전후 위트레흐트 조약은 기대보다는 유리하지 않은 내용이었으나, 국왕이 이 회사에 적극적으로 개입하자 주식 가격이 극적으로 올랐다. 그리하여 1720년 가을부터 지나친 기대에 대한 경계심이 일면서 주식 가격이 폭락함으로써 많은 투자자들이 파산했다. 이것을 흔히 "남해의 거품" 사건이라고 한다.

이 많다"고 외쳤다. 그리고 그 증오스러운 체제에 대해서 아무것도 이해할 수 없다고 단언했다.[10] 이 불편함은 새로운 언어 앞에서 품게 되는 의식이었다. 화폐는 언어이기 때문에(나 역시 이미지를 사용한 것을 용서하기 바란다) 대화를 하도록 만들고 또 대화를 허용한다. 언어는 대화가 존재하는 한에서만 존재한다.

중국에 (이상하게 오랫동안 지폐가 통용되었던 중간시기를 제외하면) 복잡한 화폐체제가 없었던 것은 중국이 착취하던 주변 지역들, 즉 몽골, 티베트, 말레이 반도, 일본과의 관계에 화폐가 필요하지 않았기 때문이다. 태평양에서부터 대서양에 이르는 구대륙에서 중세 이슬람 세력이 수 세기 동안 위에서부터 지배했던 까닭은 (비잔티움 제국을 제외하고는) 그 어느 나라에도 이슬람의 디나르 금화(dinar), 디르함 은화(dirhem)와 경쟁할 만한 화폐가 없었기 때문이다. 이것들은 이슬람 권세의 수단이었다. 중세 유럽이 마침내 자체 화폐를 완성한 것은 유럽 앞에 높이 서 있는 이슬람 세계의 장벽을 "타고 넘어가야" 했기 때문이다. 마찬가지로 16세기에 점차 오스만 제국을 잠식한 화폐 혁명이 이루어진 것도 이 나라가 "유럽의 콘서트"*에 강제로 편입되었기 때문이지, 단지 화려한 대사(大使)들의 교환에 의해서만 된 것은 아니다. 마지막으로 일본은 1638년부터 외부 세계에 문호를 폐쇄했다고 했지만, 이것은 표현만 그랬을 뿐이었다. 이 나라는 중국의 정크선이나 허가받은 네덜란드 선박에 대해서는 계속 문호를 개방했다. 이 틈새가 너무나 넓어서 상품과 화폐가 계속 유입되었고, 그에 대응하기 위해서는 일본의 은광과 동광의 개발이 필수적이었다. 이 노력은 동시에 17세기 일본의 도시의 진보와, "진정한 부르주아 문명"을 가진 특권적인 여러 도시의 성장과도 연관되었다. 모

---

* 원래는 나폴레옹 체제가 무너진 이후 보수세력이 복권한 강대국들이 프랑스 혁명과 나폴레옹 체제 이전의 사회질서를 복구, 수호하기 위해 긴밀히 협조하기로 한 메테르니히 체제의 속성을 일컫는 말이다. 본문에서는 유럽이 주도하는 질서에 오스만 제국이 점차 종속된 것을 표현하는 말로 쓰였다.

든 것이 서로 연결되어 있기 때문이다.

이런 것은 화폐의 대외정책이 어떤 것인지를 명백히 보여준다. 여기에서는 때로 외국인이 자신의 힘을 통해서, 때로는 오히려 자신의 약점을 통해서 사태를 주도할 수도 있다. 남과 대화하기 위해서는 필연적으로 상호 이해(entente)의 터전인 공통의 언어를 발견하는 것이 필요하다. "원거리 무역", 즉 대상업 자본주의는 세계적 규모의 보편적 교환의 언어를 말하는 법을 배운다는 이점이 있다. 제2권에서 보겠지만, 원거리 무역은 그 교역량을 놓고 볼 때에는 우위에 있던 것은 아니지만(향신료 무역은 교역량뿐 아니라 액수 면에서도, 유럽 내 곡물 무역보다도 규모가 훨씬 작다),[11] 그 효율성과 건설적인 새로움으로 인하여 결정적인 의미가 있었다. 그것은 모든 빠른 "축적"의 원천이었다. 그것이 앙시앵 레짐 세계를 이끌었고 화폐는 여기에 봉사했다. 화폐는 원하는 대로 그것을 뒤좇기도 하고 앞서기도 했다. 교역은 경제의 **방향을 결정했다.**

경제와 불완전한 화폐들

화폐 교환의 초보적인 형태들을 묘사하노라면 끝이 없을 것이다. 여기에는 수많은 이미지들이 있어서 우리는 이들을 분류해야 한다. 더욱이 완전한 화폐(만일 그런 것이 존재한다면)와 불완전한 화폐 사이의 대화는 우리가 가진 문제의 뿌리를 밝혀줄 것이다. 만일 역사가 설명이라면, 그것은 여기에서 완전히 그 역할을 다해야 한다. 다만 몇 가지 오류를 피한다는 조건하에서 그렇다. "완전"과 "불완전"은 이웃해 있으며 때로는 서로 섞인다는 것, 이 두 가지가 실제로는 하나이며 같은 문제라는 것, (오늘날도 마찬가지이지만) 모든 교환은 꼭 볼트 수의 차이에 의해서만 이루어지지는 않는다는 것* 등을

---

* 볼트 수, 즉 전압의 차이란 경제가 발달한 곳과 경제가 발달하지 않은 곳 사이의 차이를 말한다. 여기에서는 이렇게 경제 발달의 차이가 있을 때에만 교환이 이루어지는 것은 아님을 뜻한다.

믿지 않는다면 오류가 될 것이다. 화폐는 또한 자신의 땅에서든 남의 땅에서든 남을 착취하는 방법이며 그 착취를 가속시키는 방법이기도 하다.

18세기만 해도 "공시적인" 세계관은 그것을 명백하게 증명했다. 엄청난 공간 내에서 살아간 수백만 명의 사람들은 아직 아킬레우스의 방패의 가치를 소로 계산하던 호메로스 시대에 속한 것과 마찬가지였다. 애덤 스미스도 이 이미지를 사용한 적이 있다. "호메로스에 의하면 디오메데스*의 갑옷은 소 9마리의 가치밖에 없는 반면 글라우코스**의 갑옷은 소 100마리의 가치를 가졌다."*** 오늘날의 경제학자라면 이 단순한 사람들이 사는 세상을 제3세계라고 부를 것이다. 제3세계는 언제나 존재했다. 이들은 흔히 자신들에게 늘 불리하기만 한 대화를 수용하는 잘못을 저지른다. 그러나 사실 이들로서도 어쩔 수 없다. 마지못하는 경우에도 다른 사람들이 그들에게 대화를 받아들이도록 강요하기 때문이다.

원시화폐

상품이 교환되면 곧 화폐의 더듬거리는 말소리가 들리게 마련이다. 사람들이 더 원하는 상품, 또는 더 풍부한 상품이 화폐의 역할이나 교환의 척도 역할을 한다(또는 그렇게 하려고 애쓰게 된다). 예를 들면 상부 세네갈과 상부 니제르의 "왕국들"에서는 소금이 바로 돈이었다. 1620년에 한 프랑스 작가에 의하면 아비시니아에서는 "수정같이 다듬은 손가락 길이의" 소금 육면체가 구별 없이 돈과 음식으로 동시에 쓰였기 때문에 "이들이 진짜 돈을 먹는다는 것이 맞는 말이다." 이 신중한 프랑스인은 곧 이렇게 말했다. "어느 날

---

* 아르고스의 왕을 가리킨다. 그리스에서 가장 출중한 전사로 오디세우스와 동행하여 트로이 전쟁에 참가했다. 아테나 여신의 보호를 받는 그는 천하무적이었으며 심지어 군신(軍神) 아레스에게 덤벼들기도 했고 베누스 여신에게 상처를 입히기도 했다.

** 코린토스의 왕, 시시포스의 아들을 가리킨다. 자신의 말들을 더욱 빠르게 만들기 위해서 교미까지 금지했다. 그러자 베누스가 격분해서 암말이 그를 잡아먹게 만들었다.

*** 글라우코스의 갑옷은 황금 갑옷인 반면, 디오메데스의 갑옷은 청동 갑옷이었다.

그들의 모든 지불수단이 녹아서 물이 된다면" 얼마나 큰 위험인가!12) 모노모타파 강 연안 및 기니 만 연안 지역에서는 면직물이 똑같은 역할을 했다. 이곳에서 노예무역을 할 때 "인도 한 조각(pièce d'Inde, a piece of India)"은 노예의 값을 나타내는 인도산 면직물의 양을 가리켰고, 그러다가 곧 그 노예 자체를 지칭하게 되었다. 전문가들에게 "인도 한 조각"은 15세에서 40세 사이의 노예 한 명을 의미했다.

아프리카 해안에서는 그 외에도 마닐라*라고 부르는 구리 팔찌, 무게로 달아 거래하는 사금, 말 등이 모두 돈이었다. 라바 신부(1728)는 흑인에게 판매하는 무어인의 훌륭한 말에 대해서 이렇게 이야기했다. "그들은 말 한 마리가 포로 15명의 가치에 해당한다고 평가한다. 이것은 참으로 웃기는 화폐이지만 모든 나라에는 각각의 방식이 있지 않겠는가?"13) 18세기 초에 영국 상인들은 경쟁자들을 물리치기 위해서 도저히 당해낼 수 없는 가격표를 작성했다. "그들은 포로로 잡힌 '인도 한 조각'을 금 4온스, 혹은 30피아스트라(은화), 혹은 4분의 3파운드의 산호, 혹은 스코틀랜드 면직물 7포로 정했다." 한편 내륙의 흑인 마을에서는 암탉이 "어찌나 살지고 부드러운지 다른 지역의 수탉이나 영계와 같은 가치를 가지는데", 하도 많아서 암탉 한 마리가 종이 한 장 값이었다.14)

아프리카 해안의 또다른 화폐로는 조개껍질이 있었다. 크기와 색깔이 다양했는데, 가장 유명한 것으로는 콩고 해안의 짐보(zimbos)와 카우리가 있다. 1619년에 한 포르투갈인이 한 말에 의하면 "짐보는 아주 작은 바다달팽이 종류로서 그 자체로는 아무런 소용도, 아무런 가치도 없다. 미개인들이 이것을 화폐로 도입했는데, 오늘날에도 쓰인다."15) 나아가서 이것은 20세기인 현재에도 쓰이고 있다! 카우리 역시 작은 조개 종류로서 붉은 줄이 처진 파란 색을 띠고 있고 사람들이 묵주처럼 엮어가지고 다닌다. 인도양의 외딴

---

* manilla : 일부 아프리카인들이 팔에 끼는 금속 고리로서, 교환수단으로 쓰이기도 한다.

섬들에서 몰디브 사람들, 래카다이브* 사람들이 배 하나에 가득 이 조개들을 실어 아프리카와 북동부 인도, 버마 등지로 보낸다. 네덜란드인들은 17세기에 이것을 암스테르담에 들여왔는데, 의도적으로 다시 써먹기 위해서였다. 이전에 카우리는 불교가 전파된 길을 따라 중국에 들어가서 유통된 적도 있다. 엽전이 사용됨에 따라 카우리가 점차 밀려났지만, 그렇다고 완전히 사라지지는 않았다. 목재와 구리의 고장인 윈난 성에서는 1800년경까지 지방적인 용도를 위해서 카우리를 썼다. 최근의 조사에 의하면 차용 및 판매를 카우리로 계산하여 계약했다.16)

이와 유사한 이상한 화폐로는 엘리자베스 여왕과 에든버러 공작이 아프리카를 방문했을 때 수행했던 한 기자가 발견한 화폐를 들 수 있다. "나이지리아 내지의 원주민들은 가축, 무기, 농산물, 직물, 심지어 그들의 부인을 살 때도 대영제국의 파운드 스털링 화폐가 아니라 유럽에서 주조한[차라리 제조했다고 하는 것이 나을 것이다] 산호화폐를 사용한다. 이 화폐는……이탈리아에서 탄생한 것으로서 이곳에서는 올리베테(olivette)라고 부른다. 특히 이것은 토스카나에 있는 리보르노의 한 산호 작업장에서 많이 제조하는데, 이 작업장은 오늘날까지도 존속하고 있다." 올리베테 화는 산호 가운데에 구멍을 뚫고 바깥 면에 홈을 판 원통형 화폐로서 나이지리아, 시에라리온, 코트디부아르, 라이베리아 혹은 더 먼 곳에서까지 통용된다. 이것을 구입한 아프리카인들은 묵주처럼 엮어서 허리띠에 차고 다닌다. 그래서 각자의 부유한 정도를 눈으로 확인할 수 있다. 1902년에 베한진**은 1,000스털링을 주고 무게 1킬로그램에 감탄할 만한 색깔을 띤 희귀한 올리베테를 샀다.17)

이러한 보기 드문 화폐의 목록을 완벽하게 작성할 수는 없을 것이다. 그런

---

* Laccadive : 오만 해에 있는 산호초로 된 제도. 주민은 모플라스 카스트에 속하는 케랄라족 출신의 사람들로서 이슬람교를 믿고 말라알람어를 쓴다. 이들은 주로 어업을 하며 산다.

** Béhanzin(1844-1906) : 다호메이 왕국의 국왕. 다호메이 왕국과 프랑스와의 관계가 악화되고 두 차례의 전쟁(1890, 1892-1893)을 치른 끝에 프랑스의 장군 알프레드 도(Alfred Dodds : 1842-1922)에게 영토를 정복당했다. 포로가 되어 마르티니크 섬과 알제에 유폐되었다.

화폐는 어느 곳에나 숨어 있다. 아이슬란드에서는 1413년과 1426년의 규정에 따라 말린 생선으로 값을 치를 수 있는 상품의 목록을 기록한 진정한 가격 조사표를 만들었다. 편자 하나에 생선 1마리, 부인용 신발 한 켤레는 3마리, 포도주 한 통은 100마리, 버터 한 통은 120마리 등. 그리고 이런 가격 조사표는 그후에도 수 세기 동안 계속 작성되었다.[18] 알래스카나 표트르 대제 치하의 러시아에서는 이 역할을 모피가 담당했다. 때로 모피는 단순히 네모난 모피 조각일 때도 있었는데, 차르의 군역세(軍役稅) 징수자의 금고가 모피로 가득 차기도 했다. 그러나 시베리아에서는 "부드러운 황금"이라고 불린, 상품화할 수 있는 값비싼 모피로만 세금을 걷었고, 또 이것으로 공무원의 봉급을 비롯한 많은 지출을 했다. 식민지 시대의 아메리카에서는 지역에 따라 담배, 설탕, 카카오가 돈의 역할을 했다. 북부 아메리카 인디언들은 흰색 또는 보라색 조개를 다듬어 만든 작은 원통형의 화폐, 즉 웜펌(wampum)을 사용했다. 유럽에서 온 이주민들도 1670년까지 이것을 합법적으로 사용했고 실제로는 적어도 1725년까지 사용했다.[19] 16세기부터 18세기까지 (앙골라까지를 포함하는) 넓은 의미의 콩고 지역에서는 시장과 활발한 교환소의 조직망이 형성되었다. 아주 깊은 내지에까지 들어가 자리 잡은 백인이나 그들의 대리인인 폼베이루*가 이런 곳에서 교역할 때에는 "물물교환"이 핵심적인 역할을 했다. 여기에 더해 두 가지의 유사 화폐가 유통되었는데, 그것은 짐보와 천 조각이었다.[20] 조개는 표준화되었다. 지름 크기를 규정한 체를 사용하여 큰 조개와 작은 조개를 구분했다(큰 것 1개는 작은 것 10개와 같았다). 천 조각 화폐는 크기가 다양해서, 루봉고(lubongo)는 종이 조각만 했고 음푸수(mpusu)는 테이블 보만 했다. 이 화폐들은 일반적으로 10여 개씩을 단위로 묶었다. 그리하여 금속화폐처럼 가치 서열을 이루었고, 그 하부단위와 또 그 밑의 하부단위가 있었다. 이 화폐로 큰 단위의 액수를 동원하

---

* pombeiro : 내륙지방을 돌아다니며 원주민을 상대로 장사하는 상인.

는 것도 가능했다. 1649년에 콩고 국왕은 1,500마차분의 천 조각을 모았는데, 대략 4,000만 (포르투갈) 레알에 해당하는 금액이었다.[21]

유럽의 영향을 받은 후에 이 유사 화폐들이 어떤 운명을 겪었는지 가능한 대로 추적해보면 (그것이 벵골의 카우리이든[22] 1670년 이후의 웜펌이든 콩고의 짐보이든) 모두 비슷하게 진화해갔다는 것을 알 수 있다. 스톡(stock)의 증가, 유통 속도가 가속화되다 못해 광분하는 사태, 이와 함께 지배적인 유럽 화폐에 대해서 상대적으로 가치 하락이 일어나는 일이 겹쳐서 파국적인 인플레이션이 일어났다. 여기에다가 원시적인 "위조화폐"까지 가세했다! 19세기에 유럽의 작업장에서 유리조각으로 만든 가짜 웜펌 때문에 옛날의 화폐는 완전히 사라졌다. 포르투갈인들은 이런 일을 더욱 빈틈없이 했다. 1650년경에 그들은 루안다 섬의 해안에서 "화폐 어업", 즉 짐보 조개 낚시를 독점했다. 그 결과 1575년부터 1650년 동안에 이미 짐보 화는 10 대 1 정도의 가치 하락을 겪었다.[23]

이 모든 것들로부터 이끌어낼 수 있는 결론은 원시화폐 역시 진짜 화폐라는 점이며, 그것들 역시 모든 화폐의 행태와 관습을 가지고 있다는 점이다. 그 화폐들이 겪은 부침은 세계 7대양에 유럽인이 침입한 결과 선진경제가 원시적인 경제에 어떠한 충격을 미쳤는지를 요약해서 보여준다.

화폐경제의 심층부에서 일어난 물물교환

사람들은 지금까지 본 바와 거의 다를 바 없는 불균등한 관계가 "문명화된" 국가 내에서도 계속 발생했다는 사실을 잘 모른다. 아주 얇은 화폐경제의 표피 밑에서 원시적인 경제활동이 지속되었다. 그리고 다른 종류의 활동들과 섞이기도 했고 대립하기도 했다. 예컨대 도시의 시장이나, 규칙적으로 정해진 날에 얼리며 혼잡하기 이를 데 없는 정기시에서 그런 일들이 일어났다. 유럽의 한가운데에 초보적인 경제들이 여전히 살아남아 있었고, 이것을 화폐경제가 에워싸고 있었던 것이다. 화폐경제는 그 원시적인 경제를 없애버린 것이 아니라 오히려 일종의 내부 식민지처럼 자신의 손 닿는 곳에 남겨두었다. 애덤 스미스가 언급한(1755) 스코틀랜드의 한 마을에서는 "빵 가게나 맥주집에 돈 대신 못을 가지고 가는 것이 보기 드문 일이 아니었다."[24] 거의 같은 시기에 피레네 산지 카탈루냐의 일부 고립된 지역에서는 마을 사람들이 곡물이 담긴 자루를 가지고 가게에 가서 물건을 샀다.[25] 사실 이것은 비교적 현재와 가까운 시기에 있었던, 설득력 있는 예에 속한다. 민족지학자의 증언에 따르면 코르시카는 제1차 세계대전 이후에야 진정한 의미에서 유효한 화폐경제로 들어갔다고 한다. 심지어 "프랑스령" 알제리의 일부 산악지역에서는 제2차 세계대전 이전까지도 거의 변화가 없었다. 그것은 오레스(알제리 남부의 산악지역)에서는 1930년대쯤에 가서도 여전히 잠재적으로 남아 있었던 드라마이다.[26] 이 드라마를 보면 동유럽의 일부 시골이나 산악지역, 그리고 아메리카 서부에서 수없이 많이 남아 있던 작고 폐쇄적인 세계가 어떤 상태인지 짐작할 수 있다. 이런 곳들이 근대적인 화폐질서 내에 들어가게 된 시점은 아주 다양하지만, 그 과정들은 아주 비슷했다.

17세기의 여행자인 프랑수아 라 불레는 체르케스 지방과 밍그렐리아 지방(캅카스 남부와 흑해 사이의 지역)에서 "주조화폐가 결코 통용되지 않는다"고 보고했다. 이곳에서는 물물교환만 했으며, 밍그렐리아의 통치자가 매년 튀르키예 황제에게 바치는 조공도 "직물과 노예"였다. 이 조공을 이스탄불까지 가져갈 임무를 맡은 대사는 별난 문제에 부딪쳤다. 튀르키예의 수도에 머물 때 그 체재비용을 어떻게 지불할 것인가? 그 해결책은 이러했다. 그의 수행원들은 30명이나 40명의 노예들이었는데, 이들을 한 명씩 팔아치운 것이다. 다만 그의 비서만은 예외였는데, 라 불레에 의하면 이 비서는 가장 마지막 순간에 가서야 팔았다는 것이다! 그후 "그는 홀몸으로 귀국했다."[27]

러시아의 사례도 비슷하다. 17세기 초에 노브고로드에서는 "아직까지도 타타르의 소액 화폐나 담비가죽 조각, 도장 찍은 가죽 조각 같은 것만을 사용했다. 이곳에서는 1425년에 가서야 아주 조잡한 은화를 주조하기 시작했다. 그나마 노브고로드는 러시아에서는 앞선 경제에 속했는데도 그렇다. 러시아 내에서는 오랫동안 현물교환을 했다."[28] 그러다가 16세기에 독일의 화폐와 금속괴가 들어오고 나서야 정기적으로 화폐를 주조하게 되었다(러시아의 무역수지는 흑자였기 때문에 화폐와 금속이 유입되었다). 그러나 아주 소박한 수준이었고, 개인의 주도하에 이루어지는 일이 흔했다. 이 거대한 나라의 이곳저곳에서는 그때까지 물물교환이 이루어지고 있었다. 표트르 대제의 통치 때에 가서야 그때까지 고립되어 있던 지역들이 서로 관계를 맺어갔다. 서유럽에 비해 러시아가 뒤처진 것은 부인할 수 없는 사실이다. 결정적인 중요성을 가진 시베리아의 금광은 1820년 이후에야 개발되었다.[29]

식민지 시대의 아메리카 역시 의미심장한 모습을 보여준다. 이곳에서 화폐경제는 광산이 있는 나라―멕시코나 페루―의 대도시, 또는 유럽에서 가까운 지역인 앤틸리스 제도나 브라질(브라질은 금광들 때문에 곧 특출한 지위에 서게 된다)에서만 볼 수 있었다. 이곳들은 완벽한 화폐경제와는 거리가 멀었으나 그래도 물가가 변동하고 있었는데, 이것만 하더라도 이미 경제가 어느 정도 성숙했다는 표시이다. 이에 비해 아르헨티나 칠레에서는 19세기가 될 때까지도 물가가 변동하지 않았다(칠레에서는 구리와 은을 생산했는데도 불구하고 말이다).[30] 이곳에서 물가는 단단히 고정되어 있었으며, 말하자면 사산(死産)이었다.* 아메리카 대륙 전체에서 흔히 상품과 상품이 맞교환되었다. 식민지 정부의 봉건적, 혹은 반봉건적 양여는 화폐가 부족하다는 표시였다. 그러므로 불완전한 화폐가 역할을 맡는 것이 당연했다. 칠레의 구리 조각, 버지니아의 담배, 프랑스령 캐나다의 "카드 모양의 은", 누에바 에스파냐의 틀라코**가 그런 예이다.[31] 틀라코(멕시코 원주민의 말에서 나왔다)는 레알의 8분의 1로 계산했다. 이것은 메스티사(mestizas)라고 불리는 가게의 주인이 발행하는 소액 화폐였다. 이 가게에서는 빵이나 증류주부터 중국

---

* 즉, 처음부터 가격 기능이 제대로 작동하지 못할 처지에 있었다는 뜻이다.
** tlaco : 식민지 시대에 멕시코에서 썼던 동화의 일종.

산 비단직물에 이르기까지 모든 것을 팔았다. 이 가게의 주인이 나무, 납, 구리 등을 가지고 자신의 마크를 찍은 소액 화폐를 발행했다. 상황에 따라 이 토큰들은 진짜 페소 은화와 교환되기도 했고 소규모 집단 내에서 유통되기도 했다. 일부는 분실되었고, 또 이 모든 것이 때로는 치사한 투기의 대상이 되었다. 이렇게 된 사정은 은화가 고액 단위로만 만들어졌기 때문이었다. 은화는 말하자면 가난한 사람들의 머리 위를 그냥 스쳐가버렸다. 게다가 스페인으로 가는 선단들이 이 나라의 은을 바닥내버렸다. 그리고 1542년에 구리화폐를 만들려던 시도가 실패했다는 사실도 한 원인이다.[32] 따라서 결점이 있는 체제이기는 해도 원시화폐에 만족하는 수밖에 없었다. 14세기 프랑스에서 일어났던 일도 바로 이와 같은 것이 아니었을까? 용감한 국왕 장 2세*의 신속금(身贖金)은 프랑스의 현찰을 고갈시키는 데 충분했다. 그러자 국왕은 구리화폐를 주조했고 수년 후에 모두 되사버렸다!

영국의 식민지들 역시—해방 전이든 후이든—똑같은 어려움을 겪었다. 1721년 11월, 필라델피아의 한 상인은 마데이라 섬에 있는 그의 한 대리인에게 이렇게 썼다. "나는 약간의 곡물을 보내려고 생각했지만, 이곳의 채권자들이 그렇게 하기를 꺼려하는 데다가 화폐가 모자라는 형편이라 우리는 지불수단의 부족 때문에 고통당하기 시작했소. 그리고 현재도 계속 그렇소. 지불수단이 없으면 교역은 난처한 일을 많이 겪게 되는 직업이오."[33] 일상적인 교환에서 사람들은 이 "난처한 일들"을 피하려고 할 것이다. 미국에 대해

---

* Jean II(1319–1364) : 프랑스의 국왕(재위 1350–1364). 백년전쟁 중에 영국군과 싸우다가 영국의 흑태자(Black Prince)에게 포로로 잡혔다(1356). 이때 흑태자는 국왕이 비록 포로로 잡히기는 했으나 용감히 싸워 "무용(武勇)을 얻었다"며 그를 칭송했고, 이후로 장 2세는 당대와 후대에 "용감한 왕(le Bon)"이라는 별칭을 얻었다. 영국 국왕은 그를 석방하는 대가로 프랑스 영토의 절반과 400만 에퀴의 금화를 요구했으나 프랑스 측은 거부했다. 그후 조건이 많이 완화되어, 아키텐을 영국에 넘기고 300만 에퀴의 금화를 주며, 이를 보장하기 위해 왕자를 런던에 인질로 두는 조건으로 협상을 맺은 덕에 그는 프랑스로 돌아왔다. 그러나 얼마 후 왕자가 탈출했다는 소식을 듣자 장 2세는 기사도 정신을 발휘하여 스스로 영국에 포로로 갔으며 석 달 후에 (아마도 노환으로) 런던에서 죽었다.

1791년에 쓴 공동 저서에서 에티엔 클라비에르*와 자크 브리소**—프랑스 혁명기에 너무나도 유명해진 인물들이다—는 이 나라에서 물물교환이 특기할 만큼 광범위하다는 것에 주목했다. 그들은 감탄하는 어조로 이렇게 썼다. "똑같은 사람들의 손에서 끊임없이 들락날락하는 화폐를 쓰는 대신 이곳의 시골에서는 사람들이 필요로 하는 것들을 서로 직접 교환한다. 양복장이와 구두장이는 자신의 일을 필요로 하는 농부의 집에 직접 가서 일을 한다. 이 농부는 재료를 제공하고 수고비로 곡물을 준다. 이런 종류의 교환은 매우 광범위하게 확대되어 있다. 사람들은 양쪽에서 그들이 준 것과 받은 것을 기록해두었다가 연말에 아주 적은 양의 현찰을 가지고 그동안에 있었던 아주 다양한 종류의 교환을 결제한다. 유럽에서라면 이런 일들을 위해서 많은 화폐가 있어야만 했을 것이다." 그리하여 "현찰 없이도 중요한 유통수단이 만들어진다."[34]

물물교환이나 서비스의 대가를 현물로 지불하는 일을 젊은 아메리카의 진보적인 독창성으로 찬양한다니 꽤나 재미있는 일이다. 17세기, 그리고 18세기 유럽에서도 현물 지급은 아주 흔했는데, 이것은 그렇게 하는 것이 일반적인 규칙이었던 지난 과거의 유물이었다. (알퐁스 돕슈의 예를 좇아서)[35] 이와 같은 것을 계속 헤아린다면 끝이 없을 것이다. 졸링엔의 칼 제조업자, 광부, 포르츠하임의 직조공, 슈바르츠발트의 시계 제조공 겸 농민 등은 모두 식량, 소금, 직물, 놋쇠줄, 곡물 같은 현물로 보수를 받았는데, 이것들은 모두 지나치게 높은 가격으로 산정되었다. 이 트럭 시스템(요약하면 그것은 결

---

* Étienne Clavière(1735-1793): 제네바의 징세관이었다가 스위스 국내 사정으로 1782년에 아일랜드로 망명했다. 1789년 프랑스 혁명의 소식을 듣고 파리로 와서 미라보의 재정 문제 보좌역으로, 또 브리소와 함께 흑인 인권 운동가로 활약했다. 1793년에 지롱드 파와 운명을 같이하여 체포되었으나, 그들과 함께 처형당하는 대신 감옥에서 자살했다.

** Jacques-Pierre Brissot(1754-1793): 1788년에 "흑인 우애 협회"를 만들었고 노예 해방을 연구하기 위해서 아메리카를 여행했다. 프랑스 혁명 때 의원으로서 외교 분과에서 일했으며, 혁명을 수호하기 위해서 전쟁을 해야 한다고 주장했다. 국민공회 때 반대파에 의해서 숙청되어 도주했다가 붙잡혀 기요틴에서 처형당했다.

국 물물교환이다)*은 15세기에 독일, 네덜란드, 영국, 프랑스가 모두 알고 있던 것이다. 도시 당국의 관리는 말할 것도 없었고 신성 로마 제국의 독일인 관리도 봉급의 일부를 현물로 받았다. 그런데 바로 지난 세기에도 얼마나 많은 학교 선생들이 닭, 버터, 밀 등으로 봉급을 받았던가!36) 인도의 마을에서도 장인에게 언제나 식량으로 지불했으며(이 장인은 아버지 세대로부터 아들 세대로 대를 물리는 카스트에 속했다), 바라토(baratto : 물물교환)는 15세기부터 레반트의 기항지에서 대상인들이 가능한 한 그렇게 하려고 했던 현명한 규칙이었다. 16세기에 신용(credit) 전문가인 제노바인들이 유럽 전체의 환어음이 결제되는 이른바 브장송 정기시—아직 완성단계까지 발전하지는 못했다—를 청산소(clearings)로 만들려고 생각했던 것도 이와 같은 물물교환의 전통을 발판으로 한 것이다. 1604년에 한 베네치아인은 이런 정기시가 개설된 피아첸차에서 수백만 두카트의 자금이 교환되었지만, 실제로 "순금으로 된"37) 진짜 화폐는 오직 몇 줌밖에 되지 않는 것을 보고 대경실색했다.

유럽 이외의 지역 : 유치한 단계에 있는 경제와 금속화폐

원시적 경제와 유럽 사이의 중간단계에는 일본, 이슬람, 인도, 그리고 중국이 있다. 이 나라들은 활발하고 완전한 화폐생활로 향하는 도상에 있었다.

일본과 오스만 제국

일본에서는 17세기에 화폐경제가 만개했다. 그렇지만 일반 대중은 금화, 은화, 동화의 유통을 거의 모르고 지냈다. 이들에게는 다만 이전의 화폐인 쌀이 계속 화폐의 기능을 맡았다. 예컨대 청어 꾸러미와 쌀 꾸러미를 맞바꾸는 식이다. 그러나 여기에 변화가 시작되었다. 벼를 심지 않은 새 밭에 세금

---

* truck system : 노동자에게 현찰 대신 상품(특히, 식량)으로 임금을 지불하는 체제. 영어의 트럭 (truck : 교환하다)에서 나왔다.

을 물렸을 때 농민들은 이제 동화로 갚을 정도로 돈을 많이 가지게 되었다 (다른 것에 대해서는 아직 이전과 같이 부역과 현물 납부 체제가 계속되었다). 서부 일본의 쇼군 영지에서는 농민 조세의 3분의 1 정도를 화폐로 지불했다. 일부 다이묘는 곧 금은을 대량으로 보유하여 자신들이 거느리는 사무라이(다이묘에게 봉사하는 무사)에게 금화나 은화를 지불했다. 그러나 정부의 급작스러운 개입, 새로운 체제에 대한 적대감, 돈에 대해서 생각하지도 말고 말하지도 말라는 사무라이의 윤리 등의 이유로 이런 변화는 느리게 일어났다.[38] 농민적이고 봉건적인 세계와 대비되는, "화폐 경제권에 속하는 일본"은 최소한 정부, 상인, 도시라는 삼중의 구조라고 할 수 있다. 이는 실로 혁명적이다. 화폐제도가 어느 정도 완숙하게 되었다는 부인할 수 없는 표시는 (우리가 이미 알고 있듯이) 가격, 그중에서도 쌀 가격이 변동했다는 것과 농민이 화폐로 지불하는 부과금이 변동했다는 것, 혹은 "화폐를 늘리기 위해서" 1695년에 쇼군이 시행한 극단적인 화폐 평가 절하 같은 것을 들 수 있다.[39]

이슬람권은 대서양으로부터 인도에 이르는 지역에 화폐조직을 유지하고 있었지만, 구식이었고 자체의 전통에 매몰되어 있었다. 그것은 단지 활발한 교통로였던 페르시아라든가 오스만 제국, 그리고 예외적인 도시였던 이스탄불 등지에서만 어느 정도 발달했다. 18세기의 거대 수도인 이스탄불은 시장시세표상의 상품 가격과 종가세*인 통관세를 국가의 화폐로 정해놓았는가 하면, 서구의 모든 대중심지(암스테르담, 리보르노, 런던, 마르세유, 베네치아, 빈……)에 대해서 외환 거래가 이루어지고 있었다.

이곳에서 유통된 화폐로는 우선 금화로서 술타닌(sultanins), 혹은 폰두크(fonduc), 폰두키(fonducchi) 등이 있었고(전액, 반액, 또는 4분의 1 액수의 화폐가 있었다), 튀르키예의 피아스트라 화폐라고 할 수 있는 은화로서 그루크(grouck) 혹은 그루치(grouch)가 있었다. 파라(para)나 아스프르(aspre)는 명목

---

* 從價稅, ad valorem : 물품의 가격에 따라 세율을 정하는 조세. 종량세와 대비되는 개념이나,

화폐(monnaie de compte, 후술할 것이다)가 되었다. 1술타닌은 5피아스트라의 가치를 가지고, 1피아스트라는 1파라, 1파라는 3아스프르의 가치를 가졌다. 또 4분의 1아스프르의 가치를 가지는 멘키르(menkir) 또는 기에두키(gieduki)는 유통되는 최소액 실물화폐(은화 또는 동화)였다. 이스탄불의 이러한 활발한 화폐 유통은 그다음으로 바스라—이곳에 설치된 아르메니아의 상관(商館)이 활발한 교역을 수행하고 있었다—혹은 바그다드, 모술, 알레포, 다마스쿠스 등지를 통해 멀리 이집트와 인도에까지 영향을 미쳤다. 그것은 의심의 여지가 없다. 또한 화폐 가치가 어느 정도 떨어졌다는 것도 분명하다. 외국 화폐가 오스만 제국의 화폐에 대해서 프리미엄을 누리고 있었다는 뜻이다. 금화인 베네치아의 제키노 화*는 5.5피아스트라였고 은화인 네덜란드의 탈러 화,** 라구사의 에퀴 화는 60파라였으며, 또 카라 그루치(Cara Grouch)라는 오스트리아의 훌륭한 탈러 화는 101파라, 혹은 102파라까지도 나갔다.[40] 1688년의 베네치아의 한 문서에는 (이집트에 보낸) 스페인의 레알 화가 30퍼센트까지 이익을 볼 수 있다고 기록되어 있다. 1671년의 또다른 문서에는 제키노나 옹가리(ongari)를 베네치아에서 사서 이스탄불에 보내면 12-17.5퍼센트의 이익을 볼 수 있다고 했다.[41] 그 결과 오스만 제국은 서구의 화폐를 끌어들이게 되었다. 이 화폐들이 자국의 유통에 필요했기 때문이다. 한마디로 오스만 제국은 화폐의 수요자였다.

여기에서 또다른 흥미로운 점을 볼 수 있다. 레반트에서는 "[이곳에 도착하는] 모든 화폐를 구분 없이 모두 녹여서 금속 덩어리로 만든 후 페르시아나 인도로 보낸다." 거기에서 화폐들은 페르시아의 라린 화(larin)나 인도의 루피 화(roupie)로 주조되었다.[42] 이에 대해서는 적어도 1688년의 한 프랑스

---

* zecchino : 프랑스어로 스캥(sequin)이다. 원래 아랍어 세카(sekkah : 화폐 이름)에서 왔다. 13세기부터 베네치아에서 주조한 금화이며, 이탈리아 전역과 이슬람권에서 유통되고 모방되었다.

** taler : 15세기 말부터 19세기에 걸쳐 유럽 각처에서 통용된 은화. 특히, 독일에서는 장기간 화폐 단위로 삼았는데, 약 3마르크에 해당했다.

문서가 증언한 바 있다. 그렇지만 또 한편 이 시기 이전이든 이후이든, 이스 파한이나 델리에는 서구의 화폐가 온전한 형태로 도착했다. 페르시아의 경우를 보면 상인들이 가져온 모든 화폐를 주조소로 가져가서 라린 화로 재주조해야 하는 어려움을 겪었다. 그러므로 이 경우에는 상인들이 주조 비용만큼 손해를 보았다. 그렇지만 동아시아에서 일종의 국제화폐 역할을 했던 라린 화가 1620년까지 과대평가되었기 때문에 앞의 손해를 어느 정도 보상했다. 그러나 17세기에 이 화폐가 누리던 이와 같은 이익은 점차 레알 화에게 돌아가게 되었다. 그 결과 타베르니에의 시대에는 페르시아의 많은 상인들이 대규모 카라반이 출발하거나 페르시아 만의 선단이 출항하는 것을 이용해서 레알 화를 몰래 인도로 유출하여 자신들의 거래에 이용했다.[43]

인도

인도 대륙은 기원전부터 오랫동안 금화나 은화 사용에 익숙했다. 우리가 관심을 두는 기간에는 세 번, 즉 13, 16, 18세기에 화폐경제가 팽창했다. 그러나 그 어느 것도 완벽하거나 통합적이지 않아서 북부와 남부 사이에 대립이 지속되었다. 인더스 강과 갠지스 강의 연안에서 시작되는 북부지역은 무슬림이 지배했고, 남부의 반도지역에는 오랫동안 융성하던 비자야나가르 왕조를 비롯한 힌두 왕조들이 존속했다. 북부에서는 (제대로 기능하느냐는 다른 문제이지만) 은과 구리를 병용하는 이중 본위제가 자리를 잡았으나, 그 중 하급의 구리가 훨씬 더 중요했다. 은화—둥근 모양도 있고 네모난 모양도 있던 루피 화(또는 그 하급단위 화폐)—는 16세기에 등장했다. 이것은 경제생활의 상층에만 관련이 있었다. 그 밑으로는 구리와 아몬드가 쓰였다(이 이상한 원시화폐는 페르시아에서 비롯된 것이다). 악바르*가 주조한 모후르 (mohur)라는 금화가 있기는 했지만, 이것은 통용되지 않았다.[44] 그러나 남

---

* Akbar(1542-1605) : 인도 무굴 제국의 제3대 황제(재위 1556-1605). 데칸 지방을 제외한 인도 전체를 정복하고 제국의 전성기를 이룩했다.

부에서는 사정이 달랐다. 이곳에서는 금화가 데칸의 기본화폐였던 것이다. 그 밑의 층에서는 조개화폐가 쓰였는데, 약간의 은화와 동화가 이를 보충하고 있었다.[45] 금화는 서구의 용어대로 말하자면 "파고다(pagoda)"였는데, 지름은 작았지만 아주 두툼했다. 이것은 1695년에 "베네치아의 제키노 화만큼의 가치를 가졌으며" 그 금속은 "스페인의 피스톨 화(pistole)보다" 순도가 더욱 높았다.[46]

18세기에도 화폐의 혼란은 여전히 계속되었다. 수많은 주조소에서 화폐를 주조했다. 구자라트 주의 대항구인 수라트가 그중 가장 중요했지만, 유일한 곳은 아니었다. 명목가치와 금위가 같다면, 다른 화폐보다도 지방의 화폐에 프리미엄이 주어졌다. 주조를 자주 했기 때문에 제후들이 이해관계에 따라 간섭을 했으며, 이에 따라서 최근에 발행한 화폐의 가치를 더 높이 치게 되었다. 흔히 그렇듯이 최근 것이 이전의 화폐보다 실제가치가 떨어지는데도 높은 평가를 받았다. 따라서 제멜리 카레리는 상인들에게 이렇게 충고했다(1695). 은화를 "해당 지역의 화폐로 재주조하라.……그리고 특히 화폐 주형이 바로 그해의 것과 같도록 해야지, 그렇지 않으면 0.5퍼센트의 손해를 입게 된다. 이렇게 은을 가지고 화폐를 주조하는 것은 무굴 제국의 변경에 있는 모든 도시에서 쉽게 발견할 수 있다."[47]

인도에서는 금, 은, 구리, 카우리 그 어느 것도 나지 않았으므로 다른 나라의 화폐가 이 나라로 들어왔다. 이 나라의 문은 결코 닫히지 않았다. 이렇게 넘어들어온 외국 화폐야말로 인도 화폐의 핵심적인 재료가 되었다. 이러한 화폐 제조의 혼란을 틈타 포르투갈인은 인도 화폐와 경쟁관계에 들어갈 화폐를 주조했다. 이와 마찬가지로 (1788년까지) 바타비아의 루피 화, 나아가서 페르시아의 루피 화까지 생겨났다. 이것을 보면 마치 전 세계의 귀금속이 무굴 제국 및 이 제국 내의 국가들로 유입된 것 같다. 한 여행자의 설명을 들어보자(1695). "독자들은 세계에서 유통되는 모든 금과 은이 마치 그 중심지로 가듯이 결국 무굴 제국으로 들어간다는 것을 알아야 한다. 아메리카에서 나온 귀금속은 유럽의 여러 나라들을 돌아다닌 후에, 비단을 사는 대가로 지불되어 스미르나의 길을 통해서 일부는 튀르키예로, 일부는 페르시아로 간다. 그런데 튀르키예는 예멘이나 '행복한 아라비아'*로부터 들어오는 커피 없이는 못 산다. 그리고 아랍인, 페르시아인, 튀르키예인들은 인도의 상품 없이는 못 산다. 이 때문에 이들은 홍해를 통해서 많은 은을 바브 엘 만데브 해협 부근에 있는 모카나 페르시아 만 끝에 있는 바스라로 보내거나 반다르 아바스, 곰메론 등지로 보내고, 이곳에서 다시 그들의 배로 인도로 보낸다." 마찬가지로 네덜란드인, 영국인, 포르투갈인들이 인도에서 구매할 때에는 금과 은으로 결제했는데, "유럽으로 가져가려고 하는 상품들은 현찰을 주어야 인도인들이 내주기 때문이다."[48]

이 설명은 과장이 아니다. 그러나 세상에 공짜는 없는 법이다. 인도 역시 끊임없이 자신의 귀금속을 지불해야 했다. 이것이 인도의 삶이 어려워졌던 이유였고 동시에 이것을 보상해줄 산업들이 발달한 이유이기도 했다. 특히 구자라트 주의 직물업이 대표적이다. 직물업은 바스쿠 다 가마가 도착하기 전부터 인도 경제의 모터 역할을 했다. 그리하여 가까운 나라나 먼 나라로 직물을 다량 수출했다. 면직물 직공이 있었던 구자라트 주는 중세에 모직물 공업이 발달했던 네덜란드와 비슷한 모형으로 생각할 수 있다. 16세기 이후 이 나라는 거대한 산업화를 경험했으며, 산업화는 갠지스 지역으로 확대되었다. 18세기에는 인도산 면직물이 유럽을 휩쓸었다. 상인들이 이 직물을 대량으로 수입하다가 나중에는 유럽이 스스로 이것을 제조해서 오히려 인도 직물과 경쟁하게 되었다.

인도 화폐의 역사가 서구의 움직임을 따르는 것은 논리적으로 타당한 일

---

* Arabia Felix : 펠릭스(felix)는 라틴어로 '행복한, 번성하는'의 의미이다. 아라비아 반도의 남부지역, 또는 남서부지역이 다른 지역에 비해 토양과 기후와 산물이 좋은 데에서 이곳을 가리키는 말이 되었다. 이에 비해 중부지역은 '황량한 아라비아(Arabia Deserta)', 북서쪽은 '돌이 많은 아라비아(Arabia Petraea)'라고 한다

이다. 인도 화폐는 마치 원격조정을 당하는 것과 마찬가지였다. 1542년 이후 아메리카의 은이 유럽에 들어왔다가 다시 유출된 것은 마치 델리에서 은화를 다시 주조하기 위해서 이루어진 듯한 느낌이 들 정도이다. 마갈량이스 고디뉴*가 자세히 설명하는 바에 의하면, 루피 화는 스페인의 레알 화와 페르시아의 라린 화를 가지고 재주조했는데, 라린 화 역시 흔히 레알 화를 재주조한 것이다. 이와 똑같이 이곳의 금화는 아프리카산 금으로 만든 포르투갈 금화, 아메리카산 스페인 금화, 그리고 훨씬 더 흔하게는 베네치아의 제키노 화를 재활용한 것이었다.[49] 이렇게 귀금속이 새롭게 유입됨으로써 예전에 아시아에서 들여온 귀금속(중국, 수마트라, 모노모타파의 금, 일본과 페르시아의 은)이나 지중해에서 들여온 귀금속(베네치아의 금과 은) 등을 상대적으로 빠듯하게 공급받아 유지하던 화폐 상황이 크게 바뀌었다. 여기에 더해서 서양으로부터 홍해를 통해 소박한 양이나마 구리가 들어왔다. 그리고 벵골과 기타 다른 곳의 카우리라든가 페르시아로부터 구자라트 주로 수입한 아몬드와 같은 유사 화폐들도 풍부하게 존재했다. 금이나 은의 경우와 마찬가지로 포르투갈이 대량 수입해 들여온 구리를 모두 무굴 지배하의 인도가 흡수하자 구리의 유통도 교란되었다. 이런 현상은 리스본에서 구리가 귀해지다 못해[50] 결국 1580년 이후 완전히 동이 날 때까지 계속되었다. 중국과 일본의 구리 생산이 증가했음에도 불구하고 이후에는 인도에서 구리가 모자랐다. 자한기르**의 통치가 끝난 1627년경에 무굴 지배하의 인도에서는

---

* Magalhães Godinho(1633?-1712) : 포르투갈의 예수회 전도사, 작가. 포르투갈령 인도에 전도사로 파견되었다가(1650) 아주 긴 여행을 한 후에 귀국했다(1663). 수라트를 경유하고 페르시아 만에서 내륙으로 들어가 유프라테스 강을 따라 여행했으며 바빌로니아 유적을 본 소수의 유럽인이었다. 그는 이 경험을 여행기로 남겼다.

** Jahangir(1569-1627) : 무굴 제국의 황제(재위 1605-1627). 1605년에 제위에 오른 후, '세계의 지배자'라는 뜻의 자한기르라는 칭호를 썼다. 술, 아편, 정원의 꽃에 탐닉했던 그는 실제 통치를 페르시아 출신의 황비 누르자한과 인척들에게 맡겼는데, 그 결과 페르시아어가 공식 행정어가 되었고 페르시아의 시인, 예술가, 건축가들이 활발한 활동을 했다. 말년에는 제위 계승을 놓고 치열한 암투가 벌어졌으며 여기에서 승리한 샤 자한이 모든 경쟁자들을 살해했다.

이때까지 풍부했던 동화의 발행이 점차 뜸해지고 결국 은화가 거래에서 점차 더 중요해졌다. 반면에 카우리는 동화인 파이사 화(paysahs)를 부분적으로 대체하면서 새롭게 중요한 역할을 맡게 되었다.[51]

중국

중국은 우선 그 자체로 큰 덩어리이지만, 또한 가까이에 위치하여 중국이 의존하는 원시경제들의 세계—티베트, (대략 16세기까지의) 일본, 말레이 제도, 인도차이나 등이 그런 세계이다—한가운데에 있다는 점도 염두에 두고서야 이해가 가능하다. 예외가 법칙을 확인해주는 법이다. 우리는 일부 지역에 대해서 원시경제라는 이 일반적인 수식을 떼어버려야 한다. 화폐가 흘러들어가는 상업 중심지인 믈라카, 황금과 향신료의 도시들이 있는 수마트라의 서쪽 끝, 이미 상당히 인구가 많고 또 중국 모형을 좇아 카사*라는 구리화폐를 만들던 자바 섬 등이 그런 사례들이다. 자바 섬 같은 경우, 화폐생활은 아직도 초보적인 단계에 있었다고 하더라도 말이다.

따라서 중국은 아직 유아단계에 머물렀던 나라들 가까이에 있었던 셈이다. 일본에서는 오랫동안 쌀을 화폐로 사용했다. 말레이 제도와 인도차이나에서는 중국에서 수입하거나 모작했던 카사를 썼고, 구리로 된 동라(銅鑼), 사금, 주석, 구리 등을 무게를 달아 사용했다. 티베트에서는 사금을 쓰는 것 말고도 멀리 서양에서 들여온 산호를 화폐로 사용했다.

이 모든 것은 중국의 지체를 설명해주는 동시에 "지배적인" 그 화폐제도가 상당히 확고했다는 점 역시 설명해준다. 중국은 나태한 화폐의 역사를 가졌으면서도 큰 위험에 빠지지는 않았다. 이웃보다 더 높이 있다는 것만으로도 충분했던 것이다. 그러나 지폐라는 천재적인 발명품은 별개의 문제이나. 시폐는 대략 9세기부터 14세기까지 쓰였는데, 특히 중국이 중앙 아시아

---

* caixa : 카슈(cache), 카르(car), 카스(casse), 카시(cassie, casie) 등 여러 이름으로 불리던 구리화폐. 중국을 비롯해 시암, 자바 섬, 반탐 등지에서 통용되었다 이 책에서는 '카사'로 음역했다.

의 길을 통해 스텝 세계, 이슬람권, 서구에 동시에 개방되었던 몽골 시대에 효과적으로 쓰였다. 지폐는 국내의 성(省)과 성 사이에 지불 수단으로 편리했으며, 동시에 중앙 아시아 및 서구와 교역하는 데에 필요했던 은의 국외 유출을 막을 수 있었다(이 시기에 중국은 은을 수출하는 예외적 상태에 있었다는 사실도 지적해야겠다). 황제는 일부 세금을 지폐로 거두어들였고 (페골로티*가 회상한 바대로) 외국 상인들은 자신의 화폐를 지폐로 교환해야 했다. 이 지폐는 나라를 떠날 때 다시 바꾸어주었다.[52] 지폐의 사용은 13-14세기의 콩종크튀르에 대한 중국의 대응으로서, 구리나 철로 만든 무거운 카사화를 사용하는 시대에 뒤진 유통방식의 어려움을 극복하고 실크로드를 통한 외국 무역을 활성화시켰다.

그러나 14세기의 불황, 그리고 명나라의 성립을 가져온 농민봉기의 성공과 함께 서양으로 향하는 몽골의 길이 끊겼다. 지폐는 계속 발행했지만, 인플레이션이 일어났다. 1378년에는 17카사의 지폐가 3카사의 구리화폐와 같은 가치였다. 70년 뒤인 1448년에는 1,000장의 지폐가 3카사의 구리화폐와 같은 가치가 되었다. 이렇게 지폐의 인플레이션이 심해진 데에는 그 지폐가 증오의 대상인 몽골인의 지배를 회상시킨다는 사실도 한몫을 했을 것이다. 국가는 결국 손을 들었다. 이제는 사립 은행만이 지방적 필요를 위해서 지폐를 유통시키는 정도가 되었다.

이제부터 중국은 단 하나의 화폐만을 가지게 되었으니, 카사(caixa), 혹은 카슈(cache), 아니면 서구인들이 사페크**라고 부르는 구리화폐가 그것이다. 기원전 200년쯤에 등장한 이 오래된 발명품은 수 세기를 지나는 동안 약간의 변화를 겪었으며, 또 강력한 경쟁자에 대항하면서 계속 유지되었다. 그

---

* Francesco Pegolotti: 『상업실무(*Pratica della Mercatura*)』라는 책의 저자로 유명하다. 이 책은 그 시대의 상업과 여행의 모습을 구체적으로 보여준다. 바르디 가문을 위해서 일한 대리인으로서 안트베르펜, 브라반트, 런던, 키프로스 등지를 여행했다.

** sapèque : 말레이어 사페크(sapek)에서 나온 말이 서구에 전해져서 일반적으로 동양의 구리화폐를 가리키는 말이 되었다.

경쟁자는 소금, 곡물, 비단(8세기에는 정말로 심각한 경쟁자였다)과 쌀(지폐가 사라진 15세기에 다시 화폐로 등장했다) 등이었다.[53] 명나라 건국 초기에는 구리와 납을 6 대 4의 비율로 섞은 동전이 나왔는데, 이것은 "손가락으로 쉽게 부러뜨릴 수 있었다." 이 동전은 한 면에만 글씨가 써 있고 둥근 모양이었는데, 가운데에 사각형 구멍이 뚫려 있어서 끈을 꿰어 100개나 1,000개 단위로 묶을 수 있었다. 마갈량이스 신부(그는 1677년에 죽었고 그의 책은 1688년에 나왔다)의 말에 의하면 "끈으로 묶은 1,000개의 드니에 화(denier)가 1에퀴, 혹은 중국 단위로 1테일*이다. 그리고 은행이나 이런 목적으로 세운 공공 노점에서 이 교환비율을 지켰다." 물론 이 "드니에 화"가 너무나 작은 단위였기 때문에 모든 역할을 다 수행할 수는 없었다. 이것보다 상위 수준에서는 무게로 재서 사용하는 은이 일종의 상급 화폐 역할을 했다. (은도 그러했고, 아주 제한된 역할을 맡았던 금 역시 마찬가지로서) 이런 것들은 화폐가 아니라 금속괴였다. "이것은 작은 배[船] 모양을 하고 있었는데, 마카오에서는 파에스(paes), 즉 금이나 은으로 된 괴(塊)라고 불렀다." 마갈량이스 신부에 따르면, 금괴와 은괴에는 여러 종류가 있다. "금괴는 1, 2, 10부터 20에퀴, 은괴는 2분의 1, 1, 10, 20, 50, 그리고 때로는 100이나 300에퀴의 가치를 가진다."[54] 이 포르투갈 신부는 고집스럽게 "에퀴"나 "드니에"라는 말을 썼지만, 그 말뜻은 명확하다. 우리는 다만 테일, 즉 에퀴는 흔히 명목화폐라는 사실을 명확히 해두어야 한다. 이 문제에 대해서는 곧 다시 이야기할 것이다.

사실 이 정도 수준에서는 은만이 중요성을 가졌다. 안티몬을 섞어 "눈처럼 흰" 은은 중국에서 대규모 교역의 핵심적인 도구였다. 특히 명나라 시대(1368-1644)에는 화폐경제와 자본주의 경제가 활력 있게 진행 중이었고 산업적인 수공업 분야와 광업 분야가 발달했기 때문에 더욱 그러했다. 중국의

---

* taël, tael : 말레이어 타힐(tahil : 무게 단위)이 포르투갈어에 들어간 것, 그 말레이어는 원래 힌두어인 톨라(tola)에서 나왔으며, 루피 화의 무게를 가리키는 말이었다. 테일은 중국의 무게 단위인 '냥(兩)', 혹은 중국의 옛 은화를 가리킨다. 그 가치는 동전 1,000개에 해당한다.

탄광 러시(1596)와 그로부터 일어난 1605년의 스캔들*에 대해서 생각해보라. 이때에는 은에 대한 수요가 어찌나 컸던지 은과 금이 5 대 1의 비율로 교환될 정도였다. 마닐라의 갤리온선이 태평양을 횡단하여 누에바 에스파냐와 연결되었을 때 중국의 정크선들은 이들 배를 맞이하려고 분주했다. 마닐라에서 모든 상품은 멕시코산 은하고만 바꾸었는데, 그 규모는 대략 1년에 100만 페소 정도였다.[55] 세바스티앙 메르시에의 설명에 의하면 "중국인들은 그들이 그렇게도 원하는 레알 화를 얻는 데에 필요한 새로운 상품을 찾기 위해서라면 지옥에라도 내려가려고 할 것이다. 그들은 심지어 어눌한 스페인어로 이렇게 말하기까지 한다. '은은 피[血]이다(plata sa sangre).'"[56]

일상적인 거래**를 할 때에는 "은괴" 한 개를 통째로 사용할 수 없었다. 그래서 구매자는 "강철 가위로 은괴를 잘라서 쓴다. 이 가위는 이런 목적을 위해서 가지고 다니는 것이다. 즉, 그가 산 가격에 맞추어 은을 크고 작은 조각으로 나눈다." 각각의 조각은 또 무게를 재야 했다. 구입자와 판매자는 작은 대저울을 사용했다. 한 유럽인은 (1733년과 1735년 사이에) 이렇게 말했다. "중국인 치고 가위와 화폐 저울을 가지고 다니지 않는 사람은 거의 없다. 아무리 가난한 사람이라도 마찬가지이다. 트라펠린(trapelin)이라고 부르는 가위는 금과 은을 자르는 데 쓴다. 리탄(litan)이라고 부르는 저울은 무게를 재는 데 쓴다. 중국인이 어찌나 정확한지 흔히 2리아르의 은이나 5수의 금을 자르는 데도 두 번 다시 할 필요가 없을 정도이다."[57]

똑같은 사실을 이미 그보다 한 세기 전에 데 라스 코르테스 신부가 기록한 바 있는데(1626), 그 역시 중국인들이 이 이상한 지불방식에 대단히 익숙하다는 것에 놀라워했다. 그는 중국에서는 금속괴의 재질이라든가 그 순도를 알아내는 일을 삼척동자라도 할 수 있다고 말했다. 그리고 아이들은 허리춤에 밀랍이 가득 찬 일종의 방울을 가지고 다니면서 아주 작은 금속 부

---

* 1605년에 중국 정부는 전국적으로 탄광 개발을 금지시켰다.
** 소액 거래를 말한다.

스러기라도 주워 모았다고 한다. 금속 파편이 충분히 많이 모였다고 생각하면 밀랍을 녹이기만 하면 되었다.[58] 이 방식은 찬탄할 만하지 않은가? 우리의 첫 번째 증인은 주저하지 않고 여기에 동의한다. "유럽 화폐의 다양함을 생각해보자. 나는 중국인들이 금화도 은화도 가지고 있지 않다는 것이 유리한 점이라고 생각한다. 이 금속들이 중국에서는 상품으로 여겨지기 때문에, 이곳에 유입되는 양이 많더라도 금속화폐가 풍부한 곳에서처럼 식량과 상품의 가격을 크게 올리지는 못하기 때문이다.……게다가 중국에서는 모든 물품의 가격이 어찌나 잘 통제되는지 그 물품의 통상적인 가치 이상의 비싼 값으로 사는 일이 거의 없다. 단지 유럽인들만이 그들의 신용에 속는 얼간이이다. 중국인들은 흔히 유럽인들이 사는 물품을 중국에서 통용되는 가격보다 비싸게 팔기 때문이다."[59]

많은 역사가들이 세계에서 생산하는 은을 빨아들이는 "흡입 펌프"로 중국을 묘사하면서 온갖 말을 다하고 있지만, 사실 중국은 워낙 광대한 나라이기 때문에 그렇게 세계 각지에서 들어오는 은으로도 태부족이었다. 그 증거는? 8레알 화 한 닢이 얼마나 큰 구매력을 가졌는지를 보면 안다. (모양은 서로 다르면서도 똑같은 가치로 통용되는) 이 화폐는 지방에 따라 700-1,100카사의 가치를 가지고 있었다. 그러나 사실 우리는 이 말의 의미가 무엇인지 정확히 잘 모른다. 이보다는 다음의 설명이 훨씬 더 명확한 의미를 전해줄 것이다. 1695년에 은 함량이 아주 작은 이 화폐 한 닢을 가지면 "세계에서 가장 좋은 빵을 6개월 동안이나 먹을 수 있었다." 물론 이것은 서구에서 온 여행자 한 사람의 소비를 의미한다. 그리고 이 경우 중국에서는 밀가루를 높이 치지 않기 때문에 값이 매우 쌌다는 점도 작용했을 것이다. 또한 이 여행자는 이 작은 화폐 한 닢을 내면 "음식을 차려주는" 하인을 고용할 수 있었고, 1테일(1테일은 1,000카사였고, 이 시대에는 대략 8레알 화폐 한 닢과 같은 가치였다)을 주면 "성숙한 나이의" 중국인 하인을 부릴 수 있었다. 한편 카레리가 이렇게 고용한 하인은 그를 따라 베이징까지 가는 동안 "가족을 부양

하기 위해서 (한 번에) 8레알 화폐 네 닢을" 받았다.[60]

또한 염두에 두어야 할 것은 거대한 퇴장(退藏), 특히(부자들과 독직 관료들의 축재는 제쳐놓고서라도) 국고의 엄청난 퇴장이다. 이와 같이 고정자산화된 대규모의 은은 부분적으로 정부의 결정과 정책에 따른 것이었으며, 정부는 이 은을 물가 조정에 썼다. 이런 사실은 1779년 예수회 신부들의 편지에서 읽을 수 있다. 이에 따르면 청나라 시기에는 물품에 대한 은의 가치가 변화했는데, 이것은 곧 물가의 전반적인 상승을 뜻한다. 더구나 은이 엄격한 의미에서 화폐였든 아니었든 간에(물론 확실히 화폐가 아니었지만) 중국은 일종의 은-구리 이중 본위제 아래에서 생활을 영위했다. 이들 사이의 내부적 환율은 사페크 화(구리화폐)와 (중국의) 은 "1온스" 사이의 균형비율, 혹은 사페크 화와 서구 상인들이 파는 8레알 화(은화) 사이의 균형비율로 나타났다. 그런데 이 은과 구리의 환율은 날마다, 계절마다, 해마다 달랐고, 또 무엇보다도 제국정부가 명령하는 은과 구리의 방출량에 따라 변동했다. 제국정부의 목적은 정상적인 화폐 유통 체계를 유지하는 것이었다. 즉, 필요할 때마다 국고에서 금속을 방출하는 방식이었는데, 은 가치가 너무 높아지면 은을 방출하고, 구리 가치가 너무 높아지면 구리를 방출하여 은과 구리의 비율을 통상적인 기준치 이내에 들도록 했다. 중국인 예수회 신도들은 이렇게 이야기했다. "우리 정부는 은이나 구리화폐의 가치를 내리게도 하고 오르게도 한다.……정부는 제국 전체를 위해서 이 조치를 취한다." 정부가 모든 구리 광산들을 소유하므로 통제는 더욱 용이했다.[61]

그러므로 중국의 화폐는 "무차별적인", 혹은 중립적인 도구라고 말할 수 없었고, 물가가 언제나 감탄스럽게 안정되어 있었다는 말도 사실이 아니었다. 우리는 실제 어떤 가격—특히 쌀 가격의 경우가 그러했지만—은 변동하고 있었다는 것을 알고 있다. 18세기에 광저우에서는 유럽과의 교역 때문에 물가가 상승했다. 이것은 중국의 경제에 교묘하게 깊숙이 뚫고 들어간 이중의 혁명, 즉 화폐혁명과 신용혁명의 결과였다.[62] 피아스트라 화 경제와 결부된 연안경제는 사페크 화[동전] 경제와 결부된 내륙경제를 뒤흔들어놓았다. 사실 이 내륙경제는 일반적으로 생각하는 것처럼 그렇게 근본적으로 타성적이고 조용하지만은 않았다.

이제 독자들은 아마도 우리의 관점을 받아들일 것이다. 화폐의 관점에서 보면 중국은 인도보다 더 원시적이었고 덜 세련되었다. 그러나 그 체제는 완전히 또다른 일관성과 명백한 통합성을 가지고 있었다. 중국은 다른 세계 각국의 화폐와는 다른 화폐를 가지고 있었던 것이다.

화폐에 관한 약간의 규칙들

유럽은 나머지 지역과는 달랐으며 이미 괴물과 같은 존재가 되어 있었다. 유럽은 온갖 종류의 화폐를 경험했다. 최저층에서는 일반적으로 사람들이 말하는 것보다도 더 흔히 물물교환, 자급자족, 그리고 원시화폐에 의존했다. 이런 것들은 실제 화폐들을 아끼기 위한 오래된 궁여지책이나 임시변통이었다. 그러나 그 위의 상층에서는 금화, 은화, 동화 같은 금속화폐들을 사용했는데, 유럽은 이런 것들을 상대적으로 풍부하게 보유한 편이었다. 마지막으로 다양한 형태의 신용이 있었다. 그것은 "롬바르디아인"*이나 유대인 상인이 담보를 잡고 돈을 빌려주는 것부터 환어음, 혹은 대상업 중심지 상인들의 투기에 이르기까지 여러 가지가 있었다.

이런 것들은 유럽에만 한정된 것이 아니다. 다른 대륙의 부(富) 위에 거대한 그물을 펼치는 이러한 체제는 전 세계적인 차원으로 확대되었고 또 전 세계적인 차원에서 설명된다. 16세기에 아메리카의 "보물"**이 동아시아에까지 수출되어 지방화폐나 금속괴로 바뀌었으며, 이것이 유럽의 이익이 되었

---

* 담보를 잡고 소액의 돈을 단기간 빌려주는 사채업자. 이런 사채업자들이 모두 롬바르디아 출신은 아니지만, 관례적으로 그렇게 불렀다.
** 금은 등의 귀금속을 말한다.

다는 것은 결코 대수롭지 않은 사실이 아니다. 유럽이 세계를 삼키고 소화하기 시작한 것이다. 우리는 이 사실을 유감스럽게 회고하며 이 시대 유럽의 건강성을 의심하는 과거의 역사가들—그리고 심지어 오늘날에도 그렇게 생각하는—과 의견을 달리한다. 그들은 유럽이 동아시아 방향으로 끊임없이 화폐상의 출혈을 지속했다고 생각한다. 무엇보다도 유럽이 이 출혈 때문에 죽지는 않았다. 그리고 이것은 마치 한 도시를 포격해서 점령한 군대를 보고 포탄과 화약과 시간을 낭비했다고 말하는 것과 같다.

마지막으로, 세계의 모든 화폐는 서로 연결되어 있었다는 것을 지적해야 한다. 비록 각 지역의 화폐정책이 어느 특정 귀금속을 끌어들이거나 배척하려고 했기 때문에 그 결과로 여러 화폐가 연결된 것에 불과했다고는 해도 말이다. 그리고 이러한 화폐의 움직임의 영향은 때로는 엄청난 거리에까지 미쳤다. 마갈량이스 고디뉴는 15세기에 이미 이탈리아, 이집트, 동아시아의 화폐들이 마치 유럽 화폐인 것처럼 서로의 운동에 영향을 미쳤음을 보여주었다. 유럽이 이러한 세계 화폐의 일관된 구조를 자기 마음대로 재구성할 힘을 가진 것은 아니다. 유럽이 뚫고 들어가 자리 잡으려고 하는 곳마다 그 지방의 사정에 적응해야 했다. 그러나 아메리카 정복 이전부터 이미 유럽이 상대적으로 많은 귀금속을 차지하면서, 게임이 아주 빈번하게 유럽에 유리하게 전개되어갔다.

귀금속들 간의 싸움

하나의 금속화폐는 서로 연관성을 가지는 경화(硬貨)들의 집합이다. 한 경화는 다른 경화의 10분의 1, 16분의 1, 20분의 1 등의 가치를 가진다. 그리고 귀금속이든 아니든 보통 여러 금속을 동시에 사용한다. 유럽은 금, 은, 구리의 세 가지를 썼다. 이 다양성에는 불편함과 장점이 모두 있었다. 장점이라면 우선 교환에 따른 여러 다양한 필요에 응할 수 있다는 것이다. 각각의 금속은 그에 해당하는 경화들을 구비하여 일련의 거래를 맡게 된다. 금 한 가지만 사용하는 체제에서는 일상의 소액 거래를 처리하기가 어려울 것이고, 구리에만 한정된 체제에서는 고액의 지불을 할 때 아주 큰 불편을 겪을 것이다. 사실 각각의 금속은 자신의 역할이 있었다. 금화는 군주, 대상인(그리고 덧붙이자면 교회)에 한정되었고, 은화는 일반적인 거래에 쓰인 반면에, 동전은 최저층에서 사용했다. 동전은 재산이 적은 사람과 가난한 사람들이 사용하는 "검은" 화폐였다. 때로 구리에 약간의 은을 섞었는데, 이렇게 하면 아주 빨리 까맣게 변색되었다. "검은 화폐"라는 이름이 과연 합당한 이름이었던 것이다.

한 경제의 방향과 건강성은 그 경제에 지배적인 금속이 무엇인지를 보면 한눈에 짐작할 수 있다. 1751년의 나폴리를 보면 금은 국고 속에 퇴장되었고 은은 왕국 밖으로 유출되었다. 그리하여 동전이 빈약한 스톡에도 불구하고(은화가 600만 두카트, 금화가 1,000만 두카트임에 비해 동전은 150만 두카트에 불과했다) 중요한 거래를 처리했다. 동전은 빨리 유통되었고 어쨌든 "현지에 남아 있었기 때문이다."[63] 스페인에서도 마찬가지의 현상을 볼 수 있었다. 1724년에 "대부분의 지불은 '보조 동전(billon)'[구리에 약간의 은을 포함한 것]으로 했다. 이것을 운반하는 것은 아주 불편하고 비용이 많이 들었다. 게다가 이 동전은 무게를 달아 받는 것이 관례였다.……"[64] 정말 개탄할 만한 관례였다. 이 시기에 프랑스와 네덜란드에서는 이 보조 동전을 잔돈을 치르는 데에만 사용했다. 스페인은 표면적으로는 신대륙 은의 지배자였으나 유보조건에서 그러했다. 다른 강대국들이 이 먼 지역의 보물을 스페인이 차지하도록 놓아둔 것은 "모든 나라 공동의" 화폐로 유통시키는 조건으로 그렇게 한 것이다. 그러니까 실제로는 이 귀금속이 스페인을 떠나 타국에게만 이익이 된다는 것을 의미했다. 포르투갈과 금의 관계와 마찬가지로, 스페인은 자신의 식민지에서 산출되는 은에 대해서 "단순한 운하(運河)" 역할만 했다. 카레리는 1694년에 갤리온선들과 함께 카디스에 도착했다. 그는 이곳에서 하루에 "100척 이상의 배들이 포구에 도착하는 것을 보았는데, 이 배들은 서인도 제도로 보낸 상품의 대가로 은을 요구했다. 그래서 갤리온선으로 들어온 이 금속 대부분은 외국의 지갑 속으로 들어간다."[65]

반대로 크게 발전하고 있는 나라들에서는 금이나 은이 당당하게 자기 역할을 맡고 있었다. 1699년에 런던 상공회의소는 은화가 "금화보다 더 유용하고 더 많이 사용된다"고 주장했다. 그러나 곧 18세기에 금 인플레이션이 일어났다. 1774년에 영국은 금화를 사실상 법정화폐이며 일반 유통화폐로 인정했고 이제 은화는 다만 보조적인 역할만을 맡게 되었다.[66] 그러나 프랑스는 계속해서 은화를 기준으로 삼았다.

이런 것은 대략적인 법칙에 불과하며 명백한 예외들이 있다는 것은 말할 필요도 없다. 17세기 초에 대상업 중심지에서는 마치 페스트를 피하듯 동전을 피했지만, 포르투갈은 오히려 동전을 열심히 찾았다. 그 이유는 그들이 늘 그러듯이 이 동전을 희망봉 너머의 동인도로 보내버리기 위해서였다. 그러므로 우리는 표면만을 보아서는 안 된다. 심지어 금도 우리의 눈을 홀릴 수 있다. (아프리카산 금과 이집트의 금화를 이용하던) 오스만 제국하의 튀르키예는 15세기부터 금 기준 지역에 속했다. 그러나 1550년 이전에는 지중해 지역과 유럽에 금이 상대적으로 풍부했다. 그리고 튀르키예 역시 사정이 비슷했던 것은 그곳이 유럽의 은화가 동아시아로 가는 통과지역이었기 때문이다.*

게다가 (금, 은, 구리 어느 것이든) 어떤 한 화폐가 지배적 위치에 오르는 것은 여러 금속 사이에서 벌어지는 게임에서 비롯되었다. 이 체제의 구조는 경쟁을 내포했다. 물론 통상적으로 구리의 역할이 가장 떨어졌다. 동전의 가치가 동전에 포함되어 있는 금속량과 정확한 비율로 일치하지 않았기 때문이다. 이 화폐는 흔히 "지폐(또는 쿠퓌르[coupure], 즉 소액 지폐) 같은 성격"을 가진다. 그러나 놀라운 일이 일어날 가능성은 여전히 남아 있었다. 작은 가

---

* 유럽의 은화가 동아시아로 가는 통로 역할을 튀르키예가 하는 경우, 반대 방향으로 금이나 금화가 쉽게 들어오게 된다.

치를 가진다는 바로 그 이유 때문에 구리는 17세기에 유럽 전체에 기본적이고도 강력한 인플레이션을 전파하는 편리한 도구가 되었다. 그중에서도 특히 독일[67]과 스페인(1680년까지)[68]에서 심했는데, 경제적으로 질병에 걸린 상태여서 이 어려움에서 벗어나는 다른 방법을 찾지 못한 곳들이었다. 유럽 이외, 예컨대 1660년의 페르시아에서도 "반쯤 껍질이 벗겨져서 까치고기처럼 빨개진" 동전이 시장을 잠식하여 "히스판[Hispan, 즉 이스파한]에서는 나날이 은이 귀해져갔다."[69]

이쯤에서 우리는 구리를 논의에서 제쳐놓고자 한다. 그러면 금과 은이라는 가공할 만한 군주들만 남는다. 금은의 생산은 불규칙적이었고 결코 탄력적이지 못했다. 그 결과 경우에 따라서는 하나가 다른 하나보다 상대적으로 더 풍부했다가, 그다음에는 다소간 느린 속도로 상황이 역전되고, 그다음에는 또다시 상황이 바뀌는 일이 벌어졌다. 이로부터 소용돌이 같은 복잡성, 파국, 그리고 화폐의 앙시앵 레짐의 특징이라고 할 수 있는 느리면서도 강력한 맥박이 느껴졌다. "은과 금은 원수지간인 형제"라는 것은 잘 알려진 진실이다. 카를 마르크스는 이 공식을 그 나름대로 다시 취하여 이렇게 말했다. "은과 금이 둘 다 법적으로 화폐로서 유지되는 곳이면 어디에서든, 이 둘을 마치 하나의 똑같은 재료로 취급하려는 것은 헛된 일이다."[70] 이 논쟁은 끝없이 계속되었다.

이전의 이론가들은 같은 무게의 금과 은 사이의 가치에 대해서 금이 은의 12배라는 고정된 비율을 상정하려고 했다. 그러나 사람들이 "자연" 비율이라고 부르던 이 비율은 15-18세기 중에 결코 확립되지 못했으며 대략 이 비율 근사치에서, 그리고 더 흔히는 이 비율을 넘어서서 변화했다. 짧게 또는 국지적으로 바뀌는 변화는 현재 우리의 관심을 끌지 못하므로 이것을 고려하지 않는다면, 장기적으로 저울은 때로는 금 쪽으로 때로는 은 쪽으로 기울고는 했다.

장기적으로 볼 때, 13세기부터 16세기 중반, 대략 1550년까지 은의 가치는 상승했다. 조금 더 과감하게 표현하면 수 세기 동안 금의 인플레이션이 일어났다고 말할 수 있으리라. 유럽의 주조소에서 쓰이던 금은 헝가리, 알프스, 저 멀리 수단, 그리고 식민지 시대 초기의 아메리카에서 산출된 것이다. 그런데 금화는 가장 모으기가 쉬웠으므로 군주들은 금화를 가지고 자신의 계획을 추진했다. 예를 들면 샤를 8세는 이탈리아 원정 전야에 금화를 주조했고,[71] 프랑수아 1세와 카를 5세는 전쟁 비용으로 금화를 사용했다.

이렇게 금이 상대적으로 풍부한 상황에서 이익을 본 사람은 누구였을까? 당연히 은화나 은괴를 가지고 있었던 사람들이다. 그것은 다름 아닌 보헤미아와 알프스의 은광을 소유하던 아우크스부르크의 상인들이었으며, 그중에서도 왕관 없는 왕인 푸거 가문이었다. 이때에는 금보다 은이 확실한 가치를 가지고 있었다.

반대로 1550년부터 1680년까지, 아메리카의 은광에서 근대적인 기술인 아말감 법을 사용하면서부터 은이 풍부해졌다. 이제는 은이 주동이 되어 강력하고 지속적인 인플레이션을 유발할 차례였다. 금은 상대적으로 귀해졌고 가치가 상승했다. 1553년부터 안트베르펜에서 활동하던 제노바인처럼 일찍이 금을 취급한 사람들이 이익을 보게 되었다.[72]

1680년 이후부터는 브라질에서 사금 채취가 시작되면서 미약하나마 다시 균형이 뒤집어졌다. 이 세기 말까지는 차라리 안정화의 시기였다고 이야기해야겠지만, 뒤에서는 사소했던 움직임이 점차 강력해지기 시작했다. 독일의 프랑크푸르트와 라이프치히 정기시에서 두 금속 사이의 가치비율은 1701년에서 1710년 사이에 평균 1 대 15.27이었다. 그리고 1741년과 1750년 사이에는 1 대 14.93으로 바뀌었다.[73] 적어도 이제는 브라질 금이 유통되기 이전과 같이 은 가치가 하락하지는 않았다. 1720-1760년 사이에 세계의 금 생산량이 적어도 두 배로 증가했기 때문이다. 1756년경에 부르고뉴의 농민들 수중에 금이 다시 나타났다는 사실은 사소하지만 의미심장하다.[74]

이 느리고 장기적인 게임에서 어느 한 금속의 움직임은 다른 금속의 움직임을 이끌고 지배했다. 이것은 아주 단순한 법칙이다. 15세기 말에 상대적으로 풍부했던 금이 독일의 은광 개발을 불러일으켰다. 마찬가지로 1680년경에 브라질 금이 처음 비약적으로 채광되자 포토시 지방의 은광들(이 광산들이 개발되려면 그야말로 큰 자극이 있어야만 했다)과 더 나아가서 누에바 에스파냐의 은광들을 자극했고, 그리하여 과나후아토 광산, 그리고 극히 풍부한 광맥이 있던 베타 마드레 광산이 영광을 차지했다.

이 변동은 이른바 그레셤의 법칙과 관계가 있다(그런데 사실 영국의 여왕 엘리자베스의 고문이었던 토머스 그레셤이 이 법칙을 만든 것은 아니다). 그 내용은 잘 알려져 있다. 악화는 양화를 구축(驅逐)한다. 장기적인 콩종크튀르에 따라서, 금화나 은화는 차례로 덜 "좋은" 화폐의 역할을 하게 되었으며, 그리하여 투기꾼의 수중으로, 또 축재자의 털실 양말 속으로 양화를 몰아냈다. 이 현상은 가만히 놓아두어도 저절로 일어나는 일이지만, 여기에 국가가 시기가 좋지 않게 간여한 덕에 더 가속화되었다. 국가는 균형을 되찾으려는 희망을 가지고—그러나 실제로 그렇게 된 적은 거의 없다—화폐를 재조정하고 시장상황의 변동에 따라 금화나 은화의 가치를 올리느라고 애썼던 것이다.

만일 평가 절상이 경제적으로 옳다면 아무런 일도 일어나지 않거나, 혹은 적어도 상황이 더 악화되지는 않을 것이다. 만일 평가 절상이 지나치다면, 예를 들면 그것이 금화일 경우, 주변 국가의 모든 금화들은 금화의 가치를 더 쳐주는 문제의 국가로 몰려들어온다. 앙리 3세 치하의 프랑스, 티치아노 시대의 베네치아, 혹은 18세기의 영국이 그랬다. 만일 이런 상황이 지속된다면, 지나치게 과대평가된 금화가 악화의 역할을 할 터이고 은화를 구축해버릴 것이다. 이런 이상한 일이 흔히 베네치아에서 일어났고, 1531년 이후 시칠리아에서 계속해서 벌어졌다.[75] 베네치아나 시칠리아로서는 은을 아프리카 북부나 레반트로 보내는 것이 이익이 되었다. 겉보기에는 아무리 부조리해 보여도, 그리고 사람들이 어떻게 생각하든, 또 당시의 이론가들이 무슨 말을 하든 간에 이런 일들에 결코 아무런 이유가 없는 것이 아니다.

이 영역에서는 당시의 돌아가는 상황에 따라 그 어떤 변화라도 하룻밤 사이에 일어날 수 있었다. 1723년 파리에서 에드몽-장-프랑수아 바르비에*는 그의 일기에 이렇게 기록했다. "사람들은 상거래에서 금밖에 보지 않는다. 어느 정도인가 하면 1루이 금화를 [은화로] 바꾸는 데 20수의 수수료가 들 정도이다.……반면에 사람들은 루이 금화의 무게를 달아 거래하기 때문에……아주 큰 혼란이 야기된다. 사람들은 주머니에 정밀한 저울을 가지고 다녀야 한다."[76]

유출, 저축, 퇴장

유럽이든 유럽 이외의 지역이든 화폐제도에는 두 가지 불치병이 잠복하고 있었다. 하나는 귀금속이 외부로 유출되는 것이고, 또 하나는 저축이나 조심스러운 퇴장으로 인하여 귀금속이 숨어버리는 것이다. 그 결과는 마치 모터가 끊임없이 연료의 일부를 상실하는 것과 같다.

우선 귀금속은 유럽 내의 순환으로부터 빠져나와, 특히 인도와 중국 방향으로 끊임없이 흘러나갔다. 이 현상은 이미 로마 제국 시대부터 일어났다. 아시아의 비단, 후추, 향신료, 마약, 진주 등을 얻기 위해서는 금과 은을 지불해야 했는데, 이런 물품을 서구로 들여오기 위해서는 그 외에 다른 수단이 없었다. 이 때문에 유럽의 수지는 중국에 대해서 대략 1820년대까지도 적자였다.[77] 이것은 오랫동안 지속된, 그리고 단조롭고 구조적인 유출이었다. 귀금속은 레반트 항로나 희망봉 항로를 통해, 심지어 태평양을 가로질러 아시아로 흘러갔다. 16세기에는 스페인의 8레알 화 형태로, 17-18세기에는 페소스 두로스(pesos duros : "정화[正貨, duros]" 피아스트르라고 이름만 바뀌었을

---

* Edmond-Jean-François Barbier(1698-1771) : 프랑스의 연대기 작가. 그가 출간한 1718-1762년 동안의 『일기(*Journal Historique et Anecdotique de la Régence et du Règne de Louis XVI*)』가 유명하다. 이 작품은 당대 부르주아의 사고를 반영한다는 평가를 받는다.

뿐 8레알 화와 같은 것으로, 영속성의 또다른 모습이다)의 형태로 이루어졌다.*
출발지가 어디인지는 중요하지 않았다. 카디스의 만이든(이곳은 너무 넓어서
밀수에 적합했다), 피레네 산맥을 넘는 활발한 밀수업을 끼고 있는 바욘이든,
세계의 화폐들이 모여드는 암스테르담이나 런던이든……심지어 아메리카의
은이 프랑스의 선박을 통해서 페루의 연안에서부터 아시아까지 수송되기도
했다.

다른 유출통로는 발트 해를 통하여 귀금속이 들어가는 동유럽이었다. 밀
과 목재, 호밀, 생선, 가죽, 모피를 제공하면서 반대 방향으로는 적은 양만을
구입하는** 이 후진지역에 대해서 서유럽은 사실상 화폐 유통을 활성화시키
는 역할을 했다. 이것은 16세기에 나르바와의 교역에서 예고되었는데, 발
트 해로 난 이 모스크바 공국의 창은 1558년에 열렸다가 1581년에 다시 닫
혔다. 1553년에 영국인들이 시작한 백해(白海)의 아르한겔스크와의 교역 역
시 마찬가지였다. 그리고 18세기의 상트 페테르부르크의 교역 역시 아직도
같은 의미를 가지고 있었다. 외국 화폐를 들여보내야 반대 방향으로 원재
료 부역이 기대하는 대로 수행되었다. 고집스럽게도 이에 대한 대가를 직물,
천, 청어 등으로 지불하려고 했던 네덜란드인들은 결국 러시아 무역에서 누
리던 1등 자리를 상실했다.[78]

또다른 어려움으로는 금속화폐는 너도나도 가지고 싶어하는 대상이면서
도 수중에 남아 있어서는 안 되고 속도를 더하여 유통되어야 한다는 점이
다. 그러나 실제 자주 일어나는 일은 화폐 유통의 정체였는데, 이것은 유럽
내에서도 마찬가지였다. 그것은 여러 다양한 형태의 저축 때문이었다. 이에

---

* 스페인 및 스페인령 아메리카의 화폐제도는 금화와 은화를 본위로 했다. 금화로는 1에스쿠도
(escudo), 2에스쿠도, 4에스쿠도, 8에스쿠도(온사[onza]), 그리고 2분의 1에스쿠도(에스쿠디토
[escudito])가 있었고, 은화로는 레알, 2분의 1레알, 4분의 1레알(쿠아르티요[cuartillo]), 그리고
2레알, 4레알, 8레알이 있었다. 금화보다는 은화를 많이 주조했으며, 특히 중요한 것이 8레알이
었는데, 이는 특히 식민지 시대 아메리카에서 두로(duro), 또는 페소 푸에르테(peso fuerte), 페소
두로(peso duro, 모두 정화[正貨]의 뜻이다)라고 불렸다.
** 그 결과로 그 차액만큼 서유럽으로부터 동유럽으로 귀금속이 유입되었다.

대해서는 프랑수아 케네[79]를 비롯한 모든 중농주의자들이(그리고 훨씬 뒤에 케인스까지도!) 비판했다. 비논리적이고 상궤를 벗어난 저축인 퇴장은 영원히 열려 있는 심연으로서, "은에 굶주린" 인도에 비유될 수 있다.

중세 유럽인들은 귀금속과 황금장식에 열광했다. 그러다가 13세기경에, 아무리 늦어도 14세기 중반경에는 주조화폐에 대한 "자본주의적인" 새 열정이 일었다. 그러나 귀중품에 대한 이전의 열정이 멈춘 것은 아니다. 펠리페 2세 시대의 스페인 대귀족들은 상속인에게 금화 상자와 무수히 많은 금붙이들을 유증했다. 1582년에 죽은 알바 공작은 그다지 부자라는 평판도 없었지만, 그의 상속인들에게 600다스의 접시와 800다스의 큰 은쟁반을 남겼다.[80] 2세기 뒤인 1751년 나폴리에서 갈리아니*는 이 왕국 내에 퇴장되어 있는 화폐 스톡이 유통량의 네 배라고 추산했다. "사치가 만연함으로써 회중시계, 코담뱃갑, 칼이나 지팡이의 손잡이, 스푼, 나이프, 포크, 다완, 접시 등의 모든 은기가 너무나 일상화되어 믿을 수 없을 정도이다. 나폴리인들의 풍습도 이전의 스페인인들과 거의 유사해서, 스크리토리(scrittori) 또는 스카라바톨리(scarabattoli)라고 부르는 상자 속에 오래된 은기들을 보관하는 것을 가장 큰 즐거움으로 여긴다."[81] 세바스티앙 메르시에 역시 "금과 은으로 된 가구, 장신구, 은식기" 등 파리의 "가치 없고 게으른" 부 앞에서 마찬가지 거부반응을 보였다.[82]

이 주제에 대해서는 확실한 수치가 하나도 없다. 빌헬름 렉시스는 그의 오래된 저서에서 16세기 초에 퇴장된 귀금속과 유통 중인 귀금속 사이의 비율이 3 대 1이나 4 대 1 정도라고 생각했다.[83] 이 비율은 18세기에 변했음이 틀림없지만, 갈리아니가 말한 대로 4 대 1은 아니었을 것이다. 아마도 그는 귀

---

* Ferdinando Galiani(1728–1787) : 이탈리아의 외교관, 경제학자, 작가. 나폴리 국왕의 외교관으로서 파리에 주재하면서 백과사전파와 교유했다. 일련의 경제학 저서(『화폐론[*Della Moneta*]』[1748–1751], 『곡물 교역에 관한 대화[*Dialogues sur le Commerce des Bleds*]』[1770])를 쓰면서 중농주의자들을 비판했으며, 재화의 효용과 희소성에 따른 경제법칙을 만들었다. 그 외에도 여러 종류의 저서와 서한집을 남겼다.

금속의 수요가 단지 화폐만은 아니라는 사실을 보여주려고 너무 열심이었던 것 같다. 렉시스에 의하면 16세기에서 18세기 사이에 전체 귀금속의 양이 1 대 15의 비율로 그야말로 엄청나게 증가했다는데,[84] 우리가 알고 있는 예들은 이것이 틀리지 않았다는 것을 보여준다. 1670년에 프랑스의 화폐 유통량은 1억2,000만 리브르 수준이었으나, 1세기 후 프랑스 대혁명 직전에는 20억 리브르 수준이 되었다. 1570년 나폴리의 화폐 스톡은 70만 두카트였던 데 비해 1751년에는 1,800만 두카트였다. 17-18세기에 나폴리를 비롯해 이탈리아에서는 사용처를 발견하지 못해 노는 돈이 넘쳐나고 있었다. 1680년경 제노바에서는 은행가들이 더 나은 방도가 없어서 돈을 외국인들에게 2-3퍼센트의 이자율로 대부해주었다. 그리하여 갑자기 많은 종교 교단들이 이전에 5-6퍼센트 혹은 7퍼센트의 이자율로 빌린 빚을 갚기 위해서 이 기적의 샘에서 돈을 빌렸다.[85]

각국 정부 역시 이러한 퇴장(退藏)에 한몫을 했다. 교황 식스투스 5세*의 국고는 성 안젤로 성에, 쉴리 공작의 부는 아르스날**에 묻혀 있었고, 군인 왕 프리드리히 빌헬름 1세***는 부를 자신의 군대를 위해서만 쓰도록 했다. 그의 군대는 언제든지 타격을 가할 준비가 되어 있었으나(schlagfertig), 결코 타격을 가하는 일이 없었다. 이 모든 예들은 잘 알려져 있고 흔히 인용되고는 한다. 그 외에도 다른 예들이 있었으니, 다름 아니라 16세기 말부터 17세기 초에 설립되거나 재설립된 무척이나 조심스러운 은행들이었다. 여기에는

---

* Sixtus V(1520-1590) : 제225대 교황(1585-1590). 비천한 출신의 프란체스코회 수도사였으며, 추기경을 거쳐 만장일치로 교황이 되었다.

** Arsenal : 일반적으로 병기창을 의미하지만, 여기에서는 특히 1594년 파리에 세워진 것을 말한다. 원래 대포 제조 총감(grand maître de l'artillerie)의 저택이었으며 이 직책으로 쉴리 공작이 거주했다. 그후 이 건물은 루이 14세 및 다음 시대에 손질한 후 18세기에 도서관이 되었다가 1837년에 국립도서관(bibliothèque de l'arsenal)이 되었다.

*** Friedrich Wilhelm I(1688-1740) : 프로이센 국왕(재위 1713-1740). 일명 군인왕. 부국강병을 위해서 여러 정책을 추구했으나, 가장 대표적으로 신경을 많이 쓴 것은 그가 직접 통제하는 친위부대를 길러내는 것이었다. 많은 투자를 했지만, 정작 전쟁에서는 이 부대가 손상을 입을까 봐 전투에 투입하지 않았다고 한다.

권위 있는 암스테르담 은행도 포함된다. 1761년에 한 관찰자는 이렇게 말했다. "모든 돈은 현찰로 이 은행에 보관되어 있다.……이 은행에 묻힌 돈이 광산에 묻힌 것과 마찬가지로 유통에 쓰이지 못하는지를 여기에서 검사해보려는 것은 아니다. 다만 신용을 변질시키거나 성의를 손상시키지 않으면서도 이 돈이 상업에 유리하도록 유통시킬 방법이 있다고 확신한다.……"[86] 모든 은행들이 이런 비난을 받을 만했다. 다만 그렇지 않은 은행으로는 1694년에 설립된 영국은행이 있었는데, 우리가 보게 되듯이 이것은 그 나름의 방식대로 혁명적이었다.

명목화폐

많은 화폐들을 섞어서 쓰는 까닭에 명목화폐(monnaie de compte, money of account), 혹은 "상상의" 화폐가 필요했다. 화폐 상호 간에 어떤 공통의 척도가 필요하다는 것은 너무나도 지당하다. 명목화폐란 마치 시계의 시, 분, 초와 같은 측정단위이다.

만일 우리가 1966년의 어느 날 파리의 증권 거래소(Bourse)에서 나폴레옹 금화*의 가격이 44.70프랑이라고 말하면 이것은 그렇게 이해하기 어렵지는 않다. 그러나 첫째, 통상 일반 프랑스인들은 이 비율에 거의 신경을 쓰지 않으며, 이 옛 금화를 날마다 보는 것도 아니다. 둘째, 실제의 명목화폐인 프랑은 지폐의 형태로 사람들의 지갑 속에 존재한다. 그런데 1602년의 어느 달에 파리의 한 부르주아가 에퀴 금화의 가격이 66수(혹은 달리 말하면 3리브르 6수)라고 말했다면, 우선 이 부르주아는 일상적으로 살아가면서 금화나 은화를 직접 만져볼 일이 오늘날의 프랑스인에 비해서 훨씬 더 많은 사람일 것이다. 이 경화들이 그에게는 다름 아닌 유통화폐인 것이다. 반대로 그는

---

* 명목금액 20프랑짜리 프랑스 금화. 1803년(제1공화국)과 1805-1815년(제1제정)에는 나폴레옹 보나파르트의 모습을 새겨서, 그리고 1853년 이후(제2제정)에는 나폴레옹 3세의 모습을 새겨 주조했다.

결코 리브르나 솔(sol, 복수형은 수[sous], 리브르의 20분의 1), 드니에(솔의 12분의 1)를 보지 못할 것이다. 이것은 각각의 경화의 가치를 계산하거나 평가하는 데 쓰이고, 가격과 임금을 고정시키며, 상인의 장부를 작성하는 데 쓰이는 상상의 화폐이다. 예를 들면 장부상의 수치로부터 실제 지불의 단계로 넘어갈 때 이 화폐 단위들은 지방적인 것이든 외국의 것이든 그 어느 것이나 실제의 화폐로 환산할 수 있다. 100리브르의 부채는 실제의 금화, 은화, 그리고 필요하면 잔돈 지불을 위해서 동전을 가지고 지불할 수 있다.

루이 14세나 튀르고 시대의 사람들은 리브르 투르누아 화,* 수 투르누아 화 같은 동전을 손아귀에 놓고 만져볼 수는 없었다(드니에 투르누아 화는 1649년에 마지막으로 주조했다). 이런 명목화폐의 원래 경화들을 보려면 더 멀리 시간을 거슬러올라가야 한다. 사실 모든 명목화폐는 과거의 어느 때엔가는 모두 실제 화폐였다. 그런 것들로는 리브르 투르누아 화, 리브르 파리지 화, 파운드 스털링 화, 이탈리아 도시들의 리라 화, 그리고 1517년에 명목화폐가 된 베네치아의 두카트 화, 사람들이 이에 대해서 쓰는 바와는 반대로 1540년에 실제화폐의 기능을 멈춘 스페인의 두카트 화, 그리고 1266년에 성왕 루이가 주조하게 한 그로 은화가 그 기원인 플랑드르의 명목화폐 그로 화(gros) 등이 있다. 우리에게 익숙하지 않은 곳의 상황이 어떠했는지 알고 싶다면 18세기에 인도에 대해서 한 상인이 쓴 기록을 보면 된다. 이곳에서도 역시 같은 문제에 봉착해 있었다. "인도 전역에서 사람들은 30수의 가치를 가진 유통화폐인 루피 화를 가지고 계산한다[이렇게 이야기하는 사람은 프랑

---

* livre tournois : '투르에서 주조한 리브르 화'라는 뜻이다. 현대적인 화폐체제가 자리 잡기 이전에는 국왕만이 아니라 영주, 교회 등도 자체적으로 화폐를 주조할 수 있었다. 원래의 투르누아 계열의 화폐(리브르, 수, 드니에)는 투르의 생-마르탱 수도원에서 만들었다. 그러다가 프랑스 국왕인 필리프 오귀스트가 이 지역을 지배하면서, 국왕 화폐를 이곳의 주조수와 연관시켜 주조했다. 그후 이 화폐들이 더는 쓰이지 않게 된 때에도 프랑스 및 서구의 일반화폐에 관한 중요한 가치척도가 되었다. 즉, 다른 유통화폐들의 가치를 이 화폐로 나타내어, 명목화폐가 되었다는 이야기이다. 그러한 명목화폐가 하나가 아니라 여럿 있었는데, 리브르 투르누아 화는 명목화폐로서 리브르 파리지(livre parisis : 파리에서 만들어진 화폐)보다도 더 중요했다.

스인이므로 이 말은 30수 투르누아를 의미한다]." 그리고 그는 이렇게 덧붙였다. "이 화폐는 프랑스의 리브르 화, 영국의 파운드 스털링 화, 또는 플랑드르나 네덜란드의 그로 화처럼 상상의 화폐이다. 이 이상적인 화폐는 상거래를 처리할 때 쓰는데, 이것이 유통화폐인 루피 화인지 아니면 다른 나라에서 들어온 루피 화인지를 분명히 말해야 한다.……"87)

각국 정부가 끊임없이 실제화폐를 평가 절상하고 따라서 명목화폐를 평가 절하함으로써 실제화폐의 가치가 계속 올랐다는 것을 덧붙이면 완벽한 설명이 될 것이다. 독자들이 이 추론을 잘 좇아온다면, 리브르 투르누아 화의 부침을 잘 이해할 수 있을 것이다.

명목화폐라는 장치를 피할 수도 있었으리라는 점은 프랑스의 예가 보여준다. 1577년, 프랑스의 왕들 중에 가장 자주 헐뜯기의 표적이 된 앙리 3세*는 리옹 상인들의 압력에 못 이겨 리브르 투르누아 화를 재평가하기로 작정했다. 그러기 위해서 명목화폐를 금과 연계시키는 것이 가장 쉬운 일이었으리라. 이 약체 정부는 이제부터 거래의 계산을 리브르 화가 아니라 현찰 금화인 에퀴 화(3리브르, 혹은 60수)로 해야 한다고 결정했고 성공을 거두었다. 이것은 오늘날 프랑스 정부가 50프랑짜리 지폐가 이제 루이 금화와 같은 가치이며 이제부터 모든 거래의 계산을 루이 금화로 해야 한다고 결정하는 것과 마찬가지이다. (그렇지만 실제로 그렇게 결정하면 성공할 수 있을까?) 1577년의 작업은 앙리 3세의 암살(1589)에 뒤이은 음울한 해들까지는 성공했다. 그러고 나서는 외환 환율이 보여주듯이 모든 것이 탈이 났다. 진짜 에퀴 화

---

* Henri III(1551-1589) : 폴란드 국왕(재위 1573-1574), 프랑스 국왕(재위 1574-1589). 앙리 2세와 카트린 드 메디시스의 3남으로 태어났다. 프랑스의 종교전쟁기에 프랑스군을 이끌고 개신교도와의 전쟁에서 승리를 거두었다. 폴란드 국왕(이 왕위는 선거로 선출했다)의 후보로서 팍타 콘벤타(pacta conventa : 국왕의 권위를 귀족의 통제하에 두겠다는 내용의 칙령)를 발표했고 선거 결과 국왕으로 선출되었다. 그러나 그의 형 샤를 9세가 사망하자 프랑스 왕위를 얻기 위해서 크라쿠프에서 탈출했다. 당대인들은 그가 일관성이 없고 여성적이며 일부 귀족만 편애한다고 자주 비판했으나, 실제로는 명민하게 프랑스 통합에 주력한 훌륭한 인물로 평가받는다. 1589년에 암살당했다.

와 명목 에퀴 화 사이에 틈새가 벌어졌다. 명목 에퀴 화는 60수로 고정된 반면, 실제 에퀴 화는 63, 65수, 나아가서 70수 이상이 되었던 것이다. 1602년에 명목화폐가 리브르 투르누아 화로 되돌아간 것은 인플레이션을 인정한 결과였다. 그후 명목화폐는 다시 금과의 연계에서 떨어져나왔다.[88]*

1726년까지 이런 상황이 계속되었다. 루이 15세 정부는 화폐 변동의 장기 시리즈를 마감했을 뿐 아니라 리브르 투르누아 화를 다시 금에 연계시켰는데, 이제 이 체제는 약간의 변화를 제외하고는 더는 변화하지 않았다. 마지막 변화는 금이 자꾸 유출된다는 것을 핑계로 1785년 10월 30일 자로 금과 은의 비율을 지금까지의 1 대 14.5에서 1 대 15.5 이상으로 높인 것이었다.

이렇게 프랑스는 은 선호 경향에서 크게 벗어나지 않았다. 스페인이나 영국에서는 금과 은 가치의 비율이 1 대 16인 점을 보라. 이것은 하찮은 일이 아니다. 영국에서보다 프랑스에서 금이 쌌기 때문에 프랑스로부터 영국으로 금을 들여와서 영국의 주조소에서 주조하는 것이 수익성 좋은 사업이었다. 마찬가지의 이유로 은은 영국으로부터 반대 방향으로 유출되었다. 1710년부터 1717년까지 1,800만 파운드 스털링이라는 엄청난 금액이 유출되었다고 한다.[89] 1714년부터 1773년까지 영국의 조폐국에서는 가치로 보아서 은화보다 금화를 60배나 더 많이 주조했다.[90]

마침내 18세기에 유럽은 화폐 안정이라는 사치를 누렸다. 이때까지 높은 가치이든 낮은 가치이든 모든 명목화폐는 계속적인 가치 절하를 겪었고, 그 중에서도 리브르 투르누아 화나 폴란드의 그로 화 같은 일부 명목화폐들이 다른 명목화폐에 비해서 더 빨리 가치가 떨어졌다. 이 가치 절하는 우연한

---

* 이해를 돕기 위해서 다음과 같은 예를 생각해보자. 서울 올림픽 기념 주화와 같은 진짜 금화를 발행한다. 예컨대 금 한 돈쭝을 가지고 화폐를 만든 후 이것을 1만 원으로 정한다. 그러면 "금 한 돈쭝 = 1만 원"이라는 관계가 성립되어 화폐가치가 금 또는 진짜 금화와 연관된다. 그러면 예전에는 실제로 쓰였지만 지금은 기준단위로만 존재하는 명목화폐라는 개념이 필요하지 않게 된다. 그런데 인플레이션이 일어나서, 아무리 정부가 강요하려고 해도 진짜 금화 한 개가 1만 원권 지폐 1장이 아니라 2장의 가치가 되었다고 하자. 그러면 기준화폐와 실제화폐의 관계가 벌어져서 이 체제가 깨지고 만다. 프랑스에서의 화폐 실험은 대개 이와 같은 의미이다.

일이 아니다. 폴란드, 심지어 프랑스도 마찬가지로서, 이러한 원재료 수출국가들이 일종의 수출 덤핑을 했던 것이다.

명목화폐의 가치 절하는 규칙적으로 물가 상승을 자극했다. 경제학자 루이지 에이나우디*는 프랑스에서 1471년부터 1598년까지 물가가 627.6퍼센트 상승했는데, 그중에 리브르 투르누아 화의 가치 절하에 기인한 몫은 209.6퍼센트 이상이라고 계산했다.[91] 18세기까지 명목화폐는 계속해서 평가 절하되었다. 1621년에 죽은 후 6년 뒤에 나온 책에서 에티엔 파스키에**는 이미 이렇게 말한 바 있다. "평판이 좋지 않은 사람을 보고 옛 화폐처럼 가치가 하락했다(décrié)고 말하는 속담을 나는 좋아하지 않는다.……프랑스의 사정이 그러하듯이 옛 화폐가 새 화폐보다 낫기 때문이다. 새 화폐는 언제나 처음 수년간 가치가 떨어진다."[92]

금속의 스톡과 화폐 유통 속도

혁명 직전의 프랑스는 아마도 20억 리브르 투르누아 화의 스톡을 소유하고 있었을 것이다. 당시 인구를 2,000만 명 정도로 추산할 때, 한 사람당 100리브르씩을 소유했던 셈이다. 1751년의 나폴리에 대해서 이와 유사한 수치를 한번 구해보면, 전체 1,800만 두카트의 화폐 스톡이 있었고 인구가 300만 명이어서 1인당 화폐 보유액은 6두카트가 된다. 아메리카의 귀금속이 들어오기 전인 1500년에 유럽에는 아마도 2,000톤의 금과 2만 톤의 은이 있었던 듯하다(물론 이 수치는 극히 의심스러운 계산으로부터 구한 것이다).[93] 이것을 은으로 환산하면 대략 4만 톤의 은에 해당하고, 이때 유럽의 인구를

---

* Luigi Einaudi(1874-1961) : 이탈리아의 경제학자, 정치가, 이탈리아 공화국 초대 대통령(재임 1948-1955). 파시즘 시기에 스위스로 망명했다가, 1945년에 귀국하여 이탈리아 은행 총재, 총리, 재무부 장관 등을 역임하면서 인플레이션 문제를 해결했다. 1948년에 종신 상원의원이 되었다가 대통령이 되었다. 경제학과 정부에 관한 몇 권의 저서를 썼다.

** Étienne Pasquier(1529-1615) : 프랑스의 법률가이자 문필가. 『프랑스의 탐구(Recherches de la France)』라는 9권의 저서가 있는데, 단순한 백과사전적인 내용이 아니라 역사학적으로 중요한 내용으로 평가된다.

6,000만 명으로 추산하면 1인당 보유량은 약 600여 그램 정도라는 가소로운 수준이 된다. 공식적인 수치에 의하건대 1500년부터 1650년까지 서인도제도로부터 온 배들이 세비야에 내려놓은 귀금속의 양은 금 180톤과 은 1만 6,000톤이었다. 이 자체로는 어마어마한 것 같지만, 전체로는 역시 가소로운 수준이다.

확실히 크기는 상대적이다. 당대인들이 어떻게 생각했든 간에 미약한 수준에 있던 화폐 순환을 활성화하는 것이 문제였다. 화폐가 손에서 손으로 옮겨가면서―한 포르투갈 경제학자가 말한 바에 따르면(1761)[94] "폭포가 떨어지듯(cascader)" 하면서―화폐는 유통 속도에 따라 증폭된다(이 유통 속도는 베르나르도 다반차티*가 짐작했고 윌리엄 페티와 캉티용**이 밝혀냈으며, 특히 캉티용은 이 용어를 처음으로 사용했다).[95] 화폐가 손에서 손으로 이전할 때마다 새로운 계정이 해결되었는데, 이때 화폐는 오늘날의 한 경제학자가 말하듯이 "조립할 때의 볼트처럼" 교환을 완수한다. 이때 판매가나 구입가의 전액이 아니라, 단지 이것들의 차이를 결제하는 것이다.

1751년에 나폴리에서는 동전으로 150만 두카트, 은화로 600만 두카트, 금화로 1,000만 두카트(그중 300만 두카트는 은행에 있었다), 모두 1,800만 두카트가 통용되고 있었다. 그런데 1년간의 구입과 판매의 총액은 2억8,800만 두카트로 추산된다. 자체 소비, 현물 임금, 상호 교환 방식의 판매 등을 고려하면, 그리고 갈리아니가 설명하듯이 "우리 인구의 4분의 3을 차지하는 농민들은 소비의 10분의 1도 현찰로 사지 않는다"는 것을 기억한다면, 앞의 수치를 50퍼센트로 줄일 수 있다. 이제 다음과 같은 문제가 제기된다. 1,800

---

* Bernardo Davanzati(1529-1606) : 이탈리아의 문필가, 경제학자. 저서로 『환거래 소론(*Notizia de' Cambi*)』(1588), 『화폐론(*Lezione delle Monete*)』(1582), 『영국의 종교 분열의 역사(*Istoria dello Scisma d'Inghilterra*)』(1602)가 있다. 또한 타키투스 번역가이다.

** Richard Cantillon(1680-1734) : 아일랜드 출신의 은행가, 경제학자, 인구학자. 파리에 정착하여 로 체제의 경험으로부터 많은 것을 배웠다. 생산의 핵심요소(노동과 토지)가 재화의 가치를 결정한다고 주장했다. 중농주의자들과 애덤 스미스에게 영향을 미쳤다. 저서로 『상업론(*Essai sur la Nature du Commerce en Général*)』이 있다.

만 두카트의 화폐 스톡을 가지고 어떻게 1억4,400만 두카트의 거래를 해결하는가? 답은 이렇다. 각각의 화폐가 손에서 손으로 여덟 번 주인을 바꾸면 된다.[96] 화폐 유통 속도란 따라서 지불 총액과 유통화폐 총액 사이의 비율이다. 만일 지불 총액이 증가하면, 화폐가 "폭포가 떨어지듯" 일이 더 빨리 이루어질까?

어빙 피셔의 법칙이 문제 제기에 도움을 준다. 교환에 들어가는 생산량을 Q, 이것의 평균 가격을 P, 화폐량을 M, 유통 속도를 V라고 하자. 경제학을 공부하는 사람이라면 간단히 다음과 같은 방정식을 쓸 것이다. $MV = PQ$. 만일 지불 총액이 증가하고 화폐량이 일정하다면, (나폴리든 다른 곳이든) 해당 경제 내의 모든 것이 잘 조정되기 위해서는 유통 속도가 증가해야 한다.

그래서 16세기의 경제적 상승이 "가격혁명"을 동반했을 때 유통 속도는 어빙 피셔의 방정식의 다른 모든 변수와 똑같은 리듬으로 변화했을 것이다. 만일 넓은 의미에서(lato sensu) 생산과 화폐량과 물가가 다섯 배가 되었다면, 유통 속도 역시 아마도 다섯 배가 되었을 것이다.* 물론 여기에서 말하는 것은 평균적인 것으로서 단기적인 콩종크튀르의 변화(예를 들면 1580-1584년의 경제의 심각한 침체 같은)나 지역적인 변동을 배제하는 것은 아니다.

어떤 경우에는 반대로 화폐 유통이 비정상적이고 예외적인 속도에 이를 수도 있다. 갈리아니와 같은 시대에 산 어떤 사람의 말에 의하면 파리에서 1에퀴의 돈은 24시간 동안에 50번 손에서 손으로 넘어갈 수 있다고 한다. "……왕실에서부터 하루에 1수의 빵을 사는 거지에 이르기까지 이 나라의 모든 신분의 사람들이 돈을 지불하는 것을 1월 1일부터 12월 31일까지 합산하여 계산해보면 전국의 지출액이 파리 한곳의 지출액의 반도 못 될 것이다.……"[97]

이러한 화폐 유통은 경제학자들을 당혹하게 했다. 그들은 화폐를 모든 부

---

* $MV = PQ$에서 지불 총액(Q)과 가격(P)이 증가했다면, 좌변의 MV도 변할 수밖에 없다. 여기에서 Q, P, M이 모두 다섯 배가 되었다면 유통 속도(V) 역시 다섯 배가 되었으리라는 추론이다.

의 원천이요 "프로테우스"*라고 보았으며, 어불성설의 패러독스에 대한 설명이라고 보았다. 그중 하나를 보자. "1745년에 투르네가 포위되었을 때의 일이다. 모든 통신과 교통이 두절되었고 사람들은 화폐가 부족하여 어떻게 수비대에게 급료를 지불해야 좋을지 몰랐다. 사람들은 부대 매점에서 7,000플로린을 빌리기로 했다. 이것이 이곳에 있는 화폐의 전부였다. 1주일 후 이 돈은 모두 매점으로 되돌아왔고 그래서 다시 한번 이 금액을 빌렸다. 이 도시가 항복할 때까지 이와 똑같은 일이 7주일 동안 반복되었다. 그 결과 7,000플로린이 4만9,000플로린의 효과를 보았다.……"98) 우리는 1793년 5월부터 7월까지 있었던 마인츠의 (포위 기간 중의)** "임시화폐(monnaie obsidionale)" 같은 비슷한 예들을 많이 찾아볼 수 있다.99)

시장경제의 바깥에서

1751년의 나폴리 왕국으로 되돌아가보자. 유통 중인 화폐 스톡이 거래의 절반을 해결해주었다는 것은 대단한 일이지만, 그 나머지 역시 엄청난 것이었다. 농민이나 현물 임금(라드, 소금, 염장, 포도주, 기름 등)을 받는 노동자는 화폐에서 벗어나 있었다. 나폴리든 다른 어느 곳이든 직물 산업, 비누 제조업, 양조업 등의 노동자들은 임금을 받자마자 곧 써버림으로써 부차적으로 화폐 유통에 참여했다. 이 돈이 그들의 수중에 머무르는 시간은 손에서 입으로(delia mano alla boca) 가는 시간에 불과했을 것이다……. 1686년에 독일

---

* 그리스 신화에 나오는 인물. 과거, 현재, 미래의 모든 일을 알고 있으나, 가능한 한 누구에게도 말하려고 하지 않는다. 그에게서 알고 싶은 것을 들으려면, 그가 낮잠 자는 사이에 덮쳐서 그를 꽁꽁 묶어야 한다. 그래도 그는 아주 다양한 모습으로 변신하면서 도망가려고 한다. 그래도 놓치지 않고 꼭 붙들고 있으면, 결국 원래의 모습으로 되돌아와서 이야기를 해주고는 바다 속으로 뛰어들어가버린다. 그의 변화무쌍한 변신 때문에 때로 그는 이 세상을 만든 원초적인 질료의 상징으로 보기도 한다. 여기에서는 화폐가 부(富)의 원천이면서도 또 바로 그 때문에 진실한 원래 모습을 알기 힘들다는 것을 비유한 것으로 보인다.

** 프랑스 혁명 전쟁 중에 마인츠는 1792년에 퀴스틴 백작이 지휘하는 프랑스군이 점령했으나, 1793년 프로이센 군에 포위당했다. 프로이센 군은 클레베르 장군 휘하의 프랑스군이 영웅적으로 저항하는 것을 보고 이들이 항복했을 때 프랑스로 귀환할 수 있도록 허락했다.

의 경제학자인 폰 슈뢰터가 이미 말한 바와 같이 매뉴팩처의 공헌 중의 하나
는 "화폐를 더 자주 사람들의 손에서 손으로 넘어가게 만드는 것이다. 그러
면 더 많은 사람들에게 먹을 것을 제공하게 된다.……"100) 수송 분야 역시 비
록 보수가 적기는 했지만, 현찰로 지불했다. 이런 모든 것에도 불구하고, 다
른 곳에서와 같이 나폴리에서도 여전히 물물교환과 생존경제*가 활발한 시
장경제와 같은 수준에 위치했다.

핵심적인 단어는 바라토(barrato : 교환), 또는 바라타레(barattare : 교환하
다), 또는 다레 아 바라토(dare a baratto : 교환 방식에 의한 차입금)이다. 바라
토란 물물교환을 의미한다. 이것은 심지어 레반트 무역의 심층에서도 통용
되는 방식이었다. 15세기 이전부터 향신료, 후추, 오배자(五倍子) 등과 베네
치아산 직물이나 유리 제품을 교환하는, 다시 말해서 현찰 지불을 피하는
기술이 사용되었다. 18세기에 나폴리에서는 당국이 가격을 고정시켜놓고
(이 가격을 알라 보체[alla voce : 권고에 의한] 가격이라고 한다) 이에 따라 상
품 간에 직접 교환하는 일이 흔히 이루어졌다. 즉, 각각의 상품의 묶음을 화
폐로 추산하고 이 가치의 비율에 따라 교환했던 것이다. 1711년에 로마에
서 출판된 알레산드로 델라 푸리피카치오네 신부의 『실용 산수(*Arithmetica*
Pratica)』는 이런 문제들을 제시해서 학생들이 끙끙대도록 만들었다! 바라
타레는 삼률법**을 적용하는 것으로서 다음 중에 한 가지 경우에만 적용되
었다. 단순한 물물교환(예를 들면 밀랍과 후추의 교환 같은), 반은 돈으로 반
은 상품으로 하는 물물교환, 정기적인 물물교환(troc à terme, "결제일을 지정
하고 하는" 물물교환)……. 이런 계산법이 산수책에 나왔다는 것은 상인들 역
시 이러한 물물교환을 시행했다는 것을 보여준다. 이것은 환어음의 경우와

---

* 외부에 내다 팔 잉여를 전혀 생산하지 못하고 자가소비만 겨우 할 정도의 농업 생산만 이루어
  지는 경제.
** 三率法, regola di tre : 4개의 요소 중에 3개 사이의 비율이 알려져 있으면, 나머지 한 요소의 값
  을 알 수 있다는 법칙. a / b = x / c 일 때, x = ac / b 라는 초보적인 수학 내용과 같다.

같이 "이자를 감출 수 있게 해준다"는 것*을 우리는 알고 있다.

이 모든 것은 화폐가 활황이 아니었음을 밝혀준다. 우리가 그 이전 시대에 비해 천국과 같은 활황기로 생각하는 18세기에도 사정은 마찬가지였다. 그런데 화폐와 시장의 연결은 사람들의 모든 생활을 포괄하지는 못했다. 가난한 사람들은 이 그물망에서 벗어나 있었던 것이다. 1713년경, "현찰을 소유하지 못한 [부르고뉴의] 대다수 농민들은 화폐의 변동에 아무런 관심이 없다."[101] 이것은 모든 지역 농민들에게 거의 언제나 타당한 진리였다.

반면 다른 어떤 분야들은 대단히 앞서 있고 복잡한 크레딧(신용)과 연관되어 있었다. 그러나 이것은 아주 좁은 분야였다.

지폐와 크레딧

금속화폐와 함께 유통지폐(monnaie fiduciaire, fiduciary money)와 문서지폐(monnaie scripturale, scriptural money)가 통용되었다. 유통지폐는 은행권을 말하고, 문서지폐는 장부상에 "글씨를 써서", 즉 은행구좌 간의 이체를 통한 결제를 말하는데, 독일에서는 이것을 부흐겔트(Buchgeld)―장부화폐(帳簿貨幣)―라고 부른다. 경제사가들은 16세기부터 부흐겔트의 인플레이션이 일어났다고 말한다.

화폐(어떠한 형태이든 간에)와 크레딧(모든 종류의 크레딧 도구를 다 고려하여) 사이에는 분명한 경계가 있다. 크레딧은 시간 간격을 둔 두 개의 지급을 교환하는 것이다. 내가 너에게 서비스를 제공한다, 너는 나에게 후에 그

---

* 환어음은 개념적으로 두 가지 조건을 상정한다. 하나는 신용거래(한 사람이 다른 사람에게 일정액을 빌려주는 것)이고, 또 하나는 외환거래(빌린 금액을 다른 화폐로 갚는 것)이다. 즉, 어느 한 곳에서 빌린 돈을 훗날 다른 장소에서 다른 화폐로 갚는 것이다. 따라서 여기에는 다른 화폐 간의 교환비율(환율)이 개재된다. 당시 교회는 '이자'를 엄금했다. 그러나 현실의 상업세계에서는 이자를 주고받는 것이 필수 불가결했으므로 교회의 규제를 교묘히 피해가는 장치가 발달했다. 환어음이 그런 장치였는데, 돈을 갚을 때의 화폐 환율을 실제보다 약간 높게 계산하여 실제적으로 이자를 지불하게 만들었다. 그러면 표면적으로는 이자가 전혀 드러나지 않는다.

것을 갚아라 하는 방식인 것이다. 영주가 농민에게 가을걷이 후에 갚는다는 조건으로 밀 종자를 빌려주면 크레딧을 여는 것이다. 마찬가지로 술집 주인이 손님이 마신 술값을 그 자리에서 요구하는 것이 아니라 벽에 백묵으로 표시하는 방식("백묵으로 표시한 돈")으로 그 손님의 계정에 달아놓는 것이나, 빵집 주인이 빵을 주고 그것을 두 개의 나무조각에 금을 그어서 (하나는 빵집 주인이, 또 하나는 손님이 관리하고) 다음번에 갚도록 기록해놓는 것도 마찬가지이다. 상인이 농민에게 아직 밭에서 자라고 있는 곡물을 입도선매(立稻先賣) 방식으로 미리 사거나, 세고비아 등지에서처럼 목동에게 아직 털깎이를 하지 않은 양의 양모를 구입하는 것도 같은 것이다. 환어음(lettre de change, bill of exchange)의 원칙도 마찬가지이다.[102] 어느 곳에서든지—예컨대 16세기의 메디나 델 캄포에서—환어음을 파는[발행하는/역주] 사람은 그 자리에서 돈을 받았고 이 어음을 받은 사람은 다른 장소에서, 예컨대 석 달 뒤에 그 당시의 환율에 따라 계산한 금액을 지불받았다. 이익을 계산하고 위험을 예측하는 것은 본인이 해결할 문제였다.

그 당시 대다수 사람들에게 화폐가 "이해하기 어려운 비교(祕敎 : cabbala)"였다면,[103] 실체가 없는 이런 화폐, 단순히 장부상의 기재와 혼동될 정도로 서로 섞여버린 돈 장난은 단지 복잡한 정도가 아니라 악마 같았을 것이다. 1555년경에 리옹에 자리 잡은 이탈리아 상인은 책상 하나와 필기도구 하나를 가지고 엄청난 재산을 벌었는데, 이것은 화폐와 외환의 운용을 꽤 잘 이해하는 사람의 눈에도 완전한 스캔들로 비쳤다. 1752년에도 철학자이자 역사가이며 게다가 경제학자이기도 했던 지식계급 인사인 데이비드 흄(1711-1776) 역시 "새로 창안된 증서들", 즉 "주식, 은행권, 재무부 발행 증권"에 대한 철저한 반대론자였으며, 공채에 대해서도 반대론자였다. 그가 제시한 의견은 다름 아니라 당시 1,800만 파운드 스털링의 현찰과 함께 유통하는 것으로 알려진 1,200만 파운드 스털링의 지폐를 없애버리자는 것이다. 그의 말에 의하면 이것이 많은 귀금속이 새로 영국에 밀려들어오도록 만드는 확실한 수단이었다.[104] 로 체제에 대한 반대체제가 시행되지 못했다니 호기심 많은 우리의 입장에서는 얼마나 애석한 일인가(물론 영국의 입장에서는 애석한 것이 아니고 다행스러운 일이다)! 한편 세바스티앙 메르시에는 파리가 "런던 은행을 모형으로 하지 않는" 것을 개탄했다. 그는 파리에서 지나간 시대의 방식대로 현찰을 가지고 지불하는 광경을 묘사했다. "매달 10일, 20일, 30일 아침 10시부터 정오까지 돈이 가득 찬 전대를 짊어진 짐꾼들을 볼 수 있다. 그들은 이 짐 때문에 허리가 휘어질 지경이다. 그들은 마치 적군이 이 도시를 급습한 것처럼 뛰어간다. 이것은 아직 우리 나라[프랑스]에서 행복한 정치적 표시[은행권]가 만들어지지 않았음을 증명해준다. 그런 것이 만들어지면 귀금속을 대체할 것이고, 귀금속은 상자에서 상자로 이전되는 대신 부동성(不動性)의 표시가 될 것이다. 지불일이 닥친 환어음을 가지고 있으나 갚을 자금이 없는 사람은 얼마나 불행한가!" 이 광경은 비비엔 거리에만 집중되어 있었던 만큼 더욱 인상적이었다. 이 거리에는 "파리의 다른 모든 곳보다도 많은 돈이 있다. 이곳은 수도의 돈주머니이다."[105]

오래된 관행들

엄격한 의미의 화폐보다 한걸음 더 나간 것들이 있었다. 그중 어떤 것들은 정말로 오래되어서 그야말로 역사의 새벽이 동트기 전 어두운 밤중에 발명되었다. 이것들을 사용하는 것은 기껏해야 이전에 쓰던 기술의 재발견을 의미했다. 그러나 바로 그 많은 나이 때문에 보기보다 "자연스럽기도" 했다.

사실 인간이 글 쓰는 법을 알고 현찰화폐를 다루게 되자마자 곧 문서, 지폐, 약속어음, 배서(背書) 지시로 화폐를 대체했다. 기원전 20세기에 바빌로니아에서는 상인과 은행가 사이에 지폐와 수표가 사용되었는데, 그 감탄할 만한 정교함이 보여주는 근대성이란 과장이 아니다. 이와 비슷한 장치는 그리스에서도 볼 수 있었고, 헬레니즘 시대의 이집트에서도 볼 수 있었으며, 알렉산드리아는 "가장 빈번히 이용하는 국제 중개의 중심지"가 되었다. 로마는 아르겐타리(argentarii)라고 부르는 장부에 대변과 차변을 기록하는 당좌 계정을 알고 있었다. 그리고 환어음, 약속어음, 신용장, 수표 등의 모든 크레딧 도구들에 대해서는 이슬람권의 상인들—그들이 무슬림이든 아니든—이 알고 있었다. 옛 카이로의 시나고그에서 발견된, 게니자(geniza) 문서들*을 통해서 밝혀낸 기원후 10세기 이후의 상황으로부터 이를 알 수 있다.[106] 그리고 중국은 지폐를 9세기경부터 사용하고 있었다.

이 먼 과거의 선구적인 존재들을 보면 [우리가 다루는 근대 초의 화폐나 크레딧 도구들에 대해서/역주] 우리 자신이 순진하게 경탄한 것에 거부감을 느낄 것이다. 서구에서의 이 오래된 도구들의 재발견은 아메리카 대륙의 발견과는 다르다. 사실 금속화폐의 유통량이 빠듯한 모든 경제에서 제법 일찍 크레딧 도구들을 만든 것은 자연스러운 방향이며 변화의 논리적 귀결이다. 크레딧 도구들은 그 경제가 더 이상 어쩔 수 없어서, 그리고 그 경제가 완전하지 못했기 때문에 등장한다.[107]

13세기에 서구에서는 원격지 간의 지불수단으로서 환어음을 재발견했다. 그리고 이는 십자군과 함께 지중해 전역에 퍼졌다. 통상적인 생각보다도 더 일찍 환어음의 배서가 시작되었다. 즉, 수취인이 어음에 서명하고 그것을 양도했다는 것을 말한다. 물론 지금까지 알려진 것 중에서 최초의 배서가 이루어진 1410년의 환어음 유통 방식은 그후에 시행된 것과는 다르다. 초기의 관행처럼 환어음이 한 장소에서 다른 장소로 한 번만 이동하는 데에 한정되지 않자 새로운 진보가 이루어졌던 것이다. 기업가들은 환어음을 한 곳에서 다른 곳으로, 이 정기시에서 저 정기시로 옮겨다니게 만들었다.** 이것을 프

---

* synagogue : 유대교의 교회당. 게니자(geniza, genizah)는 시나고그에 붙어 있는 폐쇄 공간으로 함부로 버릴 수 없는 문서들(예컨대 '여호와'라는 말이 쓰인 문서)을 보존하는 데에 사용한다.

** 만기가 된 어음을 지불받는 대신 새로운 어음을 발행하여 유통시키는 것을 말한다. 대개 발행된 어음은 다음번 정기시에서 갚아야 한다. 그런데 만기일이 되었을 때 돈을 지불받을 사람이 돈을 받는 대신, 원래의 채무자가 다시 다음번 정기시에서 돈을 지불하겠다는 내용의 어음을 발행함으로써, 그 자신이 돈을 갚아야 할 사람에게 주어버린다. 이런 일이 몇 번이고 계속되면 환어음이 여러 정기시에 걸쳐 계속 갱신되며 유통된다.

랑스에서는 르 샹주 에 르 르샹주(le change et le rechange : 어음과 상환어음)라고 했고 이탈리아에서는 리코르사(ricorsa)라고 했다. 이 방식은 결국 크레딧의 연장을 의미하며, 17세기에 경제적으로 어려움이 가중되면서 일반화되었다. "기병대(cavallerie)"라고 부르는 유령 어음이 기업가들의 공모(共謀)로 재빨리 퍼져나갔고, 심지어 자기 자신에게 대해서까지 환어음을 발행하는 일도 흔해지면서 이제 환어음이 오용될 가능성이 활짝 열렸다. 사실 이런 오용의 사례는 17세기 이전에도 있었다. 우리는 1590년부터 푸거 가문에서 또 1592년 리옹 시장에서 재유통이 이루어졌다는 것을 잘 알고 있다. 그리고 새로운 혁신의 도시인 제노바에서는 이미 15세기부터 그렇게 해왔다.

은행권이 1661년에 스톡홀름 은행에서 처음 나타났다고 말하거나(사실 이 은행권은 곧[1668년] 발행이 중단되었다), 그보다는 사실에 가깝지만 1694년에 영국은행에서 처음 나타났다고 말해서는 안 된다. 이런 종류의 지폐는 수없이 많았다. 무엇보다도 영국에서는 1667년부터 은행권의 효시라고 할 수 있는 정부 발행의 명령권(order)이 많이 통용되었고, 그 이전인 17세기 중반에는 런던의 금은 세공업자들(goldsmiths)이 은을 예탁받고 그것의 증거로 내주는 문서인 "골드스미스 노트(goldsmiths' note)"—후에는 뱅커즈 노트(banker's note)라고 불렸다—가 유통되었다. 1666년에는 금은 세공업자 한 사람이 120만 파운드 스털링의 지폐를 발행하여 유통시켰다. 올리버 크롬웰 역시 이 크레딧을 이용했다. 은행권은 상업적인 용도에 의해서 거의 자발적으로 탄생했다. 1640년에 찰스 1세는 죽느냐 사느냐의 문제에 봉착해서* 시

---

* 찰스 1세는 재위 초부터 재정 문제로 어려움을 겪었고 의회가 국왕의 조세 수입에 자주 제동을 걸려고 했기 때문에 의회를 소집하지 않고 통치하려고 했다. 그러나 1640년 스코틀랜드에 영국 국교회를 강요하려다가 스코틀랜드 측이 봉기를 일으키자, 재정 문제를 해결하기 위해 의회를 소집해야만 했다(찰스의 4차 의회, 일명 단기의회). 그러나 의회가 국왕에게 돈을 마련해주지 않으려고 하자 국왕은 곧 의회를 해산시켰다. 그러나 국왕군이 스코틀랜드군에 패배하고 그 결과 스코틀랜드군에게 하루에 850파운드씩 지불하기로 약정하게 되어, 돈에 쪼들리게 된 국왕은 다시 의회를 소집해야 했다(찰스의 5차 의회, 일명 장기의회). 의회는 국왕이 일방적으로 의회를 해산시킬 수 없음을 스스로 천명하고 국왕을 견제하기 시작했다. 이것이 영국 내전으로 이어졌다.

내의 상인들이 런던 탑에 보관한 금괴를 압수했다. 그러자 상인들은 재산을 안전하게 보관할 장소로 금은 세공업자들의 창고를 발견했고, 그리하여 금은 세공업자들은 영국은행이 창설될 때까지 큰 돈을 벌었다.

그러나 이 영역에서 영국만이 앞서간 것은 아니다. 적어도 1586년부터 "산 조르조 금고"*는 빌리에티(biglietti : 지폐)를 발행했는데, 이 금고에 맡긴 물건의 성격에 따라 금이나 은으로 지불해주었다. 15세기부터 베네치아에서는 스크리타(scritta) 은행**이 교환, 환불이 가능한 지폐를 발행했다.

영국은행의 새로운 면모는 예탁과 계좌 이체의 기능 외에 의도적으로 발권 기능을 조직하여 가지게 되었다는 점이다. 그 결과 크레딧으로 많은 화폐를 발행했으며, 그 금액은 실제 예치액을 훨씬 상회했다. 이렇게 함으로써 영국은행은 화폐량을 대폭 증가시켰기 때문에 상업과 국가에 큰 공헌을 했다고 존 로는 말했다.[108]

문서화폐에 대해서는 곧 다시 이야기할 것이다. 그것은 은행가라는 직업이 만들어지면서부터 존재했다. 고객이 원하면 한 계정이 다른 계정을 보충하기도 했고, 은행이 동의하기만 하면 심지어 예금액이 모자라는 계정***도 가능했다. 따라서 이런 화폐는 이 책이 다루는 시기의 초반부터 이미 존재하고 있었다.

---

* Casa di San Giorgio : 제노바의 청산은행(clearing bank). 상인 간의 복잡한 채무관계를 정리하여 채권채무를 상쇄시키고 남은 잔액만을 서로 결제하는 기능을 맡았다. 이 은행은 일찍이 1407년에 세워져 실험적으로 이런 기능을 수행했으나, 1444년에 실패하고 문을 닫았다. 그러다가 16세기 후반에 상업이 크게 발달하면서 이런 종류의 청산은행이 이탈리아 여러 도시에 발달했으며 제노바의 이 은행도 1586년에 다시 문을 열었다(이때에는 산 조르조 은행이라는 이름이었다).
** 중세 말에 이탈리아와 남부 독일에서 발달하여 15-16세기에 널리 퍼진 "구좌 이체 은행"이라고 부를 만한 제도. 한 상인이 다른 상인에게 일정 금액을 지불해야 할 필요가 있을 때 양측 모두 이 은행에 구좌가 있으면 직접 현찰을 건네주는 것이 아니라 한쪽 구좌에서 다른 쪽 구좌로 해당 금액을 이체하는 방식으로 처리할 수 있게 했다.
*** 예금 잔액 이상으로 은행권을 발행한 계정을 말한다.

화폐와 크레딧

물론 증권과 지폐는 대중에게 친숙하지는 않았다. 흄의 생각을 다시 음미해 볼 필요가 있다. 프랑스에서는 프랑스 은행*이 뒤늦게 설립된 뒤에(1801) 그 은행권이 파리의 일부 상인과 은행가에게만 관심을 끌었고 지방 사람들은 거의 무관심했다. 아마도 존 로의 파산이 가져온 아픈 경험이 오랫동안 영향을 미쳤을 것이다.

그러나 지폐와 크레딧은 이런저런 형태로 화폐 유통의 큰 흐름에 섞여들었다. 배서한 환어음(이것을 소지한 사람이 약간의 확인하는 말과 서명을 한 후 양도하는 것이다. 그런데 오늘날 우리가 수표를 쓸 때와는 달리 서명하는 곳은 뒷면이 아니라—이곳에는 기재사항이 쓰였다—앞면이었다)은 **진짜 화폐처럼** 유통되었다. 심지어 공채 증권도 어디랄 것 없이—베네치아, 피렌체, 제노바, 나폴리, 암스테르담, 런던 등—판매되었다. 프랑스에서도 파리 시청이 보증하는 공채를 발행했다. 이것은 1522년에 도입된 후 수많은 우여곡절을 겪었다. 예를 들면 몽모랑시 원수는 1555년 11월 1일 토지(마리니 장원)를 사고 파리 시청이 보증하는 공채로 대금을 치렀다.[109] 펠리페 2세와 후계자들은 사업가들에게 진 부채를 갚는 데 십중팔구 액면가로 계산한 국채로 (en juros) 지불했다. 이 국채를 받은 사람들은 다시 그들이 제3자에게 진 부채를 갚는 데 이 "화폐"를 지불함으로써 그들의 직업이 가지는 위험과 쓴맛을 남에게 떠넘겼다. 이것은 단기 부채(국왕에게 대부해주는 아시엔토**)를 영

---

* Banque de France : 1800년에 나폴레옹이 파리에 세운 국립은행. 혁명 시기 동안 재정적인 격변을 겪은 프랑스 은행 체제에 안정을 기하기 위해서 세웠다. 이 은행은 부분적으로 국고의 지원을 받았으나 대부분 개인자본을 모아 설립했다. 그러나 처음부터 정부의 영향이 강했으며, 특히 총재의 인선을 통해 정부가 은행 통제에 개입하려고 했다. 주요 기능으로서 독점적인 발권 기능을 부여받았다. 처음에는 15년간 한시적으로 파리에서의 발권 업무만 맡았으니, 그후 (1848) 전국적인 발권 기능을 담당했다. 1946년 국유화되었다.

** asiento : 스페인 국왕과 개인이 계약하는 것을 모두 아시엔토라고 한다. 가장 유명한 것으로는 스페인령 아메리카에 흑인 노예를 공급하는 아시엔토 데 네그로스(asiento de negros)가 있다. 그러나 여기에서는 개인이 국왕에게 돈을 빌려주며 맺은 계약을 말한다.

구채, 혹은 종신 부채로 전환하는 것*을 의미했다. 그러나 이 아시엔토의 지분 자체는 양도, 유증, 분할되었으며, 공개적으로는 아니지만 시장에서 매매도 했다.[110] 유사한 사례로 암스테르담 거래소의 주식(action)이 있었다. 그외에도 서구의 모든 나라에서 볼 수 있듯이 도시의 자금이 농민의 밭, 포도밭, 가옥에서 나오는 수익에 대해 수많은 채권이 만들어지는 대단한 광경을 연출했다. 조금만 자세히 관찰하면 어디에서나 이 현상을 포착할 수 있었다. 심지어 시칠리아에서는 밀을 보관하는 창고 주인이 창고에 밀을 맡긴 곡물 주인에게 내주는 영수증(체돌레[cedole] : 프랑스어로는 세뒬[cédule])도 매매되었으며, 특히 창고 주인과 고위 당국의 공모로 가짜 영수증까지 나돌았다.[111] 마지막으로 하나만 더 이러한 예를 보자. 나폴리에서는 부왕(副王)이 곡물, 심지어 채소까지 수출할 수 있는 허가증(tratte)을 발행했다. 그런데 너무 많이 발행되어 베네치아의 상인들은 이것을 명목가격 이하로 산 다음 할인한 가격으로 세관에서 관세를 내는 데에 이용했다……[112] 이 어지러운 춤판 속에서 수많은 이름을 가진 수많은 종류의 다른 증권이 난무했음을 상상해보라. 금속화폐에 이상이 생겼을 때면 수단과 방법을 가리지 않았다. 그 결과 증권이 나돌거나 새로운 것이 발명되었다.

파리에서는 "주목할 만한 일이 일어났다. 1647, 1648, 1649년에 장사하는 데 돈이 어찌나 모자랐는지 지불을 하기 위해서는 4분의 1만 현찰로 주고 4분의 3은 지폐나 환어음으로 주게 되었다. 환어음은 서명란을 공란으로 둔 채 주어서, 말하자면 지불보다는 배서용으로 쓰도록 했다. 따라서 장사꾼, 대상인, 은행가들이 이것들을 일일이 다 갚는 것이 아니라 나중에 서로 상쇄

---

* 국가나 국왕에게 목돈을 빌려준 채권자가 원금을 한번에 돌려받는 대신 일정한 소액을 정기적으로 받는 방식을 말한다. 계약에 따라 채권자가 죽을 때까지 받거나 혹은 영원히 계속받았다(이론상으로는 아들, 손자, 증손자……등으로 계속받는다). 프랑스에서도 이런 방식의 국가 채무 방식을 이용했다. 이때에는 파리 시청이 지불 보증(즉, 국왕이 지불하지 못하면 파리 시가 대신 갚는다)을 해주었다. 그러나 스페인의 경우에는 이런 보증이 없이 단지 국왕이 갚을 의사가 있어야만 갚는 것이었는데, 실제로는 채무 부담이 크면 국가가 스스로 파산선고를 내려 모든 채무변제를 거부해버렸다. 16세기 후반부터 펠리페 2세는 여러 차례 이런 파산선고를 했다.

하는 관행이 생겼다."113) 이 문구는 설명이 필요하지만(예를 들면 서명란을 공란으로 둔다는 것이 무슨 뜻인가?) 이 문헌에서 흥미로운 것은 그보다는 화폐가 모자라면 사람들이 크레딧에 의존한다는 사실이다. 그것은 임기응변의 방책이었다. 그리고 바로 이 점을 윌리엄 페티가 그의 이상한 저서 『화폐에 관한 관툴룸쿰크(*Quantulumcumque Concerning Money*)』(1682, 우리 마음대로 번역하면 『화폐에 대해서 이야기할 수 있는 약간의 것』이 되리라)에서 말하고 있다. 그는 이 책에서 질문과 대답의 형식으로 이야기를 이끄는데, 그 중에 문제 26번을 보자. 우리에게 화폐가 너무 부족하다면, "해결책은 무엇인가?" 이에 대한 대답은 "우리는 은행을 세워야 한다"이다. 크레딧을 만들어내는 기계, 기존 화폐의 효과를 높이는 기계인 은행을 세우자는 것이다. 끊임없이 전쟁에 휘둘리던 루이 14세는 은행을 만들 수 없었으므로 징세관들, "수세(收稅) 청부업자 및 징세 청부업자들"의 도움에 의존해야 했다. 이들은 국왕에게 국경 밖에서 치르는 전쟁에 필요한 엄청난 자금을 환어음을 통해서 빌려주었다. 사실 이들은 자신의 돈과 함께 제3자가 자신들에게 맡긴 돈까지 빌려주었다. 그러고는 나중에 국왕의 수입으로부터 돈을 되돌려 받았다. 국왕으로서는 자신의 왕국에서 귀금속이 고갈되어가는데, 달리 어떻게 할 수 있었겠는가?

언제나 금속화폐가 문제였다. 금속화폐는 자기의 책무를 이행하는 데 느릿느릿하거나 아니면 (퇴장되어) 자취를 감추었으므로, 강제로 유통되도록 화폐를 강요하거나 다른 것으로 대체해야 했다. 화폐가 부족하거나 혹은 기능에 이상이 생기면 언제나 같은 종류의 일들이 임기응변으로 일어났다. 그리고 그런 사태들을 통해서 화폐의 본질에 대한 심사숙고와 가설들이 등장했다. 도대체 화폐란 무엇인가? 그러나 곧 화폐를 인위적으로 만들어냈으니, 화폐의 대체물(ersatz)이라고 할 수 있는 것으로서, 조작된, 그리고 "조작할 수 있는" 화폐였다. 은행의 창립을 고안한 사람들, 그리고 스코틀랜드인인 존 로 역시 점차 "화폐—그리고 화폐적인 의미에서의 자본—를 마음대로 제조하거나 창안할 수 있는 이런 발견이 경제적으로 가능하다는 것"을 의식하게 되었다.[114] 이것이야말로 센세이셔널한(연금술보다도 더 센세이셔널한!) 발견이었으며, 대단한 유혹이 아닐 수 없었다! 그리고 우리에게는 앞 길을 밝혀주는 큰 등불이 아니고 무엇이겠는가! 금속화폐가 굼뜬 것—다르게 말하면 점화하여 엔진을 시동하는 데에 실패한 것—이 오히려 경제생활의 첫새벽에 은행가라는 필요한 직업을 만들어냈다. 은행가는 고장난 엔진을 수리했거나 아니면 수리하려고 시도했던 사람이었다.

슘페터 : 모든 것이 화폐이고 모든 것이 크레딧이다

이제 우리는 가장 어려운 마지막 단계의 논의에 이르렀다. 금속화폐와 보조화폐, 크레딧 도구 사이에 절대적인 성질의 차이가 있는가? 처음에는 이것들을 구별하는 것이 정상이다. 그러나 곧 서로 근접시키고 종국에는 융합시키는 것이 편하지 않겠는가? 그렇게도 많은 논쟁의 문을 연 이 문제는 또한 근대 자본주의의 문제이기도 하다. 자본주의는 이 영역에서 날개를 폈고, 자신의 도구를 발견했으며, 심지어 그것을 "자신의 존재의식"으로 규정했다. 물론 이 논쟁을 여기에서 찬찬히 다 살펴볼 수는 없다. 우리는 뒤에 다시 이 문제를 보게 될 것이다.

적어도 1760년까지 모든 경제학자들은 화폐 현상을 그 처음의 모습 속에서 파악한 그대로 분석하려고 주의를 기울였다. 그다음에 19세기 내내, 그리고 그 이후에 케인스의 혁명에 이르기까지 화폐를 경제적 교환의 중립적 요소로 여기거나 아니면 베일로 보려는 경향이 있었다. 베일을 걷어내고 그 뒤에 가려져 있는 것을 밝혀내는 것, 이것이 "실제(real)"* 경제학적인 분석이 취하는 관습적인 태도였다. 그것은 화폐를 자체의 구체적 특성을 가진 것으로 보는 것이 아니라, 재화와 용역의 교환, 지출과 소득의 흐름 등 화폐 현상 아

---

* 화폐경제에 대비한 실물경제를 의미하며, 본문에서 말하는 당대의 경제학적 사고에서 보자면 이것만이 "진짜" 경제를 의미했다.

래의 잠재적인 현실로 보는 것이다.

첫 번째 시기로서 우선 1760년 이전의 옛날 방식의 ("유명론[唯名論]적인") 관점을 받아들이도록 하자. 그리하여 낡은 중상주의 시각을 일부러 견지해 보자. 이 시각은 화폐에 특권적 지위를 부여했다. 이에 따르면 화폐는 그 자체가 부(富)이다. 그것은 마치 물과 같아서, 그 힘만으로 교환을 일으키고 완성하며 수량(水量)이 교환을 가속시키기도 하고 지체시키기도 한다. 화폐, 혹은 화폐 스톡은 양(mass)이면서 동시에 운동(momentum)이다. 양이 늘거나 운동이 전체적으로 가속화하면 결과는 거의 같다. 즉, 모든 것이 상승한다 (가격이 오르고, 그보다 느리게 임금이 오르고, 거래량도 증가하는 등). 반대의 경우에는 또 결과도 반대로 나타난다. 그런데 이런 조건에서 만약 상품 간에 직접 교환이 일어나거나(물물교환), 보조화폐가 원래 의미의 화폐 없이 거래를 이루거나, 크레딧이 거래를 원활하게 하면 운동량이 증가했다고 결론을 내려야 할 것이다. 간단히 말해 자본주의가 사용하는 모든 도구가 이러한 방식으로 화폐의 게임에 들어간다면, 그것들은 유사(類似) 화폐(pseudo-monnaie)이기도 하고 진짜 화폐이기도 하다. 그후에는 캉티용이 처음으로 이에 대해 말한 바와 같이 일반적인 "화해(réconciliation)"가 이루어진다.

그러나 만일 모든 것이 화폐라고 주장할 수 있다면, 마찬가지로 모든 것이 크레딧이라고도 주장할 수 있다. 크레딧은 약속이며, 기한이 되면 실체가 된다고 주장할 수 있다. 루이 금화 역시 수표처럼 일종의 약속이다(개별 계좌에 대응하여 발행하는 진짜 수표는 주지하다시피 영국에서 18세기 중반에야 일상적으로 실용화되었다). 즉, 이것은 수중에 넣을 수 있는 모든 구체적인 재화와 용역에 대해서 발행한 수표인 셈이며, 내일이든 그 훗날이든 언젠가 내가 그중에서 선택하게 될 것이다. 바로 이때에 이 한 개의 경화(硬貨)는 내 삶에 한정해서는 그 운명을 다하게 된다. 그것은 조지프 슘페터가 말한 바와 같다. "화폐는 크레딧 도구에 다름 아니다. 그것은 소비재라는 종국적인 지출을 가능하게 해주는 결정적인 지불 수단이다. 오늘날[1954] 이 이론은 물론 다양한 형태를 띠고 있고 더 세련되어야 하겠지만, 어쨌든 널리 퍼진 이론이라고 할 수 있을 것이다."[115] 간단히 말해서 이 소송은 이쪽 저쪽 모두가 변론할 수 있다. 그리고 양쪽이 모두 틀린 것이 아니다.

화폐와 크레딧은 언어이다

원양 항해나 인쇄술처럼 화폐와 크레딧은 기술이다. 더구나 반복해서 만들어지고 스스로 영속화하는 기술이다. 그것은 모든 사회가 그 나름의 방식대로 말하고 있고 모든 사람들이 배워야만 하는 단일하고 동일한 언어이다. 물론 읽기와 쓰기를 배우지 않을 수도 있다. 고급 교양층만이 문자 생활을 영위한다. 그러나 셈을 못 하면 살아남지 못할 위험에 빠진다. 일상생활에서 숫자는 의무교육에 속한다. 어느 정도라도 진화된 사회라면 차변과 대변, 물물교환, 가격, 시장, 화폐 가치의 변동과 같은 단어들로 둘러싸이고 제약을 당한다. 이 기술들은 전례(前例)와 경험을 통해서 강제적으로 전달되는 사회적 유산이다. 그것들은 일생 동안, 수 세대를 지나면서, 그리고 수 세기를 통해서 매일같이 사람들의 삶을 결정한다. 그것들은 전 세계적인 인간 역사의 환경이다.

또한 어느 사회에 인구가 많아지고, 도시들의 요구가 많아지고, 교환이 증대하여 사회의 움직임이 무거워지면 거기에서 솟아나는 문제들을 해결하기 위해서 언어도 복잡해진다. 다시 말해서 이 확산성 있는 기술들이 무엇보다도 자기 스스로에 대해서 작용하며, 스스로 탄생하고, 자신의 운동에 의해서 변화한다는 뜻이다. 9-10세기에 한참 기세를 올리던 이슬람 세계에서 이미 오래 전에 알려져 있던 환어음이 서구에서는 12세기에 등장했다. 이것을 보면, 결국 지중해 전체 세계, 혹은 이탈리아 도시들로부터 샹파뉴 정기시의 도시들에 이르는 아주 먼 거리까지 화폐를 옮겨야 할 필요가 있었다는 것을 알 수 있다. 약속어음, 배서, 거래소, 은행, 어음 할인 은행 등이 앞다투어 생긴 것은 거래 시점이 띄엄띄엄 있는 정기시 체제로는 점차 가속화되는 경제에 대해 유연함을 구사할 수도, 필요한 만큼의 빈번한 활동도 할 수 없었기 때문이다. 그러나 동유럽에서는 훨씬 뒤늦게 이러한 경제적인 압력이 가해지기 시작했다. 1784년경에 마르세유 상인들이 크림에서 상업을 시작하려고 했을 때, 그들 중에 한 사람이 자신의 눈으로 본 것을 이렇게 말했다. "헤르손과 크림에서는 화폐가 모자란다. 이곳에서는 단지 구리화폐, 또 할인을 못하기 때문에 유통이 되지 않는 증권이 있을 뿐이다." 바로 직전에 러시아가 크림을 점령하고 튀르키예로부터 해협을 통과할 수 있는 권리를 얻었으므로, 흑해를 통해 우크라이나의 곡물을 정기적으로 수출하는 것은 앞으로도 수년 뒤에나 가능하게 된다. 그때까지 누가 헤르손에서 할인 업무를 고민하고 조직하겠는가?

화폐의 기술은 따라서 다른 모든 기술과 마찬가지로 그것에 대한 수요가 명백히 드러나고 집요하게 오랫동안 반복될 때에만 응답한다. 경제적으로 발전할수록 그 나라가 가진 화폐 도구 및 크레딧 도구의 범위가 넓어진다. 사실 화폐경제에 의해서 국제적인 화폐 통합이 이루어지더라도 모든 사회는 나름대로의 자리를 차지한다. 어떤 사회는 특권적인 자리를, 어떤 사회는 뒷자리를, 또 어떤 사회는 대단히 불리한 자리를 차지하고 있다. 화폐는 세계를 통합시키면서도 또한 세계에 불의(不義)를 저지른다.

화폐가 이렇게 세계를 분화시키고 많은 중요한 성과를 가져온 것(왜냐하면 화폐는 결국 화폐기술의 발전을 가져오므로)에 대해 사람들이 일반적으로 생각하는 것만큼 그렇게 모르는 것은 아니다. 판 아우더르 묄런이라는 한 에세이스트는 1778년에 이렇게 이야기했다. 동시대 작가들의 문장을 읽으면 "시간이 지남에 따라 어떤 민족은 극도로 강해지고 어떤 민족은 완전히 가난에 빠져든다는 것을 알 수 있다."[116] 그보다 한 세기 반 전인 1620년에 시피옹 드 그라몽은 이렇게 썼다. "그리스의 일곱 현인이 말한 바에 따르면 돈은 사람의 피이며 영혼으로서, 무일푼인 사람은 산 사람 사이를 돌아다니는 죽은 사람에 불과하다."[117]

제8장

도시

John James Chalon(1778–1854), *Le Marché et la fontaine des Innocents,* 1822. oil on canvas, 106 × 152cm. Musée Carnavalet. public domain.

도시는 변압기와 같다. 도시는 긴장(즉, 전압)을 높이고 교환을 가속화시키며 사람들의 삶을 끊임없이 재충전한다. 도시의 탄생은 농촌의 활동과 이른바 도시적인 활동 사이의 분업이라는, 가장 오래되고 가장 혁명적인 분업에서부터 유래하지 않았을까? "도시와 농촌 사이의 대립은 야만으로부터 문명으로, 부족체제로부터 국가로, 지방으로부터 전국으로 넘어가는 이행과 함께 시작되었으며, 오늘날에 이르기까지 문명사 전체에서 재발견할 수 있다"고 젊은 시절의 마르크스가 쓴 바 있다.[1]

도시는 전환점이며 단절이며 세계의 운명이다. 도시가 등장하고 문자기록을 사용하기 시작하면서부터 도시는 우리가 **역사**라고 부르는 것에 문을 열었다. 11세기에 유럽에 도시가 부활했을 때 작은 대륙 유럽의 상승이 시작되었다. 이탈리아에서 도시가 꽃피었을 때 그것이 곧 르네상스 시대였다. 이는 고대 그리스 도시국가인 폴리스(poleis) 혹은 무슬림 정복지의 메디나*부터

---

* medina : 아랍어로는 마디나(madina)이다. 원래는 사우디아라비아에 있는 도시의 이름(이슬람교에서 메카 다음으로 중요한 도시이다)이며, 아랍의 '도시' 일반을 가리키는 말이기도 하다. 오늘날에는 특히 북부 아프리카에서 유럽의 영향을 받아 새로 생긴 신도시 또는 신시가지와 대비하여 이전에 생긴 구도시, 구시가지를 일컫는다.

오늘날의 세계까지도 마찬가지이다. 모든 위대한 성장의 시기는 도시의 팽창으로 표현된다.

도시가 이 성장의 원인이며 기원인지 묻는 질문은 자본주의가 18세기 경제성장이나 산업혁명에 책임이 있는지를 묻는 질문이나 마찬가지로 불필요하다. 여기에는 조르주 귀르비치*가 강조하는 "조망의 상호성(réciprocité des perspectives)"이 완전하게 작용한다. 도시는 경제팽창의 원인인 동시에 그 팽창에 의해서 창출된다. 그러나 도시가 모든 종류의 경제팽창을 만들어내지는 않는다고 하더라도 자신에게 유리하게 게임을 이끌어가는 것은 확실하다. 그리고 어느 관찰 장소보다 도시에서 이 게임이 명료하게 드러난다.

도시 그 자체

어느 곳에 있든 간에 언제나 도시는 명백한 규칙성을 가진 일정한 수의 현실과 과정을 의미한다. 강제적인 분업 없이는 도시가 존재할 수 없고, 도시가 없으면 약간이라도 진보한 분업이 있을 수 없다. 시장 없는 도시는 불가능하고 도시 없는 지역 시장 혹은 전국 시장은 불가능하다. 흔히 소비의 발전과 다양화가 이루어지는 데 도시가 기여한 역할에 대해서는 이야기를 하면서도 시민들 중에 가장 가난한 사람이라도 반드시 시장을 통해서 필요한 물품을 얻는다거나 도시가 결국 시장을 일반화시킨다는 것처럼 극히 중요한 사실에 대해서는 거의 언급하지 않는다. 사실 사회와 경제의 기본 성격을 근본적으로 규정짓는 것은 시장의 이쪽에 위치하느냐 저쪽에 위치하느냐**— 이 문제에 대해서는 다시 언급할 것이다—에 따른다. 또 보호와 동시에 강

---

* Georges Gurvitch(1894-1965) : 프랑스의 사회학자. 소르본 대학의 교수와 고등연구원(École Pratique des Hautes Études)의 연구교수를 지냈다. 사회학과 철학 사이의 변증법적인 관계를 통해 사회학을 발전시키려고 했다. 사회적 현실은 전체로서 파악되는데, 다만 상이한 분석 차원과 사회적 틀의 다양성을 고려함으로써만 이해된다고 주장했다.
** 시장이 존재하는 사회와 경제인지, 아닌지를 말한다.

제를 하는 권력—이 권력의 형태가 어떠하든, 또 이 권력을 체현하는 집단이 누구이든 상관없이—이 없다면 도시가 있을 수 없다. 그리고 만일 권력이 도시의 외부에 존재한다면 이 권력은 도시 안에 추가적인 차원을 획득하는데, 그것은 성격이 다른 활동영역을 의미한다. 마지막으로 도시가 없다면, 세계에 대한 개방이나 원거리 교역도 존재하지 않을 것이다.

시간적으로나 공간적으로나 어디에 위치해 있든지 간에 "도시는 언제나 도시이다"라는 글을 내가 10년 전에 쓸 수 있었던 것도,[2] 또 이 주장에 대해서 필립 에이브럼스가 점잖게 비판했음에도 불구하고[3] 오늘날에도 여전히 이 주장을 고수하는 것 역시 이런 의미에서이다. 이 말은 모든 도시가 서로 유사하다는 의미가 결코 아니다. 도시들이 모두 대단히 다양하고 독특하지만, 그것들을 넘어서서 근본적으로 동일한 언어를 말한다는 의미이다. 도시는 농촌과 중단 없이 대화를 나누는데, 이것은 일상생활상의 가장 큰 필요 때문이다. 예를 들면 인력의 공급을 보더라도 이것은 마치 물레방아에 물을 대는 것처럼 필수 불가결하다. 자기 도시를 다른 도시와 구분하려는 도시의 자의식, 꽤 먼 거리에 걸쳐 있는 연결망의 중심을 차지할 수밖에 없는 위치, 외곽지역*과 다른 도시들과의 연관 등이 모두 그렇다. 어떤 도시들은 지배적이고 어떤 도시들은 종속적이거나 예속적이지만, 도시들 모두는 서로 연결되어 있으며 전체적으로 계서제를 이루고 있다. 이것은 유럽이나 중국, 혹은 다른 어느 곳에서나 마찬가지이다.

"경량급" 도시로부터 "중량급" 도시까지

사람이 엄청나게 모여 있고 집들도 벽과 벽이 서로 잇닿아 붙어 있는 정도로

---

* faubourg : 이 장에서 보듯이 이전의 도시는 대개 성벽을 두르고 있었다. 도시 생활이 팽창하면서 성벽 바깥 지역에 주로 상공업 활동을 하는 지역이 생겨났는데, 이것을 '포부르(faubourg)'라고 한다. 그후 도시가 크게 팽창해서 성벽이 경계로서의 의미를 상실하고 또 실제로도 사라지자 포부르는 도시의 '변두리'를 뜻하게 되었다. 이 책에서는 포부르를 '외곽지역'이라고 번역했다.

이례적으로 집중되어 있는, 한마디로 사람들이 비정상적으로 모인 도시들이 있다. 물장수가 1만2,000명, 대여용 낙타 몰이꾼만 수천 명이 있어서 이븐 바투타가 사람들의 "파도가 들끓는 바다"를 이룬다고 표현한 카이로가 바로 그런 사례이다.[4] 그러나 이와 같이 사람들이 가득 찬 도시만 있는 것은 아니다. 겨우 도시라고 부를 만한 정도도 많은데, 이런 경우 차라리 큰 도시의 외곽지역이 이곳보다 오히려 사람이 더 많을 수도 있다. 과거에도 그러했고 현재에도 그러한 러시아의 거대한 마을들이나, 이탈리아의 메초조르노* 혹은 남부 안달루시아의 농촌 도시들, 또는 마치 별자리처럼 여기저기 느슨하게 흩어져 있어서 "오늘날에도 섬처럼 분산되어 있는 마을들"이라고 표현하는 자바 섬의 산골 마을 등이 그러하다. 그러나 이렇게 마을이 발달해서 커진 후 서로 연결되더라도, 그것이 반드시 도시로 성장하는 것은 아니다.

왜냐하면 이것은 수치의 문제만이 아니기 때문이다. 도시가 도시로서 존재하는 것은 반드시 자신보다 열등한 생활을 하는 지역을 전제해서만 가능하다. 여기에는 예외가 없다. 어떤 다른 특권이 있다고 하더라도 이 전제를 대신하지는 못한다. 주변에 마을들이 있고 그리하여 부분적으로라도 농촌 생활을 거느리는 것, 또는 주변지역**에 대해서 도시 시장의 상품들을 쓰게 하고, 가게를 이용하게 하고, 중량과 부피의 단위들, 돈 빌려주는 사람들, 법률가들, 심지어 오락 같은 것까지도 이용하도록 하지 않고는 (크든 작든) 도시란 존재할 수 없다. 도시가 존재하기 위해서는 아무리 작더라도 자신의 제국을 지배해야 한다.

오늘날에는 니에브르 데파르트망에 속하는 바르지는 18세기 초만 해도 인구가 2,000명에 불과했다. 그러나 이곳은 분명히 도시였으며 여기에는 도

---

* Mezzogiorno : 경제적으로 저개발 상태에 놓인 이탈리아 남부 지역. 대략 이전의 나폴리 왕국 영토와 일치한다. 이탈리아어로 이 말은 원래 '한낮', '정오'를 뜻하는데, 남부 이탈리아가 태양 빛이 강한 데서 이 지역을 가리키는 말이 되었다.

** plat pays : 원래의 뜻은 '저지대'이다. 도시의 기원을 보면 대개 주변지역에 비해 지대가 높은 곳에 성을 쌓으면서 도시가 만들어졌기 때문에 주변지역은 상대적으로 저지대가 되었다.

시 부르주아지*가 있었다. 이곳에는 법률가가 어찌나 많았는지, 비록 주변에 글을 깨치지 못해서 다른 사람이 대필해주어야 하는 사람이 많았다고는 해도 이 많은 법률가들이 도대체 무슨 일을 할까 의문이 들 정도이다. 그러나 사실 이 법률가들은 동시에 지주였다. 그 외의 다른 부르주아지는 대장간 주인, 피혁업자, 목재 상인 등이었다. 목재 상인들은 강을 따라 나무를 그냥 떠내려보내는 방식으로 수송했는데, 때로는 멀리 바루아 지역에까지 벌채림을 소유하면서 파리에 목재를 공급하는 대단히 큰 사업에 관심을 가지기도 했다.[5] 바로 이것이 서구 작은 도시의 전형적인 예로서 이와 유사한 예들은 그 외에도 수없이 많이 볼 수 있었다.

이 논의를 분명히 하기 위해서는 도시 생활의 최하수준을 결정지을 명백하고 이의가 없을 하한치를 정해야 한다. 물론 어떠한 것도 완전한 동의를 구할 수는 없다. 게다가 그러한 한계치는 시간에 따라 변하는 만큼 더욱 어려워진다. 프랑스의 통계에서는 도시란 최소한 2,000명의 사람이 모여 사는 곳(이것은 오늘날에도 마찬가지이다)—바로 이것이 1700년경 바르지의 규모에 해당한다—이다. 영국의 통계에서는 5,000명이다. 그래서 1801년에 영국 인구의 25퍼센트가 도시 인구라고 하지만,[6] 만일 이 기준을 2,000명 이상으로 잡으면 40퍼센트로 상승한다.

주로 16세기를 염두에 두고 이야기하는 리샤르 가스콩은 "아마도 600가구(대략 2,000-2,500명 정도)가 꽤 타당한 하한치"라고 추산했다.[7] 그러나 나는 16세기에 대해서라면 이것은 기준치를 너무 높이 잡았다고 생각한다(아마도 가스콩은 리옹 주변에 모여 있는, 상대적으로 대단히 번성한 도시들에서 강한 인상을 받은 것 같다). 어쨌든 중세 말에 독일 전역에서 3,000여 곳이

---

* 부르주아(bourgeois)란 '부르(bourg, 이 말은 게르만어 부르크[Burg]에서 왔다)'에 사는 사람이라는 뜻이다. '부르'는 원래 요새를 가리키는 말이었다가 곧 큰 마을 또는 도시를 뜻하게 되었다. 마르크스 이후 부르주아는 산업 자본가를 의미하게 되었지만, 원래의 의미는 단지 '도시민'을 가리키는 것이었으며, 이 책에서도 부르주아는 산업자본가라는 뜻은 전혀 없다. 한편, 부르주아지(bourgeoisie)는 부르주아들의 집합명사이다.

도시의 특권을 부여받은 것으로 알려져 있다. 그런데 이런 곳의 평균 인구는 400여 명이었다.[8] 그러므로 도시에 관한 일반적인 하한치는 프랑스에서나 아니면 서구 일반에서나 바르지의 크기보다도 더 밑에 있다. 예컨대 소금 창고와 부주교 교구가 자리 잡고 있으며 1546년에 프랑수아 1세로부터 성벽을 쌓을 수 있도록 허가받은 샹파뉴 지방의 아르시-쉬르-오브 역시 18세기 초에 고작 228가구(약 900명의 인구)만 있었다. 병원과 학교가 있었던 샤우르스에는 1720년에 227가구, 에루아 시에는 265가구, 방되브르-쉬르-바르스에는 316가구, 그리고 퐁-쉬르-센에는 188가구가 있었다.[9]

도시사 연구는 이러한 하한치의 공동체 연구에까지 확장해야 한다. 오스발트 슈펭글러가 말하듯이,[10] 작은 도시들은 가까운 농촌 지역을 "눌러 이기게" 되고 "시민의식"을 가지고서 그곳으로 뚫고 들어가는 반면에, 그 자체는 더 인구가 많고 더 활동적인 대도시에 잡아먹히고 종속당한다. 이 도시들은 따라서 하나의 "태양-도시"를 따라 돌아가는 도시체제 속으로 딸려들어간다. 그렇지만 베네치아, 피렌체, 뉘른베르크, 리옹, 암스테르담, 런던, 혹은 델리, 난징, 오사카 등과 같은 "태양-도시"들만 헤아린다면, 오류가 될 것이다. 어느 곳에서나 도시들은 계서제를 이루지만, 그 피라미드의 정점—비록 그것이 아무리 중요하다고 해도—만으로 모든 것을 포괄하지는 못한다. 중국에서는 도시 이름의 끝 글자를 보면 이 도시가 어느 수준에 있는지를 알 수 있다(부[府], 주[州], 현[縣]……). 그것보다 더 낮은 수준에서는 가난한 지방에 세워진 초보적인 도시들을 들 수 있는데, 이 도시들은 "권위의 명에를 참고 감당해내는 것을 힘들어하는 반(半)야만적인 사람들을 억제해야 하는 필요성" 때문에 만든 것이다.[11] 중국에서든 서구에서든 주변 마을들을 후광처럼 두르고 있는 바로 이러한 최하의 초보적인 도시들이야말로 가장 덜 알려져 있다. 1690년에 에도(현재의 도쿄)로 가는 도상의 한 작은 마을을 지나가던 독일 의사는 이곳의 가구 수가 외곽지역까지 포함해서 500여 호(그러므로 약 2,000명 정도의 인구이다) 정도라고 말했는데[12] 특히 외곽지역을 언급한 것을 보면 이곳이 분명 하나의 도시라는 것을 알 수 있다. 그러나 그러한 언급은 희귀한 편에 속한다.

중요한 것은 도시체제 전체의 양, 그것들의 전반적인 무게를 추산하고 그리하여 도시와 농촌의 접합부위인 도시의 최하한치까지 내려가보는 것이다. 다른 특정한 수치보다도 이 전반적인 수치들이 우리의 연구에 도움을 줄 것이다. 그것은 저울의 한쪽에 모든 도시를 놓고 또다른 한쪽에 국가든 제국이든 혹은 경제영역이든 전체 인구를 놓은 다음, 양쪽 무게의 비율을 계산하는 작업이다. 이렇게 하면 우리가 관찰하는 한 단위의 경제적, 사회적 구조를 제법 확실하게 재보게 된다.

적어도 그러한 퍼센티지가 구하기 쉽고 만족스럽다면, 이것은 꽤 확실한 방법이 될 것이다. 이오시프 쿨리셰르의 주장은 현재의 추산에 비해 너무 높고 너무 낙관적인 듯하다.[13) "한 국가의 인구의 절반은 도시에서 생활하고 거주하며, 나머지 절반은 농촌에서 산다"고 말한 캉티용의 주장 역시 말할 나위도 없다.[14) 그런데 캉티용 시대의 프랑스에 대해서 마르첼 라인하르트가 계산한 바에 의하면, 단지 16퍼센트만이 도시 인구였다. 게다가 이 모든 것은 도시의 하한치를 어떻게 잡느냐에 따라서 달라진다. 만일 400명 이상의 사람이 모여 사는 곳을 도시라고 부르면 영국은 1500년에 10퍼센트, 1700년에 25퍼센트가 도시 인구였다고 할 수 있다. 그러나 그 하한치를 5,000명으로 잡는다면, 이 수치는 1700년에 13퍼센트, 1750년에 16퍼센트, 1801년에 25퍼센트가 된다. 그러므로 유럽의 여러 지역들의 도시화 정도를 유효하게 비교하려면, 우선 모든 계산을 같은 기준하에서 다시 해야 한다. 그러나 현재로서는 기껏해야 특별히 높거나 낮은 몇몇 예를 거론하는 수밖에 없다.

먼저 수치가 낮은 경우를 보자. 유럽에서 이 수치가 가장 낮은 곳은 러시아였다(1630년에 2.5퍼센트, 1724년에 3퍼센트, 1796년에 4퍼센트, 1897년에 13퍼센트).[15) 따라서 1500년에 독일이 이미 10퍼센트 수준에 도달한 것은 러시아와 비교하면 결코 대수롭지 않은 것이 아니었다. 이것은 1700년경의 영국령 아메리카와도 비슷하다. 이때 보스턴의 인구는 7,000명, 필라델피아 4,000명, 뉴포트 2,600명, 찰스타운 1,100명, 뉴욕은 3,900명이었다. 그러나 1642년부터 뉴욕(이때까지만 해도 이 도시는 아직 뉴 암스테르담*으로 불렸다)에서는 주택의 건축자재로서 홀란트의 "근대적인" 벽돌이 목재를 대체하고 있었는데, 이것은 부가 늘어났다는 표시로 볼 수 있을 것이다. 아직은 대수로울 것이 없기만 한 이런 중심지들이 그래도 도시적인 성격을 띠고 있었다는 것은 누가 보아도 확실하다. 이런 곳들은 광대한 영토의 여기저기에 흩어져 있었는데, 그 인구를 모두 합치면 20여만 명이었으며 전체 인구의 9퍼센트를 차지했다. 이런 것이 도시의 "전압"이 어느 정도 올라와 있었는지를 보여준다. 대략 1750년경에 이미 조밀한 상태에 있었던 일본은 전체 인구(2,600만 명) 가운데 22퍼센트가 도시 인구였다.[16]

다음으로 수치가 높은 경우를 보자. 네덜란드는 도시 인구의 비율이 50퍼센트를 상회했을 가능성이 매우 크다(1515년에 전체 인구 27만4,810명 중에 도시 인구가 14만180명으로서 그 비율이 51퍼센트였고, 1627년에 59퍼센트, 1795년에 65퍼센트였다). 1795년의 인구조사를 살펴보면 오버레이설** 같이 그렇게 선진적이지 못한 주(州) 역시 도시 인구가 45.6퍼센트였다.[17]

이제 우리에게 남은 일은 이렇게 넓은 범위에 걸쳐 분포한 수치들을 해석하면서, 과연 도시화가 어느 정도 이루어진 때부터(예컨대 약 10퍼센트일 때?) 처음으로 효율성을 나타내는 수준이 되는지를 밝히는 것이다. 또 그다음의 의미 있는 문턱점은 50퍼센트, 40퍼센트, 혹은 그 이하일까? 어떤 수준

---

* 뉴욕 지역에는 네덜란드인이 먼저 정착했다. 이들은 1624년에 포트 오렌지(오늘날의 올버니)를 세우고 1625년에 뉴 암스테르담을 세웠다. 그후 영국 함대가 1664년에 이 지역에 들어오자 당시의 네덜란드 총독은 전투 한 번 하지 않고 이 지역을 영국인의 수중에 넘겨주었다. 그후 영국인들은 이곳을 뉴욕이라고 명명했다.

** Overijssel : 네덜란드를 구성하는 주들(홀란트, 제일란트, 헬데를란트, 위트레흐트, 프리슬란트, 흐로닝언, 오버레이설 등) 중의 하나.

을 넘으면 모든 것이 스스로 변화해가는 에른스트 바게만식의 문턱점이 존재할까?

분업 : 언제나 다시 제기되는 문제

유럽이든 다른 곳이든 간에 도시의 발흥에서부터 내내 핵심적인 문제가 된 것은 언제나 농촌과 도시 사이의 분업이었다. 그런데 이 문제는 결코 완벽하게 규정된 적이 없으며 언제나 다시 생각해보아야 한다. 원칙적으로 도시 쪽에서 하는 일은 상업활동, 정치적, 종교적, 경제적 명령의 기능, 수공업 활동이다. 그러나 그것은 다만 원칙적으로만 그렇고, 실제로는 그러한 구분이 이쪽저쪽으로부터 도전을 받는다.

사실 이런 종류의 **계급투쟁**이 양쪽 중에 더 강한 쪽인 도시에 유리하게 끝난다고 믿어서는 안 된다. 또 사람들이 통상적으로 말하듯이 시간적으로 농촌이 도시보다 앞서 만들어졌다고 믿을 이유도 없다. 물론 "생산이 진보함에 따라 농촌이 앞서가게 되고, 그로 인해서 도시가 생기는"[18] 경우가 흔하지만, 도시가 언제나 이차적인 생산물인 것만은 아니다. 제인 제이컵스는 그의 매혹적인 책에서 도시가 농촌보다 먼저 생겼다고 할 수는 없지만, 적어도 동시에 나타났다고 주장했다.[19] 예를 들면 기원전 6000년 전 소아시아에 있는 예리코 또는 차탈회위크는 자기 주위에 농촌 지역을 만들어내는 힘을 가진 도시로서, 근대적인 도시 또는 선진적인 도시라고 부를 수 있을 정도이다. 이렇게 될 수 있었던 이유는 아마도 당시에 주인 없는 빈 토지가 얼마든지 있어서 원하는 곳 어디에나 밭을 만들 수 있었기 때문일 것이다. 11-12세기에 유럽에서 이런 일이 다시 한번 일어났다. 그리고 우리 시대와 더 가까운 예로서는 "신세계"를 들 수 있다. 이곳에 유럽이 건설한 도시들은 그야말로 낙하산을 타고 내려온 듯이 빈터 위에 만들어졌으며, 이곳 주민들은 혼자 힘으로 하든 원주민의 힘을 빌리든 간에 식량을 공급하는 농촌을 창출해냈다. 1580년에 재건된 부에노스 아이레스에서는 원주민들이 적대적이거나 (마찬가지로 더 심각한 문제이지만) 원주민들이 아예 존재하지 않았기 때문에, 이곳 주민들은 자신들 스스로 이마에 땀을 흘리고서야 빵을 먹게 생겼다고 불평했다. 결론적으로 그들은 도시가 필요로 하는 만큼 농촌을 만들어내야 했다. 모리스 버크벡이 1818년에 일리노이 주에서의 "아메리카인"의 서부 진출에 관해 묘사했는데, 그 과정도 거의 비슷했다. "새 이주민들이 몇 가구 서로 가까이 살고 있는 곳에서, 정부로부터 땅 조각들을 사들여 개발하려는 사람들 중에 약간의 안목이 있는 사람은 이 지방에 앞으로 필요하게 될 것을 살펴보고, 이곳이 어떻게 발전할 것인지를 예견하고는 새로운 도시가 생기면 자신의 입지가 유리해지리라고 생각한다. 그리하여 자기 땅(즉, 자기가 불하받은 땅)을 분할한 뒤에 쉽게 길을 만들어 기회가 닿는 대로 분할한 토지들을 매각한다. 우선 박물장수(magasinier, 우리는 모든 종류의 물건을 파는 상인을 이렇게 부른다)가 몇 개의 상품 상자를 가지고 이곳에 와서 가게를 연다. 그 옆에 여관*이 들어서고 의사, 법률가—그는 이곳에 공증 사무소를 개설한다—나 사업 대리인 등의 거처가 된다. 박물장수도 이곳에서 점심을 먹고, 모든 여행객들이 이곳에 들른다. 곧 대장장이와 다른 장인들도 필요에 부응해서 도착한다. 공동체가 생기는 데에 필수불가결한 성원으로서 교사가 있는데, 그는 모든 교파에 상관없이 목사 역할을 맡는다.……이전에는 짐승가죽을 걸친 사람만 있었던 이곳에서 이제는 파란색 양복을 입은 사람들을 교회에서 보게 된다. 부인들은 옥양목으로 만든 옷을 입고 밀짚모자를 쓰고 있다.……일단 도시가 제 궤도에 오르면 주변지역에서 급속하게 농업이 확산되고 다양화된다. 그리고 식료품이 풍성해진다."20) 또다른 신대륙인 시베리아에서도 비슷한 상황이 전개되었다. 이르쿠츠크는 1652년에 이 도시를 먹여살리는 주변 농촌 지역보다도 먼저 생겼다.

이 모든 일은 스스로 발생했다. 농촌과 도시는 "전망의 상호성"에 따른다.

---

* auberge : 이곳에서는 방을 빌려주는 것만이 아니고 식사도 제공했다.

내가 너를 만들면 네가 나를 만든다, 내가 너를 지배하면 네가 나를 지배한다, 내가 너를 착취하면 네가 나를 착취한다 하는 식이다. 이것은 공존이라는 영구 법칙을 좇아 일어났다. 도시에 가까운 농촌은 바로 도시라는 그 이웃 때문에 가치가 증대한다는 것은 중국에서도 역시 타당했다. 또한 1645년 베를린이 다시 활기를 찾게 되었을 때 추밀 고문관*은 이렇게 말했다. "오늘날 곡물 가격이 아주 싸진 가장 중요한 이유는 몇몇 예외만 빼고 거의 모든 도시들이 폐허가 됨으로써 주변지역의 밀에 대한 수요가 사라져버렸고, 얼마 되지 않는 주민들의 수요마저도 자기 땅에서 해결하고 있기 때문이다." 이때 자기 땅이란 30년전쟁 말기에 도시가 스스로 만들어낸 농촌이 아니겠는가?[21]

모래시계는 다시 뒤집어지기도 한다. 도시가 농촌을 도시화하기도 하지만 농촌이 도시를 농촌화하기도 하는 것이다. 리샤르 가스콩은 "16세기 말에 농촌은 도시의 자본을 삼켜버리는 심연이 되었다"[22]고 말했는데, 그것은 토지를 사고 농장을 만들고 수많은 농촌 저택을 짓기 위해서였다. 베네치아는 17세기에 해외로부터의 이익을 포기하고 모든 재산을 농촌에 퍼부었다. 런던이든 리옹이든 밀라노든 라이프치히든 알제든 혹은 이스탄불이든 간에 세계의 모든 도시들은 언젠가 이런 종류의 전환을 경험했다.

사실 도시와 농촌은 물과 기름처럼 서로 떨어지는 법이 결코 없다. 분리와 접근, 분할과 재집단화가 동시에 일어나는 것이다. 심지어 이슬람 국가에서도 비록 겉보기에는 완전히 나뉘어 있는 듯하지만, 도시와 농촌이 그렇게 완전히 분리되어 있지 않다. 도시 주변에는 채소 재배가 확산한다. 도시의 일부 도로를 따라 나 있는 운하는 가까운 오아시스의 채마밭에까지 연장되어 있다. 중국에서도 비슷한 공생관계를 볼 수 있는데, 이곳에서는 도시에서 나오는 쓰레기와 오물이 농촌의 농사에 쓰이는 비료가 되었다.

---

* Geheime Rat : 17세기 이래 독일계 절대주의 국가에서 통치자에게 직접적인 자문을 하는 상급 기관, 또는 그 구성원을 말한다.

이토록 자명한 사실은 거의 설명할 필요도 없을 것이다. 아주 최근까지도 모든 도시들은 쉽게 손닿는 가까운 곳에서 식량을 조달할 수 있도록 조치해야 했다. 계산에 익숙한 한 경제학자에 의하면 16세기 이후 3,000명이 모여 사는 중심지에는 "취약한 농업 생산성을 고려할 때" 식량을 확보하기 위해서 10여 마을의 땅, 대략 8.5제곱킬로미터가 필요했다고 한다.[23] 사실 도시가 매번 먹고살 것을 걱정하는 일이 없도록 하기 위해서는 농촌이 도시를 지탱해주어야 했다. 대규모 무역*은 단지 예외적으로만 도시를 먹여살릴 수 있을 뿐이다. 그것도 피렌체, 브루게, 베네치아, 나폴리, 로마, 제노바, 베이징, 이스탄불, 델리, 메카 등 특권적인 도시에만 한정된 이야기이다.

한편 18세기까지는 대도시라고 할지라도 농업활동을 계속 유지했다. 대도시에는 목동, 농지 감시인, 농민, 포도 재배인(파리에서도 이들을 볼 수 있었다) 등이 남아 있었다. 대도시에는 성벽의 안쪽에나 그 바깥쪽에 채마밭과 과수원이 있었으며, 더 멀리로는 세 구역으로 나뉜 밭이 자리 잡고 있었다. (마인 강변의) 프랑크푸르트,** 보름스, 바젤, 뮌헨 등지가 그런 예이다. 중세에 울름, 아우크스부르크, 뉘른베르크 같은 곳에서는 시청(Rathaus) 근처에서도 도리깨질 소리를 들을 수 있었고, 돼지들을 길거리에 자유롭게 풀어놓고 키우는 데다가 이 길거리라는 것이 하도 더럽고 진창이어서, 길을 건너기 위해서는 죽마(竹馬)를 타거나 길 한쪽 끝에서 다른 끝으로 나무를 걸쳐놓아야 했다. 프랑크푸르트에서는 시장이 서기 전날에 주요 거리들에 밀짚과 대팻밥을 서둘러서 깔아야 했다.[24] 1746년까지도 베네치아에서 "시내와 수도원 내에서" 돼지 치는 것을 금지해야 했다면, 믿을 수 있겠는가?[25]

수많은 작은 도시들로 말하자면, 이곳들은 농촌 생활로부터 겨우 벗어난

---

* 여기에서는 원거리 곡창지대로부터 곡물을 수입하는 것을 말한다.

** 독일에는 프랑크푸르트라는 이름의 도시가 두 곳 있다. 하나는 마인 강변에, 또 하나는 오데르 강변에 위치해 있다. 그래서 각각 프랑크푸르트 암 마인(Frankfurt am Main), 프랑크푸르트 안데어 오더(Frankfurt an der Oder)라고 구분하여 표시한다.

정도에 불과했다. 이곳은 심지어 "농촌 도시"라고 부를 정도였다. 포도를 많이 재배하는 저지 슈바벤 지방의 바인스베르크, 하일브론, 슈투트가르트, 에스링엔 등은 자체 생산의 포도주를 도나우 강 쪽으로 보내는 일을 하고 있었는데,[26] 이곳에서 포도주는 그 자체로 하나의 산업이라고 할 만했다. 세비야에서 가까운 마을 헤레스 데 라 프론테라는 1582년의 한 조사에서 "이 도시는 포도, 밀, 기름, 고기만을 가지고도" 넉넉히 잘살고 교역과 수공업 활동이 충분히 활성화된다고 대답했다.[27] 1540년에 알제리의 해적들이 지브롤터를 기습 공격해서 점령했을 때, 이 지방의 관습을 잘 알던 해적들은 일부러 포도 수확기를 골라서 공격했다. 모든 주민이 성 밖으로 나가 포도밭에서 잠자고 있었던 것이다.[28] 유럽의 어느 곳에서나 도시들은 자신의 밭과 포도밭을 굳게 지키고 있었다. 바이에른의 로텐부르크, 바르-르-뒤크 등 많은 도시의 행정관들은 매년 "포돗잎들이 성숙을 알리는 그 노란 색조를 띨 무렵이면" 포도 수확 명령을 내렸다. 그래서 피렌체에도 수천 통의 포도주가 유입되었으며, 이곳이 거대한 새로운 술 시장으로 변했다.

이 당시의 도시민들은 사실 반쯤만 도시민이었다. 추수 때에는 장인을 비롯해서 많은 사람들이 자기 직종의 일과 집을 내버려두고 밭일을 했다. 산업활동이 활발하고 인구가 많았던 16세기의 플랑드르가 그러한 예이다. 산업혁명 전야의 영국 역시 이와 다르지 않았다. 16세기의 피렌체를 보아도 모 직업에서 그렇게 중요한 역할을 했던 길드*가 겨울에 하는 일은 따로 있었다.[29] 랭스의 목수였던 장 퓌소의 일기를 보면, 그는 정치나 수공업 활동에서의 중요한 사건 이외에도 포도 수확, 추수, 포도주 가격, 밀과 빵 가격에도 많은 관심을 가지고 있었다. 프랑스의 종교전쟁 동안 랭스 사람들과 에페르네 사람들은 같은 편이 아니었기 때문에 각각 군대의 견고한 호위 속에서 포도 수확을 해야 했다. 그런데 "에페르네의 도둑들이 [랭스의] 돼지 떼를

---

* Arte : 피렌체의 중요한 직종의 길드를 아르테라고 한다. 모직물에 관한 아르테 델라 라나(Arte della Lana)가 대표적이다.

몰고 갔다.……1593년 3월 30일 화요일에 일어난 일이다."[30] 리그(Ligue : 가톨릭 동맹)가 이길지, 베아르네(Béarnais : 앙리 4세의 별칭)가 이길지만이 중요한 문제가 아니다.* 누가 돼지고기에 소금을 치고 그것을 먹을 것인지의 문제 역시 중요했다. 1722년에도 사태는 크게 바뀐 것 같지 않다. 이때에 나온 한 경제학 논문에서도 독일의 소도시들에서, 심지어 주요 도시들에서도 장인들이 농민 대신에 농사일에 간여한다고 개탄했다. 각자가 "자기 영역에 남아 있는 것이" 더 나으리라는 점이 이 논문의 요점이다. 도시는 가축과 그 것들이 내놓는 "커다란 분뇨 덩어리"로부터 해방되면 더 깨끗하고 건전해질 것이다. 그 해결책은 "도시에서……농업을 하지 못하도록 금지하고 그 일은 거기에 더 알맞는 사람들의 손에 돌아가게 하는 것"이다.[31] 그러면 농민이 더 확실하게 도시에 물건을 팔 수 있으므로 장인도 그만큼 더 유리하게 농촌에 물건을 팔 수 있다. 그러면 각자 더 큰 이익을 얻지 않겠는가?

도시가 농사와 가축치기를 완전히 농촌에 넘겨주지 않았다면, 반대로 농촌 역시 가까운 도시에 자기들의 "산업" 활동을 전적으로 맡기지는 않았다. 농촌은 일반적으로 도시에 맡기면 더 나을 일들 일부를 자기 몫으로 가지고 있었던 것이다. 우선 농촌 마을에는 결코 장인들이 사라지지 않았다. 수레바퀴는 바로 마을 내에서 만들었고 수레 목수가 수리했으며, 모든 마을에는 대장장이가 있었기 때문에 이들이 바퀴에 철테를 둘렀다(이 기술은 16세기 말부터 전파되었다). 이런 광경은 프랑스에서는 20세기 초까지도 계속되었다. 그뿐 아니라 11-12세기에 도시가 산업활동을 완전히 독점했던 플랑드르 지역을 비롯한 여러 지역에서는 15-16세기가 되자 도시 산업이 광범

---

* 16세기 후반 프랑스는 신교와 구교(가톨릭) 사이의 갈등이 급기야 종교전쟁으로 치달았다. 구교 측에서는 1576년에 결성된 가톨릭 동맹이 전국적인 결집 세력으로 성장했다. 1589년에 국왕 앙리 3세가 사망했을 때 계승권이 신교도인 나바르의 앙리(앙리 4세)에게로 돌아가자 구교 측은 그의 국왕권을 인정하지 않고 전국적으로 저항했다. 여기에 스페인의 펠리페 2세가 가톨릭 동맹을 지원하면서 개입했다. 그 결과 1590년대에 국왕권을 확고히 하려는 앙리 4세와 가톨릭 동맹 사이에 군사적인 충돌이 벌어졌다. 앙리 4세는 그 자신이 구교로 개종하고 즉위했다. 그러나 승리한 후에는 신교도에게 일부 지역에서만 종교적 자유를 허용하는 낭트 칙령을 선언(1598)했다.

위하게 후퇴했고, 그 대신에 싼 노동력이 풍부하고 도시 길드의 꼼꼼한 보호와 감시가 없는 농촌 변두리 지역을 찾게 되었다. 도시는 여전히 성벽 밖의 가난한 농민과 노동자들을 통제했고 자기가 원하는 대로 지시했으므로 손해볼 것이 하나도 없었다. 17세기와 18세기 이후로 농촌 마을들은 자기들의 연약한 어깨 위에 수공업 활동의 아주 커다란 부분을 감당해야 했다.

러시아, 인도, 중국 같은 곳에서도 이런 분담이 이루어졌지만, 그 조직은 달랐다. 러시아에서는 산업활동의 가장 큰 부분을 마을이 담당했다. 사실 러시아의 마을들은 자급자족적이었다. 서구에서처럼 인구가 집중된 도시 집단이 농촌 마을을 지배하거나 위협하는 일은 없었다. 이곳에서는 도시 사람과 농촌 사람 사이에 벌어지는 경쟁이 없었다. 그 이유는 명확하다. 도시의 발달이 늦었던 것이다. 재난들을 겪으면서도(1571년에 타타르인들이, 1611년에는 폴란드인들이 모스크바를 불태웠지만 1636년에 이 도시에는 4만 채나 되는 가옥이 있었다)[32] 분명 몇몇 대도시들이 존재했으나 도시화가 잘 이루어지지 않은 이 나라에서는 마을이 스스로 모든 것을 해나가야만 했다. 게다가 대토지를 소유한 지주가 농노를 데리고 수익성 있는 일부 산업을 추진하기도 했다. 농촌 사람들이 그토록 부지런했던 것은 단지 러시아의 겨울이 길기 때문만은 아니었다.[33]

인도의 농촌들 역시 이와 비슷하게 강건한 공동체였다. 이들은 지나치게 탄압이 심할 경우 마을 전체가 탄압을 피해 이동할 수 있을 정도로 자급자족적인 상태에 있었다. 이 마을들은 도시에 대해서는 모든 것을 포괄하는 공납을 바치고 있었던 반면, 도시로부터는 (쇠로 만든 농기구 같은) 단지 구하기 힘든 일부 상품만 의존했다. 중국에서도 사정이 비슷해서 생계유지가 힘겨운 농촌 장인들은 비단이나 면직물 짜기 등으로 보조수입을 올렸다. 이들은 낮은 생활수준 때문에* 도시의 장인에 대해서 가공할 만한 경쟁자가

---

* 생활수준이 낮았으므로 싼값에 무슨 일이든 하려고 했다는 뜻이다.

되었다. 한 영국 여행자(1793)는 베이징 근교의 농촌 여성들이 누에치기나 면사 제조 같은 믿지 못할 정도로 훌륭한 일을 하는 것을 보고 놀라워했고 황홀해했다. "모든 사람이 사용할 직물을 여자들이 짠다. 이들이 제국의 거의 유일한 직조공이기 때문이다."[34]

도시와 이주자들, 특히 가난한 사람들

만일 도시가 새로운 인력 공급을 더 이상 받지 못한다면 유지되지 못할 것이다. 도시는 그들을 끌어들인다. 그리고 흔히 그들은 도시의 빛을 찾아서, 또는 실제로 그렇든 겉보기만 그렇든 간에 자유를 찾아서, 그리고 더 나은 임금을 찾아서 스스로 모여든다. 그들이 찾아오는 또다른 이유는 농촌이나 다른 도시들에서 더 이상 그들을 원하지 않아 내쳐버렸기 때문이다. 가난한 이주자들이 탈출한 고장과 활기찬 도시 사이에는 일상적이면서도 탄탄한 결합이 이루어진다. 프리울리와 베네치아의 관계가 그렇고(프리울리 사람들은 베네치아의 잡역부와 하인이 된다), 카빌리아 지역(알제리의 북동부 산악지역)과 해적들의 본거지인 알제의 관계도 그렇다. 산골 사람들이 도시나 이웃 농촌의 채마밭에서 곡괭이 일을 해주기도 한다. 마르세유와 코르시카, 프로방스의 도시들과 알프스의 가프 지방 사람들(gavots), 런던과 아일랜드 사람들……. 이렇게 모든 대도시들은 한 번에 10명, 100명씩 충원을 한다.

1788년에 파리에서는 "잡역부(gens de peine)라고 부를 수 있는 사람들이 모두 외지인들이었다. 사부아 출신들은 구두 닦는 사람, 마루 닦는 사람, 나무 켜는 사람으로 일했다. 오베르뉴 출신들은 거의 모두 물장수였다. 리모주 출신들은 석공이었고, 리옹 출신들은 보통 짐꾼이나 가마꾼이었으며, 노르망디 출신들은 석공, 도로 포석공, 짐꾼, 도자기 수리공, 토끼 가죽 장수였다. 가스코뉴 출신들은 가발 제조인이나 이발사 겸 하급 의사의 도제였으며, 로렌 출신들은 돌아다니며 구두를 수선해주는 사람(뜨내기 구두 수선공[carreleur], 혹은 구두창 갈이[recarreleur]라고 했다)이었다. 사부아 출신들은 외곽지역에서 살았다. 이들은 샹브레(chambrée)라는 단위로 조직되어 있었고 집단마다 한 사람의 수장이 있었는데, 대개 나이 든 사부아인이었다. 이 사람은 나머지 젊은 사람들이 나이가 들어 스스로 자립할 수 있을 때까지 돈을 관리해주고 보살펴주는 역할을 했다." 토끼가죽 장사를 하는 어떤 오베르뉴 출신은 가죽들을 소매로 사모은 후 도매로 넘기는 일을 했는데, 그가 돌아다니는 모습을 보면 "짐을 어찌나 많이 들고 있는지 그의 얼굴과 팔을 찾으려고 해도 보이지 않을 정도이다." 이들 모두는 당연히 페라유 강변로나 메지스리 강변로에 있는 헌옷가게에서 옷을 사 입었다. 이 가게는 모든 것을 물물교환하는 곳이었다. 사람들은 "이 가게에 까마귀처럼 까만 모습으로 들어갔다가 앵무새처럼 녹색이 되어서 나온다."[35]

도시는 꼭 가난한 사람들만 받아들이는 것은 아니다. 이웃 도시나 먼 도시 출신의 수준 높은 사람들을 끌어오기도 했다. 부유한 상인, 여러 곳에서 경쟁적으로 데려다 쓰려고 하는 장인, 용병, 수로(水路) 안내인, 유명 교수와 의사, 엔지니어, 건축가, 화가 등……. 그래서 예컨대 16세기에 피렌체의 아르테 델라 라나(Arte della Lana, 양모 길드)에서 일한 도제와 장인들이 어디 출신인지 북부 이탈리아의 지도상에 점을 찍어 표시해볼 수 있을 것이다. 그렇게 해보면 이전 세기에는 멀리 네덜란드 출신들이 계속 유입된 것을 알 수 있다.[36] 마찬가지 방식으로 메스(Metz)[37] 혹은 (1575년에서 1614년까지의) 암스테르담[38]처럼 활력이 넘치는 도시에 새로 들어온 시민들의 출신지가 어디인지를 지도상에 표시해볼 수 있다. 어느 경우에나 그런 방법은 도시 생활에 얼마나 광범위한 차원의 공간들이 연결되어 있는지 보여줄 것이다. 이는 대개 같은 도량형이나 같은 화폐제도를 받아들이는 마을, 도시, 시장들로 구성되는, 상업관계를 유지하는 일정한 반경 내의 공간과 일치할 것이며, 그렇지 않다면 적어도 특정한 지방어가 통용되는 공간과 일치할 것이다.

도시의 충원은 강제적이고 중단이 없었다. 생물학적으로 19세기 이전의 도시에서는 사망보다 출산이 더 많은 경우가 거의 없었다. 즉, 도시는 과대

사망률을 보였다.[39] 그래서 만일 도시가 성장했다면, 그것은 도시만의 힘으로 이루어진 것이 아니었다. 사회학적으로 보아도 도시는 저급한 일들을 새 이주자들에게 맡겼다. 오늘날 "고전압" 상태에 있는 활발한 경제일수록 북부 아프리카인이나 푸에르토리코인에게 저급한 일들을 맡기듯이, 이 시기의 도시도 이곳을 위해서 일하다가 빨리 쇠진해지면 곧 다시 새로 충원되는 프롤레타리아를 필요로 했다. 세바스티앙 메르시에의 말마따나 "농촌의 거품 찌꺼기는 도시의 거품 찌꺼기가 된다." 이 당시 파리에는 거품 찌꺼기의 수가 15만 명에 달했다.[40] 이런 하층 프롤레타리아의 존재가 모든 대도시의 특징이었다.

1780년 이후에도 파리에서는 매년 평균 2만 명이 죽었다. 그중 4,000명 정도는 오텔-디외 병원이나 비세트르 병원에서 삶을 마감했다. "마대 천으로 짠 주머니에 넣은" 이런 시체는 클라마르* 묘지에서 한 구덩이에 대충 함께 매장하고 재빨리 생석회를 뿌리는 식으로 장례를 치렀다. 매일 밤 오텔-디외 병원으로부터 남쪽으로 시체를 실어내가는 손수레보다 더 음산한 광경이 또 어디 있겠는가? "가난한 신부, 종 하나, 십자가 하나", 이것이 가난한 사람들의 마지막 동반자였다. 병원, "그것을 신의 집**이라고 했지만, 그곳에서는 모든 것이 너무 고되고 거칠었다." 5,000-6,000명의 환자에 침대는 1,200개에 불과했다. "여기에서는 새로 들어온 사람을 죽어가는 사람이나 심지어 시체 옆에 눕혀놓았다."[41]

한편 새로 삶을 시작하는 새 생명에도 관대한 편은 아니었다. 1780년경 파리에서 3만 명 정도의 신생아들 중 7,000-8,000명 정도가 버려졌다. 이 아기들을 병원으로 데려가는 일이 하나의 독립된 직업일 정도였다. 그 사람은 등에 "매트리스를 안에 댄 상자를 지고 있었다. 상자에는 아이를 셋 담을 수 있었다. 배내옷을 입은 이 아이들은 그 속에 세워진 채로 상자 윗부분을 통

---

* Clamart : 파리 변두리의 지역 이름.
** Maison de Dieux : 파리 시내의 병원 오텔-디외는 '신의 집'이라는 뜻이다.

해서 숨을 쉬었다.……[그 짐꾼이] 상자를 열어보면 흔히 그중 하나 정도는 죽어 있었다. 그는 나머지 둘을 데리고 남은 길을 마저 가야 했는데, 이 짐덩어리를 빨리 끝내기 위해서 안달을 했다.……그는 곧 같은 일을 하기 위해서 다시 길을 떠났다. 이것이 그의 밥벌이였다."[42] 이 기아(棄兒)들 중에 많은 수가 지방에서 올라오는 아이들이었다. 얼마나 이상한 이주민들인가!

도시의 자의식

모든 도시는 독립적인 세계이고, 또 그렇게 되기를 바란다. 15-18세기에 모든—또는 거의 모든—도시들에는 성벽이 있었다. 그래서 도시는 바로 이웃한 지역으로부터도 분리된, 제한적이고 구분되는 지리적 공간 속에 갇혀 있었다.

그 이유는 우선 안전 문제 때문이다. 몇몇 지역에서는 방어 문제가 피상적일 뿐이었지만, 이런 예외가 규칙을 확인시켜주는 법이다. 예를 들면 영국의 도시들에는 성벽이 없었다. 따라서 경제학자들은 이 도시들이 불필요한 투자를 크게 아낄 수 있었다고 말한다. 런던에서는 이전의 성벽이 단지 행정적인 역할만을 할 따름이었다. 다만 1643년에 의회파들이 공포심에 짓눌린 결과 급하게 성벽을 쌓은 적이 있었을 뿐이다.* 일본 열도도 마찬가지여서 바다로 둘러싸인 덕분에 성벽이 필요하지 않았으며, 그 자체가 섬인 베네치아도 그런 점에서는 마찬가지였다. 한편 스스로 자신감이 있던 도시들 역시 성벽이 필요하지 않았다. 오스만 제국이 그런 경우로서, 이곳에서는 위협을 받는 변경에서만 성벽을 볼 수 있었다. 예컨대 헝가리와 대면하고 있던 유럽 지역, 페르시아와 대면하고 있던 아르메니아 지역 등이 그러했다. 1694년의 에레반—약간의 대포류를 갖추고 있었다—그리고 외곽 마을들로 빽빽이 둘러싸인 에르주룸에는 모두 이중 성벽이 있었다. 그러나 이 성벽들에는 흙

---

* 이 시기에 영국은 의회파와 왕당파로 갈라져 내전 상태에 있었다.

을 다져 만든 보루(堡壘)가 없었다. 그 밖의 다른 모든 곳에서는 "튀르키예의 평화(pax turcica)"에 의해서 성벽들이 마치 버려진 땅의 벽들처럼 허물어졌다. 심지어 비잔틴 시대부터 물려받은 감탄할 만한 이스탄불 성벽도 허물어졌다. 이곳과 대치하고 있던 갈라타에서도 1694년의 한 기록을 보면 "성벽들이 허물어졌는데 튀르키예인들은 복구할 생각도 하지 않았다."[43] 1574년에는 하드리아노폴리스로 가는 노상에 있는 플로브디프에서는 심지어 "성문 같아 보이는 것"도 볼 수 없었다.[44]

그러나 다른 곳에서는 이와 같은 자신감을 찾아볼 수 없었다. 유럽 대륙(러시아에서는 다소간의 차이는 있으나, 모두 성벽이 있었고 모스크바의 크렘린* 같은 요새에 의지했다), 식민지 시대의 아메리카, 페르시아, 인도, 그리고 중국 등지에서는 도시 성벽이 당연히 있어야 했다. 앙투안 퓌르티에르**의 『사전(*Dictionnaire*)』은 도시를 이렇게 정의했다. "꽤 많은 수의 사람들이 통상 성벽으로 둘러막은 곳에 모여 사는 지역." 서유럽의 많은 도시들에서 13-14세기에 건축한 "돌로 지은 둥근 성벽"은 "독립과 자유를 향한 의식적인 노력의 외적인 상징"이었으며, 중세 도시의 팽창의 표시였다. 그러나 그와는 다른 성격의 것으로서 유럽에서건 다른 곳에서건 군주가 외부의 적으로부터 도시를 보호하기 위해서 도시 성벽을 만든 경우도 많았다.[45]

중국에서 성벽이 없는 도시는 보잘것없는 도시였거나 영락한 도시였다. 혹은 이전에 있던 성벽이 무너진 이후에 더 이상 재건하지 못하게 된 경우도 있었다. 보통 성벽은 인상적일 정도로 너무 높아서 "집 꼭대기"를 가릴 정

---

* Kremlin : 슬라브어로 '성채'를 뜻하며, 일반적으로 러시아 옛 도시들의 요새화된 중심지역을 말한다. 이곳에는 왕국, 귀족들의 거처, 행정용 및 군사용 건물, 교회 건물 등이 들어섰다. 모스크바에 있는 크렘린이 물론 가장 중요하다. 원래의 것은 11세기 말에 나무로 만든 성이었으나 15세기에 이탈리아 건축가들을 불러와서 새로 크게 지었고 그후 오랫동안 개축하고 증축했다.

** Antoine Furetière(1619-1688) : 프랑스의 작가. 여러 편의 시와 소설들을 발표했으며 1662년에 아카데미 프랑세즈에 들어갔다. 사전을 만들기로 작정하고 국왕에게 그 특허권을 얻었다. 그러자 아카데미 프랑세즈는 그를 제명했다. 이후 40년간의 작업 끝에 사후에 네덜란드에서 이 사전이 출판되었다(1690). 이 사전은 17세기 프랑스어를 연구하는 사람들에게 매우 유용하다.

도였다. 한 여행자에 의하면(1639) 중국 도시들은 "성벽을 모두 같은 방식으로 건설했다. 훌륭한 벽돌을 정사각형으로 두르는 방식이다. 이 성벽의 벽돌은 도자기를 만드는 것과 같은 흙으로 만들었기 때문에 시간이 가면 갈수록 단단해져서 망치로도 부술 수가 없다.……성벽은 아주 넓었고 옛날 방식으로 만든 건축물들이 붙어 있는데, 마치 로마 시대의 성채를 나타낸 그림에서 볼 수 있는 것과 같다. 대개 두 개의 넓은 도로가 십자형으로 시내를 관통하는데, 이 도로들이 얼마나 곧게 나 있었는가 하면, 이 길이 시 전체 길이만큼 뻗어 있더라도, 또 그 도시가 아무리 크다고 하더라도 시 중앙의 네거리에서 네 개의 성문을 볼 수 있다." 이 여행자는 계속 다음과 같이 말했다. 베이징의 성벽은 유럽의 성벽에 비해서 훨씬 더 "두꺼워서 그 위로 말 12마리가 나란히 전속력으로 뛰어도 서로 부딪치지 않을 정도이다. [그러나 그의 말을 곧이곧대로 믿지는 말자. 다른 한 여행자는 이 성벽에 대해서 "하단은 20피트이고 상단은 12피트이다"*라고 말했다.][46] 밤에는 마치 전쟁이 한창인 것처럼 성벽을 굳게 지키지만, 낮에는 환관들이 성문을 지키는 정도인데, 그것도 안전 문제 때문이라기보다는 통행세를 걷기 위해서이다."[47] 1668년 8월 17일에는 큰 홍수 때문에 수도 근처의 농촌이 물에 잠겼는데, "물결이 탕탕 밀려와서……수많은 마을과 별장들이 유실되었다." 신도시는 집들의 3분의 1을 잃었고 "무수히 많은 불쌍한 사람들이 익사하거나 폐허 더미에 깔렸다." 그러나 구도시는 이 재해를 피할 수 있었다. "사람들은 문을 굳게 잠그고 모든 틈새와 구멍을 석회와 역청을 섞은 것으로 막았던 것이다."[48] 이것은 중국 도시들의 물샐틈없는(!) 막음새가 얼마나 탄탄한지를 잘 보여주는 증거가 아닌가!

이상한 것은 더 이상 외부로부터의 위협이 존재하지 않았던 수 세기 동안의 "중국의 평화(pax sinica)" 시기에 성벽이 거의 시민의 감시 체제가 되었다

---

* 1피트를 대략 30센티미터로 잡으면 하단 6미터, 상단 3.6미터가 된다

는 사실이다. 성벽 안쪽으로 진입로가 있는 이 성벽들에 순식간에 군인과 기병이 동원되어 성채의 높은 곳으로부터 도시 전체를 내려다보며 통제했다. 도시가 책임 있는 당국에 의해서 단단히 통제되고 있었다는 것은 의심의 여지가 없다. 게다가 중국에서도 일본에서처럼 각각의 거리마다 특정한 문이 있었고 내부적인 재판 관할권을 행사했다. 어떠한 종류의 사고나 범죄가 일어나더라도 곧 거리의 문을 닫아걸고 범죄자나 체포된 사람을 처벌했으며 때로는 사형도 집행했다. 각각의 한족(漢族) 마을 옆에는 타타르족[만주족/역주]의 정방형 도시가 세워져서 이것이 한족 마을을 감시했기 때문에 중국의 이 체제가 더욱 엄격해졌다.

흔히 성벽은 도시만 둘러싸고 있었던 것이 아니라 일부 밭과 채마밭까지 그 안에 포함했다. 이렇게 한 이유는 물론 전시의 식량 조달 때문이다. 예를 들면 11-12세기에 카스티야에서는 일단의 마을들 주변에 급하게 성벽들을 세웠는데, 각각의 마을들 사이에는 상당한 거리가 떨어져 있어서 비상시에 이곳에서 가축들을 칠 수 있었다.[49) 포위 공격을 받을 우려가 있는 곳에서는 어디에서나 이 법칙이 통했다. 피렌체에서는 성벽 안에 목장과 채마밭을 두었고, 푸아티에에서는 경작지와 과수원, 포도밭을 두었다. 사실 푸아티에에는 17세기에 거의 파리와 맞먹을 정도로 장대한 성벽이 있었지만, 지나치게 넓게 성벽을 둘렀기 때문에 내부를 다 채우지는 못했다. 프라하 역시 "작은 도시"의 집들과 14세기에 지은 새 성벽 사이에 남아 있는 공터를 채우지 못했다. 1400년경의 툴루즈도 그러했고, 바르셀로나의 경우에도 1359년에 시 주위에 재건축한 성벽(그 자리에 오늘날 람블라스[Ramblas : 산책 도로]가 자리 잡고 있다)에 공터가 있었으나 2세기가 지난 1550년경이 되어서야 사라졌다. 또 스페인 성벽* 내부에 있는 밀라노에도 공터가 많았다.

중국에서도 똑같은 광경을 볼 수 있었다. 양쯔 강 강변에 위치한 한 도시

* 스페인이 밀라노를 잠시 지배했던 16세기 전반에 세운 외벽으로, 오늘날 밀라노 시내의 대로에서 그 자취를 찾을 수 있다.

는 "둘레가 10마일인 성벽이 언덕, 산, 평야를 둘러싸고 있는데, 이 평야에는 사람들이 살지 않는다. 왜냐하면 이 도시 내에는 집이 적고, 사람들은 차라리 아주 길게 펼쳐 있는 외곽지역에 사는 것을 더 좋아하기 때문이다." 같은 해인 1696년에 장시 성의 수도[난창/역주]에는 내부의 고지대에 "많은 밭과 채마밭이 있었지만 사람은 매우 적었다.……"50)

　서유럽에서는 오랫동안 아주 싼 비용으로 안전을 확보할 수 있었다. 해자(垓子)와 수직의 성벽 덕분이었다. 그러나 이런 것들이 도시의 팽창을 방해하지는 않았다. 적어도 일반적으로 말하는 것보다는 훨씬 더 미미한 정도로밖에 방해가 되지 않았다. 도시가 숨 돌릴 여지가 필요하게 되면 성벽이 마치 연극의 무대 장치처럼 옮겨갔다. 강이나 피렌체 같은 곳에서는 필요할 경우마다 몇 번이고 그렇게 성벽을 옮겼다. 성벽은 치수에 따라 맞추는 코르셋과 같았다. 도시가 커지면 그에 맞는 새것을 만들면 되었던 것이다.

　그러나 성벽을 세우고 성벽을 다시 재건하더라도 그것이 도시를 감싸안고 또 도시를 제한한다는 사실은 언제나 같았다. 성벽은 보호물이요 동시에 한계이자 경계였다. 도시는 가능한 한 외곽지역으로 수공업 활동을 몰아냈고, 특히 거추장스러운 산업들을 바깥으로 몰아냈기 때문에 성벽은 경제적, 사회적 경계선이 되었다. 일반적으로 도시들은 확대되면서 일부 외곽지역들을 포함하고 그것을 변형시키는 한편, 순수한 도시 생활에서 낯선 활동들을 더욱 멀리 외곽지역으로 밀어냈다.

　그저 닥치는 대로 조금씩 확대된 서유럽의 도시들이 대단히 복잡한 모양을 띠게 된 것도 바로 이 때문이다. 길거리들이 비틀려졌고 거리의 연결이 종잡을 수 없게 되었다. 이것은 토리노, 쾰른, 코블렌츠, 레겐스부르크 등 고대부터 오늘날까지 살아남은 로마 도시들에서 보이는 것과는 매우 대조적이나. 그러나 르네상스 시대에 이르자 의식적인 도시계획이 처음 나타났다. 이때에는 "이상적인 계획"으로서 장기판 모양이라든가 동심원을 이루는 원형처럼 기하학적인 계획들이 꽃피었다. 서유럽에서 도시의 일대 팽창이 일

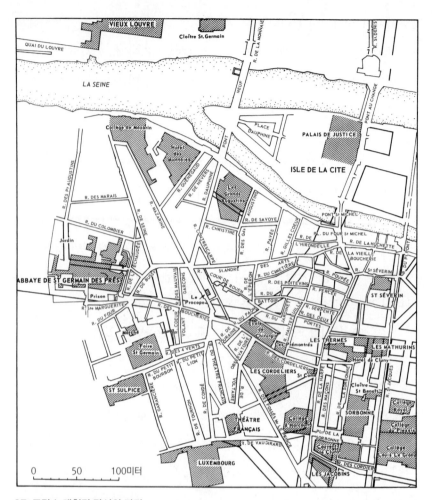

27. 프랑스 대혁명 당시의 파리

길들이 복잡하게 얽혀 있는 서유럽 도시의 예. 이 옛 지도상에서 독자들이 길을 찾아볼 수 있도록 오늘날의 파리의 주요 도로를 굵은 선으로 표시했다. 예컨대 소르본에서 생-제르맹 시장과 생-제르맹-데-프레 수도원까지, 뢱상부르에서 퐁-뇌프까지 펼쳐진 생-미셸 거리와 생-제르맹 거리를 그렇게 표시했다. 1684년에 세워진 카페 프로코프는 포세-생-제르맹 거리에 위치하고 있는데, 이곳은 1689년에 이 거리(오늘날의 이름은 앙시엔-코메디 거리)에 들어선 코메디 프랑세즈의 바로 맞은편이었다.

어났을 때 광장의 면모를 일신하고 도시에 새로 편입된 변두리 지역을 재건설한 것도 모두 이러한 정신 속에서 행해졌다. 그리하여 중세 도시의 복잡한 핵심부 옆에 반듯한 장기판 모양의 지역이 만들어졌다.

이러한 일관성, 합리화는 건설을 담당하는 사람들이 자유롭게 활동할 여지가 많은 새로운 도시에서 더 쉽게 확인된다. 이상한 점은 16세기 이전에 이미 장기판 모양으로 건설된 서유럽의 도시들이 몇몇 있는데 이것이 '무(無)로부터' 만든 의도적인 건설에 해당한다는 것이다. 성왕 루이가 지중해 쪽으로 출구를 만들기 위해 구입하여 새로 재건설한 작은 항구인 에그-모르트, 13세기 말에 영국 국왕의 명령에 의해서 세운 도르도뉴 지방의 아주 작은 도시 몽파지에 등이 그런 예이다. 이 마을의 경우, 장기판의 한 칸은 교회, 다른 한 칸은 시장 광장—아케이드가 둘러서 있고 우물이 하나 있다—에 해당한다.[51] 마찬가지로 16세기 토스카나의 테레 누오베, 스카르페리아, 산 조반니 발다르노, 테라누오바 브라촐리니, 카스텔프랑코 디 소프라 등이 그러했다.[52] 16세기 이후로는 도시계획을 수행한 곳의 명단이 빠른 속도로 늘어갔다. 이제 기하학적인 설계도를 따라 건설한 도시들의 목록이 길어졌다. 몇 개의 예를 든다면 1575년 이후의 새로운 리보르노, 1588년 이후 재건설된 낭시, 1608년 이후의 샤를빌 등이 있겠으나, 가장 비범한 예는 상트 페테르부르크이다. 이에 대해서는 우리가 곧 다시 살펴볼 것이다. 뒤늦게 건설된 신대륙의 거의 모든 도시들 역시 미리 만들어진 설계도에 따라 건설되었다. 이 도시들은 장기판 모양으로 구성된 도시군(都市群) 중에 세계에서 가장 큰 것이다. 그중에서도 라틴 아메리카의 것이 대단히 특징적이다. 이곳의 도로들은 직각을 이루며 쿠아드라스(cuadras : 도시의 장방형 구획 한 단위)를 관통했고 두 개의 주요 간선 도로가 대광장(Plaza Mayor)—이 대광장에는 대개 성당과 감옥, 시 의사당(Cahildo)이 서 있었다—에서 만났다.

세계적인 차원에서 보면 장기판 모양의 구성은 흥미로운 문제를 제기한다. 중국, 한국, 일본, 인도, 식민지 시대의 아메리카(그리고 고대 로마와 고대 그리스의 일부 도시들도 그러했다는 것을 잊지 말자)의 도시들은 장기판 모양으로 구성되었다. 단지 두 개의 문명만이 복잡하고 불규칙적인 구성의 도시들을 만들어냈으니 (인도 북부를 포함하는) 이슬람 문명과 중세 유럽 문명이다. 이러한 문명의 선택을 미학적으로, 심리학적으로 설명하려고 하다 가는 자칫 길을 잃고 헤매게 될 것이다. 서유럽의 경우는 확실하다. 16세기 에 아메리카에 도시를 건설할 때 서유럽은 고대 로마의 주둔지 같은 도시 (castrum)를 만들 필요성을 느끼지 않았다. 서유럽이 신세계에서 이룩한 것 은 근대 유럽 도시계획자의 관심이 반영된 것으로서, 질서정연한 조화를 매 우 선호하는 취향이 드러난다. 우리는 대단히 빈번히 나타나는 이런 현상들 너머 그 살아 있는 뿌리까지 살펴볼 필요가 있다.

서유럽 : 도시, 대포, 차량

15세기부터 서유럽의 도시는 큰 어려움에 직면했다. 인구는 늘어났고 대포 의 발달로 이전의 성벽은 가소로워졌다. 어떤 비용을 들여서라도 예전의 성 벽 대신 반쯤 땅에 묻혀 있고 보루와 그 주위의 평지(terreplein)를 갖춘—이 른바 카발리에 방식(en cavalier)의—넓은 성채로 바꾸어야 했다(이렇게 하면 포탄을 맞더라도 푸석푸석한 흙 때문에 피해가 줄어든다). 다시 말하면 성채가 수평 방향으로 확대했는데, 이것은 한번 만들어지면 거대한 비용을 들이지 않고서는 더 이상 옮길 수가 없었다. 그리고 이 방어선 앞으로 빈 공간을 두 는 것이 방어 전술에 필수적이었기 때문에 이곳에 건축, 정원 만들기, 식목 등을 금지했다. 경우에 따라서는 이미 들어서 있던 나무와 주택을 밀어버리 고 공지를 만들기도 했다. 단치히(오늘날의 그단스크)의 경우를 보면 1520년 에 폴란드와 튜턴 기사단의 전쟁 때, 그리고 1576년 폴란드 국민과 스테판 바토리 국왕 사이에 갈등이 있었을 때* 실제 그런 일이 벌어졌다.

그래서 도시의 팽창이 저지되었고, 이전에 비해서 더욱 수직 방향으로 변

---

* 스테판 바토리(Stefan Bathory : 1533-1586)는 트란실바니아 공작으로서 1576년에 폴란드 국왕 으로 선출되었다(폴란드 국왕은 전통적으로 여러 후보들을 놓고 귀족들이 투표로 선출하는 방 식으로 옹립했다). 그러나 단치히가 그의 국왕 선출을 인정하려고 하지 않자 1576년에 바토리는 이 시를 포위했고 그다음 해에 점령했다.

화할 수밖에 없었다. 아주 일찍부터 제노바, 파리, 에든버러 등지의 집들은 (지상층을 제외하고 그 위에 다시) 5, 6, 7층, 심지어 10층을 올려 지었다.* 땅 값이 계속해서 올랐기 때문에 어디에서나 높은 집들이 들어섰다. 런던에서 건축 재료로 오랫동안 벽돌보다 나무를 선호했던 이유도, 이전에는 일반적으로 3층 정도였던 집들이 5–7층으로 바뀌어갈 때 벽을 덜 두꺼우면서도 더 가볍게 만드는 것이 중요한 문제였기 때문이다. 파리에서는 "집들의 높이가 무한정 올라가는 것에 제동을 걸어야 했다.……어떤 사람들은 실제로 하나의 집 위에 다른 집을 지었기 때문이다. [프랑스 혁명 직전에] 집 높이는 지붕을 빼고 70피트[거의 23미터]로 제한되었다."[53]

베네치아는 성벽이 없다는 장점 때문에 편하게 팽창할 수 있었다. 말뚝을 땅에 박고 거룻배로 실어온 돌들을 부으면 곧 석호 위에 새로운 도시구역이 만들어졌다. 그러고는 거추장스러운 산업들을 이 변두리 지역으로 쫓아버릴 수 있었다. 도살장과 무두질 업소들은 주데카 섬으로, 병기창은 카스텔로의 신구역 끝으로, 유리 제조업은 1255년 이래 무라노 섬으로 각각 이주했다. 이 "구역화(zoning)"의 근대성을 찬탄하지 않을 사람이 누가 있겠는가? 한편 베네치아의 웅장한 공공 건물 또는 개인 건축물들은 대운하 지역에 세워졌다. 이 대운하는 이전에 강 유역이었던 곳으로서 비정상적으로 물이 깊었다. 폰다코 데이 테데스키(Fondaco dei Tedeschi, 독일 상관[商館] : 오늘날 이 건물은 중앙우체국이 되었다)가 있는 강변과 리알토 광장을 잇는 다리로는 오직 리알토 다리―나무로 만들어진 승개교**였다가 1587년에 가서 오늘날까지 남아 있는 돌다리로 바뀌었다―하나만이 있었는데, 이것은 산-마르코 광장에서 출발하여 메르체리아를 지나는 도로를 통과해서 이 다

---

* 프랑스어에서 층(étage)이라고 할 때에는 지상층(우리식으로 말하면 1층) 위에 올리는 층을 말한다. 그 결과 그곳에서 몇 층 하는 것은 우리의 관점에서 보면 한 층씩 올려서 보아야 한다. 예컨대 프랑스에서 5층(cinquième étage)은 우리의 6층에 해당한다.
** 昇開橋 : 다리 가운데를 들어서 배가 통과하게 만든 다리.

리에 이르는 선이 이 도시의 활기찬 중심축이 될 것을 벌써부터 보여주고 있다. 이렇게 보면 베네치아는 넓게 개방되어 있었고 제약이 없는 편안한 도시였다. 그러나 인공적으로 만든, 좁고 성벽이 둘러쳐진 게토*에서는 공간이 부족하여 6-7층의 높은 건물들이 솟아오르고 있었다.

유럽에서 16세기에 차량이 대규모로 사용되기 시작하자 급박한 문제가 대두되었고 도시의 수술이 불가피해졌다. 로마의 산 피에트로 광장** 주변의 구시가를 부순(1506-1514) 이탈리아의 건축가 도나토 브라만테는 역사상 최초의 오스만 남작*** 같은 사람이었다. 이러한 강제력에 의해서 로마는 잠시나마 약간의 질서를 얻었고 통풍 문제와 교통 문제가 약간 개선되었다. 이와 같은 재조직은 나폴리를 관통하는 대로들을 개통시킨(1536) 페트로 데 톨레도에게서도 찾을 수 있다. 페르디난도 1세****가 말한 바와 같이 이곳의 "좁은 도로들은 국가에 대한 위협이었다." 그외에도 1547년에 짧기는 했지만 곧게 뻗고 화려한 새로운 길(Strada Nuova)을 개통한 제노바라든지, 교황 식스투스 5세가 자신의 의지대로 피아차 델 포폴로(시민광장)로부터 출발하는 세 개의 큰 중심 도로를 뚫어놓은 로마도 비슷한 경우이다. 로마의 3대 중심로 중에 하나인 코르소 거리가 특히 상점가가 된 데에는 이유가 있었

---

*　　ghetto : 중세 이탈리아의 유대인 지구.

**　　바티칸 성당이 있는 광장.

***　　Georges Eugène Haussmann(1809-1891) : 프랑스의 행정가, 정치가. 그는 1848년 말부터 루이 나폴레옹 보나파르트(나폴레옹 3세, 황제 나폴레옹의 조카) 밑에서 여러 요직을 역임했다. 특히, 루이 나폴레옹이 쿠데타를 일으킨 이후 센 지사를 17년 동안 맡았으며 이 동안에 남작 작위를 받았다. 그는 기술자들을 거느리고 파리 미화작업을 강행했다. 이 작업은 단순한 도시 미화 이상으로 정치적인 의도가 있었다. 프랑스 대혁명 이후 노동자 밀집 지역이 혁명 세력의 온상이 됨으로써 바리케이드를 치고 농성하는 곳이 되었기 때문에, 이런 지역을 모두 철거해버리고 큰길을 뚫어 많은 하층민을 변두리 지역으로 몰아내는 동시에 봉기가 있을 때에 진압군(기마대)이 신속하게 도착할 수 있게 했던 것이다.

****　　Ferdinando I(1423-1494) : 나폴리 왕국의 국왕. 페란테라고도 불린다. 이 왕국의 왕위에 대한 중요 경쟁자인 르네 당주와 경쟁해서 승리했다. 튀르키예 세력을 오트란토에서 쫓아냈으며, 다른 한편 르네상스의 전형적인 국왕으로서 호사스러운 궁정을 유지했고, 상공업을 진작시켰으며, 나폴리에 인쇄업을 도입했다.

다. 화려한 사륜 포장마차를 비롯한 차량들이 전속력으로 도시로 돌진하게 되었기 때문이다. 런던의 최초의 변화들을 목도한 존 스토*는 이렇게 예언했다. "세계는 바퀴를 가지게 될 것이다." 다음 세기에 토머스 데커 역시 같은 말을 했다. "[런던의] 모든 거리에서는 짐수레와 포장마차들이 천둥소리를 내며 달리고 있어서 이 세계가 바퀴 위에서 달리고 있다고 믿게 된다."54)

지리, 그리고 도시 간의 연결

모든 도시는 주어진 한곳에서 성장하고, 그곳과 결혼하고, 아주 희귀한 예외를 제외하면 그곳을 떠나는 일이 없다. 그 장소는 좋을 수도 있고 나쁠 수도 있으며, 장점이든 불편한 점이든 영속적으로 떠안고 살게 된다. 1684년에 당시 브라질의 수도였던 바이아(상 사우바도르)에 도착한 한 여행자는 이곳의 화려함과 (최악의 야만적 취급을 받는) 노예의 수에 대해서 이야기했다. 그뿐 아니라 이 도시의 기반이 잘못되어 있다는 점 역시 지적했다. "거리의 경사가 너무 급해서 말에 수레를 매달면 감당하지 못할" 지경이라 마차를 사용하지 못했으며, 대신 끌짐승이나 안장을 맨 말을 직접 쓰는 수밖에 없었다. 이보다 더 심각한 약점도 있었다. 해안이 거의 절벽처럼 끊어져 있어서 상인들이 거주하는 저지대 도시와 주변지역이 단절되어 있었으므로 "항구에서 이 도시로 상품들을 올리고 내리기 위해서는 일종의 기중기를 사용해야 했다."55) 오늘날에는 엘리베이터가 이 문제를 해결했지만, 이 시대에는 아직 그런 것이 없지 않은가.

마찬가지로 금각만**과 마르마라 해와 보스포루스 해협에 위치한 콘스탄

---

* John Stow(1525–1605): 영국 엘리자베스 시대의 유명한 고서 수집가, 『런던의 조망(*Survey of London*)』(1598, 1603[개정판])의 저자. 양복점을 경영해서 재산을 모은 후 그 돈으로 희귀본 도서들을 모았으며, 독학으로 공부하여 저서들을 냈다. 『런던의 조망』은 이 당시의 런던의 일상사를 잘 보여주는 기록으로서 가치가 있다.

** 金角灣: 프랑스어로는 코른 도르(Corne d'Or), 영어로는 골든 호른(Golden Horn), 그리스어로는 크루소케바스(Khrusokevas), 튀르키예어로는 할리스(Halic)이다. 보스포루스 해협 최남단에 있는 내포(內浦)로서, 폭이 좁고 길(너비는 가장 긴 곳이 550미터밖에 되지 않는다) 데다가 수심

티노폴리스는 너무나 광활한 바다가 이 도시를 두 부분으로 갈라놓고 있었기 때문에 물을 건너기 위해서는 당연히 뱃군과 도강 인부들을 항상 유지해야 했다. 물론 이 일은 위험을 피할 수 없었다.

이런 불편한 점들은 비록 사람들이 받아들이지도 않았고 인내하지도 않았지만, 대신 큰 장점들 때문에 보상을 받았다. 그것은 멀리 떨어져 있다는 위치상의 장점—지리학자들은 도시의 "위치"를 이웃 지역과의 관계 속에서 말하는 습관이 있다—을 말한다. 금각만은 폭풍우 치는 광활한 바다 한가운데에서 유일하게 피난처가 되는 항구이다. 마찬가지로 사우바도르(바이아)는 축소판 지중해인 토두스 우스 산투스 만을 앞에 두고 있는데, 이 도시는 여러 섬들에 가려져서 보호받는 유리한 모양새인 데다가, 브라질 해안 중에 유럽에서 오는 범선이 도착할 수 있는 가장 유리한 지점이다. 그리하여 1763년 이전까지는 이 도시가 수도였으나, 미나스 제라이스와 고야스의 금광이 개발되는 덕에 수도가 남쪽의 리우 데 자네이루로 옮겨갔다.

그렇지만 이러한 유리한 특권들도 장기적으로는 무효가 될 가능성이 있다. 수 세기 동안 효과적인 독점권을 누리던 믈라카는 "이 해협을 통과하는 모든 선박을 제압하고 있었다." 그런데 1819년, 어느 날 싱가포르가 난데없이 무(無)로부터 등장했다. 이보다 더 적합한 예는 16세기 초부터 "카스티야령 인도 제도"와의 무역을 독점했던 세비야 대신에 1685년에 카디스가 들어서게 된 경우이다. 배수량이 지나치게 큰 배들이 과달키비르 강 하구에 있는 산 루카르 데 바라메다의 사주(砂州)를 더 이상 통과하지 못하게 되었기 때문이다. 기술적인 원인도 있고 어쩌면 합리적인 변화를 하려는 데에 마침 좋은 변명이 된 것인지도 모르지만, 하여튼 이것은 카디스의 매우 넓은 만(灣)에 기민한 국제 밀수업이 번창할 기회를 제공했다.

무효가 될 가능성이 있든 말든 어쨌든 이러한 위치상의 유리한 특권은 도

은 7.5킬로미터나 되기 때문에 천혜의 항구이다. 이 주위에 이스탄불이 자리 잡고 있다. 이 책에서는 원래의 말뜻을 살려서 금각만으로 옮겼다.

시가 융성하는 데 필수 불가결했다. 쾰른을 보면, 바다 쪽으로 가는 운항로와 상류 쪽으로 가는 운항로, 이 두 가지의 라인 강 운항로가 이 도시의 긴 제방에서 만난다. 도나우 강 연변에 있는 레겐스부르크는 울름, 아우크스부르크, 오스트리아, 헝가리, 심지어 발라키아로부터 오는 배들이 배수량이 너무 클 경우에 배를 바꾸어 짐을 다시 옮겨 싣는 곳이었다.

단거리 교역에 대해서든 장거리 교역에 대해서든, 전 세계적으로 광저우만큼 조건이 좋은 곳을 찾기는 아마도 어려울 것이다. "바다에서 30리외나 떨어져 있으면서도, 이 도시는 수많은 물길을 따라서 파도의 맥동(脈動)을 느낄 수 있다. 이곳에서는 해양 선박과 정크선, 유럽에서 온 3본(本) 마스트 선박, 더 나아가서 운하를 따라 중국의 거의 모든 내륙지역과 연락이 닿는 삼판* 선단들이 만난다." "나는 유럽의 라인 강과 뫼즈 강의 아름다운 광경을 많이 보았다. 그러나 그 둘을 합쳐도 광저우의 이 강 하나가 제공하는 감탄할 만한 광경에는 미치지 못한다"라고 브라반트 출신의 J.-F. 미셸이 쓴 바 있다(1753).[56] 그러나 광저우가 18세기에 큰 성공을 거둔 이유는 유럽과의 무역을 될 수 있으면 멀리 남쪽으로 쫓아내려는 청나라 조정의 바람 때문이기도 했다. 만일 마음대로 할 수만 있었다면, 유럽인들은 닝보나 양쯔 강으로 가려고 했을 것이다. 그들은 상하이가 장래 중요한 역할을 하리라고 예상했으며, 중국 중앙 지역으로 들어가야 이익이 될 것으로 보았다.

수많은 소도시들이 존재하는 것 역시 일차적으로 지리, 그리고 이 당시의 수송 속도—차라리 "수송의 느림"이라고 말하는 편이 나을 것이다—를 연결하여 설명할 수 있다. 15세기 독일에 존재하던 3,000여 곳의 도시들은 남부와 서부에서는 서로 간에 4-5시간 거리, 북부와 동부에서는 7-8시간 거리 정도 떨어져 있는 연결점들이었다. 그리고 이러한 단절적인 연결은 단지 항구에서—제노바인들이 말하듯이 육로로 오는 것(venuta terrae)과 해로로

---

* 三板 : 항구 안에서 사람이나 물건을 태우고 실어나르는 중국식의 작은 배.

오는 것(venuta maris) 사이에서—만 일어나는 것이 아니라, 수레와 강을 오르내리는 배들, "산골의 오솔길에서 쓰는 길마와 평지에서 쓰는 수레" 사이에서도 일어난다. 모든 도시는 움직임을 받아들이고 움직임을 다시 만들어내며, 상품과 사람을 흩어내고는 다시 모아들이는 일을 한다.

진짜 도시임을 나타내는 것은 성벽 안과 성벽 전면(前面)의 움직임이다. 1697년에 베이징에 도착한 카레리는 이렇게 불평했다. "그날 우리는 고생을 많이 했다. 무수한 수레, 낙타, 말들이 베이징으로 가고 또 베이징에서부터 나오고 있었는데, 그 무리가 어찌나 큰지 앞으로 나가는 데 힘이 들었다."[57]

이렇게 운동을 관장하는 기능, 즉 도시 시장은 이곳이 도시라는 것을 구체적으로 느낄 수 있게 만드는 요소였다. 1693년에 한 여행자는 이즈미르에 대해서 이곳은 "바자*와 정기시에 불과하다"고 말했는데, 사실 그것도 무리가 아니었다.[58] 모든 도시는 무엇보다도 우선 시장인 것이다. 시장이 없는 도시는 생각할 수 없다. 반대로 시장은 도시가 아니더라도 마을 옆이거나 빈터, 항구 밖에 있는 정박지, 아니면 단순히 두 도로가 만나는 곳에 생길 수도 있다. 사실 모든 도시는 땅과 그 주위에 있는 사람들 속에 뿌리내리고 자양분을 얻어야 할 필요가 있다.

짧은 반경 내에서 이루어지는 일상의 삶은 1주일에 한 번, 혹은 하루에 한 번 열리는 도시 시장들에서 필요한 물품을 공급받는다. 시장들이라고 복수로 이야기한 것은 마리노 사누도의 『코르나케타(Cornachetta)』에 자세히 설명되어 있는 베네치아의 여러 시장들을 염두에 두었기 때문이다. 리알토 광장에 있는 큰 시장의 근처에서는 매일 아침 상인들이—그들을 위해서 지은 로자**에—모여들었다. 이곳에는 과일, 채소, 사냥고기들이 하도 많아서 무너져 내려앉을 지경이었다. 이곳에서 약간 떨어진 곳에서는 생선을 팔았다. 산 마르코 광장에는 또다른 시장이 섰다. 이렇듯 각각의 지역에는 그 중심

---

* Bazar : 노천이나 커다란 회랑에서 열리는 중동지역의 공공시장.
** loggia : 발코니의 한 형태로서 자체의 지붕을 설치하여 완전히 덮어씌웠다.

지마다 시장이 따로 있었다. 이곳에 물품을 조달하는 일은 주변 농민들, 파두아의 채마밭을 일구는 사람들, 그리고 양젖으로 만든 치즈에 이르기까지 시시콜콜한 모든 것을 롬바르디아 지방으로부터 가져오는 조운업자(漕運業者)들이 맡았다.

파리의 중앙시장(les Halles)과 그 지점 격인 발레 강변로(quai de la Vallée)의 사냥고기 시장에 대해서만도 책 한 권을 쓸 수 있을 것이다. 고네스 시의 빵 만드는 사람들이 파리에 이른 새벽마다 들어왔고, 한밤중에는 5,000-6,000명의 농부들이 반쯤 졸면서 작은 짐수레에 "채소와 과일과 꽃을 싣고" 들어왔다. 게다가 돌아다니며 시끄럽게 소리를 지르면서 물건을 파는 행상들도 있었다. "펄펄 살아 있는 고등어요, 왔어요, 왔어! 싱싱한 청어요! 화덕에 구운 감자요!" "에카이외르!"* 하는 소리는 굴장수의 소리이고, "포르투갈! 포르투갈!" 하는 소리는 오렌지 장수의 소리이다. 위층에서 자던 하녀들은 이 시끄러운 소리 중에서도 필요한 것만 잘 가려듣는 정확한 귀가 있어서 괜히 잘못 내려오는 법이 없었다. 부활절 전 성주일의 화요일에 열리는 햄을 파는 시장에는 "이른 아침부터 파리 주변의 농민들이 교회의 앞뜰과 노트르담 대성당의 앞거리에 떼를 이루어 몰려들어와서 월계수로 왕관 장식을 씌운 햄, 소시지, 부댕을 팔았다. 카이사르와 볼테르의 왕관이 얼마나 모독당하고 있는가!" 물론 이것은 세바스티앙 메르시에의 말투**이다.[59) 런던과 이곳의 시장들—점차 질서를 찾아갔다—에 대해서도 역시 책 한 권을 쓸 수 있을 것이다. 대니얼 디포와 그의 후임자들이 만든 안내서(『브리튼 섬의 여행 [*A Tour through the Island of Great Britain*]』)에는 "시장(market)"을 헤아리는 데에만 4페이지 이상을 할애하고 있다. 이 안내서는 1775년에 제8판이 출간되었다.

도시에 가까이 있는 첫 번째 공간이 라이프치히 같은 곳이라면 향미 그윽

---

* écailleur : 굴을 까는 사람.
** 메르시에는 도덕론자이다.

한 사과나 유명한 아스파라거스를 이 도시에 공급하겠지만, 이곳도 도시를 둘러싸고 있는 여러 순환지역 중의 하나에 불과하다.[60] 사실 많은 사람들과 재화가 모여들지 않는 도시는 없다. 이 사람과 재화들은 도시 주변의 지역에서, 흔히는 아주 먼 곳에서 공급받을 수밖에 없다. 서로 부분적으로만 중첩되는 여러 다양한 공간들이 도시의 삶에 연결되어 있다는 것은 분명하다. 강력한 도시들은 특히 15세기 이후부터는 대단히 넓은 지역을 이와 같은 방식으로 끌어들였고, 결국 원거리 관계를 이끄는 도구가 되어서 세계경제(Weltwirtschaft)의 극단에까지 활기를 불어넣었으며, 그러면서 거기에서 이익을 끌어냈다.

이 모든 팽창에는 서로 유사한 일군의 문제들이 관련되어 있다. 시기에 따라 도시는 자기 규모에 상응하는 다양한 공간에 영향을 미친다. 그 공간들은 이 도시의 존재의 리듬에 따라서 차례로 팽창했다가 축소했다가 하는 일을 반복한다. 17세기에 베트남의 도시들은 "평상시에는 거의 사람이 없다가" 한 달에 두 번 열리는 큰 장이 서는 날이면 대단한 활기를 띤다. 당시 케-초(Ke-cho)라고 부르던 하노이의 "상인들은 각각 그들의 전문 영역에 해당하는 거리에 모여든다. 비단, 구리 그릇, 모자, 마포, 철기 등을 파는 거리가 생기는 것이다."[61] 이곳은 도시라기보다는 정기시에 가깝지만, 사실 도시나 시장, 혹은 도시나 정기시는 결국 같은 것이다. 집중시키고 분산시키는 그 움직임이 없다면 베트남이든 서유럽이든 약간이라도 속도가 붙은 경제생활을 생각도 하지 못할 것이다.

서유럽을 비롯한 세계의 모든 도시들에는 외곽지역이 있다. 모든 나무의 밑둥 근처에 새순이 많이 있듯이 모든 도시에는 외곽지역이 있는 것이다. 이곳 자체는 비록 가난한 변두리이고 "빈민촌(bidonville)"이지만, 그것이 이 도시의 활력을 보여준다. 조잡한 외곽지역도 아무것도 없는 것보다는 낫다.

외곽지역은 가난한 사람들, 장인, 수부, 시끄럽고 냄새나는 산업활동, 싸구려 술집, 역참, 파발마를 두는 마구간, 짐꾼들 숙소가 있는 곳이다. 브레멘은 17세기에 면모를 일신했다. 벽돌집들은 기와를 얹었고 도로를 포장했고 일부 대로들을 넓찍하게 뚫었다. 그러나 외곽지역에서는 집들이 여전히 초가지붕을 하고 있었다.[62] 브레멘이든, 런던이든, 그외 어느 곳이든 외곽지역으로 가는 것은 한 단계 내려가는 것이다.

세르반테스가 흔히 말하던 세비야의 외곽지역, 또는 이 도시가 연장된 지역이라고 할 수 있는 트리아나는 불량소년들, 사기꾼, 창녀, 수상한 경찰들이 모여드는 곳이었다. 분명 암흑가를 배경으로 한 탐정소설의 좋은 무대라고 할 만했다. 외곽지역은 과달키비르 강의 우안에 있는 선교(船橋)—런던에 있는 선교가 템스 강을 막고 있는 것과 유사하게, 이 선교는 이 강의 상류 쪽으로 가는 길을 막고 있었다—부근부터 시작되었다. 산 루카르 데 바라메다, 푸에르토 데 산타 마리아, 또는 카디스로부터 세비야로 온 배들은 이 부근에서 더 이상 올라가지 못하고 막히게 되었다. "플랑드르"를 비롯한 여러 지역 출신의 외국인, 졸부, 특히 신대륙에서 돈을 벌고는 이곳에서 부를 누리려고 귀국한 페룰레로* 등이 득실대는 세비야가 손에 닿을 듯 가까운 곳에 있지 않았다면, 트리아나는 이렇게 난폭한 성격을 띠지도 않았을 것이고 포도밭 바로 인근의 선술집 같은 것도 없었을 것이다. 1561년에 실시한 인구조사에 의하면, 트리아나에는 1,664채의 집이 있었고 2,664가구가 존재했다. 우선 집들이 과밀한 데다가 한 가구당 4명이라고만 해도 인구가 1만 명 이상으로서, 당당히 한 도시를 이룰 수 있는 정도였다.[63] 그런데 살아가는 데에는 단지 부정직한 일만 가지고는 부족했다. 이곳에는 유약을 칠한 도자기 타일을 생산하는 산업도 있었다. 이것을 아술레호(azulejo)라고 하는데, 파란색, 녹색, 흰색이 있고 이슬람 문화와 관련이 있는 기하학적 무늬가 그려져 있다(이 타일은 스페인 전역과 신대륙으로 수출되었다). 이곳에서는 그 밖에도 비누—흰 비누, 검은 비누, 잿물 능—를 만들었다. 그렇지만 결

---

* perulero : 원래 페루에서 벼락부자가 되어 귀국한 사람을 뜻한다.

국 이곳도 외곽지역에 지나지 않았다. 1697년에 트리아나를 지나갔던 카레리는 이렇게 말했다. "이 도시는 카르투시오회 수도원과 궁전, 그리고 종교재판소 감옥 외에는 대단한 것이 없다."[64]

도시의 위계

대규모 중심지로부터 일정한 거리를 두고 필연적으로 소도시들이 생겨나게 마련이다. 수송 속도가 공간을 규정할 수밖에 없으므로, 일정한 간격을 두고 연계되는 정박지가 생겼던 것이다. 스탕달은 이탈리아의 대도시가 중소도시에 대해서 관대한 것을 보고 놀라움을 금치 못했다. 그러나 대도시가 심한 경쟁관계에 놓여 있는 그 중소도시들을 없애버리지 않는 데에는—물론 피렌체가 1406년에 반쯤 죽어가는 피사를 점령했다거나 제노바가 1525년에 사보나 항구를 매립해버린* 사례가 있다—아주 명백한 이유가 있었다. 그렇게 할 수가 없었던 것이다. 대도시는 중소도시들을 후광처럼 거느리고 있었다. 어떤 것은 직물을 짜고 염색하기 위해서, 어떤 것은 운송조직을 위해서, 그리고 또 어떤 것은 항구를 이용하기 위해서이다. 피렌체에 대해서 리보르노—피렌체로서는 피사가 너무나 내지로 들어와 있는 데다가 원래 피렌체에 적대적이라 이곳보다는 리보르노를 더 선호했다—가 그런 예였다. 카이로에 대한 알렉산드리아나 수에즈, 알레포에 대한 트리폴리나 알렉산드레타,** 메카에 대한 제다 등도 마찬가지이다.

이 현상은 유럽에서 특히 두드러져서 수많은 소도시들이 등장했다. 루돌프 헤프케는 플랑드르에 대해서 "도시 열도"라는 훌륭한 표현을 처음 썼다.[65] 이 말은 소도시 자신들 간에 연관된 동시에 그보다 더한 정도로 15세

---

* 이탈리아 북서부, 제노바의 남서쪽에 위치한 항구도시 사보나는 오랫동안 제노바와 동맹관계에 있었다. 그러나 이 관계가 어느덧 경쟁관계로 바뀌어 1528년 제노바인들이 사보나의 항구를 파괴하고 1542–1543년에 그곳에 요새를 건설했다.

** 이스켄데룬(Iskenderun)의 옛 이름. 알렉산드로스 대왕이 건설하고 자신의 이름을 따서 알렉산드레타(작은 알렉산드리아)라고 지었다.

기에는 브루게, 그리고 그 나중 시기에는 안트베르펜과 연관되었다는 것을 보여준다. 앙리 피렌도 "네덜란드는 안트베르펜의 시외 변두리이다"라고 같은 뜻의 말을 했다. 네덜란드는 진정 활발한 도시들로 가득 찬 변두리였던 셈이다. 더 작은 수준이기는 하지만 비슷한 예를 찾는다면, 15세기에는 제네바 근처의 시장들, 밀라노 근처의 지방적인 정기시들을 들 수 있고, 16세기에는 베르 호숫가의 마르티그로부터 프레쥐에 이르기까지 마르세유와 연관되었던 프로방스 해안의 항구들을 들 수 있다. 또한 산 루카르 데 바라메다, 푸에르토 데 산타 마리아, 카디스 등 세비야와 연관되었던 대단위 도시 복합체들이나, 베네치아 근처에 후광처럼 둘러서 있는 도시들, 그리고 부르고스와 그 앞의 항구들(특히 빌바오)―이 항구들에 대해서 부르고스는 비록 쇠퇴하고 있었지만 오랫동안 영향력을 미치고 있었다―과의 연관이라든지, 런던에 대해서 템스 강 및 영불해협에 위치한 항구들, 마지막으로 대단히 고전적인 예로서 한자 동맹을 들 수 있다. 최하한치는 위성도시 하나를 가지는 경우인데, 피에르퐁을 거느린 1500년경의 콩피에뉴, 크레피를 거느린 상리스 등이 있다.[66] 우리는 이러한 기능적인 연결과 종속성을 나타내는 일련의 그림표를 작성해볼 수 있을 것이다. 그러면 규칙적인 원형, 선(線), 혹은 선들의 교차, 단순한 점 등이 그려질 것이다.

그러나 이 도식은 단지 일정한 시간에만 유효하다. 유통이 더욱 빨라지면, 비록 그 선택한 길이 바뀌지는 않더라도 어떤 연결점들은 그냥 지나쳐버리게 되고, 그래서 더는 쓸모가 없어져서 사라진다. 1782년에 세바스티앙 메르시에는 이렇게 썼다. "2급, 3급 도시들은 알아챌 수 없는 새에 인구가 줄어들고" 그 줄어든 인구는 수도로 간다.[67] 프랑수아 모리아크는 그의 출신 지역인 프랑스 남서부로 찾아온 영국인 손님에 대해서 이렇게 말했다. "그는 도시 랑공의 리옹 도르(Lion d'Or : 금사자) 호텔에 방을 잡고, 잠들어 있는 이 작은 도시를 밤에 산책했다. 영국에는 이와 같은 도시가 더 이상 남아 있지 않다고 그는 말했다. 프랑스의 지방 생활은 사실 사라져가고 있는 것, 혹은 다른 곳에서는 이미 사라진 것이 아직 살아남아 있는 것이다. 나는 이 영국 손님을 바자로 데려갔다. 비몽사몽으로 잠들어 있는 이 마을은 한때 흥성했던 바자데 주교구의 수도였음을 증명하는 거대한 성당과 얼마나 큰 대조를 보이는가! 각 지방이 자기 언어를 말하는 독립적인 세계를 구성하고, 자기 기념물을 건조하며, 파리와 그 세계가 알지도 못하는 세련되고 위계적인 사회를 이루었던 그 시대를 이제 우리는 더 이상 상상도 하지 못한다. 괴물 같은 파리는 이 경탄할 만한 내용물을 먹고 소진시켜버렸던 것이다."[68]

이 문제에 파리나 런던에 책임이 있는 것은 아니며, 다만 경제생활의 일반적인 움직임만이 책임이 있다는 점은 확실하다. 그 움직임은 이차적인 지점들을 소진시켜서 핵심적인 곳에 유리하게 만들었다. 그러나 중요한 지점들은 이번에는 확대된 세계의 차원에서 그것들 사이의 망을 형성하기 시작했다. 그리고 다시 새로운 게임이 시작된다. 심지어 토머스 모어가 그린 유토피아 섬에서도 수도인 아마우로툼은 53개의 도시로 둘러싸여 있다. 얼마나 아름다운 도시망인가! 각 도시는 이웃과 24마일 이내의 거리, 다시 말해서 하루 거리 이내에 위치하고 있다. 그러나 만일 수송 속도가 조금이라도 빨라지면, 모든 질서가 바뀔 것이다.

도시와 문명 : 이슬람의 경우

모든 도시들이 한편으로는 공통적인 모습을 가지고 있으면서 동시에 그것들 간에 심한 차이를 보인다. 그렇게 된 기원은 이 도시들이 모두 특정 문명의 산물이라는 데에 있다. 그 도시들 각각에는 상응하는 원형이 존재한다. 뒤 알드 신부는 거듭 이렇게 이야기했다(1735). "다른 곳에서 이미 말한 바 있지만, 대부분의 중국 도시들 사이에는 차이가 거의 없으며, 그래서 그중 하나만 보아도 다른 모든 도시들에 대한 이미지를 가지는 데 충분하다."[69] 다소 성급하고 경솔하다고 할 수도 있겠으나, 이 말은 모스크바 공국이나 식민지 시대 아메리카, 이슬람(튀르키예나 페르시아), 그리고 나아가서—주저하는 바가 더 크기는 하지만―유럽에 대해서도 적용할 수 있지 않을까?

확실히 지브롤터로부터 순다 제도에 이르기까지 이슬람권을 관통하는 하나의 이슬람 도시 유형이 존재한다. 이 예시 하나만으로도 도시와 문명 사이의 명백한 관계를 보여주는 이미지를 얻을 수 있다.[70]

일반적으로 이슬람 도시들은 서로 멀찍이 떨어져 있는 거대한 도시들이었다. 이 도시들에는 낮은 집들이 석류알처럼 **빽빽하게** 밀집해 있었다. 이슬람권에서는 (메카와 그 항구도시인 제다, 그리고 카이로를 제외하면) 고층 집들을, 자신들이 가장 증오하는 오만함의 상징이라고 하여 금지시켰다. 건축물들이 높이 올라갈 수 없었으므로 이슬람교가 금지하기 힘든 공공 거리를 잠식할 수밖에 없었다. 그래서 이곳의 도로는 골목길에 불과한 지경이다. 때로 길마를 진 두 마리의 노새가 마주치면 길이 봉쇄되고 말았다.

한 프랑스 여행자는 말하기를(1766) 이스탄불의 "길거리는 우리의 고대 도시와 같이 좁다. 거리는 어디랄 것 없이 더럽다. 만일 거리의 양쪽에 포장된 인도가 없었다면 날씨가 궂을 때 아주 불편했을 것이다. 두 사람이 마주치면 인도에서 내려가거나 현관 입구로 몸을 피해야 한다. 인도에서는 비를 피할 수도 있다. 집이 대개 2층인데, 위층이 아래층보다 앞으로 튀어나와 있다. 집들은 거의 모두 기름칠을 한다. 이러한 장식 때문에 벽이 덜 칙칙하고 덜 음산해 보인다. 그래도 그 장식은 대개 불길해 보인다. 영주와 대단히 부유한 튀르키예인의 집도 포함해서 모든 집을 나무와 벽돌로 짓고 회칠을 한다. 그 때문에 불이 나면 아주 짧은 시간에 대단히 큰 손실을 입는다."[71]

1782년에 볼네 백작*이 묘사한 바 있는 카이로라든가, 그보다 한 세기 전(1660)에 또다른 프랑스 사람인 라파엘 뒤 망스가 전혀 호의를 가지지 않

---

* Constantin François de Chasseboeuf(1757−1820) : 프랑스의 철학자, 작가. 중동지방을 여행하고 『이집트 및 시리아 여행기(*Voyages en Egypte et en Syrie*)』를 발표하여 유명해졌다. 프랑스 대혁명 때 제3신분 대표로 활동했으며, 그의 가장 유명한 저작인 『파멸, 혹은 제국의 혁명에 대한 명상(*Les Ruines ou Méditation sur les Révolutions des Empires*)』을 썼다. 공포정치 시기에는 감옥에 갇혔으나, 나폴레옹 등장 이후 공공교육 위원회 위원이 되었다.

고 묘사한 페르시아의 도시들을 보더라도, 앞에서 언급한 이스탄불로부터 아주 멀리 떨어져 있었음에도 불구하고 똑같은 광경이 보인다. 후자의 말을 들어보자. "도시의 길들은……꼬불꼬불하고 울퉁불퉁하고, 게다가 이슬람 법에 의하면 오줌이 튀겨서 불경하게 되는 것이 금기였기 때문에 사람들이 땅에 구멍을 파고 오줌을 누느라고 구멍이 길에 가득하다."[72] 제멜리 카레리 역시 30여 년 뒤에 같은 인상을 받았다(1694). 페르시아의 다른 모든 곳에서와 마찬가지로 에스파한에서도 도로는 포장되어 있지 않아서 겨울에는 진창이 되었고 여름에는 먼지가 많았다. "관례에 따라 죽은 짐승과 그 피를 공공장소에 버리는 데다가 사람들이 용변을 아무데서나 편한 데에 보기 때문에 더욱 더러워진다.……" 그러므로 이전에 사람들이 말했던 것처럼 팔레르모가 그렇게 더러운 것도 아니었다. 이곳의 "가장 초라한 집이라도……에스파한의 가장 좋은 집보다 낫다."[73]

이슬람의 모든 도시는 잘 관리되지 않은 골목길이 그물처럼 짜여 있는 형태였다. 이곳에서는 경사를 이용해서 빗물과 도랑물로 길거리를 청소하도록 되어 있었다. 그러나 이렇게 혼란스러운 도시 지형의 내부에는 꽤 규칙적인 설계가 있었다. 가운데에는 대(大)모스크가 위치했고 그 둘레에 상가(souqs), 창고(칸[khan], 혹은 카라반세라이라고 불리는 카라반 대상 숙소), 그리고 동심원을 그리며 수공업 지구들이 순서대로 위치했다. 그런데 이것은 언제나 전통적인 "청정함"과 "부정(不淨)"이라는 개념에 따라 순서가 정해진다. 그래서 향수와 향은 "종교법학자들에 의하면, 신성한 것에 바치기 때문에 청정하다"고 판정받았기 때문에, 그 상인들은 대모스크 근처에 자리를 잡았다. 그들 다음으로는 비단 짜는 사람, 금은 세공인 등의 순서였다. 도시의 맨 끝에는 가죽 무두장이, 대장장이와 편자 대장장이, 도공, 마구 제조공, 염색공, 그리고 소리를 질러대며 짐승과 씨름하는 당나귀 대여인 등이 있었다. 그리고 성문에서는 농민들이 와서 고기, 나무, 시큼한 버터, 채소, "푸른 풀" 등 그들이 직접 일해서 얻은 것을—그리고 여기에 더해서 그들이 "훔쳐서 얻은 것"을—팔았다. 또다른 규칙적인 모습은 지역마다 인종이나 종교에 따른 구분이 있었다는 점이다. 거의 언제나 기독교 구역이 있고 유대인 구역이 있는데, 일반적으로 유대인 구역은 군주의 보호를 받았기 때문에 틀렘센(알제리 동부 지역에 위치한 도시)에서와 같이 도시의 한복판에 자리 잡는 경우도 있었다.

도시마다 약간씩 다른 차이를 보이는 것은 물론이다. 단지 기원이 다르거나 사업 혹은 수공업 활동의 중요성이 다르기 때문이다. 이스탄불에 있는 중앙시장이자 두 채의 석조건물인 베데스텐은 도시 속의 도시였다. 기독교 구역인 페라와 갈라타는 금각만 너머에 있는 또다른 도시였다. 하드리아노폴리스의 중심에는 "거래소(bourse)"가 있었다. "이 거래소 근처에는(1693) 사라치(Sarachi)라는 길이 있는데, 1마일 정도 되는 거리에 온갖 상품을 파는 가게들이 들어서 있다. 가게는 널빤지로 지붕을 이었는데, 구멍을 많이 뚫어놓아서 빛이 들어오게 되어 있다." 모스크 근처에는 "지붕이 덮인 도로가 있어서 이곳에는 금은 세공인들이 자리 잡고 있다."[74]

서유럽 도시의 독창성

서유럽은 상당히 일찍부터 세계적으로 특출한 곳이어서 말하자면 일종의 사치를 누렸다. 이곳의 도시들은 다른 곳에서는 거의 다시 찾아볼 수 없는 열기를 띠어갔다. 도시들이야말로 이 작은 대륙 유럽을 위대하게 만든 요인이었다. 그러나 이 문제는 비록 잘 알려지기는 했어도 단순하지는 않다. 어떤 것이 우월하다는 것은 어떤 열등한 것, 혹은 평균적인 것이 있어서 우월하다는 뜻이다. 그렇다면 우리는 조만간 나머지 세계 전체와 대조하는, 불편하면서도 실망스러운 일을 해야 한다. 막스 베버에 의하면, 의상이든 화폐든 도시든 혹은 자본주의든 비교를 피할 수는 없다. 사람들은 유럽을 끊임없이 "다른 대륙과 비교해" 설명해왔기 때문이다.

유럽의 차이점과 독창성은 무엇인가? 유럽의 도시는 비교할 수 없는 자유를 누리고 있었다. 도시는 독자적인 세계로서, 고유한 경향에 따라 발전해왔다. 도시는 영토국가(État territorial, territorial state)를 눌러 이겼다. 영토국가는 느릿느릿 자리 잡아갔고, 도시가 자신의 이해에 맞는다고 판단하여 도와줄 때에만 영토국가가 확대되었으며, 그나마 도시의 운명의 확대판, 흔히는 무미건조한 복사판에 불과했다. 도시는 주변 농촌 지역을 아주 높은 곳에서 내려다보며 지배했고, 마치 식민지 이전의 식민지처럼 다루었다(도시 다음에는 국가가 마찬가지로 이 지역을 그렇게 다룰 판이었다). 도시의 연락망은 마치 성좌(星座) 같은 모양이었는데, 도시는 이 신경망을 통해 자신의 경제정책을 운영했으며, 흔히 장애물을 타파하고 언제나 특권과 피난처들을 만들고 또 되만들어냄으로써 자신의 이익을 지켜갔다. 오늘날 국가를 없애버리고 대도시의 상공회의소가 자기 멋대로 하도록 내버려둔다면 어떻게 될까!

이렇게 대단히 근거가 박약한 비교를 하지 않더라도 옛날의 현실은 우리의 눈으로 확인할 수 있다. 그런데 그것은 두세 가지 방식으로 정식화할 수 있는 중요한 문제에 이른다. 왜 나머지 다른 세계의 도시들은 상대적으로 자유로운 이 운명을 알지 못했는가? 서유럽에서와 같은 자유를 누리지 못하게 만든 장애요소는 무엇이었는가? 또 같은 문제의 다른 측면으로서, 서유럽 도시들은 변화하고 있었던 데 비해—심지어 물리적인 모습에서도 마찬가지였다—다른 지역의 도시들은 기나긴 부동(不動)의 상태에 매몰되어 마치 역사가 없는 상태와 비슷하지 않은가? 레비-스트로스의 말을 비틀어보면, 왜 어떤 도시들은 증기기관 같고 어떤 도시들은 시계 같은가? 간단히 말해서 비교사는 이러한 차별성의 원인을 찾는다. 그리하여 서유럽 지역에서는 도시의 발전이 그렇게도 변화가 컸던 반면에 세계의 다른 지역에서는 시간이 지나도 도시들의 삶이 별다른 굴곡이 없는 직선을 따라가도록 만든 동력학적인 "모형"을 만들어보는 것이다.

자유로운 세계

유럽 도시가 누린 자유는 고전적인 주제이며, 꽤 잘 해명되어 있다. 우선 이 주제부터 시작하자.

우리는 이렇게 간략화하여 말할 수 있을 것이다.

첫째, 서유럽은 로마 제국의 멸망과 함께 도시의 틀을 완전히 잃어버렸다. 사실 게르만족이 침입하기 이전부터 이미 점진적으로 쇠퇴해가고 있었다. 메로빙거 왕조 시대에 상대적으로 약간 활기를 찾았을 뿐 조만간 이것도 완전히 멈추고 백지 상태로 되돌아갔다.

둘째, 11세기 이후 도시의 부활은 밭, 포도밭, 과수원의 복합적인 발전이라는 농촌의 수액을 받아 가속화되었고 그 위에 이루어진 것이다. 도시는 농촌 마을과 보조를 맞추어 성장했고, 명료하게 윤곽을 드러냈던 도시 법은 흔히 마을들 집단의 자치체적 특권들로부터 나왔다. 흔히 도시는 농촌이라는 밀가루를 다시 물에 개서 새로 반죽한 것에 불과했다. 16세기까지도 아주 농촌 냄새가 강했던 프랑크푸르트의 수많은 거리의 호칭을 지형학적으로 살펴보면, 숲이나 덤불, 늪지로부터 이 도시가 성장했음을 알 수 있다.[75]

이렇게 농촌이 재편성됨으로써 결국 논리적으로 주변지역의 정치적, 사회적 권위의 대표자들—세속 영주든 고위 성직자든 간에—이 새로 탄생하는 도시로 모여드는 결과를 가져왔다.

셋째, 만일 전반적으로 경제가 건강을 되찾지 못했다면, 혹은 달리 말해서 화폐경제로 복귀하지 않았다면 이 모든 것들이 불가능했을 것이다. 먼 곳으로부터(모리스 롱바르에 의하면 이슬람권으로부터) 온 여행자인 화폐는 활동적이면서 결정적이었다. 토마스 아퀴나스보다 200년 전에 릴의 알랭*은 이

---

* Alain de Lille(1115?-1203) : 프랑스의 신학자이자 작가. 라틴어 이름은 알라누스 아브 인술리스(Alanus ab Insulis)이다. 만능박사라고 불렸고 파리 대학에서 신학을 가르쳤다. 신학적인 저술로는 『가톨릭 신앙의 기술(Ars Catholicae Fidei)』, 『반(反)이단론(Contra Haereticos)』 등이 있고, 문학작품으로는 도덕적 알레고리인 『자연의 탄식(De Planctu Naturae)』이 있는데, 이 작품은 장 드 묑의 『장미 이야기(Roman de la Rose)』에 영향을 미쳤다.

렇게 말했다. "이제 모든 것을 좌우하는 것은 카이사르가 아니고 화폐이다."
화폐란 곧 도시를 의미했다.

이때 많은 도시들이 생겨났지만, 밝은 미래를 맞이한 것은 소수에 불과했
다. 따라서 단지 몇몇 지역만이 심층적으로 도시화되었고, 곧 다른 지역들과
차별화되면서 역동적인 추진력을 얻었다. 루아르 강과 라인 강 사이 지역,
북부 이탈리아와 중부 이탈리아, 지중해 연안의 중요한 지점들 등이 대표적
이다. 이곳에서는 상인, 길드, 산업, 원거리 무역, 은행 같은 것들이 빠르게
성장했고, 나아가서 부르주아지와 자본주의가 성장했다. 이 특별한 도시들
의 운명은 다만 농촌의 발전만이 아니라 국제무역에도 연결되었다. 이 도시
들은 게다가 농촌 사회와 이전의 정치적 유대로부터 떨어져 나왔다. 그 단절
은 폭력적으로 이루어지기도 했고 비폭력적으로 이루어지기도 했으나, 언제
나 강력한 무력, 풍부한 돈, 권력을 드러냈다.

이 특권적인 도시들 주변에 대해서는 더 이상 국가의 힘이 미치지 못했다.
13세기에 정치적 몰락을 겪은 이탈리아와 독일이 이런 경우였다. 토끼가 단
번에 거북을 이긴 셈이다. 프랑스, 영국, 카스티야, 심지어 아라곤 같은 곳에
서는 영토국가가 꽤 일찍이 재생했다. 이것이 도시에 제동을 걸었고, 게다가
이곳의 도시들은 별다른 활력이 없는 공간 속에 갇히게 되었다. 이제 이곳의
도시들은 다른 곳에서보다 더 느리게 발전했다.

그러나 핵심적이면서도 예측할 수 없는 점은 몇몇 도시들이 자신을 둘러
싼 정치 공간을 완전히 깨버리고 스스로 독자적인 우주를 만들어갔다는 점
이다. 이러한 "도시국가들"은 얻어낸 것이든 빼앗은 것이든 특권들을 보유
하고 있었는데, 그것은 법률적인 성곽 같은 것이었다. 이전의 역사가들은 이
와 같은 "법률적인 동기들"을 너무 지나치게 강조했던 것 같다. 그들은 이것
을 지리학적, 사회학적, 경제학적 동기들보다 더 중요한 것으로, 또는 적어
도 동급으로 보았다. 그러나 이 후자의 요소들이야말로 아주 중요하다. 물
질적 내용이 없는 특권이 무슨 의미를 가지겠는가?

사실 서유럽에서의 기적은 모든 것이 5세기의 재난으로 거의 완전히 폐허화되었다가 11세기부터 다시 싹트기 시작했다는 것이 아니다. 역사는 장기적인 왕복 운동, 여러 가지 팽창들, 도시의 탄생과 재생들로 가득 차 있다. 기원전 5세기에서 기원전 2세기까지의 그리스, 아마도 로마가 그러했을 것이며, 9세기 이후의 이슬람 세계, 송나라 시대의 중국 등이 그런 예일 것이다. 매번 이와 같은 재상승 기간에는 국가와 도시라는 두 명의 주자가 있었다. 대개는 국가가 승리했고, 그러면 도시는 이에 복종하고 몹시 강한 완력 밑에 눌려 있게 되었다. 이에 비해 유럽의 첫 위대한 도시의 세기에 일어난 기적은 도시가 완전한 승리를 거두었다는 것이다. 적어도 이탈리아, 플랑드르, 독일 등지에서는 그러했다. 도시는 꽤나 오랫동안 완전히 독자적인 삶을 영위하는 실험을 했는데, 이것은 정말로 거대한 사건이었다. 그 기원은 정확히 규정지을 수 없으나, 그 결과가 엄청나다는 것은 쉽게 알 수 있다.

도시의 근대성

자유는 대도시들 혹은 대도시들의 영향을 받고 또 모범으로 삼은 다른 도시들이 독창적인 문명을 건설하고 새로운 기술을 보급한 토대가 되었다. 새로운 기술이라기보다는 새롭게 개선한 기술이라든지 혹은 수 세기가 지난 후에 새로 재발견한 기술이라고 해도 좋다. 그것은 어떻든지 상관없었다. 중요한 것은 이 도시들이 정치적, 사회적, 경제적 내용을 가진 아주 희귀한 실험들을 끝까지 해볼 기회가 있었다는 점이다.

재정의 영역에서 도시들은 조세, 금융업, 공공 크레딧, 세관 등을 만들어냈다. 또 공채도 발명했다. 베네치아의 몬테 베키오에서 최초로 공채를 발행한 일은 사실 1167년에까지 거슬러올라간다. 산 조르조 은행의 첫 형태는 1407년에 시작되었나.* 여러 도시들은 아마도 12세기 말에 제노바에서 주

---

* 이 책 634쪽의 역주 참조.

조한 제노비노(genovino)를 모방하여 금화를 주조하기 시작했다.[76] 도시들은 여러 산업과 길드를 재조직했고, 원거리 무역, 환어음, 상업회사의 첫 형태들, 부기 등을 고안하거나 재고안했다. 도시들은 곧 계급투쟁에 들어가게 되었다. 도시는 사람들이 흔히 말하듯 "공동체"였지만 동시에 갈등하고 형제 살해의 전쟁을 하는, 근대적인 의미의 "사회"였기 때문이다. 귀족은 부르주아지와 투쟁했고, 부자는 가난한 자들과 투쟁했다("메마른 사람들[popolo magro]"이 "살진 사람들[popolo grasso]"과 투쟁했다). 피렌체에서의 투쟁은 심층적으로 고대 로마 제국보다는 이미 산업화된 19세기 초에 가까웠다. 촘피의 난*이 벌써 이것을 증명해준다.

그러나 이렇게 내부적으로 갈라져 있으면서도 이 사회는 바깥 세계의 적들에 대해서 공동으로 대결해야 했다. 그것은 외부의 적, 즉 영주, 군주, 농민 등 자기 시민이 아닌 모든 사람들의 세계에 대한 대항이었다. 도시는 서유럽 최초의 "조국"이었으며, 이곳의 애국심은 그후에도 오랫동안 영토국가의 애국심보다 더 일관성 있고 훨씬 더 의식적이었다. 사실 초기의 국가에서는 애국심이 아주 느리게 형성되었다. 이 주제에 대해서는 아주 익살스러운 그림 하나를 가지고 상상의 날개를 펴볼 수 있을 것이다. 그 그림은 1502년 6월 19일에 뉘른베르크의 부르주아들이 자기 영토를 침략한 브란덴부르크-안스바흐의 카지미르 변경백에 대항해서 싸우는 모습을 그린 것이다. 이 그림은 원래 뉘른베르크의 부르주아들을 위해서 그린 것이므로, 그들의 대의를 지지하고 그들을 옹호하는 방향으로 그려진 것은 물론 당연하다. 뉘른베르크 사람들은 대부분 평상복을 입고 무장도 갖추지 못한 채, 말을 타지 않고 서 있는 모습으로 그려져 있다. 그들의 대장은 까만 의상을 입고 말을 탄

---

* Ciompi Revolt(1378-1382) : 피렌체의 소모공(梳毛工, 양모를 빗질하는 공정을 맡은 하급 노동자로, 이들을 촘피라고 불렀다)이 일으킨 폭동. 당시 피렌체는 부를 쌓은 대시민층, 중간 장인층, 그리고 길드 가입도 하지 못하는 최하층 사이에 계급 대립이 격심했다. 그중 최하층민이 폭동을 일으켜 대시민층의 지배를 뒤엎고 새로운 형식의 정부를 구성하려고 했으나, 대시민층의 반격으로 실패했다.

채 인문주의자인 빌리발트 피르카이머*와 회의를 하고 있다. 피르카이머는 이 시대에 유행했던 타조 깃털을 단 모자를 쓰고 있으며, 이것이 중요한 사실이지만, 이 공격받은 도시의 정당한 대의를 구하기 위해서 군대를 이끌고 온 것이다. 브란덴부르크 측의 공격군은 중무장한 기병들이며 그들의 얼굴은 투구의 챙으로 가려져 있다. 우리는 이 그림에 나오는 다음의 세 사람을 군주와 영주들의 권위에 대항하는 도시들의 자유의 상징으로 받아들일 수 있을 것이다. 얼굴을 드러내놓은 두 명의 부르주아가 무장을 갖춘 기사 한 명을 자랑스럽게 에워싸고 있는데, 그들은 포로가 되어 당황한 모습의 이 기사를 끌고 가고 있다.

"부르주아", 부르주아들의 작은 조국, 이런 말들은 사리에 맞지 않지만 편리한 말들이다. 베르너 좀바르트는 이 사회의 탄생 및 새로운 심성의 탄생을 매우 강조했다. "내가 틀리지 않다면, 처음으로 완벽한 부르주아를 보게 되는 곳은 14세기 말경의 피렌체이다."77) 그럴지도 모른다. 사실 아르티 마조리—양모 길드와 아르테 디 칼리말라**—가 권력을 장악한 것(1293)은 피렌체에서는 옛날의 부자와 새로운 부자, 그리고 기업가 정신의 승리를 의미했다. 좀바르트는 사회나 심지어 경제의 측면에서 설명하게 되면 마르크스의 자취를 좇아가게 될까 봐 두려워했기 때문에, 그보다는 심성, 합리적인 정신의 발달의 측면에서 문제를 제기하는 것을 좋아했다.

새로운 심성(mentalité)이 자리를 잡아갔다. 아직 망설이고 있던 서유럽 초기 자본주의의 심성이라고 말할 수 있으리라. 그것은 규칙, 가능성, 계산, 그

---

* Willibald Pirckheimer(1470-1530) : 독일의 인문주의자. 유명한 헬레니스트(고대 그리스의 철학, 문학 등을 연구하는 학자)로서 당대의 여러 학자들과 교류했다. 종교개혁의 시기인 이때 그는 한때 로이힐린(헤브라이학의 창시자)을 옹호했으나, 다시 가톨릭으로 돌아서서 막시밀리안 황제와 카를 5세의 자문을 맡았으며, 직접 전쟁에 참가하기도 했다. 1610년에 그의 글들을 모은 책이 출판되었다.

** 아르테 델라 라나(Arte della Lana)는 양모를 이용해서 직접 모직물을 제조하는 길드이고, 아르테 디 칼리말라(Arte di Calimala)는 플랑드르에서 수입한 반제품 모직물을 가공하는 길드이다. 이 두 길드가 바로 피렌체의 주요 길드(Arti Maggiori)였다.

리고 부자가 되는 방식이었으며 동시에 살아가는 방식 등을 모아놓은 전체였다. 또한 도박이면서 동시에 위험이었다. 행운(fortuna), 운명(ventura), 이성(ragione), 신중(prudenza), 안전(sicurta) 같은 단어들이 상업에서 핵심적인 중요성을 가지고 있다는 사실을 보면 주의해야 할 위험이 어떤 것인지 명확히 알 수 있다. 자기의 수입을 어떻게든 지출 수준에 맞추어놓고 그것으로 무도회를 연 다음 그다음에는 될 대로 되라는 식의 귀족들 방식대로 하루하루 살아가는 것은 더 이상 불가능했다. 상인은 자기 돈을 관리했다. 자신의 소득에 맞추어 지출을 계산했고 수익을 좇아 투자했다. 모래시계는 옳은 방향으로 뒤집어졌다. 그는 또한 자신의 시간을 아꼈다. 상인들은 "시간을 가지고 있으면서도 기다리는 자는 시간을 버리는 자이다(chi tempo ha e tempo aspetta, tempo perde)"라고 이야기했는데,[78] 이것을 우리 방식대로 논리에 맞게 번역하면 곧 "시간이 돈이다(Time is money)"가 되리라.

서유럽에서 자본주의와 도시는 그 근저에서는 같은 것이다. 루이스 멈퍼드의 주장에 의하면 "발생기의 자본주의"는 "봉건 영주와 길드 부르주아"를 새로운 상업 귀족으로 대체하면서 중세 도시의 좁은 틀을 깨뜨렸으나, 결국 국가와 연결되었다. 국가는 도시를 이긴 승자이면서도 도시의 제도와 심성의 계승자였으며, 또 도시 없이는 지낼 수 없었다.[79] 도시가 '자유시(city)'*로 전락했을지라도 특출한 지위를 계속 유지했으며, 실제적으로든 표면상에 불과하든, 군주에게 봉사하면서 모든 것 위에 군림했다는 사실이 중요하다. 국가의 부는 아직까지도 도시의 부였다. 포르투갈의 우위권은 리스본에, 네덜란드의 우위권은 암스테르담에, 영국의 우위권은 런던에 귀착되었다(수도인 런던은 1688년의 조용한 혁명** 이후 영국을 자기 마음대로 좌우했다). 스페

---

* 타운(town)은 상공업, 행정 등의 도시 기능을 하는 일반적인 도시를 말하는 반면, 시티(city)는 성벽을 둘러 바깥 지역과 구분하고 그 경계 내에서 독자적인 공동체를 이루는 자치시를 말하는 것 같다. 이 장에서 이런 의미의 시티는 경우에 따라 '자유시' 또는 (서울의 '사대문 안'처럼 다만 지리적으로 이전에 성벽 내부에 있던 지역을 가리키는 경우) '시내지역'이라고 번역했다.
** 명예혁명을 가리킨다. 조용하다는 것은 무혈혁명(無血革命)이었음을 말한다.

인 제국 경제의 잠재적인 잘못은 독직을 일삼는 "공무원들" 때문에 썩어 있었다는 데에, 그리고 오래 전부터 외국 자본가들에게 지배받았고 감시당했던 세비야에 의존했을 뿐, 강력하고, 자유로우며, 자신이 생각한 것을 제조하고 독자적인 실질 정책을 시행할 수 있는 강력한 자유로운 도시에 의존하지 못한 데에 있다. 마찬가지로 루이 14세가 여러 차례(1703, 1706, 1709년) 시도는 했으나, 결국 "왕립은행"을 건립하지 못한 것은 파리가 국왕권에 대항하면서 자유롭게 활동하고 스스로 책임지는 도시라는 보호처가 되지 못했기 때문이다.

서유럽의 도시 형태에는 "모형"이 있을까?

이제 고대 그리스의 도시로부터 18세기의 도시까지, 또 유럽 내부나 외부에 이르기까지—동쪽의 모스크바 공국으로부터 대서양 너머까지—유럽이 만들 수 있었던 모든 도시의 다양한 형태들을 완벽하게 포괄하는 역사를 쓴다고 가정하자. 이 풍성한 자료를 분류하는 방법은 정치적, 경제적, 사회적 특성에 따라 얼마든지 있을 것이다. 우선 정치적으로는 수도, 요새도시, (완전한 의미에서의) "행정" 도시 등이 있을 수 있다. 경제적으로는 돈이 모여드는 도시들을 항구도시, 카라반 도시, 상업도시, 공업도시, 금융도시 등으로 구분할 수 있을 것이다. 사회적으로는 연금생활자, 교회, 궁정, 장인 등의 거주자별 도시 등이 있을 수 있다. 이런 분류는 통상적인 일련의 카테고리를 받아들인 것에 불과하다. 이것들은 다시 하부 카테고리로 나눌 수 있고, 모든 종류의 지방적 변형도 가능하다. 이런 종류의 분류에는 그 나름의 장점이 있는데, 그것은 전체적인 도시의 문제를 위해서라기보다는 시간상으로나 공간상으로나 제한적인 이러저러한 연구들을 수행할 때의 장점이다.

　이에 비해서 솜더 일반적이고 또 이전의 도시 발달 속에 내재해 있는 몇몇 구분이 우리의 목적에 더 유용하다. 간략하게 말하자면 서유럽은 경험적으로 세 가지 핵심적인 도시 유형을 알게 되었다. 첫째, 개방적이 도시(A)이다.

즉, 주변지역과 구분이 되지 않으며 심지어 혼동되어 있는 도시이다. 둘째, 자기 속에 닫혀 있는 도시(B)이다. 즉, 가장 엄격한 의미에서의 닫힌 도시로, 이 경우에는 그 성벽이 도시의 영역을 규정하는 정도가 아니라 차라리 그 존재를 규정한다고 할 수 있다. 마지막으로, 군주와 국가에 대한 모든 종류의 종속을 의미하는 뜻으로서 보호를 받는 도시(C) 등이 그것이다.

대략 A가 B에 선행하고 B가 C에 선행한다. 그러나 이것은 엄격한 순서가 아니다. 그보다는 차라리 그 사이에서 서유럽 도시들의 복잡한 운명이 전개되는 방향이나 차원 정도의 의미이다. 서유럽의 도시들은 같은 시간에 같은 방식으로 진화하지 않았다. 다음으로 우리는 이 "틀"이 전 세계 도시들의 분류에도 타당한지를 살펴볼 것이다.

A 유형, 개방적인 도시 : 고대 그리스 도시나 로마 도시로서, 농촌지역에 대해서 동등한 지위로 개방되어 있는 도시이다.[80] 아테네는 아리스토파네스의 연극에서 볼 수 있는 포도 재배 소농이나 말을 기르는 에우파트리데스*를 적법한 시민으로서 성내에 받아들였다. 프닉스** 위로 연기가 오르면 이 신호에 따라 농민들은 시내로 들어와서 민회에서 그의 동료들과 함께 자리를 잡고 앉았다. 펠로폰네소스 전쟁***의 초기부터 모든 아티카 지역의 농민들은 스파르타인들이 밭과 올리브 밭, 집들을 파괴하는 동안 농촌지역을 떠나 아테네 시내로 모여들어 버렸다. 겨울이 가까워져서 스파르타인들이 물러가면 그때 가서야 농촌 사람들은 원래의 자기 집으로 돌아갔다. 사실, 그

---

* Eupatrides : 고대 그리스의 아티카 지역의 지주 귀족들, 특히 군주제를 폐지하고 솔론의 개혁 전까지 아테네의 실권을 독점한 혈족을 가리킨다.

** Pnyx : 아테네의 아크로폴리스 동쪽의 고지대로, 민회가 열린 곳이다.

*** 고대 그리스의 도시국가들이 아테네를 지지하는 측과 스파르타를 지지하는 측으로 갈려 벌인 전쟁(기원전 431-기원전 404). 그전에 페르시아 제국과 몇 차례의 대전쟁을 통해 이 동양의 대제국의 침입을 막은 후 전쟁에서 가장 큰 공헌을 했던 아테네가 페르시아의 재침에 대비한다는 명분을 내세워 여타 그리스 국가들의 군대와 전함을 징발하거나 아니면 현금을 거두어들여 유용했다. 여기에 스파르타가 이의를 제기하고 난 후 이 결국 두 도시국가가 헤게모니 투쟁을 벌인 것이 이 전쟁이었다. 오랜 단속적인 전쟁 끝에 스파르타가 승리했다고는 하지만, 이 전쟁은 두 국가를 비롯해서 전체적으로 그리스의 도시국가들이 쇠퇴하는 계기가 되었다.

리스의 도시국가는 도시와 주변의 넓은 농촌을 합쳐놓은 것이다. 그렇게 된 데에는 도시들이 **이제 막 태어난** 정도에 불과했으며(한두 세기는 이런 척도로는 아무것도 아니다), 성운(星雲) 같은 주변 농촌 지역으로부터 겨우 떨어져 나왔기 때문이다. 더구나 장래에 불화의 원천이 될 산업활동의 분리가 여기에서는 아직 문제가 되지 않았기 때문이기도 하다. 아테네에는 분명히 도자기를 제조하는 케라미코스(Ceramicos)라는 외곽지역이 있었고 실제로 이곳에 도자기 굽는 사람들이 살고 있었지만, 이들은 비좁은 가게만 가지고 있었을 뿐이다. 아테네는 또 피라에우스*에 항구가 있어서 거류 외인,** 해방노예와 노예들이 우글거렸으며, 이곳에서 수공업 활동이 활발히 전개되고 있었지만, 이것을 산업이나 전산업(préindustrie)이라고 말할 수는 없을 것이다. 수공업 활동에 대해서는 그것을 얕보는 농촌적인 사회의 편견이 작용하고 있었다. 그래서 외국인이나 노예가 이런 활동을 하고 있었다. 특히, 아테네의 경우 수공업 활동이 계속 번영하여 사회적 혹은 정치적 갈등이 무르익어 "피렌체식으로"*** 전면에 떠오를 만큼 그렇게 오래 계속되지는 못했다. 우리는 단지 몇몇 증후를 읽을 수 있을 뿐이다. 한편 농촌 마을에는 장인들이 있었고, 겨울이 오면 불을 쬐기 좋은 대장간이 있었다. 간단히 말해서 산업은 초보적이었고 낯설었으며 소박한 수준이었다. 마찬가지로 로마 시대의 고대 도시 유적지들을 방문하면, 성문만 지나면 곧 완전한 농촌이 나타나는 것을 알 수 있다. 성문 밖의 외곽지역이 없었던 것이다. 이것은 곧 산업이나, 활동적이고 잘 조직된 장인층 등이 마땅히 있어야 할 곳에 존재하지 않았다는 의미이다.

---

* Piraeus : 아티카 지역에 있는 아테네의 가장 중요한 외항(外港). 다른 그리스 도시국가보다 아테네가 더 크게 상업이 발달한 중요한 요인도 이 항구의 조건이 아주 우수한 데에 있었다.

** metics : 고대 아테네에 거주하던 사람들 중 자유민과 노예의 중간적인 지위에 있었던 것으로 보이는 사람들. 이들은 정치적 권리가 전혀 없었던 반면, 일종의 세금만 내면 비교적 자유로운 경제활동을 보장받음으로써 주로 금융, 상업 활동을 많이 했다.

*** 촘피의 난과 같은 식으로. 즉, 계급 간 또는 계층 간에 격심한 대립이 일어나는 방식을 말한다(이 책의 690쪽 참조).

B 유형, 폐쇄적인 도시 : 그 자체로 하나의 단위인 소인국(小人國, Lilliput)을 이루는 배타적인 도시, 그것은 곧 중세의 도시였다. 성벽은 마치 오늘날의 엄중한 국경과 유사했다. 경계의 저편에 있는 이웃을 마음대로 모욕해도 그 이웃은 아무것도 할 수 없었다. 자기 땅을 떠나 도시로 온 농민은 곧 전혀 다른 사람이 되었다. 그는 자유로워진 것이다. 즉 그는 지금까지 알고 있던 지긋지긋한 예속을 벗어버리고 대신 새로운 예속을 받아들이게 된다. 그 새로운 예속이 사실 어떠한 양태로 나타날지 미리 알 수는 없었지만 말이다. 그러나 그런 것은 중요하지 않았다. 그의 옛 영주가 그를 돌려보내라고 요구해도 도시가 그를 받아주면 그는 영주의 요구를 조롱할 수 있었다. 다른 곳에서는 이미 사문화된 이런 종류의 요구를 18세기에 슐레지엔에서 들을 수 있었고, 모스크바 공국에서는 19세기까지도 흔히 들을 수 있었다.

도시가 문호를 쉽게 개방한다고는 해도, 단지 그곳에 들어가는 것만으로 시민이 되는 데 충분한 것은 아니다. 완전한 시민권을 가진 시민은 소수로 시기의 대상이 되었으며, 이들은 도시 속의 도시를 형성하고 있었던 셈이다. 베네치아에서는 1297년에 대평의회(Grand Conseil)의 문호 폐쇄(serrata) 때문에 부자들만의 성채가 세워졌다. 베네치아의 도시 귀족(nobili)은 폐쇄적인 카스트가 되었으며, 그후 수 세기나 그 상태를 유지했다. 이 문을 강제로 열고 들어간 자는 그야말로 희귀한 소수였다. 이들 밑의 계층인 단순한 일반 시민(cittadini)은 아마도 그들보다는 더 수용적이었을 것이다. 공화국 정청은 곧 두 종류의 시민권을 만들었다. 인투스(intus, 內的) 시민권은 부분적인 성격이었고, 인투스 에트 엑스트라(intus et extra, 內的, 外的) 시민권은 완전한 것이었다.

앞의 것을 청원하려면 15년간의 거주기간이 필요했으며, 뒤의 것을 청원하려면 25년이 필요했다. 이 규칙에는 거의 예외가 없었으며 단순한 요식행위가 아니었다. 이것은 일종의 의심을 반영한다. 1386년에 상원은 새로운 시민들(완전한 시민권을 가진 사람들을 포함하여)은 시내의 폰다코 데이 테데스키(독일 상관)에서나 아니면 그 바깥에서라도 독일 상인들과 직접 거래하는 것을 금지하는 칙령을 발표했다. 이 도시의 소시민들은 새로운 시민들에 대해서 의심하거나 적대적이었다. 1520년 6월, 마리노 사누도에 의하면, 사람들은 거리에서 갤리선 노수(櫓手)나 군인으로 충원되어 육지에서 온 농민들과 싸움을 벌이고는 했는데, 그들은 "겁쟁이들아, 돌아가서 농사나 지어라(Poltroni, ande arar)"라고 소리를 질렀다.[81]

물론 베네치아는 극단적인 예이다. 게다가 이 도시가 1797년까지 자신의 정치체제를 지킬 수 있었던 것은 귀족적이고 대단히 반동적인 체제였기 때문만이 아니라, 15세기 초에 테라 피르마를 정복하여 그후 알프스와 브레시아에까지 권위를 미치게 되었기 때문이다. 베네치아는 서유럽 최후의 폴리스일 것이다. 그러나 마르세유만 하더라도 16세기에 아주 인색하게밖에 허용하지 않았던 시민권을 얻기 위해서는 "10년간 거주해야 했고 부동산이 있어야 했으며, 현지의 여성과 결혼해야" 했다. 그렇지 않으면 "마낭(manan)", 즉 시민권이 없는 무리에 남아 있어야 했다. 이렇듯이 엄격한 시민권의 개념은 어느 곳에서나 일반적인 법칙이었다.

지금까지 우리가 폭넓게 살펴본 바에 따르면 끊임없이 분란을 일으키는 불화의 원인이 도대체 무엇인지 알 수 있을 것 같다. 그것은 산업, 길드, 그 특권, 그 이익이 누구에게 돌아가는지 하는 문제이다. 사실 그것은 도시와 도시 당국, 기업가와 상인들에게 돌아갔다. 예를 들면 시 주변의 농촌 지역에서 방적, 직조, 염색을 할 수 있는 권리를 박탈해야 하는지 아니면 반대로 이런 권리를 양도하는 것이 이익이 되는지를 결정하는 것은 이들이었다. 개별 도시사를 연구하면서 확인할 수 있듯이, 도시와 농촌 사이의 이와 같은 왕복 운동 속에서 모든 것이 가능했다. 도시 성벽 내에서는 길드가 노동에 관한—아직 산업에 관한 것이라고는 하지 못하겠지만—독점적인 특권을 누렸으며, 그렇게 하기 위해서 모든 것을 규제해야 했다. 길드들은 배타적이고 포괄적인 이 독점적 특권들을 아주 단호히—신경질적이라고 할 정도로—지켜나갔다. 그런데 그 특권의 경계가 모호해서 때로 어처구니없는 분쟁을 야기시키기도 했다. 이런 일이 일어났을 때 도시 당국이 언제나 사태를 잘 통제하지는 못했다. 우월성은 이때까지도 사실상 명백하고 누구나 인정하는 명예로운 것이었으며, 게다가 돈과 권력에 의해서 인정받고 있던 터였지만, 조만간 도시 당국에 의해서 더 확고하게 굳어졌다(그리고 여기에는 다시 돈의 힘도 작용했을 것이다). 예컨대 1625년부터 파리의 "6대 특권 직종 (six corps : 직포상, 식료품업, 잡화상, 모피상, 메리야스상, 금은세공상)"은 이 도시의 상업 귀족이 되었다. 피렌체의 아르테 델라 라나와 아르테 디 칼리말라(가공하지 않은 채 북유럽에서 수입한 직포를 염색하는 일을 맡았다) 역시 그와 같은 성격을 띤 길드였다. 이러한 과거의 실상을 잘 보여주는 것으로는 독일 각지의 도시박물관만 한 것이 없을 것이다. 예를 들면 울름에는 각 길드를 세 폭 첩화(tryptique) 형식으로 그린 그림이 있는데, 측면의 두 폭에는 이 길드의 특징을 나타내는 그림이 있고, 가운데 폭에는 소중한 가족 앨범처럼, 수 세기 동안 대를 이어내려온 이 길드 장인들의 작은 초상화들이 무수히 많이 그려져 있다.

또 하나의 흥미로운 예는 18세기의 런던 시티와 그 주변지역(시 성벽 둘레에 있는 지역)으로서, 이곳에는 소소하고 이미 한물갔지만 그래도 강력한 길드가 자리 잡고 있었다. 이곳에 정통한 한 경제학자에 의하면(1754) 웨스트민스터와 외곽지역이 계속 확장된 까닭은 명백하다. "이 외곽지역은 자유로우며, 모든 산업활동을 하는 시민들에게 개방된 공간을 제공하기 때문이다. 반면 런던 시내에는 가지각색의 컴퍼니(길드) 92개가 있는데, 매년 런던 시장이 주최하는 행사에 이 조합들이 참여하여, 어지럽게 돌아가는 화려한 행진을 할 때에 그 많은 조합 구성원들을 볼 수 있다."82) 이 아름다운 모습을 감상하기 위해서 잠시 쉬도록 하자. 그리고 런던이든 다른 곳이든 노동조직의 또다른 측면에 있는, 길드와 그 틀—이것은 보호 역할을 하면서 동시에 방해한다—을 벗어난 자유 직종들은 여기에서 살펴보지 않도록 하겠다.

C 유형, 종속된 도시 : 근대 초기의 도시이다. 사실 유럽 어느 곳에서나 국가가 탄탄히 자리 잡으면 폭력적인 방법을 쓰든 그렇지 않든 본능적으로 도시들을 가차없이 다스리기 시작했다. 합스부르크 왕조나 교황청, 독일 영방 군주나 메디치 가문, 혹은 프랑스 국왕 할 것 없이 모두 마찬가지였다. 네덜란드와 영국만이 예외였을 뿐 다른 곳에서는 어디에서나 복종을 강요했다.

피렌체를 보자. 메디치 가문은 로렌초의 시대*에는 우아하다고 말할 수 있을 정도로 세련된 수법으로 피렌체를 복종시켰다. [공화국 선포와 함께 축출되었다가/역주] 1532년에 권력에 복귀했을 때부터는 사태가 급하게 돌아갔다. 17세기에 피렌체는 단지 대공(大公)의 궁정이 있는 곳에 불과했다. 대공은 돈과 명령권과 명예를 나누어주는 권리, 즉 모든 것을 장악했다. 아르노 강 좌안의 피티 궁전에서부터 시작되는 회랑—비밀 통로였다—이 있어서 이곳을 거쳐 대공은 강을 넘어 우피치 궁전**으로 갈 수 있었다. 베키오 다리 위에 오늘날에도 그대로 남아 있는 이 우아한 회랑을 보면, 마치 거미줄 끝에서 먹이를 감시하는 거미처럼 대공이 포로가 된 도시를 감시하고 있는 듯하다.

스페인에서는 도시의 "지사(corregidor)"가 국왕의 뜻에 따라 도시 공동체들("코뮌들[communes]")을 복종시켰다. 물론 국왕은 지방의 소귀족에게 적지 않은 이익을 챙기게 했고 지방 행정에서 실속 없는 위엄을 누리도록 허용했다. 국왕은 코르테스***—태도가 뻣뻣한 의회로 자기들의 불만을 기꺼이 상소했으나 그래도 국왕의 조세 요구는 언제나 만장일치로 가결했다—가 열릴 때마다 도시 대표들(regidores)을 소집했다(관직 매매의 기회를 제공하는 역할도 했다). 프랑스에서는 시의 행정 자치와 여러 다양한 조세 등의 특권을

---

* 메디치는 피렌체를 사실상 지배하는 대가문이었다. 메디치 가문 전성기의 인물 로렌초 디 메디치(Lorenzo di Medici : 1449-1492)는 르네상스 문화를 활짝 꽃피우는 보호자 역할을 했다.
** 피렌체에 있는 궁전으로, 코시모 데 메디치가 주문하여 바사리가 설계했다. 현재에는 이탈리아 르네상스의 작품들을 수장한 최대, 최고의 박물관이다.
*** 스페인의 신분제 의회.

누리는 "국왕 특령시들(bonnes villes)"이 만들어졌지만, 그래도 이들은 국왕의 명령에 따랐다. 국왕 정부는 1647년 12월 21일 자의 칙령을 통해서 허가세(octroi)를 두 배로 했고 그중 절반을 수중에 넣었다. 파리 역시 국왕의 명령에 따랐으며 국왕의 재정을 도와야 했다. 파리는 이른바 파리 시청 보증 채권이라는 거대한 사업을 담당했다.* 루이 14세도 수도 파리를 버리지 못했다. 사실 베르사유는 파리라는 가까운 대도시로부터 그리 멀리 떨어져 있지 않았으며, 국왕은 언제나 강력하고 또 두렵기까지 한 이 도시의 주변을 맴도는 습관이 있었다. 국왕이 거주했던 퐁텐블로, 생-제르맹, 생-클루 등을 보라.** 루브르 궁전에 있을 때 국왕은 변두리에 있던 것이나 마찬가지였고, 튀일리 궁전에 있다면 거의 파리에서 벗어나 있던 것이나 다름없었다. 지나치게 인구가 많은 이 도시를 통치하려면, 적어도 가끔씩은 먼 곳에서 통제하는 것이 낫지 않았을까? 펠리페 2세는 대부분의 시간을 에스코리알*** 궁전에서 보냈으며 마드리드는 단지 이곳의 입구에 해당했다. 나중 시기에 역대 바이에른 공들은 님펜부르크에 머물렀고, 프리드리히 2세는 포츠담에, 오스트리아의 황제들은 빈 근처의 쇤브룬 궁전에 거주했다. 루이 14세에 대해서 다시 이야기하면, 그는 파리에 대해서 권위를 주장하고 자신의 위엄을 유지하는 일을 소홀히 하지는 않았다. 빅투아르 광장이나 방돔 광장을 만들고 앵발리드 건물을 짓는 "비범한 건설사업"을 시작한 것도 그의 치세하에서였다. 바로크 시대의 도시 모형을 따라서, 파리가 가까운 주변 농촌 지역과 넓은 진입로—마차들이 다니고 군대 사열 행진도 하는 큰 도로—를 통

---

* 이 책 636쪽의 역주 참조.

** 예전의 프랑스는 수도가 하나로 고정되지 않았고 국왕의 거처도 한곳에 정해지지 않았다. 각각의 국왕이 주로 머무르는 궁전이 있을 뿐이었다. 베르사유, 퐁텐블로, 생-제르맹 같은 곳이 그러한 궁전이 있던 곳으로, 대부분 파리의 근처에 위치한다.

*** El Escorial : 마드리드 북서쪽 42킬로미터쯤에 위치한 과다라마 산맥에 있는 마을. 원래 성 로렌소 델 에스코리알 수도원이 있던 곳이다. 펠리페 2세는 이곳에 왕궁과 함께 거대한 수도원을 짓고 모든 스페인 국왕의 시신을 묻는 팡테옹으로 만들려고 했다. 공사는 1563년에 시작되어 1584년에 완성되었다. 펠리페 2세는 이곳의 왕궁에서 통치했다.

해 교통하게 된 것도 그의 덕택이었다. 사실 우리의 관점에서 볼 때 가장 중요한 점은 1667년에 대단한 권력을 가진 경찰장관*이라는 직책을 만든 일이다. 30년 뒤인 1697년에 임명되어 이 직책을 두 번째로 담당하게 된 아르장송 후작은, 세바스티앙 메르시에에 의하면 "그 기계[경찰장관 또는 경찰조직/역주]를 조립했다. 그가 만든 것이 오늘날 존재하는 형태 그대로는 아니지만, 그는 주요한 용수철과 톱니바퀴를 처음으로 고안했다. 그리하여 이 기계는 오늘날 스스로 움직인다고 할 정도가 되었다."[83]

다양한 진화

도시의 진화는 스스로 된 것이 아니며 레토르트** 속에서 발전하는 내생적(內生的, endogène) 현상도 아니다. 그것은 언제나 자신의 내부에서나 외부에서나 자신을 둘러싼 사회를 표현하고 있다. 그리고 이런 관점에서 보면 다시 반복하거니와 우리의 분류는 너무 단순하다. 그렇다면 엄격한 의미의 서유럽이라는 영역을 벗어나면 그것은 어떻게 작용할까?

첫째, 식민지 시대의 아메리카 도시들을 보자. 차라리 라틴 아메리카의 도시들이라고 소제목을 다는 것이 옳을지도 모르겠다. 왜냐하면 라틴 아메리카의 도시들은 영국 식민지의 도시들과는 성격이 다르기 때문이다. 영국 식민지의 도시들은 스스로의 힘으로 살아갔고 광야(wilderness)에서 생성된 다음에 곧 넓은 세계에 연결되었다. 말하자면 이 도시들은 중세적인 도시이다. 이에 비해 라틴 아메리카의 도시들은 더 단순하고 더 제한된 운명을 가지고 있었다. 흙으로 만든 네 벽에 둘러싸인 로마식 캠프 위에 세워진 이 도시들은 적의에 가득 찬 광막한 대평원 지역 내에 격리된 수비대와 같았다. 왜냐

---

* lieutenant de police : 파리의 안전을 지키기 위해서 1667년에 루이 14세가 창설한 행정관직. 관할 업무는 도로, 식량 조달, 공중 위생, 종교 건물, 시장, 술집, 유흥업소 등의 관리 및 '불건전한 서책' 감시 등이었다. 초대 경찰장관은 드 라 레니(G. de La Reynie : 1625-1709)였다.
** retort : 건류나 증류에 쓰는 화학 실험용 가열기.

하면 이 도시들은 엄청난 거리의 빈 공간을 두고 떨어져 있었던 데다가 그 사이를 연결하는 순환은 지독히도 느렸기 때문이다. 이상한 일은 특권 계층이 모여 사는 중세적 도시가 유럽 전체에 확산되었던 시기에 라틴 아메리카 전역에는 고대적인 법칙이 작용했다는 점이다. 다만 일부 대도시들, 즉 멕시코, 리마, 산티아고, 사우바도르(바이아) 등의 공식적인 조직만이 예외적이었는데, 이 대도시들은 이미 기생적인 성격을 띠고 있었다.

라틴 아메리카에는 엄격하게 상업적인 도시들이 거의 없었고, 있었다고 해도 부차적인 지위를 가졌다. 예를 들면 상인들의 도시 레시페는 플랜테이션 대소유주(senhores de engenhos)와 노예 소유주들의 도시인 귀족도시 올린다의 옆에 세워졌다. 이것은 말하자면 페리클레스 시대에 아테네 근방에 위치했던 피라에우스나 팔레롱* 같은 곳이었다. 1580년에 성공적으로 제2의 건설을 이룩한 부에노스 아이레스**는 상업 활동을 하는 성읍이 되었는데, 메가라 혹은 아이기나***와 비슷했다. 이 도시는 불행하게도 주변에 미개한(bravos) 인디오들, 즉 야만인밖에 없었으며, 따라서 이곳 주민들은 백인들이 지대 수취인 노릇을 하는 아메리카에서 자신들만 "이마에 땀을 흘리고서야 빵을" 얻을 수 있다고 불평했다. 그 대신에 안데스 지방과 리마로부터 이곳으로 노새 카라반이나 나무로 만든 커다란 마차들이 도착했는데, 이들을 통하여 포토시 지역의 은을 얻을 수 있었다. 브라질로부터는 범선을 통해 설탕이 들어왔고 곧 금도 들어왔다. 그리고 흑인 노예들을 실어나르는

---

* 데미스토클레스가 피라에우스를 건설하기 이전까지 아테네의 중요한 외항이었다.
** 부에노스 아이레스는 두 번 건설되었다고 할 수 있다. 1536년에 스페인의 페드로 데 멘도사가 리우 데 플라타 지역을 탐험하고 이 지역 최초의 총독이 되면서 이곳에 도시를 건설했다. 그러나 곧 물자 공급 부족으로 고생하다가 인디오에게 이 지역을 빼앗겼고 생존자들은 후퇴했다. 거의 50년 뒤인 1580년에 후안 데 가라이가 더 탄탄한 분견대를 이끌고 와서 같은 곳에 도시를 세우고 무에스트라 세뇨라 산타 마리아 델 부엔 아이레(Muestra Señora Santa Maria del Buen Aire)라고 명명했다. 이것이 오늘날의 부에노스 아이레스가 되었다.
*** 메가라는 아티카에 있는 도시이고, 아이기나는 살로니카 만에 있는 섬이다. 두 곳 모두 상업 중심지로서 아테네와 경쟁관계에 있었다.

범선들을 이용해 밀수함으로써 포르투갈과 아프리카에 닿을 수 있었다. 그러나 부에노스 아이레스는 탄생 중이었던 아르헨티나라는 "야만적인" 지역 한가운데에서 유일한 예외에 속했다.

외부에서 들어오는 선물이 없었던 아메리카의 보통 도시는 극히 작았다. 이 도시는 누구로부터도 간섭받지 않고 스스로를 다스렸다. 이곳에서는 지주가 지배자였다. 그들은 길거리에 면한 자기 집의 전면 벽에 고리들을 박고 말을 묶어 두었다. 브라질의 도시 시의회의 "재산가(os homens bons)"나 스페인 시의회(cabildos)에 속하는 아센다도스(hacendados : 농장주)가 이런 사람들이다. 이 도시들은 에파미논다스* 시대의 작은 스파르타나 작은 테베와도 같았다. 아메리카에서는 서유럽 도시의 역사가 무(無)에서 다시 시작한다고 말할 수 있다. 당연히 도시와 배후지 농촌 지역 사이에 구분이 없었고 서로 나누어가질 산업 같은 것도 없었다. 그나마 산업이 있는 곳에서는, 예컨대 멕시코 시에서는 노예나 반(半)노예가 일을 했다. 이곳처럼 도시 장인들이 농노계급이었다면, 우리는 유럽의 중세 도시를 상상할 수도 없을 것이다.

둘째, 러시아의 도시들은 어떻게 분류할 것인가? 얼핏 보면 이것은 아무 의심할 바 없는 명확한 문제이다. 몽골의 침입이라는 끔찍한 재앙이 지나간 이후 모스크바 공국에 여전히 남아 있거나 새로 생긴 도시들은 이제 서유럽과는 다른 시간대에서 살아갔다. 모스크바나 노브고로드 같은 도시들은 그래도 대도시였다. 그러나 이 도시들은 때로 아주 거친 방식으로 통제되었다. 16세기에는 "누가 하느님과 노브고로드에 대항할 수 있겠는가?"라는 속담이 있었다. 그러나 이 속담은 틀렸다. 노브고로드는 1427년과 1477년에 호되게 진압을 당했다(마차 300대분의 금을 바쳐야 했다). 처형과 유형, 몰수 등이 잇달았다. 특히 아시아적인 특성과 동시에 여전히 야생적인 성격을 가진

---

* Epaminondas(기원전 418-기원전 362) : 고대 그리스의 테베의 장군, 정치가. 스파르타인을 테베에서 쫓아내고 나아가서 스파르타, 아테네 등의 연합군을 격파했다. 그 결과 그리스 남부의 도시국가들이 쇠퇴했고 예상하지 않았던 테베가 그리스의 주도권을 잡았다.

광대한 공간 속에서 조직된, 대단히 완만한 수송체제에 이 도시들은 붙잡혀 있었다. 1650년에도 과거처럼 엄청난 시간 낭비를 하는 수상 운송, 썰매 수송, 마차 호송 등이 이루어졌다. 마을에 가까이 가는 것은 보통 위험했기 때문에, 발칸 지역의 노상에서처럼 저녁마다 허허벌판에서 행군을 멈추고 마차들을 원형으로 배치하여 각자가 자신을 지킬 만반의 준비를 해야 했다.

이런 여러 가지 요인 때문에 모스크바 공국의 도시들은 거대한 농촌세계에 대해서 주도권을 가지지 못했다. 그러다 보니 자기들의 의지를 농촌에 강요하기는커녕 오히려 농촌에 의해서 좌우되었다. 농촌 세계는 가난하고 불안했으며 늘 이동 중에 있었지만, 생물학적으로 엄청난 세력이었다. 중요한 사실은 "16-19세기에 동유럽 지방의 헥타르당 수확량이 평균적으로 변화가 없으며" 낮은 수준이었다는 점이다.[84] 농촌에는 활력이 넘치는 잉여가 없었으며, 그 결과 진짜로 유복한 도시는 하나도 존재하지 못했다. 또 러시아의 도시들은 서유럽의 특징이며 활발한 교역 요인의 하나였던 하급 소도시들을 이용하지 못했다.

실질적으로 토지를 전혀 가지지 못한 농노가 무수히 많이 존재했는데, 이들은 영주가 보기에도, 심지어 국가가 보기에도 전혀 지불 능력이 없었다. 이들을 내버려두어 도시로 가게 하든, 아니면 부유한 농민의 집에 고용되게 하든 간에 그 결과는 마찬가지였다. 도시에서 걸인이 될 수도 있었고 도둑*이 되거나 가게에서 일하는 장인이 될 수도 있었고, 아니면 부유한 상인, 제조업자가 될 수도 있었다. 농촌에 그대로 남을 경우 마을의 장인이 되거나 아니면 등짐장수나 짐꾼이 되어서(이것이야말로 농민이 담당하는 산업이었다) 생계에 필요한 부수입을 찾기도 했다. 이렇게 열심히 수입을 찾는 노력은 그 어떤 것으로도 막을 수가 없었다. 막기는커녕 영주들이 장려하고 있었다. 이들은 장인이나 상인으로서 사회적으로 아무리 성공하더라도 여전히

---

* crocheteur : 갈고리로 남의 물건을 낚아채서 훔치는 도둑을 말한다.

영주들의 농노로 남았고, 그래서 늘 부담금을 납부해야 했기 때문에 영주들은 이익을 누릴 수 있었다.[85)]

이와 같은 모습들은 서유럽이 처음 도시화를 시작하던 무렵과 비슷한 운명을 그리고 있다. 좀더 분명하게 말하면 모든 것이 마을과 농민들의 활력에 근거하던 11-13세기라는 막간극과 유사하다고도 할 수 있다. 우리는 이것을 A 유형과 C 유형의 중간단계이지만 아직 B 유형의 단계는 나타나지 않은 정도라고 말할 수 있을 것이다. 설화 속에 나오는 식인귀처럼 곧 군주가 여기에 등장하게 된다.

셋째, 동양*과 동아시아의 제국도시들을 보자. 유럽을 떠나 동양으로 가면, 마찬가지의 문제들과 모호성이 더욱 심화된 형태로 나타난다.

이슬람권에서는 제국들이 무너질 때에만 중세 서유럽의 도시들처럼 자기 운명을 스스로 책임지는 도시들이 나타났다. 이때가 이슬람 문명의 황금기였지만, 짧은 기간에 불과했고 곧 주변적인 도시들이 상승했다. 그런 대도시로는 코르도바가 대표적인 경우였고, 그 외에도 포르투갈의 점령(1415) 이전의 세우타, 또는 스페인의 점령(1509) 이전의 오랑과 같은, 문자 그대로 도시 공화국인 15세기의 도시들을 들 수 있다. 그 일반적인 유형은 바그다드나 카이로같이 군주(특히 칼리프**)가 통치하는 초대형 도시였다.

아시아의 제국도시나 국왕도시도 비슷해서, 거대하고 기생적이며 호화롭고 생기 없이 나른한 성격을 띠었다. 델리나 비자야나가르, 베이징이나 난징도 다 마찬가지이다(사람들은 난징은 다를 것이라고 생각하지만 별 차이가 없었다). 당연하게도 군주들이 엄청난 무게를 가졌다. 이 군주들 한둘이 도시나 그보다는 차라리 그 궁정에 잡아먹히더라도 곧 다른 군주가 나타났고 새

---

* 원서의 단어는 오리엔트(Orient)이다. 원래의 뜻은 서유럽의 동쪽에 위치한 구세계 국가들이며 여기에는 아시아의 모든 국가들, 이집트를 포함한 아프리카 북동부 지역 등이 포함된다. 이 책에서는 이 단어가 지리적으로 어느 곳까지를 지칭하는지가 썩 명확한 편은 아니며, 이슬람권 또는 중동지역을 많이 염두에 둔 인상을 받는다.

** Calife : 아랍어로 '후계자'. 정치와 종교의 권력을 아울러 가지는 이슬람교의 지배자.

로운 복속이 다시 시작되었다. 더구나 이 도시들이 주변 농촌 지역에 있는 모든 직종의 일들을 독점할 수 없었다는 것도 놀라운 일이 아니다. 이 도시들은 개방적이면서 동시에 종속적이었다. 인도에서도 중국에서와 마찬가지로 사회구조들이 도시의 자유로운 운명을 방해했다. 도시가 자신의 독립을 이루지 못한 것은 관리들이 탄압을 했다든가 군주가 상인과 일반 시민을 잔인하게 대했기 때문만은 아니었다. 그것은 차라리 사회가 미리부터 일종의 결정작용(結晶作用, cristallisation)에 사로잡혀 있었기 때문이다.

인도에서는 카스트 제도가 모든 도시 공동체를 사전에 분할하고 세분했다. 중국에서는 성씨(gentes) 숭배가 서유럽에서 도시를 만들어낸 것과 유사한 융합을 하지 못하도록 방해하는 요인이었다. 서유럽의 도시는 구래의 관계를 파괴하고 각 개인을 같은 차원에 옮겨놓는 기계와 같았다. 이곳에서 새 이주민의 도착은 "아메리카 같은" 배경을 만들었고, 그 속에 이미 자리잡은 사람들이 분위기를 만들고 생활방식을 가르쳤다. 그에 반해 중국의 도시는 국가 혹은 폭발적인 위력을 지닌 농촌에 대항할 때 도시 전체를 대표할 만한 권위가 전혀 없었다. 농촌이야말로 생명력 있고 활기차며 사고하는 중국의 핵심이었다. 관리와 영주가 사는 도시는 장인의 것도, 상인의 것도 아니었다. 이곳에서는 부르주아 계급이 순탄하게 성장하지 못했다. 부르주아 계급이라고 할 만한 것이 자리 잡더라도 곧 관리의 호화로운 삶의 모습에 이끌려 스스로를 배반했다. 개인과 자본주의가 도시를 자유로운 활동영역으로 삼았다면, 도시는 스스로의 삶을 이룰 수 있었을 것이다. 그러나 보호자로서 국가는 수용 태세가 거의 되어 있지 않았다. 국가가 원하든 원하지 않든 예기치 않던 상황에 들어간 때가 몇 번 있기는 했다. 16세기 말에 산업이 열기를 띠면서 부르주아 계급이 출현했는데, 우리는 그것이 어떤 역할을 했는지를 베이징 근처의 거대한 용광로들, 징더전*에서 발달한 도요지들,

---

* 景德鎮 : 부량(浮梁)이라고도 한다. 장시 성 북동부에 있는 도시로 양쯔 강 남안에 있으며, 본래는 창남진(昌南鎮)이라는 시장도시였다. 북송의 경덕연간(景德年間, 1004-1007)에 진(鎮)이 세

장쑤 성의 수도인 쑤저우에서 발달한 견직업 등에서 읽을 수 있다.[86] 그러나 이런 것은 밀짚 한 부스러기에 붙은 불에 불과하다. 17세기에 만주족의 점령과 함께 시작된 중국의 위기는 도시의 자유와는 반대 방향으로 해소되었다.

오직 서유럽만이 도시 쪽으로 완전히 몸을 틀었다. 도시들은 유럽을 앞으로 밀었다. 반복하거니와 그것은 엄청난 사건이었지만, 그 깊은 원인을 설명하지는 못한다. 만일 15세기 초에 중국의 정크선이 희망봉을 발견하고 그 기회를 세계 정복에 온전히 이용했다면, 중국 도시들은 어떻게 되었을까?

대도시들

오랫동안 대도시는 동양과 동아시아에서만 볼 수 있었다. 마르코 폴로가 경탄한 것을 보더라도, 동양은 분명 제국과 대도시의 땅이었다. 그런데 16세기와 그 이후의 두 세기 동안 대도시들은 서유럽에서 발달했고, 가장 중요한 역할을 맡았으며, 그후에도 계속 그 역할을 멋지게 해냈다. 결국 유럽은 그동안의 지체를 완전히 만회하고 약점(약점이라는 것이 있었다면)을 지워버렸다. 유럽은 이제 대도시들, 어쩌면 이미 지나치게 커져버린 대도시들의 사치나 새로운 환락, 그리고 그 쓴맛까지 맛보고 있었다.

국가의 책임

국가가 순조롭게 성장하지 못했다면, 이렇게 뒤늦은 도시의 발달은 생각도 못했을 것이다. 국가는 도시의 약진에 합류했다. 이제부터는 각국의 수도가 그럴 가치가 있든 없든 상관없이 특권을 누리게 되었다. 이 도시들은 그들

워졌고, 현재의 이름이 이때의 연호에서 비롯되었다. 중국에서 '경덕진'은 곧 도자기를 가리키기도 한다. 이곳에서는 6세기부터 품질 좋은 관청용 도자기를 생산했다. 당나라 시대에 이미 최상급 도자기 생산지로 정착했고, 송나라, 명나라 시대를 거쳐 더욱 번창했다. 청나라 시대인 1682-1756년에 장응선, 연희요, 당영 등 뛰어난 감도관(監陶官)의 지도 아래 도자기가 정점에 이르렀으나 그후로는 질이 떨어졌다. 1950년대에는 요업이 협동농장의 형태로 재조직되었다.

사이에서 근대적인 것들을 놓고 경쟁을 벌였다. 최초의 포장도로, 최초의 가로등, 최초의 증기 펌프, 최초의 체계적인 상하수도 시설, 최초의 번지수를 매긴 주택 등을 갖춘 도시는 어디인가? 런던과 파리는 이러한 모든 것들을 프랑스 혁명 직전쯤에 모두 갖추게 되었다.

이런 기회를 놓친 도시는 경쟁에서 뒤질 수밖에 없었다. 도시는 옛 껍질을 고스란히 유지할수록 텅 비기 십상이었다. 16세기만 하더라도 인구 증가는 모든 도시에 대해서 그 크기에 상관없이, 중요한 도시이든 아주 작은 도시이든, 무차별적으로 영향을 미쳤다. 그러나 17세기에는 다른 도시들을 제쳐놓고 몇몇 도시들에 정치적 기회가 집중되었다. 콩종크튀르가 나쁘더라도 이 도시들은 계속해서 커졌고 사람들과 특권들을 얻어갔다.

런던과 파리가 이런 움직임을 주도했지만, 나폴리 역시 여기에 합류했다. 나폴리는 아주 오래 전부터 특권을 가진 도시였으며, 16세기 말에는 이미 인구가 30만 명이나 되었다. 파리의 경우를 보면 프랑스의 내전* 때문에 1594년에는 인구가 18만 명으로 줄어들었지만, 아마도 리슐리외의 시대에는 그 두 배로 늘어났을 것이다. 그 뒤를 좇는 도시로는 마드리드와 암스테르담이 있었고, 얼마 후에 빈, 뮌헨, 코펜하겐, 거기에다가 상트 페테르부르크도 그 뒤를 따라갔다. 다만 아메리카만이 이런 움직임에 뒤져 있었는데, 원체 이 대륙의 인구가 아주 적었던 탓이다. 때에 맞지 않게 포토시가 큰 성공을 거둔 것(1600년경에 10만 명이었다)은 일시적으로 광업이 크게 발달했기 때문이다. 멕시코, 리마, 리우 데 자네이루가 아무리 크게 발달했어도 대규모의 인구를 모으지는 못했다. 1800년경에 리우 데 자네이루의 인구는 기껏해야 10만 명이었다. 미국의 도시들을 보면 비록 열심히 일을 했고 독립을 누리고는 있었지만, 앞에서 말한 대성공에는 못 미쳤다.

초기 근대국가의 성장과 일치하는 대규모 인구 집결은 어떤 면에서는 동

---

* 가톨릭과 프로테스탄트 사이의 종교전쟁을 말한다.

양과 동아시아에서 이전에 발달했던 대도시들을 잘 설명해준다. 이곳의 대도시들은 단지 인구밀도만 반영하는 것은 아니고(만일 그런 이유라면 이곳의 도시들은 유럽의 도시보다 훨씬 더 커졌을 텐데, 실제로는 전혀 그렇지 않다) 오히려 강력한 정치적 집중의 정도를 반영한다. 이스탄불은 아마도 16세기부터 인구가 70만 명이었던 듯한데, 이 거대한 도시의 뒤에는 오스만 대제국이 있었다. 1793년에 인구 300만 명을 자랑하던 베이징의 뒤에는 거대한 통일 중국이 있었다. 그리고 델리의 뒤에는 거의 하나로 통합된 인도가 있었다.

인도의 예를 보면 이런 공식 도시들이 어느 정도로—부조리할 정도로— 군주와 연결되었는지를 잘 알 수 있다. 정치적인 어려움과 나아가서 군주의 변덕에 따라 수도가 여러 번에 걸쳐 뿌리뽑히기도 했고 다시 소생하기도 했다. 바라나시, 알라하바드, 델리, 마두라, 티루치라팔리, 물타르, 한드나르 같은 예외도 있었지만—그리고 이 예외가 규칙을 확인해주기 마련이다— 각 국가의 수도는 수 세기 동안 상당히 먼 거리를 유목민처럼 이동했다. 델리의 경우를 보더라도 비록 짧은 거리이기는 했지만, 일종의 윤무를 추듯 두세 번 자리를 옮겨다녔다. 벵골의 수도는 1592년에는 라지나할, 1608년에는 다카, 1704년에는 무르시하드였다. 또 군주가 수도를 버리면 그 도시는 위험에 빠지고 쇠퇴했거나 심지어 소멸했다. 그러다가 한번 운이 좋으면 다시 소생하기도 했다. 1664년에 "라호르에는 델리나 아그라에 있는 집들보다도 훨씬 더 큰 집들이 있었지만, 궁정을 맞아들이지 못했기 때문에—궁정은 20년이 넘게 자리를 옮기지 않았다—대부분 황폐해졌다. 제법 큰 거리들은 대여섯 개만 남게 되었다. 두세 개는 길이가 1리외 이상이었으나, 이 거리에 있는 많은 집들 역시 무너져 내려앉았다."[87]

델리가 대(大)무굴 제국의 도시였다는 것은 파리가 루이 14세의 도시라는 것보나노 더 확실하다. 찬드니 초크 대로(大路)의 은행가들과 가게 주인들이 때로 아무리 부유하다고 해도 그들은 지배자, 궁전, 군대 앞에서는 아무런 중요성이 없었다. 1663년에 아우랑제브가 카슈미르까지 갔던 여행에서는 도시민 전체가 그를 따라갔다. 왜냐하면 그의 은총과 관대함이 없으면 이 도시는 살아갈 수가 없기 때문이다. 이 여행에 참가하게 된 프랑스 의사가 추산한 바로는 30만-40만 명이라는 믿지 못할 대규모 집단이었다.[88] 1672년에 네덜란드까지 갔던 루이 14세의 여행이나, 1774년에 메스까지 갔던 루이 15세의 여행에 파리 시민 전체가 뒤쫓아가는 것을 상상할 수 있겠는가?

유럽과 유사한 현상을 찾는다면, 같은 시대 일본 도시들의 만개(滿開)를 들 수 있다. 1609년에 로드리고 비베로가 일본 열도를 가로지르면서 놀라운 경험을 하고 있을 때, 이전의 수도이며 미카도*의 거처인 교토는 이제 더 이상 최대의 도시가 아니었다.[89] 이곳의 인구 40만 명은 에도에 못 미쳤다(에도의 인구가 50만 명인 데다가 엄청난 수의 수비대의 병사들이 있었는데, 수가 원래의 인구만큼 되었기 때문에 전체 인구는 약 100만 명이었다). 세 번째 자리는 인구가 30만 명이었던 오사카에 돌아갔다. 일본 상인들의 집합소인 오사카는 당시 엄청나게 팽창하기 직전이었다. 1749년에 인구가 40만 명이 되더니 1783년에는 50만 명이 되었던 것이다.[90] 일본의 17세기는 오사카의 세기이며 "부르주아[町人]"의 세기라고 할 수 있을 것이다. 그 기본 방향은 피렌체적이라고 할 수 있겠으나, 부르주아의 생활은 도시 귀족의 생활을 좇아서 단순화되었고, 사실주의적인 문학, 또는 어떤 면에서는 민중적인 문학이 발달해 있었다는 점을 덧붙일 수 있다. 이 문학은 한문이 아니라(한문은 학자의 문자였다) 일본어로 쓴 것이었으며, 화류계의 연대기와 스캔들에서부터 길어낸 내용이었다.[91]

그러나 곧 에도가 더 중요해졌다. 에도는 쇼군의 수도였으며 행정기관과 부유한 영주들(다이묘)이 집중해 있는 독재적인 도시였다. 다이묘들은 의무적으로 1년 중에 반을 이 도시에서 살아야 했지만, 감시는 온건한 편이었다. 이들이 에도로 가거나 에도에서 올 때에는 길고 성대한 행렬을 이루었다. 17

---

* 일본 천황의 별칭.

세기 초에 쇼군에 의해서 재조직되면서 그들은 에도에 일반인들과 따로 떨어진, 귀족만이 사는 구역에 저택을 지었다. "이들만이 문 위에 가문의 문장(紋章)을 그리고 금박을 할 수 있었다." 우리에게 이에 관한 이야기를 해주는 한 스페인인에 의하면(1609)[92] 문장을 그린 이 대문들 중에 어떤 것은 2만 두카트 이상이나 들었다. 도쿄(에도)는 그후 계속해서 커져갔다. 18세기에 이 도시는 아마도 파리의 두 배는 되었을 것이다. 그러나 이 시대에 일본 인구는 프랑스 인구보다도 더 많았고 그 정부는 베르사유 정부만큼이나 권위적이고 중앙집중적이었다는 점을 고려해야 한다.

도시들은 어떤 역할을 했는가?

단순하고 구속력 있는 정치 산술의 법칙에 의하면, 국가가 방대하고 중앙집권화되어 있을수록 그 수도는 인구가 많을 가능성이 크다. 이 법칙은 중국 제국이나 하노버 왕조의 영국, 또 루이 14세와 세바스티앙 메르시에 시대의 파리에 모두 해당된다. 그리고 네덜란드의 진정한 수도라고 할 수 있는 암스테르담 역시 마찬가지였다.

곧 보겠지만 이 도시들은 엄청난 낭비를 했으며, 이곳의 경제는 단지 외부의 도움에 의해서만 균형을 이룰 수 있었다. 다시 말하면, 다른 사람들이 도시들의 사치 비용을 댄 것이다. 그렇다면 도시들은 자신이 탄생했고 그렇게도 강력하게 자리 잡은 서유럽에 도대체 어떤 역할을 했는가? 한마디로 도시들은 근대국가를 만들었다. 그것은 거대한 과업으로써 지대한 노력을 요구했다. 도시는 세계 역사의 한 전환점을 이루었다. 도시는 전국 시장을 만들었다. 전국 시장이 없다면 근대국가란 한낱 허구에 불과하다. 영국 시장은 단지 잉글랜드와 스코틀랜드가 합치게 된 정치적 연합(1707)*이나 아일

---

* 잉글랜드 왕국과 스코틀랜드 왕국이 합병하기로 한 조약을 뜻한다. 이를 통해 양국은 단지 국왕이나 왕가의 개인적인 연결에 그치는 것이 아니라 하나의 국왕 밑에 하나의 의회를 가지는 연합 왕국(United Kingdom)이 되었다.

랜드와의 연합법(Union Act, 1801),* 또는 국내의 많은 내지관세(內地關稅)를 없앤 행위—그 자체로서는 물론 유익한 것이 사실이다—혹은 교통의 활성화, "운하의 광기"라든가 영국 섬들을 둘러싸고 있는 바다에서의 자유로운 해상무역 같은 것만으로 탄생하지는 않았다. 영국 시장을 만든 것은 런던으로 오가는 상품들의 순환이었다. 런던은 모든 것에 리듬을 주고 뒤집어엎기도 하고 위무하기도 하는 구속력 있는 거대한 심장이었다. 그리고 이 열기에 가득 찬 온실들이 가진 문화적, 지적 역할, 그리고 심지어 혁명적 역할까지 여기에 추가해야 한다. 실로 엄청난 일이다. 그러나 그것은 스스로 아주 비싼 대가를 치렀고 또 남에게도 비싼 대가를 치르게 했다.

불균형적인 세계

내부로부터나 외부로부터, 그리고 더 좋기로는 양방향 모두로부터 수지 균형을 이루어야 했다. 이런 점에서 암스테르담은 감탄할 만한 도시였다. 우선 이 도시는 빠른 속도로 성장했다. 이곳의 인구는 1530년에 3만 명, 1630년에 11만5,000명, 18세기 말에 20만 명이 되었다. 이 도시는 사치보다 복지를 추구하며, 합리적인 방식으로 거주지역을 확장했다. 1482년부터 1658년까지 만들어진 4개의 반원형의 운하들은 암스테르담의 확대 과정을 나무의 나이테처럼 구체적으로 보여준다. 이 도시는 통기가 잘 되고 밝았으며 가로수가 줄지어 있고 강둑, 수로 등을 두루 갖춘 독창적인 모습을 보여주었다. 단 하나의 실수—이것이야말로 이곳의 사태를 잘 보여준다—는 시의 남서쪽에 있는 요르단 구역을 비도덕적인 청부 회사들에게 맡긴 것이다. 기초공사가 잘 되지 않았고 운하가 좁아서 이 구역 전체가 수면보다 더 밑에 위치하

---

* 아일랜드에서는 소수의 신교도들(인구의 10분의 1 정도인 영국 성공회파 신도)이 모든 방면에서 주도권을 잡고 있었으며, 가톨릭교도들을 비롯한 그 외의 대다수 국민들에게는 기본적인 시민권도 보장되지 못했다. 이에 대한 불만으로 1798년에 반란이 일어나자 영국이 조치를 취하여 1801년 1월 1일에 영국과 아일랜드의 연합 왕국이 탄생했다. 그러나 신교도와 구교도 간의 대립은 계속되었다.

게 되었던 것이다. 그 결과 이곳은 포르투갈과 스페인 출신의 유대인 및 마라노 이민자들이나 프랑스를 떠난 위그노들, 그 밖의 여러 다양한 지방 출신의 가난한 사람들로 이루어진 프롤레타리아 거주 구역이 되었다.[93]

유럽에서 가장 큰 도시인 런던(18세기 말에 인구가 86만 명에 달했다)은 시간을 거슬러 여행하는 우리들을 실망시킬 우려가 있다. 런던은 1666년 대화재 때의 파괴를 잘 선용해서—이런 용어를 쓰는 것이 허용된다면—합리적인 방식으로 재건축할 수 있었을 기회를 이용하지 못했다. 사실 크리스토퍼 렌*이 제시한 아주 훌륭한 계획안을 비롯해서 그런 계획들이 여럿 있었지만, 그것을 시행하지는 못했다. 그 결과 이 도시는 다시 제멋대로 확장했고, 17세기 말에 런던 서부에 골든 스퀘어, 그로스브너 스퀘어, 버클리 스퀘어, 레드 라이언 스퀘어, 켄싱턴 스퀘어 등의 대광장들이 만들어지면서 비로소 아름다워졌다.[94]

물론 이 도시에 괴물같이 거대한 일대 집중이 일어나도록 만든 원동력 중의 하나는 상업이었다. 그러나 베르너 좀바르트는 1700년에 교역의 이윤으로 살아갈 수 있는 사람의 수는 기껏해야 10만 명이라고 계산했다. 이 이윤을 다 합해도 윌리엄 3세가 민간부문에서 받은 왕실 유지비 기여금** 70만 파운드에도 미치지 못했다. 런던을 먹여살린 것은 사실 국왕, 그리고 국왕이 부양하는 상급, 중급, 하급 관리들이었다. 상급 관리들은 군주만큼이나 보수를 받아서 봉급이 1,000파운드, 1,500파운드, 심지어 2,000파운드나 되었다. 런던을 먹여살린 또다른 사람들은 이 도시에 거주하는 귀족과 젠트리(gentry)—하원을 구성하는 이들은 앤 여왕 치세기부터 부인과 아이들을 데

---

* Sir Christopher Wren(1632-1723) : 영국의 건축가, 과학자. 초기에는 수학자로 활동하다가 런던과 옥스퍼드에서 천문학 교수로 활동했으며, 왕립과학원의 창설자들 중에 한 명이었다. 그후 프랑스를 여행하면서 당시의 건축 동향을 보고 돌아와 건축으로 방향을 전환했다. 1666년 런던 대화재 이후 국왕 찰스 2세로부터 복구위원회 일을 부탁받고 체계적인 도시계획안을 만들어 제출했다. 도시가 방사상의 원형을 이루도록 만드는 계획안이었는데 채택되지는 않았다.

** liste civile : 국왕이나 대통령 등 국가의 정상 인물에게 지위 유지와 임무 수행에 필요한 비용을 충당하도록 모아주는 헌금을 말한다.

리고 런던에 거주하는 것이 관례였다—와 해가 갈수록 그 수가 늘어갔던 국채 소유자들이었다. 그리고 무위도식하는 3차 분야가 번성해서 지대와 임금, 잉여의 형태로 이익을 취했으며, 영국의 탄탄한 삶을 왜곡하여 런던에 이익이 돌아가도록 불균형을 조장했고, 그러면서 영국 전체에 통합성을 부여함과 동시에 가수요를 만들어냈다.[95]

파리도 똑같은 모습이었다. 한창 팽창 중에 있던 이 도시는 성벽을 제거했고, 거리들을 차량 운행에 맞게 고쳤으며, 광장을 정비했고, 낭비벽이 큰 거대한 소비 대중을 끌어모았다. 1760년부터 이 도시는 건설현장들로 가득 차게 되었는데, 물체를 들어올리는 기중기들의 커다란 바퀴들 때문에 멀리에서도 알아볼 수 있었다. 이 바퀴들은 생트-준비에브 근처나 "마들렌 구역에서……거대한 석재들을 공중으로 들어올렸다."[96] "민중의 친구"라는 빅토르 리케티 드 미라보는 왕실 관리, 대지주들로부터 시작해 집에 돌아가는 것밖에 바랄 것이 없을 소송인들에 이르기까지 약 20만 명쯤을 파리에서 쫓아내려고 했다.[97] 물론 이 부자들, 억지로 낭비할 수밖에 없는 이 사람들 때문에 "수많은 상인, 장인, 하인, 막노동꾼", 그리고 수많은 종교인들과 "머리 깎은 성직자들"이 먹고살 수 있었던 것은 분명하다! 세바스티앙 메르시에는 "많은 집들에 신부들이 친구라는 이름으로 붙어 있지만, 사실 이들은 가장 정직한 하인에 불과하다.……다음으로 가정교사들이 있는데, 이들 역시 신부들이다"라고 말했다.[98] 사제관이 없는(즉, 임지 근무를 끝낸) 주교들은 여기에 같이 셈하지 않았다. 라부아지에는 수도의 대차대조표를 이렇게 작성했다. 지출 명목으로서는 사람들에게 2억5,000만 리브르, 말에게 1,000만 리브르, 그리고 수입 명목으로서는 상업 이윤 2,000만 리브르, 국가의 연금 및 봉급 1억4,000만 리브르, 파리 이외의 지역에서 나오는 지대와 기업 이익 1억 리브르 등이다.[99]

경제의 관찰자나 이론가들의 눈은 이런 실상을 하나도 놓치지 않고 포착했다. "도시의 부는 환락을 부른다"고 캉티용은 말했다. "대귀족과 부자들은 수도로 피신한다"고 케네 박사는 말했다.[100] 세바스티앙 메르시에는 이 거대한 도시의 "비생산적인 분자들"의 끝없이 긴 목록을 작성해보았다. 1797년의 한 이탈리아 문서는 이렇게 기록했다. "아니다. 파리는 진짜 상업 도시가 아니다. 이곳은 자기 조달에 너무 분주하다. 이곳은 단지 서책과 예술작품, 유행, 엄청난 양의 화폐, 그리고 암스테르담만 빼면 그 어느 곳도 필적할 만한 곳이 없는 채권 시장에서 행해지는 투기 때문에 특히 중요하다. 모든 산업은 전적으로 사치품에 관한 것이다. 고블랭 왕립공장이나 사보느리 공장의 카펫, 또는 생-빅토르 거리의 화려한 모포, 스페인과 동인도와 서인도로 수출하는 모자, 그리고 견직물, 타프타 직물, 금 장식줄, 금 리본, 성직자 의상, 거울(그중 대형 판유리는 고블랭 왕립공장에서 만든다), 금세공품, 인쇄물……."[101]

이런 광경들은 마드리드나 베를린, 나폴리 등에서도 볼 수 있었다. 베를린의 인구는 1783년에 14만1,283명이었는데, 그중 (군인과 그 가족을 포함하는) 수비대가 3만3,088명, (공무원과 그 가족을 포함하는) 관료가 1만3,000명, 하인이 1만74명, 그리고 여기에 프리드리히 2세의 국가 "고용인" 5만6,000명을 추가해야 했다.[102] 이런 것들은 참으로 건전하지 못한 사례이다. 그중 나폴리는 좀더 자세히 살펴볼 가치가 있다.

나폴리, 왕궁으로부터 메르카토(시장)까지

나폴리는 더러우면서도 아름답고, 극빈에 시달리면서도 극도로 부유하고, 그렇지만 확실히 활기차고 명랑한 곳으로서, 프랑스 혁명 전야에 인구가 40만 명, 어쩌면 50만 명이었다. 그것은 런던, 파리, 이스탄불 다음이고, 대략 마드리드와 비슷한 규모로서 유럽에서 네 번째로 큰 도시였다. 이 도시는 1695년에 대대적인 돌파구를 만들면서 보르고 디 키아야 방향으로 확대했다. 이곳은 나폴리의 두 번째 만(첫 번째 만은 마리넬라 만이다)에 면한 곳으로서, 단지 부유한 사람들에게만 이익을 주었다. 1717년에 성벽 밖에 건축할 수 있는 허가는 거의 전적으로 이 부류의 사람들에게만 제공되었기 때문이다.

가난한 사람들이 사는 지역은 식량의 무료 배급을 놓고 활극 같은 다툼이 벌어지는 라르고 델 카스텔로에서 시작하여 메르카토(Mercato : 시장)에까지 이어졌다. 성벽 너머 펼쳐지기 시작하는 팔루디 평원을 향한 메르카토 지역은 빈민 구역이었다. 이곳에 모여든 가난한 사람들의 수가 하도 많아서 실내에 수용되지 못한 사람들이 거리로 흘러넘쳤다. 오늘날에도 그렇듯이 한쪽 창문에서 다른 쪽 창문으로 빨래를 널어 말렸다. "대부분의 걸인들은 묵을 곳이 없었다. 그들이 밤에 잘 만한 곳으로는 동굴이나 마구간, 그리고 폐허가 된 집, 또는 그와 별다를 것이 없는 숙소들이 있었다. 이 숙소에는 고작 등불 하나와 약간의 짚이 준비되어 있었지만, 하룻밤을 자는 데 1그라노(grano : 나폴리의 소액 화폐) 혹은 그 이상을 주인에게 내야 했다." 스트론골리 공작의 말을 계속 들어보자(1783). "그 가난한 사람들은 나이도 성별도 구분하지 않고 마치 더러운 짐승처럼 그곳에 누워 있다. 우리는 그에 따른 모든 종류의 추악함과 또 거기에서 유래된[성적으로 문란한 생활의 결과로 생겨난/역주] 자손들을 볼 수 있다."[103] 이 가난한 사람들, 넝마를 걸친 극빈자들은 이 세기의 마지막 무렵에는 적게 잡아도 10만 명이나 되었다. "이들은 가족도 없이 우글우글 모여 살며, 국가하고는 다만 교수대에 매달릴 때에만 관계를 맺을 뿐 아무 관련 없이 살아가며, 어찌나 아무렇게나 섞여서 사는지 오직 하느님만이 그들 가운데에서 누가 누군지 알아볼 수 있을 것이다."[104] 1763-1764년에 오랫동안 기근이 계속되었을 때 이들은 길거리에서 죽어갔다.

이들의 수가 너무 많다는 것이 문제였다. 나폴리는 이 사람들을 끌어들였지만, 모두를 먹여살릴 수는 없었다. 이들은 그곳에서 그저 근근이 연명할 따름이었다. 그리고 이들 곁에서는 끼니를 잘 잇지 못하는 장인들과 옹색한 소시민층이 역시 근근이 연명했다. '알 수 있는 한에서 모든 언어(de omni re scibili)'를 말할 수 있으며 서유럽에서 마지막 보편정신의 소유자인 위대한 조반니 바티스타 비코*는 나폴리 대학에서 교수로서 1년에 100두카트를 받았으나, 수입을 보충하기 위해서 개인 교수를 많이 하면서 살아야 했다. 그의 표현을 따르면 "다른 사람들 집의 계단을 수없이 오르내려야 하는" 운명을 짊어진 채 살아야 했다.[105]

모든 것을 상실한 이 대중의 위에 상층 사회가 군림했다. 궁정에 출입하는 인사들, 지주 대귀족, 고위 성직자, 독직을 일삼는 관리, 판사, 변호사, 소송인 등의 초상류사회가 거주하는 구역에는 카스텔 카푸아로(Castel Capuaro)라고 부르는 불결한 지역이 있는데, 이곳에는 고등법원에 해당하는 비카리아(Vicaria)가 자리 잡고 있다. 이곳에서는 법의 심판을 사고팔았으며 "도둑들이 호주머니와 지갑을 노린다." 지나칠 정도로 이성적인 한 프랑스인은 이렇게 자문했다. "극단적으로 많은 인구에 수많은 걸인, 굉장한 수의 하인들, 상당한 재속사제들과 교구사제들, 2만 명 이상의 군인들과 귀족들, 그리고 3만 명이 넘는 법조인들을 짐 지고 있으면서" 어떻게 사회구조의 건축물이 제대로 지탱할 수 있겠는가?[106]

그렇지만 그 체제는 다른 곳과 마찬가지로 언제나 잘 지탱했고, 게다가 비용도 거의 들지 않았다. 무엇보다도 이 특권을 가진 사람들 모두가 많은 돈을 받는 것은 아니었다. 약간의 돈이 있으면 귀족이 될 수 있었다. "우리가 이용하는 푸주한은 공작이 된 이후로 더 이상 조수 없이는 일을 하지 않는다."[107] 이 말은 그동안 이 푸주한이 귀족 작위를 샀다는 것을 의미한다. 그러나 다시 말하거니와 브로스**의 말을 곧이곧대로 믿을 필요는 없다. 특히 국가 덕분에, 교회 덕분에, 귀족 덕분에, 그리고 상품 덕분에, 그리고 농민과 목동, 광부와 장인, 짐꾼 등의 고된 노동 덕분에 나폴리 왕국의 모든 잉여가 이 도시로 들어왔다. 이 도시는 외부의 노고를 먹으며 살아갔다. 이것은 프

---

* Giovanni Battista Vico(1668-1744) : 이탈리아의 역사가, 법학자, 철학자.
** Charles de Brosses(1709-1777) : 프랑스의 행정관, 작가.

리드리히 2세, 앙주 지방 사람들과 스페인 사람들 시대 이래로 언제나 그러했다.* 역사가 잔노네**가 1723년에 그의 두툼한 풍자 팸플릿인 『나폴리 왕국의 시민 역사(Istoria civile del Regno di Napoli)』에서 쓴 바 있듯이 교회는 이 왕국의 토지재산 중에 적어도 3분의 2를 소유하고, 귀족은 9분의 2를 소유했다. 나폴리의 수지 장부의 내용에 따르면 "농촌의 최하층민(gente piu bassa di campagna)"에게 돌아갈 몫은 9분의 1만 남아 있었던 것이다.[108]

1785년에 나폴리의 국왕 페르디난도 1세와 왕비 마리아-카롤리나가 "계몽군주적인" 토스카나 대공 레오폴도 2세를 방문했을 때, 이 계몽된 군주보다 더 라자로네(lazzarone : 무뢰배)였던 나폴리 국왕은 사람들이 자신에게 아낌없이 퍼붓는 설교들과 또 자신에게 자랑하려는 개혁 때문에 화가 났다. 어느 날 그는 자신의 처남인 대공에게 이렇게 말했다. "레오폴도 대공, 나는 그 모든 과학이라는 것이 당신에게 무슨 도움이 되는지 정말 이해를 못하겠소. 당신은 끊임없이 독서를 하고 당신의 백성들도 당신과 똑같이 하지만, 그런데도 이곳 도시들이나 수도, 이 궁전, 모든 것이 슬프고 우울하지 않소. 나를 보시오. 나는 아무것도 모르지만, 내 백성들은 모든 나라 사람들 중에서 가장 즐거운 사람들이오."[109] 역사가 유구한 수도 나폴리는 시칠리아까지 포함하는 광대한 나폴리 왕국을 지배했던 데 비해 토스카나는 한 손에 들어오는 작은 규모였던 것이다.***

---

* 나폴리 왕국은 끊임없이 외세의 지배를 받으면서 외세를 이탈리아로 끌어들여 이탈리아 역사의 '골칫거리'였다. 13세기에는 신성 로마 제국의 황제 프리드리히 2세와 프랑스 왕실의 방계인 앙주 가문이 지배했고 다음 시대에는 스페인의 아라곤이 통치권을 장악했다. 그후 이들 모두가 연고권을 주장하며 치열한 각축전을 벌였다.

** Pietro Giannone(1676-1748) : 나폴리의 역사가. 『나폴리 왕국의 시민 역사』를 써서 자유주의 여론에 심대한 영향을 미쳤으나, 그 자신은 저서 때문에 파문되어 빈과 제네바로 망명해야 했으며 그곳에서 다른 저작들을 구상했다. 그러나 1736년 사부아 국경을 넘으려다가 사르데냐 경찰에 체포되었고 토리노에서 감혀 있다가 사망했다.

*** 나폴리 왕국은 이탈리아 남부의 넓은 영토에 더해 두 개의 시칠리아 섬까지 영유했다.

1790년의 상트 페테르부르크

차르의 의지로 세워진 새로운 도시 상트 페테르부르크는 근대 초기의 대도시들이 가진 비정상, 즉 거의 괴물 같은 구조적 불균형을 놀라울 정도로 잘 보여준다. 다행히도 우리에게는 1790년의 시점에서 이 도시와 그 지역을 잘 소개한 안내서가 있다. 독일인 요한 고틀리프 게오르기가 집필하여 여제 예카테리나 2세에게 헌정한[110] 이 책을 넘겨보는 것만으로도 충분히 도움을 받을 수 있을 것이다.

1703년 5월 16일, 표트르 대제가 훗날 유명한 페트로파블롭스크 요새가 될 초석을 놓았다. 그런데 이 지역보다도 조건이 좋지 않고 척박한 터전도 그리 많지 않을 것이다. 그런 악조건에도 불구하고 이 도시가 건설되기 위해서는 차르의 물러서지 않는 강한 의지가 필요했다. 이 지역은 네바 강 그리고 네 개의 지류들(볼사야[大] 네바 강, 말라야[小] 네바 강, 볼사야 넵카 강, 말라야 넵카 강) 주변에 위치한 섬들과 수면 높이의 땅들로 되어 있는데, 동쪽으로는 병기창과 알렉산드르 넵스키 수도원 방향으로 땅이 약간 솟아 있었던 반면, 서쪽으로는 땅이 매우 낮아서 홍수를 피할 길이 없었다. 강의 수면이 위험한 수준에 이르면 관습적으로 보내는 신호들이 있었다. 대포 쏘기, 해군기지 탑 위에 낮에는 하얀 깃발을, 밤에는 불을 밝힌 랜턴을 계속 걸어 놓기, 끊임없이 종 치기 등이 그것이다. 물론 신호를 보낸다고 위험이 사라지지는 않는다. 1715년에, 그리고 또다시 1775년에 도시 전체가 물에 잠겼다. 매년 이런 위험이 도사리고 있었다. 지표면에서 이 도시를 위협하는 죽음의 공포에서 벗어나기 위해서는 위로 솟아오르는 수밖에 없었던 것 같다. 당연한 일이지만 땅을 파면, 대개 지하 2피트부터, 아무리 사정이 좋아도 7피트부터는 물이 나왔기 때문에 지하실이라는 것이 불가능했다. 땅에 습기가 있어서 널빤지들이 워낙 빨리 썩었기 때문에 목재 집을 지을 때에도 아무리 값이 비싸더라도 돌로 기초를 놓아야 했다. 도시 전역에 운하를 파야 했고 그 측면에 섶다발과 화강암 덩어리로 된 제방을 쌓아야 했다. 나무와 식

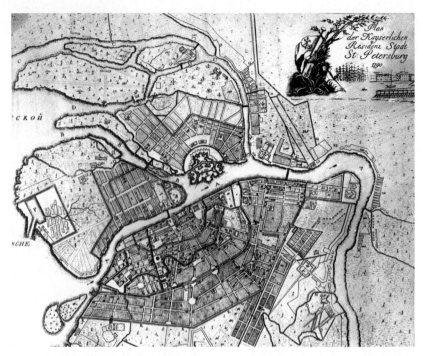

28. 1790년의 상트 페테르부르크 지도

A와 B. 네바 강 지류—C와 D. 켑카 강 지류. 중앙의 네바 강 북쪽에는 페트로파블롭스크 요새가 있다. 서쪽의 바실리 섬은 선교를 통해 해군 본부와 연결되어 있다. 네바 강 남쪽으로는 해군 본부로부터 3개의 대로가 뻗어 있다(그중 가장 동쪽에 있는 것이 '넵스키 조망 도로'이다). 남쪽으로 시가 확대된 것은 3개의 반원형 운하를 통해 찾아볼 수 있다.

량을 조달하는 작은 배들이 통행하는 모이카 운하와 폰탄카 운하가 모두 그렇게 만들어졌다.

다음에는 거리와 광장들을 곳에 따라서 2-5피트 정도 높이씩 돋우어야 했다. 그 작업을 위해서는 땅을 파고 벽돌과 석재를 사용하는 석공일을 해야 했고, 포장한 도로를 지탱하면서 동시에 거리의 물들이 네바 강으로 빠져나가도록 아치를 만드는 고된 일을 해야 했다. 이 엄청난 작업은 1770년 이후에는 예카테리나 2세의 명령에 따라 재무부가 돈을 대어 폰 바우어 육군 중장의 감독하에서 볼사야 네바 강에 면한 해군기지의 "아름다운 구역들"로부터 체계적으로 이루어져갔다.

이처럼 도시화는 느리고 값비싼 것이었다. 거리와 광장의 위치를 재조정해야 했고, 시도 때도 없이 가옥들이 늘어나는 것을 제한해야 했다. 그때까지 목재를 많이 썼는데, 공공 건물과 교회 건물들, 많은 가옥들, 심지어 알렉산드르 넵스키 수도원까지도 석재로 다시 지어야 했다. 목재에는 이점이 많았다. 집 내부가 상대적으로 따뜻하다는 점, 습기가 없다는 점, 건축비용이 싸고 빠르게 집을 지을 수 있다는 점까지! 벽은 스톡홀름에서와 같이 다듬은 각재(角材)로 만드는 것이 아니라 통나무를 그대로 썼다. 다만 앞면에만 널빤지를 입히기도 했다. 그리고 코니스로 장식하기도 했고 색깔을 입히기도 했다. 목재 주택의 마지막 장점은 변형이 쉽다는 점, 그리고 이주하는 것이 편하다는 점이었는데, 심지어 시내의 한 곳에서 다른 곳으로 집 전체를 통째 옮길 수도 있었다. 값이 더 비싼 석재 집에서는 1층에 흔히 화강암 판석을 덧붙였는데, 2층은 지하실처럼 물품을 보관하는 곳으로 쓰였지만, 형편이 좋지 않으면 저급한 거주용으로 쓰기도 했다. 사람들은 위층의 방들을 더 좋아했기 때문에 이 집들은 지상 1층 위로 적어도 한 층, 흔히는 두 층, 때로는 (그리 흔하지는 않았지만) 세 층을 더 올리기도 했다.

상트 페테르부르크는 자연히 아주 활발한 건축 현장이 되었다. 네바 강을 통해서 이 도시로 석회, 석재, 대리석(라도가 호수나 비보르크 해안에서 왔다), 화강암 석재 등이 도착했다. 전나무 대들보는 뗏목처럼 물에 띄워서 운송했는데, 사람들이 거듭 말하는 바에 따르면 이렇게 해서 이 나무는 고유의 성질을 잃었다. 건설 현장에서 가장 기묘한 광경은 북부지방에서 온 농민 출신의 일꾼들, 석공이나 목수들이었다. 특히 목수는 이곳 말로 플로트니드키(plotnidki)라고 했는데, 이 말은 바로 "뗏목 농민"이라는 뜻이다(독일어로는 플로스바우어[Flossbauer]라고 한다). 이들은 손도끼 이외에는 다른 연장을 거의 쓰지 않았다. 막일꾼, 복수, 석공 모두가 제철에 맞추어 일자리를 찾으러 왔다. 지금까지 빈 땅이었던 곳에 몇 주일 만에 "석조 가옥의 기초가 솟아오르고, 벽이 마치 눈앞에서 자라나듯 올라가고, 그 위에 노동자들이 붙어 있는 것을 볼 수 있다. 한편 이 주위에는 노동자들이 사는 진흙 오두막집들이 진짜 마을처럼 빙 둘러 있다."

상트 페테르부르크의 입지 조건은 물론 그 나름의 장점이 없지 않으나, 그것은 다만 네바 강이 가져다주는 편리함과 그 비할 데 없는 아름다움에 불과했다. 네바 강은 센 강보다 더 넓었고 물의 움직임이 템스 강보다 더 힘찼으며, 페트로파블롭스크와 바실리 오스트로프(바실리 섬), 해군기지 구역 일대는 도시와 강이 빚어내는 전망들 중에서 세계에서 가장 아름답다는 평을 들었다. 보트와 거룻배를 이용할 수 있었던 네바 강은 크론시타트에서 바다와 합쳐졌다. 그래서 상인 거주 지역, 거래소, 세관 등이 자리 잡고 있는 바실리 섬에 이르면 아주 활기에 넘치는 항구로 풍경이 바뀌었다. 상트 페테르부르크는 표트르 대제가 국민들의 격렬한 삶 속에 뿌리내리기를 바란 "서유럽을 향해 열린 창"이었다. 게다가 네바 강은 도시에 먹을 물을 공급했다. 그 물은 흠 없이 말끔하다는 평판을 얻었다.

겨울이 오면 이 강이 결빙되어 썰매길로 변했고 민중의 놀이 모임 장소로 변했다. 이른바 "버터 주간(週間)"이라고 부르는 카니발 기간에 나무 널판과 나무 기둥으로 골조를 한 인공 얼음대를 강 위에 만들었고, 이 위에서 가벼운 썰매를 길고 텅 빈 트랙 위로 내던졌다. 그러면 이 썰매를 조종하는 사람은 "숨이 막힐 듯" 미친 속도로 미끄러져갔다. 공원이나 일반 집에서도 뜰에 이와 같은 미끄럼틀을 만들기는 했지만, 대단한 인파가 모여드는 것은 역시 경찰이 감독하는 네바 강의 미끄럼틀이었다. 시내의 모든 사람들이 이 광경을 보러 모여들었다.

강과 그 지류를 건너려면 반드시 선교를 지나야 했다. 볼사야 네바 강 위에는 선교가 두 개 걸려 있었다. 그중 해군기지 옆 광장 근처에 설치한 다리가 더 중요했다. 표트르 대제의 동상(팔코네*가 만들었다지만 아마도 그의 작

---

* Étienne Falconet(1716-1791) : 프랑스의 조각가. 르무안의 제자였으며 아카데미 회원이었다. 퐁파두르 부인이 그를 선호하여 세브르에 있는 매뉴팩처의 조각 아틀리에들을 감독하게 되었다.

품을 모방해서 만든 것일 가능성이 높다)이 오늘날에도 여전히 살아 있는 듯 멋지게 서 있는데, 이 근처에 선교를 만들어서 상업활동이 활발한 바실리 섬과 연결했다. 여기에는 21척의 보트가 사용되었는데, 그 양쪽 끝에는 무거운 것을 실어 균형을 잡고, 닻을 내려 단단히 고정시킨 거룻배가 있어서 이 보트들을 묶어놓았다. 이러한 보트와 보트 사이에 승개교를 만들어서 강을 오르내리는 배들이 통과할 수 있었다. 매년 가을 초에는 다리를 거두어들이는 것이 관례였으나, 1779년부터는 그대로 방치하여 강의 얼음 속에 갇히게 내버려두었다. 얼음이 풀리면 그때에 가서야 이 다리가 저절로 흩어졌다. 그러면 물이 완전히 깨끗해지기를 기다려서 다리를 다시 만들었다.

이 도시의 창설자의 생각에 따르면, 이 도시는 페트로파블롭스크로부터 강북지역과 강남지역이 동시에 발달하게 되어 있었다. 그런데 실제로는 발전이 불균형적으로 이루어져서 네바 강을 중심으로 강의 우안은 느리게 발전했고, 좌안은 꽤 빨리 발전했다. 이 특권적인 좌안지역에 있는 해군기지 지구와 페트로파블롭스크 광장으로부터 모이카 운하(이 운하는 강남지역에서 마지막으로 석조 제방을 두른 운하였다)에 이르는 곳이 이 도시의 핵심부였다. 이곳은 이 도시에서 가장 작은 지역이었지만, 가장 부유하고 가장 아름다운 곳이었고, 유일하게(황제 건물을 제외하고) 석조 건물이 일반적인 곳이었다(공공 건물이 30채, 개인 건물이 221채였는데, 대개 궁전 건물이었다). 바로 이곳에 유명한 대백만(大百萬) 거리와 소백만(小百萬) 거리, 네바 강을 따라가는 멋진 거리들이 조성되었고, 넵스키 조망 도로가 시작되었으며, 해군기지, 동궁(冬宮)과 그에 딸린 넓은 광장, 에르미타주 미술관, 상원, 성 이사크 광장에 위치한 성 이사크 교회—대리석으로 된 이 교회는 아주 오랜 시간(1819–1858년)에 걸쳐 건설되었다—등이 자리 잡고 있다.[111]

그의 작품들은 당대 사람들에게 인기가 많았으며, "피그말리온과 갈라테" 같은 작품은 디드로에게 걸작이라는 평가를 받았다. 예카테리나 2세가 그에게 표트르 대제의 모습을 조각해달라는 주문을 하여 상트 페테르부르크에 만들어놓은 것이 그의 작품이라는 설이 있다

의식적, 의도적으로 지역을 나누어서 부자와 빈자가 나뉘었고, 마차 운송업 같은 거추장스러운 산업활동들은 변두리로 밀어냈다. 마차꾼들은 리곱스키 운하 너머에 가축시장을 겸한 빈 공터들을 사이에 두고 외따로 떨어져 자신들만의 비참한 도시를 만들어가고 있었다. 해군기지의 동쪽에는 병기창 옆에 대포 주조소가 있었다. 이 주조소 건물은 1713년에 목재로 세웠다가 1733년에 석재로 재건했다. 이 병기창은 1770년부터 1778년까지 오를로프 공작*이 만들었다. 그 외에도 이 도시에는 화폐 주조소도 있었고, 주조소에 속하는 물레방아가 도시의 상류와 하류 강변에 세워져 있었다. 이곳에서 일하는 장인들은 스웨덴이나 독일의 장인들보다 대접을 잘 받는 편이었으니 매일 식사를 하기 전에 커피나 보드카를 마실 권리를 받았던 것이다. 이곳에서는 또 네덜란드식의 훌륭한 직물도 생산했고, 이웃 지역인 카신카에는 고블랭 왕립공장의 모습을 본뜬 공장이 있어서 아주 아름다운 태피스트리를 만들었다. 가장 논쟁이 될 만한 문제는 모스크바에서처럼 소매업자들의 가게들이 모여들어 거대한 시장으로 발전하게 된 발단이 무엇인지 하는 것이다. 1713년부터 이러한 시장 중의 하나가 "페테르스부르그 섬"(페트로파블롭스크에서 가까운 곳에 있었다)에, 다음 것이 해군기지 근처에 자리 잡았다. 이 시장은 1736년의 화재 때문에 파괴된 이후 1784년에 "대조망 도로(Grande Perspective)"의 양쪽으로 이주했다. 이렇게 시장이 한곳에 모이게 된 결과 상트 페테르부르크 사람들은 장을 보기 위해서 먼 거리를 다녀야만 했다. 그러나 "아름다운 구역"의 공식적인 성격과 주거 위주의 성격을 보존한

---

* Grigory Orlov(1734~1783) : 러시아의 장교. 예카테리나 2세의 정부(情夫)였다. 장교로서 7년전쟁에 참가했다가 우연한 기회에 표트르 대공과 예카테리나에게 소개되었고 그후 분방한 생활을 하면서 예카테리나의 정부가 되었다(1760년경). 표트르가 1762년 표트르 3세로 황제에 즉위했으나, 그와 그의 동생 알렉세이는 쿠데타를 일으켜 예카테리나를 황제로 추대했다. 그후 이 형제들은 백작 작위를 받고 기술장관과 총사령관 등이 되었다. 그러나 정치 고문인 파닌의 반대로 예카테리나와 결혼하지는 못했다. 그후 러시아의 농업 개혁, 튀르키예와의 강화조약 등의 일을 맡기도 했다. 1772년경에는 여제의 정부 노릇을 그만두고 러시아를 떠나 사촌누이와 결혼했으나, 그녀가 죽은 후 정신착란을 일으켜 귀국했다.

다는 원래의 목적은 달성했다.

　물론 이런 노력에도 불구하고 일부 무질서는 피할 수 없었다. 때로는 더러운 오두막집이 광장 옆에 들어서는 수도 있었고, 공공 축제일에 군악을 연주하는 공원 옆에 채마밭이 생기기도 했다(이곳에는 로스토프 출신의 농민들이 모여들었다). 시가지가 빨리 발전한 데다가 물가가 오르고 취업의 기회가 많아졌으며 정부의 재력과 의지에 의해서 발전이 조장되었는데 그렇지 않을 수 있겠는가? 상트 페테르부르크의 인구는 1750년에 7만4,273명, 1784년에 19만2,486명, 1789년에 21만7,948명이 되었다. 이 도시의 인구 중에 선원, 군인, 하급 사관과 그들의 가족 수는 1789년에 5만5,621명으로서 전체 인구의 4분의 1이 넘었다. 이렇게 인위적인 방식으로 인구가 밀집하게 되니 남성과 여성 사이의 비율이 엄청난 불균형을 보였다(남성 14만8,520명, 여성 6만9,428명). 상트 페테르부르크는 수비병사, 하인, 젊은이들의 도시였다. 만일 세례와 사망에 관한 수치를 믿는다면 이 도시는 때로 출산이 사망을 앞서는 것으로 보이지만, 이 수치들은 불완전해서 틀릴 우려가 크다. 어쨌든 20-25세 사이의 젊은이들의 사망이 압도적으로 많았다는 것은 러시아의 수도로 젊은이들이 광범위하게 유입되었으며, 흔히 기후, 열병, 결핵 때문에 희생되었음을 말해준다.

　유입자들의 물결은 다양했다. 승진에서 밀린 공무원과 귀족, 차남 이하의 아들, 장교, 선원, 군인, 기술자, 교수, 예술가, 재담가, 요리사, 외국인 가정교사, 가정부들이 있었고, 게다가 이 도시를 둘러싼 가난한 지역에서부터 농민들이 숱하게 몰려왔다. 이들은 짐꾼, 식량 소매상 같은 일을 했다(참으로 아이러니한 것은 사람들이 시장 가격이 오른 책임을 이들에게 둘러댔다는 점이다). 겨울에는 네바 강의 얼음을 깨는 일도 했다(특히 핀란드인들이 잘하는 일이었다). 깅에서 잘라낸 얼음 덩어리들은 커다란 저택들마다 1층에 설치한 얼음창고로 옮겨서 사용했다. 이 유입자들은 하루에 반 루블을 받고 눈과 얼음을 치워주는 일도 했는데, 부잣집 입구를 결코 완전히 치우는 법이 없었다. 혹은 1-2코페크(kopek)를 받고 손님을 도시의 원하는 곳 어디로나 데려다주는 썰매 운전수도 했는데, 이들이 썰매를 정차시키는 네거리는 바로 여름에 고급 마차들이 정차하는 곳이었다. 핀란드 여자들은 하녀나 요리사로서 잘 적응하여 일했으며, 흔히 잘 어울리는 사람을 만나 결혼에 이르기도 했다.

"그렇게 다양한 민족으로 구성된……이곳 주민들은……자신들의 특별한 생활양식과 신앙을 간직하고 있었다." 그리스 정교회가 개신교 교회나 분리파* 교회 옆에 위치하기도 했다. "세상에서 이 도시만큼 많은 언어가 통용되는 도시도 다시 찾기 어려울 것이다. 하인들 중에서도 러시아어, 독일어, 핀란드어 정도를 하지 못하는 사람이 없고, 약간의 교육을 받은 사람 중에는 8-9개의 언어를 하는 사람들이 흔하다.……이들이 여러 가지 언어들을 섞어서 말하는 것은 정말 재미있다."[112]

이러한 뒤섞임이 상트 페테르부르크의 독창성이다. 1790년에 요한 고틀리프 게오르기는 상트 페테르부르크 사람들에게 개성이라는 것이 있는가 하는 질문을 제기했다. 그가 생각하기에 이곳 사람들은 새로운 것, 변화하는 것, 직위, 복리, 사치, 지출에 대한 취향을 가지고 있었다. 바꾸어 말하면 이것은 결국 가까이든 거리를 두고서든 간에 궁정의 취향을 모형으로 삼는 수도 사람들의 취향이었다. 궁정이 무엇을 요구하는지, 어떻게 연회를 여는지가 모범이다. 궁정에서 연회가 열리면 해군부지와 공공 건물들, 부자들 저택에서 동시에 등을 밝혀 일반 시민들에게도 흥겨움을 안겨주었다.

가난한 지역의 한복판에 위치한 이 거대 도시로서는 끊임없이 식료품 조

---

* raskolnikis : 17세기에 전례와 예배 형식을 둘러싸고 벌어진 러시아 정교회의 분열을 라스콜(Raskol : 러시아어로 '분열'이라는 뜻이다)이라고 한다. 수 세기 동안 무지한 성직자와 신도들에 의해서 종교 관행이 함부로 변형되어, 러시아 정교는 모체인 그리스 정교의 신앙과 거리가 멀어졌다. 이러한 요소들을 바로잡기 위해서 1652-1667년에 전제적인 러시아 총대주교 니콘의 지도 아래 개혁이 이루어졌다. 전통주의자들은 이런 개혁을 적그리스도의 활동이라고 비난했으며, 이들을 라스콜니키(분열주의자들) 또는 복고신앙파라고 불렀다.

달이 문제가 되었다. 물을 가득 담은 바지선을 이용해서 라도가 호수와 오네가 호수로부터 살아 있는 생선을 가져오는 것 정도는 정말 쉬운 일에 속했다. 그러나 쇠고기와 양고기는 우크라이나, 아스트라한, 돈 강, 볼가 강 등지에 있는 도살장으로부터 가져와야 했는데, 2,000베르스타*나 떨어진 거리였다. 심지어는 튀르키예에서부터 가져오기도 했다. 그 나머지 모든 것도 적당히 조달해야 했다. 고질적인 적자는 제국 재정이나 영주의 엄청난 수입으로 보전했다. 제국의 모든 돈이 이 영주들의 궁전이나 우아한 저택으로 흘러들어갔는데, 그 결과 이곳에는 태피스트리, 옷장, 값비싼 가구, 조각하고 금박을 입힌 목제품, "고전적인" 스타일로 칠을 한 천장 등이 늘어만 갔다. 또 이곳의 집들은 파리나 런던과 같이 많은 특별한 방들로 나뉘었고 동시에 하인들이 늘어갔다.

가장 특징적인 광경은 아마도 도시와 농촌의 도로에서 큰 소리를 내며 지나가는 마차 일행이다. 거대한 규모의 대도시에서, 특히 길이 진흙투성이이고 겨울이 되면 낮의 길이가 아주 짧아지는 이런 곳에서는 마차가 필수 불가결했다. 마차에 관해서는 황제의 명령에 의해서 모두가 신경을 쓰던 권리 문제를 정비했다. 그 결과 대장이나 그에 준하는 지위에 있는 사람만이 사륜마차에 6마리의 말을 맬 수 있었고 한 명의 마부 외에 두 명의 기사를 쓸 수 있게 되었다. 그 밑으로는 점점 격이 떨어져서 중위(中尉)나 부르주아에 이르면 말 두 마리를 맬 권리가 있고 장인이나 상인은 말 한 마리로 만족해야 했다. 일련의 규정을 통해 하인의 제복마저도 그들 주인의 지위에 따라 통제했다. 황제를 알현할 때, 마차들은 도착한 곳에서 한 바퀴를 더 빙 돌았다. 이것은 다른 사람들을 보고 또다른 사람들에게 자기를 보일 수 있는 좋은 기회였다. 그러니 범용한 마구로 치장했으며 농사꾼 옷을 걸친 마부가 끄는 대여 마차를 이용하려는 사람이 누가 있겠는가? 마지막으로 지엽적인

* versta : 러시아에서 쓰이던 거리 단위로, 1베르스타는 대략 1.067킬로미터이다.

사실 하나를 이야기하고 넘어가자. 마치 베르사유 궁전이 그러했듯이, 이 도시의 서쪽 외곽에 위치한 페테르고프 성에 궁정 출입 인사들이 초대되면 상트 페테르부르크에서는 말은 한 마리도 찾아볼 수 없었다.

끝에서 두 번째 여행 : 베이징

우리는 여러 곳을 여행해보았지만 결국 결론은 변하지 않았다. 각국의 수도가 누리는 사치의 부담은 언제나 다른 사람들의 어깨에 전가된다. 그중 어느 도시도 자기 손으로 하는 노동만으로는 살 수 없었을 것이다. 고집스러운 농부 기질이었던 교황 식스투스 5세는 로마를 잘못 알고 있었다. 그는 산업활동을 유치해서 이 도시를 "일하게" 만들려고 했으니 말이다. 이 계획은 재론할 여지도 없이 현실에서 거부되었다.[113] 이 비슷하게 세바스티앙 메르시에와 일부 다른 사람들은 파리를 항구도시로 만들어서 이전에는 해본 적이 없는 활동들을 끌어들일 꿈을 꾸었다. 당시 세계 제일의 항구였던 런던의 이미지를 따르려는 이런 일이 혹시 가능했다고 하더라도 파리는 여전히 기생적인 도시로 남아서 다른 사람들의 신세를 지며 살았을 것이다.

모든 수도, 그리고 광휘가 빛나고 문명, 취향, 여가가 넘치는 모든 도시들이 다 그렇다. 마드리드, 리스본, 로마, 베네치아 등은 찬란했던 과거 그대로 살려고 했고, 빈은 17-18세기에 유럽의 우아함의 절정을 보여주었다. 여기에 멕시코, 리마, 그리고 리우 데 자네이루를 덧붙여야 한다.

마지막에 언급한 도시는 1763년 이후 브라질의 새로운 수도로, 해마다 얼마나 커졌던지 여행자들은 어디가 어디인지를 분간하기 힘들었다. 이미 자연적으로 호사스러운 환경 속에 자리 잡고 있었던 이 도시는 인간의 노력이 더해져 더욱 아름다워졌다. 또 대무굴 제국의 영화가 살아 있는 델리, 네덜란드인의 선구적인 식민주의 정책이 가장 아름다운—그리고 독기 서린—꽃을 피우던 바타비아도 마찬가지이다.

북방의 문호이자 1년에 6개월 동안이나 시베리아의 끔찍한 추위—악마 같은 바람, 눈과 얼음—에 시달리는, 만주족 황제들의 수도 베이징보다 더 멋진 예가 있겠는가! 200만, 어쩌면 300만 명이나 되는 엄청난 인구가 그럭 저럭 이 험한 기후에 적응하고 살았다. 만약 "목탄보다 5-6배나 불기가 더 지속되는 석탄"114)을 풍부하게 보유하지 못했고 겨울의 필수품인 털옷이 없 었다면, 이 기후를 이겨내지 못했을 것이다. 황궁의 왕실에서 마갈량이스 신 부—그의 책은 1688년에 출판되었다—는 고관들이 한꺼번에 4,000명까 지 모이는 것을 보았는데, 이들은 "머리에서 발끝까지 엄청나게 값비싼 담 비 가죽으로 몸을 감싸고 있었다." 부자들은 문자 그대로 몸을 털가죽으로 감쌌고, 신발, 안장, 의자, 텐트 등에 털가죽으로 안을 댔으며, 그보다 덜 부 유한 사람들은 새끼양 가죽으로, 가난한 사람들은 양가죽으로 만족해야 했 다.115) 겨울이 오면 모든 여자들은 "가마를 타든 말을 타든 모자와 머리쓰개 를 사용했다. 당연한 일이다. 나도 털가죽 옷을 입고 있어도 추위는 참을 수 없을 지경이기 때문이다"라고 제멜리 카레리는 말했다. "이 추위가 하도 심 해서 나는 이 도시를 떠나기로 작정했다[1697년 11월 19일]."116) 한 세기 후 에 어느 예수회 신부는 말하기를(1777) "겨울 추위가 어느 정도인가 하면 북 쪽 창문은 여는 것이 불가능했고 얼음이 1피트 반 정도의 두께로 얼어서 그 대로 3개월 이상 지속되었다."117) 이 도시에 식량을 공급하는 제국 운하는 11월부터 3월까지 결빙되어 폐쇄되었다.

1752년, 건륭제는 어머니의 회갑연을 베이징에서 당당하게 베풀려고 했 다. 호사스러운 배들을 이용해서 강이나 운하를 통해 모든 것이 도착할 예 정이었다. 그런데 예년보다 일찍 찾아온 추위 때문에 잔치를 망치게 되었다. 수천 명의 하인들이 물이 어는 것을 막기 위해서 수면을 두드리고 강물에서 얼음 덩어리들을 끄집어냈으나 아무런 소용이 없었다. 황제와 시종들은 할 수 없이 "배를 썰매로 대체해야 했다."118)

베이징에는 구도시와 신도시라는 두 개의 도시가 있고, 외곽지역들은 광 대한 저지대 평원에 펼쳐져 있었다. 원칙적으로 이 외곽지역은 성문 하나마

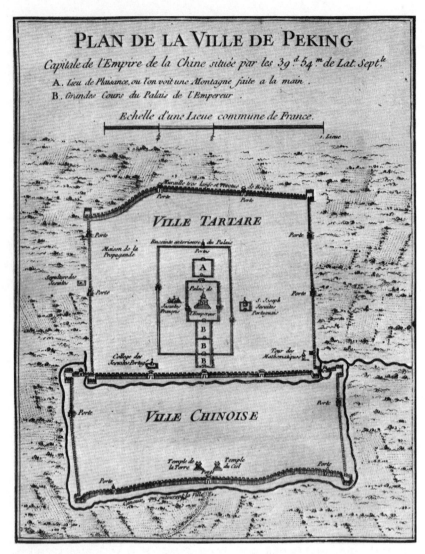

29. 18세기의 베이징

구도시, 신도시, 제국도시의 배치를 보여주는 간략한 도식. A는 궁전이 있는 인공 언덕이고, B는 화려한 궁전 안뜰이다. (『여행의 역사』, 제5권, 파리, 1748)

다 앞에 발달해 있었지만, 그중 가장 크게 발달한 곳은 대부분의 제국 도로들이 만나는 서부지역이었다. 이런 지역에는 바람이 심하게 불고, 심지어 주변지역에 있는 백하(白河)와 그 지류들이 때에 맞지 않게 범람했는데 이 지류들은 한창 수면이 높을 때에는 제방을 파괴하기도 했고 흐름이 바뀌어 몇 킬로미터나 다른 곳으로 이동해가기도 했다.

남쪽에 있는 신도시는 약간 일그러진 장방형 모양이었고, 북쪽의 긴 변에 의해서 구도시와 연결되었다. 구도시는 정방형이었는데, 그 한쪽 면은 신도시와 연결된 다른 면보다 길이가 짧았다. 한가운데에 황궁이 자리 잡고 있던 정방형 도시는 명나라 때의 구도시였다. 1644년 청나라 왕조가 명나라를 정복할 때 이 궁전은 많이 파괴되었으며, 그 파괴된 자취는 그후에도 오랫동안 남아 있었다. 그러나 청나라의 정복자들은 비교적 빠르게 궁전을 수리했다. 특히 일부 거대한 대들보들을 교체하기 위해서 중국 남부의 시장에까지 큰 나무들을 주문했지만, 예상했던 대로 아주 오랜 시간이 걸렸고 그나마 원하던 것을 꼭 얻은 것도 아니었다.

명나라 왕조 때부터 이미 구도시는 늘어만 가는 수도의 인구를 포용하기에는 비좁아졌으며, 그 결과 1644년의 만주족 정복 훨씬 이전에 구도시의 남쪽에 장방형 신도시가 조성되었다. "이 도시는 1524년부터 성벽을 흙으로 만들었으나, 1564년부터는 성벽과 성문을 벽돌로 만들었다." 그러나 정복 이후 정복자들은 구도시를 자신들이 전유해서, 이때부터 [서양에서는/역주] 이곳을 타타르의 도시라고 불렀고 한족은 남쪽의 신도시로 쫓겨났다.

장기판 모양의 구도시와 신도시 모두가 상당히 근래에 지어졌다는 것은 거리가 보통보다 훨씬 더 넓다는 데서 알 수 있다. 특히 일반적으로는 남북 방향의 도로가 동서 방향의 도로보다 좁은 데 비해 베이징에서는 반대로 남북 방향의 도로가 더 넓다는 것이 특이하다. 각각의 거리에는 "왕의 부모의 길[王府大街], 흰 탑의 길[白塔胡同],* 철사자의 길[鐵獅子胡同], 마른 생선의 길[乾魚胡同], 소주의 길[酒精胡同] 등의 이름이 있다. 도로명과 위치만을 적은 책자도 파는데, 이것은 관리들이 어디를 방문하거나 법원에 갈 때 그들

---

* 후통(胡同)은 오늘날 좁은 골목길을 뜻한다.

을 쫓아다니면서 그들의 선물, 편지, 명령서 등을 시내의 여러 곳에 가져가는 하인들이 이용한다.……[동서 방향으로 나 있는 길이기는 하지만] 이 모든 길들 중에 가장 아름다운 길은 장안가(長安街), 즉 '영원한 안식의 길'이라고 부르는 길이다.……이 길의 북쪽 면은 왕궁의 벽으로 연결되고 남쪽 면은 법원들과 영주들의 궁전으로 되어 있다. 이 길은 대단히 넓어서 폭이 30투아즈(toise : 약 60미터)나 되며……하도 유명해서 문인들이 글을 쓸 때―부분을 가지고 전체를 나타내는 방식으로―이 길 이름으로 베이징 전체를 가리킬 정도였다. 즉, '어떤 사람이 장안가에 있다'는 말은 곧 그가 베이징에 있다는 의미이다.……"[119]

그런데 드넓은 이 길들이 모두 사람들로 가득 찼다. 마갈량이스 신부는 이렇게 썼다. "이 도시에 사람들이 얼마나 많은지 말로 다 못할 정도이다. 구도시의 길이든 신도시의 길이든, 큰길이든 작은 길이든, 또 중심부에 있는 길이든 변두리에 있는 길이든 모두 같다. 어느 곳에서든 인파가 어찌나 많은지 우리 유럽의 정기시나 성체 행렬 때와는 도저히 비교가 되지 않는다. 이들 거리는 폭이 넓고, 통풍이 잘 되고 사람들이 넘쳐난다."[120] 1735년, 뒤 알드 신부 역시 이렇게 확인해준다. "거리는 수많은 사람들로 차 있고, 말, 나귀, 노새, 낙타, 이륜 수레, 사륜 수레, 가마 등이 놀라울 정도로 많은 데에다가 100명, 200명의 사람들이 여기저기에 모여서 점쟁이, 접시 야바위꾼, 악사, 웃기는 이야기나 즐거운 이야기를 읽어주는 사람들, 아니면 놀라운 효과를 자랑하며 약을 파는 허풍장이 약장수들을 구경한다. 귀족일지라도 길을 비키라고 경고하며 사람들을 물리치는 기사를 앞세우고 가지 않으면 길을 뚫고 가지 못하고 일순에 막혀버릴 것이다."[121] 중국의 거리가 어느 정도로 혼잡한지를 이해시키기 위해서 한 스페인인은 이 이상 더 좋을 수 없는 표현을 발견했다(1577). "밀알 하나를 던지면, 그것이 땅에 떨어지지 못할 것이다."[122] 2세기 뒤에 한 영국 여행자는 또 이렇게 말했다. "어느 곳에서나 일꾼들이 연장을 가진 채 일거리를 찾고 있고, 도붓장수들이 팔 물건을 내놓고 있다."123) 이렇게 많은 인파는 물론 인구가 많았다는 데에서 이유를 찾을 수 있다. 1793년에 베이징은 런던에 훨씬 못 미치는 공간을 가지고 있었지만, 인구는 2−3배나 많았다.

게다가 이곳에서는 부자의 집들도 포함해서 모든 집들이 낮은 층으로 되어 있었다. 이 집들마다 흔히 대여섯 가구가 살았지만, 그것이 유럽처럼 한 가구 위에 다른 가구가 있는 것이 아니라 "여러 가구들이 서로 붙어 살았고, 그 사이에는 중정(中庭)이 있었다."124) 그러므로 장려한 장안가에는 콧대 높은 집들의 전면이 황제의 궁전을 마주하리라고 상상해서는 안 된다. 무엇보다도 황제의 거처 앞에서 그와 같은 사치를 과시하는 것은 불경이었을 뿐만 아니라, 각각의 저택마다 대로변으로 큰 문을 하나만 내고, 그 양쪽에 하인, 상인, 일꾼 등이 거처하는 작은 집 두 채를 두는 것이 관례였다. 그래서 노변에는 흔히 작은 깃발 장식을 단 장대를 세운 노점과 상점이 줄지어 있었다. 귀족들의 큰 집들은 대로에서 떨어진 곳에 자리 잡고 있었다. 대로는 오직 상업활동이나 수공업활동이 이루어지는 곳이었다. "이것은 일반 사람들에게 편리한 풍습이다. [유럽에 있는] 우리의 도시에서는 많은 경우 상당한 지위에 있는 사람들의 집이 거리의 전면(前面)을 차지한다. 그래서 사람들은 필요한 물품을 사려고 할 때 멀리 광장이나 항구로 가야 한다. 그에 비해 베이징에서는─이것은 다른 모든 중국 도시들에서도 마찬가지이지만─집안을 꾸려가는 데 필요한 것, 먹고사는 데 필요한 것, 나아가서 즐기는 데 필요한 것들을 모두 문만 나서면 쉽게 찾을 수 있다. 왜냐하면 이 작은 집들은 잡화상이나 주점이나 가게이기 때문이다."125)

이런 모습은 중국의 모든 도시들에서 공통적이다. 난징의 한 거리를 따라 키 작은 가게들이 줄지어 있는 모습이나 안뜰을 향해 열려 있는 톈진의 집들을 보여주는 18세기의 그림에서나 12세기의 귀중한 족자에서, 우리는 같은 광경, 같은 의자를 놓은 같은 주점, 같은 가게들과 같은 짐꾼들, 깃발을 달고 있는 같은 모양의 이륜 손수레를 몰고 가는 같은 모습의 수레꾼들, 같은 우차(牛車)를 볼 수 있다. 살아가는 것이 빠듯하고, 밀집한 사람들이 각각 팔꿈치로 헤치고 나아가야 하는 비좁은 곳에서는 어디든지 사람들은 자기 노동과 기술과 절제를 통해서 살아가게 마련이다. 그들은 아무것도 가진 것 없이 살아가며, "살아남기 위해서 찬탄할 만한 발명들을 한다." "아무리 더럽고 소용이 없어 보이는 물건이라도 다 소용이 닿는 데가 있고, 그것을 이용하여 이득을 볼 수 있다. 예를 들면 [1656년경] 베이징만 하더라도 1,000가구 이상이 성냥과 심지를 파는 일만으로 먹고산다. 또 그만큼의 사람들이 길거리에서 줍거나 청소부로부터 얻는 식으로 비단, 면직물, 마직 등의 헝겊조각들이나 종이조각 같은 것들을 모아, 깨끗이 빨아서 파는 일만으로 먹고산다. 이것을 사는 사람은 또 이것을 여러 가지 방식으로 이용해서 이익을 본다."126) 데 라스 코르테스 신부(1626)는 광저우 지역에서 짐꾼들이 한편으로 아주 작은 채마밭을 경작하여 생계를 돕는 것을 보았다. 향초를 가미한 죽을 파는 상인들은 중국의 거리에서 볼 수 있는 고전적인 종류의 사람들이다. 속담에 이런 말이 있다. "중국에서는 버리는 것이 하나도 없다." 이런 것들은 어느 곳에서나 볼 수 있는 가난의 모습들이다. 이 가난 위에 황제와 대귀족과 고관들의 사치가 피어난다. 그 사치는 이 저급한 세계와는 전혀 무관해 보인다.

베이징의 구도시 안에 있는 도시 속의 도시인 황성(皇城)에 대해서 여행자들은 아주 구체적으로 묘사했다. 이것은 원나라(몽골)의 궁성 자리에 재건축한 것으로, 비록 1644년의 파괴로부터 재건해야 했지만 명나라 왕조의 호사를 거의 그대로 물려받은 듯했다. 규모가 크고 드높은 이중의 "긴 장방형" 성벽이 황성과 구도시를 나눈다. 외벽은 "안과 밖이 모두 붉은 시멘트와 석회로 칠해져 있고, 유약을 칠해서 구운 황금색 기와가 외벽의 작은 지붕을 덮고 있다." 내벽은 "크기가 똑같은 큰 벽돌로 만들어졌고, 질서정연한 총안이 뚫려 있으며" 그 앞에는 길고 깊은 외호(外濠)에 물이 채워져 있어서 그 안에 "근사한 물고기들이 가득 차 있다." 이 두 성벽 사이에는 여러 가지 다양한 목적의 궁전이 있고, 다리가 몇 개 걸려 있는 강이 하나, 그리고 서쪽으로 꽤 큰 인공 연못이 있다…….127)

궁성의 중심부는 두 번째의 성벽 뒤에 있는 금단의 성[禁城], 즉 황성[皇城]이다. 이곳에서 황제는 호위병과 성문의 감시, 의례준칙, 성채, 외호, 고루(鼓樓) 같은 것들에 둘러싸여 살아갔다. 각각의 건물, 각각의 문, 각각의 다리에 모두 이름이 있고 그 용도도 달랐다. 황성은 세로가 1킬로미터, 가로가 780미터 길이였다. 그러나 이 도시에서 행해졌을 거대한 활동을 묘사하기보다는 1900년 이후에 호기심 많은 유럽인들이 즐겨서 구체적으로 적시한 바 대로 텅 비고 훼손된 방들을 묘사하는 것이 더 쉬울 것이다. 베이징 도시 전체가 이 힘과 은혜의 원천에 닿아 있었다.

이곳이 어느 정도의 규모였는지를 보여주는 것 하나가 황제가 거두어들이는 화폐 소득과 현물 소득이다(이처럼 화폐와 현물, 두 가지 계정으로 정리한다는 점에 주목하자). 예컨대 1668년에 몰수, 간접세, 황제와 황비 소유의 영지 등에서 나오는 보조적인 화폐 수입을 계산하지 않고도 황제의 주요 화폐 수입이 "1,860만 에퀴 은화"에 달했다고 하는데, 우리는 이것이 어느 정도의 가치인지 잘 알 수가 없다. 더 구체적으로 볼 수 있는 것, 가장 관심을 끄는 것은 궁성의 거대한 창고가 터져나갈 정도로 가득 채워진 현물 납입이다. 예컨대 4,332만8,134개에 달하는 "부대의 쌀과 밀", 100만 덩어리 이상의 소금, 상당한 양의 주홍색 염료[朱], 칠[漆], 말린 과일, 여러 종류의 비단—가벼운 비단과 원견—과 비로도, 새틴, 다마스, 면직 또는 마직, 콩(황제의 말먹이로 쓰인다), 산더미 같은 꼴, 살아 있는 짐승들, 사냥고기, 기름, 버터, 향신료, 귀한 술, 온갖 종류의 과일……128) 등이 그것이다.

마갈량이스 신부는 이런 엄청난 양의 물품, 그리고 황제가 베푼 만찬에서 음식이 그득 담긴 금은 식기들이 층층이 쌓여 있는 것을 보고 깊은 인상을 받았다. 예를 들면 1669년 12월 9일, 장 아당 신부의 장례식이 끝난 후의 만찬이 그러했다.129) 이 예수회 신부는 1661년에 페르비스트 신부와 함께 유럽에서—또는 세계에서—가장 무겁고 크다는 명성(아마도 잘못 알려진 것 같기는 하지만)이 있는 에르푸르트의 종보다도 더 큰 종을 궁성의 탑들 중 하나의 꼭대기에 올려놓는 문제를 풀어서 "궁정 사람들을 크게 놀라게" 한 바 있었다. 이 일을 하기 위해서 그들은 기계를 한 가지 발명했고 수천 명의 인력을 동원했다. 이 종은 밤에 보초가 정해진 시간마다 규칙적으로 쳐서 시간을 알리는 데에 썼다. 다른 탑의 꼭대기에서는 여기에 대꾸하듯이 거대한 구리북을 쳤다. 이 종에는 추가 없었기 때문에 망치로 두드렸는데 "소리가 어찌나 듣기 좋고 조화로운지 종소리 같지 않고 악기 소리 같았다."[130] 이 당시에 중국에서는 나무 막대기를 태우거나, 혹은 규칙적인 속도로 타들어 가도록 만든 심지를 넣은 톱밥 뭉치를 태워서 시간을 측정했다. 마갈량이스 신부는 이것에 대해 중국 "사람들의 놀라운 산업활동에 걸맞는 발명품"이라고 찬탄했지만, 기계시계를 자랑하던 다른 유럽인들은 아마도 찬탄에 인색했을 것이다.[131]

불행히도 이렇게 궁성에서 벌어지는 대단한 광경에 비해서 살아 있는 생선을 물통에 넣어서 파는 생선시장이라든가 한 여행자가 관찰했듯이 엄청난 양의 노루, 꿩, 자고새 고기 등을 파는 사냥고기 시장 같은 것에 대해서는 거의 알 수 없다. 여기에서는 특별한 것이 일상적인 것을 가리고 있다.

엘리자베스 1세로부터 조지 3세까지의 런던

이제 먼 여행을 마치고 영국으로 돌아가자. 마지막으로 런던의 경우를 살펴봄으로써 이번 장을 마치고 그와 함께 이 책을 마무리짓고자 한다.[132] 이 도시의 거대한 발달에 대해서는 모든 것이 알려져 있거나 알 수 있다.

엘리자베스 여왕 시대부터 여러 관찰자들은 런던을 예외적인 세계로 보았다. 토머스 데커가 보기에는 런던이 "모든 도시들의 꽃"으로서, 강이 펼치는 경치는 베네치아보다도 더 아름답다. 대운하에서 조망하는 베네치아의 장관도 런던에 비하면 변변치 않다는 것이다.[133] 새뮤얼 존슨의 말은 더 서정적이다(1777년 9월 20일). "런던에 싫증났다는 것은 삶에 싫증났다는 것이다. 런던은 삶이 제공할 수 있는 모든 것을 가지고 있으므로."134)

영국 정부 역시 이러한 환상을 나누어가지고 있었지만, 그럼에도 불구하고 이 거대한 수도는 국왕 정부에 계속해서 공포감을 주었다. 그들의 눈에 런던은 괴물 같은 존재였으며 그래서 어떤 대가를 치르고서라도 이 불건전한 성장을 제한해야 했다. 사실 가난한 사람들의 침투는 끊임없이 정부와 부자들을 불안하게 만들었으며, 그와 함께 빈민굴과 해충의 증가는 부자들을 비롯한 인구 전체를 위협했다. 존 스토는 엘리자베스 여왕과 국민 전체의 건강을 걱정하며 이렇게 썼다. "여왕 자신의 생명에 위협이 가해질 뿐 아니라 국민 전체의 사망률이 높아지고 있다."135) 1580년에 처음으로 새로운 건축에 대한 규제가 생겼고(그러나 부자들에게는 예외가 인정되었다), 1593년, 1607년, 1625년에도 규제가 이어졌다. 그 결과 기존의 집들을 분할하는 일이 빈번해졌다. 큰길은 물론 골목길에서조차 멀리 떨어져 있는 옛날 집의 안뜰에 질 나쁜 벽돌을 가지고 몰래 건축을 하는 사례가 늘어났다. 다시 말하면 소유가 의심스러운 땅에 빈민가와 오두막집들이 크게 늘어난 것이다. 그중에 어떤 건물이 법의 그물에 걸려들었다고 해도 손실은 크지 않았다. 그리하여 자신의 운을 시험해보는 자들이 나타나서 골목길이 복잡한 그물 모양을 이루었고, 출입구가 두 개, 세 개 혹은 네 개나 되는 집들이 만들어졌다. 1732년에 런던에는 5,099개의 거리(Street), 골목길(lane)과 광장(square)이 있었으며, 9만5,968채의 가옥이 있었다. 그 결과 런던의 인구 증가의 밀물은 제방으로 저지할 수도 없었고 정지시킬 수도 없었다. 런던의 인구에 관한 개략적인 숫자를 보면, 1563년 9만3,000명, 1580년 12만3,000명, 1593-1595년 15만2,000명, 1632년 31만7,000명, 1700년 70만 명, 그리고 18세기 말에는 86만 명이었나. 이세 이곳은 유럽 최대의 도시가 되었다. 파리만이 런던과 비교할 수 있을 정도였다.

런던은 강에 의존하고 있었다. 런던이 반달 모양이 된 것도 강 때문이다.

런던의 시내와 사우스워크를 연결하는, 이 강을 가로지르는 유일한 다리(현재의 런던 브리지에서 300미터 정도 떨어진 위치에 있었다)는 이 도시에서 가장 눈에 띄는 모습이었다. 이곳에까지 밀려오는 조수(潮水)를 이용하여 이 다리의 하류에 풀(pool)을 만들어서 부두, 선창, 그리고 마스트의 숲을 자랑하는 런던 항구가 건설되었다. 1798년에만 해도 1만3,444척의 배가 이곳을 이용했다. 범선들의 하역 장소를 보면, 뉴캐슬의 석탄 운반선은 세인트-캐서린 부두까지 갔고, 신선한 생선을 가지고 오는 배들은 빌링즈게이트 부두까지 갔다. 빌링즈게이트 부두와 그레이브젠드 마을 사이를 정기적으로 왕복하는 배들도 있었다. 그리고 한쪽 강변에서 다른 쪽으로 건네주는 역할을 하거나, 혹은 먼바다를 항해하는 배들과 부두를 연결해주는 역할을 하는 배들이 많이 있었다.* 특히, 부두가 항구의 상류 쪽에 위치하는 경우에는 이런 배들을 쓰지 않을 수 없었다. 라인 강, 프랑스, 스페인, 포르투갈, 카나리아 제도 등지로부터 들어오는 술통을 받는 빈트리 부두가 대표적인 경우이다. 이곳에서 멀지 않은 곳에 스틸야드가 위치하고 있다. 이곳은 1597년까지 한자 동맹의 본부가 있었으며, "외국 상인들을 축출한 이후에는 라인 지역 포도주를 감정하는 곳이었다." 토머스 데커의 연극에 나오는 한 주인공이 이렇게 이야기하는 것을 보라. "오늘 오후에 스틸야드에 있는 라인 포도주집에서 보세.……"136)

강을 이용한 수송은 점차 하류 및 바다 쪽으로 확산했다. 이런 경향이 강해진 것은 만곡이 심한 강 안쪽에 아직 도크(dock : 정박 부두)를 파지 않았기 때문이다. 이 당시에는 동인도회사가 사용하는 브라운슈바이크 도크(1656)만이 있을 뿐이었다. 두 번째 도크는 1696-1700년에 만들어진, 고래잡이 배

---

* 원문에 나오는 배들의 종류로는 발랑셀(balancelle : 배 앞머리가 뾰족하고 위로 치켜올라간 배), 바지(barge : 바닥이 평평한 거룻배), 틸트 보트(tilt boat : 포장을 친 배), 바크(bac : 강이나 호수에서 사람과 물건을 건네주는 데 쓰이는 바닥이 평평한 배), 바르크(barque : 갑판이 없는 소형 선박) 등이 있다.

들이 사용하는 그린란드 도크이다. 그러나 대형 습선거*는 18세기 말에 가서야 만들어졌다. 우리가 교역 항구에 대한 첫 이미지를 얻는 곳은 빌링즈게이트일 수도 있고, 런던 탑의 하역 부두일 수도 있고, 혹은 아주 중요한 역할을 담당하던 세관(Custom House)—이 세관은 1666년에 불탔으나, 찰스 2세가 1688년에 재건했다—의 빗장일 수도 있다. "창녀들과 도둑들이 만나는 악명 높은 장소"인 래트클리프, 석회 굽는 오븐과 가죽 제조소들이 있는 라임하우스, 닻을 내린 배들을 구경하는 즐거움을 위해서 "타르의 강한 악취"를 감내해야 하는 블랙월에까지 이 광경이 연장되었다. 선원과 장인, 그리고 약간의 도둑 냄새가 나는 런던 동부 지역은 보기 좋은 곳은 아니었으며 그 냄새는 너무나 현실적이었다.

빈곤에 찌든 사람들 앞에, 항구에 접안한 배들로부터 재물이 열을 지어 나오는 것은 얼마나 큰 유혹인가! 1798년에 "템스 강을 무대로 하여……모든 종류의 상품을 노리지만, 그중에서도 특히 서인도의 산물을 노리는 도둑들은……가장 무서운 재앙의 하나이다." 조직을 이루어 기회가 닿는 대로 닻이나 로프를 훔치는 "강에서 암약하는 해적들"은 아직 이 도둑들 중에서 가장 위험한 자들이라고 할 수 없었다. 오히려 야경꾼, 하역 인부, 거룻배나 짐배 선원, 그리고 낡은 로프나 고철, 배에서 떨어져 나온 석탄 덩어리 등을 찾는다는 구실을 내세우는 "개펄 종달새(mudlark)"라고 불리는 사람들, 그리고 마지막으로 장물아비들이 가장 위험한 자들이었다…….[137] 『경찰론(Traité de Police)』(1801)에서 볼 수 있는 바와 같이, 도덕적인 내용을 포함한 이 모든 불만들은 물, 목재, 범포, 역청, 비천한 노동에 의해서 이루어지는 거대한 "영역(pool)"인 이 의심스러운 세계에 대한 것이었다. 이곳은 수도 런던의 변방에 위치하고 있다. 이 두 지역 사이에는 여러 도로들이 나 있는데, 런던 사람들은 흔히 이 길의 한쪽 종착지점만을 보고 있었던 것이다.

---

* 濕船渠, bassin flot, floating dock : 육지를 파내 수면을 만든 후 안벽(岸壁)을 두르고, 부두와 잔교를 갖추어 바람과 조수에 관계없이 배가 들어와서 짐을 싣거나 내릴 수 있게 만든 시설.

웨스트민스터 다리가 완공(1750)되기 전에는 우리가 이미 말한 바와 같이 템스 강 위에 다리가 하나만 놓여 있었다. 가게들이 양 옆을 메우고 있어서 지나기가 힘들 정도인 이 다리는 일종의 상가였다. 이 다리의 남쪽 끝은 사우스워크라는 빈한한 외곽지역으로 연결되었다. 이곳에는 약간의 술집과, 음산한 명성이 있는 5개의 교도소, 몇 개의 극장들(셰익스피어의 작품들이 이곳에서 만들어졌지만, 청교도 혁명 때 살아남지 못했다),* 그리고 2–3개의 서커스(베어 가든, 파리 가든)가 있었다. 강의 좌안인 북쪽은 남쪽 제방보다 약간 더 높이 올라가 있었고, 세인트 폴 성당과 런던 탑이 우뚝 치솟아 있는 이곳에 진짜 도시가 "북쪽 방향을 향한 교두보"처럼 펼쳐져 있다. 사실 이 방향으로 뚫려 있는 도로, 소로, 골목길들에 의해서 런던이 백작령들과 영국의 나머지 땅과 연결되어 있다. 그중 맨체스터, 옥스퍼드, 던스터블, 케임브리지로 가는 주요 간선 도로들이 중요한 축들이다. 이 축들은 모두 오래된 로마의 길들이었다. 이곳을 통해 마차와 수레, 그리고 머지 않아 합승 마차와 우편 역마들이 널리 사용되었고, 이곳을 통해 런던의 지상의 삶이 부챗살 모양의 탄탄한 길들 위로 만개했다.

런던의 심장부는 템스 강을 따라서, 그러나 동시에 템스 강에 등을 돌린 채 발달한 집과 거리, 광장이 밀집해 있는 곳으로서 옛날 성벽으로 둘러싸인 시티(City, 160헥타르) 지역이었다. 옛날 로마의 성채 위에 만들어진 이 성벽은 12세기경에 이르자 강변 쪽의 것이 사라졌다. 이곳에 부두, 선창, 부교가 들어서서 이 쓸모없는 보호장치에 구멍을 뚫어놓았던 것이다. 그러나 반대로 블랙 프라이어즈 스텝스나 버드웰 도크로부터 런던 탑에 이르는 곳에서는 군데군데 끊어지기는 했으나, 크게 보아 아치 모양을 그리면서 성벽이 남아 있었다. 여기에 일곱 개의 성문이 나 있었으니, 러드게이트, 뉴게이트,

---

* 영국 내전(청교도 혁명) 시기에 영국에서는 연극을 비롯하여 경마, 닭싸움, 음주 등의 오락을 금지했고 유곽과 도박장을 폐쇄했다. 이를 감시하기 위해서 일요일에는 순찰병들이 돌아다니기도 했다. 이 와중에 극장들이 사라져갔다.

올더즈게이트, 크리플게이트, 무어게이트, 비숍스게이트, 올드게이트가 그것이다. 각각의 성문 앞에는 외곽지역 멀리까지 바리케이드를 쳐서 이곳까지가 런던 당국의 권위가 행사되는 경계선임을 알리고 있었다. 이렇게 런던 시에 포함된 성 바깥 지역을 자유지역(liberty)이라고 했다. 때로 이곳은 아주 광대했다. 비숍스게이트 앞의 바리케이드는 홀번의 서쪽에 있는 스미스필드의 끝 지점에 위치하고 있었다. 마찬가지로 러드게이트를 나와서 플리트 거리를 완전히 지나면 템플 바(Temple Bar : 이전에 성당 기사 단원들[Templiers]의 본거지 성당이 있는 곳 가까이에, 그리고 스트랜드 입구에 위치했다)에까지 이른다. 오랫동안 템플 바는 단순히 나무로 만든 문이었다. 이와 같이 해서 런던은—차라리 "시티 지역은"이라고 말하는 것이 나을지도 모르겠다—엘리자베스 여왕 치세 이전부터 자신의 좁은 한계를 벗어나 이웃의 농촌 지역으로 확대해갔다. 집들이 마주보며 양쪽에 나란히 서 있는 도로들이 이 두 지역을 연결했다.

엘리자베스와 셰익스피어 시대에 이 도시의 심장이 뛴 곳은 성안이었다. 그 중심지는 북쪽으로 런던 교까지 계속 이어졌고 다양한 이름의 길들을 통해 비숍스게이트에 이르는 축 위에 있었다. 서쪽의 뉴게이트와 동쪽의 올드게이트를 잇는 길들이 동서 간의 축이었다. 엘리자베스 여왕 때에는 롬바드 거리의 서쪽 끝에 있는 주식시장(Stocks Market) 근처에 교차로가 있었다.

이곳에서 얼마 떨어지지 않은 콘힐에 왕립 거래소(Royal Exchange)가 서 있다. 이것은 1566년에 토머스 그레셤이 세웠는데 처음에는 안트베르펜의 거래소에서 이름을 따와서 "부르스 로열(Bourse Royal)"이라고 불렀다(17세기의 한 판화의 색인을 보면, '런던의 "부르스[Bourse]", 세속어로는 왕립 거래소[Royal Exchange, Byrsa Londinensis, vulgo the Royal Exchange]'라고 쓰여 있다). 이 마지막 이름은 1570년에 엘리자베스 여왕이 하사했다. 동시대의 증언에 의하면, 이곳은 특히 정오경에 상인들이 결제하기 위해서 모여들 때에는 마치 바벨 탑과도 같았다. 중정(中庭) 둘레에 있는 대단히 우아한 가게들은 항상 부유한 고객들을 끌어들였다. 왕립 거래소에서 멀지 않은 곳에 길드홀(대략 런던 시청과 유사하다)과 최초의 영국은행—1734년에 화려한 건물을 차지하기 전까지 처음에는 그로서스 홀(Grocers' Hall : 식료품 창고)에 있었다—이 있었다.

런던의 삶의 강도는 시장에서 느낄 수 있다. 월요일과 금요일마다 말과 가축을 파는 성벽 근처의 웨스트 스미스필드, 템스 강 위에서 신선한 생선을 파는 시장이 서는 빌링즈게이트, 그리고 시내 중심부 쪽의 리더 홀—지붕을 납으로 덮은 건물인데, 이전에 밀 창고로 썼으나 이제 육류와 가죽을 도매로 팔았다—등이 그런 곳이다. 그러나 그 핵심적인 중심지들, 술집, 식당, 변두리의 일반 대중용 극장, 그리고 17세기에 이미 어찌나 사람들 발길이 잦은지 정부가 폐쇄를 생각했던 커피 하우스(Coffee House)들에 대해서 어떻게 다 말할 수 있겠는가. 다니기 위험한 지역의 거리들은 사람들의 비방, 그런 곳에 대해서 잘못 가지고 있는 환상, 여타 다른 곳과는 환경이 다르다는 이유로 의심을 받았다. 거지들이 불법 점거자(squatter)처럼 쭈그리고 앉아 있는 버려진 수도원들만 그런 의심을 받은 것이 아니다. 런던은 스스로 자신을 나쁘게 말하는 것에 큰 희열을 느끼는 것 같았다.

템스 강변에서 시티만 홀로 커간 것은 아니다. 그에 비하면 파리는 외로운 운명을 타고난 듯하다. 런던보다 상류 쪽에 있는 웨스트민스터는 베르사유(사실 뒤늦게 무[無]로부터 만들어졌다)와는 달리 오래되고 활기찬 도시였다. 대수도원 부속교회 옆의 웨스트민스터 궁전은 헨리 8세가 방치한 이후 의회와 중요한 법정이 자리 잡았다. 법률가들과 소송인들은 이곳에서 회합했다. 궁정은 이곳에서 약간 떨어진 템스 강변에 있는 화이트홀에 자리 잡았다.

웨스트민스터는 따라서 베르사유와 생-드니에 파리 고등법원을 더한 무게를 가졌다고 할 수 있다.* 내가 이러한 비교를 하는 이유는 런던의 발전에

---

* 국왕의 궁정, 중요한 교회, 의회와 법원을 말한다.

서 이 제2의 극(極)이 가지고 있었던 매우 큰 인력(引力)에 주의를 부탁하기 위함이다. 예를 들면 시티 구역에 속한 플리트 거리에는 법률학자, 변호사와 대리인, 그리고 견습 법률가들이 거주하는 구역이 있었는데, 이곳은 끈덕지게 서쪽만을 [즉, 웨스트민스터가 있는 쪽을/역주] 향하고 있었다. 그리고 시티 구역 외부에 위치해 있고 템스 강에서 약간 떨어져 웨스트민스터에 이르게 되는 스트랜드는 귀족의 거주지역이 되었다. 귀족들이 이곳에 집을 짓자 1619년에 곧 두 번째의 거래소(Bourse)가 세워졌는데, 여기에는 사치품 가게들이 모여들었다. 제임스 1세의 치세부터 유행품과 가발이 여기에서 엄청나게 팔렸다.

17-18세기에 런던은 동시에 모든 방향으로 팽창하는 큰 움직임을 보였다. 변두리에는 끔찍스러운 지역들이 생겨났다. 흔히 빈민굴이 섰고, 형편없는 오두막집들과 눈에 거슬리는 업소들(특히 수많은 벽돌 제조소가 그러했다)이 들어섰으며, 도시에서 나오는 잔반들로 돼지를 쳤고, 쓰레기가 쌓였고, 길거리는 더럽기 짝이 없었다. 비천한 제화공들이 일하는 화이트채플이 전형적인 곳이었다. 다른 곳에서는 비단이나 모직을 짜는 직공들이 많았다.

하이드 파크, 세인트 제임스 파크의 규모가 큰 숲이나 부유한 저택들의 정원, 아니면 밭과 녹지와 마을이 아직까지도 남아 있는 서부의 일부 구역을 빼면 런던 바로 주변지역에서는 전원 풍경이 사라져버렸다. 셰익스피어와 토머스 데커 시대의 런던 시는 아직 숨통이 트이는 녹지지역, 밭, 나무, 진짜 마을들에 의존하고 있었다. 이 마을들에서는 오리 사냥을 할 수 있었고, 호그스던 같은 곳에서는 맥주나 향을 가미한 과자가 있는가 하면, 이즈링턴 마을에서는 이곳 이름을 유명하게 만든 이즈링턴 화이트 폿(일종의 커스타드)* 같은 것을 먹을 수 있었다. 토머스 데커의 전기를 쓴 여류 역사가에 따르면 "수도 런던의 외부지역에서 부는 바람은 아직은 무섭고 더럽다고 할

---

* Islington white pot : 계란, 우유, 설탕, 향미료 등을 섞어 굽거나 찌거나 얼린 요리, 또는 그것을 재료로 사용한 디저트용 소스, 또는 크림을 말한다.

수 없었다. 남부, 북부, 북서부의 극장들에서는 '즐거운 잉글랜드'의 유쾌한 기운이 넘쳤으며, 섬세하고 감수성 예민한 상상력은 외곽지역과……도시 전체를 관통하고 있었다." 즐거운 잉글랜드, 그것은 곧 순전히 농촌적인 중세의 영국을 말한다. 그것은 낭만적인 시각이지만, 틀린 것은 아니다. 그러나 이 행복한 관계*는 오래가지는 못했다.[138]

끊임없이 확장하던 런던 시는 세분화되어갔다. 그보다는 차라리 두 개의 구역으로 분화되는 경향이 완성되어갔다고 말하는 것이 옳으리라. 이미 오래 전부터 이런 경향이 있었지만 1666년의 대화재 이후 가속화했다. 이 화재는 시내구역 거의 전부를 포함해 시 중심부를 실제로 황폐화시켰다. 이 재난 이전에 윌리엄 페티는 이렇게 말했다(1662). 런던은 "동부의 밀집지역으로부터 밀려오는 연기, 수증기, 악취를 피해 서부로 팽창해간다. 왜냐하면 주로 서쪽에서 바람이 불어오기 때문이다.……그래서 높은 신분의 사람들의 저택, 그리고 여기에 의존해 살아가는 사람들의 집은 웨스트민스터 방향으로 이사 갔고, 시티 구역에 있는 옛 저택들은 상업회사 사무실 혹은 거주지가 되었다."[139] 이와 같이 해서 런던의 부는 서쪽으로 미끄러져갔다. 17세기에만 해도 시의 중심부는 콘힐 근처였으나, 오늘날(1979)에는 스트랜드의 서쪽 끝인 체어링 크로스에서 멀지 않은 곳이다. 얼마나 먼 길을 돌아갔는가!

반면에 동부와 일부 변두리 구역은 점점 더 프롤레타리아화되었다. 빈민들은 런던의 어느 곳이든지 빈곤이 자리 잡을 수 있는 곳이면 다 비집고 들어갔다. 이 그림의 가장 어두운 페이지는 아일랜드인과 중부 유럽 출신의 유대인, 권리를 박탈당한 두 부류의 사람들에 관한 것이다.

아일랜드인들의 불법 이민은 그 섬에서 가장 굶주린 지역들에서부터 아주 일찍부터 조직되어 행해졌다. 토지제도, 그리고 1846년의 대재난** 때까지 이 섬을 뒤흔들어놓은 인구 팽창 때문에 겨우 연명할 정도의 양식만으로 살던

---

* 도시와 농촌 사이의 긍정적인 관계를 말한다.
** 감자 기근을 말한다. 이 책 220쪽의 역주 참조.

농민이 주된 유이민이었다. 이들은 가축과 함께 사는 것에 익숙하여 누옥에서 짐승들과 방을 나누어 썼으며, 감자와 약간의 우유를 먹으며 살았다. 힘든 일을 끈기 있게 잘 참아냈고 어떤 귀찮은 일도 마다하지 않았기 때문에 이들은 건초를 말리는 계절마다 런던 주변의 농촌 지역에서 농업 노동자로서 취업되었다. 이때 어떤 사람들은 런던에까지 들어가서 눌러앉았다. 그들은 시티 구역 북쪽에 있는 세인트-자일스 교구의 지저분한 빈민굴을 소굴로 하여 창문도 없는 방 하나에 10-12명씩 모여 살았다. 이들은 평균 임금보다 훨씬 낮은 임금을 받으면서 짐꾼, 우유 배달인, 견습 벽돌공, 여관 관리인으로 일했다. 일요일에는 술을 마시다가 심한 언쟁 끝에 자기들 간에 편을 갈라 싸웠다. 게다가 영국인 프롤레타리아들은 쫓아낼 수 없는 이 경쟁자들을 두드려 패는 것을 즐겼기 때문에 여기에 대항하는 편싸움도 벌어졌다.

1744년 보헤미아에서, 1772년에 폴란드에서 쫓겨난 후 박해를 피해서 온 중부 유럽의 유대인 역시 똑같은 비극을 겪었다. 1734년에 영국 전체의 유대인은 5,000-6,000명이었으나, 1800년에는 런던에만 2만 명에 달하게 되었다. 이들은 극심한 분노의 대상이 되었다. 네덜란드를 통해 들어오는 이 위험한 이민을 막아보려는 각 지구의 시나고그(유대인 회당)의 노력들도 소용이 없었다. 그렇다면 이 비천한 사람들은 도대체 어떤 일을 할 수 있었을까? 이미 들어와 자리를 잡은 유대인들이 이들을 도와주기는 했지만, 영국 섬으로부터 쫓아낼 수도 없었고 살아가게 해줄 수도 없었다. 런던의 길드들은 이들을 받아주지 않고 쫓아버렸다. 할 수 없이 이들은 헌옷장수, 거리마다 외치고 다니는, 또 때로는 낡은 수레를 끌며 다니는 고철장수, 좀도둑, 강도, 위폐범, 장물아비가 되었다. 이들 일부는 프로 복서가 되어 뒤늦게 돈도 벌고 심지어 과학적인 복싱의 창안자가 되기도 했지만, 그래도 이들의 오명을 지우지는 못했다. 유명한 챔피언인 대니얼 멘도사*는 후계자를 누기는

---

* Daniel Mendoza(1764-1836) : 영국의 프로 맨주먹 권투 선수(권투 글러브가 나오기 전에는 맨주먹으로 권투를 했다). 유대인으로는 처음으로 챔피언이 되었다(영국의 16대 헤비급 챔피언).

했지만 말이다.[140)]

런던의 드라마, 수많은 범죄, 최하층 사회, 생물학적으로 존립이 힘든 사정 등은 바로 이 가난한 사람들의 이야기이다. 그러나 도로 포장, 수도 공급, 건축 규제, 도시 조명의 발전 등과 함께 물질적인 조건은 파리에서와 마찬가지로 호전되었다.

어떤 결론을 내릴 것인가? 파리와 함께 런던은 앙시앵 레짐의 수도가 도대체 어떠한 것인지에 대한 좋은 예이다. 다른 사람들이 사치의 부담을 지는 곳, 일부 선택된 사람들 곁에 수많은 하인과 가난한 사람들이 모여 있는 곳, 그렇지만 선택된 사람이든 하인이든 가릴 것 없이 이 수많은 사람들의 거대한 집적이 만들어낸 집단 운명에 서로 연결되어 있는 곳……

공동의 운명이란 무엇인가? 예를 들면 길거리의 끔찍스러운 더러움과 악취는 일반 민중만이 아니라 지체 높은 사람들에게도 익숙한 것이다. 아마도 일반 민중이 만들어냈겠지만, 그 결과물은 전체에 파급되었다. 18세기도 한참 지났을 무렵까지 많은 농촌 지역들이 대도시보다 더러움이 덜했을 가능성이 크고, 또 루이스 멈퍼드가 말했듯이 중세 도시들이 18세기의 대도시들보다 살기 편하고 더 깨끗했으리라고 생각할 수도 있다.[141)] 중세 도시는 수(數)—영광과 비참함을 동시에 가져다주는—에 짓눌리지 않았으며, 농촌에 널리 개방되어 있었고, 멀리에서 찾을 것도 없이 시의 성벽 내부에서 물을 찾을 수 있었다. 사실 거대도시는 끊임없이 증대하는 과업들에 맞서 달리 어찌할 바를 몰랐으며, 첫 번째로 해결해야 할 과업은 초보적인 정도로나마 청결을 확보하는 일이었다. 안전, 화재와 홍수에 대한 투쟁, 식량 보급, 경찰업무 등이 우선적으로 필요했다. 게다가 그런 것을 원한다고 하더라도 행할

그는 강한 펀치보다는 빠른 펀치에 과학적인 복싱을 연결시켜서 그 당시까지 난폭하게 때리는 스타일이 관행이었던 복싱 형태를 크게 변화시켰다. 세 번째 타이틀 방어전에서 패한 후 은퇴하여 런던의 화이트채플 지역에서 술집을 경영하면서 복싱 학교를 열어 성공을 거두었다. 1789년에는 『복싱 기술(The Art of Boxing)』을 출판했다.

수단이 모자랐다. 대도시에서는 물질적인 면에서 최악의 불명예가 일반적인 법칙이었다.

모든 것은 수, 너무 큰 인구의 수로부터 유래했다. 그래도 대도시는 사람들을 끌어들인다. 그 많은 사람들은 각자 나름의 기생적인 삶의 방식으로 약간의 빵 부스러기를 받아먹고 자리를 차지한다. 특권을 누리는 대도시에서는 언제나 약간의 낙수(落穗)를 얻을 수 있다는 증거는 도시의 도둑들을 보면 알 수 있다. 화려한 도시에는 언제나 도둑들이 모여들었다. 1798년에 커훈*은 이렇게 탄식했다. "프랑스에서 구정부의 붕괴 이후 상황이 완전히 바뀌었다. 이때까지 유럽 전역으로부터 파리로 몰려들던 사기꾼과 악당들이 이제는 런던을 집합장소로 보기 시작했고, 자기들의 재주와 도둑질을 가장 유리하게 펼칠 수 있는 무대로 보게 되었다." 파리는 파산하고 쥐들은 배를 떠난 것이다. "영어를 못한다는 것(이전에는 이것이 우리[프랑스인]에게 보호막이 되어주기도 했다)이 더 이상 장애가 되지는 않는다. 우리나라 말이 지금만큼 널리 퍼진 때도 없고 이 나라만큼 프랑스어의 사용이 일반화된 곳도 없다. 특히 젊은 사람들 사이에서는 더욱 그러하다.⋯⋯"142)

도시화, 새로운 인간의 예고

커훈 같은 슬픈 보수주의자를 바짝 쫓아가는 것은 불가능하다. 거대도시들에는 약점도 장점도 있다. 반복하거니와 대도시는 근대국가를 만들었고 근대국가는 대도시를 만들었다. 전국 시장은 대도시의 압력 밑에서 만들어졌고 국민 역시 마찬가지이다. 대도시는 자본주의의 중심부에, 그리고 유럽에서 매일같이 다양한 물감을 섞고 있는 근대문명의 중심부에 자리 잡고 있었다. 그리고 역사가에게는 대도시가 무엇보다도 유럽과 다른 대륙의 진화에

---

* Patrick Colquhoun(1745-1820) : 스코틀랜드의 상인, 개혁가. 버지니아와 글래스고에서 상업활동을 했고, 1783년에 글래스고에 영국 최초로 상공회의소를 설립했다. 1792년에는 런던의 경찰청장이 되어 경찰제도의 개혁을 주장했다. 경제 개혁 등에 관한 다수의 팸플릿을 썼다.

대한 대단히 훌륭한 시약 역할을 한다. 그 시약에 의한 검사 결과를 잘 해석하면 물질문명의 전체 역사에 대한 전반적인 개관을 끌어내게 되고 그 역사의 통상적인 한계를 넘게 된다.

문제가 되는 것은 결국 앙시앵 레짐 경제의 성장이다. 이때 도시는 전 국민적 차원에서 심각한 불균형, 불균등 성장, 비합리적이고 비생산적인 투자의 예를 보여준다. 이 거대한 기생충들의 탐식이라고 할 수 있는 사치가 그 원인일까? 장-자크 루소는 『에밀(*Émile*)』에서 말했다. "국가의 힘을 빠지게 하고 약화시키는 것은 대도시이다. 대도시가 만들어내는 부(富)는 표면적인 것이며 환상에 불과하다. 그것은 주로 금전으로 되어 있을 뿐 실제적인 것이 아니다. 사람들은 파리가 국왕에 대해서 하나의 주(州)의 가치를 가진다고 말한다. 그러나 나는 파리가 국왕에 대해서 여러 주들의 비용을 물린다고 믿는다. 여러 주들이 파리를 먹여살리고 있으며, 이 주들의 소득의 태반이 이 도시에 뿌려지고 이곳에 남지만, 결코 민중이나 국왕에게 가지는 않는다. 이 계산의 세기에도, 만일 파리가 완전히 황폐해지면 프랑스가 훨씬 더 강력해지리라는 점을 누구도 깨닫지 못하다니 알 수 없는 일이다."[143)

이 말은 과장이지만, 부분적으로만 과장이다. 어쨌든 문제는 제대로 제기하고 있다. 우선 시대의 상황에 주의를 기울이는 18세기 말의 사람으로서, 서유럽에서 도시라는 괴물들이 마치 로마 제국이 로마 시라는 죽은 중량[死重]*을 받들 때 겪었던 폐쇄상태라든가 혹은 중국이 북쪽 멀리 베이징이라는 거대한 정지된 덩어리를 지탱할 때 겪었던 폐쇄상태와 같은 것이 아닐까 하고 자문하는 것은 정당한 권리이다. 그는 폐쇄상태가 발생하여 진화가 끝날 것이라고 생각했을지 모른다. 그러나 사실 우리는 그러한 사태가 일어나지는 않았다는 것을 알고 있다. 2440년의 세계를 상상한 세바스티앙 메르시에는 앞으로 올 세계의 수준이 바뀌지 않을 것으로 믿는 실수를 했다.[144)] 그

---

* 차량에 실은 짐의 무게와 대비되는, 차량 자체의 무게를 말한다.

는 미래를 자신이 지금 보고 있는, 즉 루이 16세 시대의 현재가 가지는 포락선(包絡線)* 속에서 보았다. 그는 자기 시대의 괴물 같은 집적 앞에서도 거대한 가능성이 열리고 있다는 것을 감지하지 못했다.

사실 많은 인구가 살고 부분적으로 기생적인 성격을 가지는 도시들은 스스로 그렇게 형성된 것이 아니다. 그것은 사회, 경제, 정치가 허용하고 또 그러한 방향으로 강제했기 때문에 일어난 일이다. 대도시는 측정치이며 동시에 척도이다. 만일 이곳에서 사치가 줄기차게 펼쳐진다면, 그것은 사회적, 경제적, 문화적, 정치적 질서가 그렇게 만들어졌기 때문이며, 자본과 잉여가 더 이상 다른 더 좋은 용도를 찾을 수 없어서 투하되었기 때문이다. 특히 대도시는 그 하나만으로 측정해서는 안 된다. 대도시는 도시체제 전체 총량 속에 들어 있다. 대도시는 전체 도시체제를 활성화하고 전체 도시체제는 대도시를 규정한다. 18세기 말에 점진적인 도시화가 정착되어갔고 그것은 다음 세기에 더욱 가속화했다. 런던과 파리의 외면을 넘어서, 하나의 예술, 하나의 삶의 양식으로부터 새로운 예술, 새로운 삶의 양식으로 이행했다. 4분의 3 이상이 농촌인 앙시앵 레짐의 세계가 서서히, 그러나 확실하게 무너지고 쇠퇴한 것이다. 한편 대도시들만이 이 새로운 질서의 정착을 확고하게 만들지는 않았다. 대도시들이 이제 나타나게 되는 산업혁명에 구경꾼으로서 참여한 것은 사실이다. 새로운 시대를 연 것은 런던이 아니라 맨체스터, 버밍엄, 리즈, 글래스고, 그리고 수많은 프롤레타리아 소도시들이었다. 심지어 새로운 모험에 투자한 자본조차 18세기의 도시 귀족이 축적한 자본이 아니다. 런던이 돈과의 관계를 통해 이 움직임을 자신에게 유리하게 장악한 것은

---

* enveloppe : 주어진 어느 함수에서, 한 개의 변수값이 변할 때 이 변수의 모든 값에 해당하는 가능한 모든 곡선의 탄젠트를 나타내는 곡선. 예를 들면 원 $(x-a)^2+y^2-1=0$의 포락선은 $y=\pm 1$이 된다. 이 원은 x축에 중심을 두는 반지름 1인 원이므로 a가 어떤 값을 가지더라도 $y=\pm 1$의 영역을 벗어나지 못한다. 그러므로 대략 포락선은 '함수의 값들이 주어진 어느 한계 이상을 넘지 못하는 극단의 경계들'이라는 이미지이며, 저자는 이것을 어느 한 시대 사람들의 '가능성'을 제한하는 물질생활의 구조를 비유하여 나타내는 데 쓰고 있다.

1830년경이다. 파리는 일순간 새로운 산업이 스쳐가기는 했지만, 북부의 석탄이나 알자스의 수력자원, 로렌의 철광 등을 이용하여 진정한 산업이 본격적으로 정착하게 되었을 때 그 산업들을 수중에서 내놓았다. 이 모든 것은 상대적으로 늦은 것이었다. 19세기에 영국을 방문했던, 흔히 비판적이었던 프랑스 여행자들은 산업주의에 의한 집중과 추악함에 질겁했다. 이폴리트 텐은 이를 두고 "지옥의 마지막 환(環, circle)"이라고 말했다. 그러나 영국이 도시화의 포로가 되고, 또 그 도시가 사람들을 잘 받아들이도록 만들어지지 못했음에도 불구하고 사람들이 이곳에 꾸역꾸역 모여드는 현상이 프랑스를 비롯해서 산업화 도상에 있었던 모든 나라들의 앞날이었다는 것을 그들은 알고 있었을까? 오늘날의 미국과 일본을 보는 사람들은 그들이 눈앞에 보고 있는 것이 바로 자기 나라의 미래라는 것을 알고 있을까?

결론

역사책이든 다른 어떤 책이든 일단 완성되고 나면 저자의 손에서 벗어나는 법이다. 이 책도 나에게서 멀리 벗어나버렸다. 그것이 복종하지 않고 자기 멋대로 하려는 것, 나아가서 자기 스스로 진지하고 합당한 논리를 가지고 있다는 것에 대해서 무슨 말을 하겠는가? 우리의 아이들은 자기 마음대로 하려고 한다. 그래도 우리는 그들의 행동에 책임을 진다.

나는 이 책의 여기저기에 더 많은 설명, 정당화, 사례들을 덧붙이고 싶었다. 그러나 어떤 책이든 원하는 만큼 길게 늘릴 수는 없는 법이다. 특히 물질 생활의 여러 주제들을 다루려면, 체계적이고 치밀하게 조사해야 하고 또 잘 조정해야 한다. 이 모든 것이 아직 부족한 형편이다. 본문이나 그림으로 말한 것은 다시 논의하고 더 첨가하고 다음 이야기를 해야 한다. 우리는 모든 도시와 기술, 그리고 의식주의 모든 기본적인 실상을 이야기하지는 못했다.

어린 시절 내가 자란 로렌 지방의 작은 마을은 오래된 종탑의 종소리에 맞추어 살았다. 연못의 물은 물레방아 바퀴를 돌렸고, 집 앞에는 이 세상만큼 오래된 듯한 돌길이 마치 냇물처럼 구불구불 나 있었다. 예나 전투*가 있던

---

* 나폴레옹이 프로이센 군대에 승리를 거둔 전투.

1806년에 이 집을 재건했고, 풀밭 아래에 졸졸 흐르던 작은 시내(이 지방의 말로는 "루아즈[roises]"라고 한다)에는 삼[大麻]을 담가두고는 했다. 이곳을 생각하면 언제나 이 책이 새로 열린다. 독자들도 어느 옛 추억, 혹은 어느 여행, 혹은 어느 책에서 읽은 경험을 통해서 개인적인 이미지로 이 책을 채울 수 있을 것이다. 『지크프리트와 리무쟁 사람(*Siegfried et le Limousin*)』의 주인공은 1920년대에 독일에서 이른 아침에 말을 타고 가다가 자신이 마치 30년전쟁(1618-1648) 때에 있다는 느낌을 받았다. 누구든지 산책로나 거리의 모퉁이에서 불현듯이 먼 과거로 돌아갈 수 있을 것이다. 가장 발달한 경제에도 물질생활의 먼 과거가 흔적을 남기고 있다. 그것은 이제 우리의 눈앞에서 사라져가지만, 아주 서서히 사라지며, 또 결코 똑같은 방식으로 사라지지는 않는다.

나는 세 권의 저작 중에 제1권인 이 책에서 15-18세기 동안 전 세계에 걸친 물질생활의 모든 면을 소개하려던 것이 아니다. 이 책이 제시하고자 한 것은 음식으로부터 가구까지 또 기술에서부터 도시까지 모든 광경을 **전체적으로** 보려는 시도였으며, 나아가서 필연적으로 물질생활이 현재 어떠하고 과거에는 어떠했는지 경계를 지으려는 시도였다. 그 경계 짓기는 쉬운 일이 아니었다. 심지어 나는 그것을 더 잘 이해하기 위해서 의도적으로 그 경계를 넘어서기도 했다. 화폐와 도시에 관한 사항이 그러하다. 이것이 내 작업의 첫 번째 목적이다. 즉, 모든 것을 볼 수 없다고 해도 적어도 모든 것의 위치를 파악하는 것, 그리고 그것을 필요한 대로 전 세계의 차원에서 시도하는 것이다.

두 번째 목적은 서술상의 부조화에 빠질 우려 때문에 이제까지 역사가들이 거의 제시하지 않았던 일련의 풍경들을 그려가면서, 분산된 자료들을 분류하고 정돈하여 큰 흐름을 잡아내고, 단순화된 역사 설명을 이끌어내고자 하는 것이다. 이런 의도가 이 책의 방향을 알려주고 범위를 정해주었다. 그러나 이 계획은 완성되지 못하고 다만 시도로 그쳤는데, 그 이유는 우선 일반 대중을 위한 책은 공사가 끝나서 비계(飛階)를 모두 치워버린 집처럼 학술적인 내용을 줄여야 하기 때문이다. 그러나 또다른 이유가 있다면 다시 반복하거니와 이 분야는 아직 제대로 탐구되지 않은 영역이며, 따라서 개인적으로 원사료들을 찾고 하나하나씩 확인해야 했기 때문이다.

물론 물질생활은 무엇보다도 무수히 많은 잡다한 사실들로 구성된 일화적인 형태로 나타난다. 이것을 사건(événement)이라고 할 수 있을까? 아니다. 그렇게 이야기하면 물질생활의 중요성을 과장하게 되고 그 성질을 이해하지 못한다. (그림에서 확인할 수 있듯이) 신성 로마 제국의 황제인 막시밀리안 1세가 연회 중에 요리 접시에 손을 직접 넣고* 먹는 것, 그것은 사건이 아니라 평범한 사실이다. 카르투슈가 처형되기 직전에 커피보다 한 잔의 포도주를 택했다는 것도 비슷하다. 이것은 역사의 먼지이며, 조르주 귀르비치가 미시-사회학(micro-sociologie)이라고 부르는 것과 같은 의미에서 미시-역사학(micro-histoire)이다. 이 작은 사실들은 끝없이 반복되면서 연쇄적인 현실들로 자리 잡는다. 침묵하는 여러 시간들**의 두께를 지나왔고 현재에도 지속되는 수천 수만의 이 작은 사실들 각각 하나가 나머지 모든 것들을 증명해준다.

내 주의를 끈 것은 바로 이러한 연쇄(suite, chain), "시리즈(série, series)", 그리고 "장기지속(longue durée, long term)"이다. 이것들은 지난 모든 풍경의 소실점과 수평선을 그린다. 이것들은 질서를 부여하고 균형을 잡아주며 영속성을 이끌어낸다. 한마디로 표면상의 무질서 속에서 대략적으로 설명할 수 있는 것을 말해준다. 조르주 르페브르는 이렇게 말했다. "법칙(loi, law)이란 상수(常數, constante, constant)이다." 물론 상수라고 해도 시간 제약이 있어서 장기적인 것도 있고 중기적인 것도 있다. 여기에서 작물, 의류, 주택, 또 도시와 농촌 사이의 오래되고 결정적인 구분 등에 관해서는 중기적인 상수보다

---

* 포크를 사용하지 않았다는 말이다.
** 복수로 '시간들'을 가리키는 점을 주의하라.

는 장기적인 상수가 더 우리의 주목을 끈다. 이 느린 진화에 더 수월하게 따르는 것은 인간 역사의 다른 어느 영역보다도 물질생활이다.

여러 규칙성들 가운데에서도 우리가 전면에 부각시킨 것은 문명과 문화에 관한 것이었음을 독자들은 이미 주목했을 것이다. 이 책의 주제가 **물질문명**인 것은 아무런 의도 없이 그렇게 한 것이 아니다. 말을 골라 선택한 것이다. 정신과 지성에 관한 것으로부터 일상생활의 물품과 도구에 관한 것까지 수많은 문화적 자산들—상이할 뿐만 아니라 얼핏 보면 서로가 낯선—사이에 관계를 정립하는 것, 다시 말해서 질서를 정립하는 것, 그것이 문명이다.

중국을 방문한 한 영국인에 의하면(1793), "[이곳에서] 가장 흔한 도구를 보더라도 그 구조에 독특한 요소가 있다. 사실 미미한 차이일 수도 있지만, 그것은 비슷한 용도에 쓰이는 도구들끼리도 한 지역이 다른 지역을 모형으로 삼지 않는다는 것을 확실히 보여준다. 예를 들면 모루를 보더라도 다른 모든 곳에서는 윗면이 평평하고 약간 경사져 있는 모양인 데 비해 중국에서는 윗면이 볼록한 모양으로 되어 있다." 제철소의 풀무에 대해서도 같은 언급을 볼 수 있다. "풀무는 상자 모양인데, 한쪽 문이 움직이게 되어 있어서 그것을 뒤로 잡아당기면 상자 내에 진공 상태가 생기고, 그것 때문에 일종의 밸브가 달려 있는 구멍으로 공기가 세차게 빨려들어왔다가 곧바로 반대편 구멍으로 나간다."[1] 우리는 그것이 유럽의 제철소에 있는 커다란 가죽 풀무와 큰 차이가 있다는 것을 알 수 있다.

인구가 밀집한 모든 세계는 한 묶음의 기본적인 응답들을 만들었고, 유감스럽게도 거기에 굳게 집착하는 경향을 보인다. 그러한 집착을 가져오는 타성의 힘은 역사를 만들어가는 주요 요소이다. 그런데 문명이란 일정한 집단의 사람들이 오래 전부터 일정한 공간에 자리 잡고 있는 것이 아니겠는가? 그것은 역사의 한 카테고리이며 필요한 분류이다. 15세기 말부터 인류는 하나가 되기 시작했다(그리고 그것은 아직 완수되지 않았다). 그때까지, 그리고 그 이전 세기를 거슬러올라갈수록 인류는 상이한 행성에 사는 듯이 갈라져 있었으며, 그 각각에는 독창성이 있고 장기 지속적인 선택을 하는 개별적인 문명 혹은 문화가 있었다. 서로 가까이 있더라도 해결책들은 서로 연결될 줄을 몰랐다.

장기 지속과 문명이라는 우리가 선택한 질서는 다시 보조적인 구분을 필요로 한다. 그것은 사회와 불가분의 관련을 가지고 있는 구분이어야 할 것이다(그리고 이 사회라는 것도 어느 곳에서나 존재한다). 모든 것이 사회적인 질서이다. 이 말은 라 팔리스* 혹은 주르댕 씨**에게 어울리는 사고이다. 그러나 이 진부한 진리는 나름대로의 중요성이 있다. 많은 페이지에 걸쳐서 나는 부유한 자와 가난한 자, 사치와 빈곤이라는 삶의 두 측면에 대해서 이야기했다. 이것은 일본에서나 뉴턴 시대의 영국에서나, 혹은 콜럼버스 발견 이전의 아메리카에서나 단조로울 정도로 확고한 진리였다. 콜럼버스 발견 이전의 아메리카 대륙을 보자. 스페인인이 도착하기 전에 이곳에서는 의복에 대한 규제가 엄격해서 지배자와 일반 민중 사이의 구분이 뚜렷했다. 그러다가 유럽인에 의해서 이들 모두가 복속된 "원주민"으로 격하되어버리자 규제와 차이가 거의 사라져버렸다. 거친 모직, 면, 또는 푸대 만드는 천에 가까운 용설란 직물 같은 의복 재료로는 거의 구분을 지을 수 없었다

막연한 단어인 **사회**보다는 차라리 **사회경제**(socio-économie)를 이야기해야 할 것 같다. 토지, 선박, 기술, 원재료, 완제품 등 생산수단을 소유한 자가 지배적인 지위를 가지게 된다는 마르크스의 말이 타당할까? 그렇지만 사회와 경제라는 두 좌표만 가지고는 충분하지 않다는 것 또한 확실하다. 원인이면서 동시에 결과인 국가가 여러 가지 다양한 형태를 띠고 등장하여 관계를

---

* La Palisse : 프랑스의 구전 민속 노래에 등장하는 인물로, 파비아 전투에서 전사한 사람이다. 원래의 노랫말은 "라 팔리스 씨는 죽었네 / 파비아에서 죽었네 / 그가 죽기 15분 전만 해도 / 그는 아직 살아 있었네"이다. 이 말은 그가 최후까지 싸웠다는 뜻이라고 한다. 본문에서는 고지식한 인물을 말하는 듯하다.

** Jourdain : 몰리에르의 희곡 『서민 귀족(Le bourgeois gentilhomme)』에 나오는 주인공으로, 소박한 인물을 가리킨다.

교란시키고 왜곡시키며, 또 원하든 원하지 않든 사회경제의 구조물 형성에 때로 중요한 역할을 맡는다. 우리는 이 구조물들을 세계의 여러 다양한 사회경제의 유형학을 통해서 재분류할 수 있다. 노예제 사회경제, 농노와 영주의 사회경제, 사업가와 전(前)자본가의 사회경제 등. 이것은 마르크스의 언어로 되돌아가는 것이며, 비록 그의 정확한 용어라든가, 한 사회구조에서 다른 사회구조로의 이행에 관한 엄격한 법칙을 배제한다고 해도 계속 그의 곁에 머무르는 것이다. 어떻게 분류할 것인지, 어떻게 여러 사회들을 신중하게 계서화할 것인지가 여전히 남은 문제이다. 물질생활을 다루는 차원에서부터 이미 이것은 필수 불가결하다.

**

물질생활이라는 소박한 차원의 현실에서 벌써 장기(長期), 문명, 사회, 경제, 국가, "사회적" 가치의 위계 등과 같은 문제들이 제기된다는 사실 하나만 보더라도 이 차원의 역사가 이미 불가사의함과 어려움을 가지고 제기된다는 것을 알 수 있다. 사실 이 어려움이란 모든 인문과학이 자신의 목표를 추구할 때 만나는 것이다. 인간은 결코 용인될 만한 단순화 속에서 파악할 수 있는 인간형으로 축소되지는 않는다. 그런데도 많은 사람들이 그와 같은 헛된 꿈을 가지고 있다. 그러나 인간을 아주 단순한 양태로 파악했다고 생각하는 순간 인간은 원래의 평상적인 복잡성을 띠고 다시 나타난다.

내가 역사의 이 하층에 오랫동안 몰두하는 것은 이것이 단순하고 명확해서가 아니다. 또 이 하층이 숫자상으로 더 우월하다든지 역사학의 주류가 일반적으로 이것을 무시해왔기 때문에 그런 것도 아니다. 한편 철학, 사회과학 및 수학화된 학문 등이 역사를 비인간화시키는 오늘날의 우리 시대가 나에게 구체적인 것을 강요하기 때문도 아니다(이 점은 그래도 중요성을 띠기는 하지만 말이다). 이 "어머니인 대지(大地)"로의 회귀는 나를 매혹시켰지만, 나의 모든 것을 결정하지는 않았다. 그러나 무엇보다도 우선 집의 기초를 살펴보지 않고 경제생활을 전체적으로 올바르게 이해할 수 있을까? 이 책이 하려고 한 것이 바로 이 기초를 놓는 작업이며, 그 위에 이 작업을 완수할 나머지 두 권을 건설할 것이다.

경제생활과 함께 우리는 관습, 또는 무의식적인 일상성에서 벗어난다. 그러나 경제생활은 아직 규칙성을 띠고 있다. 먼 과거에 시작되어 점진적으로 발달해온 분업은 매일매일의 활동적이고 의식적인 삶을 지탱하는 분리와 만남을 가져온다. 일상적인 노동과 거의 차이가 없어 보이는 이 삶은 약소한 이익을 누리는 미시-자본주의로서, 그것은 그렇게 증오할 만하지는 않다. 그러나 가장 꼭대기 층에는 자본주의와 그것이 사방에 펼쳐놓은 광대한 그물이 자리 잡고 있다. 이것은 일반 사람들에게는 이미 악마적인 놀음으로 보인다. 이 정교한 기구는 가장 아래 수준에 있는 소박한 사람들의 삶과 무슨 관련이 있는가? 분명 모든 것과 관련이 있을 것이다. 자본주의는 모든 것을 자기 영역으로 끌어들이기 때문이다. 나는 이 책의 제1장에서 **불평등한 세계**의 수준 차이를 강조하면서 이 점을 말하려고 했다. 이 세계를 활성화시키고 상층의 구조를 끊임없이 변형시키는 것은 크든 작든 이 불평등, 부정의, 그리고 모순이다. 이 상층의 구조만이 진짜 움직일 수 있는 유일한 부분이다. 자본주의만이 상대적으로 운동의 자유를 누리고 있기 때문이다. 자본주의는 때에 따라 왼쪽으로 또 오른쪽으로 방향을 바꿀 수 있다. 그리하여 교대로, 어쩌면 동시에, 상업 이윤이나 매뉴팩처의 이익, 지대, 국가에 대한 대부, 고리대금업 등 어느 것이든 추구할 수 있다. 물질생활이나 일상적인 경제생활이라는 유연성 없는 경제구조 앞에서 자본주의는 원하는 대로, 또 가능한 대로 간섭해 들어갈 수 있는 영역을, 또는 반대로 포기할 수 있는 영역을 선택할 수 있다. 그리하여 이 요소들을 가지고 끊임없이 자신의 구조를 다시 만들며, 그러면서 조금씩 소금씩 다른 구조들*을 변형시킨다.

---

* '물질생활'과 '경제'의 구조들을 말한다.

이것이 전(前)자본주의가 세계 경제의 모습을 창출하도록 만드는 요소이다. 그것은 모든 위대한 물질적 진보인 동시에 인간에 의한 인간의 가혹한 착취를 가져온 원인이며 그 표시이다. 그것은 인간의 노동인 "잉여가치"의 수취에 의한 것만은 아니며, 힘이나 상황의 불균형에서도 기인된다. 그러한 불균형 때문에 한 국가의 차원이든 전 세계의 차원이든 상황에 따라 언제나 정복할 곳이 생기고, 다른 것보다 더 큰 이윤을 얻을 수 있는 착취 분야가 생긴다. 선택한다는 것, 선택할 수 있다는 것, 비록 그 선택이 아주 제한적이라고 해도 그것은 얼마나 큰 특권인가!

주

서문

1. 이 책은 원래 참고 문헌을 달지 않도록 되어 있는 총서 중의 한 권이었다. 그런데 이 책의 편집자가 제2권과 제3권에 주를 달자고 했으므로 제1권을 수정, 증보하면서 이것 역시 같은 체제를 따르기로 했다. 10년 전이라면 그 일은 훨씬 수월했을 것이다. 그러나 오늘 날 나의 독서 카드는 많은 경우 원래의 분류철에서 빠져나왔고, 그래서 참고 문헌을 다시 찾느라고 자료들을 수만 번 다시 뒤져야 했다. 그러고도 결국 다시 찾아내지 못한 경우가 많았다. 그래서 이 책을 읽는 독자들 중에 역사학을 전공하는 사람들에게는 간혹 정교한 참고 문헌 대신 "참고 문헌 불명"이라고 언급할 수밖에 없었던 것에 대해서 양해를 구하는 바이다.

제1장

1. Selon Ernst Wagemann, *Economía mundial*, 1952, 특히 1권, pp. 59 이하.
2. Emmanuel Le Roy Ladurie, *Les Paysans de Languedoc*, 1966, I, pp. 139 이하.
3. Fernand Braudel, *La Méditerranée et le monde méditerranéen à l'époque de Philippe II*, 1966, I, pp. 368 이하. 이하 *Médit*……로 약칭.
4. E. Wagemann, 앞의 책, I, p. 51.
5. Ángel Rosenblat, *La Población indígena y el Mestizaje en América*, I, 1954, pp. 102-103.
6. 가장 특징적인 저작은 다음과 같다. S. F. Cook et L. B. Simpson, "The Population of Central Mexico in the 16ᵗʰ Century", *in : Ibero-Americana*, 1948 ; W. Borah, "The Aborígenal Population of Central Mexico on the Eve of the Spanish Conquest" *in : Ibero-Americana*, 1963. 현재 버클리 학파의 수들에 대해서는 비판이 일고 있는데, 특히 다음을 참조하라. Charles Verlinden, Semaine de Prato, 1979.
7. Pierre Chaunu, *L'Amérique et les Amériques*, 1964, p. 105 ; Abbé Prévost, *Histoire générale des voyages*, XV, 1759, p. 9.
8. D. A. Brading, *Mineros y comerciantes en el México borbónico, 1763-1810*, 1975, p. 18 ; Nicolás Sánchez-Albornoz, *La Población de América latina desde los tiempos prccolombinos*, 1973, p. 81 ; B.-N. Chagny, *Variole et chute de l'Empire aztèque*, 타이프본 논문, Dijon, 1975.
9. Père A. Davilla, *Historia de la fundación y discurso de la provincia de Santiago de Mexico, 1596-1625*, pp. 100, 118, 516-517.
10. N. Sánchez-Albornoz, 앞의 책, p. 188.

11. 같은 책, pp. 121–122.

12. A. Grenfell Price, *The Western Invasions of the Pacific and its Continents*, 1963, p. 167.

13. W. S. et E. S. Woytinski, *World Population and Production, Trends and Outlook*, 1953 ; E. R. Embree, *Indians of the Americas*, 1939. 뒤의 책은 다음에 인용되었다. P. A. Ladame, *Le Rôle des migrations dans le monde libre*, 1958, p. 14.

14. P. A. Ladame, 앞의 책, p. 16.

15. *Morphologie sociale*, 1938, p. 70.

16. Karl Lamprecht, *Deutsche Wirtschaftsgeschichte*, 1891, I, p. 163 ; Karl Julius Beloch, "Die Bevölkerung Europas im Mittelalter", *in : Zeitschrift für Sozialwissenschaft*, 1900, pp. 405–407.

17. P. Mombert, "Die Entwicklung der Bevölkerung Europas seit der Mitte des 17. Jahr.", *in : Zeitschrift für Nationalökonomie*, 1936 ; J. C. Russel, *Late ancient and medieval Population*, 1958 ; M. Reinhardt, A. Armengaud, J. Dupaquier, *Histoire générale de la population mondiale*, 1968.

18. "The History of Population and Settlement in Eurasia", *in : The Geographical Review*, 1930, pp. 122–127.

19. Louis Dermigny, *La Chine et l'Occident. Le commerce à Canton au XVIIIᵉ siècle*, II, 1964, pp. 472–475.

20. 같은 곳.

21. 이 책 제1장 43쪽의 표를 보라.

22. Leo Frobenius, *Histoire de la civilisation africaine*, 1936, pp. 14 이하.

23. Père Jean-Baptiste Labat, *Nouvelle Relation de l'Afrique occidentale*, 1728, V, pp. 331 이하.

24. 이 시기에는 이민이 대단히 많이 이루어졌다. 다음을 참조하라. Michel Devèze, *L'Europe et le monde à la fin du XVIIIᵉ siècle*, 1970, p. 331, 주 586.

25. *"pasajeros a Indias"*의 공식적인 수치에 의하면 16세기를 통틀어서 10만 명이었다. 다음 사료에서는 이 수치를 2–3배로 확대해야 한다고 보았다. G. Cespedes de Castillo, *in : Historia social y económica de España y América*, dirigée par J. Vicens Vives, III, pp. 393–394.

26. 앞의 책, p. 148.

27. *World Population, Past Growth and Present Trends*, 1937, pp. 38–41.

28. 앞의 논문, p. 123.

29. L. Dermigny, 앞의 책, II, pp. 477, 478–479, 481–482.

30. 같은 책, 475쪽의 표, 그리고 이에 관한 472–475쪽의 논의를 참조하라.

31. G. Macartney, *Voyage dans l'intérieur de la Chine et en Tartarie fait dans les années 1792, 1793 et 1794······*, 1798, IV, p. 209.

32. W. H. Moreland, *India at the Death of Akbar*, 1920, pp. 16–22.

33. 특히, 1540, 1596, 1630년이 그러했다. 같은 책, pp. 11, 22, 주 1, 266.

34. 이 책 제3권을 참조하라.

35. A.E., Indes Or., 18, fᵒ 257.

36. *The Population of India and Pakistan*, 1951, pp. 24–26.

37. 앞의 논문, pp. 533–545.

38. Pierre Chaunu, *La Civilisation de l'Europe des Lumières*, 1971, p. 42.

39. 「가제트 드 프랑스」에는 대단히 풍부한 정보가 들어 있다. 예를 들면 1762년에는 런던, 파리, 바르샤바, 코펜하겐 등지에서 출생보다 사망이 더 많았다. 코펜하겐의 경우를 보면, 출생이 2,289명인 데 비해 사망이 4,512명이었다. 그러나 이 나라 전체로 보면 출생과 사망 사이에 균형을 이루고 있었다.

40. G. Macartney, 앞의 책, IV, p. 113.

41. P.R.O. Londres, 30.25.65, fol. 9, 1655. 모스크바에서는 "홀란트와 독일에서 온 몇몇 외국인을 제외하면 외과술을 알고 있는 사람이 하나도 없다."

42. N. Sànchez-Albornoz, 앞의 책, p. 188.

43. Paul Vidal de la Blache, *Principes de géographie humaine*, 1922, p. 45.

44. René Grousset, *Histoire de la Chine*, 1957, p. 23.

45. W. Röpke, *Explication économique du monde moderne*, 1940, p. 102.

46. 다음을 참조하라. Pierre Gourou, *Terre de Bonne Espérance*, 1982.

47. 이 내용은 특히 P. 노런드의 조사와 T. 롱스태프의 책에 근거한 것이다. 다음을 참조하라. Emmanuel Le Roy Ladurie, *Histoire du climat depuis l'an mil*, 1967, pp. 244-248.

48. "Discussion : post-glacial climatic Change", in : *The Quaterly Journal of the Royal Meteorological Society*, 1949년 4월, p. 175.

49. Eino Jutikkala, "The Great Finnish Famine in 1696-1697", in : *The Scandinavian Economic History Review*, III, 1955, I, pp. 51-52.

50. B. H. Slicher van Bath, "Le climat et les récoltes au haut Moyen Âge", in : *Settimana⋯⋯ de Spoleto*, XIII, 1965, p. 402.

51. 같은 책, pp. 403-404.

52. Rhys Carpenter, *Discontinuity in Greek Civilization*, 1966, pp. 67-68.

53. Oronce Fine, *Les Canons et documents très amples touchant l'usage et pratique des communs Almanachs que l'on nomme Éphémérides*, 1551, p. 35.

54. 1300년에 대해서 3억5,000만, 1800년에 대해서 10억이라는 수를 받아들인다면 그렇게 된다. 이 수는 앞으로의 계산에 계속 받아들이는 것으로 한다.

55. Heinrich Bechtel, *Wirtschaftsgeschichte Deutschlands vom 16. bis 18. Jahrhundert*, II, 1952, pp. 25-26 ; Hermann Kellenbenz, "Der Aufstieg Kölns zur mittelalterlichen Handelsmetropole", in : *Jahrbuch des kölnichen Geschichtsvereins*, 1967, pp. 1-30.

56. 이 수치들에 대해서는 다음의 책에서 논의된 바 있다. Robert Mantran, *Istanbul dans la seconde moitié du XVIIᵉ siècle*, 1962, pp. 44 이하.

57. Reinhard Thom, *Die Schlacht bei Pavia (24 Februar 1525)*, 1907.

58. Peter Laslett, *Un Monde que nous avons perdu*, 1969, p. 16.

59. *Médit⋯⋯*, II, pp. 394-396. 이에 대한 정확한 계산은 불가능하지만(Hartlaub와 Quarti 참조), 터키 함대는 203척이었고, 기독교도 측은 208척에 베네치아의 대형 범선 6척으로 구성되어 있었다. 터키군은 사망자, 부상자, 포로 등으로 4만8,000명의 피해를 입었다.

60. J.-F. Michaud, *Biographie universelle ancienne et moderne*, 1843, t. 44, "Wallenstein" 항목.

61. Ernest Lavisse, *Histoire de France*, 1911, VIII (1), p. 131.

62. Louis Dupré d'Aulnay, *Traité général des subsistances militaires*, 1744, p. 62.

63. Benedit de Vassallieu(Nicolay Lyonnois), *Recueil du règlement général de l'ordre et conduite de l'artillerie⋯⋯*, 1613. B.N., Ms. fr., 592.

64. Henri Lapeyre, *Géographie de l'Espagne morisque*, 1960.

65. 다음에 의하면 대개 이 수를 30만으로 본다. Robert Mandrou, *La France aux XVIIᵉ et XVIIIᵉ siècles*, 1970, pp. 183-184. 그러나 또다른 사료에서는 20만이라는 수를 택했다. H. Luthy, *La Banque protestante*, p. 26. 다음의 사료 역시 프랑스 경제에 대한 손실이 과장되었다고 믿는다. W. G. Scoville, *The Persecution of Huguenots and French Economic Development*, 1960.

66. 이 책 제3권을 참조하라.

67. Andrea Navagero, *Il Viaggio fatto in Spagna*, 1563.

68. Karl Julius Beloch, 앞의 논문, 783-784.

69. 같은 논문, p. 786.

70. Brantôme, *Œuvres*, 1779, IX, p. 249.

71. H. Luthy, 앞의 책, I, p. 26.

72. G. Nadal et E. Giralt, *La Population catalane de 1553 à 1717*, 1960.

73. Barthélémy Joly, *Voyage en Espagne, 1603-1604*, p.p. L. Barreau-Dihigo, 1909, p. 13. 카탈루냐의 피게라스의 장인들은 모두 "오트 오베르뉴 출신의 프랑스인들이다."

74. Cardinal de Retz, *Mémoires*, éd. 1949, III, p. 226.

75. Antoine de Brunel, *Viaje de España*, 1665, in : *Viajes estranjeros por España y Portugal*, II, 1959, p. 427.

76. Jean Hérault, sire de Gourville, *Mémoires*……, 1724, II, p. 79.

77. Louis-Sébastien Mercier, *L'An deux mille quatre cent quarante, rêve s'il en fut jamais*, 1771, p. 335.

78. Emmanuel Le Roy Ladurie, "Démographie et funestes secrets : le Languedoc", in : *Annales historiques de la Révolution française*, 1965년 10월, pp. 397-399.

79. Antoine de Saint-Exupéry, *Terre des hommes*.

80. P. Vidal de la Blache, 앞의 책, pp. 10-11.

81. G. W. Hewes, "A Conspectus of the World's Cultures in 1500 A.D.", in : *University of Colorado Studies*, nᵒ 4, 1954, pp. 1-22.

82. 세계 인구를 4억 명으로 잡느냐, 5억 명으로 잡느냐에 따라 그렇게 된다.

83. K. J. Beloch, 앞의 논문, p. 36, 주 11.

84. A. P. Usher, 앞의 논문, p. 131.

85. H. Bechtel, 앞의 책, pp. 25-26.

86. Jean Fourastié, *Machinisme et bien-être*, 1962, pp. 40-41.

87. Daniel Defoe, *A Review of the State of the British Nation*, 1709, p. 142, 다음에서 인용, Sydney Pollard et David W. Crossley, *The Wealth of Britain 1085-1966*, 1968, p. 160.

88. Johann Gottlieb Georgi, *Versuch einer Beschreibung der*…… *Residenzstadt St. Petersburg*, 1790, pp. 555, 561.

89. Johan Beckmann, *Beiträge zur Œkonomie*……, 1781, IV, p. 8. 이 책에서는 브레멘 공작령에서 이루어진 개간작업에 대해서 이렇게 이야기한다. "[25-30가구의] 작은 마을들이 큰 마을보다 복종시키기가 더 쉽다는 것은 경험으로 잘 알고 있다."

90. Denis Diderot, *Supplément au voyage de Bougainville*, 1958, p. 322.

91. 같은 곳.

92. Adam Maurizio, *Histoire de l'alimentation végétale*, 1932, pp. 15-16.

93. Affonso de Escragnolle Taunay, *Historia geral das bandeiras paulistas*, 1924, 5 vol.

94. Georges Condominas, *Nous avons mangé la forêt de la Pierre-Génie Gôo*……, 1957.

95. Ishwari Prasad, *L'Inde du VIIᵉ au XVIᵉ siècle*, 1930, in : *Histoire du monde*, p.p. E. Cavaignac, VIII, pp. 459-460.

96. Maximilien Sorre, *Les Fondements de la géographie humaine*, III, 1952, p. 439.

97. P. Vidal de la Blache, 앞의 책, p. 35.

98. G. Condominas, 앞의 책, p. 19.

99. P. de Las Cortes, *Relación del viaje, naufragio y captiverio*……, 1621-1626, British Museum, Sloane, 1005.

100. Rijkmuseum, Amsterdam, Département asiatique.

101. *Beschreibung des japonischen Reiches*, 1749, p. 42.

102. J. A. Mandelslo, *Voyage aux Indes orientales*, 1659, II, p. 388. Rapport W. Bouts, A. N., A. E., Bill, 459, 19 messidor an V.

103. G. Macartney, 앞의 책, III, p. 12.

104. G. F. Gemelli Careri, *Voyage du tour du monde*, 1727, I, p. 548.

105. Père J.-B. Labat, 앞의 책, V, pp. 276-278.

106. J. A. Mandelslo, 앞의 책, II, p. 530. Abbé Prévost, 앞의 책, V, 1748, p. 190 (Kolben).

107. Abbé Prévost, 앞의 책, III (1747), pp. 180-181, 645 ; V, pp. 79-80.

108. *Journal d'un bourgeois de Paris, sous Charles VI et Charles VII*, 1929, pp. 150, 304, 309.

109. Gaston Roupnel, *La Ville et la campagne au XVIIᵉ siècle*, 1955, p. 38, 주 117.

110. Albert Babeau, *Le Village sous l'Ancien Régime*, 1915, p. 345, 주 4, p. 346, 주 3 ; Maurice Balmelle, "La Bête du Gévaudan et le capitaine de dragons Duhamel", Congrès de Mende, 1955.

111. A.N., Maurepas, A.P., 9.

112. A.N., fᵒ 12, 721.

113. Jules Blache, *Les Massifs de la Grande Chartreuse et du Vercors*, 1931, II, p. 29.

114. *Viaje por España y Portugal (1494–1495)*, 1951, p. 42.

115. 정확한 참고 문헌은 유실되었으나, 다음의 책에 그에 상응하는 것들이 많이 나와 있다. Günther Franz, *Der deutsche Bauernkrieg*, 1972, pp. 79 이하.

116. J.-B. Tavernier, *Voyages en Perse*, éd. Cercle du bibliophile, 출판연도 불명, pp. 41–43.

117. H. Josson et L. Willaert, *Correspondance de Ferdinand Verbiest, de la Compagnie de Jésus (1623–1688)*, 1938, pp. 390–391.

118. J. A. Mandelslo, 앞의 책, II, p. 523.

119. François Coreal, *Relation des voyages de François Coreal aux Indes occidentales······ depuis 1666 jusqu'en 1697*, 1736, I, p. 40.

120. Reginaldo de Lizarraga, "Descripción del Perú, Tucumán, Rio de la Plata y Chile", in : *Historiadores de Indias*, 1909, II, p. 644.

121. *Voyage du capitaine Narboroug (1669)*, in : Prévost, 앞의 책, XI, 1753, pp. 32–34.

122. R. de Lizarraga, 앞의 책, II, p. 642.

123. Walther Kirchner, *Eine Reise durch Sibirien* [relation de Fries], 1955, p. 75.

124. 이 지역은 1696년부터 러시아인들에게 알려져 있었다. Abbé Prévost, 앞의 책, XVIII, p. 71.

125. A.E., M. et D., Russie, 7, 1774, f 235–236 ; Joh. Gotti. Georgi, *Bemerkungen einer Reise im Russischen Reich*, I, 1775, pp. 22–24.

126. G. Macartney, 앞의 책, I, pp. 270–275.

127. P. Goubert, 출판하지 않은 저작, École des Hautes Études, 제6부.

128. William Petty, 앞의 책, p. 185.

129. Erich Keyser, *Bevölkerungsgeschichte Deutschlands*, 1941, p. 302. 다음에서는 3만 명이 죽었다고 이야기했다. Wilhelm Schönfelder, *Die wirtschaftliche Entwicklung Kölns von 1370 bis 1513*, 1970, pp. 128–129.

130. Günther Franz, *Der Dreissigsjährige Krieg und das deutsche Volk*, 1961, p. 7.

131. L. Moscardo, *Historia di Verona*, 1668, p. 492.

132. G. Franz, 앞의 책, pp. 52–53.

133. Bernard Guenée, *Tribunaux et gens de justice dans le bailliage de Senlis à la fin du Moyen Âge (vers 1380–vers 1550)*, 1963, p. 57.

134. Wilhelm Abel, *Die Wüstungen des ausgehenden Mittelalters*, 1955, pp. 74–75.

135. Moheau, *Recherches et considérations sur la population de la France*, 1778, p. 264.

136. François Dornic, *L'Industrie textile dans le Maine (1650–1815)*, 1955. p. 173.

137. Yves-Marie Bercé, *Histoire des croquants : étude des soulèvements populaires au XVIIᵉ siècle dans le Sud-Ouest de la France*, 1971, I, p. 16.

138. Fritz Blaich, "Die Wirtschaftspolitische Tätigkeit der Kornmission zur Bekämpfung der Hungersnot in Böhmen und Mähren (1771–1772)", in : *Vierteljahrschrift für Sozial- und Wirtschaftsgeschichte*, 56, 3, 1969년 10월, pp. 299–331.

139. *Almanacco di economia di Toscana del anno 1791*, Florence, 1791, 다음에서 인용, in : *Médit······*, I, p. 301.

140. 베네치아에 대해서는 다음을 참고하라. A.d.S. Venise, Brera, 51, fᵒ 312 vᵒ, 1540. 아미앵에 대해서는 다음을 참고하라. Pierre Deyon, *Amiens, capitale provinciale. Étude sur la société urbaine au XVIIᵉ siècle*, 1967, p. 14, 주.

141. *Mémoires de Claude Haton*, in : *Documents inédits de l'histoire de France*, II, 1857, pp. 727–728.

142. G. Roupnel, 앞의 책, p. 98.

143. A. Appadorai, *Economic Conditions in Southern India (1000–1500 A.D.)*, 1936, p. 308.

144. W. H. Moreland, 앞의 책, pp. 127–128.

145. Van Twist의 묘사는 다음 책에 인용되어 있다. W. H. Moreland, *From Akbar to Aurangzeb*, 1923, pp. 211–212.

146. François Bernier, *Voyages····· contenant la description des États du Grand Mogol·····*, 1699, 1, p. 202.

147. Eino Jutikkala, 앞의 논문, p. 48.

148. Pierre Clément, *Histoire de la vie et de l'administration de Colbert*, 1846, p. 118.

149. G. Roupnel, 앞의 책, p. 35, 주 104.

150. Journal de Gaudelet, Ms. 748, Bibl. Dijon, p. 94, 다음에서 인용, G. Roupnel, 앞의 책, p. 35, 주 105.

151. *Journal de Clément Macheret······ curé d'Horthes (1628-1658)*, p.p. E. Bougard, 1880, II, p. 142.

152. P. de Saint-Jacob, 앞의 책, p. 196.

153. 1867년까지도 밀라노 근처의 시골에서는 빵을 한 달에 한두 번밖에 굽지 않았다. Paolo Mantegazza, *Igiene della cucina*, 1867, p. 37.

154. 이것은 흔해빠진 언급이지만 다음에서 증명되었다. Enrique Florescano, *Precios del maiz y crisis agricolas en Mexico, 1708-1810*, 1969. 이 책에서 그는 18세기 멕시코에서 기근이 발생한 날짜와 여러 질병이 일어난 날짜를 비교했다(같은 책, 161쪽의 표 참고).

155. Samuel Tissot, *Avis au peuple sur sa santé*, 1775, pp. 221-222.

156. Mirko D. Grmek, "Préliminaires d'une étude historique des maladies", *in : Annales, E.S.C.*, 1969, n° 6, pp. 1473-1483.

157. G. Roupnel, 앞의 책, pp. 28-29.

158. L. S. Mercier, 앞의 책, III, pp. 186-187.

159. Étienne Pasquier, *Les Recherches de la France*, 1643, p. 111.

160. Pierre de Lestoile, *Mémoires et Journal······*, *in : Mémoires pour servir à l'histoire de France*.

161. H. Haeser, *Lehrbuch der Geschichte der Medicin*, III, 1882, pp. 325 이하.

162. A.d.S. Genova, Spagna, 11, Cesare Giustiniano au Doge, Madrid, 1597년 8월 21일.

163. Henri Stein, "Comment on luttait autrefois contre les épidémies", *in : Annuaire bulletin de la société de l'Histoire de France*, 1918, p. 130.

164. M. T. Jones-Davies, *Un Peintre de la vie londonienne, Thomas Dekker*, 1958, pp. 334-335.

165. Société des Nations, *Rapport épidémiologique de la section d'hygiène*, n° 48, Genève, 1923년 4월 24일, p. 3.

166. A.d.S. Florence, fonds Medici, 1603년 9월 2일.

167. A. G. Price, 앞의 책, p. 162.

168. 같은 책, p. 172 ; M. T. Jones-Davies, 앞의 책, p. 335, 주 229.

169. M. T. Jones-Davies, 앞의 책, p. 162.

170. Malherbe, 다음에서 인용, John Grand-Carteret, *L'Histoire, la vie, les mœurs et la curio-sité par l'image······ 1450-1900*, 1927, II, p. 322.

171. *Antonio Pérez*, 1948, 2ᵉ édition, p. 50.

172. M. T. Jones-Davies, 앞의 책, p. 335.

173. Erich Woehlkens, *Pest und Ruhr im 16. und 17. Jahr.*, 1954.

174. A.E., M. et D., Russie, 7, f° 298.

175. Pierre Chaunu, *Séville et l'Atlantique*, VIII, 1959, p. 290 주 1 ; J. et R. Nicolas, *La Vie quotidienne en Savoie······*, 1979, p. 119.

176. Samuel Pepys, *The Diary*, éd. Wheatley, 1897, V, pp. 55-56.

177. Michel de Montaigne, *Les Essais*, éd. Pléiade, 1962, pp. 1018-1019.

178. Nicolas Versoris, *Livre de raison*, p.p. G. Fagniez, 1885, pp. 23-24.

179. Étienne Ferrieres, 다음에서 인용, Gilles Caster, *Le Commerce du pastel et de l'épicerie à Toulouse, 1450-1561*, 1962, p. 247.

180. Jean-Paul Sartre, *Les Temps modernes*, 1957년 10월, p. 696, 주 15 ; J. et R. Nicolas, 앞의 책, p. 123.

181. Henri Stein, 앞의 논문, p. 133.

182. Comte de Forbin, "Un gentilhomme avignonais au XVIᵉ siècle. François-Dragonet de Fogasses, seigneur de la Bastie (1536-1599)", *in : Mémoires de l'Académie de Vaucluse*, 2ᵉ série, IX, 1909, p. 173.

183. Daniel Defoe, *Journal de l'année de la peste, 1722*, éd. Joseph Aynard, 1943, pp. 24, 31, 32, 48, 66.

184. 같은 책, 서문, p. 13, citation de Thomas Grumble, *La vie du général Monk*, 1672, p. 264.

185. 이 주제에 대해서는 다음 논문을 참조하라. René Baehrel, "Épidémie et terreur : histoire et sociologie", *in : Annales historiques de la Révolution française*, 1951, n° 122, pp. 113-146.

186. Venise, Marciana, Ms. ital., III, 4.

187. Père Maurice de Tolon, *Préservatifs et remèdes contre la peste, ou le Capucin charitable*, 1668.

188. 조제프 애나르가 대니얼 디포의 앞의 책에 쓴 서문(13쪽)을 참조하라.

189. M. Fosseyeux, "Les épidémies de peste à Paris", *in : Bulletin de la Société d'histoire de la médecine*, XII, 1913, p. 119, 다음에서 인용, J. Aynard, *Préface de D. Defoe*, 앞의 책, p. 14.

190. C. Carrière, M. Courdurié, F. Rebuffat, *Marseille, ville morte. La peste de 1720*, 1968, p. 302.

191. 마르세유의 주교 벨쒱스의 편지, 1720년 9월 3일, 다음에서 인용, Aynard, *in : D. Defoe*, 앞의 책, p. 14.

192. Jean-Noël Biraben, *Les Hommes et la peste en France et dans les pays européens et méditerranéens*, 1976, II, p. 185.

193. *Le Temps de la peste. Essai sur les épidémies en histoire*, 1978.

194. Ping-Ti Ho, "The Introduction of American Foods plants into China", *in : American Anthropologist*, 1955년 4월, pp. 194-197.

195. E. J. F. Barbier, *Journal historique et anecdotique du règne de Louis XV*, 1847, p. 176.

196. *Médit……*, I, p. 306.

197. G. Macartney, 앞의 책, III, p. 267.

198. Pierre Goubert, *Beauvais et le Beauvaisis de 1600 à 1730. Contribution à l'histoire sociale de la France du XVIIᵉ siècle*, 1960, p. 41.

199. Michel Mollat, *in : Édouard Perroy, Le Moyen Âge*, 1955, pp. 308-309.

200. Germain Brice, *Nouvelle Description de la ville de Paris et de tout ce qu'elle contient de plus remarquable*, III, 1725, pp. 120-123.

201. John Nickolls, *Remarques sur les désavantages et les avantages de la France et de la Grande-Bretagne*, 1754, p. 23.

202. François Coreal, *Relation des voyages aux Indes occidentales*, 1736, I, p. 95 ; Carsten Niebuhr, *Voyage en Arabie et en d'autres pays de l'Orient*, 1780, II, p. 401 ; Chardin, *Voyage en Perse et aux Indes orientales*, 1686, IV, p. 46. 영국인들은 "고기와 술에 지나치게 탐닉하는데, 그것은 인도에서는 치명적인 결과를 가져온다."

203. John H. Grose, *A voyage to the East Indies with observations of various parts there*, 1757, 1, p. 33.

204. T. Ovington, *A Voyage to Surat*, 1689, p. 87, 다음에서 인용, Percival Spear, *The Nabobs*, 1963, p. 5.

205. G. Macartney, 앞의 책, I, p. 321. 쿡과 부갱빌의 행해 중에서 바타비아에 기항했을 때가 그 나머지 항해기간 전부를 합한 것보다 더 많은 사망과 질병의 피해를 입었다. Abbé Prévost, *Supplément des voyages*, XX, pp. 314, 581.

206. Bernard Fay, *George Washington gentilhomme*, 1932, p. 40.

207. Abbé Prévost, 앞의 책, IX, p. 250 (Loubere의 말을 인용).

208. Jean-Claude Flachat, *Observations sur le commerce et les arts d'une partie de l'Europe, de l'Asie*.

209. 오스만 아아의 일기는 R. 크로이텔과 오토 슈피스가 다음과 같은 제목으로 출판했다. *Der Gefangene der Giauren……*, 1962, pp. 210-211.

210. E. Keyser, *Bevölkerungsgeschichte Deutchslands*, 1941, p. 381. 일반적으로 도시의 인

구 증가는 내생적인 요인으로 이루어지지 않는다. 다음을 참고하라. W. Sombart, *Der moderne Kapitalismus*, II, p. 1124.

211. Joham Peter Süssmilch, *Die Göttliche Ordnung in den Veränderungen des menschlichen Geschlechts*……, 1765,1, p. 521.

212. Pierre de Saint-Jacob, *Les Paysans de la Bourgogne du Nord au dernier siècle de l'Ancien Régime*, 1960, p. 545.

213. 다음을 따랐다. Carmelo Viñas et Ramón Paz, *Relaciones de los pueblos de España*, 1949-1963.

214. *L'Invasion germanique et la fin de l'Empire*, 1891, II, p. 322 이하.

215. *Geschichte der Kriegskunst im Rahmen der politischen Geschichte*, 1900, I, pp. 472 이하.

216. Rechid Saffet Atabinen, *Contribution à une histoire sincère d'Attila*, 1934.

217. Henri Pirenne, *Les Villes et les institutions urbaines*, 1939, I, pp. 306-307.

218. *Gazette de France*, 1650, *passim*

219. *Geschichte des europäischen Staatensystems von 1492-1559*, 1919, p. 1 이하.

220. 이에 대한 자세한 사항은 다음을 참조하라. Alexander et Eugen Kulischer, *Kriegs— und Wanderzüge. Weltgeschichte als Völkerbewegung*, 1932.

221. Otto von Kotzebue, *Reise um die Welt in den Jahren 1823, 24, 25 und 26*, 1830, I, p. 47.

222. F. J. Turner, *The Frontier in American History*, 1921.

223. 의사 야코프 프리스의 여행은 Kirchner가 출판했다. Kirchner, 앞의 책, 1955.

224. John Bell, *Travels from St. Petersburg to diverse parts of Asia*, 1763, 1, p. 216.

225. 이 발굴 조사의 시작에 대해서는 다음을 참조하라. W. Hensel et A. Gieysztor, *Les Recherches archéologiques en Pologne*, 1958, pp. 48, 66.

226. Boris Nolde, *La Formation de l'Empire russe*, 2 vol., 1952.

227. *Médit*……, I, p. 175.

228. *Médit*……, I, pp. 100-101, 주.

229. G. F. Gemelli Careri, 앞의 책, III, p. 166.

제2장

1. Montesquieu, *De l'Esprit des lois*, livre XXII, chap. 14, *in : Œuvres complètes*, 1964, p. 690.

2. 이 속담 같은 표현은 아마도 루트비히 포이어바흐가 만들었을 것이다.

3. *Hackluyt's Voyages*, éd. 1927, 1, pp. 441, 448-449.

4. P. Goubert, 앞의 책, pp. 108, 111.

5. K. C. Chang, *Food in Chinese Culture*, 1977, p. 7.

6. Claude Manceron, *Les Vingt Ans du Roi*, 1972, p. 614.

7. Wilhem Abel, "Wandlungen des Fleischverbrauchs und der Fleischversorgung in Deutschland seit dem ausgehen den Mittelalter", *in : Berichte über Landwirtschaft*, XXII, 3, 1937, pp. 411-452.

8. Abbé Prévost, 앞의 책, IX, p. 342 (voyage de Beaulieu).

9. A. Maurizio, 앞의 책, p. 168.

10. Dr Jean Claudian, Rapport préliminaire de la Conférence internationale F.I.P.A.L., Paris, 1964, 타이프본, pp. 7-8, 19.

11. Marcel Granet, *Danses et légendes de la Chine ancienne*, 1926, pp. 8, 19, 주.

12. J. Claudian, 앞의 논문, p. 27.

13. J. J. Rutlige, *Essai sur le caractère et les mœurs des François comparées à celles des Anglais*, 1776, p. 32.

14. M. Sorre, 앞의 책, I, pp. 162-163.

15. Pierre Gourou, "La civilisation du végétal", *in : Indonésie*, n° 5, pp. 385-396 et c. r. de L. Febvre, *in : Annales E.S.C.*, 1949, pp. 73 이하.

16. P. de Las Cortes, *doc. cit.*, f° 75.

17. Abbé Prévost, 앞의 책, V, p. 486.

18. G. F. Gemelli Careri, 앞의 책, IV, p. 79.

19. 같은 책, II, p. 59.
20. 오크자스코프(Oczaskof) 항구와 이 항구가 창고 역할을 해주는 무역에 대해서는 다음을 참고하라. A.E., M. et D. Russie, 7, f° 229.
21. A.E., M. et D. Russie, 17, f° 78, 194-196.
22. V. Dandolo, *Sulle Cause dell'avvilimento delle nostre granaglie e sulle industrie agrarie*……, 1820, XL, pp. 1 이하.
23. *Histoire du commerce de Marseille, dit.* par G. Rambert, 1954, IV, pp. 625 이하.
24. Étienne Juillard, *La Vie rurale dans la plaine de Basse-Alsace*, 1953, p. 29 ; J. Ruwet, E. Hélin, F. Ladrier, L. van Buyten, *Marché des céréales à Ruremonde, Luxembourg, Namur et Diest, XVIIe et XVIIIe siècles*, 1966, pp. 44, 57 이하, 283-284, 299 이하 : Daniel Faucher, *Plaines et bassins du Rhône moyen*, 1926, p. 317.
25. M. Sorre, 앞의 책, I, carte p. 241. 조를 재배하는 공간은 지중해 지역 전체와 중부 및 남부 유럽 지역으로 확대되었다.
26. *Médit*……, I, pp. 539, 540.
27. B.N., Estampes, Oe 74.
28. *Médit*……, I, p. 223.
29. Hans Haussherr, *Wirtschaftsgeschichte der Neuzeit, vom des 14. bis zur Höhe des 19. J.*, 3e éd. 1954, p. 1.
30. *Médit*……, I, p. 544, 주 1.
31. Louis Lemery, *Traité des aliments, où l'on trouve la différence et le choix qu'on doit faire de chacun d'eux en particulier*……, 1702, p. 113.
32. 다음의 표를 참조하라. J.-C. Toutain, "Le produit de l'agriculture française de 1700 à 1958", *in : Histoire quantitative de l'économie française*, dirigée par Jean Marczewski, 1961, p. 57.
33. Jacob van Klaveren, *Europäische Wirtschaftsgeschichte Spaniens im 16. und 17. Jahrhundert*, 1960, p. 29, 주 31.
34. *Médit*……, II, p. 116.
35. 1740년경에 400리브르 통으로 5만 통 정도를 수출했다. Jacques Savary, *Dictionnaire universel de commerce, d'histoire naturelle et des arts et métiers*, 5 vol., 1759-1765, IV, col. 563.
36. 같은 책, IV. col. 565 ; A.N., G, 1685, f° 275 ; A.N., G, 1695, f° 29.
37. Marciana, Chronique de Girolamo Savina, f° 365 이하.
38. P. J. B. Le Grand d'Aussy, *Histoire de la vie privée des Français*, 1782,1, p. 109.
39. Abbé Prévost, 앞의 책, V, p. 486 (voyage de Gemelli Careri) ; VI, p. 142 (voyage de Navarrette).
40. 이 책 제2권을 참조하라.
41. N. F. Dupré de Saint-Maur, *Essai sur les monnoies ou Réflexions sur le rapport entre l'argent et les denrées*……, 1746, p. 182, 주 a.
42. 이 문제는 완전히 해결되지 못한 상태이다. 현재 출판된 시장시세표(특히, Michèle Baulant et Jean Meuvret, *Prix des céréales extraits de la mercuriale de Paris, 1520-1698*, 1960)를 보면, 밀과 귀리의 가격 변동 사이에는 아주 불규칙한 관계가 있다. 이 책 제2장 142쪽의 그래프를 참조하라.
43. *Médit*……, I, p. 38, 주 4.
44. Pierre Deffontaines, *Les Hommes et leurs travaux dans les pays de la Moyenne Garonne*, 1932, p. 231.
45. L. P. Gachard, *Retraite et mort de Charles Quint au monastère de Yuste*, I, 1854, p. 49.
46. 도피네 지역의 지방관인 레스디기에르의 증언. 다음에 인용되었다. H. Sée, *Esquisse d'une histoire économique et sociale de la France*, 1929, p. 250 ; L. Lemery, 앞의 책, p. 110.
47. Archivo General de Simancas, Estado Castilla 139.
48. *Médit*……, I, p. 518.

49. Jean Georgelin, *Venise au siècle des Lumières*, 1978, p. 288.

50. J. Ruwet *et al.. Marché des céréales*······, 앞의 책, pp. 57 이하.

51. P. de Las Cortes, *document cité* f° 75.

52. Étienne Juillard, *Problèmes alsaciens vus par un géographe*, 1968, pp. 54 이하.

53. M. Derruau, *La Grande Limagne auvergnate et bourbonnaise*, 1949.

54. Jethro Tull, *The Horse Hoeing Husbandry*······, 1733, pp. 21 이하.

55. J.-M. Richard, "Thierry d'Hireçon, agriculteur artésien (13..-1328)", *in : Bibliothèque de l'École des Chartes*, 1892, p. 9.

56. François Vermale, *Les Classes rurales en Savoie au XVIIIᵉ siècle*, 1911, p. 286.

57. Johann Gottlieb Georgi, 앞의 책, p. 579.

58. René Baehrel, *Une Croissance : la Basse-Provence rurale (fin du XVIᵉ siècle-1789)*, 1961, pp. 136-137.

59. B. H. Slicher van Bath, *Storia agraria*······, 앞의 책, pp. 353-356 ; Jean-François de Bourgoing, *Nouveau Voyage en Espagne*······, 1789, III, p. 50.

60. P. G. Poinsot, *L'Ami des cultivateurs*, 1806, II, p. 40.

61. *In :* Marc Bloch, *Mélanges historiques*, II, 1963, p. 664.

62. 1796년의 회고록. 다음에 인용되어 있다. I. Imberciadori, *La Campagna toscana nel'700*, 1953, p. 173.

63. B. H. Slicher van Bath, *Storia agraria dell'Europa occidentale*, 1972, pp. 245-252, 338 이하 ; Wilhelm Abel, *Crises agraires en Europe, XIIIᵉ-XXᵉ s.*, 1973, p. 146.

64. A. R. Le Paige, *Dictionnaire topographique du Maine*, 1777, II, p. 28.

65. Jacques Mulliez, "Du blé, "mal nécessaire". Réflexions sur les progrès de l'agriculture, 1750-1850", *in : Revue d'histoire moderne et contemporaine*, 1979, pp. 30-31.

66. 같은 논문, 여러 곳.

67. 같은 논문, pp. 32-34.

68. 같은 논문, pp. 36-38.

69. 같은 논문, pp. 30, 특히 47.

70. Olivier de Serres, *Le Théâtre d'agriculture et mesnage des champs*······, 1605, p. 89.

71. *François Quesnay et la physiocratie*, éd. de l'I.N.E.D., 1958, II, p. 470.

72. P. de Saint-Jacob, 앞의 책, p. 152.

73. J.-C. Toutain, 앞의 논문, p. 87.

74. 모든 수치는 다음을 참조했다. Hans Helmut Wächter, *Ostpreussische Domänenvorwerke im 16. und 17. Jahrhundert*, 1958, p. 118.

75. J.-M. Richard, 앞의 논문, pp. 17-18.

76. *François Quesnay*······, 앞의 책, p. 461 (article "Grains" de l'*Encyclopédie*).

77. "Production et productivité de l'économie agricole en Pologne", *in : Troisième Conférence internationale d'histoire économique*, 1965, p. 160.

78. Léonid Zytkowicz, "Grain yields in Poland, Bohemia, Hungary and Slovakia", *in : Acta Poloniae historica*, 1971, p. 24.

79. E. Le Roy Ladurie, *Les Paysans de Languedoc*······, 앞의 책, II, p. 849-852 ; I, p. 533.

80. *Essai politique sur le royaume de la Nouvelle Espagne*, 1811, II, p. 386.

81. E. Le Roy Ladurie, 앞의 책, II, p. 851.

82. *Field ratios, 810-1820*, 1963, p. 16.

83. H. H. Wächter, 앞의 책, p. 143.

84. Jean Glenisson, "Une administration médiévale aux prises avec la disette. La question des blés dans les provinces italiennes de l'État pontifical en 1374-1375", *in : Le Moyen Âge*, t. 47, 1951, pp. 303-326.

85. Ruggiero Romano, "À propos du commerce du blé dans la Méditerranée des XIVᵉ et XVᵉ siècles", *in : Hommage à Lucien Febvre*, 1954, II, pp. 149-156.

86. Jean Meuvret, *Études d'histoire économique*, 1971, p. 200.

87. *Médit*······, I, p. 302.

88. Ruggiero Romano, *Commerce et prix du blé à Marseille au XVIIIe siècle*, 1956, pp. 76-77.

89. A.N., A.E., B, 529, 1710년 2월 4일.

90. Andrea Metra, *Il Mentore perfetto dei negozianti*, 1797, V, p. 15.

91. Claude Nordmann, *Grandeur et liberté de la Suède, 1660-1792*, 1971, p. 45, 주.

92. Werner Sombart, *Der moderne Kapitalismus*, 1921-1928, II, p. 1035. 1697년 이후 영국에서, 그리고 1770년 이후 아메리카 대륙에서 대량으로 수출되었다.

93. *Bilanci generali*, 2e série, I, 1, 1912, pp. 35-37.

94. Jean Nicot, *Correspondance inédite*, p.p. E. Falgairolle, 1897, p. 5.

95. J. Nickolls, 앞의 책, p. 357.

96. Moscou, A.E.A., 8813-261, f° 21, Livourne, 1795년 3월 30일.

97. Werner Sombart, *Krieg und Kapitalismus*, 1913, pp. 137-138.

98. J. Savary, *Dictionnaire*……, V, col. 579-580.

99. W. Sombart, *Der moderne Kapitalismus*, 앞의 책, II, pp. 1032-1033.

100. Fritz Wagner, *in : Handbuch der europäischen Geschichte*, éd. par Th. Schieder, 1968, IV, p. 107.

101. Yves Renouard, "Une expédition de céréales des Pouilles……", *in : Mélanges d'archéologie et d'histoire de l'École française de Rome*, 1936.

102. W. Sombart, *Der moderne Kapitalismus*, 앞의 책, 11, p. 1032.

103. *Médit*……, I, pp. 543-545.

104. 정확한 참고 문헌 유실.

105. 카리카토리의 기원에 대해서는 다음을 참조하라. *Médit*……, I, pp. 525-528.

106. *Médit*……, I, p. 527.

107. *Médit*……, I, p. 577.

108. *Histoire du commerce de Marseille*, 앞의 책, IV, pp. 365 이하.

109. A. P. Usher, *The History of the grain trade in France, 1400-1710*, 1913, p. 125.

110. V. S. Lublinsky, "Voltaire et la guerre des farines", *in : Annales historiques de la Révolution française*, n° 2, 1959, pp. 127-145.

111. Abbé Mably, "Du commerce des grains" *in : Œuvres complètes*, XIII, 1795, pp. 144-146.

112. Earl J. Hamilton, "Wages and Subsistence on Spanish Treasure Ships, 1503-1660", *in : Journal of Political Economy*, 1929.

113. 다음에 나오는 모든 수치들은 F. C. 스포너가 계산한 것이다. F. C. Spnner, "Régimes alimentaires d'autrefois : proportions et calcus en calories", *Annales E. S. C.*, 1961, pp. 568-574.

114. Robert Philippe, "Une opération pilote : l'élude du ravitaillement de Paris au temps de Lavoisier", *in : Annales E.S.C.*, XVI, 1961, tableaux non paginés entre les pages 572 et 573. 마지막 표에서 50퍼센트는 58퍼센트로 고쳐서 보아야 한다.

115. Armand Husson, *Les Consommations de Paris*, 1856, pp. 79-106.

116. 이 계산은 다음 자료를 가지고 한 것이다. Museo Correr, Dona delle Rose, 218, f° 142 이하. 농업 연도로 1603-1604, 1604-1605, 1608-1609년에 대한 계산과 곡물 스톡을 고려해보면, 베네치아의 평균 소비는 대개 45만 스타라 정도가 된다. 이 도시의 인구가 15만 명 정도이므로 1인당 평균 소비량은 3스타라 정도이다. 1스타라가 약 60킬로그램이므로 이것은 약 180킬로그램이 된다. 이 수치는 1760년의 공식 조사에서도 확인되었다(밀 3스타라, 옥수수 4.5스타라). P. Georgelin, 앞의 책, p. 209.

117. Witold Kula, *Théorie économique du système féodal*……, XVIe-XVIIIe s.,1970.

118. Robert Philippc, "Une opération pilote : l'étude du ravitaillement de Paris au temps de Lavoisier", *in : Pour une histoire de l'alimentation*, pp. Jean-Jacques Hémardinquer, 1970, p. 65, tableau 5 ; A. Husson, 앞의 책, p. 106.

119. Louis-Sébastien Mercier, *Tableau de Paris*, 1782, IV, p. 132.

120. E. H. Phelps Brown et Sheila V. Hopkins, "Seven Centuries of Building Wages",

in : Economica, 1955년 8월, pp. 195−206.

121. P. de Saint-Jacob, 앞의 책, p. 539.

122. Giuseppe Prato, *La Vita economica in Piemonte in mezzo a secolo XVIII*, 1908.

123. Paul Raveau, *Essai sur la situation économique et l'état social en Poitou au XVIe siècle*, 1931, pp. 63−65.

124. Jacques André, *Alimentation et cuisine à Rome*, 1961, pp. 62−63.

125. J.-M. Richard, 앞의 논문, p. 21.

126. Jean Meyer, *La Noblesse bretonne au XVIIIe siècle*, 1966, p. 449, 주 3.

127. 참고 문헌 불명.

128. O. Aga, 앞의 책, pp. 64−65.

129. N. F. Dupré de Saint-Maur, 앞의 책, p. 23.

130. Alfred Franklin, *La Vie privée d'autrefois*. III. *La cuisine*, 1888, p. 91.

131. Londres, P.R.O. 30, 25, 157, Giornale autografo di Francesco Contarmi da Venezia a Madrid.

132. J. Savary, *Dictionnaire*······, 앞의 책, IV, col. 10.

133. L.-S. Mercier, 앞의 책, XII, p. 242.

134. A.N., AD XI, 38, 225.

135. Denis Diderot, article "Bouillie", *Supplément à l'Encyclopédie*, II, 1776, p. 34.

136. L.-S. Mercier, 앞의 책, VIII, pp. 154 이하.

137. L.-S. Mercier, 같은 책, XII, p. 240.

138. 필자가 크라쿠프에서 본 문서들에 의한 것.

139. N. Delamare, *Traité de police*, II, 1710, p. 895.

140. 같은 책, édition 1772, II, pp. 246−247 ; A. Husson, 앞의 책, pp. 80−81.

141. A.d.S. Venise, Papadopoli, 12, f° 19 v°.

142. Museo Correr, Donà delle Rose, 218, f° 140 v°.

143. 제노바에 주재하는 프랑스 영사 M. 드 콩팽의 편지, A.N., A.E., B, 511.

144. Antoine Parmentier, *Le Parfait Boulanger*, 1778, pp. 591−592.

145. Jean Meyer, *La Noblesse bretonne au XVIIIe siècle*, 앞의 책, p. 447, 주.

146. Necker, *Législation et commerce des grains*, 제24장.

147. *Diari della città di Palermo dal secolo XVI al XIX*, p.p. Gioacchino di Marzo, vol. XIV, 1875, pp. 247−248.

148. N. Delamare, 앞의 책, II, p. 1039.

149. *Gazette de France*, Rome, 1649년 8월 11일, p. 749.

150. R. Grousset, *Histoire de la Chine*, 앞의 책.

151. Annuaire F.A.O., 1977.

152. G. Macartney, 앞의 책, II, p. 232.

153. M. de Guignes, *Voyages à Pékin, Manille et l'Île de France*······ *1784−1801*, 1808, 1, p. 354.

154. Vera Hsu et Francis Hsu, *in : Food in Chinese Culture*, p.p. K. C. Chang, 앞의 책, pp. 300 이하.

155. Pierre Gourou, *L'Asie*, nouvelle édition, 1971, pp. 83−86.

156. Jules Sion, *Asie des moussons*, 제1부, 1928, p. 34.

157. F. W. Mote, *in : Food in Chinese Culture*, 앞의 책, p. 199.

158. P. Gourou, 앞의 책, p. 86.

159. 이 책 128−129쪽의 그림을 보라(초판에 수록되어 있던 그림으로, 현재의 판에는 수록되지 않음).

160. J.-B. du Halde, *Description géographique, historique, chronologique, politique et physique de l'Empire de la Chine et de la Tartarie chinoise*, 1735, II, p. 65.

161. P. de Las Cortes, doc. cité., f° 123 v°.

162. Pierre Gourou, *L'Asie*, 1953, p. 32.

163. 같은 책, pp. 30−32.

164. 시암에 대해서는 다음을 참고하라. E. Kämpfer, *Histoire naturelle*······ *de l'Empire du Japon*, 1732,1, p. 69. 캄보디아에 대해서는 다음을 참고하라. Éveline Porée-Maspéro, *Études sur les rites agraires des Cambodgiens*, 1942. I, p. 28 ; P. Gourou, *L'Asie*, 앞의 책, p. 74.

165. P. de Las Cortes, doc. cité, p. 43 v°.

166. G. Macartney, 앞의 책, III, p. 287 ; *Dictionnaire archéologique des techniques*, 1964, I, pp. 214-215 ; II, p. 520.

167. Michel Carter, Pierre E. Will, "Démographie et institutions en Chine : contributions à l'analyse des recensements de l'époque impériale", *in : Annales de démographie historique*, 1971, pp. 212-218, 230-231.

168. Pierre Gourou, *Les Paysans du delta tonkinois*, 1936, pp. 382-387.

169. 세부 사항은 다음에서 가져왔다. Éveline Porée-Maspéro, 앞의 책, I, 1942, pp. 32 이하.

170. Jean Chardin, *Voyages en Perse*, 1811, IV, pp. 102-105.

171. J. Fourastié, *Machinisme et bien-être*, 앞의 책, p. 40.

172. Pierre Gourou, *L'Asie*, 1953, p. 55.

173. Pierre Gourou, *Les Pays tropicaux*, 4ᵉ éd., 1966, p. 95.

174. J. Spence, *in : Food in Chinese Culture*, p.p. K. C. Chang, 1977, p. 270.

175. Abbé Prévost, 앞의 책, VIII, pp. 536, 537.

176. J.-B. du Halde, 앞의 책, II, p. 72.

177. P. de Las Cortes, 앞의 문서, f° 54, 60.

178. *Voyages à Pékin, Manille et l'Île de France*······ *1784-1801*, 앞의 책, I, p. 320.

179. P. Gourou, *L'Asie*, 앞의 책, pp. 74, 262.

180. J. A. Mandelslo, 앞의 책, II, p. 268.

181. J. Savary, 앞의 책, IV, col. 561.

182. P. de Las Cortes, 앞의 문서, f° 55.

183. Matsuyo Takizawa, *The Penetration of Money Economy in Japan*······, 1927, pp. 40-41.

184. P. de Las Cortes, doc. cité f° 75.

185. Jacques Gernet, *Le Monde chinois*, 1972, pp. 281, 282, 648 ; Wolfram Eberhard, *A History of China*, 4ᵉ éd., 1977, p. 255.

186. F. W. Mote, *in : Food in Chinese Culture*, 앞의 책, pp. 198-200.

187. J. Spence, 같은 책, pp. 261, 271.

188. Abbé Prévost, 앞의 책, VI, pp. 452-453 (du Halde).

189. J. Gernet, *Le Monde chinois*, 앞의 책, pp. 65-66 ; *Dictionnaire archéologique des techniques*, 1964, II, p. 520.

190. Victor Bérard, *Les Navigations d'Ulysse*, II. *Pénélope et les Barons des îles*, 1928, pp. 318, 319.

191. G. F. Gemelli Careri, 앞의 책, IV, p. 102.

192. G. B. Samson, *The Western World and Japan*, 1950, p. 241.

193. Michel Vié, *Histoire du Japon*, 1969, p. 99 ; Thomas C. Smith, *The Agrarian Origins of Modern Japan*, 1959, p. 102.

194. Th. Smith, 같은 책, pp. 82, 92 이하.

195. 같은 책, pp. 68 이하, 156, 208, 211 ; Matsuyo Takizawa, *The Penetration of money economy in Japan*, 1927, pp. 34-35, 75-76, 90-92 ; *Recent trends in Japanese histo riography : bibliographical essays*, XIIIᵉ congrès des sciences historiques de Moscou, 1970, I, pp. 43-44.

196. 이 책 제3권을 참조하라.

197. G. B. Samson, 앞의 책, p. 237.

198. 이 이야기는 『아들이 이야기하는 콜럼버스(*Vie de Colomb par son fils*)』의 1492년 11월 5일의 기록에 다음과 같이 묘사되어 있다. "이것은 마이즈(maize)라고 부르는 일종의 밀인데 아주 맛있다. 이것은 오븐에서 굽거나 아니면 말려서 가루를 만든다." A. Maurizio, 앞의 책, pp. 339.

199. R. S. Mac Neish, *First annual report of the Tehuacan archaeological-botanical project*, 1961 ; *Second annual report*, 1962.

200. G. F. Gemelli Careri, 앞의 책, VI, p. 30.

201. F. Coreal, 앞의 책, I, p. 23.

202. P. Vidal de La Blache, 앞의 책, p. 137.

203. Jean-Pierre Berthe, "Production et productivité agricoles au Mexique, XVIᵉ-XVIIIᵉ siècles", *in : Troisième Conférence internationale d'histoire économique*, Munich, 1965.

204. F. Marquez Miranda, "Civilisations précolombiennes, civilisation du maïs", *in : À travers les Amériques latines*, publ. sous la direction de Lucien Febvre, *Cahiers des Annales*, n° 4, pp. 99-100.

205. Marie Helmer, "Les Indiens des plateaux andins", *in : Cahiers d'outremer*, n° 8, 1949, p. 3.

206. Marie Helmer, "Note brève sur les Indiens Yuras", *in : Journal de la société des américanistes*, 1966, pp. 244-246.

207. Alexandre de Humboldt, *Voyage aux régions équinoxiales du Nouveau Continent fait en 1799 et 1800*, éd. de 1961, p. 6.

208. A. de Saint-Hilajre, *Voyages dans l'intérieur du Brésil*, 제1부, I, 1830, pp. 64-68.

209. Rodrigo de Vivero, *Du Japon et du bon gouvernement de l'Espagne et des Indes*, p.p. Juliette Monbeig, 1972, pp. 212-213.

210. Earl J. Hamilton, *American Treasure and Price Revolution in Spain*, 1934, p. 213, 주 1. 토마토는 안달루시아의 한 병원의 구매목록에서 처음 보인다.

211. Georges et Geneviève Frêche, *Le Prix des grains, des vins et des légumes à Toulouse (1486-1868)*, 1967, pp. 20-22.

212. Carl O. Sauer, "Maize into Europe", *in : Akten des 34. Internationales Amerikanischen Kongresses*, 1960, p. 781.

213. O. de Serres, *Le Théâtre de l'agriculture……*, 앞의 책, II. p. 4.

214. A. Bourde, *Agronomie et agronomes en France au XVIᵉ siècle*, 1967, I, p. 185, 주 5.

215. Traian Stoianovich, "Le maïs dans les Balkans", *in : Annales, E.S.C.*, 1966, p. 1027, 주 3, p. 1029, 주 1.

216. J. Georgelin, 앞의 책, p. 205.

217. G. Anthony, *L'Industrie de la toile à Pau et en Béarn*, 1961, p. 17.

218. G. et G. Frêche, 앞의 책, pp. 20-22, 34-37.

219. Mémoire sur le Béarn et la Basse Navarre, 1700, B.N. Ms. fr. 4287, fᵒ 6.

220. Moscou, A.E.A., 72/5, 254, fᵒ 29.

221. P. de Saint-Jacob, 앞의 책, p. 398.

222. Jérôme et Jean Tharaud, *La Bataille de Scutari*, 24ᵉ éd., 1927, p. 101.

223. J. Georgelin, 앞의 책, pp. 205, 225.

224. G. et G. Frêche, 앞의 책, p. 36.

225. Filippo Pigafetta et Duarte Lopez, *Description du royaume de Congo*, 1591, W. Bal의 번역, 1973, p. 76.

226. P. Verger, *Dieux d'Afrique*, 1954, pp. 168, 176, 180.

227. Ping-Tï Ho, "The Introduction of American food plants into China", 앞의 논문.

228. Berthold Laufer, *The American Plant Migration, the Potato*, 1938.

229. 다음에서 인용. R. M. Hartwell, *The Industrial Revolution and Economic Growth*, 1971, p. 127.

230. Archives de Cracovie, fonds Czartoryski, 807, fᵒ 19.

231. Johann Gotttlieb Georgi, 앞의 책, p. 585.

232. B. Laufer, 앞의 책, pp. 102-105.

233. E. Julliard, 앞의 책, p. 213.

234. D. Mathieu, *L'Ancien Régime dans la province de Lorraine et Barrois*, 1879, p. 323.

235. K. H. Connell, "The Potato in Ireland", *in : Past and Present*, n° 23, 1962년 11월, pp. 57-71.

236. Vers Dunkerque (1712) : A.N., G, 1698, f° 64 ; vers le Portugal (1765) : A.N., F, f° 143 이하.

237. Adam Smith, *The Wealth of Nations*, 1937, p. 161.

238. E. Roze, *Histoire de la pomme de terre*, 1898, p. 162.

239. J. Beckmann, *Beiträge zur Oekonomie*, 앞의 책, V, p. 280.

240. Ch. Vanderbroeke, "Cultivation and consumption of the potato in the 17th and 18th Centuries", in : *Acta historiae neerlandica*, V, 1971, p. 35.

241. 같은 논문, p. 21.

242. 같은 논문, p. 35.

243. 같은 논문, p. 28.

244. A. Smith, *The Wealth of Nations*, éd. 1863, p. 35, 다음에서 인용. Pollard and Crossley, 앞의 책, p. 157.

245. Louis Simond, *Voyage d'un Français en Angleterre pendant les années 1810 et 1811*, I, p. 160. 여기에서 나는 작은 사실 하나를 인용하고자 한다(Gabriel Sagard, *Le Grand Voyage du pays des Hurons*, 1976). 1623년에 그를 태우고 캐나다로 가던 배가 작은 영국 배를 한 척 나포했는데, 여기에는 "파타테(patate)"가 한 통 있었다. "생긴 것은 큰 터닙처럼 생겼는데 맛은 훨씬 나았다."(p. 16)

246. G. F. Gemelli Careli, 앞의 책, IV, p. 80.

247. Labat, *Nouveau Voyage aux isles de l'Amérique*, 1722, I, p. 353.

248. G. F. Gemelli Carreri, 앞의 책, VI, p. 25.

249. 같은 책, VI, p. 89.

250. Ester Boserup, *Évolution agraire et pression démographique*, 1970, pp. 23 이하.

251. P. Jean-François de Rome, *La Fondation de la mission des Capucins au Royaume de Congo*, trad. Bontinck, 1964, p. 89.

252. Otto von Kotzebue, *Reise um die Welt*……, 앞의 책, I, pp. 70-71.

253. Pierre Gourou, *L'Amérique tropicale et australe*, 1976, pp. 29-32.

254. 같은 책, p. 32.

255. J.-F. de Rome, 앞의 책, p. 90.

256. Georges Balandier, *La Vie quotidienne au royaume de Kongo du XVIe au XVIIIe siècle*, 1965, pp. 77-78.

257. Abbé Prévost, 앞의 책, XII, p. 271.

258. Louis-Antoine de Bougainville, *Voyage autour du monde*, éd. de 1958, p. 120.

259. James Cook, *Giornali di bordo*, I, 1971, pp. 123-124.

260. 같은 책, p. 164.

261. 같은 책, I, p. 109.

262. Abbé Prévost, *Supplément des voyages*, XX, p. 126.

263. 앞의 책, XV, pp. 1 이하.

264. 같은 책, p. 87.

제3장

1. John Nef, *La Guerre et le progrès humain*, 1954, pp. 24-25.

2. Érasme, *La Civilité morale des enfans*, 1613, p. 11.

3. Dr Jean Claudian, Rencontre internationale F.I.P.A.L., 1964년 11월, *Rapport préliminaire*, p. 34.

4. L. A. Caraccioli, *Dictionnaire critique, pittoresque et sententieux, propre à faire connoître les usages du siècle, ainsi que ses bizarreries*, 1768, I, p. 24.

5. Gerónimo de Uztáriz, *Theoria y practica de comercio y de marina*, 1724, pp. 348-349.

6. B. de Laffemas, *Reiglement général pour dresser les manufactures en ce royaume*……, 1597, p. 17.

7. Abbé Prévost, 앞의 책, VI, p. 142 (voyage de du Halde).

8. L.-S. Mercier, *L'An deux mille quatre cent quarante*, 앞의 책, p. 368, 주 a.

9. Werner Sombart, *Luxus und Kapitalismus*, 1922, p. 2.
10. Th. Dobzhansky, *L'Homme en évolution*, 1966, p. 369.
11. *Food in Chinese Culture*, p.p. K. C. Chang, 앞의 책.
12. L.-S. Mercier, *Tableau de Paris*, 1782, XI, pp. 345-346.
13. *Food in Chinese Culture*, 앞의 책, pp. 15, 271, 280.
14. Ortensio Landi, *Commentario delle più notabili e mostruose cose d'Italia*, 출판연도 불명, pp. 5-6.
15. "Voyage de Jérôme Lippomano", *in : Relations des ambassadeurs vénitiens sur les affaires de France au XVIᵉ siècle*, II, 1838, p. 605 (Collection des documents inédits sur l' Histoire de France).
16. A. Franklin, 앞의 책, III, p. 205.
17. L.-S. Mercier, *Tableau de Paris*, 앞의 책, V, p. 79.
18. A. Caillot, *Mémoires pour servir à l'histoire des mœurs et usages des Français*, 1827, II, p. 148.
19. L. A. Caraccioli, *Dictionnaire······ sententieux······*, 앞의 책, I, p. 349 ; III, p. 370 ; I, p. 47.
20. Marquis de Paulmy, *Précis d'une histoire générale de la vie privée des Français*, 1779, p. 23.
21. A. Franklin, 앞의 책, III, pp. 47-48.
22. *Le Ménagier de Paris, traité de morale et d'économie domestique composé vers 1393*, 1846, II, p. 93.
23. Michel de Montaigne, *Journal de voyage en Italie*, éd. de la Pléiade, 1967, p. 1131.
24. Rabelais, *Pantagruel*, 제4권, 제59, 60장.
25. Philippe Mantellier, "Mémoire sur la valeur des principales denrées······ qui se vendaient······ en la ville d'Orléans", *in : Mémoires de la société archéologique de l'Orléanais*, 1862, p. 121.
26. *Gazette de France*, 1763, p. 385.
27. Hermann Van der Wee, "Typologie des crises et changements de structures aux Pays-Bas (XVᵉ-XVIᵉ siècles)", *in : Annales E.S.C.*, 1963, nᵒ 1, p. 216.
28. W. Abel, "Wandlungen des Fleischverbrauchs und der Fleischversorgung in Deutschland······", *in : Berichte über Landwirtschaft*, cit., p. 415.
29. *Voyage de Jerôme Lippomano*, 앞의 책, p. 575.
30. Thoinot Arbeau, *Orchésographie* (1588), éd. 1888, p. 24.
31. W. Abel, *Crises agraires en Europe, XIIᵉ-XXᵉ siècle*, 앞의 책, p. 150.
32. Ugo Tucci, "L'Ungheria e gli approvvigionamenti veneziani di bovini nel Cinquecento", *in : Studia Humanitatis*, 2 ; *Rapporti veneto-ungheresi all'epoca del Rinascimento*, 1975, pp. 153-171 ; A.d.S. Venise, Cinque Savii, 9, fᵒ 162 ; *Histoire du commerce de Marseille*, III. *1481-1599*, par R. Collier et J. Billioude, 1951, pp. 144-145.
33. L. Delisle, *Études sur la condition de la classe agricole et l'état de l'agriculture en Normandie au Moyen Âge*, 1851, p. 26.
34. E. Le Roy Ladurie, *Les Paysans de Languedoc*, 2ᵉ éd., 1966, I, pp. 177-179.
35. W. Abel, 앞의 논문, p. 430.
36. Noël du Fail, *Propos rustiques et facétieux*, éd. 1856, p. 32.
37. G. de Gouberville, *Journal······*, 1892, p. 464.
38. C. Haton, *Mémoires······*, 앞의 책, p. 279.
39. W. Abel, *Crises agraires en Europe······*, 앞의 책, pp. 198-200.
40. André Plaisse, *La Baronnie du Neubourg*, 1961 ; Pierre Chaunu, "Le Neubourg. Quatre siècles d'histoire normande, XIVᵉ-XVIIIᵉ", *in : Annales E.S.C.*, 1961, pp. 1152-1168.
41. R. Grandamy, "La grande régression. Hypothèse sur l'évolution des prix réels de 1375 à 1875", *in : Prix de vente et prix de revient* (13ᵉ série), 1952, p. 52.
42. A. Husson, *Les Consommations de Paris*, 앞의 책, p. 157 ; Jean-Claude Toutain, *in : Histoire quantitative de l'économie française*, I, *Cahiers de l'I.S.E.A.*, 1961, pp. 164-165 ; Lavoisier, "De la richesse de la France" et "Essai sur la population de la ville

de Paris", *in : Mélanges d'économie politique*, I, 1966, pp. 597−598, 602.

43. W. Abel, *Crises agraires en Europe⋯⋯*, 앞의 책, pp. 353−354.

44. J. Milleret, *De la réduction du droit sur le sel*, 1829, pp. 6, 7.

45. Émile Mireaux, *Une Province française au temps du Grand Roi, la Brie*, 1958, p. 131.

46. Michel Morineau, "Rations de marine (Angleterre, Hollande, Suède et Russie)", *in : Annales E.S.C.*, 1965.

47. Paul Zumthor, *La Vie quotidienne en Hollande au temps de Rembrandt*, 1959, pp. 88 이하.

48. L. Lemery, 앞의 책, pp. 235−236.

49. P. de Saint-Jacob, 앞의 책, p. 540.

50. P. J. Grosley, *Londres*, 1770, I, p. 290.

51. *Mémoires de Mademoiselle de Montpensier*, éd. Cheruel, 1858−1859, III, p. 339.

52. Abbé Prévost, 앞의 책, X, pp. 128−129 (voyage de Tavernier).

53. R. de Vivero, 앞의 책, p. 269.

54. F. Bernier, *Voyages⋯⋯*, 앞의 책, 1699, II, p. 252.

55. P. de Las Cortes, doc. cité., p. 54.

56. G. F. Gemelli Careri, 앞의 책, IV, p. 474.

57. 베이징에 파견된 선교사들이 쓴 다음 문서. *Mémoires concernant l'histoire, les sciences, les arts, les mœurs des Chinois*, IV, 1779, pp. 321−322.

58. Ho Shin-Chun, *Le Roman des lettrés*, 1933, pp. 74, 162, 178.

59. G. F. Gemelli Careri, 앞의 책, IV, p. 107 ; P. de Magaillans, *Nouvelle Relation de la Chine*, 1688 (écrite en 1668), pp. 177−178.

60. R. Mantran, *Istanbul dans la seconde moitié du XVIIᵉ siècle*, 앞의 책, p. 196.

61. G. F. Gemelli Careri, 앞의 책, I, pp. 63−64.

62. 같은 책, V, p. 305.

63. R. Baehrel, *Une Croissance : la Basse-Provence rurale⋯⋯*, 앞의 책, p. 173.

64. L. Simond, *Voyage d'un Français en Angleterre⋯⋯*, 앞의 책, II, p. 332.

65. L.-S. Mercier, 앞의 책, 1783, V, p. 77.

66. 같은 책, p. 79.

67. A. Franklin, 앞의 책, III, p. 139.

68. *Médit⋯⋯*, I, p. 139.

69. L.-S. Mercier, V, p. 252.

70. 같은 책, p. 85.

71. *Voyage de Jérôme Lippomano*, 앞의 책, II, p. 609.

72. M. de Montaigne, *Journal de voyage en Italie*, 앞의 책, p. 1118.

73. 같은 책, p. 1131.

74. Alfred Franklin, *La Vie privée d'autrefois. IX : Variétés gastronomiques*, 1891, p. 60.

75. M. de Montaigne, *Journal de voyage⋯⋯*, p. 1136.

76. M. de Montaigne, *Essais*, éd. de la Pléiade, 1962, pp. 1054, 1077.

77. *Les Voyages du Seigneur de Villamont*, 1609, p. 473 ; *Coryate's Crudities*, (1611), éd. 1776, I, p. 107.

78. Alfred Franklin, 앞의 책, I, *La civilité, l'étiquette et le bon ton*, 1908, pp. 289−291.

79. Alfred Gottschalk, *Histoire de l'alimentation et de la gastronomie⋯⋯*, 1948, II, pp. 168, 184.

80. M. de Montaigne, *Essais*, 앞의 책, p. 1054.

81. C. Duclos, *Mémoires sur sa vie, in : Œuvres*, 1820, I, p. lxi.

82. G. F. Gemelli Careri, 앞의 책, II, p. 61.

83. J.-B. Labat, *Nouvelle Relation de l'Afrique occidentale*, 앞의 책, I, p. 282.

84. Baron de Tott, *Mémoires*, I, 1784, p. 111.

85. Ch. Gérard, *L'Ancienne Alsace*.

86. 스토크할펜 문서보관소와 다음의 책에 의거한 것이다. Alain Dubois, *Die Salzversorgung des Wallis 1500−1610. Wirtschaft und Politik*, 1965, pp. 41−46.

87. Dr Claudian, Première conférence internationale F.I.P.A.L, 1964, rapport préliminaire, p. 39.

88. A. Franklin, *La Vie privée d'autrefois*, *La cuisine*, 앞의 책, pp. 32, 33, 90.

89. *Médit*……, I, p. 138, 주 1.

90. Archives des Bouches-du-Rhône, Amirauté de Marseille, B IX, 14.

91. J. Savary, 앞의 책, II, col. 778.

92. L. Lemery, 앞의 책, p. 301.

93. A.N., 315, AP 2, 47, Londres, 1718년 3월 14일.

94. G. F. Gemelli Careri, II, p. 77.

95. *Voyage*…… *de M. de Guignes*, 앞의 책, I, p. 378.

96. Patrick Colquhoun, *Traité sur la police de Londres*, 1807, I, 128.

97. Bartolomé Pinheiro da Veiga, "La Corte de Felipe III", *in : Viajes de extranjeros por España y Portugal*, II, 1959, pp. 136-137.

98. L. Lemery, 앞의 책, p. 295.

99. Antonio de Beatis, *Voyage du cardinal d'Aragon*…… *(1517-1518)*, p.p. Madeleine Havard de la Montagne, 1913, p. 119.

100. J. Savary, 앞의 책, V, col. 182 ; I, col. 465.

101. Caraccioli, *Dictionnaire*…… *sentencieux*, 앞의 책, I, p. 24.

102. Giuseppe Parenti, *Prime Ricerche sulla rivoluzione dei prezzi in Firenze*, 1939, p. 120.

103. G. F. Gemelli Careri, 앞의 책, VI, p. 21.

104. *Journal de voyage en Italie*.

105. Montesquieu, *Voyages en Europe*, p. 282.

106. G. F. Gemelli Careri, 앞의 책, II, p. 475.

107. A. Franklin, 앞의 책, IX, *Variétés gastronomique*, 1891, p. 135.

108. Jacques Accarias de Sérionne, *La Richesse de la Hollande*, 1778, I, pp. 14, 192.

109. P. Boissonnade, "Le Mouvement commercial entre la France et les îles Britanniques au XVIᵉ siècle", *in : Revue historique*, 1920, p. 8 ; H. Bechtel, 앞의 책, II, p. 53. 쇼넨은 1473년에 어업을 포기했다.

110. Bartolomé Pinheiro da Veiga, 앞의 책, pp. 137-138.

111. J. Savary, 앞의 책, III, col. 1002 547 ; Ch. de La Morandière, *Histoire de la pêche française de la morue dans l'Amérique septentrionale*, 1962, 3 vol., I, 녹색 대구에 대해서는 pp. 145 이하, 말린 대구에 대해서는 pp. 161 이하 참조.

112. A.N., série K (스페인에서 되찾아옴), 분류번호 불완전.

113. E. Trocmë et M. Delafosse, *Le Commerce rochelais de la fin du XVᵉ siècle au début du XVIIᵉ*, 1952, pp. 17-18, 120-123 ; J. Savary, 앞의 책, III, col. 1000.

114. J. Savary, 앞의 책, III, col. 997.

115. B.N., n.a., 9389, chevalier de Razilly à Richelieu, 1626년 11월 26일.

116. A.N., A.E., B III, 442.

117. Paul Decharme, *Le Comptoir d'un marchand au XVIIᵉ siècle d'après une correspondance inédite*, 1910, pp. 99-110 ; N. Delamare, *Traité de police*, 앞의 책, I, p. 607 ; Ch. de La Morandière, 앞의 책, I, p. 1. 어부들은 "흔히 대구 '1,000개'에 25 받았다는 식으로 이야기하는데, 이 말은 대구 1,000마리에 소금을 친 이후의 무게가 25캥탈(1캥탈 = 50킬로그램)이라는 뜻이다. 아주 질 좋은 대구는 이 숫자가 60까지 나가며, 평균적으로는 25, 작은 것은 10이다.

118. N. Delamare, 앞의 책, III, 1722, p. 65.

119. Moscou, A.E.A., 7215-7295, fᵒ 28, Lisbonne, 1791년 3월 15일.

120. G. de Uztáriz, 앞의 책, II, p. 44.

121. N. Delamare, 앞의 책, I, 1705, p. 574 (1603).

122. *Variétés*, 앞의 책, I, 316.

123. A. Franklin, *La Vie privée d'autrefois*, III, *La Cuisine*, 앞의 책, p. 19, 주. Ambroise Paré, *Œuvres*, 1607, p. 1065.

124. N. Delamare, 앞의 책, III, 1719, p. 65.

125. J. Accarias de Sérionne, *La Richesse de la Hollande*, 앞의 책, I, pp. 14, 192.

126. Wanda Œsau, *Hamburgs Grönlandsfahrt auf Walfischfang und Robbenschlag vom 17-19 Jahrhundert*, 1955.

127. P. J.-B. Le Grand d'Aussy, *Histoire de la vie privée des Français*, 앞의 책, II, p. 168.

128. Kamala Markaniaga, *Le Riz et la mousson*, 1956.

129. J. André, *Alimentation et cuisine à Rome*, 앞의 책, pp. 207-211.

130. J. Savary, 앞의 책, 1761, III, col. 704. 이것은 마니게트(maniguette), 또는 마니케트(maniquette)라고도 한다. A.N. F, 70, f° 150.

131. Sempere y Galindo, *Historia del luxo y de las leyes suntuarias*, 1788, II, p. 2, 주 1.

132. *Le Ménagier de Paris*, 앞의 책, II, p. 125.

133. Gómez de Brito, *Historia tragico-maritima*, 1598, II, p. 416 ; Abbé Prévost, 앞의 책, XIV, p. 314.

134. Dr Claudian, *Rapport préliminaire*, article cité, p. 37.

135. A.N., Marine B 463, f° 65 이하.

136. Mably, *De la situation politique de la Pologne*, pp. 68-69.

137. Boileau, *Satires*, éd. Garnier-Flammarion, 1969, *Satire* III, pp. 62 이하.

138. K. Glamann, *Dutch-asiatic Trade, 1620-1740*, 1958, tableau n° 2, p. 14.

139. Ernst Ludwig Carl, *Traité de la richesse des princes et de leurs États et des moyens simples et naturels pour y parvenir*, 1722-1723, p. 236 ; John Nickolls, *Remarques sur les avantages et désavantages de la France et de la Grande-Bretagne*, 앞의 책, p. 253.

140. K. Glamann, 앞의 책, pp. 153-159. 중국의 설탕은 1661년 이후에 유럽의 시장에서 사라졌다.

141. G. Macartney, 앞의 책, II, p. 186.

142. A. Ortelius, *Théâtre de l'univers*, 1572, p. 2.

143. Alice Piffer Canabrava, *A industria do acucar nas ilhas inglesas e francesas do mar das Antilhas (1697-1755)*, 1946 (타이프본), ff. 12 이하.

144. 필자는 키프로스에 대해서 읽은 것이 사실이라고 믿는다. 그에 따르면, 1464년에 엄청난 판매가 이루어진 적이 있는데, 그 양이 800캥탈에 달했다. L. de Mas-Latrie, *Histoire de l'île de Chypre*, III, 1854, pp. 88-90 ; 1463년 3월 12일에는 베네치아의 갤리선이 배에 실을 설탕을 하나도 구하지 못했다. 이것은 생산의 규모가 영세하다는 것을 말해준다. A.d.S. Venise, Senato mar, 7, f° 107 v°.

145. Lord Sheffield, *Observations on the commerce of the American States*, 1783, p. 89.

146. 파리에 관한 이 수치들은 라부아지에가 계산한 것이다. R. Philippe, 앞의 논문, tableau I, p. 569, et Armand Husson, *Les Consommations de Paris*, 앞의 책, p. 330.

147. Pierre Belon, *Les Observations de plusieurs singularitez et choses mémorables trouvées en Grèce, Asie, Judée, Égypte, Arabie et autres pays étranges*, 1553, pp. 106, 191.

148. Abbé Raynal, *Histoire philosophique et politique des établissements et du commerce des Européens dans les deux Indes*, 1775, III, p. 86.

149. W. Sombart, *Der Moderne Kapitalismus*, 앞의 책, II, p. 1031.

150. J.-F. de Rome, 앞의 책, p. 62.

151. M. Pringle, *Observations sur les maladies des armées, dans les camps et dans les prisons*, 프랑스어판, 1755, I, p. 6.

152. J. A. Franca, *Une Ville des Lumières : la Lisbonne de Pombal*, 1965, p. 48 ; Suzanne Chantal, *La Vie quotidienne au Portugal après le tremblement de terre de Lisbonne de 1755*, 1962, p. 232.

153. Jean Delumeau, *Vie économique et sociale de Rome dans la seconde moitié du XVIᵉ siècle*, 1957, pp. 331-339 ; 제노아에 관해서는 다음을 참조하라. J. de Lalande, *Voyage en Italie*, VIII, pp. 494-495.

154. *Variétés*, II, p. 223, 주 1.

155. J. Grosley, *Londres*, 앞의 책, I, p. 138.

156. L.-S. Mercier, *L'An deux mille quatre cent quarante*, 앞의 책, p. 41, 주 a.

157. L.-S. Mercier, 앞의 책, VIII, 1783, p. 340.

158. B. Pinheiro da Veiga, 앞의 책, p. 138.

159. *Food in Chinese Culture*, 앞의 책, pp. 229–230.

160. 같은 책, p. 291.

161. B. Pinheiro, 앞의 책, p. 138.

162. A.N., A.E., B 1, 890, 1754년 6월 22일.

163. Jean Bodin, *La Réponse…… au Paradoxe de M. de Malestroit sur le faict des monnoyes*, 1568, f°1 r°.

164. Comte de Rochechouart, *Souvenirs sur la Révolution, l'Empire et la Restauration*, 1889, p. 110.

165. Francis Drake, *Le Voyage curieux faict autour du monde……*, 1641, p. 32.

166. G. F. Gemelli Careri, 앞의 책, II, p. 103.

167. R. Hakluyt, *The Principal Navigations, Voyages, Traffiques and Discoveries of the English Nation, 1599-1600*, II, p. 98.

168. Jean d'Auton, *Histoire de Louys XII roy de France*, 1620, p. 12.

169. *Félix et Thomas Platter à Montpellier, 1552–1559 et 1595–1599, notes de voyage de deux étudiants bâlois*, 1892, pp. 48, 126.

170. *Médit……*, I, pp. 180, 190.

171. Le Loyal Serviteur, *La Très Joyeuse et très Plaisante Histoire composée par le Loyal serviteur des faits, gestes, triomphes du bon chevalier Bayard*, p.p. J.-C. Buchon, 1872, p. 106.

172. J. Beckmann, 앞의 책, V, p. 2. 1723년의 한 문서에 의하면 "얼마 전부터 포도주를 큰 유리병에 담아두는 방법이 쓰이게 되었다. 그리고 많은 사람들이 코르크 마개를 만들어 파는 일을 시작했다." A.N., G, 1706, f° 177.

173. *Histoire de Bordeaux*, p.p. Ch Higounet, III, 1966, pp. 102–103.

174. Archivo General de Simancas, Guerra antigua, XVI, Mondéjar à Charles Quint, 1539년 12월 2일.

175. J. Savary, 앞의 책, V, col. 1215–1216 ; *Encyclopédie*, 1765, XVII, p. 290, article "Vin".

176. Gui Patin, *Lettres*, 앞의 책, I, p. 211 (1650년 12월 2일).

177. L.-S. Mercier, 앞의 책, VIII, 1783, p. 225.

178. J. Savary, 앞의 책, IV, col. 1222–1223.

179. L. A. Caraccioli, 앞의 책, III, p. 112.

180. Bartolome Bennassar, "L'alimentation d'une capitale espagnole au XVIᵉ siècle : Valladolid", *in : Pour une histoire de l'alimentation*, p.p. J.-J. Hémardinquer, 앞의 책, p. 57.

181. Roger Dion, *Histoire de la vigne et du vin en France*, 1959, pp. 505–511.

182. L.-S. Mercier, *Tableau de Paris*, 앞의 책, I, pp. 271–272.

183. G. F. Gemelli Careri, 앞의 책, VI, p. 387.

184. A. Husson, 앞의 책, p. 214.

185. K. C. Chang, *in : Food in Chinese Culture*, 앞의 책, p. 30.

186. P. J.-B. Le Grand d'Aussy, 앞의 책, II, p. 304.

187. 같은 곳.

188. *Storia della tecnologia*, p.p. Ch. Singer *et altri*, 1962, II, p. 144.

189. 같은 책, pp. 144–145, et J. Beckmann, *Beiträge zur Oekonomie*, 1781, V, p. 280.

190. G. Macaulay Trevelyan, *History of England*, 1943, p. 287, 주 1.

191. René Passet, *L'Industrie dans la généralité de Bordeaux……*, 1954, pp. 24 이하.

192. *Histoire de Bordeaux*, p.p. Ch. Higounet, 앞의 책, IV, pp. 500, 520.

193. P. J.-B. Le Grand d'Aussy, 앞의 책, II, pp. 307–308.

194. 같은 책, II, p. 315.

195. A. Husson, 앞의 책, pp. 212, 218.

196. A.N., A.E., B, 757, 1687년 7월 17일. Lettre de Bonrepaus à Seignelay.

197. A.N., Marine, B, 463, f° 75.

198. 예를 들어 다음을 보라. N. Delamare, 앞의 책, II, pp. 975, 976. 또는 1740년 9월에 고등 법원이 기근 시기에 대한 금지사항을 결정한 것을 보라.

199. *Vom Bierbrauen*, Erffurth, 1575.

200. 참고 문헌 불명.

201. Estebanillo-González, "Vida y hechos", *in : La Novela picaresca española*, 1966, pp. 1779, 1796.

202. M. Gachard, *Retraite et mort de Charles Quint······*, 앞의 책, II, p. 114 (1557년 2월 1일).

203. André Plaisse, *La Baronnie du Neubourg. Essai d'histoire agraire, économique et sociale*, 1961, p. 202 ; Jules Sion, *Les Paysans de la Normandie orientale : étude géographique sur les populations rurales du Caux et du Bray, du Vexin normand et de la vallée de la Seine*, 1909, p. 154.

204. J. Sion, 같은 책.

205. René Musset, *Le Bas-Maine, étude géographique*, 1917, pp. 304-305.

206. A. Husson, 앞의 책, pp. 214, 219, 221.

207. *Storia della tecnologia*, 앞의 책, p. 145.

208. *Chroniques de Froissart*, éd. 1868, XII, pp. 43-44.

209. M. Malouin, *Traité de chimie*, 1735, p. 260.

210. *Storia della tecnologia*, 앞의 책, II, p. 147, et Hans Folg, *Wem der geprant Wein nutz sey oder schad······*, 1493, 다음에서 인용, 같은 책, p. 147, 주 73.

211. Lucien Sittler, *La Viticulture et le vin de Colmar à travers les siècles*, 1956.

212. R. Passet, 앞의 책, pp. 20-21.

213. *Bilanci generali*, 1912, I, p. lxxviii.

214. J. Savary, 앞의 책, V, col. 147-148.

215. *Mémoire concernant l'Intendance des Trois Évêchés de Metz, Toul et Verdun*, 1698, B.N., Ms. fr. 4285, f° 41 v° 42.

216. Guillaume Géraud-Parracha, *Le Commerce des vins et des eaux de vie en Languedoc sous l'Ancien Régime*, 1958, pp. 298, 306-307.

217. 같은 책, p. 72.

218. *Storia della tecnologia*, 앞의 책, III, p. 12.

219. Jean Girardin, *Notice biographique sur Édouard Adam*, 1856.

220. L. Lemery, 앞의 책, p. 509.

221. J. Pringle, *Observations sur les maladies des armées······*, 앞의 책, II, p. 131 ; I, pp. 14, 134-135, 327-328.

222. L.-S. Mercier, *Tableau de Paris*, 앞의 책, II, pp. 19 이하.

223. L. Lemery, 앞의 책, *p*. 512.

224. Gui Patin, *Lettres*, 앞의 책, I, p. 305.

225. Audiger, *La Maison réglée*, 1692.

226. J. Savary, 앞의 책, n, col. 216-217.

227. 1710년에 노르망디의 상인 대표 모임은 포도주로 만들지 않은 증류주를 금지하는 칙령 에 항의했다. A.N., G, 1695, f° 92.

228. 다음에 의거한 것이다. N. Delamare, 앞의 책, 1710, p. 975 : Le Pottier de la Hestroy. A.N., G, 1687, f° 18 (1704). 이 "발명"은 아마도 16세기에 이루어졌을 것이다.

229. J. Savary, 앞의 책, II, col. 208 (article "Eau-de-vie").

230. J. de Léry, *Histoire d'un voyage faict en la terre du Brésil*, 1580, p. 124.

231. P. Diego de Haedo, *Topographía e historia general de Argel*, 1612, f° 38.

232. J. A. de Mandelslo, 앞의 책, II, p. 122.

233. E. Kämpfer, 앞의 책, III, pp. 7-8 et I, p. 72.

234. *Mémoires concernant l'histoire, les sciences, les mœurs, les usages, etc. des Chinois*, par les Missionnaires de Pékin, V, 1780, pp. 467-474, 478.

235. G. Macartney, 앞의 책, II, p. 185.

236. Abbé Prévost, *Histoire générale des voyages*, XVIII, 1768, pp. 334–335.

237. 나의 동료이며 친구인 알리 마자헤리가 가르쳐준 사실에 의거.

238. *Food in Chinese Culture*, p.p. K. C. Chang, 앞의 책, pp. 122, 156, 202.

239. 알바로 하라의 친필 수고에 의거.

240. 참고 문헌 불명.

241. Mémoires de Mademoiselle de Montpensier, 다음에서 인용, A. Franklin, *La Vie privée d'autrefois, le café, le thé, le chocolat*, 1893, pp. 166–167.

242. Bonaventure d'Argonne, *Mélanges d'histoire et de littérature*, 1725, I, p. 4.

243. 1671년 2월 11일, 4월 15일, 5월 13일, 10월 25일 자 편지와 1672년 1월 15일 자 편지.

244. A. Franklin, 앞의 책, p. 171.

245. Archives d'Amsterdam, Koopmansarchief, Aron Colace l'Aîné.

246. G. F. Gemelli Careri, 앞의 책, I, p. 140.

247. L. Dermigny, 앞의 책, I, p. 379.

248. Gui Patin, *Lettres*, I, p. 383, et II, p. 360.

249. Samuel Pepys, *Journal*, éd. 1937, I, p. 50.

250. L. Dermigny, 앞의 책, I, p. 381.

251. A. Franklin, 앞의 책, pp. 122–124.

252. L. Dermigny, *La Chine et l'Occident. Le commerce à Canton……*, 앞의 책, album annexe, tableaux 4, 5.

253. G. Macartney, 앞의 책, I, pp. 30–31 et IV, p. 227

254. S. Pollard et D. Crossley, *The Wealth of Britain*, 앞의 책, p. 166.

255. G. Macartney, 앞의 책, IV, p. 218 ; L. Dermigny, 앞의 책, II, pp. 596 이하.

256. Archives de Leningrad, 정확한 분류번호 유실.

257. *Food in Chinese Culture*, 앞의 책, pp. 70, 122.

258. Pierre Gourou, *L'Asie*, 앞의 책, p. 133.

259. 다음에서 인용, J. Savary, 앞의 책, IV, col. 992.

260. G. Macartney, 앞의 책, II, p. 56.

261. J. Savary, 앞의 책, IV, col. 993.

262. 참고 문헌 불명. 그러나 유사한 내용이 다음에 나온다. J. Barrow, III, 1805, p. 57.

263. P. de Las Cortes, 앞의 문서.

264. J. Savary, 앞의 책, IV, col. 993.

265. G. de Uztáriz, 앞의 책, 프랑스어판, 1753, II, p. 90.

266. 다음에 나오는 상세한 사실들은 다음 책에 따른 것이다. Antoine Galland, *De l'origine et du progrez du café. Sur un manuscrit [arabe] de la Bibliothèque du Roy*, 1699 ; Abbé Prévost, 앞의 책, X, pp. 304 이하.

267. J.-B. Tavernier, 앞의 책, II, p. 249.

268. *De plantis Aegypti liber*, 1592, chap. XVI.

269. Pietro Della Valle, *Les Fameux Voyages……*, 1670, I, p. 78.

270. 그의 아들의 증언에 의한 것이다. Jean de La Roque, *Le Voyage de l'Arabie heureuse*, 1716, p. 364.

271. A. Franklin, *La Vie privée d'autrefois, le café, le thé, le chocolat*, 앞의 책, p. 33.

272. 같은 책, p. 22.

273. 같은 책, p. 36.

274. *De l'usage du caphé, du thé et du chocolaté*, anonyme, 1671, p. 23.

275. A. Franklin, 앞의 책, pp. 45, 248.

276. 다음의 한 문단 전체에 대해서는 다음을 참조하라. Jean Leclant, "Le café et les cafés à Paris (1644–1693)", *in : Annales E.S.C.*, 1951, pp. 1–14.

277. A. Franklin, 앞의 책, p. 255.

278. Suzanne Chantal, *La Vie quotidienne au Portugal……*, 앞의 책, p. 256.

279. P. J.-B. Le Grand d'Aussy, 앞의 책, III, pp. 125–126.

280. L.-S. Mercier, *Tableau de Paris*, 앞의 책, IV, p. 154.

281. Gaston Martin, *Nantes au XVIIIᵉ siècle. L'ère des négriers, 1714−1774*, 1931, p. 138.
282. Pierre-François-Xavier de Charlevoix, *Histoire de l'Isle Espagnole ou de S. Domingue*, 1731, II, p. 490.
283. *Dictionnaire du commerce et des marchandises*, p.p. M. Guillaumin, 1841, 1, p. 409.
284. 여러 종류의 커피의 품질에 대해서는 다음을 보라. Correspondance d'Aron Colace, Gemeemte Archief Amsterdam, *passim*, années 1751−1752.
285. M. Morineau, "Trois contributions au colloque de Göttingen", *in De l'Ancien Régime à la Révolution française*, p.p. A. Cremer, 1978, pp. 408−409.
286. R. Paris, *in : Histoire du commerce de Marseille*, dir. par G. Rambert, V, 1957, pp. 559−561.
287. L. S. Mercier, *Tableau de Paris*, I, pp. 228−229.
288. *Journal de Barbier*, p.p. A. de La Vigeville, 1721년 11월 29일.
289. 다음에서 인용했다. Isaac de Pinto, *Traité de la circulation et du crédit*, 1771, p. 5.
290. L.-S. Mercier, *L'An deux mille quatre cent quarante*, 앞의 책, p. 359.
291. A.d.S. Venise, Cinque Savii, 9, 257 (1693).
292. Jules Michelet, *Histoire de France*, 1877, XVII, pp. 171−174.
293. L. Lemery, 앞의 책, pp. 476, 479.
294. André Thevet, *Les Singularitez de la France antarctique*, 1558, p.p. P. Gaffarel, 1878, pp. 157−159.
295. *Storia della tecnologia*, 앞의 책, III, p. 9.
296. L. Dermigny, 앞의 책, III, 1964, p. 1252.
297. 다음에 의거, Joan Thirsk, communication inédite, Semaine de Prato, 1979.
298. Le mot dans A. Thevet, 앞의 책, p. 158.
299. J. Savary, 앞의 책, V, col. 1363.
300. *Mémoire* de M. de Monségur (1708), B.N., Ms. fr. 24 228, fᵒ 206 ; Luigi Bulferetti et Claudio Costantini, *Industria e commercio in Liguria nell'età del Risorgimento (1700−1861)*, 1966, pp. 418−419 : Jérôme de La Lande, *Voyage en Italie⋯⋯*, 1786, IX, p. 367.
301. George Sand, *Lettres d'un voyageur*, éd. Garnier-Flammarion, p. 76 ; *Petite Anthologie de la cigarette*, 1949, pp. 20−21.
302. L. Dermigny, 앞의 책, III, p. 1253.
303. 다음에서 인용했다. L. Dermigny, 같은 책, III, p. 1253.
304. 같은 책, 주 6.
305. Abbé Prévost, 앞의 책, VI, p. 536 (voyage de Hamel, 1668).
306. Suzanne Chantal, *La Vie quotidienne au Portugal⋯⋯*, 앞의 책, p. 256.
307. P. de Saint-Jacob, 앞의 책, p. 547.
308. Abbé Prévost, 앞의 책, XIV, p. 482.
309. 이 책 제3권을 참조하라.

제4장

1. P. Goubert, *Beauvais et le Beauvaisis de 1600 à 1730⋯⋯*, 앞의 책, p. 230.
2. Bartolomé Bennassar, *Valladolid au Siècle d'or. Une ville de Castille et sa campagne au XVIᵉ siècle*, 1967, pp. 147−151.
3. Jean-Baptiste Tavernier, *Les Six Voyages⋯⋯*, 1682, I, p. 350.
4. 필자의 기억과 사진에 의한 것.
5. G. F. Gemelli Careri, 앞의 책, II, p. 15.
6. S. Mercier, *Tableau de Paris*, 앞의 책, I, p. 21 ; II, p. 281.
7. 같은 책, IV, p. 149.
8. E. J. F. Barbier, *Journal historique et anecdotique du règne de Louis XV*, 앞의 책, I, p. 4.
9. Gaston Roupnel, *La Ville et la campagne au XVIIIᵉ siècle*, 1955, p. 115.
10. X. de Planhol, "Excursion de géographie agraire. 제3부 : la Lorraine méridionale",

in : Géographie et histoire agraires, actes du colloque international de l'Université de Nancy, Mémoire n° 21, 1959, pp. 35-36.

11. F. Vermale, 앞의 책, pp. 287-288, 주.

12. P. de Saint-Jacob, 앞의 책, p. 159.

13. René Tresse, "La fabrication des faux en France", *in : Annales E.S.C.*, 1955, p. 356.

14. A. de Mayerberg, *Relation d'un voyage en Moscovie*, 1688, p. 105.

15. M. de Guignes, 앞의 책, II, pp. 174-175.

16. Abbé Prévost, 앞의 책, VI, p. 24.

17. 같은 책, p. 26.

18. 같은 책, pp. 69-70.

19. A. de Mayerberg, 앞의 책, pp. 105-106.

20. *La Pologne au XVIIIe siècle par un précepteur français, Hubert Vautrin*, p.p. Maria Cholewo-Flandin, 1966, pp. 80-81.

21. J. A. de Mandelslo, 1659, 앞의 책, II, p. 270.

22. G. Macartney, 앞의 책, III, p. 260 ; M. de Guignes, *Voyage à Peking*......, 1808, II, pp. 11, 180, 이하 여러 곳.

23. L. S. Yang, *Les Aspects économiques des travaux publics dans la Chine impériale*, 1964, p. 38.

24. Pierre Clément, Sophie Charpentier, *L'Habitation Lao, dans les régions de Vientiane et de Louang-Prabang*, 1975.

25. *Voyage du Chevalier Chardin en Perse*, 1811, IV, pp. 111 이하.

26. Noël du Fail, 앞의 책, pp. 116-118.

27. Johann Gottlieb Georgi, *Versuch einer Beschreibung der Russisch Kayserlichen Residenzstadt St Petersburg*......, 1790, pp. 555-556.

28. Hermann Kolesch, *Deutsches Bauerntum im Elsass. Erbe und Verpflichtung*, 1941, p. 18. "소작농이 그의 집을 짓고자 할 때에는 5개의 휠저(Hölzer : 나무)를 허가받을 수 있다. 상인방, 보, 천장틀용으로 하나씩, 그리고 마룻대공용으로 두개씩이다."

29. F. Vermale, 앞의 책, p. 253.

30. Romain Baron, "La bourgeoisie de Varzy au XVIIe siècle", *in : Annales de Bourgogne*, 1964년 7-9월, p. 191.

31. *Archéologie du village déserté*, 2 vol., Cahiers des Annales n° 27, 1970.

32. X. de Planhol et J. Schneider, "Excursion en Lorraine septentrionale, villages et terroirs lorrains", *in : Géographie et histoire agraires, actes du colloque international de l'Université de Nancy, Mémoire n° 21*, 1959, p. 39.

33. Docteur Louis Merle, *La Métairie et l'évolution agraire de la Gâtine poitevine*, 1958, chap. III, pp. 75 이하.

34. *Ricerche sulle dimore rurali in Italia*, p.p. Centro di Studi per la geographia etnologica, 피렌체 대학, 1938년 이후.

35. Henri Raulin, *La Savoie* (1977). 이 책은 다음 총서 중의 제1권이다. *L'Architecture rurale française. Corpus des genres, des types et des variantes.* 이 총서는 피에르-루이 뒤샤르트르와 조르주 앙리 리비에르의 감수 아래 1942년부터 1945년까지 수행된 조사자료를 수록하고 있다.

36. O. Baldacci, *La Casa rurale in Sardegna*, 1952, n° 9 des *Ricerche sulle dimore rurali*, 주 35에서 언급한 총서.

37. C. Saibene, *La Casa rurale nella pianura e nella collina lombarda*, 1955 ; P. Vilar, *La Catalogne et l'Espagne*......, 앞의 책, II.

38. Jacques Hilairet, *Dictionnaire historique des rues de Paris*, 6e éd., 1963, I, pp. 453-454, 553-554, 131.

39. Madeleine Jurgens et Pierre Couperie, "Le logement à Paris aux XVIe et XVIIe siècles", *in : Annales E.S.C.*, 1962.

40. 앞의 모든 항목에 대해서, S. Mercier, 앞의 책, I, pp. 11, 270.

41. P. Goubert, 앞의 책, p. 230, 주 34.
42. G. Roupnel, 앞의 책, pp. 114−115.
43. P. Zumthor, *La Vie quotidienne en Hollande*……, 앞의 책, pp. 55−56.
44. Lewis Mumford, *La Cité à travers l'histoire*, 1964, pp. 485−486.
45. Peter Laslett, *Un monde que nous avons perdu*, 앞의 책, pp. 7−8.
46. Louis Dermigny, *Les Mémoires de Charles de Constant sur le commerce à la Chine*, 1964, p. 145, et M. de Guignes, 앞의 책, III, p. 51.
47. S. Pollard and D. Crossley, *The Wealth of Britain*, pp. 97 이하.; M. W. Barley, *in : The Agrarian History of England and Wales*, p.p. Joan Thirsk, IV, 1967, pp. 745 이하.
48. Marc Venard, *Bourgeois et paysans au XVIIe siècle. Recherches sur le rôle des bourgeois parisiens dans la vie agricole au sud de Paris*, 1957.
49. William Watts, *The Seats of the Nobility and Gentry in a collection of the most interesting and picturesque views*……, 1779.
50. Fynes Moryson, *An Itinerary*, 1617, I, p. 265.
51. Bernardo Gomes de Brito, *Historia tragico-maritima*, VIII, 1905, p. 74.
52. Bernardino de Escalante, *Primeira Historia de China* (1577), 1958, p. 37.
53. Abbé Prévost, 앞의 책, V, pp. 507−508 (voyage de Isbrand Ides, 1693).
54. 베이징에 파견된 선교사들의 회고록, *Mémoires*……, 앞의 책, II, 1777, pp. 648−649.
55. M. Gonon, *La Vie quotidienne en Lyonnais d'après les testaments, XIVe−XVIe siècles*, 1968, p. 68.
56. P. de Saint-Jacob, 앞의 책, pp. 553, 159.
57. *Le Guide du pèlerin de Saint-Jacques de Compostelle*, p.p. Jeanne Vielliard, 1963, p. 29.
58. *Ordonnance de Louis XIV* …… *sur le fait des eaux et forests, 13 août 1669*, 1703, p. 146.
59. Daniel Defoe, *Journal de l'année de la peste*, p.p. J. Aynard, 1943, pp. 115 이하.
60. *Médit*……, I, p. 415.
61. 같은 책, I, p. 234.
62. 다음에서 인용, Louis Cardaillac, *Morisques et chrétiens. Un affrontement polémique*, 1977, p. 388.
63. 고등연구원(École des Hautes-Études)의 작업 팀장인 브라니슬라바 테넨티의 증언에 의한 것.
64. Pierre Daniel Huet, *Mémoire touchant le négoce et la navigation des Hollandais*…… *en 1699*, p.p. P. J. Block, 1903, p. 243.
65. Osman Aga, *Journal*(publié par R. Kreutel et Otto Spies, sous le titre : *Der Gefangene der Giaueren*), 1962, p. 150.
66. Rodrigo de Vivero, *Du Japon et du bon gouvernement de l'Espagne et des Indes*, p.p. Juliette Monbeig, 앞의 책, p. 180.
67. G. F. Gemelli Careri, 앞의 책, II, p. 17.
68. *Le Japon du XVIIIe siècle vu par un botaniste suédois*, p.p. Claude Gaudon, 1966, pp. 241−242.
69. M. de Guignes, 앞의 책, II, p. 178.
70. Chardin, 앞의 책, IV, p. 120.
71. 같은 책, IV, pp. 19−20.
72. Arménag Sakisian, "Abdal Khan, seigneur kurde de Bitlis au XVIIe siècle et ses trésors", *in : Journal asiatique*, 1937년 4−6월, pp. 255−267.
73. 필자에 대해서 일부 비판적인 사람들에게는 "생물학적"이라는 말이 지나친 것으로 보일 것이다. 물론 이 말을 있는 그대로 받아들여서는 안 된다. 그러나 유럽의 모든 성인들은 특별한 연습을 하지 않으면 책상다리를 한 채 있을 수 없다(페르시아에서 10년을 보낸 샤르댕은 마침내 이런 자세에 익숙해져서 편안해했다). 그 반대 현상 역시 사실이다. 인도인이나 일본인들이 나에게 고백한 바로는 그들은 파리에서 극장에 갔을 때 몰래 다리를 접고 의자에 앉는다. 그들은 이런 자세에서만 편안함을 느끼는 것이다.
74. G. F. Gemelli Careri, 앞의 책, I, p. 257.

75. John Barrow, *Voyage en Chine*, 1805, I, p. 150.

76. M. de Guignes, 앞의 책, 1795,1, p. 377.

77. Marie-Loup Sougez, *Styles d'Europe : Espagne*, 1961, pp. 5–7.

78. J'emploie ce mot généralement pour désigner un niveau inférieur à celui des "civilisations".

79. J.-B. Labat, 앞의 책, II, pp. 327–328.

80. Gilberto Freyre, *Casa Grande e Senzala*, 1933 ; *Sobradose Mucambos*, 1936.

81. J.-B. Labat, 앞의 책, IV, p. 380.

82. C. Oulmont, *La Maison*, 1929, p. 10.

83. Henri Havard, *Dictionnaire de l'ameublement et de la décoration*······, 1890, IV, p. 345 ; J. Wilhelm, *La Vie quotidienne au Marais, au XVIIᵉ siècle*, 1966, pp. 65–66.

84. A. Franklin, 앞의 책, IX : *Variétés gastronomiques*, p. 16.

85. 같은 책, p. 19.

86. N.-A. de La Framboisière, *Œuvres*······, 1613, 1, p. 115.

87. J. Savary, 앞의 책, IV (1762), col. 903.

88. 같은 책, II (1760), col. 114.

89. William Harrison, "An historical Description of the Iland of Britaine", *in :* R. Holinshed, *Chronicles of England, Scotland and Ireland*, 1901, I, p. 357.

90. M. de Montaigne, *Journal de voyage en Italie*, 앞의 책, p. 1154.

91. S. Pollard et D. Crossley, *Wealth of Britain*······, 앞의 책, pp. 98, 112.

92. M. Gachard, *Retraite et mort de Charles Quint*, 앞의 책, II, p. 11.

93. M. de Montaigne, *Journal de voyage en Italie*, 앞의 책, p. 1129.

94. Élie Brackenhoffer, *Voyage en France*.

95. British Museum, Ms. Sloane, 42.

96. É. Brackenhoffer, 앞의 책, p. 10.

97. Marquis de Paulmy, 앞의 책, p. 132.

98. *Encyclopédie populaire serbo-croato-slovène*, 1925–1929, m, p. 447. 이 정보들은 다른 누구보다도 브라니슬라바 테넨티 여사에게 빚진 것이다.

99. M. de Montaigne, *Journal de voyage en Italie*, 앞의 책, p. 1130.

100. Edmond Maffei, *Le Mobilier civil en Belgique au Moyen Âge*, 출판연도 불명, pp. 45–46.

101. 다음 문단에 대해서는, 같은 책, pp. 48, 49를 참조하라.

102 Charles Morazé, *in :* *Éventail de l'histoire vivante*, 1953, Mélanges Lucien Febvre I, p. 90,

103. 팔라틴 백작부인, 다음에서 인용했다. Docteur Cabanes, *Mœurs intimes du passé*, 1ʳᵉ série, 1958, pp. 44, 46.

104. Ch. Morazé, 앞의 논문, pp. 90–92.

105. L.-S. Mercier, *Tableau de Paris*, 앞의 책, XII, p. 336.

106. 참고 문헌 불명.

107. 다음에서 인용했다. Cabanes, 앞의 책, p. 32.

108. Montaigne, *Journal de voyage en Italie*, 앞의 책, pp. 1130–1132.

109. E. Brackenhoffer, 앞의 책, p. 53.

110. 다음에서 인용했다. Cabanes, 앞의 책, p. 32.

111. 같은 책, p. 35.

112. B.N., Ms. fr. n.a. 6277, fᵒ 222 (1585).

113. Cabanes, 앞의 책, p. 37, 주.

114. L.-S. Mercier, *Tableau de Paris*, 앞의 책, XII, p. 335.

115. 같은 책, X, p. 303.

116. Comtesse d'Aulnoy, *La Cour et la ville de Madrid ; relation du voyage d'Espagne*, éd. Plon, 1874–1876, p. 487.

117. A. Wolf, *A History of Science, Technology and Philosophy in the 18ᵗʰ Century*, 1952, pp.

547-549.

118. *Storia della tecnologia*, p.p. C. Singer *et al*., 앞의 책, II, p. 653.

119. E. Maffei, 앞의 책, p. 5 ; J. Savary, 앞의 책, III, col. 840 et II, col. 224.

120. E. Maffei, 같은 책, p. 4.

121. André G. Haudricourt, "Contribution à l'étude du moteur humain", *in : Annales d'histoire sociale*, 1940년 4월, p. 131.

122. E. Maffei, 앞의 책, pp. 14 이하.

123. 같은 책, pp. 27-28.

124. 다음에서 인용했다. A. Franklin, 앞의 책, IX : *Variétés gastronomiques*, pp. 8, 9.

125. E. Maffei, 앞의 책, p. 36.

126. Ch. Oulmont, *La Maison*, 앞의 책, p. 68.

127. 이것은 다음의 훌륭한 책에 따른 것이다. Mario Praz, *La Filosofia dell'arredemento*, 1964. 앞으로 볼 다섯 쪽 정도의 내용은 이 책의 내용을 많이 참조했다.

128. Princesse Palatine, *Lettres*, éd. 1964, p. 353, 1719년 4월 14일 자 편지.

129. 1751년에 방돔 광장에 있는 저택은 10만4,000리브르가 들었고, 1788년에 탕플 거리에 있는 저택은 43만2,000리브르가 들었다. 이것은 다만 대저택에만 한한 것이다. Ch. Oulmont, *La Maison*, 앞의 책, p. 5.

130. 같은 책, p. 30.

131. 같은 책, p. 31.

132. L. Mumford, *La Cité à travers l'histoire*, 앞의 책, p. 487

133. Gudin, *Aux mânes de Louis XV*, 다음에서 인용, Ch. Oulmont, 앞의 책, p. 8.

134. 같은 책, p. 9.

135. L.-S. Mercier, *Tableau de Paris*, 앞의 책, II, p. 185.

136. 작자 미상, *Dialogues sur la peinture*, 다음에서 인용, Ch. Oulmont, 앞의 책, p. 9.

137. M. Praz, *La Filosofia dell'arredamento*, 앞의 책, pp. 62-63, et 148.

138. 다음에서 인용, M. Praz, 같은 책, p. 146.

139. L. Mumford, 앞의 책, p. 488.

140. L.-S. Mercier, *Tableau de Paris*, 앞의 책, V, p. 22 et VII, p. 225.

141. Eugène Viollet-le-Duc, *Dictionnaire raisonné d'archéologie française du XIe au XVIe siècle*, 1854-1868, VI, p. 163.

142. G. Caster, *Le Commerce du pastel et de l'épicerie à Toulouse, 1450-1561*, 앞의 책, p. 309.

143. *Journal d'un curé de campagne au XVIIe siècle*, p.p. H. Platelle, 1965, p. 114.

144. Marquise de Sévigné, *Lettres*, éd. 1818, VII, p. 386.

145. G. Macartney, 앞의 책, III, p. 353.

146. J. Sion, *Asie des moussons*, 앞의 책, *p*. 215.

147. K. M. Panikkar, *Histoire de l'Inde*, 1958, p. 257.

148. Mouradj d'Ohsson, *Tableau général de l'Empire ottoman*, 다음에서 인용, Georges Marcais, *Le Costume musulman d'Alger*, 1930, p. 91.

149. G. Marcais, 같은 책, p. 91.

150. P. de Magaillans, *Nouvelle Relation de la Chine*, 앞의 책, p. 175.

151. R. de Vivero, 앞의 책, p. 235.

152. Volney, *Voyage en Syrie et en Égypte pendant les années 1783, 1784 et 1785*, 1787, I, p. 3.

153. J.-B. Labat, 앞의 책, I, p. 268.

154. Jean-Baptiste Say, *Cours complet d'économie politique pratique*, V, 1829, p. 108.

155. Abbé Marc Berthet, "Études historiques, économiques, sociales des Rousses", *in : À travers les villages du Jura*, 1963, p. 263.

156. Moheau, 앞의 책, p. 262.

157. 같은 책, pp. 261-262.

158. P. de Saint-Jacob, 앞의 책, p. 542.

159. Luigi dal Pane, *Storia del lavoro in Italia*, 1958, p. 490.

160. *Voyage de Jérôme Lippomano*, 앞의 책, II, p. 557.

161. Orderic Vital, *Historiae ecclesiasticae libri tredecim*, 1845, III, p. 324.

162. Ary Renan, *Le Costume en France*, 출판연도 불명, pp. 107–108.

163. François Boucher, *Histoire du costume en Occident*, 1965, p. 192.

164. Jacob van Klaveren, *Europäische Wirtschaftsgeschichte Spaniens im 16 und 17 Jahrhundert*, 1960, 색인의 "mode" 항목과 160쪽의 주 142 참조 ; *Viajes de extranjeros por España*, 앞의 책, II, p. 427.

165. Amédée Frézier, *Relation du voyage de la mer du Sud*, 1716, p. 237.

166. Estebanillo-Gonzalez, *Vida y hechos⋯⋯, in : La Novela picaresca española*, 앞의 책, p. 1812.

167. 조콜리란 나무로 만든, 대단히 굽이 높은 신발을 말한다. 이 신은 가운데 부분이 크게 패여 있어서 베네치아인들이 산보할 때 물에 젖지 않는다.

168. Londres P.R.O. 30–25–157, Giornale autografo di Francesco Contarmi da Venezia a Madrid.

169. S. Locatelli, *Voyage de France, mœurs et coutumes françaises, 1664–1665⋯⋯*, 1905, p. 45.

170. M. T. Jones-Davies, *Un Peintre de la vie londonienne, Thomas Dekker*, 1958,1, p. 280.

171. L.-S. Mercier, *Tableau de Paris*, 앞의 책, I, pp. 166–167.

172. R. de Vivero, 앞의 책, p. 226.

173. *Voyage du chevalier Chardin⋯⋯*, 앞의 책, IV, p. 1.

174. 같은 책, IV, p. 89.

175. Jean-Paul Maraña, *Lettre d'un Sicilien à un de ses amis*, p.p. V. Dufour, 1883, p. 27.

176. Marquis de Paulmy, 앞의 책, p. 211.

177. Ernst Schulin, 앞의 책, p. 220.

178. Carlo Poni, "Compétition monopoliste, mode et capital : le marché international des tissus de soie au XVIIIᵉ siècle", 타이프본, communication au Colloque de Bellagio.

179. J.-P. Maraña, 앞의 책, p. 25.

180. L.-S. Mercier, *Tableau de Paris*, 앞의 책, VII, p. 160.

181. J. Savary, 앞의 책, V, col. 1262 ; Abbé Prévost, 앞의 책, VI, p. 225.

182. P. de Magallans, 앞의 책, p. 175.

183. 같은 곳.

184. L.-S. Mercier, 다음에서 인용, A. Gottschalk, *Histoire de l'alimentation⋯⋯*, 앞의 책, II, p. 266.

185. J.-J. Rutlige, *Essai sur le caractère et les mœurs des François comparées à celles des Anglois*, 1776, p. 35.

186. Docteur Cabanès, *Mœurs intimes du passé, 2ᵉ série, La vie aux bains*, 1954, p. 159.

187. 같은 책, pp. 238–239.

188. 같은 책, pp. 284 이하.

189. 같은 책, pp. 332 이하.

190. Jacques Pinset et Yvonne Deslandres, *Histoire des soins de beauté*, 1960, p. 64.

191. Docteur Cabanes, 앞의 책, p. 368, 주.

192. L. Mumford, 앞의 책, p. 586.

193. L. A. Caraccioli, 앞의 책, III, p. 126

194. A. Franklin, *Les Magasins de nouveautés*, II, pp. 82–90.

195. J. J. Rutlige, 앞의 책, p. 165.

196. L. A. Caraccioli, 앞의 책, III, pp. 217–218.

197. 다음의 두 문단에 대해서는 다음을 참조하라. A. Fange, *Mémoires pour servir à l'histoire de la barbe de l'homme*, 1774, pp. 99, 269, 103.

198. Marquis de Paulmy, 앞의 책, p. 193.

199. M. Praz, *La Filosofia dell'arredamento*, 앞의 책

제5장

1. M. Mauss, *Sociologie et anthropologie*, 1973, p. 371.
2. Marc Bloch, "Problèmes d'histoire des techniques". Compte rendu de : Commandant Richard Lefebvre Des Noëttes, "L'Attelage, le cheval de selle à travers les âges. Contribution à l'histoire de l'esclavage", *in : Annales d'histoire économique et sociale*, 1932, pp. 483–484.
3. G. La Roërie, "Les transformations du gouvernail", *in : Annales d'histoire économique et sociale*, 1935, pp. 564–583.
4. Lynn White, "Cultural climates and technonogical advances in the Middle Ages", *in : Viator*, vol. II, 1971, p. 174.
5. 1730년부터 1787년까지 파리 고등법원은 일련의 명령들을 통해 반달낫 대신 긴 낫을 사용하는 것을 금지했다. Robert Besnier, *Cours de droit*, 1963–1964, p. 55. 다음의 논문도 참조하라. René Tresse, *in : Annales*, E.S.C., 1955, pp. 341–358.
6. 참고 문헌 불명. 아마도 피렌의 강의였을 것이다.
7. 이 책 제3권을 참조하라.
8. Abbot P. Usher, *Historia de las invenciones mecánicas*, 1941, p. 280.
9. 다음에서 인용, M. Sorre, 앞의 책, II, p. 220.
10. 참고 문헌 불명.
11. E. Le Roy Ladurie, *Les Paysans de Languedoc*, 앞의 책, I, p. 468.
12. L.-S. Mercier, *Tableau de Paris*, 앞의 책, IV, p. 30.
13. P. G. Poinsot, *L'Ami des cultivateurs*, 앞의 책, II, pp. 39–41.
14. 파리 뒤베르니의 회고록, A.N., F, 647–648 ("팔 힘으로 경작하는 밭[les terres cultivées à bras]"에 대해서 타유 세를 면제해주자는 1750년의 제안).
15. G. Macartney, 앞의 책, III, p. 368 ; Abbé Prévost, 앞의 책, VI, 126.
16. P. de Magaillans, 앞의 책, pp. 141, 148.
17. G. F. Gemelli Careri, 앞의 책, IV, p. 487.
18. 같은 책, p. 460.
19. Jacob Baxa, Guntwin Bruhns, *Zucker im Leben der Völker*, 1967, p. 35. 피에르 소네라는 이 초보적인 기계에 대해서 꽤 상세한 그림을 제시한다. P. Sonnerat, *Voyage aux Indes orientales et à la Chine*, 1782, I, p. 108 — 도판 25, 기름 짜는 방아(le moulin à huile).
20. *Mémoires*……, par les missionnaires de Pékin, 앞의 책, 1977, II, p. 431.
21. Voyage de François Bernier, 앞의 책, 1699, II, p. 267.
22. L.-S. Mercier, *Tableau de Paris*, 앞의 책, VIII, p. 4.
23. A. de Humboldt, *Essai politique sur le royaume de la Nouvelle Espagne*, 앞의 책, II, p. 683.
24. A. de Saint-Hilaire, 앞의 책, I, pp. 64 이하.
25. Nicolas Sánchez Albornoz, *La Saca de mulas de Salta al Perù, 1778–1808*, publication de l'Universidad Nacional del Litoral, Santa Fe, Argentine, 1965, pp. 261–312.
26. Concolorcorvo, *Itinéraire de Buenos Aires à Lima*, 1962, introd. de Marcel Bataillon, p. 11.
27. *La Economia española según el censo de frutos y manufacturas de 1799*, 1960, pp. VIII et XVII.
28. N. Sánchez Albornoz, 앞의 책, p. 296.
29. G. F. Gemelli Careri, 앞의 책, IV, p. 251.
30. Émilienne Demougeot, "Le chameau et l'Afrique du Nord romaine", *in : Annales E.S.C.*, 1960, n° 2, p. 244.
31. Xavier de Planhol, "Nomades et Pasteurs. I. Genèse et diffusion du nomadisme pastoral dans l'Ancien Monde", *in : Revue géographique de l'Est*, n° 3, 1961, p. 295.
32. M. de Guignes, 앞의 책, I, 1808, p. 355.
33. Henri Pérès "Relations entre le Tafilalet et le Soudan à travers le Sahara", *in : Mélanges*…… *offerts à E.F. Gautier*, 1937, pp. 409–414.
34. 정확한 참고 문헌 불명. 아마도 다음일 것이다. A.N., A.E., B III. 어쨌든 이 진술은 다음에서 확인된다. J.-B. Tavernier, 앞의 책, I, p. 108.

35. Abbé Prévost, 앞의 책, XI, p. 686.

36. *Libro de agricultura*, éd. de 1598, pp. 368 이하.

37. C. Estienne et J. Liébaut, *L'Agriculture et maison rustique*, 1564, f° 21.

38. *François Quesnay et la physiocratie*, 앞의 책, II, pp. 431 이하.

39. B.N. Estampes, 1576, cartes et plans, Ge D 16926 et 16937.

40. P. de Las Cortes, 앞의 문서, British Museum, Londres.

41. J. de Guignes, 앞의 책, III, p. 14.

42. Abbé Prévost, 앞의 책, VI, pp. 212-213 ; J.-B. du Halde, 앞의 책, II, p. 57.

43. P. de Magaillans, 앞의 책, pp. 53-54.

44. Abbé Prévost, *Voyages……*, 앞의 책, VII, p. 525 (Gerbillon).

45. 이 책 제2권을 참조하라.

46. *Médit……*, I, p. 427.

47. Abbé Prévost, 앞의 책, VIII, pp. 263-264 (voyage de Pyrard, 1608).

48. *Les Six Voyages de Jean-Baptiste Tavernier*, 앞의 책, II, p. 59.

49. Giovanni Botero, *Relationi universali*, Brescia, 1599, II, p. 31.

50. G. F. Gemelli Careri, 앞의 책, II, p. 72.

51. *Relazione di Gian Francesco Morosini, bailo a Costantinopoli*, 1585, *in : Le Relazioni degli ambasciatori veneti al Senato*, p.p. E. Alberi, série III, vol. III, 1855, p. 305.

52. *Médit……*, I, p. 318.

53. Théophile Gautier, *Constantinople*, 1853, p. 166.

54. J. Leclercq, *De Mogador à Biskra, Maroc et Algérie*, 1881, p. 123.

55. A. Babeau, *Le Village……*, 앞의 책, pp. 308, 343-344.

56. 영국, 아일랜드, 스페인, 알제리, 튀니지, 모로코, 아라비아, 나폴리, 사르데냐, 덴마크, 노르웨이 등지에서의 이러한 구매에 대해서는 다음을 보라. A.N., O1, cartons 896 à 900.

57. A.d.S. Mantoue, A° Gonzaga, Genova 757.

58. fonds Mediceo, A.d.S. Florence에서 자료를 읽은 기억에 의거한다.

59. J.-B.-H. Le Couteulx de Canteleu, *Étude sur l'histoire du cheval arabe*, 1885, 특히 pp. 33-34.

60. *Médit……*, I, p. 260.

61. Jules Michelet, *Histoire de France*, éd. Rencontre, V, 1966, p. 114.

62. Vasselieu, dit Nicolay, *Règlement général de l'artillerie……*, 1613.

63. Lavoisier, "De la richesse territoriale du royaume de France", *in : Collection des principaux économistes*, XIV, réimpression 1966, p. 595.

64. P. Quiqueran de Beaujeu, *La Provence louée*, 1614. 언덕까지 개간이 확대되면서 가격 차이는 더욱 커졌다. 1718년에는 노새 한 마리가 말 두 마리 가격이 되었다. R. Baehrel, *Une Croissance : la Basse-Provence rurale*, 앞의 책, p. 173.

65. R. Baehrel, 같은 책, pp. 65-67.

66. Lavoisier, 앞의 책, p. 595 ; *Réflexions d'un citoyen-propriétaire*, 1792, B.N., Rp 8577.

67. L.-S. Mercier, *Tableau de Paris*, 앞의 책, I, p. 151 ; IV, p. 148.

68. L.-S. Mercier, *Tableau de Paris*, 앞의 책, III, pp. 300-301, 307-308.

69. L.-S. Mercier, *Tableau de Paris*, 앞의 책, IX, pp. 1-2.

70. 같은 책, X, p. 72.

71. E. J. F. Barbier, 앞의 책, I, pp. 1-2.

72. L. Makkai, "Productivité et exploitation des sources d'énergie, XIIe-XVIIe", rapport inédit, *Semaine de Prato*, 1971.

73. Greffin Affagart, *Relation de Terre Sainte (1533-1534)*, p.p. J. Chavanon, 1902, p. 20.

74. F. Braudel, "Genève en 1603", *in : Mélanges d'histoire…… en hommage au professeur Anthony Babel*, 1963, p. 322.

75. Robert Philippe, *Histoire et technologie*, 타이프본, 1978, p. 189.

76. E. Kämpfer, 앞의 책, I, p. 10.

77. *Storia della tecnologia*, p.p. C. Singer, 앞의 책, II, p. 621. 폴란드에 대한 통계 수치는 다

시 찾지 못했다. 다음 책에 수치가 나오지만 불완전하다. T. Rutowski, *L'Industrie des moulins en Galicie* (en polonais), 1886.

78. 이것은 보뱅이 추산한 것이다. Vauban, *Projet d'une dime royale*, 1707, pp. 76-77.

79. L. Makkai, 앞의 논문.

80. *Storia della tecnologia*, II, 앞의 책, pp. 625-627, et Jacques Payen, *Histoire des sources d'énergie*, 1966, p. 14.

81. Lynn White, *Technologie médiévale*, 1969, p. 108.

82. Cervantes, *Don Quichotte*, 다음에서 인용, L. White, 같은 책, p. 109 ; *Divine Comédie*, *Inferno*, XXXIV, 6.

83. *Storia della tecnologia*, 앞의 책, p. 630.

84. 다음의 두 문단에 대해서는 다음을 보라. 같은 책, III, pp. 94 이하.

85. 이 모형은 울름에 있는 독일 빵 박물관(Deutsches Brotmuseum)에 전시된 것이다.

86. Ruggierro Romano, "Per una valutazione della flotta mercantile europea alla fine del secolo XVIII", *in : Studi in onore di Amintore Fanfani*, 1962, V, pp. 573-591.

87. 앞에서 한 모든 계산은 장-자크 에마르딩크가 필자에게 전해준 정보에 근거한다.

88. Maurice Lombard, *L'Islam dans sa première grandeur*, 1971, pp. 172 이하.

89. Bartolomeo Crescentio, *Nautica mediterranea*, 1607, p. 7.

90. *Annuaire statistique de la Meuse pour l'An XII.*

91. 앞의 두 문단의 내용에 관한 것은 다음을 참조하라. Paul W. Bamford, *Forests and French Sea Power, 1660-1789*, 1956, pp. 69, 207-208, 이하 여러 곳.

92. François Lemaire, *Histoire et antiquités de la ville et duché d'Orléans*, 1645, p. 44 ; Michel Devèze, *La Vie de la forêt française au XVIᵉ siècle*, 2 vol., 1961.

93. J. Sion, *Les Paysans de la Normandie orientale……*, 앞의 책, éd. 1909, p. 191.

94. R. Philippe, 앞에서 인용한 타이프본, p. 17.

95. F. Lütge, *Deutsche Sozial- und Wirtschaftsgeschichte*, 1966, p. 335.

96. Bertrand Gille, *Les Origines de la grande métallurgie en France*, 1947, pp. 69, 74.

97. A. Keck, *in : Précis d'histoire des mines sur les territoires polonais* (en polonais), 1960, p. 105 ; Antonina Keckowa, *Les Salines de la région de Cracovie, XVIᵉ-XVIIIᵉ siècles*, 폴란드어로 쓰여 있으나 독일어로 요약되어 있음, 1969.

98. 앞의 문단에 대해서는 파리 시청의 의결사항들을 근거로 하여 미셸린 볼랑이 제시하는 정보를 보라.

99. Michel Devèze, rapport inédit, Semaine de Prato, 1972.

100. P. de Magaillans, 앞의 책, p. 163.

101. *Médit……*, I, pp. 112, 354, 158.

102. Thomas Platter, 앞의 책, p. 204.

103. Antonio de Guevara, *Épistres dorées, morales et familières, in : Biblioteca de autores españoles*, 1850, XIII, p. 93.

104. B. L. C. Johnson, "L'influence des bassins houillers sur l'emplacement des usines à feu en Angleterre avant circa 1717", *in : Annales de l'Est*, 1956, p. 220.

105. 참고 문헌 불명.

106. 다음에서 인용, S. Mercier, 앞의 책, VII, p. 147.

107. P. de Saint-Jacob, 앞의 책, p. 488.

108. *Dictionnaire du commerce et des marchandises*, p.p. M. Guillaumin, 1841, I, p. 295.

109. J.-C. Toutain, "Le produit de l'agriculture française de 1700 à 1958 : I, Estimation du produit au XVIIIᵉ s.", *in : Cahiers de l'I.S.E.A.*, 1961년 7월, p. 134 ; Lavoisier, 앞의 책, p. 603.

110. P. de Magaillans, 앞의 책, pp. 12-13.

111. *Médit……*, I, p. 200.

112. Guy Thuillier, *Georges Dufaud et les débuts du grand capitalisme dans la métallurgie, en Nivernais au XIXᵉ siècle*, 1959, p. 122, 주의 참고 문헌들. 다른 예들로는 다음을 참조하라. Louis Trenard, *in : Charbon et Sciences humaines*, 1966, pp. 53 이하.

113. Max Prinet, "L'industrie du sel en Franche-Comté avant la conquête française",

      in : Mémoires de la société d'émulation du Doubs, 1897, pp. 199−200.

114. M. Rouff, *Les Mines de charbon en France au XVIIIe siècle*, 1922, pp. 368−386, 418.

115. Jean Lejeune, *La Formation du capitalisme moderne dans la principauté de Liège au XVIe siècle*, 1939, pp. 172−176.

116. *Médit······*, I, 561.

117. J. Nickolls, *Remarques sur les avantages et les désavantages de la France et de la Grande-Bretagne*, 앞의 책, p. 137.

118. 같은 책, p. 136.

119. 이 책 제3권을 참조하라.

120. John U. Nef, "Technology and civilization", *in : Studii in onore di Amintore Fanfani*, 1962, V, 특히 pp. 487−491.

121. 이 계산은 오류의 위험을 안고 있으며 따라서 아직 논쟁거리로 남아 있다. 이 모든 문제는 다음 글에서 다시 제기되고 있다. Jacques Lacoste, "Rétrospective énergétique mondiale sur longue période (mythes et réalités)", *in : Informations et réflexions*, 1978년 4월, n° 1. 한편 이 논문은 다음에 근거한다. Putnam, *Energy in the future*. 라코스트는 내가 여기에서 제시한 에너지 중요도의 분류를 다시 문제 삼지는 않지만, 첫째, 전산업화 시기에 사람들이 쓸 수 있었던 에너지는 보통 이야기하는 것보다 더 풍부했으나 낭비되고 있었으며, 둘째, 16세기에 시작된 목재 부족의 위기는 오늘날 우리가 겪고 있는 석유 위기와 비슷한 효과를 가지고 있었다고 생각한다.

122. *Histoire générale des techniques*, p.p. M. Daumas, 1965, II, p. 251.

123. Abbé Prévost, 앞의 책, VI, p. 223.

124. 이 책 제3권을 참조하라.

125. Lewis Morgan, *Ancient Society*, 1877, p. 43.

126. Stefan Kurowski, *Historyczny proces wyrostu gospodarczego*, 1963.

127. E. Wagemann, *Economia mundial*, 앞의 책, I, p. 127.

128. P. Deyon, *Amiens, capitale provinciale······*, 앞의 책, p. 137.

129. Ferdinand Tremel, *Das Handelsbuch des Judenburger Kaufmannes Clemens Körber, 1526−1548*, 1960.

130. A.-G. Haudricourt, "La fonte en Chine : Comment la connaissance de la fonte de fer a pu venir de la Chine antique à l'Europe médiévale", *in : Métaux et civilisations*, II, 1946, pp. 37−41.

131. *Voyage du chevalier Chardin*, 앞의 책, IV, p. 137.

132. N. T. Belaiew, "Sur le "damas" oriental et les lames damassées", *in : Métaux et civilisations*, I, 1945, pp. 10−16.

133. A. Mazaheri, "Le sabre contre l'épée ou l'origine chinoise de "l'acier au creuset"", *in : Annales E.S.C.*, 1958.

134. J. W. Gilles, "Les fouilles aux emplacements des anciennes forges dans la région de la Sieg, de la Lahn et de la Dill", *in : Le Fer à travers les âges*, 1956 ; Augusta Hure, "Le fer et ses antiques exploitations dans le Senonais et le Jovinien", *in : Bulletin de la société des sciences historiques····· de l'Yonne*, 1933, p. 3 ; "Origine et formation du fer dans le Sénonais", 같은 책, 1919, pp. 33 이하 ; A. Goudard, "Note sur l'exploitation des gisements de scories de fer dans le département de l'Yonne", *in : Bul. de la Société d'archéologie de Sens*, 1936, pp. 151−188.

135. J. W. Gilles, 앞의 논문

136. J.-B. Labat, 앞의 책, II, p. 305.

137. *Histoire générale des techniques*, 앞의 책, pp. M. Daumas, II, pp. 56−57.

138. Ferdinand Tremel, *Der Fruhkapitalismus in Innerösterreich*, 1954, pp. 52 이하.

139. 같은 책, p. 53 et fig. 87.

140. Auguste Bouchayer, *Les Chartreux, maîtres de forges*, 1927.

141. B. Guenée, *Tribunaux et gens de justice dans le bailliage de Senlis à la fin du Moyen Âge (vers 1380-vers 1550)*, 앞의 책, p. 33, 주 22.

142. *Storia della tecnologia*, p.p. C. Singer, 앞의 책, III, p. 34 ; M. François, "Note sur l' industrie sidérurgique·······", *in : Mémoires de la société nationale des antiquaires de France*, 1945, p. 18.

143. 필자는 베네치아의 철공업 노동자의 수치를 말해주는 문서를 다시 찾지 못했다(A.d.S. 또는 Museo Correr). 다음에는 1527, 1562, 1572년의 철공업 활동에 대한 훌륭한 묘사가 나와 있다. *Relazioni di rettori veneti in Terraferma*, XI, 1978, pp. 16-17, 78-80, 117.

144. Richard Gascon, *Grand commerce et vie urbaine au XVIᵉ siècle ; Lyon et ses marchands*, 1971, pp. 133-134.

145. Eli Heckscher, "Un grand chapitre de l'histoire du fer : le monopole suédois", *in : Annales d'histoire économique et sociale*, 1932, pp. 131-133.

146. 같은 곳, 본문 밖에 있는 통계표.

147. Arturo Uccelli, *Storia della tecnica*, 1945, p. 87.

제6장

1. Aldo Mieli, *Panorama general de historia de la ciencia*, II, 1946, p. 238, 주 16.

2. Carlo M. Cipolla, *Guns and sails in the early Phase of European Expansion 1400-1700*, 1965, p. 104.

3. *Storia della tecnologia*, p.p. C. Singer, 앞의 책, II, p. 739.

4. Friedrich Lütge, *Deutsche Sozial- und Wirtschaftsgeschichte*, 1966, p. 209.

5. *Storia della tecnologia*, p.p. C. Singer, 앞의 책, p. 739.

6. Lynn White, *Medieval Technology and Social Change*, 1962, p. 101.

7. Jorge de Ehingen, *Viage·······, in : Viajes estranjeros por España y Portugal*, p.p. J. García Mendoza, 1952, p. 245.

8. C. M. Cipolla, *Guns and sails in the early phase of european expansion·······*, 앞의 책, pp. 106-107.

9. C. de Renneville, *Voyages·······*, 앞의 책, V, p. 43.

10. Sanudo, 앞의 책, III, 170 이하.

11. Michel Mollat, *in : Histoire du Moyen Âge*, éd. p. E. Perroy, 앞의 책, p. 463.

12. Karl Brandi, *Kaiser Karl V*, 1937, p. 132.

13. 같은 책.

14. W. Sombart, *Krieg und Kapitalismus*, 앞의 책, pp. 84-85.

15. *Chroniques de Froissart*, éd. 1888, VIII, pp. 37 이하.

16. Sanudo, *Diarii*, I, 1879, col. 1071-1072.

17. Ralph Davis, "Influences de l'Angleterre sur le déclin de Venise au XVIIᵉ siècle", *in : Decadenza economica Veneziana nel secolo XVII*, 1957, pp. 214-215.

18. 기사 라지이가 리슐리외에게 제출한 비망록, 1626년 11월 26일 자, B.N., Ms. n.a., 9389, f° 66 v°.

19. Le Loyal Serviteur, *La Très Joyeuse et Très Plaisante Histoire······ de Bayard*, 앞의 책, éd. 1872, p. 280.

20. Blaise de Monluc, *Commentaires*, éd. Pléiade, 1965, pp. 34-46.

21. 다음 두 문단의 내용에 대해서는 다음을 참조하라. W. Sombart, *Krieg und Kapitalismus*, 앞의 책, pp. 78 이하.

22. Miguel de Castro, *Vida del soldado español Miguel de Castro*, 1949, p. 511.

23. M. de Montaigne, *Journal de voyage en Italie*, 앞의 책, p. 1155.

24. *Médit······*, II, p. 167.

25. 사보르냥 드 브라자의 보고서(16세기 말). 이것은 Archivio di Stato, 혹은 베네치아의 Museo Correr에 있는 문서이다.

26. W. Sombart, 앞의 책, p. 88.

27. 같은 책, p. 93.

28. F. Breedvelt van Veen, *Louis de Geer 1587-1655* (en néerlandais), 1935, pp. 40, 84.

29. 1555년경? 파리의 국립 고문서보관소의 옛 분류번호 K, 현재 이 문서는 시망카스로 이

전되었다.

30. *Médit*······, II, p. 168.

31. *Médit*······, II, p. 134.

32. P. de Las Cortes, 앞의 문서.

33. G. F. Gemelli Careri, 앞의 책, IV, p. 374.

34. A. Blum, *Les Origines du papier, de l'imprimerie et de la gravure*, 1935.

35. Lucien Febvre, H. J. Martin, *L'Apparition du livre*, 1971, pp. 41-42.

36. 같은 책, pp. 42, 47.

37. 같은 책, p. 47.

38. 같은 책, p. 20.

39. 같은 책, p. 36.

40. T. F. Carter, *The Invention of printing in China and its spread westward*, 1925, 여러 곳, 특히 pp. 211-218.

41. Loys Le Roy, *De la Vicissitude ou Variété des choses en l'Univers*, 1576, p. 100, 다음에 서 인용, René Étiemble, *Connaissons-nous la Chine?*, 1964, p. 40.

42. L. Febvre, H. J. Martin, 앞의 책, pp. 60 이하., 72-93.

43. 같은 책, p. 134.

44. 같은 책, p. 15.

45. 같은 책, pp. 262 이하.

46. 같은 책, p. 368.

47. 같은 책, p. 301.

48. 같은 책, pp. 176-188.

49. Jean Poujade, *La Route des Indes et ses navires*, 1946.

50. *Médit*······, I, p. 499.

51. 이 문제는 여전히 논쟁거리이다. 비록 그 논쟁은 폴 아담과 같은 전문가들 사이에서 벌어 지지만 말이다. 필자는 고대 이집트의 왕비 하트셉수트가 푼트 지역(홍해 연안)으로 여행 을 떠나는 장면을 묘사한 프레스코 벽화를 본 적이 있는데, 여기에서 사각돛을 단 이집 트 선박 옆에 삼각돛을 단 작은 지방 선박들이 그려져 있는 것을 보고 아주 놀랐다. 그래 서 이집트 연구자들에게 이에 대한 자세한 사항을 알아보려고 했으나 허사였다.

52. 이 책 제3권을 참조하라.

53. Richard Hennig, *Terrae incognitae*, III, 1953, p. 122.

54. 이에 대한 문헌들은 다음 논문을 필두로 해서 아주 풍부하게 갖추어져 있다. P. Pelliot, "Les grands voyages maritimes chinois au début du XVᵉ siècle", *in : T'oung Pao*, XXX, 1933, pp. 237-452.

55. Alexandre de Humboldt, *Examen critique de l'histoire de la géographie du nouveau continent et des progrès de l'astronomie nautique aux quinzième et seizième siècles*, 1836, I, p. 337.

56. Jean Bodin, *La République*, 1576, p. 630.

57. Thomé Cano, *Arte para fabricar······ naos de guerra y merchante*, 1611, p. 5 vᵒ.

58. Laurent Vital, *Premier Voyage de Charles Quint en Espagne*, 1881, pp. 279-283.

59. Musée Czartoryski, Cracovie, 35, fᵒ 35, 55.

60. G. de Mendoza, *Histoire du grand royaume de la Chine*······, 1606, p. 238.

61. R. de Vivero, 앞의 책, p. 194.

62. J.-B. du Halde, 앞의 책, II, p. 160.

63. J. Barrow, *Voyage en Chine*, 앞의 책, I, p. 62.

64. G. Macartney, 앞의 책, II, pp. 74-75.

65. Jacques Heers, *in :* "Les grandes voies maritimes dans le monde, XVᵉ-XIXᵉ siècles", *XIIᵉ Congrès*······ *d'histoire maritime*, 1965, p. 22.

66. R. de Vivero, 앞의 책, p. 22.

67. J. Heers, *in :* "Les grandes voies maritimes······", 앞의 논문, p. 22.

68. P. Vidal de la Blache, *Principes de géographie humaine*, 앞의 책, p. 266.

69. Joseph Needham, 소르본 대학에서 한 강의.
70. M. de Guignes, *Voyage à Peking*⋯⋯, 앞의 책, I, pp. 353-354.
71. Abbé Prévost, 앞의 책, VI, p. 170.
72. *Voyage du médecin J. Fries*, éd. par W. Kirchner, 앞의 책, pp. 73-74.
73. Concolorcorvo, 앞의 책, pp. 56-57.
74. 같은 책, p. 56.
75. *Voyage faict par moy Pierre Lescalopier*. 이것은 부분적으로 다음에 실려 있다. E. Cléray, *in : Revue d'histoire diplomatique*, 1921, pp. 27-28.
76. G. F. Gemelli Careri, 앞의 책, I, p. 256.
77. P. de Magaillans, 앞의 책, pp. 47 이하.
78. G. F. Gemelli Careri, 앞의 책, III, pp. 22-23.
79. Georg Friederici, *El Carácter del descubrimiento y de la conquista de América*, éd. espagnole, 1973, p. 12.
80. G. F. Gemelli Careri, 앞의 책, VI, p. 335.
81. J. Heers, "Les grandes voies maritimes⋯⋯", 앞의 논문, pp. 16-17 ; W. L. Schurz, *The Manila Galleon*, 1959.
82. Jean-François Bergier, *Les Foires de Genève et l'économie internationale de la Renaissance*, 1963, pp. 218 이하.
83. M. Postan, *in : The Cambridge Economic History of Europe*, II, pp. 140, 147.
84. Otto Stolz, "Zur Entwicklungsgeschichte des Zollwesens innerhalb des alten Deutschen Reichs", *in : Vierteljahrschrift für Sozial- und Wirtschaftsgeschichte*, 1954, p. 18, 주.
85. Gerónimo de Uztáriz, *Théorie et pratique du commerce et de la marine*, 1753, p. 255.
86. M. Postan, *in : The Cambridge Economic History of Europe*, II, pp. 149-150.
87. P. du Halde, 앞의 책, II, pp. 158-159.
88. P. de Magaillans, 앞의 책, pp. 158-159, 162, 164..
89. G. F. Gemelli Careri, 앞의 책, IV, p. 319.
90. G. Macartney, 앞의 책, IV, p. 17; III, p. 368.
91. G. F. Gemelli Careri, 앞의 책, III, p. 29.
92. Jacques Heers, *Gênes au XVᵉ siècle*, 1961, pp. 274 이하 ; *Médit*⋯⋯., I, p. 527.
93. 같은 책, *p*. 277.
94. 존 버러 경의 나포 보고서, R. Hakluyt, *The Principal Navigations*⋯⋯, éd. 1927, V, pp. 66 이하 ; Alfred de Sternbeck, *Histoire des flibustiers*, 1931, pp. 158 이하.
95. *Médit*⋯⋯, I, pp. 254, 260.
96. H. Cavailles, *La Route française, son histoire, sa fonction*, 1946, pp. 86-94.
97. Henri Sée, *Histoire économique de la France*, I, 1939, p. 294.
98. L.-S. Mercier, *Tableau de Paris*, 앞의 책, V, p. 331.
99. Macaulay, 다음에서 인용, J. M. Kulischer, *Storia economica*⋯⋯, 앞의 책, II, p. 552 ; Sir Walter Besant, *London in the time of the Stuarts*, 1903, pp. 338-344.
100. Arthur Young, *Voyage en France*, 1793, I, p. 82.
101. A. Smith, 앞의 책, II, p. 382.
102. L. Dermigny, *La Chine et l'Occident. Le commerce à Canton au XVIIIᵉ siècle, 1719-1833*, 앞의 책, III, pp. 1131 이하.
103. 이 책 제2권을 참조하라.
104. H. Bechtel, *Wirtschaftsgeschichte Deutschlands*, 앞의 책, I, p. 328.
105. Armando Sapori, *Una Compagnia di Calimala ai primi del Trecento*, 1932, p. 99.
106. P. de Saint-Jacob, 앞의 책, p. 164.
107. *Storia della tecnologia*, p.p. C. Singer, 앞의 책, II, p. 534.
108. J.-B. Say, *Cours complet d'économie politique pratique*, éd. 1966, II, p. 497, 주 2.
109. *Der moderne Kapitalismus*, 앞의 책, II, pp. 231-420.
110. 이 책 제2권을 참조하라.
111. 이 책 제2권을 참조하라.

112. Marcel Rouff, *Les Mines de charbon en France au XVIIIe siècle (1744–1791)*, 1922, pp. 368 이하.

113. *Voyage du Chevalier Chardin*……, 앞의 책, IV, pp. 24, 167–169.

114. Thierry Gaudin, *L'Écoute des silences*, 1978.

115. *Storia della tecnologia*, p.p. C. Singer, 앞의 책, III, p. 121.

116. A.d.S. Venise, Senato terra.

117. Marc Bloch, *Mélanges historiques*, 1963, II, p. 836.

118. Arch. Simancas, E° Flandes, 559.

119. A. Wolf, *A History of Science, Technology and Philosophy in the 16th and 17th centuries*, pp. 332 이하.

120. D. Schwenter, *Deliciae physico-mathematical oder mathematische und philosophische Ezquick stunden*, 1636.

121. A.N., A.E., B 423, La Haye, 1754년 9월 7일.

122. Gerhard Mensch, *Das technologische Patt*, 1911.

제7장

1. N. du Fail, *Propos rustiques et facétieux*, 앞의 책, pp. 32, 33, 34.

2. Marquise de Sévigné, 앞의 책, VII, p. 386.

3. A.N., H 2933, f° 3.

4. G. F. Gemelli Careri, 앞의 책, I, pp. 6, 10 이하. et *passim*.

5. 1628년에 하비가 혈액의 순환을 발견한 이후부터 그렇게 되었다.

6. William Petty, "Verbum Sapienti" (1691), *in : Les Œuvres économiques*, I, 1905, p. 132.

7. L. F. de Tollenare, *Essai sur les entraves que le commerce éprouve en Europe*, 1820, pp. 193, 210.

8. 필자가 염두에 둔 것은 다음의 책이다. *Some Considerations on the Consequences of the Lowering of Interest and Raising the Value of Money*, 1691. 다음도 참고하라. Eli Heckscher, *La Época mercantilista*, 1943, pp. 648 이하.

9. Jacob van Klaveren, "Rue de Quincampoix und Exchange Alley, die Spekulationsjahre 1719 und 1720 in Frankreich und England", *in : Vierteljahrschrift für Sozial- und Wirtschaftsgeschichte*, 1963년 10월, pp. 329–359.

10. Princesse Palatine, *Lettres*…… *de 1672 à 1722*, 1964, p. 419, 1720년 6월 11일의 편지.

11. 이 책 제2권을 참조하라.

12. Scipion de Grammont, *Le Denier royal*, 1620, p. 20. 많은 저자들이 작은 벽돌 모양의 이 소금 화폐에 대해서 말한다. 그러나 그 크기는 지역에 따라서 차이가 크다.

13. J.-B. Labat, 앞의 책, III, p. 235.

14. 같은 책, p. 307.

15. *Monumenta missioniaria africana, Africa ocidental*, VI, *1611–1621*, p.p. Antonio Brasio, 1955, p. 405.

16. Li Chia-Jui, *Revue bibliographique de sinologie*, n° 54, 중국어로 쓴 논문, 1955.

17. 이탈리아 신문에 나온 기사.

18. Paul Einzig, *Primitive money in its ethnological, historical and economical aspects*, 1948, pp. 271–272.

19. 같은 책, pp. 47 이하 ; E. Ingersoll, "Wampum and its history", *in : American Naturalist*, 1883.

20. W. G. L. Randles, *L'Ancien Royaume du Congo des Origines à la fin du XIXe siècle*, 1968, pp. 71–72.

21. G. Balandier, *La Vie quotidienne au royaume de Kongo*……, 앞의 책, p. 121.

22. Vitorino Magalhães-Godinho, *L'Économie de l'Empire portugais aux XVe et XVIe siècles*, 1969, pp. 390 이하.

23. G. Balandier, 앞의 책, pp. 122–124.

24. Adam Smith, *Recherches sur la nature et les causes de la richesse des nations*, éd. 1966, 1, p. 29.

25. Pierre Vilar, *Or et monnaie dans l'histoire*, 1974, p. 321.

26. Isac Chiva, 코르시카에 대한 타이프본 보고서 ; Germaine Tillion, "Dans l'Aurès : le drame des civilisations archaïques", *in : Annales E.S.C.*, 1957, pp. 393−402.

27. François La Boullaye, *Les Voyages et observations du Sieur de la Boullaye*……, 1653, pp. 73−74.

28. C. L. Lesur, *Des progrès de la puissance russe*, 1812, p. 96, 주 4.

29. W. Lexis, "Beiträge zur Statistik der Edelmetalle", *in : Jahrbücher für Nationalökonomie und Statistik*, 1879, p. 365.

30. Ruggiero Romano, "Une économie coloniale : le Chili au XVIIIᵉ siècle", *in : Annales E.S.C.*, 1960, pp. 259−285.

31. Manuel Romero de Terrero, *Los Tlacos coloniales. Ensayo numismático*, 1935, pp. 4, 5.

32. 같은 책, pp. 13−17. 멕시코에서는 이후에도 1814년까지 구리화폐가 존재하지 않았다.

33. 참고 문헌 붙임.

34. E. Clavière et J.-P. Brissot, *De la France et des États-Unis*, 1787, p. 24 , 주 1.

35. Alfons Dopsch, *Naturalwirtschaft und Geldwirtschaft in der Weltgeschichte*, 1930.

36. 코르시카에서 그러하다. *Médit*……, I, p. 351, 주 2.

37. Museo Correr, Donà delle Rose, 181, fᵒ 62.

38. M. Takizawa, *The Penetration of Money economy in Japan*……, 앞의 책, pp. 33 이하.

39. 같은 책, pp. 38−39.

40. Andrea Metra, *Il Mentore perfetto de'negozianti*, 앞의 책, III, p. 125.

41. Venise Marciana, *Scritture*…… *oro et argento*, VII-MCCXVIII, 1671 ; Ugo Tucci, "Les émissions monétaires de Venise et les mouvements internationaux de l'or", *in : Revue historique*, 1978.

42. A.N., A.E., B III, 265 (1686), Mémoires généraux.

43. V. Magalhães-Godinho, *L'Économie de l'Empire portugais aux XVᵉ et XVIᵉ siècles*, 앞의 책, pp. 512−531.

44. 같은 책, pp. 353−358.

45. 같은 책, pp. 358 이하.

46. G. F. Gemelli Careri, 앞의 책, III, p. 278.

47. 같은 책, III, p. 2.

48. 같은 책, III, p. 226.

49. V. Magalhães-Godinho, 앞의 책, pp. 357, 444 이하.

50. 같은 책 pp. 323, 407 이하.

51. 같은 책, pp. 356−358.

52. F. Balducci Pegolotti, *Pratica della mercatura*, 1766, pp. 3−4.

53. 다음의 문단들에 대해서는 다음을 보라. V. Magalhães-Godinho, 앞의 책, pp. 399−400.

54. P. de Magaillans, *Nouvelle Relation de la Chine*, 앞의 책, p. 169.

55. V. Magalhães-Godinho, 앞의 책, p. 518.

56. Maestre Manrique, *Itinerario de las Misiones que hizo el Padre F. Sebastian Manrique*, 1649, p. 285.

57. B.N., Ms. fr. n. a. 7503, fᵒ 46.

58. P. de Las Cortes, 앞의 문서, fᵒ 85, 85 vᵒ.

59. 주 57에서 인용한 문서.

60. G. F. Gemelli Careri, 앞의 책, IV, p. 43.

61. "Mémoire sur l'intérêt de l'argent en Chine", *in : Mémoires concernant l'histoire, les sciences, etc.*", 베이징에 파견된 선교사들, IV, 1779, pp. 309−311.

62. L. Dermigny, *La Chine et l'Occident. Le commerce à Canton*……, 앞의 책, I, pp. 431−433.

63. Abbé F. Galiani, *Della Moneta*, 1750, p. 214.

64. G. de Uztáriz, 앞의 책, p. 171.

65. G. F. Gemelli Careri, 앞의 책, VI, pp. 353-354 (éd. 1719).

66. 이 책 제3권의 제4장을 참조하라.

67. 키퍼 운트 비퍼의 시기(Kipper- und Wipperzeit)에 대해서는 다음을 참고하라. F. Lütge, *Deutsche Sozial- und Wirtschaftsgeschichte*, 앞의 책, pp. 289 이하.

68. Earl J. Hamilton, "American Treasure and Andalusian Prices, 1503-1660", *in : Journal of Economic and Business History*, *1*, 1928, pp. 17, 35.

69. Raphaël du Mans, *Estat de la Perse en 1660*, p.p. Ch. Schefer, 앞의 책, p. 193.

70. Karl Marx, *Le Capital*, Éd. sociales, 1950, I, p. 106, 주 2.

71. Frank Spooner, *L'Économie mondiale et les frappes monétaires en France, 1493-1680*, 1956, p. 254.

72. 같은 책, p. 21.

73. Josef Kulischer, *Allgemeine Wirtschaftsgeschichte des Mittelalters und der Neuzeit*, 1965, II, p. 330.

74. P. de Saint-Jacob, 앞의 책, p. 306.

75. Antonio della Rovere, *La Crisi monetaria siciliana (1531-1802)*, p.p. Carmelo Trasselli, 1964, pp. 30 이하.

76. E. J. F. Barbier, 앞의 책, I, p. 185.

77. 이 책 제2권 제2장을 참조하라.

78. 이 문단의 세부적인 내용에 대해서는 이 책 제3권을 참조하라.

79. "Maximes générales", *in : François Quesnay et la physiocratie*, éd. I.N.E.D., 앞의 책, II, p. 954, 주 7.

80. Werner Sombart, *Le Bourgeois*, 1926, pp. 38-39.

81. F. Galiani, *Della Moneta*, 앞의 책, p. 56.

82. L.-S. Mercier, *Tableau de Paris*, 앞의 책, I, p. 46.

83. W. Lexis, "Beiträge zur Statistik der Edelmetalle", 앞의 논문.

84. 같은 곳.

85. Geminiano Montanari, *La Zecca*, 1683, *in : Economisti del Cinque e Seicento*, p.p. A. Graziani, 1913, p. 264.

86. I. de Pinto, *Traité de la circulation et du crédit*, 앞의 책, p. 14.

87. B.N., Ms. fr., 5581, f° 83 ; 다음도 참조하라. *Il Mentore perfetto de'negozianti*, 앞의 책, V, article "Surate", p. 309.

88. F. Spooner, 앞의 책, pp. 170 이하.

89. Josef Kulischer, *Allgemeine Wirtschaftsgeschichte des Mittelalters und der Neuzeit*, 1965, II, pp. 344-345.

90. 같은 곳.

91. Luigi Einaudi, préface à l'édition des *Paradoxes inédits du seigneur de Malestroit*, 1937, p. 23.

92. E. Pasquier, *Les Recherches de la France*, 앞의 책, p. 719.

93. F. Braudel et F. Spooner "Prices in Europe from 1450 to 1750", *in : Cambridge economic history of Europe*, IV, p. 445. 아메리카 대륙에서 생산한 금과 은의 양에 대한 수치는 물론 얼 J. 해밀턴이 계산한 것이다.

94. I. de Pinto, *Traité de la circulation……*, 앞의 책, p. 33.

95. J. A. Schumpeter, *Storia dell'analisi economica*, 1959, I, p. 386.

96. F. Galiani, *Della Moneta*, 앞의 책, p. 278.

97. I. de Pinto, *Traité de la circulation……*, 앞의 책, p. 34.

98. 같은 책, p. 34, 주.

99. A.N., F, 2175, III. 포위 당시 체결된 부채의 지불 불이행에 관한 1810년과 1811년의 문서들.

100. F. W. von Schrötter, *Fürstliche Schatz und Rent-Cammer*, 1686, 다음에서 인용, Eli Heckscher, 앞의 책, pp. 652-653.

101. P. de Saint-Jacob, 앞의 책, p. 212.

102. 이 책 제2권의 제2장을 참조하라.

103. M. de Malestroit, "Mémoires sur le faict des monnoyes······", in : *Paradoxes inédits du seigneur de Malestroit*, p.p. Luigi Einaudi, 1937, p. 105.

104. D. Hume, "Essai sur la balance du commerce", in : *Mélanges d'économie politique*, 앞의 책, p. 93.

105. L. S. Mercier, 앞의 책, IX, pp. 319-320.

106. S. D. Gotein, "The Cairo Geniza as a source for the history of Muslim civilization", in : *Studia islamica*, III, pp. 75-91.

107. H. Laurent, *La Loi de Gresham au Moyen Âge*, 1932, pp. 104-105.

108. John Law, "Premier mémoire sur les banques", in : *Œuvres······ contenant les principes sur le Numéraire, le Commerce, le Crédit et les Banques*, 1790, p. 197.

109. B. Schnapper, *Les Rentes au XVIᵉ siècle. Histoire d'un instrument de crédit*, 1957, p. 163.

110. 이 책 제2권의 제5장을 참조하라.

111. *Médit······*, I, p. 527.

112. 같은 책, p. 528.

113. 참고 문헌 불명.

114. J. A. Schumpeter, éd. italienne, 앞의 책, I, p. 392.

115. 같은 책 p. 392.

116. *Recherches sur le commerce*, 1778, p. vi.

117. S. de Gramont, *Le Denier royal*, 1620, p. 9.

제8장

1. "L'idéologie allemande" (1846), in : Karl Marx, *Pre-capitalist Économie Formations*, p.p. Éric Hobsbawm, 1964, p. 127.

2. 이 책의 초판, p. 370.

3. In : *Towns and societies*, p.p. Philip Abrams and E. A. Wrigley, 1978, pp. 9, 17, 24-25.

4. *Voyages d'Ibn Battuta*, p.p. Vincent Monteil, 1969, I, pp. 67-69.

5. R. Baron, "La bourgeoisie de Varzy au XVIIᵉ siècle", in : *Annales de Bourgogne*, 앞의 논문, pp. 161-208, 특히 pp. 163-181, 208.

6. P. Deane, W. A. Cole, *British Economic Growth*, 1964, pp. 7-8.

7. R. Gascon, in : *Histoire économique et sociale de la France*, p.p. Braudel et Labrousse, I, p. 403.

8. H. Bechtel, *Wirtschaftsstil des deutsches Spätmittelalters. 1350-1500*, 1930, pp. 34 이하.

9. *Cahiers de doléances des paroisses du bailliage de Troyes pour les états généraux de 1614*, p.p. Yves Durand, 1966, p. 7.

10. O. Spengler, *Le Déclin de l'Occident*, 1948, II, pp. 90 이하.

11. J.-B. du Halde, *Description géographique, historique, chronologique, politique et physique de l'Empire de la Chine et de la Tartarie chinoise*, 1785, I, p. 3.

12. E. Kämpfer, 앞의 책, III, p. 72.

13. J. Kulischer, 앞의 책, éd. italienne, II, pp. 15-16.

14. R. Cantillon, 앞의 책, p. 26 ; M. Reinhardt, "La population des villes······", in : *Population*, 1954년 4월, 9, p. 287.

15. J. Kulischer, 앞의 책. 러시아에 대해서 B. T. 우라니스는 러시아어로 된 그의 책(모스크바, 1966)에서 3.6퍼센트라는 수치를 제시한다(도시 인구는 50만 명이다). 이것은 다음에 인용되어 있다. V. I. Pavlov, *Historical premises for India's transition to capitalism*, 1978, p. 68.

16. C. Bridenbauch, *Cities in the Wilderness*, 1955, pp. 6, 11. 일본에 관해서는 후루시마의 연구를 보라. 다음에 인용되어 있다. T. C. Smith, *The Agrarian origins of modern Japan*, 1959, p. 68.

17. Jan de Vries, *The Dutch rural economy in the golden age, 1500-1700*, 1974, tableau p. 86.

18. M. Clouscard, *L'Être et le code*, 1972, p. 165.
19. Jane Jacobs, *The Economy of cities*, 1970.
20. 다음에서 인용했다. J.-B. Say, *Cours d'économie politique*, 앞의 책, IV, pp. 416-418.
21. F. Lütge, 앞의 책, p. 349.
22. R. Gascon, *in : Histoire économique et sociale de la France*, p.p. Braudel et Labrousse, I, p. 360.
23. 아벨에 의거한 것. 참고 문헌과 이에 대한 토의에 관해서는 이 책 제3권을 보라.
24. Georg Steinhausen, *Geschichte der deutschen Kultur*, 1904, p. 187.
25. *La Civiltà veneziana del Settecento*, p.p. la Fondation Giorgio Cini, 1960, p. 257.
26. 참고 문헌 불명.
27. Archivo General de Simancas, *Expedientes de hacienda*, 157.
28. "Saco de Gibraltar" *in : Tres Relaciones históricas*, "Colección de libros raros o curiosos", 1889.
29. *Médit*......, I, p. 245.
30. Jean Pussot, *Journalier ou mémoires*, 1857, p. 16.
31. Ernst Ludwig Carl, *Traité de la richesse des princes et de leurs états*, 1723, II, pp. 193, 195.
32. A. de Mayerberg, 앞의 책, pp. 220-221.
33. 이 책 제3권을 참조하라.
34. G. Macartney, 앞의 책, II, p. 316.
35. L.-S. Mercier, *Tableau de Paris*, 앞의 책, IX, pp. 167-168 ; VI, pp. 82-83 ; V, p. 282.
36. *Médit*......, I, p. 313.
37. C.-E. Perrin, "Le droit de bourgeoisie et l'immigration rurale à Metz au XIIIᵉ siècle", *in : Annuaire de la Société d'histoire et d'archéologie de la Lorraine*, XXX, 1921, p. 569.
38. H. J. Brugmans, *Geschiedenis van Amsterdam*, 8 vol., 1930-1933.
39. 이 책의 제1장 주 39를 보라.
40. 다음에서 인용했다. Hugues de Montbas, *La Police parisienne sous Louis XVI*, 1949, p. 183.
41. L.-S. Mercier, *Tableau de Paris*, 앞의 책, III, pp. 226-227, 232, 239.
42. 같은 책, p. 239.
43. G. F. Gemelli Careri, 앞의 책, I, p. 370.
44. *Voyage*...... *de Pierre Lescalopier*, 앞의 책, p. 32.
45. Hans Mauersberg, *Wirtschafts- und Sozialgeschichte Zentraleuropaüscher Städte in neueren Zeit*, 1960, p. 82.
46. *Voyage de M. de Guignes*, 앞의 책, I, p. 360.
47. J. A. de Mandelslo, 앞의 책, II, p. 470.
48. P. de Magaillans, 앞의 책, pp. 17-18.
49. Leopold Torres Balbas, *Algunos Aspectos del mudejarismo urbano medieval*, 1954, p. 17.
50. G. F. Gemelli Careri, 앞의 책, IV, p. 105.
51. P. Lavedan et J. Hugueney, *L'Urbanisme au Moyen-Age*, 1974, pp. 84-85, et fig. 279.
52. Charles Higounet, "Les "terre nuove" florentines du XIVᵉ siècle", *in : Studi in onore di Amintore Fanfani*, III, 1962, pp. 2-17.
53. L.-S. Mercier, 앞의 책, XI, p. 4.
54. M. T. Jones-Davies, 앞의 책, I, p. 190.
55. F. Coreal, *Relation des voyages aux Indes occidentales*, 앞의 책, I, pp. 152, 155.
56. H. Cordier, "La Compagnie prussienne d'Embden au XVIIIᵉ siècle", *in : T'oung Pao*, XIX, 1920, p. 241.
57. G. F. Gemelli Careri, 앞의 책, IV, p. 120.
58. G. F. Gemelli Careri, 앞의 책, I, p. 230.
59. L.-S. Mercier, *Tableau de Paris*, 앞의 책, VI, p. 221 ; V, p. 67 ; IX, p. 275.
60. J. Savary, *Dictionnaire*......, 앞의 책, V, col. 381.

61. Vu Quoc Thuc, *in : Les Villes*⋯⋯, p.p. Société Jean Bodin, 1954−1957, II, p. 206.

62. 참고 문헌 불명.

63. 1561년의 *Padrón*에 의거, Archivo General de Simancas, *Expedientes de hacienda*, 170.

64. G. F. Gemelli Careri, 앞의 책, VI, pp. 366−367.

65. Rudolf Häpke, *Brügges Entwicklung zum mittelalterlichen Weltmarkt*⋯⋯, 1908.

66. B. Guenée, *Tribunaux et gens de justice dans le bailliage de Senlis*⋯⋯, 앞의 책, p. 48.

67. L. S. Mercier, 앞의 책, III, 1782, p. 124.

68. 신문 기사, 정확한 참고 문헌 불명.

69. P. du Halde, 앞의 책, I, p. 109.

70. 다음에 나오는 설명은 1958년에 도시들(Les Villes)이라는 주제로 열린 고등연구원 제6 섹션의 콜로키움의 내용을 이용했다.

71. R. Mantran, *Istanbul dans la seconde moitié du XVIIᵉ siècle*, 앞의 책, p. 27.

72. Raphaël du Mans, *Estat de la Perse en 1660*⋯⋯, p.p. Ch. Scheper, 1890, p. 33.

73. G. F. Gemelli Careri, 앞의 책, II, p. 98.

74. G. F. Gemelli Careri, 앞의 책, I, p. 262.

75. W. Abel, *Geschichte der deutschen Landwirtschaft*, 1962, pp. 48, 49.

76. Giovanni Pecle et Giuseppe Felloni, *Le Monete genovesi*, 1975, pp. 27−30.

77. W. Sombart, *Le Bourgeois*, 앞의 책, p. 129.

78. C. Bec, *Les Marchands écrivains à Florence, 1375−1434*, 1967, p. 319.

79. L. Mumford, 앞의 책, pp. 328−329.

80. 다음의 두 문단은 막스 베버에게서 영감을 얻은 것이다.

81. M. Sanudo, *Diarii*, XXVIII, 1890, col. 625.

82. J. Nickolls, *Remarque sur les avantages de la France*⋯⋯, 앞의 책, p. 215.

83. L.-S. Mercier, *Tableau de Paris*, 앞의 책, VIII, p. 163.

84. B. H. Sucher van Bath, *Yield Ratios, 810−1820*, 앞의 책, p. 16.

85. 이 책 제3권을 참조하라.

86. J. Gernet, *Le Monde chinois*, 앞의 책, p. 371.

87. Abbé Prévost, *Voyages*⋯⋯, 앞의 책, X, p. 104, Bemier에 의거.

88. 같은 책, p. 103.

89. Rodrigo de Vivero, *Du Japon et du bon gouvernement de l'Espagne et des Indes*, p.p. Juliette Monbeig, 1972, pp. 66−67.

90. Yasaki, *Social Change and the City in Japan*, 1968, pp. 133, 134, 137, 138, 139.

91. R. Sieffert, *La Littérature japonaise*, 1961, pp. 110 이하.

92. R. de Vivero, 앞의 책, pp. 58, 181.

93. L. Mumford, *La Cité à travers l'histoire*, 앞의 책, pp. 554−557.

94. P. Lavedan et J. Hugueney, *Histoire de l'urbanisme*, 앞의 책, p. 383.

95. W. Sombart, *Luxus und Kapitalismus*, 앞의 책, pp. 37 이하.

96. L.-S. Mercier, *Tableau de Paris*.

97. Mirabeau père, *L'Ami des Hommes ou Traité de la population*, 1756, 제2부, p. 154.

98. L.-S. Mercier, *Tableau de Paris*, 앞의 책, I, p. 286.

99. Lavoisier, *De la richesse territoriale du royaume de France*, éd. 1966, pp. 605−606.

100. F. Quesnay, "Questions intéressantes sur la population, l'agriculture et le commerce⋯⋯", *in : F. Quesnay et la physiocratie*, 앞의 책, II, p. 664.

101. A. Metra, *Il Mentore perfetto*⋯⋯, 앞의 책, V, pp. 1, 2.

102. W. Sombart, *Luxus und Kapitalismus*, 앞의 책, p. 30.

103. Prince de Strongoli, *Ragionamenti economici, politici e militari*, 1783, I, p. 51, 다음에서 인용, L. dal Pane, *in : Storia del luvoro in Italia*, 앞의 책, pp. 192−193.

104. 같은 곳.

105. René Bouvier et André Laffargue, *La Vie napolitaine au XVIIIᵉ siècle*, 1956, pp. 84−85.

106. 같은 책, p. 273.

107. C. de Brosses, *Lettres historiques et critiques sur l'Italie*, an VII, II, p. 145.

108. R. Bouvier et A. Laffargue, 앞의 책, p. 273.

109. 같은 책, p. 237.

110. 다음에 나오는 문단 전체는 다음 책에서 따온 것이다. Johann Gottlieb Georgi, *Versuch einer Beschreibung der······ Residenzstadt St. Petersburg.*

111. *Guide Baedeker Russie*, 1902, p. 88.

112. J. Savary, *Dictionnaire······*, 앞의 책, V, col. 639.

113. J. Delumeau, 앞의 책, pp. 501 이하.

114. P. de Magaillans, 앞의 책, p. 12.

115. 같은 책, pp. 176−177.

116. F. Gemelli Careri, 앞의 책, IV, pp. 142, 459.

117. 베이징에 파견된 선교사들의 회고록, *Mémoires concernant l'histoire, les sciences, les mœurs······*, 앞의 책, III, 1778, p. 424.

118. P. Amiot, Pékin의 편지, 1752년 10월 20일, in : *Lettres édifiantes et curieuses écrites des missions étrangères*, XXIII, 1811, pp. 133−134.

119. P. de Magaillans, 앞의 책, pp. 176−177.

120. 같은 책, p. 278.

121. J.-B. du Halde, 앞의 책, I, p. 114.

122. G. de Mendoza, *Histoire du grand royaume de la Chine······*, 앞의 책, p. 195.

123. Macartney, 앞의 책, III, p. 145.

124. P. Sonnerat, 앞의 책, II, p. 13

125. P. de Magaillans, 앞의 책, pp. 277−278.

126. Abbé Prévost, 앞의 책, VI, p. 126.

127. P. de Magaillans, 앞의 책, pp. 278 이하.

128. P. de Magaillans, 앞의 책, pp. 268−271.

129. 같은 책, pp. 272−273.

130. 같은 책, pp. 150−151.

131. 같은 책, pp. 153−154.

132. 다음의 내용에 관해서 필자가 이용한 참고 문헌들은 다음과 같다. William Besant, *London in the Eighteenth Century*, 1902 ; André Parreaux, *La Vie quotidienne en Angleterre au temps de George III* ; Léonce Peillard, *La Vie quotidienne à Londres au temps de Nelson et de Wellington, 1774−1852*, 1968 ; Lemonnier, *La Vie quotidienne en Angleterre sous Elizabeth* ; T. F. Reddaway, *The Rebuilding of London after the Great Fire*, 1940 ; *The Ambulator or the strargew's Companion in a tour of London*, 1782 ; Georges Rude, *Hanoverian London*, 1971 ; M. Dorothy George, *London Life in the Eighteenth Century*, 1964.

133. M. T. Jones-Davies, 앞의 책, I, p. 193.

134. M. T. Jones-Davies, 앞의 책, I, p. 149.

135. John Stow, *A Survey of London* (1603), 1720, II, p. 34.

136. M. T. Jones-Davies, 앞의 책, I, p. 177.

137. P. Colquhoun, 앞의 책, I, pp. 293−327.

138. M. T. Jones-Davies, 앞의 책, I, p. 166.

139. W. Petty, *Traité des taxes et contributions*, in : *Les Œuvres économiques de Sir William Petty*, 1905, I, pp. 39−40.

140. P. Colquhoun, 앞의 책, I, pp. 166−168, 250−251.

141. L. Mumford, *La Cité à travers l'histoire*, 앞의 책, pp. 375 이하.

142. P. Colquhoun, 앞의 책, II, pp. 301−302.

143. Jean-Jacques Rousseau, "Émile", in : *Œuvres complètes*, IV, éd. Pléiade, 1969, p. 851.

144. S. Mercier, *L'An deux mille quatre cent quarante*, 앞의 책

결론

1. G. Macartney, 앞의 책, III, p. 159.

제2판 역자 후기

1995년에 본서가 처음 번역 출판된 후 거의 30년의 세월이 흘렀다. 이제 다시 번역을 손보아 새로 제2판을 출판한다고 하니 감회가 새롭다. 처음 이 책을 번역할 당시 역자는 힘이 넘쳐나는 30대 초반의 젊은 연구자였다. 모두 6권에 이르던 방대한 원고를 3년 내에 끝마칠 수 있었던 것도 그때의 뜨거운 열정 덕분이었을 것이다. 현대 역사학의 중요한 저작을 우리말로 옮겨 연구자와 일반 독자에게 제대로 소개하고 싶다는 마음으로 최대한 성심성의껏 번역에 임했다는 점은 자부할 수 있으나, 30년의 세월이 흐른 후 다시 들여다보니 매끄럽지 못한 표현이라든지 부정확한 용어 등이 눈에 띄는 것은 어쩔 수 없다. 제2판을 내는 기회에 가능한 대로 찾아 수정하고자 했다.

'물질문명-경제-자본주의'의 3분 구조라는 독창적인 시각으로 근대 세계를 총체적으로 재구성한 이 책은 누구도 흉내 내기 힘든 걸작으로서, 세계 최고 수준의 학자가 일생을 바쳐 만들어낸 결과물이다. 대부분의 학자가 대체로 자신의 영역을 지키며 세밀한 연구에 몰두하는 현재 학계에서는 인문학과 사회과학의 여러 분야를 아우르며 세계를 총체적으로 해석하고자 하는 이런 호방한 연구를 좀처럼 만나보기 어렵게 되었다. 그럼에도 인류 역사의 큰 틀을 파악하고자 하는 사람들의 욕구는 여전히 클 수밖에 없다. 현대의 고전의 반열에 오른 이 책이 앞으로도 계속 그와 같은 요구에 부응하리라고 기대한다.

이번 제2판을 내는 데에는 아르망 콜랭(Armand Colin) 출판사의 2022년도 개정판을 저본으로 삼았다. 프랑스의 원 출판사는 개정판을 내면서 본문 텍스트는 원래 상태 그대로 두되 그림 자료들을 모두 없애는 변화를 기했다. 그 때문에 한국어 번역본 제2판 역시 그림 자료들을 싣지 못하게 되었다. 역자로서는 한편으로 아쉬운 마음이 들기도 하지만, 다른 한편으로는 본문 내용에 더욱 집중할 수 있게 된 장점도 있다고 생각한다. 이전에는 6권으로 나누어 출판했던 것을 원본 체제와 같이 3권으로 출판하게 된 것도 큰 변화라고 할 수 있다.

이번 제2판 출판으로 브로델의 이 탁월한 저작이 새롭게 단장된 모습으로 우리나라의 여러 연구자들과 일반 독자에게 다가가 다시금 읽히기를 바라 마지 않는다.

2024년

주경철

초판 역자 후기

페르낭 브로델에 대해서는 그간에 그의 사론집이 출판된 적도 있고 그의 독특한 사관을 소개하는 글도 여러 편 있어서 그 이름이 우리에게 낯설지 않다. 프랑스의 이른바 아날 학파가 세계 사학계를 풍미했고, 그중의 최고봉이 브로델이라는 식의 이야기가 거의 풍문처럼 돌다시피해서 오히려 그에 관한 일종의 신화적인 이미지가 만들어진 것은 아닌가 싶기도 하다. 사실 그러한 소개의 글보다는 그의 글을 직접 읽는 것이 중요하겠으나, 이 책도 그렇거니와 또다른 그의 명저인 『지중해 : 펠리페 2세 시대의 지중해 세계(*La Méditerranée et le Monde Méditerranéen à l'Époque de Philippe II*)』가 모두 워낙 방대한 책이라서, 심지어 전문 역사가라고 하더라도 이 책들을 직접 본다는 것은 이만저만한 노력을 요하는 일이 아니다. 우리나라에서 서양사학을 연구하는 사람이라면 해야 할 일들이 많겠지만, 그중의 하나는 우선 서구의 탁월한 역사학 저작들을 제대로 소개하는 일일 것이다. 그리고 그 소개로서 혼자 책을 읽고 정리하여 논문 형태로든 혹은 그 어떤 다른 형태로든 다른 사람들에게 알리는 것도 의미 있는 일이겠으나, 그보다는 직접 원저를 번역하여 내놓음으로써 많은 사람들이 보도록 하는 것만큼 좋은 방법이 없다는 것이 역자의 평소 생각이었다. 그러나 이와 같은 생각으로 번역에 인한 것이

옹졸한 번역이 되어 오히려 누를 끼치는 것은 아닌지 걱정이 앞선다.

역자는 이 책을 서울대학교 대학원에서 석사 과정에 있던 때 처음 접했다. 뜻이 맞는 몇몇 사람들과 독회를 만들어서 돌아가며 이 책을 읽기로 했는데, 저자의 해박한 지식을 다소 난삽한 프랑스어 문장으로 마음껏 풀어나간 이 방대한 책을 한 줄 한 줄 읽는 일은 1년 반에 걸친, 그야말로 악전고투의 연속이었다. 그러한 노력을 들여서 얻은 것이 있다면 무엇인가? 다른 모든 고전들이 그러하듯이 이미 고전의 반열에 들어섰다는 평가를 받는 이 책을 읽음으로써, 단순히 많은 정보를 얻는 것을 넘어 하나의 커다란 세계를 경험하고, 또 그럼으로써 나 자신의 세계를 되돌아보게 된다고 말할 수 있을 듯싶다. 한편, 역자가 이 책과 두 번째로 인연을 맺게 된 것은 프랑스로 유학을 가 있을 때였다. 1980년대 후반에 프랑스에서 역사학을 공부하던 몇몇 사람들이 이 책을 번역하자는 제의를 하여 역자 역시 이 책 제1권 중의 한 장(章)을 번역했다. 그 일은 여러 사정으로 뜻을 이루지 못했으나, 언젠가 기회가 닿으면 이 책을 번역해보았으면 하는 욕심이 은근히 남았다. 마침내 이번에 이 책을 번역할 기회를 얻어 첫 번째 권을 마치고 세상에 내놓는다. 그 마지막 순간인 지금도 혹시 역자의 만용 때문에 이 책이 더 훌륭한 번역자를 만날 기획을 잃은 것은 아닌지 걱정스럽기만 하다.

번역을 하면서 이번에도 다시 받은 느낌은 이 책이 아주 커다란 산과 같다는 것이었다. 어떨 때는 봄날 능선의 살진 흙길을 걷는 것 같기도 하고, 어떨 때는 깊은 원시림 속을 통과하는 느낌을 받기도 한다. 또 어떨 때는 험하기 이를 데 없는 높은 연봉을 허덕이며 넘는 것 같기도 하고, 그것도 아니면 눈앞이 보이지 않을 정도로 눈보라가 치는 한겨울 산봉우리를 헤매는 것 같기도 하다. 아마도 이 산에 대해서는 직접 가보는 사람마다 다른 느낌을 받을 것이다. 누구는 "빼어나지는 않되 웅혼하다"고 할 수도 있을 것이고, 누구는 "웅혼하지는 않되 빼어나다"고 할 수도 있을 것이다. 그 느낌은 직접 경험한 사람만이 스스로 가지는 것이지, 말로 다른 사람에게 전할 사항은 아닐지도 모른다. 다만 브로델이라는 이 산이 험한 산이든 아름다운 산이든 한번 들어가볼 가치는 충분하며, 그 과정에서 많은 것을 얻게 된다는 것이 역자의 생각이다.

그러나 이 산의 안내인 역할을 자처한 역자가 과연 그 소임을 제대로 했는지에 대해서는 솔직히 두렵기만 하다. 저자의 엄청난 박학함은 사람을 압도하는 무엇인가가 있다. 청어잡이 이야기나 수염의 유행에 관한 이야기로부터 암스테르담 금융업자의 정교한 국제거래에 이르기까지—저자의 용어로 돌아가서 이야기하자면 일상생활로부터 자본주의에 이르기까지—근대사의 구조를 그 나름대로 구축해가는 이 방대한 작업을 다시 우리글로 옮기는 일은 결코 녹록하지 않았다. 이 책을 제대로 읽고 이해하려면 그에 수반된 상당한 지식이 필요한데, 역자의 생각에 이 책을 읽는 독자 역시 마찬가지 문제에 봉착하지 않을까 해서 제법 많은 역주를 가져다 붙였다. 혹시 쓸데없이 나선 것이 아닐까 하는 걱정도 들지 않는 것은 아니지만, 단지 읽는 이들이 낯선 인명이나 지명, 역사상의 사건 등을 만날 때마다 번거롭게 사전 등을 찾는 일이 부담스러울지 모르므로 다만 역자가 그 수고를 조금이라도 대신한다는 생각에서 그렇게 했다.

이 책을 옮기며 부딪친 큰 문제들 중의 하나는 방금 언급한 대로, 그야말로 엄청난 양의 인명이나 지명 등의 고유명사가 등장한다는 점이었다. 그것을 어떻게 우리말로 옮기는 것이 좋은지의 문제는 사소한 문제가 아니었다. 물론 표기 원칙은 해당하는 곳의 발음에 충실하되 개정된 외래어 표기법을 따른다는 것이었다. 그러나 실제로 맞닥뜨리는 각각의 경우에서는 난감한 사례들이 수두룩했다. 오늘날 벨기에에 있는 Antwerpen이라는 도시 이름을 예로 들어보자. 이 고장에서는 네덜란드어와 프랑스어가 쓰이므로 우선 네덜란드어로 '인드웨르펜', 프랑스어로 '앙베르(Anvers)'라고 표기하는 것을 생각할 수 있지만, 오늘날 네덜란드어에서는 점차 끝의 n 발음을 하지 않기도 하므로 '안트웨르페'에 가까울 수도 있고, 또 벨기에에서는 프랑스어시으로 하더라도 끝의 s 발음을 살려서 '앙베르스'라고 발음하기도 한다. 그러나 정작 우리나라에서는 독일어식인 '안트베르펜'이나 영어식인 '안트워프'로 더 많이 알려져 있다. 결국 이 중에 그 어느 것을 쓰더라도 문제가 없을 수가 없다. 이 책에서는 '안트워프'라는 표기를 따르기로 했는데, 이것은 이미 널리 알려진 표기 방식이 있으면 그것을 따른다는 예외 조항을 좇은 몇 개의 예 중의 하나이다. 그 밖에도 '나바팍토스 해전' 대신에 '레판토 해전'을, '마카' 대신에 '메카'를 쓴 것 등이 그런 예라고 할 수 있다. 이 이야기를 따로 한 것은 반드시 이 책에 한정해서만이 아니라, 일반적으로 우리 학계가 이와 같은 문제에 대해 이제는 본격적으로 토의하여 합의점을 도출해야 하지 않을까 하고 생각하게 되었기 때문이다.

브로델이 구축해낸 근대사는 아주 독특하다. 흔히 3층 구조로 설명하는 그 세계는 사람들의 "일상생활"이 이루어지는, 거의 변화하지 않는 부분인 하층, 그리고 그 위로 교환활동이 조직되는 "경제", 그리고 다시 이 모든 하층들의 구조를 굽어보며 위에서 통제하는, 고도로 조직적인 "자본주의"로 되어 있다. 『물질문명과 자본주의』 3부작 중에 제1권에서는 대체로 일상생활에 해당하는 부분을 다루고, 제2권에서는 경제와 자본주의를 함께 다룬다. 말하자면 앞의 두 권에서는 시간을 넘어선 유형학적인 연구를 한다. 그리고 제3권에서는 그것을 기초로 하여 근대 경제사를 전통적인 방식대로, 즉 시간상의 변화로서 그려낸다고 할 수 있다. 여기에서 이 책의 제목에 대한 해명이 필요할 것 같다. 원래의 제목은 "물질문명, 경제, 자본주의"로서, 이것은 브로델의 설명들을 그대로 나타내는 가장 정확한 제목이다. 그러나 이 제목은 우선 너무 늘어지는 느낌을 주는 데다가 사실 우리말로 "경제"라는 것이 이 책의 제목에서의 뜻과 다르다는 생각도 들고, 또 이미 우리나라에서 이 책을 흔히 『물질문명과 자본주의』라고 불러왔다는 점도 고려하여 고민 끝에 현재의 제목으로 정했다. 독자 여러분들의 넓은 이해를 구한다.

이상에서 볼 수 있듯이 브로델이 사용하는 개념들 중에는 같은 말이라도 다른 역사가 및 사회과학자들과는 다른 뜻을 가진 것들이 많다. "자본주의"라는 말도 그렇고, "장기 지속"이라든지 "콩종크튀르" 같은 말들이 그러하다. 그러나 여기에서 이런 말들을 다시 분석하고 설명하지는 않으려고 한다. 이것에 대해서는 앞에서 언급했듯이 이미 적지 않은 소개의 글들이 있고 또 이 책의 서론과 결론에도 어느 정도 윤곽이 그려져 있기 때문이다. 좀더 솔직하게 이야기하면 차라리 그런 것에 너무 얽매이지 않는 편이 어떨까 하는 것이 역자의 어리석은 생각이기도 하다. 혹시 이렇게 이야기하면 그런 개념들이나 이론적인 검토 등이 중요하지 않다는 것으로 받아들여질까 봐 두렵지만, 그런 의도는 아니다. 단지 메마른 개념들을 가지고 이야기할 것이 아니라 현실세계의 풍성함을 가지고 이야기하는 것이 중요하다는 뜻이다. 그리고 그것이 바로 저자의 의도가 아닐까 생각한다. 브로델에게 개념이란 그것들 혼자서 생경하게 존재하는 것이 아니라, 다양한 인간의 삶 속에서만 의미를 가지는 것이다. 이 책 역시 무수하게 많은 흥미로운 이야기들이 한 올한 올 엮이면서 큰 틀을 짜나가고 있다. 그것이 틀림없이 이 책의 큰 장점이다. 그리고 동시에 그것은 단점이라고도 할 수 있을 것이다. 과연 그가 말하는 인간의 삶의 총체성이라는 것은 파악 가능한가? 더구나 여러 역사적 경험들을 이것저것 살펴보는 것만으로 그런 총체적 파악이 가능한가? 아니면 애초에 사람들의 삶의 여러 측면을 보려고 했던 것이 오히려 사람의 활동이 배제되는 결과를 가져온 것은 아닌가? 감자를 먹을 것인가, 돼지고기를 먹을 것인가와 같은 문제가 보기보다 중요하다고는 하지만, 인간은 그런 문제에만 봉착해서 살아가지는 않는다. 그리하여 오늘날 브로델의 세계에 대해서는 많은 비판이 제기되고 있다. 우리 역시 언제나 깨어 있는 눈으로 보아야 하는 것은 물론이다. 그러나 여기에서는 미리부터 섣부른 비판을 하는 것은 자제하려고 한다. 우선은 이 대가가 그려내는 세계가 어떤 세계인지, 차분히 그의 말을 경청해보는 것이 의미 있는 일일 것이다.

마지막으로 언급해야 할 일이 있다. 이 책을 번역하는 데 앞에서 말한 바와 같은 수고로운 많은 작업들을 까치글방의 편집부 직원들이 맡아서 도와주었을 뿐만 아니라 영어 번역본과 일어 번역본을 참고해가면서 번역 원고를 검토해주었다. 이 과정에서 역자의 실수들을 많이 바로잡게 된 것은 천만다행한 일이 아닐 수 없다. 그리고 원고를 타이핑하는 힘든 일을 도와준 아내에게도 이 자리를 빌려 고마운 마음을 전한다.

1995년

주경철

인명 색인

비커르 Bicker, Hendrick 420
비코 Vico, Giovanni Battista 717
비탈리스 Vitalis, Ordericus 418
빌뇌브 Villeneuve, Arnaud de 292, 323
빌라르 Villars, Claude Louis Hector 65

사누도 Sanudo, Marino 248, 296, 559, 676, 697
사르트르 Sartre, Jean-Paul 109
사바리 Savary des Brûlons, Jacques 286, 315, 330, 352, 392
살비아티 Salviati 268
상드 Sand, George 353
생-시몽 Saint-Simon 271
생텍쥐페리 Saint-Exupéry 69
생-틸레르 Saint-Hilaire, Auguste de 211, 450
샤르댕 Chardin, Jean 116, 196, 365, 425-426, 496, 567
샤를 1세 Charles I 433, 460
샤를 3세 Charles III de Bourbon 62
샤를 5세 Charles V 115
샤를 6세 Charles VI 428
샤를 7세 Charles VII 511, 513
샤를 8세 Charles VIII 277, 296, 432, 435, 463, 509, 513, 614
샤를 9세 Charles IX 103
샤를마뉴 Charlemagne 293, 318
샤를부아 Charlevoix, Pierre-François-Xavier de 235, 347
샤프 형제 Chappe, frères 572
샹플랭 Champlain, Samuel 235
세 Say, Jean-Baptiste 415, 565
세기에 Séguier, Pierre 337
세뉴레 후작 Seignelay, marquis de 320
세르 Serres, Olivier de 159, 215, 220
세르반테스 Cervantes, Miguel de 679
세비녜 부인 Sévigné, madame de 335, 412, 581
셀림 Selim 311
셰이퍼 Schafer, Edward H. 333
셰익스피어 Shakespeare, William 740-741, 743
셰필드 경 Sheffield, lord 299
소너 Thorner, Daniel 20
손더스 Saunders, Carr 47-48, 50
쇼뉘 Chaunu, Pierre 19, 37
쇼브 Schove, Derek Justin 58
숀가우어 Schongauer, Martin 394, 405
숄리아크 Chauliac, Guy de 101
술레이만 1세 Süleyman I 311

쉴리 Sully, Maximilien de Béthune 436, 485, 619
슈바인푸르트 Schweinfurth, Georg 557
슈벤터 Schwenter, Daniel 572
슈페클린 Specklin, Daniel 455
슈펭글러 Spengler, Oswald 532, 650
슘페터 Schumpeter, Joseph 638-639
스미스 Smith, Adam 221-222, 563, 565, 587, 592
스키피오 Scipio 317
스탕달 Stendhal 304, 680
스탠턴 Staunton, George 52, 332, 338, 542, 556
스테인 Steen, Jan 378
스토 Stow, John 673, 737
스토라치 Storahci, Giovanni Vincenzo 187
스토야노비치 Stoianovitch, Traian 214
스트로머 Stromer, Wolfgang von 255
스펜서 Spencer, J. 247-248
스퐁 Spon, Jacob 344
스푸너 Spooner, Frank 173, 561
슬리허르 판 밧 Slicher Van Bath, B. H. 162, 163
식스투스 5세 Sixtus V 619, 672, 728
심프슨 Simpson 38

아그리콜라 Agricola, Georgius 470, 505, 570
(에두아르) 아당 Adam, Édouard 327
(장) 아당 Adam, Jean 735
아라곤 추기경 Aragon, cardinal d' 280
아르마냐크 추기경 Armagnac, cardinal d' 109
아르망고 Armengaud, A. 92
아르보 Arbeau, Thoinot 254
아르장송 후작 Argenson, marquis d' 701
아르천 Aertsen, Pieter 415
아르키메데스 Archimedes 532
아리스토파네스 Aristophanes 694
아만 Amman, Jost 570
아벨 Abel, Wilhelm 36, 175, 177
아서 왕 Arthur, king 402
아얄라 Ayala, Roselyne de 21
아에도 Haedo, Diego de 414
아우랑제브 Aurangzeb 98, 262, 448, 524, 709
아퀴나스 Aquinas, Thomas 687
아타비넨 Atabinen, Réchid Saffet 120
아틸라 Attila 120
아폴로니오스 Apollonios 532
악바르 Akbar 599